suhrkamp taschenbuch 2328

Dieses Standardwerk stellt in präziser und bündiger Form fast tausend Schriftstellerpersönlichkeiten vor. Umfassend wie kein anderes europäisches Lexikon zur lateinamerikanischen Literatur, konzentriert sich das nach Ländern und Autoren alphabetisch geordnete Nachschlagewerk auf die wesentlichen Informationen, ohne jedoch auf Gewichtung und Wertung zu verzichten. Von Argentinien bis Venezuela, von Brasilien bis zur Chicano-Literatur der USA, das *Autorenlexikon Lateinamerika* gibt allen Lesern, die diesen Kontinent literarisch für sich entdeckt haben oder zu entdecken beginnen, schnelle und aufschlußreiche Informationen zu Leben und Werk der Autorinnen und Autoren.

Professor Dr. Dieter Reichardt ist Lateinamerikaspezialist an der Universität Hamburg, er hat u. a. als suhrkamp taschenbuch 1087 den Band *Tango. Verweigerung und Trauer* veröffentlicht.

Autorenlexikon Lateinamerika

Herausgegeben
von Dieter Reichardt

Suhrkamp

Umschlagfotos:
Jerry Bauer (Alejo Carpentier, Mario Vargas Llosa),
Deutsche Presseagentur (Gabriel García Márquez),
Sara Facio (Julio Cortázar), Isolde Ohlbaum (Octavio Paz), Suhrkamp
Verlag (Jorge Luis Borges, Clarice Lispector, Juan Rulfo).

suhrkamp taschenbuch 2328
Erste Auflage 1994

Druck: Nomos Verlagsgesellschaft, Baden-Baden
Printed in Germany
Umschlag nach Entwürfen von
Willy Fleckhaus und Rolf Staudt

1 2 3 4 5 6 – 99 98 97 96 95 94

INHALT

Vorwort VII
Mitarbeiter XI
Abkürzungen XII
Allgemein XII
Zeitschriften XIII

Argentinien 1
Bolivien 133
Brasilien 151
Chile 239
Costa Rica 289
Dominikanische Republik 301
Ecuador 319
El Salvador 347
Guatemala 353
Honduras 369
Kolumbien 375
Kuba 421
Mexiko 469
Nicaragua 547
Panama 561
Paraguay 569
Peru 581
Puerto Rico 623
Uruguay 643
USA 681
Venezuela 693

Neuere Nachschlagewerke und literaturgeschichtliche Darstellungen 719
Autorenregister 728

VORWORT

Das vorliegende Lexikon ist die dritte Version einer nach Autoren geordneten Bestandsaufnahme der Literatur des spanisch- und portugiesischsprachigen Lateinamerika. Anders als in den Fassungen von 1965 und 1972 ist das Kriterium der Aufnahme nicht mehr das Vorliegen einer deutschen Übersetzung, sondern die erkennbar bedeutende Leistung im Rahmen der jeweiligen nationalen Literaturgeschichte. Ein solches Auswahlkriterium hat wesentliche Vorteile gegenüber dem früheren, das den deutschen Verlegern sowie den Herausgebern von Anthologien die Auswahl überließ. Den wichtigsten Vorteil sehe ich in der Anregung zur Entdeckung hier noch unbekannter literarischer Werke oder überhaupt in der potentiellen Korrektur des literarischen Lateinamerika-Bildes.

Die letzten Jahrzehnte haben auch einer europäischen Leserschaft den Reichtum der lateinamerikanischen Literatur vor Augen geführt. Dem Einsatz einiger Verlage, vor allem aber dem Können und den Kenntnissen engagierter Übersetzer verdankt das deutsche Lesepublikum die Bekanntschaft mit vielen großen lateinamerikanischen Autoren dieses Jahrhunderts. Der günstige Eindruck verliert sich allerdings, sobald man über die heute international gehandelte Literatur der Gegenwart auf die der Vergangenheit zurückblickt: Lateinamerikanische Literatur vor 1950 ist weitgehend unbekannt geblieben, die von vor 1900 fast vollständig. Das Gerede vom »jungen Kontinent« findet seine Selbstbestätigung im Desinteresse an dessen kulturellen Traditionen.

Die Einteilung des Lexikons nach Ländern hat praktische Gründe: sie ermöglicht dem Benutzer ein bequemes Aufsuchen der im Gesamtregister aufgeführten Autoren nach Länderzugehörigkeit (und animiert ihn vielleicht zu weiterer Lektüre im Rahmen eines Landes). Aber auch die Überzeugung, daß sich Persönlichkeit und Werk eines Autors zunächst aus dem kulturellen, sozialen und politischen Kontext seines Landes entschlüsseln lassen, darauf Bezug und Einfluß nehmen, spricht für diese Einteilung. Daß unter den Ländern auch die USA aufgeführt werden, ergibt sich aus dem Faktum einer eigenständigen Chicano-Literatur, die schon wegen der häufigen Zweisprachigkeit der Autoren nicht dem Mexiko-Teil zugeschlagen werden kann.

Nicht nur Nachschlagewerk möchte dieses Lexikon in der vorliegenden Fassung sein, sondern zugleich wissenschaftliches Arbeitsinstrument. Deshalb ist jedem Autorenartikel eine Bibliographie der jüngeren Forschung beigefügt, und am Ende des lexikalischen Teils befindet sich eine aktualisierte Auflistung von Literaturgeschichten, -lexika und sonstigen einschlägigen Publikationen zur Literatur des Kontinents und der einzelnen Länder.

Die Vorgabe eines knapp bemessenen Buchumfangs war ein Faktor, der – manchmal quälend, manchmal nützlich – auf die Auswahl der Autoren und die Gestaltung der Artikel Einfluß genommen hat. Die ursprüngliche Vorgabe mußte schließlich in beträchtlichem Ausmaß überschritten werden: die objektiven Gegebenheiten der Literatur hatten sich gegenüber den pragmatischen Erwägungen des Verlages durchgesetzt. Diese Erfahrung verdient Erwähnung, weil sie die kaum noch in einer Gesamtschau erfaßbare Komplexität der lateinamerikanischen Literatur erkennen läßt. Insofern ist die getroffene Auswahl sicherlich vorläufig, im wörtlichen Sinne fragwürdig, vor allem dann, wenn ein Autor hier nicht erscheint. Um ungerechte oder versehentliche Auslassungen zu vermeiden, wurden alle greifbaren Literaturgeschichten und -lexika konsultiert. An der vorliegenden Fassung haben außerdem ausgewiesene Fachwissenschaftler mitgearbeitet. Ihre Beiträge, die durchaus eine persönliche Handschrift erkennen lassen, sind namentlich gezeichnet. Zudem wurden die Listen der aufzunehmenden Autoren mehreren in der Materie bewanderten Personen zugänglich gemacht und mit ihnen diskutiert. Da jedoch, nach Jorge Luis Borges, bei der Rekonstruktion des Weltalls manchmal der Mond vergessen wird, ist auch für die vorliegende Arbeit ähnliches Mißgeschick zu befürchten. Bei jüngeren Autoren, die etwa in den letzten zehn Jahren mit Veröffentlichungen hervorgetreten sind, wird es eine etwas höhere Quote von Fehlanzeigen geben. Mangelnde Information – und wäre es nur eine Buchbesprechung in einer Fachzeitschrift –, vorsichtige Skepsis oder schlichte Unkenntnis des Herausgebers dürfen hierfür verantwortlich gemacht werden.

Das Hauptkriterium für die Aufnahme eines Autors ist seine Bedeutung im literaturgeschichtlichen Zusammenhang seines Herkunftslandes. Das schließt Bedeutung im internationalen Zusammenhang nicht aus. Mehrfach sogar hat erst internationale Anerkennung die der Heimat hervorgerufen. Wesentlich häufiger jedoch treten Schriftsteller ausschließlich in ihrem Land als Größen in Erscheinung. Jedenfalls versucht die Darstellung in diesem Lexikon, dem ursprünglichen kulturellen Zusammenhang eines Autors und den Erwartungen »seines« Publikums gerecht zu werden. – Wie weit Bedeutung auf dem literarischen Weltmarkt und nationale Eigendynamik auseinanderklaffen können, illustrieren z. B. die sogenannte gaucheske Literatur des vergangenen Jahrhunderts in Argentinien und Uruguay oder die mexikanische »Onda« der jüngsten Vergangenheit, die kaum internationale Resonanz gefunden haben, im Rahmen ihrer Länder jedoch wichtige Etappen der Entwicklung darstellen.

Nach dem Kriterium des wesentlich prägenden nationalen Kulturhintergrundes haben wir aber auch auf ein paar große Namen wie Alonso de Ercilla oder Ruiz de Alarcón verzichtet, die in der Literaturgeschichte Spaniens ihren Platz einnehmen und erst im 20. Jahrhundert von chilenischen oder mexikanischen Philologen zum nationalen Kulturerbe stilisiert worden sind.

Die Anerkennung eines Autors innerhalb einer nationalen Literaturgeschichte ist kein unwiderruflicher Tatbestand. Nachrückende Generationen haben zu ihren literarischen Müttern oder Vätern selten respektvoll emporgeblickt. Die Kritik der Jüngeren ist hier nach Möglichkeit erwähnt oder gar beherzigt worden. Wenn gelegentlich ein in seinem Land noch als Außenseiter betrachteter Autor erscheint, werden die Gründe für diese Korrektur der herrschenden Meinung, soweit es der knappe Platz erlaubt, in den Artikeln angegeben.

Heikler als die Auswahl der Autoren dürfte die indirekte Wertzumessung durch den Umfang der Darstellung sein. Das betrifft sowohl die Extension der einzelnen Länderkapitel als auch die der Autorendarstellungen. Eine auf sechs Spalten festgelegte Obergrenze für unumstritten große Autoren sollte den Eindruck jener »weißen Elefanten« des Rilke-Gedichts vermeiden, den Hans Robert Jauß bei seiner Kritik an den üblichen literaturgeschichtlichen Darstellungen vermerkte. Es galt die Faktoren der kulturellen Dichte, der Verfügbarkeit von Informationen und der Lebendigkeit der Auseinandersetzung – etwa gegenüber einigen älteren Konvoluten der Literaturgeschichte – in Einklang zu bringen. Sicher mögen sich einige Leser für ihren Lieblingsautor noch zusätzliche Zeilen wünschen, während Experten vielleicht bei manchen Autoren Kürzungen angeraten hätten. Der Herausgeber ist gern zu jeder Diskussion bereit, kann jedoch bekräftigen, gerade in Hinsicht auf den zugemessenen Umfang mit großer Sorgfalt unterschiedliche Meinungen, Interessen und Informationsbedürfnisse gegeneinander ausgewogen zu haben.

Hinweise für die Benutzung

Die Autoren erscheinen nach Ländern – fast ausschließlich sind es die Geburtsländer – geordnet; die einen wie die anderen in alphabetischer Folge. Zur Orientierung werden chronologische Tabellen der verzeichneten Autoren den Länderkapiteln vorangestellt.

Grundsätzlich werden die spanischen Namen nach dem ersten Teil des Familiennamens, dem Patronym, eingeordnet. (Gabriel García Márquez ist also unter García ... zu suchen.) Bei den brasilianischen Schriftstellern wird, den Literaturgeschichten und -lexika Brasiliens folgend, der letzte bekannte Namensteil für die alphabetische Ordnung berücksichtigt. (Z. B. ist José Lins do Rego unter Rego ... zu finden.) Ausnahmen bilden Verwandtschaftsbezeichnungen wie Filho oder Neto.

Pseudonyme gelten dann als Ordnungselement, wenn sie allgemein bekannter sind als die eigentlichen Namen. Da das Gesamtregister die wichtigsten Pseudonyme sowie die eigentlichen Namen aufführt, wird auf die Verweisungen innerhalb der Länderkapitel verzichtet.

Bei der Gestaltung der Autorenartikel ist eine Aufteilung in Biographie und literarische Würdigung die Regel, wobei die Biographie auf Wesentliches, das literarische Werk Erhellendes reduziert wurde. Bei einigen Autoren, vor allem aus vergangenen Jahrhunderten, nimmt aus dem gleichen Grund die Biographie einen größeren Raum ein. Von den Literaturpreisen werden nur die wichtigeren genannt.

Die Einzeldarstellungen berücksichtigen in erster Linie die Buchveröffentlichungen des Autors. In der Rubrik »Weitere Werke« werden ausschließlich Buchveröffentlichungen aufgeführt. Wenn deutsche Übersetzungen vorhanden sind, werden sie nach dem Originaltitel genannt. Prinzipiell wird das Erscheinungsjahr der Erstausgabe angegeben. Wenn andere Auflagen hier erscheinen, wird damit auf Veränderungen, gelegentlich auch auf einen außergewöhnlichen Erfolg hingewiesen. Der Erscheinungsort wird nur bei den »Ausgaben« genannt.

Die unter »Literatur« angegebenen Bibliographien zu den Autoren verzeichnen sowohl Monographien als auch Zeitschriftenaufsätze. Sie sind an der Praxis wissenschaftlichen Arbeitens orientiert und stellen eine Auswahl dar, die jedoch genügend Hinweise zur Komplettierung enthält. Dabei haben größtmögliche Aktualität, Monographien und Bibliographien sowie der Verbreitungsgrad der Zeitschriften Priorität. Als Redaktionsschluß galt 1990, neue Informationen sind jedoch soweit möglich noch eingearbeitet worden.

Danksagung

Viele Personen haben mit Rat und tätiger Mühe zur Fertigstellung des Lexikons beigetragen. Außer den gesondert aufgeführten Mitarbeitern gilt mein Dank Christian Sönnichsen, der über Jahre hinweg die Bibliographie betreut hat. Er gilt Michi Strausfeld, deren Kritik und Hinweise dem Werk einige wichtige Konturen verliehen haben, deren Zuspruch dem Herausgeber von größtem Nutzen war. Er gilt Otto Erich Wieghardt für seine unermüdliche Hilfsbereitschaft sowie Susanne Gleich für die vielen Stunden, die sie in die Abschrift und Korrektur investiert hat. Für geduldige Hilfen, Ratschläge, Hinweise, Kritik und Aufmunterungen sei außerdem Gisela Villanueva, Françoise Hasenclever, Sabine und Mario Bols, David Viñas, Alberto Vital, Sergio Vergara, Lilian von Eötvös, Eduardo Galeano, Andrea Pirri, Susanna Mende, Antonio Skármeta, Jorge Edwards, Astrid Desinger, Jürgen Dormagen, Antonio Cisneros, Wolfgang Eitel, Luis Fayad, Carlos Giordano, Carlos Codesal, Luis Lacueva, Justin Piquemal, Elvira Onetto, Beba Eguía, Ana Cravotta, Hemilse Sisto, Irma Ruiz, Norma Galpern von Herzen gedankt.

Dieter Reichardt

MITARBEITER

C. A.	Dr. Claudius Armbruster (Frankfurt)
W. B.	Wilfried Böhringer (Universität Saarbrücken)
Y. B. G.	Prof. Dr. Yolanda Broyles González (Universität Santa Barbara, USA)
A. E.	Alexandra Ervenich (Universität Trier)
E. F.	Erna Fanger (Hamburg)
M. F.	Prof. Dr. Martin Franzbach (Universität Bremen)
F. G.	Prof. Dr. Frauke Gewecke (Universität Heidelberg)
K. H.	Prof. Dr. Karl Hölz (Universität Trier)
G. H.	Dr. Gerd Hofmann (Universität Hamburg)
K. M.-M.	Prof. Dr. Klaus Meyer-Minnemann (Universität Hamburg)
I. M.	Inke Müller (Universität Hamburg)
R. S.	Dr. Regine Schmolling (Hamburg)
W. S.	Wolf Schupp (Darmstadt)
C. S.	Christian Sönnichsen (Neumünster)

ABKÜRZUNGEN

Allgemeine Abkürzungen. Bei Städten, hier gekennzeichnet mit *, wird die Abkürzung nur in den Bibliographien verwendet.

afrik.	afrikanisch
am.	amerikanisch
arg.	argentinisch
ASU	Asunción (Paraguay)*
BA	Buenos Aires*
Bd.	Band
Bde.	Bände
BiAy	Biblioteca Ayacucho
BOG	Bogotá*
bol.	bolivianisch
bras.	brasilianisch
brit.	britisch
CAR	Caracas*
chil.	chilenisch
costaric.	costaricanisch
dominik.	dominikanisch
dt.	deutsch
ec.	ecuadorianisch
eigtl.	eigentlich
engl.	englisch
europ.	europäisch
frz.	französisch
guat.	guatemaltekisch
Hg.	Herausgeber
hispanoam.	hispanoamerikanisch
holl.	holländisch
hond.	honduranisch
ital.	italienisch
Jh.	Jahrhundert
jugosl.	jugoslawisch
kol.	kolumbianisch
kub.	kubanisch
lat.	lateinisch
lateinam.	lateinamerikanisch
LH	Havanna*
LI	Lima*
ME	Mexiko Stadt*
mex.	mexikanisch
MON	Montevideo*
nic.	nicaraguanisch
o. J.	ohne Jahresangabe
panam.	panamaisch

par.	paraguayisch
per.	peruanisch
poln.	polnisch
port.	portugiesisch
puertoric.	puertoricanisch
RJ	Rio de Janeiro*
S.	Seite(n)
SCh	Santiago de Chile*
Sondernr.	Sondernummer
SP	São Paulo*
span.	spanisch
STDO	Santo Domingo*
UA	Uraufführung
UNAM	Universidad Nacional Autónoma de México
u. d. T.	unter dem Titel
ur.	uruguayisch
ven.	venezolanisch

Zeitschriften

A	Alero. Guatemala
AHR	Afro-Hispanic Review. Washington
AL	Acta Literaria. Concepción
ALH	Anales de Literatura Hispanoamericana. Madrid
AR	The Antioch Review
ARAUCARIA	Araucaria de Chile. Madrid
ARBOR	Arbor. Madrid
BAAL	Boletín de la Academia Argentina de Letras. BA
BAC	Boletín de la Academia Colombiana, BOG
BB	Bulletin of Bibliography. Boston
BCB	Boletín Cultural y Bibliográfico. BOG
BELF	Belfagor. Rasegna die Varia Umanitá. Florenz
BH	Bulletin Hispanique. Bordeaux
BHS	Bulletin of Hispanic Studies. Liverpool
BMP/B	Boletín de la Biblioteca de Menéndez Pelayo. Santander
BRAE	Boletín de la Real Academia de España. Madrid
BRP	Beiträge zur Romanischen Philologie. Berlin
C	Critique. Paris
CAM	Cuadernos Americanos. ME
CAMBIO	Cambio. ME
CDLA	Casa de las Américas. LH
CDLA/CO	Conjunto. Casa de las Américas. LH
CEHA/NH	Nuestra Historia. Centro de Estudios de Historia Argentina. BA
CH	Cuadernos Hispanoamericanos. Madrid
CHASQUI	Chasqui. Madison, Wisc.
CILH	Cuadernos para Investigación de la Literatura Hispánica. Madrid
CLS	Comparative Literature Studies. Urbana, Ill.
CLTL	Cadernos de Lingüística e Teoria da Literatura

CMHLB	Cahiers du Monde Hispanique et Lusa-Brésilien
COL	Colóquio, Letras
CRIH	Crítica Hispánica
CRR	Cincinnati Romance Review
D	Disposition. University of Michigan, Ann Arbor
DL	Discurso Literario. Stillwater, Okl.
EBRA	Estudos Brasileiros
ECO	Eco. BOG
EF	Estudios Filológicos, Valdivia
ENSAY	Los Ensayistas. Boletín Informativo
ESCRITURA	Escritura. CAR
ETL	Explicación de Textos Literarios. Sacramento
EUROPE	Europe: Revue Littéraire Mensuelle
FM	Filologia Moderna. Trieste – Udine
FMLS	Forum for Modern Language Studies. St. Andrews, Scotland
H	Hispania. Baltimore
HH	Hueso Húmero. LI
HISP	Hispanófila. Chapel Hill, N. C.
HISPA	Hispamérica. Gaithersburg, Md.
HISPANORAMA	Hispanorama. Nürnberg
HIUS/R	Revista Hispánica Moderna. New York
HJ	Hispanic Journal. Indiana
HO	Horizontes. Universidad Católica de Puerto Rico, Ponce
HR	Hispanic Review. Philadelphia
I	Iberoromania. N. F. Tübingen
IA	Iberoamericana. Frankfurt/M.
IAA	Ibero-Amerikanisches Archiv. Berlin
ICC/T	Thesaurus, Boletín del Instituto Caro y Cuervo. BOG
IFR	The International Fiction Review. Fredericton, New Brunswick
IL	Ideologies and Literature. Minneapolis
IM	Imagine, International Chicano Poetry Journal
IMP	Imprévu. Montpellier
INSULA	Insula. Madrid
INTI	Inti, Revista de Literatura Hispánica. Storrs, Conn.
JLAS	Journal ol Latin American Studies. Cambridge, London
JSSTC	Journal of Spanish Studies: Twentieth Century. Kansas
LALR	Latin American Literary Review. Pittsburgh
LARR	Latin American Research Review. Chapel Hill, N. C.
LATR	Latin American Theatre Review. Lawrence, Kansas
LBR	Luso-Brazilian Review
LJGG	Literaturwissenschaftliches Jahrbuch der Görres-Gesellschaft
LNB/L	Lotería. Lotería Nacional de Beneficiencia. Panamá
LNL	Les Langues Néo-Latines. Paris
MESTER	Mester. Los Angeles
MLN	Modern Language Notes. Baltimore
MLR	Modern Language Review. Edinburgh
N	Neophilologus. Groningen

NE	Nueva Estafeta. Madrid
NRFH	Nueva Revista de Filología Hispánica. ME
OH	Ottawa Hispánica
PCL	Perspectives on Contemporary Literature. Louisville, Ken.
PLURAL	Plural. Crítica, Arte, Literatura. ME
PMLA	Publications of the Modern Language Association. New York
PSA	Papeles de Son Armadans. Madrid
QUIMERA	Quimera. Revista de Literatura. Barcelona
QLL	Quaderni di Lingue e Letteratura
RABM	Revista de Archivos, Bibliotecas y Museos. Madrid
RBLL	Revista Brasileira de Lingua e Literatura
RBN	Revista de la Biblioteca Nacional. BA
RCEH	Revista Canadiense de Estudios Hispánicos. Toronto
RCF	The Review of Contemporary Fiction
RCHL	Revista Chilena de Literatura. SCh
RCLL	Revista de Crítica Literaria Latinoamericana. LI
RDLET	Revista de Letras: Serie Literatura. SP
REHPR	Revista de Estudios Hispánicos. Río Piedras
REL	Revista Española de Lingüística
RI	Revista Iberoamericana. Pittsburgh
RIB	Revista Interamericana de Bibliografía. Washington
RIBER	Rassegna Iberistica
RINTER	Revista / Review Interamericana. Hato Rey, Puerto Rico
RJ	Romanistisches Jahrbuch. Berlin
RLC	Revue de Littérature Comparée. Tours-Cedex
RLCUB	Revista de Literatura Cubana. LH
RLV	Revue des Langues Vivantes
RN	Romance Notes. Chapel Hill, N. C.
RNC	Revista Nacional de Cultura. CAR
RP	Río de la Plata. Paris
RR	Romanic Review. New York
RUL	Revista Universitaria de Letras
RZLG	Romanistische Zeitschrift für Literaturgeschichte
S	Semiosis. Seminario de Semiótica. ME
SLI	Studi die Letteratura Ispano-americana. Mailand
SN	Sin Nombre. Santurce
SUR	Sur. BA
SWR	South West Review
SY	Symposium. Syracuse, N. Y.
TC	Texto Crítico. Universidad Veracruzana. Xalapa
UA/REH	Revista de Estudios Hispánicos. Alabama
UA/RF	Razón y Fábula. Univ. de los Andes, BOG
UC/AT	Atenea. Revista de Ciencia, Arte y Literatura de la Universidad de Concepción
UCLV/I	Islas. Universidad Central de las Villas. Santa Clara, Kuba
UK/KRQ	Kentucky Romance Quarterly. University of Kentucky
UNAM/AL	Anuario de Letras. ME
UNAM/RMS	Revista Mexicana de Sociología. ME

UNION	Unión. LH
UNL/U	Universidad Nacional del Litoral. Santa Fe
UR/L	Lateinamerika. Universität Rostock
UTIEH/C	Caravelle. Université de Toulouse
WB	Weimarer Beiträge. Berlin
WLT	World Literature Today. University of Oklahoma

ARGENTINIEN

Echeverría, Esteban	1805-1851
Ascasubi, Hilario	1807-1875
Alberdi, Juan Bautista	1810-1884
Sarmiento, Domingo Faustino	1811-1888
Mármol, José	1817-1871
Guido y Spano, Carlos	1827-1918
Mansilla, Lucio Victorio	1831-1913
Hernández, José	1834-1886
Campo, Estanislao del	1834-1880
Cambaceres, Eugenio	1843-1888
Wilde, Eduardo	1844-1913
Obligado, Rafael	1851-1920
Gutiérrez, Eduardo	1851-1889
Almafuerte	1854-1917
Sicardi, Francisco Anselmo	1856-1927
Alvarez, José S.	1858-1903
Ezeiza, Gabino	1858-1916
González, Joaquín Victor	1863-1923
Martel, Julián	1867-1896
Payró, Roberto J.	1867-1928
Laferrère, Gregorio de	1867-1913
Fernández, Macedonio	1874-1952
Lugones, Leopoldo	1874-1938
Larreta, Enrique	1875-1961
Ghiraldo, Alberto	1875-1946
Ingenieros, José	1877-1925
Ugarte, Manuel	1878-1951
Lynch, Benito	1880-1951
Rojas, Ricardo	1882-1957
González Pacheco, Rodolfo	1882-1949
Gálvez, Manuel	1882-1962
Wast, Hugo	1883-1962
Gerchunoff, Alberto	1883-1950
Carriego, Evaristo	1883-1912
Güiraldes, Ricardo	1886-1927
Fernández Moreno, Baldomero	1886-1950
Discépolo, Armando	1887-1971
Dávalos, Juan Carlos	1887-1959
Banchs, Enrique	1888-1968
Capdevila, Arturo	1889-1967
Yunque, Alvaro	1889-1982
Ocampo, Victoria	1890-1979
Blomberg, Héctor Pedro	1890-1955
Girondo, Oliverio	1891-1967
Defilippis Novoa, Francisco	1892-1930

Storni, Alfonsina	1892-1938
Cancela, Arturo	1892-1957
Mariani, Roberto	1893-1946
Castelnuovo, Elías	1893-1982
Eichelbaum, Samuel	1894-1967
Filloy, Juan	1894
Martínez Estrada, Ezequiel	1895-1964
Ortiz, Juan L.	1896-1978
Nalé Roxlo, Conrado	1898-1971
Gudiño Kramer, Luis	1898-1973
Scalabrini Ortiz, Raúl	1898-1959
Molinari, Ricardo E.	1898
Franco, Luis Leopoldo	1898
Borges, Jorge Luis	1899-1986
Mastronardi, Carlos	1900-1976
Cadícamo, Enrique	1900
Olivari, Nicolás	1900-1966
Marechal, Leopoldo	1900-1970
Arlt, Roberto	1900-1942
Discépolo, Enrique Santos	1901-1951
González Tuñón, Enrique	1901-1943
Jauretche, Arturo	1901-1974
Barletta, Leónidas	1902-1975
Barbieri, Vicente	1903-1956
Mallea, Eduardo	1903-1982
Ocampo, Silvina	1903
Viñole, Omar	1904-1967
González Tuñón, Raúl	1905-1974
Tiempo, César	1906
Cerretani, Arturo	1907-1986
Verbitsky, Bernardo	1907-1979
Gómez Bas, Joaquín	1907-1984
Yupanqui, Atahualpa	1908-1992
Bianco, José	1909-1986
Mujica Lainez, Manuel	1910-1984
Anderson Imbert, Enrique	1910
Molina, Enrique	1910
Sábato, Ernesto	1911
Pla, Roger	1912-1982
Cortázar, Julio	1914-1984
Bioy Casares, Adolfo	1914
Kordon, Bernardo	1915
Bullrich, Silvina	1915-1990
Wernicke, Enrique	1915-1968
Castilla, Manuel J.	1918-1980
Manauta, Juan José	1919
Girri, Alberto	1919
Bayley, Edgar	1919-1990
Fernández Moreno, César	1919-1985

Gorostiza, Carlos	1920
Ardiles Gray, Julio	1922
Denevi,Narco	1922
Di Benedetto, Antonio	1922-1986
Murena, Héctor A.	1923-1975
Costantini, Humberto	1924-1987
Cuzzani, Agustín	1924-1987
Juarroz, Roberto	1925
Conti, Haroldo	1925-1977
Lynch, Marta	1925-1985
Guido, Beatriz	1925-1988
Sáenz, Dalmiro	1926
Pérez Pardella, Agustín	1926
Aguirre, Raúl Gustavo	1927-1983
Bayer, Osvaldo	1927
Walsh, Rodolfo	1927-1977
Jitrik, Noé	1928
Guevara, Ernesto	1928-1967
Rivera, Andrés	1928
Gambaro, Griselda	1928
Canton, Darío	1928
Viñas, David	1929
Dragún, Osvaldo	1929
Tejada Gómez, Armando	1929
Orgambide, Pedro	1929
Tizón, Héctor	1929
Moyano, Daniel	1930-1992
Traba, Marta	1930-1983
Orphée, Elvira	1930
Urondo, Francisco	1930-1976
Sebreli, Juan José	1930
Gelman, Juan	1930
Walsh, María Elena	1930
Puig, Manuel	1932-1990
Gallardo, Sara	1933
Bustos, Miguel Angel	1933-1976
Blaisten, Isidoro	1933
Cossa, Roberto M.	1934
Martínez, Tomás Eloy	1934
Sánchez, Néstor	1935
Aguinis, Marcos	1935
Talesnik, Ricardo	1935
Castillo, Abelardo	1935
Gudiño Kieffer, Eduardo	1935
Rozenmacher, Germán	1936-1971
Pizarnik, Alejandra	1936-1972
Medina, Enrique	1937
Saer, Juan José	1937
Valenzuela, Luisa	1938

Posse, Abel	1939
Kociancich, Vlady	1941
Piglia, Ricardo	1941
Laiseca, Alberto	1941
Soriano, Osvaldo	1943
Martini, Juan Carlos	1944
Asís, Jorge	1946
Vázquez Rial, Horacio	1947
Giardinelli, Mempo	1947
Aira, César	1949
Roffé, Reina	1951
Boccanera, Jorge Alejandro	1952

Aguinis, Marcos
*15.1.1935 in Córdoba (Arg.). Mit 23 Jahren promovierte er in Medizin und spezialisierte sich in Neurochirurgie. Während der Präsidentschaft Alfonsíns arg. Staatssekretär für Kultur.
A. hat Romane, Erzählungen und Essays veröffentlicht, in denen eine undogmatische Religiosität die Grundlage für eine Verständnisbereitschaft bildet, die auch konträren Positionen gilt. Seine erste Publikation, *Maimónides* (1963), ist eine Biographie des jüdischen Religionsphilosophen, der 1135 im span. Córdoba geboren wurde und wie der Autor auch Arzt war. Der Roman *Refugiados* (1969), der größtenteils in Deutschland spielt, sucht im Schicksal eines Palästinensers die Absurdität des israelisch-arabischen Konflikts zu verdeutlichen. *La cruz invertida* (1970) verflicht biblische Elemente und hispanoam. Gegenwart. Die aktuellen sozialen und politischen Probleme Argentiniens behandeln die Romane *Cantata de los diablos* (1972) und *Profanación del amor* (1982), von denen der erste die Konflikte und Selbstzweifel eines Intellektuellen aus der Provinz beschreibt. Eine Satire auf politisch-doktrinäre Verblendung ist *La conspiración de los idiotas* (1979): Aus einem minutiös zusammengetragenen Puzzle von Indizien und mit überzeugender Scheinlogik gelingt es dem Protagonisten, die weltweite Verschwörung geistig Behinderter aufzudecken. Die Intensität dieses Romans erwächst aus der plausiblen Prozeßhaftigkeit der Konsequenzen autoritären Denkens. Dasselbe analysiert A. in dem Essay *Carta esperanzada a un general. Puente sobre el abismo* (1983). Die Verbrechen der arg. Militärdiktatur ab 1976 werden auf das Prinzip des Autoritarismus und der dadurch bedingten paranoiden Konstruktion von Feindbildern zurückgeführt. Zu A.' weiteren Werken gehören der Roman *El combate perpetuo* (1981), die z.T. humoristisch-grotesken Erzählungen von *Y la rama llena de frutos* (1986; Vorw. von M. Paley Francescato) und die Essays *El valor de escribir* (1983) und *Un país de novela* (1988).

Literatur: M. Paley Francescato, *Entrevista con M. A.* UA/REH, 19 (1985), 1, 117-139.

Aguirre, Raúl Gustavo
*2.1.1927 in Buenos Aires, †18.1.1983 ebd. Die im wesentlichen von ihm geleitete »Poesía Buenos Aires« (1950-60) war die wichtigste Zeitschrift der jungen arg. Lyriker, die als »Parasurrealisten« in die Literaturgeschichte eingegangen sind. Die Ergründung des »Wesens« und der »Funktion« der Poesie, deren Reinhaltung von »intelligenten Verfälschungen« und der »Dialog mit denjenigen, die eindeutig und bedingungslos in ihr lebten« (A.), waren die Hauptpunkte unentwegter poetologischer Meditation. Aber gerade im Vergleich mit den von dieser Gruppe anerkannten Autoritäten – V. ↑Huidobro, Apollinaire, C. ↑Vallejo, René Char – hat A.s Lyrik, die repräsentativ für die Gruppe ist, etwas Musterschülerhaftes. Dichtung, Freiheit, Leben und Wahrheit sind die thematischen Konstanten, die im Rahmen einer abstrakten Dingsymbolik selbstkritisch variiert werden.

Werke: Lyrik: *El tiempo de la rosa* (1945), *Cuerpo del horizonte* (1951), *La danza nupcial* (1954), *Cuaderno de notas* (1957), *Redes y violencias* (1958; dt. *Netze und Gewalten. Notizbuch*, 1961), *Señales de vida. 1949-1961* (1962), *La piedra movediza. 1965-1968* (1968), *Antología. 1949-1978* (1978); Essays: *El dadaísmo* (1968), *Problemas de la literatura contemporánea* (1969), *Los poetas en nuestro tiempo* (1975).
Literatur: L. Pollmann, *Implizites Engagement in der Lyrik von R.G.A.*, HISPANORAMA, 28 (1981), 65-71.

Aira, César

* 1949 in Coronel Pringles/Buenos Aires. Übersetzer und Linguist, letzteres mit besonderer Berücksichtigung von Indianer-Sprachen.

A. hat Romane und Erzählungen veröffentlicht, die ihn als einen der besten jüngeren Autoren seines Landes ausweisen. Parodie, absurder Humor und subtile Vexierspiele von Geschichte und Aktualität, Realität und Fiktion sind seine hauptsächlichen Techniken. Sein erster Roman, *Moreira* (1979), behandelt in dieser Art die Figur des von E. ↑Gutiérrez glorifizierten Gauchos Juan Moreira. *Ema, la cautiva* (1981) verweist vom Titel auf die intertextuelle Verknüpfung mit G. Flauberts *Madame Bovary* und mit dem Epos von E. ↑Echeverría, das auch den historischen und geographischen Rahmen liefert, die arg. Pampa im 19. Jh. A.s Protagonistin entwickelt jedoch im Vergleich mit ihren parodierten Vorbildern eine außerordentliche Gebärfreudigkeit. Ein ähnliches Ambiente findet sich in *La liebre* (1991): Ein engl. Naturforscher und Schwager von Darwin begibt sich zur Zeit der Rosas-Diktatur in das Gebiet der arg. Indios, um eine besonders scheue Hasenart zu finden. Auch diesmal wird mit scharfsinnigem Witz das Unwahrscheinliche wahrscheinlich und das historisch Belegte unwahrscheinlich gemacht. In dem Roman *La luz argentina* (1983) wartet ein Ehepaar auf die Geburt eines Kindes. Die zunehmend häufigeren Stromausfälle strukturieren die Abfolge der völlig undramatischen Szenen.

Weitere Werke: *Canto castrato* (1984), *Vestido rosa/Las ovejas* (1984), *El bautismo* (1991).

Alberdi, Juan Bautista

* 29.8.1810 in Tucumán, † 18.6.1884 in Paris. Dank eines Stipendiums der arg. Regierung kam er 1825 nach Buenos Aires. 1837 promovierte er an der dortigen Universität mit einer Arbeit über Rechtsgeschichte. Im selben Jahr gründete er die Musik- und Literaturzeitschrift »La Moda«, 1838 zusammen mit E. ↑Echeverría und J. M. Gutiérrez die »Asociación de Mayo«, einen Club liberaler Intellektueller, der bald von der Rosas-Polizei zerschlagen wurde. A. ging ins Exil nach Montevideo und war in der Folgezeit maßgeblich an der Organisation des Widerstands gegen Rosas beteiligt. Nach einer kurzen Europa-Reise ließ er sich 1843 als Rechtsanwalt in Chile nieder. 1855-62 war er Botschafter der arg. Konföderation in England und Frankreich. Nur noch einmal, 1879, kehrte er kurz nach Argentinien zurück.

A., der den größten Teil seines Lebens im Exil verbrachte, ist der bedeutendste Theoretiker des arg. Liberalismus. Seine programmatische Schrift *Bases y puntos de partida para la organización política de la República Argentina* (1852) diente als Grundlage bei der Erarbeitung der – noch heute gültigen – Verfassung von 1853. Mit D. F. ↑Sarmiento, der die *Bases* als »den Dekalog unserer Generation« gefeiert hatte, kam es bald zu einer Polemik, die die Differenzen innerhalb des liberalen Lagers offenbarte. Während A. für die von Urquiza repräsentierte Konföderation eintrat, verteidigte Sarmiento die Hegemonie von Buenos Aires. A.s *Cartas quillotanas* (1853), in denen er kritisch Stellung nimmt zu Sarmientos oppositioneller Formel von städtischer Zivilisation und ländlicher Barbarei, wurden von letzterem in »Las ciento y una« temperamentvoll beantwortet. Als Florett gegen Keule bewertete man später die unterschiedliche Argumentationsweise der Kontrahenten. Postum, wie der größte Teil seiner Werke, erschien A.s Essay *El crimen de la guerra* (1895). In ihm entwirft er die Vision eines aufgrund freiheitlicher

Verfassungen, Erziehung des einzelnen zur Friedensbereitschaft und gemeinsamer wirtschaftlicher Interessen geeinten Lateinamerika. Zu A.s im engeren Sinne literarischem Werk gehören die Theaterstücke *Crónica dramática de la Revolución de Mayo* (1842) und *El gigante Amapolas* (1841). Das erste ist eine Fragment gebliebene Szenenfolge der Ereignisse von 1810, das zweite eine Satire auf unfähige Revolutionäre. Ebenfalls satirisch ist der Roman *Peregrinación de Luz del Día* (1871): Die »Wahrheit« bzw. Luz del Día, die auf der Flucht vor den Greueln in Europa nach Argentinien gekommen ist, trifft hier auf ihre alten Feinde, den Heuchler Tartuffe, den Zyniker Figaro, den Intriganten Basílio und weitere allegorische Figuren. Sie muß schließlich einsehen, daß sich in Sarmientos Staat nicht einmal im fernen Patagonien republikanische Ideale verwirklichen lassen.

Ausgaben: *Obras completas*. BA 1886-87, 8 Bde. – *Escritos póstumos*. BA 1895-1901, 16 Bde.
Literatur: M. A. Speroni, *Qué fue A.* BA 1973. – R. Méndez Acebal, *A., el predestinado*. BA 1977. – D. Quentin-Mauroy, *J. B. A. (1810-1884) et la formation de la conscience nationale argentine*. UTIEH/C, 38 (1982), 71-88.

Almafuerte

* 13.5.1854 in San Justo (Prov. Buenos Aires). † 28.2.1917 in La Plata. Eigtl. Pedro Bonifacio Palacios. Entbehrungen und Frustrationen kennzeichneten seine Existenz von Kindheit an. Mit 16 Jahren begann er in einem Dorf der arg. Pampa zu unterrichten, weigerte sich aber, als ihm D. F. ↑Sarmiento, zu jener Zeit Präsident, eine Stelle in der Hauptstadt anbot, seine persönliche zivilisatorische Mission aufzugeben. Mit der Begründung des Fehlens einer offiziellen Facultas verbot ihm 1896 ein Schulinspektor die Lehrtätigkeit. Er war danach wieder, wie in den Jahren 1887-94, als Journalist in La Plata tätig und bereiste als Rezitator seiner Gedichte die Provinz. Die Einnahmen verschenkte er an noch Ärmere.
Kein arg. Dichter erreichte je die Popularität von A., zu der seine legendenumwobene Persönlichkeit, seine sprichwörtliche Generosität und seine Armut ebenso beitrugen wie die impulsive Kraft seiner lyrischen Sprache. Aber nicht nur sein »geliebter Pöbel« – »!Oh, mi chusmaje querido!« heißt es in einer seiner bekannten »Milongas clásicas« – brachte ihm Verehrung entgegen, auch R. ↑Darío und L. ↑Lugones, die Wortführer des Modernismus, erkannten in ihm einen einzigartigen Dichter, obwohl A. auf Abgrenzung vom Modernismus bedacht war und meinte, »die amerikanische Literatur vor Dekadenz und Verweichlichung bewahrt« zu haben. A. knüpft in seinen bekenntnishaften, manchmal hymnisch pathetischen Gedichten an die Romantiker V. Hugo und A. Lamartine und den Argentinier Olegario V. Andrade (1839-82) an, aber die unaufgelösten Widersprüche und die Radikalität seines pessimistischen Weltbildes, in das er sich selbst als gescheiterte Existenz einbezog, verweisen auf die Krisen und Katastrophen des 20. Jh.s. Er selbst veröffentlichte in Buchform nur die Gedichtsammlung *Lamentaciones* (1906) und die Prosaaphorismen *Evangélicas* (1915) sowie das von heiligem Zorn auf Kaiser Wilhelm II. erfüllte Schmähgedicht *Apóstrofe* (1917). Späteren Werkausgaben wurden seine gelegentlich recht verstiegen formulierten Reden hinzugefügt sowie Gedichte, die in Almanachen und Provinzblättern erschienen waren.

Ausgaben: *Obras completas*. Hg. L. A. Ruiz. BA 1951. – *Obras*. Hg. R. Brughetti. BA 1954. – *Prosa y poesía*. Hg. J. L. Borges. BA 1962.
Literatur: E. Lavié, *A.* BA 1962. – D. López

Aranguren, *Meridiano La Plata*. La Plata 1963. – J. G. de Alari, *A.; su vida y su obra*. BA 1965.

Alvarez, José S(ixto?)

* 26.8.1858 in Gualeguaychú/Entre Ríos, † 23.8.1903 in Buenos Aires. Eine Lehrerausbildung in Paraná brach er ab und kam 1879 nach Buenos Aires, wo er sich als Journalist bald einen guten Ruf erwarb. Aufgrund seiner Reportagen aus der Welt der Delinquenten wurde er 1886 zum Kriminalkommissar ernannt. 1898 gründete er die illustrierte Wochenzeitschrift »Caras y Caretas«, die große Verbreitung erlangte und bis 1939 fortbestand.

»Fray Mocho« – A.' berühmtestes Pseudonym neben »Fabio Carrizo«, »Nemesio Machuca«, »Stick« und anderen, bis heute nicht eindeutig identifizierten – hat einige Bücher und Hunderte von Zeitungsartikeln geschrieben, die sich durch ihren Humor, psychologischen Scharfsinn und die getreuliche Wiedergabe der dialektalen und sonstigen sprachlichen Besonderheiten seiner Personen, sowohl Land- wie Stadtbewohner, auszeichnen. Die Literaturgeschichte hat dieses Werk als »Criollismo« oder »Costumbrismo« etikettiert und in die Tradition der gauchesken Literatur eingeordnet. Formal trägt jedoch kaum etwas den Stempel seiner Zeit, und viele seiner Situationsskizzen, vor allem die in »Caras y Caretas« veröffentlichten, die teilweise u. d. T. *Cuadros de la ciudad* (1906, 1961) und *Cuentos de Fray Mocho* (1906, 1920, 1940, 1963) zusammengefaßt erschienen, könnten sich auch in einen wesentlich späteren literarischen Kontext einordnen. A. läßt seine Personen in ihrer Sprache agieren, ohne einen Erzähler einzuschalten und manchmal sogar ohne ein ordnendes oder urteilendes Prinzip erkennen zu lassen. A. will kein Literat sein, insofern sind auch seine Buchpublikationen absichtsvoll unorganisch. In *Memorias de un vigilante* (1897, 1920, 1967) erzählen die ersten Kapitel zwar vom Leben eines Jungen aus der Provinz, der wegen fehlender Ausweispapiere ins Gefängnis kommt und dann selber Polizist wird, danach aber verliert sich dieser Protagonist, und es werden zusammenhangslos spannende und komische Geschichten von Räubern und Dieben berichtet. Vielleicht A.' von der Stimmung her kohärentestes Werk ist *Un viaje al país de los matreros* (1896, 1966), ein Bericht über die Landschaft und die Schicksale vieler von der Obrigkeit verfolgter ehemaliger Gauchos und Viehdiebe, die nun als Fischer am Unterlauf des Paraná ihr Leben fristen. Um dem Vorwurf eines zu direkten Realismus zu begegnen, schrieb A. *En el mar austral* (1898), eine fast naturwissenschaftlich exakte Darstellung der Bewohner, Fauna und Flora von Feuerland, wo er nie gewesen war. Zu seinen Frühwerken zählen die erotischen und damals als pornographisch empfundenen Erzählungen *Esmeraldas* (1885) sowie ein kommentiertes Fotoalbum *Vida de los ladrones y sus maneras de robar* (1887).

Ausgaben: *Obras completas*. Hg. F. J. Solero. BA 1954, 1961. – *Fray Mocho desconocido*. Estudio y compilación de P. L. Barcia. BA 1979.
Literatur: G. Ara, *Fray Mocho*. BA 1963. – M. Marín, *Fray Mocho*. BA 1967.

Anderson Imbert, Enrique

* 12.2.1910 in Córdoba (Arg.). Er studierte Philologie in Buenos Aires und übernahm 1941 einen Lehrstuhl für Literatur an der Universität von Tucumán. 1943 war er Sekretär der arg. Delegation am Kongreß für Erziehung in Panamá. Seit 1947 lehrt er als Professor in den USA, 1965-73 an der Harvard University.

Er veröffentlichte neben Erzählungen und Romanen zahlreiche literaturwissenschaftliche Arbeiten, unter anderen *Historia de la literatura hispanoamericana* (1954, 1970), ein brillant geschriebenes, zuverlässiges Standardwerk, das auch Autoren und Werken, die A. I. aus ideologischen Gründen ablehnt, einfühlsame Passagen widmet. Als Erzähler zählt er zur fantastischen Literatur. Wie ↑Bioy Casares oder J. L. ↑Borges schreibt er für Leser mit »wachem Verstand, die der Metaphysik ebenso zugetan sind wie der Analyse und diszipliniert die Gesetze eines raffinierten Spiels zu beachten wissen«. Seine erste Sammlung von Erzählungen *Las pruebas del caos* (1946) erschien später in erweiterter Form u.d.T. *El grimorio* (1961). Fantasie bedeutet hier die eigentliche schöpferische Kraft menschlicher Existenz; sie zerlegt die Realität, um aus den einzelnen Teilen eine weniger unvollkommene Welt zu konstruieren. In einer weiteren Sammlung *El gato de Cheshire* (1965) hat sich A.I., wie er schreibt, auf die »schmale Linie eines rein imaginativen Ausdrucks« zurückgezogen.

Weitere Werke: Romane: *Vigilia* (1934), *Fuga* (1951); Erzählungen: *La sandía y otros cuentos* (1969), *La locura juega al ajedrez* (1971), *La botella de Klein* (1975), *El mentir de las estrellas* (1979); Ausgabe: *En el telar del tiempo. Narraciones completas.* BA 1986, 5 Bde.; Studien, Essays (Auswahl): *La flecha en el aire* (1937), *El arte de la prosa en Juan Montalvo* (1948), *Los domingos del profesor* (1965), *Genio y figura de Sarmiento* (1967), *La originalidad de Rubén Darío* (1967), *Métodos de crítica literaria* (1969), *Estudios sobre letras hispánicas* (1974), *El realismo mágico y otros ensayos* (1976), *Teoría y técnica del cuento* (1979), *Evocación de sombras en la ciudad geométrica* (1989).

Literatur: H. Giacoman (Hg.), *Homenaje a E.A.I.: variaciones interpretativas en torno a su obra.* Long Island City, NY 1973. – M.H. Lusky, *The Function of Fantasy: Creativity and Isolation as Related Themes in the Fiction of E. A. I.* LALR, 7 (1979), 14, 28-39. – R. Rexach, *E. A. I., un novelista de tres tiempos: Vigilia, Fuga, Victoria.* ALH, 14 (1985), 151-160.

Ardiles Gray, Julio

* 6.5.1922 in Monteros/Tucumán. Über 20 Jahre lang war er Lehrer in seiner Heimatprovinz. 1943 gründete er mit anderen Schriftstellern die Gruppe und den Verlag »La Carpa«, die im kulturellen Leben des arg. Nordostens eine wichtige Rolle spielten. Als freier Journalist schrieb er u.a. für »La Gaceta«, »La Nación« und ab 1971 für »La Opinión«, in der seine auf Tonbandaufzeichnungen beruhenden »Historias de vidas« erschienen.

A. G. hat Romane, Erzählungen, Theaterstücke und – gelegentlich – Lyrik veröffentlicht. Sozialer und geographischer Hintergrund seiner Romane ist das ländliche Tucumán. Hauptsächlich geht es A. G. um die psychische Dimension seiner Figuren, deren existentielle Problematik bestimmt wird durch die Entdeckung einer Realität, vor der sie sich mit ihren subjektiven Vorstellungen abzusichern suchten. In *Elegía* (1952) sind es zwei Kinder, die angewidert das Anderssein ihrer idealisierten Bezugspersonen wahrnehmen. In *Los amigos lejanos* (1956), dem ersten Teil eines Zyklus, der außerdem *Los médanos ciegos* (1964) und *Las puertas del paraíso* (1968) umfaßt, entfaltet sich eine ähnliche Thematik in der Konfrontation von drei Generationen, wobei diesmal das mythische und schrullige Weltbild der Großeltern durch die Enkel ins Wanken gerät. A. G.s Interesse an der mündlichen Überlieferung, das bereits die Romane erkennen lassen, führte dann zu den erwähnten »Lebensgeschichten«, von denen die Sammlungen *Historias de taxímetros* (1980) und *Historias de artistas* (1981) sowie der Lebensbericht einer Prostituierten, *Memorial de los infiernos* (1972) vorliegen.

Weitere Werke: Romane: *La grieta* (1952), *El inocente* (1964); Erzählungen: *Cuentos amables, nobles y memorables* (1964), *La noche de cristal y otros cuentos* (1987); Lyrik: *Tiempo deseado* (1944), *Cánticos terrenales* (1951); Theater (Ausgaben): *Vecinos y parientes* (1970), *Personajes y situaciones* (1989).
Literatur: M. de los M. de la Vega, *En aguas del recuerdo*. BA 1979.

Arlt, Roberto
* 2.4.1900 in Buenos Aires, † 26.7.1942 ebd. Seine Eltern, eine Österreicherin und ein Deutscher, waren wenige Jahre vor seiner Geburt in Argentinien eingewandert. Haß auf den preußisch strengen Vater und Unstimmigkeiten mit der Mutter, die in Religion und Okkultismus einen Ausweg aus Frustration und Einsamkeit suchte, trieben ihn frühzeitig aus dem Elternhaus. Er übte die verschiedensten Tätigkeiten aus, bis er mit 20 Jahren eine junge Dame aus wohlhabender Cordobeser Familie kennenlernte und heiratete. Nach wenigen Jahren war die Mitgift seiner Frau größtenteils in fehlgeschlagenen kaufmännischen Unternehmungen aufgebraucht. Von Córdoba zog er mit seiner Familie nach Buenos Aires, wo er 1927 als Reporter bei der Zeitung »Crítica« Arbeit fand. Von dieser wechselte er nach einiger Zeit zu »El Mundo« über, für die er ab 1929 jeden Tag seine beliebten gesellschaftskritischen Kolumnen *Aguafuertes porteñas* schrieb. 1935 schickte ihn »El Mundo« als Korrespondenten nach Spanien und Span. Marokko. Kurz vor Ausbruch des Bürgerkriegs kehrte er nach Argentinien zurück. In den letzten Jahren seines Lebens hoffte er, dank einer Erfindung gummiverstärkter Damenstrümpfe, die er sich patentieren ließ, dem Zustand drükkender finanzieller Schwierigkeiten entrinnen zu können.
A.s literarisches Werk fand zu seinen Lebzeiten nur geringe Beachtung. Erst in den 50er Jahren wurde es rehabilitiert und als Gegenmodell zum Werk ↑Borges' nicht nur von marxistischen Intellektuellen wie D. ↑Viñas oder P. ↑Orgambide, sondern auch von Autoren wie J. ↑Cortázar anerkannt, der damals zum bürgerlich-liberalen Kreis um die Zeitschrift »Sur« gehörte. Im Unterschied zur sozialkritischen Literatur naturalistischer Prägung der »Boedo-Gruppe« (E. ↑Castelnuevo, L. ↑Barletta u.a.) erreichte A. durch die fantastische Überhöhung der persönlichen Tragödien seiner kleinbürgerlichen Gestalten eine neue Dimension. Zugleich entwickelte er durch Einbeziehung der Umgangssprache von Buenos Aires einen ausdrucksstarken Stil. Der Mensch, wie A. ihn sieht, ist nicht allein durch seine Klassenzugehörigkeit konditioniert, sondern hat teil am allgemeinen Zustand einer Welt, in der niemand sein Glück findet und in der Freiheit die Verdammung zu unüberwindbarer Einsamkeit bedeutet. »Die Menschen gleichen eher Monstren, die in der Finsternis herumwaten, als den leuchtenden Engeln der alten Geschichten«, schrieb er einmal mit sarkastischer Trauer. Sein erstes Werk, der Roman *El juguete rabioso* (1926), knüpft formal an die Tradition des Schelmenromans an. Silvio, der jugendliche Held, zunächst eifriger Leser von Räubergeschichten und Gründer einer Diebesbande, dann Buchhändler, Schüler einer Militärschule, Vertreter einer Papierhandlung, findet schließlich als Denunziant eines Freundes vermeintlich gesellschaftliche Anerkennung. Buenos Aires als Ort äußerer und moralischer Scheußlichkeiten ist auch das Szenarium des Romans *Los siete locos* (1929, dt. *Die sieben Irren*, 1971) und seiner Fortsetzung *Los lanzallamas* (1931, dt. *Die Flammenwerfer*, 1973). Der Realismus der Details, der psychologischen und soziologi-

schen Beobachtungen wird hier einer fantastischen Fabel untergeordnet: Die »sieben Irren«, zu denen der Protagonist Erdosain gehört, planen den gewaltsamen Umsturz der bestehenden Ordnung. Zur Finanzierung des Vorhabens entführen sie den reichen Barsut und erpressen von ihm das Geld, das sie zur Einrichtung einer Bordellkette benötigen, mit deren Einkünften dann die industrielle Fertigung von Giftgaswaffen bestritten werden soll. Erdosain, der als Erfinder an dem Projekt maßgeblich beteiligt ist, spiegelt in seiner Existenz die moralische Krise seiner kleinbürgerlichen Klasse wider. Der Weg seiner Ängste und Frustrationen führt zum Selbstmord, dem der Mord an einem Mädchen, das er in einer Mischung aus Zynismus und Selbsterniedrigung zu seiner Geliebten machte, vorausgegangen ist. A.s letzter Roman *El amor brujo* (1932), dessen konzentrierter Aufbau schon auf den Dramatiker verweist, analysiert den Komplex der bürgerlichen Moral und ihrer Widersprüche im Verhältnis der Geschlechter. Das Ergebnis ist nicht nur ein System von Vorurteilen, Heuchelei und Perfidie, sondern das sich selbst entfremdete, sich selbst zerstörende Individuum. Balder, nicht weniger pathologisch als Erdosain und wie dieser von der Obsession der reinen Liebe und der unberührten Frau beherrscht, macht sich und die Geliebte zum Opfer seiner absoluten Vorstellungen. Die Zerstörung einer konkreten Illusion ist dabei nur äußerlicher Höhepunkt einer von vornherein zum Scheitern bestimmten Konstellation. Die von spezifisch arg. Verhältnissen ausgehenden Probleme der Romane sowie des Erzählungsbandes *El jorobadito* (1933) hat A. in eine Reihe von Theaterstücken umgesetzt. Psychologischem Realismus ist noch sein erster dramatischer Versuch *Prueba de amor* (1932) verhaftet. *Trescientos millones* (1932) nimmt in seiner engen Verknüpfung von Irrealität und Wirklichkeit manche Elemente des späteren absurden Theaters vorweg. Das für L. ↑Barlettas »Teatro del Pueblo« geschriebene Stück handelt von dem Selbstmord eines Dienstmädchens. A. interpretiert diesen Tod als paradoxe Konsequenz des Traums von einem idealisierten Lebensglück. Das Absurde in der Form der Aufhebung der Grenzen zwischen Wahnsinn und Rationalität wird in *Saverio El cruel* (1936) in verschiedenen Etappen durchgespielt: von der aufwendig inszenierten idiotischen Burleske gelangweilter Bürgersöhne und -töchter über den Größenwahnanfall des Butterhändlers Saverio bis zu dessen tragischem Tod als Opfer einer tatsächlich Wahnsinnigen. Märchenhaft und abenteuerlich ist das Stück *Africa* (1938), das ebenso wie die Erzählungen *El criador de gorilas* (1936) von A.s Marokko-Erfahrungen inspiriert ist. Das fünfaktige Drama »in orientalischer Manier« endet mit einer sinnbildhaften Groteske. Trotz in Aussicht gestellter Gewinnbeteiligung läßt sich der von seinem Lehrherrn mißhandelte Hussein nicht von der Rache abhalten. In wunderbarer Weise gesundet sein verstümmelter Fuß, als er den des Peinigers abgehackt hat. Die Verflechtung von Kapitalismus und Faschismus prangert das bühnenwirksame, aber nur ein einziges Mal aufgeführte Stück *La fiesta del hierro* (1940) an. Auf dem Höhepunkt des für den Waffenfabrikanten veranstalteten Festes wird dieser unwissentlich zum Mörder seines Sohnes und damit zum schuldigen Opfer einer Zivilisation, in der Habgier und skrupelloser Egoismus fatale Kräfte entfesselt haben.

Ausgaben: *Novelas completas y cuentos.* BA 1963, 3 Bde. – *Teatro completo.* BA 1968, 2 Bde. – *Las aguafuertes porteñas de R. A.* Hg. D.C. Scroggins. BA 1981. –

Obras completas. Pról. de J. Cortázar. BA 1981.
Literatur: D. Guerrero, *R. A. el habitante solitario*. BA 1972. – S. Gostautas, *Buenos Aires y A*. Madrid 1977. – B. Pastor, *R. A. o la rebelión alienada*. Gaithersburg 1980. – O. Masotta, *Sexo y traición en R. A.* BA ²1982. – J. Amícola, *Astrología y fascismo en la obra de A.* BA 1983. – R. Gnutzmann, *R. A. o el arte del calidoscopio*. Bilbao 1984. – E. Goldar, *Proceso a R. A.* BA 1985. – J. M. Flint, *The Prose Works of R. A.* Durham 1985. – M. Goloboff, *La renovación de la narrativa: R. A.* Barcelona 1985. – M. Arlt, *Prólogos a la obra de mi padre*. BA 1986. – A. M. Zubieta, *El discurso narrativo arltiano. Intertextualidad, grotesco y utopía*. BA 1987. – R. Gnutzmann, *Bibliografía selectiva sobre R. A.* RIB, 39 (1989), 1, 3-20. – M. Goloboff, *Genio y figura de R. A.* BA 1989.

Ascasubi, Hilario

* 14.1.1807 in Fraile Muerto/Córdoba (Arg.), † 17.11.1875 in Buenos Aires. Als Schiffsjunge lernte er die Hafenstädte Europas kennen. 1823 kam er nach Argentinien zurück, nahm bald auf der Seite der Unitarier an den Bürgerkriegen teil, emigrierte 1829 nach Montevideo und wurde 1830 bei einer heimlichen Rückkehr nach Buenos Aires ins Gefängnis geworfen. 1832 gelang ihm die Flucht nach Montevideo, wo er 19 Jahre lebte und unermüdlich in Gazetten und Flugblättern gegen Rosas polemisierte. Als Oberst nahm er unter J. J. de Urquiza an der Entscheidungsschlacht von Caseros, 1852, teil. Ein Jahr später ergriff er die Partei der aus der Konföderation ausgebrochenen Hauptstadt und polemisierte nun gegen Urquiza. Mit dem Regierungsauftrag der Anwerbung von Rekruten lebte er von 1862-73 in Europa.

Sein im stilisierten Dialekt der Gauchos geschriebenes satirisches und episches Gesamtwerk, das er 1872 in Paris editierte, umfaßt drei umfangreiche Bände. Unter dem Titel und Pseudonym *Paulino Lucero* faßte er alle Schmähschriften, z. T. in Dialogform, und Spottgedichte auf Rosas und seine blutgierigen Mazorqueros, wie sich dessen Schergen nannten, zusammen. Die nächste »gauchi-politische« Kampagne gegen Urquiza führte A. unter dem Pseudonym »Aniceto el Gallo«. A.s Hauptwerk ist die 1850 begonnene, in Paris vollendete Versdichtung *Santos Vega, o Los mellizos de La Flor* (1872). Der Erzähler der fast 14000 Verse langen Dichtung ist der alte Gauchosänger Santos Vega, den sein Alter nicht daran hindert, mit seiner Gastgeberin Juana unter den eifersüchtigen Blicken ihres Mannes Rufo heftig zu flirten. Bei dem mehrere Tage währenden Aufenthalt im Rancho von Juana und Rufo erzählt er – unter reichlichem Alkoholzuspruch – mit einer Fülle von Details und Nebenepisoden die Geschichte der Estancia »La Flor« und ihrer Bewohner. Als Zeitrahmen werden die Jahre 1778 und 1808 angegeben. Die Haupthandlungsträger sind die ungleichen Zwillinge Luis und Jacinto. Luis, Räuber, Mörder und Viehdieb, verunglückt unter den Rädern eines Ochsenkarrens, als er den scheintoten Jacinto zum Friedhof bringt. Auf dem Sterbebett beichtet er seine Untaten. Außerordentlich ist die Leichtigkeit des Versflusses (Dezimen, Redondillas, Romances und Quintillas) dieser Dichtung, deren Sinn auf dem Glauben an eine weltimmanente Gerechtigkeit beruht.

Ausgaben: *Paulino Lucero. Aniceto el Gallo. Santos Vega*. Sel. y presentación de J. L. Borges. BA 1960. – *Antología de la poesía gauchesca*. Hg. H. J. Becco. Madrid 1972, 123-1065 (mit Bibliographie).
Literatur: R. A. Borello, *Hernández y A*. RI, 40 (1974), 87/8, 393-408. – D. Lagmanovich, *Tres cautivas: Echeverría, A., Hernández*. CHASQUI, 8 (1979), 3, 24-33.

Asís, Jorge

* 1946 in Avellaneda, einem Vorort von Buenos Aires. Ein Studium der Literaturwissenschaft mußte er wegen finanzieller Schwierigkeiten abbrechen. Einige Jahre arbeitete er als Hausierer, danach war er journalistisch tätig. Unter dem Pseudonym Oberdán Rocamora schrieb er in der Art der »Aguafuertes« von R. ↑Arlt bis 1982 respektlos kritische Chroniken für die Zeitung »Clarín«.

A. hat Romane, Erzählungen und einen Gedichtband, *Señorita vida* (1970), veröffentlicht. Der Erfolg der ersteren beruht u. a. auf ihrem Aktualitätsbezug, einer souverän gehandhabten umgangssprachlichen Diktion und einem sarkastischen Humor, der illusionslos den moralischen Verfall der arg. Gesellschaft registriert. In dem Roman *La familia tipo* (1974) wird dieser am Beispiel einer gehobenen kleinbürgerlichen Familie demonstriert: Die attraktive Ehefrau befriedigt ihre sexuellen Bedürfnisse nicht nur mit einem Hausfreund, sondern geht auch mit dem Dienstmädchen gemeinsam auf den Strich, das Dienstmädchen wiederum schläft gelegentlich mit dem Ehemann, die verheiratete Schwiegermutter mit zwei Jugendfreunden. Zumeist veranstaltet man Parties oder sieht fern. Die politische Situation zur Zeit der Rückkehr Peróns nach Argentinien, 1973, und das Massaker an linken Peronisten in der Nähe des Flughafens von Ezeiza ist Gegenstand von *Los reventados* (1974). Zwei Handlungsebenen werden miteinander verflochten: der Versuch einiger Randexistenzen, mit einem Perón-Poster reich zu werden, und die Geschehnisse von Ezeiza. *Flores robadas en los jardines de Quilmes. Canguros 1* (1980) spielt in Buenos Aires zur Zeit der letzten Militärdiktatur. Das linke Engagement vor 1976, die ständige Frage, ob man das Land verlassen soll und schließlich der Rückzug ins Private sind die Eckpunkte der Situation der Romanfiguren. *Carne picada. Canguros 2* (1981) beschreibt eine weitere Etappe der Verfallsprozesse der einstigen Idealisten.

Weitere Werke: Romane: *Don Abdel Zalim, el burlador de Domínico* (1972), *Rescate en Managua* (1985); Erzählungen: *De cómo los comunistas se comen a los niños* (1971), *La manifestación* (1971), *Fe de ratas* (1976); Chroniken, Essays: *Cuaderno de Oberdán Rocamora* (1977), *El Buenos Aires de Oberdán Rocamora* (1981), *La ficción política* (1985), *El pretexto de París* (1985).

Literatur: A. Avellaneda, *›Best-seller‹ y código represivo en la narrativa argentina del 80: el caso A.* RI, 49 (1983), 983-996.

Banchs, Enrique

* 8.2.1888 in Buenos Aires, † 6.6.1968 ebd. In seiner Jugend veröffentlichte er vier Gedichtbände, die ihn als einen der größten Lyriker seines Landes neben L. ↑Lugones auswiesen, danach hüllte er sich in ein fast undurchdringliches Schweigen, über dessen Beweggründe er nie Auskunft geben mochte. Obwohl er längst zur Legende geworden und seine Bücher unauffindbar waren, galt er im Rahmen des offiziellen Literaturbetriebs weiterhin als bedeutender Autor und war ab 1941 Mitglied der »Academia Argentina de Letras« und Präsident des arg. Schriftstellerverbandes.

In seinen ersten Gedichtbänden *Las barcas* (1907) und *El libro de los elogios* (1908) herrschen euphorische Klänge vor. Vom Modernismus hat B. den Kult der Perfektion, nicht jedoch dessen exotische Ornamentik übernommen. So sind seine Verse von nahezu durchsichtiger Klarheit. Als einer der ersten behandelt er, z. B. in den »Tres bocetos« in *Las barcas*, Gegenstände des Alltags. Danach greift er allerdings nicht mehr auf diese Thematik zurück. In *El cascabel del halcón*

(1909) wendet er sich der Welt des Spätmittelalters zu. Im zweiten Teil dieses Werkes kommen Töne persönlich erfahrener Trauer zum Ausdruck. Der Schmerz über eine gescheiterte Jugendliebe ist das Hauptthema von *La urna* (1911). In eindrucksvoller Monotonie kreisen die 100 Sonette des Bandes um das Gefühl der Einsamkeit in der Liebe, das sich ausweitet zur Erfahrung universeller Sinnleere menschlichen Daseins: »... mit der Nutzlosigkeit eines Blinden sehe und verstehe ich nichts mehr als den Himmel.« Vereinzelt erschienen nach 1911 noch einige Gedichte sowie ein paar Kurzgeschichten in verschiedenen Zeitschriften.

Ausgaben: *Poemas selectos*. ME 1921. – *Antología*. BA 1941. – *Versos y prosa*. BA 1950. – *Cantos del anochecer, 1908-1955*. Hg. D. Martínez. BA 1966. – *Obra poética*. BA 1973.
Literatur: A. Mazzei, *El modernismo en la Argentina: E. B.* BA 1964. – L. de Vedia, *E. B.* BA 1964. – D. Martínez, *E. B.; poeta del sentimiento humano*. BA 1975.

Barbieri, Vicente

* 31.8.1903 bei Alberti/Buenos Aires, † 10.9.1956 in Buenos Aires. In seiner Jugend war er Landarbeiter, Setzer und Volksschullehrer, danach vor allem als Journalist tätig. 1955 wurde er zum Präsidenten des arg. Schriftstellerverbandes gewählt.

B. gehört zur neo-romantischen »Generation von 1940«. Das Hauptthema seiner Lyrik ist die Pampalandschaft der Provinz Buenos Aires, die jedoch nicht aus betrachtender Distanz beschrieben, sondern aus den fantasieerfüllten Bildern der Kindheit rekonstruiert wird. »La balada del río Salado« aus *Corazón del Oeste* (1941), eines seiner berühmtesten Gedichte, gewinnt intensiven Stimmungsgehalt durch die Überlagerung von konkreter Gegenständlichkeit, kindlicher Verzaubecrung und meditativer Beschaulichkeit. In der Bildhaftigkeit erinnert B. gelegentlich an García Lorca, deutlicher sind jedoch Anklänge an die gauchesken Dichter H. ↑Ascasubi und J. ↑Hernández.

Weitere Werke: Lyrik: *Fábula de corazón* (1939), *Nacarid Mary Glynor* (1939), *Arbol total* (1940), *El bosque persuasivo* (1941), *La columna y el viento* (1942), *Número impar* (1943), *Cabeza yacente* (1945), *Cuerpo austral* (1945), *Anillo del sal* (1946), *El bailarín* (1953); lyrische Prosa: *El río distante* (1945), *Desenlace de Endimión* (1951); Roman: *El intruso* (1958); Theater: *Facundo en la ciudadela* (1956).
Ausgaben: *Obra poética*. BA 1961. – *Prosas dispersas*. La Plata 1970. — *V. B. y el Salado*. Hg. H. Salas. La Plata 1970.
Literatur: J. L. Ríos Patrón, *V. B.* BA 1954. – C. Rosales, *V. B.: vida y poesía*. BA 1967.

Barletta, Leónidas

* 30.8.1902 in Buenos Aires, † 15.3.1975 ebd. Als Jugendlicher arbeitete er in der Schusterei eines Onkels, bis er eine Anstellung beim Hafenzollamt von Buenos Aires fand. Neben E. ↑Castelnuovo, R. ↑Mariani und A. ↑Yunque gehörte er in den 20er Jahren zum festen Stamm der sozialengagierten »Boedo-Gruppe«. 1930 gründete er das »Teatro del Pueblo«, das als eine der besten Sprechbühnen Lateinamerikas galt, und leitete es bis zu seinem Tod. Fast alle Theaterstücke R. ↑Arlts wurden hier aufgeführt. 1938-43 gab er die Kulturzeitschrift »Conducta« heraus, 1951-75 die politische Zweiwochenzeitschrift »Propósitos«, für die er außer den Leitartikeln zahllose weitere Beiträge verfaßte. 1946-51 war er Vorsitzender des arg. Schriftstellerverbandes.

Wie auch den anderen »Boedo«-Mitgliedern ging es B. um eine »realistische« Erfassung von Schicksalen und Lebensumständen der unteren Bevölkerungsschichten. Gemeinsame Vorbilder waren Dostojewski, Gorki und M. ↑Gálvez, der mit seinem moralistisch sentimentalen Roman aus dem Prostituierten-Milieu *Historia de arrabal* besonders auf B.s frühe Romane *María Fernanda* (1926?), *Vidas perdidas* (1926) und *Vientres trágicos* (1928?) einwirkt. Ein neuer Abschnitt beginnt mit *Royal Circo* (1927). Hier gelingt es B., die Geschichte eines ärmlichen Wanderzirkus zu einer tragfähigen Romanfabel auszubauen. Aber seine Stärke liegt eindeutig in der sicheren Erfassung von Episoden, überraschenden Gesten und stimmungsvollen, zumeist anrührenden Details. Insofern sind auch seine weiteren Romane Sammlungen von Geschichten, die entweder den Lebensweg des Protagonisten illustrieren oder nur durch das Milieu zusammengehalten werden. *La ciudad de un hombre* (1943) ist die auktorial erzählte Autobiographie, die mit der Entwicklung von Buenos Aires zwischen 1900 und 1930 verzahnt wird. *Historia de perros* (1950) schildert in lockerer Episodenfolge das Leben einer Familie und verschiedener Hunde in einer Elendssiedlung. Ein ähnliches Ambiente wird in *Aunque llueva...* (1970) gestaltet. *De espaldas a la luna* (1964) besteht aus den Lebensgeschichten einer eingewanderten Italienerin und ihrer 14 Kinder. Das Milieu der arg. Oberschicht wird – ohne schärfere Sozialkritik – in *Un señor de levita* (1972) behandelt. Zu B.s weiteren Werken gehören die Romane *El barco en la botella* (1945) und *Primer cielo de Buenos Aires* (1960), mehrere Erzählungs- und Lyrikbände, Theaterstücke, Essays und zwei aus der Theaterpraxis erwachsene Lehrbücher.

Literatur: R. Larra, *L. B., el hombre de la campana.* BA 1978 (mit Bibliographie).

Bayer, Osvaldo

* 18.2.1927 in Santa Fe. Er studierte Literaturwissenschaft in Buenos Aires und Hamburg (1953-55). Seither journalistisch tätig, u.a. viele Jahre bei der Zeitung »Clarín«. Als Gewerkschafter war er häufig politischer Verfolgung ausgesetzt. Zur Zeit der Militärdiktatur, 1976-83, lebte er im Exil in der BRD und klagte unermüdlich die Greuel des Militärs in seinem Lande an. Seit der Wiederherstellung der Demokratie arbeitet er weiterhin aktiv bei der Menschenrechtsorganisation der »Mütter der Plaza de Mayo« mit.

B.s Hauptwerk ist die vierbändige historiographische Darstellung *Los vengadores de la Patagonia trágica* (1972-78), in der er auf der Grundlage langjähriger Recherchen Zusammenhänge und Hintergründe des Massakers an patagonischen Landarbeitern 1921/22 rekonstruiert. Die Bedeutung des Werkes liegt darin, daß im Gegensatz zur offiziellen Historiographie hier ein nationales Geschichtsbild aus der Perspektive der Opfer entworfen und die Anonymität der Beteiligten aufgehoben wird. Der große Erfolg des 1974 verfilmten Werkes ist zum einen auf seine politische Brisanz zurückzuführen, da die Verantwortlichen für das ungeheuerliche Verbrechen z. T. noch lebten und hohe Ämter bekleideten. Zum anderen ergab sich aus der minutiös dokumentierten Faktizität des Werks gegenüber fiktionalen Auseinandersetzungen mit der gesellschaftlichen Wirklichkeit – z.B. D. ↑Viñas' *Los dueños de la tierra* – eine wegweisende ästhetische Alternative. Zu B.s sonstigen Publikationen gehören Arbeiten über den arg. Anarchismus: *Severino di Giovanni, el idealista de la violencia* (1970, ^{2}1990) und *Los anarquistas expropiadores* (1975); der zusammen mit J. ↑Gelman verfaßte Band *Exilio* (1984), der drei Essays von B. über seine Erfahrungen in Deutschland enthält; die von ihm mitherausgegebene Dokumentation *Die verschwundenen Kinder Argentiniens* (1982).

Bayley, Edgar
*1919 in Buenos Aires, †1990. Als Spiritus rector des »Invencionismo« postulierte er in den Zeitschriften »Arturo« (1944) und »Invención 2« (1945) eine Erneuerung der Lyrik. Die Programmpunkte: Unabhängigkeit des lyrischen Bildes vom Konkreten, Erschaffung einer eigenen Realität im Gedicht, »eine energische Verneinung der Melancholie« und schließlich noch »schöpferischer Jubel« mochte V. ↑Huidobro schon 30 Jahre vorher ähnlich formuliert haben, aber für viele junge arg. Lyriker wurden sie Richtschnur und Offenbarung. An ihr hielten auch die Mitarbeiter der Zeitschrift »Poesía Buenos Aires« (1950-60) fest, die er zeitweise mit R. G. ↑Aguirre herausgab. Die interessantesten Gedichte B.s sind dann auch jene, die sich nicht an das Programm halten, sondern vom Konkreten ausgehend individuelle und kollektive Erfahrung hinterfragen. Als Tendenz ist das schon in einigen Gedichten von *La vigilia y el viaje* (1961) erkennbar. In *Celebraciones* (1976) erfolgt eine Vertiefung in die Materialität der Sprache, in der Absicht, den Signifikanten einen Sinn jenseits des konventionellen Sprachgebrauchs zuzumessen. *Alguien llama* (1983) ist Gipfelpunkt einer Entwicklung, die von der auch politisch bedingten Realitätsaversion des »Invencionismo« wegführt hin zur intimen Poetik von »La claridad«: »Mich hat immer die Klarheit verführt | Besonders die Klarheit der Wacholderblätter ...«.

Weitere Werke: Lyrik: *En común* (1949), *El día* (1968), *Obra poética* (1976), *Nuevos poemas* (1981); Essays: *La poesía como realidad y como comunicación* (1958), *Realidad interna y función de la poesía* (^{2}1966), *Estado de alerta y estado de inocencia* (1988?); Theater: *Farsa de la primavera* (UA 1951).

Bianco, José
*1909 in Buenos Aires, †24.4.1986 ebd. Er war von 1938 bis 61 Redaktionschef der Zeitschrift »Sur«. Danach gab er die Monographien-Serie »Genio y figura« des Verlages der Universität von Buenos Aires heraus. Aus Protest gegen die Intervention der Universität nach dem Militärputsch von 1966 trat er von dem Amt zurück.
Im literarischen Kontext Argentiniens griff B. mit seinen Romanen *Sombras suele vestir* (1941) und *Las ratas* (1943) insofern der Entwicklung voraus, als in ihnen das Dargestellte dem Modus der Darstellung untergeordnet und der Leser gezwungen wird, das von ihm wahrgenommene Wirklichkeitsbild zu revidieren. *Sombras suele vestir* ist zunächst die – trügerisch reale – Geschichte einer jungen Prostituierten, Jacinta, die mit ihrer Mutter und einem autistischen Bruder zusammenlebt. In der Todesnacht der Mutter bittet sie den Geliebten, Stocker, den Bruder in einem Sanatorium unterzubringen, und verschwindet. Im weiteren Verlauf der Handlung, die sich im Sanatorium abspielt, wird erkennbar, daß die Geschichte zwischen Jacinta und Stocker, wie dieser sie einem Dritten erzählt, falsch sein muß, da sich Jacinta beim Tod ihrer Mutter das Leben genommen hat. Auch in *Las ratas* gewinnt der Text vom Schluß her eine neue Dimension, gerät der Lebensbericht des Ich-Erzählers, der sich schließlich als Mörder seines Halbbruders, eines Rattenzüchters, zu erkennen gibt, ins Zwielicht. In einem weiteren, wesentlich umfangreicheren Roman als den vorausgehenden, in *La pérdida del reino* (1972), wird das Spiel mit verschiedenen Realitätsebenen bzw. das jeder realistischen Fiktion zugrundeliegende Spiel mit der Verführbarkeit des Lesers von Anfang an transparent gemacht. Der gesamte Text hat drei narrative Ebenen. Der

Hauptteil umfaßt die Lebensgeschichte Rufinos, eines Argentiniers aus wohlhabender Arztfamilie. Schul- und Universitätsbesuch, der gewaltsame Tod des Vaters, Liebschaften, die vor allem die Unmöglichkeit eines wahren Kontaktes mit der geliebten Person beweisen, langjähriger Europaaufenthalt, Krankheiten etc. werden mit der Gemächlichkeit und Detailfreude eines Romans des 19. Jh.s entfaltet. Die zweite Ebene konstituieren Rufinos Reflexionen im Verlauf der Erstellung seiner romanhaften Autobiographie. Auf der dritten Ebene, die dem eigentlichen Roman vorangestellt ist, wird ein Ich-Erzähler eingeführt, der den »defizienten« Text Rufinos in den vorliegenden Roman umschreibt. Zu B.s weiteren Werken gehören ein früher Erzählungsband *La pequeña Gyaros* (1932) und eine Sammlung literaturkritischer Aufsätze, *Ficción y realidad, 1946-1976* (1977).

Ausgabe: *Ficción y reflexión*. BA 1988.
Literatur: A. Prieto Taboada, *El poder de la ambigüedad en ›Sombras suele vestir‹, de J. B.* RI, 125 (1983), 717-730. – A. Gai, *Lo fantástico y su sombra: doble lectura de un texto de J. B.* HISPA, 34/35 (1983), 35-50. – A. Prieto Taboada, *Ficción y realidad de J. B. (1908-1986)*. RI, 52 (1986), 137, 957-962. – Ders., *J. B. (entrevista)*. HISPA, 50 (1988), 73-86.

Bioy Casares, Adolfo
* 15.9.1914 in Buenos Aires. Die Kindheit verbrachte er abwechselnd in der Großstadt und der Estancia seiner Familie. Mit 15 Jahren publizierte er sein erstes Buch *Prólogo* (1929). Eine Zeitlang studierte er Jura und Philosophie. Mit J. L. ↑Borges, dem er in lebenslanger Freundschaft verbunden bleibt, gründete er 1936 die kurzlebige Zeitschrift »Destiempos«, mit ihm leitete er 1945-56 auch die Kriminalroman-Reihe »El Séptimo Círculo«. 1940 heiratete er die Schriftstellerin Silvina ↑Ocampo. 1970 erhielt er den Premio Nacional, 1990 den Cervantes-Preis.

B.C. ist einer der Großen der fantastischen Literatur. Sein Werk umfaßt Romane, Erzählungen und Filmdrehbücher. Außerdem gab er mit S. Ocampo und Borges Anthologien von fantastischen Erzählungen und Kriminalgeschichten heraus und verfaßte in Zusammenarbeit mit letzterem unter dem Pseudonym H. Bustos Domecq die Kriminalparodien *Seis problemas para don Isidro Parodi* (1942; dt. *Sechs Aufgaben für Don Isidro Parodi*, 1969). Erfindungsgabe, scharfe Logik auch im Bereich des Fantastischen, Subtilität und sprachliche Disziplin schrieb er einmal seinem Mitarbeiter zu. Die gleichen Qualitäten finden sich in seinem eigenen Œuvre. Sein berühmtestes Werk – und von ihm selbst als erstes gelungenes anerkannt – ist der Roman *La invención de Morel* (1940; dt. *Morels Erfindung*, 1965). Ein Flüchtling gelangt auf eine Insel, die er für unbewohnt hält, bis er einer Gruppe von Menschen begegnet. Er verliebt sich in eine gewisse Faustine, der zuliebe er sich schließlich, als er entdeckt, daß die Personen nicht leben, sondern von Morels Apparaturen projiziert werden, in die künstliche Ewigkeit dieser Projektion mit einbezieht. Die Spekulationen des Helden über Realität, Metaphysik und Unsterblichkeit werden ironisch durch die Erkenntnis entwertet, daß Morels Erfindung die plausiblere Erklärung darstellt. In seiner Glätte und Perfektion hat der Roman zu verschiedenen Interpretationen Anlaß gegeben: als Metapher der Liebe – Schatten, die hinter Schatten herlaufen – oder des künstlerischen Schaffensprozesses, als eine ironische Metaphysik oder auch als eine künstlich und ideologisch reduzierte Realität. Ein Gefängnis auf einer Insel ist Schauplatz von *Plan de evasión* (1945;

dt. *Fluchtplan*, 1977). Das Geschehen des Romans, der in einigen Zügen an H. G. Wells' *The Island of Doctor Moreau* (1896) erinnert, basiert auf der Idee des Direktors, seinen Gefangenen durch operativen Eingriff die totale Illusion der Freiheit zu geben, ein philanthropisches Unterfangen, das sich für ihn wie seine Opfer als fatal erweist. Ein neuer Abschnitt im Schaffen B. C.', der sich durch Verzicht auf futuristische Erfindungen und Zuwendung zum arg. Lokalkolorit auszeichnet, beginnt mit dem Roman *El sueño de los héroes* (1954; dt. *Der Traum der Helden*, 1977). Über die Geschichte eines ebenso mutigen wie finster grausamen Messerhelden – Schauplatz ist ein Vorort von Buenos Aires in den 20er Jahren – spannt sich das seelische Abenteuer des Protagonisten, einen Moment seiner Vergangenheit als Realität zurückzugewinnen. *Diario de la guerra del cerdo* (1969; dt. *Der Schweinekrieg*, 1971, danach u. d. T. *Tagebuch des Schweinekriegs*) ist z. T. eine boshafte Abrechnung mit der Arroganz und Brutalität der Jugend, z. T. der Alptraum vom Altsein, schließlich, was das glückliche Finale anbelangt, ein ironisch wehmütiges Märchen. *Dormir al sol* (1973; dt. *Schlaf in der Sonne*, 1976) ist ein fantastischer Thesenroman. Er belegt, daß menschliche Identität nicht auf dem vergänglichen Äußeren, sondern auf der Seele beruht, wie der Protagonist feststellt, als er seine schöne Frau wiederbekommt, nachdem ihr eine andere Seele eingepflanzt wurde. Der bisher letzte Roman *La aventura de un fotógrafo en La Plata* (1985) ist von einer trügerischen Einfachheit der Handlungsführung: Der Protagonist lernt zufällig eine Familie kennen, verliebt sich in die Tochter und gerät in eine merkwürdige Abhängigkeit. Das Alltägliche wird für ihn vieldeutig, Realität, Ängste und Halluzinationen gehen ineinander über. Das symbolhafte Geschenk eines Kaleidoskops am Romanende verweist ihn auf eine Wirklichkeit, die außerhalb zufälliger Konstellationen und subjektiver Wahrnehmung nicht existent ist.

Weitere Werke: Erzählungen: *17 disparos contra lo porvenir* (1933), *Caos* (1934), *La nueva tormenta* (1935), *La estatua casera* (1936), *Luis Greve muerto* (1937), *La trama celeste* (1948), *Historia prodigiosa* (1956), *Guirnalda con amores* (1959), *El lado de la sombra* (1962), *El gran Serafín* (1967), *Adversos milagros* (1969), *Historias fantásticas* (Ausw., 1972; dt. *Die fremde Dienerin*, 1983), *Historias de amor* (Ausw., 1972; dt. *Liebesgeschichten*, 1987), *El héroe de las mujeres* (1978), *Historias desaforadas* (1986), *Una muñeca rusa* (1990), *El lado de la sombra* (1991), *Unos Días en el Brasil* (1991); Essays, Sonstiges: *La otra aventura* (1969), *Breve diccionario del argentino exquisito* (1971, 1978); Werke in Zusammenarbeit mit S. Ocampo: *Los que aman odian* (Roman, 1946); mit J. L. Borges: *Dos fantasías memorables* (1946), *Un modelo para la muerte* (1946), *Crónicas de Bustos Domecq* (1967), *Nuevos cuentos de Bustos Domecq* (1977).
Ausgabe: *La invención y la trama. Obras escogidas*. Barcelona 1991.
Literatur: R. Puig Zaldívar, *Bibliografía de y sobre A. B. C.* RI, 86 (1974), 173-178. – S. J. Levine, *Guía de B. C.* Madrid 1982. – M. I. Tamargo, *La narrativa de B. C.* Madrid 1983. – O. H. Villordo, *Genio y figura de A. B. C.* BA 1983. – B. Curia, *La concepción del cuento en A. B. C.* Mendoza 1986, 2 Bde. – N. Ulla, *Aventuras de la imaginación. De la vida y los libros de A. B. C. Conversaciones*. BA 1990. – *A. B. C. Album. Premio Cervantes 1990*. Madrid 1991.

Blaisten, Isidoro
* 1933 in Concordia (Entre Ríos). Er lebt seit seiner Kindheit in Buenos Aires und war u. a. als Fotograf, Buchhändler und freier Literaturdozent tätig. Vor allem hat er Erzählungen publiziert. Ihre hervorstechenden Merkmale sind ein melancholischer, manchmal ausge-

lassener Humor und die virtuose Verwendung der arg. Umgangssprache. »Schreiben«, definierte B. einmal, »ist vielleicht nichts anderes als eine Organisationsform des Irrsinns«. In »El tío Facundo«, einer seiner bekanntesten Erzählungen (aus dem Band *La felicidad*, 1969) erfährt eine in bescheidenen Verhältnissen lebende Familie kurzfristig die befreiende Kraft des Irrsinns. Um wieder zur Normalität zurückzufinden, ermordet sie grausam jenen Onkel Facundo, der sie zu Selbstverwirklichung und Kreativität angeregt hatte.

Weitere Werke: Lyrik: *Sucedió en la lluvia* (1965); Erzählungen: *La salvación* (1971), *El mago* (1974), *Dublin al sur* (1979), *Cerrado por melancolía* (1981), *Cuentos anteriores* (1982), *Anticonferencias* (1984), *A mí nunca me dejaban hablar* (1985), *Carroza y reina* (1986).

Blomberg, Héctor Pedro

* 18.3.1890 in Buenos Aires, † 3.4.1955 ebd. Mütterlicherseits verwandt mit dem par. Diktator Solano López, verbrachte er seine Jugend in Paraguay. Nach einem abgebrochenen Jurastudium bereiste er Südamerika und Europa. Ab 1914 lebte er als Journalist in Buenos Aires.

B. faszinierten die gescheiterten Existenzen in den Hafenbars, deren Schicksal er in kräftigen Strichen umreißt. Sein Gespür für das Absonderliche, Finstere und Dramatische, seine einfühlsame Fantasie und die Konzeption einer glücklosen, zusammengewürfelten Menschheit hätten einen hervorragenden Schriftsteller ergeben können. Aber B. war zu bieder, um sich konsequent vom bürgerlich katholischen »Realismus« eines M. ↑Gálvez, der B.s ersten Erzählungsband *Las puertas de Babel* (1920) mit einem freundlichen Vorwort versehen hatte, abzusetzen. Auch seine Lyrik hat den Defekt, daß neue Sujets – vor allem die betrunkenen oder opiumsüchtigen Seeleute von *A la deriva* (1920) – in mittlerweile veralteten modernistischen Formen präsentiert werden. Später verlagert sich B.s Interesse auf die Geschichte Argentiniens oder Lateinamerikas. Seine *Canciones históricas* (1936) sind gut gereimte Illustrationen zu den Geschehnissen im 19. Jh. Eins seiner interessantesten Werke ist die Sammlung weiblicher Kurzbiographien, *Mujeres de la historia americana* (1933).

Weitere Werke: Erzählungen: *Los habitantes del horizonte* (1923), *Los soñadores del bajo fondo* (1924), *Los peregrinos de la espuma* (1924), *Los pájaros que lloran* (1926), *Las lágrimas de Eva* (1926), *Naves* (1927), *La pulpera de Santa Lucía* (1930); Romane: *La otra pasión* (1925), *La mulata del Restaurador* (1932), *La cantora de la Merced* (1933), *La dama del Paraguay* (1942); Lyrik: *La canción lejana* (1912), *Gaviotas perdidas* (1921), *Bajo la cruz del sur* (1923), *Canciones rusas y baladas de Ucrania* (1923), *Poesías. Sus mejores canciones* (1925).

Boccanera, Jorge Alejandro

* 1952 in Bahía Blanca (Prov. Buenos Aires). 1976-83 lebte er im Exil in Mexiko. 1976 wurde er mit dem Lyrik-Preis der kub. Casa de las Américas, 1977 mit dem mex. Premio Nacional de Poesía Joven ausgezeichnet.

B. knüpft mit seinen ersten Gedichtbänden *Los espantapájaros suicidas* (1973) und *Contraseña* (1976) an die sozial und politisch engagierte »poesía conversacional« von M. ↑Benedetti und J. ↑Gelman an. Erkennbar ist aber auch von Anfang an ein persönliches Profil: eine lakonische Sparsamkeit, alogische, gleichwohl plastische Bildverbindungen, eindringliche Wortwiederholungen, die die Begriffe mit neuen semantischen Qualitäten anreichern und überraschende Schlußpointen, die die Gedichte in einem veränderten Licht erscheinen lassen. In *Polvo para morder* (1986) hat B. die Erfahrungen des Exils und der Rückkehr beschworen, wobei Bildwelt und Symbolik im wesentlichen aus den Begriffen »Staub«, »Wort« und »Dunkelheit« entwickelt werden. Im Gegensatz dazu kommt in Gedichten wie »Sandunguera« ungebrochene Lebensfreude zum Ausdruck. B. ist auch Autor des Theaterstücks *Arrabal amargo*, das 1982 bei dem Festival »Teatro Abierto« in Buenos Aires aufgeführt wurde.

Weitere Werke: *Noticias de una mujer cualquiera* (1976), *Música de fagot y piernas de victoria* (1980?), *Los ojos del pájaro quemado* (1982), *Marimba* (1986).
Literatur: V. Rodríguez Núñez, *B., o el pan mojado en luz*. CDLA, 24 (1984), 142, 183-188. – R. Sarabia, *Innovación técnica y compromiso ideológico en la poesía de J. B.* CDLA, 30 (1989), 175, 42-52.

Borges, Jorge Luis
* 24.8.1899 in Buenos Aires, † 14.6.1986 in Genf. Er entstammte einer traditionsreichen bürgerlichen Familie. Mit seinen Eltern lebte er 1914-18 in Genf, danach in Madrid. Hier schloß er sich der von V. ↑Huidobro inspirierten Gruppe des Ultraismus an. 1921 kehrte er nach Buenos Aires zurück und propagierte eine arg. Variante des Ultraismus. 1924 gründete er mit R. ↑Güiraldes u.a. die Zeitschrift »Proa« (bis 1926), ab 1931 gehörte er zum Redaktionsstab von »Sur«. Nach dem Tod seines Vaters, 1938, wurde er Angestellter einer öffentlichen Bibliothek. Als Mitunterzeichner eines gegen Perón gerichteten Manifests verlor er 1946 die Stellung. 1950-53 war er Präsident des arg. Schriftstellerverbandes. Nach Peróns Sturz, 1955, ernannte ihn die Militärregierung zum Direktor der Nationalbibliothek. Er hatte das Amt bei zunehmender Erblindung bis 1973 inne. 1956 erhielt er den Premio Nacional, 1961 teilte er sich mit S. Beckett den internationalen Formentor-Preis, 1979 teilte er sich mit G. Diego den span. Cervantes-Preis.

In seinem umfangreichen Werk als Lyriker, Essayist und vor allem als Erzähler hat sich B. als einer der originellsten Autoren des 20. Jh.s erwiesen. Seit den 60er Jahren verbreitete sich sein Name zunehmend in der westlichen Hemisphäre, um schließlich in weltweite Verehrung einzumünden. Bei aller Anerkennung seines herausragenden Intellekts fanden sich in Argentinien auch kritische Stimmen, die nicht nur manche seiner provokativen Interview-Äußerungen monierten, sondern in seinem Gesamtwerk ideologische Strukturen aufzeigten, aus denen heraus Widersprüche und Verelendung Lateinamerikas negiert wurden. Aber B. hat viele Profile. Er ist nicht nur der »politische Dinosaurier«, wie ihn E. ↑Sábato einmal bezeichnete, der sich über die Tragödien seines Landes lustig machen konnte. Mit bewundernswerter Würde hat er seine Blindheit nicht nur ertragen, sondern in Kreativität umgesetzt. Zwar galt erklärtermaßen seine Vorliebe der engl. Sprache und Literatur (Stevenson, Chesterton, Poe, James, Wells), dennoch beschäftigte er sich ähnlich intensiv mit einigen Aspekten der Kultur seines Landes (gaucheske Literatur, E. ↑Carriego, Tango, Lunfardo). Präzision und Brillanz seiner Schreibweise gelten als vorbildlich. Seine ersten Publikationen sind die Gedichtbände *Fervor de Buenos Aires* (1923) und *Luna de enfrente* (1925). B. hat sich später selbstkritisch über diese Jugendwerke, in denen er »die Abenddämmerungen, die Vororte und das Unglück suchte«, ausgesprochen und auch den in der extravaganten Metaphorik verwirklichten Ultraismus als »unschuldige, lärmende Neuerungen« verurteilt. Im Verlauf der weiteren Entwicklung seiner Lyrik, die nach *Cuaderno San Martín* (1929) erst wieder mit *El hacedor* (1960; dt. *Borges und ich*, 1963) einsetzt, werden die Bilder sparsamer, die Sprache alltäglicher und die Form strenger. Dennoch gibt es thematische Konstanten: die Mythologie von Buenos Aires und der arg. Geschichte, die eigenen Vorfahren, altgermanische Dichter und Helden, das Verhältnis von Ich und Zeit, oder, wie B. ironisch im Vorwort von *Elogio de la sombra* (1969; dt. *Lob des Schattens*, 1971) schreibt: »Spiegel, Labyrinthe und Schwerter, die mein resignierter Leser bereits ahnt«. Auch wenn die Lyrik eine eher intimere Facette von B. zeigt, ordnet sie sich in das außerordentlich homogene Gesamtwerk ein, so jedenfalls wie es in den *Obras completas* (1974) erscheint, in denen auf den Abdruck der frühen Essaybände *Inquisiciones* (1925) und *El tamaño de mi esperanza* (1926) verzichtet wird. Vorstufe und Übergang zum erzählerischen Hauptwerk bildet *Historia universal de la infamia* (1935; dt. *Der schwarze Spiegel*, 1961). Aus dieser Kompilation von Kriminalfällen ragt als persönliche Schöpfung »Hombre de la esquina rosada« hervor, in der die Dramatik isländischer Sagas auf eine düstere arg. Vorstadtwelt übertragen wird. Die zwei bedeutendsten Sammlungen seiner Erzählungen sind *Ficciones* (1944) und *El Aleph* (1949; dt. zusammen u.d.T. *Labyrinthe*, 1959). Die meisten von ihnen stehen in der Tradition der fantastischen Literatur, wobei B. jedoch durch die Anerkennung dieser Tradition oder überhaupt durch intertextuelle Verknüpfungen, gelegentlich auch mit fiktiven Quellen, neue Ausdrucksformen entwickelt. B. definierte 1963 allgemein als Grundmuster des Fantastischen: das Kunstwerk im Kunstwerk, die Einbeziehung des Traums in die Realität, die Reise in der Zeit, der Doppelgänger. In seinen Erzählungen werden diese Muster vielfältig variiert und (selbst)ironisch abgeändert. Beispielsweise sind die Schwierigkeiten von Averroes, Tragödie und Komödie zu definieren, die des fiktiven B., die Geschichte Averroes' zu schreiben; die Existenz der fantastischen Welten von »Tlön, Uqbar, Orbis Tertius« wird ihm von konkreten Personen – A. ↑Bioy Casares u.a. – vermittelt; Jesus entpuppt sich als Doppelgänger von Judas. Thematisch entwickeln sich die Erzählungen aus den Konzeptionen der idealistischen Philosophie (im besonderen Plato, Plotin, Bacon, Spinoza, Berkeley): das Universum als Chaos, die menschliche Existenz als Zufall oder Glücksspiel, die Einheit von Individuum und Menschheit, das menschliche Unvermögen der Erkenntnis Gottes, die Identität des Gegensätzlichen. In Zusammenarbeit mit anderen hat B. verschiedene literaturwissenschaftliche Werke geschrieben und Anthologien herausgebracht. Hervorzuheben sind seine mit A. Bioy Casares verfaßten Kriminalparodien.

Ausgaben: *Obras completas. 1923-1972.* Hg. C.A. Frías. BA 1974. – Dass. erw. BA, Madrid 1989. – *Obras completas en colaboración.* BA 1979. – J.L.B./A. Bioy Casares, *Gemeinsame Werke* (Dt.). Hg. G. Haefs. München 1983-85, 2 Bde. – *Gesammelte Werke* (dt.). München 1987, 13 Bde.

Werke nach 1972: *El libro de la arena* (1975; dt. *Das Sandbuch*, 1977), *Cosmogonías.* Mit Fotografien von A. Sessa (1976), *La moneda de hierro* (1976), *Historia de la noche* (1977; dt. *Geschichte der Nacht*, 1984), *Rosa y azul* (1979), *Las siete noches* (1980), *La cifra* (1981), *Los conjurados* (1985), *Textos cautivos* (1986).

Literatur: D.W. Foster, *J.L.B. An Annotated Primary and Secondary Bibliography.* New York 1984. – A.M. Barrenechea, *La expresión de la irrealidad en la obra de B.* BA ²1984. – A. Flores (Hg.), *Expliquémonos a B. como poeta.* ME 1984. – E. Aizenberg, *The Aleph weaver.* Potomac, MD 1984. – I.T. Agheana, *The Prose of J.L.B.*

New York 1984. – M. R. Barnatan, *B.* Barcelona 1984. – J. A. Rivas, *Alrededor de la obra de J. L. B.* BA 1984. – D. Balderston, *El precursor velado: R. L. Stevenson en la obra de B.* BA 1985. – J. J. Barrientos, *B. y la imaginación.* ME 1986. – R. Lagos, *J. L. B., 1923-1980: laberintos del espíritu, interjecciones del cuerpo.* Barcelona 1986. – C. Cortínez, *B., the Poet.* Fayetteville 1986. – A. J. Pérez, *Poética de la prosa de J. L. B.* Madrid 1986. – R. Pellicer, *B., el estilo de la eternidad.* Zaragoza 1986. – D. Balderston, *The Literary Universe of J. L. B.* Westport, Conn. 1986. – J. Alazraki (Hg.), *Critical Essays on J. L. B.* Boston 1987. – P. Cheselka, *The Poetry and Poetics of J. L. B.* New York 1987. – M. L. Friedman, *The Emperor's Kites. A Morphology of B.' Tales.* Durham 1987. – L. Madrid, *Cervantes y B.: La inversión de los signos.* Madrid 1987. S. Champeau, *B. et la metaphysique.* Paris 1990. – F. R. Lafuente (Hg.), *España en B.* Madrid 1990. – M. L. Friedman, *Una morfología de los cuentos de B.* Madrid 1990. – M. Lafon, *B. ou la reécriture.* Paris 1990. – Ema Lapidot, *Borges y la inteligencia artificial.* Madrid 1990. – N. Montenegro, *B. y los otros: recuerdos, testimonios, pensamientos.* BA 1990. – J. Woscoboinik, *El secreto de B. Indagación psicoanalítica de su obra.* BA ²1991.

Bullrich, Silvina

*4.10.1915 in Buenos Aires, †2.7.1990 in Genf. Sie stammt aus einer der reichsten Familien Argentiniens. Von ihrem 20. Lebensjahr an hat sie mehr als 40 Bücher, zumeist Romane, veröffentlicht, die ihren breiten Publikumserfolg einer Mischung aus Frivolität, Snobismus und unterhaltsam ironischer Kritik an den Untugenden der arg. Oberschicht verdanken. Sicher greift B. auch die sogenannten ernsten und unbequemen Themen auf – soziale Stellung der Frau, Korruption in der Politik –, aber sie versteht es zugleich, über die wirklichen Probleme hinwegzutäuschen, und sei es mittels der Unglaubwürdigkeit der Charaktere, Situationen oder Naturkatastrophen. *Calles de Buenos Aires* (1939), ihr erster Roman, thematisiert Heuchelei und Konventionalismus im reichen Barrio Norte. *Su vida y yo* (1941) schildert aus der Ich-Perspektive eines unbeachteten Verehrers die Amouren einer jungen Frau, wobei unklar bleibt, ob die gelegentliche Allwissenheit des Erzählers ein Versehen der Autorin oder technische Innovation darstellt. *Mañana digo basta* (1968) ist die gescheiterte Romanze einer älteren, erfolglosen Malerin mit einem jungen Mann, die in einem exklusiven Badeort »am Rande eines Meeres, das seine blaue Jungfräulichkeit bewahrt«, stattfindet. Die politische und soziale Wirklichkeit Argentiniens sucht B. in den Romanen *Los burgueses* (1964), der als ihr bestes Werk angesehen wird, *Los salvadores de la patria* (1965) und *La creciente* (1967) zu bewältigen. Der letztere schildert teils karikaturesk, teils in Tönen feierlichen Sendungsbewußtseins die Zustände in einer südam. Hauptstadt: ein unfähiger Diktator namens Natalio Milanese, gerissene Bodenspekulanten, Feigheit und Skepsis der Jugend, allgemeiner Mangel an Moral und Courage. Auf eine persönliche Suche nach der verlorenen Zeit begibt sich B. in dem Roman *Los despiadados* (1978) und diversen Autobiographien wie *El mundo que yo vi* (1969), *Entre mis veinte y treinta años* (1970), *Mis memorias* (1980) u. a.

Ausgabe: *Páginas, seleccionadas por la autora.* BA 1982 (mit Bibliographie); daran anschließende Werke: *Flora Tristan, la visionaria* (1982), *La mujer postergada* (1982), *Después del escándalo* (1982), *Cuento cruel* (1983), *¿A qué hora murió el enfermo?* (1984), *Los pasajeros del jardín* (1985), *Argentina contradictoria* (1985), *Cuando cae el telón* (1987).

Literatur: B. M. Tusa, *A Structural Analysis of ›Los burgueses‹ by S. B.* HISP, 18 (1975), 3 (54), 51-60. – E. Frouman-Smith, *Entrevista con S. B.* CHASQUI, 8 (1979), 2, 37-46. – N. Cócaro, *S. B.* BA 1979. – N. Lindstrom, *Sex Role Analysis and Best Seller*

Conventions in a Novel by S. B. UA/REH, 17 (1983), 2, 227-238.

Bustos, Miguel Angel

* 1933 in Buenos Aires, verschleppt 30.5.1976 und wahrscheinlich ermordet. Journalist. Er ist mit Lyrik hervorgetreten, in der von Anfang an eine metaphysisch orientierte Sinnsuche, wesentlich beeinflußt von A. Camus, dominiert. L. ↑Marechal nannte B. einen »Mystiker in wildem Zustand«. Besonders in den Gedichtbänden *Fragmentos fantásticos* (1965) und *Visión de los hijos del mal* (1967) wird die als allgemein vorausgesetzte Daseinsproblematik in epigrammatischer Verdichtung (manchmal auch mit recht aufgeblähter Metaphorik) zum Ausdruck gebracht. B. geht von den Grundgedanken aus, daß der Mensch dämonische, destruktive Kräfte verkörpert, Gott als »Herr der Grausamkeit« wirkt und die Erde die Hölle ist. Der Tod erscheint als akzeptabel und notwendig, er ist »Halluzination des Lebens |...| Spiegel einer Schlacke, die meine einzige Wahrheit, meine einzige Hoffnung ist«.

Weitere Werke: *Cuatro murales* (1957), *Corazón de piel afuera* (1959), *El Himalaya o la moral de los pájaros* (1970).

Cadícamo, Enrique

* 15.7.1900 in Luján (Prov. Buenos Aires). Er ist einer der bedeutendsten Dichter von Tango-Texten, die inzwischen zum festen Bestand der populären Kultur Argentiniens gehören und den Rang der Anonymität erreicht haben. Der Geschichte und Mythologie des Tango, zu denen er selbst aktiv beigetragen hat, ist auch sein übriges Werk verpflichtet. Sein erster Gedichtband *Canciones grises* (1926) knüpft an E. ↑Carriegos sentimental dramatische Vorstadtidyllen an, hat jedoch noch nicht die umgangssprachliche Leichtigkeit, die C.s Tangos und die balladenhaften Gedichte von *Viento que lleva y trae* (1945) auszeichnet. Sein weiteres Hauptwerk ist *Café de camareras* (1969), eine teils fiktive, teils historisch belegte Chronik der Frühzeit des Tango.

Weitere Werke: Lyrik: *La luna del bajo fondo* (1964), *Cancionero* (1977), *Los inquilinos de la noche* (1977); Studien: *El desconocido Juan Carlos Cobián* (1972), *El tango en París* (1976).

Cambaceres, Eugenio

* 8.8.1843 in Buenos Aires, † 1888 in Paris. Sein Vater war ein 1833 eingewanderter frz. Chemiker, der innerhalb kurzer Zeit Großgrundbesitzer wurde. C. studierte Jura und war einige Jahre als Rechtsanwalt, ab 1870 als Parlamentarier tätig. Sein erster Skandal war ein von ihm eingebrachter Gesetzentwurf der Trennung von Staat und Kirche, sein zweiter der seiner eigenen Partei gegenüber erhobene Vorwurf des Wahlbetrugs. 1876 trat er von seinem Abgeordnetensitz zurück und widmete sich der Literatur.

C. veröffentlichte vier Romane, die ihn als den repräsentativsten Romancier der »Generation von 1880« ausweisen, deren ideologische Wandlung vom fortschrittlichen Liberalismus zum xenophoben und repressiven Konservatismus sich deutlich in C.' Werken abzeichnet. Zugleich wird in ihnen eine zunehmende Perfektionierung der erzähltechnischen Mittel sichtbar, die die Lektion des frz. Naturalismus, vor allem Zolas, zu erkennen geben, wobei C. allerdings von dessen Bourgeoisiekritik Abstand hält. In seinen ersten Romanen *Potpourri* (1881) und *Música sentimental* (1884), die zunächst ohne Angabe eines Verfassers in Paris erschienen, werden die eigentlichen Handlungen in lockerer Mischung mit autobiographischen Elementen, Satire und kostumbristischen Episoden entwickelt. Eine Ehebruchsgeschichte, die mit der Flucht des Verführers endet, ist der Handlungskern von *Potpourri. Música sentimental*, wie *Potpourri* in der Ich-Form erzählt, handelt von den Amouren eines jungen, reichen Argentiniers und deren Folgen: In Paris lernt Pablo die Prostituierte Loulou kennen, die sich in ihn verliebt. Als Pablo eine Liebschaft mit einer verheirateten Gräfin beginnt, informiert Loulou den betrogenen Ehemann. Es kommt zum Duell, bei dem der Graf den Tod findet und Pablo eine Verwundung erleidet, die aufgrund einer latenten Syphilis auch sein Ende herbeiführt. Eine strengere Komposition – und wohl auch eine ernsthaftere Auffassung von Literatur – zeichnen den Roman *Sin rumbo* (1885) aus. Andrés, ein vom Lebensekel des *fin de siècle* infizierter Großgrundbesitzer, verführt die junge Tochter eines treuen Dieners. Sie stirbt bei der Geburt einer Tochter. Als auch diese zwei Jahre darauf einer Krankheit erliegt, nimmt sich Andrés in einer pathetischen Schlußszene das Leben. *En la sangre* (1887) ist der ideologisch befrachtete Versuch einer Erhärtung der Umwelt- und Vererbungsthese: Genaro, Sohn ital. Einwanderer und aufgewachsen in einer von Geiz und Elend geprägten Umgebung, verführt und heiratet die Tochter eines Großgrundbesitzers vor allem ihres Geldes wegen. Als er dieses mit unglücklichen Bodenspekulationen vergeudet hat und seine Frau ihn zur Rede stellt, peitscht er sie aus und droht ihr – in einem offenen Romanschluß – mit dem Tode.

Ausgabe: *Obras completas*. Hg. E. M. Sánchez Danero. Santa Fe 1956 (^{2}1968). – Literatur: A. Tcachuk, *E. C.* Evanston, Ill. 1976. – K. Meyer-Minnemann, *Der spanisch-amerikanische Roman des Fin de siècle*. Tübingen 1979, 128-147. – R. A. Borello, *Contribución a la bibliografía de E. C.* OH, (1979), 1, 85-97. – J. Epple, *E. C. y el naturalismo en Argentina*. IL, 3 (1980), 14, 16-46. – M. L. Bastos, *El naturalismo de E. C.: Falacias, indicios*. CHASQUI, 12 (1983), 2-3, 50-62. – G. Marun, *Relectura de »Sin rumbo«: Floración de la novela moderna*. RI, 52 (1986), 135-136, 379-382. – A. Aptor Cragnolino, *Naturalismo y decadencia en »Sin rumbo« de E. C.* RCLL, 13 (1987), 26, 55-65.

Campo, Estanislao del

*7.2.1834 in Buenos Aires, †6.11. 1880 ebd. Sein Vater war Oberst in den Bürgerkriegen und gehörte zum Lager der Rosas-Gegner. Er arbeitete nach dem Schulbesuch zunächst als Ladenangestellter, trat dann in die Nationalgarde ein und stand bei den kriegerischen Auseinandersetzungen zwischen Anhängern Mitres (Handelsbourgeoisie) und Alsinas (Großgrundbesitzer) auf der Seite der letzteren. Unter der Präsidentschaft D. F. ↑Sarmientos, für dessen Wahl er sich als Journalist eingesetzt hatte, und des Nachfolgers Avellaneda war er Staatssekretär.

C.s Hauptwerk ist *Fausto. Impresiones del Gaucho Anastasio el Pollo en la representación de esta obra* (1866), eine Verserzählung in der Tradition der im stilisierten Dialekt der Gauchos abgefaßten Dialoge B. ↑Hidalgos und H. ↑Ascasubis, auf dessen Pseudonym »Aniceto el Gallo« (der Hahn) »Anastasio el Pollo« (das Hähnchen) anspielt. Anlaß zu der angeblich in fünf Tagen niedergeschriebenen Dichtung war die Aufführung der Oper »Faust« von Gounod im Teatro Colón in Buenos Aires. Anastasio, der die Oper zufällig gesehen hat, berichtet von ihr seinem nicht weniger einfältigen und abergläubischen Freund Laguna. Charme und Humor erhält C.s Werk dadurch, daß für den Gaucho das Bühnengeschehen ergreifende Wirklichkeit war und er in seine Version Bilder und Gegenstände seiner eigenen Umwelt einfließen läßt. Mit dem wuchtigen

Versepos *Martín Fierro* antwortet J. ↑Hernández wenige Jahre später auf die idyllische Miniatur des Gaucholebens, die C. mit dem *Fausto* entworfen hatte.

Weitere Werke: *Poesías* (1870, ³1875).
Literatur: M. Mujica Lainez, *Vida de Gallo y el Pollo*. BA 1966. – E. Anderson Imbert, *Análisis del »Fausto«*. BA 1968. – L. E. Otamendi, *E. d. C. y el »Fausto«*. Quilmes 1970.

Cancela, Arturo

* 25.2.1892 in Buenos Aires, † 26.4. 1957 ebd. Von 1912-45 war er Redakteur bei der Zeitung »La Nación«, ab 1927 zugleich Oberschulinspektor.
C. ist vor allem als Autor humoristisch satirischer Prosa hervorgetreten. Besonders erfolgreich waren seine *Tres relatos porteños* (1922), die innerhalb eines Jahres 5 Auflagen erreichten. In der ersten und längsten dieser Geschichten aus Buenos Aires, »El cocobacilo de Herrlin«, läßt das – letztlich unwirksame – Mittel zur Bekämpfung der Kaninchenplage, das ein Wissenschaftler entwickelt hat, einen riesigen bürokratischen Apparat entstehen. »Una semana de holgorio« ist ein satirischer Kommentar der während der *semana trágica* vom Januar 1919 begangenen Verbrechen an Juden und streikenden Arbeitern. In »El culto de los héroes« werden drei Generationen konfrontiert: der proletarische Einwanderer, der es zu großem Reichtum gebracht hat; seine Tochter, der diese Herkunft peinlich ist; sein Enkel, der das Leben als Playboy genießt. Der Humor, in den *Tres relatos* noch spontan und bissig, verflacht in den weiteren Werken zu einer Mischung aus Didaktik und Cervantes-Verehrung. C.s ehrgeizigstes Werk, der Roman *Historia funambulesca del profesor Landormy* (1944), ist bis zu den barocken Kapitelüberschriften hin biedere Nachahmung des Meisters. Im Mittelpunkt des personen- und episodenreichen Romans steht C.s Lieblingsfigur, der schrullige europäische Wissenschaftler, der nach Buenos Aires kommt und hier mit exotistischem Staunen die merkwürdigsten Unsitten wahrnimmt.

Weitere Werke: Roman: *La mujer de Lot* (1939); Essays, humorist. Prosa: *Cocambo* (1920), *El burro de ›Maruf‹* (1925), *Palabras socráticas a los estudiantes* (1928), *Film porteño* (1933); Theater: *Alondra* (1950).
Literatur: R. E. Modern, *A. C.* BA 1962.

Canton, Darío

* 12.11.1928 in Nueve de Julio (Prov. Buenos Aires). Er studierte Philosophie in Buenos Aires und – bis 1963 – Soziologie in Berkeley (USA). Seither ist er als Soziologe tätig und hat Arbeiten über Argentiniens politische Parteien, Militärs, Präsidentschaftswahlen, Carlos Gardel etc. veröffentlicht.
C. ist als Lyriker hervorgetreten, jedoch so eigenwillig, daß ihm offizielle Anerkennung bisher versagt worden ist. Abgesehen von der Originalität seiner Texte, ist er bemerkenswert, weil er versucht hat, die Konventionen der literarischen Kommunikation aufzubrechen. Die wichtigste Erfahrung in diesem Zusammenhang sind die 20 Faltblatt-Lieferungen von *Asemal* (1975-79), die er an mehrere Hundert Personen im In- und Ausland verschickte und deren diskrete Aufforderung zum Dialog bewußt machte, daß normalerweise der Kommunikationskreislauf mit der Passivität des Lesers schließt. Das Wort »Asemal« kondensiert einige wesentliche Dimensionen von C.s Lyrik: Als Inversion von »la mesa«, der Tisch, verweist es auf die Thematik des Alltags und zugleich auf die Sprachebene des Slang von Buenos Aires, des Lunfardo, in dem diese Umkehrungen häufig sind. Das phonetisch eindeutige »hace mal«, es schadet, läßt

außerdem jene hintergründige Ironie und Freude an ausgeklügelten Wortspielen erkennen, die in besonderem Maße sein *Abecedario Médico Canton* (1977) auszeichnet. In diesem werden etwa 800 Arzneimittelnamen aufgrund manchmal recht schwer nachvollziehbarer klanglicher Verwandtschaften neu definiert. Bereits mit seinem ersten Gedichtband *La saga del peronismo* (1964) stellte C. sich quer zur allgemeinen Meinung, indem er den revolutionären und antioligarchischen Tendenzen des damals noch verbotenen Peronismus ein – allerdings unpathetisches – Denkmal setzte. Die Bände *Corrupción de la naranja* (1968) und *Poemas familiares* (1975) gestalten aus der Sicht eines sich selbstkritisch gegenüberstehenden Ich Alltagserfahrungen, die auf ihre immanenten Widersprüche oder die Gefährdung durch Zeit, Verfall und Tod befragt werden. *Poamorio* (1969) ist eine – als Buch merkwürdig gestaltete – Sammlung von Liebesgedichten, die die Hispanistin Jean Franco im Vorwort zu einer engl.-span. Ausgabe (1984) als einen ersten emanzipierten Dialog zwischen Dichter und Liebesobjekt würdigte. Ein weiteres Werk C.s ist der ohne Angabe eines Verfassers erschienene »Tratado poeti-lógico« *La mesa* (1972), dessen Gedichte, die in den formalen Rahmen einer pedantischen, wissenschaftlichen Monographie eingebettet sind, den besagten Gegenstand in seinen anatomischen, juristischen, philosophischen etc. Aspekten behandeln.

Capdevila, Arturo

* 14.3.1889 in Córdoba (Arg.), † 20.12.1967 in Buenos Aires. Er war Jurist, Professor für arg. Literatur an der Universität von La Plata (bis 1947), Mitglied verschiedener Akademien, Präsident diverser kultureller Einrichtungen, erhielt 1920 und 1922 den nationalen Literaturpreis und publizierte mehr als 100 Bücher – Gedichtbände, Dramen, Romane, Erzählungen, Reisebeschreibungen, Essays und Studien über historische, literarische, juristische Gegenstände etc. –, von denen einige sehr erfolgreich waren. Vor allem seine Lyrik, die im wesentlichen spätromantischen Vorbildern verpflichtet ist, fand den Applaus breiter Kreise und wurde ebenso in großbürgerlichen Salons von den Töchtern der Familie rezitiert, wie auch die Anhänger der eher mittelständischen Radikalen Partei, der C. selbst angehörte, ihn als ihren Dichter verehrten. Liberal, optimistisch, gutmütig und gescheit hatte er allen etwas Erbauliches zu bieten. Selbst jene, die in ihm einen Reaktionär witterten, mußte die subjektive Ehrlichkeit seiner hymnischen Prosadichtung *El Apocalipsis de San Lenin* (1929) in ihrer Mischung aus eindeutiger Bewunderung für den russ. Revolutionsführer und humanitärem Entsetzen angesichts der Opfer überzeugen. Allerdings war dies auch nicht sein erfolgreichstes Buch. Größere Auflagen erreichten vielmehr die Gedichtbände *Melpómene* (1912) und *Córdoba azul* (1940), die Versdramen – grundsätzlich mit Happy End – *La Sulamita* (1916) und *El amor de Schahrazada* (1918), die historiographischen Essays *Córdoba del recuerdo* (1923) und *Las invasiones inglesas* (1938) sowie die sprachgeschichtliche Studie *Babel y el castellano* (1928).

Ausgabe: *Obras escogidas*. Madrid 1958.
Literatur: F. Estrella Gutiérrez, *A. C.* BA 1961. – J. C. Ghiano, *Significado nacional de la obra de A. C.* BAAL, 48 (1983), 189/190, 227-237. – R. H. Castagnino, *El repertorio dramático de A. C.* BAAL, 48 (1983), 189/190, 239-265.

Carriego, Evaristo

* 7.5.1883 in Paraná/Entre Ríos, † 13.10.1912 in Buenos Aires. Er lebte

seit seiner Kindheit in einem damals noch peripheren Stadtviertel von Buenos Aires, Palermo, das in seinem literarischen Werk große Bedeutung gewann. Ab 1900 war er journalistisch tätig und gehörte zu den Mitarbeitern der anarchistischen Zeitung »La Protesta«, außerdem schrieb er für die Familien-Zeitschrift »Caras y Caretas«. Er starb an Tuberkulose.

C., neben ↑Almafuerte der populärste arg. Dichter, veröffentlichte als Buch nur den Gedichtband *Misas herejes* (1908). In der von seinen Freunden aus der »roten Bohème« edierten Ausgabe *Poesías* (Barcelona 1913) erschien eine weitere Sammlung u.d.T. *La canción del barrio*. Ein Großteil der Gedichte von *Misas herejes* läßt den Einfluß des Modernismus sowohl thematisch wie stilistisch erkennen. Im besonderen verweist die Sektion »Ofertorios galantes« mit ihren exquisit sündhaften Traumfrauen auf R. ↑Darío oder ↑Herrera y Reissig. C.s hervorragende Leistung besteht jedoch in der Ästhetisierung seines real erfahrenen kleinbürgerlichen Lebensraums von Palermo. (J.L. ↑Borges, der dem Freund seiner Familie eine Studie widmete, erklärt den Exotismus und die abgegriffene Rhetorik der anderen Gedichte als durchaus stimmige, wenn auch unbewußte Wiedergabe der Vorstellungen und Vorlieben jener Bevölkerungsschicht.) Manche der Gestalten und Situationen, die zu C.s Zeiten noch Realität sein mochten – Vorstadthelden, Messerduelle, vom Laster gezeichnete Mädchen –, sind bald darauf fester Bestandteil der Mythologie der Tangotexte. Was in der Sektion »El alma del suburbio« des ersten Gedichtbands weitgehend als nur äußerlich erfaßte Realität anmutet, findet in *La canción del barrio* sprachlich und stimmungsmäßig seinen adäquaten Ausdruck. Hier scheint die Perspektive des lyrischen Sprechers die seiner Gemeinschaft zu sein. Persönliche Dramen und Schicksalsschläge werden aus familiärer Intimität vermittelt. Wesentlich ist eine Stimmung von Trauer und Nostalgie, wenn auch gelegentlich burleske Töne anklingen. Der Tod, um den viele Gedichte kreisen, ist kein metaphysisches Problem, sondern ein kollektiv erfahrener Verlust. Die Moral ist kein abstraktes System, sondern sie ergibt sich aus der positiven Funktion, die der Familie zugesprochen wird. Das verführte und der Prostitution verfallene Mädchen kann insofern mit dem Verzeihen seiner Eltern und Geschwister rechnen. Vieles in diesem lyrischen Mikrokosmos ist sentimental, jedoch in derart elementarer Weise, daß es als große Dichtung anzusehen ist.

Weitere Werke: Erzählungen: *Flor de arrabal* (1927), *Cuentos y otras páginas* (1954); Drama: *Los que pasan* (1918).
Lyrikausgaben: *Versos de C.* Hg. J.L. Borges. BA 1964. – *Poesías*. Hg. J.C. Ghiano. BA 1964. – *La costurerita que dio el mal paso y otros poemas*. BA 1977.
Literatur: J.L. Borges, *E. C.* BA ³1965. – M. Ciruzzi, *E. C., vida y obra*. BA 1978.

Castelnuovo, Elías

*2.8.1893 in Montevideo, †11.10. 1982 in Buenos Aires. Er lebte seit seiner Jugend in Argentinien und schlug sich mit Gelegenheitsarbeiten durch. Ab 1919 war er Redakteur bei der anarcho-syndikalistischen Zeitung »La Protesta«. 1923 gehörte er zu den Initiatoren der sozialengagierten »Boedo-Gruppe«. 1931 bereiste er die UdSSR. 1933 gründete er mit R. ↑Arlt die »Unión de Escritores Proletarios«, 1934 das »Teatro Proletario«. In jenen Jahren war er ständiger politischer Verfolgung ausgesetzt. Ab 1953 gehörte er zur Redaktion der Zeitschrift »Mundo Peronista«. 1974 ernannte ihn die Universität von Buenos Aires zum Prof. emeritus.

C. gilt als der Archetyp von »Boedo«,

was dazu geführt hat, nur vehemente Anklage gesellschaftlichen Unrechts in seinen Werken – Erzählungen, Theaterstücke, Romane und Essays – wahrzunehmen, kaum jedoch den burlesken Satiriker, wie er in dem Roman *Carne de cañón* (1930) zum Vorschein kommt, dessen Haupthandlung die Grimmdarm-Operation der Schwester des Erzählers und deren Konsequenzen beschreibt. Das Werk ist eine Satire der Schulmedizin und zugleich eines epigonalen Naturalismus, mit dem C. häufig identifiziert wurde. In Wirklichkeit steht er dem dt. Expressionismus mit seinem pathetischen Weltgefühl, apokalyptischen Visionen und Hang zur »Unterwelt« der Dirnen, Bettler und Desperados näher als einer Schule, für die exakte Beobachtung und objektive Determinanten die theoretische Grundlage bildeten. C.s bekanntestes Werk, die Erzählungen *Tinieblas* (1923; dt. *Aus der Tiefe*, 1949) sind mit ihren finsteren Gefängnistrakten, gespenstischen Landschaften, verquälten Selbstmördern und seltsamen Liebesbeziehungen weit eher metaphysische Deutungen menschlicher Existenz als Bestandsaufnahmen konkreter sozialer Mißstände. Zwar vertritt C. in seinem Essay *El arte y las masas* (1935) eine auf dem wissenschaftlichen Sozialismus beruhende Ästhetik, aber bis hin zu dem Roman *Calvario* (1949) oder einem seiner letzten Werke, dem philosophisch-theologischen Essay *Jesucristo. Montonero de Judea* (1971), bleiben ein anarchistisch gedeuteter Christus und eine gefühlsmäßig spontane Solidarität mit den Massen seine wesentlichen Orientierungspunkte.

Weitere Werke: Erzählungen: *Notas de un literato naturalista* (1923), *Malditos* (1924), *Entre los muertos* (1925), *Larvas* (1931, ²1959); Theater: *Animas benditas* (1926), *En nombre de Cristo* (1927), *Los señalados* (1928), *Vidas proletarias* (1934); Essays, Reiseberichte: *Yo vi en Rusia* (1932), *Rusia soviética* (1933), *Psicoanálisis sexual y social* (1966); Autobiographie: *Memorias* (1974).

Literatur: L. Zas, *Palabras con E. C.* BA 1968.

Castilla, Manuel J.

* 14.2.1918 in Cerrillos/Salta, † 19.7. 1980 in Salta. Er lebte, von Reisen abgesehen, immer in Salta, war Journalist und Direktor der Provinzbibliothek. Er erhielt für seine Lyrik zahlreiche Preise, u.a. 1972 den Premio Nacional.

C.s gesamtes lyrisches Werk erwächst von seinem ersten Gedichtband *Agua de lluvia* (1941) an aus der Identifikation mit den Menschen und Landschaften seiner Heimatprovinz, wobei sinnenfreudig intensive Beobachtung und scharfer Blick für soziales Unrecht in gleicher Weise hervortreten. Eine unverkennbar persönliche Note, die ebenfalls von Anfang an vorhanden ist, liegt in der lebensbejahenden Ausgewogenheit, der schrilles Pathos ebenso fremd ist wie ekstatisches Entzücken. Das Elend der indianischen Minenarbeiter – z. B. in dem Gedichtband *Copajira* (1949) – wird nicht in politischen Kategorien ausgedrückt, sondern durch Gesten, Blicke, Legenden oder Kinderlieder vermittelt. Ein eigenes Profil hat C.s Diktion bereits in *Luna muerta* (1943) gewonnen, die einerseits durch die Aussagekraft prägnanter Bilder, die hier noch das Vorbild García Lorcas durchscheinen lassen, andererseits durch die neutrale Direktheit der Sprachebene charakterisiert wird. In zunehmendem Maße werden die Grenzen zwischen Menschen, Tier und Pflanzenwelt durchlässiger. Die Vertrautheit mit der Natur durchdringt nicht nur die Bildwelt, sondern die gesamte Atmosphäre bis hin zu Klangfarbe und Rhythmus der Gedichte. Besonders die späteren Werke wie *Bajo las lentas nubes* (1963) oder

Cantos del gozante (1972) gestalten eine Naturerfahrung, deren Intensität an die der Mystiker erinnert (»Dieser orangefarbene und feuchte Pilz, der an der Rinde jenes Stammes im Walde klebt | ist mein Ohr und ich höre, bis hin zum leisesten, alle Geräusche der Erde. | Jetzt kann ich sagen, aus welchem Schweigen das Wasser wächst und welches Gold es befeuchtet, um den Mais zu erzeugen.«). Viele Gedichte C.s wurden von Eduardo Falú und anderen arg. Musikern vertont.

Ausgabe: *Obra completa*. BA 1984-86, 2 Bde.
Literatur: J. Vehils, *M. J. C.* BA 1981.

Castillo, Abelardo
* 27.3.1935 in San Pedro/Buenos Aires. Er war Herausgeber der Literaturzeitschrift »El Escarabajo de Oro« (1961-74), an der zahlreiche jüngere arg. Autoren mitarbeiteten. Den wichtigsten Teil seines literarischen Werks bilden einige Bände mit Erzählungen, die er in rigoroser Selbstkritik mehrfach umgearbeitet und – wie die verschiedenen Versionen von *Las otras puertas* (1961, ²1969, ³1972) zeigen – von Borges-Einflüssen befreit hat. Zu C.s thematischen Konstanten gehört der Komplex von Verrat, Schuld und humanitärer Verantwortung. Wie schon in dem Theaterstück *El otro Judas* (1961), in dem der Verrat an Christus als metaphysisches Opfer des »anderen« zugunsten einer existentiellen Selbstfindung gedeutet wird, variiert C. das Thema in vielen seiner Erzählungen, die fast ausnahmslos in der arg. Realität verankert sind. Die Suche nach der eigenen Identität ist auch Thema des Romans *El que tiene sed* (1985), dessen Protagonist im Alkoholrausch für kurze Momente der Wahrheit des Lebens, der »nächtlichen Tiefe des Schmerzes« nahekommt, aber in seinem erstickenden sozialen Umfeld grundsätzlich keine Antworten findet.

Weitere Werke: Erzählungen: *Cuentos crueles* (1966), *Las panteras y el templo* (1976), *El cruce del Aqueronte* (1982); Kurzroman: *La casa de ceniza* (1967); Essays, Miszellen: *Las palabras y los días* (1987); Theater: *Israfel* (1966), *Sobre las piedras de Jericó* (1975).
Literatur: M. Morello-Frosch, *A. C., narrador testigo*. CH, 358 (1980), 90-103. – C. Piña, *La dialéctica entre la vida y la poesía en tres relatos de A. C.* CH, 389 (1982), 388-407.

Cerretani, Arturo
* 31.10.1907 in Buenos Aires, † 27.7.1986 ebd. Er verbrachte die ganze Zeit seines Lebens in Buenos Aires und war jahrzehntelang Theaterkritiker bei den Zeitungen »La Razón« und »El Diario«. Er erhielt mehrere arg. Literaturpreise, u.a. 1958 den Premio Nacional.
C.s literarische Produktion umfaßt Erzählungen, Romane, Theaterstücke und etwa 20 Filmdrehbücher. Sein narratives Werk zeichnet sich durch konventionelle Gediegenheit in Aufbau und Sprache aus. Es verdient Beachtung wegen seiner subtilen, ideologisch unbeeinflußten Hinterfragung zwischenmenschlicher Beziehungen. In dem Roman *El bruto* (1944), den C. selbstkritisch für sein erstes gelungeneres Werk hielt, ist das plötzliche Verschwinden des Mannes für eine Jungverheiratete Ausgangspunkt einer allmählichen Erkenntnis ihrer Situation. Die ländlich dörfliche Umgebung verleiht dem Geschehen eine holzschnittartige Prägnanz. Ein ähnliches Ambiente wird auch in dem wesentlich farbigeren, in der Darstellung des Erotischen kühneren Roman *La viaraza* (1962) geschildert. Das Szenarium der meisten Werke ist jedoch Buenos Aires. Viele Romangestalten sind konfliktbeladene Charaktere wie z.B. der Ich-Erzähler von *María Donadei* (1956), der eine vitale Liebesbeziehung, die ihn auch als Künstler beflügelt, aus neurotischen

Ängsten zerstört. C.s bekanntester und wegen seiner Annäherung an mündliches Erzählen besonders interessanter Roman ist *El deschave* (1965), in dem die Welt der Underdogs von Buenos Aires um 1920 von einem ihrer Akteure erinnert wird.

Weitere Werke: Erzählungen: *Celuloide* (1930), *Triángulo Isósceles* (1932), *El hombre despierto* (1937), *Matar a Titilo* (1974), *Pequeña suite* (1983); Romane: *Muerte del hijo* (1933), *Confesión apócrifa* (1955), *La violencia* (1956), *La brasa en la boca* (1958), *El pretexto* (1959), *La puerta del bosque* (1960), *Retrato del inocente* (1960), *Un parque a la vuelta* (1967); Theater (Auswahl): *El hombre que perdió su nombre* (UA 1934), *La mujer de un hombre* (UA 1936), *La dama de las comedias* (UA 1952), *Tres dramas y un cuarto* (1964).
Literatur: N. Jitrik, *Hacia una lectura antinarcisista: ›Matar a Titilo‹ de A. C.* RCL, 1 (1975), 1, 151-156.

Conti, Haroldo
* 25.5.1925 in Chacabuco/Buenos Aires, 5.5.1976 verschleppt, 1977 ermordet. Er besuchte ein Priesterseminar, das er 1944 nach einer religiösen Krise verließ. 1947-54 studierte er Literaturwissenschaft und war daneben als Lehrer, Transportunternehmer und Regieassistent tätig. In den Jahren 1960-62 lebte er auf einer Insel des Tigre-Deltas und unternahm lange Reisen mit einem eigenhändig gebauten Segelschiff. Er erhielt mehrere Literaturpreise, darunter 1975 den Romanpreis der kub. Casa de las Américas. 1972 schlug er ein Guggenheim-Stipendium aus. Die arg. Militärdiktatur ordnete 1977 Beschlagnahme und Verkaufsverbot aller seiner Bücher an.
C.s Entwicklung vom kleinbürgerlichen Individualisten, der aus eher gefühlsmäßigem Unbehagen gegen die Gesellschaftsordnung rebelliert, bis zum Sympathisanten revolutionärer Bewegungen kommt in seinem Werk deutlich zum Ausdruck. In seinen ersten Romanen *Sudeste* (1962) und *Alrededor de la jaula* (1966) symbolisieren die Schauplätze – die flußgelegenen Randgebiete oder die Hafenzone von Buenos Aires – und die Personen in ihrem Außenseiterdasein die Suche nach existentiellen Freiräumen. Diese Suche hat jedoch kein definiertes Ziel und die Fluchtbewegungen der Personen enden bei ihrem Ausgangspunkt. Der junge Milo in *Alrededor de la jaula*, der den im Käfig eingesperrten Ichneumon seines väterlichen Freundes befreit hat, wird samt dem Tier wieder eingefangen. Für den ebenso sensiblen wie trägen Protagonisten von *En vida* (1971) verschwimmen die Konturen der Realität, stagniert die Zeit und mündet schließlich die eigene Existenz im sozialen und emotionalen Nichts. War C.s Romanwelt bisher eher grau und melancholisch, vermittelt *Mascaró, el cazador americano* (1975; dt. *Mascaró, der amerikanische Jäger*, 1985) bis hin zu Erzählerhaltung und Diktion ein neues Lebensgefühl. Handlungskern ist die Geschichte eines bescheidenen Wanderzirkus, der durch einige arg. Provinzen zieht. Der episoden- und personenreiche Roman wird von mehreren Bedeutungsebenen überlagert und erhält dadurch eine besondere Dichte. So ist der Zirkus Symbol für Kunst, Freiheit und Fantasie, und insofern sind seine Mitglieder für die Obrigkeit subversive Elemente. Zugleich verkörpern die Romangestalten in ihrem neuen Leben die Negation ihres vorherigen. Sie wählen jetzt freiwillig ihre Rollen, während sie ihnen vorher auferlegt wurden. Vor allem erwächst ihnen aus der Erfahrung von Gemeinschaft eine Stärke, die sie auch die Folter ertragen läßt.

Weitere Werke: Erzählungen: *Todos los veranos* (1964), *Con otra gente* (1967), *La balada del álamo carolina* (1975), *Cuentos y relatos*. Hg. E. Romano. BA 1975.
Literatur: M. Morello-Frosch, *Actualiza-*

ción de los signos en la ficción de H. C. RI, 49 (1983), 125, 839-852. – Dies., *Texto y contexto en la ficción de H. C.* TC, 8 (1983), 26/27, 204-213. – I. Cairoli, *Diálogos con H. C.* BA 1984. – N. Restivo/C. Sánchez, *H. C., con vida.* BA 1986. – G. Ringmann, *H. C.: Von ›Sudeste‹ bis ›Mascaró‹.* Frankfurt/M. 1991.

Cortázar, Julio

* 26.8.1914 in Brüssel, † 12.2.1984 in Paris. Seine Eltern waren Argentinier. Im Alter von vier Jahren kam er nach Argentinien und wuchs in Banfield, einem Vorort von Buenos Aires auf. Ein Philologiestudium mußte er wegen finanzieller Schwierigkeiten seiner Mutter abbrechen. Er unterrichtete dann an verschiedenen Oberschulen, bis er 1944 an der Universität von Mendoza eine Dozentur für frz. Literatur erhielt. Nach dem Wahlsieg Peróns legte er 1946 aus Protest das Lehramt nieder. In Buenos Aires fand er eine Anstellung bei der »Cámara Argentina del Libro«. 1951 kam er dank eines Stipendiums des frz. Staates nach Paris. Bis 1974 arbeitete er als freier Übersetzer für die UNESCO. Seit Mitte der 60er Jahre engagierte er sich immer stärker im antiimperialistischen Kampf Lateinamerikas und unterstützte die kub. Revolution, die Regierung Allendes und später die Revolution der Sandinisten in Nicaragua.

C.s umfangreiches Gesamtwerk – Romane, Erzählungen, Theaterstücke, Lyrik und verschiedene Bände mit Essays und Kurzprosa – weist ihn als einen der größten Autoren des 20. Jh.s aus. Ein Selbstporträt von 1982 beschreibt zusammengefaßt die folgenden Vorstellungen: Horror vor dem Berufsschriftstellertum; die frühe und dauerhafte Lektion der Improvisationskunst des Jazz; Ablehnung der Originalität zugunsten der Natürlichkeit; Suche nach dem Fantastischen, wobei jedoch der Mensch und seine Geschichte das eigentliche Mysterium bleiben; Vorliebe für Marginalisiertes gegenüber dem Kategorischen; Vorbildlichkeit der nicht am offiziellen Kulturbetrieb partizipierenden arg. Autoren wie R. ↑Arlt, M. ↑Fernández und J. ↑Filloy; humoristische und spielerische Distanzierung; Verteidigung einer sozialistischen Perspektive für Lateinamerika. Manches davon trifft schon auf das »dramatische Gedicht« »Los reyes« (1949) zu, in dem der fantasielose Standardheld Theseus den von Ariadne geliebten Halbbruder Minotaurus tötet. Sprachlich, strukturell und in der subtilen Erfassung psychischer Geheimnisse und Abgründe unübertroffen sind die Erzählungen der Bände *Bestiario* (1951; dt. *Bestiarium*, 1979), *Final de juego* (1956; dt. *Ende des Spiels*, 1977), *Las armas secretas* (1959; dt. *Die geheimen Waffen*, 1981) und *Todos los fuegos el fuego* (1966; dt. *Das Feuer aller Feuer*, 1976). Der fast unmerkliche Einbruch des Unheimlichen in eine scheinbar gewöhnliche, undramatische Welt schafft eine Atmosphäre der Angst und Beklemmung. Die Personen sind zumeist einem mysteriösen Geschehen ausgeliefert, das häufig mit der Zerstörung der Persönlichkeit endet, falls nicht schon vorher ein desorientiertes, zerrissenes Bewußtsein Vernunft und Realität in Frage gestellt hat. C. hat darauf hingewiesen, daß die Erzählungen auf eine geheimnisvolle und schwer mitzuteilende Ordnung verweisen und für ihn eine Befreiung von Obsessionen und Ängsten bedeuteten. Die Erzählungen bestechen durch die ästhetische Perfektion und ihre erzählerische Strenge. Eine der schönsten und technisch raffiniertesten, »El otro cielo«, ist ein literarisches Vexierspiel aus europäischer und arg. Geschichte, Lautréamont und dem jungen Cortázar, Prostitution und Liebe, Paris und Buenos Aires. Ein Buch voll spaßhaft hintergründiger Einfälle ist *Historias de cronopios y de famas* (1962; dt. *Geschichten der Cronopien und Famen*, 1976). Die Cronopien, »jene grünen, borstigen, feuchten Dingerchen«, sind spontan, kreativ, boshaft und gütig zugleich. Gegenüber den spießbürgerlichen Famen geht es ihnen vor allem um Selbstverwirklichung. Sie rebellieren mehr mit Taten als Worten gegen die versteinerten Wertvorstellungen und Entfremdungen, die das Verhalten der Umwelt prägen. Der erste veröffentlichte Roman C.s, *Los premios* (1960, dt. *Die Gewinner*, 1966) symbolisiert in einer ziellosen Schiffsreise das Chaotische und Unerklärliche der menschlichen Existenz. Zugleich ist der Roman in der Charakterisierung der Personen, die der Zufall einer Lotterie zusammengebracht hat, eine vielschichtige Satire der arg. Gesellschaft. C.s Hauptwerk ist *Rayuela* (1963, dt. *Rayuela. Himmel und Hölle*, 1981). Das Buch ist als »Anti-Roman« konzipiert. Zwar wird auf eine Handlung nicht verzichtet, diese jedoch der Thematisierung des schöpferischen Aktes untergeordnet. Der Leser, falls er als »Komplize« dazu bereit ist, wird eingeladen, dem Autor im Labyrinth der Einfälle zu folgen, die die Entstehung und Gestaltung der fiktiven Geschehnisse begleiten und unterbrechen. Das Buch ist in drei Teile gegliedert. Der erste hat Paris, der zweite Buenos Aires als Szenarium, der dritte besteht aus den ironisch als »entbehrlich« bezeichneten Kapiteln 57 bis 155, bei denen es sich um zusätzliche Situationen, Zitate, romantheoretische Reflexionen etc. handelt. Hauptperson der chronologisch aufeinanderfolgenden Teile 1 und 2 ist der in sich zerrissene arg. Intellektuelle Oliveira, dessen Suche nach Überwindung der Absurdität des Daseins an der Unfähigkeit zu handeln scheitert bzw. an der Angst, seine »Freiheit und Verfügbarkeit« zu verlieren. Er endet entweder im Wahnsinn oder durch Selbstmord. Zwei Frauen ragen aus der Konstellation der zahlreichen Figuren hervor: die chaotische Uruguayerin Maga in Teil 1, und Talita, die Frau von Oliveiras Freund Traveler, in Teil 2. Die erste verkörpert für den Protagonisten die Aufforderung, sich als Liebender zu engagieren, was er verweigert. Talita hingegen verweist auf die Möglichkeit, die Idee der Liebe in ihrer Imitation zu verwirklichen und damit eine der prinzipiellen Fragen, ob das Absurde im Normalen oder im Absoluten vorhanden ist, ambivalent zu beantworten. Auch in dem Roman *62. Modelo para armar* (1968) bleibt es dem Leser überlassen, für die räumlich voneinander getrennten, aber wohl simultan agierenden Personengruppen ein sinnstiftendes Prinzip zu entdecken. Im 62. Kapitel von *Rayuela*, auf das C. Bezug nimmt, entwickelte Morelli das Projekt eines »unpersönlichen Dramas«, in dem die Figuren nach anderen Gesetzen als denen der herkömmlichen Psychologie handeln. Während *62. Modelo para armar* die ästhetischen Prämissen narrativer Literatur im Rückgriff auf die Theorien von M. ↑Fernández zu durchleuchten versucht, knüpft *Libro de Manuel* (1973; dt. *Album für Manuel*, 1976) vor allem an die ethische Problematik des Engagements in *Rayuela* an. Wieder ist der Hauptschauplatz Paris und entwickelt sich der Text aus Diskussionen über Musik, Kunst, Literatur. Im Vordergrund steht jedoch die politische Situation Lateinamerikas, und die existentielle Problematik der Hauptperson Andrés definiert sich konkret als Entscheidung für oder gegen aktives politisches Handeln, wobei aber auch hier das Erzählte einer ständigen humoristischen, ironischen Desillusionierung ausgesetzt wird. In ähnlicher Weise gehen in C.s sonstigen Werken ontologisch metaphysische Suche, ästhetische Interessen und politisches Engagement ineinander über. Als ungewöhnlich sind besonders zu erwähnen *Ultimo round* (1969, dt. *Letzte Runde*, 1982) und das in Zusammenarbeit mit Carol Dunlop entstandene Buch *Los autonautas de la cosmopista* (1983). Das erste Werk ist eine in einen oberen und unteren Buchteil getrennte Sammlung von Miszellen, Gedichten, Fotos und Comics, das andere der Bericht einer einmonatigen Reise auf der Autobahn Paris-Marseille. Die Provokation jeder normativen Ordnung, der fantasievolle, manchmal ironisch spielerische, manchmal aus Erschütterung entstandene Einspruch gegen eine schlechte Wirklichkeit, Konventionen und Gewalt ist der Nenner, der auch seinen weiteren Werken zugrundeliegt. *Un tal Lucas* (1979; dt. *Ein gewisser Lukas*, 1987) ist eine durch die Titelfigur verbundene Sammlung kleiner Prosastücke voller Sprachwitz, Komik und einem manchmal auch melancholisch hintergründigen Humor. Einige der kunstvollsten und zugleich in der Darstellung von Repression und Absurdität eindringlichsten Erzählungen enthalten die Bände *Queremos tanto a Glenda* (1980; dt. *Alle lieben Glenda*, 1988) und *Deshoras* (1983; dt. *Unzeiten*, 1990). In diesem letzten zu Lebzeiten erschienen Erzählungsband scheinen sich noch einmal alle wesentlichen Themen zu konzentrieren, von den Geheimnissen merkwürdiger Symmetrien und Wiederholungen bis zur Dialektik von Freiheit und Zwang, vom politischen Terror bis zu einer fantasievollen Erotik wie in der Titelgeschichte, die allerdings durch die Ehefrau des schreibenden Tagträumers herb unterbrochen wird. Bewundernswert in seiner sprachlichen Meisterschaft ist »Satarsa«, ein Sprachspiel, das auf dem Prinzip des Palindroms beruht, hier »atar a la rata« (die Ratte anbinden), wobei eine kleine Veränderung das Ungeheuer des Terrors, die todbringende Ratte Satarsa erzeugt. Postum erschienen zwei weitere Romane C.s, die um 1949 entstanden sind: *Divertimento* (1986) sowie *El examen* (1986). Das Geschehen des letzteren, das knapp zwei Tage umfaßt, spielt in einem fantasmagorisch bedrückenden Buenos Aires. Die Handlung ergibt sich vor allem aus den respektlos witzigen Gesprächen einer Gruppe von Freunden.

Weitere Werke: Erzählungen: *Octaedro* (1974; dt. *Oktaeder*, 1986), *Der Verfolger* (Sammlg., dt., 1978), *Alguien que anda por ahí* (1977; dt. *Passatwinde*, 1987); Lyrik: *Presencia* (1938), *Pameos y meopas* (1971); Theater: *Nada a Pehuajó. Adiós Robinson* (1984); Essays, Miszellen (Auswahl): *La vuelta al día en ochenta mundos* (1967; dt. *Reise um den Tag in 80 Welten*, 1980), *Prosa del observatorio* (1972; dt. *Das Observatorium*, 1988), *La casilla de los Morelli* (1973), *Territorios* (1978), *Nicaragua tan violentamente dulce* (1984; dt. *Nikaragua, so gewaltsam zärtlich*, 1986), *Argentina: Años de alambradas culturales* (1984), *Salvo el crepúsculo* (1984), *Textos políticos* (1985).

Literatur: S. Boldy, *The Novels of J.C.* Cambridge 1980. – *Homenaje a J.C.* CH, 364-66 (1980), Sondernr. – M.T. Perdomo, *El lector activo y la comunicación en ›Rayuela‹*. ME 1980. – W. Imo, *Wirklichkeitsauffassung und Wirklichkeitsdarstellung im Erzählwerk J.C.s.* Frankfurt/M. 1981. – M.C. Quintero Marín, *La cuentística de J.C.* Madrid 1981. – C. de Mora Valcárcel, *Teoría y práctica del cuento en los relatos de C.* Sevilla 1982. – J. Alazraki, *En busca del unicornio: los cuentos de J.C.* Madrid 1983. – S. de Mundo Lo, *J.C. His Works and his Critics. A Bibliography.* Urbana 1985. – W.B. Berg/R. Kloepfer (Hg.), *La americanidad de J.C.* INTI, 22-23 (1986), Sondernr. – E. González Bermejo, *Revelaciones de un cronopio. Conversaciones con C.* BA, MON 1986. – P. Lastra (Hg.), *J.C.* Madrid ⁴1986. – *Lo lúdico y lo fantástico en la obra de J.C.* Madrid 1986. – F. Burgos (Hg.), *Los ochenta mundos de C. Ensayos.* Madrid 1987. – S. Yurkievich, *J.C., al calor de tu sombra.* BA 1987. – J.G. Cruz, *Lo neofantástico en J.C. Pliegos de ensayo*. Madrid 1988. – *Otro round: Estudios sobre la obra de J. C.* ETL, 17 (1988/89), 1/2 (Sondernr.) – B. Anderson, *J. C.: La imposibilidad de narrar*. Madrid 1990. – M. L. Rosenblat, *Poe y C.: Lo fantástico como nostalgia*. CAR 1990. – W. B. Berg, *Grenz-Zeichen C. Leben und Werk eines argentinischen Schrifstellers der Gegenwart*. Frankfurt/M. 1991.

Cossa, Roberto (Mario)
* 30.6.1934 in Buenos Aires. Er ist Dramatiker und gehört neben G. ↑Rozenmacher, C. A. Somigliana, R. ↑Talesnik u. a. zur »neuen Realistengeneration«. In Zusammenarbeit mit den Genannten verfaßte er *El avión negro* (1970), ein polemisches Theaterstück über den Peronismus. Es ist dies das einzige Werk C.s, das in einem engeren Sinne politisch ist. Seine ersten Stücke, ab *Nuestro fin de semana* (1964) bis *La pata de la sota* (1967), entwickeln sich in einer Atmosphäre von Kommunikationsunfähigkeit – in *Nuestro fin de semana* reden mehrere Ehepaare ständig aneinander vorbei –, sozialen Zwängen und quälenden, aber von den Personen schon verinnerlichten Frustrationen. Schwarzer Humor und Elemente des Absurden kommen ab *La Nona* (1976), einer Kritik am Mythos der Einwanderergeneration, immer stärker zum Vorschein. In *El viejo criado* (1980) bilden Sprache und Mythologie des Tango im Rahmen einer zeitlosen Handlung den Gegenstand einer Hinterfragung der nationalen Identität. C. beteiligte sich mit drei kurzen Theaterstücken – *Gris de ausencia* (1981), *El tío loco* (1982) und *El viento se los llevó* (1983) – am oppositionellen »Teatro Abierto«. Er ist auch Autor von Filmdrehbüchern wie *Tute cabrero* (1967), *El arreglo* (1983, zus. mit C. A. Somigliana) sowie von Fernsehserien.

Weitere Theaterstücke: *Los días de Julián Bisbal* (1966), *La ñata contra el libro* (1967), *No hay que llorar* (1979), *Ya nadie recuerda a Fréderic Chopin* (1982), *Los compadritos* (1984), *El sur y después* (1989).

Literatur: C. Kaiser-Lenoir, ›*El avión negro*‹: *de la realidad a la caricatura grotesca*. RCEH, 7 (1982/83), 149-158. – S. Magnarelli, *R. C. habla del teatro. (Entrevista)*. LATR 20/2 (1987), 133-138.

Costantini, Humberto
* 1924 in Buenos Aires, † 7.6.1987 ebd. Er war Tierarzt, übte aber außerdem verschiedene andere Berufe aus – Verkäufer, Keramiker, Schuhfabrikant u. a. Mehrere Jahre arbeitete er als Serologe an einem Laboratorium, bis er 1976 ins Exil nach Mexiko gehen mußte. 1984 kehrte er nach Argentinien zurück. Er erhielt diverse Literaturpreise, darunter 1979 den Romanpreis der kub. Casa de las Américas.
C.s erste Buchpublikation ist der Erzählungsband *De por aquí nomás* (1958), der wegen des bewußten und funktionalen Einsatzes moderner Erzähltechniken – innere Monologe, erlebte Rede, Überlagerung oder Aufhebung von Zeitabläufen – großen Anklang fand. Das in diesen Erzählungen entfaltete menschliche Panorama des Mittelstands von Buenos Aires und dessen spezifische Sprachebene bleiben auch weiterhin die Konstanten seines Werkes. In gewisser Weise knüpft C. an die arg. »literatura social« der 20er Jahre an, allerdings bleibt die soziale Problematik eher im Hintergrund, und seine Individuen gewinnen mit ihren Obsessionen, Ängsten oder Träumen existentialphilosophische Dimensionen. In vielen Erzählungen, auch der weiteren Bände, sind es Grenzsituationen, in denen entweder die Realität als Groteske erfahren wird, oder die Personen sich ihrer Ohnmacht oder der Unabwendbarkeit fataler Zusammenhänge bewußt werden. Der Terror des Militärs ist Gegenstand der zwei Romane C.s, *De dioses, hombrecitos y*

policías (1979; dt. *Von Göttern, Menschlein und Polizisten*, 1984) und *La larga noche de Francisco Sanctis* (1984). Der erste von beiden entstand, als sich C. vor den parapolizeilichen Mordkommandos versteckt hielt, bevor er ins Exil ging. Seine Handlung – die Liquidierung eines geselligen Clubs von Dichterinnen und Dichtern – wird abwechselnd aus der Sicht der harmlosen Clubmitglieder, der griechischen Götter und der Polizeiangehörigen auf der jeweils entsprechenden Stilebene erzählt. Das Romanende ist bitter ironisch: Die lebensfreundlichere Götterfraktion rettet die Opfer, die nicht wahrhaben wollen, daß es in ihrem Land Verschleppung, Mord und Folter gibt. Weniger humoristisch, dafür intensiver in der alptraumhaften Atmosphäre einer unerbittlichen Bedrohung ist der andere Roman, dessen Protagonist F. Sanctis, ein kleiner Angestellter, eine Nacht lang Buenos Aires durchirrt, um zwei ihm unbekannte Personen vor ihrer Ermordung zu warnen. Die Auswirkungen des Exils hat C. in einigen der meisterhaften Erzählungen des Bandes *En la noche* (1985) gestaltet, ebenfalls in einigen Kompositionen – die bekannteste ist »Tango« – seines immer wieder erweiterten Gedichtbandes *Cuestiones con la vida* (1966, [5]1986). C. ist auch als Dramatiker hervorgetreten. Seine Stücke, die dem absurden Theater nahestehen, erschienen gesammelt u.d.T. *¡Chau, Pericles!* (1986).

Weitere Werke: Erzählungen: *Un señor alto, rubio, de bigotes* (1963), *Una vieja historia de caminantes* (1967), *Háblenme de Funes* (1970), *Bandeo* (1975); Chronik: *Libro de Trelew* (1973).
Literatur: P. Orgambide, *Notas sobre un poema de H. C.* HISPA, 35 (1983), 45-52.

Cuzzani, Agustín
*28.8.1924 in Buenos Aires, †1987 ebd. Rechtsanwalt. In den 50er Jahren war er an Gründung und Organisation einiger »unabhängiger« Theater – »Fray Mocho«, »Los Independientes« und »La Máscara« – beteiligt. Er veröffentlichte Erzählungen und Romane, ist jedoch vor allem als Dramatiker weltweit bekannt geworden. Besonders seine »farsátiras«, wie er sie nannte, gehören zum internationalen Bühnenrepertoire. Die erste dieser grotesk satirischen Komödien, *Una libra de carne* (1954), greift auf das Motiv des Schuldners zurück, der ein Pfund seines eigenen Fleisches verpfändet. Anders als in Shakespeares *Kaufmann von Venedig* verliert hier jedoch der Schuldner, ein einfacher Büroangestellter, sein Fleisch, da ihm die Gesellschaft kein Blut mehr in den Adern gelassen hat. Spezifisch arg. Milieu, eine groteske, nuancenreich gestaltete Ausgangssituation und kabarettistischer Sprachwitz kennzeichnen auch die anderen Stücke. *El centroforward murió al amanecer* (1955) ist das auf ein tragisch heroisches Ende zugespitzte Schicksalsdrama eines braven Fußballspielers, den sein verschuldeter Club versteigert und ein Millionär für seine Sammlung berühmter Persönlichkeiten, u.a. Hamlet, King Kong und eine russ. Balletteuse, erwirbt. *Los indios estaban cabreros* (1958) ist eine geschichtsphilosophische Satire auf die Entdeckung Amerikas durch Kolumbus. Die Hauptpersonen sind drei Indios, die nach ihrem Schiffbruch von einem span. Fischer im Netz gefangen werden und aufgrund der Rabulistik des Klerus wegen »Fischerei« fast auf dem Scheiterhaufen der Inquisition gelandet wären. Eine weitere »farsátira«, *Sempronio, el peluquero y los hombrecitos* (1960), konfrontiert brutale Staatsraison, personifiziert durch einen ehrgeizigen Kommissar für Atomkraft, und Menschlichkeit, die zu einer politischen Kraft werden kann, symbolisiert in dem elektrischen Strom erzeu-

genden alten Familienvater Sempronio. Zu C.s weiteren Werken gehören *El leñador* (1965), »ein tanzsatirisches Schauspiel in sieben Axthieben«, und *Para que se cumplan las escrituras* (1965), eine Montage aus Bibelpassagen und Bedrohlichkeiten der Aktualität. Zwei jüngere »farsátiras«, *Disparen sobre el zorro gris* und *Pitágoras, go home* sowie die »trajodia« *Historia de un zurdo contrariado* sind in der Ausgabe *Obras completas. Teatro* (BA 1988) enthalten.

Weitere Werke: Theater: *Dalilah* (1952), *Cuzzani el breve* (1974?), *Lo cortés no quita lo caliente* (1988). Ausgabe: *Teatro de A. C.* BA 1960; Erzählungen, Romane: *Lluvia para Yosia* (1950), *Las puertas del verano* (1956).
Literatur: A. de Kuehne, *Hamlet y el concepto del ›personaje‹ pirandelliano en una farsa de A. C.* CAM, 162 (1969), 208-18. – G. Sáenz, *›Sempronio‹: Farce-Satire or Tragedy of Our Time?* N, 59 (1975), 382-389 – J. R. Layera, *Contemporary Spanish American Drama of Denunciation and Social Protest.* Chapel Hill 1977. – T. Bolet Rodríguez, *Resonancias de Shakespeare y Kafka en ›Una libra de carne‹ de A. C.* DL, 5 (1987), 1, 89-99.

Dávalos, Juan Carlos
*11.1.1887 bei San Lorenzo/Salta, †6.11.1959 in Salta. Er war ab 1911 Lehrer für Naturwissenschaften am Nationalkolleg von Salta. Später übernahm er die Leitung des dortigen Generalarchivs und der Bibliothek.
D., der Patriarch der Literatur seiner Heimatprovinz, hat Gedicht- und Erzählungsbände, Theaterstücke, Abhandlungen über Geschichte und Geographie Saltas sowie einige Folklore-Sammlungen veröffentlicht. Besonders seine Lyrik hat auch noch jüngere Dichter wie M. J. ↑Castilla beeinflußt. Von Anfang an bleibt sie traditionellen und populären Formen verpflichtet, gewinnt aber durch die Klarheit der Sprache und den erkennbaren Bezug auf Persönlichkeit und Biographie des Dichters etwas überzeitlich Gültiges. Eine philosophische Nachdenklichkeit und die liebevoll beobachtete menschliche und natürliche Umwelt sind ihre inhaltlichen Konstanten. Die besten Gedichte erwachsen aus der konkreten Erfahrung oder dem Zusammenfluß der beiden Tendenzen, vor allem, wenn der Metaphysik noch Humor beigemischt wird, wie z.B. in »Los chivos« aus *Otoño* (1935). In ähnlicher Weise hängt auch die Qualität seiner Erzählungen von der Erfahrungsnähe ab. Als sein bester Band gilt *El viento blanco* (1922), dessen dramatische Titelerzählung von einem im Schneesturm begrabenen Viehauftrieb in den Anden berichtet.

Weitere Werke: Lyrik: *De mi vida y de mi tierra* (1914), *Cantos agrestes* (1917), *Cantos de la montaña* (1921), *Salta, su alma y sus paisajes* (1947), *Antología poética* (1952), *Ultimos versos* (1961); Erzählungen: *Airampo (...)* (1925), *Los buscadores de oro* (1928), *Relatos lugareños* (1930), *El viento blanco y otros relatos.* Hg. A. R. Cortázar. BA 1963; Theater: *Don Juan de Viniegra Herze* (1917), *Aguila renga* (1928), *La tierra en armas* (1935); Essays, Sammlungen: *Los casos del zorro* (1925), *Los gauchos* (1928), *Los valles de Cachi y Molinos* (1937), *Ensayos biológicos* (1941), *Cuentos y relatos del norte argentino* (1946, ^{5}1966).

Defilippis Novoa, Francisco
*21.2.1892 in Paraná/Entre Ríos, †27.12.1930 in Buenos Aires. Bis 1917 lebte er als Lehrer und Journalist in Rosario, danach in Buenos Aires, wo er als Filmregisseur tätig war – u.a. wurden von ihm »Flor de durazno« (1917), nach dem gleichnamigen Roman von H. ↑Wast, und »Blanco y negro« (1919) nach einem Theaterstück von F. ↑Sánchez inszeniert – sowie als Dramaturg. 1922 beteiligte er sich an der Gründung eines Autorensyndikats.

D. N. ist neben A. ↑Discépolo, S. ↑Eichelbaum, E. García Velloso und R. ↑González Pacheco einer der großen Bühnenautoren jener produktivsten Epoche des arg. Theaters, die um 1900 einsetzt und mit dem Militärputsch von 1930 endet. Bereits seine frühen Stücke, die noch in Rosario zur Aufführung gelangten, wie *La casa de los viejos* (1914), unterscheiden sich wesentlich von der beliebten und gängigen Sittenkomödie, dem »Sainete«, durch ihr karges, zumeist auf familiäre Interaktion beschränktes Geschehen, hinter dem nicht nur soziale Prozesse sichtbar werden, sondern eine auf christlich-anarchistischen Ideen beruhende Utopie. In dem genannten Stück geht es um den Widerspruch zwischen patriarchalischen und modernen Moralvorstellungen, ohne daß jedoch eine Lösung vorgeschlagen wird. Die Antagonisten, Vater und Sohn, sind in gleicher Weise Opfer ihrer eigenen Unfreiheit und der äußeren Bedingungen. Ein ähnliches freiwilliges Verstricktsein in lebensfeindliche Zwänge kommt auch in *El diputado por mi pueblo* (1918) zum Ausdruck, D.N.s erstem Theatererfolg in Buenos Aires. Thema des burlesken und subtilen Stückes ist die »política criolla«, Interessenvertretung mittels Geld, Revolver und aufgeblasener Rhetorik. Aus D.N.s Beziehung zu der Schauspielerin Gloria Ferrandiz (1893-1970) sind einige Stücke mit starken weiblichen Charakteren erwachsen, u.a. *El turbión* (1922), in dem eine Mutter den Verlobten der Tochter verführt, oder *La Samaritana* (1923), in dem das Dilemma Kunst oder privates Glück durch den Selbstmord der Heroine entschieden wird. Zugeschrieben auf G. Ferrandiz ist auch *María la tonta* (1927), eine »irreverente Kompilation von Bibelsprüchen in vier Akten« bzw. eine Mischung aus mittelalterlichem Mysterienspiel und allegorischem Menschheitsdrama. Besonders dieses Werk läßt den Einfluß des zeitgenössischen tschech. Theaters (K. Capek) und der dt. Expressionisten G. Kaiser und E. Toller erkennen. *He visto a Dios* (1930) gilt als D. N.s bedeutendste Schöpfung. Wie in den »Grotescos« von A. Discépolo verwandelt sich im Verlauf des Geschehens Komik in Tragik. Der egoistische Materialist Carmelo wird zum mystisch Gläubigen aufgrund einer Farce und hält an seinem Glauben fest, obwohl ihm die Zusammenhänge entdeckt werden und er die Lächerlichkeit jener weißbärtigen Gestalt, die sich für Gott ausgibt, einsehen müßte.

Weitere Theaterstücke (Auswahl): *El conquistador de lo imprevisto* (1919), *La loba* (1920), *Una vida* (1921), *Tu honra y la mía* (1925), *Los caminos del mundo* (1925), *Tú, yo y el mundo después* (1929), *Despértate, Cipriano* (1929), *Nosotros dos* (1930), *Sombras en la pared* (1931), *Ida y vuelta* (1941).

Denevi, Marco

* 12.5.1922 in Sáenz Peña/Buenos Aires. Er hat Romane, Erzählungen und Theaterstücke veröffentlicht und hatte mit manchen seiner Werke erstaunlich viel Erfolg. Sein erster Roman *Rosaura a las diez* (1955; dt. *Rosaura kam um zehn*, 1961) erhielt einen arg. Preis, wurde 1958 verfilmt, mehrfach aufgelegt und übersetzt. Das Werk hat die Spannung eines guten Krimis und ist mit der D. eigenen unpersönlichen Gewandtheit geschrieben. Den Handlungskern bildet der Mord an der vermeintlichen Rosaura, dessen Umstände beim Polizeiverhör von vier Personen widersprüchlich erzählt und gedeutet werden, bis ein Brief den wahren Sachverhalt aufklärt. Die grundsätzliche Problematik subjektiver Wahrnehmung wird im weiteren Œuvre D.s immer wieder aufgegriffen oder hinmoduliert zu ähnlichen Fragestellungen

wie Koexistenz zweier Welten, zweier Persönlichkeiten, scheinbare Verfälschungen, Austauschbarkeit von Traum und Realität etc. Da D. jedoch die spekulative Kühnheit seines Vorbilds Borges fehlt, ist das meiste, was er sonst noch geschrieben hat, unerheblich.

Weitere Werke: Roman: *Ceremonia secreta*, [14]1991.
Ausgabe: *Obras completas*. BA 1980-87, 5 Bde.
Literatur: I. Revel Grove, *La realidad calidoscópica de la obra de M. D.* ME 1974. – R. E. Smith, *The Theme of Dehumanization in the Works of M. D.* 1976. – R. E. Mónaco, *Soledad e incomunicación en dos novelas de M. D.* RUL, 2 (1980), 2, 295-312.

Di Benedetto, Antonio
*2.11.1922 in Mendoza, †11.10. 1986 in Buenos Aires. Nach einem nicht beendeten Jurastudium in Córdoba und Tucumán wurde er Journalist und war ab 1945 Kulturredakteur, ab 1967 Subdirektor bei der liberalkonservativen Tageszeitung »Los Andes« von Mendoza. Ein Stipendium der frz. Regierung erlaubte ihm 1960 einen Studienaufenthalt in Frankreich. Kurz nach dem Putsch von 1976 wurde er von Militärs verschleppt und gefoltert. Dank internationaler Proteste und besonders der Interventionen H. Bölls und E. ↑Sábatos konnte er September 1977 emigrieren. 1984 kehrte er aus dem span. Exil nach Argentinien zurück. Er starb, arm und verbittert, an den Spätfolgen der erlittenen Mißhandlungen in einer Stadt, die ihm immer verhaßt war.
Di B. wurde für sein literarisches Werk mehrfach ausgezeichnet, u.a. 1969 mit dem ital. Verdienstorden, und bereits sein Debut, der Erzählungsband *Mundo animal* (1953) bekam drei arg. Literaturpreise. In ihm zeichnen sich schon einige Konstanten des Gesamtwerks ab: die nüchterne Präzision der Sprache, die jedoch mehr andeutet als definiert; die Vorliebe für Grenzbereiche der Realität; die Angleichung von Inhalt und Struktur bis hin zur geometrischen Konstruktion. Letzteres ist der kreative Ausgangspunkt von *El pentágono* (1955, 1974 u.d.T. *Annabella*), einem »Roman in Form von Erzählungen«. Das »Fünfeck« bilden der Ich-Erzähler, die unerreichbare Geliebte Laura, seine ebenfalls einem anderen gehörende Ehefrau sowie – in ähnlicher Spiegelbildlichkeit – die Objekte seiner Eifersucht bzw. die Projektionen seiner qualvollen Suche, Rolando und Orlando. Di B.s Hauptwerk und einer der schönsten lateinam. Romane der 50er Jahre ist jedoch *Zama* (1956; dt. *Und Zama wartet*, 1967). Schauplatz dieses historischen Romans ist Paraguay gegen Ende des 18. Jh.s. Bei aller Genauigkeit der Rekonstruktion der Epoche geht es in dem farbigen, handlungsreichen Werk um grundsätzliche Fragen menschlicher Existenz und, auf einer weiteren Bedeutungsebene, um das Verhältnis des Lateinamerikaners zu seinem eigenen Kontinent. So kommen im Schicksal des Erzählers und Protagonisten Zama, eines hohen Verwaltungsbeamten des span. Königs, Widersprüche zum Vorschein, die er erst vor seinem Tod als solche erkennt und akzeptiert. Er sieht ein, daß sein Leben sich nicht in der Zukunft erfüllt, für die er vergebens erwartete, seinen Verdiensten gemäß mit einer höheren Stellung am Hof belohnt zu werden und zu seiner Frau zurückzukehren, sondern in einer eher unbefriedigenden Gegenwart, die er für eine Zwischenstation hielt. Das Zurückgeworfensein des Individuums auf eine allenfalls in ihm wurzelnde Freiheit bzw. die Fatalität des Absurden wird in dem Kurzroman *El silenciero* (1964, 1985 u.d.T. *El hacedor de silencio*; dt. *Stille*, 1968) in der symbolhaften Handlung eines vom Lärm seiner Umwelt Gepeinigten

dargestellt. Da es im Weltbild Di B.s keine menschliche Solidarität gibt, erzeugt der verzweifelte Kampf des Protagonisten nur noch mehr Lärm, bis er im Gefängnis landet und einer ständigen Lärmtortur ausgesetzt ist. Thematisch und strukturell ähnlich ist der darauffolgende Roman *Los suicidas* (1969). Angelegt in der Form einer Reportage über die Gründe für Selbstmord, wird dem Erzähler im Verlauf der Recherchen bewußt, daß er die Geschichte seiner eigenen Motive darstellt. Di B.s letzter Roman *Sombras, nada más* (1985) ist der Versuch der Objektivierung seiner Biographie und verknüpft Bruchstücke der Erinnerungen an die Kindheit in Mendoza und den Werdegang des Journalisten mit Erfahrungen und Begegnungen in den USA, Mittelamerika und Europa.

Weitere Werke: Erzählungen: *Grot* (1957, 1969 u.d.T. *Cuentos claros*), *Declinación y ángel* (1958), *Absurdos* (1978), *Caballo en el salitral* (1982), *Cuentos del exilio* (1983), *El juicio de Dios* (1984), *Páginas de A. Di B.* (1987)

Literatur: G. Ricci, *Los circuitos interiores: ›Zama‹ en la obra de A. Di B.* BA 1974. – M. E. Filer, *La novela y el diálogo de los textos: ›Zama‹ de A. Di B.* ME 1982. – W. Repges, *A. Di B.s ›Nein‹*. HISPANORAMA, 31 (1982), 63-70.

Discépolo, Armando

* 18.9.1887 in Buenos Aires, † 8.1.1971 ebd. Er war seit den 20er Jahren als Dramaturg tätig. Sein eigenes Bühnenwerk umfaßt 30, teils in Zusammenarbeit mit anderen verfaßte Theaterstücke. Besonders seine ab 1923 entstandenen »Grotescos criollos« gelten heutzutage als die bedeutendsten Leistungen des arg. Theaters, nachdem sie jahrzehntelang wegen ihrer Nähe oder Zugehörigkeit zum populären Theater verpönt waren. D.s frühe Stücke stehen in der Tradition des realistisch-naturalistischen Theaters von F. ↑Sánchez. Der (melo-)dramatische Konflikt von *Entre el hierro* (1910), D.s erstem zur Aufführung gelangten Werk, wird im wesentlichen durch die kleinbürgerliche Familienstruktur begründet: die Tochter eines Schmiedes, die einen ungeliebten Mann, der ebenfalls Schmied ist, heiraten muß und durch eine Liebesbeziehung ihre Identität zu behaupten sucht. *La fragua* (1912), gleichfalls ein dreiaktiges Drama, thematisiert in einer Handlung voller Schicksalsschläge die Arbeitskämpfe der Epoche. Der Protagonist kommt wegen eines Streiks ins Gefängnis. Bei seiner Freilassung muß er erfahren, daß seine Frau schon seit langem ein Verhältnis mit seinem besten Freund hat, seine Tochter aus jener Verbindung stammt, und seine Schwester die Geliebte des Fabrikbesitzers ist. Zusammen mit Rafael José de Rosa und Mario Folco schrieb D. einige burleske Sittenkomödien, u.a. *El novio de mamá* (1914) oder *El movimiento continuo* (1916), die den populären »Sainetes« nahestehen oder wie der Einakter *Mustafá* (1921) als solche bezeichnet sind. D.s erstes »Grotesco« ist *Mateo* (1923). Er selbst definierte diesen Dramentyp, den der arg. Theaterautor Carlos Mauricio Pacheco mit »Los disfrazados« (1906) eingeführt hatte, als »Kunst, zum Komischen über das Dramatische zu gelangen«. Die Zentralfigur, der Anti-Held, von *Mateo* ist ein in seiner Jugend aus Italien eingewanderter Droschkenkutscher, dessen wirtschaftliche Existenz durch die zunehmende Verbreitung des Autos bedroht ist. Als er sich einmal auf einen Hehlerdienst einläßt, geht sein Pferd durch, und er wird von der Polizei gefaßt. Eine ähnliche Stimmung von Ausweglosigkeit und Unangepaßtsein, die auch die Sprache in ihrer Mischung aus holprigem Spanisch, Slang und den Resten der Muttersprache prägt, findet sich in den weiteren »Grotescos«, von denen

Stefano (1928) als Höhepunkt angesehen wird. Reduziert auf ein einziges Szenenbild in einem armseligen Wohnraum, entwickelt sich ein Geschehen, das drei Generationen einer Einwandererfamilie umschließt. Die karge Bühnenhandlung erreicht ihre Klimax bei einer Auseinandersetzung des gescheiterten Musikers Stefano mit einem Kollegen. In der Bilanz seines verpfuschten Lebens kommt Stefano zu der Einsicht, daß Konventionen, Selbstbetrug und geheuchelte Gefühlsbindungen das materielle Elend bis zur Selbstzerstörung jedes einzelnen aus seiner Familie gesteigert haben. D.s weitere »Grotescos« sind *El organito* (1925), verfaßt in Zusammenarbeit mit seinem Bruder Enrique Santos, *Cremona* (1932, überarb. 1971) und *Relojero* (1934), mit dem seine eigene Bühnenproduktion beendet ist.

Ausgaben: *Tres grotescos*. Vorw. J.C. Ghiano. BA 1958. – *Obras escogidas*. Vorw. D.Viñas. BA 1969, 3 Bde. – *Obra dramática de A.D.* Hg. O. Pellettieri. BA 1987 (mit Bibliographie).

Literatur: D. Viñas, *Grotesco, inmigración y fracaso*. BA 1973. – C. Kaiser-Lenoir, *El grotesco criollo: estilo teatral de una época*. LH 1977. – L.H. Dowling, *El problema de comunicación en ›Stefano‹ de A.D.* LATR, 13 (1980), 2, 57-63. – O. Pellettieri, *Obra dramática de A.D.* BA 1987.

Discépolo, Enrique Santos

* 27.3.1901 in Buenos Aires, † 23.12.1951 ebd. Sein Bruder Armando machte ihn früh mit dem Theaterleben vertraut. Mit 16 Jahren stand er erstmals als Schauspieler auf einer Bühne. 1918 wurde seine in Zusammenarbeit mit Mario Folco (1881-1941) geschriebene Sittenkomödie, *Los duendes* uraufgeführt. Aus dieser frühen Theaterproduktion ragt vor allem das mit seinem Bruder verfaßte tragikomische »Grotesco« in zwei Akten *El organito* (1925) hervor. Damals entstanden auch seine ersten Tangos, die bald außerordentlichen Anklang fanden und bis heute zu den Klassikern ihres Genres gehören. In den Jahren zwischen 1926 und 1948 schrieb D. 26 Tangos, die er größtenteils auch selbst vertonte, und hinterließ einige Fragmente, die später vervollständigt wurden. Mit ihrem Gehalt an existentieller Bitterkeit und ihren im Leben und in ihren Hoffnungen betrogenen Protagonisten stehen diese Tangos sowohl der Gattung des »Grotesco« als auch den Romanen R. ↑Arlts nahe. Zugleich ordnen sie sich bei allen Innovationen – vor allem eines Verzichts auf pittoreske Elemente sowie einer dramatischen Verdichtung der Personencharakterisierung und Handlungsabläufe – in die bereits vorhandene Tradition ein. In der neueren Literatur, sei es bei J. ↑Cortázar, M. ↑Puig, J. ↑Gelman etc. bilden sie ein wichtiges kulturelles Substrat. Mehrfach wurden D.s Tangos verboten. Einer der verfolgtesten und bekanntesten ist *Cambalache* (1935). Von den 30er Jahren an war D. als Dramaturg, Musiker, Filmschauspieler und Regisseur tätig. Erfolgreich waren seine Musikkomödien *Caramelos surtidos* (1931), *Mis canciones* (1932) und – in besonderem Maße – *Wunder Bar* (1934). Von den insgesamt 9 Filmen, bei denen er Regie führte und zu denen er zumeist die Drehbücher schrieb, sind *Cuatro corazones* (1939) und *Fantasmas en Buenos Aires* (1942) hervorzuheben. Als »Mordisquito« kommentierte er 1951 in einer allabendlichen Radiosendung das politische Geschehen in Argentinien, wobei er seine Sympathie für den Peronismus nicht verhehlte.

Ausgaben: Liedertexte: *De chiquilín te miraba de afuera*. BA 1977. Sonstiges: *¿A mí me la vas a contar? Sus charlas radiofónicas*. BA 1973.

Literatur: J. Barcia, *Discepolín*. BA 1971. – L.A. Sierra/H. Ferrer, *Discepolín. El poeta del hombre de Corrientes y Esmeralda*. BA

1965 (mit Textsammlung). – N. Galasso, *D. y su época*. BA ²1973.

Dragún, Osvaldo

*12.5.1929 in San Salvador/Entre Ríos. Er kam mit 15 Jahren nach Buenos Aires und widmete sich bald ausschließlich dem Theater, zunächst im Rahmen unabhängiger Schauspielgruppen. Seit den 60er Jahren war er auch für Film und Fernsehen tätig. Einige seiner Theaterstücke erzielten weltweiten Erfolg. Zweimal, 1963 und 1966, wurde er mit dem Preis der kub. Casa de las Américas ausgezeichnet.

D. wurde erstmals mit *La peste viene de Melos* (1956) bekannt, einem in der Antike spielenden Drama, das auf den Sturz der Arbenz-Regierung in Guatemala durch US-Söldner anspielt. Auch in *Túpac Amaru* (1957) werden aktuelle politische Probleme als historische Parabel – hier der Indio-Aufstand von 1780 – gezeigt. Charakteristischer für D.s gesamtes weiteres Schaffen sind jedoch *Historias para ser contadas* (1956), drei kurze »Tragikomödien aus dem täglichen Leben«, die sich wegen ihrer technisch problemlosen Inszenierbarkeit zunächst auf Laien- oder Experimentalbühnen durchsetzten, bevor sie zum Welterfolg wurden. Wie in seinen weiteren Stücken sucht D. die Grenze zwischen Bühne und Zuschauern aufzuheben und übernimmt Elemente des Brechtschen epischen Theaters, der Commedia dell'arte, des arg. »Sainete«, aber auch des Films. Die sozialen Probleme Argentiniens stehen weiterhin im Zentrum seines Schaffens. *El jardín del infierno* (1959) ist ein Stück über Entwurzelung und Enttäuschung der Bewohner der Villas miseria am Rande von Buenos Aires. *Historia de mi esquina* (1960) erfaßt in einer mit äußerster Ökonomie gestalteten Szenenfolge die familiären, emotionalen und beruflichen Konflikte einer Gruppe von Jugendlichen. *Heroica de Buenos Aires* (1966, UA 1983) ist in gewisser Weise eine Übertragung der *Mutter Courage* B. Brechts auf die arg. Aktualität, als es innerhalb der Militärs zu Auseinandersetzungen kam. Protagonistin ist die raumfüllende Straßenhändlerin María, die kriegführenden Parteien sind die »Orangefarbenen« und die »Violetten«. Von D.s späterer Produktion besonders hervorzuheben sind der burlesk allegorische Einakter *Hoy se comen al flaco* (1976), der auf die Zirkusanfänge des arg. Theaters inhaltlich und strukturell zurückgreift, und *Al violador* (1981), ein vielschichtiges Stück über gesellschaftliche Normen, individuelle Identität und Repression.

Weitere Werke: *Los de la mesa 10* (1957), *Y nos dijeron que éramos inmortales* (1961), *Milagro en el Mercado Viejo* (1963), *Amoretta* (1964), *El amasijo* (1967), *Historias con cárcel* (1973), *Y por casa ¿cómo andamos?* (1979), *Al perdedor* (1980), *Al vencedor* (1982), *¡Arriba, corazón!* (1985).

Literatur: R. R. Lutz, *The Stylization of Theme in D.'s ›Historias para ser contadas‹*. LALR, 7 (1978), 13, 29-37. – B. H. Reynolds, *Time and Responsibility in D.'s ›Túpac Amaru‹*. LATR, 13 (1979), 1, 47-53. – C. C. Leonard, *D.'s Distancing Techniques in ›Historias para ser contadas‹ and ›El amasijo‹*. LATR, 16 (1983), 2, 37-42. – E. O'Hara, *Cuatro miradas (oblicuas) sobre el teatro argentino*. RCLL, 13 (1987), 25, 173-183. – J. E. Bixler, *The Game of Reading and the Creation of Meaning in ›El amasijo‹*. RCEH, 12 (1987), 1, 1-16. – F. Dauster, *Los hijos de terremoto: Imágenes de un recuerdo*. LATR, 22 (1988), 1, 5-12. – F. Reati, *›Y nos dijeron que éramos inmortales‹: La experiencia iniciática en el texto y en la historia*. LATR, 22 (1989), 2, 37-46.

Echeverría, Esteban

*2.9.1805 in Buenos Aires, †19.1.1851 in Montevideo. Er entstammte einer wohlhabenden Familie. Ein 1822 begonnenes Universitätsstudium gab er nach einem Jahr auf. Liebesaffären, eine Messerstecherei und Billardspiel hatten dem jungen Mann einen schlechten Ruf eingetragen. Der frühe Tod seiner Mutter im Zusammenhang mit jener Lebensführung bereitete ihm noch lange Zeit Gewissensbisse. 1825 brach er nach Frankreich auf. In Paris kam er in Kontakt mit der frz. Romantik und den durch diese vermittelten Literaturen Englands und Deutschlands. 1830 kehrte er zurück. 1838 gründete er die »Asociación de Mayo«, mit der er die Neubelebung der revolutionären Tugenden und Ideale von 1810 anstrebte. E.s 15-Punkte-Programm wurde zunächst von J.B. ↑Alberdi in Uruguay verbreitet, 1846 veröffentlichte er es selbst u.d.T. *Dogma socialista.* 1840 emigrierte E. nach Montevideo, wo er das letzte Jahrzehnt seines Lebens in Armut und freiwilliger Isolation verbrachte.

Literaturkritiker wie E. ↑Anderson Imbert sprechen E. jegliches Talent zur Poesie ab. Historisch gesehen kommt ihm jedoch der Ruhm zu, mit dem Poem *Elvira o la novia del Plata* (1832) das erste romantische Werk in spanischer Sprache – ein Jahr vor *El moro expósito* des Duque de Rivas, mit dem in Spanien die Romantik einsetzt – geschaffen zu haben. Sein darauffolgendes Buch *Los consuelos* (1834) ist der erste in Arg. gedruckte Gedichtband. Zu einer spezifisch arg. Thematik, wie er sie postulierte, gelangte er in dem Band *Rimas* (1837), der die von Chateaubriands »Atala« beeinflußte Dichtung *La cautiva* enthält. Das sentimentale Melodrama schildert Liebe, Flucht, Verfolgung und Tod des Hauptmanns einer arg. Garnison und seiner Frau María. Bei den Gegnern handelt es sich ausnahmslos um grausame und zumeist betrunkene Pampaindianer. Wird hier ideologisch die Ausrottung der einheimischen Urbevölkerung vorbereitet, ist die um 1839 entstandene Erzählung *El matadero* (1871) eine ingrimmige Abrechnung mit dem Rosas-Regime und zugleich ein Meisterwerk engagierter Literatur. Ausgehend von der realistisch geschilderten Szenerie eines Schlachthofs, wird dieser im Verlauf der Erzählung zum Inbegriff eines barbarischen Systems sadistischer Schlächter und vertierter Massen.

Ausgaben: *Obras completas.* Hg. J.M. Gutiérrez. BA 1870-74, 4 Bde; dass. 1 Bd., BA 1951, 1972.
Literatur: N. Jitrik, *E.E.* BA 1967. – J.C. Ghiano ›*El Matadero*‹ *de E. y el costumbrismo.* BA 1968. – R.M. Scari, *Las ideas estéticas de E. y el romanticismo de ›El Matadero‹.* 1, 16 (1982), 38-53. – E.C. Knowlton Jr., *E.E.* Bryn Mawr 1986.

Eichelbaum, Samuel

*14.11.1894 in Domínguez/Entre Ríos, †4.5.1967 in Buenos Aires. Er entstammte einer Familie russ. Juden, die 1889 in Argentinien eingewandert war und sich um 1910 in Buenos Aires niederließ. Von Jugend an arbeitete er als Journalist, u.a. bei »La Vanguardia«, die der Sozialistischen Partei nahestand, schrieb außerdem Theaterkritiken und war gelegentlich als Dramaturg tätig. Später war er zeitweise Ministerialbeamter und Kulturattaché in Uruguay. Er erhielt für sein dramatisches Werk verschiedene arg. Literaturpreise, u.a. 1957 den Premio Nacional.

E. ist einer der großen Dramatiker Argentiniens, der, im Unterschied zu A. ↑Discépolo, auch nach 1930 noch kontinuierlich Bühnenwerke schuf, als das arg. Theater aufhörte, eine populäre Institution zu sein. Insgesamt umfaßt sein dramatisches Werk, einschließlich einiger Kollaborationen mit Pedro E. Pico (1882-1945) aus den Jahren 1920-22, über 30 Theaterstücke. E.s erster Theatererfolg, nach einigen frühen Versuchen, ist der Dreiakter *La mala sed* (1920), der bereits manche Grundzüge seines weiteren Schaffens erkennen läßt. E., der Strindberg und Ibsen stärker verpflichtet erscheint als dem Rioplatenser Theater, erweist sich als Analytiker seelischer Konflikte, die aus der Unvereinbarkeit von Rationalität oder gesellschaftlicher Norm und dem Unterbewußten bzw. dem Triebhaften entstehen. In *La mala sed* ist eine ganze Familie Opfer einer als schuldhaft empfundenen Sexualität. Klimax ist der Liebesantrag des ansonsten ehrenwerten Vaters an die von seinem Sohn ständig betrogene Schwiegertochter. Die Selbstverwirklichung der Frau gegenüber Zwängen und Vorurteilen ist Thema der Dramen *El camino de fuego* (1922), *La hermana terca* (1924), *Señorita* (1927) oder auch *Nadie la conoció nunca* (1926), dessen Protagonistin als Jüdin ihre Würde in einer patriarchalischen und zugleich rassistischen Gesellschaft – geschichtlicher Hintergrund ist das Juden-Progrom von 1919 in Buenos Aires – verteidigt. Bei aller Charakterstärke und Fähigkeit zu Reflexion und Analyse ist bei den meisten Personen E.s eine grundsätzliche Verletzlichkeit angelegt, aus der heraus sie bei der Suche nach der Wahrheit ihrer Existenz entweder zum Selbstmord gelangen wie Eugenio in *Un hogar* (1922) oder in willentlich akzeptierter Einsamkeit enden wie in *Soledad es tu nombre* (1932), *El gato y su selva* (1936) u.a. Auch in E.s bekanntestem, dreimal (1952, 60 und 71) verfilmtem Drama *Un guapo del 900* (1940) entscheidet sich der Protagonist aus Treue zu sich selbst bzw. zu seinen Prinzipien gegen die Möglichkeit privaten Glücks: Er bekennt sich zu einem Mord, den er aus Gefolgschaftstreue zu einem Politiker an dessen Rivalen begangen hat. Während E. in den früheren Stücken ein neutrales Hochspanisch bevorzugte und auch weitgehend auf Lokalkolorit verzichtete, knüpft er mit *Un guapo del 900* nicht nur sprachlich an die populäre Theatertradition an, sondern auch inhaltlich, indem er auf den Mythos der Messerhelden aus den Vorstädten zurückgreift. Auch in dem weiteren Hauptwerk *Un tal Servando Gómez* (1942, 1950 verfilmt u.d.T. *Arrabalera*) wird ein Vorortmilieu sorgsam realistisch ausgestaltet und in der Titelgestalt der Archetyp des moralisch integren, großherzigen Criollo entworfen. Dramaturgisch äußerst subtil wird der konventionelle Konflikt zwischen Männerfreundschaft und Liebe zu einer Frau bereits im Prolog entschieden, während die drei Hauptakte im wesentlichen das Bild antikonventioneller und insofern dauerhafter familiärer Zärtlichkeit entfalten. Zu E.s sonstigem Werk gehören einige Bände mit Erzählungen – *Un monstruo en libertad* (1925), *Tormenta de Dios* (1929), *El viajero inmóvil* (1933) –, bei denen es sich oft um Skizzen zu Theaterstücken handelt.

Weitere Werke: Theater (Auswahl): *El ruedo de las almas* (1923), *El judío Aarón* (1926), *Cuando tengas un hijo* (1929), *En tu vida estoy yo* (1934), *Tejido de madre* (1936), *Pájaro de barro* (1940), *Vergüenza de querer* (1941), *Rostro perdido* (1952), *Dos brasas* (1955), *Las aguas del mundo* (1957), *Subsuelo* (1966).

Literatur: J. Cruz, *S. E.* BA 1962. – P. D. Karavellas, *La dramaturgia de S. E.* MON 1976. – N. Lindstrom, *Anomalous Eloquence in a Drama by S. E.* CHASQUI, 11 (1981), 3-12. – E. O'Hara, *Cuatro miradas (oblicuas) sobre el teatro argentino*. RCLL, 13 (1987), 173-183.

Ezeiza, Gabino

*3.2.1858 in Buenos Aires, †12.10.1916 ebd. Sohn armer Schwarzer. Berühmtheit erlangte er schon mit zwanzig Jahren als »payador«, als Stegreifdichter, der seine Texte zur Gitarre vortrug. Bewundert wurden sein erstaunliches Improvisationstalent, sein umfassendes Wissen im Bereich der populären Kultur sowie die Art seiner musikalischen Darbietung. Seine Meisterschaft bewies er in mehreren »payadas«, Sängerwettkämpfen, deren berühmtester, den er 1893 gegen den Uruguayer Pablo Vázquez (1864-97) bestand, drei Nächte dauerte. Insgesamt schuf er mehr als 500 Lieder, von denen einige – »Libertador«, »Heroica Paysandú« – weite Verbreitung fanden. Zu seinen hauptsächlichen Themen gehören nationalgeschichtliche Ereignisse – E. war Anhänger der Unión Cívica Radical des späteren Präsidenten Yrigoyen und nahm an der gescheiterten Revolution von 1893 teil –, Liebe, Vergänglichkeit und gelegentlich auch die Diskriminierung der Schwarzen. Veröffentlicht wurden die Sammlungen *El cantor argentino* (1896) und *Canciones* (1896).

Fernández, Macedonio

* 1.6.1874 in Buenos Aires, † 10.2.1952 ebd. 1891-97 studierte er Jura bis zur Promotion und war in der Folgezeit als Rechtsanwalt tätig, nachdem der Plan gescheitert war, mit einigen Freunden auf einer Urwaldinsel des Paraguay eine utopische Gesellschaft zu gründen. 1902 heiratete er; seine Frau starb 1920. Für ein paar Jahre war er ab 1910 Staatsanwalt in Misiones. Da er das Amt nicht mit dem rechten Eifer wahrnahm, wurde er entlassen. Anläßlich der Wahlen von 1927 organisierten seine Freunde – unter ihnen J. L. ↑Borges und andere Ultraisten – eine burleske Kampagne für seine Präsidentschaft.

Obwohl F. nur weniges und zumeist auf Bitten von Freunden hin veröffentlichte, nimmt er im Rahmen der arg. Literatur eine Schlüsselstellung ein. Zeugen der Faszination dieser genialen Persönlichkeit sind J. L. Borges, O. ↑Girondo, L. ↑Marechal bis hin zu J. ↑Cortázar oder dem Spanier Gómez de la Serna, der zur zweiten Auflage (1944) von *Papeles de Recienvenido* (1930) ein umfang- und elogenreiches Vorwort schrieb. F.s Werk, von dem eine auf 10 Bände geplante Ausgabe teilweise vorliegt, umfaßt humoristische Zeitschriftenbeiträge (ab 1892), philosophische Essays, Romane oder romanähnliche Texte, Lyrik und zahllose Briefe, von denen er viele abzuschicken vergaß. Aber ebenso wie in seinen Essays metaphysische Spekulation unvermittelt in die Komik absurder Einfälle oder ironischer Paradoxien umschlagen kann, erlaubt der fragmentarische und heterogene Charakter seiner Schriften keine eindeutigen Zuordnungen. Konstant bleibt allenfalls ein subjektiver Idealismus, aus dem heraus jegliches positivistisch orientierte Realitätsverständnis abgelehnt wird. In dem Essay *No toda es vigilia la de los ojos abiertos* (1928), dessen Titel, »Nicht alles ist geistige Nachtarbeit bei offenen Augen«, und dessen noch rätselhafterer Untertitel, »Bearbeitung hinterlassener Papiere einer von der Kunst geschaffenen Romanfigur, Auseinerliebe, der Nicht Existente Kavalier, der Studiosus seiner Hoffnung«, bereits auf verschlungene spekulative Wege hinweisen, wird, grob zusammengefaßt, die Identität von sinnlicher Erfahrung, Sein und Welt und insofern auch die Gleichwertigkeit von Traum und Wahrnehmung im Wachzustand bewiesen. *Papeles de Recienvenido* ist – in der Version von 1930 – eine ironisch chaotische Anhäufung verschiedener Texte, einer autobiographischen Skizze, eines offenen Briefes an eine ur. Zeitschrift, einiger kurioser Episoden, dreier »Trinksprüche«, darunter auf einen »Abwesenden«, bis schließlich der im Titel angekündigte »Geradeangekommene« im letzten Viertel des Buches als Parodie eines Romanprotagonisten erscheint. Aus konventioneller Sicht Romanparodie ist auch *Una novela que comienza* (1941), ein Text, der weitgehend aus Vorworten besteht, denen ein paar Fragmente einer möglichen Romanhandlung folgen. Gleichwohl entspricht das Werk den ästhetischen Prinzipien von F. in der Hinsicht, daß nicht das Produkt Realität vermitteln kann, sondern diese nur im Akt des Schaffens vorhanden ist, den es dem »autonomen Leser«, der in allen seinen Schriften eine wichtige Rolle spielt, zu vermitteln gilt. (J. Cortázars »Leser-Komplize« wird hier antizipiert.) Zudem wird fiktionaler Literatur die Aufgabe zugewiesen, die »äußere Welt« so konsequent zu negieren, daß sie den Menschen schließlich auch vom Tod befreit. Dieses Letztere ist einer der Grundgedanken F.s und kommt wohl am ergreifendsten in dem Gedicht »Elena Bellamuerte« zum Ausdruck, das 1920, nach dem Tod seiner Frau, entstand. (U.d.T. »Muerte es beldad« werden in der Ausgabe *Poemas*, 1953, noch weitere thematisch verwandte Gedichte abgedruckt.) Wenn die Prämisse der »Inexistenz von Ich, Materie, Zeit und Raum, aus denen die Pseudoideen des Nichts entstehen«, richtig und »Sein allein das gefühlsmäßig Erfahrene« ist, dann gibt es auch keinen Tod für Liebende. Als Schriftsteller, der über sein Metier spekuliert, ist F. wie kaum ein anderer konsequent gewesen. Sein Hauptwerk, der »Letzte schlechte Roman« *Adriana Buenos Aires* (1974) und der »Erste gute Roman« *Museo de la novela de la Eterna* (1967), Vorstufe eines »Zukünftigen Romans«, wurden erst dann veröffentlicht, als der »schlechte« Roman – eine komplizierte Dreiecksgeschichte – als schlechter und der andere, der zur Hälfte aus Vorworten, zur anderen aus 20 Einleitungskapiteln besteht, in diesem Sinne virtuell von ihrem Leserpublikum verstanden wurden, das vielleicht auch die Aufforderung des »guten« Romans nachvollzog, denselben selbst zu Ende zu schreiben.

Ausgabe: *Obras completas*. Hg. A. de Obieta, A. Borinsky u.a. BA 1974 ff.

Literatur: N. Jitrik, *La novela futura de M. F.* CAR 1973. – W. Flammersfeld, *M. F. (1874-1952). Reflexion und Negation als Bestimmungen der Modernität*. Frankfurt/M., Bern 1976. – J. A. Engelbert, *M. F. and the Spanisch American New Novel*. New York 1978. – E. Fernández Latour, *M. F. candidato a presidente y otros escritos*. BA 1980. – J. Isaacson, *M. F., sus ideas políticas y estéticas*. BA 1981. – N. Lindstrom, *M. F.* Lincoln, Neb. 1981. – F. H. Schiminovich, *La obra de M. F.: una lectura surrealista*. Madrid 1986. – N. Salvador, *M. F. Precursor de la antinovela*. BA 1986. – A. Borinsky, *M. F. y la teoría crítica*. BA 1987.

Fernández Moreno, Baldomero

* 15.11.1886 in Buenos Aires, † 7.7.1950 ebd. Seine Eltern waren Spanier. Er studierte Medizin und praktizierte von 1917-24 in Dörfern der Provinz Buenos Aires, gab danach den Arztberuf auf und unterrichtete Literatur und Geschichte an höheren Schulen. 1935 wurde er Mitglied der arg. »Academia de Letras«.

Nach dem Raffinement des Modernismus wurde die besinnliche Schlichtheit seiner ersten Gedichtbände, beginnend mit *Las iniciales del misal* (1915), als etwas Revolutionäres angesehen: Ein Dichter hatte seine Umgebung betrachtet. Die Themen, die F. M. behandelt, sind Dinge des täglichen Lebens in der Stadt oder der Provinz, die er mit Sensibilität wahrnimmt und wiedergibt. Für ihn gibt es keine Rangfolge im poetischen Gehalt der Gegenstände; mit gleicher Offenheit betrachtet er den Alltag in der Arztpraxis wie die Kindheitserinnerungen, das Leben mit der Familie wie – gelegentlich selbstironisch – das des großstädtischen Literaten. Seine Lyrik gibt, wie ↑Anderson Imbert sagt, »mit spiegelbildlicher Treue das Bild eines Dichters wieder, der sich bewußt ist, Dichter zu sein«. Der »sencillismo«, die Schule, die sich auf seine sprachliche und thematische Einfachheit berief, wurde von ihm abgelehnt. Innerhalb seines Werkes werden drei Phasen unterschieden. Spontaneität und Gefühl herrschen bis *El hogar en el campo* (1924) vor. Die anschließende Phase strenger, traditioneller Formen dauert bis *Romances y seguidillas* (1936). 1937, im Todesjahr eines seiner Kinder, vollzieht sich eine Wendung zu Verbitterung und Enttäuschung. Vom Humor bis zum Sarkasmus reichen die Aphorismen in dem Band *La mariposa y la viga* (1947).

Ausgabe: *Obras poéticas*. BA 1969.
Literatur: E. Carilla, *Genio y figura de B.F.M.* BA 1973. – L.M. Teragni, *Una metafísica original en F.M.* BA 1978. – J.J. Monteleone, *B.F.M., poeta caminante*. CH, 143 (1986), 429, 79-96.

Fernández Moreno, César

*26.11.1919 in Buenos Aires, †14.5.1985 in Paris. Sohn Baldomero F.M.s., dessen Werk er sorgsam ediert und kommentiert (1956) hat. Er war Rechtsanwalt, »die intensivste Art, Argentinier zu sein«, wie er in seinem berühmtesten Gedichtband *Argentino hasta la muerte* (1963) ironisch behauptet, nach dessen Veröffentlichung er fast nur noch im Ausland lebte.

F.M.s frühe Lyrik – *Gallo ciego* (1940), *El alegre ciprés* (1941) u.a. – ist repräsentativ für die neoromantische bzw. anti-avantgardistische »Generation von 1940«. Ab *Veinte años después* (1953) zeichnet sich eine veränderte Haltung gegenüber der Realität und der Sprache ab, die dann in dem Band *Sentimientos* (1961) voll zur Geltung kommt. Lyrik wird zur selbstkritischen Befragung, die sowohl die gattungsmäßigen Konventionen als auch das sich vermittelnde Ich transparent machen will. Der bewußt inszenierte Monolog ist dabei Ausdruck eines Lebensgefühls ständiger Verluste und Paradoxien: Ansprache, die keine Antwort erhalten kann; gelebte Erfahrung, die sich auf ihre Widerspiegelung reduziert; Flüchtigkeit der Gegenwart, die das prekäre Material der Worte festhalten soll. Die Verwendung der arg. Umgangssprache mit ihrem Witz und Ambivalenzen wird in *Argentino hasta la muerte* noch intensiviert. Der autobiographische Bericht, der mit den Urgroßeltern einsetzt, aber in ständigem Wechsel Gegenwart und Vergangenheit, Argentinien und Weltreisen kontrastiert, wird zugleich auch in seiner sozialen Dimension mit ebenso bissigen wie humorvollen Sentenzen festgehalten. Das Spiel auf allen Registern des Humors, mit Sprachebenen und Sprachen, mit poetischen Techniken – z.B. »lyrische« Metaphern, die sich in einer überraschenden »Banalität« auflösen – wird in *Los aeropuertos* (1967) fortgesetzt. »Flughäfen« sind hier Metapher des multiplizierbaren Wechsels, des »wiederholten Traums von Realität«. *Buenos Aires me vas a matar* (1977) ist eine als Autobiographie neu angeordnete Sammlung von Gedichten ab 1954. F.M. hat außer seiner Lyrik gut dokumentierte literaturkritische Essays – u.a. über J.L. ↑Borges (1957), A. ↑Storni (1959), M. ↑Fernández (1960) – veröffentlicht. Er war Herausgeber der Unesco-Publikation *América Latina en su literatura* (1972) und, zusammen mit D. ↑Viñas, einer Sondernummer von »Les temps modernes« (420/21, 1981), in der sich die exilierte arg. Literatur erstmals kollektiv zu Wort meldete.

Weitere Werke: Lyrik: *Romance de Valle Verde* (1941), *La mano y el seno* (1941), *La palma de la mano* (1942), *Sentimientos completos. 1950-1966* (1981); Aphorismen: *Ambages* (1968), *Con ambages* (1976); Erzählungen: *El joven Franz Moreno* (1966), *La vuelta de Franz Moreno* (1975); Studien, Essays: *Vida de la mujer de Martín Fierro* (1944), *Pelayo y los románticos* (1946), *Introducción a la poesía* (1962), *La realidad y los papeles* (1967), *¿Poetizar o politizar?* (1973).

Literatur: J. Ortega, *Figuración de la persona.* Barcelona 1971. – E. Carilla, *Trayectoria de F. M.* RI, 38 (1972), 81, 641-652.

Filloy, Juan

* 1.8.1894 in Córdoba (Arg.). Er studierte Jura in Córdoba bis zum Anwaltsexamen (1919). Seit 1921 lebt er in Río Cuarto, wo er bis zu seiner Pensionierung als Richter tätig war. 1971 erhielt er den »Gran Premio de Honor« des arg. Schriftstellerverbandes (SADE), dessen Vizepräsidentschaft er danach für ein paar Jahre innehatte.

Für A. ↑Reyes war F. »der Erzeuger einer neuen amerikanischen Literatur« und eine ähnliche Wertschätzung teilten B. ↑Verbitsky, J. ↑Cortázar, M. ↑Giardinelli u. a., dennoch ist er selbst in Argentinien wenig bekannt. Einer der Gründe dafür ist die geringe Auflagenzahl seiner größtenteils als Privatdrucke oder in dem kleinen Verlag Macció Hnos. von Río Cuarto erschienenen Bücher. Ein anderer Grund ist der Hochmut eines Genies, für das von vornherein nur der Maßstab »Weltliteratur« Gültigkeit besessen hat, zu der er neben zwei, drei anderen arg. Autoren irgendwann gehören wird. Insgesamt hat das »arrogante Factotum auf dem Gebiet der Literatur« (C. Mastrángelo) mehr als 40 Bücher geschrieben, darunter etwa 10 Romane, seine Lieblingsgattung. Alle diese Bücher, die zur Hälfte veröffentlicht sind, führen einen Titel, der aus 7 Buchstaben besteht, was, wie er selbst sagt, nichts mit Esoterik zu tun hat, sondern eher auf eine grundsätzliche Dimension (und Leidenschaft) seines Œuvres verweist: das virtuose Spiel mit der Sprache bzw. der Gesamtheit des span. Wortschatzes, dessen einzigartige Beherrschung sich in einer bisher noch unveröffentlichten Sammlung von etwa 6000, oft recht langen Palindromen niederschlägt, von denen ein Bruchteil in den Text seines Romans *¡Estafen!* (1931) eingegangen ist. Dieses Frühwerk, das auch noch zum Zeitpunkt seiner Neuauflage (1968) als kühn und originell angesehen wurde, u. a. wegen der Überlagerungen von Fantasie und Realität, der straffen und suggestiven Dialoggestaltung, der Mischung der Sprachebenen, ist eine zynische, wenn auch bedenkenswerte Erörterung der oppositionellen Prinzipien des Rechts und der Freiheit bzw. der Liebe, der die in einen Ausbruchsversuch aus dem Gefängnis mündende Handlung untergeordnet bleibt. Noch konsequenter in der Verzahnung von Struktur und Inhalt ist *Op Oloop* (1934, Neuaufl. 1967, Vorw. von B. ↑Verbitsky). Die Handlung erstreckt sich über einen knappen Tag, in dessen Verlauf O. O., ein wohlhabender Finne in Buenos Aires, u. a. eine böse Auseinandersetzung mit dem Vater seiner Verlobten hat, ein Festmahl für seine Freunde ausrichtet, in einem Bordell die Tochter einer Jugendgeliebten trifft und Selbstmord begeht. Auch dieses Werk besticht durch die Mischung von Philosophie und Burleske sowie den Gedankenreichtum und Wortwitz der Gespräche, die auf L. ↑Marechal und J. Cortázar vorausweisen. O. O. verkörpert in fataler Dialektik die Gegensätze von exquisiter Kultur und Leben, idealisierter Liebe und sportlich betriebener Sexualität, mathematischer Ordnung und Wahnsinn. *Caterva ...* (1937), der mit über 500 S. umfangreichste Roman F.s, entwickelt sich aus den Gesprächen und Lebensgeschichten einer Gruppe von Landstreichern vor dem Hintergrund der sozialen Konflikte in der Provinz Córdoba, deren Geschichte wiederum F. als Historiograph in *Urumpta* (1977) aufgezeichnet hat. Eine junge, vitale Grundbesitzerin ist die Heldin von *La potra* (1973). Abgesehen von der üblichen Meisterschaft F.s, Spannung mit minimalen Handlungselementen zu erzeugen, besticht der Roman als subtile Charakterstudie einer Frau und als kenntnisreiche Darstellung eines modernen landwirtschaftlichen Betriebs in Argentinien. *La potra* ist Teil der Saga einer Familie von Bauern und Landarbeitern, zu der noch die Erzählungen *Los Ochoa* (1972) und zwei unveröffentlichte Romane gehören. Eine sarkastische Satire auf das Militär ist der Roman *Vil & Vil* (1974), in dem drei Handlungsebenen ineinander verflochten sind. Die kleine Auflage und sein hohes Alter bewahrten F. 1976 bis auf ein Verhör vor schlimmeren Konsequenzen. Als Lyriker ist er zuerst mit *Balumba* (1933) hervorgetreten, einem umfangreichen Zyklus von Gedichten, die – wenn überhaupt – einen gewissen Einfluß Mallarmés, den F. auch übersetzte, erkennen lassen. Berüchtigt ist das Werk vor allem wegen der Sektion »Libidine«, deren kunstvolle Obszönität im span. Sprachraum einmalig sein dürfte. Ein weiterer publizierter Gedichtband ist *Usaland* (1973), ein ironisch sarkastischer Kommentar zum *american way of life* bzw. *death*.

Weitere Werke: *Periplo* (1930), *Aquende* (1935?), *Finesse* (1939), *Jjasond* (o.J.), *Ignitus* (1971), *Yo, yo y yo* (1971).
Literatur: M. Giardinelli, *Entrevista con J.F.* PURO CUENTO, 6 (1987), 1-6, 38, 52-53.

Franco, Luis Leopoldo
*15.11.(12?) 1898 in Belén/Catamarca. In Buenos Aires war er für kurze Zeit als Jurastudent eingeschrieben und absolvierte, um 1919, seinen Militärdienst, den er größtenteils in der Strafzelle verbrachte. Danach arbeitete er jahrzehntelang als Bauer – er hatte ein paar Hektar Land geerbt – und kam zweimal wegen Aufsässigkeit ins Gefängnis. Er schlug die Aufnahme in die arg. Literaturakademie sowie den ihm 1948 und 1956 angebotenen Universitätslehrstuhl aus. Von den ihm zugesprochenen Literaturpreisen, darunter 1941 dem Premio Nacional (1941), distanzierte er sich in seiner (Auto-) *Biografía sacra* (1957).
Sein breites und vielseitiges Œuvre, Ausdruck einer enormen Schaffenskraft und einer chaotisch anmutenden Aneignung von Bildung und Wissen, umfaßt Lyrik, historiographische Studien, Erzählungen, Essays und eine Aphorismensammlung, *Pequeño diccionario de la desobediencia* (1959). Möglicherweise ist seine Lyrik der dauerhafteste Teil seines Werkes. In seinen ersten Gedichtbänden *La flauta de caña* (1920) und *Libro del gay vivir* (1923) kommt ein Naturempfinden zum Ausdruck, dessen »Frische« und »vitale Fülle« (F. de Onís) Rückgriffe auf Vergil oder Albert Samain nicht ausschließt. Das Lob, das damals von L. ↑Lugones oder E. ↑Banchs dieser traditionalistischen Lyrik F.s gespendet wurde, war dann auch eher eine an die Avantgardisten gerichtete Rüge. Mit den Gedichten von *Nuevo mundo* (1927) hat F. jedoch bereits die Neuerungen der Avantgarde übernommen und eine eigenartige Mischung von Ekloge und futuristischen Elementen hergestellt. Diese Etappe ist bald überwunden. In *Suma* (1938), der ersten seiner drei großen Anthologien, die Gedichte aus den Jahren 1927-37 enthält, herrscht eine hymnische Grundstimmung vor, die an W. Whitman erinnert, dem F. eine Monographie widmete (1940). Persönliches Erleben verschmilzt mit dem Glauben an die Befreiung der Menschheit durch ein Leben im Einklang mit Natur und Kosmos. F. bezieht sich dabei auf marxistisches und anarchistisches Gedankengut, es gelingt ihm jedoch, sprachlich und inhaltlich ein poetisches Universum zu entwerfen, das in sich stimmig ist, dessen Intensität auch an den Stellen noch überzeugt, wo Leidenschaftlichkeit in Pathos umschlägt. Die näch-

ste Sammlung *Pan. Poesías 1937-1947* (1948) setzt teilweise diese Linie fort und enthält daneben zwei Sektionen liedhafter Gedichte, deren erste der »Welt des Kindes« gewidmet ist, deren zweite, die an die arg. Folklore anknüpft, ein paar bezaubernd anmutige Liebesgedichte enthält. Als Historiograph hat sich F. vor allem mit Arbeiten über die Zeit und Person von Rosas hervorgetan (*El general Paz y los dos caudillajes*, 1934, *El otro Rosas*, 1945, *Rosas entre anécdotas*, 1954, *Antes y después de Caseros*, 1954, *De Rosas a Mitre*, 1967). Deshalb und auch anläßlich seiner scharfen und teilweise satirisch-boshaften Abrechnung mit dem Peronismus in *Biografía patria* (1958) hat man F. vorgehalten, daß er in beiden Fällen der liberalistischen Rechten das Wort geredet habe.

Weitere Werke: Lyrik: *Coplas de pueblo* (1927), *Los trabajos y los días* (1928), *Nocturnos* (1932), *Canciones* (1942), *Constelación. Antología general* (1959, [2]1965), *El corazón de la guitarra* (1963), *Insurrección del poema* (1979); Erzählungen: *Cuentos orejanos* (1968), *Guitarra adentro y otros cuentos* (1971); Essays, Sonstiges: *Los hijos de Llastay* (1926), *América inicial* (1931), *Biografía de la guerra* (1941), *Hudson a caballo* (1956), *Sarmiento y Martí* (1958), *Biografías animales* (1960), *Revisión de los griegos* (1960), *La hembra humana* (1963?), *Prometeo ante la U.R.S.S.* (1964), *Espartaco en Cuba* (1965), *Sarmiento entre dos fuegos* (1968), *Lucifer* (1972), *El Arca de Noé en el Plata* (1973), *Nuestro padre, el árbol* (1978), *Presidente Illia y un libro de ocasión* (1984).

Literatur: B. Correas, *L. F.* BA 1962. – C. Penelas, *Conversaciones con L. F.* BA 1978. – A. Cometta Manzoni, *L. F., el escritor ignorado*. RNC, 253 (1984), 26-38.

Gallardo, Sara

* 1933 in Buenos Aires. Journalistin. Sie hat Romane und Erzählungen veröffentlicht, die größtenteils im Milieu der arg. Landbevölkerung angesiedelt sind, wobei ihre kritische Sicht der Großgrundbesitzerkaste, zu der sie selbst gehört, sowie die dramatische Verdichtung den Vergleich mit B. ↑Lynch nahelegen. In einer linear durchgeführten Handlung und einer Sprache, die durch ihre Strenge und Zurückhaltung fast lyrische Qualität gewinnt, behandelt ihr erster Roman *Enero* (1958; dt. *Die Hochzeit der anderen*, 1962) Absurdität und Scheitern der Liebe einer jungen Landarbeiterin. Ohne den Erfahrungshorizont der Protagonistin zu verlassen, erhebt der Roman Anklage gegen soziale und daraus abgeleitete oder erkaufte moralische Privilegien. In *Pantalones azules* (1963) wird die Stadt in die Handlung einbezogen. Der jugendliche Antiheld erfährt in der Beziehung zu einer Jüdin eine seinem Klassendünkel und Rassismus entgegengesetzte menschliche und soziale Realität. Die erzähltechnischen Neuerungen und Experimente der »nueva novela« bestimmen Ablauf und Rhythmus von *Los galgos, los galgos* (1968). Aus der Vielfalt der Szenen, der ein- und mehrstimmigen Reflexionen ergibt sich als Haupthandlungsstrang die Geschichte des Ich-Erzählers, dessen Selbstverwirklichungsversuche – nach den standesgemäßen Abenteuern in Paris – als Landwirt ebenso scheitern wie der Versuch, eine Liebesbeziehung aufzubauen. Das Fremdsein im eigenen Land hat sich im Verlauf der Entwicklung G.s immer stärker als thematischer Grundnenner herausgebildet. Er gewinnt eine tragisch absurde Dimension in *Eisajuaz* (1971), der Lebensgeschichte eines Mataco-Indios, die von ihm selbst assoziativ und in aufgelöster Syntax erzählt wird.

Weitere Werke: Romane: *Historia de los galgos* (1975), *La rosa en el viento* (1979); Erzählungen: *El país del humo* (1977), *Adelante, la isla!* (1983).

Ausgabe: *Páginas de S. G.* (1987).

Literatur: D. Sorensen Goodrich, ›*Eisa-*

juaz‹: extrañamiento y códigos de lectura. TC, 8 (1983), 26/27, 168-175.

Gálvez, Manuel

* 18.7.1882 in Paraná, † 14.11.1962 in Buenos Aires. Sein Vater war Staatsanwalt und Politiker. Im Jesuitenkolleg von Santa Fe erhielt er eine umfassende Ausbildung. 1904 promovierte er in Buenos Aires zum Rechtsanwalt und wurde 1906 zum Inspektor für das höhere Schulwesen ernannt. Er bekleidete das Amt bis 1931. 1910 heiratete er. 1917 wurde von ihm die »Cooperativa Editorial Buenos Aires« gegründet, 1919 die »Editorial Pax«, 1930 die arg. Sektion des Pen-Clubs. 1933 wurde er in die »Academia de Letras« aufgenommen, 1935 erhielt er den Premio Nacional.

G., neben Hugo ↑Wast einer der schaffensreichsten arg. Romanautoren, hatte mit zwei der Braut gewidmeten Lyrikbändchen und ein paar Essays debutiert. Gesellschaftskritisch im Stil Zolas sind die ersten Romane, deren Qualität, wie die Kritik bemerkt, im Unterschied zu späteren Werken, noch nicht vom kommerziellen Interesse beeinträchtigt ist. Allerdings bleibt G. immer einem biederen Naturalismus verhaftet. In *La maestra normal* (1914) wird die moralisch und geistig deprimierende Atmosphäre einer Provinzstadt (La Rioja) dargestellt. Hauptperson ist eine verführte und verlassene Volksschullehrerin, die, von Umwelt und Gewissen gequält, ihren Fehltritt bereut. *El mal metafísico* (1916) und *Nacha Regules* (1919, dt. *Nacha Regules*, 1922) wenden sich thematisch der Stadt Buenos Aires zu, die für G. immer eine Mischung aus Unmoral und Materialismus, Babylon und Karthago bleibt. Im ersten Roman zerbricht ein von hohen Idealen beflügelter Dichter am Dünkel einer großbürgerlichen Familie, die sich der Verbindung ihrer Tochter mit dem mittellosen Poeten widersetzt. Eindrucksvoll ist die Wiedergabe des Milieus der Literatenzirkel und Redaktionsstuben. Erkennbar sind die Porträts mehrerer Schriftsteller. Opfer der sozialen Verhältnisse ist auch die Titelfigur des zweiten Romans. Aus der Prostitution erlöst sie ein *Deus ex machina* in Gestalt eines edelmütigen Liebhabers. Der Katholizismus des Autors, der in den Wertvorstellungen dieser Romane spürbar ist, wird zum Kernproblem von *La sombra del convento* (1917). In *Miércoles Santo* (1930, dt. *Karawane der Sünder*, 1951) führt seelische Erschütterung im Anschluß an einen dantesken Aufmarsch beichtender Sünder zum Tod des Priesters. Nach dem Vorbild des Spaniers Pérez Galdós hat G. einen Ausschnitt der Geschichte Argentiniens, die Rosas-Ära, in einem vielbändigen Zyklus dargestellt: *El gaucho de los Cerrillos* (1931), *El General Quiroga* (1932), *La ciudad pintada de rojo* (1948), *Tiempo de odio y de angustia* (1951), *Han tocado a degüello* (1952), *Bajo la garra anglofrancesa* (1953) und *Así cayó Don Juan Manuel* (1954). Den Krieg Paraguays gegen seine Nachbarn (1865-70) behandelt aus verschiedenen Perspektiven die Trilogie *Los caminos de la muerte*, *Humaitá* und *Jornadas de agonía* (1928-29, dt. *López*, I-III, 1946). G. ist außerdem Autor der Erzählungen *Luna de miel* (1920), mehrerer romanhafter Biographien und einiger Theaterstücke. Wegen ihres dokumentarischen Wertes und ihres unverblümt reaktionären Geistes sind seine autobiographischen *Recuerdos de la vida literaria* (1961-63, 4 Bde.) besonders hervorzuheben.

Weitere Werke (Auswahl): Romane: *La tragedia de un hombre fuerte* (1922), *Historia de arrabal* (1922), *El cántico espiritual* (1923), *La pampa y su pasión* (1926), *Cautiverio* (1935), *La noche toca a su fin* (1935), *Hombres en soledad* (1938), *Las dos vidas del pobre Napoleón* (1954), *El uno y la multitud* (1955), *Tránsito Guzmán* (1957), *Perdido en su noche* (1958), *Me mataron entre todos* (1962), *La locura de ser santo* (1967); Biographien (Ausgabe): *Biografías completas*. BA 1962.

Literatur: N. Kisnerman, *Bibliografía de M. G.* BA 1964. – M. I. Lichtblau, *M. G.* New York 1972. – J. E. Puente, *Estudio crítico-histórico de las novelas de M. G.* Miami 1975. – M. S. Agresti, *Literatura y realidades: La visión del país en algunas novelas de M. G.* Mendoza 1981. – J. C. Ghiano, *Vigencia de la obra literaria de G.* BAAL, 47 (1982), 185/6, 215-227. – J. C. Merlo, *M. G. o la escritura como testimonio*. RBN, 1 (1982), 1/2, 85-120. – J. Walker, *Ideología y metafísica en M. G.: una síntesis novelística*. RCEH, 10 (1986), 3, 475-490. – C. M. Payá/E. J. Cárdenas, *El primer nacionalismo argentino en M. G. y Ricardo Rojas*. BA 1987.

Gambaro, Griselda

* 28.7.1928 in Buenos Aires. Sie hat Erzählungen und Romane veröffentlicht, ist aber vor allem bekannt als Dramatikerin und hat als solche eines der faszinierendsten Werke geschaffen, das in seiner Variationsbreite, Kühnheit und polemischen Schärfe im Rahmen der gesamten lateinam. Theaterszene einen herausragenden Platz einnimmt. Ihr erstes Theaterstück *El desatino*, das auf eine gleichnamige Erzählung zurückgeht, wurde 1965 (am Experimentaltheater des Di Tella Instituts in Buenos Aires) uraufgeführt. Es weist bereits wesentliche Züge ihres gesamten Schaffens auf: das Element des Absurden in Gestik und Sprache; die Verankerung im arg. Kontext, die jedoch die Übertragung auf ähnlich strukturierte Gesellschaften nicht ausschließt; die Begrenzung der Konflikte auf zumeist enge verwandtschaftliche Beziehungen, in denen aus Schwäche oder Feigheit Situationen akzeptiert werden, die progressiv zum Verlust von Freiheit, physischer Integrität oder gar des Lebens führen. So in *El desatino*, wo der Protagonist in dem Moment stirbt, als ein Fremder ihm behilflich ist, seinen Fuß aus einem Gerät zu befreien, nachdem die Familie ihn mit raffiniert grausamer Sanftheit stumm gemacht und isoliert hat. *El viejo matrimonio* (1965) problematisiert Sprach- und Hoffnungslosigkeit der Ehe. In *Las paredes* (1966), das auf der Titelerzählung des Bandes *Madrigal en ciudad* (1963) basiert, bestimmt das Absurde durchgängig die Rede der Personen, die in völligem Widerspruch zu ihren Handlungen steht. Der Protagonist ist ein kleiner Angestellter, der sich in einem immer enger werdenden Raum freiwillig einsperren läßt. *Los siameses* (1967), eins der bekanntesten Stücke G.s, behandelt die Dialektik von Repression und Opfer in der Konstellation zweier Brüder. In *El campo* (1968) verdichtet sich das Absurde zum Entsetzlichen: Für die bestialisch gefolterte Pianistin Emma wird für ein Konzert vor den anderen KZ-Häftlingen ein Klavier präpariert, das nur einen einzigen lächerlichen Ton hervorbringt. *Nada que ver* (1972), die dramatische Umarbeitung des Romans *Nada que ver con otra historia* (1972), demonstriert am Beispiel einer Puppe, die sich zunehmend vermenschlicht, das in der modernen Zivilisation verborgene Unrecht. Der Frankenstein-Mythos, auf den das Stück anspielt, verleiht ihm eine ironisch-burleske Dimension. Auch in *Sucede lo que pasa* (1976) wird ein Muster der Massenkultur verfremdet. So läßt die Handlung – ein junger Arzt, der sich in die Schwester eines kleinen Gauners verliebt – die Klischees des Teleteatro durchblicken, um diese jedoch zu durchbrechen. *Información para extranjeros* (1978) entstand während G.s Exil in Spanien, 1977-80, und wurde in den USA uraufgeführt. Es steht am deutlichsten in der Tradition des »Theaters der Grausamkeit« (H. Pinter u. a.). Bemerkenswert ist das Stück

auch wegen der Aufhebung der Trennung von Bühne und Zuschauerraum. Mit *Decir sí* (1981) beteiligte sich G. am »Teatro Abierto«, der ersten massiven Aktion gegen die arg. Militärdiktatur. Die Dialektik von Gewalt und Opferhaltung wird hier von einem Friseur mit einem Rasiermesser als Waffe und seinem Kunden burlesk durchgespielt. Eine Burleske ist auch *Real envido* (1983). Totalitäre Macht, mit ihren Ingredienzien von Habgier, Grausamkeit und lächerlicher Feierlichkeit wird hier im Rahmen eines heruntergekommenen, märchenhaften Königshofes persifliert. *La malasangre* (1982; 1984 in Nürnberg aufgeführt) bezieht sich – hauptsächlich in der Dekoration – auf die Zeit der Rosas-Diktatur, deren Mechanismen sich im Verhalten der Mitglieder einer Familie reproduzieren. Der Schluß deutet die Möglichkeit der Rebellion gegen Willkür und Erniedrigung an. Ähnlich deutliche Bezüge zur aktuellen Situation Argentiniens finden sich auch in dem in Japan spielenden *Del sol naciente* (1984). Die Kurtisane, der Krieger und der mehrfach von dem Krieger getötete Junge bilden eine Konstellation, die deutlich auf den Malvinenkrieg verweist. – Erotik und Humor sucht G. in dem Roman *Lo impenetrable* (1984) zu verbinden.

Weitere Werke und Ausgaben: Romane: *Una felicidad con menos pena* (1967), *Ganarse la muerte* (1976); Erzählungen: *El desatino* (1965), *Dios no nos quiere contentos* (1970); Theater: *Puesta en claro* (1986), *Teatro (Las paredes, El desatino, Los siameses).* Barcelona 1979. – *Teatro.* BA 1984-89, 3 Bde.

Literatur: D. W. Foster, *The Texture of Dramatic Action in the Plays of* G. G. HJ, 1 (1980), 2, 5766. – D. Zalacaín, *El personaje ›fuera del juego‹ en el teatro de* G. G. REHPR, 14 (1980), 2, 39-71. – M. A. Giella, *Entrevista con* G. G. HISPA, 14 (1985), 40, 35-42. – T. Méndez–Faith, *Sobre el uso y abuso de poder en la producción dramática de* G. G. RI, 51 (1985), 132/3, 831-841. – K. L. Laughlin, *The Language of Cruelty: Dialogue Strategies and the Spectator in G.'s ›El desatino‹ and Pinter's ›The Birthday Party‹.* LATR, 20 (1986), 1, 11-20. – B. Boling, *From Pinups to Striptease in G. G.'s ›El despojamiento‹.* LATR, 20 (1987), 2, 59-65.

Gelman, Juan

* 1930 in Buenos Aires. Er war Lastwagenfahrer, Büroangestellter, Journalist, Übersetzer. Massive Drohungen der »Triple A« (Alianza Anticomunista Argentina) trieben ihn 1975 ins Exil. Er lebte zunächst in Italien, dann in Frankreich. 1976 folterte und ermordete das Militär seinen Sohn und seine Schwiegertochter. Wegen Zugehörigkeit zu den linksperonistischen »Montoneros«, von denen er sich 1979 lossagte, konnte er erst Januar 1988, als ein Verfahren gegen ihn auf internationalen Druck hin eingestellt wurde, nach Argentinien zurück.
G.s Schicksal und lyrisches Werk sind exemplarisch für jene Generation arg. Schriftsteller, denen die Konsequenzen des Putsches gegen Perón, 1955, die Augen öffnete für die soziale und politische Realität ihres Landes und die herrschaftsstabilisierende Funktion, die eine ältere Kultur erfüllte. Gegen diese rebelliert G. bereits in seinem ersten Gedichtband *Violín y otras cuestiones* (1956), in dem er zwar alle Freiheiten moderner, postavantgardistischer Lyrik ausnutzt, aber nicht auf metaphysische Seinsbefragung abhebt, sondern die Erfahrungen des Alltags, zu denen politisches Betroffensein ebenso gehören wie private Entzükkungen, klar und gleichzeitig vielschichtig zum Ausdruck bringt. Sein lyrisches Prinzip ist nicht der »große Gesang« in der Art Nerudas, sondern das »Gespräch«, bei dem das Ich durchlässig bleibt für die Stimmen der anderen oder auch die eigene Existenz Begründung und Rechtfertigung durch die der

anderen erfährt. So heißt es in »Arte poética« aus *Velorio del solo* (1961): »Zu diesem Beruf verpflichten mich die fremden Leiden, | die Tränen, die grüßenden Tücher«. Bei aller Deutlichkeit des politischen Engagements erwächst dieses aus der Emotionalität und wird häufig selbstkritisch, ironisch oder parodistisch auf eine unpathetische Tonlage gebracht. Undogmatisch und spielerisch ist auch der Umgang mit Sprache und kultureller Tradition. In *Gotán* (1962) vermischen sich Zitate der span. Renaissance-Lyrik mit dem melodramatischen Kosmos des Tango und der Begeisterung für die kub. Revolution. Um den Zwängen des lyrischen Ichs zu entgehen, möglicherweise auch mit einem spöttischen Blick auf das arg. Publikum, das Übersetzungen für besser hält als die eigene Literatur, hat G. gelegentlich auf Heteronyme zurückgegriffen – John Wendell, Yamanokuchi Ando, Sidney West – und unter dem Namen des letzteren den Band *Traducciones III* (1969) publiziert. Zwei weitere Heteronyme – José Galván und Julio Greco – finden sich in *Interrupciones II* (1986). Die beiden fiktiven Dichter sind Opfer des staatlichen Terrors. Greco, der 1976 »im Kampf gegen die Militärdiktatur fiel«, entdeckt wie der junge G. noch einmal die Dimension des Schönen im Vulgären und Gewöhnlichen. Eine der vier Abteilungen des Bandes, »Com/posiciones«, besteht aus Neuschöpfungen mittelalterlicher, fernöstlicher und span. Lyrik des Siglo de Oro, die in komplexer Weise transparent bleiben für die arg. Realität.

Ausgaben: *Obra poética*. BA 1975, [2]1984. – *So arbeitet die Hoffnung*. Berlin 1978 (dt. Auswahl). – *Poesía*. LH 1985.

Weitere Werke nach 1975: *Hechos y relaciones* (1980), *Si dulcemente* (1980), *Citas y comentarios* (1982), *Exilio*, (1984, zus. mit O. Bayer), *La junta luz: Oratorio a las Madres de Plaza de Mayo* (1985), *Carta a mi madre* (1989).

Literatur: T. M. Scheerer, *La sangre y el papel. Eine Vorstudie zur Lyrik des Argentiniers J. G.* Augsburg 1985. – H. Achugar, *La poesía de J. G. o la ternura desatada*. HISPA, 41 (1985), 95-102. – Y. Mesa Falcón, *G. y el exilio de la poesía*. CDLA, 177 (1989), 146-156.

Gerchunoff, Alberto

* 1.1.1883 in Proskurow (heute Chmelnizki, Ukraine). † 2.3.1950 in Buenos Aires. Seine Eltern waren russ. Juden, die 1890 nach Argentinien emigrierten. Bald nach der Ankunft wurde sein Vater ermordet. Die Familie siedelte dann in Rajil/Entre Ríos, zog aber 1895 nach Buenos Aires. Er schlug sich mit verschiedenen Arbeiten durch und erwarb als Autodidakt eine umfassende literarische Bildung. Sein sprühender Witz machte ihn zu einer der Hauptfiguren der Boheme von Buenos Aires. Mit M. ↑Gálvez, der ihn 1916 in dem Roman »El mal metafísico« als den kaustischen Spötter Orloff porträtierte, und R. ↑Rojas gründete er die Zeitschrift »Ideas« (1903-05). Nach journalistischer Tätigkeit bei verschiedenen Zeitungen wurde er 1908 Redakteur von »La Nación« und blieb es bis zu seinem Tod.

Die Erinnerung an die Jahre als Siedler in Entre Ríos inspirierte ihn zu seinem ersten und berühmtesten Buch, den Erzählungen *Los gauchos judíos* (1910). In ihnen schildert er die Erschließung des Landes durch jüdische Siedler, ihren Kampf gegen Naturgewalten und das Mißtrauen der kreolischen Landbevölkerung. Trotz mancher dramatischer Konflikte, die sich auch zwischen optimistischer Jugend und traditionalistischen Familienpatriarchen abspielen, kommt in dem Werk jedoch eine eher harmonisierende Sichtweise zutage, die, wie man G. vorwarf, das Problem des latenten Antisemitismus verschleierte (L. Senkman). Sprachlich verbinden sich in dem Werk biblische Monumentalität und cervantischer Humor. Cervantes bildet neben Heine auch den Gegenstand umfangreicher Essays (*Nuestro Señor Don Quijote*, 1913, *La jofaina maravillosa*, 1922, *Retorno a Don Quijote*, 1951, *Enrique Heine, el poeta de nuestra intimidad*, 1927). Außer mehreren Bänden mit teils humoristisch beschaulichen, teils satirischen Erzählungen und dem Roman *El hombre importante* (1934) umfaßt G.s Werk unzählige Zeitungsartikel, in denen er zu nationalen und internationalen Problemen Stellung nahm.

Weitere Werke (Auswahl): Erzählungen: *Cuentos de ayer* (1919), *La asamblea de la bohardilla* (1925), *Historias y proezas de amor* (1926), *El hombre que habló en la Sorbona* (1926), *La clínica del doctor Mefistófeles* (1937).

Literatur: M. E. Gover de Natasky, *Bibliografía de A. G.* BA 1977. – L. Senkman, *La identidad judía en la literatura argentina*. BA 1983. – B. Marquis Stambler, *Vida y obra de A. G.* Madrid 1985.

Ghiraldo, Alberto

*1875 in Mercedes/Buenos Aires, †23.3.1946 in Santiago de Chile. 1890 nahm er an der gescheiterten Revolution der Unión Cívica teil. Wenig später schloß er sich der anarchistischen Bewegung an, für deren Ideen er mit Leidenschaft und Opfermut als Redner, Journalist und Autor eintrat und gelegentlich inhaftiert wurde. Er gründete die Kulturzeitschriften »El Sol« (1898-1903), »Martín Fierro« (1904-05), »Ideas y Figuras« (1909-16, 1918-20) und war 1904-06 Direktor der verbreitetsten anarchistischen Tageszeitung »La Protesta«. Ab 1916 lebte er in Spanien, wo er die Gesamtwerke von R. ↑Darío und J. ↑Martí sowie die nachgelassenen Schriften von Pérez Galdós edierte. 1934 ließ er sich in Chile nieder und fristete mit Zeitungsbeiträgen sein Leben.

G. ist Autor eines umfangreichen literarischen Werkes. Vieles davon hat eher dokumentarischen Wert als Ausdruck einer Ästhetik des historischen Anarchismus, deren Maßstäbe weitgehend mit denen des konservativen Establishments übereinstimmten und deren Modelle hauptsächlich der Neoklassik und Romantik angehörten. So ist auch aus G.s Lyrik eher das deklamatorische Pathos der arg. Romantiker E. ↑Echeverría, Olegario V. Andrade (1839-82) oder eines V. Hugo herauszuhören als die prosodischen und sonstigen Neuerungen R. Daríos, mit dem G. befreundet war. Überzeugender – und auch G.s Temperament angemessener – sind seine Dramen, von denen *Alma gaucha* (1906), die im Milieu der arg. Landbevölkerung angesiedelte Chronik eines Zuchthausausbruchs, in den 20er Jahren mit Erfolg in Madrid aufgeführt wurde. Hervorzuheben sind die weniger bekannten Sittenkomödien wie *El Café de ›Mama Juana‹* (1916?) oder die Karnevalsburleske *Se aguó la fiesta* (1916) wegen ihrer stimmungsvollen Frivolität. Die für G. charakteristische Spannung zwischen hohem Idealismus und bohemehafter Lebensbejahung kommt besonders in *Humano ardor* (1928) zutage, einem verschlüsselt autobiographischen Roman, in dem zwar passagenweise der Volkstribun pathetisch das Wort ergreift, der jedoch vor allem ein getreues Bild der politischen Kämpfe und des literarischen Lebens in Buenos Aires um die Jahrhundertwende vermittelt. Besonders erwähnenswert sind noch die bissigen Kommentare zur sozialen und innenpolitischen Situation seines Landes, *Crónicas argentinas* (1912, 2 Bde.), und der satirische Bericht seiner Strafverfolgung im Anschluß an die – von den Anarchisten mit Distanz betrachtete – Revolution von 1905, *La tiranía del frac* (1906).

Weitere Werke (Auswahl): Lyrik: *Música*

prohibida (1904), *Triunfos nuevos* (1911), *La canción del peregrino* (1922), *Cancionero libertario* (1938), *Poema del hospital* (1943), *Canto a Buenos Aires* (1946); Erzählungen: *Cuentos argentinos* (1935), *La novela de la Pampa* (1943); Essay: *Yanquilandia bárbara. Lucha contra el imperialismo* (1929); Theater: Ausgabe: *Teatro argentino*. BA 1946, 2 Bde.
Literatur: H. A. Cordero, *A. G. Precursor de nuevos tiempos*. BA 1962.

Giardinelli, Mempo
* 2.8.1947 in Resistencia (Arg.). In Buenos Aires studierte er Jura und war als Journalist tätig. 1976 begab er sich ins Exil nach Mexiko, wo er bis 1985 blieb. Er lebt seitdem wieder in Buenos Aires und ist Herausgeber der Literaturzeitschrift »Puro Cuento«.
Seinen ersten Roman *Toño tuerto rey de ciegos* konfiszierte 1976 die Militärdiktatur Videlas; erst 1983 erschien er, überarbeitet, u. d. T. *¿Por qué prohibieron el circo?* Schauplatz ist eine abgeschiedene Ortschaft in G.s heimatlicher Provinz Chaco. Die traditionellen Machtverhältnisse und Korruption, die hier durch bewaffnete Banden im Dienste der Großgrundbesitzer aufrechterhalten werden, bilden einen alptraumhaften Hintergrund. Der Protagonist, Toño, der in dem Dorf die freigewordene Stelle des Lehrers übernommen hat, repräsentiert das schlechte Gewissen kleinbürgerlicher Intelligenz. Schließlich nimmt er aktiv an einem Aufstand der Landarbeiter teil, dessen Ausgang jedoch offen bleibt. *La revolución en bicicleta* (1980; dt. *Die Revolution auf dem Fahrrad*, 1988) verknüpft in alternierenden Kapiteln die Erinnerungen eines exilierten par. Hauptmanns, insbesondere an den Bürgerkrieg von 1947, mit der Schilderung seines gegenwärtigen Lebens in Resistencia. Mit Würde erträgt jener alte Haudegen Armut und – besonders wenn es regnet – Schmerzen wegen einer seit 13 Jahren in seinem Körper befindlichen Gewehrkugel sowie die Klagen seiner praktisch denkenden Ehefrau. Trotz allem hält er an dem Traum einer von der Diktatur befreiten Heimat fest. Fabulierlust, sprachlicher Witz und subtiler Humor vertiefen die melancholische Geschichte. *El cielo con las manos* (1981) thematisiert in Ich-Form die Erfahrung des Exils und jugendlicher Sexualität. Die Erfüllung des pubertären Wunschtraums des Erzählers im Exil, wo er die begehrte, einst unerreichbare Aurora zufällig für einen Tag wiedertrifft, bedeutet für ihn die Erkenntnis existentiell unwiederbringlicher Verluste. Auch die Veränderungen der eigenen Sprache im Exil, die »hybride Mischung«, das »Argenmex«, bedeutet Verlust von Identität. *Luna caliente* (1983; dt. *Heißer Mond*, 1986), mit dem mex. Premio Nacional ausgezeichnet und von J. ↑Rulfo mit einem Vorwort versehen, ist Thriller und gleichzeitig seine Parodie. Die turbulente Geschichte mit Ingredienzien der Realität von Resistencia zur Zeit der Militärdiktatur und von Paraguay endet mit dem für den Protagonisten entsetzlichen Wiederauftauchen einer von ihm ermordeten vampirisch veranlagten jungen Frau, deren Vater er bereits umgebracht hatte. Schwarzer Humor, Parodie literarischer Klischees und Elemente der Exilerfahrung finden sich auch in G.s erstem in Argentinien erschienenen Roman *Que solos se quedan los muertos* (1985; dt. *Wie einsam sind die Toten*, 1990).
Weitere Werke: Erzählungen: *Vidas ejemplares* (1982; dt. *Leb wohl, Mariano, leb wohl!*, 1987); Essay: *El género negro* (1985, 2 Bde.)
Literatur: J. M. Marcos, *La narrativa de M. G.* ESCRITURA, 16 (1983), 217-222. – J. Ruffinelli, *M. G. al encuentro de territorios posibles*. HISPA, 40 (1985), 97-101. – J. M. Marcos, *M. G. in The Wake of Utopia*. H, 70 (1987), 2, 240-249. – A. Planells, *M. G.: El Narrador en la tormenta*. CHAS-

QUI, 18 (1989), 2, 79-88. – K. Kohut, *Un universo cargado de violencia. Presentación, aproximación y documentación de la obra de* M. G. Frankfurt/M. 1990.

Girondo, Oliverio

* 17.8.1891 in Buenos Aires, † 24.1.1967 ebd. Dank seiner reichen patrizischen Familie konnte er sich zeitlebens seinen Interessen widmen, ohne einen Beruf ausüben zu müssen. In Paris und England besuchte er höhere Schulen. Ab 1909 studierte er Jura in Buenos Aires, verbrachte jedoch die Zeit seines Studiums bis zum Anwaltsexamen wie auch die folgenden Jahrzehnte zumeist auf Reisen. Er gehörte zu den Initiatoren des arg. Ultraismus und verfaßte dessen wichtigstes Manifest (erschienen in »Martín Fierro«, Nr. 4, 1924). 1934 heiratete er die arg. Schriftstellerin Norah Lange (1906-72). Ab 1950 wandte er sich wieder verstärkt der Malerei zu, weigerte sich aber, seine Bilder öffentlich auszustellen.

G. hat fünf Bände mit Lyrik bzw. lyrischer Prosa veröffentlicht, in denen jedesmal ein innovatorischer Impetus wirksam ist, dergestalt, daß sein letztes Buch *En la masmédula* als eine der kühnsten Schöpfungen in span. Sprache anerkannt oder als unverständliches Elaborat abgelehnt wird. Sein erstes Buch *Veinte poemas para ser leídos en el tranvía* (1922; dt. *Milonga. Zwanzig Gedichte im Tangoschritt*, 1984) steht unter dem Motto der »Lächerlichkeit des Sublimen«, dem damals noch die meisten Ultraisten zustimmten, bevor sie ins Establishment aufrückten. Für G. ist die Welt ein zusammengewürfeltes Chaos, in der Gegenstände wie Tiere, Menschen oder Körperteile agieren und im Sinne einer ordnungslosen Dynamik auf geheimnisvolle Weise miteinander verbunden sind. Dem Dilemma, daß die eigene schöpferische Perspektive eine Hierarchie festlegt, begegnet G. mit der Bejahung vorurteilsfreier Sinnlichkeit und der Zufälligkeit seiner Erfahrungen. In den *Veinte poemas* unterstreicht er die Rebellion gegen kategorisches Denken, indem er genau lokalisierte und datierte Reiseskizzen ohne erkennbare Ordnung aneinanderreiht. Zugleich aber erweist er sich als ein außerordentlich scharfer Beobachter. Bei allen witzigen und sprunghaften Assoziationen sind seine Metaphern nicht willkürlich, sondern fördern überraschende, manchmal groteske Aspekte von Situationen und Gegenständen zutage, ohne ihren realen Kern zu verschlüsseln. Lokal begrenzt auf Spanien, besteht auch *Calcomanías* (1925; dt. *Calcomanías. Abziehbilder*, 1988) aus einer Serie von Reiseimpressionen: Ein Weltbürger betrachtet das Kuriositätenkabinett Spanien mal mit ironischen, mal mit erstaunten Augen, hin und wieder auch mit Begeisterung. Der bisher auf die Dinge übertragene Vitalismus wird in den Prosatexten von *Espantapájaros* (1932) aus dem Gefühls- und Erlebnisbereich eines Ichs artikuliert, das mit aggressivem und zugleich spielerischem Humor westlich-christliche Werte, Institutionen, Familie und sogar die eigene Identität verneint. Obwohl in dem an dreisten und absurden Einfällen überbordenden Werk eine omnipotente Lebensgier den Ton angibt, läßt die Präsenz des Todes, die besonders in der apokalyptischen Vision des Schlußtextes zum Ausdruck kommt, auf einen grundsätzlichen Zweifel am Sinn des Lebens schließen. In den schmucklosen, lapidaren Gedichten von *Persuasión de los días* (1942) vermittelt sich die Erschütterung über das Weltgeschehen in der von Ekel, Erbitterung und Verzweiflung geprägten Atmosphäre vieler Kompositionen. Das selbstzerstörerische Potential der Menschheit wird vor allem in der von ständigen Verlusten bedrohten Befindlichkeit des Ichs wahrgenommen. Wenn Schuld zugemessen wird, dann »den Zwangsjakken aller Systeme« und der Ignoranz: »Sie wissen nicht. | Verzeiht ihnen. | Sie wissen nicht, was sie gemacht haben, | was sie machen | warum sie töten, | warum sie die Steine verletzen, | die Landschaften massakrieren ... | Sie wissen nicht.| Sie wissen es nicht...| Sie wissen nicht, warum sie sterben.« – G.s Rebellionen, die sich im Grunde von Anfang an gegen lebensfeindliche Zwänge richteten, finden ihren konsequenten Höhepunkt in den Gedichten von *En la masmédula* (1954). Hier ist es in erster Linie das Sprachsystem, dessen Konventionen einer poetischen Radikalkur unterzogen werden, zu der ähnlich C. ↑Vallejo in einigen Gedichten von »Trilce« ansetzte. G.s Band hingegen bildet eine organische Einheit und jedes Gedicht überrascht mit ekstatischen Wortkaskaden, ausgefallenen Neubildungen oder Komposita, die den semantischen Gehalt der Wörter entweder neu nuancieren oder eine prälogische Dimension, etwa die von Zaubersprüchen, freilegen. Insofern wird vor allem die klangliche Substanz der Wörter auf mögliche geheime oder vergessene Bedeutungen hin ausgelotet, ohne damit jedoch metaphysische Fluchtwege aufzuweisen. Für G. bleiben Nichts und All identisch, ist der Tod »heilsame Verwurmung« (»engusanamiento«) und »Stille« (»silencio«).

Weitere Werke: Erzählung: *Interlunio* (1937); Essays: *Nuestra actitud ante el desastre* (1940), *El periódico ›Martin?Fierro‹, 1924-1949* (1949); Aphorismen: *Membretes – Denkzettel* (span., dt., 1990).

Ausgabe: *Obras completas*. Hg. E. Molina. BA 1968.

Literatur: N. Salvador, *Contribución a la bibliografía de O. G.* RI, 44 (1978), 102/103, 187-219. – O. Orozco, *O. G. frente a la nada y lo absoluto*. CH, 112 (1978), 335, 226-250. – N. Linstrom, *O. G. y su discurso del futuro*. RIB, 32 (1982), 2, 191-199. – R. Giordano, *Vanguardia y cosmopolitismo en O. G.* ISPANOAMERICANA, II (1982), 81-104. – J. Schwartz, *Vanguarda e Cosmopolitismo na Década de 20: O. G. e Oswald de Andrade*. SP 1983. – Ders., *Actualización bibliográfica*. RI, 52 (1986), 137, 1045-1049. – J. Schwartz (Hg.), *Homenaje a G.* BA 1987.

Girri, Alberto

*27.11.1919 in Buenos Aires. Einer seiner Interpreten – H. Castillo – stellte einmal fest, daß seine Biographie aus seiner Bibliographie bestünde. Diese wie jene also umfassen Beiträge für die Literaturbeilage von »La Nación« und die Zeitschrift »Sur«, fast 30 Gedichtbände, die er von *Playa sola* (1946) an mit unerschütterlicher Regelmäßigkeit nahezu in Jahresabständen veröffentlichte, vier Prosabände sowie Übersetzungen angloam. und ital. Lyrik. 1967 erhielt er den Premio Nacional.

Kennzeichen seines lyrischen Œuvres ist vor allem Sterilität oder – positiv ausgedrückt – Rückzug auf das sich selbst reflektierende Bewußtsein unter Ausschaltung störender Faktoren wie Geschichte, Umwelt, Gefühle und unter Ausklammerung irreverenter Denkanstöße, die vielleicht zu Ausdrucksformen von Humor oder Ironie führen könnten. Von dieser Position aus, die G.s Apologeten gern als »gegen sich selbst aufbegehrenden Intellekt« (J. A. Paita) oder »verzweifelt hoffnungsloses Bewußtsein« (S. Yurkievich) apostrophieren, wird in unermüdlichen Variationen Klage angestimmt über die verlorengegangene Einheit von Subjekt und Objekt, Vergangenheit und Zukunft oder über die unüberwindliche Distanz zwischen Geist und Natur. Eindeutige Präferenz hat für G. jedoch das Dichten über das Dichten oder auch der lyrische Kommentar zur Weltliteratur und bildenden Kunst. In seiner Lyrik ab 1976 sucht man vergebens nach Spuren von Erschütterung über die Geschehnisse in Argentinien. Nach wie vor erschließt sich dem Dichter etwa in der Betrachtung eines Edelsteins wie von neuem erstaunt die Einsicht, »daß es keine strikt objektiven Bereiche gibt« (»Versión con ópalo«, 1978).

Ausgaben: *Obra poética I-IV.* BA 1977-84 – *Páginas de A. G. seleccionadas por el autor.* Vorwort H. Castillo. BA, Barcelona 1983 (mit Bibliographie).
Werke nach 1980: Lyrik: *Homenaje a W. C. Williams* (1981), *Existenciales* (1986), *Trama y conflictos* (1988); Prosaaphorismen: *Notas sobre la experiencia poética* (1983).
Literatur: M. Slade Pascoe, *A. G.: Su encuentro en el tiempo.* Missouri 1984. – Ders., *La poesía de A. G.* BA 1986. – L. A. Vittor, *Simbolismo e iniciación en la poesía de A. G.* BA 1990.

Gómez Bas, Joaquín
* 1907 in Cangas de Onís/Asturien, † 6.11.1984 in Buenos Aires. Er lebte von Kindheit an in Argentinien, war Journalist – u. a. Direktor der Zeitschrift »Atlántida« – und Maler. Von seinem literarischen Werk fanden fast nur seine Romane Beachtung, obwohl sich seine Lyrik im farblosen Kontext der arg. Neoromantiker-Generation von 1940 positiv abhebt. Sein erster, auch verfilmter Roman *Barrio gris* (1952) ist die in Ich-Form erzählte Geschichte eines Jungen, der in einem der ärmeren Vororte von Buenos Aires, Sarandí, heranwächst und aufgrund des milieubedingten Tapferkeitskults den Tod seines Freundes provoziert. G. B. gelang es in diesem wie auch in den weiteren Romanen *Oro bajo* (1957) und *La comparsa* (1961), ohne moralisierenden Unterton einen inhumanen Lebensraum sprachlich und psychologisch überzeugend zu gestalten. Als Lyriker knüpft G. B. vor allem an die antikonventionelle Dichtung N. ↑Olivaris an und formuliert – als Nachwort zu seinen »Antipoemas« von *Birlibirloque* (1946) — eine Theorie der Antipoesie, die auch für die mehrere Jahre später publizierte Lyrik des Chilenen N. ↑Parra gültig sein könnte. Absurde und groteske Kurzgeschichten, teils von einzigartiger bildhafter und spekulativer Kühnheit, enthält der Band *La gotera* (1974).

Weitere Werke: Lyrik: *Panorama de ensueño* (1934), *Marejadas* (1937), *Faroles en la niebla* (1941); Roman: *La resaca* (1973); Sonstiges: *Buenos Aires y lo suyo* (1976), *Suburbio* (1982).

González, Joaquín V[ictor]
* 6.3.1863 in Nonogasta/La Rioja, † 21.12.1923 in Buenos Aires. Er entstammte einer alteingesessenen Familie. Bald nach der Promotion als Jurist in Córdoba, 1886, begann seine politische Karriere. In mehreren Legislaturperioden war er Abgeordneter im Nationalparlament, Mitglied des Senats, 1889-91 Gouverneur von La Rioja, Innen-, Justiz- und Kulturminister sowie Präsident der von ihm 1905 gegründeten Universität von La Plata, der er seine Privatbibliothek vermachte. Als Justizminister setzte er 1905 ein für seine Zeit außergewöhnlich progressives Arbeitsrecht sowie das repressive, bis heute gültige »Aufenthaltsgesetz« (Ley de residencia) durch.
In G.' Persönlichkeit und Schriften kommt es noch einmal zu einer Synthese der divergierenden Ideen und Ideale des 19. Jh.s: demokratische Überzeugungen und aristokratische Geisteshaltung, Patriotismus und Liebe zu den lateinam. Nachbarn sowie zu Spanien, religiös fundierte Moralvorstellungen und positivistischer Glaube an Wissenschaft und Fortschritt. G.' literarischer Ruhm gründet sich auf *Mis montañas* (1893), eine Darstellung der Geschichte, Landschaften, Sitten und wirtschaftlichen Besonderheiten seiner Heimatprovinz,

der die eingeflochtenen persönlichen Empfindungen Farbe und Originalität verleihen. Die einst als unzeitgemäß kritisierte Rhetorik des Werkes läßt sich inzwischen als adäquater Ausdruck einer konservativen, paternalistischen Lebenseinstellung verstehen. Ideengeschichtlich bedeutsam sind noch einige Essays wie *La tradición nacional* (1888), eine manchmal recht fantasievoll ausgeschmückte Inventarisierung der Konstanten der »Argentinität«. Die optimistische Beurteilung derselben und der Glaube an die natürlichen Reichtümer des Landes sind ebenfalls noch in dem Essay *El juicio del siglo* (1910) vorhanden, in dem G. die vergangenen 100 Jahre arg. Geschichte auch mit ihren Fehlentwicklungen und Tragödien objektiv zu beurteilen sucht. In seinen letzten Lebensjahren beschäftigte sich G. mit dem Hinduismus und übersetzte u. a. die religiöse Lyrik von Kabir.

Ausgabe: *Obras completas*. BA 1935-37, 25 Bde. mit (Bibliographie in Bd. 1 u. 25)
Literatur: R. Rojas, *Elogio de J. V. G.* BA 1925.

González Pacheco, Rodolfo
*9.8.1882 in Tandil/Buenos Aires, †5.7.1949 in Buenos Aires. Er war von Jugend an in der anarchistischen Bewegung aktiv, Mitarbeiter und gelegentlich Direktor der häufig verbotenen Zeitungen »La P%otesta«, »Tribuna Proletaria« u. a., mehrfach im Gefängnis – zum erstenmal 1911 in Feuerland – oder im Exil. Im Span. Bürgerkrieg kämpfte er auf republikanischer Seite.

G. P. hat 15 Dramen geschaffen, von denen die meisten erfolgreich aufgeführt und manche prämiert wurden. So schon sein erstes Stück *Las víboras*, der größte Theatererfolg von 1916, das an manchen Tagen drei Aufführungen hatte. Die Hauptperson verkörpert den Mythos des Gaucho, dessen Freiheit und Existenz durch die Einzäunung der Pampa zerstört wird. *El grillo* (1929) spielt ebenfalls im ländlichen Milieu, wenn auch hier der Protagonist in der Treue zu sich selbst die Rettung erblickt und proklamiert. Während häufig die lyrische Sprache G. P.s als unangemessen erscheint, entspricht sie in diesem Stück den Charakteren und der Handlung. Als sein gelungenstes Drama gilt *Cuando aquí había reyes* (1947), das zuerst auf Jiddisch unter der Regie von A. ↑Discépolo aufgeführt wurde. Die Handlung spielt im Schwarzenviertel von Buenos Aires zur Zeit der Rosas-Diktatur. Grundsätzlich bilden die Begriffe »Kampf«, »Freiheit« und »Gerechtigkeit« und die Aufforderung, diesen Idealen zu dienen (»peonar«) den Angelpunkt der Dramatik G.P.s, aber er vermeidet politische Parolen. So auch in diesem Stück, dessen Qualitäten nicht zuletzt in der differenzierten Herausarbeitung der Charaktere beruhen. G.P.s journalistische Arbeiten, die sich durch eine temperamentvolle und farbige Sprache auszeichnen, erschienen u. d. T. *Carteles* (1956, 2 Bde.).

Ausgabe: *Teatro completo*. BA 1953, 2 Bde.
Literatur: A. de la Guardia, *G. P.* BA 1963.

González Tuñón, Enrique
*7.3.1901 in Buenos Aires, †9.5.1943 in Cosquín. Er war von Jugend an als Journalist tätig, ab 1930 als Redaktionsmitglied von »Crítica«, die als die erste moderne Tageszeitung Argentiniens angesehen wird, später auch von »Noticias Gráficas«. Wie sein Bruder Raúl ↑G. T. schloß er sich den Avantgardisten um die Zeitschrift »Martín Fierro« (1924-27) an, unterhielt jedoch wie jener freundschaftliche Beziehungen zu den sozialkritischen Autoren der »Boedo-Gruppe«. Er starb an Tuberkulose.

Journalismus und Literatur bilden bei

E. G. T. eine untrennbare Einheit, insofern stellen seine Bücher nur einen Bruchteil seines Œuvres dar. Ein in seiner Verschmelzung von Ironie und melancholischer Grundstimmung eigenartiger Humor ist das Merkmal seines gesamten Schaffens. Seine erste Buchpublikation, *Tangos* (1926), ist eine Sammlung von Erzählungen bzw. narrativen Glossen zu Tangotexten. Mit diesem Werk wurde dem damals noch in weiten Kreisen verpönten Tango ein literarisches Denkmal gesetzt, und es ist auch eins der ersten größeren Werke, in dem der Slang von Buenos Aires – konsequenter noch als bei R. ↑Arlt – Anwendung fand. Das Milieu der ärmeren Viertel, der Cafés und Nachtbars von Buenos Aires, besonders jedoch das zerquälte, konfliktreiche Innenleben mehr oder weniger pittoresker und gescheiterter Existenzen ist die Thematik der weiteren Sammlungen von manchmal nur skizzenhaften Erzählungen, die jedoch Plastizität durch die Präzision und Farbigkeit des Ausdrucks gewinnen. Als Roman ausgewiesen ist *Camas desde un peso* (1932), in dem eine armselige Herberge Hintergrund und Klima abgibt für die fragmentarischen Lebensgeschichten von mehreren Stadtstreichern. Eine strengere Komposition zeichnet den Roman *El tirano* (1932) aus, eine burleske Satire auf einen südam. Diktator, der teilweise Merkmale des arg. Generals Uriburu trägt, der 1930 durch einen Putsch an die Macht kam.

Weitere Werke: *El alma de las cosas inanimadas* (1927), *La rueda del molino mal pintado* (1928), *Apología del hombre santo* (1930), *Las sombras y la lombriz solitaria* (1933), *El cielo está lejos* (1933), *La calle de los sueños perdidos* (1941).

Literatur: D. Reichardt, *E. G. T.: ›El tirano‹ (1932). Ein unbekannter Diktatorenroman.* In: J. M. López de Abiada/T. Heydenreich (Hg.), *Homenaje a Gustav Siebenmann.* München 1983, 749-761.

González Tuñón, Raúl
* 29.3.1905 in Buenos Aires, † 14.8.1974 ebd. Er war zeitlebens als Journalist tätig, u.a. 1925-33 bei der linksliberalen Zeitung »Crítica«, für die auch R. ↑Arlt und andere junge arg. Autoren arbeiteten. 1933, nach einem längeren Aufenthalt in Europa, gründete er die Zeitschrift »Contra« und eine der Kommunistischen Partei nahestehende »Asociación de Escritores Revolucionarios«. Bald darauf wurde er wegen »Anstiftung zur Rebellion« verhaftet und angeklagt. Corpus delicti war eines seiner Gedichte. Gegen Kaution wurde er freigelassen, 1934 jedoch, als er sich in Spanien befand, zu zwei Jahren Gefängnis verurteilt. In Madrid und Paris kam es wegen dieses Urteils zu Protestaktionen. Zur Zeit des Span. Bürgerkriegs lebte er in Madrid, 1940-45 in Chile, danach wieder in Buenos Aires.

G. T., von dem P. Neruda – auf den Gedichtband *La rosa blindada* (1936) anspielend – sagte, daß er als erster Dichter Hispanoamerikas »die Rose gepanzert« habe, hat von der Mitte der 20er Jahre an ein breites lyrisches Œuvre geschaffen, das in unverkennbar persönlicher Weise die Erfahrungen eines Sektors der schöpferischen Intelligenz Argentiniens zum Ausdruck brachte. Vor seinen ersten Lyrikbänden *El violín del diablo* (1926) und *Miércoles de ceniza* (1928) waren vereinzelte Gedichte von ihm in den ultraistischen Zeitschriften »Inicial«, »Proa« und »Martín Fierro« erschienen. Die Sujets, die G. T. in jener Zeit hauptsächlich interessieren, sind die Vorortidyllen von Buenos Aires oder das Hafenmilieu mit seinem melancholischen Vergnügungsbetrieb und seinen pittoresken Gestalten wie jenem emigrierten dt. Spartakisten, der die »Teufelsgeige« spielte, die dem ersten Band den Namen gab. Bei allem spielerischen Umgang mit metaphorischen Techniken, Metren und Reimen läßt das bildliche Spannungsgefüge der Gedichte die Grundlage konkreter, detailgenauer Beobachtungen erkennen. Die fast apolitische, bohemienhafte Frühphase endet mit dem Band *La calle del agujero en la media* (1930), in den thematisch die ersten Europa-Erfahrungen des Dichters eingeflossen sind. Dezidiert politisches Engagement, wenn auch durchaus in einer sinnlich erfahrenen Vielfalt von Situationen und Stimmungen, kommt in den Prosagedichten von *El otro lado de la estrella* (1934) zum Ausdruck. Hier taucht erstmals die Symbolfigur des »Juancito Caminador« auf, des sich dem Proletariat aller Länder verbunden fühlenden Vagabunden, der auch weiterhin lyrisches Subjekt bleibt. Einige der in ihrer Bildkraft und Prägnanz gelungensten Kompositionen G. T.s sind die »Blues« aus *Todos bailan. Poemas de Juancito Caminador* (1935). Der Ausbruch des Span. Bürgerkriegs und dessen Verlauf bedeuten für G. T., der mit García Lorca und Miguel Hernández befreundet war, tiefgreifende Erschütterungen, die er mit seinem realitätsnahen Arsenal an Symbolen und Metaphern gestaltet. Zugleich kommt in den einhämmernden Parallelismen, der flugblattartigen Eindringlichkeit oder in der volksliedhaft mechanischen Schlichtheit der 1936-39 entstandenen Gedichte die Absicht zur Geltung, der Lyrik eine direkte politische Funktion zu geben. Das im konkreten Detail durchdringende persönliche Erleben von Zerstörung, Tod und anonymem Heldenmut verleiht der Parteilichkeit der Gedichte, etwa von *La muerte en Madrid* (1939), ein auch ästhetisch überzeugendes humanitäres Pathos. Die Grenze zur Parteiliteratur wird mit den Gedichtbänden *Canciones del Tercer Frente* (1941), *Himno de pólvora* (1943) und *Primer canto argentino* (1945) überschritten. G. T. distanzierte sich bald von diesen Hymnen auf verschiedene Generalsekretäre und gereimten Kriegsaufrufen an das arg. Volk. In den späteren Werken bis hin zu *La veleta y la antena* (1969) rückt zwar politisches Geschehen immer wieder in seinen Blickwinkel, aber es sind vor allem die privaten und nostalgischen Gedichte über Jugenderlebnisse, Freunde, Verluste oder schon in Mythen verwandelte einstige Wirklichkeiten, die dank ihrer präzisen und farbigen Bildlichkeit überdauern werden. G. T. ist auch mit Theaterstücken, u. a. *La cueva caliente* (1957) hervorgetreten. Postum erschien eine Sammlung literaturkritischer Essays, *La literatura resplandeciente* (1976).

Lyrikausgaben: *Antología poética.* BA 1974. – *Poesías.* Hg. F. Pita Rodríguez. LH 1977.

Literatur: H. Yánover, *R. G. T.* BA 1962. – H. Salas, *Conversaciones con R. G. T.* BA 1975. – N. Lindstrom, *R. G. T.: ›El violín del diablo‹. Avant-Gardism and Social Statement.* IAA, 13 (1987), 2, 191-206.

Gorostiza, Carlos

*7.6.1920 in Buenos Aires. Er war Dramaturg und Schauspieler, während der Präsidentschaft Alfonsíns, 1983-89, Minister für Kultur. Vor seinem ersten großen Theatererfolg mit *El puente* (1949) hatte er Marionettentheater gemacht. *El puente* gilt als Markstein in der Entwicklung des arg. Theaters, das nach 1930 sein massenhaftes Publikum verloren hatte und fast nur noch internationale Klassiker aufführte. G.s Stück spielt im arg. Milieu, zeichnet sich aber gegenüber dem früheren naturalistischen Illusionstheater durch die Beschränkung auf wesentliche Symbole und Requisiten aus und entwickelt die Handlung nicht als individuelle Problematik, sondern im Rahmen einer Gruppe von Freunden, deren Dialoge und Verhalten ein übersubjektives System sozialen Unrechts erkennen lassen, ohne jedoch einen Ausweg aus der problematischen Situation aufzuzeigen. Besonders die unverfälschte Wiedergabe der Umgangssprache in *El puente* wurde beispielhaft für fast alle jüngeren arg. Dramatiker. Von G.s weiterem Theaterschaffen sind *El pan de la locura* (1958) und *Los prójimos* (1967) hervorzuheben. In beiden Dramen geht es um das Problem der Verantwortung anderen Menschen gegenüber, wobei in dramaturgisch überzeugender Weise individuelles und soziales Verhalten aufeinander bezogen werden. Für das oppositionelle »Teatro Abierto« schrieb G. *El acompañamiento* (1981) und *Hay que apagar el fuego* (1982).

Weitere Werke: Theater: *El fabricante de piolín* (1950), *El caso del hombre de la valija negra* (1951), *El juicio* (1954), *Marta Ferrari* (1954), *El último perro* (1954), *El reloj de Baltasar* (1955), *Vivir aquí* (1964), *¿A qué jugamos?* (1968), *El lugar* (1970), *Diálogo de dos sobrevivientes* (1972), *Juan y Pedro* (1975), *Matar el tiempo* (1981), *Papi* (1983); Roman: *El basural* (1988).

Literatur: D. W. Foster, *C. G.'s ›Los prójimos‹ as Metatheatrical Drama*. VORTICE, 2 (1978), 1, 66-77.

Gudiño Kieffer, Eduardo

* 2.11.1935 in Esperanza/Santa Fe. Er studierte Jura in Santa Fe bis zum Anwaltsexamen und ging dann nach Buenos Aires, wo er als Journalist und in der Werbung arbeitete. Er ist Autor von Romanen und Erzählungsbänden, die sich dank modisch perfekter Machart und inhaltlicher Pikanterien gut verkaufen. *Guía de pecadores* (1972), einer der ersten Romane G. K.s, ist eine Anthologie von Geschichten aus dem Buenos Aires der Transvestiten, Fernsehanstalten, Bettler, Verbrecher etc. Der Roman bedient sich neuer Erzähltechniken mit überwiegenden Anleihen bei Cortázar und, zusätzlich, intertextuellen Bezügen zum span. Schelmenroman. In gleicher technischer Versiertheit wird in *Será por eso que la quiero tanto* (1975) die Geschichte einer bäuerlichen Familie geschildert, die aus der Provinz nach Buenos Aires kommt, wo der Sohn aus Liebe zu einer Prostituierten den verbrecherischen Vetter tötet, die verzweifelte Mutter von einem Auto überfahren, der Vater von seiner Tochter betrunken gemacht und verführt wird. Topographische Angaben und biblische Mythen – Lot, Kain und Abel – strukturieren und transzendieren das Werk. Als »zutiefst ambivalent, zutiefst snobistisch, zutiefst frivol« hat G. D. selbst den Roman *Medias negras, peluca rubia* (1979) angepriesen. Dementsprechend ist der erste Teil, der autobiographische Bericht des Dichters Victor Kreisler, der in San Francisco den Lebon-Preis erhalten soll und die jungfräuliche Prostituierte Blue Velvet kennenlernt, ausgefallen. Respektabler ist der zweite Teil. Er besteht aus dem lyrischen Werk Kreislers samt Anmerkungen in verschiedenen »wissenschaftlichen« Jargons sowie den Richtigstellungen des Lebensberichts und der Gedichtkommentare durch Victors Komplizen, Feind und Bruder Alterio.

Weitere Werke: Romane: *Para comerte mejor* (1968), *Magia blanca* (1986); Erzählungen, Essays, Sonstiges: *Fabulario* (1969), *Carta abierta a Buenos Aires violento* (1970), *La hora de María y el pájaro de oro* (1975), *Kokah de lujo* (1976), *Ta-te-tías y otros juegos* (1980), *¿Somos?* (1982), *No son tan buenos tus aires* (1983), *¿Y qué querés que te diga?* (1983), *Jaque a pa y ma* (1984), *El peinetón* (1986), *Manual para nativos pensantes* (1988), *Nombres de mujer* (1988), *Azazel* (1989).

Literatur: K. S. Kovacs, *E. G. K., Pop Culture and Buenos Aires*. C, 20 (1978), 40-52.

Gudiño Kramer, Luis

* 28.1.1898 in Villa Urquiza/Entre Ríos, † 21.9.1973 in Córdoba (Arg.). Er arbeitete seit seinem 12. Lebensjahr als Schiffsjunge, Bankangestellter,

Schäfer, Gutsverwalter, Landvermesser und, ab 1929, als Bauer. 1938 gab er die Landwirtschaft auf und trat in die Redaktion der Zeitung »El Litoral« von Santa Fe ein, der er bis zur Pensionierung, 1963, angehörte.
G. K. konzentrierte sich als Schriftsteller auf Kultur und Natur des Litoral, der am Paraná gelegenen Provinzen. Besonders seine perfekten, zumeist kürzeren Erzählungen aus dem ländlichen Milieu fanden seit den 60er Jahren in Argentinien große Verbreitung. Aber bereits sein erster Erzählungsband *Aquerenciada soledad* (1940) weist die Qualitäten auf, die sein gesamtes weiteres Werk auszeichnen, an erster Stelle eine scheinbar kunstlose Natürlichkeit, die Spannung entstehen läßt ohne Rückgriff auf Dramatisierung oder fantastische Elemente. In den Erzählungen bleiben Fragen offen oder wird zwar soziales Elend angesprochen, aber kein allwissender Erzähler propagiert die Lösung. Auch die äußerst nuancierte Sprachgebung bzw. -mischung, an der die puristische Kritik der 40er Jahre noch Anstoß nahm, entspricht dem Bemühen um einen neuen »Realismus«, der erst später allgemeine Anerkennung fand. Außer Erzählungen, von denen nur ein Teil in Buchform vorliegt (als beste Sammlung gilt *Caballos*, 1956), die meisten in Zeitschriften ganz Argentiniens erschienen, veröffentlichte G. K. den Roman *Sin destino aparente* (1959), der die Situation der Landarbeiter von Santa Fe zwischen 1943 und 1958 thematisiert, sowie diverse Essays und Studien.

Weitere Werke: Erzählungen: *Tierra ajena* (1943), *Señales en el viento* (1948), *Cuentos de Fermín Ponce* (1965), *La creciente y otros cuentos* (1966), *Las hermosas criaturas* (1966); Essays: *Exaltación de los valores humanos en la obra de Hudson* (1942), *Médicos, magos y curanderos* (1942), *Cuatro artistas del Litoral* (1945), *Escritores y plásticos del Litoral* (1955), *Folklore y colonización* (1959).

Guevara, Ernesto
* 14.6.1928 in Rosario, † 9.10.1967 ermordet in La Higuera (Bolivien). 1953 beendete er sein Medizinstudium in Buenos Aires. 1954 erlebte er in Guatemala die von J. Arbenz in Gang gesetzte soziale Revolution. Während der von den USA unterstützten Söldnerinvasion Castillo Armas' schloß er sich den Milizen an. Beim Fall der Hauptstadt mußte er in der arg. Botschaft um Asyl nachsuchen. 1955 arbeitete er als Arzt im Zentralhospital von Mexico Stadt. Er schloß sich der von Fidel Castro organisierten Invasionstruppe an, die am 2. Dezember 1956 an der Küste Kubas landete und von deren 82 Mann sich nur 12 in die Sierra Maestra retten konnten. 1958 leitete er mit Camilo Cienfuegos die entscheidende Invasion der Provinz Las Villas. Nach dem Sieg der Revolution war er u.a. Präsident der Nationalbank von Kuba und Industrieminister. 1965 verzichtete er auf alle öffentlichen Ämter und begann in Bolivien einen Guerillakrieg, von dem er die den ganzen lateinam. Kontinent erfassende revolutionäre Befreiung erhoffte.
Che, wie ihn seine Freunde und Bewunderer nannten, hat als Persönlichkeit, Schriftsteller und Theoretiker, als Mythos und Idol das Bewußtsein von Millionen Menschen verändert. Die Konsequenzen aus seinem Leben und seinen Gedanken sind noch nicht abzusehen. Für die Zukunft des ausgeplünderten lateinam. Kontinents gibt es jedoch kein anderes ähnlich klares, humanistisches Amerikabild wie das, das er entworfen und für das er sein Leben eingesetzt hat. In seiner ersten größeren Schrift *La guerra de guerrillas* (1960; dt. *Der Partisanenkrieg*, 1962) faßt G. seine Erfahrungen zusammen. Seine Grundvorstellung, daß in unter-

entwickelten Ländern der Kampf hauptsächlich in den ländlichen Gebieten zu führen sei, bedeutete eine offene Herausforderung für alle orthodoxen Kommunistischen Parteien Lateinamerikas. G. weist wiederholt darauf hin, daß die bewaffnete Befreiung des Volkes von seiten der Unterdrückten erst dann beginnt, wenn »die friedlichen Mittel zur Erreichung dieses Ziels erschöpft sind«. Sein persönliches Erleben und den Alltag des Partisanenkriegs schildert G. in *Pasajes de la guerra revolucionaria* (1963; dt. *Aufzeichnungen aus dem kubanischen Befreiungskrieg 1956-1959*; 1969). Im Unterschied zum trockenen Lehrbuch bestechen die *Pasajes* durch eine charakteristische Mischung aus Ironie, Bescheidenheit und bedingungslosem Ernst. Vor allem im sozio-ökonomischen und außenpolitischen Bereich verdankt der kub. Sozialismus seine festen Umrisse G.s gedanklich kohärenten Vorstellungen. In einigen grundlegenden Aufsätzen, u.a. »El socialismo y el hombre en Cuba« (1965), kritisiert er die kapitalistischen Relikte im Wirtschaftssystem des etablierten Sozialismus. Nicht durch materielle Vergütungen und das Prinzip der ökonomischen Effizienz, sondern allein durch moralische Anreize und Bewußtseinsbildung könne eine tatsächlich sozialistische, nicht- entfremdete Gesellschaft entstehen. Durch seine Erfahrungen in Afrika und Asien hat G. die Perspektive auf den globalen Konflikt von entwickelten und unterentwickelten Ländern erweitert. In seiner *Mensaje a la tricontinental* (1967; dt. *Aufruf zum Aufstand in der Dritten Welt*, 1970) ruft er zum weltweiten Angriff auf die kapitalistische Hauptmacht, die USA, auf, deren brutaler Krieg in Vietnam keine Alternative zulasse. Um dieses Credo zu verwirklichen, hatte er bereits den Partisanenkrieg in Bolivien begonnen. Wie seine u.d.T. *El diario de Che Guevara* (1968; dt. *Bolivianisches Tagebuch*, 1968) veröffentlichten Aufzeichnungen enthüllen, wurde es ein Kampf ums Überleben, nicht nur gegen einen überlegenen, gut trainierten Feind, sondern auch gegen die Isolation und die Natur. In seiner Kargheit besitzt das Tagebuch eine tragische Würde, zugleich ist es das erschütternde Dokument eines Menschen, der sich auf seinen Tod hinbewegt. Von G.s Schriften liegen zahlreiche Gesamtausgaben vor, u.a. *Obra revolucionaria*. Hg. R. Fernández Retamar. LH 1967.

Literatur: E. Guevara, *Mein Sohn Che*. Hamburg 1986. – M. Löwy, *Che G*. Frankfurt/M. 1987. – R. Massary, *Che G. Politik und Utopie*. Frankfurt/M. 1987. – V. Pérez Galdós, *Un hombre que actúa como piensa*. LH 1988. – F. Martínez Heredia, *Che, el socialismo y el comunismo*. LH 1989.

Guido, Beatriz

*12.12.1925 (?) in Rosario, †4.3.1988 in Madrid. In Rom und Paris studierte sie Geisteswissenschaften. Sie war verheiratet mit dem arg. Filmregisseur Leopoldo Torre Nilsson (1924-78), für den sie die meisten Drehbücher schrieb und der mehrere ihrer Romane verfilmte. Sie lebte seit 1984 als Kulturattachée in Madrid.

Ihre erste Veröffentlichung ist das fiktive Reisetagebuch eines Puppenspielers, *Regreso a los hilos* (1947). Berühmt wurde sie durch den Roman *La casa del ángel* (1954, 1957 verfilmt; dt. *Das Haus mit dem Engel*, 1958). Erzählerin ist die jugendliche Ana, die mit ihren Schwestern in der dumpf schwülen Atmosphäre eines reichen Elternhauses heranwächst. Ihre erotischen Schwärmereien kontrastieren mit der Angst vor Sünde, dem religiösen Fanatismus der Mutter und dem autoritären Konventionalismus des Vaters. Eines Tages wird sie von einem Parteifreund des Vaters vergewaltigt. Nach Überwindung der Krise dämmert sie in einer ungewissen Hoffnung auf Liebe dahin. Der soziale Sektor, dem G. in diesem wie in weiteren Romanen ihr Interesse widmet, ist das Großbürgertum, zu dem sie ihrer Herkunft nach selbst gehört. So mischt sich in ihre Analyse ein erklärlicher Zusatz von Faszination, der allerdings mit dem Ekel nicht unvereinbar ist. Sie zeigt ein breites Spektrum von Unmoral auf und stattet dabei das Milieu sichtbar schwelgerisch mit erlesenem Luxus und Kunstgegenständen aus. Die Attribute von Herrschaft und Dekadenz sind mehr als ein Rahmen, sie gehören zu dem Klima der Sexualität, von der, in Abstufungen, alle ihre Figuren besessen sind. Die Problematisierung dieser Realität aus der Perspektive von Jugendlichen ist auch eine Konstante der folgenden Romane: *La caída* (1956; verfilmt 1959) und *Fin de fiesta* (1958, verfilmt 1960). Während der erstere noch weitgehend im privaten Raum einer chaotischen Familie spielt, bezieht der andere das konkrete politische Geschehen um 1940 in die Handlung ein, symbolisiert in der Gestalt des Caudillo Braceras, der mit Mord, Intrigen und Wahlbetrug seine Macht erhält. Braceras' Tod fällt mit dem Aufstieg Peróns zusammen. Die hier angedeutete Hoffnung auf eine Veränderung der Herrschaftsverhältnisse durch den Peronismus wird in *El incendio y las vísperas* (1964) widerrufen, der wegen seines nicht gelösten Anspruchs, ein umfassendes Bild der arg. Gesellschaft zu entwerfen, als ihr schwächstes Werk gilt. Überzeugender sind die Romane, die ein konkretes Geschehen zwar als Ansatzpunkt verarbeiten – wie in *La invitación* (1979) das Massaker unter Peronisten von 1973 oder in *Rojo sobre rojo* (1987) die Ermordung des Ex-Präsidenten Aramburu (1970) –, deren Bedeutungspotential jedoch aus der eigentlichen Fiktion erwächst.

Weitere Werke: Romane: *La mano en la trampa* (1961), *Escándalos y soledades* (1967), *Una madre* (1973), *El pibe cabeza* (1975); Erzählungen, Sonstiges: *Los insomnes* (1973), *Piedra libre* (1976), *¿Quien le teme a mis temas?* (1977), *Todos los cuentos, el cuento* (1979).

Literatur: J. A. Mahieu, *B. G.: las dos escrituras*. CH, 437 (1986), 153-168.

Guido y Spano, Carlos

* 19.1.1827 in Buenos Aires, † 25.7. 1918 ebd. Sohn eines Diplomaten der Rosas-Diktatur. Nach einem längeren Europa-Aufenthalt kehrte er 1852 nach Buenos Aires zurück. In der Folgezeit war er in verschiedenen Ministerien und als Leiter des Generalarchivs tätig. Großen Opfermut bewies er bei der Gelbfieberepidemie von 1871. Paralyse fesselte ihn die letzten Jahre ans Krankenbett.

Er verkörperte zu seiner Zeit den Inbegriff des Dichters. Als solcher trat er auf, in malerisch extravaganter Kleidung, und als solcher fühlte er sich berufen, in schönen Versen eine schöne Welt zu beschwören. Seinem Ideal diente er ohne Eigennutz. Neidlos betrachtete er den Aufstieg der jungen Dichter des Modernismus. Den gerade in Buenos Aires angekommenen R. ↑Darío begrüßte er 1893 in einem Sonett voll ehrlicher Bewunderung. Sein lyrisches Œuvre besteht aus nur zwei Büchern, *Hojas al viento* (1871) und *Ecos lejanos* (1895). In exquisiter Wortwahl und gepflegt klangvollen Versen werden Motive aus der Welt der griech.-röm. Antike und der Bibel gestaltet. Andere Motive sind Freundschaft und väterliche Liebe zu den Kindern. Sein bekanntestes Gedicht ist die volksliedhafte Totenklage »Nenia«. Die formvollendete Gestaltung seiner Lyrik stellt ihn in die Nähe der frz. Parnassiens. Vom frühen Modernismus wurde er als Vorläufer angesehen. 1899 konstatiert ↑Rodó, daß seine

Kunst »unserer Welt enger verbunden ist als der Welt seiner Jugend«. Seine stilistisch meisterhaften Prosaartikel, die er größtenteils für die Zeitschriften »Revista del Paraná« und »El Correo del Domingo« schrieb, wurden in *Ráfagas* (1879, 2 Bde.) zusammengefaßt. Das Werk enthält außerdem seine autobiographische »Carta confidencial«.

Werkausgabe: *Poesías completas*. BA ²1938.
Literatur: C. A. Loprete, *C. G. y S.* BA 1962. – P. Fortuny, *C. G. y S.: poeta y ›hombre de bien‹*. BA 1967.

Güiraldes, Ricardo

* 13.2.1886 in Buenos Aires, † 8.10. 1927 in Paris. Seine Jugend verlebte er auf der bei San Antonio in der Provinz Buenos Aires gelegenen Estancia seiner Eltern. Studien der Architektur, Jura und Sozialwissenschaften brach er vorzeitig ab. 1910 reiste er zum erstenmal nach Paris, wo er insgesamt mehrere Jahre zubrachte und Zugang zur frz. Literatur der Avantgarde gewann. Andere Reisen führten ihn nach Indien und Japan. In den 20er Jahren war er Mitarbeiter von »Proa« und »Martín Fierro«, den Zeitschriften des Ultraismus.

Auch mit seinem Werk ist die Entwicklung dieser Bewegung aufs engste verknüpft. Sein erstes Buch, der Gedichtband *El cencerro de cristal* (1915), stellt laut J. L. ↑Borges die Verbindung dar zwischen L. ↑Lugones' »Lunario sentimental« und dem ultraistischen Programm einer von der Metapher ausgehenden, die konventionellen Grenzen zur Prosa überschreitenden Poesie. Allgemeine Indifferenz ist allerdings der Preis für das um einige Jahre verfrühte Erscheinen dieser Gedichte. Das Werk, in dem G.' literarisches Schaffen gipfelt, der Roman *Don Segundo Sombra* (1926; dt. *Das Buch vom Gaucho Sombra*, 1934, 1952 u. d. T. *Don Segundo Sombra*), bedeutet seine größte Leistung, wie auch die Überwindung des Ultraismus durch die im Programm nicht vorgesehene Menschlichkeit. Verschiedene Verbindungslinien führen von G.' übrigen Werken zu *Don Segundo Sombra*. In den sentenziösen Dialogen der Pampabewohner und den impressionistischen Skizzen von *Cuentos de muerte y de sangre* (1915) kündigt sich bereits etwas von dessen Sprachgebung an. Das autobiographische Element, das später objektiviert und sublimiert wird, steht in dem Roman *Raucho* (1917) im Vordergrund. Die Hauptperson ist ein reicher Argentinier, der in Paris Vermögen und Gesundheit verliert und sich nach den ländlichen Gefilden seiner Jugend sehnt, zu denen er dank der Hilfe eines Freundes zurückfindet. Etwas abweichende Wege schlägt G. mit *Rosaura* (1922) und *Xaimaca* (1923) ein. Das erste Werk ist ein melancholischer, ironisch getönter, ländlicher Liebesroman, das andere die Chronik einer Reise von Buenos Aires nach Jamaica, während der sich diskret eine Liebesgeschichte abspielt. Die poetische, metaphernreiche Diktion im letzten Werk ist die direkte Vorstufe zu dem in *Don Segundo Sombra* glänzend gelösten Stilproblem. Hier entspricht die Bildlichkeit der Sprache so vollkommen der dargestellten Wirklichkeit, daß als natürlich und realistisch erscheint, was äußerstes stilistisches Raffinement ist. Außerdem verbirgt sich eine durchkomponierte Romanstruktur hinter einem scheinbar zwanglosen, undramatischen Handlungsverlauf. Erzählt wird aus der Perspektive eines zu Anfang halb verwahrlosten Jungen, der unter der väterlichen Anleitung des Gauchos Segundo Sombra den »männlichsten aller Berufe« erlernt, schließlich erfährt, wer sein Vater ist und dessen Grundbesitz erbt. Im Verlaufe der Lehrzeit wird das Leben der Pampabewohner mit seinen

Härten und Unterhaltsamkeiten geschildert. Don Segundo ist die Idealgestalt eines Gaucho, ein Meister in allen Künsten seines Berufes, ein treuer Freund, ein lakonischer Philosoph, kurz, ein vollendetes Produkt der Pampa. Dem Erzähler erscheint er einmal als »etwas, das vorübergeht und das mehr eine Idee als ein körperliches Wesen ist«. Er symbolisiert den Geist einer Zeit und einer Landschaft, der bereits der Vergangenheit angehört.

Ausgabe: *Obras completas.* BA 1962 (1972, 1985).

Literatur: A. Paganini, *Lengua y estilo de R. G.* MON 1980. – R. Cosse, *Aproximaciones a ›Don Segundo Sombra‹ de R. G.* CDLA, 20 (1980), 120, 34-44. – H. Rodríguez Alcalá, *En torno a un libro contra R. G. y contra ›Don Segundo Sombra‹.* HJ, 3 (1981), 1, 23-44. – P. R. Beardsell, *›Don Segundo Sombra‹ and ›Machismo‹.* FMLS, 17 (1981), 4, 302-311. – A. Blasi, *Vanguardismo en el Río de la Plata: Un ›Diario‹ y una exposición.* RI, 48 (1982), 118/9, 21-36. – R. L. Jiménez, *›Don Segundo Sombra‹: Razón y signo de una forma narrativa.* CAM, 251 (1983), 6, 211-227. – T. Running, *Lo pastoril en ›El cencerro de cristal‹ y ›Don Segundo Sombra‹ de R. G.* ETL, 12 (1983/4), 1, 67-77. – S. M. Parkinson, *R. G.: Su proceso espiritual.* CH, 144 (1986), 432, 39-59.

Gutiérrez, Eduardo

* 15.7.1851 in Buenos Aires, † 10.8. 1889 ebd. Er war ab 1866 als Kolumnist bei der Zeitung »La Nación Argentina« tätig. 1874 trat er in das Heer ein und nahm an verschiedenen Kämpfen gegen die Indianer teil. 1880, nach der Unterdrückung des Aufstands von Buenos Aires gegen die Bundesregierung, quittierte er den Militärdienst.

G. ist der erste populäre Romanschriftsteller Lateinamerikas. »Dramas policiales«, Kriminaldramen, nannte er einen Teil seiner gewaltigen Produktion von Fortsetzungsromanen, die er ab 1879 in der Zeitung »La Patria Argentina« veröffentlichte. In den Archiven von Polizei und Justiz recherchierte er nach wahren Geschichten von »gauchos malos« und rekonstruierte ihre Lebensgeschichten und die Verfolgung als Straftäter seitens der Behörden, deren Vorgehen – ähnlich wie im »Martín Fierro« von J. ↑Hernández – als willkürlich und ungerecht kritisiert wird. Sein erfolgreichstes Werk war *Juan Moreira* (1879/80). Dieses wurde 1884 von José M. Podestá für die Zirkusbühne adaptiert und Grundstein des populären Rioplatenser Theaters. Ähnliche Helden aus dem bäuerlichen Milieu, mit deren Schicksal und Protest sich die unteren Bevölkerungsschichten Argentiniens identifizieren konnten, sind die Protagonisten von *Juan Cuello* (1880), *El Tigre del Quequén* (1880), *Hormiga Negra* (1881), *Juan Sin Patria* (1881), *Pastor Luna* (1886) und *Los hermanos Barrientos* (1886). Das Milieu der Gauchos behandeln außerdem die Romane *Santos Vega* (1880) und dessen Fortsetzung *Una amistad hasta la muerte* (1886). Zu G.' weiteren Werken gehören außer sonstigen Kriminalchroniken mehrere Romane über die jüngere Geschichte Argentiniens, u. a. *Don Juan Manuel de Rosas* (1881/82) oder *El Chacho* (1884), sowie die an ein anderes Publikum gerichteten und insofern auch ambitiöseren Erzählungen aus seinem Militärleben, *Croquis y siluetas militares* (1886).

Literatur: J. B. Rivera, *E. G.* BA 1967 (mit Bibliographie). – A. B. Dellepiane, *Los folletines gauchescos de E. G.* RI, 44 (1978), 104-105, 487-506. – M. Bonatti, *Juan Moreira en un contexto modernista.* RI, 44 (1978), 104-105, 557-567. – D. W. Foster, *Theatricalizing History: E. G.'s Juan Manuel de Rosas: Los dramas del terror.* BHS, 1 (1989), 13-22.

Hernández, José

* 10.11.1834 in San Martín/Buenos Aires, † 21.10.1886 in Buenos Aires.

Sohn eines Gutsverwalters. In der Zeit der Bürgerkriege, die auf die Rosas-Diktatur folgten, stand er auf der Seite der Konföderation der Provinzen gegen die Vorherrschaft der Handelsbourgeoisie von Buenos Aires und kämpfte als einfacher Soldat unter dem Oberbefehl Urquizas in den verlorenen Schlachten von Cepeda und Pavón. 1869 gründete er die Zeitung »El Río de la Plata«, die wegen offener Opposition gegen die Politik Mitres und Sarmientos nach einem Jahr ihr Erscheinen einstellen mußte. Er begab sich wieder nach Paraná und wurde Privatsekretär des auf Urquiza folgenden Gouverneurs López Jordán. Als dessen Aufstand 1871 niedergeschlagen wurde, floh H. nach Brasilien. Eine Amnestie erlaubte ihm zwar ein Jahr darauf die Rückkehr, aber 1873 mußte er noch einmal im Ausland Zuflucht suchen. Erst mit der Präsidentschaft Avellanedas beruhigte sich die Lage. 1879 wurde er Abgeordneter der Provinz Buenos Aires, später Senator.

In seinem zweiteiligen Versepos *El gaucho Martín Fierro* (1872) und *La vuelta de Martín Fierro* (1879, I u. II dt. *Martín Fierro*, 1945) hat H. den Kampf um seine politischen Vorstellungen mit poetischen Mitteln fortgesetzt und dabei eins der bedeutendsten Werke der hispanoam. Literatur im 19. Jh. geschaffen. Sein Ziel war, wie er einmal hervorhebt, »die Verbesserung der sozialen Stellung der Gauchos«. Er sieht dies Problem in engem Zusammenhang mit »der endgültigen Organisation und dem zukünftigen Schicksal der Gesellschaft« Argentiniens. So verdeutlicht der Lebensweg des Helden und, im zweiten Teil, der seiner beiden Söhne und Picardías zunächst die Mängel und Ungerechtigkeiten einer staatlichen Ordnung, die den Landbewohner gegenüber dem Städter eindeutig benachteiligt, indem ihm allein die Verteidigungslasten auferlegt werden. Wenn er nach unfreiwilliger Dienstzeit zu seinem Hof zurückkehrt, findet er meistens nur noch Trümmer vor. Es ist nur zu verständlich, wenn er, wie es im Epos heißt, sich jetzt schwört, »böser als ein wildes Tier zu sein«. Auf die Zwangsläufigkeit der weiteren Entwicklung hat H. wiederholt hingewiesen. Der Gaucho wird zum Raufbold, darüber zum Totschläger und entzieht sich dann der ihn verfolgenden Polizei durch sein Überlaufen zu den feindlichen Indianern. Bis dahin liegt im Schicksal des epischen Helden eine konkrete politische Anklage, die sich vor allem gegen Sarmientos Gauchofeindlichkeit und Überbewertung der städtischen Zivilisation richtet. H. sucht den Gaucho durch eine objektive Darstellung zu verteidigen: »Meine Absicht ist es gewesen, in großen Zügen, wenn auch wirklichkeitsgetreu, seine Lebensgewohnheiten, seine Arbeiten, ... seine Laster und Tugenden zu zeichnen.« Er weiß allerdings, daß der Gaucho beinahe schon eine anachronistische Gestalt ist und »mit dem Fortschreiten zivilisatorischer Errungenschaften fast völlig verschwinden wird«. Martín Fierro ist dann im zweiten Teil auch nicht mehr der einstige Rebell. Die Ratschläge und Ermahnungen, die er seinen Söhnen und dem Sohn des toten Freundes Cruz auf den Weg gibt, entsprechen in vielem den staatsbürgerlichen Postulaten des einstigen politischen Kontrahenten Sarmiento. Mit *Martín Fierro* greift H. gleichzeitig in die ästhetischen Auseinandersetzungen seiner Zeit um eine nationale Literatur ein. Er bietet das Modell eines von europäischen Vorbildern unbeeinflußten Werkes, das unmittelbar an die Tradition der arg. Volkspoesie anknüpft. So überzeugend es ihm dabei gelungen ist, die Haltung eines anonymen, improvisierenden »Payadors« einzunehmen, zeigt sich in der kontrastreichen Psychologie der Personen und in der ausgewogenen Komposition der gesamten Dichtung, schließlich in den Verbesserungen der Manuskripte die ästhetische Sorgfalt eines erfahrenen Literaten. Auch die Sprache, die phonetisch dem Dialekt der Gauchos angeglichen ist, stellt bei aller Natürlichkeit der Bilder, Redewendungen und Sprichwörter ein originelles, persönliches Idiom dar. Wie er erklärt, habe er versucht, »den metaphernreichen Stil zu imitieren, den der Gaucho unbewußt verwendet«. An weiteren Werken veröffentlicht H. die Biographie des 1863 ermordeten Caudillo Angel Vicente Peñaloza, *Vida del Chacho* (1863), und die landwirtschaftliche Abhandlung *Instrucción del estanciero* (1882).

Ausgaben: *Prosas*. Hg. E. Herrera. BA 1944. – *Personalidad parlamentaria*. La Plata 1947, 3 Bde. – *Labor periodística inicial*. Hg. B. Bosch. Santa Fe 1963. – *Artículos periodísticos de J.H. en ›La Patria‹ de Montevideo* (1874). Hg. W. Rela. MON 1967. – *Martín Fierro*. Hg. L. Sáinz de Medrano. Madrid [3]1982 (mit Bibliographie).

Literatur: J. Verdugo, *Teoría aplicada del estudio literario: Análisis del ›Martín Fierro‹*. ME 1980. – C. Albarracín Sarmiento, *Estructura del ›Martín Fierro‹*. Amsterdam 1981. – E. González Lanuza, *Temas de ›Martin Fierro‹*. BA 1981. – E. Sansone de Martínez, *La poesía gauchesca en ›Martín Fierro‹*. MON 1981. – M.A. Ciuro Caldano, *Comprensión justifilosófica del ›Martín Fierro‹*. Rosario 1984. – E. de Gandia, *J.H.: Sus ideas políticas*. BA 1985. – T. Halperín Donghi, *J.H. y sus mundos*. BA 1985. – J. Isaacson, *Encuentro político con J.H.* BA 1986. – Ders. (Hg.), *›Martín Fierro‹: cien años de crítica*. BA 1986.

Ingenieros, José

*24.4.1877 in Palermo (Ital.), †31.10.1925 in Buenos Aires. Noch als Student trat er der neu gegründeten Sozialistischen Partei Argentiniens bei und gründete mit L. ↑Lugones 1897 die linke Zeitschrift »La Montaña«, die bald wegen eines aufrührerischen Artikels über »Reptiles burgueses« verboten wurde. 1900 promovierte er in Medizin und erhielt 1904 einen Lehrstuhl für Psychologie. Als ihm 1911 der Staatspräsident Sáenz Peña die Ernennung zum Ordinarius für Gerichtsmedizin verweigerte, begab er sich für einen zweijährigen Studienaufenthalt nach Europa. (I.' psychologisch-moralischer Traktat *El hombre mediocre*, 1913, ist eine indirekte Satire auf das konservative arg. Establishment. Dieses brillant geschriebene Buch erlebte bis zur Gegenwart zahlreiche Neuauflagen.) 1915 gründete er die bedeutende »Revista de Filosofía«, 1919 die Buchreihe »La Cultura Argentina«, die über 150 Bände erreichte, 1923 zusammen mit seinem Schüler Aníbal Ponce die sozialistische Zeitschrift »Renovación«. Er befürwortete die Studentenrevolte von 1918, die in der auf ganz Lateinamerika ausstrahlenden Universitätsreform von 1919 mündete.

I. hat das intellektuelle Leben seines Landes nachhaltig beeinflußt. Fast 50 Bücher und Hunderte von Zeitschriftenartikeln bezeugen außergewöhnliche Kreativität und Offenheit für neue Denkansätze und Fragestellungen. Neben seinem fachspezifisch wissenschaftlichen Werk, das sich vor allem mit Kriminologie und Psychiatrie befaßt, bilden Soziologie und Geistesgeschichte Argentiniens sowie Moralphilosophie die hauptsächlichen Gebiete seiner sonstigen Schriften. Eine klare thematische Abgrenzung ist allerdings zumeist nicht möglich, wie auch methodologisch die Verknüpfung von Positivismus und Biologismus – der Mensch ist für I. primär durch biologische Gesetzmäßigkeiten konditioniert – manche Ungereimtheiten ergibt, deren kritikwürdigste die Behauptung der Superiorität der »weißen Rasse« sein dürfte, die er u.a. in *Sociología ar-*

gentina (1915) vertritt. Als sein Hauptwerk gilt *La evolución de las ideas argentinas*, dessen erster Band, *La revolución* (1918), die Zeit des Unabhängigkeitskriegs, dessen zweiter, *La restauración* (1920), die Epoche der Rosas-Diktatur umfaßt. Unvollendet blieb der anschließende dritte Teil, *La organización*. Auch wenn sich I. in Bewertung und Akzentsetzung der Geschehnisse unverrückbar in die Linie der liberalistischen Denker des 19. Jh.s (E. ↑Echeverría, J.B. ↑Alberdi, D.F. ↑Sarmiento etc.) einordnet, ergeben sich durch die Parallelisierung mit der Geschichte Europas neue Aspekte.

Weitere Hauptwerke: *La simulación en la lucha por la vida* (1904), *Crónicas de viaje* (1906?, ^{6}1919), *Principios de psicología* (1916), *Proposiciones relativas al porvenir de la filosofía* (1918), *La locura en la Argentina* (1920), *Los tiempos nuevos* (1921), *Las fuerzas morales* (1922).

Ausgabe: *Obras completas*. Hg. A. Ponce. BA 1930-40, 24 Bde.

Literatur: S. Bagú, *Vida de J. I.* BA ^{3}1963. – O. Terán (Hg.), *J. I. Pensar la nación*. Madrid 1968. – J. A. Solari, *J. I. en las jornadas fundadoras del Partido Socialista*. BA 1976. — A. A. Roig, *Contribución para una bibliografía de J. I.* RIB, 23 (1973), 2, 141-163. – A. Ponce, *J. I.* BA 1977. – J. Van Der Karr, *J. I.* New York 1977.

Jauretche, Arturo

* 13.2.1901 in Lincoln/Buenos Aires, † 25.5.1974 in Buenos Aires. Er war von Jugend an politisch tätig, mit 18 Sekretär der Konservativen Partei, danach Mitglied der Unión Cívica Radical, deren Präsident H. Yrigoyen 1930 durch einen Militärputsch gestürzt wurde. 1933 beteiligte er sich an einem bald niedergeschlagenen Aufstand von Anhängern Yrigoyens. Er kam ins Gefängnis von Corrientes, wo er in der Art der gauchesken Dichtung ein Epos über den gescheiterten Aufstand, *El Paso de los Libres* (1934, mit Vorw. von J. L. ↑Borges) verfaßte. 1935 gründete er mit H. Manzi u.a. FORJA (Fuerza de Orientación de la Joven Argentina), ein Komitee, das in unermüdlicher Propagandaarbeit die antiimperialistischen Elemente der Politik Yrigoyens vertrat, die dann von J.D. Perón aufgegriffen wurden. Dieser ernannte ihn 1947 zum Präsidenten der Provinzbank von Buenos Aires. Enttäuscht von der Entwicklung des Peronismus trat er 1951 zurück und hatte ab 1952 Schreibverbot. Dennoch wurde er nicht zum Antiperonisten, sondern attackierte nach dem Sturz Peróns, 1955, die Repression und Wirtschaftspolitik der neuen Machthaber in der von ihm gegründeten und bald verbotenen Zeitschrift »El 45« und der während seines Exils 1956 in Uruguay herausgegebenen Zeitung »El Líder«. In den folgenden Jahren arbeitete er als Journalist. Wegen eines kritischen Artikels in der Zeitung »La Opinión« mußte er sich 1971 mit einem Militär auf Pistole duellieren. 1973 wurde er Direktor des Universitätsverlags EUDEBA.

J.s Hauptwerk sind seine ab 1955 entstandenen Essays und polemischen Artikelserien. Mit außerordentlichem Mut und virtuosem Humor kämpfte er zunächst vereinzelt gegen alle möglichen Institutionen, einschließlich des kulturellen Establishments, das ihn mit Schweigen strafte, während seine Leserschaft ständig zunahm und manche seiner Bücher gelegentlich innerhalb weniger Wochen vergriffen waren. Gegen Ende der 60er Jahre galt J. als einer der wichtigsten Mentoren der für Demokratie und nationale Unabhängigkeit kämpfenden jüngeren Generationen. Schließlich belegen zahlreiche Neuauflagen ab 1983, daß seine Vorstellungen und Prinzipien auch für die Aktualität Bedeutung besitzen. Eine minutiöse Kritik am neu etablierten Wirtschaftsliberalismus der Regierung des Generals Aramburu enthält die

Studie *El Plan Prebisch. Retorno al coloniaje* (1955). Wie auch in seinen soziologischen Arbeiten polemisiert J. mit Ingrimm gegen eine akademische Wissenschaft, die seiner Meinung nach immer wieder die nationalen Realitäten »importierten Formeln« anzupassen suchte. Seine Vorgehensweise – er nannte sie »método de estaño«, »Thekenmethode« – ist induktiv und gründet sich auf Beobachtung und Praxis. Zu J.s bekanntesten, aggressivsten und wie immer in einer farbigen, fast gesprächshaften Diktion geschriebenen Werken gehört *Los profetas del odio* (1957, erw. 1967), in dem er sich gegen die »pädagogische Kolonisierung« bzw. die verfälschende Interpretation der Sozialgeschichte Argentiniens durch die intellektuelle Elite, von D. F. ↑Sarmiento bis E. ↑Martínez Estrada oder J. L. Borges, wendet. *El medio pelo en la sociedad argentina* (1966, [10]1970) ist eine anekdotenreiche historische Analyse der hybriden, zwischen Oligarchie und Mittelstand angesiedelten Bevölkerungsschicht von Buenos Aires, als deren Prototyp B. ↑Guido aufs Korn genommen wird. Die Klischeevorstellungen des »medio pelo« verzeichnet das *Manual de zonzeras argentinas* (1968). U.d.T. *De memoria. Pantalones cortos* (1972) veröffentlichte J. einen Teil seiner auf mehrere Bände geplanten Autobiographie.

Weitere Werke: *Ejército y política* (1958), *Política nacional y revisionismo histórico* (1959), *Prosa de hacha y tiza* (1960), *F.O.R.J.A y la década infame* (1962), *Mano a mano entre nosotros* (1969), *Política y economía* (1977), *Las polémicas de J.* (1981-83, 3 Bde.), *La colonizacion pedagógica y otros ensayos* (1982), *Filo, contrafilo y punta* (1983), *Libros y alpargatas, »civilizados y bárbaros«* (1985), *Que al salir salga cortando* (1985), *Barajar y dar de nuevo* (1985).

Literatur: N. Galasso/E. Goldar, *A un año de la muerte de don A. J.* CRISIS, 26 (1975), 28-36. – E. Goldar, *J.* BA 1975.

Jitrik, Noé

* 23.1.1928 in Rivera/Buenos Aires. 1947-52 studierte er Literaturwissenschaft in Buenos Aires. Mitherausgegeben wurden von ihm in den 50er Jahren verschiedene Zeitschriften wie »Centro«, »Zona« und besonders »Contorno« (1953-59), die für die Neuorientierung der arg. Literaturkritik und -produktion von entscheidender Bedeutung war. 1960 erhielt er einen Lehrstuhl für arg. Literatur an der Universität von Córdoba (Arg.). Im Anschluß an den Militärputsch von 1966 wurde er des Amtes enthoben. Er war danach an verschiedenen Universitäten in Europa und Amerika tätig. 1973, während der kurzen Phase der Demokratie, lehrte er in Buenos Aires. Die bald wieder einsetzende Repression zwang ihn 1974 ins Exil. Er ging nach Mexiko, wo er u.a. an der Universidad Autónoma tätig war. 1987 kehrte er nach Argentinien zurück.

J.s Œuvre umfaßt mehr als 30 Bücher und unzählige Aufsätze in Zeitschriften Europas und Amerikas. Sein wissenschaftliches Werk ist größtenteils der Literatur Argentiniens gewidmet, greift jedoch in seinen Modellen und Typologien über das Spezialgebiet auf allgemeine Probleme der Textkonstitution, Kritik und Lektüre hinaus. Schon seine frühesten Publikationen zeichnen sich durch die Verbindung von hohem theoretischen Niveau mit einer persönlich geprägten Schreibweise aus, für die vor allem die ständige selbstkritische Überprüfung der Prämissen und Argumentationsschritte charakteristisch ist. Obwohl er sich in seiner ersten Publikation *Seis novelistas argentinos de la nueva promoción* (1959) noch zu einem soziologisch ideologiekritischen Ansatz bekennt, geht er in der Untersuchung der formalen und stilistischen Innovationen über diesen hinaus. Auch die verschiedenen Monographien, die in den 60er Jahren entstehen und in denen einige nationale Mythen hinterfragt werden, erhalten durch die Berücksichtigung der Werkstrukturen eine besondere Solidität. Zu einer eigenständigen Synthese von Strukturalismus und sozialen Aspekten gelangt er in *El fuego de la especie* (1971). Diese Forschungsrichtung, die die Herausarbeitung der eigentlich »literarischen« Züge mit der Entzifferung der Kontexte verknüpft, setzt sich fort in *Producción literaria y producción social* (1975) oder *Las contradicciones del modernismo* (1978), einer Studie, in der die ideologischen und ästhetischen Widersprüche besonders im Werk R. ↑Daríos (Lokalismus gegen Universalismus, arme Kultur gegen reiche Ästhetik, Autonomie gegen Dependenz u.a.) präzisiert werden. In den Arbeiten der 80er Jahre erweitert sich J.s Gegenstandsbereich auf die Gesamtheit Hispanoamerikas. In den Vordergrund treten die Strategien der Kommunikation, etwa das Verhältnis von Metaphorisierung und Aneignung in den Briefen von Kolumbus (*Los dos ejes de la cruz*, 1983), die Problematisierung der Lektüre (*La lectura como actividad*, 1984), aber auch die Analyse der Beziehungen zwischen kultureller und politischer Praxis oder die Aufgaben des Schriftstellers im Exil (*Las armas y las razones*, 1984).

Weitere Werke (Auswahl): Lyrik: *Feriados* (1956), *El año que se nos viene y otros poemas* (1959), *Addio a la mamma* (1965), *Comer y comer* (1974); Erzählungen: *La fisura mayor* (1967), *Llamar antes de entrar* (1972), *Del otro lado de la puerta* (1974), *El ojo de jade* (1980), *Saber de qué se trata* (1981), *Fin del ritual* (1983?); Kurzromane: *Los lentos tranvías* (1988), *Limbo* (1989); Untersuchungen: *Horacio Quiroga* (1959), *Leopoldo Lugones, mito nacional* (1960), *Procedimiento y mensaje en la novela* (1962), *El escritor argentino. Dependencia o libertad* (1967), *Esteban Echeverría* (1967), *Muerte y resurreción de ›Facundo‹* (1968), *José Hernández* (1971), *La novela futura de Macedonio Fernández* (1973), *El no existente caballero* (1975), *La memoria compartida* (1982).

Literatur: M. L. Bastos, *›Contorno‹, ›Ciudad‹, ›Gaceta Literaria‹: tres enfoques de una realidad.* HISPA, 2 (1973), 4/5, 49-64. – D. W. Foster, *J.: Crítica literaria versus trabajo crítico.* TC, 8 (1984), 24/5, 184-220.

Juarroz, Roberto

* 1925 in Coronel Dorrego (Prov. Buenos Aires). Er studierte Jura, Medizin, Literaturwissenschaft und Informatik, schließlich wurde er Professor für Bibliothekswissenschaft an der Universität von Buenos Aires. 1958-65 gab er die Zeitschrift »Poesía-Poesía« heraus.

Unter dem einheitlichen Titel *Poesía vertical* hat J. zwischen 1958 und 1988 elf Gedichtbände veröffentlicht, deren erster bereits einen der bedeutendsten Lyriker Argentiniens erkennen ließ und die in ihrer Gesamtheit eins der faszinierendsten lyrischen Großprojekte im span. Sprachraum darstellen. Schon die außerordentlich kompakten, in Vokabular, Syntax und Bildlichkeit eher schlichten, unprätentiös monumentalen Kompositionen der ersten Bände begrenzen diesen lyrischen Kosmos auf einige wenige Motive und vielleicht eine einzige Frage: nach dem Sinn und den Möglichkeiten poetischer Schöpfung für den Menschen. Das deutet zwar auf eine Ethik hin, aber im wesentlichen geht es J. um eine Phänomenologie, die herkömmliche Ordnungen und Abgrenzungen bezweifelt. Der Blick und die Wahrheit des Erblickten, die wechselseitige Kontamination unterschiedlicher Zustände, etwa die Beziehung zwischen Traum und Wirklichkeit oder Sprache und Gegenständen sind einige der Motive, die in immer neuen und überraschenden Varianten jene Grundfrage erneuern.

Ausgaben (Auswahl): *Poesía vertical.* CAR 1976. (Enthält die Bände 1-6). – *Antología mayor.* CAR 1978. – *Poesía vertical: nuevos poemas.* BA 1981.
Literatur: L. Pollmann, *Argentinische Lyrik im lateinamerikanischen Kontext: Der Fall R. J.* Heidelberg 1987. – E. A. Foffani, *La poesía de R. J. y el Oriente: La otra lógica.* CH (1989), 471, 146-152. – J. Malpartida, *La perfección indefensa.* CH (1990), 480, 45-53.

Kociancich, Vlady
* 1941 (?) in Buenos Aires. Nach einem Literaturstudium hat sie als Journalistin und 1974-79 als Herausgeberin einer Touristik-Zeitschrift gearbeitet. Erste Erzählungen von ihr, die zuvor in arg. Zeitschriften erschienen waren, vereint der Band *Coraje* (1970?), zu dem J. L. ↑Borges ein Vorwort verfaßte. Die Einleitung zu ihrem Roman *La octava maravilla* (1982; dt. *Das Drehbuch*, 1983) schrieb A. ↑Bioy Casares. Schauplatz des Werkes ist Berlin. Macht in Verbindung mit Dummheit ist Thema des Romans *Ultimos días de William Shakespeare* (1984; dt. *Letzte Vorstellungen*, 1985).
Weitere Werke: Roman: *Abisinia* (1985).

Kordon, Bernardo
* 22.11.1915 in Buenos Aires. Er ist Journalist. Mehrfach bereiste er China. In den 50er Jahren gab er die Literaturzeitschrift »Capricornio« heraus. Außer einigen Essays und Reiseberichten hat er Romane und Erzählungsbände veröffentlicht, die von Anfang an zwei thematischen Schwerpunkten gewidmet sind: dem unbekannten Buenos Aires der gescheiterten Existenzen, kleinen Angestellten, Strolche, Dirnen, Bettler usw. und dem für Argentinier wenig attraktiven eigenen Kontinent, den K. als unermüdlicher Reisender wie kaum ein anderer Schriftsteller kennt. Vor allem Brasilien ist Schauplatz verschiedener Werke, u. a. der Erzählungen *Macumba* (1938) und des Romans *Lampeão* (1953). Deutlich wird aus allen seinen Werken K.s soziales Engagement, aber es erwächst aus mitmenschlicher Solidarität. Er beläßt seinen Gestalten Sprache und Individualität, und es gelingt ihm, die wesentlichen Aspekte dieser Einzelschicksale herauszuarbeiten und in spannungsreichen Kompositionen zusammenzufassen. Sein erster Roman *Un horizonte de cemento* (1940) entwickelt sich in einem Zeitraum von 24 Stunden, den letzten eines altgewordenen Landstreichers, der nach vielen Jahren Abwesenheit ein grausam unwirtliches Buenos Aires erlebt. Ein ähnliches Bild von lebensfeindlicher Modernisierung, Vereinsamung und Selbstzerstörung findet sich in den Romanen *La selva iluminada* (1942), in dem das politische Geschehen ab 1930 als Hintergrund eingeblendet wird, oder in *Vencedores y vencidos* (1965), dessen Haupthandlung das Schicksal eines drogenabhängigen Werbegrafikers und seiner Kollegin schildert, die es bis zur Chefin der Agentur bringt. In dem Roman *Bairestop* (1975) rekonstruiert K. die Geschichte der schwarzen Bevölkerung von Buenos Aires. In manchen Episoden der Romane, vor allem aber in seinen Erzählungen erweist sich K. als Humorist, so etwa in der 1970 verfilmten Erzählung *Alias Gardelito* (1961) oder dem Band *Adiós pampa mía* (1978).

Weitere Werke: Romane: *La isla* (1940), *Muerte en el valle* (1942), *Tormenta en otoño* (1943), *Reina del Plata* (1946), *De ahora en adelante* (1952); Erzählungen: *La vuelta de Rocha* (1936), *Una región perdida* (1952), *Vagabundo en Tombuctú* (1956, 61), *Domingo en el río* (1960), *Un día menos* (1966), *Hacele bien a la gente* (1968), *A punto de reventar* (1971), *Los navegantes* (1972), *Todos los cuentos* (1976), *El misterioso cocinero volador y otros relatos* (1982), *Relatos porteños* (1982), *Los que se fueron* (1984); Essays, Reiseberichte: *Candombe* (1937), *600 millones y uno* (1958),

El teatro tradicional chino (1959), *Reportaje a China* (1965), *China o la revolución para siempre* (1969), *Manía ambulatoria* (1978), *Viaje nada secreto al país de los místicos: China extraña y clara* (1984).
Literatur: J. B. Rivera, *B. K.: escorzo de un narrador argentino*. CH, 133 (1983), 398, 372-384.

Laferrère, Gregorio de

* 8.3.1867 in Buenos Aires, † 30.11. 1913 ebd. Er entstammte einer Großgrundbesitzerfamilie. Ab 1893 war er politisch tätig, 1898-1908 als Parlamentsabgeordneter des von ihm organisierten liberal-konservativen Partido Nacional Independiente. 1903 gründete er die »Asociación Popular«, eins der zeittypischen Komitees, die gleichzeitig sozialer Fürsorge sowie gewaltsamer Unterstützung bei Wahlkämpfen dienten.
Neben R. ↑Payró und dem Uruguayer F. ↑Sánchez ist L. einer der Initiatoren des Rioplatenser Theaters, und mehrere seiner Stücke erfreuen sich nach wie vor großer Beliebtheit. L.s Spezialität ist die satirische Sittenkomödie. Schon sein erstes Werk *Jettatore* (1904) war außerordentlich erfolgreich. Es ist ein spritziges Lustspiel voller komischer Effekte und grotesker Situationen, das den Aberglauben des »bösen Blickes« und darüber hinaus den Kleinbürger von Buenos Aires karikiert. Der Protagonist Don Lucas, den ein Nebenbuhler damit auszustechen sucht, daß er ihm verderbenbringende Fähigkeiten unterstellt, glaubt schließlich selbst an seine übernatürlichen Kräfte. Die personenreiche (30) Komödie *Locos de verano* (1905) ist ein Panoptikum von Manien und lächerlichen Modeerscheinungen zu Beginn dieses Jahrhunderts. In *Bajo la garra* (1906) suchte L. eine Kritik der eigenen sozialen Klasse zu formulieren. Die empörten Anwürfe einiger betroffener Personen brachten den Autor dazu, das Stück – das auch wegen seiner moralisierenden Tendenz gegenüber den anderen abfällt – vom Spielplan absetzen zu lassen. *Las de Barranco* (1908) ist eine hinter einer burlesken Handlung versteckte Tragikomödie der verschämten Armut. Die Witwe Barranco, die komplexeste Frauengestalt im Theater L.s, setzt ihre Töchter ein zur Aufbesserung der bescheidenen Einkünfte, wobei sie deren Gunstbeweise geschickt kontrolliert. Schließlich muß sie erleben, daß die hübscheste mit einem Schriftsteller verschwindet. *Los invisibles* (1911), L.s letztes Theaterstück, greift wieder den burlesken Ton der früheren auf. Gegenstand der Satire ist hier der Spiritismus. L. hat außerdem einen Roman in der Linie des Naturalismus geschrieben, *Andrea*, den er nach Hinweisen der Zensur nicht veröffentlichte, sowie verschiedene Erzählungen, die in den Zeitschriften der Epoche, vor allem in »Caras y Caretas« erschienen.

Weitere Werke: *El cuarto de hora o Los dos derechos* (1906).
Ausgaben: *Obras escogidas*. Hg. J. M. Monner Sans. BA 1943. – *Teatro completo*. Hg. E. M. S. Danero. Santa Fe 1952. – *Teatro*. BA 1965.
Literatur: J. Imbert, *G. L.* BA 1962. – R. H. Castagnino, *G. de L.* BA 1964. – D. Viñas, *Literatura argentina y realidad política: la crisis de la ciudad liberal*. BA 1973.

Laiseca, Alberto

* 11.2.1941 in Rosario. Er ist einer der sprachschöpferisch kühnsten und produktivsten jüngeren arg. Autoren. Von ihm liegen mehrere Romane vor: *Su turno para morir* (1976), *Aventuras de un novelista atonal* (1982), *La hija de Kheops* (1989) sowie *La mujer en la muralla* (1990). Als Fotokopien zirkulierten um 1988 die Romane *Los sorias* (1200 S.) und *El jardín de las máquinas parlantes* (800 S.). In L.s Erzählungsband *Matando enanos a garrotazos*

(1982) finden sich z. T. (pseudo)wissenschaftlich akkurate, fantastisch spekulative Fiktionen in der Art von J. L. ↑Borges und zugleich diesen parodierend (»El delirio del delirio«), z. T. haarsträubend grausame Märchen. In »Gran caída de la indecorosa vieja« wird in einem exotisch mittelalterlichen Orient eine »unanständige« Greisin von den frommen und gerechtigkeitsliebenden Schergen eines Kadis zu Tode gefoltert. Aktuelle Bezüge spielen in den Roman *La hija de Kheops* hinein, in dem mit überbordender Fantasie die Zeit des ägypt. Königs Cheops (um 2520 v. Chr.) und seiner Tochter mit großer Detailgenauigkeit – bis hin zur Technik der Bierkühlung im Nilbett – rekonstruiert wird.

Weitere Werke: *Poemas chinos* (1987).

Larreta, Enrique

* 4.3.1875 in Buenos Aires, † 6.7.1961 ebd. Er entstammte zwei alten ur. Familien. An der Universität von Buenos Aires promovierte er 1897 zum Dr. jur. 1900 heiratete er eine der reichsten Großgrundbesitzerinnen Argentiniens, Josefina Anchorena. Mehrere Jahre lebte er in Spanien. Von 1910-16 war er Botschafter in Paris. Als Präsident verschiedener Vereine und Institutionen sowie Mitglied mehrerer Akademien übte er großen Einfluß im kulturellen Leben seines Landes aus. Zugleich erwuchsen ihm hartnäckige Gegner, die sprachliche Fehler und inhaltliche Mängel seiner Werke herauszustellen suchten.

L.s literarisches Schaffen erstreckt sich auf fast alle Gattungen. Den wichtigsten Platz nehmen seine Romane ein. Von diesen ist sein erstes größeres Werk – vorausgegangen war der hellenistische Kurzroman *Artemis* (1896) – *La gloria de don Ramiro* (1908; dt. *Versuchungen des Don Ramiro*, 1929) literaturgeschichtlich das bemerkenswerteste. Zunächst bedeutet es die Entdeckung der Exotik Spaniens durch einen Argentinier, sodann stellt es eins der Meisterwerke modernistischer Prosa dar. In detailliert ausgestalteten Episoden und dezent barockisierter Sprache macht L. in dem Roman eine Zeit des »heiligen und mörderischen Hasses« lebendig. Don Ramiro, der 1570 in Avila geboren wird, vereint in seinem ruhmsüchtigen Ehrgeiz und dem Hang zur asketischen Weltentsagung die Antinomien des christlichen Spanien. Die Gegenwelt ist die der verfolgten Morisken. In ihr verwirklichen sich Güte, wahres Heldentum und vitale Sinnlichkeit. Die Verbrennung der einstigen Geliebten Ramiros, Aixa, die er der Inquisition ausgeliefert hat, gehört zu den stärksten Episoden. Keiner der weiteren Romane L.s erreicht auch nur annähernd die gleiche Plastizität und Spannungsdichte. *Zogoibi* (1926; dt. *Zogoibi. Der Unglückselige*, 1942) schildert den Konflikt eines arg. Großgrundbesitzers, der einer blonden, sinnlichen Ausländerin verfällt und seiner einheimischen Braut untreu wird. In der ersten Romanfassung erdolcht der Protagonist irrtümlicherweise die Verlobte und begeht, als er dies bemerkt, an ihrer Seite Selbstmord. In einer überarbeiteten Fassung gibt er sich, überrascht beim flagranten Treuebruch, allein den Tod.

Weitere Werke (Auswahl): Romane: *Orillas del Ebro* (1949), *Gerardo o La torre de las damas* (1953), *En la pampa* (1955); Theater: *La que buscaba don Juan* (1923), *Santa María del Buen Aire* (1935); Lyrik: *La calle de la vida y de la muerte* (1941).

Ausgabe: *Obras completas*. BA 1959, 2 Bde.

Literatur: M. Aldao, *El caso de la gloria de don Ramiro*. BA 1943. – L. E. Soto, *Zogoibi, novela humorística*. BA 1927. – A. Jansen, *E. L., novelista hispano-argentino, 1873-1961*. Madrid 1967. – T. Colón Ortiz, *Cumbres del modernismo en Hispanoamérica: E. L.* San Juan, Puerto Rico 1983. – G. Fernández Ariza, *E. L.: La calle de la vida y de la muerte*. Málaga 1984. – A. Gonzales, *La novela modernista hispanoamericana*. Madrid 1987. – H. M. Campanella, *Vida y obra de E. L.* BA 1987. – G. Ibieta, *Tradition and Renewal in ›La gloria de don Ramiro‹*. Potomac 1987.

Lugones, Leopoldo

* 13.6.1874 in Villa María del Río Seco (Prov. Córdoba), † 19.2.1938 (Selbstmord) auf einer Insel des Tigre bei Buenos Aires. Noch während der Schulzeit in Córdoba begann seine journalistische Tätigkeit. Unter dem Pseudonym Gil Paz verschreckte er mit anarchistischen, atheistischen und sozialistischen Zeitungsartikeln das konservative Bürgertum seiner Provinz. 1896 kam er nach Buenos Aires. R. ↑Darío stellte ihn in »La Nación« vor: »Er ist ein Fanatiker, ein unüberwindlich Überzeugter, dessen Blut in einem Zustand von Begeisterung und Träumen lodert.« Mit J. ↑Ingenieros gründete er 1897 das kurzlebige sozialrevolutionäre Kampfblatt »La Montaña«. Bald kam es zu Meinungsverschiedenheiten mit den Sozialisten, und L. erklärte seinen Parteiaustritt. Von Präsident J. A. Roca wurde er 1904 zum Oberschulinspektor ernannt. 1911-14 lebte er in Paris. 1915 erhielt er die Leitung der Bibliothek des Consejo Nacional de Educación. Immer wieder griff er in politische Auseinandersetzungen ein. Während des 1. Weltkrieges engagierte er sich für die Sache der Allierten. Kurze Zeit sympathisierte er mit der Russ. Revolution, danach verfocht er einen antidemokratischen Nationalismus und rief zur »Stunde des Schwertes« auf. Er begrüßte 1930 den Putsch Uriburus. Die ihm von jenem angebotene Leitung der Nationalbibliothek schlug er aus. Opportunismus war ihm fremd.

Sein gewaltiges Werk in Lyrik und Prosa sei, wie J. L. ↑Borges schrieb, »eins der größten Abenteuer der spanischen Sprache«. Als Lyriker beherrschte L. neben Darío die literarische Szene des Modernismus, aber sein Einfluß auf die nachrückende Generation, und vor allem auf die Ultraisten, war nachhaltiger, obwohl er heftig gegen diese polemisierte. L.' erster Gedichtband *Las montañas del oro* (1897), dessen typographische Eigenheiten schon ein Wagnis darstellen, löste Entrüstung wie auch Begeisterung aus. In hymnischem Überschwang und epischer Breite verkündet der Dichter die Wiederkehr der »seraphischen Tugenden«: »Liebe«, »Hoffnung« und »Glaube«. Das Vorbild V. Hugos hat L. im nächsten Werk *Los crepúsculos del jardín* (1905) überwunden. Formal vielfältiger, ist der Band in seiner Mischung aus Feierlichkeit und Burleske, ambitiöser Metaphorik, volksliedhafter Einfachheit und Melancholie ungleichmäßig. Thematisch einheitlicher ist die aus Lyrik, Kurzgeschichten und »schimärischen« Theaterstücken bestehende Sammlung *Lunario sentimental* (1909). Wie L. im Vorwort, das wichtige Programmpunkte seiner Ästhetik festhält, in bezeichnender Ambivalenz von Ernst und Scherz angibt, sei das dem Mond gewidmete Buch eine seit langem geplante Rache am Leben. Kernstück ist »Himno a la luna«, ein Feuerwerk geistreicher Einfälle, ungewöhnlicher Reime und kühner, oft sehr schöner Metaphern, wie sie seit Góngora nicht mehr erfunden wurden. Mit *Odas seculares* (1910), verfaßt anläßlich der Hundertjahrfeier der Unabhängigkeit Argentiniens, tritt eine nationale Thematik in den Vordergrund. Die enzyklopädischen Hymnen auf Land- und Viehwirtschaft sind wortgewaltige, aber streckenweise recht trokkene Aufzählungen. Zu einer Lyrik, in der sich der Geist der arg. Landschaft und der Traditionen der Bewohner mitteilt, der Criollismus als Lebensgefühl anstatt angenommener Attitüde spürbar ist, gelangt L. vor allem in den Spätwerken *Poemas solariegos* (1927) und *Romances del Río Seco* (1938). Das Thema der ehelichen Liebe behandelt *El libro fiel* (1912). Der Prosaist L. verdient keine geringere Bewunderung als der Lyriker. Mit den Erzählungen von *Las fuerzas extrañas* (1906) und *Cuentos fatales* (1924) leitet er in Argentinien die Tradition der phantastischen Literatur ein, die über J. L. Borges, A. ↑Bioy Casares bis zu J. ↑Cortázar führt. Stilistische Meisterwerke sind ebenfalls die historischen Studien *El imperio jesuítico* (1904), in der die barocke Üppigkeit der Worte sprachlicher Spiegel des Inhalts ist, *Historia de Sarmiento* (1911) und *El payador* (1916), eine – wegen ihres ahistorischen Ansatzes anfechtbare – Interpretation des *Martín Fierro* von J. ↑Hernández. Als Gräzist veröffentlichte L. u. a. *El ejército de la Ilíada* (1915) und *Las industrias de Atenas* (1919). Speziell dem Werk Homers widmete er, auch als Übersetzer, liebevolles Interesse. Politische Streitschriften vereinen die Bände *Mi beligerancia* (1917), *La torre de Casandra* (1919). Totalitaristische Ideen vertritt er in den auf *Acción* (1923) folgenden Sammlungen. Über das arg. Erziehungswesen, dessen Mängeln er vielleicht seinen unermüdlichen autodidaktischen Eifer verdankt, läßt er sich aus in *La reforma educacional* (1903) und *Didáctica* (1911). Ein über 600 S. starkes *Diccionario etimológico del castellano usual* (1944), Denkmal seiner linguistischen Interessen wie seiner Akribie, reicht nicht bis zum Ende des Buchstabens A.

Ausgaben: *Obras poéticas completas*. Pról. P. M. Obligado. Madrid 1952. – *Obras en prosa*. Pról. L. Lugones (H). Madrid 1962. – *Die Salzsäule*. Stuttgart 1983 (dt. Teilsammlung). – *Cancionero de Aglaura*. Hg. M. I. Cárdenas de Monner Sans. BA 1984.

Literatur: H. J. Becco, *L. L.: bibliografía de su centenario (1874-1974)*. BA 1975. – *Homenaje a L. L., 1874-1974*. BA 1975. – L. Castellani, *L.: esencia del liberalismo*. BA 1976. – J. Torres Roggero, *La cara oculta de L*. BA 1977. – C. A. Disandro, *L., poeta americano*. La Plata 1977. – R. A. W. Phillips, *Notas para un estudio comparativo de L. y Valle-Inclán*. BMP/B, 56 (1980), 1-4, 315-345. – R. Halty Ferguson, *Laforgue y Lugones: Dos poetas de la luna*. London 1981. – J. J. Hernández, *L. L.: La luna doncella en su poesía erótica*. CH, 371 (1981), 266-280. – E. Marini Palmieri, *Erotismo en la obra de L. L.* CH, 458 (1988), 79-95. – E. Marini-Palmieri, *El modernismo hispanoamericano. Caracteres esotéricos en las obras de Darío y L.* BA 1989.

Lynch, Benito

* 25.6.1880 in La Plata, † 25.12.1951 ebd. Er entstammte einer Großgrundbesitzerfamilie. Mehrere Jahre seiner Kindheit verbrachte er auf einer abgelegenen Estancia. Ab 1903 war er Redakteur der Zeitung »El Día« von La Plata. Er nahm nur wenig Anteil am öffentlichen Leben Argentiniens. Seine letzten 20 Jahre verbrachte er in völliger Einsamkeit, wies alle Ehrungen zurück und verweigerte seine Zustimmung sowohl zu einer Gesamtausgabe wie zur Neuauflage seiner Werke.

Der Schauplatz seiner bedeutenderen Romane und Erzählungen ist die Pampa. Wenn er den Bereich der Kindheitserinnerungen verläßt und sich seiner konkreten städtischen Umwelt zuwendet, beispielsweise in den Romanen *Plata dorada* (1909) und *Las mal calladas* (1926), verlieren die Personen Komplexität und die Handlungen innere Gesetzmäßigkeit. Die Pampa, wie L. sie sieht, ist allerdings nicht mehr die »gesegnete Erde« des »Martín Fierro«, noch besitzt sie den poetischen Zauber wie bei R. ↑Güiraldes. Sie wird zur feindlichen Einöde, die dem Menschen den Willen zu rücksichtsloser Herrschaft und Ausbeutung eingibt, wie sich auch unter ihrer Einwirkung die

Sexualität zum Destruktionstrieb wandelt. Das typische Produkt ist der despotische Großgrundbesitzer und der hinterhältige, faule Gaucho. In dem Roman *Los caranchos de La Florida* (1916, verfilmt 1938; dt. *Die Geier von La Florida*, 1935) stehen sich Vater und Sohn als Nebenbuhler um ein Mädchen gegenüber. Die Erziehung, die der Sohn in Buenos Aires und in Deutschland erfahren hat, erweist sich als dünner Firnis. Bald traktiert auch er seine Umwelt mit Fußtritten. Im tragischen Finale erschlägt er den Vater und fällt der Rache eines beleidigten Knechtes zum Opfer. Den Kontrast von verfeinerter Kultur und ursprünglicher, triebhafter Kraft entwickelt L. in dem Roman *El inglés de los güesos* (1924, verfilmt 1940 u. 1948) zu einem spannungsgeladenen, atmosphärisch dichten Drama der Liebe eines Bauernmädchens zu einem engl. Anthropologen. Die leidenschaftliche Balbina erhängt sich, als der Wissenschaftler zugunsten seiner Karriere auf sie verzichtet. L.s letzter, von ihm veröffentlichter Roman *El romance de un gaucho* (1929-30 in »La Nación«, 1933) ist durchgehend im stilisierten Dialekt der arg. Landbewohner abgefaßt. Durch die fehlende Differenzierung der Sprachebenen und eine umständliche, scheinbar naive Erzählweise wird eine suggestive Anschaulichkeit erreicht. Den Kern des an Episoden und Nebenhandlungen reichen Romans bildet die aussichtslose Liebe eines von seiner despotischen Mutter bewachten Jünglings zu einer verheirateten Frau.

Weitere Werke: Roman: *Raquela* (1918); Kurzromane: *El antojo de la patrona y Palo verde* (1925); Erzählungen: *De los campos porteños* (1931).

Literatur: R. Salama, *B. L.* BA 1959. – J. Caillet-Bois, *La novela rural de B. L.* La Plata 1960. – U. Petit de Murat, *Genio y figura de B. L.* BA [2]1969. – M. L. Montero, *Vocabulario de B. L.* BA 1986.

Lynch, Marta

* 8.3.1925 in Buenos Aires, † 8.10. 1985 (Selbstmord) ebd. Sie heiratete mit 17. Einige Jahre studierte sie Literaturwissenschaft. 1956-58 gehörte sie – neben N. ↑Jitrik, D. ↑Viñas u.a. – zum Nationalkomitee des linken Flügels der Unión Cívica Radical, dessen Kandidat A. Frondizi 1958 zum Präsidenten gewählt wurde und 1962 auf Druck der Militärs zurücktrat. 1971, zur Zeit der Diktatur Lanusses, setzte sie sich aktiv für die Rückkehr Peróns ein. Sie war seit den 50er Jahren journalistisch tätig.

M. L. gehört zur »Generation von 1955«, für die Sartres Konzept der engagierten Literatur Orientierungsmaßstab war. Ihr erster, mehrfach aufgelegter Roman, *La alfombra roja* (1962), zeichnet sich bereits durch eine erzähltechnische Meisterschaft aus, die manchen Kritikern zufolge nicht alle ihre weiteren Werke aufweisen. In ihm wird das Porträt eines zeitgenössischen bürgerlichen Politikers entworfen, der rücksichtslos den schon in der Jugend gefaßten Plan verfolgt, an die Macht zu kommen. Paradoxerweise wird ihm sein machiavellistisches Schachspiel schließlich selbst zum Verhängnis. *Al vencedor* (1965) ist eine Analyse der arg. Realität um 1962 aus der Sicht der Unterprivilegierten. Die Parallelität der Lebensläufe und -umstände des jungen Erzählers, der aus der Provinz stammt, und seines Freundes, der in einer der Elendssiedlungen von Buenos Aires aufgewachsen ist und zusammen mit ihm gerade den Militärdienst absolviert hat, verdeutlicht die Zwanghaftigkeit der gesellschaftlichen Entwicklung. Die Familien sind zerrüttet, die Schwestern Prostituierte, die Schule hat ihre integrierende Funktion verloren, das Militär ist Besatzungsmacht des eigenen Landes. Der sinnlose Mord, mit dem der Roman schließt, symbolisiert die Konsequenzen der

Frustration. Etwas später, in *El cruce del río* (1972), geht M. L. noch einmal auf die Zusammenhänge und Beweggründe ein, die zur Rebellion und schließlich zur Guerilla breiter Sektoren der arg. Jugend führten. *La señora Ordóñez* (1968) ist die auf zwei historische Momente – der Peronismus der 40er Jahre und die Aktualität – konzentrierte Lebensgeschichte einer Frau des gehobenen Mittelstands von Buenos Aires. Ohne die Ich-Bezogenheit der Protagonistin zu verurteilen, werden ihre Beziehungskrisen und ihr verzweifelter Kampf gegen das Altern mit dem politischen Geschehen kontrastiert. In diesem Roman, wie auch in *Un árbol lleno de manzanas* (1974) und in vielen ihrer Erzählungen, erweist sich M. L. als eine subtile und illusionslose Analytikerin von Liebesverhältnissen und deren als unvermeidbar angesehener Auflösung. Einer ihrer persönlichsten Romane und zugleich eine Allegorie der jüngsten arg. Geschichte ist *La penúltima versión de la Colorada Villanueva* (BA 1978). Er umfaßt die emotionale Biographie einer Mutter, deren Mann, Kinder und nähere Bekannte gezwungen werden, sie bzw. ihr Haus und das vom Terror beherrschte Land zu verlassen.

Weitere Werke: Roman: *Informe bajo llave* (1983); Erzählungen: *Cuentos tristes* (1968), *Cuentos de colores* (1970), *Los dedos de la mano* (1976), *Los años de fuego* (1979), *Toda la función* (1982); Sonstiges: *Apuntes para un libro de viajes* (1977), *Páginas seleccionadas por la autora* (1983).
Literatur: M. Paley de Francescato, *M. L.* HISPA, 4 (1975), 10, 33-44.

Mallea, Eduardo
* 14.8.1903 in Bahía Blanca/Buenos Aires, † 12.11.1982 in Buenos Aires. Er entstammte einer alteingesessenen Familie. 1916 kam er mit seinem Vater, der den Arztberuf und die Politik aufgegeben hatte, nach Buenos Aires. Mehrere Jahre verbrachte er auf Reisen in Europa. Ab 1931 leitete er fast 30 Jahre lang die Literaturbeilage der Zeitung »La Nación«. 1955-58 war er arg. Botschafter bei der Unesco. 1945 erhielt er den Premio Nacional.
»Es würde sich nicht lohnen zu schreiben, wenn nicht die im Zenit stehende Idee vom tragischen Kampf der Seele mit sich selbst vorhanden wäre«, stellte M. in seiner charakteristischen Prosa in dem Essayband *Poderío de la novela* (1965) fest. Gegenüber einer Phalanx junger Autoren, für die andere Kämpfe wichtiger geworden waren, bekannte er sich damit zu einem Œuvre, das damals bereits 30 Bücher – Romane, Essays, Erzählungen, Theaterstücke – umfaßte, denen er noch zehn weitere, in ihrer Essenz ähnliche hinzufügte. Einen wichtigen Schlüssel zu diesem Werk bietet der autobiographische Essay *Historia de una pasión argentina* (1937). Auf der Basis einer immensen Belesenheit sucht M. nach dem Wesen seines Landes, d.h. nach einer vaterländischen Moral, und er findet ein »unsichtbares« Argentinien, das der Großstadtwelt der satten Materialisten gegenübergehalten wird. Einsamkeit, Unmöglichkeit der Kommunikation und daraus entstehende Verzweiflung sind für den einzelnen die Konsequenz eines extremen gesellschaftlichen Pluralismus. Daraus erwächst z.B. für die Personen des Romans *La bahía de silencio* (1940; dt. *Die Bucht des Schweigens*, 1968) und besonders für den deutlich als Sprachrohr M.s aufretenden Protagonisten die Problematik des Daseins. In *Todo verdor perecerá* (1941; dt. *Alles Gras verdorrt*, 1960) und *Chaves* (1953), zwei kürzeren Romanen, gelingt es M., diese Thematik drastisch zu verdichten, wenn auch die Hauptpersonen in ihrer Würde, Leidensfähigkeit und Einsamkeit eher Statuen als Menschen gleichen. *Simbad* (1957) ist wieder, wie *La bahía de si-*

lencio, ein digressiver Künstler- und Intellektuellen-Roman, in dem Gegenwart und Erinnerung sowie Kunst und Leben als Antinomien auch die Romanstruktur bestimmen. Als eins der formal interessantesten Werke gilt *La barca del hielo* (1967), ein Roman, der neun autonome Erzählungen durch inhaltliche Symmetrien und Entsprechungen miteinander verknüpft.

Ausgabe: *Obras completas*. BA 1961-65. 2 Bde.

Nachfolgende Werke: Romane: *La red* (1968), *La penúltima puerta* (1969), *Triste piel del universo* (1971), *Gabriel Andaral* (1971), *En la creciente oscuridad* (1973); Erzählungen, Kurzromane: *El resentimiento* (1966), *Beredsame Liebhaber* (Auswahl, dt. 1966), *La mancha en el mármol* (1978?)

Literatur: H. Gillesen, *Themen, Bilder und Motive im Werk E. M.s*. Genf, Paris 1966. – H. R. Cohen, *E. M.: a selective annotated bibliography of criticism*. H, 62 (1979), 444-467. – M. I. Lichtblau (Hg.), *E. M. ante la crítica*. Miami 1985. – M. del R. Oviedo y Pérez Tudela, *El concepto de lo literario, base de la ideología malleana*. SLI, 19 (1987), 7-24. – E. Serra, *Notas para una relectura de E. M.* RIB, 39 (1989), 3, 310-311.

Manauta, Juan José

*14.12.1919 in Gualeguay/Entre Ríos. Er studierte Philologie an der Universität von La Plata. Seit 1945 lebt er in Buenos Aires. 1964-66 war er Herausgeber der Zeitschrift »Hoy en la cultura«. Er trat zunächst als Lyriker hervor, ist jedoch vor allem bekannt als Romancier und Erzähler. Sein erster Roman *Los aventados* (1952) gestaltet im Rahmen der Lebenserfahrungen einer jungen Frau die Problematik der arg. Landbevölkerung, die die Not zur Abwanderung in die Hauptstadt zwingt. Das durch Versteppung und Großgrundbesitz verursachte Elend der Kleinbauern von Entre Ríos ist Thema des passagenweise lyrisch dichten Romans *Las tierras blancas* (1956, verfilmt 1959). Formal entwickelt sich die Handlung abwechselnd aus der Perspektive einer Mutter und dem Bericht der Erlebnisse ihres kleinen Sohns. Auch in dem Roman *Puro cuento* (1971), den manche Kritiker für M.s bestes Werk halten, gibt es zwei kontrapunktisch angeordnete Ebenen. Das private bzw. fiktive Geschehen ist der – sich gelegentlich mehrstimmig überlagernde – Ich-Bericht eines Werbetexters von seinen Liebesaffären und der Korruption des Geschäftslebens, die auch seine eigene Persönlichkeit und Lebenshaltung infiziert hat. Die andere Ebene sind Zeitungsberichte aus dem Jahr 1969, als sich Studenten und Arbeiter in Córdoba und Rosario gegen die damalige Militärdiktatur erhoben, und gleichzeitig in Buenos Aires ein Wirtschaftsskandal aufgedeckt wurde, an dem US-Firmen beteiligt waren.

Weitere Werke: Lyrik: *La mujer de silencio* (1944), *Entre dos ríos* (1957); Roman: *Papá José* (1958); Erzählungen: *Cuentos para la dueña dolorida* (1968?), *Los degolladores* (1980), *Disparos en la calle* (1985).

Mansilla, Lucio Victorio

*23.12.1831 in Buenos Aires, †8.10.1913 in Paris. Sein Vater war mit Rosas verschwägert. Die Polizei holte eines Tages den 17jährigen Neffen des Despoten von einem Schiff herunter, auf dem er mit einer Französin entfliehen wollte. Diese kam ins Gefängnis, er wurde auf eine Handelsreise nach Indien geschickt. Nach dem Sturz Rosas', 1852, ging er mit seinem Vater für kurze Zeit ins Exil. Wegen öffentlicher Beleidigung des Dichters J. ↑Mármol wurde er 1856 für drei Jahre nach Paraná verbannt. Als Sergeant nahm er am Krieg gegen Paraguay teil, über den er spöttische Kommentare in der Zeitung »La Tribuna« veröffentlichte. Obwohl er sich für die Präsidentschaft D. F. ↑Sarmientos eingesetzt hatte, übergab dieser ihm nur die Kommandatur eines Grenzabschnitts im Süden Córdobas, von wo aus er 1870 seine berühmte friedliche Expedition zu den Ranqueles-Indianern unternahm. Später stieg er zum General auf und wurde zum Abgeordneten gewählt, als der er u.a. einen Antrag für Herabsetzung der Diäten einbrachte. 1898 ernannte ihn Roca zum Botschafter in Deutschland, Österreich und Rußland. 1902 legte er das Amt nieder, weil es ihn langweilte und er nicht die Hoffnung auf ein Ministeramt aufgeben wollte.

Als eine Mischung aus Gaucho, Salonheld und Alkibiades faszinierte M. seine Zeitgenossen und als solche offenbart er sich, eitel und freimütig bis zum Zynismus, in seinen autobiographischen Schriften *Retratos y recuerdos* (1894), *Estudios morales* (1896), *Mis memorias* (1904) oder in den nicht weniger um seine Person kreisenden Kommentaren zum Zeitgeschehen *Entre-nos. Causeries del jueves* (1889-90, 5 Bde.). Geistvoller Witz, impertinente Ironie und eine ebenso gute Beobachtungsgabe wie Erinnerung sind M.s charakteristische Qualitäten. Das wichtigste Werk von ihm ist der in Briefform verfaßte Bericht *Una excursión a los ranqueles* (1870, dt., gekürzt, *Die letzten wilden Indianer der Pampa*, 1925). In seiner originellen Verbindung von realistischer Darstellung, philosophischen Reflexionen, politischen Einsichten und Seitenhieben ist das Werk dem *Facundo* Sarmientos ebenbürtig. Mit spürbarer Anteilnahme am Schicksal der Indianer schildert er deren Leben und Sitten, wobei er feststellt, daß die »Wilden« als geschickte Handwerker und Viehzüchter die »Zivilisierten« manches lehren könnten. Detailliert gibt er mehrere Lebensläufe von Gauchos wieder, die aufgrund der ungerechten Behandlung durch die arg. Behörden zu den Indianern geflüchtet sind. Viele seiner Einsichten kündigen den *Martín Fierro* von J. ↑Hernández an. So erkennt er, daß die Pampa »einen edlen Menschentyp erzeugt, den unsere Politiker verfolgt und gebrandmarkt haben und den zu besingen unsere Barden weniger Mut hatten als zur Karikatur zu machen«.

Weitere Werke: Berichte, Essays: *De Aden a Suez* (1855), *Del ejército argentino ...* (1863), *Rozas, ensayo histórico-psicológico* (1898), *En vísperas* (1903), *Un país sin ciudadanos* (1907); Theater: *Atar-Gull* (1864), *Una tía* (1864).
Literatur: E. Popolizio, *Vida de L. V. M.* BA 1954. – H. Guglielmini, *M.* BA 1961.

Marechal, Leopoldo

*11.6.1900 in Buenos Aires, †27.6.1970 ebd. Sein Vater war Handwerker. Er studierte am Lehrerbildungsinstitut »Mariano Acosta« und übte den Lehrerberuf von 1920 bis 1955 aus. Ab 1944 bis zum Sturz Peróns, 1955, bekleidete er gleichzeitig höhere Ämter im Kulturbereich. 1940 und 1953 wurde er mit dem Premio Nacional ausgezeichnet.

M.s literarischer Ruhm beruht auf seiner Lyrik und drei Romanen. Als Dichter gehört er zum festen Stamm der Ultraisten um die Zeitschriften »Proa« und »Martín Fierro«. Zwar dominieren in seinem ersten Gedichtband *Los Aguiluchos* (1922) noch Gesten und Bilder, die über den frühen L. ↑Lugones auf das sozial-kritische Pathos von V. Hugo zurückweisen, in *Días como flechas* (1926) kommt jedoch voll das ästhetische Grundprinzip des Ultraismus, die Metaphorisierung der Welt, zur Geltung: »Der Fluß deines Traumes singt das Alphabet des Wassers. | In den grünen Flammen seiner Bäume | werden Lerchen Funken sprühen ...«. Diese »heidnisch« genossene Welt voller »Licht, Kraft und Wärme« wird ab *Laberinto de amor* (1936) von der Thematik religiöser Selbstbesinnung überlagert, ohne daß M. jedoch einem penetranten Katholizismus verfällt. Selbst der kritische Geist R. ↑Arlt lobte die »schmerzliche Strenge« der Dichtung *El centauro* (1940). Als Prosaautor hat M. mit *Adán Buenosayres* (1948) einen der bedeutendsten arg. Romane der Neuzeit geschaffen, der zunächst aber kaum Beachtung fand. Nur J. ↑Cortázar schrieb – 1949 – eine anerkennende Rezension. In seiner Gesamtheit stellt der Roman, der 1931 bei einem Paris-Aufenthalt begonnen wurde, eine einzigartige Mischung dar aus epischer Burleske, präzisen Milieuschilderungen, Jugenderinnerungen, fantastischen Elementen und metaphysischen Spekulationen. Zugleich ist *Adán Buenosayres* Chronik des Ultraismus und Zeitsatire. Unterteilt ist der 700 S. starke Roman in sieben »Bücher«, von denen die ersten fünf einen Zeitraum von zwei Tagen umfassen, die der Held im Kreis seiner Freunde und in den Straßen von Buenos Aires in unermüdlichen Diskussionen verbringt. Zu den Höhepunkten gehören die im Stil Platonscher Dialoge geführten Unterhaltungen Adáns mit seinen ebenso betrunkenen Kumpanen oder eine makaber humoristische Totenwache. Das 6. »Buch« enthält die spirituelle Autobiographie des Dichters Adán. Das 7. »Buch«, das ein Drittel des Gesamtumfangs einnimmt, ist eine danteske Reise durch Cacodelphia, die korrespondierende Gegenwelt zum irdischen Buenos Aires, bei der der Astrologe Schultze die Rolle Vergils parodiert. In dem Essayband *Cuaderno de navegación* (1966) hat M. noch weitere Schlüssel zum Text geliefert und die Projektion vieler seiner Gestalten auf Figuren aus der »Odyssee«, »Aeneis« und der Bibel erklärt. Auch sprachlich ist das Werk von außerordentlicher Dichte und Kühnheit, vor allem bei der Verwendung von plastischen Vulgarismen und Wortneubildungen. Der zweite Roman *El banquete de Severo Arcángelo* (1965) erreicht weder die poetische Kraft noch die Tiefe und Komplexität von *Adán Buenosayres*, bei allen philosophischen Exkursen über Christentum, Esoterik, Gefahren der Technologie oder Zyklen der Menschheitsgeschichte. Den Handlungsfaden bilden die kostspieligen Vorbereitungen zu einer von einem reichen Industriellen anberaumten mysteriösen Festlichkeit, die als Läuterungsetappen zu verstehen sind. Zu den Funktionären des Banketts gehören der Erzähler, der ein Theaterstück über das »gewöhnliche Leben« liefern soll, ein Astrophysiker, der den für das Festessen bestimmten Tisch konstruiert und die oppositionellen Clowns Gog und Magog. *Megafón, o la guerra* (1970) ist eine gelungene Synthese der beiden vorausgegangenen Romane. Inhaltlich greift er auf die Struktur des *Banquete* zurück, insofern auch hier die Vorbereitungen zu einem Ereignis, das außerhalb der Erzählung liegt, geschildert werden. Sprachlich knüpft er an die farbige Mischung aus lyrischer Metaphorik, Wortwitz und Umgangssprache von *Adán Buenosayres* an, aus dem auch einige Personen wie der Philosoph Tesler übernommen werden. Teilweise ist der Roman, dessen Ich-Erzähler sich als M. identifiziert, die Chronik des nach 1955 verbotenen Peronismus. Diese Ebene wird überlagert von den Mythen der arg. Geschichte und deren ironische Brechung im gegenwärtigen Alltag. Megafón wird am Ende seiner Abenteuer bei der Rekrutierung der Kämpfer für die nationale Befreiung in einem Bordell erschlagen. Bis auf den Phallus werden alle Teile seiner zerstückelten Leiche wieder aufgefunden. Der Verbleib des fehlenden Gliedes, ob in der Kathedrale von Buenos Aires oder in einem Tresor der Bank von Boston, wird der spekulativen Fantasie des Lesers überlassen.

Weitere Werke: Lyrik: *Odas para el hombre y la mujer* (1929), *Cinco poemas australes* (1937), *Sonetos a Sophia* (1940), *Heptamerón* (1966), *El poema de Robot* (1966), *Poemas de la creación* (1979), *Poesía. 1924-1950*. Hg. P.L. Barcía (1984); Erzählungen: *El espía y otros relatos* (1975); Theater: *Antígona Vélez* (UA 1951, 1965), *Las tres caras de Venus* (1966), *La batalla de José Luna* (1970); Essays: *Historia de la calle Corrientes* (1937), *Descenso y ascenso del alma por la belleza* (1939), *Vida de Santa Rosa de Lima* (1943), *Autopsia de Creso* (1965).

Literatur: H.M. Cavallari, *L. M.: El espacio de los signos*. ME 1981. – Ders., *Discurso metafísico / discurso humanista: ideología y proceso estético en la obra de L. M.* RCLL, 7 (1981), 13, 28-60. – S. Romero, *Aproximación a ›Antígona Vélez‹ de L. M.* RIB, 31 (1981), 2, 227-245. – A. Gordon, *Dublin and Buenos Aires, Joyce and M.* CLS, 19 (1982), 2, 208-219. – L. Gusmán, *›Adán Buenosayres‹: La saturación del procedimiento*. RI, 49 (1983), 125, 731-741. – L. Pérez Blanco, *›Antígona Vélez‹, apropiación y trueque del mensaje sofocleo*. CAM, 6 (1984), 257, 208-215. – V. Cricco u.a., *M., el otro. La escritura testada de ›Adán Buenosayres‹*. BA 1985. – G. Maturo u.a., *Cátedra M.* BA 1986.

Mariani, Roberto

* 12.6.1893 in Buenos Aires, † 3.3. 1946 ebd. Nach einem abgebrochenen Ingenieurstudium war er Bank- und Verwaltungsangestellter, zeitweise Fernfahrer. Er eröffnete – neben E. ↑Castelnuovo, L. ↑Barletta und A. ↑Yunque – 1924 die Polemik »Boedo« gegen »Florida«, bei der er unter Berufung auf Proust und Pirandello einen neuen »Realismus« gegenüber dem »L'art pour l'art« der Ultraisten vertrat. M.s erster Erzählungsband *Cuentos de la oficina* (1925) gilt als eins der besten Werke der »Boedo-Gruppe«. Zum ersten Mal in der arg. Literatur wurde hier die Arbeitswelt der Büroangestellten geschildert. M. verzichtet auf dramatische Effekte. Er nähert sich seinen grauen, von sozialen Abstiegsängsten oder sonstigen Nöten bedrohten Gestalten mit verständnisvollem Mitleid. Auch der nächste Erzählungsband *El amor agresivo* (1926) ist der Versuch, in einem engeren thematischen Rahmen die Mentalität des arg. Mittelstands zu illustrieren. War in dem vorausgegangenen Werk entfremdete Arbeit die Ursache existentiellen Elends, sind es diesmal sozial auferlegte Normen und Attitüden, die glückliche Liebesbeziehungen nicht zulassen. Der bereits hier manchmal auftauchende bittere Humor erfährt in den Erzählungen von *La frecuentación de la muerte* (1930) eine Steigerung zur gelegentlich makabren Groteske. In M.s weiteren Werken – besonders in seinen Romanen *En la penumbra* (1932), *Regreso a dios* (1943) und *La cruz nuestra de cada día* (1955) – gewinnt das tragische Lebensgefühl der Todesnähe immer größeres Gewicht, zugleich werden die Gestalten psychologisch tiefer ausgelotet. Der letzte Roman entwickelt die Schicksale der Bewohner einer Mietskaserne im Stadtteil La Boca.

Weitere Werke: Lyrik: *Las acequias y otros poemas* (1921), Theater: *Un niño juega con la muerte* (UA 1938), *Veinte años después* (UA 1938).

Literatur: J. Pinto, *R. M. y su generación*. BA 1964.

Mármol, José

* 2.12.1817 in Buenos Aires, † 9.8. 1871 ebd. Er hatte ein Jurastudium begonnen, als ihn 1839 die Polizei des Rosas-Regime festnahm, bald aber wieder freiließ. Einer erneuten Verhaftung entzog er sich durch Flucht nach Montevideo. Er beteiligte sich an der Pressekampagne gegen den Diktator und gewann großes Ansehen als Dichter im Kreis der arg. Emigranten. Nach 1854 war er Senator, Abgeordneter, Direktor der Nationalbibliothek und zeitweise Botschafter.

Seine ersten Verse soll M. an die Zellenwand des Gefängnisses geschrieben haben. Nach dem Sturz des Tyrannen verstummte er. In der Zeit »einer unvollkommenen Freiheit und eines noch unvollkommeneren Triumphes« fand er als Dichter keine Motivation. Das »heilige Feuer«, so schrieb er, »ist erloschen ... und das Idol vom Altar verschwunden«. M.s erstes größeres Werk ist die während einer Schiffsreise, 1844, entstandene Dichtung *Cantos del peregrino* (1899, teilw. 1846-47). Ebenso vielfältig wie Vers- und Strophenbau ist der Inhalt der Fragment gebliebenen Dichtung. Teils Reisetagebuch nach dem Vorbild von Byrons *Childe Harold's Pilgrimage*, teils politisches Bekenntnis, erweist sich das Werk als ein durch und durch romantisches Produkt. Hymnisch feierliche Darstellungen der am. Natur werden unterbrochen durch ironisches Infragestellen des poetischen Gestus, auf elegische Meditationen über Geschichte und Zukunft Amerikas folgen Erinnerungen an die erste Jugendliebe. Die Einheit der *Cantos* beruht in der Grundstimmung des Verbannten, dessen oberstes Ziel die Wiederherstellung der Freiheit seines Vaterlandes ist. Das andere große und äußerst erfolgreiche Werk M.s ist der Roman *Amalia* (Bd. I: 1844, Bd. II: 1850; dt. *Amalia*, 1873, 3 Bde.). Den Handlungskern bildet die Liebesgeschichte zwischen der Titelheldin und dem von den Schergen Rosas' verfolgten und ermordeten Eduardo. Die Vorzüge des Romans sind in der ausdrucksstarken Zeichnung der Nebenpersonen und der realistischen Plastizität der gesellschaftlichen und politischen Wirklichkeit zu sehen. Der von Haß und Verachtung diktierten Darstellung des Diktators und seiner Mörder verleiht M. dadurch besondere Überzeugungskraft, daß er die noch gegenwärtige Situation aus einer historisierenden Perspektive erzählt. In den drei Bänden *Poesías* (1854-55) vereinte M. die bereits 1851 gedruckte Gedichtsammlung *Armonías* und die Theaterstücke *El cruzado* und *El poeta*.

Ausgabe: *Poesías*. Hg. R. A. Arrieta. BA 1946-47, 2 Bde.
Literatur: L. Giannengeli, *Contribución a la bibliografía de J. M.* La Plata 1972. – A. O. Blasi Brambilla, *J. M. y la sombra de Rosas*. BA 1970. – B. E. Curia, *Problemas textuales de ›Amalia‹ de J. M.* INCIPIT, 2 (1982), 61-83. – C. Graña, *Buenos Aires en ›Amalia‹: La ciudad desierto*. NRFH, 34 (1985/6), 1, 194-218.

Martel, Julián
* 2.6.1867 in Buenos Aires, † 1.12. 1896 ebd. Eigtl. José María Miró. Von seinem Leben ist nur wenig bekannt. Er war armer Verwandter einer reichen Familie, Journalist und Bohemien. Er starb an Tuberkulose. Ein Werk machte ihn berühmt: der zunächst im Feuilleton der Zeitung »La Nación«, bei der M. seit 1888 tätig war, erschienene Roman *La bolsa* (1891). Das Werk hat den Untertitel »Estudio social«, und M. sucht im Sinne naturalistischer Objektivität ein Bild der zeitgenössischen arg. Gesellschaft zu entwerfen, deren ökonomische und politische Krisensituation für ihn vor allem in der Ablösung traditioneller Werte und der Veränderung der Sozialstruktur durch die massive Einwanderung bestand. Die Institution der »Börse« wird in dem Roman zur Allegorie eines generellen Zustands von Raffsucht und Verschwendung sowie einer durch die Spekulation verursachten Polarisierung der Nation in Gewinner und Verlierer. Manche psychologischen Ungereimtheiten und blinder Antisemitismus sind die offensichtlichen Schwächen des Romans. Seine Stärke liegt in der umgreifenden, markanten Symbolik, die nicht vorhanden ist in den anschließenden Romanen des sog. »Ciclo de La Bolsa«, zu

denen *Horas de fiebre* (1891) von Segundo I. Villafañe, *Quilito* (1891) von Carlos María Ocantos und *La Maldonada* (1898) von Francisco Grandmontagne neben sieben weiteren Romanen gehören.

Literatur: A. O. Blasi, *Cambaceres, M., Sicardi*. BA 1962.

Martínez, Tomás Eloy

* 1934 in Tucumán. Er ist einer der bekanntesten Journalisten Argentiniens. In den 60er Jahren war er Chefredakteur der Zeitschriften »Primera Plana« und »Panorama«, in den 70ern leitete er das Literatursupplement der Zeitung »La Opinión«. Ab 1975 (oder 1976?) lebte er im ven. Exil, wo er »El Diario de Caracas« herausgab. 1988 ist er Professor für lateinam. Literatur an der University of Maryland (USA) gewesen. Außer journalistischen Arbeiten – darunter *La pasión según Trelew* (1973), in dem er über das vom Militär an linken Oppositionellen 1972 verübte Massaker berichtet – hat er Romane und Erzählungen veröffentlicht. Sein berühmtestes Buch ist *La novela de Perón* (1985), fiktive Memoiren des 1974 gestorbenen Präsidenten. Dichtung und historische Wirklichkeit verschmelzen in eigenartiger Weise, so daß in der arg. Öffentlichkeit manche erfundenen Passagen als sensationelle Dokumente gewertet wurden. Zur Verwirrung konnte auch beitragen, daß M. lange Interviews mit Perón geführt hatte, als dieser noch in seinem Madrider Exil weilte. Viele Passagen des Romans, in denen von Hexerei und Astrologen, von Mumien, Tänzerinnen und Clowns erzählt wird, erscheinen wie magischer Realismus, entsprechen aber anscheinend exakt den Tatsachen.

Weitere Werke: Roman: *Sagrado* (1969); Erzählungen: *Los testigos de afuera* (1978), *Lugar común la muerte* (1979); Essays: *La obra de Ayala y Torre Nilsson* (1961), *Ramos Sucre, retrato del artista enmascarado* (...)

Martínez Estrada, Ezequiel

* 14.9.1895 in San José de la Esquina/Santa Fe, † 3.11.1964 in Bahía Blanca. Ab 1915 war er Postangestellter in Buenos Aires, ab 1923 Dozent für Literatur am Nationalkolleg von La Plata. Aus Protest gegen das Perón-Regime wies er 1946 die Dozentur zurück und ließ sich, inzwischen zum Postdirektor aufgerückt, pensionieren. Ab 1950 lebte er auf seinem Bauernhof in der Nähe von Bahía Blanca. 1960 erhielt er eine Professur für Politische Wissenschaften in Mexiko. 1961-63 leitete er das Centro de Estudios Latinoamericanos in Havanna. Er wurde mit verschiedenen Literaturpreisen, u.a. 1932 mit dem Premio Nacional ausgezeichnet.

In vielerlei Hinsicht erinnert M. E. an D. F. ↑Sarmiento: in seiner enormen literarischen Produktivität, seinem volkserzieherischen Eifer und seiner Rechtschaffenheit, die er selbst für organisch bedingt hielt. Insofern war er den Konservativen nie geheuer. Seine emotionale Ablehnung des Peronismus, die in dem Essay *¿Qué es esto? Catilinaria* (1956) zum Ausdruck kommt, veranlaßte andererseits jüngere Marxisten wie J. J. ↑Sebreli, ideologiekritisch seine »nutzlose Rebellion« zu hinterfragen. M. E.s literarisches Werk umfaßt Lyrik, Essays und Erzählungen. Zunächst trat er als Lyriker hervor. Bezeichnend heißt es in seinem ersten Gedichtband *Oro y piedra* (1918): »Verbannen wir, Brüder, die böse Gewohnheit | oberflächlich zu sein und die Formen zu ehren | und forschen wir nach dem Sein unter der Haut des Zeichens«. Im Verlauf der Entwicklung seiner Lyrik befreite er sich von der Vorliebe für exquisite Formulierungen – »Wörterbuchgymnastik« nannte er es – und gelangte zu der subtilen Epigrammatik der *Coplas de ciego* (1959). Sein erster großer Essay *Radiografía de la pampa* (1933) ist eine pessimistische Bestandsaufnahme der arg. Wirklichkeit, weniger unter ökonomischem als psychologischem Aspekt. In einer zwischen poetischer Dichte und Information kunstvoll ausgewogenen Sprache übt er schonungslos Kritik an Menschen und Institutionen und macht das moralische und materielle Elend bewußt, in das das Land nach dem fortschrittsgläubigen 19. Jh. geraten sei. Im Tenor ähnlich ist *La cabeza de Goliat* (1940), eine »Mikroskopie« von Buenos Aires. Auch dieser umfangreiche Essay enthält eine Fülle präziser Detailbeobachtungen, bleibt aber kritisierbar auf der Ebene seiner allgemeinen Schlußfolgerungen. Wie M. E. später einmal sagte, könnten alle seine Essays über das Leben in Argentinien unter dem Titel »Ein Puritaner im Bordell« zusammengefaßt werden. Eine strengere Methodik zeichnet die späteren Essays *Análisis funcional de la cultura* (1960) und *Diferencias y semejanzas entre los países de América Latina* (1962) aus. Einen gewissen Optimismus für die Zukunft Lateinamerikas lassen seine auf Kuba entstandenen Essays über J. ↑Martí oder *En Cuba y al servicio de la revolución cubana* (1963) erkennen. Hervorzuheben wären schließlich noch M. E.s tragikomische, an Kafka erinnernde Erzählungen *Marta Riquelme* (1956), *Tres cuentos sin amor* (1956), *La tos y otros entretenimientos* (1957).

Weitere Werke (Auswahl): Essays: *Sarmiento* (1946), *Los invariantes históricos en el Facundo* (1947), *Muerte y transfiguración del Martín Fierro* (1948, ²1958), *El mundo maravilloso de Guillermo Enrique Hudson* (1951), *El hermano Quiroga* (1957), *Heraldos de la verdad: Montaigne, Nietzsche y Balzac* (1957), *Martí: el héroe y su acción revolucionaria* (1966), *La poesía afrocubana de Nicolás Guillén* (1966), *Panorama de los Estados Unidos*. Hg. J. Roy (1985).

Literatur: J. J. Sebreli, *M. E.: Una rebelión inútil*. BA ²1967. – C. Adam, *Bibliografía y documentos de E. M. E.* La Plata 1968. – E. Pucciarelli, *E. M. E.: poesía, filosofía y realidad nacional*. BA 1986. – J. Maharg, *A Call to Authenticity: The Essays of E. M. E.* University, Miss. 1977. – J. Roy, *E. M. E. y los Estados Unidos*. RIB, 28 (1978), 1, 19-35. – E. C. García, ›*Marta Riquelme*‹: *¿Cargada criolla?* RJ, 31 (1980), 364-382. – J. Zungri, *Los mundos maravillosos de M. E. y Hudson*. MESTER, 10 (1981), 1/2, 83-92. – D. W. Foster, *Hacia una lectura desconstructivista de ›Radiografía de la pampa‹ de M. E.* UTIEH/C, 41 (1983), 81-94. – B. Sarlo, *El ensayo como forma del problema argentino. Una aproximación a ›Radiografía de la pampa‹*. D, 9 (1984), 24-26, 143-161. – P. Orgambide, *Radiografía de M. E.* BA ²1985. – E. Aizenberg, *Kafkaesque Strategy and Anti-Peronist Ideology: M. E.'s Stories as Socially Symbolic Acts*. LALR, 14 (1986), 28, 11-19.

Martini, Juan Carlos

* 1944 in Rosario. Über 20 Jahre lebte er in seiner Geburtsstadt, arbeitete als Buchhändler und Literaturkritiker. 1964-67 war er dort Mitherausgeber der Literaturzeitschrift »Setecientosmonos«. 1975 ging er ins Exil nach Barcelona, von wo er 1984 nach Argentinien zurückkehrte.

M. veröffentlichte ab 1964 einzelne Erzählungen. Sein erster Erzählungsband *El último de los Onas* (1969), der teilweise diese frühe Produktion erfaßt, besticht durch die sichere Handhabung der Ausdrucksmittel. Alltägliche Realität wird in ihnen sichtbar gemacht und gleichzeitig als provisorisch und widersprüchlich gekennzeichnet. Die Komprimiertheit einiger der Erzählungen, z. B. »Ordenes« oder »El Sr. C«, deren Stimmung von Ausweglosigkeit und Gehetztsein an Kafka erinnert, wird in M.s nächstem Band *Pequeños cazadores* (1972) nur selten erreicht. Dessen Vorzüge liegen hingegen auf der Ebene von Ironie und Selbstironie. In subtilen Vexierspielen werden Realität und Literatur sowie deren soziale Funktion als Prestigeobjekt zueinander in Beziehung gebracht. Ein Kriminalroman in der lakonischen Art R. Chandlers ist *El agua en los pulmones* (1973). Das Szenarium ist das ohne Sentimentalität oder pittoreske Elemente gezeichnete Rosario mit seiner sozialen Hierarchie. Zum gleichen Genre gehört *Los asesinos las prefieren rubias* (1974). Hier wird eine komplexere Struktur durch ständige Überlagerung der Schauplätze – Hollywood mit Marilyn Monroe und Buenos Aires mit einer ähnlichen Blondine –, der Figuren und ihrer von den Medien erzeugten Mythen sowie des Privaten und Politischen erreicht. Ein weiterer Kriminalroman M.s ist *El cerco* (1977). Eine Neuauflage der drei Werke erschien u.d.T. *Tres novelas policiales* (1985). Als »eine der intensivsten ›tranche de vie‹« aus der Realität des provinziellen Argentinien lobte J. ↑Cortázar den Roman *La vida entera* (1981) und hob in seinem Vorwort die an Träume erinnernde präzise Bildlichkeit und deren autonome Logik hervor. Das Thema ist der Kampf um Macht und daneben um Besitz und Frauen. Es wird in verschiedenen miteinander verwobenen Schicksalen und in einer atemberaubenden Abfolge von dramatischen, zumeist blutigen Geschehnissen variiert. Zwar lassen sich in dem Roman die Greuel der Militärdiktatur wiedererkennen, aber diese bilden als historische Geschehnisse nur einen allegorischen Bezugspunkt in einer chaotischen Welt, als deren Gegenprinzip allenfalls der literarische Text gelten kann. *Composición de lugar* (1984) thematisiert das Exil und zugleich das Problem der Identität des Argentiniers. Juan Minelli, der sich in das ital. Heimatdorf seiner Familie begibt, um seine und ihre Geschichte zu rekonstruieren, erfährt sich nicht nur dort als Fremder, sondern auch in der span. Stadt, dem Ausgangs- und Endpunkt seiner Reise. Er wird sich zudem bewußt, daß die Fragmente der Erinnerung kein wahres Bild der Vergangenheit ergeben. Minelli ist auch Protagonist des Romans *El fantasma imperfecto* (1986; dt. *Perseus fliegt*, 1990). Während der mehrstündigen Wartezeit auf einem internationalen Flughafen wird er Zeuge einer kunterbunten Fülle von Geschehnissen, zu denen auch ein rätselhafter Mordfall gehört.

Weitere Werke: Erzählungen: *La brigada celeste* (1983); Lyrik: *Oficio sobre un cuerpo en la llanura* (1969?), *Derecho de propiedad* (1973).

Mastronardi, Carlos

* 7.10.1900 in Gualeguay/Entre Ríos, † 5.6.1976 in Buenos Aires. Kindheit und Jugend verbrachte er in Entre Ríos, wo er 1928-37 als Journalist tätig war. In den 20er Jahren gehörte er zu den Ultraisten um die Zeitschrift »Martín Fierro« und 1927, neben J. L. ↑Borges, L. ↑Marechal u.a. zu einem Komitee, das für die Wiederwahl des Präsidenten Yrigoyen eintrat.

M.s literarischer Ruhm beruht vor allem auf dem Gedicht »Luz de provincia«, das nach vielen Überarbeitungen erstmals in dem Lyrikband *Conocimiento de la noche* (1937) erschien, aber auch danach noch mehrfach verändert wurde. »Luz de provincia«, eine Komposition in 57 Alexandriner-Quartetten, beschreibt in Metaphern von ungewöhnlicher Präzision die Natur und die Menschen von Entre Ríos. In seiner abgetönten Farbigkeit und den kunstvollen Übergängen zwischen den einzelnen Episoden oder Bildern vermittelt das Gedicht eine Grundstimmung ruhigen Fließens, die ständig überlagert wird von der Ergriffenheit des lyrischen Ich von seinen Gegenständen. M. erwies sich jedoch nicht nur in diesem Gedicht, das durch die ständigen Verbesserungen fast zu einem literarischen Mythos wurde, als einer der subtilsten und zugleich klarsten Dichter seiner Generation. Bereits sein erster Gedichtband, *Tierra amanecida* (1926), ragt wegen der Ausgewogenheit und Intensität seiner Metaphorik aus dem Gros der ultraistischen Lyrik heraus. Die Beschäftigung mit P. Valéry, über den er den Essay *Valéry o la infinitud del método* (1955) verfaßte, vertiefte sein Verständnis von poetischem Schaffen als einem bewußten Läuterungsprozeß. Insofern zog er selbstkritisch den Gedichtband *Tratado de la pena* (1930) wieder aus dem Verkehr. Nach *Conocimiento de la noche* publizierte er zwar vereinzelte Gedichte in Zeitungen und Zeitschriften, u.a. das von Borges wegen seiner Melancholie geschätzte Gedicht »Medallas«, wartete jedoch viele Jahre, bis er mit einem weiteren Band *Siete poemas* (1963) hervortrat, in dem er neue Ausdrucksformen wie freien Vers und mündliche Rede ausprobierte. Zu M.s sonstigen Werken gehören die autobiographischen *Memorias de un provinciano* (1967) und die literaturkritischen Essays *Formas de la realidad nacional* (1961).

Ausgaben: *Poemas*. BA 1966. – *Poesías completas*. BA 1982. – *Cuadernos de vivir y pensar. 1930-1980*. BA 1984.
Literatur: S. Yurkievich, *C. M.* BA 1962. – R. A. Piérola, *Dos poetas y un paisaje: C. M. y Juan L. Ortiz*. SUR, 348 (1981), 95-100.

Medina, Enrique
* 1937 in Buenos Aires. Nach dem Studium der Malerei und Theaterwissenschaft übte er die unterschiedlichsten Tätigkeiten aus. Nach dem großen Erfolg seines ersten Romans *Las tumbas* (1972) konnte er sich ausschließlich der Schriftstellerei widmen. 1979 war er Gastprofessor für lateinam. Literatur an der Universität von Arizona (USA). *Las tumbas* schildert in Ich-Form die Zustände in einer arg. Erziehungsanstalt. Das Besondere an dem Buch ist nicht allein die entmythisierende Darstellung von kindlicher Gewalt und Triebhaftigkeit, sondern das dem Inhalt adäquate, durch die Sprache – eine Mischung aus Jargon, Gestammel, Ticks und Understatement – geschaffene Klima. Auch M.s weitere Werke, die immer sehr erfolgreich waren, obwohl nicht alle die gleiche Dichte und Kohärenz wie *Las tumbas* besitzen, sind Chroniken gesellschaftlicher Realitäten, deren Vorhandensein jedoch verdrängt oder ideologisch negiert wird. Zur Zeit der Militärdiktatur wurden die Romane *El Duke* (1976) und *Perros de la noche* (1978) verboten.

Weitere Werke: Romane: *Sólo ángeles* (1973), *Transparente* (1974), *Strip-Tease* (1976), *Las muecas del miedo* (1981), *Con el trapo en la boca* (1983), *Año nuevo en Nueva York* (1986); Erzählungen: *Las hienas* (1975), *Aventuras prohibidas* (1988); Kindertheater: *Pelusa, rumbo al sol* (1976); Essays: *Colisiones* (1984).

Molina, Enrique
* 2.11.1910 in Buenos Aires. Nach einem Jurastudium bis zum Anwaltsexamen (1936) fuhr er mehrere Jahre zur See und lebte danach in verschiedenen Ländern Lateinamerikas. Er erhielt mehrere arg. Literaturpreise.
M. hat in relativ großen Abständen Gedichtbände, einen Roman und ein paar kürzere Essays, darunter den Prolog zur Werkausgabe von O. ↑Girondo (1968) veröffentlicht. Seine Lyrik erhielt verschiedene Etiketten: Neoromantik, »Generation von 1940«, Surrealismus. Für ihn hat Dichtung die Aufgabe, »Nachschöpfung« dessen zu sein, »was man berührt, riecht, betrachtet«, und vor allem »die tantali-

sche Natur der Welt«, die »ständige, vom Begehren bewegte Versuchung des Lebens« auszudrücken. Bereits seine ersten Gedichtbände, *Las cosas y el delirio* (1941) und *Pasiones terrestres* (1946), manifestieren in ihrer überbordenden Gegenstandsfülle und Bilderflut die für das gesamte Werk gültige vitalistische Daseinsbehauptung. Der Dichter ist sich grundsätzlicher und unauflösbarer Spannungen »ohne Resignation und ohne Hoffnung« bewußt. »Freiheit« ist für ihn »das grausame und einzige Glück des Menschen«. M.s hauptsächliche Gegenstandsbereiche sind das Reisen, die Erotik und ein sozialer Nonkonformismus, der erstmals in *Monzón Napalm* (1968), in dem der Vietnam-Krieg behandelt wird, eine politische Dimension erhält. Bei aller Homogenität haben einige Gedichtbände ein besonderes sprachliches Klima. Eine alogische, der surrealistischen *écriture automatique* verwandte Metaphorik findet sich in *Costumbres errantes o La redondez de la tierra* (1951), traditionelle, fast liedhafte Metrik in *Fuego libre* (1962). M.s poetisches Testament, mit einigen seiner schönsten und ergreifendsten Gedichte, ist *Los últimos soles* (1980), in dem seine hauptsächlichen Themen aus einer Haltung von Erinnerung und Abschied gestaltet werden. M.s bildschaffende Fantasie verleiht auch dem Roman *Una sombra donde sueña Camila O'Gorman* (1974) einen spezifischen Ausdruck. Inhaltlich bezieht er sich auf den Prozeß und die Hinrichtung der Titelheldin und ihres Geliebten, eines Priesters, zur Zeit der Rosas-Diktatur.

Weitere Werke: *Amantes antípodas* (1961), *Las bellas furias* (1966), *Hotel pájaro* (1967).

Ausgaben: *Obra poética*. BA 1979. – *Páginas de E. M.* Hg. D.L. Garasa. BA 1983 (mit Bibliographie). – *Obra completa*. BA 1984-87, 2 Bde.

Literatur: M. Espejo, *El conocimiento poético*. NE, 21/22 (1980), 95-106. – T. Running, *Surrealist Poetics in E. M.'s ›Una sombra donde sueña Camila O'Gorman‹*. CHASQUI, 9 (1980), 2-3, 23-29. – J. G. Cobo Borda, *La poesía de E. M.* ECO, 236 (1981), 127-138. – E. Pezzoni, *Mito y poesía en E. M.* RI, 49 (1983), 125, 767-783.

Molinari, Ricardo E(ufemio)

* 20.3.1898 in Buenos Aires. Von seinem 16. Lebensjahr an war er Angestellter am arg. Nationalkongreß, wenn dieser nicht von einer Diktatur geschlossen wurde. Um 1933 lebte er einige Zeit in Spanien, wo er mit den Dichtern der »Generation von 1927« und besonders mit García Lorca freundschaftlich verkehrte. 1943 kam es zu Protestaktionen jüngerer Autoren, als ihm nur der zweite Premio Nacional zugesprochen wurde. (1957 folgte der erste.) 1968 wurde er Mitglied der arg. Literaturakademie.

M. hat in seinem langen, bescheidenen und zurückgezogenen Leben mit der »Zähigkeit des Müßigen«, wie er von sich behauptet, ein umfangreiches lyrisches Werk von gleichbleibender sprachlicher und formaler Perfektion geschaffen. Ein großer Teil davon ist in sorgfältig edierten Privatdrucken von wenigen Exemplaren erschienen, die erstmals in der Gesamtausgabe *Las sombras del pájaro tostado* (1975) einem breiteren Publikum zugänglich gemacht worden sind. Obwohl er in den 20er Jahren den Ultraisten – J. L. ↑Borges, O. ↑Girondo, L. ↑Marechal u. a. – freundschaftlich verbunden ist und sein erster Gedichtband *El imaginero* (1927) in deren Verlag »Proa« erscheint, nimmt er eine Sonderstellung ein. Er ist weder Polemiker noch Theoretiker; der Streit zwischen Traditionalisten und Avantgardisten interessiert ihn ebensowenig wie die Hinterfragung formaler Prinzipien oder der sozialen Funktion der Kunst. Seine Dichtung ist aus umfassender Belesenheit – mit der Präferenz der span. Literatur des 16. und 17. Jh.s – und einem eher intuitiven schöpferischen Umgang mit Sprache entstanden. Ebenso ordnen sich die Gegenstände seiner Lyrik ein in universelle und überzeitliche Traditionen, auch wenn ihnen konkretes Erleben zugrunde liegt und ihre Gesamtheit eine umfassende Autobiographie ergibt. Bei aller stofflichen und formalen Vielfalt – M. ist wohl einer der letzten Meister traditioneller Verskunst – und der immer wieder überraschenden Originalität seiner Bilder und Nuancen, finden sich Stimmungen oder Gesten, die als persönliche Konstanten sein Werk durchziehen, etwa ein diskreter Schleier von Melancholie, ein dezent vermitteltes Gefühl des Verliebtseins in das Schöne, die andächtige Wahrnehmung unerklärlicher Zusammenhänge bis hin zu einer intimen Religiosität, die eher zum Schweigen als zum Bekenntnis tendiert.

Weitere Werke und Ausgaben (ohne Privatdrucke): *El pez y la manzana* (1929), *Panegírico de Nuestra Señora de Luján* (1930), *Hostería de la rosa y el clavel* (1933), *La tierra y el héroe* (1936), *Elegías de las altas torres* (1937), *Libro de las soledades del poniente* (1939), *Odas a orillas de un viejo río* (1940), *El alejado* (1943), *Mundos de la madrugada* (1943), *El huésped y la melancolía* (1946), *Esta rosa obscura del aire* (1949), *Días donde la tarde es un pájaro* (1954), *Unida noche* (1957), *Arboles muertos* (1960), *El cielo de las alondras y las gaviotas* (1963), *Un día, el tiempo, las nubes* (1964), *Una sombra antigua canta* (1966), *La hoguera transparente* (1970), *La escudilla* (1973), *La cornisa* (1977), *Páginas* (1982).

Literatur: N. Pousa, *R. M.* BA 1961. – J. Arístides, *R. E. M. o la agonía del ser en el tiempo.* BA 1965. – A. B. Lacunza, *La dimensión temporal en algunos poemas de R. E. M.* BA 1973. – D. E. L. Böhm, *La hoguera transparente.* CH, 91 (1973), 272, 314-324. – E. Sosa López, *Tres poetas argentinos modernos: M., Molina y Girri.* SUR, 348 (1981), 81-88. – A. Pagés Larraya, *Sur, signo configurador en la lírica de M.* TC, 10 (1984), 28, 34-40.

Moyano, Daniel

* 1930 in Buenos Aires, † 1.7.1992 in Madrid. Von Kindheit an lebte er bei seiner vielköpfigen Verwandtschaft in La Rioja, nach dem Schulbesuch einige Zeit in Córdoba und Buenos Aires, 1960-76 wieder in La Rioja. Er war als Journalist, Klempner, Maurer und Musiker – er spielt Geige – tätig. 1976 wurde er verhaftet, konnte jedoch ins Exil gehen. Seither lebte er in Madrid.

M. ist Autor von fast immer mit Preisen ausgezeichneten Erzählungen und Romanen, deren narrative Substanz ähnlich wie bei J. J. ↑Saer und H. ↑Tizón aus langjähriger Lebenserfahrung in einer arg. Provinz erwachsen ist. Dabei hat jeder von ihnen auf verschiedene Weise aus Elementen der sozialen Aktualität, Geschichte und Mythologie seiner Provinz einen eigenständigen literarischen Kosmos gestaltet. Zu den besonderen Merkmalen der Erzählkunst M.s gehören die Beziehungen zur Musik, nicht nur auf thematischer, sondern auch formaler Ebene, eine reiche Fantasie und vor allem humoristische Virtuosität, bei der die schmerzlichen Töne überwiegen. In M.s ersten Erzählungsbänden *Artistas de variedades* (1960) und *La lombriz* (1964) werden die zumeist jugendlichen Protagonisten mit einer für sie absurden Welt finsterer Erwachsener, unüberwindbarer sozialer Schranken oder der ständigen Gefährdung eines glückhaften Zustands konfrontiert. Die Suche nach Identität ist das Thema des Romans *Una luz muy lejana* (1966). Der junge Ismael, der aus einem namenlosen Dorf in die erträumte Stadt kommt, gelangt – auch aufgrund eigenen Versagens – zur Einsicht, daß seine Existenz allenfalls in der Zuwendung zu seinen

Ursprüngen Sinn erhalten kann. Das Thema der Identitätskrise des Argentiniers aus den Provinzen behandelt auch *El trino del diablo* (1974), jedoch auf eher burlesk absurder Ebene. Der junge Geiger Triclinio, der vor der Armut in La Rioja geflohen ist, erlebt in Buenos Aires ein Pandämonium von Präsidentenstürzen, Repression, Folterungen und landet in der Elendssiedlung »Villa Violín«, die von gespenstisch alten und gebrechlichen Geigern bevölkert ist. Die ständige Bedrohung der arg. Bevölkerung durch das eigene Militär ist vor allem Thema der Romane *El oscuro* (1968), in dem das Psychogramm eines hohen Offiziers entworfen wird, sowie von *El vuelo del tigre* (1981). Letzterer, dessen erste Fassung 1976 vernichtet wurde, ist die alptraumartige Allegorie einer Diktatur, wie sie von einer Familie in einer imaginären Provinzstadt erlebt wird, deren Mitgliedern systematisch die Freiheit, die Sprache und die eigene Geschichte genommen werden. Allein der zum Tod durch Unterernährung verurteilte Großvater findet zum kollektiven Gedächtnis zurück. Eine Sintflut bringt im märchenhaften Schluß die Erlösung. Der Roman *Libro de navíos y borrascas* (1983) behandelt im Rahmen der Fabel einer zwangsweisen Schiffsreise von 700 aus ihren Ländern vertriebenen Lateinamerikanern die Geschehnisse von 1976 und ist der Versuch einer ästhetischen Bewältigung des Grauens von Folterungen und Ermordung. M.s letzter Roman, *Tres golpes de timbal* (1989), spielt in einem surreal verfremdeten Nordargentinien. Der Transport eines Klaviers über die Kordilleren und die Metamorphosen eines Diktators bilden die Haupthandlungsstränge.

Weitere Werke: Erzählungen: *El rescate* (1963), *El fuego interrumpido* (1967), *Mi música es para esta gente* (1970), *El monstruo y otros cuentos* (1972), *El estuche del cocodrilo* (1974), *La espera y otros cuentos* (1982).

Literatur: A. O. Avellaneda, *Encuentro, pérdida, búsqueda, en los cuentos de D. M.* HISPA, 1 (1973), 3, 25-38. – S. T. Clinton, *D. M.: The Search for Values in Contemporary Argentina.* UK/KRQ, 25 (1978), 2, 165-175. – A. Prieto, *D. M.: una literatura de la expatriación.* CH, 139 (1985), 416, 189-195. – R. A. Gnutzmann, *Entrevista a D. M.* HISPA, 16 (1987), 46-47, 113-122.

Mujica Lainez, Manuel

* 11.9.1910 in Buenos Aires, † 21.4. 1984 in Córdoba (Arg.). Als Sohn einer reichen Patrizierfamilie besuchte er höhere Schulen in Frankreich und England. Er war (ab 1932) Feuilletonredakteur bei der Zeitung »La Nación«, Sekretär des arg. Museo Nacional de Arte Decorativo, 1955-58 Kulturabteilungsleiter des Außenministeriums. Er erhielt verschiedene nationale Literaturpreise, u. a. 1958 den Premio Nacional und war Mitglied der arg. Literaturakademie.

Das alte Buenos Aires, das Italien der Renaissance und später dann ein legendäres Mittelalter waren die wesentlichen Stationen seines schriftstellerischen Werdegangs, wobei er sich immer der Gunst eines Publikums sicher sein konnte, das am dekadent Exquisiten ebenso Gefallen fand wie an den Posen eines Autors, der seinen aristokratischen Lebensstil und seine Misogynie gern zur Schau stellte und durchgängig in seinen Werken zum Ausdruck brachte. Das historische Buenos Aires ist Thema seines ersten Romans *Don Galaz de Buenos Aires* (1938) und des Alexandriner-Epos *Canto a Buenos Aires* (1943). Beachtlicher sind einige der dramatischen Erzählungen von *Aquí vivieron* (1949) und der am Vorbild Prousts orientierte Zyklus der Romane *Los ídolos* (1953), *La casa* (1954), *Los viajeros* (1954) und *Invitados en ›El Paraíso‹* (1957). Das Panoptikum anachronistischer Gestalten der arg. Oligarchie wird mit ironisch getönter Wehmut dargestellt. Der letzte Roman unterscheidet sich von den gewöhnlich tragisch ausklingenden anderen durch die glückliche Verbindung eines Grabsteinmetzen – als Verkörperung der neuen Klassen – und einer Aristokratin. Epochen entlegenen Glanzes werden in M. L.' berühmtesten Romanen beschworen: *Bomarzo* (1962; dt. *Bomarzo*, 1971; Vorlage zur gleichnamigen Oper von Alberto Ginastera, 1967) ist die mit Akribie recherchierte Lebensgeschichte des Herzogs Pier Francesco Orsini, der sich oder seine Dämonen in den steinernen Monstern von Viterbo verewigen ließ. Ebenfalls außergewöhnliche Zentralfiguren und ein der jeweiligen Zeit angepaßtes Sprachkolorit weisen die Romane *El unicornio* (1965; dt. *Die Sage von der schönen Melusine*, 1986) und *El laberinto* (1974) auf, von denen der erstere im frz. Mittelalter, der andere in der barocken Kolonialzeit Amerikas angesiedelt ist. Einen weiteren Zyklus von burlesk imaginären Romanen bilden *Crónicas reales* (1967), der von einer märchenhaften Herrscherfamilie »von Orbs zu Orbs« handelt, *De milagros y melancolías* (1968), *El viaje de los siete demonios* (1974) und der moderne Schelmenroman um einen schönen Jüngling, *Sergio* (1976). *Cecil* (1972) ist die aus der Perspektive seines Hundes berichtete Autobiographie.

Weitere Werke (Auswahl): Romane: *Los cisnes* (1977), *El escarabajo* (1982); Biographien: *Vida de Aniceto el Gallo* (1943), *Vida de Anastasio el Pollo* (1947).

Ausgabe: *Obras completas*. BA 1979/80, 3 Bde. – *Placeres y fatigas de los viajes: crónicas andariegas*. BA 1983-84, 2 Bde.

Literatur: J. Cruz, *Genio y figura de M. M. L.*. BA 1978. – G. O. Schanzer, *The Persistence of Human Passions: M. M. L.'s Satirical Neo-Modernism*. London 1986. – S. Francés Vidal, *La narrativa de M. L.* Bilbao 1986. – A. Iniesta, *Una perspectiva de ›Crónicas reales‹ de M. M. L.* ALH, 15 (1986), 149-158. – M. del C. Tacconi de Gómez, *Mito y símbolo en la narrativa de M. M. L.* Tucumán 1989. – M. E. Vázquez, *El mundo de M. M. L.* BA 1990[?].

Murena, Héctor A(lvarez)

* 1923 in Buenos Aires, † 1975 ebd.
Er war einer der profiliertesten jüngeren Intellektuellen um die von V. ↑Ocampo gegründete Zeitschrift »Sur«, deren gleichnamigen Verlag er auch mehrere Jahre leitete.

M. erwies sich als versierter Schriftsteller in allen literarischen Gattungen. Besondere Beachtung fanden seine Essays und Romane, in denen er zunächst mit der kritischen Haltung der Mehrheit der »Generation von 1955«, zu der B. ↑Guido ebenso gehört wie D. ↑Viñas, teilweise übereinstimmte. Zu Beginn der 60er Jahre waren jedoch die Positionen schon weit auseinander gerückt, und M. erschien gegenüber einer engagierten, um Verständnis der lateinam. Realität bemühten Literatur als Vertreter des konservativen Establishments. In seinem ersten größeren Essay *El pecado original de América* (1954) stellt M. die These eines geographisch kulturellen Schuldgefühls der Lateinamerikaner auf, das durch das Verlassen Europas und Heraustreten aus der Geschichte verursacht sei. Daraus resultieren zwei konträre Verhaltensweisen: entweder »masochistische« Sehnsucht nach Europa oder die »dämonische« Hingabe an die »Sünde« der Negation Europas und seiner Kultur. In ähnlicher Weise, eher metaphysisch-tellurisch als historisch-gesellschaftlich ist auch die Deutung der humanitätsfeindlichen Kräfte in dem Essay *Homo atomicus* (1961). Eine zyklische Einheit bilden die Romane *La fatalidad de los cuerpos* (1955), *Las leyes de la noche* (1958; dt. *Gesetze der Nacht*) und *Los herederos de la promesa* (1965). Die Problematik der Personen kreist um die Erfahrung des Nichts als eine ihre geistige und vitale Existenz bedrohende Kraft, die um so unüberwindbarer erscheint, als sie allgegenwärtig ist, in ihnen selbst wurzelt und von außen auf sie eindringt. Während sich der letzte Roman durch sprachliches Raffinement, spritzige Dialoge und Ironie auszeichnet, besitzt *Las leyes de la noche* eine dichte Atmosphäre von Melancholie, Qual und Erotik. Der Glaube an die göttliche Gnade, zu dem die Heldin findet, als ihr Selbstmordversuch durch einen Zufall scheitert, ist allerdings eher eine polemische als psychologisch oder ästhetisch begründete Lösung. Ein weiterer Romanzyklus, der den auf Goyas »Caprichos« anspielenden Gesamttitel *El sueño de la razón* hat, setzt ein mit *Epitalámica* (1969). Handlungskern ist die Heirat der Tochter eines mit Bonbons aus Küchenasseln reichgewordenen Fabrikanten und eines Sohnes aus nobler, aber verarmter Familie. Ähnlich fragwürdige, verquält wirkende Satiren sind *Polispuercón* (1970), *Caína muerte* (1971) und der in einer Mischung aus spätmittelalterlichem Spanisch und weiteren romanischen Sprachen abgefaßte Schelmenroman *Folisofía* (1976).

Weitere Werke: Erzählungen: *El centro del infierno* (1956), *El coronel de caballería y otros cuentos* (1971); Essays: *Ensayos sobre subversión* (1962), *El nombre secreto* (1969), *La cárcel de la mente* (1971), *La metáfora y lo sagrado* (1973); Lyrik: *La vida nueva* (1951), *El círculo de los paraísos* (1958), *El escándalo y el fuego* (1959), *Relámpago de duración* (1962), *El demonio de la armonía* (1964?), *F. G. Un bárbaro entre la belleza* (1972), *El águila que desaparece* (1975); Theater: *El juez* (1956).

Literatur: R. Ayerbe-Chaux, *Aspectos de la temática de H. A. M.* SY, 27 (1973), 4, 293-302. – M. S. Stabb, *The New M. and the New Novel.* UK/KRQ, 22 (1975), 2, 139-157. – J. O. Jiménez, *H. A. M. (1923-1975).* RI, 42 (1976), 95, 275-284.

Nalé Roxlo, Conrado

* 15.2.1898 in Buenos Aires, † 2.7.1971 ebd. Er war Mitarbeiter verschiedener Zeitungen, u.a. »Crítica« und »La Nación« sowie Redakteur bei »El Mundo« und Herausgeber der humoristischen Zeitschrift »Don Goyo«. Er ist als Lyriker, Theaterautor und humoristischer Erzähler bekannt und erhielt häufiger als jeder andere arg. Autor den Premio Nacional (1945, 1947, 1956) und sonstige Literaturpreise, wie bereits für seinen ersten Gedichtband *El grillo* (1923), der von L. ↑Lugones sehr gelobt wurde. N. R. stellte sich mit diesem Werk außerhalb des Ultraismus. Die gedämpften Töne der Lebensfreude, Ironie und Versonnenheit, ausgedrückt in einer Sprache subtiler Schlichtheit, verweisen auf Heine und den späten R. ↑Darío bzw. auf das poetische Credo einer Anpassung der traditionellen lyrischen Mittel an die intuitiv erfahrene Realität. Die weiteren Gedichtbände N. R.s erscheinen in großen Abständen. *Claro desvelo* (1937) und *De otro cielo* (1952) bringen Stimmungen und Erfahrungen zum Ausdruck, die sich zunehmend philosophischer Daseinsbefragung – ohne Pathos oder systematische Kohärenz – unterordnen. Die Gedankentiefe, die N. R.s Lyrik auszeichnet, ist auch in einem großen Teil seines humoristisch satirischen Werkes vorhanden. Unter dem Pseudonym »Chamico« (zeitweise auch »Alguien«) veröffentlichte er in Zeitschriften zahllose Skizzen und Erzählungen, die er, mit eigenen Illustrationen ausgestattet, in den Bänden *Cuentos de Chamico* (1941), *El muerto provisional* (1943), *Cuentos de cabecera* (1946), *Libro de quejas* (1953), *Mi pueblo* (1953), *Nuevos cuentos de Chamico* (1953) und *Sumarios policiales* (1955) zusammenfaßte. Die Skala seines Humors reicht von einer lächelnd verständnisvollen Ironie bis zu bissiger

Aggressivität, von fantasievoller Ausschmückung alltäglicher Erfahrungen bis zu überraschenden Paradoxien. Der Lyriker und Humorist verbinden sich in mehreren – auch international – erfolgreichen Theaterstücken. *La cola de la sirena* (1941) geht zurück auf das Andersensche Märchen von der Nixe, die sich durch Operation in eine gewöhnliche Frau verwandeln läßt und mit der Einbuße ihrer Besonderheit die Liebe des Mannes verliert, der sich einer Fliegerin zugewandt hat, die ihrerseits ihm zuliebe auf das Fliegen verzichtet. *Una viuda difícil* (1944) ist eine verwicklungsreiche Komödie, die vor dem Ausbruch der Revolution von 1810 in Buenos Aires spielt. *El pacto de Cristina* (1945) behandelt Fatalität und Sinnlosigkeit eines Teufelsbündnisses. *Judith y las rosas* (1956) ist eine Travestie des biblischen Stoffes, die mit der Heirat der Heroine und ihres »Gärtners« Holofernes endet. Von den weiteren Werken N. R.s sind die virtuosen Parodien (auf P. ↑Neruda, Heine, García Lorca etc.) *Antología apócrifa* (1943) und *Nueva antología apócrifa* (1969) sowie die anekdotische Autobiographie *Borrador de memorias* (1968) hervorzuheben.

Weitere Werke (Auswahl): Roman: *Extraño accidente* (1960); Erzählungen: *Las puertas del purgatorio* (1968); Essay: *Genio y figura de Alfonsina Storni* (1964).
Ausgaben: *Cuentos y poesías*. New York 1954. – *Antologia poética*. BA 1957. – *Poesía completa*. BA 1967. – *Antología total*. BA 1968. – *Teatro breve*. BA 1964, 1969, 1986.
Literatur: M. H. Lacau, *Tiempo y vida de C. N. R. Entre el ángel y el duende*. BA 1976. – R. Torres Rivera, *La mujer en el teatro de C. N. R.* CAM, 39 (1980), 5, 245-251. – D. J. López, *El teatro de C. N. R.: presencia y función del mito en ›La cola de la sirena‹*. UTIEH/C, 40 (1983), 59-65.

Obligado, Rafael
*27.1.1851 in Buenos Aires, †8.3.1920 in Mendoza. Er entstammte einer reichen, bereits in der Kolonialzeit namhaften Familie. Ein Jurastudium führte er nicht zu Ende. Vielleicht als einziger arg. Intellektueller unternahm er nie eine Auslandsreise. Er gehörte zu den Gründern der Academia de Ciencias y Letras (1878) sowie der Philosoph. Fakultät der Universität von Buenos Aires (1913).
Er veröffentlichte nur den Band *Poesías* (1885), dessen zweite Ausgabe (Paris 1906) 56 Gedichte umfaßt. O. ist Traditionalist und Nationalist, aber er verfällt selten in Emphase und Pathos. Sehnsüchtige Erinnerung ist das generative Prinzip, nicht das Thema seiner Lyrik. Gedichte wie »El hogar paterno«, »En la ribera« oder »Primavera«, die man gern mit Aquarellen verglichen hat, besitzen wegen der Sparsamkeit der Ausdrucksmittel eine lyrische Intensität, die im 19. Jh. selten ist. O.s berühmteste und mit 54 Dezimen längste Dichtung ist »Santos Vega«. Die in der endgültigen Fassung vierteilige Dichtung erzählt einige schicksalhafte Momente des sagenhaften Payadors, der in einer Jugenddichtung Bartolomé Mitres, im gleichnamigen Epos H. ↑Ascasubis und in einem Roman von E. ↑Gutiérrez behandelt worden war. In O.s Dichtung, die sich in Diktion und Realitätsbezug bewußt von der gauchesken Tradition abhebt, verkörpert Santos Vega die Vergangenheit und Essenz der arg. Pampa. Sein Tod wird von der teuflischen Gestalt des zerlumpten Juan sin Ropa herbeigeführt, der – ein Symbol für Fortschritt, Industrie und Einwanderung – ihn im Sängerwettstreit besiegt. O. hat sich in Essays, Polemiken und Briefen immer wieder zum Problem einer nationalen Literatur geäußert. Das Projekt einer Herausgabe dieser Schriften wurde erst 1976 realisiert (*Prosas*. Hg. P. L. Barcia).
Literatur: E. Quesada, *R. O.; el poeta, el*

hombre. BA 1920. – O. B. Rovelli de Riccio, *Santos Vega en la leyenda*. BA 1967. – M. L. Montero, *Vocabulario de las poesías de R. O.: Un motivo para el asombro español*. BRAE, 66 (1986), 238/9, 183-189.

Ocampo, Silvina

* 28.7.1903 in Buenos Aires. Bevor sie sich der Literatur zuwandte, war sie als Malerin tätig. Sie gehörte zum Mitarbeiterkreis der von ihrer Schwester V. ↑Ocampo gegründeten Zeitschrift »Sur«. Sie erhielt mehrere arg. Literaturpreise, u.a. den Premio Nacional für ihren Gedichtband *Lo amargo por dulce* (1962).

Lyrik und Erzählungen bilden den wichtigsten Teil ihres Werks, das sprachlich und thematisch in starkem Maße J. L. ↑Borges verpflichtet ist und in wesentlichen Aspekten mit dem Werk ihres Ehemanns A. ↑Bioy Casares übereinstimmt. Mit ihnen teilt sie sowohl den Glauben an die Autonomie der Literatur als auch die Begeisterung für fantastische Spekulationen, Metaphysik und die Magie der Spiegel, Doppelgänger, Fabelwesen etc. Zugleich finden sich bei ihr unverkennbar persönliche Konstanten: ein von moralischen Wertungen unbeeinflußter, analytischer Zugriff auf die konkrete Umwelt und die radikale Hinterfragung des eigenen Gefühlslebens bis hin zur Aufdeckung paradoxer Zustände oder unaufhebbarer Widersprüche. Ihr erster Gedichtband *Enumeración de la patria* (1942) erscheint im Rahmen ihrer Entwicklung als ein Versuch, die aktuelle und geschichtliche Gegenständlichkeit Argentiniens im »treulosen Spiegel« der Literatur zu erfassen, um sie in *Espacios métricos* (1945) in den Kategorien des Absoluten bzw. im Zusammenhang mit der Vorstellung des Nichts neu zu deuten. In den folgenden Gedichtbänden, ab *Poemas de amor desesperado* (1949), werden Gefühle und intime Geschehnisse aus der objektivierenden Haltung einer »Zuschauerin meiner selbst« gestaltet. Während ihre ersten Prosafiktionen, bis hin zu dem mit A. Bioy Casares verfaßten Kriminalroman *Los que aman, odian* (1946), ziemlich gekünstelt erscheinen, enthält der Band *Autobiografía de Irene* (1948) bereits einige dank ihrer intensiven Stimmung und psychologischen Schärfe hervorragende Erzählungen. Irene, die Protagonistin der Titelerzählung, ist eine jener einsamen und egozentrischen Mädchen- bzw. Frauengestalten, die häufig in S. O.s Werk dargestellt werden und die entweder aus einer gewissen Todeserotik übernatürliche Fähigkeiten verkörpern oder die Spannung zwischen dem Tabu der »Reinheit« und der sexuellen »Verderbnis« austragen. In den folgenden Erzählungsbänden verzichtet S. O. auch weitgehend auf allzu verblüffende Irrealitäten, sondern läßt extreme Zustände und Verhaltensweisen im Rahmen alltäglicher Erfahrungen oder auch ironisch entlarvter Normalität entdecken. Erst in späteren Bänden wie *Y así sucesivamente* (1987) tauchen wieder Fabelwesen und körperlose Seelen auf oder auch Verwandlungen von Menschen in Tiere, diesmal sogar in ein Auto etc.

Weitere Werke: Lyrik: *Los sonetos del jardín* (1946), *Los nombres* (1953), *Breve santoral* (1984); Erzählungen, Sonstiges: *Viaje olvidado* (1937), *La furia* (1959), *Las invitadas* (1961), *Informe del cielo y del infierno* (Auswahl, 1970), *Los días de la noche* (1970), *Amarillo celeste* (1972), *El tobogán* (1975), *La naranja maravillosa* (1977), *Arboles de Buenos Aires* (1979), *Cornelia frente al espejo* (1988), *Die Furie und andere Geschichten* (Auswahl, dt., 1992), *Der Farnwald* (Auswahl, dt., 1991); Ausgabe: *Páginas seleccionadas por la autora*. BA 1984.

Literatur: G. Tomassini, *Complejidad de las formas narrativas en ›Autobiografía de Irene‹ de S. O.* ALH, 12 (1983), 145-157. – D. Balderston, *Los cuentos crueles de S. O.*

y Juan Rodolfo Wilcock. RI, 49 (1983), 125, 743-752. – H. Araújo, *Ejemplos de la ›niña impura‹ en S. O. y Alba Lucía Angel.* HISPA, 13 (1984), 38, 27-35. – P. N. Klingenberg, *A Portrait of the Writer as Artist: S. O.* PCL, 13 (1987), 58-64. – Dies. *The Mad Double in the Stories of S. O.* LALR, 16 (1988), 32, 29-40.

Ocampo, Victoria

* 7.4.1890 in Buenos Aires, † 27.1. 1979 ebd. Sie entstammte einer Familie der arg. Oligarchie und erhielt eine statusgemäße Privatausbildung in Frankreich und England. 1931 gründete sie die Zeitschrift »Sur« und den gleichnamigen Verlag, deren Leitung sie bis ins hohe Alter innehatte. Mitbeteiligt an der Gründung von »Sur« – mit 346 Nummern bis 1980 eine der langlebigsten Kulturzeitschriften der Welt – waren vor allem Waldo Frank und E. ↑Mallea. Ihr weiteres Leben ist eine ununterbrochene Kette von Vereinsvorsitzen, Gastvorträgen, Ehrendoktorwürden (Harvard, Visva Bharati), frz., engl. und ital. Staatsorden.

V. O. hat aus ihrem Privatleben Literatur und diese zu ihrem Privatleben gemacht. Ihr Landhaus in San Isidro beherbergte Schriftsteller aus aller Welt, von R. Tagore bis zu H. Keyserling, von A. Camus bis zu Ortega y Gasset, die sie u. a. auf Reisen kennenlernte. Diese Begegnungen bildeten dann den Stoff ihrer meisten als Einzelpublikationen erschienenen Essays, ihrer autobiographischen *Testimonios* (10 Serien, 1935-77) oder der sechs Bände ihrer unverblümten *Autobiografía* (1980-84). Jene »charmante und oberflächliche Transzendenz«, die L. A. ↑Sánchez bei ihrem ersten Essayband *De Francesca a Beatrice* (1924) feststellte, gilt auch für ihr übriges Werk, d. h. es finden sich immer wieder subtile Erkenntnisse und überraschend weitgespannte Zusammenhänge, aber keine Hinterfragung der Prämissen ihrer subjektiven Wertvorstellungen oder der Strukturen ihres Denkens. Dieses Defizit an Selbstreflexion kommt schließlich auch bei der Zeitschrift »Sur«, für die V. O.s Interessen immer verbindliche Richtschnur blieben, zum Vorschein, die spätestens ab 1960 den Liberalismus zugunsten einer klaren konservativen Position aufgegeben hatte.

Literatur: D. W. Foster, *Bibliography of Writings by and about V. O.: 1890-1979.* RIB, 30 (1980), 1, 51-58. – M. L. Bastos, *Escrituras ajenas, expresión propria: ›Sur‹ y los ›Testimonios‹ de V. O.* RI, 46 (1980), 110-111, 123-137. – M. E. Vázquez, *V. O. Un destino impar.* CAM, 39 (1980), 1, 26-37. – A. Omil, *Frente y perfil de V. O.* BA 1980. – J. G. Cobo Borda, *La memorias de V. O.* ECO, 38 (1981), 4, 433-444. – N. Ulla, *Encuentros con V. O.* BA 1982. – B. Matamoro, *Genio y figura de V. O.* BA 1986. – A. I. Lugo-Ortiz, *Memoria infantil y perspectiva histórica: El archipiélago de V. O.* RI, 53 (1987), 140, 651-661. – M. Gallo, *Las crónicas de V. O.: versatilidad y fidelidad de un género.* RI, 51 (1985), 132/3, 679-686.

Olivari, Nicolás

* 6.9.1900 in Buenos Aires, † 22.9. 1966 ebd. Er war von Jugend an journalistisch tätig, u. a. bei den Zeitungen »Crítica«, »Noticias Gráficas« und – als Theaterkritiker – bei »La Epoca«, außerdem Maler, Literaturdozent und Übersetzer aus dem Ital. und Frz.

Seine ersten Gedichtbände *La amada infiel* (1924), *La musa de la mala pata* (1926) und *El gato escaldado* (1929) galten in weiten Kreisen als Ausgeburten schlechten Geschmacks. Anstoß erregte nicht nur seine als schmutzig und unkorrekt empfundene Sprache, sondern auch die Atmosphäre von Verzweiflung, Zynismus und Sentimentalität, die O. zum Ausdruck brachte. Obwohl er eher der sozial engagierten »Boedo-Gruppe« angehörte, erhielt er vor allem Beifall aus dem Lager der Avantgardisten, die ihn in die Nähe Lautréamonts oder T. Corbières rückten. Besonders R. ↑Güiraldes, dessen Gedichtband *El cencerro de cristal* (1915) auf ähnliche Ablehnung gestoßen war, lobte O.s »Hochmut«, mit dem er »Einsamkeit, Angst und Stolz eines Paria aus den Vororten« zum Ausdruck gebracht habe. O. hat auch in den späteren Gedichtbänden *Diez poemas sin poesía* (1938), *Los poemas rezagados* (1946) und – etwas gemildert – *Pas de Quatre* (1964) diese Tonlage beibehalten, die weniger literarischen Vorbildern verpflichtet ist als einem Lebensgefühl von Rebellion und Melancholie, das auch im Tango zum Ausdruck kommt. O., der selbst einige Tangotexte geschrieben hat, äußert sich in seiner Lyrik jedoch aggressiver und deutlicher: »Glaub an nichts und sag es nicht,| zeig deinen Zynismus vor wie einen Gedenkstein,| damit er dich lebend vergräbt.| Sei Vorschmecker deiner Selbstmordwitze. | Komm sonntags nicht aus deiner Höhle hervor,| mach es nachts und an den Wänden lang| – nimm den kleinstmöglichen Platz ein in der Welt | damit dich das Leben nicht entdeckt | und ausspuckt vor dir« (»Insomnio« aus *La musa*). In der Verwendung umgangssprachlicher Wendungen und der Dialogisierung der Rede nimmt O. um einige Jahrzehnte die Neuerungen der »Antipoesie« N. ↑Parras bzw. der »poesía conversacional« (J. ↑Gelman u.a.) vorweg. Eins seiner bekanntesten Gedichte ist »Antiguo almacén ›A la ciudad de Génova‹« aus *El gato escaldado*, eine musikalisch strenge Komposition der persönlichen Welterfahrung. O.s einziger Roman *El almacén* (1959) ist gewissermaßen der Kommentar zu diesem Gedicht. Zu seinen sonstigen Werken gehören ein paar Bände mit Erzählungen – eine seiner besten ist die Titelgeschichte von *La mosca verde* (1933) – und Theaterstücke.

Weitere Werke: Erzählungen, Kurzprosa: *El hombre de la baraja y la puñalada* (1933), *La noche es nuestra* (1952), *Carne de sol* (1952), *Un negro y un fósforo* (1959), *Mi Buenos Aires querido* (1966); Theater: *Dan tres vueltas y luego se van* (1934, zus. mit R. González Tuñón), *La seca* (o. J.).

Literatur: B. E. Koremblit, *N. O. Poeta unicaulè*. BA 1957. – D. Reichardt, *La voz del pueblo. Anmerkungen zur Lyrik N. O.s*. In: *Filología y didáctica hispánica. Homenaje al Prof. H.-K. Schneider*. Hamburg 1975, 527-538.

Orgambide, Pedro

* 1929 in Buenos Aires. Er gründete und leitete die Literaturzeitschriften »Gaceta Literaria« (1956-60), und »Cambio« (1975-80), letztere in seinem bis 1984 währenden Exil in Mexiko.

Undogmatisch engagiert, hat O. in seinen Romanen und Erzählungen versucht, kritische Gesellschaftsanalyse mit fantastischen oder humoristischen Elementen zu vermitteln. In den Romanen *El encuentro* (1957), *Las hermanas* (1959) und *El páramo* (1965) überwiegen noch humanitäres Pathos und eine Realismuskonzeption in der Nachfolge der »Boedo-Gruppe« bzw. R. ↑Arlts, auf den die sexuell frustrierten, sozial gescheiterten Existenzen zurückweisen. Die parodistische Übernahme der Form des Schelmenromans und der Sprache der Jahrhundertwende verleihen den *Memorias de un hombre de bien* (1964) eine neue Qualität. Der fiktive Verfasser dieser Memoiren, die die Jahre zwischen 1880 und 1940 umspannen, ist ein sympathischer Repräsentant der alten arg. Oberschicht. In freier Kombinatorik von narrativen Passagen und deren Kommentaren, Zeugenaussagen, Briefen, Gedichten etc. ist der Roman *Aventuras de Edmund Ziller en tierras del nuevo mundo* (1977) gestaltet. Ziller, der in verschiedenen Jahrhunderten bis zur Gegenwart in diversen Metiers, als Bandit, Chirurg, Aufrührer, Opernkomponist usw. tätig ist, läßt sich verstehen als Inkarnation demokratischer Rebellion in Lateinamerika. Zugleich sucht O. in dem Werk das Verhältnis von Kultur und Politik in der Situation des Scheiterns der Befreiungsbewegungen und des Exils von Hunderttausenden zu definieren. Konventionelleres Erzählen kennzeichnen die *Novelas de la memoria: El arrabal del mundo* (1984), *Hacer la América* (1984) und *Pura memoria* (1985). In einer Vielzahl von Schicksalen und subtilen Verknüpfungen von Gegenwart und Vergangenheit entfaltet die Trilogie ein breites Lebensbild in den La-Plata-Staaten vom Beginn des 19. Jh.s an. Außer Erzählungen, von denen der Band *Historias con tangos y corridos* (1976) mit dem Preis der kub. Casa de las Américas ausgezeichnet wurde, und literaturkritischen Essays, von denen besonders der zweite Teil des Bandes *Yo, argentino* (1968) wegen seines programmatischen Anspruchs hervorzuheben ist, hat O. einen Memoirenband, *Todos teníamos veinte años* (1985), veröffentlicht und zusammen mit Roberto Yahni die immer noch wichtige *Enciclopedia de la literatura argentina* (1970) herausgegeben.

Weitere Werke: Lyrik: *Mitología de la adolescencia* (1954); Romane: *Los inquisidores* (1967), *La convaleciente* (1987); Erzählungen: *Historias cotidianas y fantásticas* (1965), *La buena gente* (1970), *Historias imaginarias de la Argentina* (1986), *La mulata y el guerrero* (1986); Essays: *Horacio Quiroga, el hombre y su obra* (1954), *Borges político* (1977), *Gardel y la patria del mito* (1985), *Genio y figura de Ezequiel Martínez Estrada* (1985).

Literatur: M. I. Lichtblau, *Irony and Remembrance in P. O.'s ›Memorias de un hombre de bien‹*. In: *Homenaje a Luis Leal*. Madrid 1978, 51-61.

Orphée, Elvira

* 1930 in Tucumán. Sie studierte Literaturwissenschaft in Buenos Aires, Rom und Paris. Bereits ihr erster Roman *Dos veranos* (1956) zeichnet sich durch die Kompromißlosigkeit aus, mit der O. verborgene und tabuisierte Seelenzustände ihrer Gestalten erhellt. In dem Roman werden zwei kurze, entscheidende Momente des Lebens eines Jungen in der Provinz dargestellt, der auf die Erniedrigungen und das Unverständnis seiner Umwelt mit Wut und trotzigem Widerstand reagiert. Ein ähnliches Milieu findet sich auch in dem Roman *Aire tan dulce* (1966), der als ihr Hauptwerk angesehen wird. In den Monologen und dem Verhalten der drei Hauptfiguren wird ein soziales Gefüge erkennbar, in dem sich Herrschaft durch Gewalt und Lüge realisiert. Im Mittelpunkt steht die halbwüchsige, hinterhältige Atala, die die Wünsche ihrer diabolischen Großmutter umsetzt und zugleich von dem jungen Félix erniedrigt wird, von dessen rachsüchtiger Wut nicht die Peiniger, sondern immer die Schwächeren getroffen werden. Die zeitlichen Sprünge und Verschiebungen sowie die sprachliche Überlagerung von Alltagstrivialität und zügelloser Fantasie entsprechen einer vielschichtigen Wirklichkeit, die keine positiven Werte aufweist. Die Elemente des Fantastischen, die oft nur aus einer Veränderung des Blickwinkels herrühren, dominieren auch in dem Roman *En el fondo* (1972), der ebenfalls eine Kindheit in der Provinz behandelt, sowie in den Erzählungsbänden *Su demonio preferido* (1973) und *Las viejas fantasiosas* (1981). In dem Roman *Uno* (1961) wird hingegen ein umfassendes Bild der arg. Gesellschaft bis zum Bombardement von Buenos Aires durch das Militär (1955) entworfen. Die Folterpraktiken der arg. Polizei, die sich selbst als »die beste der Welt« einstuft,

sind Gegenstand von *La última conquista de El Angel* (1977). O. gelingt es in diesen Erzählungen, Empörung und differenzierende Hinterfragung zu verbinden. Ohne das Entsetzliche zu mildern, wird es durch die Einordnung in den bürokratischen Alltag der Folterer als etwas Denkbares, in jedem Gesellschaftssystem Mögliches und vielleicht sogar in der menschlichen Kondition Angelegtes vorgestellt.

Weitere Werke: Erzählungen: *Ciego del cielo* (1990).
Literatur: E. Moctezuma, *Para mirar lejos antes de entrar: los usos del poder en ›Aire tan dulce‹, de E. O.* RI, 49 (1983), 125, 929-942. – G. Díaz, *Escritura y palabra: ›Aire tan dulce‹, de E. O.* RI, 51 (1985), 132/33, 541-548.

Ortiz, Juan L(aurentino)
* 11.7.1896 in Puerto Ruiz bei Gualeguay/Entre Ríos, † 2.9.1978 in Paraná.
Bis auf einen dreijährigen Aufenthalt in Buenos Aires, um 1910, und eine Reise durch China und die UDSSR, 1957, lebte er in seiner Heimatprovinz. Ab 1915 war er Angestellter am Standesamt von Gualeguay. Er ließ sich 1942 pensionieren, nachdem er »die halbe Stadt verheiratet und beerdigt hatte«.
Erst mit der dreibändigen Gesamtausgabe seiner Lyrik, *En el aura del sauce* (1970), wurde »Juanele«, wie ihn seine Freunde nannten, einem breiteren Publikum zugänglich gemacht und gilt seither als einer der großen Dichter Argentiniens. Daß ihm noch zu Lebzeiten diese Anerkennung zuteil wurde, registrierte er mit Gleichmut. Geld, Ehren, Applaus interessierten ihn nicht. Der schielende Blick vieler Schriftsteller aus den Provinzen nach der hauptstädtischen Anerkennung war ihm ebenso fremd wie Zweifel an Konsistenz und Authentizität seiner Gedichte. Der enorme Bildungshintergrund, den seine Interviews erkennen lassen, erscheint in seinem Werk als Bereicherung an Sensibilität und Freiheit, aber es dürfte schwerfallen, auch nur eine einzige Metapher bei ihm zu finden, die konkreter an seine Lieblingsschriftsteller Cummings, Li T'ai-po, Pound oder Rilke erinnert. Er blieb auch unbeeinflußt von Tendenzen, die sich in der allgemeinen Entwicklung der arg. Literatur abzeichneten. Von dem Band *El agua y la noche* (1933) an, der Gedichte ab 1924 vereint, gibt es eine gleichbleibende Stimmung, wenn auch im weiteren Verlauf seine Kompositionen zunehmend weiträumiger werden, Erinnerungen und neue Nuancen akkumulieren. O.' materielles Universum ist die Landschaft seiner Provinz. Aber der Dichter projiziert sich nicht visuell in die Natur, sondern versucht, Töne wahrzunehmen, sich selbst in die geheime Kommunikation der Pflanzen, Tiere oder kosmischen Elemente einzubeziehen, um Einsichten in das eigene Bewußtsein zu gewinnen. Dabei werden aus einer Haltung der Demut heraus alltägliche Erfahrung und konkrete Dinge nach ihren Korrespondenzen oder ihrer Harmonie befragt. Der Behutsamkeit der Außenwelt gegenüber entspricht O.' Sprache in ihrer Tendenz zum Dialog oder auch in der – durch Anführungszeichen signalisierten – Vorsicht Begriffen gegenüber, deren Übereinstimmung mit den bezeichneten Gegenständen zweifelhaft ist. Für O. ist Poesie neben Naturwissenschaft und Philosophie eine Möglichkeit der Erkenntnis durch Intuition und Vertiefung. Das stetige Fortschreiten zum Unbekannten verleiht den späten Werken *El Gualeguay* und *La orilla que se abisma*, die erstmals in der Gesamtausgabe publiziert wurden, ein Höchstmaß an Komplexität. In ihnen scheint das spezifische Universum von Entre Ríos nicht mehr Objekt der poetischen Kontemplation zu sein, sondern eine Atmosphäre, die auch die

Sprache durchdringt und sie – z.B. durch Vervielfältigung der weiblichen Endungen oder Angleichung der Tonwerte – gewissermaßen entmaterialisiert.

Weitere Werke: *El alba sube* (1937), *El ángel inclinado* (1938), *da rama hacia el este* (1940), *El álamo y el viento* (1947), *El aire conmovido* (1949), *La mano infinita* (1951), *La brisa profunda* (1954), *El alma y las colinas* (1956), *De las raíces y del cielo* (1958).
Ausgaben: *Juanele. Antología de J. L. O.* Hg. J. Bignozzi. BA 1969. – *Antología poética.* BA 1982. – *J. L. O.: el Contra-Rimbaud.* Hg. L. Benítez. BA 1985.
Literatur: E. Serra, *El cosmos de la palabra: mensaje poético y estilo de J. L. O.* BA 1976. – T. Kamenszain, *El texto silencioso. Tradición y vanguardia en la poesía sudamericana.* ME 1983, 25-36. – A. E. Veiravé, *J. L. O. o la expresión poética.* BA 1984.

Payró, Roberto Jorge

* 19.4.1867 in Mercedes (Prov. Buenos Aires), † 5.4.1928 in Buenos Aires. Bereits seit früher Jugend war er als Journalist in Córdoba und Bahía Blanca tätig. Ab 1895 gehörte er zur Redaktion der hauptstädtischen »La Nación«. Damals trat er der Sozialistischen Partei bei, der er zeitlebens verbunden blieb. Ab 1907 lebte er in Europa, während des 1. Weltkriegs als arg. Konsul in Brüssel. 1922 kehrte er nach Argentinien zurück.
Sein Œuvre umfaßt Erzählungen, Romane, Theaterstücke, Reisechroniken und einige in der Jugend verfaßte Gedichte. Besonders seine erzählende Prosa nimmt im Rahmen der arg. Literaturgeschichte einen hervorragenden Platz ein. Ausgehend vom Realismus des Spaniers Pérez Galdós, führt er den arg. Roman abseits von Naturalismus und Modernismus einer bis dahin unerreichten Höhe zu. In *El casamiento de Laucha* (1906) wird das Schema des span. Schelmenromans auf das neuzeitliche Argentinien eines Provinzstädtchens Pago Chico, mit dem wahrscheinlich Bahía Blanca gemeint ist, übertragen. Der Titelheld Laucha, »Maus«, erzählt mit zynischem Witz, wie er die Witwe Carolina getäuscht und ihre Besitztümer durchgebracht habe. Der Roman *Las divertidas aventuras del nieto de Juan Moreira* (1910) ist eine vergrößernde Projektion provinzieller Korruption auf den Hintergrund nationaler Belange und hauptstädtischen Lebens. Die Schieber, Gauner, Faulenzer und Parvenüs von Pago Chico tauchen hier im Gewand von Großbürgern, Honoratioren, Abgeordneten und Ministern wieder auf. Politik, so erkennt der vom glanzvollen Buenos Aires angezogene, einer wohlhabenden Familie entstammende Held, ist das probateste Mittel, um zu Geld und Ehren zu gelangen. Nachdem er genug betrogen, intrigiert, verleumdet und bestochen hat, fällt ihm die Ernennung zum Botschafter in einem europäischen Land zu. Wie aus vielen Erzählungen von und um Pago Chico hervorgeht, sieht P. in der unverantwortlichen Handhabung der Macht und im skrupellosen politischen Ehrgeiz der einzelnen das Grundübel der Nation. Er prangert es an, weniger aus der Haltung des Moralisten als des Sozialisten. Es ist nicht ein metaphysisches Übel, an dem der Staat krankt, sondern mangelndes staatsbürgerliches Bewußtsein. Diese Einsicht, gepaart mit zeitbedingtem Optimismus, verleiht seiner Satire einen pragmatischen Ernst von Erziehungsarbeit, und sie tendiert darum eher zu Humor als zu Sarkasmus. Daß manche Mißstände der Gegenwart in der Zeit der Entdekkung und Eroberung Amerikas wurzeln, zeigen die historischen Schelmenromane *El falso Inca* (1905) und *Chamijo* (1930). P.s Dramen sind realistische Thesenstücke. *Sobre las ruinas* (1904) behandelt den Konflikt zwischen traditionalistischen und fort-

schrittlichen Tendenzen im bäuerlichen Milieu. *El triunfo de los otros* (1907) ist das Drama eines Intellektuellen, der als schlecht bezahlter anonymer Lohnschreiber seinen Auftraggebern zu gesellschaftlichem Erfolg verhilft.

Weitere Werke: Romane: *Antígona* (1885), *El capitán Vergara* (1925), *El mar dulce* (1927), *Los tesoros del Rey*; Erzählungen: *Scripta* (1887), *Novelas y fantasías* (1888), *Pago Chico* (1908), *Violines y toneles* (1908), *Nuevos cuentos de Pago Chico* (1929), *Cuentos del otro barrio* (1931); Theater: *Canción trágica* (1902), *Marcos Severi* (1905), *Vivir quiero conmigo* (1923), *Fuego en el rastrojo* (1925), *Alegría (1928), Mientraiga* (1937), *El diablo en Bélgica* (1953), *Teatro completo* (1956); Reiseberichte: *La Australia argentina* (1898), *En las tierras de Inti* (1909).

Literatur: R. Larra, *P., el novelista de la democracia.* BA ³1960. – G. García, *R. J. P.; testimonio de una vida y realidad de una literatura.* BA 1961. – W. G. Weyland, *R. J. P.* BA 1962. – E. González Lanuza, *Genio y figura de R. P.* BA 1965. – M. C. Leonard de Amaya, *R. J. P. y su tiempo.* BA 1974. – G. García, *El ciudadano P.* UNL/U, 91 (1978), 57-80. – R. H. Castagnino, *El teatro optimista de R. J. P.* In: R. G. Mead Jr. (Hg.), *Homenaje a Luis Alberto Sánchez.* Madrid 1983, 121-142.

Pérez Pardella, Agustín

* 8.4.1926 in Buenos Aires. Er war bis 1986 Schiffskommandant bei der arg. Handelsflotte. Für sein literarisches Œuvre erhielt er verschiedene Literaturpreise, u. a. den Premio Nacional für das Drama *Poncio Pilato* (1962). Sein erfolgreichstes und bestes Werk ist der Roman *El despelote* (1973). Arg. Geschichte und die Gegenwart der damaligen Militärdiktatur und Guerilla werden hier in einem turbulenten Handlungsgeflecht zueinander in Beziehung gesetzt. Aktuelle ethische Verkommenheit wird nicht nur dem herrschenden Militär, sondern auch der apathischen Bevölkerung angelastet. Aber diese moralistische Tendenz, die der Protagonist verkörpert und ausspricht, ist eher die Schwachstelle des Romans. Überzeugender sind seine sarkastisch-satirischen Passagen und die schnoddrig-unflätigen Dialoge der Jugendlichen. P. P., das zeigt auch sein übriges Werk, verfügt über eine breite Skala von Techniken und sprachlichen Registern, aber ähnlich wie E. ↑Sábato fühlt er sich zu oft zu mahnender und die Apokalypse prophezeiender Gestikulation berufen. In dem Roman *La asfixia viene del norte* (1972) beschwört P. P. die Gefahr des bras. Expansionismus, in *Cerro Corrá* (1977) die Tragik der Selbstvernichtung der Bevölkerung Paraguays unter Solano López, in *El ocaso del guerrero* (1983) den – ebenfalls tragischen – Heroismus des Generals Lavalle zur Zeit der Rosas-Diktatur.

Weitere Werke: Lyrik: *El hombre número veinte* (1952), *Palabra y sangre* (1959), *Suma de quebrados* (1972); Romane: *Lukas Mael* (1958), *Matar a su excelencia* (1974), *La difunta Correa* (1975), *Camila* (1983), *Cristo, los judíos y el César* (1991); Erzählungen: *El carro de Elías* (1968); Theater: *Judas* (1954), *Las siete muertes del general* (1964), *Savonarola. Strip-Tease. No matarás. La víspera del alma* (1967), *Los presidentes* (1971).

Piglia, Ricardo

* 1941 in Buenos Aires. Er studierte Geschichte in La Plata und war Assistent an der dortigen Universität bis zum Militärputsch von 1966, danach Asesor des Verlags »Tiempo Contemporáneo« und Mitherausgeber der Zeitschriften »Literatura y Sociedad« und »Los Libros« (1971-75) sowie Mitarbeiter von »Punto de Vista«. Er hat in diesen Zeitschriften Essays – u. a. über R. ↑Arlt, J. L. ↑Borges, D. ↑Viñas, nordam. Literatur – veröffentlicht, die ihn als einen der besten arg. Literaturkritiker ausweisen.

Die Verknüpfung von Fiktion und Literaturkritik ist eine der Konstanten seines literarischen Werkes. Der Kurzroman »Homenaje a Roberto Arlt« aus seinem 2. Erzählungsband *Nombre falso* (1975) überlagert zwei Ebenen: zum einen die mit der Spannung einer Kriminalgeschichte dargestellten philologischen Recherchen nach einem unbekannten Text Arlts, zum anderen diesen Text als Ergebnis der Recherchen und zugleich als potenzierte Fiktion. Nach einem ähnlichen Verschachtelungsprinzip, wenn auch vielschichtiger, ist der Roman *Respiración artificial* (1980) gestaltet: Der Schriftsteller Renzi sucht das Leben seines Onkels Maggi an Hand von Briefen und sonstigen Dokumenten zu rekonstruieren, während Maggi das Leben seines zwielichtigen Schwiegervaters Ossorio erforscht. Der zweite Romanteil beinhaltet vor allem die Diskussionen über Literatur, die Renzi mit verschiedenen Gesprächspartnern führt, darunter mit einem polnischen Exilanten, der von einem Treffen zwischen Kafka und Hitler berichtet. Die Auseinandersetzungen mit der arg. Geschichte und Literatur in Verbindung mit dem mehrfach variierten Thema der Suche verweisen auf den aktuellen Kontext bzw. auf die grundsätzliche Problematik der nationalen Identität.

Weitere Werke: Erzählungen: *La invasión* (1967), *Prisión perpetua* (1988).
Literatur: R. Echavarren, *La literariedad: ›Respiración artificial‹, de R. P.* RI, 49 (1983), 125, 997-1008. – M. Costa, *Entrevista con R. P.* HISPA, 15 (1986), 44, 39-54. – D. Balderston, *Latent Meanings in R. P.'s ›Respiración artificial‹ and Luis Gusmáns ›En el corazón de junio‹.* RCEH, 12 (1988), 2, 207-219.

Pizarnik, Alejandra
*29.4.1936 in Buenos Aires, †25.9.1972 (Selbstmord) ebd. Sie veröffentlichte Lyrik, lyrische Prosa und kürzere literaturkritische Aufsätze, u.a. über J. ↑Cortázar und O. ↑Paz. Ihre ersten Gedichtbände ordnen sich noch ein in das Panorama der um Modernität bemühten Lyriker aus dem Kreis der von R. G. ↑Aguirre herausgegebenen Zeitschrift »Poesía Buenos Aires«. Der von O. Paz mit einem dithyrambischen Vorwort versehene Band *Arbol de Diana* (1962) läßt dann jedoch eine dichterische Persönlichkeit erkennen, die in überzeugender Weise Existenz und Lyrik oder auch die Grenzen und Grenzüberschreitungen des Bewußtseins und die Grenzen des Zugriffs der Sprache auf die Realität miteinander in Verbindung bringt. Die Tonlage der Gedichte, die zumeist sehr kurz, fast epigrammatisch sind, verweist bei aller Breite der Thematik bereits auf ihr frei gewähltes Lebensende: »Leben, mein Leben, laß dich fallen, laß dich schmerzen, mein | Leben laß dich einfangen vom Feuer, vom Schweigen | der Einfalt, von grünen Steinen im Haus der| Nacht, laß dich fallen und schmerzen, mein Leben.« Die Übereinstimmung von »Tod, Angst und Liebe« erwächst aus unstillbarem Lebensdurst und aus dem »schönen Delirium« rauschhaft erfahrener, jedoch von unvermögender Erinnerung und Sprache bedrohter Visionen. In den folgenden Gedichtbänden werden diese Vorstellungen vertieft. Besonders ihr u.d.T. *Textos de sombra y últimos poemas* (1982) von O. Orozco und A. Becciú herausgegebener Nachlaß offenbart die Spannweite ihrer gefährdeten Genialität. Neben einigen ihrer ergreifendsten Gedichte, die oft nur noch aus wenigen Worten bestehen, enthält der Band Prosatexte aus den Jahren 1970/71, deren ironischer Humor und Wortwitz, bis hin zum obszönen Kalauer, eine sprudelnd übermütige Kreativität erkennen lassen.

Weitere Werke: Lyrik: *La tierra más ajena* (1955), *La última inocencia* (1956), *Las aventuras perdidas* (1958), *Los trabajos y las noches* (1965), *Extracción de la piedra de locura* (1968), *Los pequeños cantos* (1971), *El infierno musical* (1971), *Poemas* (1982); Prosa: *La condesa sangrienta* (1971).

Ausgabe: *Obra completa: prosa y poesía*. BA 1991.

Literatur: J. G. Cobo Borda, *La alegría de vivir*. BOG 1976, 63-80. – J. Gómez Paz, *Cuatro actitudes poéticas*. BA 1977, 9-47. – F. Lasarte, *Más allá del surrealismo: la poesía de A. P.* RI, 49 (1983), 125, 868-877. – T. Running, *The Poetry of A. P.* CHASQUI, 14 (1985), 2-3, 45-55. – I. Cámara, *Literatura o la política del juego en A. P.* RI, 51 (1985), 132-133, 581-589.

Pla, Roger

* 8.10.1912 in Rosario, † 30.6.1982 in Buenos Aires. Er war Journalist, vor allem Kunstkritiker, u.a. 1942-48 bei der Zeitung »El Mundo« von Buenos Aires, sowie Abteilungsleiter bei verschiedenen Verlagen. Literaturgeschichtlich relevant sind seine Romane, die ihn als einen der ersten arg. Autoren ausweisen, der nach dem Vorbild des modernen engl.-sprachigen Romans, von Joyce bis Faulkner, neue narrative Techniken erprobte sowie den Text selbst oder dessen Entstehung objektivierte. In P.s erstem, bereits 1942 abgeschlossenem Roman *Los Robinsones* (1946) werden zwei Handlungsebenen verknüpft: eine aktuelle, die sich über einige Monate der Jahre 1936/37 erstreckt, und eine erinnerte aus der Zeit um 1916. Die Protagonisten sind vier Freunde, die – auf der aktuellen Erzählebene – das Scheitern ihrer jugendlichen Ideale, die zugleich auch Mythisierung der Realität bedeuteten, feststellen müssen. Auch der wesentlich straffere, aus zwei sich überlagernden Perspektiven gestaltete Roman *Las brújulas muertas* (1960) handelt von Orientierungslosigkeit in einer Zeit des Umbruchs. Die Unfähigkeit, den hohen ethischen und kulturellen Ansprüchen seines gestorbenen Vaters gerecht zu werden, treibt den jugendlichen Protagonisten in die Selbstzerstörung. Sein Selbstmord ereignet sich im Zusammenhang mit der Bombardierung der arg. Hauptstadt durch antiperonistisches Militär (1955).

Weitere Werke: Romane: *El duelo* (1951), *Paño verde* (1956), *Intemperie* (1973); Kriminalroman: *El llanto de Némesis* (1975, unter dem Pseudonym Roger Ivonnes); Lyrik: *Objetivaciones* (1982); Theater: *Detrás del mueble* (1940); Essays (Auswahl): *Diderot y sus ideas sobre pintura* (1943), *Antonio Berni* (1945), *Gambartes* (1954), *Proposiciones: novela nueva y narrativa argentina* (1969).

Posse, Abel

* 1939 in Córdoba (Arg.) Ab 1959 studierte er Politologie in Paris, danach Literaturwissenschaft in Tübingen. Er ist Diplomat. 1968-71 lebte er in Moskau, danach in Jerusalem und Paris.

P.s literarische Qualitäten sind umstritten. Für einige Kritiker ist er die männliche Version der Trivialautorin S. ↑Bullrich; mehrere Literaturpreise, darunter der renommierte ven. Premio Rómulo Gallegos, den er 1987 erhielt, belegen gegenteilige Meinungen. P. hat bisher sechs umfangreichere Romane veröffentlicht, von denen besonders *Daimón* (1978) und *Los perros del paraíso* (1987) Beachtung verdienen. In beiden handelt es sich um Rekonstruktionen der Zeit der Entdeckung und Eroberung Amerikas durch die Spanier. In der Sichtweise des Autors wurden in jener Epoche die Strukturen der Macht- und Sozialverhältnisse in fataler Weise für die künftigen Jahrhunderte festgelegt. *Daimón* kreist um die Figur des Conquistadors Lope de Aguirre und verschiedene, bis in die Moderne reichende Metamorphosen desselben. (Die Tatsache, daß Aguirre bereits mehrfach Sujet von Romanen und Filmen gewesen ist, unterstreicht P.s Konzeption der ständigen Wiederkehr des Altbekannten.) In *Los perros del paraíso* bringt die Entdeckung nicht nur für die Indianer Unheil und Zerstörung mit sich, sondern sie wird auch für Kolumbus zur tragischen Erfahrung. Der imperiale Traum der Katholischen Könige, der europäische Rationalismus und Kapitalismus zwingen ihn und seine Mannschaft dazu, das zunächst mit Erstaunen wahrgenommene Paradies zu schänden und zu plündern. Die weiteren Romane P.s geben eher seinen Kritikern Recht. In *La boca del tigre* (1971) wird ein turbulentes Moskau mit seinen Exilspaniern und attraktiven Spioninnen von einem Erzähler erinnert, der sich in einem verwahrlosten Hotel in den mittelam. Tropen befindet. *Los demonios ocultos* (1988) ist der Versuch, den deutschen Nationalsozialismus mal ganz anders, nämlich von seinen esoterischen Hintergründen aus zu beleuchten. Besonders esoterisch ist der Romanschluß mit einer Nazi-Festung in den Anden, diversen Geheimdienstagenten und einem spektakulären Showdown Martin Bormanns ausgefallen.

Weitere Romane: *Los bogavantes* (1971), *La Reina del Plata* (1988).

Puig, Manuel

* 28.12.1932 in General Villegas/Buenos Aires, † 23.7.1990 in Cuernavaca. Ab 1951 studierte er Literaturwissenschaft an der Universität von Buenos Aires, ab 1956 als Stipendiat am Centro Sperimentale di Cinematografia in Rom. 1962 ging er nach New York, wo er seinen Lebensunterhalt als Flugscheinverkäufer verdiente und drei Jahre lang an seinem ersten Roman *La traición de Rita Hayworth* (BA 1968, endgültige Fassung 1976; dt. *Verraten von Rita Hayworth*, 1976) arbeitete. Dieses Werk, das zunächst von einem spanischen Verlag wegen »Obszönität« abgelehnt wurde, erzielte bald einen durchschlagenden internationalen Erfolg. Nach mehrjährigem Aufenthalt in seiner Heimat ging P. 1975 ins Exil, zunächst nach New York. Ab 1980 lebte er zumeist in Rio de Janeiro, zuletzt in Mexiko.

In seinem literarischen Debut *La traición de Rita Hayworth* ist das autobiographische Element unverkennbar: das Ambiente einer arg. Kleinstadt, die schon in der Kindheit entwickelte Leidenschaft für das Kino, die enge Mutterbindung etc. Doch in dem Maße, wie der Romanprotagonist auf der Suche nach einer eigenen Identität scheitert bzw. seine Fantasien und das ihm von der Umwelt aufgezwungene Rollenverhalten nicht mit seiner physischen und psychischen Realität in Einklang bringen kann, entrückt die Autobiographie in objektivierte Fiktion, verwirklicht sich der Autor P. Diese Homologie von Erzählstruktur und erzählter Welt zeichnet auch die folgenden Romane aus. *Boquitas pintadas* (1969; dt. *Der schönste Tango der Welt*, 1975) ein »folletín« – Fortsetzungsroman – gewinnt seine erstaunliche Aussagekraft vor allem durch die Zwischenräume des zumeist an Hand vorgefertigter Textmuster – Briefe, Tagebuchnotizen, Drehbuchangaben – verbal Konkretisierten. Auch hier handelt es sich um ein Psychogramm des Kleinbürgertums einer arg. Provinzstadt, dargestellt im Rahmen der Lebensgeschichten verschiedener Frauen und ihres potenten, schließlich an Tuberkulose sterbenden Liebhabers, wobei dem kleinbürgerlichen Haupthandlungsstrang eine proletarische Parallele zugeordnet wird, die in einem Eifersuchtsmord gipfelt. Als »Kriminalroman« hat P. *The Buenos Aires Affair* (1973) ausgegeben. Die Affäre ist die verquere Romanze einer einäugigen Künstlerin und ihres auf anderer Ebene fatal komplementär ausgestatteten Liebhabers. Die Verinnerlichung sexueller Rollen und die Orientierung an vorgegebenen Verhaltensmodellen ergeben auch hier das Puigsche Syndrom von Kommunikationsunfähigkeit, Selbstzerstörung, sexueller und kreativer Impotenz, wobei in diesem Werk die Inauthentizität einer Klasse in der kontinentalen Dimension der kulturellen Abhängigkeit von den USA dargestellt wird. Die hier bereits angesprochenen politischen Aspekte werden in *El beso de la mujer araña* (1976; dt. *Der Kuß der Spinnenfrau*, 1979) als handlungstragendes Element eingeholt. Der Dialog eines Homosexuellen und eines politischen Aktivisten während ihrer Haft in einem Gefängnis von Buenos Aires zur Zeit der Regierung Isabel Peróns führt diesmal zu wechselseitiger Selbsterkenntnis. Mit der ihm eigenen Ironie zeigt P. die Vereinbarkeit von politischem Bewußtsein und Begeisterung für kitschige Melodramen aus Hollywood. In *Pubis angelical* (1979; dt. *Die Engel von Hollywood*, 1981) werden mit der distanzierten Objektivität eines Drehbuchs drei Geschichten zueinander in Beziehung gesetzt: die der »schönsten Frau der Welt«, einer Hollywood-Schauspielerin der 30er Jahre (Hedy Lamarr?); die der krebskranken Ana in den 70ern; die von W 218, einer ihren obligatorischen Sexualdienst leistenden Rekrutin im 21. Jh. Gemeinsam ist den drei Frauenschicksalen, daß sie mittels ihres Körpers instrumentalisiert werden, ihr Körper gleichzeitig Gefängnis und exquisite Maschinerie im Dienste institutionalisierter Erotik ist. *Maldición eterna a quien lea estas páginas* (1980; dt. *Verdammt wer diese Zeilen liest*, 1992) greift wieder auf die Dialogtechnik von *El beso de la mujer araña* zurück. Neu ist der Hintergrund des Alltags von New York, nach P. »der schrecklichste Ort, wo die Leute die größten Schwierigkeiten haben zu kommunizieren«. Die Partner sind Ramírez, ein kranker Argentinier, und sein nordam. Pfleger Larry. Aus den manchmal schleppenden, oft durch Pausen unterbrochenen Gesprächen entstehen allmählich die Lebensgeschichten der beiden Personen, für die gleichwohl gegenseitiges Vertrauen unerreichbar bleibt. Auf Tonbandaufnahmen im Wechsel von Fragen und Antworten basiert *Sangre de amor correspondido* (1982; dt. *Herzblut erwiderter Liebe*, 1986). Der Befragte, ein bras. Maurer, der aus seinem Heimatdorf weggehen mußte, entwirft im Verlauf seiner widersprüchlichen, fantasievoll ausgeschmückten, manchmal unzusammenhängenden Aussagen das Wunschbild einer Lebensgeschichte. Die Hauptpersonen von P.s letztem Roman *Cae la noche tropical* (1988) sind zwei über 80 Jahre alte Schwestern, von denen die eine in Buenos Aires, die andere in Rio lebt. Ihre Gespräche führen in die Vergangenheit ihrer Familiengeschichten zurück und verknüpfen sich mit einer Gegenwartshandlung, in die Elemente eines Kriminalromans eingeflochten werden. P.s direkt für das Theater geschriebenes Stück *Bajo un manto de estrellas* (1983) behandelt das Thema gescheiterter Liebschaften im Rahmen einer Gegenwartshandlung, die eine identische Situation, die zwanzig Jahre zurückliegt, fast parodistisch wiederholt. Ironisch wird ein Happy End angedeutet: Die Tochter wird sich nur einige Tage und nicht das ganze Leben wie ihre Mutter über das Fortgehen des Geliebten grämen.

Weitere Werke: Filmdrehbücher: *La cara del villano. Recuerdo de Tijuana* (1985).

Literatur: J. A. Epple, *Bibliografía de M. P. y sobre él.* RIB, 28 (1978), 2, 165-168. – J. M. García Ramos, *La narrativa de M. P.* Santa Cruz de Tenerife 1982. – R. A. Campos, *Espejos. La textura cinemática en ›La traición de Rita Hayworth‹.* Madrid 1985. – R. Echavarren Welker/E. Giordano,

M. P., montaje y alteridad del sujeto. SCh 1986. – E. M. Muñoz, *El discurso utópico de la sexualidad en M. P.* Madrid 1987. – L. Kerr, *Suspended Fictions. Reading Novels by M. P.* Urbana, Chicago 1987. – N. Lavers, *Pop Culture into Art: the Novels of M. P.* Columbia, Miss. 1988. – J. Corbatta, *Mito personal y mitos colectivos en las novelas de M. P.* Madrid 1988. – P. B. Jessen, *La realidad en la novelística de M. P.* Madrid 1990.

Rivera, Andrés

* 1928 in Buenos Aires. Er war Textilarbeiter und zugleich Redakteur bei den Zeitschriften »Plática« (1953-57), »La Rosa Blindada« (1964) und »Revista de Problemas del Tercer Mundo« (1968). Er hat Romane und Erzählungen veröffentlicht, die vor allem das Arbeitermilieu behandeln. Sein erstes Werk ist der Roman *El precio* (1957). Die Haupthandlung schildert die Streikbewegung von 1953, als sich innerhalb der Arbeiterschaft gegenüber der korrupten peronistischen Gewerkschaftsspitze eine Opposition bildet. Der etwas langatmige, in seiner Authentizität jedoch überzeugende Roman entfesselte einen Skandal, da sich mehrere linke Intellektuelle in beleidigender Weise dargestellt sahen. Wesentlich straffer ist der nächste Roman *Los que no mueren* (1959), der gleichfalls im Milieu der Textilarbeiter spielt, jedoch die soziale und politische Problematik eher suggestiv aus dem Fabrikalltag und den zwischenmenschlichen Beziehungen entwickelt. Diese Tendenz zur Synthese, häufig erzielt mittels der Montage verschiedener Handlungen, zeichnet die meisten Erzählungen der Bände *Sol de sábado* (1962), *Cita* (1966), *El yuyo y la marcha* (1968) und *Ajuste de cuentas* (1972) aus, in denen die psychologische Dimension und die Thematik emotionaler Entfremdung in Zweierbeziehungen im Vordergrund stehen. Die arg. Geschichte aus der Sicht der namenlosen Opfer und Helden ist der thematische Rahmen der Erzählungen *Una lectura de la historia* (1982). Der historische Roman *La revolución es un sueño eterno* (1987) behandelt die Gestalt des arg. Politikers Juan José Castelli (1764-1812), der die Revolution von 1810 vorbereitete.

Weitere Werke: *En esta dulce tierra* (1984), *Apuestas* (1986).

Roffé, Reina

* 4.11.1951 in Buenos Aires. Sie studierte Journalistik und Literaturwissenschaft. Als Journalistin ist sie seit Beginn der 70er Jahre für verschiedene arg. Zeitungen und Zeitschriften – »La Opinión«, »Clarín«, »Crisis« u. a. – tätig gewesen. Seit 1988 lebt sie in Spanien. Sie hat bisher außer dem Essay *Juan Rulfo: Autobiografía armada* (1973) zwei mit Preisen ausgezeichnete und einen sogleich nach Erscheinen verbotenen Roman, *Monte de Venus* (1976), veröffentlicht. In diesem mit Zorn und Spannung geschriebenen Roman werden zwei Handlungen entwickelt, die sich aufeinander zubewegen: Einmal die Geschichte einer Gruppe jüngerer Frauen, die auf einer Abendschule zusammengewürfelt werden und in deren Beziehungen und Konflikte zunehmend das politische Geschehen in Argentinien in den Jahren 1972/73 hineinspielt. Die andere Handlungsebene, erzählt in der als »Tonbandaufzeichnung« begründeten Ich-Form, ist die Lebensgeschichte einer Lesbierin aus unterprivilegierten Verhältnissen, deren Weg in die Kriminalität als Konsequenz ihres Macho-Sexualverhaltens erscheint. R.s dritter Roman *La rompiente* (1987) ist ebenfalls polemisch, wenn auch auf eher literaturimmanenter Ebene bzw. einer experimentellen, das Erzählen thematisierenden Schreibweise, indem er die Erkennbarkeit der Erzählerstimmen und eine Handlungskohärenz verwei-

gert. Er bietet Fragmente, die sich aufeinander beziehen lassen: eine Reise, von der nur die Ankunft erzählt wird, die Wiedergabe eines »Romans«, der wiederum nur aus Fragmenten besteht durch jemanden, der zuvor »Hörer« der anderen Geschichte war, usw.

Weitere Werke: Roman: *Llamado al Puf* (1973); Interviews: *Espejo de escritores* (1984).

Rojas, Ricardo
* 16.9.1882 in Tucumán, † 29.7.1957 in Buenos Aires. Er kam 1899 nach Buenos Aires, wo er ein Jurastudium begann. 1903 brach er es ab und erklärte sich zum »freien und ewigen Studenten«. Er war danach journalistisch, ab 1909 als Universitätsprofessor für Philologie in La Plata tätig. 1913 übernahm er den von ihm geschaffenen Lehrstuhl für arg. Literatur in Buenos Aires und gründete das Institut für arg. Literatur, das unter seiner Leitung eine verdienstvolle Publikationstätigkeit entfaltete. 1926-30 war er Rektor der Universität von Buenos Aires; 1934, zur Zeit der Diktatur Justos, auf Feuerland inhaftiert.
R. hat ein halbes Jahrhundert lang das arg. Geistesleben in außerordentlichem Maße beeinflußt. Zwar sind seine Methodik oder auch manche mystischen Spekulationen nicht unangefochten geblieben, aber die Gesamtheit seiner Leistung ist nach wie vor respektabel. Die in seinem ersten größeren Essay *La restauración nacionalista* (1909) formulierten Gedanken der geschichtlichen Bestimmung Argentiniens bzw. Lateinamerikas – letzteres in *Eurindia* (1924) – ziehen sich durch sein gesamtes Werk als Literaturhistoriker, Essayist, Erzähler, Lyriker und Dramatiker. Sein monumentales Hauptwerk *La literatura argentina; ensayo filosófico sobre la evolución de la cultura en el Plata*, (1917-22, 4 Bde.) basiert auf der Vorstellung, daß Literatur kollektives Bewußtsein zum Ausdruck bringe und dieses durch die Landesnatur, Rasse, Sprache und Tradition determiniert sei. Im Unterschied zu H. Taine bzw. in Anlehnung an Hegel betont er das Vorhandensein einer die Geschichte jeder Nation vorantreibenden Idee, hier der »argentinidad«, die sich im Verlauf der literarischen Entwicklung im 19. Jh. gefestigt habe. Für den erfaßten Zeitraum ist das Werk, das mehrere Neuauflagen erlebte, nach wie vor eine der wichtigsten Quellensammlungen. Von R.' sonstigem Werk verdient noch besondere Hervorhebung die Sammlung von Märchen und Legenden aus Santiago del Estero, *El país de la selva* (1907).

Gesamtausgaben: *Obras*. BA 1922-29, 19 Bde. – *Obras completas*. BA 1947-53, 30 Bde.
Literatur: RI, 23 (1958), 46 (Sondernr.). – A. de la Guardia, *R. R., 1882-1957*. BA 1967. – J. O. Pickenhayn, *La obra literaria de R. R.* BA 1982. – A. Pagés Larraya, *R. R.: Literatura y espíritu nacional*. BAAL, 47 (1982), 185/6, 165-210.

Rozenmacher, Germán
* 26.3.1936 in Buenos Aires, † 6.8.1971 in Mar del Plata. Er war Journalist, ab 1969 Theaterkritiker bei der Illustrierten »Siete Días«. Er starb bei einer Gasexplosion.
R.s literarischer Ruhm gründet sich vor allem auf die Erzählungen der Bände *Cabecita negra* (1962) und *Los ojos del tigre* (1968). Es sind Annäherungen an die soziale und, vor allem im letzten Band, politische Wirklichkeit Argentiniens, in denen sich ein neues Verständnis von Realismus manifestiert, das zum einen offen bleibt für moderne Erzähltechniken, zum anderen auch Elemente des Fantastischen und Absurden einbezieht. R. bevorzugt Figuren und Schicksale der unteren Bevölkerungsschichten. Einige seiner besten Erzählungen wie »Tristezas de la

pieza de hotel« oder »Blues en la noche« behandeln das Ambiente der jüdischen Glaubensgemeinschaft in Buenos Aires, wobei R.s kritische Sicht vor allem bei der Orthodoxie Empörung auslöste. Auch sein Theaterstück *Réquiem para un viernes a la noche* (1964), das den allgemein zutreffenden Konflikt zwischen der jüdischen Einwanderergeneration und den in Argentinien geborenen Kindern hier im Rahmen einer Vater-Sohn-Konfrontation gestaltet, erregte großes Mißfallen. Die eigene politische Positionsbestimmung auf der Seite des revolutionären Flügels des Peronismus, das die atemberaubend dichte Titelerzählung von *Los ojos del tigre* durchblicken läßt, kommt auch in dem zusammen mit R. ↑Cossa u.a. verfaßten Theaterstück *El avión negro* (1970) zum Ausdruck. Unvollendet blieb ein weiteres Bühnenwerk R.s, *El caballero de Indias*.

Ausgabe: *Cuentos completos*. BA 1971.
Literatur: R. Halac, *El teatro de G. R. y la tensión entre el judaísmo y la revolución*. LOS LIBROS, 23 (1971), 24-26. – M. Morello-Frosch, *La ficción se historifica: Cortázar y R.* RCLL, 3 (1977), 5, 75-86.

Sábato, Ernesto

* 24.6.1911 in Rojas (Prov. Buenos Aires). Seine Eltern waren ital. Einwanderer. In La Plata besuchte er Schule und Universität. Nach der Promotion in Physik, 1938, setzte er als Stipendiat seine Studien am Massachusetts Institute of Technology fort und wurde 1939 Assistent, dann stellvertretender Professor am Physikalischen Institut der Universität von La Plata. 1945 brach er seine wissenschaftliche Karriere ab. 1947 erhielt er eine Anstellung bei der UNESCO in Paris, die er jedoch nur kurze Zeit wahrnahm. Nach dem Sturz Peróns war er Chefredakteur der offiziösen Zeitschrift »Mundo Argentino« und 1958, unter der Präsidentschaft Frondizis, Generaldirektor für kulturelle Beziehungen. 1983-84 leitete er die mit der Aufdeckung der Verbrechen der Militärdiktatur betraute staatliche Kommission CONADEP, von der die Dokumentation *Nunca más* (1986; dt. *Nie wieder*, 1987) herausgegeben wurde. 1984 erhielt er den span. Cervantes-Preis.

S. hat Essays und drei Romane veröffentlicht. Der weltweite Ruhm, den sie ihm verschafft haben, ist in Argentinien nicht völlig unangefochten. In der Tat wird man bei einer kritischen Hinterfragung der philosophischen Substanz seines Weltbildes, sei es im Zusammenhang mit Naturwissenschaft, Politik oder Ästhetik, eher *Common sense* als Systematik, eher elliptische Aphorismen als diskursive Argumentation vorfinden. Zugleich aber ist anzuerkennen, daß er »sein Schreiben ausnahmslos unter die selbstauferlegte und bewußte Verantwortung für das Geschick der Menschheit« stellt (G. Siebenmann). Dieser universale Anspruch mag auch erklären, daß in S.s Essays – bezeichnenderweise hat sein erster Band den Titel *Uno y el universo* (1945) – die nationale oder lateinam. Kultur nur selten angesprochen wird, sondern die europäische Literatur von der Romantik bis zum *Nouveau Roman* den Hauptgegenstand seines Interesses bilden. Sein erster Roman, *El túnel* (1948; dt. *Der Maler und das Fenster*, 1958; *Maria oder die Geschichte eines Verbrechens*, 1976), an dem A. Camus die »Trockenheit und Intensität« lobte, kreist um das Problem des Unvermögens zwischenmenschlicher Kommunikation. Dem intellektuell spekulativen Denken des in der Ich-Form berichtenden Malers Castel ist es verwehrt, in die geheimnisvolle Welt seiner Geliebten vorzudringen. Die enttäuschte Hoffnung, in der Liebe zu ihr seine Einsamkeit zu überwinden, bringt ihn dazu, sie zu töten. Ambitiöser angelegt ist der nächste Roman, *Sobre héroes y tumbas* (1961; dt. *Über Helden und Gräber*, 1967), dessen komplexe Sinngebung aus der Collagierung heterogener thematischer Elemente erwächst. Die Hauptperson ist, wie S. selbst angab, der aristokratische Fernando, der seiner Tochter Alejandra in inzestuöser Liebe verbunden ist. Aber abgesehen von seiner Selbstdarstellung im »Informe sobre ciegos«, einem fiebertraumartigen Bericht über sein Eindringen in das magische Reich der Blinden, ist er auf der Ebene des eigentlichen Handlungsverlaufs nicht präsent. Für den jungen Intellektuellen Martín bedeutet er eine unerforschliche Macht, die ihren Schatten über seine Liebe zu Alejandra wirft. Kontrapunktisch wird dem Hauptgeschehen die Schilderung von Flucht und Tod des historischen Generals Lavalle zur Zeit der Rosas-Diktatur zugeordnet. S.s bisher letzter Roman, *Abaddón, el exterminador* (1974; dt. *Abaddon*, 1980), gibt bereits im Titel, der auf die Apokalypse des Johannes-Evangeliums verweist, seinen totalisierenden Anspruch zu erkennen. Ausgangspunkt sind drei Geschehnisse, die die Dimensionen Himmel, Erde und Tiefe symbolisieren: Der Säufer Barragán sieht am Nachthimmel von Buenos Aires eine apokalyptische Erscheinung; Nacho, der seiner inzestuös geliebten Schwester auf der Straße auflauert, sieht diese mit einem reichen Liebhaber in einem Etablissement verschwinden; in den Kellern eines Polizeikommissariats wird der Student Marcelo zu Tode gefoltert. Auch diesmal wird durch Verflechtung der Handlungsstränge, kontrapunktische Einarbeitung dokumentarischer Texte, wie der Notizen aus Che ↑Guevaras *Bolivianischem Tagebuch*, sowie durch Einbeziehung des Autors und des Entstehungsprozesses des Textes in die Erzählung ein Höchstmaß an Komplexität erreicht. Wie S. erklärte, habe er *Abbadón* geschrieben, »damit das Martyrium von einigen Menschen sich nicht im Tumult und Chaos verliert«.

Ausgaben: *Obras de ficción*. BA 1966. – *Obras – Ensayos*. BA 1970.

Anschließende Werke: Essays: *Claves políticas* (1971), *La cultura en la encrucijada nacional* (1973), *Diálogos* (1976), *El escritor y la crisis contemporánea* (1976), *Apologías y rechazos* (1979), *Querido y remoto muchacho* (1990); Erzählungen: *Cuatro hombres de pueblo* (1980).

Literatur: G. Siebenmann, *E. S.* In: W. Eitel (Hg.), *Lateinamerikanische Literatur der Gegenwart*. Stuttgart 1978. – F. H. Uzal, *Nación, sionismo y masonería. Rectificaciones a E. S.* BA 1980. – T. Barrera López, *La estructura de ›Abaddón el exterminador‹*. Sevilla 1982. – J. I. Jimenes Grullón, *Anti-S., o, E. S., un escritor dominado por fantasmas*. STDO 1982. – L. Balkenende, *Aproximación a la novelística de S.* BA 1983. – *Homenaje a E. S.* CH, 391-3 (1983, Sondernr.). – G. Maturo u. a., *E. S. en la crisis de la modernidad*. Barcelona 1985. – F. Tokos, *E. S.: testigo y protagonista*. Madrid 1985. – M. Mayer, E. S.: *›Sobre héroes y tumbas‹*. BA 1986. – M. D. Petrea, *E. S.: la nada y la metafísica de la esperanza*. Madrid 1986. – C. Catania, *Genio y figura de E. S.* BA 1987. – N. Urbina, *Bibliografía crítica completa de E. S., con un índice temático*. RCLL, 14 (1988), 27, 177-222. – A. F. Seguí, *Lo psicopatológico en las novelas de E. S.* Frankfurt/M. 1988. – J. Küpper, *E. S.s ›Sobre héroes y tumbas‹: Das Geheimnis, der Fluch und die Historie*. I, 27/8 (1988), 184-220.

Sáenz, Dalmiro

* 13.6.1926 in Buenos Aires. Er war Innenarchitekt, Antiquitätenhändler bzw. Trödler, Rennfahrer, Leiter einer Literaturwerkstatt. Etliche Jahre lebte er als Schafzüchter in Patagonien, 1976-82 im Exil in Uruguay.

S. ist ein Außenseiter des offiziellen Literaturbetriebs, obwohl die meisten seiner Bücher – Erzählungsbände, Romane, Theaterstücke – relativ hohe Auflagen erreichten und einige auch prämiert wurden. Er ist zu respektlos, rebellisch, obszön und sensationalistisch. In seinen ersten Erzählungsbänden *Setenta veces siete* (1957, [8]1965) und *Treinta treinta* (1963) sind Gewalt und Sexualität, einschließlich Liebe, die thematischen Schwerpunkte. S. zielt ständig über den Text hinaus auf das Moralverständnis des Lesers und überläßt ihm, z.B. in der Titelgeschichte von *Treinta treinta*, das Urteil darüber, ob der kaltblütige, verliebte Mörder oder die feige und geldgierige Bevölkerung eines patagonischen Dorfes ethisch entschuldigt werden können. Während die gefeierte arg. Literatur die Normalität ins Fantastische übersetzt, macht S. zumeist das Gegenteil und projiziert Ungewöhnliches auf »Normalität«. Der vielleicht zu kurze Roman *Hay hambre dentro de tu pan* (1963) umfaßt als Ausgangssituation die Liebesbeziehung eines Mannes, dem seine Männlichkeit und die Macho-Ideologie seiner Umwelt zum Problem wird, zu einer lesbischen Frau. Mittels Mord, Verrat und Tod wird eine Normalität wiederhergestellt, die noch brüchiger ist als zu Beginn. S. hat immer wieder Grenzen überschritten. In *Vagabundia* (1969) schildert und belegt er durch Fotos seine Erlebnissse im Kloakensystem von Buenos Aires oder wie er als Leprakranker durch die Straßen flaniert, mit einem Schlachthofangestellten ein sportliches Messerduell ausficht und verliert, angebunden auf einem Auto eine Feuerwand durchfährt etc. Seine politisch brisantesten Bücher sind die Romane *Alto quien vive* (1972), in dem u.a. die Folterpraktiken der damaligen Militärdiktatur denunziert werden, und *El día que mataron a Alfonsín* (zus. mit Sergio Joselovsky, 1986, [10]1987). Der letztere, der Vorbereitung und Durchführung eines Attentats auf den damals amtierenden arg. Staatspräsidenten schildert, verbindet in komplexer Weise Soziologie, Parodie des mittelalterlichen Ritterromans und konkrete politische Anklage, von der auch Alfonsín nicht ausgenommen wird. Den Preis der kub. Casa de las Américas erhielt S. für sein Theaterstück *¡Hip ... hip ... ufa!* (1967), in dem der Humorist ebenso zur Geltung kommt wie in einem weiteren Theaterstück *¿Quién, yo?* (1970) oder in den dreisten Märchentravestien *Cuentos para niños pornográficos* (1973). Die Genese seiner bekanntesten Erzählungen schildert S. in *El oficio de escribir cuentos* (1968). Sein Roman *Cristo de pie* (1988, zus. mit Alberto Cormillot) ist eine das Neue Testament widerlegende Rekonstruktion des Lebens Christi auf der Grundlage der 1947 gefundenen Papyrusrollen von Qumran am Toten Meer.

Weitere Werke: Romane: *El pecado necesario* (1964), *El Argentinazo* (1983), *Sobre sus párpados abiertos caminaba una mosca* (1986); Theater: *Qwertyuiop* (1961); Erzählungen, Sonstiges: *Pequeño Lanusse ilustrado* (1972), *El que se muere pierde* (1971?), *Yo también fui un espermatozoide* (1968), *No* (1959), *Carta abierta a mi futura ex mujer* (1973, 1986), *Ese* (1982?), *Cuentos pornográficos para niños* (1983), *Acórdate de olvidar* (1984), *Un vagabundo llamado Dalmiro* (1985).

Saer, Juan José

* 28.6.1937 in Serodino/Santa Fe. Er studierte Jura und Philosophie und war ab 1962 Professor am Instituto de Cinematografía von Santa Fe. 1968 kam er dank eines Stipendiums nach Frankreich, wo er seither lebt. Er lehrt Literaturwissenschaft an der Universität von Rennes.

Erste Gedichte von S. erschienen schon von 1954 an in der Zeitschrift »El Litoral«. Seine lyrische Produktion ab 1960 erfaßt der Band *El arte de narrar* (1977), dessen paradoxer Titel darauf verweist, daß für S. das Erzählen im Zentrum seiner Konzeption von Literatur steht. Insofern ist sein Werk als

Autor von Erzählungen und Romanen von größerer Bedeutung, und es hat inzwischen im Rahmen der arg. Literatur ab 1960 als eins der künstlerisch solidesten Anerkennung gefunden. Drei Etappen läßt sein bisheriges Schaffen erkennen. Zur ersten, in der sich traditionelle Erzähltechnik mit sozialkritischen Inhalten verbindet, gehören die Erzählungsbände *En la zona* (1960), *Palo y hueso* (1965) sowie die Romane *Responso* (1964) und *La vuelta completa* (1966). Die zweite Etappe, die mit den Erzählungen *Unidad de lugar* (1967) einsetzt, ist gekennzeichnet durch eine zunehmende Objektivierung und Transparenz der Texte in bezug auf das Verhältnis von Realität und Sprache oder Dargestelltem und Darstellungsweise. Der Roman *Cicatrices* (1969) besteht aus vier voneinander unabhängigen Geschichten. Partielle inhaltliche Berührungen – ein Mord als symbolisches Opfer, ein 1. Mai als gemeinsame zeitliche Achse – verweisen auf das umfassende System des Romans, ohne jedoch dessen Mechanismen zu entschlüsseln. Das gleiche Prinzip, den Bruchstücken von Realität suggestiv eine weitere Dimension zuzuweisen, liegt auch dem Roman *El limonero real* (1974) zugrunde. Der Schauplatz ist – wie in *Cicatrices* und den meisten Erzählungen S.s – die ländliche Umgebung von Santa Fe. Den Handlungskern bildet ein Sylvesterfestessen von drei armen Fischern und deren Familien, das nach vielen Wechselfällen und Begebenheiten schließlich tatsächlich stattfindet. Das Anekdotische erscheint jedoch nicht als zielgerichteter, sondern zyklischer Ablauf, der in Umwelt und Verhalten der Personen wie auch in den Bildern und Symbolen des Textes zum Ausdruck kommt. Das gleiche Ambiente der Flußlandschaft und die gleiche Übereinstimmung von Leben und Text finden sich in *Nadie nada nunca* (1980), dessen Nicht-Handlung, die gleichwohl Spannung erzeugt, auf einen knappen Tag reduziert ist. Der Roman *Glosa* (1986) kann als Abschluß der zweiten Schaffensperiode angesehen werden. Expliziter als vorher geht es um die Problematik der Erinnerung und auch um das Verhältnis von – strukturalistischer – Literaturtheorie, Literatur und Wirklichkeit, die hier ein Fest symbolisiert, von dem der Erzähler, ein Mathematiker, nur den Bericht eines fragwürdigen Teilnehmers kennt. Die letzte Schaffensperiode ist die ausschweifend genüßlichen Erzählens, die bereits mit *El entenado* (1983) eingesetzt hat. Es ist die in der fiktiven Memoirenform des Schelmenromans abgefaßte Geschichte eines Spaniers vom Beginn des 16. Jh.s, der als Junge von den Indianern Argentiniens gefangengenommen, jedoch nicht, wie seine Kompatrioten, verspeist wird. In seinem späteren Leben vagabundiert er wieder durch Spanien, zeitweise als Mitglied einer Komödiantengruppe, von der seine Lebensgeschichte aufgeführt wird, bis er sich als Buchdrucker in Andalusien niederläßt. Auch der wegen seiner sprachlichen Kraft hoch gelobte Roman *La ocasión* (1988) ist imaginäre Gestaltung historischer Realität. Hauptsächlicher Schauplatz ist die arg. Pampa im 19. Jh., deren Mythen und Tragödien mit den Schicksalen und Beziehungen von drei Personen verwoben werden. Die zentrale Figur ist der Hypnotiseur Bianco, den eine »positivistische Verschwörung« aus Europa vertrieben hat. Die Zweifel an der Treue seiner jungen Frau werden zur Obsession, die zum Verlust seiner übernatürlichen Fähigkeiten führt.

Weitere Werke: Erzählungen: *La mayor* (1976).

Literatur: N. Jitrik, *Entre el corte y la continuidad hacia una escritura crítica*. RI, 44 (1978), 102-103, 99-109. – M. Stern, *El espacio intertextual en la narrativa de J. J. S.* RI, 49 (1983), 125, 965-981. – M. Stern, *J. J. S.: Construcción y teoría de la ficción narrativa.* HISPA, 13 (1984), 37, 15-30.

Sánchez, Néstor

* 1935 in Buenos Aires. Er hat als Journalist und Übersetzer gearbeitet und in Paris Filmwissenschaft studiert. Sein literarisches Werk umfaßt vier Romane, die allerdings von Anfang an den Konventionen dieser Gattung zu widersprechen suchen. Das Modell, dem er bis zur Diktion verpflichtet bleibt, ist J. ↑Cortázars *Rayuela*. Aber S. geht noch einige Schritte weiter. So verzichtet er bereits in *Nosotros dos* (1966) auf eine zusammenhängende bzw. rekonstruierbare Handlung, eindeutiger umrissene Charaktere oder sonstige Strukturen, die sich in logisch befriedigender Weise zu einem Sinn zusammenfügen. Ohne die Sprache durch lyrische Techniken zu verfremden, geht es ihm um eine Übertragung des spezifischen Verhältnisses von Lyrik und Realität auf die Ebene narrativer Fiktion. Die Materie, die er sprachlich zu »erarbeiten« sucht, ist die chaotische Vielschichtigkeit des Alltags. Umgekehrt ist es dann auch das Bewußtsein von dieser Vielschichtigkeit, das eine neue Sprachverwendung hervorbringt. Im ersten und auch noch im zweiten Roman *Siberia blues* (1967) ergibt sich eine gewisse Homogenität durch den Schauplatz Buenos Aires und die Atmosphäre von Melancholie, scheiternden Liebesbeziehungen, Musikbars und Tanzsalons von Buenos Aires. In den anderen Romanen *El amhor, los orsinis y la muerte* (1969) und *Cómico de la lengua* (1973) wird auch dieses traditionelle Relikt der vereinheitlichenden und unvermeidbar sinnstiftenden Atmosphäre getilgt. Letzterer ist sein kühnstes Werk. Die als Parodie aufzufassende Handlungsmixtur aus Welttourismus, Drogenkonsum, Guru-Erfahrungen etc. ist Anlaß einer ständigen Reflexion über Sprache und deren Einsatz im Sinne einer entideologisierten »Wiedererkennung« der Wirklichkeit.

Literatur: J. Rodríguez Padrón, *N. S.: Más allá de la novela.* CH, 97 (1974), 289-290, 457-464. – M. Gallo, *N. S.: paradoja del cómico de la lengua.* RI, 49 (1983), 125, 943-954.

Sarmiento, Domingo Faustino

* 15.2.1811 in San Juan, † 11.9.1888 in Asunción. Er entstammte einer Familie, die trotz illustrer Herkunft in bescheidenen Verhältnissen lebte. Vor dem Caudillo Facundo Quiroga muß er 1831 nach Chile fliehen, wo er seinen Lebensunterhalt als Lehrer, Ladenangestellter und Bergarbeiter verdient, dabei erkrankt und 1836 in seine Heimat zurückkehrt. Hier organisiert er die »Sociedad literaria«, eine Filiale der in Buenos Aires von den liberalen Intellektuellen um E. ↑Echeverría ins Leben gerufenen »Sociedad de Mayo«, gründet ein Mädchenpensionat und seine erste Zeitung »El Zonda«. Nach kurzer Zeit wird diese verboten, er selbst verhaftet und 1840 über die chil. Grenze abgeschoben. Während des neuen Exils entfaltet er als Publizist und Pädagoge große Aktivität. Er erweist sich bald als einer der heftigsten Gegner von Rosas, der wiederholt seine Auslieferung fordert. Vehement polemisiert er gegen den von A. ↑Bello vertretenen Sprachpurismus klassizistischer Prägung und entwickelt Gedanken zu einer romantisch-nationalen, engagierten Literatur. In diesen Rahmen gehören auch seine Bemühungen um eine Reform der Orthographie. Von dem späteren chil. Präsidenten M. Montt werden ihm 1842 Aufbau und Leitung der ersten lateinam. Lehrerbildungsanstalt übertragen. 1845-48 bereist er Europa, Nordafrika und Nordamerika. 1852 schließt er sich, ausgerüstet mit einer transportablen

Druckerei, als Propagandist und Berichterstatter dem Befreiungsheer Urquizas an. Meinungsverschiedenheiten mit Urquiza zwingen ihn, noch einmal das chil. Exil aufzusuchen, aus dem er 1855 zurückkehrt, um sich am Kampf gegen die Konföderierten zu beteiligen. 1862 wird er Gouverneur in seiner Heimatprovinz, 1865 Botschafter in den USA, 1868, in seiner Abwesenheit, zum Präsidenten gewählt. Nach Ablauf seiner Präsidentschaft bekleidet er noch weiter hohe Staatsämter u.a. als Innenminister und Superintendent des nationalen Erziehungswesens.

Wie keine andere Persönlichkeit hat S. das politische und geistige Leben Argentiniens noch über seinen Tod hinaus beeinflußt. So berufen sich bürgerliche Liberale, Sozialisten und Kommunisten auf seine Ideen und Aktivitäten. Demgegenüber haben Nationalisten aller Couleurs deren konkrete und ideologische Konsequenzen als fatal angeprangert. Seine 53bändige Werkausgabe belegt eine ungeheure Schaffenskraft. Den meisten seiner Schriften merkt man an, daß sie mit heißer Feder geschrieben und unverzüglich gedruckt wurden. Dennoch kommt auch in den von der Literaturgeschichte nicht verzeichneten Artikeln und Streitschriften – neben einer ziemlich egozentrischen Persönlichkeit – der ausdrucksstarke, originelle Sprachkünstler zum Vorschein. Seine literarisch schaffensreichste Epoche fällt in die Jahre seines zweiten chil. Exils. Was er später in konkreter Aktion – und gelegentlich mit erschreckender Härte – durchführt, seinen »Krieg mit der Barbarei und den Caudillos im Namen gesunder und realisierbarer Ideen«, das ist die Aufgabe, die er sich und der lateinam. Literatur überhaupt stellt. Sein erstes Hauptwerk ist der romanhafte Essay *Civilización y barbarie: Vida de Juan Facundo Quiroga* (1845; dt. Auszug *Facundo Quiroga*, 1911). Zusammengehalten wird dieser »gegen das Haupt des Tyrannen geschleuderte Felsbrocken«, wie er das Werk nennt, durch die Antithese von städtischer, europäischer Zivilisation gegen Kulturfeindlichkeit und blutrünstige Wildheit der Pampas, wie sie Quiroga und Rosas verkörpern. Den mittleren und umfangreichsten Teil des Essays nimmt die Biographie des ersteren ein, wobei es S. nicht nur gelingt, den Provinztyrannen als eine komplexe Persönlichkeit darzustellen, sondern auch dessen dämonische Faszination festzuhalten. Es ist ihm nicht schwer gefallen; wiederholt hat er seine Seelenverwandtschaft mit dem Caudillo festgestellt. Ein großer Teil seiner Schriften ist autobiographisch, was nicht zuletzt durch die Identifikation seines Schicksals mit dem des Vaterlandes erklärt und begründet wird. Als Fortsetzung von *Mi defensa* (1843), mit der er den Verleumdungen begegnet, die Rosas' Parteigänger über ihn verbreiten, schreibt er *Recuerdos de provincia* (1850). Der aggressive Polemiker und Pamphletist schildert hier in Tönen, die vom ernsten Sendungsbewußtsein bis zum humorvollen Realismus reichen, die Geschichte seiner Familie und sein häusliches Milieu. Exakte, lebhafte Beobachtungen mischen sich mit geschichtsphilosophischen Betrachtungen in seinen *Viajes por Europa, Africa y América* (1849-51). Seine Vorurteile gegenüber Spanien sieht er bestätigt, aber auch Frankreich, von den deutschen Staaten zu schweigen, ist ein Land der Armut, der Stagnation und sozialen Ungerechtigkeit. Fortschritt und Demokratie findet er in den USA verwirklicht. Er prangert zwar das rücksichtslose Gewinnstreben der US-Bürger an, ist jedoch so sehr Positivist, daß er darin den Preis für zivilisatorische Erfolge erblickt. Gegen Person und Politik Urquizas richten sich die dokumentarischen Aufzeichnungen, Anekdoten und Reflexionen von *Campaña en el ejército grande aliado de Sudamérica* (1852). In seinem Spätwerk *Conflictos y armonías de las razas en América* (1883) greift er noch einmal einige Grundgedanken des *Facundo* auf und entwickelt die Vision von einem von fleißigen Einwanderern und fruchtbaren Kreolinnen bevölkerten, in den internationalen Markt als Lieferant von Rohstoffen und Nahrungsmitteln integrierten Argentinien.

Ausgabe: *Obras*. SCh, BA, Paris 1889-1909, 53 Bde.
Literatur: D. W. Foster, *A bibliography of critical monographs and articles on D. F. S.* BB, 39 (1982), 1, 26-48. – N. Salomon, *Realidad, ideología y literatura en el »Facundo« de D. F. S.* Amsterdam 1984. – W. H. Katra, *D. F. S.: Public Writer, between 1839 and 1852*. Tempe, Arizona 1985. – D. E. Salazar, *La evolución de las ideas de D. F. S.* Somerville, NJ 1986. – RI, 54 (1988), 143 (Sondernr.). – CH, Complementarios, 3 (1989).

Scalabrini Ortiz, Raúl
* 14.1.1898 in Corrientes, † 30.5.1959 in Buenos Aires. Er studierte Naturwissenschaften in Buenos Aires und an der Sorbonne, war aber vor allem als Journalist tätig, u. a. bei »La Nación« und »El Mundo«, sowie als Herausgeber der Zeitungen »Señales« (1935/36) und »Reconquista« (1939), deren politische Tendenz mit dem von A. ↑Jauretches FORJA (Fuerza de Orientación de la Joven Argentina) vertretenen Antiimperialismus übereinstimmte und bald die Politik Peróns entscheidend beeinflußte. Die 1947 abgeschlossene Verstaatlichung der Eisenbahnen geht im wesentlichen auf S. O.' unermüdlich in der Presse und in mehreren Büchern propagierte Gleichsetzung von staatlicher Souveränität und Nationalisierung des Transportwesens zurück. Zugleich gelten seine polemischen Essays wie *Política británica en el Río de la Plata* (1936) als Ausgangspunkt des »historischen Revisionismus«, der von Publizisten wie Juan José Hernández Arregui, Rodolfo Puiggrós, Norberto Galasso u. a. aufgegriffen wurde und sich im linken Peronismus der 60er und 70er Jahre politisch manifestierte. Das meistgelesene Werk S. O.' ist sein Essay *El hombre que está solo y espera* (1931), in dem der aktuelle Prototyp des »Porteño«, des Mannes aus Buenos Aires, umrissen wird. Trotz einiger mystifizierender und soziologisch kaum überprüfbarer Aspekte durchbricht dieses gedankenreiche, stellenweise lyrisch verdichtete Buch die üblichen Klischees vom Argentinier.

Weitere Werke: Erzählungen: *La manga* (1923); Lyrik: *Tierra sin nada, tierra de profetas* (1946); Studien, Essays (Auswahl): *Los ferrocarriles, factor primordial de la independencia nacional* (1937), *Petróleo e imperialismo* (1938), *Historia de los Ferrocarriles Argentinos* (1940), *Yrigoyen y Perón* (1948), *El capital, el hombre y la propiedad en la vieja y nueva Constitución Argentina* (1948), *Perspectivas para una esperanza argentina* (1950).
Literatur: N. Galasso, *Vida de S. O.* BA 1970. – N. Lindstrom, *S. O.: El lenguaje del irracionalismo*. RI, 51 (1985), 130/1, 185-196.

Sebreli, Juan José
* 3.11.1930 in Buenos Aires. Er ist Übersetzer, Literaturkritiker und wohl der verhaßteste Essayist in Argentinien. In seinem ersten Buch *Martínez Estrada: una rebelión inútil* (1960) analysiert er den ideologischen und sozialen Hintergrund des linken Liberalismus E. ↑Martínez Estradas, der sich für S., der in ihm seinen Lehrer sah, als eine Anhäufung von Selbsttäuschungen und Illusionen entlarvt, die für eine revolutionäre Praxis untauglich seien. (Den ›Vatermord‹ an M. E. hatten allerdings schon die Autoren der Zeitschrift »Contorno«, D. ↑Viñas u. a., 1954 begangen.) Ein Bestseller wurde *Buenos Aires, vida cotidiana y aliena-*

ción (1964, [15]1979), der einerseits alle möglichen Tabuwächter, andererseits die Soziologen vom Fach auf den Plan rief, die ihm Eklektizismus und mangelnde Systematik vorwarfen. S. beschreibt in dem Werk nicht nur Wohnsituation, Wertmaßstäbe, wirtschaftliche Verhältnisse und sonstige soziologisch abgesicherte Bereiche, sondern auch Vorurteile, Manien, sexuelle Neigungen, Alltagsmythen usw. *Eva Perón, ¿aventurera o militante?* (1966) ist ein sozialpsychologischer, von Sympathie getragener Essay, der besonders wegen der entmythisierenden Darstellung der Beziehungen zwischen Eva und Juan D. Perón vielen Anhängern ein Ärgernis war. *Apogeo y ocaso de los Anchorena* (1972) untersucht bis in die Kolonialzeit zurück die politische Anpassungsfähigkeit eines der reichsten Clans von Argentinien. Die (neo-) marxistische Position, die S. immer eingenommen hat, wird auch in *Tercer mundo, mito burgués* (1975) beibehalten, allerdings werden die revolutionären Lösungen, für die die sozialistischen Staaten das Modell abgaben, mit Skepsis betrachtet.

Weitere Werke: *Mar del Plata; el ocio represivo* (1970), *Fútbol y masa* (1981), *Los deseos imaginarios del peronismo* (1983), *El riesgo de pensar: ensayos, 1950-1984* (1984), *El asedio a la modernidad. Critica del relativismo cultural* (1991).
Literatur: M. L. Bastos, *»Contorno«, »Ciudad«, »Gaceta Literaria«: tres enfoques de una realidad.* HISPA, 2 (1973), 4/5, 49-64.

Sicardi, Francisco (Anselmo)
* 1.4.1856 in Buenos Aires, † 8.6.1927 ebd. Er war Pharmazeut und Mediziner. Während der Cholera-Epidemie von 1886 leitete er ein Lazarett. 1910 gab er seine Arztpraxis, 1914 seinen Medizinlehrstuhl auf, den er seit 1890 innehatte.
Sein bedeutendstes literarisches Werk ist der 5bändige Romanzyklus *Libro extraño* (1894-1902), der seinerzeit ebenso heftig geschmäht wie gelobt wurde. Ersteres von L. ↑Lugones, letzteres von L. V. ↑Mansilla oder R. ↑Darío, für den es eins der »ungewöhnlichsten und ausgefallensten« Werke der span.-sprachigen Literatur war. Nach der Neuauflage (Barcelona 1910, 2 Bde.) geriet es jedoch bald in Vergessenheit und fand erst seit den 60er Jahren wieder Beachtung. S. vermischt in dem Werk naturalistische Techniken und Prinzipien mit den aus der frz. Romantik stammenden Motiven weltflüchtender Dekadenz, die etwa in der Haltlosigkeit der Hauptpersonen Carlos Méndez – der manche autobiographischen Züge aufweist – und seines Sohnes Ricardo zum Ausdruck kommt. Insgesamt sind es drei Generationen dieser bürgerlichen Familie von Buenos Aires, die die Handlung umfaßt. Außerdem bevölkern den Roman zahlreiche weitere Gestalten aus den unterschiedlichsten Gesellschaftsschichten bis hin zu Vertretern von Randgruppen aus den Vororten oder des Verbrechermilieus. Bei allem Bemühen um Objektivität schlagen immer wieder konservative Vorurteile durch, die sich bei S. allerdings auf die Anarchisten konzentrieren, während die meisten anderen Romanautoren der Zeit – J. ↑Martel, E. ↑Cambaceres u. a. – generell die Einwanderer für den Untergang der alten Ordnung verantwortlich machen. In der Gesamtheit seines Handlungsgeflechts weist das monumentale Werk Sprünge und Inkonsequenzen auf, unaufgelöst bleibt auch der Widerspruch zwischen Fortschrittsglauben und Konservativismus, dennoch besitzt das »seltsame Buch« genügend Qualitäten – Farbigkeit der Darstellung und Sprache, gelungene satirische Passagen, scharfsinnige psychologische Beobachtungen –, um über seinen dokumentarischen Wert hinaus Interesse zu beanspruchen.

Weitere Werke: Roman : *Perdida* (1911); Lyrik: *La inquietud humana* (1912), *La canción del insomnio* (1918); Theater (Ausgabe): *Teatro* (1919); Essay: *Horas de evolución* (1938).

Literatur: E. Napolitano, *F. S.* BA 1942. – A. Posadas, *El ›Libro extraño‹ de S.* BA 1968. – M. C. Graña, *Dialéctica y populismo en ›Hacia la justicia‹ de F. S.* QLL, 9 (1984), 103-112.

Soriano, Osvaldo

* 6.1.1943 in Mar del Plata. Journalist. 1976 mußte er ins Exil gehen, lebte zunächst in Brüssel, dann in Paris. 1983 kehrte er nach Buenos Aires zurück. Er arbeitete für die Tageszeitung »Clarín« und war 1984 neben E. ↑Galeano Mitherausgeber der nach 10jähriger Unterbrechung wieder erschienenen Kulturzeitschrift »Crisis«.

S. hat bisher fünf Romane publiziert, die mit zunehmender Meisterschaft schwarzen Humor, atemberaubende Spannung und unsentimentales Mitgefühl mit seinen tragikomischen Helden verbinden. *Triste, solitario y final* (1974, dt. *Traurig, einsam und endgültig*, 1978) konfrontiert das moderne, brutale Hollywood mit den Mythen der Stummfilmzeit – Laurel, Hardy, Chaplin – im Rahmen einer Handlung, die Nachahmung und satirische Parodie der Kriminalromane R. Chandlers ist. Eine imaginäre arg. Provinzstadt ist Schauplatz von *No habrá más penas ni olvido* (1980). Die blutigen Auseinandersetzungen zwischen rechten und linken Peronisten 1973/74 werden in einer einen Tag umfassenden Handlung komprimiert. Den gleichen Schauplatz zur Zeit des Terrors der Militärdiktatur nach 1976 hat *Cuarteles de invierno* (1982, dt. *Winterquartiere*, 1984, später *Das Autogramm*, 1986). Ein Tangosänger und ein Boxer sind die Slapstick-Helden in einem Szenarium institutionalisierter Unmenschlichkeit. *A sus plantas rendido un león* (1986; dt. *Der Koffer oder die Revolution der Gorillas*, 1990) ist eine turbulente Polit-Farce. Hauptschauplatz ist der afrik. Staat »Bongwutsi«. Wie der Titel, ein Zitat aus der arg. Nationalhymne, andeutet, geht es um die Beziehungen zwischen England und Argentinien zur Zeit des Malwinen-Kriegs. Die quijoteske Hauptperson, ein falscher arg. Konsul, der ein Verhältnis mit der Frau des Botschafters von Großbritannien hat, wird unter anderem auch in die Invasion eines revolutionären Affenheeres verstrickt. *Una sombra ya pronto serás* (1990), ein Roman, in dem S. erstmals die Ich-Form verwendet, behandelt die Rückkehr eines exilierten Informatikers, der sich auf einmal mittellos in der arg. Pampa wiederfindet und Bekanntschaft mit einer Vielzahl von gescheiterten oder exzentrischen Gestalten macht. Ein weiteres Werk S.s in Buchform, *Artistas, locos y criminales* (1983) enthält Reportagen für die arg. Zeitung »La Opinión« aus den Jahren 1972-74. *Rebeldes, soñadores y fugitivos* (1987) ist eine Sammlung von Zeitungsartikeln und Erzählungen.

Literatur: A. Riccio, *O. S.* BELF, 37 (1982), 2, 157-170. – N. Catelli, *Ni penas, ni olvido: Entrevista con O. S.* QUIMERA, 29 (1983), 26-31. – C. S. Mathieu, *La realidad tragicómica de O. S.* CHASQUI, 17 (1988), 1, 85-91. – L. Padura Fuentes, *S., domador de leones.* CDLA, 167 (1988), 153-155. – M. Giacomino, *Espacios de soledad. Entrevista con O. S.* QUIMERA, 89 (1989), 44-52.

Storni, Alfonsina

* 29.5.1892 in Sala Capriasca (ital. Schweiz), †25.10.1938 (Selbstmord) in Mar del Plata. Mit ihren Eltern lebte sie bis 1896 im Tessin, dann kehrte die Familie nach San Juan in Argentinien zurück, wo die Stornis eine Fabrik besaßen. Das vernachlässigte Unternehmen machte 1900 Bankrott. 1907 rei-

ste sie als Schauspielerin mit einer Truppe durch Argentinien, entschied sich jedoch bald für eine Ausbildung als Lehrerin. 1911 begann sie in Rosario zu unterrichten. Als sie ein uneheliches Kind erwartete, begab sie sich nach Buenos Aires. Mit verschiedenen Büroarbeiten sorgte sie für ihren Lebensunterhalt und den ihres Sohnes. Ab 1917 verbesserten sich ihre wirtschaftlichen Verhältnisse. Sie wurde Leiterin eines Privatinternats, Mitarbeiterin u.a. von »Nosotros«, »Atlántida«, »La Nación« und erhielt 1920 den 2. Premio Nacional für den Gedichtband *Languidez.* 1921 übernahm sie eine Dozentur am Kindertheater Lavardén, 1923 an einer Fremdsprachenhochschule. Zweimal, 1930 und 32, reiste sie nach Europa. Unheilbar krebskrank nahm sie sich im Meer das Leben.

Ihre vier ersten Gedichtbände sind Ausdruck einer ebenso leidenschaftlichen Sehnsucht nach Liebe wie eines vehementen Protestes gegen die patriarchalische Gesellschaftsordnung: »Ich bin dem Durchschnitt der Männer, die mich umgeben, überlegen; physisch, als Frau, bin ich ihre Sklavin, ihr Modell, ihre Tonerde. Frei kann ich ihn nicht lieben: zu groß ist mein Stolz, um mich zu unterwerfen ... Der Schmerz über mein Drama ist in mir stärker als der Wunsch zu singen.« Modernistische Schwäne, Edelsteine und Chinoiserien finden sich noch im ersten Gedichtband *La inquietud del rosal* (1916). Bezeichnend für ihr widersprüchliches Wesen ist der Kontrast zwischen einer kämpferischen Herausforderung der Umwelt und einem vagen Idealismus. Ihre Rebellion gegen Konventionen und Vulgarität der Umwelt setzt sie mit perfekteren Mitteln in *El dulce daño* (1918) fort. Größtenteils enthält dieser Band Liebesgedichte, deren Sinnlichkeit durchsichtig bleibt für ein fast schon verzweifelt erhofftes Ideal. Der manchmal angedeutete Pessimismus gewinnt fatalistische Züge in *Irremediablemente* (1919). »Meine Augen haben Tränen und Bitten verloren: | Es war mein Schicksal.« Liebe ist nur als Enttäuschung erfahren worden. *Languidez* (1920) schließt mit wehmütigen Kindheitserinnerungen und ungelösten Fragen eine Periode ab. *Ocre* (1925) wird von vielen als Höhepunkt ihres Schaffens bewertet. Die Dichterin ist hier nicht mehr Protagonist, sondern Zuschauer und betrachtet die alte Thematik teils mit Resignation, oft auch mit Ironie. Erst mehrere Jahre später erscheint ein neuer Gedichtband *Mundo de siete pozos* (1934). Hier ist die Sprache symbolhaft und abstrakt geworden. Die hervorstechende Note ist ein grundsätzlicher Pessimismus. Die Welt, wie sie sie jetzt darstellt, ist kalt und bedrohlich. Selbst der Mond ist farblos und wird zur Pappdekoration. Wie in ihrem letzten Werk *Mascarilla y trébol* (1938), das aus 52 verschlüsselten »Anti-Sonetten« besteht, hat die Problematik der Kunst das emotionale Engagement ersetzt.

Weitere Werke: Kurzroman: *Historia de un alma elegante* (1919); Theater: *El amo del mundo* (1927), *Dos farsas pirotécnicas* (1931), *Teatro infantil* (1950); lyr. Prosa: *Poemas de amor* (1926).

Ausgaben: *Verwandle die Füße.* Zürich 1959 (Ausw. span., dt.). – *Obra poética completa.* Pról. J.J. Lastra. BA 1961. – *Obras escogidas.* BA 1984, 2 Bde.

Literatur: L. Pérez Blanco, *La poesía de A.S.* Madrid 1975. – R. Philipps, *A. S.: from poetess to poet.* London 1975. – C. A. Andreola, *A.S.: vida talento – soledad.* BA 1976. – M. Figueras/M. T. Martínez, *A.S.; análisis de poemas y antología.* MON 1979. – S. Jones, *A. S.* New York 1979. – E.P. Mocega-González, *La resignada rebeldía en la poesía de A.S.* ALH, 9 (1981), 10, 189-200. – G. Kirkpatrick, *A.S.: ›Aquel micromundo poético‹.* MLN, 99 (1984), 2, 386-393. – J.G. Titiev, *The Poetry of Dying in A.S.'s Last Book.* H, 68 (1985), 3, 467-473. – C.R. Perricone, *A Bibliographic Ap-*

proach to the Study of Latin American Women Poets. H, 71 (1988), 2, 279-289. – J. Delgado, *A. S.: una biografía*. BA 1990.

Talesnik, Ricardo

* 25.12. 1935 in Buenos Aires. Internationalen Erfolg hatte er mit seinem ersten Theaterstück *La fiaca* (1967, 1968 verfilmt). Es ist das – groteske – Drama eines Mannes, der sich an einem Montagmorgen entscheidet, nicht zur Arbeit zu gehen und damit die Empörung seiner Umwelt provoziert. Wie auch in T.s weiteren Stücken ist das zentrale Thema die Angst vor dem Leben, dem Tod und dem Alleinsein. Zugleich besitzen seine Gestalten genügend Humor und Egoismus, um ihre Konflikte und Frustrationen durchzustehen oder, wie in dem Einpersonenstück *Solita y sola* (1972), zu überwinden. Die Sparsamkeit der theatralischen Mittel in diesem Werk setzt sich fort in *Traylesnik* (1974), in dem Kommunikation fast nur noch pantomimisch erfolgt. Während in den Satiren *Cien veces no debo* (1972), *Los japoneses no esperan* (1973) oder in der Musikkomödie *El chucho, una historieta musical* (1976) Wertvorstellungen und Konventionen der arg. Gesellschaft kritisch hinterfragt werden, treten ab *Cómo ser una buena madre* (1977) Probleme des Individuums in den Vordergrund.

Weitere Werke: *El avión negro* (1970, zus. mit R. Cossa, G. Rozenmacher u. C. Somigliana), *Yo la escribo y yo la vendo* (1979), *Casi un hombre* (1979).
Ausgabe: *Teatro: La fiaca; Cien veces no debo (nueva versión)*. Ottawa 1980.

Tejada Gómez, Armando

* 1929 in Mendoza. In seiner Jugend war er Schuhputzer und Landarbeiter. Als Lyriker hat er sich auch außerhalb Argentiniens einen Namen gemacht, u.a. erhielt sein Gedichtband *Canto popular de las comidas* (1974) den Preis der kub. Casa de las Américas. Außerdem sind mehrere seiner Gedichte – auch von ihm selbst – vertont worden und gehören zum Repertoire von O. Matus, Mercedes Sosa u.a. Schon von seinem ersten Gedichtband *Pachamama* (1955) an ergibt sich aus T. G.' Verwurzelung in den Traditionen der populären Dichtung der andinen Region eine besondere Stimmungslage und Intensität. Es geht ihm nicht um objektivierende Vermittlung eines besonderen sozialen und kulturellen Universums, sondern um den Ausdruck eines kollektiven Lebensgefühls, für das die Vergangenheit noch lebendig ist. Das verleiht auch seiner sozialen Anklage zumeist überzeugende Echtheit: Es sind nicht metaphorisierte Parteiprogramme, sondern über Jahrhunderte hinweg konkret empfundene Schmerzen und Wut, die zum Ausdruck gebracht werden, was aber sarkastischen oder pikaresken Humor nicht ausschließt. Auch bei T. G.' üppiger Metaphorik ist zum einen die Tradition anonymer »Coplas« und »Tonadas« herauszuhören, zum anderen erwächst sie aus erlebter Umwelt und weist auf sie zurück. Charakteristisch für viele Gedichte, gelegentlich auch für ganze Bände wie *Ahí va Lucas Romero* (1963, [4]1984) oder den ersten Teil von *Canto popular des las comidas* ist die Tendenz zur Episierung bzw. Gestaltung von Einzelschicksalen, in denen zwar allgemeine Geschichte erkennbar wird, aber auch die Individualität erhalten bleibt.

Weitere Werke: *Tonadas de la piel* (1956), *Antología de Juan* (1958, [6]1988), *Los compadres del horizonte* (1963), *Tonadas para usar* (1967), *Profeta en su tierra* (1968), *Amanecer bajo los puentes* (1971), *Toda la piel de América* (1984), *Historia de tu ausencia* (1985), *Bajo estado de sangre* (1986).
Literatur: R. Hernández Novas, *El canto popular de las comidas*. CDLA, 15 (1974), 85, 147-151. – C. Marval, *Lirismo realista*. NE, 16 (1980), 76-77.

Tiempo, César

*3.3.1906 in Dnjepropetrowsk (früher Ekaterinoslaw, Ukraine), †24.10. 1980 in Buenos Aires. Eigtl. Israel Zeitlin. Er kam als Kind mit seinen Eltern nach Buenos Aires. Bereits in den 20er Jahren war er aktiv am literarischen Leben beteiligt. Zusammen mit Pedro-Juan Vignale gab er eine Anthologie heraus, *Exposición de la actual poesía argentina* (1927), die als die wichtigste Dokumentation jener Epoche anzusehen ist. Sie verzeichnet sowohl sämtliche avantgardistischen als auch sozialkritischen Dichter der »Boedo-Gruppe«. Berühmt aber war T. bereits durch einen von ihm selbst bald aufgedeckten Literaturbetrug, als er – im »Boedo«-Verlag »Claridad« – unter dem Autorinnennamen Clara Beter den Band *Versos de una...* (1926) veröffentlichte. Die apokryphen Gedichte einer Prostituierten waren außerordentlich erfolgreich, und manche Leser fanden sich zur Heirat mit der sensiblen Autorin bereit. Das Theaterstück *Clara Beter vive* (1941) thematisiert die Reaktionen des Publikums. Von den 30er Jahren an war T. vor allem als Journalist, Filmschauspieler und Drehbuchautor – von ca. 60 Filmen – tätig. Zeitweise war er Chefredakteur der Kulturbeilagen von »La Vanguardia«, »Crítica«, »El Sol« »La Prensa«. Von T.s weiterem literarischen Werk verdienen zum einen besondere Hervorhebung die Gedichtbände *Sabatión argentino* (1933), *Sábadomingo* (1938, 1966) und *Sábado pleno* (1955), in denen er Lebensumstände und Kultur der Juden in Buenos Aires behandelt, zum anderen seine internationalen Autoren- und Künstlerporträts: *Yo hablé con Toscanini* (1941), *Moravia, Vivian Wilde & Cía.* (1953), *Protagonistas* (1954), *Capturas recomendadas* (1978).

Weitere Werke: Lyrik: *Poesías completas* (1979); Theater: *El teatro soy yo* (1933), *Alfarda* (1935), *Pan criollo* (1937), *Zazá porteña* (1945), *La dama de las comedias* (1951), *El lustrador de manzanas* (1960); Essays: *La campaña antisemita* (1935), *Máscaras y caras* (?), *Vida de Berta Singermann* (?), *El último romance de Gardel* (1975).

Literatur: N. Lindstrom, *Avant-garde / Proletarian / Jewish / Christian Balances in Two Poems by C. T.* HJ, 4 (1983), 2, 85-98. – N. Lindstrom, *›Sabatión argentino‹: Poetry of Jewish Cultural Possibilities.* REHPR, 290 (1986), 3, 81-95.

Tizón, Héctor

*21.10.1929 in Yala/Jujuy. 1949-53 studierte er Jura in La Plata und kehrte wieder nach Jujuy zurück. 1956 gründete er mit einigen Dichtern der Provinz die Zeitschrift »Tarja«. 1958 kam er als Kulturattaché nach Mexiko, 1960 als Konsul nach Mailand. 1962 schied er aus dem diplomatischen Dienst und eröffnete, nachdem er in Jujuy kurze Zeit Minister war, in Yala wieder eine Anwaltspraxis. Zur Zeit der Militärdiktatur ab 1976 lebte er im Exil in Europa. 1983 kehrte er nach Yala zurück.

T. hat Romane und Erzählungen veröffentlicht, die sich auf die Menschen, Geschichte und Landschaften seiner Heimatprovinz Jujuy, im äußersten Nordwesten Argentiniens konzentrieren. In vielen Zügen erinnert diese Welt der erloschenen Dörfer, der ständigen Präsenz des Todes, der in Resignation versunkenen Menschen an das literarische Universum J. ↑Rulfos, dessen Einfluß auch in den ersten Erzählungen T.s, *A un costado de los rieles* (ME 1960) spürbar sein mag, wenn man von der Übereinstimmung der realen sozioökonomischen Gegebenheiten absieht. In den genannten Erzählungen und denen der weiteren Bände besteht die Gegenwart aus Fragmenten der Vergangenheit und flüchtigen oder bedrohlichen Manifestationen der Neuzeit. Die geschichtliche und geographische Marginalität findet ihre Entsprechung in den Menschen, die in den Dörfern zurückbleiben: alte Frauen, Bettler, Irre, Taube oder Taubstumme. Handelt es sich um Angehörige der besitzenden Klasse, sind sie in ähnlicher Weise von Einsamkeit und Verzweiflung stigmatisiert. Wie auch in seinen Romanen hat T. in den Erzählungen eine Sprache geschaffen, die in ihrer Mischung aus Archaismen, dialektalen Wendungen der Region, lyrischen Sentenzen und Einsprengseln des Quechua eine homogene Atmosphäre erzeugt. T.s Romane sind Teile eines Projekts, das die Geschichte Jujuys in drei Zyklen erfassen soll. *Fuego en Casabindo* (1969) spielt zur Zeit eines Bauernaufstands um 1875 und ist die in einem populären Mythos verankerte Geschichte eines durch einen Lanzenstich ins Auge getöteten Mannes, der noch einmal seinen Gegner sehen muß, bevor beide Erlösung finden können. Auch in dem zeitlich wenig später situierten *El cantar del profeta y el bandido* (1972) verschmelzen mythische Elemente, archaische Ehrbegriffe und ein fast schon gespenstisches Panorama von Armut und Verödung. Die Handlung von *Sota de bastos, caballo de espadas* (1975) ist der chronologische Beginn der geplanten Zyklen. Der umfangreiche Roman umfaßt in seinem ersten Teil die letzten Jahrzehnte des 18. Jh.s, der zweite Teil läßt sich auf das Jahr 1812 datieren, als der im Roman nicht namentlich identifizierte arg. General M. Belgrano in seinem Kampf gegen die Truppen der span. Kolonialmacht in Jujuy die Taktik der verbrannten Erde und den Exodus der Bevölkerung anordnete. Es geht T. jedoch nicht um eine Rekonstruktion der Geschehnisse im Sinne der offiziellen Historiographie, sondern um die Verlebendigung der Erfahrungen eines Kollektivs, die von diesem noch bruchstückhaft erinnert werden und deren Auswirkungen bis in die Gegenwart reichen. Insofern verschwimmen auch die zeitlichen Konturen der Personen, fügen sich Episoden, die schon bekannt sind, zu neuen Szenarien zusammen. Bei aller traumhaften Irrealität der zunehmend von Gewalt, Verwüstung und Tod geprägten Gesamtstimmung ist die Darstellung des Lebensraums außerordentlich konkret und gewinnen einige Personen eine komplexe Größe wie etwa jene wortkarge, charakterstarke Teotilde, die den gesamten ersten Romanteil auszufüllen scheint, obwohl ihre Rolle im Handlungsgeflecht eher passiv ist. Manche Episoden sind von einem tiefsinnigen, manchmal absurden, manchmal tragischen Humor durchdrungen, wenn etwa die von ihrem verschuldeten Vater als Mädchen verkaufte Teotilde in vorgerückten Ehejahren die Bordellschulden ihres Mannes begleicht, oder ein verwundeter Offizier erst seine abgeschossene Hand begräbt und dann vergeblich versucht, sich selbst aufzuhängen, was für ihn angesichts seines weiteren Schicksals, als er von den Spaniern, die ihn mit einem anderen Aufständischen verwechseln, gefangengenommen und zu Tode gefoltert wird, fast ein Happy End gewesen wäre.

Weitere Werke: Erzählungen: *El jactancioso y la bella* (1972), *El traidor venerado* (1978), *Recuento* (1984); Romane: *La casa y el viento* (1984), *El hombre que llegó a un pueblo* (1988).

Literatur: C. Real, *La narrativa de H. T.: Una epopeya de la derrota*. CH, 380 (1982), 419-431. – L. Fleming, *Una literatura del interior: el noroeste argentino*. CH, 408 (1984), 132-145. – C. Manzoni, ›*El traidor venerado*‹, *de H. T.* CH, 417 (1985), 160-165. – L. Fleming Figueroa, *Diseños estructurales en los cuentos de H. T.* ALH, 14 (1985), 119-135. – Dies., *Un aspecto de la narrativa de H. T.* ALH, 16 (1987), 111-116. – S. Iparraguirre, *H. T.: La historia latinoamericana como antiépica*. CH, 479 (1990), 125-129.

Traba, Marta

* 1930 in Buenos Aires. † 27.11.1983 Barajas, Madrid bei einem Flugzeugunglück. Sie studierte Literaturwissenschaft und Kunstgeschichte. 1954-68 lebte sie in Bogotá, wo sie 1963 das »Museo de Arte moderno« gründete. 1966 protestierte sie gegen die Schließung der Universität durch die Armee und entging nur aufgrund öffentlichen Druckes einer Ausweisung. 1968 zog sie nach Montevideo, wo sie Angel ↑Rama heiratete. Ab 1970 lehrte sie an verschiedenen Universitäten u.a. in Puerto Rico und den USA, bis ihr 1982 die Aufenthaltsgenehmigung verweigert wurde. Sie lebte danach in Paris.

Außer zahlreichen Büchern über lateinam. Kunst hat sie Romane und Erzählungen veröffentlicht. Während ihre ersten Romane, von *Las ceremonias del verano* (1966, Preis der Casa de las Américas) bis *La jugada del sexto día* (1970), vor allem Themen wie Kindheit, Heranwachsen und Liebesbeziehungen behandeln, ist seit *Homérica Latina* (1979) eine deutliche Hinwendung zur lateinam. Realität der Gewalt und Unterdrückung spürbar, wie sie schon in dem Erzählungsband *Pasó así* (1968) angeklungen war. *Conversación al sur* (1981) ist der letzte zu ihren Lebzeiten veröffentlichte Roman und hat seitens der Kritik die meiste Aufmerksamkeit erhalten. Die Handlung spielt im September 1973 in Montevideo. Der Roman besteht aus zwei gleichlangen Teilen. Im ersten kreist die Unterhaltung von zwei Frauen um die Repression im Cono Sur, festgemacht an verschiedenen Schicksalen von gemeinsamen Bekannten. Im zweiten Teil, wird nach einem Besuch einer der Frauen bei ihrer Mutter die Unterhaltung am Abend fortgesetzt. Der Roman schließt damit, daß das Militär gewaltsam in das Haus eindringt.

Weitere Werke: Lyrik: *Historia natural de la alegría* (1952); Romane: *Los laberintos insolados* (1967), *En cualquier lugar* (1984), *Casa sin fin* (1988); Erzählungen: *De la mañana a la noche* (1986).

Literatur: J. G. Cobo Borda, *M. T., novelista*. CH 138 (1984), 414, 121-130. – Ders., *M. T., cuentos póstumos*. HISPA, 15 (1986), 45, 173-177. – E. Poniatowska, *M. T. o el salto al vacío*. RI, 51 (1985), 132/133, 883-897.

Ugarte, Manuel

* 27.2.1878 in Buenos Aires, † 2.12. 1951 in Nizza. Er ging 1897 nach Paris, wo er als Korrespondent für die arg. Zeitungen »El Tiempo« und »El País« tätig war. Sehr früh politisch sensibilisiert, wurde eine Reise in die USA, 1899, zur entscheidenden Erfahrung, die in der antiimperialistischen Tendenz seiner Artikel ab 1901 zum Ausdruck kommt. 1903 trat er der arg. Sozialistischen Partei bei. Trotz einiger Diskrepanzen nahm er als Delegierter an den Kongressen der Sozialistischen Internationale von 1904 und 1907 teil. 1912/13 machte er seine legendäre Vortragsreise durch Lateinamerika. Ein US-Sonderbotschafter (Knox) eilte ihm voraus, um bei den jeweiligen Regierungen sein Aufenthalts- oder Redeverbot zu erwirken. Nach dieser Kampagne erfolgte sein Parteiausschluß. In den nächsten Jahrzehnten verfocht er in Publikationen und Vortragsreisen unermüdlich und zunehmend radikaler seine Idee eines geeinten Lateinamerika. 1939-46 lebte er im Exil in Chile. Unter der Regierung Peróns war er Botschafter in Mexiko (1946-48), Nicaragua (1948/49) und Kuba.

U.s literarisches Werk ist umfangreich und vielseitig. In seiner frühen Lyrik knüpft er, auch aus bewußter Opposition gegen den Modernismus, an die intime Schlichtheit des span. Romantikers G. A. Bécquer an. Seine Erzählungsbände *Cuentos de la pampa* (1903) und *Cuentos argentinos* (1910) stützen sich vor allem auf Jugenderinnerungen. Der wichtigste Teil seines Œuvres sind zweifellos seine polemischen Essays, vor allem *El destino de un continente* (1923), in dem er die soziale und politische Situation Lateinamerikas im Zusammenhang mit seiner privaten Kampagne gegen die USA kommentiert. Von großem dokumentarischen Wert, da oft auf langjährigen freundschaftlichen Beziehungen basierend, sind seine Autorenporträts *Escritores iberoamericanos de 1900* (1943). Wie auch bei seinen sonstigen Arbeiten über die Literatur des Kontinents, sei es die Anthologie *La joven literatura hispanoamericana* (1906) oder die Untersuchungen *Las nuevas tendencias literarias* (1909) und *Cabral, un poeta de América* ([2]1955), letztere über den dominik. Autor Manuel del ↑C., ist U. allerdings eher wohlwollend als kritisch.

Weitere Werke (Auswahl): Lyrik: *Poesías completas* (1931); Romane, Erzählungen: *La novela de las horas y de los días* (1903), *Una tarde de otoño* (1906), *El tigre de Macuzá y otras novelas* ([2]1923), *El camino de los dioses* (1926); Chroniken, Essays: *Paisajes parisienses* (1901), *El arte y la democracia* (1905), *El porvenir de la América* (1909), *La patria grande* (1924).
Ausgaben: *Las mejores páginas de M. U.* Barcelona 1929. – *La nación latinoamericana.* CAR 1978.
Literatur: N. Galasso, *M. U.* BA 1973, 2 Bde. – F. Févre, *La joven literatura hispanoamericana (o la antología de un precursor). U. y su obra.* CH, 102 (1975), 303, 576-595. – N. Pinillos, *M. U., un hombre para este tiempo.* CAM, 1 (1987), 5, 164-217.

Urondo, Francisco
*10.1.1930 (1932?) in Santa Fe, †17.6.1976 in der Provinz Mendoza. Er war Journalist, zeitweise Angestellter eines Werbebüros. Als Linksperonist zur Zeit der Lanusse-Diktatur inhaftiert, wurde er 1973 aus dem Gefängnis befreit. Er fiel im bewaffneten Kampf gegen die Militärdiktatur Videlas; seine Tochter und sein Schwiegersohn wurden ermordet.
U. gilt neben J. ↑Gelman und C. ↑Fernández Moreno als wichtigster Vertreter der »poesía conversacional«. In der definitiven Auflösung der Versbindung, der Einbeziehung narrativer oder dramatischer Elemente sowie der manchmal ironischen Skepsis bei der Verwendung eines Begriffs werden diese Prinzipien schon in U.s erstem Buch *Historia antigua* (1957?), das Gedichte ab 1950 umfaßt, erkennbar. Äußerste Knappheit des Ausdrucks – in der Nähe von jap. Haikus oder von Grafitti-Texten – ist das hervorstechende Merkmal seiner Gedichte der 50er Jahre bis hin zu *Nombres* (1963): »die Fische | die sich durch die Luft bewegen | sind keine heiligen Wolken | ihnen fehlt Imagination« (aus *Breves*, 1959). Danach werden die Gedichte materialreicher durch die Einbeziehung sozialer und geschichtlicher Beobachtungen und Hintergründe. *Adolecer* (1968), eine Komposition in sieben Teilen, ist eine Befragung des eigenen Bewußtseins im Zusammenhang mit der Geschichte und Kultur Argentiniens. U. ist außerdem Autor von zwei Erzählungsbänden, *Todo eso* (1966) und *Al tacto* (1967), die auf den thematischen Nenner von Frustration und gesellschaftsimmanenter Gewalt zu bringen sind, sowie von Theaterstükken (*Sainete con variaciones*, 1966) und Filmdrehbüchern (*Pajarito Gómez*, *Noche terrible*). U.d.T. *La patria fusilada* (1973) veröffentlichte U. die im Gefängnis aufgezeichneten Augenzeugenberichte der Überlebenden des Massakers an politischen Häftlingen in der Marinebasis Trelew (1972).

Weitere Werke: Lyrik: *Dos poemas* (1958), *Lugares* (1961), *Son memorias* (1970), *Todos los poemas* (1972); Essay: *Veinte años de poesía argentina* (1968).
Literatur: P. Orgambide, *F. U.: Poesía y*

combate. CAMBIO, 7 (1977), 51-55. – J. Gelman, *U., Walsh, Conti: La clara dignidad*. QUIMERA, 33 (1983), 23-28.

Valenzuela, Luisa

26.11.1938 in Buenos Aires. Sie ist die Tochter der Schriftstellerin Luisa Mercedes Levinson und eines Arztes. Bis 1978 war sie in Buenos Aires journalistisch für die Zeitschriften »Crisis«, »Gente« und die Literaturbeilagen von »La Opinión» und »La Nación« tätig. 1979 verließ sie Argentinien und lebt seither als Universitätsdozentin in New York.

Ihr erster Roman *Hay que sonreir* (1966) behandelt das Leben einer Prostituierten aus der Provinz, die sich mit ihrem Mann in Buenos Aires niedergelassen hat. Claras starker, gutmütiger Charakter wird mit einer Männerwelt konfrontiert, die von Eitelkeit und Ausbeutergesinnung geprägt ist. Der lakonisch ironische Erzähler verdeutlicht mit einem überraschenden Perspektivenwechsel die ungebrochene Dominanz der Männer. *Los heréticos* (1967) ist ein Band mit Erzählungen, in denen Fantastisches und Absurdes aus dem ländlichen Argentinien in ironischer Brechung, manchmal auch als parodistische Antwort auf H. ↑Quiroga dargestellt wird. Das Klima der Angst zur Zeit der Regierung von Isabel Perón und der anschließenden Militärdiktatur wird in den Erzählungen von *Aquí pasan cosas raras* (1975), und *Cambio de armas* (1982) aus der Perspektive weiblicher Erfahrung vermittelt. Der Roman *Cola de lagartija* (1983) ist eine groteske Allegorie auf die finsteren Machenschaften eines machtbesessenen »Hexers«, der unschwer als López Rega, der Vertraute Peróns, zu identifizieren ist. Der Roman *Novela negra con argentinos* (1990) verknüpft Reflexion über das Genre des Kriminalromans und die Thematisierung des Schreibens. Die Protagonisten sind zwei arg. Schriftsteller, Roberta und Agustín, die sich in New York kennenlernen. Der Mord, den Agustín an einer Schauspielerin aus einem unerklärlichen Impuls heraus begeht, verschwimmt für Roberta in einer chaotischen Zone zwischen Fiktion und Leben.

Weitere Werke: Romane: *El gato eficaz* (1972), *Como en la guerra* (1977); Erzählungen: *Los heréticos* (1967), *Libro que no muerde* (1980), *Donde viven las águilas* (1983).
Literatur: M. L. Lagos Pope, *Mujer y política en »Cambio de armas« de L. V.* HISPA, 46-47 (1987), 71-83. – RCF, 6 (1986), 3 (Sondernr.).

Vázquez Rial, Horacio

* 1947 in Buenos Aires. Er war als Journalist tätig. Wegen seines politischen Engagements mußte er bereits 1974 ins Exil gehen. Seither lebt er in Barcelona, wo er die Lyrik-Reihe »la lira argentina« herausgab.

Er ist Autor einer soziopolitischen Studie *Políticas poblacionales en América Latina* (BA 1974), eines Gedichtbandes *Los borrachos en el cementerio* (1979) und von mindestens sieben Romanen, die in der relativ kurzen Zeit von 1983 bis 1989 in Spanien erschienen sind. Die ersten Romane *Segundas personas* (1983), *El viaje español* (1985) und *Oscuras materias de la luz* (1986) bilden gewissermaßen eine Trilogie über die Thematik des Exils, der Erinnerung und des literarischen Schaffens, deren Zusammengehörigkeit auch durch die fragmentarisch assoziative Gestaltung ausgewiesen ist. Ab *Historia del Triste* (1987) werden die Strukturen überschaubarer, lassen sich Handlungen, Charaktere, soziale und historische Hintergründe deutlich erfassen. *Historia del Triste* zeichnet sich durch klare Parallelen, Oppositionen und Leitmotive aus, fast als sollte jenes Chaos von Gewalt, Tod und Korruption – das Argentinien der späten 70er Jahre, das »el Triste«, einer der Killer und Folterer der Diktatur, repräsentiert – durch die Literatur gebändigt werden. Auch *La libertad de Italia* (1987) verzahnt Geschichte und Fiktion im Sinne einer sich suggestiv erschließenden Wirklichkeitsdeutung. Den Handlungskern bildet die Ermordung eines ehemaligen Terroristen durch seine einstigen Genossen. Die – unmögliche – Rache für diesen Mord steht im Zentrum von *Territorios vigilados* (1988). Zugleich ist dieses Werk sowohl Parodie des schwarzen Kriminalromans als auch ein undogmatischer Versuch, die moralische Korruption der linksperonistischen Montoneros und das jahrelange Einverständnis der arg. Bevölkerungsmehrheit mit der Militärdiktatur zu verstehen. Parodie einer ›Seifenoper‹ ist *La reina de oros* (1989), der Werdegang eines mit 14 Jahren an einen Mann verkauften Mädchens bis zur dämonischen Femme fatale im Barcelona der Franco-Zeit, deren Repression sie schließlich zum Opfer fällt.

Verbitsky, Bernardo
*22.11.1907 in Buenos Aires, †15.3.1979 ebd. Nach kurzem Besuch der Universität widmete er sich dem Journalismus. Viele Jahre war er Literaturkritiker bei der Zeitung »Noticias Gráficas«, danach Abteilungsleiter bei dem Verlag Paidós.

In sechzehn z.T. sehr umfangreichen Romanen hat V. ein breites menschliches Panorama der Stadt Buenos Aires entfaltet, wobei er gelegentlich soziale Phänomene aufgriff und bearbeitete, die bis dahin von den Gesellschaftswissenschaften unbeachtet waren. So eindeutig wie diese Verdienste sind auch die Schwächen: das langatmige Monologisieren der Hauptgestalten, die mangelhafte Strukturierung der überbordenden Materialfülle und die allzu korrekte, insofern unnatürliche Dialoggestaltung, die dem intendierten Realismus widerspricht. V.s erster Roman *Es dificíl empezar a vivir* (1941) ist die Chronik eines Lebensabschnitts, der die Jahre 1931-33 umfaßt. Die Hauptperson ist der knapp 20jährige Pablo Levinson, ein sensibler, introvertierter Jude, dem es an Zielstrebigkeit mangelt, um seiner materiellen Misere zu entkommen. Detailliert und anschaulich wird das Milieu obskurer Zeitungsredaktionen, das Leben an der Universität in einer Zeit der Krisen und Unterdrückung und in den Armutsvierteln geschildert. Die sogenannte »infame Dekade« der 30er Jahre mit ihrem Echo der Geschehnisse in Europa bildet auch den Hintergrund der individuellen Schicksale in den Romanen *En esos años* (1947), *La esquina* (1953) und *Un noviazgo* (1956). In *Villa Miseria también es América* (1957) greift V. die Problematik der durch die intensive Industrialisierung nach Buenos Aires gezogenen Menschen aus den Provinzen und angrenzenden Staaten auf. Auch hier wird nicht dramatisiert, die Elendssiedlung ist keine Hölle, sondern für die meisten ihrer Bewohner ein Provisorium, das es menschenwürdig zu organisieren gilt. Universale Probleme aus arg. Perspektive thematisiert V. in *Un hombre de papel* (1966) und *Etiquetas a los hombres* (1972). Der erste kreist um die Bedrohung der Menschheit durch die Atombombe, der zweite analysiert den Komplex Antisemitismus - Zionismus aus der Sicht eines linken jüdischen Intellektuellen. Die Ethik der Psychoanalyse im Zusammenhang mit den Neurosen ehelicher Verantwortung ist Gegenstand von *La neurosis monta su espectáculo* (1969). Jugendliches Sexualverhalten im Verhältnis zu Glück, Ehrlichkeit und Freiheit behandelt *Enamorado de Joan Baez* (1975).
Weitere Werke: Romane: *Una pequeña fa-*

milia (1951), *Calles de tango* (1953, 1958 u.d.T. *Una cita con la vida*), *Vacaciones* (1959), *La tierra es azul* (1961), *Hermana y sombra* (1977), *Octubre maduro* (1977), *A pesar de todo* (1978); Erzählungen: *Café de los angelitos* (1949); Essays: *Significación de Stefan Zweig* (1942); *El teatro de Arthur Miller* (1959), *Hamlet y Don Quijote* (1964), *Literatura y conciencia nacional* (1975).

Literatur: J.C. Martini Real, *Los libros de B. V.* MACEDONIO, 6-7 (1970), 65-77. – A. Requeni, *Diálogo con B. V.* MUNDO NUEVO, 53 (1970), 22-34. – M.I. Lichtblau, *The Young Jew in Buenos Aires: B. V.'s ›It's Hard to Begin Living‹*. YIDDISH, 5 (1984), 4, 82-86.

Viñas, David

* 28.7.1929 in Buenos Aires. Er studierte Literaturwissenschaft, war Dozent und Mitherausgeber der von ihm gegründeten Zeitschrift »Contorno« (1953-59), die auf die intellektuelle Jugend Argentiniens großen Einfluß ausübte. Seit seiner Studentenzeit war er politisch aktiv, zunächst als Antiperonist, 1958 im Rahmen eines Komitees der Unión Cívica Radical, später als Leiter des trotzkistischen Movimiento de Liberación Nacional. 1976-83 lebte er im Exil in Spanien, Berlin und Mexiko. Zwei seiner Kinder wurden vom arg. Militär ermordet. Seit 1986 ist er Professor für arg. Literatur.

V. ist Autor von Romanen, Erzählungen, Theaterstücken und Essays, die bei aller inhaltlichen und psychologischen Vielfalt einige Konstanten aufweisen: Entmythisierung der offiziellen Geschichte und Aufarbeitung der Geschichte der Besiegten; Hinterfragung des Sinns militärischer Gewalt im Zusammenhang mit einer vom Machismo geprägten Ideologie; das Scheitern historischer Projekte und ihre – verbale oder praktische – Verkehrung in das Gegenteil. Die dialektische Geschichtsauffassung, die auch die Darstellung individuellen Verhaltens prägt, durchdringt ebenfalls die Sprache V.', verleiht ihr eine unruhige, spröde, fast gewaltsame Spannung, die den Leser ständig herausfordert. Sein erster, mit zwei Preisen ausgezeichneter Roman *Cayó sobre su rostro* (1955) ist die Biographie eines Großgrundbesitzers. In formaler Strenge wechseln Handlungsgegenwart und Vorgeschichte, die in die Zeit der Ausrottungsfeldzüge gegen die Indios zurückreicht. Ein ähnliches Milieu behandelt *Los dueños de la tierra* (1958), V.' bekanntester Roman, der auch verfilmt wurde. Er schildert die blutig unterdrückte Streikbewegung patagonischer Landarbeiter von 1921/22, wobei die politische und moralische Inkonsequenz des Regierungsvertreters – bei dem es sich um V.' Vater handelt, der von Yrigoyen mit dieser Mission betraut wurde – das historische Versagen des arg. Kleinbürgertums illustriert. Die ebenfalls unter der ersten Präsidentschaft Yrigoyens unterdrückte revolutionäre Streikbewegung von 1919 behandelt der Kollagenroman *En la semana trágica* (1966). Die hochschulpolitischen Auseinandersetzungen in Buenos Aires von 1958 sind Hintergrund von *Dar la cara* (1962, auch verfilmt), der überlagert wird von der Lebensproblematik des gesellschaftlichen Außenseiters, sei er Jude, Homosexueller oder rebellischer Intellektueller. Selbstverständnis und Kastenwesen der arg. Militärs behandelt *Los hombres de a caballo* (1968, Preis der kub. Casa de las Américas). In drei parallelisierten und miteinander verflochtenen Lebensläufen wird eine auf die gesamte Institution übertragbare Entwicklung einer zunehmenden Entfremdung von der Realität und Aushöhlung einstiger Ideale gestaltet. Am weitesten in die Geschichte Argentiniens greift *Jauría* (1974) zurück. Die historische Folie dieses mit außergewöhnlicher Fabulierfreude geschriebenen Romans bildet der Mord an dem Präsidenten Justo José de Urquiza (1801-70) durch einen seiner Gefolgsleute. Die existentielle und politische Problematik des ›Vatermords‹ besaß angesichts der Auseinandersetzungen innerhalb des Peronismus aktuelle Brisanz. V.' bisher letzter Roman *Cuerpo a cuerpo* (ME 1979) behandelt das politische und moralische Klima Argentiniens um 1976. Im Kontrapunkt der Geschichte und Konflikte eines Journalisten und der komplexen Lebensgeschichte eines Generals, die wiederum Gegenstand der Recherchen des sich schließlich ins Exil flüchtenden Journalisten ist, sucht V. die psychischen und sozialen Hintergründe der Lust an Tod und Folter seitens des arg. Militärs aufzuhellen. Von V.' Theater war das politische Lehrstück *Lisandro* (1971) besonders erfolgreich. In seinen brillant geschriebenen, provokanten Essays zur arg. Literatur hat V. immer wieder versucht, sakrosankte Vorurteile und Stereotypen zu hinterfragen und zugleich zur Rehabilitation von in Vergessenheit geratenen Autoren, z.B. Armando ↑Discépolo beigetragen. Von einer auf 12 Bände berechneten *Historia social de la literatura argentina*, die er herausgibt, ist 1989 der erste Band erschienen.

Weitere Werke: Romane: *Los años despiadados* (1956), *Un dios cotidiano* (1957), *Cosas concretas* (1969); Erzählungen: *Las malas costumbres* (1963); Theater: *Sara Golpmann* (1959), *Dorrego. Maniobras. Túpac Amaru* (1974), *Del Che en la frontera* (1979, unveröff.); Essays: *Literatura argentina y realidad política* (1964, ²1971), *Del apogeo de la oligarquía a la crisis de la ciudad liberal: Laferrère* (1965), *De los montoneros a los anarquistas* (1971), *Grotesco, inmigración y fracaso* (1973), *¿Qué es el fascismo en Latinoamérica?* (1977), *Indios, ejército y frontera* (1982), *Anarquistas en América Latina* (1983).

Literatur: H. M. Rasi, *D. V., novelista y crítico comprometido*. RI, 42(1976), 95, 259-265. – L. Kerr, *La geometría del poder: ›Los hombres de a caballo‹ de D. V.* RCLL, 5 (1979), 9, 69-77. – R. González Echeverría, *D. V. y la crítica literaria*. ECO, 35 (1979), 6 (216), 588-606. – J. C. Tealdi, *Borges y V. Literatura e ideología*. Madrid 1983. – N. Lindstrom, *D. V.: The Novelistics of Cultural Contradiction*. IAA, 10 (1984), 1, 87-102. – E. Valverde, *Una bibliografía en busca de un autor: D. V.* CHASQUI, 17 (1988), 2, 110-128.

Viñole, Omar

* 1904 in Bragado (Prov. Buenos Aires), † 1967 in Buenos Aires. 1925-34 lebte er in Córdoba, wo er sich diversen Aktivitäten widmete – als Maler, Bildhauer, Veterinär, Gründer und Rektor einer »Populären Volksuniversität«, die unter anderem Doktortitel für Würde oder Depravation vergab, Gründer eines Tierschutzvereins, Herausgeber der satirisch humoristischen Zeitschrift »Urotropina«. Nach 1932 machte er Buenos Aires zur Bühne seiner exzentrischen Provokationen, publizistisch unterstützt von der Zeitung »Crítica« und zumeist in Begleitung einer Milchkuh. 1938 gründete er eine Meditationsschule, nach deren skandalöser Einweihung es still um ihn wurde. 1945 unterstützte er den Wahlkampf Peróns. Danach gab er die Wochenzeitschrift »El Tanque« heraus und wandte sich wieder der Malerei zu.

Seine hintergründigen, aggressiven Clownerien hat man ihm nie verzeihen können. Keine arg. Literaturgeschichte verzeichnet seinen Namen und die zahlreichen Bücher, die er zwischen 1930 und 1956 veröffentlicht hat, sind nahezu unauffindbar. Bei einem Teil seiner Werke handelt es sich um tier- und humanmedizinische Arbeiten, etwa über »Insuffizienzen der Herzkranzgefäße bei Intellektuellen«, »Künstliche Befruchtung«, »Fleischinspektionen zur Zeit des Vizekönigs Sobremonte« etc. Sein im engeren Sinne literarisches Werk, gut 40 Bücher, von denen einige im Verlag Claridad erschienen, umfaßt Theaterstücke, Gedicht- und Prosabände höchst eigenartigen Charakters. Doppelsinnig, humoristisch oder abstrus sind bereits deren Titel: *A usted le sale sangre* (o. J., um 1934), *La caligrafía de los juanetes en la arena de Mar del Plata*, *¡Buenos Aires se envenena!* Dem eigentlichen Text werden Widmungen, Vorworte, Briefe, Rezepte (etwa zur Vernichtung von Ratten, zur Herstellung von Kleister), amtliche Verordnungen, Gesundheitsatteste des Autors etc. vorangestellt, die gelegentlich ein Viertel des Gesamtumfangs ausmachen. Dann folgt ein Feuerwerk boshafter, geistvoller, unflätiger Satire, das die Tradition der humoristischen Literatur Argentiniens in den Schatten stellt. Bevorzugte Objekte von V.s Satire sind fast alle arg. Schriftsteller (mit den Ausnahmen von O. ↑Girondo, A. ↑Storni, J. ↑Filloy), Heuchelei und Zynismus der Ehe, die höhere Tochter, die das Medizinstudium wegen eines Lehrbuchs der Anatomie aufgibt, der Papst, der U-Boote segnet und dessen Gunst Hitler durch die Ermordung der Juden gewinnt, der einheimische Faschismus, den er auf eine Tracht Prügel herausfordert. Der formale Zusammenhang der Bücher ergibt sich zumeist aus der Einheitlichkeit der Perspektive. In *Jesús en una casa de departamentos* reflektiert ein unorthodoxer Christus über den Zustand Argentiniens und der Welt. In *La camiseta del jefe de policía*, das u. a. dem Pazifischen Ozean gewidmet ist, entfaltet sich in alphabetisch durchnumerierten »Landschaften« ein breites menschliches Panorama aus der Sicht der Unterwäsche. In späteren Werken, wie *El hombre de la vaca* (1956) ist der anarchistische Übermut verraucht, kommt jener andere V. zutage, der seinen Gedichtband *Alambres de yeso* noch »wegen Traurigkeit exkommunizierte«.

Literatur: E. Goldar, *El hombre de la vaca*. TODO ES HISTORIA, 9 (1977), 53-78.

Walsh, María Elena

* 1.2.1930 in Ramos Mejía (Prov. Buenos Aires). 1952-56 lebte sie in Paris, wo sie mit der Sängerin und Ethnologin Leda Valladares arg. Folklore sang. Das Duett »Leda y María« brachte damals und in der Folgezeit mehrere Schallplatten heraus.

W. hat Gedichte, Theaterstücke, Drehbücher für das Fernsehen, Kinderbücher und Lieder geschrieben. Viele der letzteren, die sich zumeist an Kinder oder Jugendliche wenden, erreichten eine außergewöhnliche Popularität, was u. a. auch auf ihren persönlichen Vortrag im Konzertsaal oder auf Schallplatte zurückzuführen ist. In ihren Gedichten wie in den Liedern und Kinderbüchern ist eine eigenartige Mischung von Nostalgie, Humor und Wahrnehmung des Absurden im Alltäglichen kennzeichnend.

Werke: Lyrik: *Otoño imperdonable* (1947), *Baladas con Angel* (1952), *Hecho a mano* (1965), *Juguemos en el mundo* (1970), *Cancionero contra el mal de ojo* (1976); Erzählungen: *Novios de antaño: 1930-1940* (1990); Kinderbücher (Auswahl): *Tutú Marambá* (1960), *El reino del revés* (1963), *Dailan Kifki* (1966), *Chaucha y palito* (1978).

Lyrikausgabe: *Los poemas*. BA 1984.

Literatur: A. Dujovne, *M. E. W.* Madrid 1982 (mit Bibliographie u. Diskographie). – D. W. Foster, *Playful Ecphrasis: M. E. W. and Children's Literature in Argentina*. MESTER, 13 (1984), 1, 40-51.

Walsh, Rodolfo (Jorge)

* 1.1.1927 in Choele-Choel/Río Negro, 25.3.1977 verschleppt und ermordet. Er entstammte einer Familie irischer Einwanderer. Seit Mitte der 50er Jahre war er journalistisch tätig und arbeitete u. a. für die Zeitschriften »Panorama«, »Mayoría«, die kub. Agentur »Prensa Latina« und – in den 70er Jah-

ren – für die Tageszeitungen »La Opinión«, die linksperonistische »Noticias« und das Gewerkschaftsorgan »CGTA«. Kurz vor seinem Tod klagte er in einem offenen Brief die Verbrechen der Militärjunta an.
W. hat Kriminalgeschichten, Erzählungen und einige Theaterstücke veröffentlicht. Am bedeutendsten sind jedoch seine umfangreichen Reportagen, die als Modelle eines engagierten Journalismus angesehen werden. *Operación Masacre* (1957, 1973 verfilmt) ist eine Dokumentation der Ermordung peronistischer Arbeiter durch das Militär. Das grausame Geschehen vom Juni 1956 in einer Müllhalde hatte die Presse verschwiegen. W.s Bericht, der auf Interviews einiger Überlebender beruht, wurde von einer kleinen Druckerei herausgebracht und fand in kürzester Zeit weite Verbreitung. Auch den weiteren Reportagen liegen akribische Recherchen unter Lebensgefahr zugrunde. *El caso Satanowsky* (1958) rollt den Fall der Ermordung eines Rechtsanwalts durch den arg. Geheimdienst und die Verstrickungen desselben mit den Interessen einiger Konzerne auf. *¿Quién mató a Rosendo?* (1969) rekonstruiert ein fast noch brisanteres Geschehen: die Ermordung des mächtigen Gewerkschaftsführers R. García (Mai 1966). Es handelt sich jedoch nicht nur um einen Kriminalfall. W. griff mit diesem Werk auch in die Auseinandersetzung zwischen der korrupten peronistischen Gewerkschaftsspitze und der militanten Basis ein. Das militärische Mordkommando, von dem W. verschleppt wurde, vernichtete die Unterlagen zu einer Arbeit über das Massaker von Ezeiza (Juni 1973), an dem die gleiche Gewerkschaftsspitze aktiv beteiligt war.

Weitere Werke: Erzählungen: *Variaciones en rojo* (1953), *Los oficios terrestres* (1965), *Un kilo de oro* (1967), *Un oscuro día de justicia* (1973); Theater: *La granada. La batalla* (1965).

Ausgabe: *Obra literaria completa*. ME 1981.

Literatur: A. Rama, *R. W.: El conflicto de culturas en Argentina*. ESCRITURA, 1 (1976), 2, 279-301. – D. W. Foster, *Latin American Documentary Narrative*. PMLA, 99 (1984), 1, 41-55. – *Homenaje a R. W.* RI, 52 (1986), 135/6 (Sondernr.).

Wast, Hugo

*23.10.1883 in Córdoba (Arg.), †28.3.1962 in Buenos Aires. Eigtl. Gustavo Martínez Zuviría. Seine Schulausbildung erhielt er wie M. ↑Gálvez im Jesuitenkolleg von Santa Fe. An der dortigen Universität, deren Rektor sein Vater war, promovierte er 1907 und erhielt 1916 den Lehrstuhl für Wirtschaftspolitik. 1931 übernahm er die zuvor von L. ↑Lugones abgelehnte Direktion der Nationalbibliothek und hatte sie bis 1954 inne. 1943 war er Justiz- und Erziehungsminister.
Erstaunlich vieles hat W. mit seinem ehemaligen Mitschüler Gálvez gemeinsam, biographisch selbst das Todesjahr und, was die Gesinnung anbelangt, sowohl die Sympathie für lebende und geschichtliche Diktatoren wie einen mit zunehmendem Alter militanteren Katholizismus. Ähnlich sind auch die Dimensionen ihrer Buchproduktion, wobei W. sich allerdings von vornherein auf eine breite, anspruchslose Leserschaft eingestellt hat, mit derartigem Erfolg, daß man 1957 allein in span. Sprache 2.500.000 Exemplare seiner Romane zählte. In der theoretischen Schrift *Vocación de escritor* (1931) weist er der Literatur als Hauptaufgabe moralische Erbauung zu. Eins seiner Lieblingsthemen ist mithin die verführte Unschuld. Es behandeln die Romane *Flor de durazno* (1911), *El amor vencido* (1921) und *El vengador* (1922). An antisemitische

Affekte appelliert *El Kahal* (1935). Noch vor Gálvez bearbeitet er Stoffe der arg. Geschichte, so in den Romanen *La casa de los cuervos* (1916; dt. *Das Rabenhaus*, 1930), *La corbata celeste* (1920) und der Trilogie *Myriam, la conspiradora* (1926; dt. *Die Verschwörung des Alzaga*, 1956), *El jinete de fuego* (1926), *Tierra de jaguares* (1927). Das »erste Liebesdrama in der Neuen Welt« ist Inhalt von *Lucía Miranda* (1927; dt. *Lucía Miranda*, 1949). Folkloristischen Kostumbrismus bietet er in *Desierto de piedra* (1925; dt. *In der Steinwüste*, 1928). Ähnliches, mit einem Zusatz von internationaler Spionage, in *El camino de las llamas* (1930; dt. *Der Pfad der Lamas*, um 1963). Ein vom Antichrist beherrschtes Jahr 2000 malt er aus in *Juana Tabor* (1942) und *666* (1942).

Ausgabe: *Obras completas*. Madrid 1956-57, 2 Bde.
Anschließende Werke: *Año X* (1960), *Autobiografía del hijo que no nació* (1963).
Literatur: J. C. Moreno, *Genio y figura de H. W.* BA 1969.

Wernicke, Enrique
*25.2.1915 in Buenos Aires, †30.8. 1968 ebd. Seine Jugend verbrachte er auf der Estancia seiner Eltern. Im Verlauf seines Lebens übte er diverse Tätigkeiten aus. Jahrelang zog er zunächst als Puppenspieler durch Argentinien, später widmete er sich dann der Fabrikation von Bleisoldaten, außerdem war er Journalist bei »El Mundo« und »Crítica«, und schließlich war er in der Werbung tätig.
Wie kaum ein anderer arg. Autor hat W. in seinen frühen Erzählungen und Romanen die Landschaft der Pampa und das Leben der Bauern in klaren und plastischen Bildern dargestellt, die konkretes Vertrautsein und praktische Erfahrung erkennen lassen. Eine vitale und bukolische Grundstimmung durchzieht die prämierten Erzählungen *El señor cisne* (1947) bis hin zu den Romanen *La tierra del bien-te-veo* (1948) und *Chacareros* (1951). In W.s bekanntestem Roman *La ribera* (1955) ist die kritische Auseinandersetzung mit der sozialen und politischen Problematik Argentiniens in den Vordergrund getreten. In Ich-Form wird die Geschichte eines Intellektuellen entwickelt, der sich aus seiner komfortablen und geordneten Welt in eine Hütte am »Flußufer« zurückzieht und im Kontakt mit den Fischern und Arbeitern dieses symbolischen Grenzbereichs seine Identität findet. Auch in W.s letztem Roman *El agua* (1968) geht es um existentielle Authentizität. In spröder und zugleich dichter Form wird die Geschichte eines alten Mannes erzählt, dessen solid gebautes und liebevoll eingerichtetes Haus bei einem Unwetter überflutet wird. Im einsamen Kampf gegen das Wasser und bei der Mühsal der Säuberungsarbeiten entdeckt jener das Glücksgefühl einer Wahrheit, das ihm sein vorheriges geregeltes Leben nie bescherte. Fragmente eines außerordentlich klarsichtigen und selbstkritischen Tagebuchs, das bereits 1935 begonnen wurde, erschienen 1975 in der Zeitschrift »Crisis« (Nr. 29).

Weitere Werke: Lyrik: *Palabras para un amigo* (1937), *El capitán convaleciente* (1938), *Tucumán de paso* (1949); Erzählungen: *Función y muerte en el cine ABC* (1940), *Hans Grillo* (1940), *Los que se van* (1957), *Cuentos* (1968); Theater: *Otros sainetes contemporáneos* (1962), *Los aparatos* (1965), *Sainetes contemporáneos* (1965).

Wilde, Eduardo
*15.6.1844 in Tupiza (Bol.), †5.9. 1913 in Brüssel. Seine Familie hatte sich während der Rosas-Diktatur nach Bolivien geflüchtet. Er studierte Medizin in Buenos Aires und promovierte mit einer preisgekrönten Dissertation

über den Schluckauf, *El hipo* (1870). Wie schon bei einer Cholera-Epidemie während seiner Studienzeit, setzte er sich auch während der Gelbfieberepidemie von 1871 mit großer Selbstlosigkeit ein. Bald darauf wurde er Professor für Medizin und war ab 1876 auch politisch tätig, zunächst als Kongreßabgeordneter, 1882-86 als Minister für Justiz und Bildungswesen, bis 1889 als Innenminister, ab 1898 als Botschafter in Spanien, den Niederlanden und Belgien.

W. ist ein typischer Vertreter der »Generation von 1880«: Positivist, im Anschluß an Darwin und H. Spencer, Skeptiker in Hinsicht auf die menschliche Natur und immens produktiv. 40000 S. im Quartformat habe er geschrieben, behauptet er in *Prometeo & Cía.* (1899), und das meiste davon in Buchform veröffentlicht, »da mich lose Blätter ärgern«. Der größte Teil seiner Publikationen behandelt Gegenstände der Medizin, Grammatik, Politik und Mathematik. Sein eigentlich literarisches Werk, dessen Imaginationskraft von J. L. ↑Borges hervorgehoben wurde, besteht aus Erzählungen, Sittenschilderungen, z. T. satirischen Gehalts, Reiseberichten und sonstiger Kurzprosa. Außer *Prometeo & Cía.* umfaßt es die Bücher *Tiempo perdido* (1878, 2 Bde.; 1931 mit Vorw. von D. F. ↑Sarmiento), *Por mares y tierras* (1899) und *Aguas abajo* (1914), eine Fragment gebliebene romanhafte Autobiographie. Das hervorstechende Merkmal ist ein sarkastischer, manchmal makabrer Humor, der die Lächerlichkeit prestigehafter Vorstellungen, bis hin zum Glauben an die Medizin, anprangert, aber auch dem Erschütternden einen komischen Effekt abgewinnt. Seine Zeitgenossen warfen ihm deswegen Gefühlskälte vor. Er konterte mit *Tini*, der Geschichte eines früh gestorbenen Jungen, die ganz Buenos Aires zum Weinen brachte. Ein anderes Merkmal seiner Texte ist der bewußte Einsatz sprachlicher und formaler Techniken – etwa die häufige Verwendung von Paradoxien und Synästhesien, die Bildung von Neologismen, die unterschiedliche Perspektivierung (»La lluvia«), die Angleichung von erzählter Zeit und Erzählzeit (»Nada en quince minutos«) –, der über seine vom Naturalismus und Modernismus geprägte Umgebung auf die Avantgarde der 20er Jahre hinweist.

Ausgaben: *Obras completas.* BA 1917-1939, 19 Bde. und BA 1923, 15 Bde. – *Páginas escogidas.* Hg. J. M. Monner Sans. BA 1939. – *Escritos literarios.* BA 1952. – *Tini y otros relatos.* Hg. T. Frugoni de Fritzsche. BA 1973.

Literatur: G. Gori, *E. W.* Santa Fe 1962. – E. Díaz Araujo, *E. W., el ideólogo argentino del ochenta.* Mendoza 1967. – S. Molloy, *Lectura de E. W.* NRFH, 22 (1973), 2, 337-348. – A. A. Roig, *La naturaleza de la ›Poesía‹ en la estética de E. W.* RIB, 24 (1974), 3, 259-270.

Yunque, Alvaro

* 20.6.1889 in La Plata, † 9.1.1982 in Buenos Aires. Eigtl. Arístides Gandolfi Herrero. Er studierte Naturwissenschaften, widmete sich aber, nachdem er kurze Zeit Mathematiklehrer war, dem Journalismus und dem Theater. Er publizierte in fast allen Tageszeitungen Argentiniens und war Herausgeber der Zeitschriften »Rumbo«, »Campana de Palo« und »El Patriota«. Er gehörte zu den Promotern eines neuen, »unabhängigen« Theaters, zunächst als Mitglied des 1925 gegründeten »Teatro Libre«, dann als Leiter einer Wanderbühne.

Y. hat in seinem langen Leben über 50 Bücher veröffentlicht. In den 20er Jahren ist er neben L. ↑Barletta und E. ↑Castelnuovo eine der Hauptpersonen der sozialengagierten »Boedo-Gruppe«, in deren Publikationsreihe »Los Nuevos« sein erstes Werk, der Gedichtband *Versos de la calle* (1924) erscheint. Am interessantesten sind hier einige kleinere Gedichte über offensichtlich schockierende Gegenstände, während die größeren Kompositionen in ihrer Mischung aus anarchistischer Rhetorik und futuristischen Elementen eher schwerfällig sind. Wichtiger ist Y.s Prosa, vor allem die Erzählungen aus der Welt der Proletarierkinder – *Barcos de papel* (1926), *Zancadillas* (1926), *Ta-te-ti* (1928) u. a. –, in denen er liebevoll und sensibel seine kleinen Helden in der Auseinandersetzung mit den Autoritätsansprüchen und der Resignation der ausgebeuteten und gedemütigten Erwachsenen beobachtet. Y.s dramatischem Schaffen ist wegen einer etwas penetranten Didaktik auf der Linie der Kommunistischen Partei wenig Erfolg beschieden gewesen. Eventuell liegen seine Verdienste auf dem Gebiet des Kindertheaters (*Trece obras de teatro para niños*, [3]1973). Zu erwähnen wäre noch Y. s Roman *Tutearse con el peligro* (1946), hervorzuheben die historiographischen Darstellungen *Leandro N. Alem, el hombre de la multitud* (1946) und *Calfucurá; la conquista de las pampas* (1956), die er dann in seine fünfbändige *Historia social de los argentinos* (1968-70) aufgenommen hat.

Yupanqui, Atahualpa
* 31.1.1908 bei Pergamino/Buenos Aires, †23.5.1992 in Nîmes. Eigtl. Héctor Roberto Chavero. Mit 8 Jahren erhielt er Gitarrenunterricht. Ein Medizinstudium mußte er nach kurzer Zeit abbrechen. In den 20er und 30er Jahren lebte er von Gelegenheitsarbeiten, Liedervorträgen und Radiosendungen. In den 40ern waren einige seiner Lieder wie »Camino del indio« und »Nostalgia tucumana« bereits auf dem ganzen Kontinent bekannt. Als Mitglied der Kommunistischen Partei durfte er 1947-53, während des Peronismus, keine Schallplattenaufnahmen in Argentinien mehr machen. Seine ersten Auftritte in Paris erfolgten 1948 zusammen mit Edith Piaf. In den folgenden Jahrzehnten hat er weltweit zahllose Konzerte gegeben. Die letzten 20 Jahre seines Lebens verbrachte er in Paris.

Y. hat mehrere Hundert – manche Untersuchungen sprechen von 1300 – Lieder und Tänze komponiert, von denen ab 1941 die meisten (700?) auf Platten aufgenommen wurden, die er selbst eingespielt hat, die aber auch von Musikern und Folkloregruppen ganz Lateinamerikas aufgegriffen wurden. Außer Liedern umfaßt sein lyrisch-musikalisches Werk auch längere Kompositionen wie *El payador perseguido* (1972 als Buch, 1963 LP-Aufnahme), eine auch durch den meditativen Klang seiner Stimme bewegende Darstellung seiner frühen Wanderjahre in den Provinzen Argentiniens, die in Versform und Sprache an den *Martín Fierro* von J. ↑Hernández angelehnt ist. Auch sein übriges musikalisch-lyrisches Werk ist aufs engste mit persönlichen Erfahrungen verbunden und konzessionsloser Ausdruck einer Persönlichkeit, deren Nüchternheit und Zurückhaltung zugleich für den arg. Landbewohner charakteristisch ist. Y. knüpft mit seinen Liedern an die Tradition an, er ist, wie er selbst sagt, kein Initiator, sondern ein Fortsetzer. Zugleich sind manche Lieder so populär geworden, daß sie als anonyme Schöpfungen wieder in die Folklore eingegangen sind. Y.s – mehrfach aufgelegte – Buchpublikationen umfassen die Gedichtbände *Piedra sola* (1940) und *Guitarra* (1954), die Kantate *El sacrificio de Tupac-Amaru* (1971) sowie einige Bände mit lyrischer Prosa und kürzeren Essays: *Cerro Bayo* (1963), *Aires indios* (1946), *Tierra que anda* (1948), *El canto del viento* (1965, 1988).

Ausgabe: *Antología*. Hg. U. Petit de Murat. Barcelona 1973.

Literatur: F. Boasso, *A. Y. Símbolo, mensaje, drama.* BA 1969. – F. Luna, *A. Y.* Madrid 1974. – J. Tcherkaski, *A. Y. Confesiones de un payador.* BA 1984.

BOLIVIEN

Zamudio, Adela	1854-1928
Jaimes Freyre, Ricardo	1868-1933
Mendoza, Jaime	1874-1939
Tamayo, Franz	1879-1956
Arguedas, Alcides	1879-1946
Chirveches, Armando	1881-1926
Costa du Rels, Adolfo	1891-1980
Díaz Villamil, Antonio	1896-1948
Pereyra, Diomedes de	1897
Lara, Jesús	1898-1980
Maroff, Tristán	1898-1979
Medinaceli, Carlos	1899-1949
Francovich, Guillermo	1901
Leytón Z., Raúl	1904
Céspedes, Augusto	1904
Diez de Medina, Fernando	1908
Díaz Machicao, Porfirio	1909-1981
Cerruto, Oscar	1912-1980
Ramírez Velarde, Fernando	1913-1948
Bedregal, Yolanda	1916
Botelho Gosálvez, Raúl	1917
Sáenz, Jaime	1921
Almaraz Paz, Sergio	1928-1968
Taboada Terán, Néstor	1929
Prado Oropeza, Renato	1937
Shimose, Pedro	1940
Urzagasti, Jesús	1941
Mitre, Eduardo	1943
Poppe, René	1943

Almaraz Paz, Sergio
* 10.12.1928 in Cochabamba, † 12.5. 1968 in La Paz. Er war Gründungsmitglied der Kommunistischen Partei Boliviens, sagte sich aber bald davon los und verfolgte in seinen unzähligen Zeitungsartikeln und drei großen, historisch-politisch-sozialen Essays eine nationalistische und antiimperialistische Politik. Die Bücher *Petróleo en Bolivia* (1958), *El poder y la caída* (1967) und das postum erschienene *Réquiem para una República* (1969) behandeln die Frage des Erdöls, des Zinns sowie den allgemeinen Zustand des Landes, das er völlig unter dem Einfluß des nordam. Imperialismus sieht. Die Bücher hatten zwischen 1969 und 1971 beträchtlichen Einfluß auf die Politik des Landes. Die Nationalisierung der Gulf Oil z.B. ist ohne die öffentliche Diskussion, die seine Theorien auslösten, nur schwer vorstellbar. Für A.P. sind die Zustände in den Minen von grundlegender Bedeutung für die Lage des Landes. Wenn die Bergarbeiter als die Produzenten des gesellschaftlichen Reichtums eines Tages ihre Rechte einfordern, »dann wird dieser Tag entweder das Ende der mit Elend überfrachteten Republik sein oder der Tag ihrer Wiedergeburt.« W.S.

Weiterer Essay: *Para abrir el diálogo* (1974).
Literatur: M. Quiroga Santa Cruz, *La muerte de un escritor.* Clarín, 54 (1968). – J. Ortega, *S.A.P.* Mundo Nuevo, 57-58 (1971).

Arguedas, Alcides
* 15.7.1879 in La Paz, † 6.5.1946 in Chulumani/La Paz. 1898 nahm er am Bürgerkrieg teil, 1903 beendete er sein Jurastudium und lebte danach jahrzehntelang als Diplomat in Europa, besuchte jedoch häufiger seine Heimat, in der er auch politisch engagiert blieb. 1929 wurde er zum Botschafter in Kolumbien ernannt. Er trat aus Protest gegen die Verlängerung des Präsidentenamtes in Bolivien zurück. 1932 riet er seiner Regierung, den Konflikt mit Paraguay beizulegen, und wurde daraufhin seines Amtes entbunden. Ab 1940 war er u.a. Senator, Agrarminister und Vorsitzender der Liberalen Partei.

A. ist Autor von Romanen, Essays und historiographischen Darstellungen. Der Kern seines gesamten Schaffens ist eine kritische, zum Pessimismus neigende Auseinandersetzung mit seinem Land, die erstmals in dem Essay *Pueblo enfermo* (1909) in einer an den Kolumbianer J.M. ↑Vargas Vila erinnernden, leidenschaftlich anklagenden Rhetorik zum Ausdruck gebracht wird. Für A. sind die degenerierten Indios, die Weißen und die Rassenmischung für das Elend des Landes verantwortlich; beim Vergleich mit den »übermäßig gepuderten« weißen Frauen werden die Indianerinnen jedoch letztlich positiv beurteilt. A.' bedeutendste literarische Leistung ist der Roman *Raza de bronce* (1919). Ähnlich wie in der Erzählung *Wata-Wara* (1904) wird eine jungverheiratete Indianerin vom weißen Großgrundbesitzer und seinen betrunkenen Kumpanen vergewaltigt. Sie verblutet, und ihr Mann findet sie tot auf. Es kommt zu einem Aufstand der Indios, die das Herrenhaus samt seinen Bewohnern verbrennen. Im zweiten Teil des Romans führen Rückblenden in die Regierungszeit des Diktators Melgarejo, der Hunderttausende Indios von ihren Ländern vertreiben ließ. Man hat in dem Roman manche künstlerischen Mängel entdeckt, und sicher gelingt es ihm im Vergleich mit dem Indigenismus des Peruaners J.M. ↑Arguedas noch nicht, die Welt der Indios aus ihren eigenen Vorstellungen zu gestalten, dennoch überzeugen viele Szenen durch ein monumentales Pathos als adäquater Ausdruck der Landschaft und sozialen Verhältnisse. A.' ehrgeizigstes

Werk sind die fünf Bände umfassende *Historia de Bolivia* (1920-29; Neuaufl. La Paz 1981), deren Publikation in Barcelona der bol. Multimillionär Simón I. Patiño finanzierte. Die minutiöse Darstellung reicht von den Unabhängigkeitskriegen bis zum Jahr 1872.

Weitere Werke (Auswahl): Roman: *Vida criolla* (1905); Sonstiges: *Etapas de la vida de un escritor* (1963), *Epistolario de A. A.* (1979), *La danza de las sombras* (1983); Ausgabe: *Obras completas*. ME 1959/60, 2 Bde.
Literatur: M. B. Gumucio (Hg.), *A. A.* La Paz, Cochabamba 1979. – J. Albarracín Millán, *A., la conciencia crítica de una época*. La Paz 1979. – T. Fernández, *El pensamiento de A. A. y la problemática del indio: Para una revisión de la novela indigenista*. ALH, 8 (1980), 9, 49-64. – P. Lastra, *Sobre A. A.* RCLL, 6 (1980), 12, 213-223. – A. Lorente Medina, *El transfondo ideológico en la obra de A. A.* ALH, 15 (1986), 57-73. – A. Cornejo Polar, *De ›Wata Wara‹ a ›Raza de bronce‹*. NRFH, 35 (1987), 543-548.

Bedregal, Yolanda
* 21.9.1916 in La Paz. Sie studierte an der »Academia de Bellas Artes« in ihrer Geburtsstadt und an der Columbia University in New York. Danach hatte sie verschiedene Lehrstühle für Ästhetik und Kunstgeschichte in Bolivien inne und war in den meisten kulturellen Institutionen ihres Landes aktiv.
Y. B. ist die bekannteste Lyrikerin ihres Landes. Die Grundnote ihrer Gedichte ist eine vergeistigte, an G. ↑Mistral erinnernde Mütterlichkeit. Eine manchmal verschleierte, manchmal heftigere Auflehnung gegen soziales Unrecht lassen ihre ersten Werke, von *Naufragio* (1936) bis *Almadía* (1942), erkennen. Von *Nadir* (1950) an überwiegen in ihrer Lyrik Reminiszenzen an die span. Mystik und eine intime Religiosität. Y. B. hat außerdem mehrere Lyrik- und Folklore-Anthologien herausgegeben und in Zeitschriften zahlreiche pädagogische, literatur- und kunstkritische Essays und Artikel veröffentlicht. In ihrem einzigen Roman *Bajo el oscuro sol* (1971) wird die Lebensgeschichte einer jungen Frau aus La Paz rekonstruiert, die bei einer Revolution eher zufällig ums Leben kommt. Nach ihrem Tod entdeckt Verónicas Geliebter in den Briefen, Tagebüchern und Romanprojekten eine ungeahnte Vergangenheit, die einer doppelt inzestuösen Beziehung ihres Vaters zu ihr und ihrer gemeinsamen Tochter. Das streckenweise lyrisch bildhafte Werk zeigt handwerkliche Meisterschaft in der Verwendung unterschiedlicher Sprachebenen und der Gestaltung einer spezifischen Atmosphäre, die gleichzeitig flüchtig und konkret ist.

Weitere Werke: *Poemar* (1937), *Ecos* (1940, zus. mit Gert Conitzer, span. u. deutsch), *Del mar y la ceniza* (1957), *Antología poética* (1961), *Bajo el oscuro* (1969?).
Literatur: M. Agosin, *Para un retrato de Y. B.* RI, 52 (1986), 134, 267-270.

Botelho Gosálvez, Raúl
* 11.4.1917 in La Paz. Politiker, Diplomat und Journalist. Den Nationalpreis erzielte sein mit 19 Jahren geschriebener Roman *Borrachera verde* (1938). Stil und Komposition des Werkes lassen eine erstaunliche schriftstellerische Sicherheit erkennen, auch wenn das Modell, J. E. ↑Riveras *La vorágine*, sichtbar bleibt. Schauplatz sind die Urwälder am Beni, von denen ein farbiges und dramatisches Bild entworfen wird. Wie auch in einem weiteren frühen Roman, *Coca* (1941), sind Erotik, Leidenschaft und (selbst-)mörderische Eifersucht wesentliche Motive. *Altiplano* (1945) ist ein Roman über die Aymara-Indianer, deren Lebenssituation in eher nüchterner Form dargestellt wird. In *Tierra chúcara* (1957) greift B. G. noch

einmal das Thema des tropischen Urwalds auf.

Weitere Werke: Romane: *Vale un Potosí* (1949), *Tata Limachi* (1967); Erzählungen: *Los toros salvajes* (1965), *Con la muerte a cuestas* (1975); Essay: *Proceso del subimperialismo brasileño* (²1974).

Cerruto, Oscar

* 1912 in La Paz, † 1980 ebd. Journalist und Diplomat. C. begann seine schriftstellerische Laufbahn schon in jungen Jahren. Regelmäßiger Mitarbeiter der von J. C. ↑Mariátegui herausgegebenen »Amauta«, galt er mit 19 Jahren als Boliviens »erster avantgardistischer Dichter«. In Arica (Chile), wo er als Konsul Boliviens tätig war, schrieb er seinen einzigen Roman *Aluvión de fuego* (1935), der nach übereinstimmender Kritikermeinung zu den zehn wichtigsten bol. Romanen gehört. C. erzählt darin die Entwicklung des Mauricio Santa Cruz vom kleinbürgerlichen Intellektuellen zum proletarischen Revolutionär, der bei der blutigen Niederschlagung eines Minenarbeiterstreiks ums Leben kommt. Seine Geschichte liefert den Hintergrund für eine detaillierte Schilderung der bol. Gesellschaft zur Zeit des Chaco-Krieges gegen Paraguay. Was *Aluvión de fuego* von den übrigen Werken der Chaco-Literatur unterscheidet, ist, daß C. die Ursachen und Auswirkungen des Krieges im andinen Hinterland aufzeigt. Sein Bild Boliviens ist das eines Landes, das einen Zweifrontenkrieg führt, nach außen gegen Paraguay und nach innen gegen Indios und Minenarbeiter. Neuartig ist die Radikalität der Darstellung eines Indio-Aufstandes, der erstmals nicht als kollektive Reaktion auf individuelles Unrecht gesehen wird, sondern als legitime Reaktion der Indios auf eine seit Jahrhunderten währende soziale und kulturelle Unterdrückung durch Weiße und Mestizen. C. überzeugt durch eine ›moderne‹ Schreibweise, in der der Handlungsstrang ständig durch Rückblenden und Reflexionen unterbrochen wird. Seine Sprache ist über weite Strecken symbol- und bilderreich; die Metaphorik zeigt deutliche Anlehnungen an die andine Vorstellungswelt. Vielleicht aus politischen Gründen verhinderte C. bis zu seinem Tode die von vielen geforderte Neuauflage des Romanes (La Paz 1984). Sein nächstes Werk, der Gedichtband *La cifra de las rosas* erschien erst zwanzig Jahre später (1957). Hier »komponiert« er für ein kleines Mädchen ein poetisches Universum, welches durch eine ideale und wunderbare Natur bestimmt wird und, nach seinen eigenen Worten, »paradiesische« Züge trägt. *Patria de sal cautiva* (1958) zeigt die poetische Gestaltung einer mythischen Welt mit apokalyptischen Aspekten auf. C. sucht die Wurzeln einer lateinam. Identität im autochthonen Raum und in mythischer Zeit. In seinem Universum gibt es keinen Ausweg durch die Identifikation mit den Unterdrückten. Die mythische Ordnung der Dinge ist unwiderruflich und die Erde wird von Gewalt und Einsamkeit beherrscht bleiben. Diese Einsamkeit des Altiplano ist das einzige Erbe der Vergangenheit, Bindeglied zwischen dem Dichter und der Welt, die sich hinter ihrer bloßen Erscheinungsform verbirgt. In *Estrella segregada* (1973) gewinnt seine Poesie universale Dimensionen. Der Mensch lebt in einer materialistisch verderbten und betrügerischen Welt, an deren Anfang ein Sündenfall stand. Dieser riß ihn aus der Gemeinschaft und zwang ihm eine ausweglose Einsamkeit auf, aus der ihn nicht einmal der Tod erlösen kann. Obwohl ein biblisches Vokabular vorherrscht, beruht der Fall des Menschen nicht auf der Mißachtung eines göttlichen Befehls, sondern auf dem Nachgeben angesichts der Verlockung der

Macht. C.s Welt kennt keinen Erlöser. Die einzige Möglichkeit für den Dichter besteht darin, sich den Zwängen der Gesellschaft zu verweigern und »ihr ihre Pest zurückzuschleudern«. W. S.

Weitere Werke: *Cerco de penumbras* (1958).
Ausgaben: *Cántico traspasado. Obra Poética.* La Paz 1976. – *Poesía.* Madrid 1985.
Literatur: O. Rivera-Rodas, *El realismo mítico de O. C.* La Paz 1973. – Ders., *La poesía de O. C.* CH, 139 (1985), 417, 146-154. – L. García Pabón, *Territorio y nación : Indios y mineros en ›Aluvión de Fuego‹, de O. C.* RI, 52 (1986), 134, 93-109. – E. Mitre, *Cuatro poetas bolivianos contemporáneos.* RI, 52 (1986), 134, 139-163.

Céspedes, Augusto

* 6.2.1904 in Cochabamba als Sohn eines Journalisten. Er studierte Jura in La Paz bis zum Anwaltsexamen. 1934, während des Chaco-Krieges, wurde er als Soldat eingezogen. Nach dem für Bolivien mit einer Katastrophe beendeten Krieg widmete er sich aktiv der Politik und gab ab 1936 die oft verbotene Zeitung »La Calle« heraus. 1941 gründete er mit V. Paz Estenssoro u. a. das antiimperialistische MNR (Movimiento Nacional Revolucionario). 1943 war er Generalsekretär der von G. Villarroel gebildeten Regierungsjunta, 1945 Botschafter in Paraguay. Nach der Ermordung Villarroels, 1946, lebte er in Argentinien, bis der überraschende Wahlsieg des MNR Paz Estenssoro 1952 an die Regierung brachte, als deren Botschafter er 1953 nach Rom ging. 1963 war er erster Sekretär des MNR, nach 1964 Direktor der Zeitung »La Nación« von La Paz, unter der Banzer-Diktatur freier Journalist.

C. trat als Schriftsteller zum erstenmal mit *Sangre de mestizos* (1936) hervor, neun meisterhaften Erzählungen, die vom Chaco-Krieg handeln. Noch nie wurde wie in diesem Buch das Problem der psychischen und ethnischen Inkohärenz in Bolivien mit gleicher Schärfe gesehen. Der ohnehin sinnlose und von fremden Interessen manipulierte Krieg wird für die Indios und Mestizen, die unter ungünstigsten Bedingungen kämpfen mußten, zur tragischen Absurdität. Obwohl sich alle Erzählungen durch das gleiche stilistische Niveau einer plastischen, äußerst differenzierten Sprache und einer eindrucksvollen Metaphorik sowie durch einen spannungsreich gesteigerten dramatischen Aufbau auszeichnen, fand »El pozo«, eine physiologische und psychologische Studie des Durstes, die weiteste Verbreitung. Der Roman *Metal del diablo: la vida de un rey del estaño* (1946; dt. *Teufelsmetall*, 1964), sein nächstes Werk, zeigt die Handschrift des aktiven MNR-Politikers, obwohl auch hier dank dem erzählerischen Können des Autors Anklage und Protest eine gültige literarische Form gefunden haben. *Metal del diablo* ist das Drama Boliviens, dessen Reichtum an Bodenschätzen sich im Besitz der drei Zinnmagnaten Simón I. Patiño, Carlos V. Aramayo und Mauricio Hochschild konzentrierte. Patiño, der durch Bestechung, Gewalt und eine von ihm beherrschte Presse jahrzehntelang das wirtschaftliche und politische Leben des Landes dirigierte, erscheint in dem Roman satirisch verzerrt als der Zinnkönig Zenón Osmonte, eine Ausgeburt an Verworfenheit und doch ohne jegliche Substanz. Das wurde auch dem Autor vorgeworfen: Sein Werk gebe ein getreues Bild der Situation Boliviens, nicht jedoch Patiños wider, und es hätte ein großer Roman sein können, wenn der Protagonist nicht zu klein dargestellt worden wäre. Ein zweiter Roman *Trópico enamorado* (1968) ist eine von den burlesken Abenteuern des Ich-Erzählers als Schmuggler, Putschist und Diplomat aufgehellte Darstellung der bol. Geschichte seit 1935. Diese ist zuvor Gegenstand der journalistischen Chroniken *El dictador suicida* (1956) und *El presidente colgado* (1966) gewesen. Die erste behandelt einen Zeitraum von 40 Jahren, bis zum mysteriösen Selbstmord G. Busch Becerras, 1939, der durch eine Devisenkontrolle die Macht der »Kleptokratie«, wie C. sie nennt, einschränken wollte. Das andere Werk umfaßt hauptsächlich die Jahre ab 1939 bis zum konterrevolutionären Aufstand von 1946, der die Oligarchie wieder an die Macht brachte und das Reformwerk Villarroels aufhob.

Weitere Werke: *Economía nacional y defensa de Latinoamérica* (1963, zus. mit G. Bedregal), *Salamanca o el metafísico del fracaso* (1973), *Crónicas heroicas de una guerra estúpida* (1975).

Literatur: R. Daus, *A. C.* In: W. Eitel (Hg.), *Lateinamerikanische Literatur in Einzeldarstellungen.* Stuttgart 1978, 91-107. – R. Prada Oropeza, *La literatura política de A. C.* TC, 5 (1979), 12, 185-213. – P. J. Gold, *A. C.' ›El pozo‹: The Conflict between Structure and Meaning.* RN, 23 (1982), 2, 129-133.

Chirveches, Armando

* 1881 in La Paz, † 29.10.1926 (Selbstmord) in Paris. Nach einem Jurastudium trat Ch. in den diplomatischen Dienst. Er schickte ab 1914 als Handelsattaché in Brasilien regelmäßig Berichte über die bras. Literaturszene nach Bolivien. Die letzten Lebensjahre verbrachte er in Paris.

Sein erfolgreichster Roman ist *La candidatura de Rojas* (1909), der zu den Hauptwerken des bol. Realismus gezählt wird. Ch. schildert den Wahlkampf des jungen Anwaltes Enrique Rojas, der für die Konservativen kandidiert, da ihm seine Partei, die liberale, keine Unterstützung gewährt. Er verliert zwar die Wahl, tröstet sich aber über die Niederlage durch Heirat mit seiner schönen Kusine hinweg. Der Roman zeigt die Ereignisse und das Leben in einem nicht näher bezeichneten Distrikt Boliviens auf, jedoch ohne soziologischen Anspruch und mit humoristischen Untertönen. Der Erfolg des Buches reichte bis nach Frankreich, wo es 1925 übersetzt wurde. W. S.

Weitere Werke (Auswahl): Romane: *Celeste* (1905), *Casa solariega* (1916), *La virgen del lago* (1920), *Flor del trópico* (1926), *A la vera del mar* (1926).

Ausgabe: *Obras escogidas.* La Paz 1955.

Literatur: M. T. Soria, *A. Ch., novelista boliviano.* La Paz 1963. – J. Albarracín Millán, *A. Ch.* La Paz 1979.

Costa du Rels, Adolfo

* 19.6.1891 in Sucre als Sohn eines frz. Ingenieurs, † 1980 (oder 1979?). Zur Schule ging er auf Korsika, begann danach in Paris ein Jurastudium, kehrte mit 18 Jahren – er hatte seine Eltern verloren – nach Bolivien zurück, wo er sich u. a. als Bergarbeiter, Chinchillajäger und Bankangestellter durchschlug, bis er 1919 in den diplomatischen Dienst Boliviens aufgenommen wurde. 1928 Finanz-, 1948 Außenminister, 1936-46 Präsident des Völkerbundes. Er wurde mit verschiedenen Preisen, 1976 mit dem bol. Premio Nacional de Literatura ausgezeichnet.

C. du R. ist Autor von Romanen, Erzählungen, Essays und Theaterstükken, die er zum kleineren Teil in span., zum größeren in frz. und manchmal in beiden Sprachen abgefaßt hat. In Paris erzielte er Erfolge mit seinen Theaterstücken, in denen er aktuelle, umstrittene Themen gestaltete. Zu seinen bekanntesten Werken gehört die Erzählung »La Miscki-Simi« aus dem Band *El embrujo del oro* (1943, zuerst frz. u. d. T. *La hantise de l'or*, 1930), deren Stoff, das menschliche und soziale Drama einer jungen Mestizin und ihres großbürgerlichen Geliebten, von C. ↑Medinaceli zu dem Roman *La Chas-*

kañawi (1947) verarbeitet wurde. Die farbige, spannende Darstellungsweise der Erzählungen findet sich auch in dem Roman *Tierras hechizadas* (1940, zuerst frz. u.d.T. *Terres embrasées*, 1931). Im Mittelpunkt des tropischen Melodramas um einen Vater-Sohn-Konflikt steht als Prototyp der ländlichen Oligarchie die Gestalt des Pedro Vidal, der grausam und tückisch seine Herrschaft ausübt. Ihn tötet der Schrecken, als sein Sohn, den er in einen Abgrund geschleudert und für tot gehalten hatte, plötzlich wieder auftaucht. Der Chaco-Krieg ist Hintergrund des Romans *La laguna H 3* (1967, frz. u.d.T. *Lagune H.3.*, 1938). Geschildert wird die leidvolle Erfahrung einer Gruppe bol. Soldaten, die auf der Suche nach einem nicht-existenten Teich fast verdursten.

Weitere Werke: Romane: *Coronel* (1932), *Los Andes no creen en Dios* (1973); Theater: *Les forces du silence* (1944), *Les étendards du Roi* (1957); Essay: *La mission spirituelle de la France* (1941); Memoiren: *Les croisés de la haute mer* (1953); (span.): Erzählungen: *El traje de Arlequín* (1921, zus. mit A. Ostria Gutiérrez); Theater: *Hacia el atardecer* (1919); Essays: *El drama del escritor bilingüe* (1942), *Félix Avelino Aramayo y su época, 1846-1929* (1942).
Ausgabe: *Poemas*. Hg. E. Mitre. La Paz 1988.

Díaz Machicao, Porfirio
* 4.9.1909 in La Paz, † 1981. Er war von 1937 bis 53 Direktor der Zeitung »El País« von Cochabamba und hat verschiedene Museen gegründet. Seine schriftstellerischen Verdienste liegen vor allem auf dem Gebiet der Historiographie, wo er das Werk von A. ↑Arguedas u.a. mit der fünfbändigen *Historia de Bolivia* (1954-58) fortgeführt hat. Außerdem hat er mehrere respektable Romane geschrieben sowie einige hervorragende Erzählungen, die die Schule H. ↑Quirogas erkennen lassen.

Weitere Werke (Auswahl): Romane: *Los invencibles en la guerra del Chaco* (1936), *El estudiante enfermo* (1938), *Vocero* (1942), *La bestia emocional* (1955), *El rey chiquito* (1962), *Túpac Catari, la sierpe* (1964), *María del Valle y sus cruces* (1966), *Cruz de aldea* (1967); Erzählungen: *Cuentos de dos climas* (1936), *Trópico* (1944).

Díaz Villamil, Antonio
* 13.7.1896 in La Paz, † 21.5.1948 ebd. Lehrer. D.V. gilt als Mitbegründer des bol. Nationaltheaters. Die meisten seiner Stücke spielen zur Zeit der Inkaherrschaft, zur Kolonialzeit und im 19. Jahrhundert. Gleichzeitig verfaßte er psychologisch treffsicher ausgearbeitete Volkskomödien aus dem Leben der kleinen Leute. Sein größter Erfolg war der Roman *La niña de sus ojos* (1948), der die Schwierigkeiten einer gebildeten Mestizin, Tochter einfacher Leute, beim Versuch schildert, die soziale Stufenleiter zu erklimmen. Die Schranke der Vorurteile erweist sich als unüberwindlich. Von der weißen Gesellschaft abgelehnt, findet die Protagonistin jedoch einen Platz, wo sie ihr Wissen und ihre Energien sinnvoll einsetzen kann: Sie arbeitet als Lehrerin in einer indianischen Dorfgemeinschaft. W. S.

Weitere Werke: *La voz de la quena* (1921), *Leyendas de mi tierra* (1929), *Tesoro de los chullpas* (1930), *Cuando vuelva mi hijo...* (1942).
Literatur: S. Tritten, *Los cholos y la búsqueda de una nueva sociedad.* RI, 52 (1986), 134, 219-224.

Diez de Medina, Fernando
* 14.1.1908 in La Paz. Politiker, Diplomat, Erziehungsminister (1956), Nationalpreisträger (1951), Direktor der Zeitschriften »Cordillera« und »Nova«. Sein literarisches Werk umfaßt Lyrik, Essays, Erzählungen, Biographien, Theater, mindestens einen Roman, Aphorismen, Memoiren usw. Sein berühmtestes Buch ist die dithy-

rambische Biographie *Franz* ↑*Tamayo. Hechicero del Ande* (1942), sein am meisten verbreitetes die nach persönlichen Kriterien dargestellte *Literatura boliviana* (1953), eine Literaturgeschichte, die bald nach Erscheinen als offizielles Schulbuch im ganzen Land eingeführt wurde.

Francovich, Guillermo

* 25.1.1901 in Sucre, lebt in Brasilien. Sein Werk kann in sechs große Gruppen eingeteilt werden: Philosophische Dialoge, Essays, Ideengeschichte, politische Philosophie, Theaterstücke und Literaturkritik. In dem Dialog *Supay* (1939) leistet er eine Neuinterpretation des indianischen Teufelsmythos, der für ihn einen aus den Leiden der Kolonialisierung heraus geborenen Schutzmechanismus der Indios darstellt. *Los mitos profundos de Bolivia* (1980) ist eine Ideengeschichte der Mythen des Landes, die die mythischen Elemente aus der Zeit der Inkaherrschaft wiederbelebt. F.s philosophisches Werk besteht außer Schriften zu Bacon, Toynbee, Heidegger u.a. aus Studien zum Einfluß der westlichen Philosophie auf das bol. Denken. Seine Theaterstücke behandeln psychologische und philosophische Fragen. W. S.

Weitere Werke: *Pachamama* (1942), *Los ídolos de Bacon* (1942), *Todo ángel es terrible* (1959).
Ausgabe: *Teatro completo*. La Paz 1975.
Literatur: J. L. Gómez Martínez, *G. F.: Una faceta de su pensamiento y un apéndice bibliográfico*. RI, 52 (1986), 134, 293-304.

Jaimes Freyre, Ricardo

* 12.5.1868 in Tacna (Peru) als Sohn des bol. Konsuls und Schriftstellers Julio Lucas Jaimes, † 24.4.1933 in Buenos Aires. 1894 gründete er mit R. ↑Darío in Buenos Aires die für den Modernismus bedeutende »Revista de América«. Ab 1900 lehrte er 20 Jahre lang Philosophie und Literatur in Tucumán. Danach war er bol. Botschafter u.a. in Chile und den USA. 1927 legte er das Amt aus Protest nieder.
J. F.s erster Gedichtband *Castalia bárbara* (1899) gilt neben R. Daríos *Prosas profanas* und L. ↑Lugones' *Las montañas de oro* als eins der repräsentativsten Werke des frühen Modernismus. Musikalität der Sprache, Gewähltheit und Suggestivkraft des Ausdrucks, Vielfalt der Metren und Rhythmen erfüllten das neue ästhetische Programm. Thematisch greift J. F. auf die skandinavische und germanische Mythologie zurück. Er gibt jedoch dieser Motivwelt einen persönlichen Sinn, gestaltet sie um zu einer Metaphysik der Träume und Mysterien, der das lyrische Ich in einer Mischung aus Priestertum und Weltschmerz dient. Mit der Gedichtsammlung *Los sueños son vida* (1917) wird der beschrittene Weg fortgesetzt. Neu hinzugekommen sind Stoffe aus der griech. Mythologie sowie eine Hymne auf das revolutionäre Rußland. Zu seinen wichtigsten weiteren Werken zählen die wissenschaftlich fundierte und noch immer gültige Studie zu Prosodie und Metrik, *Leyes de versificación castellana* (1912), und die geschichtliche Darstellung *Historia del descubrimiento de Tucumán* (1916). In der von ihm gegründeten »Revista de Letras y Ciencias Sociales« veröffentlichte er einige Erzählungen.
Ausgaben: *Poesías completas*. BA 1944, La Paz 1957. – *Cuentos*. La Paz 1975.
Literatur: M. Jaimes-Freyre, *Modernismo y 98 a través de R. J. F.* Madrid 1969. – *R. J. F., estudios*. La Paz 1978. – I. Paraíso de Leal, *Teoría y práctica del verso libre en R. J. F.* REL, 12 (1982), 2, 311-319. – D. A. Cortés, *Los cuentos de R. J. F.* CAM, 5 (1984), 256, 197-206. – O. Rivera-Rodas, *Función transformacional del significante en el discurso modernista*. H, 70 (1987), 2, 231-239.

Lara, Jesús

* 1898 in Muela/Cochabamba, † 10.

1980. Er wuchs in ärmlichen Verhältnissen auf, wurde Lehrer, später Hochschullehrer. Er war Mitglied der Kommunistischen Partei, aus der er 1969 ausgeschlossen wurde, nachdem er in einem offenen Brief der Parteileitung den Verrat an E. ↑Guevaras Guerilla vorgeworfen hatte.

Die Kultur der Quechua-Indianer und die sozialen Verhältnisse Boliviens bilden die Konstanten seines Œuvres, das Lyrik, Romane, Essays und Anthologien umfaßt. L.s erste Veröffentlichung ist ein Gedichtband *Aráwij Arawiku* (1927) – etwa »Gesang des Dichters«. Wie auch in einem weiteren Band *Pauqarwara* (1947) und in seinem erzählenden Werk verwendet er eine Vielzahl von Begriffen aus dem Quechua, in dem, wie es in seinem Essay *La poesía quechua* (1944) heißt, »jedes Wort eine stilisierte Metapher ist, musikalische Essenz enthält und eine Farbe besitzt, wie sie in blühenden Tälern anzutreffen ist«. In diesem Essay über die gesamte Kultur der Quechua seit den Zeiten der Inka-Herrschaft wird die Revision eines Geschichtsbildes vorgenommen, das »von Spaniern geprägt und ebenso verfälscht worden« sei »wie beispielsweise die Geschichte des Römischen Reiches, wenn Hunnen sie überliefert hätten«. L.s erstes größeres Prosawerk *Repete* (1937) ist ein Roman in Tagebuchform über den Chaco-Krieg, den er selbst miterlebte. Die Serie seiner Romane über Leid und Unterdrückung der Indianer beginnt mit *Surumi* (1943). L. setzt mit diesem und den folgenden Romanen den sozialkritischen Indigenismus fort, zu dessen wichtigsten Vertretern in Bolivien A. ↑Arguedas mit dem Roman *Raza de bronce* zählt. L. allerdings hat diesem eine weit intensivere Kenntnis und Einfühlungsgabe in die Mentalität der Quechua voraus. Insofern steht er dem Peruaner J. M. ↑Arguedas wesentlich näher, auch wenn er sich mit dessen Sprachkunst nicht messen kann und will. So übernimmt L. nicht die syntaktische Struktur des Quechua, aber er gibt seinem Spanisch durchgängig eine eigenartige Färbung und übernimmt Quechuanismen, um zwischenmenschliche Beziehungen des Gefühls und der Verwandtschaft nuancierter wiederzugeben. Eine in sich geschlossene Trilogie bilden die Romane *Yawarnínchij* (1959), *Sinchikay* (1962) und *Llalliypacha* (1965). Der letztere, der den Untertitel »Zeit zum Siegen« führt, behandelt die Jahre nach dem Chaco-Krieg bis zum Beginn der Agrarreform, 1953. Die Bauernmilizen der Zone haben zum Schluß militärisch gesiegt und es deutet sich an, daß bald das ganze Land von Unterdrückern befreit wird. Den dichten Realismus und die psychologisch überzeugende Gestaltung einer Vielzahl von Personen in der Trilogie erreichen weder *Surumi* noch *Yanakuna* (1952; dt. *Verkauft wie Schaf und Huhn*, 1967). Im Schicksal der Protagonistin des letztgenannten Romans wird der Leidensweg der indianischen Frau exemplifiziert. Weniger doktrinär und mit einer Tendenz zum sarkastischen Humor ist der Roman *Sujnapura* (1971) geschrieben, der die Geschichte Boliviens in den ersten Jahrzehnten dieses Jh.s und im Rahmen verschiedener Schauplätze – Hauptstadt, Provinz, Chaco-Krieg – zu erfassen sucht. Die Guerilla Guevaras behandeln die Erzählungen des Bandes *Ñancahuazú: Sueños* (1969), in denen Dokumentarisches, eigenes und familiäres Erleben sowie traumhafte Visionen ineinander verwoben sind. L.s Schwiegersohn war Guido »Inti« Peredo, einer der Begleiter Guevaras, der dessen Kampagne überlebte, aber 1969 von der bol. Polizei erschossen wurde. Seine Lebensgeschichte und die (partei-) politischen Hintergründe hat L. in *Guerrillero Inti Peredo* (1971, [3]1980) dargestellt.

Weitere Werke: Lyrik: *Flor de loto. Mensaje de amor a la mujer china* (1960); Prosaskizzen: *Viaje a Inkallajta* (1927); Memoiren: *Paqarín* (1974), *Sasañán* (1975), *Wichay-Uray* (1977), *Winaypaj. Para siempre* (1986); Essays, Sonstiges: *Tragedia del fin de Atawallpa* (1957), *Leyendas quechuas* (1963), *Poesía popular quechua* (1965), *La cultura de los inkas* (1966/67, 2 Bde.), *Inkallajta, Inkaraqay* (1967), *El Tawantinsuyu* (1974, ³1990), *Chajma* (1978.)

Literatur: J. Sánchez Parga, *La tierra ocupada: estudio sobre la novelística de J. L.* La Paz 1980. – R. Kornberger, *Die Guerilla von Ñancahuazú in der bol. Literatur.* HISPANORAMA, 26 (1980), 125-133. – W. O. Muñoz, *La realidad boliviana en la narrativa de J. L.* RI, 52 (1986), 134, 225-241.

Leytón Z., Raúl

* 28.8.1904 in Cinti/Chuquisaca. Priester. L. nahm als Feldgeistlicher am Chaco-Krieg teil. Seine Erlebnisse verarbeitet er teilweise in dem erst 1956 erschienenen Erzählband *Placer*. Die bekannteste, auch ins Deutsche übertragene Erzählung ist »¡Indio bruto!« L. schildert dort die Kriegserfahrungen eines Indio, der in eine ihm fremde Welt gerät. Des Spanischen unkundig, kann er sich nicht verständigen und wird von allen herumgestoßen. Er geht elend zugrunde, da er aus Unwissenheit Benzin trinkt. Beeindruckend ist L.s Einfühlungsvermögen in die Gefühlswelt des Indio und sein Appell zur Nächstenliebe, eine Konstante in seinen Schriften. In *Alco Rancho* (1966) erzählt er kleine Episoden aus den Armen- und Arbeitervierteln. Jede Geschichte ist durchdrungen von einer massiven Kritik an den Mißständen des herrschenden sozialen Systems und von dem Bemühen, auf christlicher Basis Lösungen anzubieten. W. S.

Marof(f), Tristán

* 1898 in Sucre, † 1979 in Santa Cruz. Eigtl. Gustavo A. Navarro. Als Konsul Boliviens in Europa hatte er Kontakt zur Arbeiterbewegung und wurde dort zu einem unabhängigen Marxisten. Zwischen 1925 und 1935 betrachtete ihn die gesamte Linke, von den Stalinisten bis zu den Anarchisten, als Autorität und »Führer der Unterdrückten«. Nach seiner Rückkehr aus dem Exil, 1935, erwies er sich allerdings als ungeeignet, eine Arbeiter- und Bauernrevolution anzuführen oder eine machtvolle sozialistische Partei ins Leben zu rufen, wie viele von ihm erwarteten. Seine kleinbürgerliche Herkunft wird dafür verantwortlich gemacht, daß er Ende der 40er Jahre mit Zuspitzung der sozialen Widersprüche vorübergehend die Fronten wechselte und Sekretär des konservativen Präsidenten wurde.

In seinem in Belgien erschienenen Essay *La justicia del Inca* (1926) dient ihm die präkolumbianische Vergangenheit Boliviens als Vorbild für ein gesellschaftspolitisches Zukunftsmodell. Im Gegensatz zu J. C. ↑Mariátegui tritt bei M. nicht das kollektivistische Moment in den Vordergrund, sondern ihm schwebt ein Staatskonzept mit ausgeprägten zentralistischen und autoritären Zügen vor. Ohne die präkolumbianische Vergangenheit wiederbeleben zu wollen, scheinen ihm die Prinzipien der gesellschaftlichen Organisation der Inkas für eine sozialistische Zukunft Amerikas übernehmenswert. M. nimmt mit der berühmt gewordenen Formel: »Der Boden dem Volke, die Minen dem Staate« erstmals in der bol. Literatur einen antifeudalen und antiimperialistischen Standpunkt ein. In *Tragedia del Altiplano* (1934), einer schonungslosen Verdammung des Chaco-Krieges, führt er diesen Standpunkt weiter aus und faßt die intellektuelle und ideologische Diskussion dieser Umbruchzeit zusammen. Durch seine Behandlung der nationalen und der Indiofrage ist er einer der Wegbereiter der Revolution von 1952, die er allerdings später, weil sie nicht weit genug ging, erbittert bekämpfte. In seinem bekanntesten Roman *Wall Street y Hambre* (1931) schildert er den Niedergang des menschlichen Lebens und die elende Lage der Arbeiter in den USA zur Zeit der großen Wirtschaftskrise. Von eher humoristischer Seite zeigt sich M. in dem Roman *Suetonio Pimienta* (1924), einer Satire auf die Diplomaten aus Ländern wie jener »Mohrrübenrepublik«, der Heimat von Pimienta. Satirisch ist auch der Kurzroman *El experimento* (1947), in dem die taktischen Manöver des MNR entlarvt werden. Ein heiterer Plauderton zeichnet den Roman *La ilustre ciudad* (1950) aus. Wie in dem Jugendwerk *Los cívicos* (1919) schildert M. das gesellige Leben in Sucre von der Jahrhundertwende bis 1920. *La novela de un hombre* (1967) ist der erste Teil seiner – nicht abgeschlossenen – Autobiographie. W. S./R.

Medinaceli, Carlos

*30.1.1899 in Sucre, †12.5.1949 in La Paz. Lehrer an einem Lyzeum, gründete 1925 in Potosí die Literaturzeitschrift »Gesta bárbara«, wurde 1938 zum Senator gewählt und 1939 durch die Busch-Diktatur seines Amtes enthoben. Sein schon seit langem fertiggestellter Roman *La Chaskañawi* (1947) wurde erst kurz vor seinem Tode veröffentlicht. Schauplatz des bald berühmten Werkes ist eine bol. Kleinstadt im Spannungsfeld von konservativen Liberalen und fortschrittlicheren Republikanern. Adolfo, ein grüblerischer Jurastudent, kehrt wegen eines Todesfalles in die Stadt zurück. Die Lebensweise der weißen Familien erscheint ihm öde. Er verliebt sich in Claudina, eine vitale Mestizin, die Chaskañawi genannt wird (Quechua, etwa: die mit den schönen Augen). Da seine Familie und die gesellschaftlichen Konventionen eine sozial ungleiche Beziehung dauerhaft nicht tolerieren, gibt er dem Druck nach und heiratet ein Mädchen aus ebenbürtiger Familie. Er führt danach ein unbefriedigendes Familienleben, weil er Claudina nicht vergessen kann. Als er sie mit einem vermeintlichen Nebenbuhler sieht, entscheidet er sich spontan, verläßt seine Frau und zieht mit Claudina aufs Land, wo beide als Bauern leben. Abgesehen von der farbigen Darstellung von Sitten und Gebräuchen, enthält der Roman ein klares kulturelles und politisches Bekenntnis zugunsten der Mestizen. M. sieht die Ursache der nationalen Zerrissenheit darin, daß »unsere Existenz der Form nach spanisch, dem Wesen nach aber indianisch« ist. Die logische Konsequenz daraus ist, die Kräfte des nationalen Fortschritts in den mittleren, mestizischen Sektoren der Gesellschaft zu suchen. Wie die Figur der Claudina ist für M. die Mestizin wegen vieler Qualitäten am besten geeignet, das Leben zu meistern, sie ist darin allen überlegen, ist schlechthin »grundlegendes Element der Nationalität.« W. S.

Weitere Werke: *Estudios críticos* (1938), *Adela* (1955), *La inactualidad de Alcides Arguedas* (1972).
Literatur: J. M. Barnadas/J. J. Coy, *C. M.: ›La Chaskañawi‹*. Cochabamba 1977. – S. Tritten, *Los cholos y la búsqueda de una nueva sociedad*. RI, 52 (1986), 134, 219-224.

Mendoza, Jaime

*25.7.1874 in Sucre (Bol.), †26.1.1939 ebd. Arzt und Politiker. M. bildet mit A. ↑Chirveches und A. ↑Arguedas das »Dreigestirn des bol. Realismus«. Er begann seine berufliche Tätigkeit als Arzt in den Minen. Seine dort gesammelten Erfahrungen verarbeitete er in dem Roman *En las tierras de Potosí* (1911), nach dessen Lektüre R. ↑Darío ihn den »bol. Gorki« nannte. M. erzählt die Geschichte eines Studenten, der in die Minen geht, um dort sein Glück zu suchen. Die Konfrontation mit dem elenden Leben der Bergarbeiter ernüchtert ihn. Er, der korrekt und unbestechlich seiner Arbeit nachgeht, verliert wegen seiner Kontakte zu Arbeitern, die auf eigene Rechnung gestohlenes Erz verkaufen, seine Stellung. Arm und gealtert kehrt er in seine Heimatstadt zurück. Zum ersten Mal wird hier mit realistischem Blick die soziale Problematik der Minen dargestellt, auch wenn M., ähnlich wie A. Arguedas, keine Lösungsvorschläge unterbreitet. Sein zweiter großer Roman *Páginas bárbaras* (1914) ist Ergebnis seiner Erfahrungen als Teilnehmer am Acre-Krieg gegen Brasilien. Er erzählt vom Leben der Kautschuksammler im tropischen Nordosten Boliviens, die inmitten einer prachtvollen, feindlichen Natur zwischen Abhängigkeit, Ausbeutung und der Hoffnung auf Reichtum und Glück ihr Leben fristen und letztlich zum Scheitern verurteilt sind. Seit 1925 wandte sich M. in einer Reihe von historisch-soziologischen Schriften der Frage nach der bol. Identität zu. Die von ihm beschworene Einheit der bol. Kultur und Geschichte von der Vergangenheit bis in die Gegenwart versteht er als zyklischen Ablauf des Ewigwährenden, das von der mythisch-tellurischen Kraft der andinen Welt bestimmt wird. W. S.

Weitere Werke (Auswahl): Roman: *El lago enigmático* (1936); Essays: *El factor geográfico en la nacionalidad boliviana* (1925), *La tesis andina* (1933), *El macizo boliviano* (1935).
Literatur: G. Lora, *La frustración de M.* La Paz 1964. – M.T. Medeiros Anaya, *El hombre y la tierra de Bolivia en dos novelas de J. M.* La Paz 1969.

Mitre, Eduardo
* 1943 in Oruro, lebt in Cochabamba. M., der über V. ↑Huidobro promovierte, gilt als wichtiger Erneuerer der modernen Lyrik in Bolivien. Sein Ziel ist es, die Welt und die Ordnung der Dinge nicht durch Erklärung oder Benennung zu beschreiben, sondern sie im Text und durch den Text sichtbar zu machen. In *Morada* (1975) »schreibt« er mit Hilfe von Ideogrammen, Kalligrammen und Haikus einen gewöhnlichen Tagesablauf. In seiner Poesie »sind« die einzelnen Komponenten Episoden dieses Ablaufes, d.h. die Ereignisse werden nicht erzählt, sondern sie konkretisieren sich als Gedichte. O. ↑Paz sagte über *Morada*: »Ein wunderschönes Buch, aus Luft und Licht geschaffen, aus Worten, die leicht sind wie Luft und die leuchten wie das Licht.« W. S.

Weitere Werke: *Ferviente humo* (1976), *Mirabilia* (1979), *Razón ardiente* (1984).
Literatur: J. Quinteros Soria, *La palabra ›Dicha‹. (Sobre la poesía de E. M.)* RI, 52 (1986), 134, 207-218.

Pereyra, Diomedes de
* 8.12.1897 in Cochabamba. Er lebte viele Jahre in den USA. 1936 gründete er den bol. Schriftsteller- und Künstlerverband. Neben zahlreichen, zumeist in nordam. Zeitschriften veröffentlichten Erzählungen schrieb er drei Romane, die er zuerst in engl., dann in span. Sprache herausbrachte. *El valle del sol (1935, zuerst u.d.T. The Land of the Golden Scarabs*, 1928; dt. *Das Tal der Sonne*, 1947) ist die Abenteuergeschichte zweier Ingenieure, die die Urwälder des Madera nach Goldvorkommen erkunden. Einer von ihnen heiratet in einen verborgen lebenden Inka-Stamm ein. *Caucho* (1938), nicht weniger spannend und absurd, handelt von Banditen, Urwald und Kautschuk, *La trama de oro* (1938, zuerst u.d.T. *The Golden Web*, 1929/30) noch einmal von Goldsuchern und versteckten Inka-Schätzen. *Hojas al viento* (1935)

ist die Darstellung seiner Eindrücke während einer ersten Reise, 1916, in die USA.

Poppe, René

* 2.4.1943 in La Paz. Sein erster Roman *Después de las calles* (1971) ist eine an der modernen europäischen und lateinam. Literatur geschulte Darstellung der Situation an der Universität von La Paz, die in einer Vielzahl von Ebenen und Episoden das Leben der revolutionären Studenten zum Thema hat. Der Titel ist suggestiv: »Nach der Straße«, was kommt dann? P. ging 1971 als Arbeiter in die Minen von Siglo XX. Dort erhielt er Einblick in die Welt, die seither das Thema seiner Erzählungen bildet: die Welt der Minenarbeiter. Er beschreibt ihr Leben, die Arbeit, den politischen Kampf und die Niederlagen in der ihnen eigenen einfachen und unsentimentalen Sprache. Die alltäglichen Aspekte ihres Kampfes werden jedoch nicht nur auf der offensichtlich politischen Seite beleuchtet, sondern in P.s Universum ist auch Platz für die mythische Komponente des Lebens und Sterbens in den bol. Minen. W. S.

Weitere Werke: *Khoya loca* (1973), *El militante y la muerte* (1975), *El paraje del tío y otros cuentos mineros* (1979).

Prada Oropeza, Renato

* 17.10.1937 in Potosí. Er hat in Rom und Belgien Philosophie und Linguistik studiert, ist Hochschullehrer in Cochabamba und Veracruz gewesen. In seinen Erzählungen, z. B. in *Ya nadie espera al hombre* (1969) beschäftigt sich P. O. mit dem philosophischen Problem des Menschen in einer feindlichen Welt, mit der es keinen Austausch gibt und in der er immer am Rande lebt. Er sucht die Wurzeln dieser Einsamkeit in der Subjektivität des Menschen, die das Absurde seiner Existenz verstärkt. Das Leben als Bewegung hin zum Tode, die die Fremdheit des Menschen in der Welt noch unterstreicht, ist in P. O.s Erzählungen eine Konstante. Sein größter Erfolg ist der mit dem Literaturpreis der kub. »Casa de las Américas« ausgezeichnete Roman *Los fundadores del alba* (1969), eine literarische Fiktion aus der Zeit der Guerilla Che ↑Guevaras in Bolivien 1967. Javier, ein Seminarist, verläßt nach einer schweren religiösen Krise das Priesterseminar, um sich der Guerilla anzuschließen. Er verliebt sich in Laura, ein Bauernmädchen, zeugt ein Kind mit ihr und wird im Kampf tödlich verwundet. Erzählt wird diese Geschichte aus verschiedenen Perspektiven. P. O.s Hauptaugenmerk gilt stets der psychischen Struktur und Problematik seiner Helden. Der Roman besteht aus einzelnen, nicht chronologischen Episoden, die eine genaue Raum-Zeit-Lokalisierung nicht zulassen. Um eine Synthese möglich zu machen und die einzelnen Episoden zu ordnen, führt P. O. gegen Ende des Romans das Tagebuch von Javier ein. In Zusammenhang mit seinem Schaffen stehen die literaturwissenschaftlichen Abhandlungen *La autonomía literaria* (1976), eine Studie zum russ. Formalismus und tschech. Strukturalismus, sowie *El lenguaje narrativo* (1979). W. S.

Weitere Werke: Romane: *El último filo* (1975), *Larga hora: la vigilia* (1979); Erzählungen: *Argal* (1967), *Al borde del silencio* (1969).

Literatur: J. Ortega, *Letras bolivianas de hoy: R. P. O. y Pedro Shimose*. BA 1973. – R. Teixido, *R. P., alienación y compromiso*. RI, 52 (1986), 134, 243-254. – L. Vélez Serrano, *Notas sobre la significación en ›Los fundadores del alba‹ de R. P.* RI, 52 (1986), 134, 271-277.

Ramírez Velarde, Fernando

* 8.5.1913 in Sucre, † 23.8.1948 in Santa Fe (Arg.). Er besuchte ein Jesuitenkolleg, begann ein Jurastudium in Cochabamba und wurde zum Chaco-

Krieg eingezogen. Ab 1937 war er in Industrie und Handel tätig. Er ist Autor einer Erzählung »Trópico« und des Romans *Socavones de angustia* (1947; dt. *Stollen der Angst*, 1951), der das Elend und die Tragik indianischen Schicksals darstellt. Um sich dem Sklavendasein in der Abhängigkeit des Großgrundbesitzers zu entziehen, verdingt sich der Indio als Arbeiter in den Minen der Hochebene, ohne jemals den Traum vom eigenen Stück Land aufzugeben. Dieser wird sich ihm jedoch nie erfüllen. Die Lebensläufe einiger Personen stehen stellvertretend für das Schicksal des Kollektivs. Der eine zerschellt in einem Felsspalt, ein anderer wird in einem eingestürzten Stollen lebendig begraben, wieder andere gehen jämmerlich an Staublunge zugrunde. Den dramatischen Höhepunkt des Romans bildet der Schlußteil, in dem die Söhne, die sich durch Schulbesuch und Studium ein besseres Leben erhofften, ihre Ausbildung abbrechen müssen, um für den Unterhalt der Familien im Bergwerk zu arbeiten.

Sáenz, Jaime

* 8.10.1921 in La Paz. S., der in Deutschland studierte, ist als Zeichner und zunächst als Lyriker bekannt geworden, von dessen Werk eine Gesamtausgabe, *Obra poética* (1975), vorliegt. Sein erstes Buch *El escalpelo* (1955) enthält lyrische Kurzprosa, deren Assoziationssprünge an den Surrealismus erinnern. Danach entfernt sich die Diktion seiner Lyrik von den narrativen Elementen, die das Erstlingswerk aufweist, um zu einer konzentrierten, schwer zugänglichen, manchmal auch epigrammatischen Dichtung hinzuführen. Der thematische Nenner, der dieser Lyrik zugrunde liegt, ist eine von Zweifeln und Ängsten getragene Sinnsuche für das menschliche Dasein. Ausgangspunkte oder auch durchgängige Motive sind das »Anderssein« bzw. ein symbolisches »Du« und der Tod. In *Recorrer esta distancia* (1973) wird am Ende der philosophisch-metaphysischen Suche nach Einheit dem lyrischen Subjekt die unaufhebbare Distanz zwischen Sein und Wesen bewußt. In *Bruckner* (1978) und *Las Tinieblas* (1978) behandelt S. Probleme des Kunstwerks, das ihm als Versuch erscheint, eine mythische Ordnung der Dinge herzustellen. Zugleich verlange das Sichtbarmachen der abgründigen Seiten des Seins vom Künstler, sich den »Finsternissen« des Lebens zu stellen. S.' erster Roman *Felipe Delgado* (1979) stellt die Identitätskrise eines jungen Mannes nach dem Tode des Vaters und die anschließende Suche nach dem Sinn des Lebens dar. Diese Suche wird als Reise in die magischen Tiefen der Stadt La Paz geschildert und endet 1932, kurz vor Ausbruch des Chaco-Krieges, mit dem rätselhaften Verschwinden des Protagonisten. Werden hier vor allem die finsteren Aspekte menschlicher Existenz – Wahnsinn, Sucht und Tod – angesprochen, ist demgegenüber S.' zweiter – kurzer – Roman, *Los cuartos* (1985), in dessen Mittelpunkt eine Frau steht, von einem feinen Humor durchdrungen, herrscht eine Stimmung von zwischenmenschlicher Freundlichkeit und Lebensmut vor. W. S./R.

Weitere Werke: Lyrik: *Muerte por el tacto* (1957), *Aniversario de una visión* (1960), *Visitante profundo* (1964), *El frío* (1967), *Al pasar un cometa* (1982), *La noche* (1984); Opernlibretto: *Perdido viajero* (1974).

Literatur: B. Wiethüchter, *Las estructuras de lo imaginario en la obra poética de J. S.* In: J. S., *Obra poética*. La Paz 1975, 267-425. – Miembros del taller »Hipótesis«, *Escribir antes y después de la muerte*. RI, 52 (1986), 134, 285-289.

Shimose (Kawamura), Pedro

* 1940 in Riberalta. Journalist, Maler

und Musiker, der eigene und fremde Gedichte vertonte; lebt seit den 70er Jahren in Madrid. Nach seinem experimentellsten Buch *Sardonia* (1967), das die traumatische Erfahrung des Dichters mit dem kulturellen Verfall der Werte der westlichen Welt am Gegensatz Stadt-Land thematisiert, wandte sich S. in *Poemas para un pueblo* (1968) der sozialen Realität seines Landes zu. Das Buch steht im Kontext der politischen Diskussion, die nach dem Scheitern der Guerilla Che ↑Guevaras in Bolivien geführt wurde. S. macht eine (auch literarische) Reise durch das unterentwickelte und unterdrückte Bolivien. Die Problematik wird in *Quiero escribir, pero me sale espuma* (1969, Premio Casa de las Américas) vertieft, dessen Titel auf eine Zeile von C. ↑Vallejo zurückgeht. Hier schafft S. eine faszinierende Sprachkollage aus literarischer und alltäglicher Sprache, aus Quechua und englischen Sprachbrokken, und schneidet erstmals ein zentrales Thema seiner späteren Dichtung an, die Erfahrung des Exils. Sein Gedichtband *Reflexiones maquiavélicas* (1980) erzählt vom alten, verarmten und verfolgten Machiavelli, der von S. »bolivianisiert« wird (»Laßt mich jetzt, ich bitte, meinen Coca-Tee in Ruhe trinken«). Zentraler Punkt ist die Erkenntnis, daß nicht Macht der grundlegende Wert des Lebens ist, sondern Liebe und Poesie. Trotz der Veränderungen in seinem Schaffen ist sein Werk stets durchdrungen von einer sozialen und politischen Dimension, die auch sein eigener Entwicklungsprozeß vom zornigen Aufbegehren zum ruhigen Zweifeln mitvollzogen hat. *Poemas* (Madrid 1988) faßt die Gedichte sämtlicher vorausgegangenen Bände zusammen. Als Literaturwissenschaftler hat S. ein *Diccionario de autores iberoamericanos* (1982) herausgegeben und die Gesamtdarstellung *Cómo dominar la literatura latinoamericana* (1989) verfaßt. W. S.

Weitere Werke: *Caducidad del fuego* (1975), *El coco se llama drillo* (1976); *Bolero de caballería* (1985).

Literatur: J. Ortega, *Letras bolivianas de hoy: Renato Prada Oropeza y P. S.* BA 1973. – E. Mitre, *Cuatro poetas bolivianos contemporáneos*. RI, 52 (1986), 134, 139-163. – E. Mitre, *Del fervor al escepticismo: La poesía de P. S.* CH, 438 (1986), 147-153.

Taboada Terán, Néstor

* 1929 in La Paz. Journalist und Hochschullehrer. Er leitete die Kulturabteilung der Universität von Oruro, wo er auch Kultur- und Wirtschaftsgeschichte lehrte. Zeitweilig lebte er im Exil in Argentinien. Seine bedeutendsten Werke sind *El precio del estaño* (1960), *Indios en rebelión* (1968) und *Manchay Puytu, el amor que quiso ocultar dios* (1978; dt. *Die Liebe, die Gott nicht wollte*, 1988). Der Roman *El precio del estaño* erzählt aus den Perspektiven der Minenarbeiter, der Minengesellschaft und der repressiven Staatsorgane den möglichen Ablauf des »Massakers von Catavi«, 1942. In dem Band *Indios en rebelión* sind acht Erzählungen um die Landreform zur Zeit der Nationalen Revolution von 1952 vereint. T. bedient sich hier hauptsächlich des Stilmittels der Ironie, um das Auseinanderklaffen von Anspruch und Wirklichkeit der bol. Revolution für die Indios zu kritisieren. Das 1978 in Buenos Aires preisgekrönte Werk *Manchay Puytu* ist die Neubearbeitung einer alten Quechua-Legende von einem Pfarrer indianischer Herkunft, der den frühen Tod seiner indianischen Geliebten nicht überwinden kann und deshalb mit ihr, die bereits im Totenreich ist, Kontakt aufnimmt. Um sich mit seiner Geliebten wiederzuvereinen, verübt er Selbstmord und wird postum von der Inquisition als Ketzer verbrannt. Um diese Geschichte herum zeichnet T. ein kulturell vielschichtiges, lebendiges und kritisches Bild von der Blütezeit der

spanischen Kolonialherrschaft in Potosí. In seinen letzten Werken steht die mythische Gedankenwelt der bol. Indios gleichberechtigt neben dem abendländischen Rationalismus. W. S.

Weitere Werke: Roman: *El signo escalonado* (1975); Erzählungen: *Claroscuro* (1948), *Germen* (1950), *Ten dollars, mientras se oficia el escarnio* (1968), *Naranjas maquilladas* (1983); Berichte: *Cuba, paloma de vuelo popular* (1964), *Chile con el corazón a la izquierda* (1970).
Literatur: N. Fernández Naranjo (u.a.), *Oficio de coraje: N. T. T., 30 años de literatura.* La Paz 1981.

Tamayo, Franz

*28.2.1879 in La Paz, †29.7.1956 ebd. Er war ab 1913 Abgeordneter, später auch Präsident des Parlaments, Juraprofessor, Vorsitzender der Radikalen Partei, gewählter Präsident der Republik, konnte das Amt jedoch wegen des Militärputsches von 1935 nicht antreten.
T. ist neben R. ↑Jaimes Freyre Boliviens bedeutendster modernistischer Dichter und ebenso pathetisch und humorlos wie jener. Kaskaden hochtrabender Begriffe, Anrufungen der Genien, des Heiligen und der griech. Götter verhindern den Zugang zu dieser Dichtung, deren Rhetorik die meisten Apologeten übernommen haben. Gelegentlich finden sich jedoch tiefsinnige, subtile, schillernde Aussagen von eigenständigem dichterischen Gehalt. So enthält selbst *La Prometheida o las Oceánidas* (1917) – äußerlich eine Mixtur aus hellenistischer Begeisterung in der Nachfolge Goethes und eitler oratorischer Gestikulation – eine Fülle schöner und spannungsvoller Bilder, die persönliches Empfinden ausdrücken und zugleich in manchen spielerischen Wortkombinationen und metaphorischen Kühnheiten als Beitrag zur Avantgarde gelten können. Allerdings bleiben auch die späteren lyrischen Werke T.s, von denen die schmerzdurchdrungenen *Scopas* (1939) hervorzuheben sind, dem traditionellen Kanon verpflichtet. Aus seiner Symbolik, besonders aus der sein gesamtes Werk durchziehenden Sehnsucht nach dem Meer und dem Gefühl bedrückenden Isoliertseins hat man kollektive Bedürfnisse herausgehört. Er selbst hat dieser Identifikation seines persönlichen Schicksals mit dem Boliviens Vorschub geleistet, eindeutiger als in der Lyrik jedoch in seiner journalistischen und essayistischen Prosa. Als sein wichtigster Essay gilt *Creación de la pedagogía nacional* (1910).

Weitere Werke (Auswahl): Lyrik: *Odas* (1898), *Nuevos Rubáyat* (1927), *Scherzos* (1932), *Epigramas griegos* (1945).
Ausgaben: *T. y la reivindicación marítima de Bolivia.* Hg. M. B. Gumucio. La Paz 1978. – *Obra escogida.* Hg. M. B. Gumucio. CAR 1979 (BiAy).
Literatur: D. Gómez de Fernández, *La poesía lírica de F. T.* La Paz, Cochabamba 1968. – J. Albarracín Millán, *Filosofía boliviana del siglo XX. El pensamiento filosófico de T. y el irracionalismo alemán.* La Paz 1981. – R. Condarco Morales, *F. T., el pensador.* La Paz 1989.

Urzagasti, Jesús

*1941 im Gran Chaco von Tarija, lebt in La Paz. Er wurde mit dem in Buenos Aires erschienenen Kurzroman *Tirinea* (1969) bekannt, der zu den experimentellsten Zeugnissen der neueren bol. Literatur zählt. Vergleichbar mit Unamunos *Niebla* ist das zentrale Problem des Werkes die Frage nach der literarischen Identität und dem Verhältnis Autor-Protagonist. Ein alter, legendärer Autor, Überlebender des geheimnisvollen, untergegangenen Landes Tirinea, sucht in der Erinnerung an die Vergangenheit seine verlorene Identität. Durch Bruchstücke persönlicher und familiärer Daten versucht er, seiner literarischen Existenz eine reale Basis zu verleihen. Im Verlauf der Erzählung verschiebt sich die Perspektive: Es wird klar, daß sowohl der alte als auch der junge Autor nur literarische Fiktionen eines gewissen Fiehlko sind. Aber der alte Autor erobert literarische Autonomie wieder zurück und degradiert nun Fiehlko zum fiktiven Protagonisten. W. S.

Literatur: Miembros del taller »Hipótesis«, *Dos novelistas contemporáneos: J. U. y Jaime Sáenz*. RI, 52 (1986), 134, 279-284.

Zamudio, Adela

* 11.10.1854 in Cochabamba, † 2.7. 1928 ebd. Als einsame Vorkämpferin weiblicher Gleichberechtigung in Bolivien lehrte sie an Mädchenschulen und war beim Volk als Sozialreformerin beliebt. Ihre Gedichte, die u. a. eine intellektuelle Rebellion gegen religiöse Scheinheiligkeit formulieren, waren weit verbreitet, wurden vertont und auf den Straßen gesungen. Wie ihre der streitbaren Romantik verpflichteten Verse zeugt auch ihre Prosa von den Kämpfen für die Rechte der Frau und gegen die Privilegien der Männergesellschaft. Ihre Erzählungen, die kritischen und pädagogischen Charakter besitzen, bestechen durch ausgefeilte Personenstudien. W. S.

Weitere Werke: *Ensayos Poéticos* (1887), *Intimas* (1913), *Peregrinando* (1943), *Cuentos Breves* (1943).
Literatur: A. Guzmán, *A. Z.* La Paz 1955. – A. Paredes, *Soledad o A. Z.* La Paz 1968.

BRASILIEN

Matos, Gregório de	1633-1696
Macedo, Joaquim Manuel de	1820-1882
Dias, Antônio Gonçalves	1823-1864
Guimarães, Bernardo	1825-1884
Alencar, José Martiniano de	1829-1877
Azevedo, Manuel Antônio Alvares de	1831-1852
Almeida, Manuel Antônio de	1831-1861
Sousândrade	1833-1902
Barreto, Tobias	1839-1889
Abreu, Casimiro de	1839-1860
Assis, Joaquim Maria Machado de	1839-1908
Varela, Luís Nicolau Fagundes	1841-1875
Taunay, Visconde de	1843-1899
Alves, Antônio de Castro	1847-1871
Romero, Sílvio	1851-1914
Azevedo, Aluísio	1857-1913
Oliveira, Alberto de	1857-1937
Correia, Raimundo	1859-1911
Sousa, João da Cruz e	1861-1898
Paiva, Manuel de Oliveira	1861-1892
Coelho Neto, Henrique Maximiano	1864-1934
Bilac, Olavo	1865-1918
Barros, Leandro Gomes de	1865-1918
Cunha, Euclides da	1866-1909
Aranha, José Pereira da Graça	1868-1931
Peixoto, Afrânio	1876-1947
Barreto, Afonso Henriques de Lima	1881-1922
Lobato, José Bento Monteiro	1882-1948
Anjos, Augusto dos	1884-1914
Bandeira, Manuel	1886-1968
Almeida, José Américo de	1887-1980
Andrade, Oswald de	1890-1954
Almeida, Guilherme de	1890-1969
Ramos, Graciliano	1892-1953
Lima, Alceu Amoroso	1893-1984
Andrade, Mário de	1893-1945
Lima, Jorge de	1895-1953
Ricardo, Cassiano	1895-1974
Bopp, Raul	1898
Freyre, Gilberto	1900-1987
Meireles, Cecília	1901-1964
Alphonsus, João	1901-1944
Rego, José Lins do	1901-1957
Mendes, Murilo	1901-1975
Holanda, Sérgio Buarque de	1902-1982

Andrade, Carlos Drummond de	1902-1987
Lessa, Orígenes	1903-1986
Nava, Pedro de	1903-1984
Veríssimo, Erico	1905-1975
Schmidt, Augusto Frederico	1906-1965
Moog, Clodomir Viana	1906
Rebelo, Marques	1907-1973
Rosa, João Guimarães	1908-1967
Queiroz, Rachel de	1910
Rosa, Noel	1910-1937
Amado, Jorge	1912
Rodrigues, Nelson	1912-1980
Cardoso, Lúcio	1912-1968
Morães, Vinícius de	1913-1980
Carvalho, José Cândido de	1914
Nascimento, Abdias do	1914
Jesus, Carolina Maria de	1914-1977
Elis, Bernardo	1915
Adonias Filho	1915-1990
Veiga, José J.	1915
Figueiredo, Guilherme de	1915
Rubião, Murilo	1916
Callado, Antônio	1917
Condé, José	1918-1971
Cavalcante, Rodolfo Coelho	1919
Vasconcelos, José Mauro de	1920
Melo Neto, João Cabral de	1920
Andrade, Jorge	1922-1984
Resende, Otto Lara	1922
Gomes, Alfredo Dias	1922
Ribeiro, Darcy	1922
Carvalho-Neto, Paulo de	1923
Telles, Lygia Fagundes	1923
Sabino, Fernando	1923
Leal, César	1924
Ivo, Ledo	1924
Lins, Osman	1924-1978
Rey, Marcos	1925
Lispector, Clarice	1925-1977
Trevisan, Dalton	1925
Marcos, Plínio	1925 (?)
Fonseca, Rubem	1925
Dourado, Autran	1926
Cony, Carlos Heitor	1926
Mello, Amadeu Thiago de	1926
Barroso, Maria Alice	1926
Suassuna, Ariano	1927
Campos, Haroldo de	1929
Rawet, Samuel	1929-1985

Gullar, Ferreira	1930
Boal, Augusto	1931
Louzeiro, José	1932
Nascimento, Esdras do	1934
Nassar, Raduan	1935
Viana Filho, Oduvaldo	1936-1974
Angelo, Ivan	1936
Brandão, Ignácio de Loyola	1936
Piñon, Nélida	1936
França Júnior, Oswaldo	1936-1989
Antônio, João	1937
Scliar, Moacyr	1937
Torres, Antônio	1940
Sant'Anna, Sérgio	1941
Ribeiro, João Ubaldo	1941
Veloso, Caetano	1942
Gabeira, Fernando	1943
Buarque, Chico	1944
Souza, Márcio	1946
Miranda, Ana	1951
Paiva, Marcelo Rubens	1959

Abreu, Casimiro de

* 4.1.1839 in Barra de São João/Rio de Janeiro, † 18.10.1860 in Nova Friburgo. Er war der uneheliche Sohn eines port. Kaufmanns, der die literarischen Neigungen seines Sohnes dadurch fördern wollte, daß er ihn 1853 nach Lissabon schickte. Hier arbeitete er in einem Geschäft und war Redakteur bei der Zeitschrift »Ilustração Luso-Brasileira«. 1856 wurde ein Theaterstück von ihm, *Camões e o Jaú*, aufgeführt. 1857 kehrte er nach Brasilien zurück. Eine Lungentuberkulose beendete sein kurzes Leben.

A. ist der volkstümlichste Dichter jener zweiten Romantikergeneration, von denen die meisten nach ein paar Jahren ausschweifenden Lebenswandels an Schwindsucht oder Syphilis starben. Der größte Teil der Gedichte seines Hauptwerks *As Primaveras* (1859) entstand in Portugal, im »Exil«, wie er es nannte. Einfach und scheinbar spontan im Ausdruck besingt er im Ton sanfter Melancholie die ferne Heimat, Kindheit, Elternhaus und eine imaginäre Geliebte. Manche Gedichte wie »Minha Terra« oder »Meus Oito Anos« sind wegen ihrer eingängigen Musikalität immer noch lebendig. Im letzten Teil des Bandes, »Livro Negro«, dessen Gedichte nach der Rückkehr entstanden, sind gelegentlich authentischere Momente seiner Lebenserfahrung wahrzunehmen.

Ausgabe: *Obras*. Hg. Sousa de Silveira. RJ [2]1955.
Literatur: R. Magalhães Júnior, *Poesia e Vida de C. de A.* RJ [3]1980. – D. Tringali, *A Posição Política de C. de A.* RDLET, 20 (1980), 9-20. – Ders., *A Retórica Amorosa de C. de A.* RDLET, 21 (1981), 13-23.

Adonias Filho

* 27.11.1915 bei Itajuípe, † 26.7.1990 ebd. Eigtl. Adonias Aguiar Jr. Die Kindheit verbrachte er auf der Kakao-Fazenda seiner Eltern. Ab 1928 besuchte er das von Jesuiten geleitete Internat Iparanga in Salvador. J. ↑Amado war sein Mitschüler. Ab 1936 lebte er in Rio als Literaturkritiker und Übersetzer. 1950 kandidierte er erfolglos als Abgeordneter von Bahia für das Bundesparlament. 1954 wurde er zum Leiter des Serviço Nacional de Teatro und des Instituto Nacional do Livro, 1960 zum Direktor der Nationalbibliothek ernannt. Seit 1965 war er Mitglied der bras. Literaturakademie.

Obwohl die meisten Romane und Erzählungen A. F.s im Gebiet seiner Heimat Bahia angesiedelt sind, hat er im Unterschied zur regionalistischen Schule weniger die sozialen Aspekte und das Dokumentarische betont, sondern sich vor allem auf die Schicksale von Individuen konzentriert. In den ersten Romanen *Os Servos da Morte* (1946), *Memórias de Lázaro* (1952) und *Corpo Vivo* (1962; dt. *Corpo vivo*, 1966) wird eine Welt gestaltet, die unter einem Fluch zu stehen scheint, in der die Natur wild und feindlich ist, das Gesetz des Stärkeren herrscht und die Menschen »schlimmer sind als die Tiere«. In dieser alptraumhaften Grundsituation bleiben Vernunft und Güte eine schwache Hoffnung, während Haß und Rache als schicksalhaftes Gesetz erscheinen und die Toten die Willensentscheidungen der Lebenden bestimmen, wie in *Memórias de Lázaro*, in dem eine Geliebte des Ich-Erzählers in ihrem Menschenhaß nicht nur ihren Vater ermordet, sondern sich auch von einem Aussätzigen schwängern läßt. In *Corpo Vivo* wird zwar der Kreislauf der Gewalt durch die Liebe durchbrochen, aber das geschieht um den Preis eines Menschenlebens, der Flucht und der Auflösung gesellschaftlicher Bindungen. A. F. konstruiert diese Romane in fragmentarischer Episodenfolge, wobei die Geschehnisse zumeist aus der Perspektive der verschiedenen

Figuren dargestellt werden und sich nicht chronologisch, sondern eher spiralförmig einander zuordnen. Entsprechend der Perspektivierung ist auch die Sprache dem kulturellen Hintergrund der Figuren angepaßt und erreicht in ihrer konzentrierten Schlichtheit nahezu biblische Monumentalität. In *O Forte* (1965; dt. *Das Fort*, 1969) verläßt A. F. die Schreckenswelt des Sertão und wendet sich der Küstenstadt Bahia und ihrem historischen Hintergrund zu. In einer dichten Atmosphäre von Magie und geheimnisvollen Kräften entwickelt sich eine dramatische Liebesgeschichte. Eine kafkaeske Atmosphäre von Ausweglosigkeit und Terror im Großstadtdschungel Rios gestaltet der Roman *Noite sem Madrugada* (1983).

Weitere Werke: Roman: *Luanda Beira Bahia* (1971), *As Velhas* (1975), *Fora da Pista* (1978); *O Largo da Palma;* Erzählungen: *Léguas da Promissão* (1968); Essays (Auswahl): *Modernos Ficcionistas Brasileiros* (I: 1958, II: 1965); *O Romance Brasileiro do 30* (1969).

Literatur: A. Brasil, *A. F. Ensaio*. RJ 1969. – B. Ziegler, *A. F.* In: W. Eitel (Hg.), *Lateinamerikanische Literatur der Gegenwart in Einzeldarstellungen*. Stuttgart 1978, 134-145. – M. Simões, *Introdução à narrativa de A. F.* SLI, 11 (1981), 73-89. – M. do C. Lanna Figueiredo, *Percorrendo as ›Léguas da Promissão‹*. LBR, 22 (1985), 1, 33-49.

Alencar, José Martiniano de

* 1.5.1829 in Mecejana/Ceará, † 12.12.1877 in Rio de Janeiro. Sein Vater gehörte dem geistlichen Stand an, war Senator und ab 1834 Präsident von Ceará; 1853 erkannte er die 12 Kinder an, die seiner Verbindung mit einer Kusine ersten Grades entstammten. A. immatrikulierte sich 1846 an der Juristischen Fakultät von São Paulo. Nach Beendigung seiner Studien war er vier Jahre lang Angestellter im Büro eines Rechtsanwalts, bis er 1856 Chefredakteur des »Diário do Rio de Janeiro« wurde. 1860 kandidierte er in seinem Heimatstaat als Abgeordneter für das Bundesparlament und errang einen Wahlsieg. Mit 39 Jahren, 1868, wurde er als jüngstes Mitglied in das Regierungskabinett aufgenommen und zum Justizminister ernannt. Anfang 1870 trat er wegen seines endgültigen Zerwürfnisses mit Pedro II. zurück und nahm seine Arbeit im Parlament wieder auf.

Mit A.s Werken erreicht die erzählende Prosa der Romantik in Brasilien ihren Höhepunkt. Seinem ersten Roman *O Guarani* (1856 in »Diário do Rio«, 1857; dt. *Der Guarany*, 1873, 1876, 1911) war die Kritik am »falschen Indianismus« des Epos »A Confederação dos Tamoios« von Gonçalves de Magalhães vorausgegangen. A.s Absicht war, mit *O Guarani* einen nationalen Roman zu schaffen, im dem der Indianer nicht im Stil Chateaubriands idealisiert, sondern als Mitglied der spezifischen Wirklichkeit Brasiliens dargestellt wurde. Bei aller Rührseligkeit der Handlung liegen die Verdienste des Werkes in den farbigen Naturschilderungen und in der musikalischen, bildhaften Sprache, die sich bereits durch Einbeziehung umgangssprachlicher Elemente vom europ. Port. unterscheidet. Das indianistische Thema behandelt A. noch einmal in *Iracema* (1865; dt. *Iracema*, 1896, 1898) und *Ubirajara* (1874; dt *Ubirajara*, 1896, 1935). Der letzte Roman verherrlicht das Leben der Indianer in der Zeit vor der port. Kolonisation. Eine weitere Gruppe bilden die regionalistischen Romane *O Gaúcho* (1870), *O Tronco do Ipê* (1871), *Til* (1875) und *O Sertanejo* (1876). In ihrer Gesamtheit führen sie durch die charakteristischen Landschaften Brasiliens. Die bürgerliche Gesellschaft von Rio behandeln die psychologisierenden Frauenromane *Lucíola* (1862), *Diva* (1868) und *Senhora* (1875). Mit dem Ehrgeiz, ein komplettes Bild des Landes zu liefern, hat A. den umfangreichen historischen Roman *As Minas de Prata* (1865; dt. *Die Silberminen*, 1925, 3 Bde.) verfaßt. Sein beträchtliches weiteres Werk umfaßt mehrere Sittenkomödien, Dramen, Biographien, Lyrik, politische, literaturkritische und juristische Schriften. A.s Einwirkung auf die literarische Entwicklung Brasiliens ist bis zur Gegenwart spürbar, und manche moderne Autoren, z.B. J. ↑Amado, bekennen sich als seine Schüler.

Ausgaben: *Obras de Ficção*. RJ 1951, 16 Bde. – *Obra completa*. RJ 1958-60, 3 Bde. – *Correspondência: Cartas e Documentos*. Hg. R. de Memezes. SP (2) 1977.
Literatur: M. Cavalcanti Proença, *J. de A. na Literatura Brasileira*. RJ 1966. – R. Magalhães Júnior, *J. de A. e sua Epoca*. RJ ²1977. – F. Freixieiro, *A.: Os Bastidores e a Posteridade*. RJ 1977. – L. Viana, *A Vida de J. de A.* RJ 1979 – T. de Alencar Araripe Júnior, *Luizinha. Perfil Literário de J. de A.* RJ 1980. – F. Aguiar, *A Comédia Nacional no Teatro de J. de A.* SP 1984. – I. Schwamborn, *Die bras. Indianerromane ›O Guarani‹, ›Iracema‹, ›Ubirajara‹ von J. de A.* Frankfurt/M., New York 1987. – M. T. Wolff, *Rereading J. de A.: The Case of ›A Pata de Gazela‹*. H, 71 (1988), 4, 812-819. – M.T. Wolff, *›Lucíola‹: Critical Frames*. BHS, 70 (1988), 61-72. – R. Lemaire, *Re-Reading ›Iracema‹*. LBR, 26 (1989), 2, 59-73.

Almeida, Guilherme de

* 24.7.1890 in Campinas/São Paulo, † 11.7.1969 in São Paulo. Er studierte Jura und eröffnete 1912 zusammen mit seinem Vater ein Anwaltsbüro in Rio. Nach 1923 war er vor allem als Journalist tätig. 1932 lebte er im Exil in Europa. Seit 1930 war er Mitglied der bras. Literaturakademie.

Bereits A.s erster Gedichtband *Nós* (1917) gibt die sprachliche Virtuosität zu erkennen, die sein vielbändiges Gesamtwerk auszeichnet – eine immer wieder überraschende Geschmeidigkeit des Ausdrucks und eine meisterhafte Verstechnik, mit denen er jegliche Thematik zu beherrschen scheint, ohne Persönliches aufzugeben. Bis zu dem Band *A Flor que Foi um Homem: Narciso* (1925) zeigt A.s Werk Züge der Spätphase des Parnaß und Symbolismus, die wegen ihrer gedämpften Farben und Stimmungen auch »Schattenpoesie«, »Poesia da Penumbra« genannt wurde. Mit *Meu* (1925) und *Raça* (1925) bekennt sich A. zum Modernismus, dem er allerdings schon seit seiner Teilnahme an der »Woche der Modernen Kunst«, 1922 in São Paulo, und durch sein Mitwirken an der Zeitschrift »Klaxon« angehörte. In *Meu*, einem »Buch der Bilder«, sucht A. im Unterschied zu früherer – und späterer – Stimmungslyrik rein optische Eindrücke von der bras. Natur in Sprache umzusetzen. Mário de ↑Andrade wies darauf hin, daß A. bei allem Engagement für die Moderne im Grunde immer ein Klassizist bliebe und insofern die Verwendung des freien Verses in *Meu* ein unnötiges Opfer darstellte. A. war dann auch nach Graça ↑Aranhas spektakulärem Austritt aus der bras. Literaturakademie der erste Modernist, den diese wieder aufnahm. Für eine Gruppe namhafter Kritiker galt A. auch 1958 noch als bester bras. Lyriker. Von A.s Prosawerk ist die Untersuchung *Do Sentimento Nacionalista na Poesia Brasileira* (1926) besonders hervorzuheben.

Weitere Werke (Auswahl): Lyrik: *Voce* (1931), *A Rua* (1962), *Rosamor* (1965), *Os Sonetos* (1968).
Ausgabe: *Toda a Poesia* (1952, 6 Bde.).
Literatur: F. Pessoa de Barros, *G. de A., Biografia e Bibliografia*. SP 1972.

Almeida, José Américo de

* 10.1.1887 in Areia/Paraíba, † Februar 1980. Er war ab 1911 Generalstaatsanwalt, unter G. Vargas mehrfach Minister und 1937 Präsidentschaftskandidat. Seit 1966 Mitglied der bras. Literaturakademie.

Mit A.s Roman *A Bagaceira* (1928) beginnt für die regionalistische Literatur in Brasilien ein neuer Abschnitt. Das Werk behandelt nicht das Schicksal eines einzelnen, sondern eines Kollektivs, und es hält der literarischen Revolution des Modernismus das Programm einer sozialen Revolution entgegen. Den dokumentarischen Hintergrund des Romans bildet eine der Dürre-Katastrophen, die den Nordosten heimsuchen. Die Figuren des Romans sind entweder Opfer oder Nutznießer jahrhundertealter Sklaverei und als Opfer verurteilt zum tierischen Dahinvegetieren. Man hat zwar dem Autor Mangel an psychologischer Differenzierung vorgeworfen, jedoch auch immer wieder die soziologische Genauigkeit und das poetische Niveau der Sprache hervorgehoben.

Weitere Werke (Auswahl): Romane: *Reflexões de uma Cabra* (1922), *O Boqueirão* (1935), *Coiteiros* (1936); Memoiren: *Ocasos de Sangue* (1954); Essay: *A Paraíba e seus Problemas* (1922).
Literatur: *José Américo: O Escritor e o Homem Público.* João Pessoa 1977. – *No Limiar de um Século: 1887-1977, 90° Aniversário de J. A. de A.* João Pessoa 1979.

Almeida, Manuel Antônio de
* 17.11.1831 in Rio de Janeiro, † 28.11.1861 bei einem Schiffbruch an der Küste vor Rio. Er begann 1848 ein Medizinstudium, das er jedoch aus Geldnot immer wieder unterbrechen mußte, um als Journalist sein Leben zu fristen. 1858 wurde er zum Leiter der Staatlichen Setzerei ernannt, wo derzeit der junge Machado de ↑Assis eine Lehre absolvierte.
Unter dem Pseudonym »Um Brasileiro« veröffentlichte A. ab 1852 in der Zeitung »Correio Mercantil« als Feuilletonroman die *Memórias de um Sargento de Milícias* (Buchausgabe 1854/55, 2 Bde.). Das Werk blieb über Jahrzehnte hinweg weitgehend unbeachtet, da es nicht den Normen der herrschenden Strömung der idealisierenden Romantik (J. de ↑Alencar, J. M. de ↑Macedo) entsprach. Erst im 20. Jh. wurde das Buch, das »am Rande der Literatur entstanden war« (M. de ↑Andrade), als einer der besten bras. Romane und einzigartiger Vorläufer des Realismus gepriesen. A. knüpft mit den *Memórias* teils an die bras. populäre Sittenkomödie, teils an den span. Schelmenroman an. In rasch wechselnden Szenen wird – in der dritten Person – die Lebensgeschichte Leonardos erzählt, der als Junge von seiner Mutter im Stich gelassen, von seinem Vater mit einem Fußtritt verstoßen wird und sich nach und nach zum Taugenichts entwickelt. Noch als er zur Armee einberufen wird, verübt er dreiste Streiche. Durch die Intervention einer Patentante wird er gerade noch vor der Bestrafung gerettet und zur Bürgerwehr versetzt. Bald darauf beerbt er einen Patenonkel und heiratet seine verwitwete Jugendliebe. Das Werk besticht durch die Vielzahl der freimütig und treffend geschilderten Personen – vor allem aus der Mittelklasse von Rio zu Beginn des 19. Jh.s – und durch die satirisch-humorvollen Sittenschilderungen. So nimmt in einer markanten Szene Leonardos Vater an einer Art von Macumba teil, von der er sich die Liebe eines Zigeunermädchens verspricht. Von den *Memórias* gibt es mehrere moderne Ausgaben, eine kritische wurde von T. Marinho (RJ 1969) ediert.

Literatur: M. Rebelo, *Vida e Obra de M. A. de A.* RJ 1943. – R. Schwarz, *Presupuestos, salvo engaño, de ›Dialéctica del malandrinaje‹*. ESCRITURA, 4 (1979), 8, 191-211.

Alphonsus [de Guimarães], João
* 6.4.1901 in Conceição do Mato Dentro/Minas Gerais, † 24.5.1944 in Belo Horizonte. Er war Sohn des symbolistischen Dichters Alphonsus de Gui-

maraens. Nach einem Jurastudium wurde er Beamter der Staatsanwaltschaft von Minas Gerais. Er schrieb Romane und Erzählungen, von denen besonders die wehmütig-finstere Titelgeschichte des Bandes *Galinha Cega* (1931), die bereits 1926 in der Modernisten-Zeitschrift »Terra Roxa e Outras Terras« erschienen war, als modellhaft gilt. A.' hauptsächliche Thematik ist das Leben der kleinen Angestellten, etwa in dem Roman *Totônio Pacheco* (1934), das er aus einer Haltung von Ironie und Mitempfinden gestaltet. A.' Stil zeichnet sich durch eine lyrische Überhöhung der Umgangssprache aus.

Weitere Werke: Roman: *Rola-Moça* (1938); Erzählungen: *Pesca de Baleia* (1941), *Eis a Noite* (1943).
Ausgabe: *Contos e Novelas* (1977).
Literatur: F. Correia Dias, *J. A.: Tempo e Modo*. Belo Horizonte 1965. – D. J. Sadlier, *Cecília Meireles & J. A.* Brasília 1984.

Alves, Antônio de Castro
* 14.3.1847 bei Curralinho (heute Castro Alves)/Bahia, † 6.7.1871 in Salvador. Er war Sohn eines Arztes. In Recife studierte er Jura (1862-67) und veröffentlichte seine ersten Gedichte. Seine Liebe zu der Schauspielerin Eugênia Câmara war eine der Ursachen, daß die Freundschaft mit seinem Kommilitonen Tobias ↑Barreto zerbrach. Mit der Geliebten, für die er das Theaterstück *Gonzaga ou a Revolução de Minas* (1867) geschrieben hatte, ging er nach São Paulo, um seine Studien fortzusetzen. Eine Beinamputation wegen eines Jagdunfalls und Tuberkulose führten zu seinem frühen Tod im Alter von 24 Jahren.
C. A. steht am Ende der bras. Romantik, die mit seiner Lyrik noch einmal einen Höhepunkt erreicht. Zweifellos übertrifft ihn Gonçalves ↑Dias in der Sicherheit der Sprache, in poetischer Sensibilität und Erfindungsreichtum, aber kein Dichter der Zeit hat es wie C. A. verstanden, politische und soziale Ideen mit gleicher faszinierender Eindringlichkeit zu poetisieren. Unübersehbar ist zwar der Einfluß V. Hugos, zeitgebunden und allen Lyrikern der »Kondor-Schule« – T. Barreto, Fagundes ↑Varela u. a. – gemeinsam ist die Vorliebe für Hyperbeln und Antithesen, aber A.' persönliches Temperament, seine Imaginationskraft und eine instinktive künstlerische Weisheit garantieren die Originalität seiner Lyrik. Das einzige Werk, dessen Veröffentlichung der Autor erlebte, ist der Gedichtband *Espumas Flutuantes* (1870, ^{30}1947), dessen Naturdichtung in ihrer visuellen Plastizität bereits den Parnassianismus ankündigt. Autobiographisch ist der Hintergrund der Liebesgedichte des Bandes. Wie kein anderer Romantiker gelangt C. A. zur lyrischen Verdichtung eines Liebeserlebens, das körperliche Sinnlichkeit nicht nur zur reinen Sentimentalität sublimiert. Die berühmtesten Kompositionen seines politisch humanitären Engagements finden sich in dem dreiteiligen Werk *Os Escravos* (1883). Die einleitende Dichtung »O Século« verkündet eine hoffnungsvolle Zukunft, in der das Volk – ein bis dahin kaum bekannter Begriff in der bras. Lyrik – Freiheit und soziale Gerechtigkeit erkämpft und die Sklaverei abgeschafft hat. Die Kräfte, die diese Entwicklung herbeiführen, sieht C. A. in der Jugend Amerikas, während Europa sich ihm als Inbegriff der Erstarrung und unseliger Vergangenheit darbietet. In den 29 Gedichten des Mittelteils wird das Thema Freiheit und Sklaverei vielfältig variiert. Zu den großartigsten Schöpfungen gehört »O Navio Negreiro« (dt. *Navio Negreiro. Das Sklavenschiff*, 1960), das in einer sich ständig steigernden Spannung das grauenvolle Bild der menschlichen Ladung eines Sklavenschiffes, das den Ozean überquert, darstellt. Der dritte

Teil ist der Gedichtzyklus »A Cachoeira de Paulo Affonso«, der die romantisch tragische Liebe zweier junger Sklaven schildert, die sich, als ihre Flucht aussichtslos geworden ist, gemeinsam in einen Wasserfall stürzen. Besonders diese Dichtung, in der der Sklave aus der Anonymität herausgehoben und sein Gefühl und Leiden in den feinsten Regungen wahrgenommen werden, bedeutete nach jahrhundertelanger Abstumpfung eine revolutionäre Tat.

Ausgaben: *Obras Completas*. Hg. A. Peixoto. RJ 1921. – *Obra Completa*. Hg. E. Gomes. RJ 1960.
Literatur: H.J. Horch, *A. de C.A. (1847-1871). Seine Sklavendichtung und ihre Beziehung zur Abolition in Brasilien*. Hamburg 1958 und Brasília 1974. – P. Calmon, *C. A.: O Homem e Obra*. RJ 1973. – E. Zagury, *C. A. de Todos Nós*. RJ 1976. – E. Carneiro, *Trajetória de C. A. – 1847-71, uma interpretação política*. RJ (o.J., 1978?). – T. Hill, *C. A. e o Poema Lírico*. RJ 1978. – I. Cavalcanti Proença, *C. A. Falou*. RJ 1979. – T. Pace, *Biografia Onomástica de C. A.* Belo Horizonte 1980. – T. Braga, *C. A. and the New England Abolitionist Poets*. H, 67 (1984), 4, 585-593.

Amado, Jorge
* 10.8.1912 auf einer Kakao-Fazenda bei Ilhéus/Bahía. Von benachbarten Großgrundbesitzern vertrieben, zog seine Familie nach Ilhéus, wo er kurze Zeit ein Jesuiten-Kolleg besuchte. Ab 1927 war er Reporter beim »Diário da Bahia«. 1930-35 studierte er Jura in Rio. Nach dem Examen schloß er sich der linken »Alianza Libertadora Nacional« an, wurde mehrfach verhaftet und ging 1941/42 ins Exil nach Argentinien. 1945 wurde er kommunistischer Abgeordneter im Bundesparlament und mußte 1948 erneut das Land verlassen. 1951 Lenin-Friedenspreis. Bis 1952 lebte er abwechselnd in Paris und Prag, um sich danach in Bahia niederzulassen. 1956 distanzierte er sich von der Kommunistischen Partei. 1961 wurde er Mitglied der bras. Literaturakademie.

A. ist der erfolgreichste Romancier Lateinamerikas: Seine Werke wurden in mehr als 30 Sprachen übersetzt, die Gesamtauflage hat wohl mehr als 20 Millionen Exemplare erreicht und einige seiner Bücher wurden verfilmt. In Brasilien genießt er die Verehrung weiter Bevölkerungskreise. Von allen Schriftstellern seines Landes dürfte er derjenige sein, der das Lebensgefühl der Brasilianer, ihre kulturelle Identität in Übereinstimmung mit einer vielschichtigen Realität am intensivsten und gefälligsten artikuliert hat. A.s Gesamtwerk gliedert sich in mehrere große Zyklen. Bereits mit 18 Jahren nahm er das ehrgeizige Projekt in Angriff, eine Romanserie über das Leben in seinem Heimatstaat zu schreiben. Der erste der sechs Romane des Bahia-Zyklus ist *O País do Carnaval* (1932), in dem die Bewußtseinskrise der intellektuellen Jugend der 20er Jahre ihren Ausdruck findet. In *Cacau* (1933; dt. *Leute aus Bahia*, 1966, zus. mit *Suor*) wendet sich A. den Lebensbedingungen der Arbeiter auf den reichen Pflanzungen im Süden des Staates Bahia zu. *Suor* (1934) spielt im Elendsmilieu städtischer Mietskasernen. Für die Kinder, die hier aufwachsen, läßt die bestehende Ordnung nichts mehr vom Leben erwarten. *Jubiabá* (1935; dt. *Jubiabá*, 1950) ist der abenteuerliche Lebenslauf eines Schwarzen und gleichzeitig eine Geschichte der Sklaverei vom Feudalismus zum Industriekapitalismus. *Mar Morto* (1936; dt. *Tote See*, 1950, 1976), in seiner Durchdringung von Mythos, Folklore und Realität der poetischste Roman des Zyklus, schildert das karge, von Klippen, Stürmen und Haien bedrohte Leben der Frachtschiffer im Hafen von Salvador. Symbol der Hoffnung ist der tapfere Entschluß einer Frau, mit dem Boot ihres toten Mannes dessen gefährliche Arbeit fortzusetzen und ihren Sohn auf das Leben vorzubereiten. *Capitães da Areia* (1937; dt. *Herren des Strandes*, 1951) erzählt vom Leben einer Gruppe verwahrloster Jungen, die im Kampf mit der Gesellschaft ihre Solidarität mit der Arbeiterklasse entdecken. *Terras do Sem Fim* (1943; dt. *Kakao*, 1951), *São Jorge dos Ilhéus* (1944; dt. *Land der goldenen Früchte*, 1953, 1978), *Seara Vermelha* (1946; dt. *Die Auswanderer von São Francisco*, 1951) lauten die Titel einer weiteren Romanserie, die die sozialen Verhältnisse und Umwälzungen in der Plantagen-Region von Ilhéus behandelt. Die Organisation der Arbeiterschaft und den Kampf um politische Freiheit in Brasilien am Ende der 30er Jahre stellt die Trilogie *Os Subterrâneos de Liberdade* (1954; dt. *Katakomben der Freiheit*, 1955) dar. In den Romanen ab *Gabriela, Cravo e Canela* (1958; dt. *Gabriela*, 1962, danach: *Gabriela, wie Zimt und Nelken*) tritt die Gestaltung individueller Schicksale in den Vordergrund und verbindet sich eine eher allgemein humanitäre Gesellschaftskritik mit herzhaftem Humor und versteckter Ironie. Der Verzicht auf blutige Rache für den Seitensprung der Ehefrau symbolisiert Fortschritt und Zivilisation gegenüber dem bisher gültigen archaischen Ehrenkodex. Mit unerschöpflicher Fabulierkraft hat A. nach der wohl wegen ihres erotischen Esprits besonders erfolgreichen *Gabriela* zahlreiche weitere Werke verfaßt, u.a. *Os Velhos Marinheiros* (1961), das sich zusammensetzt aus *A Completa Verdade Sôbre as Discutidas Aventuras do Comandante Vasco Moscoso de Aragão, Capitão de Longo Curso* (dt. *Die Abenteuer des Kapitäns Vasco Moscoso*, 1964, *Kapitän auf großer Fahrt*, 1966), dem fröhlich-märchenhaften Schelmenroman eines Aufschneiders im Rentenalter, und *A Morte e a Morte de Quincas Berro Dágua* (dt. *Die drei Tode des Jochen Wasserbrüller*, 1964) einer humorig-makabren Erzählung von einem zunächst scheintoten Trunkenbold. *Os Pastôres da Noite* (1964, dt. *Nächte in Bahia*, 1965, *Hirten der Nacht*, 1967) entfaltet ein vitales Panoptikum der Halb- und Unterwelt von Bahia. In *Tenda dos Milagres* (1970; dt. *Werkstatt der Wunder*, 1972, dies. Übers. auch u.d.T. *Die Geheimnisse des Mulatten Pedro*)wird der einst verachtete und angefeindete Schriftsteller Pedro postum von den Honoratioren der Stadt wegen seiner Verdienste um die nationale Kultur heuchlerisch gefeiert. *Farda, Fardão, Camisola de Dormir* (1979; dt. *Das Nachthemd und die Akademie*, 1987) weist sarkastisch humoristische Beziehungen zur Gegenwart der Militärdiktatur auf: Ein Nazi-Kollaborateur und ein General der Streitkräfte sind die zur Wahl stehenden Kandidaten für die Mitgliedschaft in der Literaturakademie; zum Glück sterben sie, bevor einer von ihnen die Nachfolge des edlen, pazifistischen Dichters Antônio antreten kann. Die Serie weiblicher Charaktere im Anschluß an *Gabriela* hat A. mit *Doña Flor e Seus Dois Maridos* (1966; dt. *Doña Flor und ihre beiden Ehemänner*, 1970) und *Tereza Batista Cansada de Guerra* (1972, dt. *Viva Teresa*, 1975) fortgesetzt. Anders als Gabriela, die durch ihre bloße Existenz eine Herausforderung darstellt, oder Flor, die in imaginärer Weise ihre erotischen Wünsche realisiert, kämpft Teresa aktiv mit Mut und List gegen machistische Unterdrückung. Ebenfalls kämpferisch veranlagt ist die Protagonistin von *Tieta do Agreste* (1977; dt. *Tieta aus Agreste*, 1979). Als reiche, reife Frau in ihren Heimatort zurückgekehrt, entfesselt die einstige Schafhirtin Stürme der Leidenschaften und erweckt Begeisterung für ihren Kampf gegen einen internationalen Konzern, bis sich herausstellt, daß sie in São Paulo ein Bordell besitzt.

Weitere Werke: *ABC de Castro Alves* (1941), *Vida de Luís Carlos Prestes, o Cavaleiro da Esperanza* (1945; dt. *Der Ritter der Hoffnung*, 1952), *O Mundo da Paz* (1951), *O Gato Malhado e a Andorinha Sinhá* (196?, dt. *Der gestreifte Kater und die Schwalbe Sinhá*, 1969), *Tocaia Grande. A Face Obscura* (1984; dt. *Tocaia Grande. Der große Hinterhalt*, 1987), *O Sumiço da Santa* (1988?, dt. *Das Verschwinden der heiligen Barbara*, 1990).

Ausgaben: *Obras*. SP 1944-47, 9 Bde. – *Obras*. SP 1955 ff. – *Obras Ilustradas*. SP 1961 ff.

Literatur: J. Jurt, *J. A.* In: W. Eitel (Hg.), *Lateinamerikanische Literatur der Gegenwart in Einzeldarstellungen*. Stuttgart 1978, 108-133. – A. Wagner Berno de Almeida, *J. A., Política e Literatura*. RJ 1979. – P. Tavares, O *Baiano J. A. e Sua Obra*. RJ 1980. – M. J. Curran, *J. A. e a Literatura de Cordel*. RJ 1981. – L. B. Hall, *J. A.: Women, Love and Possession*. SWR, 68 (1983), 1, 67-77. – P. Tavares, *Criaturas de J. A.* RJ ²1985. – B. J. Chamberlain, *Deus, Deuses e ›Deus ex Machina‹ na ›Os Lusíadas‹ e na Ficção Contemporânea de J. A.* H, 68 (1985), 4, 716-723. – N. H. Vieira, *Testimonial Fiction and Historical Allegory: Racial and Political Repression in J. A.'s Brazil*. LALR, 17 (1989), 34, 6-23.

Andrade, Carlos Drummond de

* 31.10.1902 in Itabira/Minas Gerais, † 17.8.1987 in Rio de Janeiro. Seine Familie gehörte zur reichen Oberschicht von Minas Gerais. Er besuchte u. a. das Jesuitenkolleg von Nova Friburgo, von dem er verwiesen wurde. 1923-25 studierte er Pharmazie, ohne jedoch diesen Beruf auszuüben. Kurze Zeit war er Lehrer an einer Schule in Itabira, wechselte jedoch bald zum Journalismus über. 1925 gründete er mit anderen Intellektuellen in Belo Horizonte die Zeitschrift »A Revista«, das Organ des Modernismus in Minas Gerais, und übernahm die Chefredaktion des »Diário de Notícias«, ab 1929 die der Zeitung »Minas Gerais«. Von 1934 an lebte er in Rio, wo er zeitweise als Ministerialbeamter, von 1952 bis zur Pensionierung (1962) als Abteilungsleiter in der Behörde für Nationalen Kulturbesitz tätig war.

A. hat ein umfangreiches lyrisches Werk geschaffen, das mit all seinen Wandlungen und Innovationen immer wieder auf den Programmpunkt zurückweist, den er 1925 in »A Revista« formulierte: »die Realität mit sauberen Händen zu bearbeiten«. Seinerzeit bedeutete dies nicht nur Weltoffenheit und selbstkritische Überprüfung, sondern auch Abkehr vom Ideenimport aus Europa. Die Phase der ästhetischen Doktrinen, einschließlich Dada, galt für ihn als abgeschlossen, die neue Aufgabe sah er in der vorurteilsfreien Vergegenwärtigung der konkreten Umwelt. Dieser anti-literarische Impetus kommt vor allem in den skizzenhaften »fotografias« seines ersten Gedichtbandes *Alguma Poesia* (1930) zum Ausdruck. Zugleich enthält der Band Kompositionen, deren Sozial- und Kulturkritik, Satire und Ironie über die objektivistische Inventarisierung hinausgehen. Eine neue Poetik entsteht im Gebrauch von umgangssprachlichen Wendungen, Wortverfremdungen und sonstigen Destruktionstechniken. Was im ersten Werk noch auseinanderklafft, verschmilzt zunehmend zu einer charakteristischen Verbindung von schmuckloser Plastizität des Ausdrucks, die auch Unverständliches einschließt, mit einem tiefwurzelnden Pessimismus, der sich in *Brejo das Almas* (1930) entweder in der ironischen Behandlung der Liebesthematik oder in *Sentimento do Mundo* (1940) als sarkastische Zivilisationskritik und apokalyptische Vision manifestiert. Antifaschistisches und antikapitalistisches Engagement ist die Essenz des Bandes *A Rosa do Povo* (1945). Der mythische Held, der eine bessere Welt verkörpert, ist jedoch kein Staatsmann, sondern

Charlie Chaplin. Ein neuer Schaffensabschnitt beginnt mit *Claro Enigma* (1951). Ästhetische und philosophische Reflexion, das Verhältnis zwischen Lyrik, Tod und Zeit, aber auch die Geschichte der eigenen Familie in Minas Gerais bilden die hauptsächliche Thematik. Der Prozeß einer ständigen Erneuerung der Ausdrucksmittel findet seinen Höhepunkt in dem Band *Lição das Coisas* (1962), der Berührungen mit dem Surrealimus und der Konkreten Poesie aufweist. Zeitkritische Satire, Provokationen und Stellungnahmen zu Technologie, Umweltzerstörung, Werbung, Sprachverfall etc. finden sich wieder in *As Impurezas do Branco* (1973) bis hin zu *O Observador no Escritório* (1985). A. hat auch Prosatexte veröffentlicht, u. a. die Erzählungen *Contos de Aprendiz* (1951, 1958), *Contos Plausíveis* (1981) oder *O Marginal Clorindo Gato* (1978), eine satirische Fabel von einem Verbrecher, der nach seinem Tod zum Heiligen wird. Hervorzuheben sind auch A.s journalistische »Crônicas«, die hauptsächlich im »Correio da Manhã« seit 1954 veröffentlicht wurden und sich durch Witz und Bitterkeit auszeichnen.

Weitere Werke (Auswahl): Lyrik: *Poesias* (1942), *Fazendeiro do Ar* (1954), *Viola de Bôlso* (1952, 1955), *A Vida Passada a Limpo* (1959), *Versiprosa* (1967), *Boitempo* (1968), *Discurso de Primavera e Algumas Sombras* (1977), *Amar se Aprende Amando* (1985); Essays, Crônicas: *Confissões de Minas* (1944), *O Gerente* (1945), *Passeios na Ilha* (1952), *A Bôlsa e a Vida* (1962), *Cadeira de Balanço* (1966), *Os Dias Lindos* (1977), *Esquecer para Lembrar* (1979), *A Paixão Medida* (1980).
Ausgaben: *Poesia Completa e Prosa.* RJ 1973. – *Poesie* (Auswahl port., dt., 1965; erw.: *Gedichte*, 1982).
Literatur: J. G. Merquior, *Verso Universo em D.* SP 1975. – S. Santiago, *C. D. de A.* Petrópolis 1976. – S. Brayner (Hg.), *C. D. de A.* RJ 1977. – N. S. Garcia, *A Criação Lexical em C. D. de A.* RJ 1977. – S. Brayner (Hg.), *C. D. de A.* Brasília 1977. – L. L. Gomes, *O Mistério do Homem na Obra de D.* RJ 1978. – J. M. Simon, *D: Uma Poética do Risco.* SP 1978. – D. Schüler, *A Dramaticidade na Poesia de D.* Porto Alegre 1979. – J. Gledson, *Poesia e Poética de C. D. de A.* SP 1981. – R. da Silveira Sternberg, *The Unquiet Self.* Valencia 1986. – F. Williams, S. Pachá (Hg.), *C. D. de A. and his Generation.* Santa Barbara, Cal. 1986. – S. Kovadloff, *D. de A.: el salto hacia la luz.* CH, 469/470 (1989), 110-131.

Andrade, Jorge
* 21.5.1922 in Barretos/São Paulo, † 1984. Er stammte aus einer Familie von Fazendeiros. Nach einem mehrjährigen Jurastudium wechselte er 1951 zur Escola de Arte Dramática in São Paulo. Gleich sein erstes Theaterstück *A Moratória* (1955) wurde ein großer Erfolg. Das Thema des Dramas ist gewissermaßen seine eigene Geschichte: der Niedergang der traditionellen Familien von Kaffeeplantagenbesitzern. Bemerkenswert war die Inszenierung eines Simultanverlaufs von gegenwärtiger und vergangener Handlung. Auch in weiteren Stücken hat A. vor allem die Geschichte und Probleme des ländlichen Brasilien (gelegentlich auch städtischen, etwa in der Satire *Senhora na Boca do Lixo*, UA 1968) mit starkem sozialkritischen Akzent auf die Bühne gebracht, so in dem Zyklus von insgesamt 10 Dramen – darunter auch die genannten –, der u. d. T. *Marta, a Arvore e o Relógio* (1970) erschien. Während der Jahre der verschärften Repression ab 1968, von der das Theater noch mehr betroffen war als andere Künste, schrieb er vor allem Drehbücher für das Fernsehen. Kurz bevor die Liberalisierung einsetzte, veröffentlichte er *Milagre na Çela* (1977): Nachdem eine Nonne im Gefängnis wegen des Verdachts der Subversion Folter und Vergewaltigung märtyrerhaft erlitten hat, gewinnt sie

ihre »Freiheit« durch eine Lüge. Eine romanhafte Autobiographie ist *Labirinto* (1978), ein Versuch, das »Labyrinth« der eigenen und nationalen Vergangenheit zu deuten.

Literatur: F.M. Clark, *Tragedy and the Tragic: A.'s ›Pedreira das Almas‹*. LATR, 15 (1981), 1, 21-30. – V. Wolff Unruh, *A.'s ›Milagre na Cela‹: Theatrical Space and Body Movement*. LATR 15 (1981), 1, 45-51. – R.A. Mazzara, *Parallels between the Theater of J.A. and the Modern ›Cycle‹ Novel of Brazil*. H, 66 (1983), 2, 192-201. – P.A.M. Pinto, *J. A.'s Three Enigmas*. H, 67 (1984), 3, 364-376.

Andrade, Mário de

* 9.10.1893 in São Paulo, † 25.2.1945 ebd. Nach dem Abitur besuchte er das Konservatorium seiner Geburtsstadt, das er 1917 mit dem Diplom eines Klavierlehrers verließ und an dem er später einen Lehrstuhl für Musikgeschichte innehatte. 1929 beteiligte er sich an der Organisation der Demokratischen Partei. Ab 1935 entfaltete er in São Paulo als Kulturpolitiker eine vielfältige Aktivität. Auf seine Initiative gehen die Gründungen des Kulturamts, der Stadtbibliothek, der ersten Kindergärten, der Gesellschaft für Ethnographie und Folklore etc. zurück. 1938 nahm er einen Ruf der Universität des Bundesbezirks an und wurde Direktor des Instituts für Bildende Künste in Rio. Ein Jahr darauf übernahm er die Leitung des Instituto Nacional do Livro und begann mit Vorarbeiten zur »Enciclopédia Brasileira«. Ab 1942 lebte er wieder in São Paulo als leitender Beamter des Serviço do Patrimônio Histórico.

Vergleichbar der Bedeutung J. ↑Alencars und Machado de ↑Assis' im 19. Jh. hat A. seit der historischen »Woche der modernen Kunst«, 1922, dem Ausgangspunkt des bras. Modernismus, der Kultur seines Landes entscheidende Impulse gegeben. Genie und Pragmatiker zugleich, entwickelte er Initiativen und erfand Projekte, die er mit Beharrlichkeit durchsetzte. Hochachtung der Zeitgenossen bringen die ihm beigelegten Ehrentitel wie »Orakel der Neuen«, »Lebende Enzyklopädie« oder »Papst des Modernismus« zum Ausdruck. Sein vielbändiges Gesamtwerk umfaßt Lyrik, Romane, Erzählungen, dichtungs- und musiktheoretische Essays, sprachtheoretische Schriften, folkloristische Untersuchungen und Sammlungen sowie eine umfangreiche Korrespondenz. Zu seinen bekanntesten Werken gehört der Gedichtband *Paulicéia Desvairada* (1922), zweiundzwanzig ironische, visionäre, zeitkritische Kompositionen über die Delirien und Wunder der Großstadt São Paulo. A. bricht in diesem Buch mit der traditionellen Poetik und verwendet als erster systematisch den freien Vers. Das »Hochinteressante Vorwort« wurde zum Manifest der Bewegung. Die hier aufgestellten Theorien über Inspiration, formale Disziplin, suggestive Effekte, Verwendung und Erfindung pittoresk populärer Wendungen etc. werden in späteren Essays vertieft. Einen Höhepunkt an technischer Kunstfertigkeit bilden die Gedichte von *Losango Cáqui* (1926). In den postumen Lyrikbänden *Lira Paulistana* (1946) und *O Carro da Miséria* (1946) hat sich A.s Sprache zu spontaner Schlichtheit geläutert. Im Vordergrund steht das Gefühl der menschlichen Solidarität. Das Hauptwerk seiner erzählenden Prosa ist *Macunaíma, O Herói Sem Nemhum Caráter* (1928; dt. *Macunaíma. Der Held ohne jeden Charakter*, 1982), eine, wie er es nannte, »Rhapsodie«, geschrieben in sechs Tagen und von romanhaftem Umfang. Die kompromißlose Gestaltung in einem von indianischen und afrikanischen Elementen durchsetzten Idiom, das allerdings auch für Brasilianer schwierig ist, stellt einen der radikalsten Versuche dar, eine vom mutterländischen Port. emanzipierte Nationalsprache zu erschaffen. Macunaíma, der Held, ist eine gargantueske Verkörperung kosmogenischer Kräfte. Geboren im Urwald als ein »Kind der Nachtangst«, lebt er gleichzeitig in der Vergangenheit der Mythen wie in der Gegenwart der Maschinen. Seinen übermenschlich komplexen Charakter verdankt er dem grandiosen Scheitern der Konzeption, seine Widersprüche bis zur Negation eines Charakters zu steigern. Dieser Held gelangt nach mancherlei Abenteuern in die Metropole von São Paulo. Die Zivilisation, die er hier kennenlernt, sucht er einem Indianerstamm in einem Brief klarzumachen. Seine Freude am Leben auf der Erde aber hat die Zivilisation vergällt. Als ihm auch der Urwald nicht mehr behagt, sucht er den Himmel auf und verwandelt sich in den Großen Bären. A.s Erzählungen, von denen die Sammlungen *Primeiro Andar* (1926), *Belazarte* (1934) und *Contos Novos* (1956) vorliegen, beschreiben das Leben in São Paulo.

Ausgaben: *Obras completas.* SP 1944-47, 20 Bde.

Literatur: J. Pacheco, *Poesía e prosa de M. de A.* SP 1970. – H. de Campos, *Morfologia de ›Macunaíma‹.* SP 1973. – M. S. Neves Camargos, *›Macunaíma‹ – Ruptura e Tradição.* SP 1977. – E. Rodríguez Monegal, *M. de A. / Borges.* SP 1978. – G. de Mello e Souza, *O Tupi e o Alaúde: Uma Interpretação de ›Macunaíma‹.* SP 1979. – M. C. Ferreira Cury, *Arte e Criação em ›Macunaíma‹.* CLTL, 6 (1981), 150-177. – M. Carelli, *L'identité brésilienne de M. de A. face aux Italiens de São Paulo.* UTIEH/C, 38 (1982), 119-134. – V. Knoll, *Paciente Arlequinada: Uma Leitura da Obra Poética de M. de A.* SP 1983. – R. Kreuger, *M. e o Modernismo.* MESTER, 13 (1984), 2, 63-76. – B. Nunes, *M. de A.: As Enfibraturas do Modernismo.* RI, 50 (1984), 126, 63-75. – D. George, *›Macunaíma‹, a Parody of ›The Lusiads‹?* CHASQUI, 14 (1984), 1, 41-52. – R. R. Mautner Wasserman, *›Pregüiça‹ and Power: M. de A.'s ›Macunaíma‹.* LBR, 21 (1984), 1, 99-116. – J. L. Lafetá, *Figuração da Intimidade: Imagens na Poesia de M. de A.* SP 1986. – V. Schelling, *M. de A.: A Primitive Intellectual.* BHS, 65 (1988), 73-86. – D. T. Haberly, *The Depths of the River: M. de A.* H, 72 (1989), 2, 277-282.

Andrade, Oswald de

* 11.1.1890 in São Paulo, † 22.10. 1954 ebd. Er stammte aus einer alten und wohlhabenden Familie. Eine erste Europareise, 1912, brachte ihn in Kontakt mit den ital. Futuristen. Bis 1917 studierte er Jura und gab gleichzeitig die Zeitung »O Pirralho« (1912-17) heraus, die neben sonstigen Extravaganzen eine Kolumne in der port.-ital. Mischsprache der Einwanderer aus Italien aufwies. 1917 lernte er Mário de ↑Andrade kennen. Mit ihm und anderen organisierte er 1922 in São Paulo die berühmt gewordene »Woche der modernen Kunst«. Ab 1931 war er Mitherausgeber der Zeitung »O Homem do Povo«, die der Kommunistischen Partei nahestand, von der er sich 1945 distanzierte.

A. galt über Jahrzehnte hinweg als *enfant terrible* des Modernismus, dessen sechs Frauen, Anekdoten und witzige Provokationen – »Tupi or not Tupi, that is the question« – mehr interessierten als seine literarischen Werke. Ähnlich wie der Argentinier O. ↑Girondo, mit dem A. vor allem den zeitlebens ungebrochenen avantgardistischen Elan gemein hat, wird er seit den 60er Jahren auf allen Gebieten – Prosa, Lyrik und Theater – als einer der bedeutendsten und originellsten Autoren Brasiliens anerkannt. Das Programm einer neuen, gegen Parnassianer und Kulturtraditionalisten gerichteten Ästhetik formulierte A. in seinem »Manifesto da Poesia Pau Brasil« (18.3.1924 im »Correio da Manhã«); das Programm einer freien, klassenlosen, an matriarchalischen Urzeiten orientierten Gesellschaft im »Manifesto Antropófago« (Mai 1928 in seiner »Revista de Antropofagia«). Den polemisch zugespitzten Manifesten waren verschiedene Publikationen vorausgegangen, in denen A. die neue, im wesentlichen aus der Negation der Ideale des herkömmlichen Kulturbetriebs abgeleitete Doktrin praktisch umgesetzt hatte, am deutlichsten in seinem Anti-Roman *Memórias Sentimentais de João Miramar* (1924). In Form eines skizzenhaft geführten Tagebuchs kritisiert er satirisch die Substanzlosigkeit der kosmopolitischen Bourgeoisie Brasiliens, die phrasendreschenden Akademiker und Literaten. Das Bahnbrechende an dem Werk sind seine ungewöhnlichen Wortschöpfungen und eine eher assoziative als grammatisch und logisch geordnete Syntax. Noch kühner im Formalen und satirisch pointierter ist der Roman *Serafim Ponte Grande* (1933). Zu den Hauptwerken des Modernismus zählen ebenfalls A.s Gedichtbände *Pau Brasil* (Paris 1925) und *1.° Caderno do Aluno de Poesia O. de A.* (1927). *Pau Brasil* ist der auch in einem ironischen Sinne zu verstehende Versuch einer Nationaldichtung auf der Basis der neuen Ästhetik. Die erste Sektion besteht aus epigrammatisch verkürzten Paraphrasen von Fragmenten älterer Chroniken, darauf folgen kurze Momentaufnahmen von Situationen aus verschiedenen historischen Epochen. Fast als einziger Modernist hat A. Theaterstücke geschrieben, deren Aufführungsmöglichkeiten aus Gründen der öffentlichen Moral und der praktischen Durchführung sehr eingeschränkt waren. *O Rei da Vela* (1937) skizziert die sexuellen und sozioökonomischen Verirrungen einheimischer und nordam. Kapitalisten. (Theatergeschichtlich bedeutend ist die von J. C. Martínez, Leiter der Theatergruppe »Oficina«, 1967 inszenierte Aufführung des Stückes.) In *A Morta* (1937) wird das Publikum zum Schluß aufgefordert, seine eigene Korruptheit in einem ersten Schritt durch das Anzünden des Theaters zu läutern.

Weitere Werke (Auswahl): Romane: *A Trilogia do Exílio:* I – *Os Condenados* (1922), II – *A Estrela de Absinto* (1927), III – *A Escada Vermelha* (1934), *Marco Zero:* I – *A Revolução Melancólica* (1943), II – Chão (1945), *Um Homem sem Profissão: I – Sob as Ordens de Mamãe* (1954); Lyrik: *Cântico dos Cânticos para Flauta e Violão* (1945); Essays: *A Arcádia e a Inconfidência* (1945), *Ponta de Lança* (1945), *Crise da Filosofia Messiânica* (1950).

Ausgabe: *Obras Completas*, 1970 ff., 10 Bde.

Literatur: V. M. Chalmers, *3 Linhas e 4 Verdades: O Jornalismo de Ò. de A.* SP 1976. – B. Nunes, *Oswald Canibal.* SP 1979. – M. A. Fonseca, *Palhaço da Burguesia: ›Serafim Ponte Grande‹ de O. de A., e suas Relações com o Universo do Circo.* SP 1979. – J. Schwartz, *Vanguarda e Cosmopolitismo na Década de 20: Oliverio Girondo e O. de A.* SP 1983. – L. Helena, *Totens e Tabus da Modernidade Brasileira. Símbolo e Alegoria na Obra de O. de A.* RJ 1985.

Angelo, Ivan

* 1936 in Barbacena/Minas Gerais. Wie F. ↑Gabeira gehörte er zur linken Intellektuellenszene von Belo Horizonte, die durch den Militärputsch von 1964 auseinandergetrieben wurde. Seine bereits seit 1958 ausgeübte Tätigkeit als Journalist setzte er ab 1965 in São Paulo fort, wo er seit 1984 Chefredakteur des »Jornal da Tarde« ist. Nach einem zusammen mit Silviano Santiago (* 1936) publizierten Erzählungsband *Duas Faces* (1961) konnte er erst nach langer Zeit seinen bereits 1963 begonnenen, dann von der Militärdikatur verbotenen Roman *A Festa* (1976) veröffentlichen. Dieses Werk, das wegen seiner sprachlichen Qualität und seiner komplexen Struktur beeindruckt, ist der Versuch, die soziopoliti-

schen Ursachen der Situation der 70er Jahre zu ergründen und zugleich eins der markantesten Zeugnisse jener Epoche.

Weitere Werke: Erzählungen: *Casa de Vidro* (1986), *A Face horrível* (1986).

Anjos, Augusto dos

*20.4.1884 auf dem Engenho Pau d'Arco/Paraíba, †12.11.1914 in Leopoldina/(Minas Gerais). A. lebte bis zu seinem 24. Lebensjahr auf der Zuckerrohrplantage seiner Eltern. Durch den Niedergang der kleinen Grundbesitzer und der Zuckerwirtschaft mußte er sich, ausgestattet mit einem Diplom der Rechtsfakultät von Recife, seinen Lebensunterhalt als Sprachlehrer ohne feste Stelle in Paraíba, Rio und Leopoldina, wo er mit 30 Jahren an einer Lungenentzündung starb, verdienen. Einen einzigen Gedichtband veröffentlichte der Provinzdichter aus dem Nordosten im Selbstverlag in Rio: *Eu* (1914) verursachte in der Metropole der bras. *Belle Epoque* einen Skandal durch die physiologischen Bilder von Verwesung und Fäulnis, mit denen A. den Tod und die Vergänglichkeit des Fleisches thematisierte. »Der Wurm – dieser Ruinenarbeiter –| Der das faulige Blut der Schlächtereien verzehrt| Und dem Leben ganz allgemein den Krieg erklärt| belauert meine Augen, um sie zu zernagen| Und wird mir nur die Haare lassen| In der anorganischen Kälte der Erde!« (»Psicologia de un Vencido«). In seiner Lyrik dominiert die Faszination durch die naturwissenschaftlichen Entdeckungen der Jahrhundertwende, vor allem auf den Gebieten der Physik, Chemie und Biologie, wobei er fachspezifische Lexik mit Stilprinzipien des Symbolismus und des Parnaß, sowie mitunter sehr freien Lautassoziationen zu einer paradoxen Mischung vereint. Inhaltlich reflektieren die meisten Gedichte von *Eu* A.' Beschäftigung mit den Wissenschaften, dem Spiritualismus und pessimistischen Existenzialismus, mit Spencer, Schopenhauer und Buddha. A.' Bewunderer sehen in ihm einen bras. Baudelaire und heben seine kosmisch-pessimistische Grundhaltung hervor, die das Sein zum Tode und die Angst des Individuums in modernen Bildern ausdrückt. A. wurde mit seinem Werk *Eu*, das fast 50 Auflagen erreichte, und einigen wenigen postum veröffentlichten Gedichten zum meistgelesenen Lyriker des 20. Jh. in Brasilien. C. A.

Ausgabe: *Toda a Poesia.* RJ 1977 (mit einer Studie von Ferreira Gullar: »A. d. A. ou Vida e Morte Nordestina«).
Literatur: A. Coutinho/S. Brayner (Hg.), *A. d. A. Textos Críticos.* Brasília 1973. – R. Magalhães Jr., *Poesia e Vida de A. d. A.* RJ 1977. – L. Helena, *A Cosmo-Agonia de A. d. A.* RJ 1977.

Antônio, João

*27.1.1937 in São Paulo. Er stammt aus einer Arbeiterfamilie und ist zunächst Bürogehilfe und Fabrikarbeiter, dann Journalist und Angestellter einer Werbeagentur gewesen. Ein Jahr lebte er als Stipendiat in Berlin. Bekannt ist er als Autor von Erzählungen, die mehrfach ausgezeichnet wurden. Ihr hauptsächlicher Gegenstand sind die Randgruppen der bras. Gesellschaft, sei es vor dem Hintergrund der öden Industriegebiete von São Paulo wie in seinem ersten Erzählband *Malagueta, Perus e Bacanaço* (1963) oder der Slums von Rio. Die sprachliche Unmittelbarkeit seiner Darstellungen wurde zunächst als schockierend empfunden. A. geht es jedoch nicht um soziale Anklage, sondern um Entlarvung eines unauthentischen offiziellen Kulturbetriebs. Für ihn haben nicht die »Kulturverwalter«, sondern die unteren Bevölkerungsschichten eine nationale Identität geschaffen. Einer der wenigen »Klassiker« der bras. Literatur, die er respektiert, ist Lima ↑Barreto. Mit großer Sorgfalt hat er für *Calvário e Porres do Pingente Afonso Henriques de Lima Barreto* (1977) in allen Lokalitäten von Rio recherchiert, wo jener eingekehrt sein mochte. Lima Barreto sind auch einige der Erzählungen von *Abraçado ao meu Rancor* (1986) gewidmet, in denen A.s Liebe zur populären Musik als eine der Konstanten seines Werkes besonders deutlich ist.

Weitere Werke: *Leão-de-Chácara* (1975), *Malhação do Judas Carioca* (1975), *Casa de Loucos* (1976), *Lambões de Caçarola* (1977), *O Copacabana!* (1978), *Dedo Duro* (1982), *Meñinão do Caixote* (1983).
Ausgabe: *10 Contos Escolhidos*. Brasília (o.J., 1982?).

Aranha, José Pereira da Graça
* 21.6.1868 in São Luís do Maranhão, † 26.1.1931 in Rio de Janeiro. Er studierte Jura in Recife. Einer seiner Lehrer war der Lyriker und Philosoph T. Barreto, der ihn nachhaltig beeinflußte. Nach dem Studium war er zeitweise Rechtsanwalt, 1900-1920 Diplomat. Er war einer der Wortführer des Modernismus, wenn auch von jüngeren Vertretern wie M. de ↑Andrade eher skeptisch beurteilt. 1924 erklärte er in spektakulärer Weise seinen Austritt aus der bras. Literaturakademie, der er seit 1897 angehörte. 1930 beteiligte er sich an der Revolution von G. Vargas.
Heftige Diskussionen entfesselte sein Roman *Canaã* (1902), der das soziale Problem der Assimilation der europäischen Einwanderer behandelt. In den Hauptpersonen, den Deutschen Milkau und Lentz, verkörpern sich die Kontraste Universalismus und Rassismus, Tolstois Prinzip der Liebe und Nietzsches Prinzip der Gewalt. Als Ausdruck nationaler Selbstkritik verweist das Werk auf den Modernismus, wie es auch stilistisch, in seiner Mischung aus naturalistischer Dramatik und impressionistischer Naturdarstellung, einen neuen Abschnitt der erzählenden Prosa einleitet. *Malazarte* (1911) ist ein Drama, das vom Symbolgehalt nahezu erdrückt wird. Dämonischer Lebensoptimismus und schmerzlich erfahrene Realität bilden die Pole der Handlungsführung. In dem Roman *A Viagem Maravilhosa* (1929) exemplifiziert A. mittels einer Ehebruchsgeschichte seine Lebensphilosophie von der Überwindung der kosmischen Furcht durch das mystisch bewußte Einswerden mit dem Universum. Diese Gedanken, die ähnlich bereits Milkau in *Canaã* formulierte, stellt A. ausführlich in dem Essayband *A Estética da Vida* (1921) dar. U.d.T. *O Meu Próprio Romance* (1931) hinterließ A. seine unvollendete Autobiographie.

Ausgaben: *Obras completas*. RJ 1939-41, 8 Bde. – *Obra completa*. RJ 1969.
Literatur: J. C. Garbuglui, *O Universo Estético-Sensorial de G. A.* Assis 1966. – E. Cardim, *G. A. e o Modernismo do Brasil*. RJ 1974. – E. Jardim Morais, *A Brasilidade Modernista: Sua Dimensão Filosófica*. RJ 1978.

Assis, Joaquim Maria Machado de
* 21.6.1839 in Rio de Janeiro, † 24.9.1908 ebd. Er stammte aus ärmlichen Verhältnissen, seine Mutter war Wäscherin, sein Vater Maler. Er besuchte nur die Grundschule und war ab 1856 als Drucker, Korrektor und Journalist, ab 1873 als Ministerialbeamter tätig. 1897 wurde er zum Präsidenten auf Lebenszeit der von ihm mitgegründeten bras. Literaturakademie gewählt.
Das literarische Leben Brasiliens im letzten Drittel des 19. Jh.s wird von A. als Schriftsteller, Kritiker, Förderer junger Talente und Organisator beherrscht. Sein Werk umfaßt Lyrik, einige Theaterstücke, etwas mehr als 200 Erzählungen, neun Romane, außerdem eine umfangreiche Korrespon-

denz, zahllose »Crônicas«, die von ihm meisterhaft beherrschte Gattung kritisch ironischer Prosaskizzen, sowie Rezensionen, literaturtheoretische Schriften und manches andere. Der bedeutendste Teil des beträchtlichen Œuvres sind die Erzählungen und Romane, die nach 1878 entstanden. Mit dem Roman *Memórias Póstumas de Brás Cubas* (1881; dt. *Die nachträglichen Memoiren des Bras Cubas*, 1950, *Brás Cubas. Nachträge zu einem verfehlten Leben*, 1967) beginnt eine Periode, in der A. romantische Modelle endgültig überwunden hat, aber auch der neuen Ästhetik des Realismus und Naturalismus mit einer persönlichen Konzeption gegenübertritt. Kunst ist für ihn nicht Kopie, sondern Verwandlung der Wirklichkeit. Ihn interessiert nicht die exakte Wiedergabe von Fakten, sondern die Analyse seelischer Dimensionen. So tritt in den *Memórias Póstumas* die Handlung hinter den Reflexionen und der Selbstdarstellung der Hauptperson zurück. Mit seiner Lebensbeichte aus dem Jenseits entwirft Brás Cubas ein Bild vom moralischen Zustand des Universums. Wie finster und hoffnungslos dieses Bild eigentlich ist, ob das Buch eine einzige tiefsinnige Klage darstellt, lassen Sarkasmus, Ironie und Komik als Rätsel offen. Fest steht allenfalls, daß jede Tugend dem Prozeß der Korruption unterliegt und jeder Mensch ein Spielzeug moralisch indifferenter, unbekannter Kräfte ist. Inhaltlich knüpft *Quincas Borba* (1891; dt. *Quincas Borba*, 1982) an den vorausgehenden Roman an, in dem Borba als Erfinder eines philosophischen Systems auftritt, schließlich wahnsinnig wird und stirbt. Der Wahnsinn, in den *Memórias* nur eine Episode, wird in *Quincas Borba* zum eigentlichen Thema. Er bedeutet hier die konsequenteste Erscheinungsform der das Universum beherrschenden Absurdität, die sich in dem artistisch perfiden Spiel Sofias mit dem verliebten Rubião ebenso manifestiert wie in dessen schmerzlicher Verlassenheit. In der straffen Architektur einer Tragödie entwickelt der Roman *Dom Casmurro* (1900; dt. *Dom Casmurro*, 1931, 1966) die Geschichte eines Ehebruchs. A. geht es dabei keineswegs um Prinzipien einer vulgären Moral, sondern um die radikale Entschleierung menschlicher Illusionen. In der Gestalt der treulosen Capitu hat A. einen seiner faszinierendsten weiblichen Charaktere geschaffen. In ihrer rätselhaften Widersprüchlichkeit, ihrer fantastischen Inkonsequenz und verwirrenden Durchtriebenheit ist Capitu jedoch weniger als Individuum, denn als Bild des Lebens zu sehen. Ihre Treulosigkeit ist letztlich das, was die Realität zu bieten hat. Dieser fatalistische Pessimismus durchdringt auch noch die Lebensgeschichte der antagonistischen Zwillinge von *Esaú e Jacó* (1904). Umgeschlagen ist die Stimmung im letzten Roman *Memorial de Aires* (1908), dessen sanft melancholische Idylle aus der intimen Erfahrung der Vereinsamung zu verstehen ist.

Ausgaben: *Obras completas*. RJ 1955, 31 Bde. und 1959, 3 Bde.; RJ 1975, 15 Bde.; *Meistererzählungen* (dt. Auswahl). Hamburg 1964.

Literatur: Barretto Filho, *Introdução a M. de A.* RJ [2]1980 (mit Bibliographie). – R. Magalhães Júnior, *Vida e Obra de M. de A.* RJ 1981, 4 Bde. – B. Broca, *M. de A. e a Política mais outros Estudos*. SP 1983. – M. L. Nunes, *The Craft of an Absolute Winner*. Westport, London 1983. – D. Schüller, *A Prosa Fraturada*. Porto Alegre 1983. – J. Gledson, *The Deceptive Realism of M. de A.: A Dissenting Interpretation of ›Dom Casmurro‹*. Liverpool 1984. – L. C. Ishimatsu, *The Poetry of M. de A.* Valencia, Chapel Hill 1984. – I. Stein, *Figuras Femininas em M. de A.* RJ 1984. – J. Gledson, *M. de A.: Ficção e História*. RJ 1986. – E. de Sá Rego, *The Epic, the Comic and the Tragic: Tradition and Innovation in three Late Novels of M. de A.* LALR, 14 (1986), 27, 19-

34. – M. Huseby Schill, *Pais e Filhos nos Romances de M. de A.* LBR, 25 (1988), 2, 75-88.

Azevedo, Aluísio

* 14.4.1857 in São Luís do Maranhão, † 21.1.1913 in Buenos Aires. Er war unehelicher Sohn eines port. Diplomaten. In Rio studierte er Malerei und arbeitete als Karikaturist für verschiedene Zeitungen. 1888 kehrte er nach São Luís zurück und übernahm das Geschäft seines Vaters. Mit Freunden gab er die antiklerikale Zeitung »O Pensador« heraus. Von der gegen sie 1881 erhobenen Anklage wurden sie freigesprochen, aber der Skandal, den im selben Jahr sein Roman *O Mulato* hervorrief, bewog ihn, sich in Rio niederzulassen. Ab 1895 war er als Diplomat tätig.

Neben J. d. ↑Alencar und Machado de ↑Assis ist A. noch heute der meistgelesene Autor des 19. Jh.s. Zwischen 1879 und 1895 entstanden alle seine Romane und Theaterstücke, die Diplomatenlaufbahn setzte seiner literarischen Produktion ein abruptes Ende. Nach dem romantischen Debut, *Uma Lágrima de Mulher* (1879), führte A. mit seinem zweiten Roman *O Mulato* (1881; dt. *Der Mulatte*, 1964) den Naturalismus in Brasilien ein. Das Werk ist eine heftige Anklage gegen die zu jener Zeit noch nicht aufgehobene Sklaverei, die Absurdität der Rassendiskriminierung, das unwürdige Verhalten des Klerus und gleichzeitig eine Gestaltung der naturalistischen These, daß Umwelt und Vererbung die Determinanten menschlichen Schicksals sind. Erzählt wird die Geschichte des unehelichen Sohnes eines Weißen und einer Sklavin. Trotz hoher Bildung und fast weißer Hautfarbe bleibt dieser aus der Gesellschaft ausgeschlossen. Das Drama ständiger Erniedrigungen führt dazu, daß er seine kokette Kusine vergewaltigt. *Casa de Pensão* (1884; dt. *Ein brasilianisches Mietshaus*, 1909, 1929) spielt im Milieu großstädtischer Halbwelt und Boheme und schildert den moralischen Verfall eines Studenten. Während romantische Klischees und Konventionen stellenweise in diesen Romanen durchbrechen, erreicht *O Cortiço* (1890) ein hohes Maß an erzählerischer Objektivität. In einem kontrapunktischen Handlungsablauf gibt der Roman ein vielseitiges Bild des frühkapitalistischen Gesellschaftssystems. Gewissenlosigkeit, Habgier und Machtstreben bei den Ausbeutern entsprechen Hemmungslosigkeit, Verrohung und Gewaltverbrechen bei den Ausgebeuteten. Modell dieses Systems ist eine Wohnsiedlung, der »Bienenkorb« (»cortiço«), profitträchtiges Wirtschaftsobjekt für die einen, Reproduktionsstätte des Elends für die anderen. Experimentelle Thesenromane im Sinne Zolas sind *O Homem* (1887) und *Livro de uma Sogra* (1895). Der erste geht von der Theorie aus, daß Keuschheit, auf die Dauer gesehen, zu schweren psychischen Störungen führt; der andere behandelt das Thema des ehelichen Überdrusses. Aus der Gegensätzlichkeit zweier Charaktere entwickelt A. in dem Roman *O Coruja* (1889) ein spannungsgeladenes Drama, das in der pessimistischen Einsicht von der Nutzlosigkeit absoluter Güte und absoluten Egoismus' gipfelt. Von Theaterstücken, die teilweise in Zusammenarbeit mit seinem Bruder Artur A. (1855-1908) entstanden, und einigen Erzählungen abgesehen, ist sein restliches Werk von geringer Bedeutung.

Ausgaben: *Obras completas.* RJ 1939-41, 14 Bde und SP 1959-61, 12 Bde.
Literatur: R. de Meneses, *A. A. Uma Vida de Romance.* SP 1958. – J. Montelo, *A. A.* RJ 1963. – J. A. Epple, *A. A. y el naturalismo en Brasil.* RCLL, 6 (1980), 11, 29-46. – Ders.: *Bibliografía de A. A.* RCLL, 6 (1980) 11, 129-138.

Azevedo, Manuel Antônio Alvares de
* 12.9.1831 in São Paulo, † 25.4.1852 in Rio de Janeiro. Er besuchte das Colégio Pedro II in Rio, wo er durch außergewöhnliche Intelligenz und Begabung auffiel. 1848 kehrte er nach São Paulo zurück und immatrikulierte sich an der Juristischen Fakultät, die damals das Zentrum der romantischen Bewegung bildete. Angehende Juristen – unter ihnen Bernardo ↑Guimarães – hatten dort den Literatenzirkel »Sociedade Epicuréia« ins Leben gerufen. Die Atmosphäre literarischer Boheme zog ihn sofort in ihren Bann und regte ihn zu großer Produktivität an. Bis er mit 20 Jahren an Tuberkulose starb, schuf er unter anderem die Erzählungen *Noite na Taverna*, das Drama *Macário* und die epische Dichtung *O Conde Lupo*, Erzeugnisse einer blühenden Fantasie mit Ingredienzien von Verruchtheit und zynischer Bitterkeit, die vor allem den Einfluß von Byron, Musset und E. T. A. Hoffmann erkennen lassen. Den persönlichsten Teil seines Schaffens bilden die Gedichte von *A Lira dos Vinte Anos*. In ihnen dominieren das Bewußtsein des eigenen frühen Todes und eine Erotik, die in unlösbarer Spannung zwischen sinnlichem Verlangen und Furcht verharrt. Daneben finden sich Gedichte wie »Idéias Intimas«, in denen der konkrete Alltag in humoristischem Grundton angesprochen wird, eine Thematik, die in der bras. Lyrik der Zeit ausgegrenzt war.

Ausgaben: *Obras*. RJ 1835-55, 2 Bde. – *Obras Completas*. Hg. H. Pires. RJ 192, 2 Bde. – *Poesias Completas* Hg. P. E. da Silva Ramos. SP [2]1962.
Literatur: R. Magalhães Júnior, *Poesia e Vida de A. de A.* SP 1962. – D. O. Warren, *On the Functions of the Poetic Sign in A. de A.* LBR (1980), 2, 93-106.

Bandeira, Manuel
* 19.4.1886 in Recife, † 13.10.1968 in Rio de Janeiro. Er wollte wie sein Vater Bauingenieur werden und begann 1903 ein Studium in São Paulo. Er brach es ab, als sich herausstellte, daß er an Tuberkulose litt. Um Heilung zu finden, lebte er mehrere Jahre in der Provinz und begab sich 1913 nach Clavadel bei Davos. Hier lernte er den gleichaltrigen Paul Eluard kennen. 1917 kehrte er nach Brasilien zurück, ohne daß seine Krankheit ausgeheilt war. Ab 1925 schrieb er Film- und Musikkritiken, ab 1935 war er Schulinspektor, 1943-56 Professor für hispanoam. Literatur in Rio. Für sein literarisches Werk wurde er mit mehreren Preisen ausgezeichnet. Seit 1940 gehörte er der bras. Literaturakademie an.
B. wartete lange, bis er mit seinem ersten Gedichtband *A Cinza das Horas* (1917) hervortrat. Seine Behutsamkeit und Bescheidenheit der Poesie gegenüber entsprach der Haltung, die er als »professioneller Schwindsüchtiger« – wie es in dem späteren »Auto-retrato« heißt – seiner Krankheit gegenüber einnahm. Bei aller Anteilnahme am literarischen Leben stand er am Rande neuer Bewegungen und verfolgte eine persönliche Linie, die er auch gegenüber dem bras. Modernismus einhielt. Obwohl er als einer der ersten den freien Vers verwendete und in *Carnaval* (1919) schon die unpathetische, ironische Diktion vorherrscht, eins der Kennzeichen jener Schule, sind neue Ausdrucksformen bei ihm nicht Ergebnis eines Programms, sondern erwachsen aus neuen Sensibilitäten und Erfahrungen. Zwar verkündet er in *Libertinagem* (1930), seinem berühmtesten Gedichtband: »Lieber will ich die Lyrik der Irren | Die Lyrik der Säufer | Die schwierige, quälende Lyrik der Säufer | ... | Nichts will ich mehr wissen von Lyrik, die nicht ein Freiwerden ist«, aber er bezieht sich immer wieder organisch in die Traditionen der bras. Lyrik ein.

Thematisch ist B. auch weniger der Großstadtmoderne als den romantischen Themen der Liebe, Trauer und Sehnsucht zugetan. Symbol romantischer »saudade« wird die antike persische Hauptstadt Pasargadä, der der Essayband *Itinerário de Pasárgada* (1954) gewidmet ist. B. ist kein schwieriger Dichter im Sinne prätentiöser Verschlüsselungen, aber seine skeptische Ironie und maßvolle Nüchternheit haben ihm, bei aller Anerkennung als Nationaldichter, nie zu großer Popularität verholfen. Zu B.s sonstigem Werk gehören literaturkritische Essays und Studien, u.a. über Gonçalves ↑Dias und Mário de ↑Andrade, Reiseberichte, »Crônicas« sowie mehrere Anthologien bras. Lyrik.

Ausgaben: *Poesías Completas* (1940, 45, 47, 51, 54). *Poesia e Prosa.* RJ 1958, 2 Bde. – *Poesia Completa e Prosa.* RJ 1967. – *Der Weg nach Pasárgada* (dt. Lyrik-Auswahl) Frankfurt/M. 1985.

Literatur: A Casais Monteiro, *M. B.* RJ ^{2}1958. – E. de Morais. *M. B.* RJ 1962. – *M. B.* Poitiers 1974. – S. Buarque de Hollanda, *Cobra de vidro.* SP ^{2}1978. – S. Brayner (Hg.), *M. B. Coletânea.* RJ 1980. – J.-F. Coelho, *M. B., Pré-modernista.* RJ, Brasília 1982. – G. Pontiero, *M. B. (Visão Geral de sua Obra).* RJ 1986. – M. H. Camargo Regis, *O Coloquial na Poética de M. B.* Florianópolis 1986. – S. Kovadloff, *M. B., el poeta de los alumbramientos.* CH, 458 (1988), 49-63. – M. Manuel Lisboa, *M. B.: Sexualidade e Subversão.* COL, 115/6 (1990), 73-89.

Barreto, Afonso Henriques de Lima

*13.5.1881 in Rio de Janeiro, †1.11.1922 ebd. Schon seine Kindheit war von Elend gekennzeichnet. Er wuchs in einem Irrenhaus auf, wo sein Vater als Wärter arbeitete. Wegen finanzieller Schwierigkeiten mußte er ein Ingenieurstudium abbrechen. Er erhielt eine Anstellung im Kriegsministerium, wurde jedoch wegen seines Alkoholismus vorzeitig in den Ruhestand versetzt. Seit 1902 schrieb er für mehrere namhafte Zeitungen und Zeitschriften.

Trotz seines kurzen Lebens hat B. ein vielbändiges Werk als Romancier, Erzähler und Chronist geschaffen, dessen literarische Bedeutung im Rahmen der Auseinandersetzung mit der nationalen Wirklichkeit erst von den Modernisten gewürdigt wurde, die ihn als einen ihrer kompromißlosesten Vorläufer anerkannten. In thematischer und erzähltechnischer Hinsicht schließt B. an den Roman von Machado de ↑Assis an. Während jener aber seine Gesellschaftskritik philosophisch begründet, behält B. seine konkrete zeitgenössische Umgebung im Blick und bleibt ihr verhaftet. Halb Autobiographie, halb Schlüsselroman, behandelt sein erstes veröffentlichtes Werk *Recordações do Escrivão Isaías Caminha* (1909) die Erfahrungen eines Farbigen in der rassistischen Gesellschaft der Metropole. Es ist das Drama ständiger Erniedrigungen, das seine erschütternde Tiefe dadurch erhält, daß Rebellion durch Zweifel, Unsicherheit und Verständnisbereitschaft erstickt wird. Die Schwächen einer zu direkten Projektion persönlicher Bitterkeit, die in dem ebenfalls um 1905 entstandenen Roman *Clara dos Anjos* (1923/24 in »Revista Souza Cruz«, 1948) auch noch vorhanden sind, hat B. mit *Triste Fim de Policarpo Quaresma* (1915) überwunden. Die Bemühungen des Helden um Einführung des Tupi als Amtssprache, seine lächerlich scheiternden folkloristischen Studien, die Sinnlosigkeit seiner Erschießung bilden den tragikomischen Vordergrund einer schillernden Kritik am modernen Leben Brasiliens. Noch deutlichere satirische Momente prägen den Roman *Numa e a Ninfa* (1915): Der junge Abgeordnete Numa, ein klassenbewußter Vertreter der Oberschicht, verdankt diplomatischem Geschick und zynischer Ehrlosigkeit seinen Aufstieg. Ein dokumentarisches, kritisch kommentiertes Zeitbild ist *Vida e Morte de M. J. Gonzaga de Sá* (1919), das in seiner aufgelösten Romanform am klarsten auf den Modernismus verweist. Intellektuelle, die auf Frankreich starren und die schmerzliche Realität ihres Landes übersehen; die zunehmende Macht der Oligarchie in der Republik, deren Beamtenschaft sich willenlos als Werkzeug der Mächtigen gebrauchen läßt; schließlich eine korrupte Presse – das ist die innenpolitische Inventur, die B. in dem Werk vorgenommen hat. Der ironische Ton, in dem die Hauptperson ihre Beobachtungen vorträgt, täuscht nicht über den entschiedenen Ernst des Autors hinweg, der mit einer für die Zeit außergewöhnlichen Schärfe die Mängel der Sozialstruktur seines Landes zu analysieren wußte, auch wenn er manchmal schichtenspezifisch reagierte und aus einem sentimentalen Konservatismus Erscheinungsformen des modernen Lebens – z. B. Fußball, Kino, Wolkenkratzer, aber auch die Berufstätigkeit der Frau – verabscheute. Fragment geblieben ist *O Cemitério dos Vivos* (1956), die romanhafte Tragödie menschlichen Elends im Spiegel der Aufzeichnungen eines Irrenhausinsassen.

Ausgabe: *Obras completas*. SP 1956, 17 Bde.

Literatur: O. Lins, *L. B. e o Espaço Romanesco*. SP 1976. – H. Pereira da Silva, *L. B.: Escritor Maldito*. RJ 1976. – A. Arnoni Prado, *L. B.: o Crítico e a Crise*. RJ 1976. – C. Erivany Fatinati, *O Profeta e o Escrivão* SP 1978. – M. L. Nunes, *L. B. Bibliography and Translations*. Boston 1979. – M. Z. Ferreira Cury, *L. B.: um Posicionamento Oscilante*. CLTL, 2 (1980), 4, 60-75. – A. Arnoni Prado, *Entre el silencio y el espejismo (L. B.)* ESCRITURA, 14 (1989), 27, 213-220.

Barreto, Tobias
* 7.6.1839 in Campos/Sergipe, † 26.6. 1889 in Recife. Er war Mulatte, Sohn eines Gerichtsschreibers. Eine Priesterausbildung scheiterte an seinem Temperament. Ab 1864 studierte er Jura in Recife. Die Freundschaft mit dem Lyriker Castro Alves endete in persönlicher Feindschaft. 1869 ließ er sich als Advokat in Escada nieder. Hier erwachte sein Interesse an der dt. Philosophie und Kultur. Er lernte Deutsch und gab die von ihm allein geschriebene, redigierte – und wohl auch allein gelesene – Zeitung »Deutscher Kämpfer« heraus. 1881 übernahm er in Recife einen Lehrstuhl an der Juristischen Fakultät. Er starb, krank und seines Amtes enthoben, als Empfänger einer Wohlfahrtsrente.

Der Einfluß, den diese kämpferische und wahrheitssuchende Persönlichkeit auf das bras. Geistesleben ausgeübt hat, ist beträchtlich. Als Lyriker zählt er zu den Initiatoren der für die Abschaffung der Sklaverei kämpfenden »Kondor-Schule«. Als Philosoph knüpft er an Kant, E. Haeckels Monismus und E. von Hartmanns Vitalismus an. Mit diesen Ansätzen bekämpft er die vom Naturrecht ausgehende konservative Rechtsauffassung und Gesellschaftsordnung. Graça ↑Aranha schrieb 40 Jahre später über seinen Lehrer: »Die Lektion von T. B. war die, unerschrocken und kühn zu denken und sich dabei aus eigener Kraft von Autoritäten und Kanons zu emanzipieren. Seine Haupttätigkeit war destruktiv. ... Aber während seine Kritik zerstörte, entstanden gleichzeitig neue Perspektiven für die Kultur.«

Ausgabe: *Obras Completas*. Hg. M. dos Passos Oliveira Teles. RJ 1926, 5 Bde.

Literatur: H. Lima, *T. B.* SP 1943.

Barros, Leandro Gomes de
* 19.11.1865 in Pombal/Paraíba, † 4.3.1918 in Recife. Er war der erste Autor der »Cordel«-Literatur, der aus der traditionellen Anonymität der

Volksdichter heraustrat und mit seinen ca. 400 »Folhetos« (d.h. Heftchen mit 8, 16 oder 32 S. und einem naiven Holzschnitt als Titelblatt) die Dichtung des bras. Nordostens nachhaltig beeinflußt hat. Für Drummond de ↑Andrade war B. der »König der Dichtung des Sertão und Brasiliens in ihrer reinsten Form«. B. verfaßte z.B. *O Boi Misterioso*, *O Cacador e a Virgem*, *A Defesa da Aguardente*, *O Homem que Virou Urubu*. Von der »Cordel«-Dichtung *Romance do Pavão Misterioso* verkaufte er drei Millionen Exemplare. C. A.

Ausgabe: *Antologia da Obra Poética*. RJ, João Pessoa 1977, 2 Bde. (mit einleitender Studie von Fonseca dos Santos).

Barroso, Maria Alice

* 1926 in Miracema/Rio de Janeiro. In ihrem ersten Roman *Os Posseiros* (1955), der die Folgen einer mißglückten Landreform behandelt, setzt sie die Linie der sozialkritischen Literatur der 30er Jahre (J. A. de ↑Almeida, R. de ↑Queiroz u. a.) fort. In ihren folgenden Romanen *História de um Casamento* (1960) und *Um Simples Afeto Recíproco* (1962), deren Problematik im wesentlichen um die Opposition gegen repressive Normen und Selbstverwirklichung kreist, übernimmt sie, als eine der ersten Autorinnen Brasiliens, neue Erzähltechniken (von denen am originellsten jene nur M. A. genannte körperlose Figur der *História* sein dürfte). Als ihr bedeutendstes Werk gilt *Um Nome para Matar* (1967; dt. *Sag mir seinen Namen und ich töte ihn*, 1989). Der Roman verzahnt zwei Handlungen. Die erste, auf das Jahr 1935 datiert, dreht sich um einen Mord aus wahnhafter Eifersucht und den Selbstmord der daran »schuldigen« Frau. Die zweite Handlung reicht bis zum Beginn des 19. Jh.s zurück. Die Familienchronik, die mit der brutalen Landnahme und Gründung der Stadt Parada de Deus durch den Urgroßvater des Mörders einsetzt, illustriert die ökonomischen, politischen und zwischenmenschlichen Strukturen, die zu dem tödlichen und absurden Eifersuchtsdrama führen. Das fiktive, jedoch dem realen Geburtsort der Autorin ähnliche Parada de Deus ist auch Schauplatz der eher pikaresken Romane *Quem Matou Pacífico* (1969) und *O Globo da Morte* (1981).

Weitere Werke: Roman: *Um dia vamos rir disso tudo* (1976).

Literatur: M. Silverman, *Stylistic Evolution of M. A. B.s Works*. H (1977), 478-485.

Bilac, Olavo

* 16.12.1865 in Rio de Janeiro, † 28.12.1918 ebd. Er studierte Medizin und Jura, war allerdings ab 1886 ausschließlich als Literaturkritiker und Journalist in Rio tätig. Als überzeugter Republikaner und Gegner der Sklaverei sah er sich wiederholt politischer Verfolgung ausgesetzt. Er gehörte zu den Gründern der bras. Literaturakademie. Ab 1898 bekleidete er das Amt eines Schulinspektors im Bundesdistrikt. In den letzten Jahren seines Lebens setzte er sich für die Einführung der allgemeinen Wehrpflicht ein, von der er sich eine Anhebung des Bildungsniveaus der Jugend versprach.

Neben den Lyrikern A. de ↑Oliveira und R. ↑Correia ist B. einer der Hauptvertreter des bras. Parnassianismus. Zu Lebzeiten gewann er eine außergewöhnlich breite Popularität, die trotz der durch den Modernismus gesetzten neuen Maßstäbe weit über seinen Tod hinausreichte. Sein immer wieder erweiterter Gedichtband *Poesias* (1888, ^{2}1902, ^{27}1961) zeichnet sich bereits in seiner frühesten Form durch technische Brillanz, eine musikalisch klangvolle Sprache und ein üppiges Vokabular aus. Die Thematik reicht von den farbenprächtigen Visionen des »Brandes von Rom« oder der »Zerstörung

Carthagos« bis zu erotischer Sinnlichkeit – natürlich immer in perfekten Versen, harmonischer Dezenz und dem Bewußtsein der Sündhaftigkeit von Liebe – oder geläuterter Passion. Als Gesprächspartner, Zeugen, Rätsel des Ewigen, Metapher der Geliebten, Seelen gestorbener Jungfrauen etc. bilden die Sterne eins der wichtigsten Symbole B.s. Ein episch hymnisches Nationalgedicht mit farbigen Naturimpressionen ist *O Caçador de Esmeraldas* (1902). Im letzten Gedichtband, *Tarde* (1919), ist die Tonlage gedämpft und besinnlich. Ohne sich in allzu originelle Gedanken zu verlieren, fragt der Dichter nach Schicksal und Natur der Menschen, beklagt die Tristesse des Alters und bedenkt das Mysterium des Todes. Als Co-Autor – neben Carlos Magalhães de Azeredo – des naturalistischen Kurzromans *Sanatorium* (1894, 1977) fand B. neuerdings wieder Beachtung.

Weitere Werke: Erzählungen, Crônicas, Literaturkritik: *Crônicas e Novelas* (1894), *Crítica e Fantasia* (1904), *Tratado de Versificação* (1905, zus. mit Guimarães Passos), *Conferências Literárias* (1906), *Ironia e Piedade* (1916), *Ultimos Discursos e Conferências* (1924).
Literatur: F. Jorge, *Vida e Poesia de O. B.* SP 1963. – R. Magalhães Júnior, *O. B. e Sua Epoca. Biografia.* RJ 1874.

Boal, Augusto

* 1931 in Rio de Janeiro. Nach einem Studium an der Columbia University (USA) wurde er 1956 Mitglied des zwei Jahre vorher gegründeten experimentellen »Arena«-Theaters von São Paulo, dessen Leitung er später übernahm. Nach dem Militärputsch von 1964 standen er und seine Theatergruppe zunehmend unter politischem Druck. 1971 wurde er verhaftet und gefoltert. Danach lebte er im Exil, zuerst in Argentinien, dann in Chile, Portugal und schließlich in Frankreich. 1986 kehrte er nach Brasilien zurück.

B. hat als Praktiker und Theoretiker des politischen Theaters nicht nur in ganz Lateinamerika, sondern auch in Europa eine außerordentliche Breitenwirkung erreicht. In seinen Stücken und seinen Schriften zur Theaterpraxis werden zwei Ziele verfolgt: das Bewußtmachen politischer Strukturen und die Entsakralisierung der Institution Theater. In seinen frühen Stücken, dem satirisch-agitatorischen *A Revolução na América* (1960; dt. *Revolution auf südamerikanisch*, 1984?) und den in Zusammenarbeit mit Gianfrancesco Guarnieri (* 1934) geschriebenen Lehrstücken über die bras. Geschichte, *Arena Conta Zumbi* und *Arena Conta Tiradentes*, wird durch die Einführung der das Geschehen kommentierenden und moderierenden Gestalt des »Coringa« der traditionelle Illusionismus der Bühne aufgehoben. In den 70er Jahren sucht B. dann in noch radikalerer Form, im Rahmen seines »Teatro Jornal« und »Teatro do Oprimido«, Theater mit sozialer und politischer Praxis zu verbinden und damit auch die Funktion des Schauspielers – bis hin zur Aufhebung der Passivität des Zuschauers – neu zu bestimmen. In einigen seiner späteren Stücke wie *Murro em Punto de Faca* (1978; dt. *Mit der Faust ins offene Messer*, 1981), in dem die Situation des Exils thematisiert wird, oder in *O Corsário do Rei* (1985), mit Musik von Edu Lobo und lyrischen Texten von Chico ↑Buarque, ist B. formal wieder auf seine Anfänge zurückgegangen.

Weitere Werke (Auswahl): Theater: *Arena Conta Bahia* (1962?), *Tio Patinhas* (1968), *Torquemada* (1971; dt. *Torquemada*, 1975); Essays: *Teatro do Oprimido* (1974; dt. *Theater der Unterdrückten*, 1979, 1988), *200 Exercícios e Jogos para o Ator e não Ator com Vontade de Dizer algo através do Teatro* (1980).
Literatur: K. Pörtl, *Revolution und Untergang im lateinamerikanischen Gegenwartstheater: B.s Theater der Befreiung und Wolffs Theater der Angst.* IA, 3 (1979), 3, 23-43. –

J.J. Bissett, *Victims and Violators: The Structure of Violence in ›Torquemada‹*. LATR, 15 (1982), 2, 27-34. – S. Calasans Rodrigues, *›Arena Conta Tiradentes‹: Uma Experiência de Teatro Político*. RI, 50 (1984), 126, 221-228.

Bopp, Raul

* 4.8.1898 in Tupacereta/Rio Grande do Sul. Sohn deutscher Einwanderer. Er studierte Jura an mehreren Universitäten und übte nebenbei verschiedene Tätigkeiten aus, war u.a. Journalist in Pôrto Alegre und São Paulo, Schildermaler in Cuiabá, Buchhändler in Buenos Aires und bereiste die Welt, vorzugsweise die Urwälder Amerikas, Afrikas und Asiens. Wie Plínio Salgado in seiner programmatischen »Carta Verdamarela« (1928) hervorhob, ging B. »allerdings nicht nach Europa«, was ihn noch mehr aufwertete, »denn uns interessiert es zur Zeit nicht zu wissen, daß Europa existiert«. Später trat er in den diplomatischen Dienst seines Landes und kam so nach Zürich, Barcelona und Lissabon.

Als Teilnehmer an der »Woche der modernen Kunst« in São Paulo, 1922, schloß er sich zunächst dem von den Schriftstellern Cassiano ↑Ricardo, Menotti del ↑Picchia und Salgado gegründeten, nach den Farben der bras. Fahne benannten nationalistischen »Verdamarelismo« an, als dessen wandelnde Verkörperung ihn Salgado titulierte, wechselte jedoch dann zu Oswald de ↑Andrades »Antropofagia« über, deren Zivilisationsüberdruß und Programm dionysischer Naturverbundenheit ihm mehr zusagten. Dieser Schule ist sein Hauptwerk, das lyrische Epos *Cobra Norato* (1931, entstanden 1928), zuzurechnen. Ursprünglich konzipiert als Kindererzählung, berichtet die Blankvers-Dichtung von den Taten des Protagonisten, der in der Haut der von ihm getöteten Cobra Norato Sümpfe und Urwälder auf der Suche nach der Tochter der Königin Lucia durchstreift. Er findet sie, als sie im Begriff ist, Cobra Grande zu heiraten, entführt sie und flieht mit ihr ins Hochland, um die eigene Hochzeit zu feiern. Wie Mário de Andrades Roman *Macunaíma* sprengt dies in seiner stilistischen Kühnheit und Bildhaftigkeit prunkvolle Poem von den Mysterien und Legenden des Urwalds die Logik von Zeit und Raum. Zu B.s weiteren Werken gehören der afrobras. Gedichtband *Urucungo* (1933), verschiedene Essaybände und Memoiren.

Weitere Werke: *Poesias* (1947), *Notas de um Caderno Sôbre o Itamaraty* (1956), *Movimentos Modernistas no Brasil* (1966), *Memórias de um Exbaixador* (1968), *Vida e Morte da Antropofagia* (1977).

Literatur: A. Buss, *›Cobra Norato‹ e a Especifidade da Linguagem Poética*. Florianópolis 1982. – L. Averbuck, *›Cobra Norato‹ e a Revolução Caraíba*. RJ 1985.

Brandão, Ignácio de Loyola

* 31.7.1936 in Araraquara/São Paulo als Sohn eines Eisenbahners. Er war mit 16 Jahren Filmjournalist, mit 21 Reporter und Kritiker bei großen Zeitungen São Paulos. Ab 1965 widmete er sich jedoch immer mehr der Literatur, um ab 1979 als »einer der wenigen bras. Autoren allein von seinen Büchern« (B.) zu leben. 1982 verbrachte er als Stipendiat in Berlin.

Das Leben in der Megalopolis São Paulo ist das beherrschende Thema seiner Romane. Sein erster Roman *Bebel Que A Cidade Comeu* (1968) basiert auf einer Reportage des Journalisten B. über eine Tänzerin, die sich aus dem Fenster eines Hochhauses stürzte. Ihr Schicksal verdeutlicht die immanente Unmenschlichkeit von São Paulo in den 60er Jahren. B.s bereits 1971 fertiggestellter Roman *Zero* (1975; dt. *Null*, 1982) wurde zunächst von einigen bras. Verlagen wegen angeblicher technischer Schwierigkeiten abgelehnt und erschien zuerst in Italien (1974). In Brasilien wurde er nach der zweiten Auflage von der Zensur wegen »Verstoßes gegen die Moral und guten Sitten« verboten. *Zero* handelt von der alltäglichen sozialen und politischen Gewalt in den urbanen Zentren Lateinamerikas. José, ein ehemaliger Jurastudent, schlägt sich als Rattenfänger im Kino und Anreißer einer Monstrositätenschau durch; über eine Agentur lernt er die Budenköchin Rosa kennen. Die beiden heiraten, doch ihr Leben und ihre Beziehung werden von der allgegenwärtigen Gewalt durchsetzt und zerstört. In ohnmächtigem, bewußtlosem Aufbegehren gegen Willkür und Bürokratie gleitet José in Kriminalität und Terrorismus ab, wird gefangen, gefoltert und aus einem Flugzeug abgeworfen. Der Titel *Zero* steht für eine zerstörte Lebenswelt und das in der Großstadt steingewordene Ende aller Rückbezüge zur magischen Tradition indoam. Kulturen. Die ästhetischen Innovationen und Experimente von *Zero* – Bruch des Satzspiegels und der Linearität, Collagen aus Literatur, Gesetzen, Manifesten, Statistiken, *faits divers* und Assoziationen – sind Fort- und Umsetzungen des Modernismus und der Konkreten Poesie. Die Sprachregister reichen von Eigenschöpfungen, literarischen und religiösen Zitaten über verschiedene Fachtermini bis zur Gossen- und Fäkalsprache. *Não Verás País Nenhum* (1981; dt. *Kein Land wie dieses. Aufzeichnungen aus der Zukunft*, 1986) ist eine Orwells *1984* ähnliche negative Utopie, in der darüber hinaus erstmals in der bras. Literatur eine ökologische Thematik breiten Raum einnimmt. Gestaltet wird eine apokalyptische Vision des einstmaligen Wirtschaftswunderlandes Brasilien zur Zeit der Jahrtausendwende: Die Atomkraftwerke haben weite Landstriche verseucht, die Sonnenstrahlung versengt alles Leben, als Trinkwasser steht nur noch wiederaufbereiteter Urin zur Verfügung, der letzte Baum ist schon lange gefällt und des Propheten Jesajas Worte: »Bis daß die Städte wüst werden ohne Einwohner und die Häuser ohne Leute« sind im Begriff, Wirklichkeit zu werden. Aus der verseuchten Zukunft rekonstruiert der Ich-Erzähler Souza, ein entlassener Geschichtsprofessor, die Vergangenheit der 70er und 80er Jahre. Souza versucht gegen alle totalitären Sprach- und Denkregelungen seine Erinnerungen und Gefühle zu bewahren. Er irrt durch ein sterbendes São Paulo. Der Roman schließt ironisch mit dem Galilei-Zitat: »Und sie bewegt sich doch«. *O Beijo Não Vem Da Boca* (1985) ist ein Liebesroman, den der Autor selbst als Video-Game bezeichnet. Seinen Anfang nimmt er in Berlin, die Handlung vervielfacht sich in São Paulo und endet im Karneval von Olinda. Mit ironischem Humor schreibt B. über Liebe und Sexualität, Leiden und Gewalt. Zu seinen weiteren Werken gehören Erzählungen, die Kindheitserinnerungen *Cães Danados* (1978) und Reportagen. Seine Eindrücke von Berlin beschreibt er in *O Verde Pulou o Muro* (1984). C. A.

Weitere Werke: Erzählungen: *Depois do Sol* (1965), *Pega Ele, Silêncio* (1968), *Cadeiras Proibidas* (1976), *Cabeças de Segunda-Feira* (1983); Sonstiges: *Dentes ao Sol* (1976), *Cuba de Fidel. Viagem a Ilha Proibida* (...), *El Gol* (1982).

Literatur: C. Erivany Fantinati, *O Eclipse e o Imaginário*. RDLET, 22 (1982), 21-25. – K. Krabbenhoft, *I. de L. B. and the Fiction of Cognitive Estrangement*. LBR, 24 (1987), 1, 35-45.

Buarque, Chico

* 19.7.1944 in Rio de Janeiro. Eigtl. Francisco Buarque de Hollanda, Sohn des Historikers Sérgio B. d. H. In São Paulo studiert C. B. zunächst Architektur, bevor er mit Karnevals- und nostalgischen Liedern (*A Banda*, *Olé, Olá*, *Até Pensei*) mit nur 23 Jahren zur

»einzigen nationalen Übereinstimmung« (Millôr Fernandes) Brasiliens wird. Die soziale Thematik entwickelt sich gegen Ende der 60er Jahre zur politisch engagierten Kunst. In dem Stück *Roda Viva* (1967) parodiert C.B. den Idolkult und damit auch seine eigene Funktion in der Kulturindustrie. Bedroht von rechtsextremen Gruppen, geht er 1969 nach Italien ins Exil, kehrt jedoch im folgenden Jahr nach Brasilien zurück und greift in seinen Liedern die Medici-Diktatur an: »Du, der diesen Staat erfunden hat| und all die Finsternis erfinden fand|Du, der die Sünde erfand| hast vergessen, die Verzeihung zu erfinden«. Utopisch beschwört C.B. in diesem Lied, *Apesar de Você*, den Widerstand gegen die diktatoriale Macht: »Dir zum Trotz muß morgen ein neuer Tag sein|...|bitter wirst Du erleben, wie ein neuer Tag anbricht, ohne Dich um Erlaubnis zu fragen|...| Wie willst Du das Volk ersticken, wenn es Dir ins Gesicht singt| Dir zum Trotz«. *Apesar de Você* wird von der Zensur verboten, *Câlice*, ein Lied, das mit der Homophonie von Câlice (Kelch) und Cale-se (Schweigen Sie!) poetisch gegen die Zensur protestiert, von dieser ebenso verstümmelt wie *Tanto Mar* (1974), ein Hymnus auf die Nelkenrevolution in Portugal. Für das Theater schrieb C.B. zusammen mit dem Filmregisseur Ruy Guerra 1973 *Calabar*, ein nur vordergründig historisches Stück über einen Kollaborateur mit den Holländern. In Wirklichkeit handelt es sich, wie auch bei *Gota d'Agua* (1975), wo die Konflikte aus der Tragödie *Medea* in einem Vorort Rios angesiedelt werden, um eine versteckte, dennoch scharfe Kritik an der Militärdiktatur. Deren »bras. Wirtschaftswunder« entlarvt B. in dem »Viehzuchtroman« *Fazenda Modelo* (1974), wo – im Anklang an Motive Orwells – eine technokratische Farm von Rindermenschen geleitet wird. Außer *Medea* und *Animal Farm* verarbeitete B. die *Beggar's Opera* von John Gay und die *Dreigroschenoper* von Brecht und Weill in der *Opera dos Malandros* (1978). C.B. war während der Militärdiktatur der meistzensierte Autor Brasiliens. Die ästhetische Produktion des Komponisten, Sängers, Stückeschreibers und Schauspielers steht nach Affonso Romano de Sant'-Anna unter dem Midas-Syndrom: Alles, was er anfaßt, wird zu Gold. C.A.

Weitere Werke: Roman: *Estorvo* (1991); Sonstiges: *Chapeuzinho Amarelo* (1979), *A Bordo do Rui Barbosa* (1981).

Literatur: A. Romano de Sant'Anna, *Música popular e Moderna Poesia Brasileira.* Petrópolis 1978. – S. Suely Teixeira, *Análise de Dramaturgia de C.B. de H.* EBRA 7 (1981), 12, 37-68. – A. Bezerra de Meneses, *Desenho Mágico: Poesia e Política em C.B.* SP 1982. – Dies., *Del eros politizado a la polis erotizada.* ESCRITURA, 14 (1989), 28, 375-383.

Callado, Antônio

* 26.1.1917 in Niterói/Rio de Janeiro. Nach dem Jurastudium wurde er Journalist. Während des 2. Weltkriegs arbeitete er als Redakteur des BBC in London, danach in Paris. 1947 kehrte er nach Rio zurück und wurde u.a. mit Reportagen über die Indios im Mato Grosso und die Landarbeiterbewegung im bras. Nordosten einer der führenden Journalisten seines Landes. Während der Militärdiktatur war er zweimal inhaftiert und hatte zeitweise Schreibverbot.

Eine der wichtigsten thematischen Konstanten seiner Romane und Dramen ist die psychologisch vertiefte Gestaltung individueller Konflikte im Zusammenhang mit der katholischen Religion. Die religiöse Problematik, die den Vergleich mit Graham Greene nahegelegt hat, steht im Vordergrund von C.s frühen Romanen *Assunção de Salviano* (1954) und *Madona de Cedro* (1957). In seinem bekanntesten Roman *Quarup* (1967; dt. *Quarup*, 1988) ist sie Teil einer umfassenden Ergründung der Identität Brasiliens, die sich erklärtermaßen in einen literarischen Kontext von J. de ↑Alencars *Iracema* über E. da ↑Cunhas *Os Sertões* bis M. de ↑Andrades *Macunaíma* einordnet und zugleich eine revolutionäre Lösung der sozialen und politischen Probleme anvisiert. Die Hauptfigur, der Franziskanerpater Nando, verkörpert einen Entwicklungsprozeß, den auch ein Teil des bras. Klerus durchlaufen hat. In einer linearen, vor allem in Dialogen abgefaßten Handlung führt der Lebensweg des zunächst fest im Glauben ruhenden Priesters über verschiedene Erfahrungen, die mit dem Bruch des Zölibats beginnen, zur aktiven Teilnahme am bewaffneten Widerstand. Die Handlung, die etwa zwischen 1954 und 1964 verläuft und ihre Schauplätze – der Nordosten als Ausgangs- und Endpunkt und das Reservat der von Ausrottung bedrohten Indianer am Xingú – haben eine ähnliche Symbolfunktion wie das – ausführlich beschriebene – »Quarup«-Fest der Indios, das im Schlußteil des Romans, bei der Totenwache des von der Polizei erschossenen Freundes von Nando, als christlich-kannibalistisches Abendmahl noch einmal gefeiert wird. Die Situation Brasiliens zur Zeit der Diktatur aus der Perspektive linker Intellektueller, deren Hoffnungen auf revolutionäre Veränderungen zerronnen sind, ist Tenor der Romane *Bar Don Juan* (1971) und *Reflexos do Baile* (1978). In *Sempreviva* (1981; dt. *Lucinda*, 1985) wird die Schlußphase der Diktatur bzw. die Bewältigung einer Epoche der Zerstörung menschlicher Werte im Schicksal eines Mannes gestaltet, der nach 10jährigem Exil heimlich nach Brasilien zurückkehrt, um seine von den Schergen der Diktatur ermordete Freundin zu rächen.

Weitere Werke (Auswahl): Romane: *Expedição Montaigne* (1982), *Concerto Carioca* (1985); Theater: *A Cidade Assasinada* (1954), *Pedro Mico* (1957), *O Colar de Coral* (1957), *Forró no Engenho Cananeia* (...); Essays, Sonstiges: *Esqueleto na Lagoa Verde* (1953), *Os Industriais da Seca* (1960), *Uma Rede para Iemanyá* (1961), *Tempo de Arrães* (1964), *Vietnã do Norte* (1977), *A Revolta da Cachaça* (1983).

Literatur: D. Arrigucci Júnior, *El baile de las tinieblas y de las aguas*. ECO, 38 (1980), 229, 47-65. – L. Chiappini Moräes, *O Nacional e o Popular: Literatura*. SP 1982, 120-234. – L. Chiappini Moraes Leite, *Quando a Pátria Viaja: Uma Leitura dos Romances de A. C.* LH 1984. – Ders., *A. C.: Literatura e historia*. ESCRITURA, 14 (1989), 28, 487-494.

Campos, Haroldo de

* 19.8.1929 in São Paulo. Er ist neben seinem Bruder Augusto de C. (* 1931) und Décio Pignatari (* 1927) der Hauptvertreter des »Konkretismus« bzw. der Konkreten Poesie, die gleichzeitig auch von dem an der Ulmer Hochschule für Gestaltung arbeitenden Eugen Gomringer (* 1925) propagiert wurde. Die bras. Gruppe trat erstmals 1952 mit der Zeitschrift »Noigandres« (ein rätselhafter Begriff, der aus E. Pounds Cantos übernommen wurde) an die Öffentlichkeit. Offiziell bekannt wurde sie 1956 durch eine Ausstellung im »Museu de Arte Moderna« von São Paulo. Für C. ist Konkrete Poesie »integrale Verantwortung für die Sprache. Totaler Realismus. Gerichtet gegen eine subjektive und hedonistische Poesie des Ausdrucks. Aufwerfen exakter Probleme und Lösung im Bereich sinnlich wahrnehmbarer Sprache. Eine Gesamtkunst des Wortes. Das Gedicht-Produkt : Nutz-Objekt.« Nach diesen Prinzipien zielt Konkrete Poesie zum einen auf die Übereinstimmung von Zeichenkörper (Signifikant) und Inhalt (Signifikat), zum anderen auf die Entautomatisierung des Sprachgebrauchs. Die umfas-

sendste Sammlung von Kompositionen der Schule wurde 1962 als Nr. 5 von »Noigandres« veröffentlicht. Zumeist im Rahmen knapper, übersichtlicher Muster wird der »graphische Raum« der Texte bis hin zu Disposition und Gestalt der Zeilen, Leerstellen, Wortabständen im Sinne einer »visuellen Syntax« gestaltet, oder auch – so z.B.in einem Gedicht Pignataris der Reklamespruch »beba coca cola« – durch Auflösung und Variation seiner Bestandteile in Antireklame verwandelt. Zu den Vorbildern der Gruppe gehörten außer Pound, Joyce, Mallarmé, Cummings und Apollinaire die Brasilianer ↑Sousândrade und Oswald de ↑Andrade, deren Rehabilitation vor allem C.' Verdienst ist, sowie J. Cabral de ↑Melo Neto. Aktiver Mitarbeiter seit 1956 war vor allem Ferreira ↑Gullar, sporadische Anhänger der Konkreten Poesie waren einige der großen Dichter des Modernismus wie Manuel ↑Bandeira, Cassiano ↑Ricardo und C. Drummond de ↑Andrade. Außer Gedichtzyklen, die in verschiedenen Einzelnummern von »Noigandres« erschienen, gehören zu C.' Hauptwerken die ständig erweiterte polyglotte Dichtung *Galáxias* (letzte Fassung 1984; dt. *versuchsbuch galaxien*, 1966) oder die Sammlung *A Educação dos Cinco Sentidos* (1985), deren Gedichte die existentielle Funktion der Lyrik hinterfragen.

Weitere Werke: Dichtungen: *O Auto do Possesso* (1950), *Servidão de Passagem* (1962), *Metalinguagem* (1967), *Xadrez de Estrelas* (1976), *Signantia: quase coelum* (1979, mit Vorw. von J. A. Barbosa); Essays: *Re/Visão de Sousândrade* (1964, zus. mit Augusto de C.), *Teoria da Poesia Concreta* (1965, zus. mit D. Pignatari), *Morfologia do ›Macunaíma‹* (1973), *Ideograma* (1977), *A Ruptura dos Gêneros na Literatura latinoamericana* (1977), *Deus e Diabo no Fausto de Goethe* (1981).

Literatur: A. Brasil, *Concretismo*. RJ 1960. – J. R. Longland, *On Translating H. de C*. D, 7 (1982), 1921, 189-202.

Cardoso, Lúcio

* 14.8.1912 in Curvelo/Minas Gerais, † 24.9.1968 in Rio de Janeiro. Er war Journalist u. a. bei »A Noite«. Ab 1962, nach einem Schlaganfall halbseitig gelähmt, widmete er sich – mit Erfolg – der Malerei. Als Schriftsteller hat er sich in verschiedenen literarischen Gattungen versucht. Besondere Beachtung fanden seine Romane, in denen von *Maleita* (1934) an das Interesse auf die Erfassung der Psychologie der Gestalten ausgerichtet ist. C. wird insofern auch als der Romancier angesehen, der die Brücke zwischen Machado de ↑Assis und Clarice ↑Lispector bildet. Eins seiner Hauptthemen ist der Einbruch des Fremden oder Bösen in eine scheinbar stabile Welt. In *Crônica da Casa Assassinada* (1959) wird der Zusammenhalt einer alten, vornehmen Familie durch eine schöne Frau, Nina, definitiv erschüttert. Dargestellt wird das Geschehen in der Form eines achronologischen Puzzles aus den Perspektiven mehrerer Familienmitglieder und Nachbarn. Auch der aus C.s Nachlaß von Octavio de Faria rekonstruierte Roman *O viajante* (1973) kreist um eine Person, den jungen Handlungsreisenden Rafael, dessen Verführungen und sonstige Handlungen zerstörerische Konsequenzen haben. Ein weiteres bedeutendes Werk C.s ist sein 1961 teilweise, 1970 vollständig veröffentlichtes Tagebuch.

Weitere Werke: Romane: *Salgueiro* (1935), *A Luz no Subsolo* (1936), *Dias Perdidos* (1943); Kurzromane: *Três Histórias da Província* (1969), *Três Histórias da Cidade* (1969); Lyrik: *Poesias* (1940), *Novas Poesias* (1944); Theater: *O Escravo* (1945).

Carvalho, José Cândido de

* 1914 in Campos/Rio de Janeiro. Er absolvierte bis 1937 ein Jurastudium, war jedoch schon seit 1930 als Journalist tätig. Er hat Literatur für Kinder und humoristische Zeitungsartikel ge-

schrieben und ist auch als Übersetzer – u.a. Stefan Zweigs – hervorgetreten. Bekannt wurde er durch den Roman *O Coronel e o Lobisomem* (1964; dt. *Der Oberst und der Werwolf*, 1979), der gleich mit drei bras. Preisen ausgezeichnet wurde. Das Szenarium des Romans ist die patriarchalische Welt der Zuckerplantagen im Staat Rio gegen Ende des 19. Jh.s. In einer ständigen Überlagerung von Realität und Mythen kreist das Geschehen um die quijoteske Figur des immens reichen, älteren Junggesellen Ponciano, eines unermüdlichen Kämpfers für die Rechte der Unterdrückten, dem der Rang eines Obersten der Nationalgarde durch das Erbe eines Großgrundbesitzes zugefallen ist. Zwei Handlungsräume werden gegenübergestellt: Sobradinho, die von Fabelwesen bevölkerte eigentliche Heimat Poncianos und die Campos de Goitacases, die Region skrupelloser Grundbesitzer, Händler und Politiker, die Ponciano als Mädchenschänder und Werwolf zu verleumden suchen. In eindrucksvoller Weise gestaltete C. eine düstere Atmosphäre von Verfall, Aberglauben und Gewalt. Eine besondere Qualität des Romans sind die sprachlichen Innovationen, deretwegen C. oft mit Guimarães ↑Rosa verglichen wird.

Weitere Werke: Romane, Kinderbücher: *Olha para o Céu, Frederico!* (1939), *Por que Lulu Bergantim não Atravesou o Rubicon* (1971), *Ninguém Mata o Arco-Iris* (1972), *Os Mágicos Municipais* (1984).

Literatur: B. J. Chamberlain, *Frontier Humor in ›Huckleberry Finn‹ and C.'s ›O Coronel e o Lobisomem‹*. CLS, 21 (1984), 2, 201-216.

Carvalho-Neto, Paulo de

* 1923 in Sarjipe. Er ist Anthropologe und hat als Professor viele Jahre an der Universidad Central in Quito, seit den 70er Jahren in Los Angeles gewirkt. Als einer der bedeutendsten Folkloreforscher des Kontinents hat er sich auch solchen Manifestationen der Volkskultur zugewandt, die wegen ihres rebellischen Gehalts von der offiziellen, weitgehend traditionalistisch ausgerichteten Forschung verbannt wurden, z.B. mit *El folklore de las luchas sociales* (1973). Sein langjähriger Schwerpunkt war Ecuador, im besonderen die mündliche Erzählung. So liegen den *Cuentos folklóricos del Ecuador* (1966-76, 3 Bde.) Transkriptionen von Tonbandaufzeichnungen zugrunde. In der Vielzahl seiner Veröffentlichungen finden sich jedoch auch andere Themen und Regionen. Z. B. hat er sich in *La influencia del folklore en Antonio Machado* (1975) mit einem Kapitel der span. Literaturgeschichte befaßt. *Folklore y educación* (1980) ist ein Essay über den Einsatz von Folklore im Schulunterricht. Als Schriftsteller im engeren Sinn ist er erstmals mit dem in span. Sprache geschriebenen Roman *Mi tío Atahualpa* (1972, dt. *Mein Onkel Atahualpa*, 1977) bekannt geworden. Der Protagonist ist ein ec. Indio, der in Quito bei einer Botschaft arbeitet. In satirischer Weise, mit Anklängen an den barocken Schelmenroman, wird das Aufeinandertreffen der Welt der weißen Oberschicht und der Realität der in die Städte verschlagenen, entwurzelten, kaum als Menschen gewerteten Indios gestaltet. In den Episoden, oft aber auch nur in der Andeutung von Gesten zeigt sich, wie in subtiler, aber konstanter Weise Widerstand gegen die »Weißen« geübt wird. Der Roman gewinnt seine besondere Würze durch die etwas verstümmelte, aber farbige und lebendige Umgangssprache des Erzählers, »Poet der urechten einer«, der wie sein Onkel Atahualpa heißt. Eine romanhafte Satire auf Heuchelei und Unmoral des Hochschulwesens in den USA ist *Los ilustres maestros* (1975). Haupthandlungsort ist ein Department für Span.

und Port. Der Humor ergibt sich sowohl aus den Situationen wie auch aus der Mischung der verschiedenen Sprachen. Ein weiterer Roman C.-N.s, in port. Sprache abgefaßt, *Suomi. (Memorial de Paavo Virkkunen)* (1986) ist die manchmal fantastisch groteske Geschichte eines um das Jahr 1964 in den bras. Nordosten – mit all seinem Elend – verschlagenen Finnen. C.-N. ist des weiteren mit den Theaterstücken *La hora de asesinar a Sandino* und *Diciembre victorioso* hervorgetreten. Sie wurden veröffentlicht u. d. T. *Teatro Sandinista* (1978).

Weitere Werke (Auswahl): *La obra afrouruguaya de Ildefonso Pereda Valdés* (1955), *Folklore del Paraguay* (1961), *Diccionario del folklore ecuatoriano* (1964), *Folklore poético* (1966), *El carneval de Montevideo* (1967), *Geografía del folklore ecuatoriano* (1967), *Estudio de folklore* (1968, 2 Bde.), *Decamerón ecuatoriano* (1975), *Cuentos folklóricos de la costa del Ecuador* (1976), *Historias a lo divino* (1979), *Viajeros ingleses y norteamericanos del siglo XIX y el folklore de Centroamérica y México*(1981).

Cavalcante, Rodolfo Coelho

* 12.3.1919 in Rio Largo/Alagoas. Der Autodidakt, der nie eine Schule besuchte und zunächst als Stückeschreiber im Zirkus arbeitete und spielte, verfaßte in über 40 Jahren mehr als 1500 »Folhetos« und ist damit der produktivste und neben Leandro G. de ↑Barros wichtigste Autor der populären, zumeist gereimten »Literatura de Cordel«. C.s Werk reflektiert die thematische Vielfalt dieser Literatur: Märchen, Legenden, moralisierende Schauergeschichten wie *A Moça que Bateu na Mãe e Virou Cachorro* (eine Million Exemplare), zeitgeschichtliche Dichtung wie *Brasil Entrou, Alemanha Perdeu a Guerra*, Räubergeschichten wie *ABC de Maria Bonita, Lampião e Seus Cangaçeiros*. Gelegentlich hat er auch Nachdichtungen bekannter Werke verfaßt, darunter des Romans *Tereza Batista* von J. Amado. C. ist außerdem Initiator mehrerer Volksdichter-Organisationen und Zeitschriften sowie Vorsitzender der »Associação de Trovadores Brasileiros«. Sein Werk ist wie das aller »Cordel«-Dichter nur teilweise erhalten und wird von ihm selbst und Freunden vertrieben und verkauft. C. A.

Coelho Neto, Henrique Maximiano

*21.2.1864 in Caxias/Maranhão, †28.11.1934 in Rio de Janeiro. Er war Sohn eines port. Kaufmanns und einer Indianerin, mit denen er im Alter von sechs Jahren nach Rio kam. Kurze Zeit studierte er Jura und Medizin. Ab 1885 war er als Journalist, ab 1900 auch als Lehrer an verschiedenen höheren Schulen tätig. Seit seiner Heirat, 1890, lebte er in finanziellen Schwierigkeiten, die ihn zu ununterbrochener literarischer Produktion nötigten. Um 1909 versuchte er sein Glück in der Politik. Er wurde in den Kongreß gewählt und arbeitete als Staatssekretär von Rio. Ab 1926 war er Präsident der bras. Literaturakademie.

Abgesehen von seiner ununterbrochenen journalistischen Tätigkeit bei fast allen Zeitungen und Zeitschriften Brasiliens, hat C. N. mehr als 120 Bücher veröffentlicht. Den größten Teil dieser Produktion nehmen Romane und Erzählungsbände ein, außerdem 50 Theaterstücke, mehrere Sammlungen von »Crônicas«, politische und literaturkritische Essays etc. Bis zum Eintreten des Modernismus wuchs die Anerkennung, die er vor allem als Prosaautor genoß, ständig an. Heftig polemisierte er dann gegen die Generation der Neuerer, denen er vorwarf, »nichts gelesen und nichts genossen« zu haben. Er publizierte unentwegt neue Werke, aber der Wandel der ästhetischen Normen verdrängte ihn von der literarischen Bühne. Seine Anhängerschaft reduzierte sich auf Akademie und Provinz. Erst um die Mitte der 50er Jahre wurden Stimmen laut, die ihn zu rehabilitieren suchten. In seinem Werk finden sich Spuren fast aller zeitgenössischen Tendenzen, vom Symbolismus bis hin zum Naturalismus. Er übernahm, was ihm paßte, immer jedoch dominierte seine unbändige Fantasie. So gestaltete er alle möglichen Stoffe aus Bibel, orientalischer Mythologie, europ. Literatur, nationalen Legenden etc. Einer kritischeren Betrachtung der sozialen Probleme seines Landes mochte er allerdings wenig abgewinnen. Außergewöhnlich wie seine Imaginationskraft war seine Sprachbeherrschung. Wahrscheinlich liegt hier die Ursache dafür, daß keins seiner größeren Werke perfekt ist. Selten harmonieren Idee und Ausdruck, Form und Inhalt. Bei aller Ungleichmäßigkeit vermitteln die Romane *A Capital Federal* (1893), *Miragem* (1895), *O Morto* (1898), *A Conquista* (1899) und dessen Fortsetzung *Fogo Fátuo* (1928) einen interessanten Eindruck vom politischen und künstlerischen Leben in Rio und von der literarischen Boheme, die C. N. aus seiner Jugend kannte. Besonders hervorzuheben sind die sieben Erzählungen des Bandes *Sertão* (1896; dt. *Wildnis*, 1913), in denen es ihm gelingt, ein von Aberglaube, Zauberei und finsteren Mächten geprägtes ländliches Brasilien in dramatischer Verdichtung zu gestalten.

Ausgabe: *Obra Selecta*. RJ 1958, 3 Bde.
Literatur: P. Coelho Neto, *C. N.* RJ 1942. – Ders., *Bibliografia de C. N.* RJ 1956. – L. A. Johnson, *The ›Romance Bárbaro‹ as an Agent of Disappearence. H. C. N.'s ›Rei Negro‹ and its Conventions*. In: W. Luis (Hg.), *Voices From Under: Black Narrative in Latin America and the Caribbean*. Westport, C.T. 1984, 223-248.

Condé, José
* 23.10.1918 in Caruaru/Pernambuco, † 27.9.1971 in Rio de Janeiro. Ab 1934 arbeitete er als Journalist in Rio. Unter dem Pseud. »Mr. Chips« verfaßte er Gesellschaftschroniken für »O Jornal«. Später übernahm er die Redaktion der Literaturbeilage von »Correio da Manhã«. Mit seinen beiden Brüdern gründete er das »Jornal de Letras«, das sich zu einer der einflußreichsten literarischen Zeitschriften in Brasilien entwickelte.

C. ist Autor von mehrfach ausgezeichneten Romanen und Erzählungen. In den Bänden *Histórias da Cidade Morta* (1951) und *Os Dias Antigos* (1955) ist der Schauplatz die imaginäre nordöstliche Kleinstadt Santa Rita, die sich seit der Abschaffung der Sklaverei im Zustand unaufhaltsamen Verfalls befindet. Diese Thematik wird in dem Roman *Terra de Caruaru* (1960) unter Beigabe wehmütiger Kindheitserinnerungen fortgesetzt. Caruaru bildet schließlich auch den Hintergrund der sieben Geschichten von *Pensão Riso da Noite* (1966; dt. *Pension Nachtgelächter*, 1969). Man hat C.s Erzählkunst mit der J. ↑Amados verglichen, doch fehlt ihm Amados Gedankentiefe, sein Humor ist unbedarft anekdotisch und sein Gesellschaftsbild beschränkt sich auf die Einsicht, daß kein Mensch perfekt ist. Oft enden seine Geschichten mit einem biedermännisch beschwörenden Seid-nett-zueinander, auch wenn sich der Schauplatz wie in den Romanen *Um Ramo Para Luísa* (1959) und *Noite Contra Noite* (1965) ins Nachtleben von Copacabana verlagert hat.

Weitere Werke: *Onda selvagem* (1950), *Como uma Tarde en Dezembro* (1969), *Tempo – Vida – Solidão* (1971).

Cony, Carlos Heitor
* 14.3.1926 in Rio de Janeiro. Sieben Jahre lang besuchte er ein Priesterseminar, das er desillusioniert verließ. (Diese Erfahrung verarbeitete er später

in dem Roman *Informação ao Crucificado*, 1961.) Ein anschließendes Philosophiestudium brach er nach einem Jahr wieder ab. 1947 wurde er Verwaltungsbeamter. Seit den 60er Jahren ist er als Journalist tätig. Während der Militärdiktatur war er politischer Verfolgung ausgesetzt und wiederholt inhaftiert.

In seinen ersten, mit Preisen ausgezeichneten, aber auch wegen ihrer schonungslosen Offenheit beanstandeten Romanen *O Ventre* (1958) und *A Verdade de Cada Dia* (1959?) entwirft C. ein Porträt der Mittelschicht von Rio. Die Protagonisten sind Männer mittleren Lebensalters, die sich im Rückblick auf ihr Familienleben und im Hinblick auf neue Liebesbeziehungen ihrer existentiellen Frustrationen mit unverbesserlichem Zynismus bewußt werden. Ähnlich zynisch und pessimistisch, in der Gleichsetzung von Unwissen und Glück, registriert der Ich-Erzähler von *Pilatos* (1974) eigenes und fremdes Elend. Anders in *Pessach: a Travessia* (1967), in dem die Hauptperson Simões (ein Anagramm von Moses), der gerade seinen 40. Geburtstag feiert, sich unerwartet mit der politischen Situation des Landes konfrontiert sieht, sich an Aktionen der Stadtguerilla beteiligt und zugleich sich selbst als Jude zu akzeptieren beginnt (eine Problematik, die auch auf C. selbst zutrifft). Reportagenhafte Romane über Verbrechen zur Zeit der Diktatur sind *O Caso Lou* (1975) und *A Noite do Massacre* (1976).

Weitere Werke: Romane: *Tijolo de Segurança* (1960), *Matéria de Memoria* (1962), *Antes, o Verao* (1964), *Balé Branco* (1966), *Sobre Todas as Coisas* (1968); Crônicas: *Da Arte de Falar Mal* (1964), *Posto Seis* (1965); Biographie: *J[uscelino] K[ubitschek]: Memorial do Exílio* (1982).

Literatur: J.M. Parker, *The Novels of C.H.C.* LBR, 10 (1973), 4, 163-186. – N.H. Vieira, *Post-Holocaust Literature in Brazil.* MLS, 16 (1986), 62-70. – Ders., *Judaic Fiction in Brazil.* LALR, (1986), 2, 31-45.

Correia, Raimundo

* 13.5.1859 an Bord eines Schiffes an der Küste von Maranhão, † 13.9.1911 in Paris. 1878-82 studierte er Jura in São Paulo. Nach dem Examen war er Staatsanwalt, Richter, Finanzdirektor von Minas Gerais, Juraprofessor, Gesandtschaftssekretär in Portugal (1897-99) und wieder Richter.

C. bildet mit A. de ↑Oliveira und O. ↑Bilac die »trindade parnasiana«, obwohl bei C. das Prinzip der »Impassibilité«, der kühlen Rationalität, immer wieder durchbrochen wird und romantischer Subjektivismus, der überschwenglich in seinen *Primeiros Sonhos* (1879) zum Tragen kommt, später, wenn auch in geläuterter Form, ständig zu finden ist. Der Gedichtband *Sinfonias* (1883), der von Machado de ↑Assis eingeleitet wurde, kennzeichnet eine Übergangsstufe. Der gelegentlich erhobene Vorwurf des Plagiats von Dichtungen V. Hugos, Gautiers, Baudelaires und vor allem des port. Lyrikers Antero de Quental (1842-1891) stützt sich besonders auf den metaphysischen Pessimismus hinsichtlich des Universums und der Menschheit, der im zweiten Teil dieses Werkes zum Ausdruck kommt. C.s im Sinne des Parnassianismus gelungenste Kompositionen sind in der von ihm selbst getroffenen Auswahl aus vorausgegangenen Werken, *Poesias* (1898), enthalten. Seine ausgefeilten Sonette zählen zu den besten in port. Sprache (u. a. »O Anoitecer«, »A Cavalgada«, »Mal Secreto«). Im Unterschied zu manchen Parnassianern tendiert C.s Ausdruck nicht zum barock Preziösen, sondern ist eher verhalten und verbindet in sehr persönlicher Weise Natürlichkeit mit einer die Dingwelt entrückenden Gefühlstiefe. Die Nähe zum Symbolismus ist auch in den perfektesten Sonetten

C.s unübersehbar, und besonders eine seiner berühmtesten Kompositionen »Plenilúnio« läßt sich dann auch eindeutig dieser Schule zuordnen.

Weitere Werke: *Versos e Versões* (1887), *Aleluias* (1891).
Ausgaben: *Poesias Completas*. Hg. M Leão. SP 1948, 2 Bde. – *Poesia*. Vorw. L. I. RJ 1963.
Literatur: W. Ribeiro do Val, *Vida e Obra de R. C.* RJ 1980.

Cunha, Euclides da

* 20.1.1866 in Cantagalo bei Santa Rita do Rio Negro, † 15.8.1909 in Rio de Janeiro. Er verbrachte seine Jugend bei Verwandten in Bahia und Rio. Früh kam er in Kontakt mit republikanischen Kreisen, besonders einer seiner Lehrer, der positivistische Philosoph Benjamin Constant (1836-1881), beeinflußte ihn in entscheidender Weise. Kurze Zeit besuchte er die aristokratische Escola Central Politécnica, mußte aber wegen Geldmangels 1886 zur Escola Militar, einer Offiziersschule, überwechseln. Wegen Beleidigung des Kriegsministers wurde er von ihr verwiesen. Er ging nach São Paulo, wo er als Journalist in der antimonarchistischen Zeitung »A Província de São Paulo« tätig war. Mit der Ausrufung der Republik, 1889, konnte er seine Ausbildung als Mathematiker und Naturwissenschaftler an der Escola Militar 1891 wiederaufnehmen und zum Abschluß bringen. 1896 schied er im Rang eines Leutnants aus dem Heer und war im Anschluß als Journalist und Zivilingenieur tätig. Als Korrespondent von »O Estado de São Paulo« nahm er 1896/97 teil an der Schlußphase der Unterwerfung der Ortschaft Canudos, im Hinterland von Bahia, wo religiös fanatisierte Bewohner einen eigenen Staat bilden wollten und den Regierungstruppen 12 Jahre lang heldenhaften Widerstand geleistet hatten. Nach 1900 war C. höherer Regierungbeamter und Mitglied der Literaturakademie. Er starb bei einem Duell mit dem Geliebten seiner Frau. (Eine Verwandte des letzteren, Judith Ribeiro de Assis, behandelt diese Affäre in dem Roman *Anna: História de um Trágico Amor*, 1987.)

C. entwickelte aus den Reportagen, die er über den Aufstand von Canudos verfaßt hatte und die später u. d. T. *Canudos. Diario duma Expediçao* (1939) publiziert wurden, den romanhaften Essay *Os Sertões* (1902), der als einer der ersten Versuche einer Bestimmung der nationalen Identität für die bras. Kultur außerordentliche Bedeutung erlangte. *Os Sertões* ist der umfassend angelegte Versuch, die tieferen Ursachen des Aufstands von Canudos und die Motivationen der von dem charismatischen »Conselheiro« (Ratgeber) Antônio Maciel angeführten »Jagunços« (Banditen) zu ergründen. Gegliedert ist das Werk in die Teile »A Terra«, »O Homem« und »A Luta«. Die ersten liefern eine minutiöse, wissenschaftlich untermauerte Darstellung der Geographie sowie der historischen und sozialen Determinanten des Konflikts, der dritte ist eine manchmal zu dramatischer Wucht gesteigerte Schilderung der Kampfhandlungen. Bei allem Bemühen um Objektivität gilt C.s Sympathie den Aufständischen, die mit ungeheurem Mut den mit modernen Waffen ausgerüsteten und zahlenmäßig weit überlegenen Regierungstruppen Widerstand leisten. Während seinerzeit allgemein angenommen wurde, daß es sich bei den Rebellen um verkappte Monarchisten und Gegner der Republik handelte, deutet C. den Aufstand als Konsequenz von Elend und Rückständigkeit der Sertões, der Trockengebiete im nordöstlichen Landesinneren, die wiederum auf die Verständnislosigkeit der führenden Schichten und die Konzentration von Reichtum und Macht in den Küstenregionen zurückzuführen seien. C. überwindet hiermit den positivistischen Determinismus, der u.a. in der oppositionellen Formel von »Zivilisation und Barbarei« in dem vergleichbaren Essay *Facundo* (1845) des Argentiniers D. F. ↑Sarmiento zum Ausdruck kam. *Os Sertões* fand zwar als wissenschaftliches Werk sofortige Anerkennung, aber es galt auch wegen seiner an Fachtermini, Archaismen und Neologismen überaus reichen Sprache – sie wurde mit »Urwalddickicht« verglichen – als schwer verständlich. Seit den 20er und besonders 30er Jahren hat *Os Sertões*, »die Bibel der bras. Nationalität«, nahezu die gesamte regionalistische Literatur bis hin zu Guimarães ↑Rosa beeinflußt. Außerhalb Brasiliens haben sich u.a. der Spanier Juan Benet in *Volverás a Región* (1967) und der Peruaner M. ↑Vargas Llosa mit *La guerra del fin del mundo* (1984) von C.s Text inspirieren lassen.

Weitere Werke: Essays: *Castro Alves e seu Tempo* (1907), *Contrastes e Confrontos* (1907), *A Margem História* (1909); Ausgaben: *Obra Completa*. Hg. A. Coutinho. RJ 1966.

Literatur: L. Tocantis, *E. da C. e o Paraíso Perdido*. RJ 1978. – N. Correa, *A Tapeçaria Lingüística d' ›Os Sertões‹ e outros Estudos*. SP 1978. – H. Bacon, *A Epopeia Brasileira, una Introdução a ›Os Sertões‹* RJ 1982. – M. T. Wolff, *›Estas páginas sem brilhos‹: o Texto-Sertão de E. da C.* RI, 50 (1984), 126, 47-61. – J. Sanjines C., *El control de lo ›ficcional‹ en Alcides Arguedas y E. da C.* RI, 52 (1986), 134, 53-74. – S. Castro-Klarén, *Santos and Cangaçeiros: Inscription without Discourse in ›Os Sertões‹ and ›La guerra del fin del mundo‹*. MLN, 101 (1986), 2, 366-388. – U. Fleischmann, *Cañones contra dios. ›Canudos‹ y ›Tomochic‹ como paradigmas textuales en las postrimerías del siglo*. CDLA, 28 (1987), 165, 27-38.

Dias, Antônio Gonçalves

*10.8.1823 in Boa Vista bei Caxias/Maranhão, †3.11.1864. Er war unehelicher Sohn eines port. Kaufmanns und einer Mulattin. 1835-44 lebte er in Portugal und studierte Jura an der Universität von Coimbra. Seine Liebe zu einem Mädchen aus der höheren Gesellschaft von Maranhão scheiterte an sozialen Vorurteilen. Ab 1849 war er Professor für Geschichte am Colégio Pedro II von Rio. 1854-58 lebte er in offizieller Mission in Europa, wohin er 1862 auf ärztlichen Rat noch einmal reiste. Auf seiner Rückfahrt kam er bei einem Schiffbruch unmittelbar vor der Küste von Maranhão ums Leben.

G. D. ist einer der größten Dichter der bras. Romantik. José Veríssimo behauptet sogar, daß ihm »in Brasilien weder vorher noch nachher irgendein Dichter in der Schönheit der Sprache gleichkommt«. N. Werneck Sodré vergleicht ihn mit Camões. Selbst M. ↑Bandeira urteilt, daß er von allen bras. Dichtern »am tiefsten und weitesten mit unserer Sprache« vertraut war, »die er nicht aus Grammatiken, sondern aus dem Umgang mit den Autoren aller Epochen« kannte. G.D. verkörpert das seltene Phänomen einer völligen Übereinstimmung von Dichtung und Persönlichkeit. Romantik ist bei ihm nicht eine zeitbedingte Attitüde, sondern existentielle Erfahrung seiner Sensibilität. Die breite Thematik des Schmerzes, die Verherrlichung der heimatlichen Natur oder die Heroisierung des Indianers wurzeln in der sozialen Diskriminierung, die er als Farbiger erlebte, in dem Gefühl der Verbannung und den Enttäuschungen und Mißverständnissen, die er als Liebender erfuhr. Seine literarische Bildung mag ihm immer wieder Konventionen und Harmonisierungen aufgebürdet haben, gleichzeitig verlieh sie ihm die Sicherheit, sein Gefühlsleben sublimieren zu können. So ist sein Indianismus zwar als Thematik nicht originell, aber er gewinnt durch die Projektion der eigenen vitalen und emotionalen Kräfte eine für das Selbstverständnis der Brasilianer wichtige Authentizität, die die neoklassischen Epen von Basílio da Gama und Santa Rita Durão nicht besaßen. Denkwürdigerweise wurden das indianistische Epos *Os Timbiras* (1857) wie auch das *Dicionário de Língua Tupi* (1857) in Leipzig von Brockhaus verlegt. G. D. übersetzte Schillers *Braut von Messina* und verfaßte vier eigene Prosadramen, darunter das postum veröffentlichte Plädoyer für die Abschaffung der Sklaverei, *Meditação* (1845/46 entstanden).

Ausgaben: *Obras Póstumas*. S. Luís de MA 1868-69, 6 Bde. – *Obras Poéticas*. Hg. M. Bandeira. SP 1944, 2 Bde. – *Poesia Completa e Prosa Escolhida*. RJ 1959.
Literatur: F. Ackermann, *Die Versdichtung des Brasilianers A. G. D.* Hamburg 1938. – M. Bandeira, *Poesia e Vida de G. D.* SP 1962. – P. Pereira da Silva Costa, *G. D.* RJ 1974. – M. Graf, *G. D. und die Problematik des nationalen Dichters*. Rheinfelden 1985.

Dourado, (Waldomiro) Autran
* 18.1.1926 in Patos/Minas Gerais. In Belo Horizonte studierte er Jura, war dann als Journalist und während der Präsidentschaft J. Kubitscheks (1956-61) als dessen Pressereferent tätig. Danach hat er wieder als Journalist und Rechtsanwalt gearbeitet.
D.s Erzählungen und Romane kennzeichnet von Anfang an der kontrollierte Einsatz stilistischer und formaler Ausdrucksmittel, der sich auch in einigen theoretischen Schriften wie *Uma Poética do Romance* (1973) niedergeschlagen hat. In besonderem Maße sind die Erzählungen *Nove Histórias em Grupos de Tres* (1957) und der Roman *O Risco do Bordado* (1970) auf ein strenges Konstruktionsprinzip hin ausgerichtet. In *O Risco do Bordado* wird dieses Prinzip zugleich dadurch ironisiert, daß ähnlich wie in J. ↑Cortázars *Rayuela* dem Leser die Ordnung der einzelnen Romanteile überlassen wird. D. entwickelt seine vor allem im Bewußtseinsstrom der Personen ablaufenden Erzählhandlungen in abgeschlossenen Räumen oder Ortschaften, durch deren bedrückende Wirkung latente Konflikte dramatisch zum Ausbruch kommen. In dem Roman *Sombra e Exílio* (1950) ist es die Institution der Familie, in *Tempo de Amar* (1952) sind es die unüberwindlichen gesellschaftlichen Schranken einer stickigen Kleinstadt im Inneren von Minas Gerais, die zur Katastrophe führen. In *A Barca dos Homens* (1961; dt. *Brandung*, 1964; späterer Titel *Das Schiff der Menschen*), einem der farbigsten Romane D.s, bricht für einen Tag und eine Nacht unter den Einwohnern einer Fischerinsel das Chaos aus, werden die durch Gleichmaß und Konventionen in Schach gehaltenen Instinkte freigesetzt. Anlaß ist der vermeintliche Diebstahl eines Revolvers durch einen geisteskranken Jungen. In *Opera dos Mortos* (1967; dt. *Oper der Toten*, 1986) zeigt sich im Doppelleben der Heldin, der letzten Erbin einer alten Großgrundbesitzerfamilie, daß die feudalistische Ordnung nur noch Fassade ist.

Weitere Werke: Romane: *Teia* (1947), *Uma Vida em Segredo* (1964; dt. *Ein Leben im Verborgenen*, 1967), *Os Sinos da Agonia* (1974), *Armas e Corações* (1978), *A Serviço del-Rei* (1984), *Lucas Procópio* (1985), *Um Artista Aprendiz* (1989); Erzählungen: *Solidão Solitude* (1972), Essays: *Novelário de Donga Novais* (1976), *Uma Vida em Segredo – História de uma História* (1977), *As Imaginações Pecaminosas* (1981).
Literatur: M. L. Lepecki, *A. D. Uma Leitura Mítica*. SP 1976. – M. Silverman, *A. D. and the Introspective-Regionalist Novel*. RLV, 6 (1976), 609-619. – A. Senra, *Paixão e Fé*. CLTL, 6 (1981), 107-123. – C. Chaves McClendon, *A Arte de Carpintaria e a Narrativa Poética de A. D.* CHASQUI, 15 (1985), 1, 19-24.

Élis, Bernardo
* 15.11.1915 in Corumbá/Goiás. Er

lebt seit 1939 als Universitätsprofessor und Rechtsanwalt in Goiânia, war eine Legislaturperiode lang Bürgermeister und ist Mitgründer des Zentrums für Brasilien-Studien der staatl. Universität von Goiás. Bekannt geworden ist er vor allem durch Erzählungen und Romane, denen eine Vorläuferrolle des modernen regionalistischen Romans von Guimarães ↑Rosa, J. J. ↑Veiga u. a. zukommt. In seinem ersten Werk, den Erzählungen *Ermos e Gerais* (1944), geht er auf die Sozialproblematik der Land- und Kleinstadtbewohner im Inneren seines Heimatstaates ein. In einem Stil, der seine expressive Kraft aus den dialektalen Besonderheiten der gesprochenen Sprache bezieht, werden trostlose Bilder des Elends und des Verlorenseins, aber auch des Entsetzlichen (z. B. in »A Mulher que Comeu o Amante«) dargestellt. Der Roman *O Tronco* (1956) behandelt in dramatischer, manchmal bis zur Groteske gesteigerten Aktion die Übergriffe der mächtigen Großgrundbesitzer, der »Coroneles«, die vor Terror und Mord nicht zurückschrecken, um ihre Privilegien zu wahren. Das trockene Hochland von Goiás bildet auch den Schauplatz der Erzählungen *Caminhos e Descaminhos* (1965). Im Unterschied zu den ersten Werken hat E. hier die neorealistische Objektivität aufgegeben und sich neuen Techniken zugewandt.

Weitere Werke: Lyrik: *Primeira Chuva* (1955); Erzählungen: *Veranico de Janeiro* (1966), *Seleta de B. E.* (1974), *André Louco* (1978), *Apenas um Violao* (1984).

Figueiredo, Guilherme de

* 13.2.1915 in Campinas/São Paulo. 1932-36 studierte er Jura und war einige Zeit als Rechtsanwalt tätig, danach vor allem als Theater- und Musikkritiker, Präsident des bras. Schriftstellerverbandes und zeitweise, ab 1964, als Diplomat.

F.s erste Publikation ist der Gedichtband *Um Violino na Sombra* (1936), danach hat er sämtliche literarischen Gattungen aufgegriffen. Beachtlich, wenn auch recht bieder sind seine Theaterstücke, in denen er vorzugsweise auf Stoffe der Antike zurückgreift, so in *A Raposa e as Uvas* (1953; dt. *Der Fuchs und die Trauben*, 1961), einem allegorischen Drama in drei Akten, in dem Äsop als Zentralfigur die Suche nach Freiheit und Wahrheit repräsentiert. Konkretere Bezüge auf die bras. Wirklichkeit finden sich in *O Asilado* (1961) und *Tragédia para Rir* (1962). F.s beste Leistungen sind solche, in denen sich sein literarisches Können mit Humor und Satire verbindet. Etwa in dem späten Gedichtband *Ração de Abandono e outros Poemas* (²1978) oder in den Romanen *Para se Ouvir de Noite* (1964) und *14 Tilsitt, Paris* (1975). Im ersteren erzählt eine verstorbene Pianistin die Geschichte ihrer Ehe, die damit endete, daß sie von ihrem Mann, der sie nur wegen ihres Geldes geheiratet hatte, ermordet wurde. Erzähler des anderen Romans ist der Hund eines reichen Kaffeebarons aus São Paulo, eines typischen Repräsentanten der nichtsnutzigen, von Paris faszinierten bras. Oberschicht. F. hat zudem humoristische Abhandlungen wie *Tratado Geral dos Chatos* (1962) und *As Excelências ou Como Entrar Para a Academia* (1964) sowie verschiedene Bände unterhaltsamer, gelehrter »Crônicas« geschrieben, darunter auch über gastronomische Themen, *Comidas meu Santo* (1964) und *Comer & Beber* (1978).

Weitere Werke (Auswahl): Romane: *Trinta Anos sem Paisagem* (1939), *Viagem* (1955), *O Outro Lado do Rio* (1961); Theater: *Um Deus Dormiu Lá em Casa* (1949), *Greve Geral* (1949), *Os Fantasmas* (1956); Erzählungen: *Rondinela* (1942), *A Cidade de Cada Um* (1963); Crônicas, Sonstiges: *A Pluma e o Vento* (1977), *O Homem e a Sombra* (1986).

Fonseca, Rubem
* 1925 in Juiz de Fora/Minas Gerais. Seine Eltern sind port. Einwanderer. Er wuchs in Rio in ärmlichen Verhältnissen auf. Nach Jurastudium und Postgraduierten-Ausbildung in den USA arbeitete er u.a. als Manager einer multinationalen Firma und 1980/81 als Kultursekretär des Staates von Rio und Leiter einer Stiftung. 1986 war er als Stipendiat in West-Berlin.
Das Thema der Erzählungen und Romane F.s ist die gegenwärtige großstädtische Gesellschaft Brasiliens, vor allem von Rio und São Paulo. Er setzt damit eine Linie fort, die sich über Marques ↑Rebelo und Lima ↑Barreto zu Machado de ↑Assis zurückverfolgen läßt. Die seit den 60er Jahren sozial und politisch verschärfte Situation wird von F. bis hin zu ihren brutalsten Auswüchsen registriert, was in den Jahren der Diktatur Geisels (1974-79) zum Verbot des Erzählungsbandes *Feliz Ano Novo* (1973) geführt hat, angeblich wegen »Pornographie«. F.s Erzählungen – der erste Band ist *Os Prisioneiros* (1963) – sind präzise, unterkühlte und insofern oft schockierende Momentaufnahmen, die ein komplexes Geschehen durch Aussparungen oder zunächst beiläufig wirkende Angaben entstehen lassen. F.s Personen entstammen den unterschiedlichsten Bevölkerungsgruppen. Am grellsten ausgeleuchtet erscheinen jedoch die Angehörigen der Oberschicht, zu deren Feierabendvergnügen gelegentlich auch das Ermorden armer Leute gehört. In *O Caso Morel* (1973) übernimmt F. Techniken des Kriminalromans. Der ambivalent gezeichnete Protagonist ist der Privatdetektiv und freie Schriftsteller Vilela, der zuvor in den Erzählungen von *A Coleira do Cão* (1965) als junger Kommissar der Sittenpolizei aufgetreten war. Eine ähnlich schillernde Gestalt ist der eher amoralische Rechtsanwalt Mandrake in *A Grande Arte* (1983). Die Mischung aus manchmal groteskem Witz und satirischer Sozialkritik steigert sich noch in *Bufo & Spallanzani* (1985; dt. *Bufo & Spallanzani*, 1987). Der Roman, der in Namensgebung und Handlung parodistisch auf Flaubert anspielt, verschachtelt in einem Vexierspiel zwei fiktive Ebenen: die Experimente des ital. Amphibienforschers Spallanzani an Ochsenfröschen (Bufo) und das turbulente Geschehen, das ein Romanprojekt des Schriftstellers Gustavo Flávio über Spallanzani und dessen laszive, verfressene, selbstsüchtige Ochsenfrösche vereitelt. *Vastas Emoções e Pensamentos Imperfeitos* (1988; dt. *Grenzenlose Gefühle und unvollendete Gedanken*, 1991) ist ein in Ich-Form erzählter Kriminalroman, der in Rio und Berlin spielt und von Diamanten, einem Manuskript und einem Filmprojekt handelt.

Weitere Werke: Erzählungen: *Lucia Mc Cartney* (1970), *O Homem de Fevereiro ou Março* (1973), *O Cobrador* (1979; dt. *Der Abkassierer*, 1989); *Das vierte Siegel* (dt. Auswahl, 1989).

Literatur: D. da Silva, *O Caso R. F.: Violência e Erotismo em ›Feliz Ano Novo‹*. SP 1983. – R. Graetz, *R. F.: ›Der Exekutor‹. Versuch einer Interpretation aus theologischer Sicht*. IA, 25/26 (1985), 81-97. – C. J. Ballantyne, *Between Bandits and Writers: The Rhetoric of Violence in R. F.* LBR, 23(1986), 2, 1-20.

França Júnior, Oswaldo
* 1936, † 10.6.1989. Er hat Romane und Erzählungen veröffentlicht, die in faszinierend kunstvoller Weise mit den sparsamsten Mitteln und Handlungselementen Spannung erzeugen. F. J.s Materialien sind der bras. Alltag, die Gestalten sind zumeist in einem technischen Beruf tätig. Sein berühmtester Roman ist *Jorge, um Brasileiro* (1967; dt. *Jorge, der Brasilianer*, 1989) in dem der Arbeitsalltag eines Lastwagenfahrers im Inneren Brasiliens dargestellt

wird. Der Protagonist muß sich gegenüber Naturgewalten, unfertigen Landstraßen und räuberischen Landsleuten behaupten. Die gleiche beunruhigende Schlichtheit kennzeichnet auch *O Homem de Macacão* (1972), dessen hauptsächlicher Schauplatz eine Autoreparaturwerkstatt ist. *Um Dia no Rio* (1969) entwickelt die Geschichte eines Kaufmanns vor dem Hintergrund der zunehmend härteren Repression gegen oppositionelle Studenten am Ende der 60er Jahre. *Os Dois Irmãos* (1976) entfaltet in einer lapidar einfachen Sprache und ohne namentliche Kennzeichnung der Personen einen (anti-) märchenhaften Diskurs über verwandtschaftliche Beziehungen sowie über das Verhältnis von Ethik und Rationalität. F. J. hat auch Erzählungen geschrieben, darunter die fantastischen, traumhaft lyrischen, manchmal etwas moralisch lehrhaften Kurzgeschichten *As Laranjas Iguais* (1985).

Weitere Werke: *O Viúvo* (1965), *A Volta para Marilda* (1974), *As Lembranças de Eliana* (1978), *Aqui e em Outros Lugares* (1980), *A Procura dos Motivos* (1982), *O Passo-Bandeira* (1984), *Recordações de Amar em Cuba* (1986), *De Ouro e de Amazônia* (1989).

Freyre, Gilberto

*15.3.1900 in Recife, †18.7.1987 ebd. Er stammte aus einer alten, großbürgerlichen Familie. Ab 1918 studierte er Kulturanthropologie und Philosophie in den USA und machte an der Columbia University 1922 das MA-Examen. Seine Dissertation *Social Life in Brazil in the Middle of the 19th Century* bildete die Grundlage für sein weiteres Werk. 1926 organisierte er in Recife den 1. Regionalistischen Kongreß. Im »Manifesto de 1926«, an dem J. A de ↑Almeida, J. de ↑Lima, Lins do ↑Rego u. a. mitwirkten, wurde das Programm einer an den realen Gegebenheiten der verschiedenen Regionen orientierten bras. Nationalliteratur aufgestellt. 1930-32 lebte F. im freiwilligen Exil in Europa. 1934 organisierte er, wieder in seiner Geburtsstadt, den 1. Kongreß für Afrobras. Studien. Ab 1935 war er Professor für Soziologie, 1946-50 Parlamentsabgeordneter. Von Gastvorträgen abgesehen widmete er sich danach ausschließlich seiner schriftstellerischen Tätigkeit, die durch zahlreiche Auszeichnungen im In- und Ausland gewürdigt wurde.

F.s erstes fundamentales Werk *Casa Grande & Senzala* (1933; dt. *Herrenhaus und Sklavenhütte*, 1965) stellt den Versuch dar, auf der Grundlage verschiedenartigster Quellen und Forschungsergebnisse sowie eigener Beobachtungen ein Gesamtbild der Entstehung und Entwicklung der Gesellschaft und Kultur Brasiliens zu entwerfen. Gegenüber den bisher gültigen Anschauungen positivistischer (Comte, Spencer) und rassistischer (Gobineau) Ausprägung sieht F. in der durch die Schönheit der Frauen afrikan. Ursprungs (außer den Bantus), die Sinnlichkeit der Indianerinnen und das Ungestüm der port. Herren begünstigten Rassenmischung die wesentliche Voraussetzung für die Anpassung an die neue Umwelt. Auch wenn später an der wissenschaftlichen Argumentation des Werkes berechtigte Kritik geübt wurde, ist sein Stellenwert als Ausgangspunkt einer Besinnung auf die Gesamtheit der bras. Kultur, vor allem in Hinsicht auf das mit Vorurteilen belastete afrikan. Erbe, und für die Entwicklung einer in ihrer Kompaktheit in ganz Lateinamerika einzigartigen regionalistischen Literatur unbestreitbar. Weitere bedeutende, in ihren genüßlich derben Schilderungen vorzügliche Werke sind *Sobrados e Mucambos* (1936; dt. *Das Land in der Stadt*, 1982) und *Ordem e Progresso* (1959), von denen das erste die Entwicklung der urbanen Gesellschaft, das zweite zurückgreifend den Übergang vom feudalistischen Sklavenhaltersystem zur kapitalistischen Ordnung der Republik behandelt. F. ist auch als Autor von Lyrik (*Talvez Poesia*, 1962) und erzählender Prosa hervorgetreten. Wie in den soziologischen und anthropologischen Werken die Grenze zwischen wissenschaftlich eindeutiger und literarischer, also mehrdeutiger Praxis ständig übertreten wird, so werden umgekehrt – angebliche – Fiktion in den »Seminovelas« *Dona Sinhá e o Filho Padre* (1964) und *O Outro Amor do Dr. Paulo* (1977) mit dokumentarischer Wirklichkeit, die aber auch fiktiv sein könnte, unentwirrbar verquickt. Dona Sinhá, soziologischer Forschungsgegenstand, ist eine ältliche, aristokratische Dame, eine entfernte Verwandte F.s, deren homophiler, zum Priester erzogener, kränklicher Sohn José Maria die These von der notwendigen Rassenmischung negativ bestätigt. Hauptsächlich in Paris, dem bevorzugten Aufenthaltsort der bras. Oberschicht, spielt der andere Roman. Die Titelfigur ist das Objekt heimlicher Liebe des früh verstorbenen José Maria.

Weitere Werke (Auswahl): *Guia Prático, Histórico e Sentimental da Cidade do Recife* (1934), *Nordeste* (1937), *Região e Tradição* (1941), *Problemas Brasileiros de Antropologia* (1943), *Perfil de Euclides e Outros Perfis* (1944), *Sociologia* (1945), *Brazil: An Interpretation* (1945), *Aventura e Rotina* (1953), *Vida, Forma e Cor* (1962), *Alhos e Bugalhos* (1978).
Ausgabe: *Obras Reunidas*. RJ 1959 ff.
Literatur: E. Coutinho, *A Imaginação do Real: Uma Leitura da Ficção de G.F.* RJ 1983. – U. Fleischmann, *Die Lust am Brasilianischen – Anthropologie und Literatur bei G.F. und Darcy Ribeiro*. IA, 25/6 (1985), 65-80. – A. Ferrer, *G.F.: A Problem in the Historiography of Brazilian Slavery*. RIB, 38 (1988), 2, 196-211. – D. Ribeiro, *Indianidades y venutopias*. BA 1988.

Gabeira, Fernando

* 1943 in Minas Gerais. Er war Redakteur der Zeitung »Jornal do Brasil«. 1969 beteiligte er sich an der Entführung des Botschafters der USA. Er wurde gefangengenommen und gefoltert, erlangte aber mit anderen politischen Häftlingen im Austausch gegen den Botschafter der BRD nach 7 Monaten die Freiheit. Danach lebte er im Exil in verschiedenen Ländern Lateinamerikas und Europas. 1979 erlaubte ihm eine Amnestie die Rückkehr nach Brasilien. Seither ist er einer der unermüdlichsten Kämpfer für Umweltschutz sowie die Rechte von Frauen und Minoritäten. Als Leiter der bras. Partei der Grünen kandidierte er 1986 – erfolglos – bei den Gouverneurswahlen im Staat Rio. Seit er wieder in Brasilien lebt, hat G. zudem eine eifrige Publikationstätigkeit entfaltet. In seinem tagebuchartigen Rechenschaftsbericht *O que é isso, Companheiro?* (1979; dt. *Die Guerilleros sind müde*, 1982) und dessen Fortsetzung *O Crepúsculo do Macho* (1980) sucht er die Gründe für das Scheitern der bras. Linken und des Widerstands gegen die Militärdikatur zu erklären und die vorrangigen Ziele politischer Betätigung in der Aktualität zu bestimmen. Der Machismus als Struktur und eine der wesentlichen Ursachen der Militärdiktaturen in Lateinamerika ist u.a. Gegenstand des romanhaften Essays *Sinais da Vida no Planeta Minas* (1982).

Weitere Werke: *Entradas e Bandeiras* (1981), *Diário da Crise* (1984).

Gomes, Alfredo Dias

* 19.10.1922 in Salvador/Bahia. Er begann bereits mit 15 Jahren, Theaterstücke zu schreiben, und hat als Theater- und Fernsehschriftsteller, Dramaturg und Regisseur über die bras. Medien eine außerordentliche Breitenwirkung erzielt. Man sagt, er sei der »meistgesehene« Autor des Landes.

Viele seiner fast dreißig Stücke dienten ihm ab 1969 als Vor- oder Grundlage für erfolgreiche »Telenovelas«. Seine wichtigsten Werke, *O Pagador de Promesas* (1959), *A Revolução dos Beatos* (1961) und *O Berço do Herói* (1963) handeln von der Kraft der afrobras. Volksreligiosität ebenso wie vom Mißbrauch der Religion zur Verführung und Unterdrückung der Armen. Die Verarbeitung der Volksmythen und der »Cordel«-Literatur haben ihn zu einem bewußt bras. Autor gemacht, der auch nie politisch brisante Themen scheute: In *A invasão* (1962) findet die Besetzung eines leerstehenden Gebäudes durch Favela-Bewohner statt, die »Telenovela« *Saramandaia* (1976) thematisiert zur Zeit der Militärdiktatur das Problem der Agrarreform. Seine Stücke und Produktionen wurden wiederholt zensiert, z.B. die »Telenovelas« *O Bem Amado* (1973) und *Roque Santeiro* (1975), in denen Demagogie, Korruption und Gewalt der Landoligarchie und ihrer Politiker ins Bild gesetzt wurden. *Roque Santeiro*, 1975 verboten, erreichte 1985 in einer Neufassung über ein halbes Jahr lang täglich bis zu 60 Millionen Zuschauer und gilt daher als wichtigstes Phänomen der Medien- und Kulturgeschichte im heutigen Brasilien. C. A.

Weitere Werke (Auswahl): *Zeca Diabo* (1943), *O Santo Inquérito* (1966), *Campeões do Mundo* (1980). Ausgaben: *Teatro Completo*. RJ 1971, 2 Bde. – *Teatro de D. G.* 9 Bde. RJ (bis 1985 28 Auflagen). Literatur: S. Campedelli (Hg.), *D. G. Literatura Comentada*. SP 1982.

Guimarães, Bernardo

* 15.8.1825 in Ouro Preto/Minas Gerais, † 10.3.1884 ebd. 1847-52 studierte er Jura in São Paulo. Mit Studienfreunden gründete er die »Sociedade Epicuréia«, einen bald stadtbekannten Zirkel junger Dichter und Bohemiens, zu denen u.a. Aureliano Lessa (1828-61) und Alvares de ↑Azevedo gehörten. Nach dem Studium war er Richter, ab 1859 Chefredakteur der liberalen Tageszeitung »Atualidade« von Rio. Als Lehrer ließ er sich 1867 in seiner Geburtsstadt nieder.

Neben M. A. de ↑Almeida, J. de ↑Alencar und J. M. de ↑Macedo gehört G. zu den Wegbereitern des eigenständigen bras. Romans. Einige seiner Werke stehen in der Tradition des Indianismus – *O Ermitão de Muquém* (1866?) und *O Indio Afonso* (1873) –, andere behandeln Episoden aus der Geschichte Brasiliens, z.B. *Maurício ou Os Paulistas em S. João D'El-Rey* (1877). Eins seiner interessantesten Werke ist *O Seminarista* (1872), die Geschichte eines Priesters, der seine Jugendliebe nicht vergessen kann, kurz nach der Weihe mit ihr das Keuschheitsgelübde bricht und wahnsinnig wird. Die antiklerikale Tendenz des Werkes gewinnt Überzeugungskraft durch die Wahrheit der Personendarstellung. Offensichtlich kennt G. den Roman »Eurico, o Presbítero« (1844) des port. Autors Herculano, dennoch entfernt er sich weit vom romantischen Vorbild und nimmt sogar in der sorgfältigen Darstellung der sozialen Umstände und des bis in die Erbanlagen zurückverfolgten seelischen Konflikts Elemente des erst mit A. ↑Azevedo einsetzenden Naturalismus vorweg. Gleiches gilt auch für *A Filha do Fazendeiro* (1872). G.' beliebtester Roman ist jedoch *A Escrava Isaura* (1875; dt. *Die Sklavin Isaura*, 1987), gedacht als Beitrag zur Abschaffung der Sklaverei. Die rührselige, klischeehafte Geschichte von der edlen und fast weißen Sklavin, die ein vorurteilsfreier junger Weißer schließlich heiratet, wurde noch in jüngster Zeit zu einer Fernsehserie verarbeitet. Durch die Popularität, die G. als Romancier gewann, geriet sein lyrisches Werk in Vergessenheit. Erst M. ↑Bandeira lenkte die Aufmerksamkeit wieder darauf.

Weitere Werke (Auswahl): Romane: *O Garimpeiro* (1872), *A Ilha Maldita* (1879), *Rosaura a Enjeitada* (1883); Erzählungen: *Lendas e Romances* (1871); Lyrik: *Cantos da Solidão* (1852).
Ausgaben: *Obras*. Hg. M. Nogueira da Silva. RJ 1941, 13 Bde. – *Poesias Completas* (1959).
Literatur: N. Andrews Jr., *A Modern Classification of B. G.'s Prose Narratives*. LBR, (1966), 4, 59-82. – M. J. de Queiroz, *Convite a Leitura de B. G.* COL, 83 (1985), 21-33.

Gullar, (José Ribamar) Ferreira
* 10.9.1930 in São Luís/Maranhão. Radiosprecher, Journalist, Dichter und Leiter von Kulturzentren. In dem Gedichtband *Luta Corporal* (1954) kämpft G. darum, »die Sprache in einen lebenden Körper zu verwandeln. Dieser Versuch ließ mich der Syntax und den Wörtern so sehr Gewalt antun, daß das Gedicht fast unlesbar wurde.« Danach entfernt er sich von der experimentellen und Konkreten Poesie, um sich der Volkskultur zuzuwenden. 1962 veröffentlicht er zwei epische Gedichte im Stil der »Cordel«-Literatur *Quem Matou Aparecida* und *João Boa Morte, Cabra Marcada para Morrer*, das durch die Bauernligen Francisco Juliãos aufgelegt und bei Kundgebungen für eine Agrarreform verteilt wird. Kritiker haben G.s volkstümlichen und politischen Dichtungen – z.B. *Por Você, por mim* (1968), die von Vietman handelt – eine zu weitgehende Unterordnung der ästhetischen Form unter politisch-didaktische Ziele vorgehalten. In der folgenden Sammlung *Dentro da Noite Veloz* (1973) versucht G. weiterhin, Herkunft, Funktion und Stil seiner Gedichte im Volk zu verankern: »Im Volk wird mein Gedicht geboren| wie auf dem Feld grün der Zucker«. Für die Behandlung sozialer und politischer Kontexte, z.B. der Kindersterblichkeit im bras. Nordosten in »Bomba Suja«, übernimmt er mitunter konventionelle Formen. Das Langgedicht *Poema Sujo* (1975, dt. *Schmutziges Gedicht*, 1985), geschrieben während des Exils in Buenos Aires, offenbart die poetischen Fähigkeiten G.s: zarte, lyrische Kindheitserinnerungen stehen schutz- und schonungslos neben harten physiologischen und sexuellen Bildern. Als Essayist und Literaturtheoretiker versucht G. in *Teoria do Não Objeto* (1954) eine »Neue Konkrete Poesie« zu schaffen; in *Cultura Posta em Questão* (1964) erklärt er die politischen und ästhetischen Prinzipien des Centro Popular de Cultura und in *Vanguarda e Subdesenvolvimento* (1969) definiert er die Rolle der Avantgarde und der Intellektuellen in einem Land der Peripherie. C. A.

Weitere Werke: Theaterstücke: *A Saida, Onde Fica A Saida* (1967, zus. mit A. Costa u. A. C. Fontoura), *Se Correr o Bicho Pega, Se Ficar o Bicho Come* (1966, zus. mit Vianna Filho), *Dr. Getúlio, Sua Vida, Sua Glória* (1968, zus. mit Dias Gomes), *Um Rubi no Umbigo* (1979), *Vargas* (1983, zus. mit Dias Gomes); Essays, Sonstiges: *Uma Luz no Chão* (1978), *Sobre Arte* (1982), *Crime na Flor* (1986).
Ausgaben: *Toda Poesia*. RJ 1980. – *Faule Bananen und andere Gedichte*. Frankfurt/M. 1986 (dt. Auswahl). – *Der grüne Glanz der Tage*. München 1991 (Auswahl, dt., bras.).
Literatur: J. L. Lafetá, *Dois Pobres, Duas Mididas*. In: R. Schwarz (Hg.): *Os Pobres na Literatura Brasileira*. SP 1983, S. 190-200. – (Dass., span.) ESCRITURA, 14 (1989), 28, 495-505. – M. Z. Turchi, *F. G.: A Busca da Poesia*. RJ 1985. – M. Lauer, *G.: Más allá del valor oficial*. HH, 22 (1987), 145-150. – S. Kovadloff, *F. G.: Poesía y persona*. CH, 461 (1988), 61-76.

Holanda, Sérgio Buarque de
* 11.7.1902 in São Paulo, † 24.4.1982 ebd. Noch während eines Jurastudiums in Rio gründete er mit Prudente de Moraes Neto 1924 die dem Modernismus nahestehende Zeitschrift

»Estética«. Ab 1936 lehrte er Geschichte an verschiedenen bras. und ausländischen Universitäten und war außerdem als Präsident des Schriftstellerverbandes, Museumsdirektor sowie in verschiedenen UNESCO-Komitees tätig. Als 1969 seine Kollegen an der Universität von São Paulo entlassen wurden, trat er von seinem Lehrstuhl zurück. Er war in den 70er Jahren Mitbegründer des Partido dos Trabalhadores. Er hat vor allem Essays zu Geschichte, Soziologie und Kultur Brasiliens veröffentlicht, in denen wie bei G. ↑Freyre u.a. ein neues nationales Selbstverständnis zum Ausdruck kommt. H. s erster Essay, Grundlage seines weiteren Werkes, *Raízes do Brasil* (1936), eröffnete die von G. Freyre herausgegebene Serie »Coleção Documentos Brasileiros«. In dem kompakten und diskreten Werk werden im Zusammenhang mit der Geschichte ganz Lateinamerikas die Grundzüge der gesellschaftlichen Entwicklung des Landes dargestellt. Dabei findet die kulturelle und geistesgeschichtliche Komponente die gleiche Berücksichtigung wie die politisch-ökonomische. Das Buch ist bald zu einem Standardwerk für Soziologen und Ethnologen geworden und hat außer verschiedenen Übersetzungen über 20 Auflagen erlebt.

Weitere Werke: *Cobra de Vidro* (1944), *Monções* (1945), *Caminhos e Fronteiras* (1957), *Visão do Paraíso* (1959), *Do Império à República* (1972), *Velhas Fazendas* (1975), *Tentativas de Mitologia* (1979), *O Extremo Oeste* (1986); *Raízes de S. B. de H.* Hg. F. de Assis Barbosa. RJ 1989.
Literatur: *S. B. de H.: Vida e Obra*. SP: Secretaria de Estado da Cultura 1988.

Ivo, Ledo

* 18.2.1924 in Maceió/Alagoas. Er lebt seit 1943 in Rio, wo er bis 1949 Jura studierte, Beamter wurde und zugleich journalistisch tätig war. Für sein umfangreiches lyrisches, narratives und essayistisches Werk hat er mehrere nationale Preise erhalten.

I. ist als Lyriker einer der Repräsentanten des sogenannten Neo-Modernismus, der mit diversen Kongressen und Zeitschriften ab 1947 in Erscheinung trat und dessen Mitglieder sich vom »disziplinlosen Abenteuer« des Modernismus abzusetzen suchten. I. verfaßte in »Orfeo«, einer der neomodernistischen Zeitschriften, 1947 einen programmatischen Leitartikel, nachdem er sich bereits mit den Gedichtbänden *As Imaginações* (1944) und *Ode e Elegia* (1945) »voll Vertrauen in das Leben und die Welt«, wie ein Vers seiner bekannten »Elegia didáctica« lautet, als eloquenter Vertreter der neuen, nach »Überwindung des Trivialen« strebenden Generation profiliert hatte. Danach, vor allem seit den 60er Jahren, wird das soziale und politische Engagement in seinem Werk immer deutlicher, z.B. in seinem fast metaphernfreien Gedichtband *Estação Central* (1964), in dem soziales Unrecht und der Imperialismus der USA angeprangert werden, bis hin zu seinem Versepos *Calabar* (1985) über das gegenwärtige Elend in Brasilien. Eine ähnliche Entwicklung vollzieht sich auch in I.s Romanen. Während in *As Alianças* (1947) und *Caminho sem Aventura* (1948) die psychologische Ergründung individuellen Schicksals im Vordergrund steht, werden in *Ninho de Cobras* (1973) ein repressiver Staatsapparat und dessen soziale Auswirkungen dargestellt. Zwar spielt die Handlung in Alagoas zur Zeit der Diktatur von G. Vargas, jedoch sind die Parallelen zur Situation um 1970 deutlich sichtbar. *A Morte do Brasil* (1981) ist eine pessimistische Bestandsaufnahme der aktuellen Situation, die ein Polizeiwachtmeister vornimmt. Der Selbstmord des Präsidenten G. Vargas bis hin zu absurden Massenveranstaltungen sind Ausgangspunkte seiner Reflexionen.

Weitere Werke (Auswahl): Lyrik: *Finisterra* (1972), *O Sinal Semafórico* (1974, umfaßt das lyr. Werk vor 1972), *Central Poética* (1976), *O Soldado Raso* (1980), *A Noite Misteriosa* (1982?); Kurzroman: *O Sobrinho do General* (1961); Erzählungen: *Use a Passagem Subterrânea* (1961), *O Flautim* (1966); Essays, Sonstiges: *Lição de Mário de Andrade* (1952), *O Preto no Branco* (1955), *Paraísos de Papel* (1961), *Poesia Observada* (1967), *Modernismo e Modernidade* (1972), *Teoria e Celebração* (1976), *Confissões de um Poeta* (1979).
Literatur: S. J. Albuquerque, *Perdidos em Maceió: Alienação em ›Angústia‹ e ›Ninho de Cobras‹*. CHASQUI, 16 (1987), 2/3, 11-21.

Jesus, Carolina Maria de
* 1914 in Sacramento/Minas Gerais, † 13.2.1977 in São Paulo. Nur kurze Zeit konnte sie eine Grundschule besuchen. 1937 kam sie auf der Suche nach Arbeit nach São Paulo. Seither lebte sie in einer der Elendssiedlungen am Stadtrand, der Favela Canindé. Sie schrieb Gedichte und Erzählungen, die sie vergeblich einigen Zeitungen anbot, bis sie von dem Journalisten Audálio Dantas entdeckt wurde, der für die Veröffentlichung ihres auf Abfallpapier geschriebenen Tagebuchs u. d. T. *Quarto de Despejo* (1960; dt. *Tagebuch der Armut*, 1962) sorgte. Das Buch wurde sofort zu einem internationalen Erfolg. Die Aufzeichnungen umfassen etwa fünf Jahre eines aussichtslosen Elends, dessen Zeugnis um so erschütternder wirkt, als J. mit klarem politischen Bewußtsein ihre Lage erkennt und der eigene Kampf ums Überleben das Mitleid mit der Not der anderen nicht verdrängt. Ihr nächstes Tagebuch *Casa de Alvenaria* (1961; dt. *Das Haus aus Stein*, 1964) beginnt mit der Unterzeichnung ihres Verlagsvertrages und berichtet von den Problemen, die die neue soziale Stellung mit sich brachte. Aus einem Gefühl der Gerechtigkeit und Solidarität kehrte J. später wieder in ihre Favela zurück. Postum erschienen ihre Kindheitserinnerungen u. d. T. *Diário de Bitita* (19??).

Leal, César
* 20.3.1924 in Saboeiro/Ceará, lebt als Universitätsprofessor in Recife. Er hat ein lyrisches Werk geschaffen, in dem Konkrete Poesie, historisch-epische »Wandgedichte«, Naturwissenschaft und astrologische Obsessionen ineinander übergehen. Formal koexistieren klassische Sonette und Gedichte aus der regionalen Tradition des Nordostens. C. A.

Werke: *Ursa Maior* (1964), *Jornal de Verão* (1969), *Tambor cósmico, Quinta Estação* (1978).
Ausgabe: *Constelações*. RJ, Recife 1986.
Literatur: A. L. Lapenda, *›Tambor Cósmico‹. Uma Visão do Absoluto*. Recife 1981.

Lessa, Orígenes
* 12.7.1903 in Lençois/São Paulo, † 1986. L., Sohn eines protestantischen Pfarrers, fing ein Theologiestudium an, das er bald wieder aufgab. Danach arbeitete er als Journalist und Übersetzer. 1932 nahm er an der Paulistaner Revolution teil und wurde inhaftiert. Über die Revolution berichtete er in *Não Há de Ser Nada* (1933?), über seine Haft in *Ilha Grande* (1933). 1943 ließ er sich in Rio nieder, wo er als Journalist und in der Werbung tätig war.
L. hat mit Hunderten von Erzählungen – die erste Sammlung ist *O Escritor Proibido* (1929, Neuaufl. 1979) – mehrere Generationen bras. Leser unterhalten. Zumeist in knapper, pointierter Form und in einer nüchternen, direkten Sprache weisen sie ein breites thematisches Spektrum auf, das von absurd witzigen Milieuszenen oder plötzlich verfremdetem Alltag bis zur Satire auf Politik und Verwaltung

reicht. Beachtlich sind außerdem einige Romane. *O Feijão e o Sonho* (1938) ist die mit feiner Ironie erzählte Geschichte der Ehe eines ebenso egoistischen wie verträumten Dichters und seiner praktisch denkenden Frau und zugleich eine Parabel auf die Beziehung zwischen Schöngeisterei und dem Zynismus der Mächtigen. Der Roman war sehr erfolgreich und wurde auch zu einer Fernsehserie verarbeitet. Gesellschaftssatire im Spiegel der Erfahrungen eines Verstorbenen ist *João Simões Continua* (1959). Ein bedrückendes Klima von Fatalismus und Entfremdung vermitteln in *Noite Sem Homem* (1968) die Gespräche der Frauen in einem Großstadtbordell, die weder Vergangenheit noch Zukunft zu haben scheinen. *O Edifício Fantasma* (1984) ist ein an politischen Anspielungen reicher Roman, dessen fantastische Handlung damit beginnt, daß die Bewohner eines Hauses in Copacabana über Nacht unsichtbar geworden sind.

Weitere Werke (Auswahl): Erzählungen: *A Cidade que o Diabo Esqueceu* (1931), *Omelete em Bombaim* (1946), *Histórias Urbanas* (1963, Anthologie), *Beco da Fome* (1972), *As Letras Falantes* (1973), *Simão Cireneu* (1986); Kinderbücher: *Aventuras e Desventuras de um Cavaklo de Pau* (1931), *Memórias de um Cabo de Vassoura* (1971/72).

Lima, Alceu Amoroso

* 11.12.1893 in Rio de Janeiro, † 1984 ebd. Pseudonym: Tristão de Ataíde. Er war der angesehenste Kritiker Brasiliens, Professor für Literatur an in- und ausländischen Universitäten, Mitglied mehrerer Akademien usw. In seiner Entwicklung unterscheidet man drei Phasen. Zwischen 1919 und 1930 vertritt er eine ästhetizistische Tendenz, in der er sich an Benedetto Croces Auffassung von Kunst als einer autonomen, auf prälogischer Intuition beruhenden Tätigkeit des Geistes orientiert. Er begrüßte aus dieser Haltung den Modernismus, dem er mit seinem gewichtigen Einfluß breite Anerkennung verschafft. L.s zweite Phase steht im Zeichen seiner »Bekehrung« zum Katholizismus, die auf die Freundschaft mit dem bras. Kulturphilosophen Jackson de Figueiredo (1891-1928) zurückgeht, aber auch dem frz. »Renouveau catholique« – vor allem Georges Bernanos, der 1938-45 im bras. Exil lebte – sowie dem Neo-Thomisten Jacques Maritain Anregungen verdankt. In dieser Phase gewinnt eine ethisch didaktische Linie die Oberhand und wird ein Menschenbild innerhalb universaler, christlicher Werte postuliert. Nach 1965 hat sich L. von der Literaturkritik entfernt und allgemeinen Themen der Philosophie, Politik, Religion und Pädagogik zugewandt.

Hauptwerke: *Afonso Arinos* (1922), *O Espíritu e o Mundo* (1936), *Estudos* (1927-1935, 5 Serien), *Contribuição à História do Modernismo* (1939), *Poesia Brasileira Contemporânea* (1940), *Três Ensaios sobre Machado de Assis* (1941), *Estética Literaria* (1945), *O Crítico Literário* (1945), *Introdução à Literatura Brasileira* (1956), *Manuel Bandeira* (1970).

Ausgaben: *Obras Completas*. RJ 1948 ff., 35 Bde. – *Estudos Literários*. RJ 1966, 2 Bde.

Literatur: O.M. Carpeaux, *A. A. L.* RJ 1978. – F. de Assis Barbosa, *A. A. L.: Memorando dos 90*. RJ 1984. – J. Bigotte Chorao, *Alceu versus Tristão*. BROTERIA, 119 (1984), 5, 412-419.

Lima, Jorge de

* 23.4.1895 in União/Alagoas, † 15.11.1953 in Rio de Janeiro. Er stammte aus einer liberalen Kaufmanns- und Großgrundbesitzerfamilie. In Maceió besuchte er das Diözesankolleg und begann 1911 in Salvador ein Medizinstudium, das er 1914 in Rio abschloß. Er kehrte als Lehrer nach Maceió zurück, wurde Direktor der Gesundheitsbehörde, 1926 Land-

tagsabgeordneter der Republikanischen Partei. Nach einem auf ihn verübten Attentat begab er sich 1930 nach Rio, wo er eine Arztpraxis eröffnete und sich in besonderem Maße den Armen widmete. 1946 zog er als Abgeordneter der Demokratisch Nationalen Union in das Stadtparlament ein. Nach 1949 war er wieder als Arzt tätig und hatte außerdem einen Lehrstuhl für Literatur an der Universität des Bundesdistrikts inne. Er starb an den Folgen eines langjährigen Asthmaleidens.

Frühen Dichterruhm erwarb J. de L. mit dem Sonett »O Acendedor de Lampiões« seines ersten Gedichtbandes *XIV Alexandrinos* (1914). Steht dieser noch im Zeichen eines epigonenhaften Parnassianismus, beginnt mit *O Mundo do Menino Impossível* (1925) seine modernistische Phase, die bis zu den *Poemas Escolhidos* (1932) reicht. Die Themen, die er in dieser Zeit gestaltet, sind Landschaften, Lebensformen und Folklore des bras. Nordostens sowie Erinnerungen an Erlebnisse und Emotionen seiner Kindheit. Zwei Gedichte ragen aus dieser Produktion hervor, das volksliedhaft rhythmische »Essa Negra Fuló« (1928), eine, laut A. Alcântara Machado, »unbeabsichtigte Geschichte der Sklaverei«, und die in freien Versen gestaltete Beschreibung einer Eisenbahnfahrt durch den Nordosten, »G. W. B. R.« Die dritte Phase ist die der »Wiederherstellung der Dichtung in Christus«, wie das Motto des in Zusammenarbeit mit Murilo ↑Mendes entstandenen Gedichtbandes *Tempo e Eternidade* (1935) lautet. Auch in *A Túnica Inconsútil* (1938) ist der Ton mystisch, religiös bekenntnishaft, sind Sprache und Thematik von biblischen Reminiszenzen durchdrungen. Nach der afrobrasil. Gedichtsammlung *Poemas Negros* (1947) setzt mit *Livro de Sonetos* (1949) die letzte Phase der Entwicklung L.s ein, die in dem lyrischen Epos *Invenção de Orfeu* (1952) ihren großartigen Abschluß findet. Der Orpheus-Mythos und seine Auslegung als Tragödie menschlicher Schuld und Erkenntnissuche zieht sich als Hauptthema durch die zehn Gesänge des Werkes, das in seiner Fülle von Beziehungen und Anspielungen, seiner surrealistischen Metaphorik und hermetischen Chiffrierung dunkel und geheimnisvoll bleibt und erklärtermaßen bleiben soll. J. de L. ist außerdem Autor mehrerer Romane, darunter des neonaturalistisch eingestuften *Calunga* (1935). In eindringlichen Bildern werden die Zustände in einer Fischersiedlung bei Recife geschildert. Zu Seuchen, Hunger, Unwissenheit, Aberglauben und Naturkatastrophen kommt der Despotismus der Großgrundbesitzer. Die Handlung gipfelt in einer symbolhaften Szene grotesker Tragik und endet mit dem sinnlosen Tod des Helden, der eine glücklichere Zukunft zu verheißen schien.

Ausgabe: *Obra Completa.* RJ 1959, 2 Bde.

Literatur: P. Cavalcanti, *Vida e Obra de J. de L.* RJ 1969. – L. Busatto, *Montagem em »Invenção de Orfeu«.* RJ 1978. – L. Lobo, *O Clássico e o Moderno em »Invenção de Orfeu« de J. de L.* RBLL, 5 (1983), 11, 18-23. – J. de Souza Araujo, *J. de L. e o Idioma Poético Afro-nordestino.* Maceió 1983. – J. Pinto, *J. de L.'s ›Unexpected Being‹.* RN, 25 (1984), 1, 3-10. – S. Brayner, *J. de L. e a »Invenção de Orfeu«.* RI, 50 (1984), 126, 175-187.

Lins, Osman

* 5.7.1924 in Vitória de Santo Antão/Pernambuco, † 8.7.1978 in São Paulo.

In Recife studierte er 1944-46 Betriebswirtschaft. Später absolvierte er an der dortigen Universität einen Dramaturgiekursus. Als Stipendiat der Alliance Française kam er 1961 nach Europa. Von 1962 an lebte er in São Paulo als Beamter der Bank von Brasilien. 1970 ließ er sich pensionieren und übernahm eine Dozentur an der Universität. Nach ersten Erzählungen, die im »Diário de Pernambuco« erschienen, trat L. mit dem prämierten Roman *O Visitante* (1955) hervor. Die Konflikte, die sich aus der Liebesbeziehung zwischen einem verheirateten Mann und einer ledigen Frau in einer kleinen Ortschaft ergeben, vertieft L. zu einem Drama des unlösbaren Widerspruchs von Gewissen und innerer Freiheit. Auch in dem folgenden Roman *O Fiel e a Pedra* (1961, endgültige Fassung 1967), in dem das soziale und geographische Szenarium des bras. Nordostens konkreter in Erscheinung tritt, werden Prinzipien menschlichen Verhaltens sichtbar gemacht, die den Einfluß der Philosophie Camus' erkennen lassen. So verkörpert der Protagonist Bernardo, der trotz Furcht und Zweifeln seiner Umwelt Widerstand leistet, eine Revolte gegen die Absurdität als Selbstzweck, die schließlich in Bejahung der gegebenen Welt umschlägt. Das Modell für Bernardo ist Äneas, dessen episches Schicksal hier auf die Wechselfälle eines Lebens in der Anonymität übertragen wird. In den folgenden Werken treten die formalästhetischen Momente stärker in den Vordergrund und sucht L., wie er in seinem Essay *Guerra sem Testemunha* (1969) ausführt, den Akt literarischen Schaffens mit der ethischen und sozialen Problematik seines fiktiven Universums zu vermitteln. Mit ihrem experimentellen Elan auf formaler Ebene – z.B. strikte Beschränkung auf monologische Figurenrede – stellen die Erzählungen *Nove Novena* (1966; dt. *Verlorenes und Gefundenes*, 1978) eine Übergangsstufe dar zu den Werken der von ihm als »Fülle« definierten dritten Schaffensphase. Sein Hauptwerk ist der Roman *Avalovara* (1973; dt. *Avalovara*, 1976), in dem sich lebenspralles Geschehen mit mathematisch bzw. musikalisch präziser Gestaltung verbindet. Das Handlungssubstrat bilden drei Liebesbeziehungen eines Schriftstellers. In einem kunstvollen Spiel von Motivvariationen, Überlagerungen und Entsprechungen werden in den drei gleichlangen Teilen des Romans einerseits die Liebesepisoden, andererseits die Ebenen der Gestaltung – fiktive Realität, Symbolik und der Akt des Schreibens – miteinander verflochten. Um das Verhältnis von Wirklichkeit und literarischer Umsetzung oder von Leben, Sexualität und Literatur kreist auch L.' letztes großes Werk *A Rainha dos Cárceres da Grécia* (1976; dt. *Die Königin der Kerker Griechenlands*, 1980), ein in Tagebuchform abgefaßter Kommentar zu einem fiktiven Roman, dessen weibliche Hauptfigur wiederum auf der Ebene des Tagebuchs in eine neue Beziehung zur »Realität« versetzt wird.

Weitere Werke: Erzählungen: *Os Gestos* (1957); Theater: *A Idade dos Homens* (1963), *Lisbela e o Prisioneiro* (1964), *Guerra do ›Cansa Cavalo‹* (1967), *›Capa Verde‹ e o Natal* (1967), *Santa, Automóvel e Soldado* (1975); Essays, Sonstiges: *Marinheiro de Primeira Viagem* (1961), *Lima Barreto e o Espaço Romanesco* (1975), *La Paz Existe?* (1977, zus. mit Julieta de Godóy Ladeira), *Do Ideal e da Glória: Problemas Inculturais Brasileiros* (1977).

Literatur: R. Igel, *›Avalovara‹: Arquetipos e a Técnica de Prefiguração*. LBR, 20 (1983), 2, 223-231. – A. L. Andrade, *Crítica e Criação: Síntese do Trajeto Ficcional de O. L.* RI, 50 (1984), 126, 113-127. – J. Cuervo Hewitt, *Além de ›Avalovara‹*. LBR, 21 (1984), 1, 1-11. – M. L. Daniel, *Critique of the Critics: O. L.'s Essay-Novel, ›A Rainha dos Cárceres da Grécia‹*. LALR, 14 (1986), 27, 145-158. – J. S. Dean, *O. L.: Plowman histórico e mítico*. CHASQUI, 17 (1988), 2, 3-11.

Lispector, Clarice

* 10.12.1925 in Tschetschelnik (Ukraine), † 9.12.1977 in Rio de Janeiro. Sie kam als Kind russ. Einwan-

derer im Alter von zwei Jahren nach Recife, wo sie die Kindheit verbrachte. 1937 zogen ihre Eltern nach Rio. Hier studierte sie Jura und war zugleich als Journalistin tätig. 1944 beendete sie das Studium und heiratete einen Diplomaten, mit dem sie 1945-49 in Italien und der Schweiz, 1952-59 in den USA lebte. Nach der Scheidung ließ sie sich mit ihren zwei Söhnen in Rio nieder und war als Journalistin und Übersetzerin tätig.

Neben Guimarães ↑Rosa gilt L. als die Autorin, die mit ihrem narrativen Werk in der bras. Literatur neue Maßstäbe setzte. Bereits ihr Debut, der Roman *Perto do Coração Selvagem* (1944; dt. *Nahe dem wilden Herzen*, 1981) wurde von der Kritik begeistert begrüßt, vor allem wegen L.s Fähigkeit, das Innenleben ihrer Gestalten in einer Weise zu ergründen, die über die traditionelle, soziologisch orientierte Psychologie hinausführte. Bei aller weiteren Verfeinerung der stilistischen und erzähltechnischen Mittel kreist ihr gesamtes Werk um das Spannungsverhältnis der Existenz zwischen Realität und seelischer Erfahrung. Ausgehend von Momenten plötzlicher Erkenntnis, die ihre Ursache in einer emotionalen Krise, einer Intuition oder einem unwichtigen Vorgang haben können, stoßen ihre Personen auf die Frage nach der Wahrheit ihres Seins. Sie erfahren sich selbst als reflektierendes Bewußtsein, das in einem unaufhebbaren Widerspruch zur unbewußten Dingwelt steht. Hier setzt dann ein Prozeß ein, der zur Aufhebung gewohnter Bindungen und Konventionen steht. Vereinsamung und Isolation ist der Preis, der für eine Freiheit bezahlt wird, die die Einsicht in die Absurdität des Universums bedeutet. Die Beziehungen zum Existentialismus sind deutlich zu erkennen, aber L. entwickelt die dramatische Wahrheitssuche ihrer Gestalten nicht in Hinsicht auf ein absolutes Ergebnis, sondern sie verfolgt die fiktiven Lebenswege nur bis zu einer Grenze, die allerdings außerordentlich weit in das Reich des Unbewußten vorgezogen ist. Innerhalb des philosophischen Rahmens entfalten L.s Romane und Erzählungen ein farbiges und lebendiges Universum, das seine Besonderheit auch durch ihren Stil gewinnt, der in einzigartiger Weise überraschend genau beobachtete Alltäglichkeit in eine Atmosphäre des Geheimnisvollen oder dunkel Magischen hüllt (einer der Gründe des manchmal erhobenen Vorwurfs, sie schreibe zu kompliziert und elitär). Ein erster Zyklus von Romanen und Erzählungen umreißt die spezifische Daseinserfahrung der Frau. In *A Cidade Sitiada* (1949) – den viele für ihren besten Roman halten, was jedoch auch von anderen Werke L.s behauptet wurde – ist die Protagonistin eine ehrgeizige, kapriziöse Frau aus einer Vorstadt, die bei der Verwirklichung ihres Lebensziels – Ehe, Geld und Leben in der Hauptstadt – körperliche Leere verspürt. Nach dem Tod ihres Mannes und der Rückkehr in die ihr fremd gewordene Vorstadt scheitert ähnlich ein erneuter Befreiungsversuch. Die Erzählungen des Bandes *Laços de Família* (1960; dt. *Die Nachahmung der Rose*, 1966) kreisen um die bestürzende Realität hinter der Fassade des Familienalltags. Ein neuer Zyklus beginnt mit *A Maçã no Escuro* (1961; dt. *Der Apfel im Dunkeln*, 1964). Der Handlungskern ist der Fluchtversuch eines Mannes vor seiner Vergangenheit. Der Mord, den er – vermeintlich – an seiner Frau begangen hat, wird von ihm als Bruch mit einer unwahrhaften Existenz verstanden. Als Arbeiter auf einer einsamen Fazenda, die eine herrschsüchtige ältere Frau und ihre Nichte bewirtschaften, sucht er ein neues Verhältnis zur Realität zu gewinnen. In dem Roman *A Paixão Segundo G. H.* (1964; dt. *Die Passion nach*

G. H., 1984), der wohl ihr Hauptwerk ist, wird der Prozeß der Selbstfindung von einer Küchenschabe ausgelöst. Die Protagonistin ist eine Hausfrau, die sich in fast delirierender Selbstbefragung ihrer Einsamkeit bewußt wird. Das Verhältnis von Literatur bzw. sprachlicher Gestaltung und Leben wird erstmals thematisiert in dem Roman *Uma Aprendizagem ou O Livro dos Prazeres* (1969; dt. *Eine Lehre oder Das Buch der Lust*, 1988), dem inneren Monolog einer Frau, die sich ihrer Ängste bewußt wird und sie überwindet. In einer bruchlosen Übereinstimmung von Inhalt und Form zeigt der Roman *Agua Viva* (1973) die Befreiung durch das Schreiben. Für das fiktive weibliche Ich, das den vorliegenden Romantext als Brief abfaßt, bedeutet Schreiben die eigene Neugeburt und die Entdeckung der »vierten Dimension« der Persönlichkeit. Auch in dem zwischen 1974 und 1977 entstandenen Roman *Um Sopro de Vida* (1978) thematisiert L. die Funktion des Schreibens. Die Eingangskonstellation – die Erzählerin schreibt ohne zu wissen, daß sie selbst fiktive Schöpfung ist – unterstreicht das nicht lösbare Dilemma von Sein und Existenz. Der Text demonstriert aber auch, daß Schreiben neue Realitäten freisetzen kann, daß es dazu dient, »existieren zu lassen, um selbst zu existieren«.

Weitere Werke: Romane: *O Lustre* (1946), *A Hora da Estrela* (1977; dt. *Die Sternstunde*, 1985), *A Descoberta do Mundo* (1984); Erzählungen: *Alguns Contos* (1952), *A Legião Estrangeira* (1964), *A Mulher que Matou os Peixes* (1969), *Felicidade Clandestina* (1971), *Die Dame und das Ungeheuer* (dt. Auswahl, 1990); Chroniken, Essays, Miszellen: *De Corpo Inteiro* (1975), *Visão de Esplendor* (1975), *Para Não Esquecer* (1978).

Literatur: O. de Sá, *A Escritura de C. L.* Petrópolis 1979. – O. Borelli, *C. L, Esboço para um Possível Retrato.* RJ 1981. – O. Espejo Beshers, *C. L.: A Bibliography.* RIB, 34 (1984), 3/4, 385-402. und RI, 50 (1984), 126, 231-289 (Sondernr., mit Bibliographie). – E. E. Fitz, *C. L.* Boston 1985. – E. H. Douglass, *Myth and Gender in C. L.: Quest as a Feminist Statement in ›A Imitação da Rosa‹.* LBR, 25 (1988), 2, 15-32. – E. E. Fitz, *The Passion of Logo(centrism), or, the Deconstructionist Universe of C. L.* LBR, 25 (1988), 2, 33-44. – V. Lastinger, *Humor in a New Reading of C. L.* H, 72 (1989), 130-137. – V. Arêas, *Un poco de sangre. (Observaciones sobre ›A Hora da Estrela‹ de C. L.)* ESCRITURA, 14 (1989), 28, 403-415. – R. T. Schmidt, *C. L. The Poetics of Transgression.* LBR, 26 (1989), 2, 103-115.

Lobato, José Bento Monteiro

* 18.4.1882 in Taubaté/São Paulo, † 4.7.1948 in São Paulo. Er studierte ab 1900 an der Juristischen Fakultät von São Paulo, wo er dem Club politisch engagierter Literaten »Minarete« beitrat. 1904 schloß er sein Studium ab und wurde drei Jahre später zum Staatsanwalt des im Landesinneren gelegenen Bezirks Areia ernannt. 1911 erbte er von seinem Großvater, dem Visconde de Tremembé, eine Fazenda, die er nach einigen Mißerfolgen 1917 verkaufte. Er gründetet einen Verlag, den er 1925 schließen mußte. Ab 1917 war er Handelsattaché in New York. 1932 kehrte er nach Brasilien zurück, voller Pläne, die Wirtschaft seines Landes anzukurbeln. Er gründete die Cia. Petróleo do Brasil und setzte sich in der Presse für die Ausnutzung der Bodenschätze ein. Wegen eines offenen Briefes an Getúlio Vargas im Zusammenhang mit dem Erdölproblem wurde er 1941 zu sechs Monaten Gefängnis verurteilt. 1942 trat er der Kommunistischen Partei bei.

Kompromißlos und unermüdlich hat sich L. für den sozialen und geistigen Fortschritt in Brasilien eingesetzt. Im Namen einer modernen Welt der Wissenschaft und Demokratie kämpfte er gegen Rückständigkeit und die Herrschaft der Oligarchie. Symbol des systembedingten Elends wurde die Gestalt des »Jeca Tatu«, des unwissenden und abergläubischen *caboclo*, der notdürftig ein Stückchen Land bestellt, aber aus Apathie und Mißtrauen nichts zur Verbesserung seiner Lage unternimmt. (L. verwendete diesen Namen, der schnell Allgemeingut wurde, zum erstenmal 1914 in einem in »O Estado de São Paulo« abgedruckten Artikel.) Das eigentliche literarische Werk L.s umfaßt drei Bände regionalistischer Erzählungen und den Science-Fiction-Roman *O Choque das Raças ou o Presidente Negro* (1926). Sein erster Erzählungsband *Urupês* (1918) stellt das Elend der Kleinbauern und Fazendeiros dar. Die pessimistische Stimmung der zehn Erzählungen, die sich zumeist auf einen deprimierend tragischen Ausgang hin zuspitzen, und eine Sprache, die sich in ihrer Schlichtheit von parnassischer Stilisierung unterscheidet, bedeuten für die regionalistische Literatur der Zeit etwas Neues. Im nächsten Band *Cidades Mortas* (1919) ist die Tonlage ironisch, und die Darstellung der Verhältnisse in den kleinen, nach dem Kaffee-Boom verfallenen Ortschaften des Vale do Paraíba gewinnt gelegentlich karikatureske Züge. In den thematisch weniger einheitlichen Erzählungen von *Negrinha* (1920) kommt stärker als vorher die direkte Didaktik des Moralisten und utopischen Sozialisten zum Vorschein. Besondere Verdienste hat sich L. um die Literatur für Kinder erworben. Neben Übersetzungen und Adaptionen hat er selbst mehrere Kinderbücher verfaßt, u.a. *O Saci* (1917?) und *Narizinho Arrebitado* (1921), die zu den Klassikern ihrer Gattung zählen.

Ausgabe: *Obras Completas*. SP 1946-47, 1959, 34 Bde.

Literatur: E. Cavalheiro, *M.L. Vida e Obra*. SP 1955. – D. Patai, *Race and Politics in Two Brasilian Utopias*. LBR, 19 (1982), 1, 67-81. – A. M. dos S. Silva, *Contos sobre Contos e Processos de Contar*. RDLET, 23 (1983), 1-9. – V. Teixeira de Aguiar u.a., *Atualidade de M. L.: Uma Revisão Crítica*. Porto Alegre 1983. – A. L. Vieira de Campos, *A República do Picapau Amarelo: uma Leitura de M. L.* SP 1986. – M. Lajolo, *El regionalismo lobatiano*. ESCRITURA, 14 (1989), 27, 221-232.

Louzeiro, José

* 1932 in São Luis/Maranhão. Er ist seit 1954 in Rio ansässig und arbeitet als Journalist und Drehbuchautor. Bekannt machten ihn seine kompromißlosen Berichte über soziale Mißstände. Besonders verdienstvoll waren seine Berichte über verlassene Kinder, die er zu Beginn der 70er Jahre schrieb, danach zu dem »Romance-Reportagem« (etwa: Dokumentarroman) *Infância dos Mortos* (1977) verarbeitete, der als Vorlage zu dem international bekannten Film *Pixote* diente. In ähnlicher Weise hat er die Folterpraxis der Polizei zur Zeit der Militärdiktatur in den »nicht-fiktiven«, zeitweise verbotenen Romanen *Lúcio Flávio, o Passageiro da Agonia* (1975) und *Aracelli, Meu Amor* (1976) angeprangert. L. hat außerdem Kriminalromane über Sexual- und Drogendelikte, u.a. *M-20* (1981), Erzählungsbände und Kinderbücher verfaßt wie *A Gang do Beijo* (1984), die besonders wegen der Verwendung von Slang-Ausdrücken und umgangssprachlicher Syntax hervorzuheben sind.

Weitere Werke: Romane: *Acusado do Homicídio* (1975), *Os Amores da Pantera* (1977), *O Bezerro de Ouro* (1986), *Devotos do Odio* (1987); Erzählungen: *Depois da Luta* (1958), *Judas Arrependido* (1968).

Literatur: J. Randal, *The ›Romance-Reportagem‹ and the Cinema: Babenco's ›Lúcio Flávio‹ and ›Pixote‹*. LBR, 24 (1987), 2, 35-48.

Macedo, Joaquim Manuel de

* 24.6.1820 in São João do Itaboraí/Rio de Janeiro, † 11.4.1882 in Rio. Er studierte Medizin und promovierte 1844 mit einer Dissertation, die den Titel *A Nostalgia* führte. Den Arztberuf übte er jedoch nie aus, sondern widmete sich der Schriftstellerei, dem Journalismus und – als Abgeordneter – der Politik, war außerdem Lehrer für Geschichte und Geographie am Colegio Pedro II.

M. ist Autor eines umfangreichen Œuvres: 20 Romane, 12 Theaterstücke und mindestens 10 Bücher mit Lyrik, Crônicas, Reisebeschreibungen, Biographien und geographischen Darstellungen, darunter die ausführlichen *Noções de Corografia do Brasil* (1861?; dt. *Geographische Beschreibung Brasiliens*, 1873). Das meiste davon ist in Vergessenheit geraten. Literaturgeschichtlichen Ruhm verdankt M. vor allem seinem Roman *A Moreninha* (1844), der als erster bras. Roman angesehen wird, wenn auch bereits 1843 *O Filho do Pescador* von Teixeira e Sousa (1812-61) erschienen war. *A Moreninha* ist eine schlichte, unbekümmert um stilistisches Raffinement erzählte Liebesgeschichte zwischen einem anfangs misogyn eingestellten Medizinstudenten und der fünfzehnjährigen Schwester seines Freundes. Nachdem die Liebenden genug geschmachtet haben, heiraten sie. Der große Erfolg des Romans zu seiner Zeit erklärt sich aus der frivolen Schilderung geselliger Veranstaltungen, und der Roman ist als Dokument der Lebensweise und Moralanschauungen des mittleren Bürgertums von Rio zur Zeit des Kaiserreichs nach wie vor lesenswert. Eine erste Parodie auf den Roman ist die Erzählung »A Parasita Azul« (1873) von Machado de ↑Assis; verfilmt wurde er 1915.

Weitere Werke (Auswahl): Romane: *O Moço Louro* (1845), *O Rio do Quarto* (1869), *A Luneta Mágica* (1869), *As Vítimas-Algozes* (1869), *As Mulheres de Mantilha* (1870/71); Theater: *Cobé* (1849), *O Primo da Califórnia* (1858), *Lusbela* (1863); Crônicas: *Um Passeio pela Cidade do Rio de Janeiro* (1862/63).

Marcos, Plínio

* 1925(?) in Santos/São Paulo. Er war in den 40er Jahren als Schauspieler tätig. In den 50ern schrieb er seine ersten Theaterstücke, darunter *Barrela* (1956), in realitätsnah derber Sprache und mit scharfen sozialkritischen Tönen, die von der unentwegt diskonformen Patricia Galvão (1910-1962) auf die Bühne gebracht wurden. Zu M.' bekanntesten Stücken gehören *Dois Perdidos numa Noite Suja* (1966), in dem zwei jugendliche Clochards sich gegenseitig das Leben zur Hölle machen, bis der eine möglicherweise den anderen ermordet. Marginalität als Zerrspiegel der Gesellschaft wird auch von den drei Figuren – einer Prostituierten, einem Zuhälter und einem Homosexuellen – in *Navalha na Carne* (1967) vorgeführt. In dem von der Militärdiktatur wegen seines großen Erfolgs verbotenen Stück *Quando as Máquinas Param* (1967) wird ein junges Paar mit der Realität von Arbeitslosigkeit und Schwangerschaft konfrontiert. Die aggressive Schärfe dieser Stücke ergibt sich vor allem auch daraus, daß keine positive Perspektive aufgezeigt wird. Sprachlich und inhaltlich abgehobener sind M.' spätere Stücke wie *Balada de um Palhaço* (1986), in dem zwei Clowns über Kunst und Gesellschaft diskutieren.

Weitere Werke: Theater: *Reportagem de um Tempo Mau* (1964), *Jornada de um Imbécil até o Entendimento* (1968), *Balbina de Iansa* (1970), *Na Barra de Catimbó* (1979), *Jesus Homem* (198?), *Helena Blavatski* (198?); Prosa: *Uma Reportagem Maldita (Querô)* (1977), *Histórias das Quebradas do Mundaréu* (...).

Literatur: R. E. Butler, *Social Themes in Selected Contemporary Brazilian Drama.* RN, 3 (1973), 52-60.

Matos (Guerra), Gregório de
*20.12.1633 in Bahia de Todos os Santos, der damaligen bras. Hauptstadt, †19.10.1696 in Recife. Sohn eines adeligen Zuckerplantagenbesitzers. 1652-62 studierte er Jura in Coimbra und war dann bei Lissabon als Richter tätig. 1681 kehrte er nach Brasilien zurück, wo er verschiedene Ämter innehatte, jedoch bald wegen seiner satirischen Gedichte auf die Kolonialverwaltung, besonders auf den Gouverneur von Bahia und seinen Sohn, sowie auf die Kirche in Konflikt mit diesen geriet und nach Angola deportiert wurde. Über seine letzten Lebensjahre gibt es zwei Versionen: Nach der ersten starb der volksverbundene Humanist verbittert und in tiefster Armut, nach einer anderen endete der einst reiche und elegante Mann aus Gründen freiwilligen Müßiggangs in der Gosse von Recife.
M.' umfangreiche und thematisch vielseitige, wenn nicht widersprüchliche Lyrik, die seinerzeit nur handschriftlich im Umlauf war, wurzelt zu einem beträchtlichen Teil im Humanismus der Renaissance bzw. in der persönlichen Erfahrung einer harten Erziehung in einem Jesuitenkolleg. Daher erklären sich seine Satiren auf die Kirche und die Kirchenmänner, sowie als deren Pendant eine eklogische, die nähere ländliche Heimat und ihre sinnlichen Frauen, Kongolesinnen und Mulattinnen, verherrlichende Dichtung, schließlich auch sein dubioser Lebenswandel als Bohemien. Zugleich folgt M. den im 17. Jh. auch für die port.-sprachigen Dichter gültigen Vorbildern Góngora und Quevedo und schreibt Gedichte, die von geschliffener und boshafter Stände- und Personensatire (die ihm den größten Ärger einbrachte) über das *vanitas*-Thema bis hin zu frommer Religiosität im Sinne der Gegenreformation reicht und ihre biographische Entsprechung in seinem Eintritt in einen religiösen Orden findet.

Ausgabe: *Obras Completas.* Hg. James Amado. Bahia 1968, 7 Bde.
Literatur: J. Paulo Paes, *Mistério em Casa.* SP 1961. – F. Teixeira de Sales, *Poesia e Protesto em G. de M.* Belo Horizonte 1975. – J. C. Teixeira Gomes, *G. de M., o Boca de Brasa: Um Estudo de Plágio e Criação Intertextual.* Petrópolis 1985.

Meireles, Cecília
*7.11.1901 in Rio de Janeiro, †9.11.1964 ebd. Sie verlor die Eltern in früher Kindheit und wurde von ihrer Großmutter aufgezogen. 1917 beendete sie eine Ausbildung als Lehrerin und trat in den Schuldienst. 1934 gründete sie die erste Bibliothek für Kinder. Ab 1936 war sie Professorin für bras. und port. Literatur an verschiedenen in- und ausländischen Universitäten.
C. M. wird als bedeutendste Lyrikerin Brasiliens angesehen. In ihrem Frühwerk, von dem sie sich dann distanzierte, steht sie dem Symbolismus Cruz e ↑Sousas nahe. Erstes Manifest dichterischer Reife ist der nach langem Schweigen publizierte Band *Viagem* (1939). Die Gedichte dieses und der folgenden Werke bewiesen eine von den Tendenzen des Modernismus unbeeinflußte persönliche Entwicklung. Spontan und gleichzeitig diszipliniert, zutiefst emotional, aber beherrscht von intellektueller Klarheit, kommt in ihrer Poesie eine zeitlose Allgemeingültigkeit zum Ausdruck, auf die die Bezeichnung Neo-Symbolismus nur ungenau zutrifft. Ihre Themen sind die schmerzliche Erfahrung menschlicher Schuldhaftigkeit, Beschränkung und Unwissenheit. Leben ist für C. M. ein Vollzug ständiger »Wiedererfindung« (»reinvenção«). Daraus erklärt sich ein vergangenheitsgerichtetes Weltverständnis, das bei aller Intensität wehmütiger Stimmungen und Erinnerungen einem reflektierenden Bewußtsein unterge-

ordnet ist und vor steriler Sentimentalität bewahrt bleibt. In ihrem Spätwerk greift sie zunehmend auf historische Stoffe und Persönlichkeiten zurück und übernimmt dabei die einfachen Formen der iberischen Romanzen, so in ihrem berühmten *Romanceiro da Inconfidência* (1953), einem Balladenzyklus um den tragisch gescheiterten Aufstand von 1789 in Minas Gerais, in der Heiligenvita *O Pequeno Oratório de Santa Clara* (1955) sowie in den lyrischen Meditationen über die Geschichte Rios, *Crônica Trovada da Cidade de Sam Sebastian (...)* (1965).

Weitere Werke: Lyrik (Auswahl): *Espectros* (1919), *Nunca Mais ... e Poema dos Poemas* (1923), *Baladas para El-Rey* (1924), *Vaga Música* (1942), *Mar Absoluto* (1945), *Retrato Natural* (1949), *Amor em Leonoreta* (1952), *Doze Noturnos da Holanda* (1952), *O Aeronauta* (1952), *Canções* (1956), *Romance de Santa Cecília* (1957), *Metal Rosicler* (1960), *Poemas Escritos na India* (1961), *Solombra* (1963).
Ausgabe: *Obra Poética*. RJ 1958.
Literatur: L. A. de Azevedo Filho, *Poesia e Estilo de C. M.* RJ 1970. – R. García, *El simbolismo y la poesía primigenia de C. M.* RIB, 31 (1981), 1, 27-35. – K. A. Stackhouse, *The Sea in the Poetry of C. M.* LBR, 18 (1981), 1, 183-195. – D. J. Sadlier, *Imagery and Theme in the Poetry of C. M.: A Study of »Mar Absoluto«*. Madrid 1983. – J. W. Robb, *Alfonso Reyes y C. M.: Una amistad mexicano – brasileña.* H, 66 (1983), 2, 164-230. – D. J. Sadlier, *C. M. & João Alphonsus.* Brasília 1984. – M. Peixoto, *»Caminhante do Vazio«: Voyages and Disconnection in* C. M. DL, 1 (1984), 2, 267-276.

Mello, Amadeu Thiago de

*30.3.1926 bei Barreirinha/Amazonas. Er kommt aus einer bäuerlichen Familie und verbrachte die Jugend im Staat Amazonas. In Rio begann er ein Medizinstudium, wechselte aber zur Literaturwissenschaft und machte sich bald als Journalist einen Namen. Ab 1959 war er bras. Kulturattaché in Bolivien, 1961-64 in Chile. Wieder in Rio, opponierte er offen gegen die Diktatur, wurde mehrfach verhaftet und ging 1970 ins chil. Exil. Nach dem Putsch, 1973, hielt er sich in verschiedenen Ländern auf, auch in der BRD, bis er Ende der 70er Jahre nach Brasilien zurückkehren konnte.

M. hat als Lyriker innerhalb und außerhalb Brasiliens beträchtlichen Erfolg gehabt und selbst seine ersten Gedichtbände *Silêncio e Palavra* (1951) und *Narciso Cego* (1952) wurden wiederholt aufgelegt. Eine Sammlung seiner Gedichte erschien 1964 in der span. Übersetzung von P. ↑Neruda in Chile. M. hat selbst in seiner Entwicklung zwei deutlich voneinander abgesetzte Epochen konstatiert. In der ersten werden in eher abstrakter und zur Verschlüsselung neigender Aussage Wesensbestimmungen des Seins und der Erkenntnisfähigkeit des Menschen vorgenommen. Deutlich ist der Einfluß P. Valérys, den auch das Narziß-Symbol des zweiten Gedichtbandes bekenntnishaft unterstreicht. Wie bei anderen bras. Dichtern der neo-modernistischen Generation (z. B. I. ↑Ledo) ist 1960 das Stichdatum für eine Entscheidung zur engagierten Literatur. M.s Lyrik, die sich sprachlich durch eine außergewöhnliche Üppigkeit und Farbigkeit der Metaphern auszeichnet, bleibt dabei weitgehend persönlich. Seine Anklagen und sein lateinam. Geschichtsbild verschmelzen immer wieder mit den eigenen Erfahrungen und einer intensiven Lebensbejahung, die der Titel eines seiner Gedichtbände zum Ausdruck bringt: *Faz Escuro Mas Eu Canto* (1965), »Es wird dunkel, aber ich singe«.

Weitere Werke: Lyrik: *A Lenda da Rosa* (1955), *Vento Geral* (1960), *A Canção do Amor Armado* (1966; dt. *Gesang der bewaffneten Liebe*, 1976), *Poesia Comprometida com a Minha e a Tua Vida* (1975), *Estatutos do Homem* (1977; dt. *Die Statuten des Menschen*, 1986), *Horoskop für alle, die am Leben sind* (dt., 1984), *Mormaço na Floresta* (1981); Essay: *A Estrela da Manhã* (1956, über die Lyrik von M. Bandeira).

Melo Neto, João Cabral de
*9.1.1920 in Recife. Er ist Vetter des Dichters M. ↑Bandeira und des Soziologen G. ↑Freyre. Die Kindheit verbrachte er auf der Zuckerrohrplantage seiner Familie. In Recife besuchte er eine Oberschule, konnte jedoch aus Gesundheitsgründen seine Ausbildung nicht fortsetzen. 1945 ergriff er die Diplomatenlaufbahn und erfüllte verschiedene Funktionen, zunächst in Spanien, das ihn am nachhaltigsten prägte, dann in England, Paraguay, Senegal und schließlich Portugal. Seit 1968 ist er Mitglied der bras. Literaturakademie.
M. N. galt als einer der wichtigsten Vertreter des Neomodernismus bzw. der »Generation von 1945« und ist inzwischen als Erneuerer der Sprache der bras. Lyrik anerkannt. Während ein Teil der Vertreter dieser »Generation« nämlich wieder auf parnassische und symbolistische Formen zurückgriff, andere zu »hybriden« Gebilden aus innerem Monolog und Erklärung von Grundsätzen, aus »Gestammel und philosophischer Hermeneutik« gelangten, wie M. N. 1954 kritisch bemerkte, nahm er einen anderen Weg. Er führte weg von Subjektivismus, mystischer Spekulation und Entrückung. Das Titelgedicht seines zweiten Gedichtbands *O Engenheiro* (1945) weist programmatisch in die Richtung »klarer Dinge«: »Oberfläche, Tennis, ein Glas Wasser.|...| Bleistift, Winkel, Papier,| Zeichnung, Entwurf, Zahl: Der Ingenieur denkt die vernünftige Welt,|Welt, die kein Schleier verdeckt.« M. N.s Poesie steht im Zeichen der Präzision, des Bewußtseins und Bewußtmachens von Wort und Ding. Gleichzeitig wird die Rolle des Dichters entmystifiziert sowie die Sprache entmetaphorisiert, in exemplarischer Weise das Wort »Blume« in der »Antiode« des Bandes *Psicologia da Composição* (1947). In dem Triptychon, das die Gedichtbände *O Cão Sem Plumas* (1950; dt. *Der Hund ohne Federn*, 1969, 1970), *O Rio* (1953) und das »Weihnachtsstück aus Pernambuco« *Morte e Vida Severina* (1956; dt. *Tod und Leben des Severino*, 1988) bilden, wendet M. N. sein poetisches Instrumentarium auf die Darstellung der Landschaften und Lebensformen seiner Heimat an. Der Fluß Capibaribe wird hier als optisches Medium, formgebendes Element, Symbol und Interpret des sozialen Elends eingesetzt. Die sozialkritische Thematik, die in *O Rio* die Form eines Dokumentarberichts vom nordöstlichen Hinterland bis zum Mündungsdelta, der »fauligen Hälfte« von Recife, annimmt, bleibt auch in den folgenden Werken, beginnend mit den Gedichten von *Duas Aguas* (1956), erhalten. Die Komposition allerdings wird in dem neuen Abschnitt strenger gehandhabt. An die mathematisch konsequente Variationstechnik Bachs erinnert der Zyklus *Serial* (1961). Die Darstellung ist sowohl intensiver wie auch indirekter geworden. Beispielsweise wird ein »Fest im Herrenhaus« in dem Band *Dois Parlamentos* (1961) verdichtet zum ironisch zynischen Gesang auf den »Cassaco«, den Zuckermühlenarbeiter im bras. Nordosten, der »nicht imstande ist| Privates zu träumen«.

Weitere Werke: Lyrik: *Pedra do Sono* (1942), *Paisagens com Figuras* (1956), *Uma Faca só Lâmina* (1956), *Quaderna* (1960), *Terceira Feira* (1961), *A Educação pela Pedra* (1966, dt. *Erziehung durch den Stein*, 1988), *Museu de Tudo* (1975), *A Escola das Facas* (1980), *Agrestes* (1985); Theater: *Auto de Frade* (1984; dt. *Der Weg des Mönchs*, 1990).

Ausgaben: *Poesias Completas*. RJ 1968, ⁴1986. – *Ausgewählte Gedichte*. (Dt., 1969). – *Poesiealbum 98*. (Dt., 1975).

Literatur: B. Nunes, *J. C. de M. N.* Petrópolis 1971. – L. Escores, *A Pedra e o Rio.* SP 1973. – J. A. Barbosa, *A Jmitação de Forma: Uma Leitura de J. C. de M. N.* SP 1975. – M. L. Pinheiro Sampaio, *Processos Retóricas na Obra de J. C. de M. N.* SP 1978. – A. M. S. Soares, *O Poema, Construção às Avessas.* RJ 1978. – M. de Senna, *J. C., Tempo e Memória.* RJ 1980. – D. Lobo, *O Poema e o Quadro: O Picturalismo na Obra do J. C. de M. N.* Brasília 1981. – M. Peixoto, *Poesia com Coisas: uma Leitura de J. C. de M. N.* SP 1983. – I. López, *›O engenheiro‹ y ›Orio‹: La imagen en J. C. de M. N.* H, 68 (1985), 3, 474-483. – A. C. Secchin, *J. C.: A Poesia do Menos.* SP 1985. – R. Zenith, *J. C. de M. N.: An Engineer of Poetry.* LALR, 15 (1987), 3O, 26-42. – Z. Mameda, *Civil Geometria. Bibliografia Crítica de J. C. de M. N. (1942-1982).* SP 1987. – A. Bosi, *›Auto do Frade‹: Las voces y la geometría.* ESCRITURA, 14 (1989), 27, 207-212.

Mendes, Murilo

* 13.5.1901 in Juiz de Fora/Minas Gerais, † 14.8.1975 in Lissabon. In seiner Geburtsstadt und in Niterói besuchte er diverse Lehranstalten ohne konkrete Berufsabsichten. 1920 ging er nach Rio, wo er als Buchhalter, Zahnarztgehilfe, Telegraphist und Notariatsangestellter arbeitete. 1936 wurde er zum Oberschulinspektor des Bundesdistrikts ernannt. Ab 1957 war er an den Universitäten von Rom und Pisa Professor für bras. Literatur und zugleich Kulturattaché an der Botschaft seines Landes.

M.' Entwicklung als Lyriker war wechselvoll. Sein erstes Werk *Poemas* (1930) stellte in seiner Mischung aus ironischem Witz, Traumbildern, Realität und dem verwirrenden Wechsel der Zeitebenen eine Neuheit dar. Hier verbanden sich modernistische Errungenschaften mit surrealistischen Techniken und der Lebensphilosophie des »essencialismo«, die er, wie M. angab, dem befreundeten Maler und Dichter Ismael Neri (1900-34) verdankte, und die sich zusammenfassen läßt als subjektive Überwindung von Zeit und Raum und Bejahung der Dynamik des Lebens. In dem Gedichtband *História do Brasil* (1932) gewinnen Humor und Satire die Oberhand. M. verzichtete auf die Aufnahme dieses Werks in die Ausgabe der *Poesias, 1925-1955* (1959), die im übrigen gegenüber früheren Fassungen vieler Gedichte Veränderungen aufweist, entsprechend seinem Konzept: »Ich bin nicht mein eigener Nachkomme, sondern mein Zeitgenosse«. Nach seiner Bekehrung zum Katholizismus, zu der I. Neri den Anstoß gab, entstanden die bekenntnishaft feierlichen Kompositionen des in Zusammenarbeit mit J. de ↑Lima herausgegebenen Bandes *Tempo e Eternidade* (1935). Religiösen Gehalts ist des weiteren noch *A Poesia em Pânico* (1938), konstruiert auf dem Dualismus Gott und Dichtung bzw. Kirche und Muse. Die Linie der *Poemas* wird in *O Visionário* (1941), seinem berühmtesten Werk, wieder aufgenommen und in noch konsequenterer Form durchgeführt. Verzweiflung über eine von Haß, Krieg, Unrecht und Diktatoren beherrschte Welt ist der thematische Kern der Bände *As Metamorfoses* (1944) und *Poesia Liberdade* (1947). Dazwischen erschienen die Liebesgedichte von *Mundo Enigma* (1945). Historischen Themen und traditionellen Metren wendete M. sich dann in *Contemplação de Ouro Preto* (1954) und *Tempo Espanhol* (1959) zu, der Welt der klassischen Antike in *Siciliana*. Die letztere Sammlung, die 1954/55 entstand, wurde ebenso wie *Bumba-meu-Poeta* (1930), *Sonetos Brancos* (1946-48) und *Parábola* (1946-52) erst in der Gesamtausgabe von 1959 veröffentlicht. Eine der letzten Veröffentlichungen M.', *Retratos relâmpago* (1973), beinhaltet Reflexionen über Autoren, bildende Künstler und Komponisten.

Weitere Werke: Lyrik: *Murilogramas*

(1965), *A Idade do Serrote* (1968), *Convergência* (1970), *Poliedro* (1972), *Janelas Verdes* (1972), *Ipotesi* (ital., 1977), *Transístor* (1980).
Ausgabe: *Antologia Poética*. Hg. J. G. Merquior. RJ 1976.
Literatur: L. Correa do Araújo, *M. M.* Petrópolis 1972. – H. de Campos, *Metalinguagem*. SP 1976, 55-65. – J. Castañon Guimarães, *M. M.* RJ 1986. – A. da Costa e Silva, *Sobre M. M.* COL, 100 (1987), 80-85.

Miranda, Ana
* 1951 in Fortaleza/Ceará. Sie lebte in Brasília und seit 1969 in Rio. Sie hat zunächst zwei mit eigenen Illustrationen ausgestattete Gedichtbände, *Anjos e Demônios* (1978) und *Celebrações do Outro* (1983) veröffentlicht. Ihr erster Roman *Boca do Inferno* (1989; dt. *Höllenmaul*, 1991) rekonstruiert das Leben des 1633 in Bahia geborenen Dichters Gregório de ↑Matos und seine Epoche. Das Buch erzielte im In- und Ausland großen Erfolg. Auch ihr zweiter Roman, *Retrato do Rei* (1991), behandelt ein historisches Thema. Den Ausgangspunkt der zu Beginn des 18. Jh.s spielenden Handlung bildet das geheimnisvolle Verschwinden eines Porträts des Königs João V., das Anlaß wird zu einem Gemetzel zwischen den Neuankömmlingen aus Portugal und den schon länger in Minas Gerais ansässigen Siedlern.

Moog, Clodomir Viana
* 28.10.1906 in São Leopoldo/Rio Grande do Sul. 1925-30 studierte er Jura in Porto Alegre. Er schloß sich der Revolution von 1932 an, die sich gegen das Diktatorialregime von Getúlio Vargas richtete, wurde gefangengenommen und in das Innere von Amazonas deportiert. Die Amnestie von 1934 erlaubte ihm die Rückkehr nach Rio Grande do Sul. Er wurde Steuerbeamter und widmete sich dem Journalismus. Später war er wiederholt Vertreter Brasiliens bei der UNO und der OAS. Seit 1945 ist er Mitglied der bras. Literaturakademie.
M. hat in Essays und Romanen wie viele andere Autoren – von E. da ↑Cunha und G. ↑Freyre bis hin zu D. ↑Ribeiro – versucht, einen bras. Nationalcharakter allgemeingültig zu definieren. Am systematischsten ist er in dem Essay *Bandeirantes e Pioneiros* (1954) vorgegangen, in dem er die Vereinigten Staaten – mit starker Sympathie für die USA – unter verschiedenen Aspekten mit Brasilien vergleicht. Ein sozialpsychologisches Interesse liegt seinem bedeutendsten Roman, *Um Rio Imita o Reno* (1939), zugrunde, der die Integrationsprobleme der dt. Einwanderer behandelt und zugleich unter dem Eindruck der faschistischen Propaganda an das politische Bewußtsein der Brasilianer appelliert, rassistischem Wahnsinn und totalitären Kräften entgegenzutreten. Einen weiteren Nationenvergleich nimmt M. dann noch einmal in dem Roman *Tóia* (1962) vor, dessen Handlungsrahmen die Liebe eines bras. Diplomaten reiferen Alters zu einer jungen Mexikanerin bildet.

Weitere Werke: Kurzroman: *Uma Jangada para Ulises* (1959); Essays (Auswahl): *Heróis da Decadência* (1934), *O Ciclo do Ouro Negro* (1936), *Eça de Queiroz e o Século XIX* (1938), *Uma Interpretação da Literatura Brasileira* (1942; dt. *Das Wesen der brasilianischen Literatur*, 1952).
Ausgabe: *Obras Completas*. RJ 1966, 10 Bde.

Morães, Vinícius de
* 19.10.1913 in Rio de Janeiro, † 9.7.1980 ebd. Er studierte Jura in Rio, 1938 als Stipendiat in Oxford. 1943 trat er in den diplomatischen Dienst und wurde Konsul in Los Angeles, Paris und Montevideo. Internationalen Ruhm brachte ihm der Film *Orfeu Negro* (1959), der auf sein Vers-

drama *Orfeu da Conceição* (1956) zurückgreift. Seit Ende der 50er Jahre widmete er sich vor allem der populären Musik im Rahmen von Samba und Bossa Nova als Textdichter, Sänger und Komponist, oft in Zusammenarbeit mit Tom Jobim, der die Musik zu *Orfeu Negro* komponierte, und João Gilberto, mit denen er 1962 sein erstes Konzert gab, sowie mit Carlos Lyra und dem Gitarristen Baden Powell.

M., »der brillanteste der orthodoxen Modernisten« (Sérgio Milliet), trat erstmals als Lyriker mit *O Caminho para a Distância* (1933) hervor, einem Gedichtband, der den Einfluß des frz. »Renouveau catholique« (P. Claudel, G. Bernanos, F. Mauriac) erkennen läßt. Das mystische Pathos dieser frühen Gedichte wird schon in *Forma e Exegese* (1935) von einer klareren Ausdrucksweise abgelöst, wie auch der vorher als tragisch empfundene Konflikt zwischen »Fleisch und Geist« zugunsten des ersteren entschieden zu sein scheint (»A mulher que passa«). Wie M. selbst angegeben hat, beginnt jedoch erst mit *Cinco Elegias* (1943) seine neue Phase »einer schwierigen, aber beharrlichen Abkehr vom früheren Idealismus« und »Annäherung an die materielle Welt«. Besonders in der fünften Elegie, die auf das Erlebnis eines Tagesanbruchs in Chelsea zurückgeht, wird die neue Sichtweise stilistisch – mit verfremdenden Wortneubildungen, assoziativen Reihungen, Mischung von Port. und Engl. etc. – umgesetzt. M. knüpft dabei an die Neuerungen der Modernisten der ersten Stunde (Mário de ↑Andrade u. a.) an, findet jedoch zu einem unverwechselbar persönlichen Ausdruck. Äußerst virtuos werden in den nachfolgenden Werken wieder traditionelle Formen aufgegriffen. Nachhaltigen Einfluß, man sprach von einer epidemiehaften Wiedererweckung von Sonett und Ballade, hatte sein Band *Poemas, Sonetos e Baladas* (1946). Mit ihrem poetischen Erfindungsreichtum stellen besonders *Novos Poemas (II)* (1959) einen Höhepunkt seines Schaffens dar. Sozialkritik ist schon in *Livro de Sonetos* (1956) vorhanden. In den folgenden Werken und in vielen seiner Lieder wird sie zunehmend stärker betont.

Weitere Werke: Lyrik: *Ariana, a Mulher* (1936), *Novos Poemas* (1938), *Pátria Minha* (1949), *O Mergulhador* (1968); Theater: *Cordélia e o Peregrino* (1965); Essays, Crônicas: *Para Viver um Grande Amor* (1962, mit Lyrik), *Para uma Menina com uma Flor* (1966).

Ausgaben: *Poesia Completa e Prosa* (1974). – *Saravá. Gedichte und Lieder.* (1982, Auswahl, port., dt.).

Literatur: I. Marques Tavares, *V. de M.* Brasília 1972. – G. Figueira, *Pro y contra de V. de M.* RIB, 31 (1981), 2, 267-270. – H. Parente Cunha, *V. de M., o Eterno Trovador.* RBLL, 5 (1983), 11, 58-61.

Nascimento, Abdias do

* 1914. Er gründete 1944 in Rio das »Teatro Experimental do Negro« (TEN), dessen Ziel es war, Schwarze als Schauspieler auszubilden und die Produktion von Bühnenstücken zur afrobras. Geschichte und Kultur anzuregen. Die von N. herausgegebene Sammlung *Dramas para Negros e Prólogo para Brancos* (1961) ist eins der Ergebnisse dieser Arbeit. Die Sammlung enthält N.s Drama *Sortilégio: Misterio Negro* (1960, überarb. 1979) das zunächst verboten, 1967 schließlich doch aufgeführt wurde. Auch als Essayist hat N., der 1970-82 im Exil in den USA lebte, gegen sozialen und kulturellen Rassismus gekämpft. Die historische Rolle der Schwarzen in den vergangenen Jahrhunderten, vor allem der »Quilombos«, der von entlaufenen Sklaven gegründeten Gemeinwesen, behandelt er in *O Negro Revoltado* (1968) und *O Quilombismo: Documentos de uma Militância Pan-Africanista* (1980). Das Erstarken der afro-

bras. Literatur seit den späten 70er Jahren, das sich auch in der Gründung von Zeitschriften wie »Cadernos Negros« (seit 1978) und der von N. herausgegebenen »Afrodiáspora« (seit 1983) sowie von Schriftstellergruppen wie »Quilombhoje« in São Paulo manifestiert, ist zu einem wichtigen Teil auf sein Engagement zurückzuführen.

Weitere Werke: Lyrik: *Axés do Sangue e da Esperança* (1983); Essays: *Racial Democracy in Brazil: Myth or Reality?* (1977), *Mixture or Massacre? Essays on the Genocide of a Black People* (1979).
Literatur: A. de Campos Bruneti, *A. do N.: Negro de Alma Branca.* RI, 50 (1984), 126, 203-209.

Nascimento, Esdras do
* 8.2.1934 in Teresina/Piauí. Er lebt seit 1957 in Rio, wo er sich nach einem Philosophiestudium als Journalist etabliert hat. N. ist Autor von Romanen, in denen er vor allem die obere städtische Mittelschicht einer gründlichen und scharfsinnigen Analyse unterzieht. Die Reichen von Copacabana und ihre Frustrationen sind Gegenstand seines ersten Romans *Solidão em Familia* (1963). *Convite ao Desespero* (1964) spielt im Milieu einer Kleinstadt des ausgedörrten bras. Nordostens. Die Hauptperson, ein junger, ehrgeiziger Staatsanwalt, wird nach und nach von der Atmosphäre gehässigen Klatsches und kleinlicher Intrigen absorbiert. Eine blutig unterdrückte Arbeiterrevolte verdeutlicht ihm sein eigenes Versagen. *Engenharia do Casamento* (1968) ist als ein »Roman der Demontage« bezeichnet worden. Mit manchmal satirischem Humor durchleuchtet N. die Institution der Familie und überträgt deren Strukturen auf die damalige Situation der Militärdiktatur. Die »tragische Impotenz« als Resultat ehelicher Sexualität findet ihre Entsprechung im staatsbürgerlichen Verhalten. N., der sich auch als Literaturtheoretiker mit dem Essay *Teoria de Comunicação e Literatura* (1975) ausgewiesen hat, läßt bei aller Meisterschaft in der Handhabung moderner Erzähltechniken ein größeres Interesse für die Realität als für die Problematik der literarischen Formgebung erkennen. Auch der Roman *O Ventre da Baleia* (1980) zielt ab auf die Erhellung einer sozialen Wirklichkeit, in diesem Fall die von den Betroffenen als qualvoll empfundene Anpassung an die neue Umgebung im »Walfischbauch« von Brasília. Anders in dem Roman *Variante Gotemburgo* (1978), in dem die Realität den Regeln eines Schachspiels von Männern gegen Frauen unterworfen wird und auch die einzelnen Züge ihre Entsprechung in der Erzählweise – chronologisch, retrospektiv und deskriptiv, je nach Bewegung der Figur – finden.

Weitere Werke: Erzählungen: *Vinte Histórias Curtas* (1960); Romane: *Aventuras do Capitão Simplício* (1982), *Jogos da Madrugada* (1983), *As Surpresas da Paixão* (1986).

Nassar, Raduán
* 1935 im Staat São Paulo. Er studierte Literatur, Philosophie und Jura und hat als Journalist und Kaufmann gearbeitet. Bekannt wurde er durch den Roman *Lavoura Arcaica* (1975, ²1982, überarb.). Thema sind die Familienbeziehungen – auch der Inzest – in einer ländlichen, patriarchalischen Gesellschaft. Im ersten Romanteil verläßt der Ich-Erzähler André die Familie. Die ständige Mahnung seines Vaters, daß »das Glück nur im Schoße der Familie gefunden« würde, hatte er befolgen wollen, als er seine Schwester Ana zu verführen suchte. Diese wird im zweiten Teil, als der Vater davon erfährt, mit dem Tod bestraft. André hat seine Rebellion aufgegeben und die alte Ordnung akzeptiert. Von der Kritik wurden besonders die detaillierte Dar-

stellung des ländlichen Umraums gelobt, sowie eine kraftvolle Sprache, in der sich barocke Rhetorik und moderne Lyrik verbinden. Ein zweiter kurzer Roman von R. N., *Um Copo de Cólera* (1978; dt. *Ein Glas Wut*, 1991), besteht aus den ineinander verwobenen Monologen eines Ehepaares, die rücksichtslos miteinander abrechnen.

Nava, Pedro de

* 5.6.1903 in Juiz de Fora/Minas Gerais, † 14.5. 1984 (Selbstmord) in Rio de Janeiro. In Belo Horizonte studierte er Medizin und war 1925 Mitarbeiter der von C. Drummond de ↑Andrade und anderen herausgegebenen modernistischen Zeitschrift »A Revista«. 1927-33 praktizierte er als Arzt in Minas Gerais, danach in Rio. – Sein literarischer Ruhm beruht vor allem auf den sechs Bänden autobiographischer *Memórias*, die er ab 1968 niederzuschreiben begann: *Baú de Ossos* (1972), *Balão Cativo* (1973), *Chão de Ferro* (1976), *Beira-Mar* (1978), *Galo-das-Trevas* (1981) und *O Círio Perfeito* (1983). N.s breite kulturelle Interessen – er war selbst auch Maler –, seine politische Sensibilität und sein Vorsatz wahrheitsgemäßer Darstellung lassen ein anschauliches und sprachlich faszinierend lebendiges Panorama Brasiliens in diesem Jh. entstehen. Seine Memoiren weisen zudem besondere literarische Vorzüge auf, die zum einen auf der an M. Prousts assoziativer Schreibweise und Zeitverständnis geschulten Darstellung beruhen, zum anderen auf dem selbstkritischen Bewußtsein, die eigene Lebensgeschichte nicht nur zu schreiben, sondern auch zu lesen.

Literatur: R. Nunes, *P. N. Memória*. SP 1987 (mit Bibliographie).

Oliveira, Alberto de

* 28.4.1857 in Palmital de Saquarama/Rio de Janeiro, † 19.1.1937 in Niterói. Er stammte aus einer Kaufmannsfamilie, studierte Medizin und Pharmazie, war aber danach als Lehrer und höherer Beamter im Erziehungswesen tätig. Er gehörte zu den Gründungsmitgliedern der bras. Literaturakademie. Neben O. ↑Bilac und R. ↑Correia ist er der bedeutendste Lyriker des bras. Parnassianismus, den er am konsequentesten in seinen Gedichtbänden *Meridionais* (1884) und *Sonetos e Poemas* (1885) verwirklicht. Hier werden im Sinne des 1852 von Leconte de Lisle formulierten Programms einer von romantischen Gefühlen befreiten, sozial zweckfreien, auf formale Perfektion bedachten Kunst Naturbilder, mythologische Szenen und Momente der Erfahrung absoluter Schönheit als reine Erscheinungsformen festgehalten. Aber bei allem disziplinierten *L'art pour l'art* klingen in den genannten Bänden melancholische und leidenschaftliche Töne an. In *Versos e Rimas* (1895) wird die Kunstübung der Ausklammerung persönlicher Emotionen deutlich aufgegeben. Besonders in O.s Naturgedichten kommt in starkem Maße eine wieder auf die Romantik zurückweisende bzw. zum Symbolismus neigende Vergeistigung und Ergriffenheit zum Ausdruck. In der Erfassung der konkreten heimatlichen Umwelt und der gelegentlichen Poetisierung von Gegenständen – etwa Insekten –, die bislang aus der Lyrik ausgeklammert waren, greift er auch über seine Zeit hinaus. O. hat die einzelnen Bände seiner Lyrik konsekutiv u. d. T. *Poesias* in vier »Serien« herausgegeben (I: 1900, II: 1905, III: 1913, IV: 1927).

Ausgabe: *Poesias Escolhidas*. RJ 1933.
Literatur: Ph. Serpa, *A. de O.* RJ 1958. – L. A. de Azevedo Filho, *A Estética Parnasiana em A. de O.* RBLL, 4 (1982), 10, 31-35.

Paiva, Manuel de Oliveira

* 2.7.1861 in Fortaleza/Ceará, † 29.9.

1892 ebd. Bis auf die Jahre 1880-83, die er in Rio als Schüler der Escola Militar verbrachte, lebte er in Ceará. Er war Redakteur der progressiven Cearenser Zeitung »O Libertador« und schrieb ab 1887 außerdem für die Zeitschrift des Literaturclubs von Fortaleza, »A Quinzena«, Erzählungen und Crônicas, die gesammelt erstmals 1976 u.d.T. *Contos* erschienen. 1889 publizierte er in Fortsetzungen einen ersten Roman *A Afilhada* (1962, Hg. L. Miguel-Pereira). Sein Hauptwerk, der Roman *Dona Guidinha do Poço* (1952) entstand in den letzten zwei Jahren seines kurzen, lange Zeit von Krankheit gezeichneten Lebens.
Von *Dona Guidinha do Poço* waren 1899 einige Kapitel in der »Revista Brasileira« erschienen. Der Literaturkritikerin Lucia Miguel-Pereira kommt das Verdienst zu, das gesamte Manuskript entdeckt und veröffentlicht zu haben. Inhaltlich geht das Werk auf persönliche Erfahrungen des Autors im Sertão von Quixadá sowie einen realen Mordfall zurück. Aufgeteilt in fünf Bücher, entsprechend den Akten eines Dramas, schildert der Roman das Schicksal der Gutsherrin Guida, einer harten, herrischen Frau, die zugleich von den Armen wegen ihrer Hilfsbereitschaft verehrt wird. Guidas harmonische Ehe mit dem Major Joaquim gerät ins Wanken, als sie sich in einen Neffen ihres Mannes verliebt, diesen verführt und schließlich zur Ermordung Joaquims anstiftet. Die literaturgeschichtliche Bedeutung des Werkes ergibt sich aus der Unabhängigkeit von zeitgenössischen Modellen und Strömungen sowie einer Darstellungsweise, die auf den Regionalismus der 30er Jahre vorausweist. So vermitteln die detaillierten Milieuschilderungen nicht nur Lokalkolorit, sondern lassen den Lebensraum der Region mit seiner spezifischen Kultur, Sprache und sozialen Problematik als Gesamtheit in Erscheinung treten.

Literatur: R. Morel Pinto, *Experiência e Ficção de O. P.* SP 1967. – S. de Azevedo, *Literatura Cearense*. Fortaleza 1976.

Paiva, Marcelo Rubens
* 1.5.1959 in São Paulo. Sein Vater war Diplomat und eines der ersten Opfer der bras. Militärdiktatur. Er studierte Landwirtschaft. Nach einem Badeunfall im Dezember 1979 blieb er querschnittgelähmt. Diese Erfahrung ist Gegenstand des autobiographischen Romans *Feliz Ano Velho* (1982; dt. *Sprung in der Sonne. Eine Jugend in Brasilien*, 1986). Während seines einjährigen Krankenhausaufenthalts erinnert sich der Protagonist an sein bisheriges Leben und lernt es, sich mit seiner neuen Situation zurechtzufinden. Das Buch hatte einen enormen Erfolg in Brasilien und erreichte in fünf Jahren eine Auflage von mehr als 800000 Exemplaren. P.s zweiter Roman *Blecaute* (1986; dt. *Jenseits der 4. Jahreszeit. Blackout*, 1987) ist ein Porträt eines Teils der heutigen Jugend Brasiliens im Rahmen einer utopisch apokalyptischen Handlung: Drei Jugendliche kommen von einer Reise in das von einer Katastrophe zerstörte, menschenleere São Paulo zurück.

Peixoto, Afrânio
* 17.12.1876 in Lençóis/Bahia, † 12.1. 1947 in Rio de Janeiro. Er war Professor für Gerichtsmedizin, Hygiene, Rechts- und Erziehungswissenschaft, außerdem in Verwaltung und Politik tätig und ab 1923 zeitweise Präsident der bras. Literaturakademie. Er erhielt Verdienstorden der Regierungen Portugals, Frankreichs, Italiens und Belgiens.
Seinen breitgestreuten Tätigkeiten entsprechen Umfang und Thematik seiner schriftstellerischen Produktion. Neben mehreren Romanen hat er medizinische, juristische, historische, folkloristische und literaturwissenschaftliche

Werke – vor allem über Camões –, Reisebeschreibungen, Chroniken, Biographien etc. verfaßt. Seine früheste Veröffentlichung sind die symbolistischen Prosagedichte von *Rosa Mística* (1900), denen erst nach einem Jahrzehnt der Roman *A Esfinge* (1911) folgt. Stilistisch sauber, konventionell und unpersönlich, bemüht um eine objektive psychologische Erfassung besonders der weiblichen Gestalten, läßt *A Esfinge* bereits wesentliche Züge des weiteren Romanschaffens P.s erkennen. Die dramatische Grundformel, die er den Frauenschicksalen sowohl im städtischen wie ländlichen, zumeist Bahianer Milieu zugrunde legt, ist der Kampf gegen die sexuelle Begierde des Mannes oder gegen die eigenen erwachten Instinkte. Von seinen regionalistischen Romanen, die sich einst großer Beliebtheit erfreuten, unter anderen *Maria Bonita* (1914), *Bugrinha* (1922), *Sinhàzinha* (1929), gilt *Fruta do Mato* (1920), dessen weibliche Hauptfigur eine gebildete Bäuerin aus dem Sertão ist, als gelungenste Schöpfung.

Ausgabe: *Romances Completos.* Hg. A. Coutinho. RJ 1962.
Literatur: L. Ribeiro, *A.P.* RJ 1950. – L. Viana Filho, *A.P.* RJ 1963. – *A.P. 1867-1947.* RJ 1976.

Piñon, Nélida
* 1936 in Rio de Janeiro. Sie studierte Zeitungswissenschaften in Rio, wo sie auch heute lebt und u.a. Mitarbeiterin der Zeitschriften »O Globo« und »Cadernos Brasileiros« gewesen ist.

P. ist mit Romanen und Erzählungen bekannt geworden, in denen sie in der Linie von C. ↑Lispector oder O. ↑Lins – und wie diese unter dem Einfluß des Existentialismus Camusscher Prägung – Ethik und Ästhetik oder auch Realität und Fiktion zu vermitteln sucht. So wird, besonders in ihren frühen Romanen, Handlung vor allem als psychisches Geschehen entwickelt und auf Transzendentales bezogen. Ihr erster Roman *Guia-Mapa de Gabriel Arcanjo* (1961) ist ein Dialog zwischen der Protagonistin und ihrem »Schutzengel« über die Idee der Sünde, Gott und Vergebung. Christliche Mythologie als Maßstab für Konflikte der Gegenwart liegt auch dem Geschehen von *Madeira Feita Cruz* (1963) zugrunde. Erotik, eine der wesentlichen Konstanten ihres gesamten Werkes, steht im Mittelpunkt von *A Casa da Paixão* (1972). Die körperlichen und emotionalen Veränderungen vom heranwachsenden Mädchen zur Frau und die in diesem Prozeß gewonnene Freiheit werden hier einer von Christentum und Logik auf die Fortpflanzungsfunktion reduzierten Sexualität gegenübergestellt. Auch der kürzere Roman *A Força do Destino* (1977) konfrontiert zwei Auffassungen von Liebe. Mit freundlichem Spott wird das Libretto der Verdi-Oper bzw. das Drama des Duque de Rivas auf Alternativen hin befragt, wobei sich die Erzählerin als Protagonistin in die Handlung einbezieht. Individuelles Schicksal und historische Entwicklung verknüpft P. in den Romanen *Fundador* (1969) und *A República dos Sonhos* (1984). Der letztere, fast 800 S. stark, ist eine über vier Generationen geführte Saga ihrer eigenen, aus Galicien stammenden Familie. Die Erzähler sind der nach Brasilien, in die »Republik der Träume« ausgewanderte Großvater und seine Enkelin. Hervorzuheben ist von Anfang an P.s meisterhafte Beherrschung moderner Erzähltechniken und eine Sprachverwendung, die scheinbar den Gestalten selbst überläßt, ihre geheimen Absichten und atavistischen Vorstellungen preiszugeben.

Weitere Werke: Roman: *Tebas do Meu Coração* (1974); Erzählungen: *Tempo das Frutas* (1966), *Sala de Armas* (1973), *O Ca-*

lor das Coisas (1980); Theater: *Beatas no Nojo* (1970).

Literatur: M. d. G. Rodrigues Paulino, ›*Fundador*‹: *A Subversão do Mito*. CLTL, 2 (1979), 71-75. – N. Hoki Moniz, ›*A Casa da Paixão*‹: *Etica, Estética e a Condição Feminina*. RI, 50 (1984), 129-140. – H. Costa, *A Margem de* ›*A República dos Sonhos*‹ *de N. P.* LBR, 24 (1987),1, 1-15.

Queiroz, Rachel de

* 17.11.1910 in Fortaleza/Ceará. Ihre Kindheit verbrachte sie abwechselnd auf der Fazenda der Familie im Sertão von Ceará und in Fortaleza, wo sie 1925 ihre Ausbildung zur Lehrerin abschloß. Sie arbeitete danach als Journalistin, zunächst in Ceará, ab 1930 in Rio bei »O Jornal« und »Diário de Notícias«. 1931-33 war sie Mitglied der Kommunistischen Partei. 1937 wurde sie als Trotzkistin zu Gefängnis verurteilt. Ab 1946 war sie Redakteurin der Zeitschrift »O Cruzeiro«, in der sie zahlreiche Chroniken veröffentlichte, die breiten Anklang fanden. Sie war die erste bras. Delegierte bei der UNO-Vollversammlung und wurde als erste Autorin 1977 in die bras. Literaturakademie aufgenommen.

Ihre literarische Laufbahn begann mit Gedichten und dem Roman *História de um Nome*, der 1927 in Fortsetzungen in der Zeitung »O Ceará« abgedruckt wurde. Berühmtheit erlangte sie mit dem Roman *O Quinze* (1930; dt. *Das Jahr 15*, 1978), der neben J. A. de ↑Almeidas *A Bagaceira* (1928) die Serie der großen Romane des bras. Nordostens eröffnete. Die Handlung von *O Quinze* entwickelt sich vor dem Hintergrund der Dürrekatastrophe von 1915. Die soziale Problematik feudaler Besitzverhältnisse wird am Schicksal eines Vaqueiros, seiner Familie und mehrerer Personen, die zur Oberschicht der Fazendeiros gehören, verdeutlicht, wenn auch nicht in der Form, daß der Klassengegensatz zu formelhafter Typisierung führte. Bei aller Schärfe, mit der das Elend der vor dem Hungertod Flüchtenden und seine Ursache gesehen werden, erfaßt die Erzählerin die Realität der Reichen wie der Armen mit der gleichen Authentizität und inneren Wahrhaftigkeit. Unter manchen Aspekten ist *O Quinze* das Zentrum ihres gesamten weiteren Schaffens. So kehrt sie immer wieder zu dessen Motivwelt von Trockenheit, Banditenwesen, religiösem Fanatismus zurück, wie auch die Prägnanz und Direktheit der Sprache und die Technik des in das Geschehen einbezogenen und durch dieses veränderten Erzählers beibehalten bleiben. In ihrem nächsten Roman *João Miguel* (1932) wird das Drama der sozialen Notstände aus der Erfahrung und Erinnerung eines inhaftierten Revolutionärs reflektiert. Das Thema der Revolution wird in *Caminho de Pedras* (1937) fortgesetzt. In einem schmerzvollen Prozeß wird der Heldin ihre persönliche und soziale Situation bewußt. Sie trennt sich von ihrem Mann, um an der Seite des Geliebten die soziale Emanzipation der Arbeiter zu agitieren. Im mehrfachen Unglück, das sie erleidet, findet sie zu innerer Sicherheit. Unterschiedlich bewertet wird der Roman *As Três Marias* (1939), dessen drei Hauptpersonen Schülerinnen eines Internats sind. Als Autorin von Theaterstücken hat Q. *Lampião* (1954), eine unpathetische und subtile Analyse des berühmten Banditen, veröffentlicht sowie *A Beata Maria do Egito* (1958), worin ein Polizeichef sich in eine von ihm verhaftete religiöse Fanatikerin verliebt. Die meisten ihrer Werke wurden mit Preisen ausgezeichnet.

Weitere Werke: Roman: *Dôra, Doralina* (1975); Erzählungen, Crônicas: *A Donzela e a Moura Torta* (1948), *100 Crônicas Escolhidas* (1958), *O Brasileiro Perplexo* (1964), *O Caçador de Tatu* (1967), *As Menininhas e outras Crônicas* (1976).

Literatur: H. Bruno, *R. de Q.* RJ 1977. – M. Carelli, *Un roman épuré: »Dôra, Doralina« de R. de Q.* LNL, 76 (1982), 1, 83-90. – J. Courteau, *The Problematic Heroines in the Novels of R. de Q.* LBR, 22 (1985), 2, 123-144. – L. Petit, *Le champ du signe dans le roman queirosien.* Paris 1987.

Ramos, Graciliano

* 27.10.1892 in Quebrângulo/Alagoas, † 20.3.1953 in Rio de Janeiro. Er war Sohn eines Kaufmanns und selbst auch als Händler tätig. Ab 1928 hatte er verschiedene Ämter in der Verwaltung des Staates Alagoas inne. 1936 wurde er wegen des Verdachts revolutionärer Umtriebe inhaftiert und erst nach elf Monaten freigelassen. Danach lebte er in Rio als Journalist und war zugleich ab 1939 Schulinspektor. 1945 trat er der Kommunistischen Partei bei.

G. R., neben J. ↑Amado und Lins do ↑Rego der größte modernistische Romancier des bras. Nordostens, wurde 1929 durch einen seiner Halbjahresberichte, die er als Bürgermeister an den Gouverneur von Alagoas einsandte, entdeckt. Zu denjenigen, die die literarischen Qualitäten des Verfassers erkannten, gehörte der Lyriker und Verleger A. F. Schmidt, der R.' ersten, bereits gegen 1926 abgeschlossenen Roman *Caetés* (1933) publizierte. Es ist dies bereits das Werk eines erfahrenen Schriftstellers, auch wenn sich R. später davon distanzierte. In der Personengestaltung von *Caetés* deutet sich schon eine Grundkonzeption an, die in den folgenden Romanen zum Tragen kommt: die Idee vom grausam selbstsüchtigen Tier im Menschen. Hier wird sie noch aus einer intellektuellen Distanz betrachtet und im beißenden Humor und Sarkasmus neutralisiert, in *São Bernardo* (1934; dt. *São Bernardo*, 1960) wird sie zur erdrückenden, faszinierenden Realität, verkörpert durch die Hauptperson Paulo Honório, dem despotischen Herrn der Fazenda São Bernardo und fiktiven Autor seiner Memoiren. Dieser Apologet des Eigentums, der die Menschheit in die Gruppe der Erwählten und Besitzenden und die der Ausgestoßenen und Besitzlosen unterteilt, hat mit rücksichtslosem Einsatz aus dem ruinierten Anwesen ein blühendes Unternehmen gemacht. Dinge und Menschen sind auf gleiche Weise seiner Grausamkeit und Besitzgier ausgeliefert. Aus dieser Disposition erwächst das Drama seiner Ehe und seiner Eifersucht, durch die die Frau in den Tod getrieben wird. Mit der gleichen Gewalttätigkeit, die Paulo in seinen Handlungen bewies, wird er sich in quälender Gewissensbefragung des selbstzerstörerischen Elements in der eigenen Persönlichkeit bewußt. *Angústia* (1936; dt. *Angst*, 1978) ist die Lebensgeschichte eines von Minderwertigkeitskomplexen und sexueller Unausgeglichenheit frustrierten, von Gewissensnöten und Angstträumen gepeinigten Mannes. Luís da Silva, Sohn eines verarmten Großgrundbesitzers, verliert seine Geliebte an einen reichen Nebenbuhler, den er in einem Akt haßerfüllter Zerstörungswut erwürgt. Die soziale Anklage wird zwar durch die psychologische Problematik verdeckt, aber Luís läßt sich ebenso wie sein großbürgerlicher Rivale als Vertreter seiner Klasse verstehen. *Vidas Sêcas* (1938; dt. *Nach Eden ist es weit*, 1966, danach *Karges Leben*, 1981), R.' letzter großer Roman, schildert das Leben einer Landarbeiterfamilie zwischen zwei Dürreperioden. Auch dieser Roman, dessen Handlung ohne eingreifende dramatische Konflikte verläuft, entwickelt sich aus der Introspektive der Personen. Der Willkür des Großgrundbesitzers, der Habgier der Kaufleute und einer Obrigkeit ausgesetzt, die nur die Interessen der Reichen vertritt, konzentriert sich die Lebensproblematik Fabianos und seiner Familie auf das Bewußtsein von Einsamkeit und Frustration. Anders als in den vorausgegangenen Werken zeigt sich in Fabianos zähem Kampf um ein Minimum an menschenwürdigen Bedingungen ein aufkeimender Optimismus. Seine persönlichen Erfahrungen als politisch Verfolgter stellt R. in *Memórias do Cárcere* (1953, 4 Bde.) dar, einem Werk, das als Dokument und tiefgehende Analyse seines Landes den Romanen ebenbürtig ist. Ohne Sentimentalität oder Selbstmitleid beschreibt er das Grauen des Gefängnisses, dieses Mikrokosmos' der bras. Realität.

Weitere Werke: Erzählungen: *Histórias de Alexandre* (1944), *Histórias Incompletas* (1946), *Insónia* (1947), *7 Histórias Verdadeiras* (1951), *Histórias Agrestes* (1960), *Alexandre e Outros Heróis* (1962); Chroniken, Reiseberichte, Memoiren: *Infância* (1945), *Viagem – Tcheco-Eslováquia, U.R.S.S.*(1954), *Linhas Tortas* (1960), *Viventes de Alagoas* (1960).
Gesamtausgabe: *Obras Completas*. SP 1961, 10 Bde.
Literatur: A. Brasil, *G. R.* RJ 1969. – R. A. Mazzara, *G. R.* New York 1974. – L. Malard, *Ensaio de Literatura Brasileira: Ideologia e Realidade em G. R.* Belo Horizonte 1976. – C. de Carvalho, *Ensaios Gracilianos*. RJ 1978. – C. Ramos, *Mestre Graciliano: Confirmação Humana de uma Obra*. RJ 1979. – B. Abdala Júnior, *A Escritura Neo-Realista. Análise Sócio-estilístico dos Romances de Carlos de Oliveira e G. R.* SP 1981. – F. Cristovao, *G. R.: Estrutura e Valores de um Modo de Narrar.* RJ [3]1986. – J. C. Garbuglio u. a., *G. R.* SP 1987. – C. Lemos de Oliveira, *Understanding G. R.* Columbia, S. C. 1988. – Z. Campos Reis, *›Memorias de la cárcel‹: comprender, resistir.* ESCRITURA, 14 (1989), 27, 197-206.

Rawet, Samuel
*1929 in Klimontow (Polen), †1985 in Rio de Janeiro. Er kam als Kind jüdischer Eltern 1936 nach Brasilien. Nach einem Ingenieurstudium in Rio, das er 1953 abschloß, war er am Aufbau von Brasília beteiligt. Später übte er seinen Beruf in Rio aus.
Seine erste Publikation ist der Erzählungsband *Contos do Imigrante* (1956). Innerhalb der bras. Literatur wird hier erstmals die Situation der Einwanderer, besonders der jüdischen, in tiefgründiger Weise dargestellt. Das gleiche Thema wird dann u. a. von C. H. ↑Cony und M. ↑Scliar aufgegriffen. In spröder, aber fast lyrisch dichter Sprache gestaltet R. eine Atmosphäre quälender Bedrückung. Für seine Personen sind die fremde Kultur und Sprache nicht nur äußere, soziale Barrieren, sondern sie beeinflussen in dramatischer Weise ihr Lebensgefühl und Weltbild. Die Erfahrung des Andersseins entfremdet die Realität und führt zu Verständigungsproblemen selbst mit denen, die das gleiche Schicksal teilen. R. vertieft bzw. intellektualisiert – mit gelegentlich sichtbaren Spuren des Einflusses von J. L. ↑Borges – diese dramatische Erfahrung der Zugehörigkeit zu einer Randgruppe und der Isolation in weiteren Erzählungsbänden wie *Diálogo* (1963) und *O Terreno de uma Polegada Quadrada* (1969) oder auch in seinen Kurzromanen *Abama* (1964) und *Ahasverus* (1970). R. hat über Romane und Erzählungen hinaus auch ein Theaterstück, *Os Amantes* (1957), und Essays sowie verschiedene Drehbücher für das Fernsehen geschrieben.

Weitere Werke: *Os Sete Sonhos* (1967), *Consciência e Valor* (1970), *Eu-Tu-Ele* (1972), *Angústia e Conhecimento* (1978), *Que os Mortos Enterrem seus Mortos* (1981).

Rebelo, Marques
*6.1.1907 in Rio de Janeiro, †26.8.1973 ebd. Eigtl. Edy Dias da Cruz. Er war Kaufmann, Übersetzer, Kunstkritiker und -händler, Journalist und Schulinspektor, ab 1964 Mitglied der bras. Literaturakademie. Seine Re-

krutenzeit, 1926-27, inspirierte ihn zu seinem ersten namhaften Werk, dem Kurzroman *Oscarina* (1931), den er zusammen mit fünfzehn Erzählungen herausbrachte. Mit diesem Band, der das Milieu der untersten Mittelschicht in den Stadtvierteln der Nordzone von Rio zum Thema hat, legte er die thematischen und formalen Konstanten für sein weiteres Werk fest und setzte eine Tradition fort, die bei Manuel Antônio de ↑Almeida begonnen und zu Lima ↑Barreto geführt hatte. Aus dieser Welt der Dirnen, Zuhälter, Diebe, kleinen Beamten, Bummler, Sambatänzer usw. und aus deren sprachlichen Besonderheiten komponierte er den Roman *Marafa* (1935), dessen Besonderheit darin liegt, daß nicht ein individuelles Schicksal, sondern das einer sozialen Schicht dargestellt wird. Stärker auf die Psychologie einer Einzelperson, nämlich Leniza, konzentriert, aber trotzdem die komplexe soziale Realität erfassend, stellt R. in dem Roman *A Estrêla Sobe* (1938) die Welt der Rundfunkanstalten dar. Lenizas Aufstieg führt zwangsweise zu einer Zerrüttung ihrer Persönlichkeit, und ihre neurotische Besessenheit ist das Symptom einer kranken Gesellschaft. Von der auf sieben Bände geplanten Romanserie *O Espelho Partido* liegen *O Trapicheiro* (1959), *A Mudanza* (1962) und *A Guerra Está em Nós* (1968) vor. Als Tagebuch eines Schriftstellers aus Rio behandelt das Werk die kulturelle und politische Entwicklung Brasiliens seit etwa 1930. Über den Militärputsch von 1964 hat R. den satirischen Kurzroman *O Simples Coronel Madureira* (1967) geschrieben. Die grauenvollen Folgen des Putsches läßt jedoch die Satire nicht voraussehen.

Ausgaben: *Obras Completas*. RJ 1956. – *Seleta*. Hg. I. Cavalcanti Proença. RJ 1974. – *Contos Reunidos*. Hg. J. Montelo. RJ 1977 (mit Bibliographie).

Rego, José Lins do

*3.7.1901 bei Pilar/Paraíba, †12.9.1957 in Rio de Janeiro. Er entstammte einer alten, wirtschaftlich nahezu ruinierten Großgrundbesitzerfamilie. In Recife studierte er Jura und wurde danach Bankenkontrolleur in Maceió/Alagoas. Ab 1935 lebte er als Steuerbeamter und Journalist in Rio. Neben G. ↑Ramos und R. de ↑Queirós ist R. einer der wichtigsten Vertreter der Nordost-Literatur Brasiliens. Nach eigener Aussage verdankte er dem Soziologen G. ↑Freyre entscheidende Anregungen. Unter diesem Einfluß entstand sein monumentaler »Zuckerrohrzyklus«, in dem er in einer Mischung aus Dokumentarbericht und Fiktion den Verfall der patriarchalisch-feudalistischen Verhältnisse darstellt. Der erste Roman des Zyklus, *Menino de Engenho* (1932; dt. *Santa Rosa*, 1953, zus. mit *Banguê* und *O Moleque Ricardo*) war ursprünglich geplant als Biographie seines Großvaters, entwikkelte sich jedoch zur Schilderung der eigenen Kindheit. (R.s Memoiren *Meus Verdes Anos*, 1956, stimmen z.T. wörtlich mit dem Roman überein.) Mit gelegentlichem Unterton nostalgischer Verherrlichung wird das Leben auf einer Fazenda mit ihren Abhängigkeits-, Sexual- und Verwandtschaftsverhältnissen beschrieben, wie sie der junge Carlos erlebt. Die für den gesamten Zyklus besonders relevante Szene ist die von dem vierjährigen Knaben erlebte Ermordung der Mutter durch den geistig umnachteten Vater. Das furchtbare Geschehen überschattet den Roman, und es ist das Symptom für den unaufhaltsamen Untergang der alten Ordnung. In *Doidinho* (1933), dem zweiten Roman des Zyklus, wird der Lebensbericht Carlos' fortgesetzt, der als Internatsschüler einem stupiden Erziehungssystem sowie der Grausamkeit der Mitschüler ausgeliefert ist. Der ihm angehängte Spitzname »Doidinho«, »Kleiner Verrückter«, hält quälend die Erinnerung an die Wahnsinnstat des Vaters wach. Mit *Banguê* (1934) verläßt der Autor die konkrete Autobiographie. Carlos, der sein Studium beendet hat, wird Erbe von Santa Rosa, muß die herabgewirtschaftete Fazenda aber schließlich verkaufen. *O Moleque Ricardo* (1935) behandelt das Schicksal des Negerjungen Ricardo, der Santa Rosa verlassen hat, in der Erwartung, in Recife bessere Lebensbedingungen zu finden. Die Ausbeutung des Stadtproletariats erscheint ihm mit der Zeit noch unmenschlicher als die Versklavung der Plantagenarbeiter. Er beteiligt sich an einem Streik und wird auf eine Strafgefangeneninsel deportiert. In *Usina* (1936), dem letzten Roman des Zyklus, wird geschildert, wie durch die Einführung industrieller Verarbeitungsformen der Kapitalismus den Feudalismus verdrängt. Raffgier, Ehrgeiz und Machtstreben der neuen Herren, der erbarmungslose Kampf um wirtschaftlichen Vorteil bedeuten für die Arbeiter noch ärgere Lebensbedingungen als unter traditionsbewußten Despoten. Von gleicher Dramatik und Intensität wie der »Zuckerrohrzyklus« sind die Romane, denen eine verwandte Thematik zugrunde liegt, so *Fogo Morto* (1943), eine großartige Synthese der Dekadenz des Feudalismus, und der Banditenroman *Cangaceiros* (1953; dt. *Rhapsodie in Rot*, 1958). Schwächer sind die Werke, in denen das Großstadtleben von Rio den Hintergrund bildet, z. B. *Agua-Mãe* (1941) und *Eurídice* (1947).

Weitere Werke: Romane: *Pureza* (1937), *Riacho Doce* (1939); Kinderbuch: *Histórias da Velha Totónia* (1936); Essays, Chroniken (Auswahl): *Gordos e Magros* (1943), *Pedro Américo* (1944), *Conferências no Prata* (1946), *Poesia e Vida* (1946), *Homens, Seres e Coisas* (1952), *Presença do Nordeste na Literatura Brasileira* (1957). Ausgabe: *Dias Idos e Vividos: Antologia.* (1981).

Literatur: I. Bichara Sobreira, *O Romance do J. L. do R.* João Pessoa 1971. – R. Sisson, *Cenografia e vida em ›Fogo Morto‹.* RJ 1976 – J. da Gama Batista, *J. L. do R.* Paraíba 1979. – E. Martins (Hg.), *J. L. do R.: O Homem e a Obra.* João Pessoa 1980. – *J. L. do R., 1901-1957.* RJ 1981. – A. R. Standley, *Here and There [...].* LBR, 23 (1986), 1, 61-75. – R. Reis, *A amendoeira e o banana: Impotencia en J. L. do R.* RIB, 39 (1989), 2, 169-176.

Resende, Otto Lara

* 1.5.1922 in São João del-Rei/Minas Gerais. Nach einem Jurastudium in Belo Horizonte, das er 1945 abschloß, ging er nach Rio, wo er die nächsten Jahre als Journalist, u. a. als Parlamentsreporter beim »Diário de Notícias«, ab 1954 als Chefredakteur der Zeitschrift »Manchete« tätig war. 1957 kam er als Kulturattaché nach Brüssel. Drei Jahre später nahm er in Rio wieder seine journalistische Tätigkeit auf. Zur Zeit der Diktatur war er Staatsanwalt von Guanabara.

R. ist vor allem bekannt als Autor von Erzählungen. In den Bänden *O Lado Humano* (1952) und *Boca do Inferno* (1957) gestaltet er eine Welt des Grauens und der brutalen Gewalt. Die finsteren, oft makabren Geschichten jugendlicher Helden lassen etwas von der persönlichen Erfahrung des Autors durchblicken, der seit seiner Kindheit an Asthma litt und in der Angst eines frühen Todes befangen war. Thematisch breiter und technisch bis zur Virtuosität entwickelt, festigten die Erzählungen von *O Retrato na Gaveta* (1962) R.s Ruhm als einer der repräsentativsten Erzähler seiner Generation. Als exemplarisch gilt »Gato, Gato, Gato«. Sein bisher einziger Roman *O Braço Direito* (1963) berichtet in Form eines fiktiven Tagebuchs von den Erfahrungen des Leiters eines Waisenheims in einer Kleinstadt des

Landesinneren. Ein weiterer Erzählungsband *As Pompas do Mundo* (1975) nimmt teilweise Bezug auf die aktuelle politische Situation des Landes. Die Erzählung »Viva la Pátria« karikiert Aufstieg und Fall eines Diktators.

Rey, Marcos
* 17.2.1925 in São Paulo. Eigtl. Edmundo Donato. Zusammen mit seinem Bruder Mário D. gründete er die Verlage »Donato Editora« und »Autores Reunidos«. Er war Präsident des bras. Schriftstellerverbandes und hat für Zeitungen und Fernsehen gearbeitet.
R. hat Romane, Erzählungsbände, Theaterstücke und Kinderliteratur veröffentlicht. Breiten Publikumserfolg hatten einige seiner Romane, von denen *Café na Cama* (1960) und die humorvollen *Memórias de un Gigolô* (1968; dt. *Memoiren eines Gigolo*, 1987) auch verfilmt worden sind. Das Szenarium seiner spannend und flüssig geschriebenen Erzählungen und Romane ist die Großstadt São Paulo. R.s Interesse gilt im besonderen den sozialen Randgruppen, den Unterprivilegierten und Kriminellen, der Welt der Nachtbars, Bordelle und sonstiger Vergnügungsstätten. Er vermeidet jedoch pittoreske Effekte, sondern sucht kritisch und nüchtern das Erscheinungsbild vielgesichtigen Elends zu porträtieren. In welchem Maße sich dieses verschärft hat, lassen die Erzählungen *O Pêndulo da Noite* (1977) erkennen, in denen das nächtliche São Paulo zu einem Inferno von Mord und Totschlag geworden ist. Als wohl einziger bras. Autor hat R. auch das Milieu des Pferderennsports in dem Roman *A Ultima Corrida* (1963) behandelt.

Weitere Werke: Romane: *Um Gato no Triângulo* (1953), *Entre sem Bater* (1961), *Ferradura Dá Sorte?* (1963), *Soy Loco por Ti, América* (1978), *Arca dos Marechais* (1983); Erzählungen: *Traje de Rigor* (...), *O Homem do Vinco Perfeito* (...), *O Entêrro da Caftina* (1967), *Malditos Paulistas* (1980); Theater: *O Bracelete* (...), *A Próxima Vítima* (...)

Ribeiro, Darcy
* 1922 in Montes Claros/Minas Gerais. Hochschullehrer und Politiker. Als Anthropologe verbrachte er viele Jahre mit Feldforschungen über die Indianer am Amazonas und in Zentralbrasilien. Er war Gründungsrektor der Universität von Brasília und von 1961 bis zum Militärputsch 1964 Kultur- und Präsidialamtsminister, nach dem Exil in Uruguay, Chile und Venezuela Kulturminister und Vizegouverneur von Rio de Janeiro (1982-87).
R. hat ein umfangreiches, engagiertes und oft polemisches anthropologisch-soziologisch-kulturhistorisches Werk vorgelegt, das zum großen Teil im Exil entstand. In *O Processo da Civilização* (1968; dt. *Der zivilisatorische Prozeß*, 1971) versuchte er die soziokulturelle Evolution des letzten Jahrtausends zu klassifizieren und auf die Völker Amerikas anzuwenden. *As Américas e a Civilização* (1970; Dt. *Amerika und die Zivilisation*, 1985) zeichnet das Entstehen der amerikanischen Völker nach und erklärt ihre verschiedenen, ungleichen Entwicklungsstufen. *O Dilema da América Latina* (1971) kontrastiert das arme und das reiche Amerika im Rahmen der internationalen Dependenzverhältnisse und projiziert die Entwicklungslinien der verschiedenen amerikanischen Staaten in die Zukunft. *Os Indios e a Civilização* (1970) analysiert die Auswirkungen der nationalen Expansion auf die noch lebenden Indianer im Brasilien des 20. Jh.s. In *Aos Trancos e Barrancos. Como o Brasil Deu No Que Deu* (1985) präsentiert R. eine eigenwillige, manchmal polemische, immer aber interessante Version der Geschichte Bra-

siliens von 1960-84. Erst spät begann R. mit dem Schreiben von Romanen. *Maíra* (1976; dt. *Maíra*, 1980) schildert aus der Sicht der Götter, der Indianer und der Weißen die Tragödie eines aussterbenden Indianerstammes. Der Untergang der Indianer spiegelt sich im Scheitern des Protagonistenpaares: Isaias, als Maíra-Indianer geboren und in Rom zum Priester geweiht, will wieder bei seinem Stamm unter seinem ursprünglichen Namen Ava leben. Alma, eine junge Frau aus der Oberschicht Rio de Janeiros, enttäuscht von Großstadt, freier Sexualität und Drogenerfahrungen, sucht die Rettung und sich selbst im Urwald. Die Illusion einer Rückkehr zum Urzustand entlarvt R. als Fluchtversuch zivilisationsgeschädigter Individuen. Ava und Alma müssen erkennen, daß der Weg zurück zur Unschuld des Naturzustandes von der Zivilisation mehrfach verbaut ist. Alma stirbt schließlich an totgeborenen Zwillingen. R. sucht mit diesem innovativen Indianerroman Denken und Handeln, Leben und Religion der Indianer in der Logik ihrer Mythen zu erfassen. Einen anderen originellen Weg, über die Wildnis und die Wilden Brasiliens zu schreiben, ist R. in *Utopia Selvagem. Saudades da Inocência Perdida* (1981; dt. *Wildes Utopia*, 1986) gegangen. Es handelt sich um eine Mischung aus anthropologischem, surrealistischem, pikareskem und utopischem Roman in der Tradition des Anthropofagismus von O. de ↑Andrade. Ein schwarzer Offizier gelangt auf magische Weise in die Gewalt der Amazonen, die ihn eine Weile als Begattungsobjekt halten, danach fällt er unter die Indianer und schwelgt mit zwei Nonnen in Erinnerungen an die Zivilisation. C. A.

Weitere Werke (Auswahl): Romane: *O Mulo* (1981; dt. *Mulo*), *Migo* (1988); Essaysammlung: *Ensaios insólitos* (1979; dt. *Unterentwicklung, Kultur und Zivilisation. Ungewöhnliche Versuche*, 1980), *Sobre o Obvio* (1986)

Literatur: U. Fleischmann, *Die Lust am Brasilianischen. Anthropologie und Literatur bei Gilberto Freyre und D. R.* IA, 25/26 (1985), 65-80. – N. Werz, *Zivilisation, Entwicklung und Abhängigkeit im Werk D. R.s.* IAA (N. F.), 12 (1986), 4, 397-420.

Ribeiro, João Ubaldo

* 1941 auf der Insel Itaparica/Bahia. Er war als Journalist und Hochschulprofessor in Rio und den USA tätig und hat als Stipendiat in Lissabon und Berlin gelebt. Seit 1991 lebt er wieder in Rio.

R. gehört zusammen mit A. Torres zu einer neuen Generation von Autoren aus Bahia, die nach Wegen für eine regionalistisch-mythische, »nicht kolonialisierte« Literatur sucht. Die politischen und intellektuellen Probleme der jungen Künstler reflektiert R. in seinem ersten, teilweise autobiographischen Roman *Setembro Não Tem Sentido* (1968). Schauplatz seiner weiteren Romane und Erzählungen ist – außer der Insel Itaparica – in erster Linie das Landesinnere des bras. Nordostens. Unterentwicklung, Verarmung, Unterdrückung, soziales und politisches Banditentum, religiöse Mystik und die Suche nach den eigenen Wurzeln sind Themen eines Werkes, das sich vom traditionellen Regionalismus durch innovative und komplexe Bauformen und Sprachverwendung abhebt. Sein zweiter Roman *Sargento Getúlio* (1971, dt. *Sargento Getulio*, 1984), in viele Sprachen übersetzt und 1983 mit Erfolg verfilmt, erzählt die Geschichte eines ungebildeten Militärpolizisten, der den Auftrag erhält, einen politischen Gefangenen aus dem Sertão in die Hauptstadt Aracaju an der Küste zu schaffen. Als die politischen Verhältnisse umschlagen und Gegenbefehl ergeht, versteift er sich gegen alle Welt darauf, den Häftling abzuliefern:

»Schließlich hat der Chef mir aufgetragen, das Stück da zu holen, und ich ging hin, faßte ihn, brachte ihn, zähmte ihn. ... Ich muß das Tier abliefern. Ich liefere ihn ab und sage: Befehl ausgeführt.« Am Ende erliegt er zusammen mit dem Gefangenen den Kugeln der Bundespolizei. Die umgangssprachlich gestaltete Erzählung aus der Ich-Perspektive Getúlios wechselt oft Adressaten und Zeiten und wird so zum Spiegelbild des chaotischen Bewußtseins des Protagonisten, dem jegliches Unrechtsbewußtsein abgeht und der zugleich Werkzeug und Verkörperung der auf Gewalt beruhenden Verhältnisse ist. *Vila Real* (1979) ist ein Roman über die Bauern des Sertão, die von ihrem Land vertrieben wurden und mit der Hilfe eines Priesters beginnen, aus dumpfer Ohnmacht zum Widerstand überzugehen. *Vila Real* liest sich als Parabel auf die Rolle der Theologie der Befreiung in Lateinamerika: Gottes Wort führt im Angesicht absoluter Unterdrückung und Ausbeutung auch zum bewaffneten Widerstand gegen Großgrundbesitzer und multinationale Gesellschaften. R.s bisher umfangreichster Roman *Viva O Povo Brasileiro* (1984; dt. *Brasilien, Brasilien*, 1989) ist ein mächtiges Epos über die Entstehung der bras. Identität. Die Insel Itaparica ist Schauplatz des manchmal grausigen, manchmal heiteren Geschehens vom 17. Jh. bis zur Gegenwart. Vor einem Hintergrund von holl. und frz. Invasoren, Revolten gegen die port. Herrschaft, Kannibalismus, Jesuiten usw. ragt als einer der Protagonisten des Romans der »Baron von Pirapuama« hervor, ein tyrannischer Herr über riesige Ländereien, der seine Sklavinnen vergewaltigt und ihre männlichen Leidensgenossen kastriert und verstümmelt. Später wird er als bras. Nationalheld gefeiert. Eine weitere Hauptfigur ist der Mulatte Amleto, der durch undurchsichtige Finanzmanipulationen das Vermögen des verstorbenen Barons an sich bringt und eine Dynastie gründet, die über alle historischen Wechselfälle hinweg an der staatlichen Macht beteiligt ist bis in die jüngste Vergangenheit der Militärdiktatur hinein. Die positive Gestalt, die sich zu einem Volksmythos entwickelt, ist die Revolutionärin Maria da Fé, die Tochter einer von einem Weißen ermordeten Sklavin. Abseits metropolitaner Heldenverehrung und offizieller Geschichtsschreibung hat R. mit diesem monumentalen Werk versucht, die Geschichte des Landes aus der Perspektive des Volkes, der Schwarzen, Indianer und Mestizen zu rekonstruieren. C. A./R.

Weitere Werke: *Vida e Paixão de Pandonar, o Cruel* (1983), *O Sorriso do Lagarto* (1989); Erzählungen: *Vencecavalo e o Outro Povo* (1974), *Livro de Histórias* (1981; dt. *Der Heilige, der nicht an Gott glaubte*, 1992); Abhandlung: *Política. Quem manda, porque manda, como manda (1981?).*

Ricardo (Leite), Cassiano

* 26.7.1895 in São José dos Campos/São Paulo, † 25.1.1974 in Rio de Janeiro. Er war Rechtsanwalt, Journalist und bis zur Pensionierung Sekretär des Gouverneurs von São Paulo. Seit 1937 gehörte er der bras. Literaturakademie an, der er manchen unbequemen Vorschlag unterbreitete. 1940 übernahm er die Leitung der Tageszeitung »A Manhã«, deren wichtiges Supplement »Autores e Livros« von ihm gegründet wurde.

R. hat ein umfangreiches lyrisches Werk geschaffen, das als ein Kompendium der wichtigsten Tendenzen der bras. Moderne gelten kann. Sein Frühwerk ist noch dem Stil des Parnassianismus und Symbolismus verpflichtet. Ab *Borrões de Verde e Amarelo* (1926) partizipiert er an der vom Modernismus errungenen dichterischen Freiheit und vertritt einen Nationalismus, zu dessen Symbol die der Tupi-Mythologie entnommene Gestalt des Anta erhoben wird. Das bedeutendste Werk dieser Epoche ist das Versepos *Martim Cererê* (1928, endgültige Fassung [9]1947), teilweise ins Span. übersetzt von G. ↑Mistral und von ihr als eins der fundamentalen Bücher der am. Menschheit gepriesen. Das »unordentliche, barbarische, farbige Gedicht von tiefem Sinngehalt«, wie A. A. ↑Lima es bezeichnete, schildert auf der Grundlage einer Tupi-Legende, wie Uiara, die Indianerin, dem weißen Mann die Heiratsbedingung stellt, ihr die Nacht herbeizuschaffen. Der Weiße bringt sie ihr in Gestalt des Afrikaners. Der Ehe entstammen die Bandeirantes von São Paulo, jene tollkühnen Pioniere bzw. Sklavenjäger, die auf ihren Raubzügen bis nach Paraguay vordringen. Mit *Um Dia Depois do Outro* (1947) wird R.s Lyrik abstrakter und entwickelt sich aus inneren Erlebnissen. Interessanter ist dann wieder die Phase, die der Konkreten Poesie nahesteht, die etwa mit *A Difícil Manhã* (1960) einsetzt. Es ist eine Phase verbaler Artistik, in der die Sprache selbst zum lyrischen Objekt geworden ist. R. spricht von einer »coisificação« (Verdinglichung) der Wörter, und er durchbricht herkömmliche sprachliche Zusammenhänge durch graphische, die syntaktischen Beziehungen überspielende Anordnung, durch überraschende Kombinationen oder Verfremdungen, Montagen, Doppeldeutigkeiten etc. Mit diesem Arsenal stimmt er in *Jeremias Sem Chorar* (1964) eine Zeitklage an über den Zustand einer unperfekten, noch schwach mechanisierten Menschheit. R. ist auch als Literaturkritiker und -theoretiker bekannt, u.a. durch die Essays *A Poesia na Técnica do Romance* (1953) und *Reflexões sobre a Poética de Vanguarda* (1966).

Weitere Werke (Auswahl): Lyrik: *Dentro da Noite* (1915), *Vamos Caçar Papagaios* (1926), *Deixa Estar, Jacaré* (1931), *João Torto e a Fábula* (1956), *O Arranha-Céu de Vidro* (1956), *Montanha Russa* (1960), *Os Sobreviventes* (1971).

Ausgaben: *Obras Completas*. SP 1947, 3 Bde. – *Poesias Completas*. RJ 1957. – *Coletânea*. Hg. S. Brayner. RJ 1979.

Literatur: O. Marques, *O Laboratório Poético de C. R.* RJ [2]1976 (mit Bibliographie). – N. Correia, *C. R.: O Prosador e o Poeta*. SP [2]1976. – H. Parente Cunha, *Jeremias, a Palavra Poética: Leitura de C. R.* RJ 1979. – S. Kovadloff, *C. R., o el pesimismo combativo*. CH, 459 (1988), 39-50.

Rodrigues, Nelson

* 23.8.1912 in Recife, † 1980 in Rio de Janeiro. Er kam schon in seiner Kindheit nach Rio, wo er nach dem Schulbesuch bald als Journalist gearbeitet und sich als Fußballreporter einen Namen gemacht hat.

R. ist vor allem als Bühnenautor bekannt und als solcher von Anfang an umstritten, wobei der Vorwurf mangelhafter Bildung noch der dezenteste war. Andererseits ist sein Theater die wichtigste nationale Erfahrungsbasis jüngerer Dramatiker wie P. ↑Marcos oder O. ↑Viana Filho. R. hat es als erster gewagt, die Lebenswirklichkeit der unteren Mittelschicht – von der Abtreibung bis zum Inzest, von den Auswirkungen materiellen Elends bis zum Rassismus – darzustellen. In seinen ersten Stücken *A Mulher Sem Pecado* (1939) und dem auch dank der Inszenierung durch den poln. Regisseur Zbigniew Ziembinski besonders erfolgreichen *Vestido de Noiva* (1943) geht es um die Diskrepanz von biederer Fassade und innerer Zerrüttung der Familie. Vor allem die Frauen als Opfer einer rigiden Sexualmoral und despotischer Ehemänner bringen in ihrem Verhalten und ihren Fantasien die neurotische Familienstruktur zum Ausdruck. In immer neuen Variationen und mit zunehmend perfektionierten dramatischen Mitteln werden von R. gesellschaftliche Mißstände im Rahmen moralischer Heuchelei oder absurder Zeremonien aufgezeigt, wie etwa in dem Favela-Stück *A Falecida* (1953; dt. *Begräbnis erster Klasse*, 1987). Er wagt es auch, die Diskriminierung der Homosexualität anzuprangern, z.B. in *O Beijo no Asfalto* (1961; dt. *Der Todeskuß*, 1987), wo ein Akt reinster Nächstenliebe von der Gesellschaft als Perversion geahndet wird. Die Literaturkritik hat R.' dramatisches Œuvre als »expressionistisch« eingestuft und eine Unterteilung der insgesamt 18 Stücke in »psychologische«, »mythische« und spezifisch auf Rio bezogene »tragédias cariocas« vorgenommen. Er selbst äußerte 1949, er beabsichtige, »pestilenzialische, stinkende Werke« zu schreiben, die es fertigbrächten, »bei den Zuschauern Typhus und Malaria hervorzurufen«. Erst in seinem letzten Stück *O Anti-Nelson Rodrigues* (1974) scheint er von dieser Konzeption Abstand genommen zu haben. Während der Mililitärdiktatur wurde wegen Gefährdung der Moral die Aufführung fast aller seiner Stücke verboten. Mehrere sind jedoch kurioserweise verfilmt worden, mit besonderem Erfolg *O Beijo no Asfalto* und *Toda Nudez Será Castigada* (1965). Letzteres ist die Geschichte eines Witwers, der sich mit einer Prostituierten zu verheiraten beabsichtigt. R. hat auch Romane veröffentlicht, z.T. unter dem Pseudonym Suzana Flag, darunter den über 500 S. starken *Meu Destino É Pecar* (1944; Neuaufl. 1982). Seine humorvolle, anekdotische Autobiographie erschien u.d.T. *O Reacionário. Memórias e Confissões* (1974).

Ausgabe: *Teatro Quase Completo*. RJ 1965-66, 4 Bde. – *Teatro Completo*. Hg. S. Malgadi. RJ 1981, 2 Bde.
Literatur: M. F. Sussekind, *N. R. e o Fundo Falso*. Brasília 1977. – R. Lima Lins, *O Teatro de N. R.: Uma Realidade em Agonia*. RJ 1979. – M. Spinu, *Das dramatische Werk des Brasilianers N. R.* Frankfurt/M. 1986. – F. M. Clark, *Los mundos ficticios en ›Anjo Negro‹ de N. R.* D, 13 (1988), 33-35, 161-179. – G. David, *N. R.* LATR, 21/2 (1988), 79-93. – B. Waldman/C. Vogt, *N. R. en escena*. ESCRITURA, 14 (1989), 28, 477-485.

Romero, Sílvio

*21.4.1851 in Lagarto/Sergipe, †18.7.1914 in Rio de Janeiro. Nach dem Oberschulabschluß in Rio begann er 1868 ein Jurastudium in Recife. Einer seiner Studienkollegen war Tobias ↑Barreto, den R. zeitlebens als den führenden Philosophen Brasiliens anerkannte und von dem er auch wesentlich angeregt wurde. Der Einfluß der dt. Philosophie – von Kant bis E. von Hartmann – auf Barreto und der beiden gemeinsame Heimatstaat ließ die spöttische Bezeichnung von einer »escola teuto-sergipana« aufkommen. R. war nach dem Studienabschluß, 1873, einige Jahre in Sergipe politisch tätig. 1879 ließ er sich in Rio nieder, wo er am Colégio Pedro II und an der Universität Rechtsphilosophie unterrichtete. Er war Mitgründer der Literaturakademie und zeitweise Parlamentsabgeordneter.

R. hat sich als Essayist, ausgehend von einer Methode der »angewandten Logik«, mit vielen Gegenständen befaßt, von der Ethnologie bis zur Politik. Seine bedeutendste Leistung liegt jedoch auf dem Gebiet der Literaturkritik und -geschichte. Seine ersten Kritiken entstanden um 1873 und wurden in *A Literatura Brasileira e a Crítica Moderna* (1880) zusammengefaßt. Sie sind, wie nahezu alles, was er geschrieben hat, polemisch und richten sich gegen die Dichtung der Romantik, vor allem auch gegen den Indianismus (u.a. Gonçalves ↑Dias, J. de ↑Alencar), den er als »idealisierte Lüge« hinstellt. R.

plädiert für eine »wissenschaftliche Poesie«, die er selbst in einem Gedichtband *Cantos do Fim do Século* (1878?) vorexerziert. (Die von Machado de ↑Assis an diesem Werk geäußerte Kritik hat R. niemals verwinden können.) In *História da Literatura Brasileira* (1888, 2 Bde., in späteren Aufl. 5 Bde.) gelingt R. eine Synthese seiner Kritiken sowie die Überwindung einer konzeptionslos auf den »guten Geschmack« gegründeten Literaturgeschichtsschreibung. Im ersten Teil entwirft er einen globalen Rahmen von Faktoren – Umwelt, Rassenmischung, europäische Einflüsse, Institutionen etc. –, die zur Herausbildung eines bras. Nationalcharakters und den entsprechenden geistigen Manifestationen geführt haben. Besonders folgenreich ist R.s Konzeption der Rassenmischung, die auch den afrik. Beitrag respektiert, sowie seine Herausarbeitung der regionalen Differenzierung. Über das Werk von G. ↑Freyre u. a. reichen diese Vorstellungen bis in die Gegenwart. Im zweiten Teil der *História*, der in die Perioden »Entstehung« (1500-1750), »Eigenständige Entwicklung« (1750-1830), »Romantische Umformung« (1830-1870) und »Kritische Reaktion« (ab 1870) unterteilt ist, werden die Werke einzelner Autoren vor allem – und das ist oft kritisiert worden – in Hinsicht auf ihre ideologische Funktion im jeweiligen Kontext untersucht. R. mögen manche Fehleinschätzungen unterlaufen sein, dennoch ist seine *História* bis heute das Standardwerk für die Literatur der vergangenen Jahrhunderte geblieben. Im Unterschied zu seinen meisten Kritikern hat er seine Methodik in *Da Crítica e sua Exata Definição* (1909) erläutert.

Ausgabe: *S. R.: Teoria, Crítica e História Literária*. Hg. A. Cândido. RJ 1978 (mit Bibliographie).
Literatur: M. G. Mac Nicoll, *S. R. and Machado de Assis: A One-Sided Rivalry, 1870-1914*. RIB, 31 (1981), 3, 366-377. – M. C. Eakin, *Race and Identity: S. R., Science and Social Thought in the Late 19th Century Brasil*. LBR, 22 (1985), 2, 151-174.

Rosa, João Guimarães

* 27.6.1908 in Cordisburgo/Minas Gerais, † 19.11.1967 in Rio de Janeiro. Er war der Sohn eines Großgrundbesitzers. In Belo Horizonte studierte er Medizin und praktizierte ab 1930 im Inneren von Minas Gerais als Militär- und Zivilarzt. 1934 trat er in den diplomatischen Dienst und kam 1938 als Konsul nach Hamburg. Die Nazis internierten ihn 1942 nach der Kriegserklärung Brasiliens, um ihn im Austausch gegen deutsche Diplomaten freizulassen. Er war danach Botschaftssekretär in Bogotá und Paris, ab 1951 Botschafter bei der UNESCO und ab 1953 Ressortleiter im Außenministerium. Er starb kurz nach seiner Aufnahme in die bras. Literaturakademie.

R. vereint in seinem Werk die zwei wichtigsten Strömungen der bras. Literatur: den Regionalismus und die ästhetischen Neuerungen des Modernismus. So konzentrieren sich thematisch seine Romane und Erzählungen ausschließlich auf Lebensformen, Typen, Kultur und Natur der heimatlichen Region. R.s besonders herausragende Leistung, die Schaffung eines neuen Idioms, ist eine radikale und eigenständige Fortsetzung der in den Romanen von Oswald und Mário de ↑Andrade vorgegebenen Innovationen. R. hat sich von Jugend an mit Sprachen und Literatur befaßt, aber erst relativ spät sein erstes Werk, die Erzählungen *Sagarana* (1946; dt. *Sagarana*, 1982) veröffentlicht. Der Band, dessen Titel aus isländ. »saga« und dem Tupí-Suffix »rana« (»verwandt«, »pseudo«) gebildet ist, weist bereits die wesentlichen Qualitäten und Merkmale der weiteren Werke auf. Mit einer außerordentlichen Kunst des Fabulierens läßt R. die

Geisteswelt der Bewohner des Sertão mit ihrer Umwelt verfließen. Er schafft dadurch eine Atmosphäre, die bei aller konkreten Dinglichkeit ständig auf Verborgenes verweist und metaphysische Dimensionen andeutet. Auch die Sprache mit ihren Verschlüsselungen und ihrer hintergründigen, oft aber auch sehr sinnfälligen Kombinatorik von Regionalismen, Indianismen etc. sowie mit ihrer stellenweise aufgelösten Syntax wird zum adäquaten Ausdruck der Gefühls- und Vorstellungswelt der Gestalten. Gleichzeitig besitzt sie eine musikalische, durch klangliche Effekte wie Binnenreime, Alliteration, Lautmalerei und Rhythmus erzielte Qualität. Nach *Sagarana* erschienen fast gleichzeitig R.s Hauptwerke *Corpo de Baile* (1956; dt. *Corps de Ballet*, 1966) und *Grande Sertão: Veredas* (1956; dt. *Grande Sertão*, 1964). Das erstere ist ein Zyklus von vier »Romanen« und drei »Erzählungen« legendären, märchenhaften, dramatischen, erotischen Inhalts. In größerem Maße als die anderen Werke R.s enthält es autobiographische Elemente. Bei aller dramatischen Wucht, schroffen Kontrasten und der ständigen Präsenz des Todes ist oft eine ironische Hintergründigkeit erkennbar. Beispielsweise in »Dão Lalalão« (dt. *Doralda, die weiße Lilie*, 1966), der Geschichte einer grundlosen Eifersucht, die am Rande eines blutigen Dramas entlangführt. In »Buriti«, dem abschließenden Roman, wird die Welt einer stabilen Ordnung und fast paradiesischen Unschuld nach und nach gründlich unterminiert, und den Geliebten der heißblütigen Glória erwartet eine Situation, die er mit seinen Illusionen nicht mehr in Einklang bringen wird. Ist *Corpo de Baile* insgesamt eine Dichtung – R. nennt auch die einzelnen Teile »poemas« – der Vitalität samt ihren emotionalen Irrungen und Bedürfnissen, so bündeln sich in *Grande Sertão: Veredas* die tragischen und epischen Aspekte. Riobaldo, Hauptfigur und Erzähler, hat Züge eines Parsifal, Faust und Raskolnikow. Die Suche nach einer Wahrheit und der Kampf zwischen Gott und Teufel bestimmen den Duktus seines einige hundert Seiten langen Monologs, in dem er einem nur als gebildeter Städter charakterisierten Gast die atemberaubende Geschichte seines Lebens als Jagunço und die mörderischen Kämpfe rivalisierender Banden erzählt. Die – vermeintlich – homoerotische Freundschaft zwischen Riobaldo und Diadorim, die das Geschehen überspannt, endet mit dem Tod Diadorims, der ihm entdeckt, daß er eine Frau geliebt hat. Für Riobaldo ist dieser Tod, aus dem er eine ethische Verpflichtung ableitet, eine Teilantwort auf seine Frage nach Wahrheit. Das in seiner Gestaltung, philosophischen Tiefe und vielschichtigen Symbolik faszinierende Werk hat wie kein anderes der bras. Literatur in diesem Jh. zu einer unüberschaubaren Fülle von Interpretationen und Analysen Anlaß gegeben. R.s weitere Werke sind die Erzählungsbände *Primeiras Estórias* (1962; dt. *Das dritte Ufer des Flusses*, 1968), *Tutameia (Terceiras Estórias)* (1967) und *Estas Estórias* (1969). Während die Erzählungen der ersten beiden relativ kurz, gewissermaßen anekdotisch sind, enthält der letztere wieder längere Erzählungen wie *Sagarana* und scheint auch aufgrund der Anzahl (9) als dessen äquivalentes Gegenstück konzipiert worden zu sein. Die in ihm enthaltene Erzählung *Meu Tio Iauarete* (1961 in der Zeitschrift »Senhor«; dt. *Mein Onkel der Jaguar*, 1981) ist vor *Grande Sertão: Veredas* entstanden, weist jedoch schon die gleiche Form des Monologs vor einem unbenannten Besucher auf. *Ave, Palavra* (1970) schließlich ist eine Sammlung nachgelassener kurzer Essays, Erzählungen und Gedichte.

Literatur: M. Franzbach, *J. G. M.* In: W. Eitel (Hg.), *Lateinamerikanische Literatur der Gegenwart.* Stuttgart 1978, 156-169. – J. S. Vincent, *J. G. R.* Boston 1978. – E. de Faria Coutinho, *The Process of Revitalization of the Language and Narrative Structure in the Fiction of J. G. R. and Julio Cortázar.* Valencia 1980. – V. Guimarães Rosa, *Relembramentos: J. G. R., Meu Pai.* RJ 1983. – S. Merrim, *Logos and the Word: The Novel of Language and Linguistic Motivation in ›Grande Sertão: Veredas‹ and ›Tres tristes tigres‹.* New York 1983. – L. Arroyo, *A Cultura Popular em ›Grande Sertão: Veredas‹.* RJ 1984. – T. S. Ward, *O Discurso Oral em ›Grande Sertão: Veredas‹.* SP 1984. – S. Merrim, *Desire and the Art of Dehumanization; Macedonio Fernández, Julio Cortázar and J. G. R.* LALR, 16 (1988), 31, 45-64. – B. Nunes, *La figura de la narración o las celadas del tiempo en la novela de G. R.* ESCRITURA, 14 (1989), 28, 425-437.

Rosa, Noel (de Medeiros)
* 11.12.1910 in Rio de Janeiro, †4.5.1937 ebd. R. gab sein Medizinstudium auf, um nur noch Sambatexte zu schreiben. Unzählige Erfolge beim Karneval machten aus dem »Samba-Philosophen«, der nur 26 Jahre alt wurde, einen der größten Volksdichter Brasiliens. In der ersten Phase seines Werkes schuf er lustige, ironische und elegante Sambas wie *Palpite Infeliz*, *Conversa de Botequim* und *Gago Apaixonado*. In der zweiten, reifen Phase entstanden z. B. *Com que Roupa*, *Coisas Nossas* und *Quem Dá Mais*, mit denen er politisch und satirisch gegen Hypokrisie und nationale Entfremdung Stellung nimmt. Erstmals werden Personen aus gesellschaftlichen Randgruppen – Gauner, Arbeitslose, Trunkenbolde, Prostituierte, Bohemiens und Poeten – in die Sambadichtung eingeführt. In der dritten Phase bekommen die Texte zunehmend einen lyrisch-tragischen und bitteren Ton. In den Vordergrund treten philosophisch-existentielle Themen wie das Leiden (*Eu Sei Sofrer*) und der eigene Tod (*Fita Amarela*). Mit N. R. steigt die Samba von den »Morros«, den Elendshügeln der Schwarzen, in die Wohnviertel des Mittelstandes herab und wird im Zeitalter der Industrialisierung und der aufkommenden Massenmedien zu einem herausragenden Bestandteil der bras. Kultur. C. A.

Weitere Werke: *Barbeiro de Niterói (Paródia Bufa)* (1934). Ausgabe: *Selecção de textos.* Hg. J. A. Ferreira Filho. SP 1982.
Literatur: J. Pacheco, *N. R. e Sua Epoca.* RJ 1955. – Almirante: *No Tempo de N. R.* RJ ²1977.

Rubião, Murilo
* 1.7.1916 in Carmo de Minas/Minas Gerais. M. R. arbeitete als Zeitungs- und Rundfunkjournalist, Landesminister und Diplomat. Er ist Autor eines schmalen Werkes von Erzählungen, das ihn als den ersten Vertreter der fantastischen Literatur in Brasilien ausweist. In seinen doppelbödig subtilen Texten verschmelzen Elemente von Science Fiction, Märchen und die auf Kafka zurückführbare Tradition des Absurden. In R.s Erzählungen können Drachen sprechen und werden, als einmal mehrere Drachen in einer Stadt auftauchen, von den Einwohnern so »zivilisiert«, als wären sie Indianer (»Os Dragões«). In anderen Erzählungen sprechen Hasen oder können sich Menschen in Dromedare verwandeln. Die Aufhebung biologischer Grundgesetze führt in »Aglalia« dahin, daß ein enthaltsames und sterilisiertes Paar in immer kürzeren Abständen immer mehr Kinder erzeugt. Das Fantastische wird bei R. nie erklärt, das Außergewöhnliche als normal dargestellt, das Ende der Geschichten bleibt fast immer offen und zwiespältig. Aus seinem Werk kann man verschlüsselte Kritik an der verwalteten und gefühlskalten Welt ebenso herauslesen wie eine existentialistische, skeptische Grundhaltung. C. A.

Werke: *O Ex-Mágico* (1947), *A Estrela Vermelha* (1953), *Os Dragões e Outros Contos* (1965), *O Pirotécnico Zacarias* (1974), *O Convidado* (1974), *A Casa do Girassol Vermelho* (1978), *Der Feuerwerker Zacharias* (Auswahl, dt. 1981).
Literatur: J. Schwartz, *M.R.: A Poética do Uroboro*. SP 1981.

Sabino, Fernando

* 12.10.1923 in Belo Horizonte/Minas Gerais. Als Gymnasiast veröffentlichte er bereits Crônicas, jene feuilletonistische Kurzprosa, die von fast allen bras. Autoren gepflegt worden ist und in der es S. zur Meisterschaft gebracht hat. 1944 heiratete er die Tochter des damaligen Gouverneurs von Minas Gerais. Bald darauf begab er sich nach Rio, wo er sein in Belo Horizonte begonnenes Jurastudium beendete. Ab 1948 lebte er einige Jahre in diplomatischer Funktion in New York und London.

Abgesehen von bereits zahllosen Crônicas, die in »O Jornal«, »Jornal do Brasil«, »Manchete« und anderen Zeitschriften erschienen sind und von denen mehrere Sammelbände vorliegen, hat S. Erzählungen und Romane veröffentlicht. Sein bekanntestes Werk ist der Roman *O Encontro Marcado* (1956; dt. *Schwarzer Mittag*, 1962). Teils Autobiographie, teils Zeugnis der Generation, die im »Estado Novo« von G. Vargas herangewachsen ist, behandelt das Werk die Suche nach einem Lebenssinn zwischen den Polen der Anpassung und der Selbstzerstörung. Die Hauptperson, Eduardo, als Schüler Rekordschwimmer und Feuilletonist, dann Schwiegersohn eines Ministers, fühlt sich in einem »permanenten Zustand chronischer, erträglicher Angst« befangen. Während seine Freunde zu Konformisten geworden sind, steigert er sich in die Rolle des frustrierten Außenseiters hinein. Erst als er erkennt, daß er sich Probleme künstlich geschaffen hat, gibt er die sichere Stellung bei einer Behörde auf und nimmt das Wagnis eines Neubeginns auf sich, um seine schriftstellerischen Ambitionen zu verwirklichen. Nach diesem in seiner präzisen Übereinstimmung von Form und Inhalt gelungenen Werk sind viele Jahre vergangen, bis S. seinen zweiten Roman *O Grande Mentecapto* (1979) veröffentlicht hat. Die Hauptperson ist eine Art Eulenspiegel, der sein entlarvendes Unwesen in der höheren und niederen Gesellschaft von Minas treibt. Ein weiterer Roman, *O Menino e o Espelho* (1982), greift auf Jugenderfahrungen zurück.

Weitere Werke: Kurzromane: *A Marca* (1944), *A Vida Real* (1952); Erzählungen: *Os Grilos Não Cantam Mais* (1940), *A Faca de Dois Gumes* (1985); Crônicas (Auswahl): *A Cidade Vacia* (1950), *Gente I e Gente II* (1975), *A Mulher do Vizinho* (1975), *Deixa o Alfredo Falar!* (1976), *O Encontro das Aguas* (1977), *O Gato Sou Eu* (1983).

Sant'Anna, Sérgio

* 1941 in Rio de Janeiro. Er lebte seit etwa 1960 in Belo Horizonte und gehörte zu dem Schriftstellerkreis um die Zeitschrift »Estória«, in der vor allem experimentelle Texte erschienen. Die Zeitschrift wurde in den 70er Jahren von der Diktatur verboten. S. ist einer der Repräsentanten der bras. Gegenkultur-Bewegung, die sich trotz der Repression entfaltete. Sein erster Roman *Confissões de Ralfo* (1975) ist ein Antiroman, in dem ein als Charakter erkennbarer Held nicht mehr vorhanden ist, und ein Zeugnis der politischen und sozialen Situation in Brasilien. Satirisch schärfer ist der Roman *Amazona* (1986; dt. *Amazone*, 1991), in dem die Situation der 80er Jahre in allen möglichen Aspekten – vom Repressionsapparat bis hin zum Feminismus und zur »fröhlichen Linken« – karikiert wird. Hervorragende Erzählungen enthält

der Band *O Concerto de João Gilberto no Rio de Janeiro* (1982). In der Titelgeschichte schenkt John Cage dem bras. Musiker den leeren Käfig des »Vogels der Vollendung«. Das Theaterstück *Um Romance de Geração* (1981) besteht aus einem Interview, das eine Mutter für ihren Sohn – einen Schriftsteller, der Alkoholiker ist und Selbstmord versuchte – inszeniert hat.

Weitere Werke (Auswahl): *Notas de Manfredo Rangel, Repórter* (1973), *Junk-Box, uma Tragicomédia nos Tristes Trópicos* (1984), *A Tragiomédia Brasileira* (1987).

Schmidt, Augusto Frederico
*18.4.1906 in Rio de Janeiro, †8.2.1965 ebd. Er verbrachte mehrere Jahre seiner Kindheit in der Schweiz. 1916 kehrte er mit seiner Familie wieder nach Brasilien zurück. Er wurde Kaufmann, lebte 1923-25, zur Zeit des modernistischen Aufruhrs, in São Paulo, gründete danach in Rio einen Verlag, in dem er Werke von J. ↑Amado, G. ↑Ramos, V. de ↑Morães u.a. herausbrachte. Während der Präsidentschaft Kubitscheks war er Diplomat.
Mit seinem ersten Gedichtband *Canto do Brasileiro Augusto Frederico Schmidt* (1928) opponierte er gegen einige der Dogmen des Modernismus: »Ich mag Brasilien nicht mehr| Mag nicht mehr Geographie|Noch Pittoreskes«. Im polemischen Rückgriff auf die Romantik gestaltete er den traditionellen Themenbereich von Melancholie, Weltschmerz, Mysterien der Nacht und des Todes, wobei zunächst noch ein moralisierender Unterton vorherrscht. Seine ersten gelungenen, suggestiven Kompositionen enthält der Band *Pássaro Cego* (1930). Eine technische Neuerung ist das Sonett in freien Versen. Mit *Canto da Noite* (1934) beginnt die Reihe seiner berühmtesten Werke, zu denen noch *Estrêla Solitária* (1940), *Mar Desconecido* (1942) und *Fonte Invisível* (1949) gehören. Wie Mário de ↑Andrade feststellte, wäre es die Fülle der Defekte – ständige Wiederholungen, syntaktische Verschrobenheit, indiskrete Religiosität, Deklamatorik, Unverständnis seiner Gegenwart –, die den Wert dieser Lyrik ausmachte. Nach der Gesamtausgabe *Poesias Completas, 1928-1955* (1956) publizierte S. noch weitere Bände, darunter die biblisch-prophetischen Sonette *Babilônia* (1959) und *O Caminho do Frio* (1964), Gedichte fast wieder symbolistischer Machart über die Thematik des Abschieds, der Todeserwartung und verflossener Liebe. Hervorzuheben sind noch seine u.d.T. *O Galo Branco* (1948, 1957) publizierten Memoiren.

Weitere Ausgabe: *Eu Te Direi as Grandes Palavras*. RJ 1975.
Literatur: J. Tolman, *A. F. S.* SP 1976.

Scliar, Moacyr
*23.3.1937 in Porto Alegre. Er stammt aus einer Familie russ. Juden, die zu Beginn des Jh.s nach Brasilien gekommen waren. Die Jugend verbrachte er in der jüdischen Gemeinde Bom Fim, auf die einige seiner Werke Bezug nehmen. 1962 promovierte er in Medizin. Seither lebt er als Arzt und Schriftsteller in seiner Heimatstadt. 1969 erhielt er einen Literaturpreis für den Erzählungsband *O Carnaval dos Animais* (1968).
S. hat in seinen Erzählungen und Romanen das Konzept des »magischen Realismus« oder »wunderbar Wirklichen« (A. ↑Carpentier) auf die jüdisch-bras. Erfahrungswelt übertragen und auch auf das ganze Spektrum des jüdischen Witzes, von der Selbstironie bis hin zu Kafkas grotesker Komik zurückgegriffen. In einem seiner ersten Romane *O Exército de um Homem Só* (1973; dt. *Die Ein-Mann-Armee*, 1987) wird liebevoll-ironisch die Geschichte eines Einwanderers erzählt,

der eine Idee aus der Russ. Revolution in Brasilien zu verwirklichen sucht und die Autonomie einer Region verkündet. Die fantastische Fabel als Basis für eine kritische Darstellung der bras. Wirklichkeit findet sich auch in seinem bisher berühmtesten Werk *O Centauro no Jardim* (1980; dt. *Der Zentaur im Garten*, 1985). In Ich-Form berichtet der als Zentaur auf die Welt gekommene Guedali von seinen Erfahrungen in Brasilien seit seiner Kindheit, in den 40er Jahren, bis hin zu den Jahren des wirtschaftlichen Aufschwungs während der Militärdiktatur, die er, inzwischen durch Operation in einen zweibeinigen Menschen verwandelt, mit zunehmendem Unbehagen erlebt. Einen erotischen Kontrapunkt zu der symbolischen und realen Suche nach dem Menschsein bilden diverse Liebesepisoden. Mehrfach hat S. auch seine Erfahrungen als Arzt thematisiert, jedoch in äußerst kritischer Haltung der modernen Medizin gegenüber. So bereits in seinem ersten Werk *Histórias de um Médico em Formação* (1962) oder in dem aus verschiedenen Perspektiven erzählten Roman *Doutor Miragem* (1978).

Weitere Werke: *Tempo de Espera* (1963, zus. mit Carlos Stein), *A Guerra do Bom Fim* (1972), *Os Deuses de Raquel* (1975), *A Balada do Falso Messias* (1976), *Os Mistérios de Porto Alegre* (1976), *O Ciclo das Aguas* (1976), *Histórias da Terra Tremula* (1977), *Mes de Caes Danados* (1977), *Os Voluntários* (1979), *A Estranha Nação de Rafael Mendes* (1983; dt. *Das seltsame Volk des Rafael Mendes*, 1989), *A Massagista Japonesa* (1984), *O Olho Enigmático* (1986).

Literatur: N. Lindstrom, *Oracular Jewish Tradition in Two Works by M. S.* LBR, 21 (1984), 2, 23-33. – G. Salem Szklo, *O Bom Fim do Shtetl: M. S.* SP 1990.

Sousa, João da Cruze

* 24.11.1861 in Desterro, heute Florianópolis/Santa Catarina, † 19.3.1898 in Sítio/Minas Gerais. Seine Eltern waren freigelassene Negersklaven, deren ehemaliger Besitzer S. das Ateneu Provincial Catarinense besuchen ließ. Dank S.s überragender Intelligenz unterrichte er, selbst noch Schüler, an dieser Anstalt. 1885 gründete er in Santa Catarina die Zeitschrift »O Moleque« (Der Negerjunge), in der er sich für die Abschaffung der Sklaverei einsetzte, wie auch, ab 1889, als Redakteur der Zeitung »Tribuna Popular«. 1890 zog er endgültig nach Rio. Von diesem Zeitpunkt an begann für ihn eine Epoche der Armut und des Unglücks. Erfolglos im Journalismus, erlangte er nach seiner Heirat, 1893, einen bescheidenen Posten bei der Zentraleisenbahn, durch den er seine Familie notdürftig unterhalten konnte. Kurz nacheinander starben zwei seiner vier Kinder und seine Eltern. Seine Ehefrau, eine Schwarze, verfiel in Wahnsinn. Er selbst erkrankte an Tuberkulose und starb einen Tag nach seiner Ankunft in Sítio, wohin er sich zur Behandlung begeben hatte.

Neben Alphonsus de Guimaraens (1870-1921) ist S., der »bras. Verlaine« oder der »schwarze Schwan«, wie ihn seine Bewunderer nannten, der bedeutendste Dichter des bras. Symbolismus. Zu Lebzeiten allerdings, als der Parnassianismus im kulturellen Leben des Landes dominierte, war die Zahl der Bewunderer gering. Erst etwa ab 1921 begann S.s Rehabilitierung, der sich zunächst noch der Modernismus widersetzte, die aber von den 30er Jahren an, wie die Zahl der Untersuchungen und Darstellungen zeigt, ununterbrochen voranschritt. Nach dem Frühwerk *Tropos e Fantasias* (1885), das in Zusammenarbeit mit Virgílio Várzea, dem Mitherausgeber der »Tribuna Popular«, entstanden war, vergingen mehrere Jahre, bis er gleichzeitig den Lyrikband *Broquéis* (1893) und die Prosagedichte *Missal* (1893) veröffentlichte. In ihrer Formsicherheit und sprachlichen Schönheit den ästhetischen Prinzipien der Parnassianer folgend, kommt in den Werken eine mystisch-metaphysische Haltung zum Ausdruck, die in dieser Intensität für die bras. Lyrik etwas Neues und Einmaliges darstellt. In den letzten Sammlungen *Faróis* (1900), *Ultimos Sonetos* (1905) und den Prosagedichten *Evocações* (1898) tritt das ästhetizistische Moment hinter einer stärkeren Sublimierung der Sprache zurück. Die Dichtung wird zum innigen Bekenntnis eines Verzweifelten, der für den eigenen Schmerz wie für das Elend der Menschheit Trost und Erlösung in den »geflügelten Wahrheiten« des Christentums sucht.

Ausgabe: *Obra Completa*. Hg. Andrade Murici. RJ 1961.
Literatur: R. Magalhães Jr., *Poesia e Vida de C. e S.* SP 1961. – A. de Almeida Torres, *C. e S.* RJ 1975. – M.H. Camargo Regis, *Linguagem e Versificação em ›Broquéis‹*. Porto Alegre 1976. – A. Coutinho (Hg.), *C. e S.* RJ 1979.

Sousândrade
*9.7.1833 in Guimarães/ Maranhão, †21.4.1902 in São Luís/Maranhão. Eigtl. Joaquim de Sousa Andrade. 1853-57 bereiste er Europa und studierte an der Sorbonne Philologie und Bergbau. Er kehrte nach Maranhão zurück, heiratete und veröffentlichte seinen ersten Gedichtband *Harpas Selvagens* (1857). Nach der Trennung von seiner Frau begab er sich 1870 erneut auf eine ausgedehnte Reise, die ihn durch verschiedene süd- und mittelam. Länder nach New York führte, wo seine – unvollständigen – *Obras Poéticas* (1874) erschienen. 1889 ließ er sich endgültig in seiner Heimat nieder und nahm aktiv teil am politischen Leben der gerade ausgerufenen Republik. Völlig verarmt, verkaufte er zuletzt die Ruinen seines Elternhauses.

S. ist wohl der eigenartigste bras. Dichter seiner Zeit, in der er auch wenig Beachtung fand. Der Literaturkritiker S. ↑Romero hielt seine Werke für »kaum verständlich« und S. selbst war sich bewußt, wie er 1877 bemerkte, daß er erst 50 Jahre später gelesen würde. In der Tat erkannten ihn die Modernisten der 20er Jahre als Vorläufer an, aber erst die Konkretisten A. und H. de ↑Campos nahmen eine gründliche Lektüre vor. Die außerordentliche sprachliche Verdichtung – einschließlich der Bildung ungebräuchlicher Komposita und der Verwendung absolut gesetzter Metaphern –, die sein gesamtes Werk auszeichnet, findet sich schon in *Harpas Selvagens*. Sein Hauptwerk ist *Guesa Errante* (1866; in anderen Editionen *O Guesa*). Die dreizehn »Cantos« umfassende, unvollendet gebliebene Dichtung ist nicht im Sinne einer Handlung organisiert, sondern gewinnt ihren Zusammenhalt aus der Überlagerung von eigenem Schicksal und dem kol. Indianermythos vom Zugvogel Guesa, Symbol des Rituals von Opferung und Wanderschaft eines Jugendlichen. Momente und Impressionen der eigenen Reisen wechseln mit allgemein philosophischen, historischen, politisch-utopischen und sozialkritischen Reflexionen. Besonders herausragende Episoden sind »Tatuturema«, ein orgiastisches Tanzfest der korrumpierten Indianer des Amazonasgebiets zusammen mit ihren Unterdrückern, sowie die in Dialogform abgefaßte Satire »Inferno de Wall-Street« (in Canto X) über die unersättliche Gier nach Reichtum und Zerstörung von Kultur und Menschheit, einschließlich des Dichters »Sousândrade«.

Weitere Werke: *Impressos* (1868/69, 2 Bde.), *Novo Eden* (1893), *Inéditos* (1970).
Ausgabe: *Prosa*. Hg. F. G. Williams, J. Morães. São Luís 1978.

Literatur: A. u. H. de Campos, *Re/Visão de S.* SP 1964 (mit Anthologie). – F. G. Williams, *S.: Vida e Obra.* São Luís 1976 (mit Bibliographie). – F. Marialva Mont'Alverne Frota, *S.: O Ultimo Périplo.* São Luis 1977. – L. Lobo, *Epica e Modernidade em S.* SP 1986.

Souza, Márcio

* 4.3.1946 in Manaus/Amazonas. Mit 15 Jahren bereits Filmkritiker, produzierte er bis 1966 mehrere Kurzfilme, 1972 den längeren Spielfilm *A Selva*, der auf den gleichnamigen Roman des Portugiesen Ferreira de Castro zurückgeht.

S. ist der Begründer einer neuen Amazonasliteratur. Sein Werk umfaßt Theaterstücke, kulturkritische Essays und Romane. Mit den zwischen 1974 und 1979 entstandenen Stücken a *Paixão de Ajuricaba*, *Denana*, *A Maravilhosa Estória do Sapo Taro-Beque*, *Jurupari* und *A Guerra dos Sexos* versucht S. ein Eingeborenentheater des Amazonas (»Teatro Indígena do Amazonas«) zu begründen, das das mythische Weltbild und die Tradition der Indianer respektiert und aufnimmt. Die Stücke *Tem Piranha no Pirarucu* (1973) und *Folias de Latex* (1976) verkörpern ein ebenso engagiertes wie humoristisches Theater, das die wirtschaftliche Ausbeutung und kulturelle Entfremdung der Amazonasregion mit den Mitteln des Vaudeville parodistisch und karnevalistisch vor Augen führt. Trotz aller Verfremdungseffekte wurden einige seiner Stücke von der Militärdiktatur verboten. Als Kultursoziologe geißelt S. in *A Espressão Amazonense* (1978) die Zerstörung des Amazonas und seiner Tradition. *A Questão do Teatro Regional* ist ein Manifest, in dem die Bedingungen eines regionalen Theaters in einem abhängigen Land dargestellt werden. International bekannt machten S. seine Romane, in denen Geschichte und Gegenwart des Amazonas im Vordergrund stehen. *Galves, Imperador do Acre* (1976, dt. *Galvez, Kaiser von Amazonien*, 1983) erzählt aus der Perspektive des Abenteurers Galves vom Operettenputsch in Acre, einem zwischen Bolivien und Brasilien gelegenen Kautschukgebiet (1903 von Brasilien annektiert). Zwischen Oper, Theater, Bordell und Karneval erleidet die tropische Revolution alsbald Schiffbruch. Auch in *A Resistível Ascensão de Boto Tucuxi* (1982) mischt S. Elemente des pikaresken und historischen Romans, des Modernismus und der Massenliteratur, der Oper und des Theaters zu einem neuartigen Amazonasroman, den er »Folhetim« (Fortsetzungsroman) nennt. Die aggressive Satire über bras. Politik am Amazonas nach dem Militärputsch von 1964 wurde zunächst von der Zensur verboten. Wesentlich konventioneller erzählt S. in *Operação Silencio* (1979) über das Scheitern eines jungen Filmemachers in São Paulo nach dem Erlaß des AI-5, eines Dekrets, mit dem die Generale den Rechtsstaat 1968 vollends liquidierten. Die wichtigsten Themen dieses autobiographisch beeinflußten Buchs sind das »Cinema Novo« und die Rolle der politischen Linken in Brasilien. Der historisch-politische Roman *Mad Maria* (1980, dt. *Mad Maria oder das Klavier im Fluß*, 1984) schildert den Bau der »Todesbahn« Madeira-Mamore, einer 366 km langen Eisenbahnlinie von Bolivien durch den Urwald ans Meer. Bei dem multinationalen Unternehmen verloren Zehntausende von Arbeitern, Schwarze aus Barbados und Weiße aus Hannover, ihr Leben. S. stellt die dampfende Lokomotive Mad Maria und ein Klavier als Symbole der Zivilisation und Kunst gegen die bedrohte Wildnis des Urwalds und seiner Indianer. Die direkte Erzählweise von *Mad Maria* verrät das Bemühen S.s »die Sprache für die Massen im bras.

Roman am Ende des 20. Jahrhunderts zu entdecken«. Seine beiden letzten Romane *A Ordem do Dia* (1983) und *A Condolência* (1984, dt. *Herzliches Beileid, Brasilien*, 1986) sind in unübersehbarer Anpassung an den Bestsellermarkt geschrieben. Es handelt sich in beiden Fällen um politische Fiktion, die die Geschichte von zwei Jahrzehnten Militärdiktatur mit Elementen der Science Fiction, des Übersinnlichen und Spiritistischen verquickt. Diese letzte Schaffensphase fällt wegen des nur oberflächlich thematisierten politischen Kontexts und der gleichzeitigen ästhetischen Verarmung deutlich gegenüber dem vorherigen Werk ab. Von Santos Dumont, dem Pionier der bras. Luftfahrt handelt die Romanbiographie *O Brasileiro Voador* (1986; dt. *Der fliegende Brasilianer*, 1990). C. A.

Literatur: J. Alves de Aguiar/A. Dimas, *M.S.* SP 1982. – L. F. Valente, *Parody and Carnivalisation in the Novels of M.S.* H, 70 (1987), 4, 787-793. – H. Kohler-Rodrigues, *Hiperteatralidade e Releitura Histórica: O Teatro de M.S.* LATR, 22 (1988), 1, 47-54.

Suassuna, Ariano

* 16.6.1927 in Paraíba, heute João Pessoa, als Sohn des dortigen Gouverneurs, der 1930 ermordet wurde. An der Universität von Recife studierte er Jura und gründete 1946 das »Teatro do Estudante de Pernambuco«, für das er seine ersten Theaterstücke schrieb. An derselben Universität ist er seit 1956 Professor für Ästhetik und Theaterwissenschaft.

Katholische Religiosität und sozialkritisches Bewußtsein sind die Grundzüge seiner Stücke, von denen einige auch außerhalb Brasiliens mit beträchtlichem Erfolg aufgeführt wurden. Technisch und thematisch greift S. auf das Theater von Plautus, Gil Vicente, Calderón zurück und verbindet es mit Elementen der populären Kultur des bras. Nordostens. Sein bekanntestes Stück ist das »Fronleichnamsspiel« *Auto da Compadecida* (1957; dt. *Das Testament des Hundes*, 1962), eine witzige, geistvolle Satire mit einem liebenswürdig erbaulichen Höhepunkt. Christus tritt in dem Stück als Schwarzer auf, der Teufel als Staatsanwalt und die Vertreter der Kirche sind frömmelnde Schwätzer, zu allem bereit, wenn es nur ihre Geldgier befriedigt. Ähnlich satirisch und volksnah ist *O Santo e a Porca* (1964), eine Umsetzung der plautinischen Komödie *Aulularia*: Erst nach dem Verlust seines Vermögens überkommt den späteren Heiligen die Erleuchtung von den höchsten Werten. Balladenhaft dramatisch ist *Uma Mulher Vestida de Sol* (1964), eine Romeo-und-Julia-Geschichte vor dem Hintergrund der Dürre und Unfruchtbarkeit des Sertão. S. hat seit 1958 an einem Romanzyklus gearbeitet, von dem bisher *Romance d'A Pedra do Reino e o Príncipe do Sangue do Vai-e-Volta* (1971; dt. *Der Stein des Reiches oder Die Geschichte des Fürsten vom Blut des Geh-und-kehr-zurück*, 1979, 2 Bde.) und *História d'O Rei Degolado nas Caatingas do Sertão* (1976) vorliegen. In den fantasie- und humorvoll erzählten Romanen verbinden sich Kindheits- und Jugenderinnerungen des Autors mit der Fabulierlust der spätmittelalterlichen Ritterromane sowie den populären Mythen seiner Region, die durch die »Cordel«-Literatur (z.B. eines L. Gomes de ↑Barros) große Verbreitung gefunden hatte. Der historische Kern des ersten Romans ist die Revolution von 1930, in deren Wirren einer der Caudillos des Sertão, José Pereira Lima, die »Unabhängigkeit« – einschließlich eigener Hymne, Fahne und Verfassung – der Ortschaft Princesa im Bundesstaat Paraíba deklarierte.

Weitere Werke: (veröffentlichte) Theaterstücke: *O Castigo da Soberba* (1960), *O Casamento Suspeitoso* (1961), *Entremeses*

Populares, 1951-1960 (1960), *A Pena e a Lei* (1971), *Farsa da Boa Preguiça* (1974).

Literatur: E. Marinheiro, *A Intertextualidade das Formas Simples, Aplicada ao ›Romance da Pedra do Reino‹ de A. S.* RJ 1977. – G. Wingerter, *El ›Auto da Compadecida‹ y los autos de Calderón: algunos paralelos.* LBR, 20 (1983), 1, 150-163.

Taunay, Alfredo d'Escragnolle, Visconde de

* 22.2.1843 in Rio de Janeiro, †25.1.1899 ebd. Sein Vater war Präzeptor des Kaisers Pedro II. und Leiter der Kunstakademie von Rio. Ab 1859 studierte er Physik und Mathematik an der Militärhochschule, an der er später selbst unterrichtete. 1865 nahm er am Krieg gegen Paraguay teil. Ab 1872 war er in der Politik tätig. Er gehörte zu den Mitgründern der bras. Literaturakademie.

T.s erste literarische Werke sind der Roman *A Mocidade de Trajano* (1871) und die in frz. Sprache abgefaßte Darstellung einer entscheidenden Epoche des Paraguay-Krieges, *La retraite de La Laguna* (1871, 1874 port.) Kurz danach veröffentlichte er den Roman *Inocência* (1872, überarb. 1884; dt. *Innocencia*, 1899, um 1903), das erfolgreichste Werk der bras. Literatur des 19. Jh.s. Erzählt wird die Liebesgeschichte zwischen dem Mädchen Inocência, der jungen, schönen, zärtlichen Tochter des ehrbaren, würdigen Sertão-Bauern Pereira, und dem jungen Cirino, einem »curandeiro«, zugleich Wanderbursche, Quacksalber und Apothekerlehrling. Dieser, als Gast auf Pereiras Hof, soll die von Wechselfieber befallene, dem Viehhändler Manecão versprochene und von dem deutschen Entomologen Meyer liebend verehrte Inocência behandeln. Das Techtelmechtel zwischen den beiden entgeht dem Vater, der den Deutschen argwöhnisch belauert, bis es dann Manecão hinterbracht wird, der Cirino erschießt, worauf Inocência vor Schmerz stirbt. Eingebettet ist diese Handlung, die die Linie der romantischen Romane J. M. de ↑Macedos fortsetzt, in eine kontrastierend genaue Beschreibung der Landschaft sowie der Sitten und Gebräuche der Sertanejos.

T. hat weitere ähnliche Romane geschrieben, ein Theaterstück, *Amelia Smith* (1886), die Erzählungen *Ao Atardecer* (1900), insgesamt etwa 40 Werke, aus denen der satirische Roman *O Encilhamento* (1899) über einen aktuellen Finanzskandal hervorragt, ferner seine Autobiographie, *Memórias* (1946), deren Veröffentlichung er testamentarisch für einen Zeitpunkt nach seinem 100. Geburtstag bestimmte.

Literatur: A. Bezerra, *O V. de T. Vida e Obra.* RJ 1937.

Telles, Lygia Fagundes

* 19.4.1923 in São Paulo als Tochter eines Staatsanwalts. 1940-45 studierte sie Jura an der dortigen Universität. 1947 heiratete sie. Sie ist journalistisch als Mitarbeiterin von »A Manhã« und als Staatsbeamtin tätig gewesen.

T. hat Romane und Erzählungen veröffentlicht, die sich vor allem durch die psychologische Sensibilität und analytische Schärfe auszeichnen, mit der subtile Gesten und Reaktionen wahrgenommen und dargestellt werden. Ihr erstes herausragendes Werk ist der Roman *Ciranda de Pedra* (1954). Diskret und bewußt nüchtern in der Gestaltung wird hier der Lebensweg einer Frau verfolgt, die in einer traumatischen Familiensituation heranwächst und aus einem komplexen Bedürfnis, die schmerzlichen Kindheitserfahrungen der Trennung der Eltern und der Geisteskrankheit der Mutter zu überwinden, verschiedene, in ihrer Konsequenz frustrierende Liebesbeziehungen eingeht. Eine ähnlich bedrückende, vor allem durch Kommunikationsunfähigkeit geprägte bürgerliche Familienatmosphäre, die bei allen Verfallserscheinungen die freie Entfaltung weiblicher Persönlichkeit schon von Kind an verhindert, wird auch in *Verão no Aquário* (1963) gestaltet. T.' bekanntester, in mehrere Sprachen übersetzter Roman *As Meninas* (1973; dt. *Mädchen am blauen Fenster*, 1984) bezieht in stärkerem Maße als die vorausgegangenen Werke das politische Geschehen in Brasilien – in diesem Fall die Zeit der Militärdiktatur ab 1964 – in die Handlung ein. Neu ist auch ihr Zugriff auf Techniken wie den Wechsel der Perspektiven oder der Erzählerstimmen. Die drei jungen Frauen, die in einem von Nonnen geführten Internat leben, repräsentieren unterschiedliche soziale Schichten: Ana Clara, aus proletarischen Verhältnissen, hat bereits eine Reihe destruktiver Erfahrungen durchlaufen, vom Drogenkonsum bis hin zur sexuellen Promiskuität; Lia, politisch aktiv, hält am Traum der Revolution fest; die jungfräuliche Lorena, aus einer großbürgerlichen Familie, leidet unter ihren inneren Konflikten. Keine von ihnen ist jedoch fähig, Zugang zu den anderen zu finden und das Gemeinsame ihrer Situation zu erkennen. Eine Schauspielerin und ein Kater sind die Hauptfiguren des Romans *As Horas Negras* (1989), die als gemeinsamen Nenner mehrere Leben haben.

Weitere Werke: Erzählungen: *Porões e Sobrados* (1938), *Praia Viva* (1944), *O Cacto Vermelho* (1949), *Histórias do Desencontro* (1958), *O Jardim Selvagem* (1965), *Seminário dos Ratos* (1977), *Filhos Pródigos* (1978), *A Disciplina do Amor* (1980), *Mistérios* (1981), *Die Struktur der Seifenblase* (Auswahl dt., 1983).

Literatur: J. H. Tolman, *New Fiction:* L. F. T. REVIEW, 30 (1981), 65-70. – P. R. Escudero Angelini, *A Intertextualidade em Dois Contos Femeninos*. CLTL, 8 (1982), 107-115.

Torres, Antônio

* 1940 im Bundesstaat Bahia. Er hat als Journalist und in der Werbung in Rio, Portugal und São Paulo gearbeitet. Sein erster Roman *Um Cão Uivando para a Lua* (1972) spielt in einer Nervenheilanstalt. Ein Journalist, der hier eingeliefert ist, sucht sein Leben zu rekonstruieren. Der Roman ist auch als eine Parabel auf die Zeit der Diktatur zu lesen, als sich die äußeren Umstände auf viele Intellektuelle psychotisch auswirkten und sie sich in psychiatrische Behandlung begeben mußten. Das Problem der Migration behandelt T. in seinem bekanntesten Roman *Essa Terra* (1976; dt. *Diese Erde*, 1986). Auf zwei Erzählebenen wird die Geschichte eines Mannes berichtet, der 20 Jahre lang vergebens versucht hat, in der Großstadt São Paulo sein Glück zu machen. Eines Tages kehrt er unvermutet in sein Heimatdorf im Inneren von Bahia wieder zurück. Nach seinem Selbstmord erzählt ein jüngerer Bruder die Geschichte der Familie und des Dorfes. Der Stadt-Land-Konflikt wird von T. noch einmal in dem Roman *Carta ao Bispo* (1979) aufgegriffen. Auf Erfahrungen in Portugal während des Salazar-Regimes geht der Roman *Os Homens dos Pés Redondos* (1973) zurück.

Weitere Werke: Romane: *Adeus Velho* (1981), *Balada da Infância Perdida* (1986), *Um táxi para Viena d'Austria* (1991).

Trevisan, Dalton

* 14.6.1925 in Curitiba/Paraná. Rechtsanwalt und Besitzer einer Glasfabrik. Curitiba hat er bislang fast nie verlassen.

Erste Erzählungen veröffentlichte er in der von ihm 1946-48 herausgegebenen Literaturzeitschrift »Joaquim« und danach in kleinen, selbstverlegten Broschüren. Er wurde bekannt, als der Verlag »J. Olympio« von Rio die Sammlung *Novelas Nada Ejemplares*

(1959) publizierte. Seither hat jeder weitere Band seinen Ruf als einer der besten bras. Erzähler untermauert. Das Szenarium seiner zumeist kurzen, sarkastisch hintergründigen Erzählungen ist der private Alltag der Bevölkerungsmehrheit bzw. der unteren Mittelklasse mit seinen Porzellanelefanten und Fernsehgeräten in einer bras. Provinzhauptstadt wie Curitiba. Dieser Alltag wird ziemlich ausschließlich von der tabuisierten Sexualität oder vom unerbittlichen Krieg der Geschlechter, »João« gegen »Maria«, beherrscht. Die Ehefrauen servieren ihren Männern die tägliche Bohnensuppe mit geschrotetem Glas oder den Himbeersaft mit Ameisengift. Die Männer behandeln ihre Frauen wie Sklavinnen, schlagen ihnen bei passender Gelegenheit die Zähne aus oder brennen ihnen mit der Zigarettenkippe ein Merkmal in die Haut. Mythisch-magische Dimension gewinnt die Bonbonmarke »Zequinha«. Der Verlobte kann, wenn er zusätzlich noch ein Transistorradio verspricht, für ein paar Tüten »Zequinhas« weitergehende Zärtlichkeiten von seiner Braut erwarten. Der Freßlust und dem Exhibitionismus der Frauen entsprechen die Diebstähle von Frauenunterwäsche oder die vielen zitternden Hände, welche nächtlich die auf erleuchtete Fenster gerichteten Fernrohre umklammern. Kommunikation zwischen Mann und Frau gibt es nicht, eher können sich Frauen noch mit Tieren verständigen. Der Mann ist goldzahnbleckender Vampir, aber er kann dem zahnlosen Vamp, der einen Doppelzentner »Kalbfleisch« ins Gefecht bringt, genauso schmählich erliegen wie seiner Frau, die den impotenten Mann in den ersten Ehetagen mit Eierlikör aufpäppeln muß. Diese Themen hat T. bisher in ungefähr 300 Erzählungen behandelt. Ein Resümee vieler Schändlichkeiten von Curitiba bietet sein erster Roman *A Polaquinha* (1986).

Weitere Werke und Ausgaben (ohne Privatdrucke): *Cemitério de Elefantes* (1964), *A Morte na Praça* (1964), *O Vampiro de Curitiba* (1965), *Desastres do Amor* (1968), *A Guerra Conjugal* (1969), *O Rei da Terra* (1972), *O Pássaro de Cinco Asas* (1974), *A Faca no Coração* (1975), *Abismo de Rosas* (1976), *A Trombeta do Anjo Vengador* (1977), *Crimes de Paixão* (1978), *Primeiro Livro de Contos, Antologia Pessoal* (1979), *Virgem Louca, Loucos Beijos* (1979), *Ehekrieg* (Auswahl dt., 1980), *Chorinho Brejeiro* (1981), *Essas Malditas Mulheres* (1982), *O Meu Querido Assassino* (1983).

Literatur: W. Bolle, *D. T.* In: W. Eitel (Hg.), *Lateinamerikanische Literatur der Gegenwart.* Stuttgart 1978, 170-183. – B. Waldman, *Do Vampiro ao Cafajeste: Uma Leitura da Obra de D. T.* SP 1982. – N. H. Vieira, *João e Maria: D. T.'s Eponymous Heroes.* H, 69 (1986), 1, 45-52. – B. Waldman, *La narrativa de D. T.: un pedazo en bruto de vida.* ESCRITURA, 14 (1989), 28, 365-374.

Varela, Luís Nicolau Fagundes

* 17.8.1841 auf der Fazenda Santa Rita bei Rio Claro/Rio de Janeiro, † 18.2.1875 in Niterói. Er stammte aus einer Familie von Großgrundbesitzern und namhaften Juristen. Auch er wollte diesen Beruf ergreifen und begann 1859 in São Paulo ein Studium, widmete aber die nächsten Jahre der Literatur und der Boheme und heiratete 1862 eine Zirkusartistin. Nach dem Tod eines Sohnes brach die Ehe auseinander und V. wurde zunehmend trunksüchtig. Zur Fortsetzung des Studiums ging er 1865 nach Recife, wo er den jungen Castro ↑Alves kennenlernte, kehrte jedoch, als er vom Tod seiner Frau erfuhr, bald wieder nach São Paulo zurück. Nach einem letzten vergeblichen Versuch, sein Studium zu beenden, zog er sich nach Santa Rita, auf die Fazenda seiner Großeltern zurück. 1870 ließ er sich mit seiner zweiten Frau in Niterói nieder und wurde Vater von drei Kindern, konnte jedoch von seinem inzwischen

notorischen Alkoholismus nicht mehr geheilt werden.

V.s lyrisches Werk ist der Spätromantik zuzuordnen und kündigt bereits den Symbolismus an. In seinem ersten Gedichtband *Noturnas* (1861) steht V. noch unter dem Einfluß der vorausgegangenen Romantikergeneration und greift ebenso auf den Lebenspessimismus eines Alvares de ↑Azevedo wie auf die volksliedhafte Schlichtheit eines Casimiro de ↑Abreu zurück. Zu der unbedeutenderen Frühphase gehören auch die patriotischen Gedichte von *O Estandarte Auriverde* (1863). Mit *Vozes da América* (1864) und *Cantos e Fantasias* (1865) löst er sich von den Vorbildern und gelangt zu einer persönlichen Ausdrucksweise. Der erstere Band weist in der Verherrlichung der Freiheit und der bras. Natur auf Castro Alves voraus. Er enthält auch eins der berühmtesten Gedichte V.s, »Cântico do Calvário«, eine musikalischen Strukturprinzipien folgende Elegie über den Verlust seines Kindes. Die Naturlyrik von *Cantos Meridionais* (1869) und *Cantos do Ermo e da Cidade* (1869) gilt als der bedeutendste Teil seines gesamten Schaffens. In der ins Metaphysische und Schicksalhafte gesteigerten Ausdeutung des Naturerlebens zeigen sich bereits symbolistische Züge. Die religiöse Spätphase von *Anchieta ou O Evangelho nas Selvas* (1875), *Cantos Religiosos* (1878) und *Diário de Lázaro* (1838) fand wenig Beachtung, erst J. de ↑Lima suchte sie 1938 zu rehabilitieren.

Ausgaben: *Obras Completas*. RJ 1886/92, 3 Bde. – *Poesias Completas*. Hg. M. Tati/E. Carrera Guerra. SP 1957, 2 Bde.

Literatur: F. Pessoa de Barros, *Poesia e Vida de F. V.* SP 1965. – D. T. Haberly, *The Mystery of the Bailiff's List: Or, What F. V. Read*. LBR, 24 (1987), 2, 1-13.

Vasconcelos, José Mauro de

* 26.2.1920 in Bangu/Rio de Janeiro. Von seinem 15. Lebensjahr an führte er ein abenteuerliches Leben, war u.a. Boxtrainer, Plantagenarbeiter, Fischer, Fernsehschauspieler und durchstreifte die Urwaldgebiete Brasiliens. Kurze Zeit studierte er Medizin in Spanien.

V. ist Autor mehrerer Romane, darunter einiger Bestseller. Literaturgeschichtlich ordnet man ihn unter die Autoren des Neo-Modernismus ein, eine behelfsmäßige Kategorie, in der J. ↑Condé ebenso Platz finden soll wie J. Cabral de ↑Melo Neto. V.' erster Roman *Banana Brava* (1942) beruht auf eigenen Eindrücken als Plantagenarbeiter. Wie auch noch bei den anderen Romanen vor *Vazante* (1951) vermißt man die psychologische Durchdringung der Personen und sprachliche Intensität. *Vazante* behandelt das Thema menschlicher Verlorenheit in der Natur tropischer Urwälder, die nur diejenigen überleben läßt, die sich ihr moralisch angepaßt haben. Ebenfalls in den Urwäldern des Araguaia spielt *Arara Vermelha* (1953; dt. *Ara Ara, Abenteuer im bras. Urwald*, 1971). Aus einer Haltung verständnisvoller Sympathie werden hier Lebensformen und Psychologie der Indianer dargestellt. Die Hauptfigur der Romanhandlung ist der Diamantensucher Kanaú, ein Mestize, der seine Kameraden wegen eines Diamanten ermordet, von dessen Besitz er sich die Eingliederung in die Zivilisation verspricht. *O Garanhão das Praias* (1965) behandelt die Einrichtung der Indianer-Missionen. Die Sorgen und Nöte der Missionsangehörigen konzentrieren sich fast ausschließlich auf die Sexualität. Komplexer in Struktur und Thematik ist der Roman *As Confissões de Frei Abóbora* (1966), in dem in kaleidoskopischem Wechsel die Hauptperson bald als Künstler, bald als Laienprediger bei den Indianern oder als verkrüppelter Lotterieverkäufer auftritt. In *A Ceia* (1975) mündet die Handlung in eine makabre Parodie des christlichen Abendmahls in einem Siechenheim.

Weitere Werke: Romane: *Barro Blanco* (1945; dt. *Meine Brüder, der Wind und das Meer*, 1972), *Rosinha, Minha Canoa* (1962), *Doidão* (1963), *Coração de Vidro* (1964), *O Meu Pé de Laranja Lima* (1968; dt. *Wenn ich einmal groß bin*, 1970), *O Palácio Japonês* (1969), *Chuva Crioula* (1972), *O Veleiro de Cristal* (1973), *Vamos Aquecer o Sol* (1974); Erzählungen: *Farinha Orfa* (1970).

Literatur: H. M. Jofré Barroso, *Vida y saga de J. M. de V.* BA 1978.

Veiga, José J.

* 2.2.1915 in Corumbá-Pirenópolis/Goiás. Der Rundfunk- und Zeitungsjournalist V., der u.a. von 1945 bis 1950 für die BBC in London arbeitete, wurde erst spät zum Verfasser von Erzählungen. 1959 erschien sein erster Band *Os Cavalinhos de Platiplanto* mit Kindheitserinnerungen. Das eigentliche erzählerische Werk V.s besteht aus Kurzromanen und -geschichten, die die Absurdität der Welt zum Thema haben. In *A Hora dos Ruminantes* (1966) werden die Einwohner eines kleinen Provinznests von autoritären Männern, dann von Hunden und schließlich von Rindern unterdrückt. Mysteriöse Mächte beherrschen auch den Roman *Sombras de Reis Barbudos* (1972), in dem ein mächtiges Unternehmen den Dorfbewohnern das Lachen verbietet und sie über Nacht einmauert. Der Ich-Erzähler glaubt schließlich zu sehen, wie die Menschen im Widerstand gegen die Mauern der Tyrannei zu fliegen beginnen. *De Jogos e Festas* (1980) vereinigt zwei Kurzromane und eine Erzählung, die eine Erklärung der registrierten Absurdität verweigern. Verschlüsselt in fantastische Ereignisse schildert V., wie Industrie, Kapitalismus, Konzerne und Bürokratie das archaische Landesinnere Brasiliens heimsuchen. Die Werke V.s zeichnen sich durch ihre einfache, klare Sprache aus und lassen bei aller Fantastik den regionalen Kontext, das Binnenland in Goiás und Minas Gerais, sichtbar werden. C. A.

Weitere Werke: *A Máquina Extraviada* (1967), *Os Pecados da Tribo* (1976), *Aquele Mundo de Vasabarros* (1984?), *Torvelinho Dia e Noite* (1985).

Literatur: M. Amâncio/S. Y. Campedelli, *J. J. V.* SP 1982.

Veloso, Caetano

* 7.8. 1942 in Santo Amaro da Purificação/Bahia. Der ehemalige Philosophiestudent gründete zusammen mit Gal Costa, Gilberto Gil und seiner Schwester Maria Betânia die Musikgruppe »Os Doces Bárbaros«. 1968 kam V. wegen seines gegen die Militärdiktatur gerichteten Lieds *É Proibido Proibir* ins Gefängnis. 1968 ging er ins Exil nach London, von wo aus er Texte für die satirische Zeitschrift »Pasquim« schrieb. 1972 kehrte er nach Brasilien zurück und ist seither neben Chico ↑Buarque der wichtigste Dichter, Komponist und Sänger Brasiliens. Außer politischen, Liebes- und Karnevalsliedern (z.B. *Chuva, Suor e Cerveja, Atrás do Trio Eléctrico*) verfaßte V. surrealistische, konkretistische und sprachkritische Texte und Kompositionen wie *Superbacana* und *Tropicália*. In ihnen tritt das Ziel des »Tropicalismo« zutage: Eine eigene tropischbras. Tradition zu schaffen. V. ist es gelungen, mit seiner Musik die afrobras. Kultur, die Konkrete Poesie und den »Antropofagismo« (s. O. de ↑Andrade) zu vermischen und zu popularisieren. C. A.

Ausgabe: *Seleção de textos*. Hg. P. Franchetti/A. Pécora. SP 1981.

Veríssimo, Erico

* 17.12.1905 in Cruz Alta/Rio Grande do Sul, †28.11.1975 in Pôrto Alegre. Er kam aus einer verarmten Familie, war Verkäufer, Apotheker, Schaufen-

stermaler, bis er mit einigen Erzählungen bekannt wurde und ins Verlagsgewerbe einstieg. 1943-45 lebte er als Gastprofessor für bras. Literatur in Berkeley, 1953-56 als Leiter der Kulturabteilung der Panam. Union in Washington.

V.s literarischer Ruhm begann mit der Veröffentlichung des Romans *Clarissa* (1933), dem ersten Werk eines in sich geschlossenen Zyklus Balzacscher Observanz, dem als weitere Teile *Caminhos Cruzados* (1935), *Música ao Longe* (1936), *Um Lugar ao Sol* (1936), *Olhai os Lírios do Campo* (1938; dt. *Die Lilien auf dem Felde: ein Arztroman*, 1974), *Saga* (1940) und *O Resto é Silêncio* (1942) folgten. Stilistisch und technisch voneinander stark unterschieden, werden die einzelnen Romane durch den Schauplatz – im wesentlichen die Stadt Pôrto Alegre – und einige Personen zusammengehalten, vor allem durch die Titelgestalt des als Prosagedicht konzipierten Romans *Clarissa*. Hier ist sie ein junges Mädchen, das im geheimen von einem Gast der Pension seiner Tante geliebt wird. Später ist sie die Frau ihres Vetters Vasco, der in *Saga* auf republikanischer Seite im Span. Bürgerkrieg kämpft. V.s zweiter epischer Zyklus *O Tempo e O Vento* besteht aus den Romanen *O Continente* (1949; dt. *Die Zeit und der Wind*, 1953), *O Retrato* (1951; dt. *Das Bildnis des Rodrigo Cambará*, 1955) und *O Arquipélago* (1962, 3 Bde.) Der erste Teil der farbig und spannend geschriebenen »Saga des Rio Grande do Sul« umfaßt die etwa 150 Jahre ab 1745, der Zeit der port.-span. Grenzkriege, bis zur Föderalistischen Revolution von 1893. Aus der Vielzahl der Personen des teilweise ins Mythisch-Kosmische überhöhten Romans ragt die Gestalt des Kapitäns Cambará hervor, dessen Lebensgeschichte beispielhaft ist für die Formierung der patriarchalischen Gesellschaft. Die von dem Urenkel des Kapitäns getragene Haupthandlung von *O Retrato* spielt in den Jahren 1909-1915. Die wesentliche sozio-ökonomische Problematik, die in dem Buch angesprochen wird, ist die beginnende Industrialisierung, die Landflucht und die Zerstörung der alten Strukturen. *O Arquipélago* behandelt die Zeit der politischen Kämpfe seit der Revolution von 1923 bis zum Ende des Estado Nôvo des Diktators G. Vargas (1945). Unter dem Einfluß der modernen Technik, der verstärkten Einwanderung sowie totalitärer Ideologien sind diese Jahre geprägt von dem Zerfall der geistigen Einheit und dem Konflikt mit den Maßstäben und Idealen, die in *O Continente* geschaffen wurden, auf den, als Antithese, der symbolhafte Titel des letzten Werkes anspielt. Wie weit hier die Auflösung vorangeschritten ist, wird dadurch deutlich, daß die Mitglieder derselben Familie in feindlichen politischen Lagern stehen. V.s letzte Romane sind breit angelegte Parabeln zur Moral und Politik der Gegenwart. *O Senhor Embaixador* (1965; dt. *Seine Exzellenz, der Botschafter*, 1967) ist eine vital und kunstvoll gestaltete Satire, die zwar auf eine konkrete historische Situation – das Kuba Batistas und die Revolution Castros – bezogen ist, jedoch die Perspektive auf den allgemeinen Zustand fast aller lateinam. Staaten im Kräftefeld der USA offenhält. Deren brutaler Krieg in Vietnam bildet die Szenerie von *O Prisioneiro* (1967), einem, wie der Autor den Roman interpretiert, »Kommentar am Rande der vielen Gefängnisse des Menschen als eines Teils im Räderwerk«. Die Handlung konzentriert sich auf die seelischen Konflikte eines farbigen Offiziers, der die Folterung eines gefangenen Vietnamesen erlaubt hat. Die Situation der Militärdiktatur seit 1964 ist Hintergrund der Handlung des Romans *Incidente em Antares* (1971).

Weitere Werke (Auswahl): Erzählungen: *Fantoches* (1932); Romane: *O Resto é Silêncio* (1943), *Noite* (1954; dt. *Nacht*, 1956); Reiseberichte: *Gato Préto em Campo de Neve* (1941), *México* (1957; dt. *Mexiko. Land der Gegensätze*, 1958), *Israel em Abril* (1969); Autobiographie: *Solo de Clarineta* (1973/76, 2 Bde.).

Ausgabe: *Ficção Completa*. RJ 1966/67, 5 Bde.

Literatur: F. Loureiro Chaves, *E. V.: Realismo e sociedade*. Porto Alegre 1976. – D. Fresnot, *O Pensamento Político de E. V.* RJ 1977. – O. A. Furlan, *Estética e Crítica Social em ›Incidente em Antares‹*. Florianópolis 1977. – I. Warren, *E. V.* In: W. Eitel (Hg.), *Lateinamerikanische Literatur der Gegenwart in Einzeldarstellungen*. Stuttgart 1978, 146-155. – R. Nagel, *E. V., die Deutschen und Heinrich Heine*. HEINE-JAHRBUCH, 23 (1984), 142-150. – J. Rodrigues Suro, *E. V.: História e Literatura*. Porto Alegre 1985. – R. Reis, *O Mapa do Mapa-do-Mapa, Modernidade em E. V.* CHASQUI, 18 (1989), 1, 10-16.

Viana Filho, Oduvaldo

* 1936, † 1974. Seine Eltern waren Schriftsteller und aktive Mitglieder der Kommunistischen Partei, der er selber auch zeitlebens verbunden geblieben ist. Schon von Jugend an mit dem Theater vertraut, gehörte er neben A. ↑Boal u. a. seit 1956 dem kurz zuvor gegründeten »Arena«-Theater von São Paulo als Schauspieler und Bühnenautor an. Eins seiner ersten Stücke, *Chapetuba Futeball Clube* (1959), das die soziale Situation der unteren Bevölkerungsschichten einer Kleinstadt widerspiegelt, entstand als kollektive Arbeit der von diesem Ensemble veranstalteten Theaterseminare. Ab 1964 organisierte er die Gruppe »Opinião«, von der revueähnliches Musiktheater mit sozialkritischem Inhalt gemacht wurde. Eins der erfolgreichsten Stücke, das von dieser Gruppe aufgeführt wurde, war sein in Zusammenarbeit mit Ferreira ↑Gullar entstandenes *Se Correr o Bicho Pega, se Ficar o Bicho Come* (1966). Die zunehmende Repression der Militärdiktatur schränkte die Tätigkeiten des oppositionellen Theaters immer mehr ein und führte 1968 zur Auflösung der freien Theatergruppen. Wie viele andere konnte auch V. F. nur noch durch Mitarbeit als Drehbuchautor beim staatlich kontrollierten Fernsehen überleben. V. F.s Bühnenstücke sind zumeist in intensiver Zusammenarbeit mit Schauspielern und anderen Autoren entstanden, und er hat in verschiedenen Essays oder in umfangreichen Anmerkungen die Entstehungszusammenhänge, Intentionen und faktischen Hintergründe erläutert. Er knüpft vor allem an die Brechtsche Konzeption des antiillusionistischen, epischen Theaters an und verbindet sie mit Elementen der bras. populären Kultur und der sozialen Wirklichkeit des Landes. Sein repräsentativstes Stück ist *Rasga Coração* (1974), das im Kontrapunkt von Vergangenheit, die ohne chronologische Ordnung die Zeit ab 1920 umfaßt, und der Gegenwart um 1972 die Lebensgeschichte eines Mannes behandelt, der als Mitglied der Kommunistischen Partei mit seinem Sohn, einem Vertreter der Hippie-Kultur konfrontiert und gezwungen wird, seine Ideale und revolutionären Vorstellungen zu überprüfen.

Weitere Werke: *Quatro Quadras de Terra* (1963), *Moço em Estado de Sítio* (1965), *Os Azeredos Mais os Benavides* (1966), *Papa Highirte* (1968), *A Longa Noite de Cristal* (1969), *Corpo a Corpo* (1970), *Mão na Luva* (1984), *Alegro Desbum* (1987).

Literatur: A. L. Gazolla/H. M. Starling, *O. V. F.: O Teatro como Espetáculo de Coragem*. RN, 22 (1982), 3, 259-264. – C. Guimarães, *Um Ato de Resistência: O Teatro de O. V. F.* SP 1984.

CHILE

Lastarria, José Victorino	1817-1888
Blest Gana, Alberto	1830-1920
Lillo, Baldomero	1867-1923
Pezoa Véliz, Carlos	1879-1908
Emar, Juan	1883-1962
Barrios, Eduardo	1884-1963
Latorre, Mariano	1886-1955
Prado, Pedro	1886-1952
Acevedo Hernández, Antonio	1887-1962
Edwards Bello, Joaquín	1888-1968
Prieto, Genaro	1889-1946
Mistral, Gabriela	1889-1957
Huidobro, Vicente	1893-1948
Rokha, Pablo de	1894-1968
Rojas, Manuel	1896-1973
González Vera, José Santos	1897-1970
Reyes, Salvador	1899-1970
Marín, Juan	1900-1963
Brunet, Marta	1901-1967
Subercaseaux, Benjamín	1902-1973
Neruda, Pablo	1904-1973
Díaz Casanueva, Humberto	1908
Bombal, María Luisa	1910-1980
Castro, Oscar	1910-1947
Undurraga, Antonio de	1911
Droguett, Carlos	1912
Arenas, Braulio	1913
Parra, Nicanor	1914
Anguita, Eduardo	1914
Gómez Correa, Enrique	1915
Teitelboim, Volodia	1916
Rojas, Gonzalo	1917
Parra, Violeta	1917-1967
Alegría, Fernando	1918
Donoso, José	1925
Wolff, Egon	1926
Lafourcade, Enrique	1927
Heiremans, Luis Alberto	1928-1964
Lihn, Enrique	1929-1988
Díaz, Jorge	1930
Edwards, Jorge	1931
Sieveking, Alejandro	1934
Teillier, Jorge	1935
Délano, Poli	1936
Radrigán, Juan	1937

Valdés, Hernán	1937
Hahn, Oscar	1938
Jara, Víctor	1938-1973
Lavín Cerda, Hernán	1939
Skármeta, Antonio	1940
Lara, Omar	1941
Dorfman, Ariel	1942
Allende, Isabel	1942
Zurita, Raúl	1951
Parra, Marco Antonio de la	1952

Acevedo Hernández, Antonio
*1887 in Tracacura/Angol, †1.12. 1962 in Santiago de Chile. Mit 10 Jahren vagabundierte er durch Chile und lernte dank Freunden, die in der Arbeiterbewegung aktiv waren, Lesen und Schreiben. Ab 1903 war er zunächst Laufbursche bei einer Schauspielergruppe, übernahm dann bald kleinere Rollen und fing selbst an, Theaterstücke zu schreiben, deren erstes, *En el rancho*, 1913 mit großem Erfolg uraufgeführt wurde. Von den 20er Jahren an war er auch als Filmregisseur tätig. Sein erster Film ist *Almas perdidas* (1923). Zugleich schrieb er für mehrere Zeitungen, in den 30er Jahren vor allem für »Las Ultimas Noticias«. 1954 erhielt er den Premio Nacional de Teatro.

Wie kein anderer Autor hat A. H. mit seinem kontinuierlichen Schaffen das chil. Theater in der ersten Hälfte des 20. Jh.s bereichert und geprägt. Bekannt sind etwa 50 Theaterstücke, von denen die meisten aufgeführt, jedoch nur ein kleiner Teil publiziert wurde. Ihr wesentliches Charakteristikum ist der direkte Bezug zu aktuellen sozialen und politischen Problemen Chiles. Gelegentlich verhaftete die Polizei das Ensemble und den Autor, wie 1916 bei einer Aufführung von *Almas perdidas*, oder es kam zu Saalschlachten wie 1918 bei *Homicidio* oder 1929 bei *Los deportados*, einem Stück über die Repression zur Zeit des Präsidenten Ibáñez. Formal orientiert sich A. H. vor allem am populären Theater Argentiniens im Anschluß an F. ↑Sánchez, gibt seinen Dramen, ein- bis dreiaktigen »Sainetes« (Sittenkomödien), jedoch durch die Nähe zur sprachlichen und sozialen Wirklichkeit Chiles ein spezifisches Gepräge. A. H. ist außerdem Autor von drei Fortsetzungsromanen. Die Zeit der Befreiungskriege wird in *La guerra a muerte* (1936) dargestellt, Lebensgeschichten berühmter chil. Banditen sind *Manuel Luceno* (1927) und *Joaquín Murieta* (1936), der dann Protagonist eines Dramas von P. ↑Neruda (1967) wird. Als Sammler und Forscher der nationalen Folklore hat A. H. *Los Cantores populares chilenos* (1933), *La cueca* (1933?) u.a. publiziert.

Weitere Werke: Theater (Auswahl): *¡Irredentos!* (1918), *La canción rota* (1921, 1933), *Por el atajo* (1921), *Arbol viejo* (1927, 1934), *Caín* (1927), *Cardo negro* (1930, 1933), *La cortesana del templo* (1936, 1939), *Chañarcillo* (1936), *El triángulo tiene cuatro lados* (1963); Erzählungen, Romane: *Piedra azul* (1920), *Croquis chilenos* (1931), *Las brujas* (1933), *Aventuras del roto Juan García* (1938), *La leyenda de la felicidad* (1943), *Pedro Urdemalas* (1947), *Leyendas centenarias* (1952).
Literatur: M. Canepa Guzmán, *Gente de teatro (I)*. SCh 1969, 150-159. – Carlos H. Monsanto, *La Protesta social en la dramaturgia de A. H.* ME 1971.

Alegría, Fernando
*6.10.1918 in Santiago de Chile. Er beendete sein Studium an der Universität von Bowling Green, Ohio, mit dem Titel eines Master of Arts. 1947-67 Literaturdozent an der Berkeley-University. Zur Zeit der Unidad Popular Kulturattaché an der chil. Botschaft in Washington. Seit dem Putsch von 1973 lehrt er an der Stanford-University.

In ausgewogener Verteilung hat A. literaturwissenschaftliche Arbeiten – am bekanntesten ist *Las Fronteras del realismo. Literatura chilena del siglo XX* (1962) –, einige Gedichte und fiktive Texte, vor allem Romane, veröffentlicht. Mit 17 Jahren schrieb er seinen ersten Roman *Recabarren* (1938), der unter dem Titel *Como un árbol rojo* (1968) in überarbeiteter Ausgabe erschien. Erzählt wird die Lebensgeschichte Luis Emilio Recabarrens, des Gründers der Kommunistischen Partei Chiles. Der ebenfalls biographische Roman *Lautaro, joven libertador de Arauco* (1943) handelt von dem zum

Mythos gewordenen Häuptling der Araukaner und Sieger über die span. Invasoren im 16. Jh. Herausragend ist die Darstellung der Einheit des Menschen mit Erde und Natur, entsprechend dem zyklischen Weltverständnis der Araukaner und im Gegensatz zur linearen Denkweise der span. Eroberer; bemerkenswert sind die lyrischen Elemente und die dramatische Steigerung der Sprache in den detaillierten Landschaftsbeschreibungen. *Caballo de copas* (1957), von pikaresker Prägung und eines seiner wichtigsten Werke, stellt in drei miteinander verknüpften Erzählsträngen die sozialen Konflikte dar, die aus der Konfrontation von lateinam. Kultur und nordam. *way of life* erwachsen.In San Francisco streiken die Hafenarbeiter. Marcel, einer ihrer Anführer, nützt die Zeit, um seine verliebte Tochter Mercedes aus den Händen eines Taugenichts, des Ich-Erzählers – eines Tellerwäschers und Abenteurers aus dem rückständigen Chile – zu retten. Exponierte Stellung im Geschehen gewinnt Señor González, ein Pferd aus Chile, das in einem entscheidenden Moment »zentrale Achse« im Leben des Erzählers ist; sein Tod bildet Ausgangs- und Endpunkt der turbulenten Rahmenhandlung. Das Spektrum der politischen Realität Chiles im Jahre 1938 thematisiert *Mañana los guerreros* (1964?; dt. *Frühling der jungen Krieger*, 1975). Zwischen rechtsradikalen Nazianhängern und linksextremistischen Aktivisten muß der Student Juan Luis seinen Weg finden, der schließlich zur Frente Popular führt. Aber auch Elisa, die ein Kind von ihm erwartet, fordert seine Solidarität. Es wechseln innerer Monolog mit dialogischen Szenen und objektiver Geschichtsdarstellung. Der Roman *Los días contados* (1968) skizziert zärtlich-melancholisch Ereignisse aus dem Leben eines Boxers aus ärmsten Verhältnissen in Santiago. Die humoristische Überzeichnung des tragikomischen Helden, die Kämpfe, die er im Ring und im alltäglichen Leben ausficht, mit kleinen Siegen und größeren Niederlagen, vermitteln seine Verletzbarkeit und Verlorenheit. Umgangssprachliche Elemente werden bewußt als Stilmittel eingesetzt. In *Amerika, Amerikka, Amerikkka, manifiestos de Vietnam* (1970) wird die soziale und politische Realität der USA der 60er Jahre fiktional umgesetzt. Das Haus, in dem der Ich-Erzähler, ein exilierter Chilene, Zuflucht sucht, gewährt keinen Schutz, sondern erweist sich strukturell als Fortsetzung von Verbrechen und Gewalt. Liebe ist nur in ihrer Degradierung erfahrbar. Sexualität schlägt um in Aggression. Die formale Organisation des Romans erfolgt in einer Montage von 48 Fragmenten. Eine der ersten literarischen Verarbeitungen der Ereignisse des Militärputsches von 1973 ist der Roman *El paso de los gansos* (1975; dt. *Stechschritt*, 1978). Der Erzähler, ein ehemaliger Freund Allendes, versteht sich als Zeuge und Sprachrohr derjenigen, denen es versagt bleibt, ihre Stimme gegen die an ihnen begangenen Verbrechen zu erheben. Kern der Darstellung bilden die Tagebuchaufzeichnungen Cristiáns, eines Intellektuellen aus konservativem Hause, und dessen sinnloser Tod im Stadion von Santiago. In dem Kurzroman *Coral de guerra* (1979) interpretieren drei Stimmen – die einer jungen, verschleppten Frau, die ihres Mannes, der Journalist ist und Nachforschungen anstellt, und die des Folterers, eines Unteroffiziers – aus ihren jeweiligen Erfahrungen die menschlichen Veränderungen bzw. Deformierungen in den ersten Jahren der Pinochet-Diktatur. *Una especie de memoria* (1983) ist der erste Teil romanhaft stilisierter Memoiren bis zum Jahr 1938. In *Mi vecino el presidente* (1989) entwirft A. ein intimes Porträt S. Allendes. E. F.

Weitere Werke: Romane: *Camaleón* (1950), *Noches del cazador* (1961), *El evangelio según Cristián, el fotógrafo* (1988?); Erzählungen: *El poeta que se volvió gusano y otras historias verídicas* (1956), *El cataclismo* (1960), *La maratón del palomo* (1968), *Los mejores cuentos* (1968), *La venganza del general* (1969), *Los trapecios* (1985); Lyrik: *Instrucciones para desnudar a la raza humana* (1979); Essays, Untersuchungen: *Walt Whitman en Hispanoamérica* (1947), *Ensayo sobre cinco temas de Thomas Mann* (1949), *La poesía chilena* (1954), *Breve historia de la novela hispanoamericana* (1959), *Novelistas contemporáneos hispanoamericanos* (1964), *Genio y figura de Gabriela Mistral* (1964), *Literatura y revolución* (1971), *Nueva historia de la novela hispanoamericana* (1986).

Literatur: H. Giacoman (Hg.), *Homenaje a F. A.* Madrid 1972. – R. Ruiz, *F. A.: vida y obra*. Madrid 1979. – R. E. Reeves, *Bibliografía de F. A.* TC, 7 (1981), 22/3, 31-58. – H. M. Cavallari, *F. A. y la deconstrucción del fascismo*. TC, 7 (1981), 22/3, 13-21. – V. M. Valenzuela, *F. A.: el escritor y su época*. Madrid 1985. – J. A. Epple (Hg.), *Para una fundación imaginaria de Chile: La obra literaria de F. A.* Stanford 1987.

Allende, Isabel

*2.8.1942 in Santiago de Chile; Nichte des ehemaligen Präsidenten Salvador Allende und von Beruf Journalistin. 1975 ging sie mit ihrer Familie ins Exil nach Venezuela; seit 1988 lebt sie in San Francisco.

Ihr Debutroman *La casa de los espíritus* (1982; dt. *Das Geisterhaus*, 1984) erzielte weltweiten Erfolg. Die über vier Generationen hinweg farbig und humorvoll erzählte Familienchronik umfaßt den Zeitraum von der Jahrhundertwende bis in die ersten Jahre der Pinochet-Diktatur hinein, wobei den erschütternden aktuellen Ereignissen eine magisch-fantastische Welt gegenübersteht, die sich vor allem auf die weiblichen Figuren bezieht. Die Romanachse wird durch den Kontrast von männlicher Despotie, verkörpert in Esteban Trueba, und weiblicher Authentizität, gemischt mit spiritistischen Neigungen, gebildet. Esteban, Abkömmling einer verarmten Familie aus der chil. Oberschicht gelingt es, aus einer verzweifelten Lebenssituation heraus, ein heruntergekommenes Landgut wiederaufzubauen und zu einem der reichsten Männer des Landes zu werden. Er unterstützt schließlich den Militärputsch gegen Allende. Bei den Frauen, die diesen Lebenslauf begleiten – Nívea, Clara, Blanca und die Enkelin Alba, die von den Militärs verhaftet und gefoltert wird – wird demgegenüber eine Entwicklung sichtbar, die vom humanitären Engagement und passiven Widerstand zum politischen Handeln führt. Eine der wichtigsten Rollen kommt jedoch dem Hauptschauplatz zu, jener von Esteban und Clara in Santiago bewohnten Villa, die Clara zu einem labyrinthartigen Gebäude umbauen läßt. Im zweiten Roman *De amor y de sombra* (1984; dt. *Von Liebe und Schatten*, 1986) wird, chronologisch an die erzählte Zeit von *La casa de los espíritus* anknüpfend, die Geschichte einer Liebe erzählt, die sich mit der ersten Aufdeckung verheimlichter Massengräber von Opfern der Diktatur verzahnt. Perspektivierung wird durch zunächst getrennte Erzählstränge erzielt, die, in einem bestimmten Punkt zusammenlaufend, das Gesamtbild der Handlung erstellen. Neben der Erfahrung von Leid und Grauen vermittelt der Roman auch wegen der gelegentlichen zärtlich humoristischen Überzeichnung das Gefühl intensiver Menschlichkeit. Der dritte Roman *Eva Luna* (1987; dt. *Eva Luna*, 1988) schildert den bizarren Lebensweg einer Frau in einem tropischen südam. Land. Ein zunächst kontrapunktisch angelegtes Geschehen um einen jungen Österreicher verliert sich mit der fortschreitenden Entwicklung der Heldin. Bei allen märchenhaften und fantastischen Geschehnissen ist dieser Roman, in dem das Geschichtenerzählen als Prinzip der Selbstverwirklichung thematisiert wird, das persönlichste Werk A.s. *Los cuentos de Eva Luna* (1989; dt. *Geschichten der Eva Luna*, 1990) ist eine Sammlung von 23 Erzählungen voller Humor, Leidenschaften, Erotik und Gewalt. In *El plan infinito* (1991; dt. *Der unendliche Plan*, 1992) verlagert A. das Geschehen nach Kalifornien, und ein Mann ist erstmals Protagonist des Geschehens. E. F.

Literatur: R. Eberenz, *La imaginación como libertad: acerca de ›La casa de los espíritus‹ de I. A.* IA, 22/23 (1984), 102-109. – M. Coddou (Hg.), *Los libros tienen sus propios espíritus: estudios sobre I. A.* ME 1986. – M. Coddou, *Para leer a I. A.* Concepción (Chile) 1988. – A. Castillo de Berchenko (Hg.), *La narrativa de I. A.: claves de una marginalidad.* Perpignan: Université 1990.

Anguita, Eduardo
* 1914 in Chile. Er studierte Jura in Santiago, war als Journalist tätig sowie Assessor des Verlags der Universidad de Chile. Obwohl er relativ wenig veröffentlicht hat, genießt er in Chile hohes Ansehen und gilt nicht nur als einer der wichtigsten Lyriker, sondern auch als einer der subtilsten Prosaautoren. Zusammen mit V. Teitelboim gab er die *Antología de poesía chilena nueva* (1935) heraus, in der vor allem Dichter vertreten waren, die sich stärker den sprachlichen und technischen Innovationen V. ↑Huidobros als der von G. ↑Mistral und P. ↑Neruda vertretenen intimistischen Linie verpflichtet fühlten. Dichtung, verstanden als rein intellektuelle Erfahrung, als »cerebralismo«, war die programmatische Formel, die A. damals aufstellte, und sein gesamtes lyrisches Werk ist Hinterfragung menschlicher Existenz und Erkenntnisfähigkeit. Da er in seinen Gedichten keine Lösungen, sondern höchstens Lösungsversuche bzw. problematisierende Blickwinkel anbietet, wird er häufig als »hermetisch« bezeichnet, obwohl er im Gegenteil eher ent- als verschlüsselt. Dem entspricht ein prägnantes, manchmal hartes Vokabular, das Ernst und Intensität dieser Erkenntnissuche nachvollziehen läßt.

Werke: Lyrik: *Tránsito al fin* (1934), *Anguita* (1951), *El poliedro y el mar* (1962), *Venus en el pudridero* (1967), *Poesía entera* (1971); Erzählungen, Essays: *Inseguridad del hombre* (1950), *Palabras al oído de México* (1960), *Rimbaud pecador* (1963).
Literatur: I. Carrasco M., *E. A., poeta vigente.* RCHL, 32 (1988), 127-131.

Arenas, Braulio
* 1913 in La Serena. Außer als Schriftsteller erzielte er auch Erfolge mit Ausstellungen seiner Gemälde und Collagen. Er war Herausgeber der Lyrikzeitschriften »Mandrágora« (1938-1941), »Leitmotiv« (1941-1943), »Gradiva« (1949) und »Altazor« (1963). Er übersetzte Apollinaire, Lautréamont, Rimbaud, Sade und andere.
Als führenden Kopf der »Mandrágora«-Gruppe, die sich am frz. Surrealismus orientierte, war er maßgeblich an dessen Verbreitung in Chile beteiligt. Zeugnis seines Engagements für diese Richtung, die er als Beitrag auf dem Weg zu Humanität und Freiheit des Menschen versteht, ist der Essayband *Actas surrealistas* (1974). Zunächst ausschließlich Lyriker, schrieb er später auch Erzählungen, Romane, Essays und ein Theaterstück. Die repräsentative Sammlung seiner Poesie (1929-1969) ist *En el mejor de los mundos* (1970). Die Übergänge zwischen Traum und Realität sind fließend. Die assoziative Bildersprache entfacht einen Zauber, den er jäh wieder durchbricht. Die Metaphorik soll schockieren: »Die Lampe hat sich aus

Liebe die Adern aufgeschnitten, um endlich zu wissen, was Finsternis heißt.« In späteren Gedichten treten die surrealistischen Bilder zugunsten einer intensiveren Auslotung der Sprachmaterie zurück. Viele Jahre hat A. an seinem ersten Roman *Adiós a la familia* (1966) gearbeitet. Sein Schauplatz ist Santiago im Jahre 1929, am Ende eines Sommers. Zwischen dem schwerkranken 16jährigen Leopoldo und fünf jungen Mädchen entwickelt sich in der Spannung von adoleszenter Vitalität und dem Schatten des nahen Todes eine ungewöhnliche Liebesgeschichte. Eine fiebrige Traumwelt wird in *La endemoniada de Santiago* (1969) gestaltet. In *El castillo de Perth* (1969), vielleicht A.' bedeutendstem Roman, verliert sich der scheue, introvertierte Dagobert hoffnungslos in seine Träume, wo er die gespenstische Welt eines mittelalterlichen Schlosses evoziert. *La promesa en blanco* (1984) beschreibt den mit ironischem Unterton erzählten – und fantasievoll ausgeschmückten – Lebenslauf des biblischen Samson. Im Plauderton werden in *Los dioses del Olimpo* (1983) die griech. Götter- und Halbgöttersagen wiedergegeben. E. F.

Weitere Werke (Auswahl): Lyrik: *Una mansión absolutamente espejo deambula insomne por una mansión absolutamente imagen* (1978); Romane: *El laberinto de Greta* (1971), *La promesa en blanco* (1972), *Berenice: La idea fija* (1973?), *Los esclavos de sus pasiones* (1975); Erzählungen: *Los mozos de Monleón* (1971); Essays: *El cantar de Rolando* (1975), *El pintor Morales Jordán* (1975), *Escritos y escritores chilenos*(1982), *Visiones del paraíso de las maravillas* (1983).

Literatur: F. de la Lastra, *B. A., humanista y escritor completo*. UC/AT, 457 (1988), 147-152.

Barrios, Eduardo

*25.10.1884 in Valparaíso, †13.9. 1963 in Santiago de Chile. Die Schule besuchte er in Lima, wo seine reiche deutschstämmige Verwandtschaft lebte. Nach dem abgebrochenen Besuch einer Militärakademie vagabundierte er bis 1912 durch Südamerika. Danach war er Journalist in Santiago, ab 1927 Generaldirektor für Bibliotheken, Archive und Museen, 1937-46 Gutsverwalter, 1953-59 zum zweiten Mal Erziehungsminister, als der er vor allem harte Maßnahmen gegen demokratisch eingestellte Lehrer ergriff. 1946 erhielt er den Premio Nacional.

B. galt als bedeutendster Romancier Chiles nach A. ↑Blest Gana. Sein erstes berühmtes Werk – vorausgegangen waren ein Erzählungsband und einige Theaterstücke – ist der Kurzroman *El niño que enloqueció de amor* (1915), die feinsinnige Geschichte eines Knaben, der über der Liebe zu einer reifen Frau, mehr allerdings durch die Verständnislosigkeit seiner Umgebung, den Verstand verliert. Ein breiteres menschliches Panorama entfaltet *Un perdido* (1917). Erzählt wird chronologisch die Biographie eines Mannes, der zu sensibel und schwach ist, um nicht in einer unbarmherzigen Realität zugrunde zu gehen. Der stufenweise Verfall der Hauptperson soll sein konkretes Vorbild in dem vielversprechenden chil. Schriftsteller Martín Escobar gehabt haben, dessen Laufbahn der Alkoholismus zerstörte. Hier wie auch in seinem sonstigen Werk geht es B. weniger um den individualpsychologischen Fall, als um die tragischen Dimensionen menschlicher Existenz am Rande, manchmal auch schon jenseits rationalen Verhaltens. Allerdings zieht er keine klare Linie zwischen Vernunft und Wahnsinn. So bleibt es zum Schluß in *El hermano asno* (1922) offen, was jenen Bruder Rufino dazu bewog, die schöne María Mercedes vergewaltigen zu wollen, ob es ein Anfall von Fleischeslust war oder der Versuch, die Legende seiner Heiligkeit zu zerstören. Das Werk galt als stilistischer Höhepunkt der erzählenden Prosa in Chile. *Páginas de un pobre diablo* (1923) ist die mit humoristischen Tönen dargestellte Geschichte eines frustrierten Angestellten bei einem Beerdigungsinstitut. Nach einer über 20 Jahre langen Unterbrechung seiner schriftstellerischen Tätigkeit trat B. wieder mit *Tamarugal* (1944), drei in den Salpetergebieten Nordchiles spielenden Erzählungen hervor, danach mit *Gran señor y rajadiablos* (1948; dt. *Der Huaso*, 1961). Die feudalistische Agrarstruktur wird in dem Roman aus der Großgrundbesitzer-Perspektive dargestellt. Wenn somit Don José Pedro Valverde, der sein Wohlstandsleben mit dummdreisten Streichen und der Verführung armer Bauernmädchen ausgefüllt hat, von seiner »peonada« spricht, dann rühmt er sich, diesen ehemaligen Strolchen »Sinn für Arbeit und Anstand« beigebracht zu haben. Der letzte Roman *Los hombres del hombre* (1950) ist der technisch an Faulkner angelehnte Versuch einer Ergründung diverser und widersprüchlicher Leidenschaften in einer einzigen Person.

Ausgabe: *Obras completas*. Prol. M. Rossel. SCh 1961, 2 Bde.

Literatur: N. J. Davidson, *E. B.* New York 1970. – M. Morínigo, *E. B. novelista*. Tucumán 1971. – B. Martínez, *E. B., vida y obra*. Río Piedras 1977. – J. L. Walker, *Metaphysics and Aesthetics in the Works of E. B.* London 1983. – J. Walker, *Schopenhauer, Nietzsche y la tradición alemana en la obra de E. B.* IAA, 13 (1987), 3, 297-306. – Martínez Dacosta, *Los personajes en la obra de E. B.* New York 1988.

Blest Gana, Alberto

*4.5.1830 in Santiago de Chile. †9.11.1920 in Paris. Sein Vater, ein bekannter Arzt in Santiago, war irischer Herkunft. B. G. besuchte eine Offiziersschule und wurde 1847 zum Studium nach Paris geschickt, wo er 1851 den Titel eines Militäringenieurs erwarb. 1855 nahm er seinen Abschied und war in der öffentlichen Verwaltung, als Diplomat, ab 1868 als Botschafter in Paris tätig, wo er, nach der Pensionierung (1887), bis zu seinem Lebensende wohnhaft blieb.

B. G., den man als einen der ersten realistischen Autoren im span. Sprachraum einordnet, suchte ähnlich wie der von ihm verehrte Balzac ein umfassendes Panorama der chil. Gesellschaft, von den Unabhängigkeitskämpfen bis zum 20. Jh. darzustellen. B. G. stützte sich jedoch stärker auf ethische Momente, so daß sein sittenstrenges moralisches Urteil häufig auf Kosten der Authentizität seiner Figuren in den Vordergrund trat. Neben 18 Romanen, von denen sechs besondere Anerkennung seitens der offiziellen Kritik gefunden haben, hat er auch ein Theaterstück, zahlreiche Zeitungsartikel und Literaturaufsätze verfaßt. Ausführliche Darstellungen des Ambientes von Santiago im Jahre 1858 und typische Aspekte des Provinzlebens finden sich in dem Roman *La aritmética en el amor* (1860). Hier entwarf er das strukturelle Schema, dem er auch in weiteren Werken treu blieb. Die Unvereinbarkeit im Streben nach Liebe und Geld bringen die Protagonisten in Konflikt mit bürgerlichen Moralvorstellungen. Im dargestellten Fall bescheidet sich schließlich der Held, indem er seine erste Braut, die arme, aber treue Amelia heiratet. *Martín Rivas* (1862) ist – auch im Ausland – B. G.s meistverbreitetes Werk. Die Handlung spielt zwischen 1850 und 1851, einer politisch bewegten Zeit in Chile. Ausgangspunkt ist, wie in den meisten seiner Werke, eine amouröse Dreiecksbeziehung. Der Titelheld, ein Student aus der Provinz und Ausbund an Tugendhaftigkeit und Fleiß, verliebt sich gleichzeitig in zwei Frauen, von denen die eine, Edelmira, aus der Mittelschicht, die andere, Leonor, aus der Geldaristokratie Santiagos stammt. Sein Herz gehört Leonor, die außer Schönheit auch Charaktergröße besitzt, deren Reichtum ihn aber in Konflikt bringt. Bevor sich schließlich doch die Liebe zu ihr erfüllt, muß er sich gegen intrigante Verwicklungen durchsetzen, verursacht von Taugenichtsen und Opportunisten beider sozialer Klassen. Als er aus Verzweiflung an der zunächst ausweglos erscheinenden Zuneigung zu Leonor an einem Aufstand (gegen den Präsidenten Bulnes, 1851) teilnimmt, gerät er in Gefahr. Mit aufopfernder Liebe rettet ihn Edelmira, indem sie seinen Widersacher heiratet. Jetzt steht dem Glück des Helden nichts mehr im Wege. Die einzige moralisch zweifelhafte Hauptfigur findet sich in *El ideal de un calavera* (1863); der Held bezahlt mit seinem frühen Tod. *Durante la Reconquista* (1897) umfaßt den Zeitraum der Unabhängigkeitskämpfe gegen die Spanier zwischen 1814 und 1817 und stellt insbesonders eine zeitweilige Niederlage der Freiheitskämpfer dar. In *Los trasplantados* (1904) droht den Chilenen und anderen Lateinamerikanern im frivolen Klima von Paris der sittliche Verfall. Drei Romanfiguren, denen es gelingt, allen Anfechtungen standzuhalten, enden tragisch. Nachweislich autobiographische Züge trägt sein stilistisch ausgefeiltester Roman *El loco Estero* (1909). Aus der Distanz des Alters verarbeitet er Kindheitserinnerungen, mit denen auch das soziale Leben Chiles des Jahres 1839/40 wieder lebendig wird. E. F.

Ausgabe: *B. G.: sus mejores páginas*. Hg. M. Rojas. SCh 1961.
Literatur: H. Poblete Varas, *Genio y figura de A. B. G.* BA 1968. – J. Román-Lagunas, *Bibliografía anotada de y sobre A. B. G.* RI, 46 (1980), 112/3, 605-647. – G. Araya, *Historia y sociedad en la obra de A. B. G.* RCLL, 7 (1981), 14, 29-64. – J. Durán Luzio, *Significación contextual de ›Martín Rivas‹ de A. B. G.* RCLL, 13 (1987), 26, 43-54.

Bombal, María Luisa
* 8.6.1910 in Viña del Mar, † 6.5.1980 in Santiago de Chile. Sie kam aus großbürgerlichen Familienverhältnissen. Vom dritten Lebensjahr an in Paris, erhielt sie hier ihre Schulbildung und absolvierte ein Literatur- und Philosophiestudium an der Sorbonne. Sie beschäftigte sich auch mit Musik, Kunst und Theater und trat unter der Leitung des Regisseurs Charles Dullin auf. Sie hatte Kontakt mit Surrealisten, Dadaisten etc. Diese Erfahrungen sollten eine entscheidende Rolle in ihrer Erzähltechnik spielen. Wieder zurück in Chile gründete sie mit M. Brunet und anderen eine experimentelle Theaterwerkstatt. 1933 wurde sie von P. ↑Neruda, damals Konsul in Argentinien, eingeladen, in Buenos Aires zu leben. Hier kam sie in Kontakt mit V. ↑Ocampo und anderen Autoren der Zeitschrift »Sur«. Lange Zeit lebte sie in zunehmend bescheideneren Verhältnissen in New York. Nach dem Putsch von 1973 kehrte sie nach Chile zurück, wo sie von der Pinochet-Regierung eine »Pension des Dankes« erhielt.
Als sie 1940 Buenos Aires verließ, hatte sie bereits den Großteil ihres Werkes publiziert: die Romane *La última niebla* (1935) und *La amortajada* (1938), die Kurzromane *El árbol* (1939) und *Las islas nuevas* (1941; dt. *Die neuen Inseln*, 1986, enthält außerdem *Der letzte Nebel* und *Die Frau im Leichenhemd*) sowie die Erzählbände *Mar, cielo y tierra* (1940) und *Trenzas* (1940). Danach schrieb sie nicht mehr als den Aufsatz »Washington, ciudad de ardillas« und *La historia de María Griselda* (1977), eigentlich einen Anhang zu *La amortajada*. Die erdichteten Frauengestalten ihrer Werke bauen sich eine eigene Welt der Gefühle und

Erotik, die immer die Huldigung des eigenen Körpers umfaßt. Wie in *La última niebla* hat die ideale, leidenschaftliche Liebesbeziehung, als Alternative zur mittelmäßigen – ehelichen – Liebe nur in der halluzinatorischen und kompensierenden Fantasie Platz. So ist das Haus kein Bereich von Schutz und Sicherheit, sondern ein unbequemer, auf eine irreversible Art beschädigter Raum. Die Abenteuer der Protagonistinnen haben nichts Spektakuläres, sie sind Erlebnisse der Innerlichkeit in der Sublimierung oder, wie in *La amortajada*, im Tod. Ähnlich wie die Schauplätze und Handlungen von einer eigenartigen, fast traumhaften Unbestimmtheit sind, ist auch B.s Schreibstil flüssig, offen und weist eine deutliche Tendenz zur Alogik auf, eine subversive Reaktion auf die logozentrische Sprache als Herrschaftsinstrument des Mannes. E. F.

Literatur: L. Guerra Cunningham, *La narrativa de M. L. B.: una visión de la existencia femenina.* Madrid 1980. – M. Agosín, *Los desterrados del paraíso. Protagonistas en la narrativa de M. L. B.* New York 1983. – A. Gligo, *M. L.* SCh 1985. – M. Agosin, *›Las islas nuevas‹ o la violación de lo maravilloso.* H, 67 (1984), 577-584. – G. Gálvez Lira, *M. L. B.: Realidad y fantasía.* Potomac, MD. 1986. – M. Fernández, *El discurso narrativo en la obra de M. L. B.* Madrid 1988. – C. Miranda, *M. L. B., con el corazón al aire puro.* SCh 1988.

Brunet, Marta

* 9.8.1901 in Chillán, † 27.10.1967 in Montevideo. Sie kam aus großbürgerlicher Familie und erhielt eine private, für ihre Zeit außergewöhnliche Erziehung. Im Alter von 10 Jahren nahmen ihre Eltern sie mit nach Europa. Wieder in Chile, fing sie sehr früh an zu schreiben und wurde von den bedeutendsten Kritikern dazu angeregt. Ab 1934 arbeitete sie als Direktorin der traditionellen Frauenzeitschrift »Familia«. 1939 wurde sie von der chil. Regierung zur Konsulin in Argentinien ernannt. 1952 legte sie ihr diplomatisches Amt nieder und widmete sich ausschließlich der Literatur. 1961 erhielt sie den Premio Nacional.

Bereits ihre ersten Romane und Erzählungsbände wurden von der Kritik begeistert begrüßt. So schrieb Alone (H. Díaz Arrieta), der einflußreichste Kritiker des Landes: »ein ungestümes Werk, verwegen und dicht, aus harten Metallen gemacht, unangreifbar in seiner Kürze; die Beherrschung der Sprache, gefeilt und köstlich, kam dort zusammen mit der Kenntnis des Lebens«. B. entwickelte in ihrer ersten Schaffensphase einen besonderen Realismus, der sich durch ihre Fähigkeit auszeichnet, Atmosphären zu schaffen, Dörfer, typische Personen und Landschaften entstehen zu lassen und die bäuerliche Sprechweise wiederzugeben. Ihre Erzählungen und Romane greifen einerseits auf den grundlegenden sozialen und kulturellen Konflikt zwischen Stadt und Land zurück, zugleich zeigen sie spezifische Konflikte der Frau in einer patriarchalisch strukturierten Gesellschaft auf. So gestaltet sie in dem Roman *María Rosa, flor del Quillén* (1927) das Ringen einer jungen Frau um Selbstverwirklichung in einer für sie unbefriedigenden Ehe. Nach 1940 wandelt sich B.s Erzählkunst von einer eher epischen zu einer vertieft psychologischen Darstellungsweise. In *María Nadie* (1957) beschreibt die allwissende Erzählerin zunächst den Aufstieg eines südchil. Dorfes als Resultat einer aufblühenden Holzfirma. Zwei Ehepaare dienen B. dazu, die Mittelmäßigkeit der Männer im Dorf zu charakterisieren und ihren lächerlichen Größenwahn oder ihre plumpen sexuellen Fantasien zu entlarven. Die dörfliche Ruhe wird mit dem Eintreffen der jungen Telefonistin aus der Hauptstadt, María López, gestört. Da sich alle Männer des Dorfes in sie verlieben, wird die junge Frau am Höhepunkt des Romans von den in Panik geratenen Massen aus dem Dorf vertrieben. Der zweite Teil des Buches stellt die intime Beichte von María dar. Im Rückgriff auf bewußt inszenierte Hexen-Symbolik erzählt die Ausgestoßene ihren Kummer einem verlassenen Kater, der sich danach als schwangere Katze entpuppt. Es ist die Geschichte der autonom gewordenen Frau, die weder in der Großstadt noch in der vermeintlich großmütigeren ländlichen Umgebung einen Platz hat finden können. E. F. R.

Werke: Romane: *Montaña adentro* (1923), *Bestia dañina* (1926), *Bienvenido* (1929), *Humo hacia el sur* (1946), *La mampara* (1946), *Amasijo* (1966); Erzählungen: *Don Florisondo* (1926), *Reloj de sol* (1930), *Aguas abajo* (1943), *Raíz de sueño* (1949), *Antología de cuentos* (1962), *Soledad de la sangre* (1967); Lyrik: *Romance del amor hallado* (1935); Kinderbücher: *Cuentos para Mari-Sol* (1938), *Aleluya para los más chiquitos* (1960).

Ausgaben: *Antología de cuentos*. Hg. N. Guzmán. SCh 1962. – *Obras completas*. SCh 1963.

Literatur: E. Melón de Días, *La narrativa de M. B.* Puerto Rico 1975. – M. I. Lagos-Pope, *Sumisión y rebeldía: El doble o la representación de M. B. y Rosario Ferré*. RI, 51 (1985), 132/3, 731-749. – S. Riquelme, *Notas sobre el criollismo chileno y el personaje femenino en la narrativa de M. B.* DL, 4 (1987), 2, 613-622.

Castro, Oscar

* 25.3.1910 in Rancagua, † 1.11.1947 in Santiago de Chile. Nur selten verließ er seine Heimatstadt, wo er als Gymnasiallehrer ein bescheidenes Dasein führte. Mit Gonzalo Drago (* 1906), Nicomedes Guzmán (1914-64), Baltazar Castro (* 1919) u.a. gründete er 1933 die Schriftstellergruppe »Los Inútiles«.

C. hat in seinem kurzen Leben ein vielseitiges und interessantes literarisches Werk geschaffen. Bekannt wurde er mit dem Gedicht »Responso por García Lorca«, das er 1936 in Valparaíso anläßlich einer Gedenkfeier für den ermordeten Dichter vortrug. In der poetischen Umsetzung und Interpretation populärer Themen ebenso wie in Reichtum und Farbigkeit der Metaphorik läßt sich eine enge geistige Verwandtschaft zwischen seinem lyrischen Werk und dem García Lorcas feststellen. Die Provinz und ihre Bewohner liefern auch die Themen seiner Erzählungen. Ihr Reiz liegt in der Nuanciertheit der Beobachtungen, in der Entdeckung erstaunlicher Gesten und Verhaltensweisen, die ohne moralische Befangenheit aufgezeigt werden. Postum wurden seine drei Romane veröffentlicht. *Llampo de sangre* (1950) gilt als einer der gelungensten Bergarbeiterromane in Chile. *La vida simplemente* (1951) enthält Kindheitserinnerungen. *Lina y su sombra* (1958), dessen Handlung sich im Provinzstadtmilieu von Rancagua abspielt, wird vor allem wegen einiger erotischer Szenen geschätzt.

Weitere Werke: Lyrik: *Camino en el alba* (1938), *Viaje del alba a la noche* (1940), *Las alas del fénix* (1943), *Reconquista del hombre* (1944), *Glosario gongorino* (1948), *Rocío en el trébol* (1950); Erzählungen: *Huellas en la tierra* (1940), *La sombra de cumbres* (1944); Kurzroman: *Comarca de Jazmín* (1945).

Literatur: F. Cuadra Pinto, *La poesía de O. C.* SCh 1980. – G. Drago, *O. C. Hombre y poeta. Epistolario*. SCh 1973.

Délano, Poli

* 1936 in Madrid, wo sein Vater diplomatischer Vertreter Chiles war. Am Pädagogischen Institut der Universidad de Chile studierte er Englisch und wurde Professor für nordam. Literatur. Nach dem Putsch von 1973 lebte er mit seiner Familie im Exil in Mexiko und kehrte 1985 nach Chile zurück.

Sein Werk umfaßt hauptsächlich Erzählungen und Romane. In seinen ersten Erzählbänden *Gente solitaria* (1960) und *Amaneció nublado* (1962) erweist sich D. als Erbe eines kritischen Naturalismus. Seine Protagonisten stammen häufig aus dem Arbeitermilieu, Heldentum verwirklicht sich im normalen Alltag. In einigen Geschichten von *Vivario* (1971) steigern sich Erzähltempo und dramatische Dichte. So in »Lloró la milonga«, wo der Verlust der lebenslangen Liebe einer Frau zu ihrem Onkel mit der Traurigkeit über verpfuschtes Leben und gescheiterte Beziehungen in Tangotexten in Zusammenhang gebracht wird. Fesselnd und kontrastreich sind die Erzählungen von *Cambio de máscara* (1973, Preis der Casa de las Américas). In der Titelgeschichte entsteht zwischen zwei Chilenen und einem kraftstrotzenden Mexikaner, der an der Agrarreform in Chile beteiligt ist, eine zwischen Faszination und Mißverständnissen schwankende Beziehung, die mit dem rätselhaften Tod des ungeschlachten und gutmütigen Mexikaners endet. In *Dos lagartos en una botella* (1975) werden gescheiterte Liebesbeziehungen zwischen Mann und Frau ins Wort gesetzt. Neurotisches Verhalten, Vereinsamung, wirtschaftliche Not und das Schreiben im Exil sind die Themen des Bandes *Sin morir del todo* (1975). In dem Roman *En este lugar sagrado* (1977) hat der Protagonist Gabriel Canales unerwartet Zeit für sich. Er befindet sich eingeschlossen in der Toilette eines Kinos im Stadtzentrum Santiagos. In drei Tagen, auf ca. 250 S. erzählt, reflektiert er sein Leben und gewährt gleichzeitig Einblick in die wirtschaftliche und politische Entwicklung Chiles. Wieder in Freiheit, hat sich die Welt verkehrt. Da gibt es zwei Klassen von Menschen: »Die Lächelnden, die aufgerichtet gehen ... und die mit müden schwarzen Augen, die das Lächeln verloren haben.« In seiner Wohnung findet er ein Chaos vor und erfährt, daß seine Ehefrau verhaftet und ins Stadion von Santiago gebracht worden ist. E. F.

Weitere Werke; Erzählungen: *Sus mejores cuentos* (1969), *Sin morir del todo, como buen chileno* (1973), *El dedo en la llaga* (1974), *La misma esquina del mundo* (1981), *Piano-bar de solitarios* (1983); Romane: *Cero a la izquierda* (1966), *Cambalache* (1968), *Cuadrilátero* (1962), *El hombre de la máscara de cuero* (1984); Reisebericht: *Lo primero es un morral* (1972).

Literatur: L. Guerra-Cunningham, *Entrevista con P. D.* HISPA, 14 (1985), 41, 29-42.

Díaz, Jorge

* 20.2.1930 in Rosario (Arg.) als Sohn span. Eltern, mit denen er ab 1937 in Chile lebte. In Santiago studierte er Architektur bis 1955, zugleich widmete er sich der Malerei. Mehrere Ausstellungen machten ihn bekannt. Nach einem einjährigen Europaaufenthalt wandte er sich dem Theater zu. Ab 1958 war er Mitarbeiter der Theatergruppe »Ictus« von Santiago, die einige seiner Stücke uraufführte. Seit 1965 lebt er in Spanien.

D. ist der erfolgeichste Theater- und Hörspielautor Chiles. Zweimal – 1975 und 1985 – erhielt er den bedeutenden span. Theaterpreis »Tirso de Molina«. In seinen ersten Stücken ist der Einfluß des absurden Theaters von E. Ionesco vorherrschend, der aber bald von einer eigenen Konzeption und Sprache abgelöst wird. *El cepillo de dientes* (1961, überarb. 1966) karikiert die Leere und Routine ehelicher Beziehungen und zugleich die traditionelle Dramaturgie. Handlungskern und Anlaß zu Mißverständnissen, Obsessionen, automatischen oder konventionellen Gesten und Floskeln ist eine gemeinsam benutzte, schließlich mit fatalem Ausgang zweckentfremdete Zahnbürste. Poetisierung der Sprache und Intensivierung des tragischen Elements setzen ein mit *El lugar donde mueren los mamíferos* (1963), einer Satire auf verschleiernde Wohltätigkeit und Bürokratie, oder *Variaciones para muertos en percusión* (1964), in dem Methoden und Moral der Werbung angeprangert werden. Das zweiaktige makabre »Schema für eine nutzlose Untersuchung« *Topografía de un desnudo* (1967) geht auf den Vorfall der Ermordung von Bettlern durch die bras. Polizei (1961) zurück und leitet weitere politisch akzentuierte Stücke ein. Daneben finden sich jedoch auch Werke, wie etwa das Zweipersonenstück *El locutorio* (1976), in dem die Auseinandersetzung mit allgemein existentiellen oder metaphysischen Fragen in den Vordergrund tritt. Die Erschütterung über den Militärputsch in Chile setzt sich um in Stücken wie *Toda esta larga noche* (1976) und *Los tiempos oscuros* (1978). Spanien in der Endzeit des Franco-Regimes und die für die Protagonisten frustrierende Gegenwart bildet den Hintergrund von *Los cicatrices de la memoria* (1985; dt. *Narben der Erinnerung*, 1988), in dem zugleich eins der Hauptthemen D.s, die Einsamkeit in Zweierbeziehungen, durchgespielt wird.

Weitere Werke (Auswahl): *Manuel Rodríguez* (1957), *Requiem para un girasol* (1961), *El velero en la botella* (1962), *La pancarta* (1970), *Americaliente* (1970), *Mear contra el viento* (1973), *El paraíso ortopédico* (1975), *Mata a tu prójimo como a ti mismo* (1977; dt. *Töte deinen Nächsten wie dich selbst*, 1983), *Fulgor y muerte de Pablo Neruda* (1979?; dt. *Glanz und Tod des Pablo Neruda*, 1983), *Ligera de equipaje* (1982), *Piel contra piel* (1982), *Esplendor carnal de la ceniza* (1984).

Ausgaben: *Teatro*. Madrid 1967. – *Teatro. Ceremonias de la soledad*. SCh 1978.

Literatur: D. Fajardo, *Aspecto mítico-ritual en dos obras de J. D.* TC, 7 (1981), 22/23, 310-323. – ESTRENO, 9 (1983), 2 (Sondernr.). – D. Zalacaín, *La mudez del lenguaje en tres piezas absurdistas de J. D.* ETL, 14 (1985/6), 1, 15-24. – J. A. Epple, *Teatro y exilio: Una entrevista con J. D.* GESTOS, 2 (1986), 146-154. – L. F. Lyday, *Inversion in the Absurdist Plays of J. D.* RN, 27 (1986), 1, 13-20. – F. Burgos, *Estética de la ironía en el teatro de J. D.* RCHL 27/28 (1986), 133-141.

Díaz Casanueva, Humberto

* 8.12.1908 in Santiago de Chile. Er studierte in Santiago, Bonn und Jena, wo er in Philosophie promovierte. Danach war er als Professor in Chile und Venezuela tätig, bis er in den diplomatischen Dienst eintrat. Er war u. a. Vertreter seines Landes bei der UNO bis 1973. 1971 erhielt er den Premio Nacional.

D. C. hat seit 1926 ein kompaktes lyrisches Werk geschaffen, dessen Kompliziertheit auf seine Beschäftigung mit philosophischen Fragen, und dabei besonders mit Heidegger, zurückgeführt wird. »Poesie«, definierte er 1934 sein Konzept, »ist für mich vor allem eine Disziplin, der ich einen verborgenen, fast religiösen Wert zumesse ... In ihrer religiösen Transzendenz hat sie viel mit der Tragik der Erkenntnis zu tun. Poetisches Schaffen erscheint mir wie ein straffes Seil über einem Abgrund.« Das nächstliegende Objekt dichterischer Deutung und Suche ist das eigene Sein. Den Zugang dahin eröffnen Träume und Inhalte des Unterbewußten bzw. »magische und prämetaphysische Intuitionen«, die erotische Fantasien nicht ausschließen. Im Unterschied zu den Surrealisten werden diese Inhalte nicht spontan erfaßt und fixiert, sondern nach ihrem Sinn befragt. Das fragende Subjekt ist sich dabei einer »furchtbaren Polarität« bewußt, die etwa in *El blasfemo coronado* (1940) in der Konfrontation von Ewigkeit und Augenblick, Ich und Mitmensch, Tod und Leben, Traum und Realität etc. nahezu systematisch konkretisiert wird. Obwohl D. C. auch in späteren Werken konzessionslos schwierig bleibt, erreicht seine Sprache ab *Los penitenciales* (1960) eine sinnliche Intensität, die seine Symbolwelt zur Musik hin öffnet. Die politischen Katastrophen Lateinamerikas finden Ausdruck in *El hierro y el hilo* (1980).

Weitere Werke: *El aventurero de Saba* (1926), *Vigilia por dentro* (1931), *Requiem* (1945), *La estatua de sal* (1947), *La hija vertiginosa* (1954), *El sol ciego* (1966), *Sol de lenguas* (1970), *Antología poética* (1970), *Conjuro* (1980), *Los veredictos* (1981), *La aparición* (1984), *El traspaso de la antorcha* (1984), *El pájaro Dunga* (1985?), *El niño de Robben Island* (1985).

Ausgabe: *Obra poética*. Hg. A. M. del Re. CAR 1988 (BiAy).

Literatur: J. Olivio Jiménez, *Hacia el pensamiento poético de H. D. C.* HISPA, 10 (1981),30, 83-98. – R. H. Herrera, *Las marcas del éxtasis. Ensayo sobre la poesía de H. D. C.* BA 1983. – E. Minard, *Le double: Identifications et symbolique dans l'œuvre de H. D. C.* IMP, 2, 1983, 99-121. – J. A. González Pizarro, *Aproximación a una poesía existencialista. Lectura de H. D. C.* ALH, 16 (1987), 265-298. – E. Minard, *La poesía de H. D. C.* SCh 1989.

Donoso, José

* 5.10.1925 in Santiago de Chile. Seine Kindheit verbringt er unter der Obhut einer großen, wohlhabenden Familie. Nach Abbruch der Schule geht er 1945 nach Magallanes und arbeitet ein Jahr lang als Schäfer. In Buenos Aires nimmt er Gelegenheitsjobs im Hafen an, eine Anstellung bei der Botschaft, wo ein Onkel von ihm tätig ist, schlägt er aus. Nach schwerer Krankheit kehrt er 1947 zurück nach Chile und studiert Anglistik. 1949 erhält er ein Stipendium an der Princeton-University. 1952, zurück in Chile, unterrichtet er als Literaturprofessor. 1958 läßt er sich für zwei Jahre in Buenos Aires nieder. Dort heiratet er die chil. Malerin María Pilar Serrano. Es folgen Aufenthalte in Mexiko, Iowa, Guanajuato, New York, Palma de Mallorca, Barcelona und Calaceite, einem kleinen Dorf im span. Aragón. Seit 1981 lebt er mit seiner Familie in Chile.

In einer Anthologie veröffentlicht er 1954 seine erste span.-sprachige, autobiographisch gefärbte Erzählung »China«. Bald erscheinen die Erzählbände *Veraneo y otros cuentos* (1955) und *Dos cuentos* (1956). Thematisiert werden in den Geschichten Strategien des Individuums, seine Identität vor einer von Routine und Sterilität beherrschten Welt zu schützen. Bürgerliche Konventionen geraten ins Wanken, wenn die Gefühle des erstickten menschlichen Subjekts hervorbrechen und Leidenschaften entfesseln, die an den Rand des Wahnsinns oder des Todes führen. D.s erster Roman *Coronación* (1957; dt. *Krönung*, 1980) behandelt die Dekadenz einer aristokratischen Familie. Hauptfigur ist die alterslose Misiá Elisa, deren senile Verrücktheiten den Roman mit grotesker Spannung durchziehen. Ihr 50 Jahre alter Enkel, don Andrés, gerät in eine Krise, als er sich in die junge Haushälterin Estela verliebt. Dramatischer Höhepunkt ist die makabre Krönungszeremonie Misiá Elisas mit einem Silberblumendiadem durch ihre beiden likörtrunkenen alten Dienerinnen. Allegorie der Absurdität menschlicher Existenz ist *Lugar sin límites* (1966; dt. *Ort ohne Grenzen*, 1976). Tragikomische Hauptgestalt ist der Transvestit Manuela, Ort des Geschehens das Bordell eines Dorfes. Bedeutsam ist die heterogene Charakterstruktur der Romanfiguren, die – jede für sich – ohne Aussicht auf Selbstverwirklichung gegen eine sinnentleerte Lebenswelt ankämpfen. *El obsceno pájaro de la noche* (1970; dt. *Der obszöne Vogel der Nacht*, 1975) bildet den Höhepunkt der ersten Schaffensphase D.s. Der über 500 S. lange Roman vermittelt die Fragmente einer Handlung in alptraumartigen Bilderfolgen, in denen archaische und lokale

Mythen – z.B. vom »imbunche«, dem Hexenkind, dem alle Körperöffnungen zugenäht werden – und Sphären des Unbewußten und Sexuellen aufscheinen. Der Kretin, den die schöne Inés zur Welt gebracht hat, wird auf ein Landgut gebracht und, damit ihm seine Häßlichkeit nicht bewußt wird, mit Monstren seinesgleichen umgeben. Als der – vermeintliche – Vater Jerónimo die gespenstische Welt seines Kindes aufsucht, wirkt er in seiner harmonischen Normalität wie ein Ungeheuer und wird getötet. Inés treibt langsam dem Wahnsinn zu. Nach dem vergeblichen Versuch, eine Ahnfrau heiligsprechen zu lassen, läßt sie sich alle spezifisch weiblichen Organe aus dem Körper schneiden und schließt sich mit elenden alten Frauen und Waisenkindern in einem verfallenen Kloster ein, einer zweiten Gegenwelt zur Sphäre des Raffinements und Luxus, in der Inés und Jerónimo zuvor gelebt haben. Die Schlüsselfigur ist indes der Erzähler Humberto, Jerónimos Privatsekretär, ein haßerfüllter Mensch und der tatsächliche Vater des Kretins. Von der Kritik geringer beachtet blieb D.s strukturell weniger kompliziertes, jüngeres Werk. *Tres novelitas burguesas* (1973) sind im Ambiente der modernen Barceloneser Gesellschaft angesiedelt. Tradierte Werte des Bürgertums entlarven sich hier als Rituale, die Schutz gewähren vor dem Verlust der Einheit der Person und der Entfesselung unterdrückter Schichten der Persönlichkeit. D.s zweites Meisterwerk ist *Casa de Campo* (1978; dt. *Das Landhaus*, 1986). Erzählt wird aus einer Haltung ironisierender Distanz, die auch die angewandten Techniken und Perspektivierungen transparent erscheinen läßt. Als die Erwachsenen einer wohlhabenden Familie, die den Sommer in einem ihrer zahlreichen Landsitze verbringen, einen längeren Ausflug unternehmen, befreit eines der zurückgebliebenen Kinder seinen in einem Turm eingesperrten, rebellischen Vater Adriano. Dieser stellt das Leben im Landhaus auf den Kopf und nimmt freundschaftliche Beziehungen zu den von den Erwachsenen als »Menschenfresser« bezeichneten Eingeborenen auf. Die zurückkehrenden Eltern setzen dem Treiben jedoch ein jähes Ende. Die von ihnen vorausgeschickte Dienerschaft stellt die ehemals herrschende Ordnung wieder her. Adriano und ein Teil seiner Mitstreiter bezahlen mit dem Leben. Bei aller Fantastik des Geschehens weisen die sozialen Gruppierungen einen eindeutigen Bezug zur modernen chil. Gesellschaftsstruktur auf. Auch tragen einzelne Figuren unverkennbar Züge historischer Personen, im besonderen ist hinter Adriano Allende, hinter dem finsteren Mayordomo Pinochet wiederzuerkennen. Auf einer weiteren allegorischen Ebene wird auf das aus der Kolonialzeit stammende Ausbeutungssystem Lateinamerikas angespielt. *El jardín de al lado* (1981) thematisiert die Krisensituationen des Exils, der literarischen Kreativität und des Alterns einer ehelichen Beziehung. Gleichzeitig wird ein burleskes Spiel mit der literarischen Fiktion inszeniert. Im Schlußkapitel entpuppt sich die Geschichte des Protagonisten und Ich-Erzählers Julio als – fiktive – Schöpfung seiner Frau Gloria. Der Leser, der den Roman vielleicht sogar als autobiographischen Bericht D.s verstanden hat, wird somit gezwungen, seine Lektüre oder grundsätzlich seinen Umgang mit Literatur zu überdenken. Ein weiterer großer Roman ist *La desesperanza* (1986; dt. *Die Toteninsel*, 1987), in dem D.s eigene Geschichte in ironischer, fast karikaturesker Brechung transponiert wird auf einen weltberühmten Sänger und Liedermacher, Mañungo, der nach langjähriger Abwesenheit wieder nach Santiago kommt, um dem Begräbnis von

Matilde Neruda beizuwohnen. Mañungo gilt als Held eines Widerstands, an dem er, der bereits vor dem Putsch Pinochets das Land verlassen hatte, nie beteiligt war. Bei der Beerdigung lernt er Judit kennen, eine Revolutionärin aus großbürgerlicher Familie, die lange im Untergrund und im Exil gelebt hat und deren erster Mann unter der Folter gestorben war. Überlagert wird diese Geschichte durch die Fiktion von Papieren aus dem Nachlaß P. ↑Nerudas, aus denen hervorgeht, daß der große Dichter an der Ermordung Trotzkis beteiligt war. D. versucht in diesem Roman, die Atmosphäre der chil. Gesellschaft der 80er Jahre mit ihren Frustrationen und ihrer Selbstzerstörung zu entfalten. E. F./R.

Weitere Werke: Roman: *La misteriosa desaparición de la marquesita de Loria* (1980; dt. *Die Marquesita*, 1991); Kurzromane: *Taratuta. Naturaleza muerta con cachimba* (1990); Erzählungen: *Cuatro para Delfina* (1982); Essay: *Historia personal del ›boom‹* (1972, erw. 1983); Theater: *Sueños de mala muerte* (UA 4.1.1983, 1985), Lyrik: *Poemas de un novelista* (1981).

Literatur: H. Vidal, *J. D.: Surrealismo y rebelión de los instintos*. Barcelona 1972. – J. Promis Ojeda u. a., *J. D.: La destrucción de un mundo*. BA 1975. – D. S. Díaz, *El desarrollo del personaje en la novelística de J. D.* Chapel Hill, N.C. 1976. – J. Medina Vidal u. a., *Estudios sobre la novela ›Este domingo‹ de J. D.* MON 1978. – I. Quinteros, *J. D.: una insurrección contra la realidad*. Madrid 1978. – G. R. McMurray, *J. D.* Boston 1979. – H. Achugar, *Ideología y estructuras narrativas en J. D.: 1950-1970*. CAR 1979. – J. A. Pujols, *El bosque indomado, donde chilla el obsceno pájaro de la noche*. Miami 1981. – G. I. Castillo-Feliú (Hg.), *The Creative Process in the Works of J. D.* York, S.C. 1982. – M. Soloterevsky, *J. D.: Incursiones en su producción novelesca*. Valparaíso 1983. – R. Gutiérrez Mouat, *J. D.: Impostura e impostación*. Gaithersburg, M.D. 1983. – H. R. Morell, *Composición expresionista en ›El lugar sin límites‹ de J. D.* Río Piedras, Puerto Rico 1986. – P. Swanson, *J. D.: the ›Boom‹ and the Beyond*. Liverpool 1988. – H. R. Morell, *J. D. y el surrealismo: ›Tres novelitas burguesas‹*. Madrid 1990.

Dorfman, Ariel

* 1942 in Argentinien, aufgewachsen in Chile. Mit 25 Jahren wurde er Professor für span. und anglo-am. Literatur an der Universidad de Chile. Nach dem Sturz Allendes ging er ins Exil und lehrte an der Sorbonne, der Universität von Amsterdam und der University of Maryland. Mit unermüdlicher Kraft hat er sich im chil. Widerstand gegen die Diktatur auf internationaler Ebene engagiert.

Herausragend als Essayist und literatursoziologisch orientierter Kritiker, umfaßt sein Werk auch Romane, Erzählungen und Gedichte von beachtlichem Rang. In der Essaysammlung *Imaginación y violencia en América* (1970) zeigt er die formale und inhaltliche Vielfalt und Widersprüchlichkeit auf, die das Thema der Gewalt in der neueren lateinam. Literatur angenommen hat. Mit Nachdruck widmet sich D. der sprachlichen und ideologischen Manipulation durch die von nordam. Geldgebern beherrschten Massenmedien. Zusammen mit A. Mattelart entlarvt er in *Para leer el pato Donald* (1972; dt. *Walt Disneys ›Dritte Welt‹*, 1977) den neokolonialistischen Gehalt, den die scheinbar harmlosen Figuren Micky Maus und Donald Duck transportieren. Zum gleichen Thema erscheinen *Ensayos quemados en Chile* (1974) und – mit Koautor Manuel Jofré – *Superman y sus amigos del alma* (1974). D.s in Argentinien preisgekröntes Romandebut *Moros en la costa* (1973) ist eine Textmontage aus Rezensionen nie geschriebener Romane, Kritiken, Briefen, Berichten und Episoden. D. entwirft ein breites Spektrum der literarisch-kulturellen und historisch-politischen Entwicklung Chiles. Fantasievoll in der Bildersprache und der Kombination moderner Erzähltechniken, ist das Werk gleichzeitig leidenschaftliches Plädoyer für Literatur, die auf der Suche nach einer eigenen Identität der lateinam. Staaten konkret Stellung bezieht. Diese Haltung ist auch kennzeichnend für seine Erzählungen *Cría ojos* (1979). Dem Titelhelden in »Titan« wachsen übermenschliche Kräfte, als er sich über Verrat und Folter hinwegsetzt und mitsamt der Pritsche, an die er gefesselt ist, flieht. Die Sätze sind knapp, überstürzen sich entsprechend den Ereignissen, die die Figuren erschüttern. Trauer und Anklage sind in den Prosagedichten von *Pruebas al canto* (1980) vorherrschend. Alltag unter dem Druck permanenter Gewalt, aber auch Schmerz, den das Exil zufügt, werden thematisch aufgegriffen. Die Handlung des Romans *Viudas* (1981) ist in Griechenland angesiedelt. In einem Dorf werden Männer zur »routinemäßigen Befragung« abgeholt und kehren nicht mehr zurück. Im Kontrast zu den Militärs werden Mut und Integrität der zurückbleibenden Frauen dargestellt, die ungeahnte Kräfte und Entschlossenheit zum Widerstand entwickeln. Erzähler ist ein dänischer Widerstandskämpfer, der kurz vor dem Ausbruch des 2. Weltkrieges von den Nazis umgebracht wird und dessen Sohn sein Manuskript nach 30 Jahren findet und postum veröffentlicht. E. F.

Weitere Werke: Essays, Untersuchungen: *Nueva guía turística para un país del tercer mundo* (...), *Sobre las artes del espectáculo y fiestas en América Latina* (1976), *La última aventura del Llanero solitario* (1979; dt. *Der einsame Reiter und Babar, König der Elefanten*, 1988), *Kultur und Widerstand in Chile* (dt., 1979), *El intelectual y el estado: Venezuela-Chile* (1980, mit Koautor Orlando Albornof), *Reader's nuestro* (1980), *La última canción de Manuel Sendero* (1982), *Ödipus zwischen den Bäumen* (dt., 1982), *Hacia la liberación del lector latinoamericano* (1984), *De elefantes, literatura y miedo* (1986), *Los sueños nucleares de Reagan* (1986), *Sin ir más lejos* (1986); Erzählungen: *Der Tyrann geht vorüber* (dt., 1981), *Dorando la píldora* (1985), *Travesía* (1986), *Cuentos para militares* (1986); Lyrik: *Desaparecer. Aus den Augen verlieren* (span., dt., 1979); Theater: *La muerte y la doncella* (1991).

Literatur: J. Claro-Mayo, *D., cuentista comprometido*. RI, 47 (1981), 114/115, 339-345.

Droguett, Carlos

* 15.10.1912 in Santiago de Chile. Die Kindheit verbrachte er in La Serena, wo sein Vater am Telegrafenamt tätig war. Ab 1933 studierte er Jura in Santiago, brach das Studium 1938 ab, arbeitete als Journalist und schrieb bissige Artikel über den offiziellen Literaturbetrieb. Außerdem war er bis 1971 in einer Behörde angestellt. 1970 erhielt er den Premio Nacional. 1975 ging er ins Exil in die Schweiz.

D. gehört zur sog. »Generation von 1938«, für die zwei Ereignisse entscheidende Bedeutung gewannen: der sich abzeichnende Sieg der Faschisten im Span. Bürgerkrieg und das Studentenmassaker vom 5.9.1938 in Santiago, die letzte Aktion des bürgerlichen Regimes vor der Regierungsbildung durch den Frente Popular. D., der erste Erzählungen bereits 1933 veröffentlicht hatte, schrieb unter dem Eindruck des Massenmords den Bericht *Los asesinados del Seguro Obrero* (1940). Diesen arbeitete er später um zu seinem ersten Roman *Sesenta muertos en la escalera* (1953). Das Werk, das seinen internationalen Ruhm begründete, ist der bereits 1954 geschriebene Roman *Eloy* (1960; dt. *Eloy*, 1966), der innere Monolog eines von der Polizei eingekreisten und tödlich verwundeten Banditen. Die Vorstellungen und Erinnerungsbruchstücke des Protagonisten, die zunehmend von Schmerz und Agonie beeinflußt werden, verdeutlichen über die konkrete

Charakterstudie hinaus D.s tragisches Weltbild. »Meine Themen«, sagte er einmal, »nehme ich aus dem Leben, und das Leben ist Gewalt, Elend und Unrecht.« Unmittelbar im Anschluß an *Eloy* entstand *El compadre* (1967), D.s perfektester Roman. Die Situation des Zimmermanns Ramón Neira, der hoch über der Stadt auf einem Baugerüst arbeitet, seine Armut, Einsamkeit und Enttäuschungen überdenkt und gegen seine Trunksucht ankämpft, gewinnt das Ausmaß einer tragikomischen Wiederholung der Passion Christi. Der Wein, dem Neira entsagen will, um die Patenschaft eines Heiligen zu gewinnen, bedeutet für ihn, Ängsten und Frustrationen zu entfliehen, sich stark zu fühlen, seine eigene Frau zu hassen und fremde Frauen zu begehren. War er bisher der Gefahr ausgesetzt, eines Tages im Rausch abzustürzen, so eröffnet sich am Schluß des Romans der Abgrund künftiger Verzweiflung und totaler Hoffnungslosigkeit. Der Text selbst wird zum Bestandteil der Erzählung in *Patas de perro* (1965). Es ist der Roman einer doppelten Einsamkeit, des Rentners Carlos und seines Schützlings Bobi, eines Jungen, der mit Hundefüßen zur Welt gekommen ist und seine Ächtung durch die Menschen schließlich akzeptiert. Auch in *El hombre que había olvidado* (1968) verschränken sich zwei narrative Ebenen in dem Bericht eines jungen Journalisten, der in einem vermeintlichen Kindesmörder den zurückgekehrten Christus erkennt. Die Geschichte Chiles zur Zeit der Konquista behandeln in inhaltlich chronologischer Abfolge die Romane *Supay el cristiano* (1967), *100 gotas de sangre y 200 de sudor* (1961) und *El hombre que trasladaba las ciudades* (1973).

Weitere Werke: Roman: *Todas esas muertes* (1971); Erzählungen: *Los mejores cuentos* (1967); Essays, Kritiken, Sonstiges: *Materiales de construcción* (1968), *El cementerio de los elefantes* (1971), *Después del diluvio* (1971), *Escrito en el aire* (1972).

Literatur: M. Arteche, *Tres visiones de C. D.* CH, 85 (1971), 253/254, 192-208. – S. Horl, *Eloy oder die Hoffnung in der Ohnmacht. Zur Figur des Banditen im modernen lateinamerikanischen Roman.* RJ, 28 (1977), 341-359. – J. Concha, *C. D.* In: W. Eitel (Hg.), *Lateinamerikanische Literatur der Gegenwart.* Stuttgart 1978. 210-224. – T. A. Noriega, *La novelística de C. D.: Aventura y compromiso.* Madrid 1983. – F. A. Lomelí, *La narrativa de C. D.* Madrid 1984.

Edwards, Jorge

* 29.7.1931 in Santiago de Chile. Nach dem Besuch einer Jesuitenschule studierte er Jura und Philosophie an der Universidad de Chile in Santiago, 1958-59 als Stipendiat an der Princeton University, USA. Danach arbeitete er in verschiedenen Berufen, u. a. als Rechtsanwalt und Journalist. 1962-67 war er Botschaftssekretär in Paris, ab 1967 im chil. Außenministerium Leiter der Osteuropa-Abteilung. Mit dem Wahlsieg Allendes und der Wiederaufnahme der diplomatischen Beziehungen zu Kuba erfolgte 1970 seine Ernennung zum Botschafter in Havanna, das er als »persona non grata« verlassen mußte. Ab April 1971 war er wieder in Frankreich tätig, 1973 endete mit dem Militärputsch seine Diplomatenlaufbahn. Bis zu seiner Rückkehr nach Chile (1980) lebte er im Exil in Spanien.

Der Konflikt des Individuums zwischen Anpassung auf Kosten der Authentizität und Verweigerung mit dem Risiko der Selbstvernichtung ist E.' vielfach variiertes Grundthema. Sein Jugendwerk *El patio* (1952) enthält Erzählungen, die von inneren Nöten Heranwachsender handeln. Die Verwirklichung persönlicher Emanzipation und sexueller Wünsche scheitert an Verständnislosigkeit und Unterdrückung durch Schule, Religion, Elternhaus und Hierarchie der Klassengesellschaft. Die häufig anzutreffende Begeisterung seiner Gestalten für Literatur erschließt Fluchtwege aus einer unerträglichen Realität. Der zweite Erzählband *Gente de la cuidad* (1961) knüpft thematisch an den ersten an. Die Fabel tritt in den Hintergrund, innere Monologe vermitteln häufig das Psychogramm der Helden. Wo die Leere des Daseins zur Pein wird, gewährt Alkohol das flüchtige Erlebnis gefundener Identität. In *El peso de la noche* (1965), E.' erstem Roman, wird in zwei sich abwechselnden Erzählsequenzen die innere Bedrängnis des Studenten Francisco und das gesellschaftliche Scheitern seines dem Alkohol verfallenen Onkels skizziert. Verbindungsglied zwischen beiden bildet die herrschsüchtige, nun im Sterben liegende Großmutter Franciscos. Das verpfuschte Leben des Onkels antizipiert potentiell Franciscos Zukunft. Mit dem Erzählband *Las máscaras* (1967) erlangt E. zusehends breitere Anerkennung. Protagonisten früherer Erzählungen tauchen gelegentlich älter und verbrauchter wieder auf. Bei den Variationen seines Grundthemas kommt es zu einer Erweiterung der Bedeutungsebenen. In der Sprachbeherrschung zeichnet sich eine zunehmende Perfektionierung ab. *Persona non grata* (1973, erw. 1982) gewährt, fesselnd erzählt, Einblick in den Konflikt von Kunst und Literatur im Spannungsfeld von politischer Realität und ökonomischer Krise. Nicht Fiktion will der Text sein, sondern Dokument über das intellektuelle Klima Kubas Anfang der 70er Jahre. Spektakulär ist die Geschichte der Zensur, der das Buch unterzogen wird; bemerkenswert E.' Rechtfertigung der Selbstzensur im Vorwort der erweiterten Ausgabe. Der Roman *Los convidados de piedra* (1978) ist eine Rekonstruktion der politischen und sozialen Geschichte Chiles ab 1891, seit dem Selbstmord des Präsidenten Balmaceda bis zum Putsch 1973, die auf einer Geburtstagsfeier von Anhängern der Militärjunta in fragmentarischen Gesprächen und Assoziationen vorgenommen wird. Die »steinernen Gäste« sind die Abwesenden, die Abweichler und Exilierten, die gegenüber einer in ihren Traditionen erstarrten Welt unter Opfern ihre Authentizität bewahrt haben. Im Anschluß an E.' Rückkehr nach Chile entstand die satirische Allegorie *El museo de cera* (1981). Die Hauptfigur des Romans, ein Marquis mit Gepflogenheiten des 19. Jh.s, überrascht in flagranti seine Frau beim Ehebruch mit dem Klavierlehrer. Im selben Moment dringt von draußen der Lärm revolutionärer Tumulte in sein Gemach. Ein Bildhauer wird beauftragt, die Szene in Wachs anzufertigen. Ort der Handlung ist eine unbestimmte Stadt Lateinamerikas, die von einer anderen durch einen Fluß getrennt wird. Diese Dualität unterstreicht die Polarisierung auf zeitlicher Ebene. Der Marquis, anachronistische Erscheinung in einem hochtechnisierten Zeitalter, scheitert bei dem Versuch, seine in Wachs erstarrte Welt festzuhalten. Politische Umwälzungen zwingen ihn zur Flucht. Die Überlagerung verschiedener historischer Epochen erzeugt eine Atmosphäre traumhafter Irrealität. Auffällig ist die ironische Überzeichnung der Figuren. In dem Roman *La mujer imaginaria* (1985) stellt Misiá Inés an ihrem 60. Geburtstag fest, daß sie ihr ziemlich durchschnittliches Leben eigentlich verfehlt hat. Eine Kindheitserinnerung setzt einen Bewußtseinswandel in Gang. Zum Entsetzen der wohlsituierten Familie aus dem Barrio Alto von Santiago beginnt sie zu malen, lernt Leute aus der linken Szene kennen und beteiligt sich an Demonstrationen. In *El anfitrión* (1987), der teilweise in Ost- und Westberlin spielt, verschmelzen Elemente aus Goethes *Faust* mit der aktuellen Problematik des Exils und der Nachfolge Pinochets. *Adiós, poeta...* (1990) ist eine auf der Basis langjähriger, nicht immer konfliktfreier Freundschaft geschriebene Biographie P. ↑Nerudas. E. F.

Weitere Werke: Essays: *Temas y variaciones* (1969), *Desde la cola del dragón* (1977).
Ausgabe: *Cuentos completos.* Barcelona 1990.
Literatur: F. Schopf, *Dos novelas chilenas.* ECO, 35 (1979), 6 (216), 653-668. – Ders., *La narrativa de J. E.* SLI, 9 (1979) 29-43. – V. Urbistondo, *›Los convidados de piedra‹, una lectura ecléctica.* HISPA, 8 (1979), 23/24, 143-152. – M. T. Rodríguez Isoba, *Una visión paródica de la historia chilena reciente.* ALH, 15 (1986), 219-228. – Dies., *›Los convidados de piedra‹, o la irrupción de la historia contempóranea en la narrativa de J. E.* ALH, 16 (1987), 215-228.

Edwards Bello, Joaquín
*10.5.1888 in Valparaíso, †1968 (Selbstmord) in Santiago de Chile. Er entstammte einer Familie von Großgrundbesitzern und Bankiers. Seine Schulbildung erhielt er an einem engl. College in Valparaíso. Sein erster Europaaufenthalt begann 1896, und auch später verbrachte er lange Zeit in Paris und Madrid. Tristan Tzara verlieh ihm den Titel »Président Dada au Chili«. Mehr als 35 Jahre war er Redakteur bei »La Nación«. 1943 erhielt er den Nationalpreis für Literatur.
Als Romancier ging es E. B. um den spannenden lebensnahen Stoff. Es kam ihm nicht ungelegen, wenn sich gewisse Personen direkt angesprochen fühlten, wie es bei seinem ersten Roman *El inútil* (1910) der Fall war. Mit dieser z. T. autobiographischen Geschichte von einem dekadenten Abkömmling der chil. Oligarchie entfesselte er einen großen Skandal, über dessen Resultat er später schrieb: »In diesem Moment hatte ich eine fantastische und langlebige Person geschaffen. Ich hatte Joaquín Edwards Bello geschaffen.« Sein erstes bedeutenderes Werk ist der »Experimentalroman« *El roto* (1920), eine personenreiche psycho-soziologische Studie über das Elendsviertel Estación von Santiago. Mit eingestreuten eigenen Reiseerlebnissen und populär-philosophischen Exkursen, jedoch lebendig und fesselnd geschrieben, schildern die Romane *El chileno en Madrid* (1928) und *Criollos en París* (1933) innere Konflikte, absonderliche Geschehnisse und Abenteuer entwurzelter Lateinamerikaner. *La chica del Crillón* (1935), E. B.s letzter Roman, erzählt zurückhaltend satirisch das Schicksal einer Tochter aus »guter Familie«, die es über Jahre hinweg versteht, ihre wahre wirtschaftliche Lage zu verheimlichen, bis sie durch eine Schenkung wieder zu Reichtum gelangt, ihren ehemaligen Geliebten, einen verkommenen Diplomaten, großzügig mit Geld abfindet und auf der Reise zu dem geerbten Landgut einen anständigen Mann kennenlernt.

Weitere Werke: Romane: *El monstruo* (1912), *La muerte de Vanderbilt* (1922), *Cap Polonio* (1926), *Valparaíso, la ciudad del viento* (1931); Erzählungen: *Cuentos de todos colores* (1912).
Literatur: J. Orlandi Araya/A. Ramírez Cid, *J. E. B. obras – estilo – técnica.* SCh 1960.

Emar, Juan
*13.11.1883 in Santiago de Chile, †13.4.1962 ebd. Eigtl. Alvaro (Pilo) Yáñez Bianchi. Er entstammte einer reichen Familie, in deren Besitz sich die Zeitung »La Nación« befand. Von seinem Leben ist wenig bekannt: Er malte, schrieb Kunstkritiken und verbrachte viele Jahre in Paris.
1935 erschienen gleichzeitig drei Romane E.s: *Miltín 1934*, *Un Año* und *Ayer*, deren avantgardistischer Elan Kritiker und Publikum auf Jahrzehnte

hinaus überforderte. In *Miltín 1934* bilden die gescheiterten literarischen Projekte des Ich-Erzählers die Fragmente einer Wirklichkeit, die sich zu einem teilweise satirischen Schlüsselroman der zeitgenössischen Kulturszene Chiles zusammenfügen. In *Un Año* wird der strenge chronologische Rahmen der Tagebuchnotizen des Erzählers durch Dehnung oder Raffung bruchstückhafter Ereignisse ständig gesprengt und somit abstrakte lineare Zeit in die konkrete Zeit subjektiver Erfahrung überführt. Erstreckte sich der erzählte Zeitraum der ersten Werke jeweils auf ein Jahr, wird in *Ayer* ein Tag aus dem Leben des Ich-Erzählers und seiner Frau rückblikkend wieder ins Gedächtnis gerufen. In sieben Erzählsequenzen durchlaufen die beiden Protagonisten verschiedene Stationen. Der Tag gerät zur Odyssee, in der das Paar im Banne surrealistisch anmutender Bilderwelten von einem Erlebnis ins nächste treibt. Auch diesmal wird mit der Zeit experimentiert. Sie gewinnt in der Erinnerung Unendlichkeitscharakter und evoziert immer neue Ereignisse. *Diez* (1937, Neuaufl. 1971 mit Vorwort von P. ↑Neruda) enthält zehn teilweise fantastische Erzählungen, darunter »El pájaro verde«, wo ein ausgestopfter Papagei plötzlich lebendig wird und innerhalb von »1 Minute und 8 Sekunden«, auf ca. 3 S. spannend beschrieben, einem unliebsamen Onkel des Erzählers die Schädeldecke aufhackt. Große Erwartungen setzte man in J. E.s letztes Werk, einen siebenbändigen Romanzyklus, in den auch sein Frühwerk eingeflochten werden sollte. Von den insgesamt 15.300 Manuskriptseiten, aufgeteilt in vier Folgen, erschien bisher *Umbral. Primer Pilar. El globo de cristal* (1977), ein Briefroman, in dem der Haupterzähler Onofre seine Rolle zunächst an drei neue Erzähler delegiert. Seine Figuren treffen zwischen den Jahren 1926 und 1927 mit ihm zusammen. Aus den sich überschneidenden Lebensgeschichten der vier miteinander befreundeten Männer entstehen weitere Handlungen, Erzähler und Figuren. Das daraus resultierende kommunikative Zusammenspiel entfaltet eine Eigendynamik, die eine Fabel in den Hintergrund treten läßt. Als Hauptthema könnte der Kampf des Individuums gegen das Gefühl innerer Leere und Sinnlosigkeit angenommen werden. Zwei Figuren treten dabei besonders hervor: Lorenzo Angol und Rosendo Paine. Das Unvermögen, im Dasein Erfüllung zu finden, erlebt Lorenzo als das Vorhandensein von »Geistern«, die ihn an der Realisierung seiner Bedürfnisse hindern und gegen die er einen qualvollen Kampf ohne Ende führen muß. An Rosendo wird der Leidensweg eines Opiumsüchtigen und seine Anstrengungen, der drohenden Selbstzerstörung entgegenzuwirken, dargestellt. Der Leser wird Zeuge des Aufbaus narrativer Strukturen bei gleichzeitiger Auflösung derselben durch parodistische oder groteske Elemente. E. F.

Literatur: I. Carrasco M., *La metálepsis narrativa en ›Umbral‹ de J. E.* RCHL, 14 (1979), 85-101. – M. Urra Salazar, *Sobre la narrativa de ›Umbral‹ de J. E.* EF, 16 (1981), 183-188. – G. Gotschlich R., *›El pájaro verde‹ de J. E., proposición de una poética.* RCHL, 32 (1988), 91-108. – A. Consejo-Jerez, *La recepción de la obra de J. E. a través de la crítica literaria periodística.* RCHL, 34 (1989), 129-148.

Gómez Correa, Enrique
* 1915 in Talca. Rechtsanwalt und Diplomat. Zusammen mit B. ↑Arenas und Teófilo Cid gründete er 1938 in Santiago die Zeitschrift und gleichnamige Dichtergruppe »Mandrágora« (Alraune), die sich in ihrem Programm auf den frz. Surrealismus berief. G. C. proklamierte innerhalb der Gruppe die

Schwarze Poesie, der er die Aufgabe zuwies, »strategische Punkte im Unbestimmten, in der Substanz festzumachen«. Die Themen und Motive seiner eigenen Dichtung verdeutlichen das Konzept. Es ist vor allem der Bereich der Ängste, des Wahnsinns und der unterdrückten Sexualität, der in seinem ersten Gedichtband *Las hijas de la memoria* (1940) zum Ausdruck gebracht wird, wobei eine provokatorische Attitüde unübersehbar ist: »Hebt die Gräber aus«, »Die Schlächter«, »Infame Lippen« lauten die Titel einiger seiner frühen Gedichte. G. C. ist in seinem weiteren lyrischen Werk dem »Mandragorismo« treu geblieben. Wegen der einstigen schülerhaften Beziehung zum Surrealismus wurden von der Kritik jedoch die Eigenständigkeit und zunehmende Intensität seiner Visionen und Befragungen des Unterbewußten selten wahrgenommen.

Weitere Werke: Lyrik: *Cataclismo en los ojos* (1942), *Mandrágora, siglo XX* (1945), *La noche al desnudo* (1945), *El espectro de René Magritte* (1948), *El pleno día* (1949), *Carta-elegía a Jorge Cáceres* (1952), *Lo desconocido liberado* (1952), *Reencuentro y pérdida de la Mandrágora* (1955), *El calor animal* (1973), *Poesía explosiva* (1973); Essay: *Sociología de la locura* (1942); Drama: *Mandrágora, rey de gitanos* (1954).

Literatur: I. Valente, *G. C. como surrealista*. UC/AT, 452 (1985), 59-62.

González Vera, José Santos

*2.11.1897 in San Francisco del Monte, †27.2.1970 in Santiago de Chile. Nach unregelmäßigem Schulbesuch war er seit seinem 15. Lebensjahr in verschiedenen Berufen tätig – Schneiderlehrling, Zeitungsverkäufer, Buchhändler, Korrektor, Herausgeber von »La Pluma« und Mitarbeiter anderer Zeitschriften wie »Claridad« und »Atenea«.

Als G. V. 1950 den Premio Nacional de Literatura zugesprochen bekam, wurde einerseits Kritik wegen des wenig umfangreichen Werkes des Preisträgers laut, andererseits Erstaunen, daß in Chile eine Jury so viel Mut und Einsicht besaß, um einen derart guten Autor zu prämieren. Bis dahin hatte er in Buchform nur *Vidas mínimas* (1923) und *Alhué* (1928) publiziert. Das erste Werk enthält kurze Erzählungen, die im Milieu eines ärmeren Viertels von Santiago spielen; das zweite schildert, wie das erste, zumeist aus der Ich-Perspektive, Geschehnisse und Schicksale in einem chil. Dorf. Das Besondere ist die außerordentliche Verdichtung der Sprache – »heilsame Trockenheit« urteilte G. ↑Mistral – in Verbindung mit tiefsinnigem Humor, der jedoch eher angedeutet als direkt ausgedrückt wird. Entsprechendes gilt auch für den Aufbau der einzelnen skizzenhaften Erzählungen, die auf knappstem Raum individuelles Schicksal entstehen lassen, ohne auf gesellschaftliche und geschichtliche Bezüge zu verzichten. Als bestes Werk G. V.s gilt *Cuando era muchacho* (1951, erw. 1969), die Autobiographie seiner Jugend. Essays über lateinam. Schriftsteller enthält *Eutrapelía, honesta recreación* (1955).

Weitere Werke: *Algunos* (1959), *Aprendiz de hombre* (1960), *La copia y otros originales* (1961), *Necesidad de compañía* (1968).

Literatur: E. Ljungstedt, *Un prosista chileno: J. S. G. V.* Madrid 1970.

Hahn, Oscar

*1938. Er ist Literaturprofessor an der Universität von Arica und widmet sich hauptsächlich der Lyrik Spaniens. Obwohl sein lyrisches Werk schmal ist, ist H. auch außerhalb Chiles als großer Dichter bekannt.

Der Band *Arte de morir* (1977) enthält sein bis dahin entstandenes lyrisches Œuvre, insgesamt 36 Gedichte. H.s hauptsächlicher poetischer Gegenstand ist der Tod, wobei er es verstanden hat, dieses Thema noch einmal in überraschender Vielfalt der Aspekte zu gestalten. In »Visión de Hiroshima«, einem seiner frühen Gedichte, wird die Schönheit der Sprache als Kontrast zum grauenvollen Inhalt bewußt hervorgehoben. Herausragend ist H.s Fertigkeit, klassische literarische Formen des »Siglo de Oro« mit moderner Syntax und Semantik zu verbinden, wie in den Sonetten »Gladiolos junto al mar« oder »Cafiche de la muerte«. Blasphemie und Respektlosigkeit vor religiösen Dogmen verbinden sich virtuos mit Sinneslust und Sprachwitz in »El emborrachado«. In seinem bisher letzten Werk, *Mal de amor* (1981), erreicht er mit der thematischen Verknüpfung von Todestrieb und Eros eine neue Dimension semantischer Dichte. E. F.

Weitere Werke: Lyrik: *Esta rosa negra* (1961), *Agua final* (1967); Untersuchungen: *El cuento fantástico hispano-americano en el siglo XIX* (1978), *Texto sobre texto* (1984).

Literatur: W. N. Hill, *O. H. o el arte de mirar.* RCHL, 20 (1982), 99-112. – G. Rosado, *La poesía de O. H.* ATENEA, 455 (1987), 149-158. – J. Campos, *La joven poesía chilena en el período 1961-1973. (Millán, Rojas, H.)* Minneapolis 1987. – P. Lastra/E. Lihn, *Asedios a O. H.* SCh 1990.

Heiremans, Luis Alberto

*14.7.1928 in Santiago de Chile, †25.10.1964 ebd. Nach dem Studium der Medizin widmete er sich fast ausschließlich der Literatur und dem Theater, letzteres als Mitglied des »Teatro de Ensayo« der Universidad Católica von Santiago. Einige Jahre verbrachte er in Europa und den USA. Er hat insgesamt 14 Theaterstücke veröffentlicht, die zunächst die »anticriollistische« bzw. internationalistische Linie der »Generation von 1950« verfolgen, später zunehmend Elemente der chil. Folklore aufgreifen und zu bühnenwirksamer Poesie verarbeiten. Die Vorbilder seiner ersten Phase sind vor allem Anouilh und Pirandello, so etwa in *La eterna trampa* (UA 1953, 1965), in dem eine mysteriöse Person die jeweiligen Träume der Mitglieder einer kleinbürgerlichen Familie verkörpert. Auf westdeutschen Bühnen wurden H.s Stücke *Moscas sobre el mármol* (1958; dt. *Treibjagd*, UA 1962), *El palomar a oscuras* (dt. *Das Taubenhaus*, UA 1962) und die Einakter-Trilogie *Buenaventura* (1965; dt. *Buenaventura*, UA 1962) aufgeführt. Geht es in allen diesen Stücken um glücklose erotische oder familiäre Beziehungen, gestaltet H. in *Versos de ciego* (1962), *El abanderado* (1962) und *El Tony chico* (1965) in Anlehnung an Brecht das Bühnengeschehen als Allegorie einer vielschichtigen Realität. H. ist außerdem Autor der Erzählungsbände *Los niños extraños* (1950), *Los demás* (1952) und *Seres de un día* (1960). Die vier Erzählungen des letzteren behandeln die Frustrationen von Lateinamerikanern in Paris, ein Thema, das schon von den Chilenen A. ↑Blest Gana und J. ↑Edwards Bello aufgegriffen wurde. H.s einziger Roman *Puerta de salida* (1964; dt. *Der dunkle Teil*, 1964) spielt ebenfalls größtenteils in Paris. In zwei zeitlich gegenläufigen Handlungen wird das Problem unüberbrückbarer Einsamkeit gestaltet. Die Mutter, die ihren Sohn besucht, muß feststellen, daß er ihrer Vorstellungswelt entwachsen ist. Die andere Handlungsebene ist die Geschichte der Liebe dieses Sohnes, die an der neurotischen Persönlichkeit der Geliebten scheitert.

Ausgaben: *Los mejores cuentos.* SCh 1966.

Literatur: T. Cajiao Salas, *Temas y símbolos en la obra de L. A. H.* SCh 1970.

Huidobro, Vicente

*10.1.1893 in Santiago de Chile, †2.1.1948 ebd. Er entstammte einer alten Großgrundbesitzerfamilie, besuchte ein Jesuitenkolleg, heiratete 1911 standesgemäß, gründete 1912 die Literaturzeitschrift »Musa Joven« und brach 1916 nach Europa auf. Zusammen mit G. Apollinaire und P. Reverdy gab er in Paris 1917 die Zeitschrift »Nord-Sud« heraus. Sein Besuch in Madrid, 1918, gilt als Auslöser der bald nach Argentinien verpflanzten avantgardistischen Bewegung des Ultraísmo. 1925 stellte er sich in Chile als Präsidentschaftskandidat vor. Ein auf ihn verübtes Attentat und der Skandal wegen einer Liebschaft mit einer minderjährigen Schülerin beendeten die politische Kampagne und den Aufenthalt in Chile. 1928 entführte er die Geliebte nach Paris. Den Span. Bürgerkrieg erlebte er auf der Seite der Republik als Pressekorrespondent. 1945 kehrte er endgültig nach Chile zurück.

H. hat ein vielbändiges lyrisches Werk, mehrere Romane, neben sonstiger Prosa, und eine literarische Doktrin, den »Creacionismo«, geschaffen. Er selbst datiert die Entstehung seiner »allgemeinen ästhetischen Theorie« auf das Jahr 1912; zweifellos ist sie vor seinem ersten Europaaufenthalt entstanden, teilweise formuliert und bereits in einigen Gedichten von *Canciones en la noche* (1913) ansatzweise verwirklicht worden. Der Grundgedanke des »Creacionismo«, den er in zahlreichen Manifesten und Polemiken formuliert hat, ist die Gleichsetzung von Poesie und absoluter Schöpfung: »Der Dichter läßt die Dinge der Natur das Leben wechseln; mit seinem Netz holt er all das hervor, was sich im Chaos des Namenlosen bewegt, spannt elektrische Drähte zwischen den Worten und beleuchtet auf einmal unbekannte Winkel, so daß diese ganze Welt in unerwartete Fantasmen explodiert.« An anderer Stelle faßt er die Hauptprinzipien seiner poetischen Technik in vier Punkten zusammen: 1. »Die Dinge vermenschlichen.« 2. »Das Undeutliche präzisieren.« 3. »Das Abstrakte konkret und das Konkrete abstrakt machen.« 4. »Was an sich allzu poetisch ist, um vom Dichter geschaffen zu werden, durch Veränderung seines üblichen Werts in etwas Geschaffenes verwandeln.« H.s erstes, im Sinne seiner Theorie gelungenes Werk ist die Dichtung *Adán* (1916). Gewidmet ist die Genesis-Version dem Lyriker und Philosophen R. W. Emerson (1803-1882); ihre Hauptfigur ist, wie H. im Vorwort schreibt, »nicht der biblische Adam, jener Affe aus Lehm, der Leben erhielt, indem man ihm in die Nase blies, sondern der Adam der Wissenschaft. Er ist das erste aller Wesen, das die Natur versteht«. Noch weiter geht H. in den darauffolgenden Werken, die er teils in frz. Sprache (*Horizon carré*, 1917, *Tour Eiffel*, 1918, *Hallali*, 1918), teils span. (*Ecuatorial*, 1918, *Poemas árticos*, 1918) abgefaßt hat. In suggestiver typographischer Gestaltung, mit gebogenen, schrägen, runden Zeilen oder verschiedenen Lettertypen, stellen die Gedichte den radikalen Versuch dar, den traditionellen Zusammenhang zwischen Poesie und Musik durch eine neue Beziehung, zur Malerei, genauer gesagt, zum Kubismus und dessen Collage-Technik abzulösen. H.s lyrisches Hauptwerk ist die Dichtung *Altazor o el viaje en paracaídas* (1931; dt. *Altazor oder die Reise im Fallschirm*, 1982). Bereits 1919 geplant und in Fragmenten ab 1925 veröffentlicht, umfaßt das Werk in seiner endgültigen Form ein Vorwort und sieben Gesänge. Insgesamt ist es ein faszinierendes Kompendium der Möglichkeiten, Grenzen und Widersprüche der avantgardistischen Lyrik. Inhaltlich läßt sich ein Bogen erkennen, der vom visionären Glauben an die erlösende Kraft der Poesie (I. Gesang) bis zu sinnlosen Wortneuschöpfungen oder Vokalhäufungen (VII. Gesang) reicht, die sowohl

Jubel wie auch Schrei zum Ausdruck bringen. Mit außerordentlichem Erfindungsreichtum werden in den Gesängen III-VI die verschiedenen Möglichkeiten dichterischer Sprache ausgelotet – vom alogischen Vergleich Lautréamonts bis zur surrealistischen Metapher, vom Wortspiel bis zum Reimlexikon – und verworfen. Die gleichzeitig erschienene Prosadichtung *Temblor de cielo* (1931) sucht den Bedeutungsaspekt der Sprache wieder zurückzugewinnen im Zugriff auf die schon im II. Gesang von *Altazor* angesprochene Thematik von Sexualität, Liebe und Tod, wobei jetzt Wagners *Tristan und Isolde* als mythisches Muster eingeflochten wird. Die letzten Gedichtbände H.s (*Ver y palpar*, 1941, *El ciudadano del olvido*, 1941, *Ultimos poemas*, 1948) modulieren Themen, kosmogonische Motive und einige der Techniken früherer Werke, verzichten jedoch auf syntaktische und morphologische Gewaltsamkeiten. Außerordentlich vielseitig ist das Prosawerk H.s. Ein Pamphlet auf den engl. Kolonialismus stellt *Finis Brittania* (1923) dar. Der Roman *Mío Cid Campeador* (1929) schildert mit avantgardistischen Zeitsprüngen und gigantomanischer Bildlichkeit die Geschichte des span. Cid (den H. zu seinen Vorfahren mütterlicherseits zählte). Als »visueller Roman«, in Anlehnung an filmische Techniken, ist *Cagliostro* (1934) gestaltet. Schrecken und Zerstörungen eines Krieges in den Ausmaßen atomarer Bombenanschläge behandelt der K. Liebknecht und R. Rolland gewidmete Roman *La próxima* (1934). Politisch satirischen Charakters ist das Theaterstück *En la luna* (1934). Zusammen mit Hans Arp verfaßte H. *Tres inmensas novelas* (1935; dt. *Drei und drei. Surreale Geschichten*, 1963).

Ausgaben: *Obras completas*. Vorw. B. Arenas. SCh 1964, 2 Bde. – *Poesie*. (Auswahl, dt.) Frankfurt/M. 1966. – *Obras completas*. Vorw. H. Montes. SCh 1976, 2 Bde. – *Obras selectas*. Hg. L. Navarrete Orta. CAR 1990. (BiAy)

Literatur: N. Hey, *Bibliografía de y sobre V. H.* RI, 91 (1975), 293-353 und RI, 106/107 (1979), 387-398. – M. Camurati, *Poesía y poética de V. H.* BA 1980. – J. Concha, *V. H.* Madrid 1980. – R. de Costa, *En pos de H.* SCh 1980. – E. Mitre, *H., hambre de espacio y sed de cielo*. CAR 1981. – E. Busto Ogden, *El creacionismo de V. H. en sus relaciones con la estética cubista*. Madrid 1983. – D. Baly, *Nuevos estudios sobre Larrea y H.* Valencia 1984. – R. de Costa, *H.: los oficios de un poeta*. ME 1984. – P. López Adorno, *Vías teóricas a ›Altazor‹ de V. H.* New York 1986. – E. Luengo, *Nuevos procedimientos de unidad poética en ›Altazor‹ de V. H.* MESTER, 16 (1987), 1, 29-40. – M. Zamora, *A Poetics of Distance: Baroque and Vanguardist Metaphor*. HISP 31 (1987), 91, 13-29. – H. Montes, *Poemas inéditos y dispersos de V. H.* RCHL, 34 (1989), 21-43. – A. Fernández Spencer, *›Ecuatorial‹: obra maestra*. CH, 470 (1989), 59-71.

Jara, Víctor

*28.11.1938 in Chillán, †14.9.1973 in Santiago de Chile. Er arbeitete als Schauspieler und Regisseur, war 1970-1973 als Liedermacher maßgeblich an der kulturellen Neugestaltung des Landes beteiligt und wurde auf grausame Weise vom Militär ermordet.

Seine Liedertexte sind durchdrungen von der Solidarität mit den Unterdrückten seines Landes. Gegen das Leid von Kindern im Elendsquartier singt er in *Luchín*, für die Befreiung der Frau in *Abre tu ventana*. Charme und Witz vieler Texte sind entwaffnend. Aus seinen Liebesliedern, wie *Amanda*, spricht zärtliche Wehmut. Heute gelten seine Lieder weltweit als Symbol für den Kampf um Freiheit. E. F.

Literatur: R. Contreras Lobos (Hg.), *Habla y canta Víctor Jara*. LH 1978. – W. Boehlich, *V. J. Sein Leben – seine Lieder*. Frankfurt/M. 1980. – J. Jara, *Chile, mein Land, offen und wild*. Reinbek 1985.

Lafourcade, Enrique

* 1927 in Santiago de Chile. Journalist, Literaturprofessor an verschiedenen Universitäten der USA, in den 60er Jahren Kulturattaché oder Konsul, zeitweise Inhaber einer Buchhandlung und Verleger.

L. hat bisher mehr als 30 Bücher veröffentlicht, hauptsächlich Romane. Mit großer Flexibilität hat er in ihnen die unterschiedlichsten Themen behandelt, wobei man ihm vorgeworfen hat, eher die Randerscheinungen der Probleme auszuleuchten, anstatt den Kern zu ergründen. Als authentische Zeugnisse ihrer Zeit gelten jedoch seine frühen Romane *Pena de muerte* (1952) und *Para subir al cielo* (1958), in denen L. ein psychologisch differenziertes Porträt seiner Generation liefert. Sein erster, auch außerhalb Chiles erfolgreicher Roman, *La fiesta del rey Acab* (1959; dt. *Das Fest des Königs Ahab*, 1968) ist eine glänzend geschriebene Satire auf einen lateinam. Diktator – der hier die Züge Trujillos trägt – und seine Helfershelfer, darunter den US-Botschafter. Das Millionärsmilieu der Riviera ist Schauplatz von *El príncipe y las ovejas* (1961). *Invención a dos voces* (1963) verknüpft Science-fiction mit Religion und Rassenproblematik in den USA. *Novela de navidad* (1965) ist den elternlosen Kindern gewidmet, die in Santiago ihr Leben fristen. *Frecuencia modulada* (1968), der Versuch einer umfassenden Darstellung Chiles, sowie *Palomita blanca* (1971), L.s auflagenstärkster und sprachlich interessantester Roman, bringen linkes Engagement zum Ausdruck. Eine entgegengesetzte Position nimmt er mit den Romanen *Salvador Allende* (1973), *Variaciones sobre el tema de Nastasia Filipovna y el príncipe Mishkin* (1975) und *Tres terroristas* (1976) ein, deren Figuren im wesentlichen Neurotiker, Wirrköpfe, Alkoholiker oder verschmähte Frauen sind, die sich bei Gelegenheit blutig rächen. In *Adiós al Führer* (1982) rechnet L. satirisch mit dem Naziregime ab. Analogien zu Pinochet hat man nicht entdeckt. Er ist Herausgeber der dreibändigen *Antología del cuento chileno*. SCh 1985.

Weitere Werke: Romane: *El libro de Kareen* (1950), *Pronombres personales* (1967), *En el fondo* (1973), *Buddha y los chocolates envenenados* (1977); Erzählungen: *Asedio* (1956), *Fábulas de L.* (1963); Essays, Sonstiges: *Animales literarios de Chile* (1981), *El escriba sentado* (1982?).

Lara, Omar

* 1941 in Nueva Imperial/Cautín. Nach dem Lehrerstudium war er 1965-69 Bibliothekar, 1969-73 Kulturredakteur an der Universität von Valdivia, außerdem Herausgeber der Literaturzeitschrift »Trilce« (seit 1964). Nach dem Putsch wurde er inhaftiert, mißhandelt und ins Exil getrieben. Ab 1975 lebte er viele Jahre in Rumänien. Für seinen Gedichtband *Oh buenas maneras* (1975) erhielt er den Preis der kub. Casa de las Américas.

Die Verehrung für C. ↑Vallejo, den Autor von »Trilce«, ist in L.s gesamtem lyrischen Werk erkennbar. Sie kommt besonders in der subtilen Verwendung umgangssprachlicher Wendungen, im ironischen, manchmal paradoxen Wortspiel oder auch in der Gestaltung einer diffusen und gleichzeitig dichten Atmosphäre von Nostalgie zum Ausdruck. Eine der Grundnoten L.s ist Skepsis gegenüber jeder Art von Metaphysik, auch gegenüber »dem Absurden und seinem Pseudolächeln«. Sein Interesse gilt den Rätseln zwischenmenschlicher Beziehungen oder auch dem Zugriff des Bewußtseins und der Sinne auf eine Realität, in der sich Gegenwart und Vergangenheit ständig überlagern. Die persönliche Erfahrung eines zehnjährigen Exils spiegeln die Gedichte von *Fugar con juego* (1984).

Weitere Werke: Lyrik: *Argumento del día* (1964), *Los enemigos* (1967), *Los buenos días* (1973), *Serpientes* (1974), *El viajero imperfecto* (span. und rumän., 1979), *Islas flotantes* (1980), *Serpientes, habitantes y otros bichos* (1987).
Literatur: J. A. Epple, *La casa del poeta no tiene llave*. HISPA, 18 (1989), 53/54, 177-183.

Lastarria, José Victorino
* 22.3.1817 in Rancagua, † 14.6.1888 in Santiago de Chile. Er studierte Jura am Instituto Nacional in Santiago, an dem u. a. A. ↑Bello lehrte. 1843 wurde er in das chil. Parlament gewählt, verlor aber 1851 wegen des Verdachts der Beteiligung an einer Verschwörung sein Abgeordnetenmandat. Er ging nach Copiapó, wo er als Rechtsanwalt und – erfolglos – als Bergwerksunternehmer tätig war. 1862 war er für kurze Zeit Wirtschaftsminister, danach Botschafter in Peru, Brasilien und den La-Plata-Staaten. 1872 versuchte er noch einmal sein Glück im Bergbau. 1876-79 Innenminister und Senator; ab 1883 Richter am Obersten Gerichtshof.
Als Schriftsteller, Historiker, Parlamentsredner, Anreger und Gründer literarischer Zirkel und Institutionen hat L. Chiles Kultur im 19. Jh. wesentlich mitbestimmt. Seine 1842 vorgebrachte Forderung einer nationalen Literatur, die Menschen, Sitten und Natur Südamerikas zum Gegenstand haben sollte, verwirklichte er selbst in dem kostumbristischen Kurzroman *El mendigo* (1843), der als Beginn der erzählenden Literatur in Chile angesehen wird. Gesellschaftskritische Elemente enthält der Roman *Don Guillermo; historia contemporánea* (1860). Eine Sammlung seiner teils historischen, teils autobiographischen Erzählungen, *Antaño y ogaño; novelas y cuentos de la vida hispano-americana* ließ er 1885 in Leipzig drucken. Als L.s wichtigste Publikation gelten die Serien chil. Schriftstellerporträts, *Recuerdos literarios* (I: 1878, über die Zeit 1836-49; II: 1885). In seinen staatstheoretischen und historiographischen Schriften – *Investigaciones sobre la influencia social de la conquista y sistema colonial de los españoles en Chile* (1847), *Historia constitucional de medio siglo* (1853), *Lecciones de política positiva* (1874) – steht L. dem Positivismus Auguste Comtes nahe und versucht, naturwissenschaftlich exakte Gesetze für die geschichtliche Entwicklung aufzustellen.

Ausgabe: *Obras completas*. SCh 1906-34, 16 Bde.
Literatur: B. Subercaseaux, *Cultura y sociedad liberal en el siglo XIX. L., ideología y literatura*. SCh 1981. – Ders., *Romanticismo y liberalismo en el primer Lastarria*. RI, 47 (1981), 114/115, 301-312. – B. González, *Del liberalismo romántico al idealismo solipsista: ›Diario de una loca‹ (1875) de J. V. L.* RCLL, 11 (1986), 23, 27-44.

Latorre, Mariano
* 4.1.1886 in Cobquecura, † 12.11.1955 in Santiago de Chile. Nach dem Studium Bibliothekar, war er ab 1929 Professor für hispanoam. Literatur. 1944 erhielt er den Premio Nacional.
Mit Ausdauer widmete sich L. der Aufgabe, ein komplettes literarisches Bild der Landschaften Chiles zu liefern. Ähnliche Tendenzen, die Spezifika der nationalen Realität im Rahmen des »Criollismo« zu erfassen, waren auf dem gesamten Kontinent festzustellen, aber die außerordentliche Verschiedenartigkeit der chil. Landesnatur machte in seinen Augen besondere, systematische Anstrengungen vonnöten. Er unterteilte das Sujet in sieben große Zonen und gab mit *Cuentos de Maule* (1912) den Auftakt zu zahlreichen weiteren Erzählungsbänden – als bester gilt *Cuna de cóndores* (1918) – sowie einigen Romanen, von denen *Zurzulita*

(1920, mindestens 6 weitere Auflagen) am bekanntesten ist. Bei aller Anerkennung der meisterhaften Beschreibungen L.s und seiner vokabelreichen, differenzierten Sprache läßt sich der Mangel an Spannung und psychologischer Tiefe nicht verheimlichen. Dennoch wurde er zum Vorbild für weitere »Criollistas«, die das Panorama der einheimischen Flora, Fauna und Folklore komplettierten. Eine von L. verfaßte Studie *La literatura de Chile* (1941) wurde von Raúl Silva Castro 1946 mit einer gleichnamigen Gegendarstellung beantwortet.

Weitere Werke: *Ully y otras novelas del sur* (1923), *Chilenos del mar* (1929), *On Panta* (1935), *Hombres y zorros* (1937), *Mapu* (1937), *La epopeya de Moñi* (1942), *Viento de mallines* (1944), *Puerto mayor, seguido de Chilenos del mar* (1945), *El choroy de oro* (1946), *Chile, país de rincones* (1947), *El Caracol* (1952), *La isla de los pájaros* (1955), *Autobiografía de una vocación* (1956), *La Paquera* (1958), *Memorias y otras confidencias* (1971).
Literatur: J. Orlandi Araya/A. Ramírez Cid, *M. L., obras, estilo, técnica.* SCh ²1960.

Lavín Cerda, Hernán
* 1939 in Santiago de Chile. Zunächst Journalist, dann Dozent für Philosophie und Pädagogik an der Universidad de Chile, ab 1973 im Exil in Mexiko. Er ist zunächst als Lyriker mit *La altura desprendida* (1962) hervorgetreten. Eine erste umfangreiche Sammlung seiner Gedichte, *Ciegamente los ojos* (1977), erschien in Mexiko. In *La crujidera de la viuda* (1971), seinem ersten Erzählband, gestaltet er eine Atmosphäre des Unheimlichen. Erzählungen und Kurzprosa enthält *El que a hierro mata* (1974). Zur Düsterheit seiner geheimnisvollen Welten gesellen sich, vor allem in der Kurzprosa, Humor und eine Heiterkeit, die mit dem lyrischen Rhythmus der Texte korrespondieren. Provozierende Kritik an etablierten Werten findet sich in dem Prosaband *Los tormentos del hijo* (1977). E. F.

Weitere Werke (Auswahl): *El pálido pie de Lulú* (1977), *Ceremonias de Afaf* (1979), *La calavera de cristal* (1983), *Pánico del ombligo* (1983), *La alucinación del filósofo* (1983).

Lihn, Enrique
* 3.9.1929 in Santiago de Chile, † 10.7.1988 ebd. Neben der Universität besuchte er von 1942-52 die Kunstakademie und war dann als Literaturprofessor in Chile und den USA tätig. 1966 erhielt er den Lyrik-Preis der kub. Casa de las Américas.
In seinem vorwiegend lyrischen Werk von ausgefeilt kunstfertiger Rhetorik thematisiert er Zerrissenheit und Entwurzelung des modernen Intellektuellen. In der Gedichtsammlung *La pieza oscura, 1955-1962* (1963) werden Gefährdung und Bedrängnis des Individuums reflektiert. Die seiner Meinung nach beste Lyrik, *París, situación irregular* (1977), ist unter dem Eindruck eines Parisaufenthaltes entstanden. Stilistisch herausragend ist der Kontrastreichtum der Bilderfolgen. *Al bello aparecer de este lucero* (1983) vermittelt das Erlebnis von Liebe und Erotik aus der distanzierten Sicht des Alterns. Nicht nur Sehnsucht und Leidenschaft, sondern auch schmerzhafte Verletzungen werden in metaphernreiche Poesie umgesetzt. L.s erster Prosaband *Agua de arroz* (1964) enthält vier Erzählungen, in denen er mit Einfühlungsvermögen die seelischen Nöte seiner Protagonisten darstellt. Der Roman *Batman en Chile* (1973) ist eine Satire auf die Außenpolitik der USA. Ein »Kristallorchester« und sein einziges Konzert, das es zu Beginn des Jahrhunderts gegeben haben soll, bilden den Kern einer fantastischen Rekonstruktion in dem Roman *La orquesta de cristal* (1976). Scharfsinniger Humor und das Vergnügen am Spiel mit Sprache, an ih-

rer Auflösung und Neuschaffung, nach dem Vorbild strukturalistischer bzw. semiotischer Analyse, charakterisieren den Experimentalroman *El àrte de la palabra* (1980). E. F.

Weitere Werke (Auswahl): Lyrik: *Nada se escurre* (1949), *Poemas de este tiempo y otro* (1955), *Poesía de paso* (1966), *Escrito en Cuba* (1968?), *La musiquilla de las pobres esferas* (1969), *Algunos poemas* (1970), *Por fuerza mayor* (1975), *A partir de Manhatten* (1979), *Antología al azar* (1981), *Estación de los desamparados* (1983), *Pena de extrañamiento* (1986), *Diario de muerte* (1988?); Erzählungen: *La república independiente de Miranda* (1989).

Literatur: P. Lastra, *Conversaciones con E. L.* Veracruz 1980. – L. R. Hozven, ›*El arte de la palabra*‹. EF, 17 (1982), 99-109. – J. Rodríguez Padrón, *La palabra solidaria de E. L.* INSULA, 39 (1984) 451, 15. – F. Schopf, *La ciudad en la poesía chilena: Neruda, Parra, L.* TC, 34/35 (1986), 227-242. – R. Yamal, *El diálogo intertextual en ›Al bello aparecer de este lucero‹, de E. L.* ETL, 16 (1987/88), 2, 11-21.

Lillo, Baldomero

* 6.1.1867 in Lota, † 10.9.1923 in San Bernardo bei Santiago de Chile. Sohn eines Bergwerksangestellten. Nach dem Schulbesuch war er Verkäufer in einem Gemischtwarenladen in Lota, ab 1898 in Santiago und bis 1917 Verwaltungsbeamter der Universidad de Chile.

L. verdankt seinen literarischen Ruhm einem schmalen Œuvre von Erzählungen, die sowohl in der Technik wie der Thematik eine Neuheit für die damalige, vom Modernismus beherrschte Zeit darstellen, deren meisterliche Machart und intensive Menschlichkeit noch in der Gegenwart Anerkennung und Interesse finden. Sein erstes Buch *Sub terra* (1904) enthält acht Erzählungen, die um das Leben der Bergarbeiter in Lota und Coronel kreisen, das er aus langjähriger eigener Erfahrung kannte. L. verbindet, nach dem Vorbild des Zolaschen Naturalismus, direkte Beobachtung mit der Erhellung der sozialen und ökonomischen Hintergründe. Sein Protest im Namen des Minenarbeiterelends äußert sich dabei nicht als laute Anklage, sondern im mitfühlenden Verständnis für die Sorgen und Konflikte seiner einfachen Personen. Die dem Milieu adäquate schlichte und gelegentlich unkorrekte Sprache erweist sich als ein nuancenreiches und ausdruckstarkes Instrument, was die Kritik lange Zeit nicht wahrhaben wollte. Daß L. auch eine zeitgemäße stilistische Brillanz beherrschte, zeigen einige der 13 Erzählungen seiner nächsten Sammlung *Sub sole* (1907), in denen neben erschütternder Dramatik auch leiser Humor zu Wort kommt. Unvollendet blieb der Roman »La huelga«, den L. über das Arbeitermassaker von 1907 in Iquique schreiben wollte. Der Mangel an konkreten Informationen und sein schlechter Gesundheitszustand verhinderten die Fertigstellung des Werks. In verschiedenen Sammlungen wurden weitere Erzählungen und Skizzen, z. T. aus seinem Nachlaß, herausgegeben.

Ausgaben (Auswahl): *Erzählungen aus Chile.* (Sammlung, dt.) Berlin 1960. – *Obras completas.* Pról. R. Silva Castro. SCh 1968. – *Relatos populares.* Pról. M. Rodríguez. SCh 1971.

Literatur: H. O. Dill, *B. L. und die Anfänge der lateinam. Arbeiterliteratur.* BRP, 11 (1972), 208-221. – J. Walker, *B. L. ¿modernista comprometido?* CH, 95 (1974), 283, 131-142. – D. Oelker, *Escritos olvidados de B. L.* AL, 9 (1984), 127-139. – J. Durán Luzio, *Secuencias paralelas en ›La compuerta No. 12‹ de B. L.* RCHL, 31 (1988), 63-81. – R. E. Ball Jr., *The contrast of Light and Shadow in B. L.'s Poetic Vision of Hell.* RIB, 39 (1989), 3, 329-334.

Marín, Juan

* 23.3.1900 in Talca, † 10.2.1963 in Washington. Er studierte Medizin in Chile, Frankreich, England und den USA. Danach war er als oberster Mari-

nearzt und Professor für Medizingeschichte in Santiago tätig. Schließlich ergriff er die diplomatische Laufbahn. Insgesamt zwölf Jahre lebte er in China, Indien und einigen arab. Staaten, zuletzt als Kulturabteilungsleiter der Panamerikan. Union in Washington.

M.s literarisches Werk ist umfangreich und vielseitig. Als Lyriker trat er mit den Bänden *Looping* (1929) und *Aquarium* (1934) hervor. Ein skeptisches Interesse an Technik, Sport und Cabaret, dazu die an V. ↑Huidobro orientierte poetische Disziplin sind die Merkmale der Dichtungen. M.s Romane und Erzählungen gehören z.T. der fantastischen und Science-Fiction-Literatur an, zum Teil entsprechen sie einer realistischen Tendenz mit sozialkritischem Einschlag. Das fantastische Moment steht beispielsweise im Vordergrund des Romans *El secreto del Dr. Valoux* (1936). Die soziale Wirklichkeit des äußersten Südens von Chile ist Gegenstand des Romans *Paralelo 53° Sur* (1936). In einer Szenenfolge voller Dramatik, Gewalt und Verbrechen entwirft M. das Bild einer »blauen und weißen Hölle«, die von dem Gesetz des Meeres – der »flüssigen Zeit« – beherrscht wird und in der sich die Menschen gegenseitig aus Habgier zerfleischen. Eine wesentliche Komponente ist die Anklage des brit. und nordam. Wirtschaftimperialismus, dessen Profite immer wieder von den Waffen des chil. Militärs verteidigt werden. Das Massaker an den Arbeitern, die nationale Interessen vertreten, läßt den Schluß des Romans als eine Parabel der chil. Geschichte erscheinen.

Weitere Werke (Auswahl): Romane: *Margarita, el aviador y el médico* (1932), *La muerte de Julián Aranda* (1933), *Un avión volaba ...* (1935), *Orestes y yo* (1939), *Viento negro* (1944), *Muerte en Shanghai* (1953); Erzählungen: *Alas sobre el mar* (1934), *Naufragio* (1939, 1953), *Cuentos de viento y agua* (1949); Essays: *Poliedro médico* (1934), *Ensayos freudianos* (1938), *El alma de China* (1945), *La India eterna* (1956).

Literatur: F.P. Hebblethwaite, *Bibliografía de J.M.* RIB, 14 (1964), 17-20. – M.L. Terry, *The prose fiction of J.M.* Knoxville 1964. – J.O. Swain, *J.M. – Chilean: The Man and his Writings.* Cleveland 1971.

Mistral, Gabriela

*7.4.1889 in Vicuña, †10.1.1957 in Hempstead/New York. Eigtl. Lucila Godoy Alcayaga. Ihr Vater war Volksschullehrer, er verließ die Familie, als sie drei Jahre alt war. Sie wurde 1912 in den regulären Schuldienst aufgenommen. Ab 1918 leitete sie nacheinander Lyzeen in Punta Arenas, Temuco und Santiago. Ab 1922 lebte sie zumeist außerhalb Chiles, zunächst in Mexico, wo sie an der Schulreform mitwirkte, ab 1925 im Auftrag des Völkerbunds, ab 1932 als chil. Konsulin in verschiedenen Ländern Europas und Amerikas. 1945 erhielt sie als erster lateinam. Schriftsteller den Nobelpreis, 1951 den chil. Premio Nacional.

Unter ihrem Pseudonym, das Verehrung für D'Annunzio und den provenzal. Lyriker Frédéric Mistral ausdrückt, beteiligte sie sich 1914 an einem Dichterwettbewerb in Santiago und trug mit »Los sonetos de la muerte« den ersten Preis davon. Rückblikkend erscheinen die drei Kompositionen, die sie in ihre erste Sammlung *Desolación* (1922) aufnahm, kaum als Produkt einer vielversprechenden Debütantin, sondern als ausgereifte Schöpfung einer großen und einsamen Persönlichkeit. *Desolación* vereint Gedichte, die z.T. in Zeitschriften, Anthologien und Schullesebüchern publiziert waren. Vielleicht zeigt sich in Wortwahl und Metaphorik der Einfluß des Modernismus. Grundsätzlich sind diese schroffen, herben, an die Sprache der Bibel erinnernden Dichtungen von modernistischer Virtuosität weit entfernt, in ihren traditionellen Formen nicht weniger weit vom Avantgardismus V. ↑Huidobros oder P. ↑Nerudas. Bereits am ersten Werk G. M.s faszinieren die Authentizität und das Vermögen, differenzierte seelische Regungen lapidar, mit einem Pathos von frappierender Schlichtheit auszudrükken. Den eigentlichen Kern von *Desolación* bildet die Abteilung »Dolor«, deren biographischer Ausgangspunkt der Selbstmord eines Geliebten war. Ohne chronologische Ordnung erzählen die Gedichte die schmerzliche Geschichte einer Liebe in ihren Zuständen der Erwartung, Scham, Eifersucht, Demut und Angst. Die Verzweiflung über den Tod, die Einsamkeit, die versagte Mutterschaft führen zu quälenden Fragen nach dem Jenseits, bis durch die Jahre die Erinnerung verblaßt und das Bewußtsein die Trostlosigkeit eines endgültigen Verlusts erfährt. Nach diesem Buch, in dem – mit G. M.s Worten – »sich eine leidvolle Vergangenheit ausblutet«, erscheint *Ternura* (1924), eine Sammlung von Wiegen- und Kinderliedern. Bedeutender ist jedoch *Tala* (1938). Religiosität, Sehnsucht nach Mutterschaft, Mitleid mit den Armen und Verfolgten, die Natur Chiles und Amerikas sind die hauptsächlichen Themenkreise. Statt der aufgewühlten Verzweiflung von *Desolación* herrscht in Tala eine verklärte, asketische Ruhe, die sich auch in der Sprachgebung niederschlägt. Die früheren vehementen Farben und emotionsgeladenen Sätze sind einer Tendenz zur Abstraktion gewichen. Gleichzeitig haben Vokabular und Motive eine Bereicherung durch Archaismen, umgangssprachliche Wendungen, Mythen und Legenden erfahren. Die Gedichte ihres letzten großen Werks *Lagar* (1954) spiegeln in vielfältiger Sublimierung die Erschütterungen, die der Weltkrieg und der Selbstmord des mit ihr befreundeten Ehepaares Zweig sowie eines Neffen in ihr verursachten. Aus diesen Umständen erklären sich die engen Beziehungen zu *Desolación*, die in der Prologdichtung als Absage an Qual und Stolz früherer Leidenschaft und Auflehnung angesprochen werden. Den Schmerz lindert eine mystische Entrückung, durch die die Grenzen zwischen Tod und Leben aufgehoben erscheinen. Neben Gedichten des eigenen Leids und der Anteilnahme am Schicksal der Opfer von Krieg und Unrecht enthält der Band einige ihrer schönsten Naturdarstellungen. Eine franziskanisch-pantheistische Frömmigkeit beseelt die Dinge und macht sie zu verständnisvoll mitempfindenden Gesprächspartnern. Vom umfangreichen Prosawerk G. M.s, das bisher nur z. T. editiert worden ist, sind ihre literaturkritischen Essays und Autorenporträts hervorzuheben.

Ausgaben (Auswahl): *Recados*. Hg. A. Escudero. SCh 1957. – *Poesías completas*. Hg. M. J. Bates. Madrid 1958, 1966. – *Gedichte*. (Dt.) Hg. A. Theile. Darmstadt etc. 1958. – *Páginas en prosa*. Hg. J. Pereira Rodríguez. BA 1962. – *Poemas de Chile*. Hg. D. Dana. Barcelona 1967. – *Gabriela piensa en ti*. Hg. R. E. Carpa. SCh 1978. – *Materias: prosa inédita*. Hg. A. Calderón. SCh 1978. – *Cartas de amor de G. M.* Hg. S. Fernández Larraín. SCh 1979. – *Grandeza de los oficios*. Hg. R. E. Scarpa. SCh 1979. – *Liebesgedichte und andere Lyrik*. (Span. und dt.) Hg. F. Schopf. Darmstadt 1981.
Literatur: C. Conde Abellán, *G. M.* Madrid 1970. – J. A. Rodríguez Pagan, *G. M.: Voz de la América Hispánica*. Río Piedras 1973. – M. C. Taylor, *Sensibilidad religiosa de G. M.* Madrid 1975. – D. Pincheira, *G. M., guardiana de la vida*. SCh 1979. *G. M.* Xalapa 1980. – C. Alegriá, *G. M. íntima*. BOG 1980. – W. J. Castleman, *Beauty and the mission of the teacher: The life of G. M.* Smithtown, N. Y. 1982. – A. M. Cuneo, *Hacia la determinación del ›arte poética‹ de G. M.* RCHL, 26 (1985), 19-36. – E. Matus,

G. M. en ›Tala‹. ARAUCARIA, 38 (1987), 139-152. – S. Daydi Tolson, *El último viaje de G. M.* SCh 1989. – R. Letona, *La prosa de G. M.* CH, 472 (1989), 85-92 und AL, 14 (1989), Sondernr. – I. Matthews, *Woman as Myth: The ›Case‹ of G. M.* BHS (1990), 1, 57-69. – E. R. Horan, *Matrilineage, Matrilanguage: G. M.'s Intimate Audience of Women*. RCEH, 14 (1990), 3, 447-459.

Neruda, Pablo

* 12.7.1904 in Parral, † 23.9.1973 in Santiago de Chile. Eigtl. Ricardo Eliezer Neftalí Reyes Basoalto. Sohn einer Lehrerin, die wenige Monate nach seiner Geburt starb, und eines Lokomotivführers. Schulbesuch in Temuco, Studium des Frz. am Pädagogischen Institut von Santiago. Ab 1927 im diplomatischen Dienst, zunächst als Konsul in Rangun, dann Colombo, Jakarta, Singapur, 1933 in Buenos Aires, ab 1934 in Spanien. 1936 seines Amtes enthoben. Mit C. ↑Vallejo gründet er 1937 in Paris einen Verein zur Unterstützung der span. Republik. 1939, nach dem Wahlsieg des Frente Unido in Chile, Konsul in Paris. Sein Einsatz rettet einigen tausend span. Flüchtlingen das Leben. 1940-43 Generalkonsul in Mexiko. 1945 Wahl zum Senator und Beitritt zur Kommunistischen Partei. 1948 wird er wegen seiner Kritik an Präsident González Videla abgesetzt. Ein Jahr hält er sich in Chile verborgen, bis ihm die Flucht nach Argentinien gelingt. 1949 Aufnahme in den Weltfriedensrat und erste Reise in die sozialistischen Länder. 1952, nach mehrmonatigem Aufenthalt in Italien, Rückkehr nach Chile. 1955 Heirat seiner dritten Frau, Matilde Urrutia. 1969 ist er Präsidentschaftskandidat der Kommunistischen Partei, 1970-73 Botschafter in Paris. Der Putsch vom 11.9.73 und die Demütigungen, die er persönlich erfährt, beschleunigen seinen Tod. An Auszeichnungen erhielt er u.a. den chil. Premio Nacional (1945), den Leninpreis (1953) und den Nobelpreis (1971).

N. hat eins der gewaltigsten literarischen Werke Lateinamerikas und zugleich den Mythos eines übermenschlichen Dichters geschaffen, der einen produktiv kritischen Zugang zu diesem Werk oder auch eine Relativierung mit ebenbürtigen Leistungen erschwert. Seine erste Gedichtsammlung *Crepusculario* (1923) läßt zweifellos schon die außerordentliche schöpferische Kraft N.s erkennen, wenn auch die originellen Akzente noch recht unentschieden gesetzt erscheinen. Nahezu frei von Rückgriffen auf Romantik, Dekadenz und Modernismus ist *Veinte poemas de amor y una canción desesperada* (1924; dt. *Zwanzig Liebesgedichte und ein Lied der Verzweiflung*, 1958). Zwar dominiert eine melancholische Grundstimmung, aber sie steigert eher den Gehalt an genußvoll und urwüchsig empfundener Erotik. Die in den Gedichten vermittelte Substanz an konkreter Erfahrung einer Liebesbeziehung in ihren widersprüchlichen Zuständen und das Bild einer Geliebten, die zugleich sexuelles Objekt, emotionale Zuflucht und kosmische Macht ist, erregten den Unwillen der zeitgenössischen Kritiker. Beim breiten Publikum fand das Buch jedoch großen Anklang und erreichte bis 1961 eine Gesamtauflage von einer Million Exemplaren. Das Hauptwerk der zweiten Schaffensphase ist *Residencia en la tierra* (1933, erw. 1935, 2 Bde.; dt. *Aufenthalt auf Erden*, 1960, 1979), dessen Gedichte 1925-35 entstanden sind, überwiegend in der »schmerzlichsten Epoche« seines Lebens, wie er einmal die Jahre seiner Tätigkeit als Konsul in Asien bezeichnete. In der Ambivalenz von chaotischen Visionen und konkreter Erfahrung wird in *Residencia* das Leben als ein sinnloser Prozeß unaufhaltsamen Verfalls oder fieberhafter Selbstzerstörung gesehen. In diesen Prozeß ist auch die anorganische Dingwelt einbezogen, die eine paradoxe vitale Kraft durch die auf sie übertragene Sexualität erhält. Zugleich hat das Ich seine Konturen verloren. Es ist nicht mehr beobachtendes und wertendes Zentrum, das sich gegenüber dem zertrümmerten Kosmos als Bezugspunkt anbietet, sondern eine von Desintegration, Ängsten und Einsamkeit gequälte Existenz, die sich ständig ihrer eigenen Körperlichkeit versichern muß. N. hat sich später von diesem, in seinem radikalen Existentialismus kühnsten Werk distanziert, weil es ihm zu ausweglos und bitter erschien. Eine neue Schaffensphase wird durch den Ausbruch des Span. Bürgerkriegs ausgelöst. Aus der Betroffenheit erwächst *España en el corazón* (1937; dt. *Spanien im Herzen*, 1956), ein Gedichtband, in dem der Kampf zwischen Faschismus und Demokratie mythisch überhöht wird. Der Band bildet dann eine der fünf Sektionen von *Tercera Residencia* (1947; dt. 1960, 1979). Die Linie des politischen Engagements führt zum *Canto general* (1950; dt. *Der große Gesang*, 1953), einem in 16 Abteilungen gegliederten, episch lyrischen Zyklus, der größtenteils in jenem Jahr entsteht, das N. auf ständiger Flucht vor der Polizei in Chile verbringt. Als Chronist einer »verspäteten Geburt« sucht er mit dem breit hinströmenden Werk die Geschichte, Natur, politischen und sozialen Verhältnisse Lateinamerikas zu erfassen. Bei aller Leidenschaft der Anklagen und des Mitgefühls wird der Grundton der Dichtung von den Passagen hymnischer Exaltation bestimmt, die aus der Sicht eines majestätischen Einklangs von Kosmos, Tod und Zeugung hervorbricht. Im Bestreben, die Literatur breiteren Leserkreisen zugänglich zu machen, ist die Sprache seiner folgenden Werke rational durchschaubarer und direkter geworden. Ein Werk des Übergangs von der poetischen Dichte und metaphorischen Kühnheit des *Canto general* zur Einfachheit der *Odas elementales* ist die Gedichtsammlung *Las uvas y el viento* (1954; dt. *Die Trauben und der Wind*, 1955), sein »Beitrag zum Frieden«, eine Suche nach Europas »Helden und Völkern, Landschaften und Produkten, Böden, Brücken und Weinen«. Die Bücher *Odas elementales* (1954), *Nuevas odas elementales* (1956) und *Tercer libro de las odas* (1957; dt. *Elementare Oden I-III*, 1961) bilden dann die monumentale Bestandsaufnahme der Daseinswirklichkeit des Menschen, in der ohne Hierarchisierung abstrakte und konkrete Gegenstände, Jahreszeiten, Körperteile, Personen, Landschaften etc. aus persönlicher Erlebnisfülle verzeichnet werden. In den folgenden Gedichtbänden, die wieder zu einem monumentalen Werk, dem fünfbändigen *Memorial de Isla Negra* (1964; dt. *Memorial von Isla Negra*, 1976) hinführen, tritt die eigene Existenz in einer Biographie, Geschichte und Dichtung verschmelzenden Zusammenschau in den Vordergrund. Sein letzter zu Lebzeiten veröffentlichter Gedichtband *Incitación al nixonicidio y alabanza de la revolución chilena* (1973) erhebt noch einmal wortgewaltige Anklage gegen den Imperialismus der USA, dessen systematische Destabilisierung der Regierung der Unidad Popular immer offensichtlicher geworden war. Postum erschienen zunächst N.s materialreiche, poesievolle und gelegentlich äußerst freimütige Prosamemoiren *Confieso que he vivido* (1974; dt. *Ich bekenne, ich habe gelebt*, 1974) sowie acht weitere Gedichtbände in Buenos Aires, dann folgten diverse Sammlungen von Jugendschriften und Briefen.

Weitere Werke: Lyrik: *El hondero entusiasta; 1923-1924* (1933), *Los versos del capitán* (1952), *Estravagario* (1958; dt. *Extravaganzenbrevier*, 1967), *Navegaciones y regresos* (1959), *Cien sonetos de amor* (1959), *Canción de gesta* (1960), *Las piedras de Chile* (1961), *Cantos ceremoniales* (1961), *Plenos poderes* (1962), *Arte de pájaros* (1966), *La barcarola* (1967), *Las manos del día* (1968; dt. *Die Hände des Tages. Weltende. Noch*, 1987), *Fin de mundo* (1969), *Aún* (1969), *Las piedras del cielo* (1970), *La espada encendida* (1970), *Comiendo en Hungría* (1970, zus. mit M. A. Asturias), *Geografía infructuosa* (1972), *La rosa separada* (1974), *Jardín de invierno* (1973), *El mar y las campanas* (1973), *2000* (1974), *El corazón amarillo* (1974), *Libro de las preguntas* (1974), *Elegía* (1974), *Defectos escogidos* (1974); Theater: *Fulgor y muerte de Joaquín Murieta* (1967; dt. *Glanz und Tod des Joaquín Murieta*, 1971); Prosa: *El habitante y su esperanza* (1926; dt. *Der Bewohner und seine Hoffnung*, 1978), *Viajes* (1955), *Una casa en la arena* (1966), *Para nacer he nacido* (1978; dt. *Um geboren zu werden*, 1980).

Ausgaben: *Obra poética*. SCh 1947-48, 10 Bde. – *Obras completas* BA 1957, 2 Bde.; 1973, 3 Bde. – *El río invisible: poesía y prosa de la juventud*. Hg. M. Neruda, J. Edwards. Barcelona 1980. – *Das lyrische Werk*. (Dt.) Hg. K. Garscha. Neuwied, Darmstadt 1984-86, 3 Bde. – *Letzte Gedichte* (1988).

Literatur: H. J. Becco, *P. N.: bibliografía*. BA 1975. – E. Rodriguez Monegal, *N., el viajero inmóvil*. CAR 1977. – R. de Costa, *The poetry of P. N.* Cambridge, Mass. 1977. – A. Alonso, *Poesía y estilo de P. N.* Barcelona [2]1979. – R. Rodríguez Monegal/E. M. Santí (Hg.), *P. N.* Madrid 1980. – M. M. Solá, *Poesía y política en P. N.: Análisis del ›Canto general‹*. Río Piedras 1980. – J. Felstiner, *Translating N.: The Way to Macchu Picchu*. Stanford, Cal. 1980. – A. Sicard, *El pensamiento poético de P. N.* Madrid 1981. – K. Garscha (Hg.), *Der Dichter ist kein verlorener Stein. Über P. N.* Darmstadt, Neuwied 1981. – M. Durán/M. Safir, *Earth Tones: The Poetry of P. N.* Bloomington, Ind. 1981. – E. M. Santí, *P. N.: The Poetics of Prophecy*. Ithaca, N. Y. 1982. – V. Teitelboim, *P. N.* Madrid 1984 (dt., *P. N. Ein Lebensweg*, Berlin, Weimar 1987). – C. Cortínez, *Comentario crítico de ›Residencia en la tierra‹: poemas I-X*. SCh 1985. – M. Agosin, *P. N.* Boston, Mass. 1986. – R. Osuna, *Sueño y empeño de P. N. y Nancy Cunard*. Madrid 1987. – R. Aguayo, *N. Un hombre de la araucaria*. SCh 1987. – E. Szmulewicz, *P. N. Biografía emotiva*. SCh [2]1988. – J. Edwards, *Adios poeta*. Barcelona 1990.

Parra, Marco Antonio de la

* 1952 in Santiago de Chile. Er hat hier ab 1972 Medizin und Psychiatrie studiert, gleichzeitig an verschiedenen studentischen Theatergruppen mitgewirkt und ist als Psychiater, Kolumnist der Zeitung »La Época«, Dramaturg und gelegentlich auch als Schauspieler tätig. Nationalen und bald auch internationalen Erfolg erzielte er mit seinen Theaterstücken, besonders *La secreta obscenidad de cada día* (UA 1984; dt. *Solo für Carlos und Sigmund*, 1989, in: »Spectaculum«, 48). Die Figuren dieses Stückes sind zwei Exhibitionisten, die vor einem Mädchengymnasium im noblen Barrio Alto von Santiago entweder auf die Schülerinnen oder auf die Minister und Würdenträger warten, die sich zu einer Feierstunde in der Schule versammelt haben. Fast alles an dem brillanten und witzigen Einakter ist doppeldeutig: Handelt es sich um Verrückte oder – allegorische – Reinkarnationen von Marx und Freud, geht es um Politik und Macht oder um das krankhafte Vorzeigenwollen von Geschlechtsteilen, und sind die Pistolen, die zum Schluß gezückt werden, wirklich Pistolen? Ein weiterer doppeldeutiger Aspekt ist das Involviertsein in den Terror der Diktatur als Opfer oder Täter. Besonderen Reiz erhält das Stück durch die burleske Exposition der Theorien von Marx und Freud. Ein weiteres Theaterstück *Infieles* (UA 1988, dt. *Untreue*, 1990) zeigt an den Interaktionen von zwei Ehepaaren die Doppelbödigkeit von Moral und Sexualverhalten in der chil. Mittelschicht auf. Die beiden Theaterstücke wurden zusammen mit dem autobiographi-

schen Bericht *Obscenamente (in)fiel* 1989 veröffentlicht. Dieser Bericht verdeutlicht, wie in der Zeit der Pinochet-Diktatur gerade durch die gewaltsame Unterdrückung kreative Kapazitäten freigesetzt und eine umfassende Politisierung der Gesellschaft erreicht wurden. P. ist auch Autor von prämierten Erzählungen und dem Roman *El deseo de toda ciudadana* (1987?), der zu einem gleichnamigen Theaterstück (dt. *Träume einer Großstadtfrau*) umgeschrieben worden ist.

Weitere Werke: Theater: *Lo crudo, lo cocido, lo podrido; Matatangos: disparen sobre el zorzal* (1983); Erzählungen: *Sueños eróticos, amores imposibles* (1987?).

Parra, Nicanor
* 5.9.1914 in Chillán. In Santiago studierte er Naturwissenschaften, war ab 1936 einige Zeit Gymnasiallehrer, ergänzte zwischen 1943 und 1951 als Stipendiat seine Studien auf den Gebieten höhere Mechanik und Astrophysik in den USA und England, anschließend Professor für Mathematik und Physik an der Universidad de Chile, nach dem Militärputsch von 1973 Dekan der naturwissenschaftlichen Fakultät. 1969 erhielt er den Premio Nacional, 1991 den Premio »Juan Rulfo«.

P. hat mit seinem lyrischen Werk über Chile hinaus großen Einfluß ausgeübt, wenn auch die Wandlungen seiner persönlichen Einstellungen – vom Marxisten zum Befürworter des Putsches gegen Allende, vom Antipoeten zum »Ökopoeten« (1983) – vielen seiner Bewunderer befremdlich erschienen. In P.s erstem Gedichtband *Cancionero sin nombre* (1937), von dem er sich bald distanzierte, verbinden sich Elemente der Romanzen García Lorcas mit chil. Folklore. Nach langer Pause erschien P.s nächstes Werk *Poemas y antipoemas* (1954), in dem erstmals die Prinzipien seiner Antipoetik verwirklicht werden. P. liegt nichts an einer über V. ↑Huidobro oder P. ↑Neruda hinausgehenden Erneuerung der poetischen Sprache und Techniken. Er greift auf traditionelle Metren zurück, handhabt dieselben jedoch mit einer überlegten Distanz, durch die ihre ästhetische Funktion bewußt und diese einer auf äußerste Präzision und Wirksamkeit bedachten Sprache dienstbar gemacht wird. Das Ergebnis ist gelegentlich Parodie, wenn der symbolträchtige Schwan im modernistischen Neunsilber durch die Fliege ersetzt wird, aber Parodie wie auch sarkastischer Humor sind nur untergeordnete Mittel in P.s Gedichten. Für ihn ist damals »zu viel Blut unter den Brücken hergeflossen«, um nicht zutiefst erschüttert zu sein. Seine »Antipoesie«, mehr als Kampfansage gegen Rhetorik und Symbolismus, ist der Versuch, mit kalkuliertem Pessimismus herkömmliche Ordnungen und Vorstellungen so radikal zu entwerten, daß wieder die elementaren Kräfte des Lebens zutage treten. Die »moderne Welt ist eine große Kloake«, heißt es lapidar in einem seiner Gedichte, und in anderen werden detailliert die Tragik und Absurditäten dieser Welt nachgewiesen. Der Selbstmord hat Formen einer »progressiven und fruchtbaren universalen Masturbation« angenommen. Der Mensch, den Religion und Jenseitsängste langweilen, quält die Mutter, verprügelt seine Dame und »züchtet auf der Krawatte einen Floh«. Abgesehen von den verschmitzt heiteren und unvermutet abgründigen Versen von *La cueca larga* (1958), die seine Schwester Violeta ↑P. vertonte, wird die Entmythisierung der Welt und Dichtung in den folgenden Werken fortgesetzt, die in der 200 S. umfassenden Gesamtausgabe *Obra gruesa* (1969) vereint und von den *Artefactos* (1972) ergänzt werden. Es handelt sich bei diesem letzteren Werk, das inzwischen zu einer bibliophilen Rarität geworden ist, formal um Postkarten mit verfremdeten Heiratsanzeigen, Sprichwörtern, politischen Parolen etc. In *Sermones y prédicas del Cristo de Elqui* (1977) spottet der Sprecher, ein populärer religiöser Scharlatan, u. a. über die Verletzung der Menschenrechte in Chile und fordert den Leser auf, »mir zu sagen, in welchem Land die Menschenrechte respektiert werden«. Ähnlich gestaltet wie *Artefactos*, sind auch *Chistes para desorientar a la poesía-policía* (1983) Postkarten (200), deren kurze Texte in Witzform vor allem auf die ökologischen Katastrophen der Pinochet-Diktatur Bezug nehmen. Vorangestellt ist der Sammlung ein scharfsinniges, ironisches Vorwort von E. ↑Lihn. In *Coplas de navidad* (1983), einem zehnseitigen, von Oscar Gacitúa illustrierten, bibliophilen Schmuckstück, wird die Jungfrau Maria angerufen, das Land von der Diktatur zu befreien.

Weitere Werke: *Versos de salón* (1962), *Discursos* (1961, zus. mit P. Neruda), *La camisa de fuerza* (1968), *Canciones rusas* (1967), *Los profesores* (1971), *Nuevos sermones y prédicas del Cristo de Elqui* (1979), *Hojas de parra* (1985).
Ausgaben: *Antipoemas*. Hg. J. M. Ibáñez. Barcelona 1972. – *Und Chile ist eine Wüste. Poesie und Antipoesie* (Sammlung, dt.) Wuppertal 1975.
Literatur: M. Rein, *N. P. y la antipoesía*. MON 1970. – H. Montes/M. Rodríguez Fernández, *N. P. y la poesía de lo cotidiano*. SCh 1970. —L. Morales Toro, *La poesía de N. P.* SCh 1972. – T. Brons, *Die Antipoesía N. P.s*. Göppingen 1972. – M. Gottlieb, *No se termina nunca de nacer: la poesía de N. P.* Madrid 1977. – M. Fernández F., *Fichas bibliográficas sobre N. P.* RCHL, 15 (1980), 107-131. – P. W. Borgeson, *Lenguaje hablado / lenguaje poético: P., Cardenal y la antipoesía*. RI, 48 (1982), 118/9, 383-389. – F. Schopf, *P.: Arqueología del antipoema*. TC, 28 (1984), 13-33. – R. Yamal, *Sistema y visión de la poesía de N. P.* Valencia 1985. – F. Schopf, *La ciudad en la poesía chilena: Neruda, P., Lihn*. TC, 34/35 (1986), 227-242. – R. Yamal, *La antipoesía de N. P. y su deuda con el surrealismo*. CHASQUI, 18 (1987), 1, 25-35. – S. Karsen, *N. P.: ›Manifiesto‹*. In: G. Beutler (Hg.), *Sieh den Fluß der Sterne strömen. Hispanoamerikanische Lyrik der Gegenwart*. Darmstadt 1990, 273-286. – L. Morales T., *Conversaciones con N. P.* SCh 1991.

Parra, Violeta

*4.12.1917 in San Carlos de Ñuble, †5.2.1967 (Selbstmord) in La Reina, einem Außenviertel von Santiago de Chile. Als Tochter eines Volksschullehrers wächst sie mit zehn Geschwistern in Chillán auf. Die Kinder singen für Geld, das sie zuhause abliefern. 1932 geht sie nach Santiago. Dort heiratet sie 1937 den Eisenbahnarbeiter Luis Cereceda, Mitglied der Kommunistischen Partei. Als sie sich nach elf Jahren scheiden lassen, wird das Singen – zusammen mit ihrer Schwester Hilda – erneut Broterwerb für sie und ihre beiden Kinder. 1953 bereist sie Chile, um Lieder und Instrumente des Landes zu sammeln. Inzwischen auch durch den Rundfunk bekannt, folgt sie 1954 einer Einladung zum Internationalen Jugendfestival nach Warschau. Danach lebt sie in Paris und kehrt 1956 nach Chile zurück, wo sie verschiedene handwerkliche Künste ausübt. 1964 werden in Paris ihre Wandteppiche ausgestellt. In Chile gelingt es ihr noch, trotz des Widerstandes der Behörden, das Folklorezentrum »La carpa de La Reina«, aufzubauen, aber ihre Kräfte waren erschöpft, wie sie an ihren letzten Lebensgefährten Gilbert Favre schreibt.
Hunderte von Frauen verschwundener Angehöriger, die sich regelmäßig in Santiago zu Protestkundgebungen versammelten, sangen ihre Hymne an das Leben, *Gracias a la vida* (1966). Wenn es im Schlußvers heißt: »Und das Lied aller, das mein eigenes Lied ist«, definiert V. P. die soziale Funktion ihrer

Kunst, die selbst in ihren persönlichsten Liedern nie ganz aus dem Blickfeld rückt. Der Fluch auf den »Schuft«, der ihr Schmerz zugefügt hat, gewinnt in *Maldigo del alto cielo* (1966) eine politische Qualität, wenn der »Stern mit seinem Gefunkel« ebenso wie die »Schulen, Sakristeien, Bischöfe und Chorknaben« verwünscht werden. Auf markante Weise prägen Widersprüche ihr Werk und Persönlichkeit. Spröde und zart, oft mürrisch sei sie gewesen. Tiefste Zärtlichkeit vermischt mit naiver Frömmigkeit spricht aus Liebesliedern wie *Volver a los diecisiete* (1966). Eine Bildersprache von dunkler, leidenschaftlicher Intensität wird in *Pupila de águila* (1966) verwendet. Direkt und agitatorisch war zuvor die Sprache in den politischen Kampfliedern gewesen, »Gold und Erdkloß« wurden z.B. in *La lechera* (1956) konfrontiert. Eine Autobiographie in Versform bilden ihre *Décimas* (1970). Über 3000 Lieder umfaßt ihre Sammlung chil. Folklore. E. F.

Ausgaben : *Toda V. P.* BA 1974. – *V. del Pueblo.* Hg. J. Martínez Reverte. Madrid 1976. – *Lieder aus Chile, zweisprachige Anthologie.* Hg. M. Engelbert. Frankfurt/M. 1979. – *El libro mayor de V. P.* Hg. I. Parra. Madrid 1985.

Literatur: M. Agosin, *Bibliografía de V. P.* RI, 32 (1982), 1, 179-190. – G. Cánepa-Hurtado, *La canción de lucha en V. P. y su ubicación en el complejo cultural chileno entre los años 1960 a 1973.* RCLL, 9 (1983), 17, 147-170. – M. Agosin/I. Dölz-Blackburn, *V. P. : Santa de pura greda. Un estudio sobre su obra poética.* SCh 1988. – L. Morales T., *V. P.: la génesis de su arte.* HISPA, 18 (1989), 52, 17-30.

Pezoa Véliz, Carlos

*21.7.1879 in Santiago de Chile, †21.4.1908 ebd. Er kam aus bescheidenen Verhältnissen. Seine Ausbildung an einer höheren Handelsschule wurde 1898 abgebrochen durch die Einberufung zur Nationalgarde. Danach fristete er sein Leben als Angestellter bei verschiedenen Behörden sowie mit Lyrik- und Prosabeiträgen in Zeitschriften wie »La Comedia Humana«, »La Voz del Pueblo«, »Chile Ilustrado«, »Zig-Zag« u.a. Er starb an den Folgen der 1906 bei einem Erdbeben in Valparaíso erlittenen Verletzungen.

Eine erste Buchausgabe seiner Gedichte wurde u.d.T. *Alma chilena* (1912) mit einem Nachwort des damals sehr einflußreichen Literaturkritikers Augusto D'Halmar herausgegeben. Seither gilt P. V. als der originellste chil. Dichter seiner Zeit. Im bewußten Gegensatz zur modernistischen Thematik brachte er in seinen Kompositionen Protest gegen das soziale Unrecht zum Ausdruck und beschrieb in eindringlichen Stimmungsbildern das Elend der Bauern (»Pancho y Tomás«, »Teodorinda«, »Entierro en el campo«), Ausbeutung und Hoffnungslosigkeit der Arbeiter (»El perro vagabundo«, »El organillo«) oder auch den in Selbstzerstörung mündenden Fatalismus der Boheme von Santiago (»El pintor Pereza«). Bei aller Perfektion in Metrik, Reim und Aufbau überzeugen P. V.s Gedichte durch ihren emotionalen Gehalt an Mitleid, Zorn und Verzweiflung.

Weitere Ausgaben: *Poesías, cuentos y artículos.* Hg. A. Donoso. SCh 1927. – *Obras.* Hg. R. Silva Castro. SCh 1964.

Literatur: A. de Undurraga, *P. V., ensayo biográfico, crítico y antológico.* SCh 1951. – R. Silva Castro, *C. P. V., 1879-1908.* SCh 1964.

Prado, Pedro

*8.10.1886 in Santiago de Chile, †31.1.1952 in Viña del Mar. Er war Schriftsteller, Bauer und Architekt, ab 1921 Direktor des Museo de Bellas Artes, 1927 Botschafter in Kolumbien. Den Premio Nacional de Literatura erhielt er 1939.

Seit der Veröffentlichung seines berühmten Romans *Alsino* (1920) gerät seine eigentliche Bedeutung als intellektueller Wortführer und Wegbereiter der modernen chil. Poesie in Vergessenheit. »Kopf einer außergewöhnlichen Generation« nannte ihn P. ↑Neruda. Sein Frühwerk – *Flores de cardo* (1908), *El llamado del mundo* (1913), *Los pájaros errantes* (1915) – ist geprägt von der Suche nach neuen Formen und weist eine fortschreitende Liberalisierung des Verses bis zur Auflösung in lyrische Prosa auf. Pantheistische Sicht der Dinge und Ehrfurcht vor der Schöpfung durchdringen seine Poesie. Durch Schlichtheit in Metaphorik, Zartheit und Eleganz der Bildersprache erzielt er, gegenüber fortschreitender Technisierung und Entfremdung, eine Sensibilisierung in der Wahrnehmung von Natur und Lebenswelt. Der Roman *Alsino* erzählt die Geschichte eines Jungen, dessen große Sehnsucht sich erfüllt, als ihm Flügel wachsen. Der Flug eröffnet dem Titelhelden die Erfahrung von Harmonie mit Natur und Universum. Seine Bindung an die Erde aber bleibt; auch dort muß er sich bewähren, Liebe, Einsamkeit und Schmerz kennenlernen. Sein Tod schließlich ist nicht Tragödie, sondern Auflösung im Kosmos. Zu P.s sonstigen Werken gehören außer Essays, Theater und Lyrik zwei weitere Romane, *La reina de Rapa Nui* (1914), der die Ereignisse in der Fantasiewelt einer südlichen Insel erzählt, und *El juez rural* (1924), der von dem Leben in einem Armenviertel handelt. E. F.

Weitere Werke: *La casa abandonada; parábolas y pequeños ensayos* (1912), *Los Diez* (1915), *Ensayos sobre la arquitectura y la poesía* (1916), *Las copas* (1919), *Karez-I-Roshan* (1921, zus. mit Antonio Castro Leal), *Androvar. Poema dramático* (1925), *Camino de las horas. Sonetos libres* (1934), *Otoño en las dunas* (1940), *Esta bella ciudad envenenada* (1945), *No más que una rosa* (1946), *Viejos poemas inéditos* (1949).

Ausgabe: *La roja torre de los diez; Antología*. Hg. E. Espinosa. SCh 1961.

Literatur: J. R. Kelly, *P. P.* New York 1974 (mit Bibliographie). – C. Balart, *›La rosa revelada‹, poema de ›No más que una rosa‹ de P. P.* RCHL, 15 (1980), 35-58. – L. Guerra-Cunningham, *La aventura del héroe como representación de la visión del mundo en ›Alsino‹ de P. P.* H, 66 (1983), 1, 32-39. – A. A. Natella, *Consideraciones sobre la estilística de P. P. en ›Alsino‹*. CIRCULO, 13 (1984), 63-69. – H. Castellano-Girón, *Signos de modernidad en las novelas de P. P.* HISPA, 18 (1989), 52, 31-47.

Prieto, Jenaro

* 5.8.1889 in Santiago de Chile, † 4.3.1946 ebd. Jurist, Redakteur von »El Diario Ilustrado«, Parlamentsabgeordneter (1932-36).

P.s literarischer Ruhm gründet auf zwei satirisch-humoristischen Romanen. *Un muerto de mal criterio* (1926) entwickelt sich aus der Fabel von einem Richter, der im Jenseits weiterhin Verfahren bearbeiten und Urteile fällen muß. Seine subtilen Begründungen und Entscheidungen bei gelegentlich recht grotesken Sachverhalten machen Härten und Fehler irdischer Rechtsprechung deutlich. Der andere Roman *El socio* (1928; dt. *Der Sozius*, 1936; *Das Geschäft mit Mister Davis*, 1969) gestaltet das Motiv der fiktiven Person, die reale Existenz bekommt. Der Romanprotagonist Julián Pardo, ehemals Dichter, nun Grundstücksspekulant, erfindet einen ausländischen Sozius, Mr. Davis. Der Erfundene aber nimmt immer mehr Leben und Selbständigkeit an. Pardo wird durch ihn erniedrigt, bedroht, hintergangen und schließlich zugrunde gerichtet. Im Wahn glaubt er selbst an die Existenz seiner Schöpfung und begeht Selbstmord in der Form, daß der Verdacht auf Mr. Davis fällt, den seither die chil. Polizei verfolgt. Unvollendet hinterließ P. den autobiographischen Roman *La casa vieja* (1957). An weiteren Werken erschienen von ihm die Kurzprosabände: *Pluma y ristre* (1925), *Con sordina* (1930), *Humo de pipa* (1955).

Literatur: T. C. Meehan, *J. P.: The Man and his Work.* In: *Tradition and Renewal. Essays on Twentieth Century Latin American Literature and Culture.* Urbana, Ill. 1975, 157-207.

Radrigán, Juan

* 23.1.1937 in Antofagasta. Sein Vater war Kraftfahrzeugmechaniker, der eines Tages die zu zahlreich gewordene Familie verließ. Vom 13. Lebensjahr an arbeitete R. in verschiedenen Berufen. Wegen gewerkschaftlicher Tätigkeit konnte er nach dem Putsch, 1973, keine Arbeit mehr finden. Mit dem Verkauf von Büchern fristete er sein Leben. 1979 erzielte er mit seinem ersten Theaterstück *Testimonio sobre las muertes de Sabina* beträchtlichen Erfolg, der auch seinen weiteren Stücken beschieden war, von denen einige mit Preisen ausgezeichnet wurden.

Mit sicherem Gespür für Bühnenwirksamkeit und die Grenzen des kulturellen Freiraums innerhalb der Diktatur hat R. in seinen Stücken ein breites Panorama des Elends im gegenwärtigen Chile entfaltet. Da sich die Brutalität des Regimes in seinen Stücken nie direkt manifestiert, sondern nur ihre psychischen oder ökonomischen Auswirkungen sichtbar werden, verdichtet sich das Bühnengeschehen zu bedrohlichen Alpträumen. Zugleich verweisen groteske Elemente und schwarzer Humor auf Alternativen, verwandeln die Eindrücke von Ohnmacht und Niederlagen in Empörung. *Testimonio sobre las muertes de Sabina* ist bereits repräsentativ für R.s Qualitäten und Konstanten als Theaterautor. Ein älteres Ehepaar gerät in die Mühle der Bürokratie, weil es keine Lizenz für seinen Obststand hat, aber auch keine Behörde findet, die Lizenzen vergibt. Vermittelt wird dieses Geschehen in einem umgangssprachlichen Dialog voller Banalitäten, der immer mehr Aspekte von Ohnmacht und Bitterkeit sichtbar werden läßt. Unwissenheit, Verinnerlichung der Repression und Glaube an die Propagandalügen der regimetreuen Medien werden in *Cuestión de ubicación* (UA 1980) im Verhalten eines Arbeiters exemplifiziert, den der Stolz auf seinen Farbfernseher nicht wahrnehmen läßt, daß seine Tochter Hunger leidet. In *El toro por las astas* (UA 1982) erwarten die Bewohner eines elenden Bordells von einem populären »Wunderheiligen« ein neues Leben. Sie werden wütend, als er ihnen sagt, daß es keine Wunder gäbe und sie selbst für ihr Leben Verantwortung trügen.

Weitere Werke: Roman: *El vino de la cobardía* (1968); Theater: *El loco y la triste* (UA 1980), *Las brutas* (UA 1980), *Viva Somoza* (UA 1980, zus. mit Gustavo Meza), *Redoble fúnebre para lobos y corderos* (UA 1981), *Hechos consumados* (UA 1981; dt. *Vollendete Tatsachen*, 1989?), *La felicidad de los García* (UA 1983), *Informe para indiferentes* (UA 1983), *Las voces de la ira* (UA 1984), *Made in Chile* (UA 1985), *Pueblo del mal amor* (1986), *Los borrachos de la luna* (1986), *La contienda humana* (UA 1987, 1988; dt. *Grabenkämpfe*, 1988), *Balada de los condenados a soñar* (1989), *Piedra de escándalo* (1990); Ausgabe: *Teatro de J. R.* SCh 1984. (Enthält 11 Theaterstücke und Studien von M. de la L. Hurtado/J. A. Pina sowie H. Vidal).

Literatur: J. M. Varas, *J. R.: teatro de la dignidad y de la marginalidad.* ARAUCARIA, 31 (1985), 153-163. – L. Neghme Echeverría, *La resistencia cultural en ›El toro por las astas‹ de J. R.* LATR, 22 (1988), 1, 23-28.

Reyes, Salvador

* 16.8.1899 in Copiapó, † 1970 in Santiago de Chile. Journalist, ab 1939 Diplomat, Mitglied verschiedener Segelklubs und Schifferverbände. 1967 erhielt er den Premio Nacional de Literatura.

R. hat seine Liebe zu Meer und Seefahrt als Lyriker, Erzähler und Romancier zum Ausdruck gebracht. Mit Fantasie und Fabulierfreude sowie unter dem Einfluß von J. Conrad und B. Cendrars hat er dabei seine eher sportlichen Erfahrungen zu einer Mystik des Abenteuers verklärt, für die soziale Probleme keine Gültigkeit besitzen. Einer von R.' ersten Romanen, *Ruta de sangre* (1935), geht auf Chiles Kolonialgeschichte zurück, als die Küste von Piraten heimgesucht wurde. Heldentaten und Verbrechen der Seeräuber und die Geschichte eines Liebespaares ergeben eine unterhaltsame Lektüre. Ein nicht weniger spannungsgeladener, aber psychologisch subtil ausgearbeiteter Roman über den Walfischfang und die amourösen Verstrickungen der Seeleute ist *Mónica Sanders* (1951). *Valparaíso, puerto de nostalgia* (1955) erzählt die Geschichte eines Schwerenöterklubs, der durch einige verständnisvolle und elastische Mädchen durcheinandergebracht wird. Die Atmosphäre von Stadt und Hafen mit ihren klimatischen Unbilden, ihren Etablissements, ihren stets durstigen Poeten und liebeshungrigen Matrosen wird in aussagekräftigen Momenten eingefangen. Europa während des 2. Weltkrieges ist Schauplatz des Romans *Los amantes desunidos* (1959), dessen Protagonist, ein chil. Maler, einen inneren Kampf zwischen Instinkt und Vernunft, Liebe und Egoismus ausficht.

Weitere Werke (Auswahl): Lyrik: *Barco ebrio* (1923), *Las mareas del sur, 1924-1930* (1930); Erzählungen: *El último pirata* (1925), *Lo que el tiempo deja* (1932), *Tres novelas de la costa* (1934), *Los tripulantes de la noche* (1945), *Norte y sur* (1947), *Los defraudados* (1963), *El incendio del astillero* (1964); Roman: *Piel nocturna* (1936); Essays, Chroniken, Sonstiges: *El continente de los hombres solos* (1956), *Rostros sin máscaras* (1957), *Andanzas por el desierto de Atacama* (1966), *Fuego en la frontera* (1968), *Crónicas de oriente* (1973), *Martina en su isla* (1974).

Rojas, Gonzalo

* 1917 in Lebu. Sohn eines Bergarbeiters. Schulbesuch und Studium in Valparaíso und Santiago. Lange Zeit Professor für Literaturtheorie an der Universität von Concepción. Als Diplomat in Peking und Havanna tätig. Nach dem Militärputsch von 1973 Exil in Rostock und Caracas, wo er 1975-79 wieder als Literaturprofessor lehrte. 1980 Rückkehr nach Chile.

R. ist Autor eines kompakten lyrischen Werkes, dessen einzelne Gedichte einen Schaffensprozeß intensiver Meditationen und Feinarbeit erkennen lassen. Obwohl einige seiner frühen Kompositionen in »Mandrágora« (1938-41), der Zeitschrift der chil. Surrealisten um B. ↑Arenas erschienen sind, nimmt R. innerhalb dieser Schule eine Sonderstellung ein. Er identifiziert sich mit dem Projekt ästhetischer und moralischer Rebellion und mißtraut gleichzeitig jeder Art von Originalitätssucht, prinzipieller Negation und automatisierter Rhetorik, Vorwürfe, die er später gegen N. ↑Parras »Antipoesie« erheben wird. R. hat sich weder dem Markt noch den Moden angepaßt. Relativ spät erschien sein erster Gedichtband *La miseria del hombre* (1948), und in Werken wie *Oscuro* (1977), *Transtierro* (1979) und *Del relámpago* (1981) sind Gedichte aufgenommen worden, deren Entstehungszeit bis 1936 zurückreicht. Die Kontinuität dieser lyrischen Produktion, deren wichtigster Orientierungspunkt die Übereinstimmung von Realitätserfahrung und Dichtung ist – »Ich lebe in der Realität. | Ich schlafe in der Realität. | Ich sterbe in der Realität.« –, überzeugt um so mehr, als eine ständige Selbstbefragung R.' stattfindet: »Habe ich tatsächlich den Sprung von ... meinem persönlichen Labyrinth zu einer Vision geschafft, die ich mir offen und weltweit wünsche? Oder sitze ich weiter in meiner Falle, die mich das Sein mit meiner eigenen kaputten und neurotischen Situation verwechseln läßt?« Bei aller Autonomie der einzelnen Gedichte wiederholen sich inhaltliche Strukturen, etwa die Oppositionen Materie-Geist, Zufall-Absolutes, Leben-Tod etc., aber sie werden dialektisch zusammengebracht, qualitativ überlagert, entideologisiert oder auch transzendiert. Der Ansatzpunkt ist keine etablierte Religion, sondern Existentialismus, eher in der Nähe Unamunos als Sartres. Für den Ausdruck wesentlicher Erfahrungen greift R. auf die Bilder und Symbole der span. Mystiker zurück. Erotik ist insofern auch eine der wichtigsten Konstanten von R.' Lyrik. Gedichte wie »Perdí mi juventud«, »Cítara mía«, »El fornicio«, »Vocales para Hilda« gehören zu den besten und intensivsten Gedichten, die es über erotische Beziehungen gibt.

Weitere Werke: *Contra la muerte* (1964), *50 poemas* (1982), *El alumbrado* (1986), *7 visiones* (1986?).

Literatur: N. Rojas, *Estudios sobre la poesía de G. R.* Madrid 1984. – M. Coddou, *Poética de la poesía activa.* Madrid, Concepción 1984. – N. Rojas, *Leyendo a G. R.: apuntaciones a ›Gripto‹.* ETL, 14 (1985/86), 1, 53-63. – M. Coddou, *Nuevos estudios sobre la poesía de G. R.* SCh 1986. – E. Busto Ogden, *El motivo del rey en la poesía de G. R.* CH, 144 (1986), 431, 45-52. – N. Rojas, *En torno a ›Almohada de Quevedo‹ de G. R.* CHASQUI, 16 (1987), 1, 5-11. – *Taller literario con G. R.* IAA, 15 (1989), 1 (Sondernr.).

Rojas (Sepúlveda), Manuel

* 8.1.1896 in Buenos Aires, † 11.3.1973 in Santiago de Chile. Seine Eltern stammten aus Chile, und dort verbrachte er seine Kindheit. 1910-12 als Gelegenheitsarbeiter in Mendoza, freundete er sich mit einigen Anarchisten an, denen er entscheidende Anregungen verdankte. 1915, in Valparaíso, Redakteur der Arbeiterzeitung »La Batalla«. 1919-27 bereiste er als Souffleur mit verschiedenen Theatergruppen Chile, Argentinien und Uruguay. Ab 1928 in Santiago, 1931 Direktor der Universitätsdruckerei, 1936 Herausgeber der »Anales de la Universidad de Chile«, 1937 Präsident des chil. Schriftstellerverbandes, ab 1942 Professor für Journalistik. 1957 erhielt er den Premio Nacional.

R. begann seine literarische Laufbahn mit dem Gedichtband *Poéticas* (1921), entdeckte aber bald in der erzählenden Prosa das ihm angemessene Genre. Sein Frühwerk – die Erzählungsbände *Hombres del sur* (1926), *El delincuente* (1929), *Travesía* (1934) und der Roman *Lanchas en la bahía* (1932) – läßt das Vorbild des deskriptiven »Criollismo« M. ↑Latorres erkennen. Zugleich erreichen diese Werke mit ihrem undramatischen, dennoch fesselnden Handlungsablauf, ihrer diskreten Ironie und leichtfüßigen Diktion eine persönliche Ausprägung, die über den »Criollismo« hinausgreift. Die Serie der großen Werke R.' beginnt mit *Hijo de ladrón* (1951; dt. *Wartet, ich komme mit*, 1955, 1967 u.d.T. *Der Sohn des Diebes*). In der Ich-Form des Berichts, gewissermaßen auch im Milieu, knüpft das Werk an die Tradition des Schelmenromans an, allerdings in der Verbindung mit modernen Techniken wie innerem Monolog, Rückblenden, erlebter Rede, Perspektivenwechsel etc. Aniceto Hevia, der Erzähler, gerade aus dem Gefängnis entlassen, 17 Jahre alt, ruft – streckenweise – im Gespräch mit zwei Vagabunden die Geschichte seines Lebens in Erinnerung. Es ist ein Schicksal von vielen, die durch Herkunft und widrige Umstände zum Herumirren verurteilt sind und erfahren müssen, daß Recht und Ordnung in den Klassengesellschaften Südamerikas nur der Verteidigung von Besitz und Privilegien dienen. Leben und Reflexionen Anicetos ergeben jedoch keine pathetische Anklage, sondern eher ein durch Mitleid und Ironie abgetöntes universelles Bild von existentieller Verunsicherung, Einsamkeit und Suche nach Verständnis. *Sombras contra el muro* (1964) folgt inhaltlich auf *Hijo de ladrón* und führt in die Welt der Armenviertel, der Schauspieler, Vagabunden, Kriminellen. *Mejor que el vino* (1958) thematisiert die Beziehung zur Frau bzw. die Suche nach einer körperlichen und seelischen Intimität, aus der sich Treue ergibt, die nicht erzwungen wird, und in der sich Menschlichkeit verwirklicht, die nicht durch Ängste und Konventionen frustriert wird. Der schüchterne Aniceto erlebt Sexualität zuerst mit Prostituierten und der Frau eines Komikers. In der Ehe mit María Luisa erfährt er seelische Übereinstimmung. Nach ihrem Tod empfindet er um so stärker, daß die meisten Liebesverhältnisse vergiftet sind oder, so seine letzte Erfahrung, Sexualität eine unüberwindbare Mauer darstellen kann. Liebe, so wird andererseits in der eingeblendeten, mit viel Zartheit und dem R. eigenen gutmütigen Humor erzählten Geschichte von der Dirne Aída deutlich, kann sich durchaus auch telefonisch entfalten. Die Aniceto-Tetralogie schließt mit dem Roman *La oscura vida radiante* (1971), der das Milieu der Schriftsteller, Künstler und Journalisten von Santiago um 1930 behandelt. In Form zweier Monologe, eines vorgetragenen und eines inneren, entwickelt sich das Geschehen in dem Roman *Punta de rieles* (1960; dt. *Chilenische Beichte*, 1967). Vorgetragen wird die Lebensgeschichte eines Schreiners, der seine Frau ermordet hat. Sein Zuhörer, ein heruntergekommener Aristokrat, beschäftigt sich während dieser Beichte mit seinem eigenen Schicksal. Zu R.' sonstigen Werken gehören literaturwissenschaftliche Essays – *De la poesía a la revolución* (1938), *El árbol siempre verde* (1960), *Manual de literatura chilena* (1964) – Reiseskizzen, Gedichte sowie Liedertexte, die z. T. von Angel Parra vertont wurden.

Ausgaben: *Obras completas*. SCh 1961. – *Cuentos*. BA 1970. – *Obras*. Madrid 1973.

Literatur: R. Rodríguez Reeves, *Bibliografía de y sobre M. R.* RI, 95 (1976), 285-313. – D. A. Cortés, *Bibliografía del cuento y ensayo de M. R. S.* CHASQUI, 10 (1980), 1, 43-70. – M. M. Robles, *M. R.: From ›Hombres del sur‹ to ›La oscura vida radiante‹*. UA/REH, 15 (1981), 109-121. – M. I. Lichtblau, *Narrative Voice and Irony in M. R.‹ ›La oscura vida radiante‹*. SY, 36 (1982), 3, 220-236. – M. M. Robles, *Thomas Mann's ›The Magic Mountain‹ and M. R.‹ ›Born Guilty‹*. LALR, 12 (1983), 23, 15-24. – D. A. Cortés, *La narrativa anarquista de M. R.* Madrid 1986. – B. López Morales, *›Hijo de ladrón‹, novela de aprendizaje antiburguesa*. SCh 1987.

Rokha, Pablo de

* 22.3.1894 in Licantén, † 10.9.1968 (Selbstmord) in Santiago de Chile. Eigentl. Carlos Díaz Loyola. Sein Vater war Zollinspektor. Ab 1906 besuchte er ein Priesterseminar in Talca, aus dem er 1911 verwiesen wurde. Ein Jura- und Ingenieurstudium brach er bald ab. 1916 heiratete er die unter dem Namen Winétt de Rokha (1892-1951) bekannte Lyrikerin. Um seine vielköpfige Familie zu ernähren, arbeitete er als Landgutverwalter und bei einer Handelsfirma. In Valparaíso gründete er eine Privatakademie für Kunst und Philosophie. Ab 1931 Professor für Ästhetik an der Escuela de Bellas Artes in Santiago. 1933 trat er der Kommunistischen Partei bei. 1940, nach dem Wahlsieg des Linksparteibündnisses Frente Popular, schickte ihn die Regierung in kulturpolitischer Mission durch die Staaten Amerikas. Mit dem Regierungsantritt González Videlas legte er sein Amt nieder und blieb bis 1949 in Argentinien. Nach dem Tod seiner Frau zog er durch die

Ortschaften Chiles und verkaufte ihre und seine Bücher. 1964 Reise durch China. 1965 erhält er den Premio Nacional zuerkannt. Er war Präsident der chil. Schriftstellergewerkschaft.

Seine fast 40 Gedichtbände voller Hyperbeln, Superlative, gigantomanischer Worte und Gesten, einhämmernder Wiederholungen, Eruptionen der Verzweiflung, des Heroismus, der Liebe oder der prophetischen Wut bilden bis heute eine Herausforderung. R. war sich dessen bewußt: »Ich schreibe für die, die nicht Texte, sondern Abgründe verlangen, ja, Abgründe, die einsame Sprachen eröffnen, ich schreibe für die Unangepaßten, für die Aggressiven, ich schreibe für die Ungezähmten«, heißt es in dem programmatischen Essay *Heroísmo sin alegría* (1927). Seine erste Schaffensphase erstreckt sich von Zeitschriftenveröffentlichungen des Jahres 1912 bis zu *Satanás* (1927). In der ziellosen Rebellion der Dichtungen jenes Zeitraums klingt die seelische Krise nach, die der Verweis aus dem Priesterseminar in ihm ausgelöst hatte. Blasphemische Ausbrüche, Zerknirschung, apokalyptische Visionen sind die Symptome des verwundeten religiösen Empfindens. »Total«, eines der Lieblingswörter R.s, ist das Gefühl tragischen Scheiterns und das Bedürfnis der Auflehnung. Trivialität in Wortwahl und Syntax, Rohheit und Vehemenz der Bilder in Verbindung mit der Exaltation der Ideen und Empfindungen schaffen eine Atmosphäre der Bedrängnis und Qual, die das direkt Ausgesprochene in der Wirkung fast überbietet. Es ist bezeichnend für die Widersprüchlichkeit dieser Phase, daß neben dem Komplex des metaphysischen Jammers auch humoristische Satire vorhanden ist, daß wehmütige Kindheitserinnerungen auftauchen oder die Errungenschaften der Technik hymnisch begrüßt werden. Ab *Suramérica* (1929?) beginnt R.s Zuwendung zur Realität Lateinamerikas. Zunächst herrschen emphatisch ausgedrückte Impressionen von Landschaften und Bewohnern in manchmal surrealistisch angeregten Bildern vor. In der Dichtung *Escritura de Raimundo Contreras* (1929) wird ein pantagruelisches Porträt des chil. Bauern, seiner Heldentaten, Abenteuer und nicht weniger großen Entbehrungen und Frustrationen geliefert. *El canto de hoy* (1932) leitet eine Reihe von Werken ein, die das soziale und politische Drama der Menschheit in einer direkten, die Theoretiker des Sozialismus feiernden Form wie in *Los trece* (1935) oder vor dem Hintergrund des biblischen Geschehens wie in *Jesucristo* (1933) und *Moisés* (1937) ausdrücken sollen. Die dritte Phase, die im Zeichen einer »realistischen« Poetisierung von Menschen und Dingen steht, beginnt mit *Fuego negro* (1953), einer Elegie, die die Vereinsamung spiegelt, in die den Dichter der Verlust der Frau gestürzt hat. Zu den gelungensten Schöpfungen des letzten Abschnitts zählen *Genio del pueblo* (1960), eine Dichtung, die in Dialogen die Archetypen der chil. Bevölkerung beschreibt, sowie *Epopeya de las comidas y bebidas de Chile* (1965).

Ausgaben: *Antología, 1916-1953.* SCh 1954. – *P. de R. contra Neruda.* Hg. D. Arenas. BA 1978. – *Nueva antología.* Hg. N. Nómez. SCh 1987.

Literatur: F. Lamberg, *Vida y obra de P. de R.* SCh 1965. – M. Ferrero, *P. de R., guerrillero de la poesía.* SCh 1967. – C. Droguett, *P. de R., trayectoria de una soledad.* CH, 105 (1976), 313, 100-120. – G. Rojas, *Testimonio sobre P. de R.* RI, 49 (1979), 106/107, 101-107. – M. Coddou, *Un inmenso poeta marginal.* ARAUCARIA, 46 (1989), 177-180.

Sieveking, Alejandro

* 1934 in Rengo. Er ist Schauspieler und Dramaturg und leitet in Costa Rica das Ensemble »El Teatro del An-

gel«. In seinem umfangreichen dramatischen Werk, das von maßgeblicher Bedeutung für das zeitgenössische chil. Theater gewesen ist, verwendet er z. T. folkloristische Elemente aus der Sichtweise eines kritischen Realismus, verbunden mit humorvollem Verständnis für die Schwächen seiner Helden. Mit den Komödien *Parecido a la felicidad* (1959, UA unter der Regie von V. ↑Jara), *Animas de día claro* (1962) und *La remolienda* (1965) erzielte er große Erfolge in ganz Lateinamerika. In *Pequeños animales abatidos* (1976) werden auf drei zeitlich unterschiedlichen Ebenen die Ereignisse in Chile kurz vor dem Putsch von 1973 dramaturgisch umgesetzt. E. F.

Weitere Werke: *Encuentro con las sombras* (1955), *Mi hermano Cristián* (1957), *El paraíso semiperdido* (1958), *Cuando no está la pared* (1958), *El fin de febrero* (1958), *La madre de los conejos* (1961), *Dionisio* (1962), *El Cheruve* (1964), *Tres tristes tigres* (1967), *Todo se irá, se fue, se va al diablo* (1968), *Peligro a cincuenta metros* (1968), *La mantis religiosa* (1971), *La virgen del puño cerrado* (1973), *Cama de batalla* (1974); Fernsehspiel: *La sal del desierto* (1972).
Literatur: P. Bravo Elizondo, *Entrevista con A. S.* LATR, 12 (1979), 2, 55-59.

Skármeta, Antonio
* 7.11.1940 in Antofagasta. Er ist Enkel jugosl. Einwanderer und wächst bei den Großeltern auf. Frühe Konfrontation mit wirtschaftlicher Not und existentieller Ungewißheit klingen in seinem Werk nach. Er studiert Philosophie und Geisteswissenschaften (1958-63). Ein Stipendium ermöglicht ihm, in New York mit einer Dissertation über J. ↑Cortázar den Grad des Master of Arts der Columbia University zu erlangen (1964-66). Bis 1973 ist er danach in Santiago als Dramaturg, Professor, Mitarbeiter verschiedener Presseorgane sowie von Rundfunk und Fernsehen tätig. Nach dem Putsch lebt er zunächst im Exil in Argentinien, seit 1975 in West-Berlin, wo er sich als freier Schriftsteller sowie als Hörspiel- und Drehbuchautor profiliert. In Zusammenarbeit mit dem Filmregisseur Peter Lilienthal entstehen die Kinoproduktionen *Es herrscht Ruhe im Land* (1975) und *Der Aufstand* (1979). 1983 erfolgt unter eigener Regie *Mit brennender Geduld*, die Verfilmung des Romans *Ardiente paciencia*. Anfang 1989 ist er nach Chile zurückgekehrt.
»Schriftsteller der Alltäglichkeit« nennt er sich selbst, »der das Konkrete und Volkstümliche auskostet«. In den Geschichten des ersten Erzählbandes *El entusiasmo* (1967) entdecken junge Leute Sinnlichkeit und Erotik jenseits von Konvention und Moral. Das Erlebnis von Nähe, aber auch die Zerbrechlickeit einer Beziehung werden erfahren. Über die Landesgrenzen hinaus bekannt wird S. mit *Desnudo en el tejado* (1969), einem Erzählband, der ihm den Preis der kub. Casa de las Américas einbringt. Die Titelgeschichte besteht aus einem Satz: »Und was verlangst du? Soll ich nackt auf dem Dach leben?« Einsamkeit und Angst vor dem Tod sind die unabänderlichen Bedingungen menschlicher Existenz. Oft lindern schlichte Gesten der Solidarität die Leiden. Reisestationen korrespondieren mit bestimmten Entwicklungsetappen des Individuums, die dem Dasein immanente Flüchtigkeit wird in Momentaufnahmen festgehalten. In *Soñé que la nieve ardía* (1975; dt. *Ich träumte der Schnee brennt*, 1978), dem ersten Roman, laufen drei Geschichten, deren Protagonisten Vertreter verschiedener sozialer Gruppierungen sind, in einer Pension in Santiago zusammen. Die innere Welt der Figuren kollidiert mit der äußeren unter den Erschütterungen des Umbruchs, der mit dem Militärputsch seinen traumatischen Höhepunkt er-

reicht. Der Wandel des politischen und sozialen Lebens findet in Veränderung von Sprache und Stil seine Entsprechung. *Nopasónada* (1980; dt. *Nixpassiert*, 1978) thematisiert die Problematik des Exils aus der Sicht des jugendlichen Ich-Erzählers. Exil heißt hier Entwurzelung und Konfrontation mit der fremden Welt einer konsumorientierten Gesellschaft, aber auch Chance zur Selbstfindung. *Ardiente paciencia* (1982; dt. *Mit brennender Geduld*, 1984) erzählt die Geschichte von der Freundschaft P. ↑Nerudas zu dem Briefträger Mario und dessen Liebe zu Beatriz. Nach der Überwindung zahlreicher Hindernisse wird Neruda Heiratsvermittler, Trauzeuge und Pate ihres Kindes. Parallel werden die Stimmung des Aufbruchs und Niedergangs der Unidad Popular mit dem Sturz Allendes und dem Tod Nerudas vermittelt. In der Kombination von Wehmut und Zärtlichkeit, Vitalität und Erotik erreicht S. hier einen Höhepunkt in der Fülle seiner Erzählkunst. Liebenswürdigkeit und Trauer vermischen sich mit Humor und Hoffnung »nach einem gerechteren Schicksal für alle«. E. F.

Weitere Werke: Erzählungen: *Tiro libre* (1973), *El ciclista del San Cristóbal* (1973), *Novios y solitarios* (1975), *Nopasónada y otros cuentos* (1985), *Der Radfahrer von San Cristóbal* (Sammlung, dt. 1986); Romane: *La insurrección* (1982, dt. *Der Aufstand*, 1981), *Match Ball* (1989; dt. *Sophies Matchball*, 1992); Essays, Berichte: *Joven narrativa chilena* (1976), *Heimkehr auf Widerruf. Chile im Umbruch* (Sammlung, dt. 1989).

Literatur: G. Rojo, *Una novela del proceso chileno. ›Soñé que la nieve ardía‹ de A. S.* CAM, 36 (1977), 2, 238-261. – R. Silva Cáceres (Hg.), *Del cuerpo a las palabras: la narrativa de A. S.* Madrid 1983. – G. Rojo, *Explicación de A. S.* HISPA, 13 (1984), 37, 65-72. – C. Lira, *S.: La inteligencia de los sentidos.* SCh 1985. – D. Shaw, *›La Cenicienta en San Francisco‹ by A. S.* UA/REH, 21 (1987), 89-101. – M. A. Blanc, *A. S.: Cuentos y novelas.* CHASQUI, 18 (1989), 2, 54-78. – H. Xaubet, *A. S. y la generación hiperrealista. Entrevista.* REHPR, 23 (1989), 2, 75-100.

Subercaseaux, Benjamín

* 10.11.1902 in Santiago de Chile, † 21.11.1973 (?) in Tacna (Peru). Er entstammte dem chil. Großbürgertum, war Professor für Psychoanthropologie in Concepción, Abteilungsleiter im Außenministerium, Diplomat. 1963 erhielt er den Premio Nacional.

S. hat eine breite literarische Tätigkeit entfaltet, wobei er häufig wegen allzu großer Offenheit in Fragen der Sexualität Mißbilligung erregte. Er analysierte die Vorurteile seiner Landsleute in *Contribución a la realidad* (1939) und lieferte neue Ärgernisse mit *Santa Materia* (1954), einer Sammlung von »Essays und Lektionen über das Sehen und Fühlen«. Ein Kompendium der südchil. Geschichte, Anthropologie und Zoologie ist der umfangreiche Roman *Jemmy Button* (1950; dt. *Fahrt ohne Kompass*, 1957). Die Haupthandlung bilden die Abenteuer des engl. Kapitäns Fitzroy, der 1830 den Beagle-Kanal entdeckt und nach längerem Aufenthalt unter den Indios ein Mädchen und zwei Knaben nach London mitnimmt, wo er und Darwin die Erfahrungen des jungen Jemmy beobachten, der sich perplex und urwüchsig mit der Zivilisation auseinandersetzt.

Weitere Werke (Auswahl): Romane: *Niño de lluvia* (1938, 1942 u. d. T. *Daniel*), *Rahab* (1938); Theater: *Chaina-Boy* (1938), *Pasión y epopeya de halcón ligero* (1958); Essays: *Propos sur Rimbaud* (1930), *Zoé* (1936), *Chile o una loca geografía* (1940; dt. *Herrliches Chile, geographisch leicht verrückt*, 1958), *Reportaje a mí mismo* (1945), *Tierra de océano* (1946), *El mundo y la vida a través de una experiencia literaria* (1952), *Cartas de un joven que olvidó que era anciano* (1970), *Manifiesto del mundo hippie* (1971), *Una nueva interpretación del hombre* (1972).

Literatur: L. A. Sánchez, *Escritores representativos de América* (3. Serie, 2). Madrid 1976, 136-149.

Teillier, Jorge

* 1935 in Lautaro (Chile). Er studierte Geschichte und Geographie in Santiago, übte zeitweise den Lehrerberuf aus, war aber vor allem als Redakteur an der Universidad de Chile tätig. Von seinem ersten Gedichtband *Para ángeles y gorriones* (1956) an hat man seine Eigenständigkeit innerhalb der chil. Literaturszene anerkannt. T. gehörte weder zur Gefolgschaft P. ↑Nerudas noch zur Schule des Antipoeten N. ↑Parra oder gar zur kosmopolitisch orientierten »Generation von 1950«. Er war und blieb der südchil., ländlich dörflichen Welt seiner Kindheit verhaftet. Ihr entstammen die Bilder seiner Lyrik – Bäume, Pilze, Vogelnester, ein Garten, Brennholz, ein verirrtes Pferd, die Kaffeemühle einer Tante, die Musikkapelle auf dem Marktplatz etc. –, die sich im Verlauf seiner Entwicklung zu einem System von Symbolen verdichten. Wichtige thematische Konstanten T.s sind Zeit und Vergänglichkeit, Poesie als Kampf gegen den »Feind Zeit«, nationale und lokale Geschichte, die Wiederkehr oder Vertauschbarkeit von Geschehnissen, Sehnsucht nach Frieden und Zurückgezogenheit. Zu den verbreitetsten Gedichten gehören »Retrato de mi padre, militante comunista« oder die suggestive Elegie »Aparición de Teófilo Cid«. In T.s Gedichten nach 1973 kommt Erschütterung über die politische Situation Chiles zum Ausdruck: »das einzige Land, wo ich mich als Ausländer fühle, ist meine Heimat«.

Weitere Werke: Lyrik: *El cielo cae con las hojas* (1958), *El árbol de la memoria* (1961), *Poemas del país de nunca jamás* (1963), *Los trenes de la noche* (1964), *Poemas secretos* (1965), *Crónica del forastero* (1968), *Muertes y maravillas* (1971), *Para un pueblo fantasma* (1978).

Literatur: J. Villegas-Morales, *Estudios sobre poesía chilena*. SCh 1980, 227-249. – E. Valdés, *Cincuenta años en la poesía de J. T.* RCLL, 13 (1987), 25, 185-188.

Teitelboim, Volodia

* 19.3.1916 in Chillán. 1932 begann er in Santiago ein Jurastudium und trat der Kommunistischen Partei bei, in der er bald leitende Funktionen übernahm. Zugleich war er ununterbrochen journalistisch tätig, u.a. bei »Principios«, »Frente Popular«, »Bandera Roja«, »Aurora« sowie als Sportredakteur von »El Diario Ilustrado«. 1961-65 Abgeordneter, 1965-73 Senator. Der Militärputsch überraschte ihn während eines Europaaufenthalts. Er lebt seither im Exil und ist Herausgeber der 1978 gegründeten Kulturzeitschrift »Araucaria de Chile« (Paris, Madrid).

T. ist Autor von Essays, einer wichtigen Biographie sowie von drei umfangreichen Romanen, deren historischen Kern soziale Konflikte in Chile bilden, die von der herrschenden Klasse mit brutaler Gewalt gelöst wurden. *Hijo del salitre* (1952; dt. *Das Lied der Pampa*, 1955) behandelt die Frühzeit der chil. Arbeiterbewegung. Den Handlungsfaden und typisierendes Beispiel der politischen Bewußtseinsbildung ergibt die Biographie des späteren KP-Vorsitzenden Elías Lafertte. Der Roman gipfelt in der Darstellung des von Regierungstruppen 1907 in Iquique angerichteten Massakers. Auf der Grundlage eigener Erfahrungen schildert T. im zweiten Roman *La semilla en la arena* (1956) Leben und Schicksale der politischen Häftlinge in dem von González Videla 1947-50 eingerichteten, 1956 wiedereröffneten Konzentrationslager Pisagua. Gegenüber dem »sozialistischen Realismus« der vorherigen Werke verdichten sich in T.s bisher letztem Roman *La guerra interna* (1979) Realität und fantastische Elemente, überlagern sich die Folterknechte des Pinochet-Regimes und die Filmmonster – Frankenstein, Drakula, King-Kong etc. der 20er und 30er Jahre zu einem komplexen Bild der jüngsten chil. Geschichte. Die Rekonstruktion der letzten Tage P. ↑Nerudas und seine imaginären Dialoge mit Esperanza-a-pesar-de-todo symbolisieren innerhalb des perfekten Horrors der Diktatur den Willen, weiter für ein menschenwürdiges Dasein in Chile zu kämpfen. In akribischer Form und erklärtermaßen ohne Feierlichkeit hat T. in *Neruda* (1984; dt. *Pablo Neruda. Ein Lebensweg*, 1987) Leben und Persönlichkeit seines langjährigen Freundes dargestellt. Von einer heimlichen Reise durch Chile in Verbindung mit einer außerordentlichen Informationsfülle über die vergangenen 15 Jahre berichtet er in *En el país prohibido sin el permiso de Pinochet* (Barcelona 1988, in Santiago u. d. T. *En el país prohibido*).

Weitere Werke: Essays: *El amanecer del capitalismo y la conquista de América* (1943), *Hombre y hombre* (1969), *El oficio ciudadano* (1973), *El pan y las estrellas* (1973), *Pólvora del exilio* (1975), *La lucha continúa* (1976).
Literatur: M. Otero, *La guerra interna de V. T.* CDLA, 21 (1980), 12, 116-120. – *Conversación con V. T.* ARAUCARIA, 12 (1980), 127-158.

Undurraga, Antonio de
* 3.8.1911 in Santiago de Chile. Er war Jurist und Sozialwissenschaftler, Herausgeber verschiedener chil. Literaturzeitschriften, darunter »El Caballo de Fuego« (um 1946), und Diplomat. Als Lyriker stand U. im Banne V. ↑Huidobros, suchte jedoch dessen poetische Theorie mit Existentialismus, Psychologie, Christentum und panamerik. Glauben zu verknüpfen, heimlich sogar den Meister in der Kühnheit der Metaphern zu übertreffen. Er hat außerdem literaturkritische Essays u. a. zum Werk von P. de ↑Rokha (1945) und ↑Pezoa Véliz (1951) geschrieben, in deren Poesie das vorhanden ist, was seiner eigenen fehlt: Obsessionen und Erschütterung.

Werke: Lyrik: *La siesta de los peces* (1938), *Morada de España en Ultramar* (1939), *Antología poética* (1943), *Transfiguración en los párpados de Sagitario* (1944), *Manifiesto del caballo de fuego y poesías* (1945), *Recabarren o el líder de sudor y oro* (1946), *Red en el génesis* (1946), *Zoo subjetivo* (1947), *Fábulas adolescentes y epitafios para el hombre de Indias* (1957), *Hay levadura en las columnas* (1960), *Doce poemas* (1967); Essays: *La órbita poética de Jorge Carrera Andrade* (1942), *Lubicz Milozs y su lucha con la eternidad* (1942), *Las influencias de Rabelais, Nietzsche y James Joyce en la poesía sudamericana* (1945), *Teoría del Creacionismo* (1957), *Texto vital de ›La Araucaria‹ de Ercilla* (1964), *Autopsia de la novela* (1967), Romane: *Jesús el desconocido* (1964, überarb. 1976), *Absalón no debe morir* (1966).

Valdés, Hernán
* 2.6.1937 in Santiago de Chile; lebt seit 1974 im Exil, zunächst in England und Spanien, danach in Berlin und Kassel. Unter dem Zeichen tiefer Erschütterung, geprägt von der erlebten Bedrohung psychischer und physischer Auslöschung, stehen *Tejas verdes* (1974; dt. *Auch wenn es nur einer wäre*, 1976), das Tagebuch aus einem chil. Konzentrationslager, und der Roman *A partir del fin* (1981; dt. *Vom Ende an*, 1984). Im Spannungsfeld zwischen seinen subjektiven Nöten und dem Bestreben nach deren Transzendenz unterzieht Hache, ein bürgerlicher Intellektueller, die jüngste Geschichte Chiles (1970-1974) einer radikalen Analyse. Kriminalroman und mehrdeutige Allegorie eines unbestimmten Landes unter dem Joch einer Kolonialmacht ist der Roman *La historia subyacente* (dt. *Ansilania oder die Geschichte darunter*, 1986). Hache, der aus dem fiktiven Ansilania stammt

und in England im Exil lebt, ist entschlossen, die wahre Geschichte seines Landes aufzudecken – ein Vorhaben, das sich als undurchführbar erweist und ihn und andere zum Opfer eines Komplotts werden läßt. Das Volk hat die offizielle Geschichtsversion adaptiert und ist von ihr geprägt. Lüge ist konstitutiv für Wirklichkeit, historische Werke sind erfunden. Statt nationaler Identität herrscht politisch-kulturelles Vakuum. Der erzählte Stoff, vermittelt durch die dunkle Metaphorik, erzeugt eine Atmosphäre der Beklemmung. E. F.

Weitere Werke: Lyrik: *Salmos* (1954), *Apariciones y desapariciones* (1964); Romane: *Cuerpo creciente* (1966), *Zoom* (1971).
Literatur: K. W. Massey, *From Behind the Bars of Signifiers and Signifieds*. D, 2 (1977) 4, 87-92.

Wolff, Egon

* 1926 in Santiago de Chile. Chemiker. Von einem frühen Roman, *El ocaso* (1942), abgesehen, ist er vor allem als Dramatiker bekannt geworden und findet zunehmend auch im Ausland Beachtung. Hohes technisches Vermögen und Virtuosität im Umgang mit Sprache zeichnen seine Stücke aus. In ihnen sind sozialkritische Tendenzen und revolutionäre Aspekte präsent, wenn auch immer komplexe Individuen im Vordergrund stehen. In *Los invasores* (1963; dt. *Invasoren*, 1987) plagt den Industriellen Lucas Meyer im Traum sein schlechtes Gewissen: Tausende von »Asozialen« verschaffen sich gewaltsam Zugang zu seinem Domizil, besetzen seine Fabrik, fordern gerechte Verteilung seines Besitzes und Aufgabe seiner bürgerlichen Existenz. Er wacht schweißgebadet auf, sucht sich und seine Familie zu beruhigen – da dringt jemand durch das Fenster ein... E. F.

Weitere Werke (Auswahl): Theater: *Mansión de lechuzas* (1957), *Discípulos del miedo* (1958), *Parejas de trapo* (1959), *Niñamadre* (1960), *Esas 49 estrellas* (1962), *El signo de Caín* (1965), *Kindergarten* (1969), *Flores de papel* (1971?), *Espejismos* (1970), *José* (1978), *Alamos en la azotea* (1982), *El sobre azul* (1983), *Háblame de Laura* (198?).
Literatur: H. Vidal, *›Los invasores‹: E. W. y la responsabilidad social del artista católico*. HISP, 19 (1975), 1 (55), 87-97. – K. Pörtl, *Revolution und Untergang im lateinamerikanischen Gegenwartstheater: Boals Theater der Befreiung und W.s Theater der Angst*. IA, 3 (1979), 8, 23-43. – P. Bravo Elizondo, *La dramaturgia de E. W.* SCh 1985. – E. P. Mocega González/T. Bolet Rodríguez, *El concepto de la revolución social en dos dramas de E. W.* ETL, 14 (1985/86), 1, 3-13. – E. Thomas, *›Flores de papel‹ de E. W.: La sombra de la burguesía*. RCHL, 30 (1987), 55-73. – J. Eyring Bixler, *Language in/as Action in E. W.'s ›Háblame de Laura‹*. LATR, 23 (1989), 1, 49-62. – J. Boyd, *›Flores de papel‹ as Criticism: The Artist and the Tradition*. LATR, 23 (1990), 2, 7-13.

Zurita, Raúl

* 10.1.1951 in Santiago de Chile. Er studierte Mathematik und Ingenieurswissenschaften. Nach dem Putsch von 1973 war er einige Monate auf einem Gefängnisschiff inhaftiert. Er gehörte zu den Initiatoren der happeningartigen Kunstaktionen, mit denen ab 1979 die Repression des Pinochet-Regimes unterlaufen werden sollte. Er war Professor an der Universität von Kalifornien und ist seit 1989 chil. Kulturattaché in Italien, seit 1990 in Spanien.
Trotz eines noch relativ schmalen Werkes gilt Z. bereits als einer der großen Dichter Chiles. Seine ersten Gedichtbände *Purgatorio* (1979) und *Anteparaíso* (1982, 1991) lassen ein poetisches Projekt erahnen, das sich am Werk Dantes orientiert und zugleich die innovatorische Linie V. ↑Huidobros und N. ↑Parras fortsetzt. Der Dichter Z. ist allerdings nicht mehr Huidobros »kleiner Gott«, sondern ein gequältes und rebellisches Subjekt un-

definierten Geschlechts, das mit selbstzerstörerischen Handlungen – er verbrannte sich 1975 eine Wange, 1980 verätzte er sich mit Ammoniak seine Augen – kulturelles Schaffen unter den Bedingungen einer Diktatur symbolhaft demonstriert. »Und jetzt, wo er glattgeschoren und verbrannt, macht dir Zurita Kunst«, lautet das Programm von *Purgatorio*. Der Zerstörung des Mythos vom Dichter in seinen Werken entspricht auf sprachlicher und inhaltlicher Ebene der einzelnen Texte eine minutiöse Negation von normativen Prinzipien und Konventionen, sei es durch Parodie, Irrationalität, Monotonie, pseudosystematische Raster oder systematische Verzerrungen. Positivere Aspekte des Lebens deutet die Abteilung »Pastoral« von *Anteparaíso* an, in der kosmische Tragödie und gefährdete, aber notwendige Lebenslust als Realität erkennbar werden. In einer gigantomanischen Aktion wurden 1982 mit weißem Rauch von Flugzeugen aus die 15 Sätze seiner Dichtung *La vida nueva* in den blauen Himmel von New York geschrieben.

Weitere Werke: *Canto a su amor desaparecido* (1985), *El amor en Chile* (1987).

Literatur: J. M. Oviedo, *Z., un ›raro‹ en la poesía chilena.* HISPA, 13 (1984), 39, 103-108. – C. Orellana, *Conversación con R. Z.* ARAUCARIA, 36 (1986), 115-126. – H. Rivera, *Chile: Salir de las catacumbas. Diálogo con R. Z.* CDLA, 27 (1987), 160, 91-104. – O. Sánchez Aguilera, *Proyecto, censura y poesía en el ›Purgatorio‹ de R. Z.* CDLA, 28 (1987), 164, 25-40.

COSTA RICA

González Zeledón, Manuel	1864-1936
Gagini, Carlos	1865-1925
Lyra, Carmen	1888-1949
Fallas, Carlos Luis	1909-1966
Oreamuno, Yolanda	1916-1956
Cañas, Alberto	1917
Gutiérrez, Joaquín	1918
Dobles, Fabián	1918
Odio, Eunice	1922-1974
Pinto, Julieta	1922
Sánchez, José León	1928
Naranjo, Carmen	1931
Debravo, Jorge	1938-1967
Duncán, Quince	1940
Albán, Laureano	1942
Chase, Alfonso	1945

Albán, Laureano

*9.1.1942 in Santa Cruz de Turrialba/Cartago. Er war Mitglied, Gründer und Präsident verschiedener Schriftstellergruppen, Herausgeber der »Revista Letras Nuevas« und ist 1987 Botschafter seines Landes in Israel gewesen. Für seine Lyrik hat er verschiedene in- und ausländische Preise erhalten.

A. hat seit Beginn seiner schriftstellerischen Laufbahn, bereits um 1960, als Mitglied der »Poetas de Turrialba«, über Dichtung reflektiert. Besonders aufschlußreich ist das *Manifiesto trascendentalista* (1977), das er zusammen mit Julieta Dobles, Ronald Bonilla und Carlos Francisco Monge verfaßt hat. Trotz mancher Unklarheiten wird in dem Manifest eine aktuelle poetische Position definiert, die auch über Costa Rica hinaus Gültigkeit besitzt. Kernpunkt des neuen »Transzendentalismus«, der sich u.a. gegen den »Exteriorismus« von E. ↑Cardenal ausspricht, ist eine eher vital als rational in ihrer »Fülle« erfaßte Wirklichkeit. Soziale Problematik wird nicht ausgeklammert, sondern gehört zur Erfahrung des Dichters, die er in Hinsicht auf jene »Fülle« zu vermitteln hat. Politisches und soziales Engagement ist im Gesamtwerk A.s zu erkennen, wenn auch ohne didaktische oder propagandistische Attitüde und eher in der Nähe der Zwischentöne und Paradoxa C. ↑Vallejos als der Bilderfülle P. ↑Nerudas. Zunehmend tritt in A.s Werk die Geschichte des lateinam. Kontinents in den Vordergrund. *Geografía invisible de América* (1983) sind 20 »Gesänge«, die auf dem »Libro de Chilam Balam«, dem »Popol Vuh« oder altmex. Überlieferungen beruhen und den Ursprung der Dinge zu erfassen suchen. Die gleichen Quellen sowie die Chroniken der Entdeckung finden sich in dem Gedichtband *El viaje interminable* (1983), der auf A.s Reisen zwischen Amerika und Spanien in den Jahren 1978 bis 1981 zurückgeht. »Stein«, »Spiegel« und »Asche« sind die Elemente einer visionären »Morgendämmerung«. A. ist auch Herausgeber der umfangreichen Anthologie *Poesía contemporánea de Costa Rica* (1973).

Weitere Werke: Lyrik: *Poemas en cruz* (1961), *Este hombre* (1966), *Las voces* (1970), *Solamérica* (1972), *Chile de pie en la sangre* (1975), *Vocear la luz* (1977), *Aunque es de noche* (?), *Biografías de terror* (?); Essay: *Poesía contra poesía. Un bosquejo crítico de la poesía costarricense* (1970).
Literatur: R. Berroa, *L. A.: un poeta con duende.* RI, 49 (1983), 123/4, 577-588. – F. H. Fornoff/S. O. Mc Clintock, *La poética de ausencia en L. A.* RI, 53 (1987), 138/9, 331-351. – A. Amorós, *Una metafísica del mito originario: la poesía de L. A.* RI, 53 (1987), 138/9, 353-361. – J. M. Marcos, *La poesía de L. A.* HISP, 32 (1988), 94, 69-79.

Cañas, Alberto F.

*1917 in San José. Jurist, Diplomat und Staatsbeamter. Für verschiedene Zeitungen Costa Ricas schrieb er humoristische Beiträge. Hervorgetreten ist er als Erzähler, Romancier und als Theaterschriftsteller. U.d.T. *Aquí y ahora* (1965) faßte er drei Kurzromane zusammen, die die sozialen Veränderungen in San José behandeln. Es war der erste Versuch von Stadtliteratur in Costa Rica. *La soda y el F. C.* (1983) ist ein satirischer Kurzroman auf die politischen Verhältnisse in der Provinz. C.' Theaterstücke lassen in ihren Überlagerungen von Realität und Irrealität die Schule Pirandellos erkennen. *El luto robado* (1963) ironisiert am Beispiel einer nicht mehr jungfräulichen Braut todbringende gesellschaftliche Konventionen. Das auch verfilmte Theaterstück *La segua* (UA 1971, 1974) geht auf einen populären Mythos zurück. Handlungskern ist der Wahnsinn der schönen Encarnación, dem, nachdem sie in einen unheilbar geschlechtskranken Leutnant verliebt war, auch alle ihre Liebhaber zum Opfer fallen. *Oldemar y los coroneles* (1984) erzählt die Geschichte eines vom Militär angerichteten Massenmords.

Weitere Werke: Prosa: *Los 8 años* (1955), *La exterminación de los pobres y otros ›pienses‹* (1974), *Una casa en el barrio del Carmen* (1976); Theater: *En agosto hizo dos años* (1968), *Algo más que dos sueños* (UA 1967, 1969), *Tarantela* (1978), *Uvieta* (1980).

Chase, Alfonso

* 1945 in Cartago. Er hat Philosophie und Literatur studiert und ist Professor an der staatlichen Universität von San José. Sein literarisches Werk umfaßt Lyrik und Prosa. Er gilt als einer der bedeutendsten mittelam. Dichter. *Obra en marcha: poesía, 1965-1980* (1982) umfaßt fünf Gedichtbände, deren Entwicklung von einer an Rilke erinnernden Selbstbefragung (*Los reinos de mi mundo*, 1966) zur Liebeslyrik (*Cuerpos*, 1972) und danach zum politischen Engagement bzw. zur Deutung der nationalen Geschichte aus persönlicher Betroffenheit führt (*El árbol de la patria*, 1976; *Los pies sobre la tierra*, 1978). Eine breite Palette humoristischer Techniken, von der Satire bis zur ironischen oder absurden Verfremdung, kennzeichnet seine Erzählungen, von denen der Band *Mirar con inocencia* (1975) hervorzuheben ist. *El tigre luminoso* (1983) enthält Aphorismen und kürzere essayistische Texte über Poesie und Dichter. Besonders interessant sind die unverblümten Kritiken an einst rebellischen, nun aber verbürgerlichten costaric. Autoren. Zu seinen weiteren Werken gehört u.a. der Essay *Poesía contemporánea de Costa Rica* (1967) und der Roman *Las puertas de la noche* (1974).

Literatur: M. Picado G., *Elocuencia de tigre*. RI, 53 (1987), 138/9, 487-492.

Debravo, Jorge

* 1.1938 in Santa Cruz de Turrialba, † 1967 in San José bei einem Motorradunfall. Er wuchs in einer bäuerlichen Umgebung auf. Neben L. ↑Albán war er einer der leitenden Köpfe der um 1960 entstandenen Gruppe »Poetas de Turrialba«, deren Erneuerungsimpulse sich über den »Círculo de poetas costarricenses« fortsetzten. Sein Werk umfaßt mehrere Gedichtbände sowie verstreute Erzählungen. Als Dichter charakterisiert ihn der Einklang von vitalem Optimismus und humanitärem Mitleiden aus undogmatisch christlicher Haltung: »Wenn man betet | im Stehen und singend | sind Heiden die | die knien«. Immer wieder findet man bei ihm originelle, plakative, dennoch tiefgründige Aussagen. Man hat dafür die Formel gefunden, daß er durch Antithesen oder antithetische Metaphern Abstraktes zu materialisieren sucht. Das reifste Werk seines kurzen Lebens ist der Gedichtband *Los despiertos* (1972).

Weitere Werke: *Consejos para Cristo al comenzar el año y otras especies de poemas* (1960), *Devocionario del amor sexual* (1963), *Nosotros los hombres* (1966), *Canciones cotidianas* (1967), *Milagro abierto* (1969), *Vórtices* (1975).

Ausgabe: *Antología mayor*. Hg. J. Gutiérrez. San José 1974.

Literatur: Y. Calvo Fajardo, *Poesía en J. D.* San José 1980.

Dobles, Fabián

* 1.1918 in San Antonio de Belén/Atenas als Sohn eines Landarztes. Er studierte einige Jahre lang Jura in San José. Danach arbeitete er u.a. bei einer Sozialversicherung und als Dozent an der Soziologischen Fakultät der Universität. Er eröffnete verschiedene Handwerksbetriebe und ist auch als Journalist tätig gewesen.

D. hat Romane, Erzählungs- und Gedichtbände veröffentlicht. Als seine bedeutendste Leistung gelten die *Historias de Tata Mundo* (1955), Erzählungen vom »concho«, dem costaric. Kleinbauern der Meseta Central, in denen er in stilisierter Form den Dialekt des »concho« verwendet. D. schließt mit diesem Werk die Tradition des »Costumbrismo« ab, die mit den *Concherías* (1905) von Aquileo J. Echeverría (1866-1909) einsetzte. Protest gegen das Elend der Kleinbauern und Landarbeiter, das in keinem Werk des aktiven Sozialisten D. fehlt, erscheint hier eingebettet in gelegentlich groteske Situationen oder drückt sich aus im sarkastischen Kommentar jenes Tata Mundo, dessen Persönlichkeit indirekt aus dem Mosaik der von ihm vorgetragenen Geschichten entsteht. Sonstige Erzählungen D.' sind oft ätzend humoristische Satiren. Hervorzuheben ist der Band *Cuentos de F. D.* (1983). In mehreren Romanen hat D. ein breites soziales Panorama seines Landes entworfen. *Ese que llaman pueblo* (1942) verwebt in geschickter Weise eine Haupt- mit verschiedenen Nebenhandlungen. Die Zentralfigur ist ein junger Kleinbauer, dem die scheinbare Untreue der Braut und der Zinswucher schweren Kummer verursachen. *Aguas turbias* (1943) spielt im gleichen ländlichen Milieu. Der Protagonist findet sich zwar leicht mit den Flirts der Gutsverwaltertochter Ninfa ab, hat jedoch um so größere Probleme mit der Justiz – wegen Schwarzbrennerei – und seinen unerbittlichen Gläubigern. Der häufig wiederaufgelegte Roman *El sitio de las abras* (1950) schildert über mehrere Generationen die Veränderungen in der Agrarstruktur des Landes unter Einblendung historischer Persönlichkeiten. *Los leños vivientes* (1962) thematisiert die Arbeitskämpfe auf den Bananenplantagen um 1944. *En el San Juan hay tiburón* (1967) spielt an der Grenze zu Nicaragua. Im Mittelpunkt steht eine vom Unglück verfolgte Waffenschmuggelaktion für die Gegner des Somoza-Regimes. Den Naturalismus verließ D. einmal mit *Una burbuja en el limbo* (1946). Die zentrale Figur ist ein geisteskranker Bildhauer. Die Kritik hat dem Werk surrealistische Einflüsse zugesprochen.

Weitere Werke: Lyrik: *Tú, voz de sombra* (1945), *Verdad del agua y el viento* (1949), *Yerbamar* (1965); Erzählungen: *La rescoldera* (1947), *El maijú y otras historias de Tata Mundo* (1957), *El targuá* (1960), *El violín y la chatarra* (1965).

Literatur: C. Bogantes/U. Kuhlmann, *El surgimiento del realismo social en Centroamérica: 1930-1970*. RCLL, 9 (1983), 17, 39-64.

Duncan, Quinze

* 1940 in San José als Sohn schwarzer Einwanderer aus Jamaika. Er wuchs in Estrada an der Atlantik-Küste auf, studierte lateinam. Literaturgeschichte und ist Dozent an der Universidad Nacional.

In seinen Romanen und Erzählungen hat er vor allem die Problematik der schwarzen Bevölkerung Costa Ricas zum Ausdruck gebracht, nicht nur in ihren sozioökonomischen Aspekten – wie etwa C. L. ↑Fallas in *Mamita Yunai* –, sondern auch im Hinblick auf psychologische und kulturelle Konflikte. D.s erster Roman, *Los hombres curtidos* (1971), behandelt das Problem der kulturellen Identität zwischen den Polen eines von der Generation der Eltern und Großeltern nostalgisch erinnerten Jamaika und einer von Rassendiskriminierung geprägten aktuellen Situation. Der aktuellen Lage müssen sich die Jugendlichen stellen, die der Ich-Erzähler repräsentiert, der nach langjähriger Abwesenheit an seinen Geburtsort zurückkehrt, um die Geschichte seines Großvaters aufzuzeichnen. D. vertieft die Problematik von »dort« und »hier« in seinem bisherigen Hauptwerk *Los cuatro espejos* (1973). Der Erzähler sucht seine durch einen Vortrag über Minoritäten ausgelöste Identitätskrise durch die Rückkehr in die Dorfgemeinschaft seiner Jugend und ersten Ehe zu überwinden. Er stellt jedoch fest, daß seine wahre Lebensaufgabe darin besteht, seinen neuen gesellschaftlichen Platz an der Seite seiner zweiten, der weißen Oberschicht entstammenden Frau zu behaupten. Eine andere Thematik behandelt D. in dem kurzen Roman *Final de calle* (1979). Er rekonstruiert den Bürgerkrieg von 1948 auf der Grundlage von Erlebnissen mehrerer Personen unterschiedlicher Parteizugehörigkeit.

Weitere Werke: Roman: *La paz del pueblo* (1978); Erzählungen: *Una canción de madrugada* (1970), *Cuentos del hermano Araña* (1975), *La rebelión pocomía* (1976); Essays: *El negro en Costa Rica* (1972, zus. mit Carlos Meléndez), *El negro en la literatura costarricense* (1976).
Literatur: L.E. Davis, *The World of the West Indian Black in Central America: The Recent Works of Q. D.* In: L. William (Hg.), *Voices from Under: Black Narrative in Latin America and the Caribbean.* Westport, Ct. 1984, 149-162 – E. Salas Zamora, *La identidad cultural del negro en las novelas de Q. D. Aspectos temáticos y técnicos.* RI, 53 (1987), 138/9, 377-390. – D. L. Martin-Ogunsola, *Invisibility, Double Consciousness and the Crisis of Identity in ›Los cuatro espejos‹.* AHR, 6 (1987), 2, 9-15.

Fallas, Carlos Luis
* 1.1909 in Alajuela, † 7.5.1966 in San José. Als Sohn armer Bauern begann er eine Schusterlehre, war mit 16 Lastträger in Puerto Limón und arbeitete dann auf den Bananenplantagen der United Fruit Company an der Atlantikküste. Mit 22 trat er der Arbeiterbewegung bei. 1934 war er einer der Hauptorganisatoren des Bananenarbeiterstreiks. Er kam ins Gefängnis und erzwang durch einen Hungerstreik seine Entlassung. 1944 wurde er Kongreßabgeordneter des sozialistischen Partido Vanguardia Popular. Im Bürgerkrieg von 1948 führte er die schlecht bewaffneten Arbeiterkampfgruppen der Regierung. Der Sieg des rechtsgerichteten O. Ulale brachte ihn erneut ins Gefängnis.

F., der sich nie als professioneller Schriftsteller verstand, ist der international bekannteste Autor seines Landes. Sein erstes und – auch dank eines Vorworts (1949) von Pablo ↑Neruda – meistgelesenes Buch ist der Roman *Mamita Yunai* (1941; dt. *Die grüne Hölle*, 1954). Er entstand aus einer Artikelserie, die F. für die kommunistische Zeitung »Trabajo« schrieb. Ausgangspunkt für die Rahmenhandlung ist eine Wahlfarce in dem hauptsächlich von Indios bewohnten Gebiet von Talamanca. Die Erinnerungen des Ich-Erzählers führen in die Zeit von 1934 zurück und verdeutlichen die Ausbeutungspraktiken und politischen Machenschaften von »Mamita Yunai«, »Mütterchen United«, wie die Einheimischen die berüchtigte Company nennen. Der Roman vermittelt dem Leser durch eine Vielzahl von Fakten und Eindrücken eine kompakte Realität. *Gentes y gentecillas* (1947), der nächste, von manchen Kritikern über *Mamita Yunai* gestellte Roman, schildert ebenfalls in einer Fülle von Szenen, Anekdoten und Beschreibungen die Zustände auf einer Kaffeefarm in der Nähe von Turrialba in den 20er Jahren. In *Marcos Ramírez. Aventuras de un muchacho* (1952; dt. *Marcos Ramírez*, 1955) und der längeren Erzählung *Mi madrina* (1950) geht F. noch weiter in die Vergangenheit zurück und stellt die Erfahrungen der eigenen Kindheit und Familiengeschichte dar.

Weitere Werke: *Tres cuentos* (1967).
Ausgabe: *Narrativa de C. L. F.* San José 1984, 2 Bde.
Literatur: R. Solera, *C. L. F.: El novelista de su propia vida.* H, 53 (1970), 3, 403-410. –

V. M. Arroyo Soto, *C. L. F.* San José 1973. – M. Aguilar, *C. L. F.: su época y sus luchas.* San José 1983. – M. Picado, *C. L. F.: visión de conjunto.* RI, 53 (1987), 138/9, 219-231.

Gagini, Carlos

* 15.5. 1865 in San José, † 4.1925 ebd. Er war Lehrer und Bibliothekar, lebte mehrere Jahre in Spanien, Frankreich und El Salvador. Im Besitz einer umfassenden Bildung hat er mit seinem umfangreichen Werk als Dichter, Romancier, Dramaturg und Sprachforscher wesentlich zur Herausbildung der Literatur Costa Ricas beigetragen. Das von ihm selbst als »Romanskizze« bezeichnete Werk *El árbol enfermo* (1918, [3]1930) gilt als erster regionalistischer und anti-imperialistischer Roman in Costa Rica.

Weitere Werke: Lyrik: *Vagamunderías* (1925); Romane: *A París* (1909), *La caída del águila* (1920), *La sirena* (1920), *El erizo* (1922); Erzählungen: *Chamarasca* (1895), *Cuentos grises* (1918), *Cuentos* (1918); Theater: *Teatro.* Hg. F. Marín Cañas. San José 1963. Untersuchungen: *Diccionario de barbarismos y provincialismos de Costa Rica* (1892), *Diccionario de costarriqueñismos* (1919).
Literatur: M. E. Acuña M., *C. G. y el romanticismo en Costa Rica.* RI, 53 (1987), 138/9, 121-137.

González Zeledón, Manuel

* 24.12.1864 in San José, † 29.5.1936 ebd. Pseudonym: Magón. Er bekleidete verschiedene öffentliche und diplomatische Ämter, letztere ab 1902 fast 30 Jahre lang in den USA. Er gilt als der wichtigste kostumbristische Schriftsteller von Costa Rica. Seine prägnanten und farbigen Sittenbilder erschienen in verschiedenen costaric. Zeitungen. Der Kurzroman *La propia. Escenas de la vida costarricense* (1910, erw. 1920) fand auch über die Landesgrenzen hinaus Anerkennung. Der (Anti-)Held »ñor« Julián, ein älterer Plantagenbesitzer, geachtetes Gemeinderats- und Kirchenmitglied, verläßt wegen einer jungen, kapriziösen Kaffeepflückerin seine Familie. Als er ruiniert ist, flieht sie mit einem Liebhaber. Julián tötet ihn und kommt deswegen ins Gefängnis, wo ihn seine alte Lebensgefährtin, »die Eigene«, aufsucht. Am Ende steht die familiäre Katastrophe: Die Tochter ist Prostituierte geworden, der Sohn am Gelbfieber erkrankt und die Güter sind verpfändet. Das Werk steht in der Tradition des Naturalismus und wirkt lebendig vor allem wegen seiner plastischen, umgangssprachlich gefärbten Darstellung und auch wegen der ideologischen Verteidigung der Gesellschaftsstruktur Costa Ricas um die Jahrhundertwende.

Weitere Werke: *Oda a Costa Rica* (1929).
Ausgabe: *Cuentos.* Hg. J. M. Arce. San José 1947. (Neuaufl. 1968).
Literatur: J. M. Arce, *M. G. Z.: vida y obra.* New York 1948. – V. Sandoval de Fonseca, *M. G. Z.* San José 1974. – L. Niray Bernal Cepeda, *Tomás Carrasquilla y M. G. Z.* RI, 53 (1987), 138/9, 41-58. – R. Pérez Miguel, *Mito y realidad en ›La propia‹ de M. G. Z.* RI, 53 (1987), 138/9, 139-158.

Gutiérrez, Joaquín

* 30.3.1918 in San José. Er nahm als Jugendlicher an internationalen Schachmeisterschaften teil und übte später die verschiedensten Tätigkeiten aus, u. a. Straßenbauarbeiter und Kellermeister. Seit den 40er Jahren lebte er in Chile. Zusammen mit P. ↑Neruda gründete er dort die Zeitung »El Siglo«. Während der Präsidentschaft Allendes leitete er den Verlag »Quimantú«. Außerdem war er Kriegskorrespondent in Vietnam und übersetzte Shakespeare. Seine Freunde nannten ihn »das eiserne Pferd«. Nach 1973 kehrte er nach Costa Rica zurück.
Seine schriftstellerische Laufbahn begann G. als Lyriker. Bekannt wurde er durch die Romane *Manglar* (1946)

und *Puerto Limón* (1950; dt. *Die Glut und ihr Schatten*, 1963). Aktiver Sozialist wie C. ↑Fallas und der gleichaltrige F. ↑Dobles, suchte er jedoch ambitiöser nach neuen Formen der Gestaltung. *Manglar*, inzwischen ein Klassiker, ist der Bildungsroman einer Frau. Sie entflieht dem Milieu ihrer Familie und übernimmt eine Anstellung als Dorfschullehrerin. Bedrängt von Männern, der neuen Umgebung und ihren Instinkten ergreift sie wieder die Flucht. In San José wird sie in politische Auseinandersetzungen verwickelt und verstrickt sich in eine Liebesaffäre mit einem Genossen, die letzthin die Befreiung von ihren Ängsten und unbewältigten Familienproblemen bewirkt. Als selbstsichere Persönlichkeit kehrt sie an ihre Schule zurück. *Puerto Limón* behandelt in einem reichen Mosaik detaillierter Beobachtungen das kollektive Drama der Ausbeutung im Machtbereich der United Fruit Company. Die eigentliche Handlung entfaltet sich um den jungen, schwächlichen Silvano, der als Waise im Haus seines Onkels, eines der reichsten Bananenproduzenten, aufgenommen wird und soziales Unrecht miterlebt. Mittelamerika bleibt noch beherrschendes Thema in dem autobiographischen Reisebericht *La hoja de aire* (1968) und dem Roman *Murámonos Federico* (1973). Chile zur Zeit der Diktatur von González Videla um 1950, als sich Neruda im Untergrund befand und dessen *Canto general* gedruckt wurde, ist Schauplatz und inhaltlicher Hintergrund von *¿Te acordás hermano?* (1978; Preis der kub. Casa de las Américas). Der sowohl bei der Personengestaltung als auch der Handlungsführung mehrschichtig angelegte Roman stellt die Situation linker Intellektueller in einem breiten Spannungsfeld von Boheme und Partei, ergebnislosen Diskussionen und Heroismus, emotionalem Chaos und politischer Arbeit dar. Zu G.' weiteren Werken gehört das in mehrere Sprachen übersetzte Kinderbuch *Cocorí* (1947; dt. *Cocori*, 1956).

Weitere Werke: Lyrik: *Poesía* (1937), *Jicaral* (1938); Berichte: *Del Mapocho al Vístula* (1951), *La URSS tal cual* (1967).

Literatur: M. Pérez Yglesias, ›*Cócori es mi hijo menor*‹: *La expresividad del narrador en la novela infantil de J. G. Mangel.* KAÑINA, 7 (1983), 2, 9-18. – S. M. Mora, *J. G. y la culminación de la novela costarricense.* RI, 53 (1987), 138/139, 245-263. – S. Menton, *Las dos ediciones de ›Puerto Limón‹.* RI, 53 (1987), 138/9, 233-244.

Lyra, Carmen

* 1888 in San José, † 14.3.1949 in Mexiko Stadt. Eigtl. María Isabel Carvajal. Um ihre Pädagogik-Studien zu vervollständigen, kam sie 1921 mit einem Stipendium nach Europa. Danach war sie im Erziehungswesen ihres Landes tätig, organisierte den ersten Kindergarten, hatte einen Lehrstuhl für Kinderliteratur inne und war neben Joaquín García Monge maßgeblich an der Gründung der »Universidad Obrera« beteiligt. Zunächst eher dem Anarchismus zugeneigt, trat sie 1931 der Kommunistischen Partei bei und schrieb für deren Zeitung »Trabajo«. Die letzten Jahre ihres Lebens verbrachte sie im mex. Exil.

Ihr literarisches Werk umfaßt vor allem Erzählungen, von denen die meisten in Zeitschriften verstreut erschienen sind. *Las fantasías de Silvestre* (1917) ist eine Sammlung von teils fantastischen, manchmal melancholischen, noch vom Modernismus beeinflußten Kurztexten. Der vagabundierende Juan Silvestre bleibt auch in weiteren Erzählungen erhalten, verlagert jedoch den Schwerpunkt seiner Beobachtungen auf die sozialen Mißstände. Kritisch ist auch der Unterton von *Los cuentos de mi tía Panchita* (1920). Es ist eine Sammlung von europäischen und einheimischen Märchen – letztere vom schlauen Tío Conejo –, die von einer Tante Panchita in farbiger, mit mundartlichen Ausdrücken gewürzter Weise erzählt werden. Die Sammlung *Bananos y hombres* (1931) behandelt erstmals in Costa Rica die soziale Problematik der Bananenerzeuger. L.s einziger Roman *En una silla de ruedas* (1918) schildert die Lebensgeschichte eines gelähmten Jungen, in der sich der Niedergang einer einst wohlhabenden Familie spiegelt. In dem Werk deuten sich bereits Züge des modernen Romans an.

Ausgabe: *Relatos escogidos*. Hg. A. Chase. San José 1977.

Naranjo, Carmen

* 1931 in Cartago. Sie studierte Literatur in San José und als Stipendiatin in Iowa (USA). Als erste Frau in Costa Rica hatte sie höhere Verwaltungsämter inne, u. a bei der staatlichen Sozialversicherung. 1972 war sie Botschafterin ihres Landes in Israel, 1974-76 Kulturministerin, ab 1982 Direktorin des costaric. Kunstmuseums, 1987 Leiterin des dortigen Universitätsverlages EDUCA.

N.s Debüt ist der Gedichtband *América* (1961). Obwohl sich dann der Schwerpunkt ihres Schaffens auf die Prosa verlagert, hat sie weiterhin Lyrik publiziert, mit der – nach ihren Worten – »einzigen Richtlinie, Farben zu leben in einer grauen Welt, die grau macht«. Eins ihrer Hauptwerke ist die fünfteilige Dichtung *Mi guerrilla* (1977, mit Anmerkungen von J. ↑Coronel Urtecho), in der kleinbürgerliche Anpassung und Rückzug auf das Private – »lochhafte Architektur« – dem Heroismus von Ho Chi Minh, Che ↑Guevara, Mao und Fidel Castro selbstkritisch gegenübergestellt werden. N.s narratives Werk ist eine der bedeutendsten Leistungen in ganz Mittelamerika. Ihr erster veröffentlichter Roman *Los perros no ladraron* (1966) erhielt den Nationalpreis. Nur durch Dialoge vermittelt, umfaßt die Gegenwartshandlung den Tagesablauf eines anonymen Bürokraten. Direkt und indirekt werden ineffiziente Routine und amoralischer Konformismus kritisiert. *Camino al mediodía* (1968) ist die Lebensgeschichte eines Mannes, der über sich selbst – als Toten, wie sich herausstellt –, über seinen beruflichen Aufstieg, ethischen Substanzverlust und seine Fluchtversuche reflektiert. Ist der Protagonist hier ein Angehöriger der gehobenen Mittelschicht, wird in *Memorias de un hombre palabra* (1978) die Biographie eines Mannes aus der unteren Mittelschicht rekonstruiert, der nach manchen kurzfristigen Erfolgen und Gaunereien schließlich zum Bettler wird. In *Responso por el niño Juan Manuel* (1971) werden die Lebensgeschichten und Persönlichkeiten von vier Freunden, die eine Totenwache zusammenführt, komplex miteinander verflochten. *Diario de una multitud* (1974), N.s formal ambitiösester Roman, kritisiert scharf und umfassend das gegenwärtige Costa Rica. Der Roman setzt sich aus unterschiedlichen Materialien unterschiedlicher Perspektive zusammen. Im ersten Teil, »Hilos«, werden 87 Fragmente unverbundener Situationen erzählt. In »Claves« werden auf metaphorischer Ebene Indizien zur Interpretation des 1. Teils geliefert. Der letzte Teil, »Tejidos«, beginnt mit der Schilderung einer Demonstration von linken Jugendlichen, die in einem tumultuösen Volksaufstand mündet. *Sobrepunto* (1985) ist die hauptsächlich aus der Perspektive eines Mannes dargestellte Lebensgeschichte einer ehrgeizigen Frau. Eine ausgewogene feministische Position nimmt N. in dem Essayband *Mujer y cultura* (1989) ein. Zu N.s sonstigen Werken gehören weitere Essays, Theaterstücke und mehrere Erzählungsbände, deren inhaltliche Palette von der Erotik – so die teils fantastischen

Erzählungen von *Ondina* (1983) – bis zur Politikersatire reicht. Autobiographische Zeugnisse enthält *Estancias y días* (1985), die zusammen mit Graciela Moreno verfaßte Darstellung einer Freundschaft zwischen Frauen.

Weitere Werke: Lyrik: *Canción de la ternura* (1964), *Hacia tu isla* (1966?), *Misa a oscuras* (1967), *Idioma del invierno* (1971), *Homenaje a don Nadie* (1981); Erzählungen: *Hoy es un largo día* (1974), *Nunca hubo alguna vez* (1984) *Otro rumbo para la rumba* (1989); Essays: *Por Israel y por las páginas de la Biblia* (1976); Theater: *Manuela siempre* (1984).
Literatur: A. Miranda Hevia, *Novela, discurso y sociedad (›Diario de una multitud‹)*. San José 1985. – E. Picón Garfield, *La luminosa ceguera de sus días: los cuentos ›humanos‹ de C. N.* RI, 53 (1987), 138/9, 287-301. – L. I. Martínez S., *C. N. y la narrativa femenina en Costa Rica*. San José 1987 (mit Bibliographie).

Odio, Eunice
* 10.1922 in San José, † 5.1974 in Mexiko Stadt. Sie wurde mit 14 Jahren verheiratet, mit 16 verließ sie ihren Mann und einige Jahre darauf auch für immer ihr Land. Sie lebte zur Zeit der demokratischen Regierung Arévalos in Guatemala, dann in Mexiko. Sie starb einsam, ihre Leiche fand man erst mehrere Tage nach ihrem Tod. Ihr erstes Buch, der preisgekrönte Gedichtband *Los elementos terrestres* (1947) zeigt ein für die Zeit ungewöhnliches weibliches Selbstbewußtsein. Die Sprecherin der Gedichte ist aktiv und übernimmt die Initiative. Der Mann, »der Kamerad«, »mein Gast«, wird zum »Brunnen, wo mein Mund| maßlos gleitet| wie ein Sturzbach«. Ihr Hauptwerk ist die fast 450 S. starke Dichtung *El tránsito de fuego* (1957). Philosophie, Geschichte, Religion, Mythen usw. verschmelzen zu einer Einheit, deren sprachliche Tönung, die durch die Namensgebung der Figuren unterstrichen wird, an griechische Tragödien erinnert. Das Thema, das die vierteilige, teilweise dialogisierte Dichtung übergreift, ist die Vorstellung vom Dichter als Spender des Lebens und der Dinge in Opposition zu den Kräften der Zerstörung.

Ausgaben: *Territorio del alba y otros poemas*. San José 1974. – *Antología. Rescate de un gran poeta*. Hg. J. Liscano. Caracas 1975. – *La obra en prosa de E. O.* Hg. R. Vallbona. San José 1981.
Literatur: R. Vallbona, *E. O. Rescate de un poeta*. RIB, 31 (1981), 2, 199-214. – L. Albán, *E. O.: una mujer contra las máscaras*. RI, 57 (1987), 138/9, 325-330.

Oreamuno, Yolanda
* 8.4.1916 in San José, † 8.7.1956 in Mexiko Stadt. In San José besuchte sie das Colegio Superior de Señoritas und arbeitete dann als Sekretärin bei der chil. Botschaft. Sie heiratete 1936. Kurz nach der Hochzeit beging ihr erster Mann Selbstmord, von dem zweiten ließ sie sich 1945 scheiden. Sie ging anschließend nach Guatemala, dann nach Mexiko. Ähnlich wie ihre Freundin Eunice ↑Odio starb sie einsam und in Armut.
O. veröffentlichte vereinzelte Erzählungen, kürzere literaturkritische Essays (zumeist in der costaric. Zeitschrift »Repertorio Americano«) und den 1948 mit einem Preis ausgezeichneten Roman *La ruta de su evasión* (1949). Drei weitere Romane von ihr, darunter der autobiographische *Tierra firme*, blieben bislang unveröffentlicht. *La ruta de su evasión* gilt als erster »psychologischer« Roman in Costa Rica. O.s erkennbares und von ihr deklariertes Vorbild ist M. Proust. Streckenweise in der Form des inneren Monologs und der erlebten Rede, gelegentlich auch in einer lyrisch metaphorischen Überhöhung wird das Schicksal von zwei Frauen dargestellt. Die im Sterben liegende Teresa erinnert sich an entscheidende Momente ihres Le-

bens neben einem despotischen Ehemann und als Mutter von drei charakterlich sehr unterschiedlichen Söhnen, Roberto, Gabriel und Alvaro. Die Gegenwartshandlung umfaßt Momente aus dem Leben dieser Söhne und der schwärmerischen Teresa, die den neurotischen Gabriel liebt, der schließlich Selbstmord begeht, eine der »Evasionen«, die sich bei den anderen Gestalten in Form von Alkoholismus, zwanghafter Disziplin, übermäßiger Masturbation, Libertinage oder als Lebenslüge äußern. Mehr noch als der Roman werden von manchen Kritikern O.s Erzählungen hervorgehoben, in denen ein tragisches Lebensgefühl in beklemmend wirkungsvollen Stimmungsbildern zum Ausdruck kommt. In ihren Artikeln hat sich O. für eine Literatur stark gemacht, die auf »tropische Mythen« oder »Folklore«, wie sie damals verstanden wurde, verzichten und sich »transzendenten gesellschaftlichen Problemen« zuwenden sollte.

Ausgaben: *A lo largo del corto camino*. Pról. L. Ramos. San José 1961. – *Relatos escogidos*. Hg. A. Chase. San José 1977.
Literatur: V. Urbano, *Una escritora costarricense: Y. O.* Madrid 1968. – R. de Vallbona, *Y. O.: El estigma del escritor*. CH, 90 (1972), 270, 474-500. – R. de Vallbona, ›*La ruta de su evasión*‹, *de Y. O.: escritura proustiana suplementada*. RI, 53 (1987), 138/9, 193-217.

Pinto, Julieta
* 1922 in San José. Sie stammt aus einer Großgrundbesitzerfamilie, studierte Literaturwissenschaft in Frankreich und leitete die Abteilung für Literatur und Sprache an der staatlichen Universität von Heredia. Sie ist Autorin von Romanen und Erzählungen, die über Costa Rica hinaus einen großen Leserkreis gefunden haben. Soziales Engagement, im besonderen Verständnis für die Situation der armen Landbevölkerung, kommt u.a. in ihrem Erzählungsband *Los marginados* (1970) zum Ausdruck. Ihr erster Roman *La estación que sigue al verano* (1969) behandelt am Beispiel von zwei gescheiterten Ehen das Fehlen von Solidarität bereits im privaten Bereich. *El sermón de lo cotidiano* (1977) entwikkelt in zwei parallel verlaufenden Monologen die Vergangenheit und wachsende Selbsterkenntnis bei zwei zunächst völlig unterschiedlichen Personen, einer am Leben gescheiterten Frau und einem in seinem Beruf gescheiterten Priester. *El eco de los pasos* (1984) schildert die Geschehnisse der Revolution von 1948 und zeichnet ein äußerst positives Porträt des damals in Costa Rica inhaftierten nic. Revolutionärs Carlos Fonseca Amador.

Weitere Werke: Erzählungsbände: *Cuentos de la tierra* (1963), *Si se oyera el silencio* (1967), *A la vuelta de la esquina* (1975), *Abrir los ojos* (1982).

Sánchez, José León
* 1928 (1929?) in Cucaracho de Río Cuarto. Er wuchs in großem Elend auf. Nach der Flucht aus einer Erziehungsanstalt vagabundierte er jahrelang durch mehrere Länder Mittelamerikas und wurde 1944 wegen Waffenschmuggels in Honduras zur Zeit der Carías-Diktatur gefoltert und inhaftiert. Wieder in Costa Rica, verurteilte man ihn, kaum 20 Jahre alt, wegen Kirchenraubes und anderer Delikte zu 45 Jahren Zuchthaus. Mehrfache Fluchtversuche scheiterten. Im Zuchthaus von San Lucas begann seine schriftstellerische Karriere, als er 1963 mit der Erzählung *El poeta, el niño y el río* (1964) den Preis bei einem Autorenwettbewerb gewann, dem andere Preise folgten, darunter 1967 der Premio Nacional. Im selben Jahr wurde er aus der Haft entlassen. Am bekanntesten ist sein Roman *La isla de los hombres solos* (1963). Er beginnt mit der Schilderung der Jugendliebe des

Protagonisten zu einem Mädchen, das der Dorfpolizist kurzfristig zu seiner Geliebten macht und ihm dann überläßt. Die junge Frau ertrinkt mit ihrem Kind nach wenigen Monaten gemeinsamen Glücks, und man macht ihn für den Tod verantwortlich. Im Mittelpunkt des in Ich-Form berichteten Geschehens stehen die entsetzlichen Haftbedingen im Zuchthaus von San Lucas, die schließlich, nachdem eine Cholera-epidemie mehrere hundert Insassen hinweggerafft hatte, verbessert wurden. Die oft lyrisch verdichtete Sprache, gewissermaßen eine Flucht aus Qual und Erniedrigung, verleiht dem Werk literarische Qualität. Reportagen, u.a. auch aus Spanien, und kürzere literaturkritische Essays enthält der Band *De qué color es el mundo* (1977).

Weitere Werke: Romane: *Picahueso* (1971), *La colina del buey* (197?); Erzählungen: *La cattleya negra* (1967), *Cuando canta el caracol* (1967), *A la izquierda del sol* (1972).

DOMINIKANISCHE REPUBLIK

Galván, Manuel de Jesús	1834-1910
Pérez, José Joaquín	1845-1900
Ureña de Henríquez, Salomé	1850-1897
García Godoy, Federico	1857-1924
Deligne, Gastón Fernando	1861-1913
Fiallo, Fabio	1866-1942
Cestero, Tulio Manuel	1877-1955
Henríquez Ureña, Pedro	1884-1946
Moreno Jimenes, Domingo	1894
Hernández Franco, Tomás	1904-1952
Mieses Burgos, Franklin	1907-1976
Cabral, Manuel del	1907
Requena, Andrés Francisco	1908-1952
Bosch, Juan	1909
Incháustegui Cabral, Héctor	1912-1979
Marrero Aristy, Ramón	1913-1959
Mir, Pedro	1913
Cartagena Portalatín, Aída	1918
Gatón Arce, Freddy	1920
Rueda, Manuel	1921
Fernández Spencer, Antonio	1922
Villegas, Víctor	1924
Díaz Grullón, Virgilio	1924
Avilés Blonda, Máximo	1931-1988
Domínguez, Franklin	1931
Veloz Maggiolo, Marcio	1936
Castillo, Efraim	1940
Vergés, Pedro	1945
Alcántara Almánzar, José	1946

Alcántara Almánzar, José

*2.5.1946 in Santo Domingo. Studium der Soziologie. Seit 1969 Dozent, gegenwärtig am Instituto Tecnológico von Santo Domingo. Literaturkritiker. Er ist mit fünf Erzählbänden hervorgetreten: *Viaje al otro mundo* (1973), *Callejón sin salida* (1975), *Testimonios y profanaciones* (1978) und *Las máscaras de la seducción* (1983) und *La carne estremecida* (1989). Die nach dem Selbstzeugnis des Autors unter dem Einfluß J. ↑Cortázars verfaßten Erzählungen vermitteln einen tiefen Einblick in die durch soziale Ungerechtigkeit, Egoismen und Entfremdung geprägte Lebenswirklichkeit der städtischen Unter- und Mittelschicht: eine häßliche, unwirtliche Welt, der das an existentieller Angst verzweifelnde Individuum durch Lüge, Verstellung und Wahnsinn oder durch Flucht in die Maske einer selbstgeschaffenen Persönlichkeit zu entkommen sucht. Besonders gelungen erscheinen die Erzählungen dort, wo sich die Entfremdung von der Lebenswirklichkeit in der Struktur der Texte spiegelt; etwa dort, wo mehrere Erzählerstimmen gleichberechtigt nebeneinandertreten oder sich die Handlungs- und Zeitebenen, bisweilen typographisch gegeneinander abgesetzt, verdoppeln. F. G.

Weitere Werke: Essays: *Estudios de poesía dominicana* (1979), *Narrativa y sociedad en Hispanoamérica* (1984), *Los escritores dominicanos y la cultura* (1990).
Literatur: E. Barradas, *La seducción de las máscaras: J. A. A., Juan Bosch y la joven narrativa dominicana.* RI, 54 (1988), 142, 11-25.

Avilés Blonda, Máximo

*16.5.1931 in Santo Domingo, †1988 ebd. Studium von Literatur-, Theater- und Rechtswissenschaften; er war Schauspieler und Intendant, später Universitätsprofessor, 1962-66 und 1978-86 mit hohen Ämtern im Innen- bzw. Kulturministerium betraut.
A. B. ist neben V. ↑Villegas der bedeutendste Vertreter der sog. »Generation von 1948«, die den Dichter in seiner gesellschaftlichen Funktion, als Zeugen seiner Zeit begriff. Die Lyrik A. B.s offenbart eine mystische, von christlich-katholischen Elementen durchsetzte Vision der Welt. Konkrete Realitätsbezüge machen sie jedoch auch zur Chronik von dominik. Vergangenheit und Gegenwart (*Centro del mundo*, 1962; *Cantos a Helena*, 1970). Die Gesamtausgabe seiner ab 1948 verfaßten Gedichte erschien u. d. T. *Del comienzo a la mitad del camino de la vida* (1976). Eine engagiert politische Perspektive prägt auch sein Theater. Einige Werke stehen ideologisch wie formal dem Theater B. Brechts nahe (*La otra estrella en el cielo*, 1963; *Yo, Bertolt Brecht*, 1966; *Pirámide 179*, 1968; alle drei publiziert in *Teatro*, 1968). F. G.

Weitere Werke: Lyrik: *Los profetas* (1978), *Viacrucis* (1983); Theater: *Las manos vacías* (1959).

Bosch, Juan

*30.6.1909 in La Vega. Historiker und Soziologe. Er ging ins Exil, als sich die Trujillo-Diktatur etabliert hatte. 25 Jahre lebte er im Ausland. 1961, nach der Ermordung Trujillos, kehrte er zurück. Die von ihm gegründete Dominik. Revolutionäre Partei (PRD), die zwischen Konservativen und Kommunisten einen sozialliberalen Kurs verfolgte, errang 1962 bei den Präsidentschaftswahlen einen hohen Sieg. Der Entwurf einer fortschrittlichen Verfassung, Maßnahmen, die die Profite mehrerer US-Firmen schmälerten, ein Bodenreformgesetz und der Kampf gegen die Korruption in der Armee einten das Lager der Opposition und führten zum Militärputsch von 1963. B. wurde ins Exil abgeschoben, aus dem er erst zurückkehren konnte, nachdem die Bevölkerung durch die Intervention der USA in einen blutigen Bürgerkrieg gestürzt worden war. Bei den Wahlen von 1966 unterlag er dem von Oberschicht, Kirche und den USA gestützten J. Balaguer, dem ehemaligen Außenminister Trujillos, und mußte wieder für mehrere Jahre ins Exil. Noch einmal trat er bei den Präsidentschaftswahlen von 1990, jetzt als Leiter des linksliberalen PLD, gegen Balaguer an und unterlag erneut seinem 83 Jahre alten Rivalen.

B., der dem in den 30er Jahren entstandenen Dichterzirkel »La Cueva« von Santo Domingo angehörte, ist auf literarischem Gebiet als Erzähler, Romancier und Essayist hervorgetreten. Der größte Teil seiner Erzählungen behandelt soziale, aber auch individuelle Konflikte der Bauern, Arbeiter und Fischer der Antillen. Gelegentlich kleidet er soziale Kritik in die Form von Tierfabeln. Das symbolhafte Gewicht, das er den Beschreibungen von Landschaft oder Gegenständen mitzuteilen weiß, die ausgewogene Struktur und die sprachliche Dichte sind einige der Qualitäten, die ihm in der Gattung zu kontinentalem Renommee verholfen haben. Seine Essays sind biographischen, historischen und politischen Gehalts. In letzteren manifestiert sich seine Entwicklung vom bürgerlichen Liberalismus zum Verfechter einer nationalrevolutionären Tendenz, der frühere Rücksichten auf Kapital und USA fallen läßt. So prangert der Essay *El pentagonismo sustituto del imperialismo* (1967; dt. *Der Pentagonismus oder Die Ablösung des Imperialismus?*, 1969) die gewalttätige Außenpolitik der USA an. Unter »Pentagonismus« versteht B. das System der Ausbeutung des eigenen Landes auf dem Umweg über den Krieg in dritten Ländern: »Ein Auftrag für Bombenflugzeuge wirft in kürzester Zeit mehr ab als die Eroberung der reichsten Bergwerksgebiete«. Die Intervention in der Dominik. Republik und die Eskalation des Krieges in Vietnam sieht er als Testfälle für die künftigen Beziehungen zwischen den USA und Lateinamerika. Das Argument solcher Politik ist die Verteidigung der Demokratie gegen den Kommunismus. In bitterster Weise erfüllte sich B.s Voraussage: »Schon bald wird das Wort Demokratie ein Synonym für Mord, Raub, Brutalität und Verfolgung sein. Heute bereits gibt es in Lateinamerika Länder, wo diejenigen, die den Terror ausüben, sich selbst als Demokraten bezeichnen und als Kommunisten alle diejenigen, selbst die katholischen Priester, die ihre Brutalitäten verabscheuen.«

Weitere Werke (Auswahl): Erzählungen: *Camino real* (1933), *Indios* (1935), *Dos pesos de agua* (1941), *Ocho cuentos* (1947), *La muchacha de la Guaira* (1955; dt. *Das Mädchen aus La Guayra. Karibische Erzählungen*, 1990), *Cuentos escritos en el exilio y apuntes sobre el arte de escribir cuentos* (1962), *Cuentos escritos antes del exilio* (1974), *Cuentos* (1983); Romane: *La mañosa* (1936), *El oro y la paz* (1975); Essays: *Trujillo. Causas de una tiranía sin ejemplo* (1959), *Crisis de la democracia de América en la República Dominicana* (1964), *Bolívar y la guerra social* (1966), *De Cristóbal Colón a Fidel Castro. El Caribe, frontera imperial* (1970), *La guerra de la restauración* (1982).

Ausgabe: *Obras completas*. STDO 1989, 4 Bde.

Literatur: M. Fernández Olmos, *La cuentística de J. B. Un análisis crítico-cultural*. STDO 1982. – E. Barradas, *La seducción de las máscaras: José Alcántara Almánzar, J. B. y la joven narrativa dominicana*. RI, 54 (1988), 142, 11-25. – B. Rosario Candelier, *La narrativa de J. B.* STDO 1989. – M. A. Ossers Cabrera, *La expresividad en la cuentística de J. B. Análisis estilístico*. STDO 1989.

Cabral, Manuel del

* 7.3.1907 in Santiago de los Caballeros. Er hat viele Jahre als diplomatischer Vertreter seines Landes in verschiedenen Ländern Lateinamerikas und Europas gelebt, hauptsächlich aber in Buenos Aires, wo auch ein großer Teil seiner Werke erschienen ist.

C., den der Spanier Gerardo Diego einmal als den »ersten großen analphabetischen Dichter, den ich kenne«, definierte, ist zunächst mit *Doce poemas negros* (1935) und *Pilón. Cantos del terruño y otros poemas* (o. J., 1936?) hervorgetreten, deren avantgardistische Metaphern an die kub. *poesía negra* der 20er Jahre oder an den Ultraismus erinnern, sich aber nicht auf eine Formel bringen lassen. Zu seinen berühmtesten Büchern zählt *Compadre Mon* (1943), ein lyrisches Epos in 3 Teilen um die legendäre und symbolhafte Gestalt des »Gevatters Ramón«, der in seiner Weisheit, Männlichkeit und Gerechtigkeitsliebe sowie als Opfer der Klassenjustiz den Kreolen der Antillen verkörpert. Diese Thematik sozialer Anklage und Rebellion, die auch den Konflikt zwischen mechanisierter Zivilisation und menschlicher Freiheit einschließt, bleibt in allen weiteren Werken C.s erhalten. Daneben finden sich zahlreiche Liebesgedichte. In dem Band *14 mudos de amor* (1963) wird das Thema der Erotik, einschließlich der Masturbation, in einer großartigen und originellen Bildersprache behandelt, selbst wenn in antipoetischer Attitüde die Erfahrungen eines Flohs auf einem weiblichen Körper nachempfunden werden (»La pulga«). Die Antipoetik, als eine genußvoll ausgekostete neue Ästhetik, findet in den konzentrierten Gedichten von *Palabra* (1977) ihren Höhepunkt. C. ist außerdem Autor von verschiedenen Prosawerken. *Chinchina busca el tiempo* (1945) sind lyrische Skizzen über die Welterfahrung eines kleinen Mädchens. Zur Parabel oder Allegorie tendieren die zumeist sehr kurzen Erzählungen von *Los relámpagos lentos* (1966). Das didaktische Moment wird durch die Gewaltsamkeit der Szenen und Bilder aufgewogen. Romanhafte Allegorien oder allegorische Romane sind *El escupido* (1970) und *El presidente negro* (1973). Der letztere gestaltet, z. T. in der Form von fiktiven Reportagen, dramatischen Dialogen und ironischen Paraphrasen der Gedichte von Walt Whitman, die fantastische Hypothese eines schwarzen Präsidenten der USA, der die Lebenserfahrung eines schwarzen Dominikaners hat.

Weitere Werke (Auswahl): Lyrik: *8 gritos* (1937), *Biografía de un silencio* (1940), *Sangre mayor* (1945), *De este lado del mar* (1948), *Los huéspedes secretos* (1951, 1974), *Pedrada planetaria* (1958), *La isla ofendida* (1965), *Egloga del 2000* (1970), *Sexo no solitario* (1970); Prosa: *30 parábolas* (1956).

Ausgaben: *Poemas de amor y sexo.* (Antología) 1974. – *Obra poética completa.* STDO 1976.

Literatur: M. Ugarte, *C.: un poeta de América.* BA 1955. – L. Díaz Márquez, *Función mitopoética y contexto generacional en la lírica de Francisco Manrique Cabrero y M. d. C.* HO, 24 (1981), 48, 5-23. – B. Rosario Candelier, *Historia y mito en ›Compadre Mon‹.* RI, 54 (1988), 142, 229-256,

Cartagena Portalatín, Aída

* 8.6.1918 in Moca. Sie hat Kunstgeschichte in Santo Domingo und Paris studiert, ist Professorin und Direktorin des Museums für Anthropologie in Santo Domingo gewesen sowie Herausgeberin der bedeutenden Kulturzeitschrift »Brigadas Dominicanas« (1961-68) und mehrerer Buchreihen mit Werken einheimischer Autoren.

Die literarischen Anfänge C.P.s markiert die Zugehörigkeit zur Gruppe »La Poesía Sorprendida« (F. ↑Mieses Burgos). Die ersten drei Gedichtbände – *Vísperas del sueño* (1944), *Del sueño al mundo* (1945) und *Llámale verde* (1945) – erschienen als Beihefte zur gleichnamigen Zeitschrift. Ihre Gedichte sind Spiegel der eigenen seelischen Vorgänge, Sublimierung gelebter Erfahrung zu Traum und reiner Emotionalität. Der Verzicht auf Anekdotisches bewirkt eine Verdichtung des Gefühls, führt aber auch zum Hermetismus. Mit ihrem ersten Roman *Escalera para Electra* (1970, ²1975) wurden die Techniken der lateinam. »nueva novela« in die dominik. Literatur eingeführt. Die »romanhafte Biographie« oder »biographische Fiktion« erzählt eine authentische Geschichte, die sich in der Kindheit der Erzählerin im Heimatort Moca zugetragen hatte: die inzestuöse Beziehung einer gewissen Swain zu ihrem Vater, der Mord am Vater, verübt durch die Mutter, und der mörderische Kampf der beiden Frauen gegeneinander. Die Erinnerung an die einst tabuisierten, für die Erzählerin zur Obsession gewordenen Ereignisse versucht sie dadurch zu »bewältigen«, daß sie die Lebensgeschichte Swains, einer »kreolischen Elektra« – verwoben mit dem Drama von Euripides und Parallelen zwischen Griechenland und der Dominik. Republik – aufzeichnet. Die Verdichtung von Geschichte(n) zu Fiktion ist auch das Thema eines zweiten Romans *La tarde en que murió Estefanía* (1983). Am Totenbett der Titelheldin ruft sich der Bruder ihre Lebensgeschichte ins Gedächtnis mit dem Ziel, sie als Hommage an die inzestuös geliebte Schwester in einem Roman festzuhalten. Da er sich aber außerstande sieht, diese Aufgabe allein zu bewältigen, bittet er andere, die sie kannten, um Mithilfe. Entsprechend der Selbstbeschränkung des Ich-Erzählers wird aus mehreren Perspektiven erzählt. Die z. T. poetisch überhöhten Fragmente fügen sich zu einer Chronik der Trujillo-Ära und der ersten Jahre nach dem Tod des Diktators (1961) zusammen. F. G.

Weitere Werke: Lyrik: *Una mujer está sola* (1955), *Mi mundo el mar* (1956), *La voz desatada* (1962), *La tierra escrita. Elegías* (1967), *Yania tierra. Poema documento* (1981), *En la casa del tiempo* (1984); Erzählungen: *Tablero. Doce cuentos de lo popular a lo culto* (1978); Essay: *Culturas africanas. Rebeldes con causa* (1986).

Literatur: *La mujer en la literatura. Homenaje a A. C. P.* STDO: Ed. Universitaria (UASD) 1986.

Castillo, Efraim

* 30.10.1940 in Santo Domingo. Er ist in Werbung und Marketing sowie als Literatur-, Kunst- und Filmkritiker für mehrere Tageszeitungen tätig. Als Mitglied der »Generation von 1960« wurde C. zunächst stark durch den europ. Existentialismus geprägt. Dieser Einfluß zeigt sich in seinen vereinzelt publizierten Erzählungen ebenso wie in den dramatischen Dialogen und Einaktern des Bandes *Viaje al regreso* (1968). Mit dem Drama *La cosecha* (1984) wandte er sich sozialkritischen Themen zu, konkret der Lebenswirklichkeit des dominik. Kleinbauern, der von der fehlgeleiteten Agrarreform der 60er Jahre nur wenig profitierte und durch Abwanderung in die Hauptstadt oder in die USA sein Überleben zu sichern sucht. Die USA als Zuflucht ist das zentrale Thema von *Curriculum (El síndrome de la visa)* (1982), dem ersten Teil einer geplanten Romantrilogie. Das »Syndrom« des Protagonisten ist generatives Prinzip der Handlung: Im Bemühen um ein Visum zur Einreise in die USA sieht er sich gezwungen, einen Lebenslauf zu konstruieren, um sich gegenüber dem US-amerikanischen Konsulat von dem – begründeten – Verdacht reinzuwaschen, in der Vergangenheit an »subversiven« Aktionen teilgenommen zu haben. F. G.

Weitere Werke: Roman: *Inti Huamán o Eva again* (1984).

Cestero, Tulio Manuel
* 10.7.1877 in San Cristóbal, † 28.10.1955 in Santiago de Chile. Er war Diplomat, Journalist, Historiker und Literaturkritiker.
In seinen Gedichten (*El jardín de los sueños*, 1904, *Sangre de primavera*, 1908), Erzählungen (*La cuidad romántica*, 1911) und literaturkritischen Arbeiten (*Notas y escorzos*, 1898; *Rubén Darío*, 1916) zeigte sich C. als Anhänger des Modernismus. In den Romanen *Ciudad romántica*, *Sangre solar* (1911, in einem Band) und *La sangre. Una vida bajo la tiranía* (1914), die heute als seine bedeutendsten literarischen Leistungen gewürdigt werden, dominieren hingegen bei aller Preziosität in der Wortwahl die realistischen Elemente, die auf den bodenständigen Criollismus vorausweisen. *La sangre*, der gelungenste der drei Romane, spiegelt auf zwei narrativen Ebenen zwei Momente der dominik. Geschichte: in der Erinnerung des Protagonisten, eines politisch engagierten Lehrers und Journalisten, die Schreckensherrschaft des Präsidenten Ulises Heureaux, in der Gegenwart des sich Erinnernden die politischen Unruhen unmittelbar nach der Ermordung des Diktators 1899. F. G.

Weitere Werke: Theater: *Citerea* (1907); Essays: *Los Estados Unidos y las Antillas* (1931), *Colón* (1933).

Deligne, Gastón Fernando
* 23.10.1861 in Santo Domingo, † 18.1.1913 in San Pedro de Macorís. Journalist. Er erkrankte an Lepra, lebte infolgedessen zurückgezogen in der Provinz und starb durch Selbstmord.
Die Essenz seines poetischen Werkes enthält der Band *Galaripsos* (1908). Ihn charakterisieren metrische Innovationsfreudigkeit ebenso wie thematische Vielfalt. Neben politisch-patriotischen Gedichten wie »Ololoi«, einem emphatischen Aufruf zum Kampf gegen Tyrannen wie Ulises Heureaux (1882-84; 1889-99), waren es vor allem die psychologisch-analytischen Kompositionen, die D.s Ruhm begründeten: einfühlsame Momentaufnahmen der Gefühlslage einzelner Personen – insbesondere von Frauen – in Grenzsituationen einer konfliktreichen Existenz (»Confidencias de Cristina«, »Angustias«). Wenn auch seine Lyrik modernistische Züge trägt, so hat sich D. doch scharf von dieser »neuen Kunst« abgesetzt und ihre exotistischen Tendenzen in den satirischen Quartetten »Ars nova scribendi« (in *Galaripsos*) kritisiert. F. G.

Weitere Werke: Lyrik: *Soledad* (1887), *Romances de la Hispaniola* (1931), *Páginas olvidadas* (1944, enthält auch Prosa).

Díaz Grullón, Virgilio
* 1.5.1924 in Santiago de los Caballeros. Rechtsanwalt. Obwohl von ihm nur drei Erzählbände vorliegen – *Un día cualquiera* (1958), *Crónicas de Altocerro* (1966) und *Más allá del espejo* (1975) – gilt er neben J. ↑Bosch als der bedeutendste dominik. Autor von Kurzprosa. Sein zentrales Thema ist die existentielle Not des Menschen in einem nicht konkreter gekennzeichneten städtischen Umfeld. Der Ausbruch aus der als unerträglich empfundenen Lebenswirklichkeit gelingt durch Überschreiten der in der sichtbaren Welt gesetzten Grenzen zwischen »Realität« und »Irrealität«. Die von D. G. durchgängig verwandten Motive erinnern an Poe, Kafka und J. L. ↑Borges: der Spiegel als Tor zu einer transzendenten, zur »eigentlichen« Wirklichkeit (häufig auch gleichgesetzt mit dem Leben nach dem Tod), das Doppelgängermotiv, Metamorphosen, Umkehr gewohnheitsmäßig wahrgenommener zeitlicher Abläufe. Die in den Erzählungen ausgesparte dominik. Realität und Geschichte stehen in einem signifikanten Ausschnitt im Mit-

telpunkt des einzigen von D. G. publizierten Romans *Los algarrobos también sueñan* (1977). Der Titel, »Auch die Johannesbrotbäume träumen«, verweist auf die gleichermaßen geschaffene Atmosphäre von Traum und Fantastik. Der Roman ist auf zwei Zeitebenen kunstvoll konstruiert. Während der Protagonist, ein Guerillero, in seinem Versteck auf einem Johannisbrotbaum von der Kugel eines Soldaten tödlich getroffen, wie in einer Zeitlupenaufnahme festgehalten, von Ast zu Ast zu Boden fällt, ziehen in seinem durch die Nähe des Todes geschärften Bewußtsein in Rückblenden Stationen seines Lebens vorüber, in denen er die Wurzeln seiner Identität und Geschichte wiederfand. F. G.

Gesamtausgabe: *De niños, hombres y fantasmas* (1981).

Domínguez, Franklin

* 5.6.1931 in Santiago de los Caballeros. Er hat Jura, Philosophie und Dramaturgie studiert, ist Schauspieler und Regisseur gewesen, 1984-87 Leiter des Teatro de Bellas Artes in Santo Domingo.

Seit den 50er Jahren ist D. der in der Dominik. Republik meistgespielte Theaterautor; mehrere seiner Stücke wurden in andere Sprachen übersetzt, einige auch im Ausland aufgeführt. Seine Produktion umfaßt etwa 60 Stücke, vom Marionettentheater über die Farce und den dramatischen Monolog bis hin zum streng durchstrukturierten Drama. Thematische Schwerpunkte sind metaphysische Fragestellungen der individuellen und familiären Existenz – *Un amigo desconocido nos aguarda* (1958), *El último instante* (UA 1967, 1958), *La espera* (UA 1964, 1959), *Omar y los demás* (UA 1983, o.J.) – und die komisch-groteske Satire gesellschaftlicher und politischer Mißstände – *La broma del senador* (1958), *Se busca un hombre honesto* (UA 1964, 1965), *Campaña electoral* (1965), *Se busca un hombre deshonesto* (1981), *Lisístrata odia la política* (UA 1976?, 1981). Innovatorische Impulse des europäischen, US- und lateinam. Theaters blieben im wesentlichen unberücksichtigt; allenfalls O'Neill und Pirandello haben Einfluß ausgeübt. Von der Kritik wird D. daher bisweilen vorgeworfen, er habe sich in traditionellen Gattungsmustern erschöpft und zugunsten des angestrebten – und erreichten – kommerziellen Erfolgs auf ästhetische »Experimente« verzichtet. Überdies habe er sich, insbesondere in neuerer Zeit, auf die Produktion leicht konsumierbarer Komödien verlegt, etwa mit *Mi tía la jamona* (1982) und *Qué buena es mi suegra* (1983). D. hat jedoch auch weiterhin historische und politische Fragestellungen auf die Bühne gebracht: *La hora del regreso* (1981) über den Exodus der Landbevölkerung, *El primer voluntario de junio* (1981) über die Guerilla von 1959, *Drogas* (1986) oder *El masacre se pasa a pie* (1987), nach dem gleichnamigen Roman von Freddy Prestol Castillo, über das 1937 von Trujillo befohlene Massaker an 20000 Haitianern. F. G.

Weitere Werke: Ausgaben: *Marionetas*. Cuidad Trujillo 1959. – *Teatro*. STDO 1968.

Fernández Spencer, Antonio

* 22.6.1922 in Santo Domingo. Professor und Literaturkritiker, gegenwärtig Abteilungsleiter der Nationalbibliothek in Santo Domingo. Mitherausgeber der Kulturzeitschrift »La Poesía Sorprendida« (1945-47), Gründer und Herausgeber der Nachfolgezeitschrift »Entre las Soledades« (1947). Innerhalb der Gruppe um »La Poesía Sorprendida« (F. ↑Mieses Burgos) hat sich F. S. am vehementesten von ↑Moreno Jimenes und dem Postumismus abgegrenzt. Seine Kritik richtete sich nicht

nur gegen den als »dekadent« erachteten Realismus und die »Nachlässigkeit« in der Sprachgestaltung, sondern auch gegen die »ikonoklastische Haltung« der Postumisten, die »in den absurden Wahn verfielen, die universale Poesie der vergangenen Jahrhunderte außer acht zu lassen«. Er hingegen wollte die »mit kulturellen Schätzen reich angefüllten Truhen der Vergangenheit« öffnen und für die Schaffung neuer Formen nutzen. Dieses ästhetizistisch ausgerichtete Konzept einer »universalen Poesie« führte ihn somit konsequent zu einer Variation von Themen und Formen der »hohen« Literaturtradition. F. G.

Hauptwerke: *Vendaval interior* (1944), *Bajo la luz del día* (1953), *Diario del mundo (1952-1967)* (1970); Essays: *A orillas del filosofar* (1960), *Caminando por la literatura hispánica (1948-1964)* (1964).
Ausgabe: *Obras poéticas (1937-1975)*. STDO 1987.

Fiallo, Fabio
* 1866 in Santo Domingo, † 1942 ebd. Er war zur Zeit der Bürgerkriege im Militärdienst aktiv. Später wirkte er als diplomatischer Vertreter der Dominik. Republik in vielen Ländern, u.a. den USA und Deutschland. 1894-95 gab er die Zeitschrift »El Hogar« heraus, ab 1920 »Las Noticias«, die Zeitung der Nationalistischen Union.
Obwohl F. mit den namhaftesten Dichtern des Modernismus in engem persönlichen Kontakt stand, blieb seine Lyrik der Romantik verbunden. Die Stimmung von Traum und Mysterien, die vor allem in seinen Liebesgedichten zum Ausdruck kommt, erinnert an Bécquer, Musset und Heine. Sein verhalten gefühlstiefes Frühwerk wird u.a. von Max Henríquez Ureña über die Dichtung späterer Jahre gestellt. Näher an den Modernismus rückt er mit seinen Erzählungen. Besonders seine ab 1894 entstandenen *Cuentos frágiles* (1908) verschafften ihm in seinem Land den Ruf eines vorrangigen Autors. Landesspezifische Themen oder auch nur lokales Kolorit sucht man in dem Werk, das nicht nur den Titel mit dem Erzählungsband (1883) des Mexikaners ↑Gutiérrez Nájera gemeinsam hat, vergebens.

Ausgabe: *Obras completas*. STDO 1980, 4 Bde. (mit Bibliographie).

Galván, Manuel de Jesús
* 13.1.1834 in Santo Domingo, † 13.12.1910 in San Juan de Puerto Rico. Anwalt, Journalist, Universitätslehrer und Politiker. Seine politische Karriere begann als Privatsekretär des Präsidenten Santana, dessen Politik – Wiederanschluß an Spanien, 1861 – er vehement verteidigte. Nach der endgültigen Unabhängigkeit der Dominik. Republik war er zeitweilig span. Konsul in Puerto Rico, 1883-89 Präsident des Obersten Gerichtshofs in Santo Domingo, mehrfach Minister im Kabinett liberaler ebenso wie diktatorial regierender Staatspräsidenten.
G. wurde mit nur einem Werk, dem historischen Roman *Enriquillo. Leyenda histórica dominicana* (1. Teil 1879; 1882), zum »Nationaldichter« der Dominikaner. Geschildert wird unter Bezugnahme auf historische Quellen, vor allem auf Schriften Bartolomé de Las Casas', eine Episode aus der frühen Kolonialzeit, und zwar der erste organisierte Widerstand der Indios gegen die Herrschaft der Spanier auf Hispaniola. Das Werk ist gut dokumentiert und trotz des romantischen Erzählstils und der Individualisierung des Konflikts ein herausragender Beitrag zum spezifisch lateinam. Verständnis der Geschichte. Dennoch sind bei der Würdigung des Romans und seiner Wirkungsgeschichte Vorbehalte anzumelden: Zum einen ist das Werk – bei aller Kritik an den Unterwerfungspraktiken der Spanier – Zeugnis der hispanophi-

len Haltung des Autors, der die Größe seiner indianischen Helden an den Werten der span.-christlichen Tradition mißt. Zum andern förderte die Stilisierung und Beschwörung des in der dominik. Wirklichkeit kaum spürbaren indianischen Erbes als Mystifikation die Mißachtung des afrik. Erbes und einen Rassismus, der zwecks Abgrenzung gegenüber dem gefürchteten »schwarzen« Nachbarn Haiti zwar hilfreich sein mochte, der aber die Beziehungen zwischen beiden Staaten ebenso wie das dominik. Selbstverständnis fortan folgenschwer belastete. F. G.

Literatur: G. Piña Contreras, *›Enriquillo‹: el texto y la historia.* STDO 1985. – P. Conde, *Notas sobre el ›Enriquillo‹.* STDO 1978.

García Godoy, Federico

*25.12.1857 in Santiago de Cuba, †12.1.1924 in La Vega. Er entstammte einer kub. Familie, die 1868 in die Dominik. Republik einwanderte und erwarb 1888 deren Staatsangehörigkeit. Er war Journalist, Lehrer, Historiker und Literaturkritiker. Seine aus Anlaß der Invasion nordam. Truppen 1916 verfaßte Schrift *El derrumbe* wurde von der Militärregierung der USA konfisziert und öffentlich verbrannt.

G. G. veröffentlichte zahlreiche literaturkritische Essays in in- und ausländischen Publikationen sowie in acht Sammelbänden, darunter *Perfiles y relieves* (1907), *La hora que pasa* (1910), *Americanismo literario* (1918). Sie begründeten das intellektuelle Prestige ihres Verfassers unter seinen Zeitgenossen. Heute vermögen die rein impressionistischen und bisweilen ausgesprochen unkritischen Skizzen jedoch kaum mehr zu befriedigen. Überdauert hat hingegen sein Prestige als Romancier. Mit der Trilogie *Rufinito* (1908), *Alma dominicana* (1911) und *Guanuma* (1914), verfaßt unter dem Einfluß der »Episodios nacionales« des Spaniers Pérez Galdós, begründete G. G. in der Dominik. Republik die Tradition des historischen Romans, in dem Ereignisse der jüngeren nationalen Geschichte thematisiert werden; hier als Zentrum des Interesses der Wiederanschluß an Spanien (1861-65) und die Gestalt des Generals Pedro Santana. F. G.

Gatón Arce, Freddy

*27.3.1920 in San Pedro de Macorís. Rechtsanwalt, Journalist, Universitätslehrer. Mitbegründer und -herausgeber der Literaturzeitschrift »La Poesía Sorprendida« (1943-47).

In seinen ersten lyrischen Texten – *Vlía* (1944) u. a. – suchte er die von den Surrealisten geforderte *écriture automatique* zu simulieren. Seit den 60er Jahren lassen sich in seiner Lyrik zwei Konstanten erkennen: Religiosität, mit biblischem Einfluß in Sprachduktus und Metaphorik (*La leyenda de la muchacha*, 1962), und sozialkritisches Engagement, mit umgangssprachlicher oder bewußt trivialisierender Sprachgestaltung (*Magino Quezada*, 1966). F. G.

Weitere Werke (Auswahl): *Son guerras y amores* (1980), *Y con auer tanto tiempo* (1981), *El poniente* (1982), *Cantos comunes* (1983), *Estos días de tíbar* (1983), *De paso y otros poemas* (1984), *Mirando el lagarto verde* (1985), *Los ríos hacen voca* (1986), *Celebraciones de cuatro vientos* (1987).

Ausgabe: *Retiro hacia la luz. Poesía 1944-1979.* (1980).

Literatur: M. del C. Prosdocimi de Rivera, *La poesía de F. G. A. Una interpretación.* STDO 1983.

Henríquez Ureña, Pedro

*29.6.1884 in Santo Domingo, †11.5.1946 in Buenos Aires. Er entstammte einer illustren Familie: Der Vater, Francisco Henríquez y Carvajal, war Schriftsteller, zeitweilig Außenminister und 1916 für wenige Monate

Staatspräsident; die Mutter, Salomé ↑Ureña de Henríquez, war die bedeutendste dominik. Dichterin des 19. Jh.s. Er studierte Jura und Philologie in Mexiko und den USA. Mit Ausnahme seiner Tätigkeit 1932-33 als Superintendent für das Erziehungswesen unter Trujillo wirkte er als Professor und Literaturkritiker im Ausland (Mexiko, Kuba, USA, Argentinien).

H. U. ist einer der produktivsten und vielseitigsten Essayisten Lateinamerikas und nach dominik. Verständnis auch Jahrzehnte nach seinem Tod die große Leitfigur des nationalen Kulturlebens. Der herausragende Aspekt seines Werkes ist der Versuch, die Literatur und Kunst des gesamten hispanoam. Raums vor dem Hintergrund der abendländischen Kulturtradition zu erfassen und zu bewerten. Seine bedeutendsten Leistungen liegen im Bereich der Sprachgeschichte (*El español en Santo Domingo*, 1940), der Metrik (*La versificación irregular en la poesía castellana*, 1920; erw. Aufl. u.d.T. *Estudios de versificación española*, 1961) sowie der Literatur- und Kulturgeschichte (*Seis ensayos en busca de nuestra expresión*, 1928; *Literary Currents in Hispanic America*, 1945; span. 1949; *Historia de la cultura en la América Hispánica*, 1947). F. G.

Ausgaben: *Obra crítica*. Hg. E. S. Speratti Piñero. ME 1960. – *Obras completas*. Hg. J. J. de Lara. STDO 1976-80, 10 Bde. – *La utopía de América*. Hg. A. Rama, R. Gutiérrez Girardot. CAR 1978 (BiAy).

Literatur: J. F. Ferreira, *Rumo à Utopia: Uma Introdução ao Pensamento Americanista de U.* Porto Alegre 1974. – E. Carilla, *El tema esencial de P. H. U.* ICC/T, 35 (1980), 1, 122-135. – J. J. de Lara, *Sobre P. H. U. y otros ensayos*. STDO 1982. – A. Baeza Flores, *P. H. U., relacionador de las culturas hispánicas*. CH, 411 (1984), 103-121. – J. J. Juliá (Hg.), *El libro jubilar de P. H. U.* STDO 1984, 2 Bde. – E. Rodríguez Demorizi, *Dominicanidad de P. H. U.* STDO 1984. – J. R. Vargas, *El nacionalismo de P. H. U.* STDO 1984. – Ders. (Hg.), *La integridad humanística de P. H. U.: antología*. STDO 1984. – CDLA, 24 (1984), 144 (Sondernr.) – J. C. Torchia Estrada, *P. H. U. y el desplazamiento del positivismo en México*. RIB, 35 (1985), 2, 143-165. – M. de J. Goico Castro, *P. H. U.* STDO 1986. – E. Zuleta, *P. H. U. y los Estados Unidos*. CH, 442 (1987), 93-108. – R. Hozven, *P. H. U.: el maestro viajero*. RI, 54 (1988), 142, 291-320.

Hernández Franco, Tomás

* 29.4.1904 in Tamboril, † 1952. Jurastudium in Paris. Journalist, Redakteur und Literaturkritiker. Er bekleidete unter Trujillo höhere Ämter in verschiedenen Ministerien und Auslandsvertretungen und war Mitherausgeber der »Cuadernos Dominicanos de Cultura« (1943-52), Sprachrohr der Ideologen des »Trujillismo«.

H. F. gehört neben H. ↑Incháustegui Cabral und M. del ↑Cabral zu den sog. »Independientes«, die zwar keine homogene Gruppe bildeten, wohl aber ein gemeinsames ideologisches und literarisches Konzept verfolgten, das dem der »Poesía Sorprendida« (F. ↑Mieses Burgos) diametral entgegenstand: die Suche nach den Wurzeln der kollektiven Identität und die Begründung einer nationalen Literatur aus autochthonem Erbe. Den bedeutendsten Beitrag hierzu leistete H. F. mit seinem lyrischen Epos *Yelidá* (1942), Allegorie und Paradigma des rassischen und kulturellen Synkretismus der Region. Die Titelgestalt, Tochter eines Europäers und einer Afrikanerin, ist Abbild und Symbol der Mulattin, mythischer Ursprung der antillanischen Völker und autochthone, tellurische Kraft, der allein es gelingen kann, den Antagonismus zwischen den (fremden) Kräften, die sie hervorbrachten, zu überwinden. F. G.

Weitere Werke: Lyrik: *Rezos bohemios* (1921), *De amor, inquietud, cansancio* (1923), *Canciones del litoral alegre* (1936);

Erzählungen: *Capitulario* (1921), *El hombre que había perdido su eje* (1925), *Cibao* (1951); Essay: *Apuntes sobre poesía popular y poesía negra en las Antillas* (1942).

Incháustegui Cabral, Héctor

* 1912 in Baní, † 1979. Er war Journalist, Diplomat und Professor für lateinam. Literatur an der Katholischen Universität von Santiago de los Caballeros.

In seinem lyrischen Werk hat er einerseits ganz konkret das Unrecht der den Überfluß einiger weniger garantierenden unmenschlichen Bedingungen der Bevölkerungsmehrheit benannt, andererseits auch über die Schändung der ursprünglichen Weltharmonie durch menschliches Wirken und Denken Klage geführt. Der christliche Humanismus, der seinem Weltbild und seiner Metaphysik zugrunde liegt, hat zu Vergleichen mit T. S. Eliot Anlaß gegeben. I. C.s Sprache besitzt von Anfang an eine unverwechselbare Strenge und Schlichtheit, die von sparsam und wirkungsvoll gesetzten Bildern aufgehellt wird. Man hat diesen spröden Stil in Beziehung zu seiner näheren Heimat gesetzt, einer der trockensten Gegenden der Insel, auf die sich seine wichtigsten Motive und Symbole beziehen lassen: Durst, Wasserarmut oder der »sich von Steinen ernährende« Guayacán-Baum. Neben M. de ↑Cabrals *Compadre Mon* und T. ↑Hernández Francos *Yelidá* hat er mit *Muerte en el Edén* (1951) einen weiteren lyrisch-epischen Beitrag zur Identitätsfindung seines Landes und auch der gesamten Karibik geliefert.

Weitere Werke: Lyrik: *Poemas de una sola angustia* (1940), *Rumbo a la otra vigilia* (1942), *En soledad de amor herido* (1943), *De vida temporal* (1944), *Canciones para matar un recuerdo* (1944), *Soplo que se va y no vuelve* (1946), *Memorias del olvido* (1950), *Versos, 1940-50* (1950), *Rebelión vegetal y otros poemas menos amargos* (1956), *El pozo muerto* (1960), *Por Copacabana buscando* (1964), *Diario de la guerra y los dioses ametrallados* (1967); Theater: *Miedo en un puñado de polvo* (1964); Essay: *De literatura dominicana siglo veinte* (1968, ²1973).

Literatur: J. Alcántara Almánzar, *Imágenes de H. I. C.* STDO 1980. – E. Espina, *Entre la isla y el cielo: La poesía socio-religiosa de I. C.* RI, 54 (1988), 142, 187-197.

Marrero Aristy, Ramón

* 14.6.1913 in San Rafael del Yuma, † 17.7.1959 in Santo Domingo (?). Journalist und Herausgeber mehrerer Zeitungen. Unter Trujillo war er zeitweilig Diplomat und Erziehungsminister. Er wurde bei einem angeblichen Umsturzversuch ermordet.

Das herausragende Werk M. A.s ist der Roman *Over* (1939), eine leidenschaftliche Anklage der Lebens- und Arbeitsbedingungen auf einer in US-am. Besitz befindlichen Zuckerrohrplantage. Der Titel signalisiert, daß der Arbeiter mehr produzieren muß, als er leisten kann. Geschildert werden die Ausbeutungsmechanismen ebenso wie der geistige und sittliche Verfall der Betroffenen, die gegenüber den Mächtigen in Unterwürfigkeit verharren und ihre Aggressionen gegen ihresgleichen richten. Das besondere Interesse des Romans liegt in seinem dokumentarischen Wert und im Bemühen um eine authentische Wiedergabe der Sprache der Landbevölkerung. F. G.

Weitere Werke: Erzählungen: *Perfiles agrestes* (1933), *Balsié* (1938); Essay: *La República Dominicana* (1957).

Mieses Burgos, Franklin

* 4.12.1907 in Santo Domingo, † 12.1976 ebd. Autodidakt. Leiter des Instituto de Cultura Hispánica. Mitbegründer und -herausgeber der Kulturzeitschrift »La Poesía Sorprendida« (1943-47), Publikationsorgan des gleichnamigen Dichterkreises.

Er war die Integrationsfigur der »Sorprendidos«. Seine Gedichtbände *Sin mundo ya y herido por el cielo* (1944) und *Clima de eternidad* (1944) gelten als gelungenste Verwirklichung eines Konzepts, das den Menschen in seiner universalen Existenz zu begreifen und den Ursprung von Wahrheit und Schönheit in der Magie des Wortes zu fassen suchte. Bei zahlreichen Autoren der »Poesía Sorprendida« führte dieses Konzept einer im wesentlichen »zweckfreien« Sprachkunst, die den als »dekadent« und »vulgär« erachteten Realismus des Postumismus eines ↑Moreno Jimenes ablehnte, zu übersteigertem Ästhetizismus. Bei allem Anspruch auf Universalität hat M. B. hingegen keineswegs auf kritische Bezüge zur dominik. Gegenwart verzichtet, wie insbesondere *Clima de eternidad* (1947) belegt. F. G.

Weitere Werke: *Presencia de los días* (1948), *Seis cantos para una sola muerte* (1948), *El héroe. Poema con intención escénica en dos sueños* (1954).

Mir, Pedro

*3.6.1913 in San Pedro de Macorís. Jurastudium. Journalist, Professor für Ästhetik und Kunst an der Universidad Autónoma de Santo Domingo. 1947-63 und 1965-68 im Exil.

M. ist als Lyriker, Erzähler und Essayist hervorgetreten. Das Werk, das ihm die größte Popularität eingetragen hat, ist die im Exil veröffentlichte Dichtung *Hay un país en el mundo* (1949), die durch ihre rhythmische Gestaltung sowie die suggestive Metaphorik fasziniert. Sie ist Zeugnis der dominik. Wirklichkeit und ein Protestschrei gegen die Ausbeutung der landlosen Bauern und Zuckerrohrarbeiter durch einheimische Großgrundbesitzer und nordam. Kapitalgesellschaften. (Das Gedicht erreichte bislang mit 20 Auflagen eine außerordentliche Verbreitung. 1987 erschien es mit Illustrationen des dominik. Malers José Perdomo.) Unter M.s fiktiver Prosa ist besonders der Roman *Cuando amaban las tierras comuneras* (1977) hervorzuheben. Hier werden in Momentaufnahmen Ereignisse und Lebensläufe auf zwei Zeitebenen zu ein und derselben Geschichte verwoben: die Invasion des dominik. Territoriums durch US-am. Truppen 1916 und 1965. Die poetisch-lyrischen, bisweilen auch pedantisch-geschwätzigen Ausschweifungen des Erzählers sollen im Bewußtsein des Lesers gleichermaßen eine kritische Distanz zu ihm wie zur erzählten Wirklichkeit herstellen. F. G.

Weitere Werke: Lyrik: *Contracanto a Walt Whitman (Canto a nosotros mismos)* (1952), *Amén de mariposas* (1969), *Viaje a la muchedumbre* (1971, Sammlung); Erzählungen: *La gran hazaña de Libery y después otoño* (1977); Roman: *¡Buen viaje, Pancho Valentín! (Memorias de un marinero)* (1981); Essay: *Tres leyendas de colores (Ensayo de interpretación de las tres primeras revoluciones del Nuevo Mundo)* (1969), *Las raíces dominicanas de la doctrina Monroe* (1975), *La noción de período en la historia dominicana* (1981, 3 Bde.), *Historia del hambre en la República Dominicana* (1988).

Literatur: E. Laguna Díaz, *›Cuando amaban las tierras comuneras‹: visión mitopoética de una historia.* HISPA, 11 (1982), 31, 15-32. – R. Berroa, *Recordar para vivir: Historia, alegoría y dialéctica en la crónica de P. M.* RI, 54 (1988), 142, 27-51. – M. Matos Moquete, *Poética política en la poesía de P. M.* RI, 54 (1988), 142, 199-211.

Moreno Jimenes, Domingo

*1894 in Santo Domingo. Er war Hauptinitiator des Postumismus, der wohl revolutionärsten künstlerischen Avantgarde-Bewegung in der dominik. Geschichte. Um 1921 entstanden, etwa gleichzeitig mit dem Ultraismus, fordert das anspruchsvolle Programm der Postumisten, die Poesie von morgen oder übermorgen zu erschaffen. Nicht zu Unrecht wird angenommen, daß der bilderstürmerischen Ablehnung jeglichen Vorbilds und jeglicher Tradition eine gewisse Ignoranz zugrunde lag. Bis 1935 war M. J. der Pontifex Maximus der Schule. Dann wurde er entthront und in einer kuriosen, aber ernstgemeinten Feier durch Rafael Augusto Zorrilla (1892-1937) ersetzt. Bei allen Mängeln, die man M. J. vorwirft, ist er zweifellos der größte Dichter seiner Generation. Sein melancholischer Humor, der Ernst seiner metaphysischen Fragen und die Entdeckung der heimatlichen Natur sind die positiven Qualitäten seiner Lyrik, welche die negativen Momente einer eher dürftigen Fantasie und sprachlicher Unbeholfenheiten aufwiegen. Seine Bibliographie umfaßt mehr als 50 Titel. Sein erstes in postumistischer Manier geschriebenes Werk ist *Psalmos* (1921).

Weitere Werke (Auswahl): *Promesas* (1916), *Vuelos y duelos* (1916), *Del anodismo al postumismo* (1924), *El diario de la aldea* (1925), *Palabras sin tiempo* (1932), *Moderno apocalipsis* (1934), *Embiste de razas* (1936), *Una nueva cosmogonía americana* (1936), *América-Mundo* (1937), *Sentir es la norma* (1939), *Fogatas sobre el signo* (1940), *Canto al Atlántico* (1941), *Evangelio americano* (1942), *Antología mínima* (1943), *Los triálogos* (1943/44, zus. mit Alberto Baeza Flores und Mariano Lebrón Saviñón, 2 Bde.), *Palabras en el agua* (1943), *Su majestad la muerte* (1944), *Burbujas en el vaso de una vida breve* (1946), *Antología*. Hg. F. de Nolasco (1949, [3]1970), *Canto a la Ceiba de Colón* (1959), *Obra poética* (1975).

Pérez, José Joaquín

* 27.4.1845 in Santo Domingo, † 6.4.1900 ebd. Aufgrund politischer Aktivitäten im liberalen Partido Azul lebte er 1868-74 im Exil. Nach der Rückkehr führte seine politische Karriere über ein Mandat im Nationalkongreß zum Amt des Justiz-, Entwicklungs- und Erziehungsministers unter dem liberalen Präsidenten Billini (1884-85). Er gründete und betreute als Redakteur zahlreiche Zeitschriften. Seine Essays eschienen z. T. unter Pseudonym (Flor de Palma, Hernani u.a).

P. gilt unter den dominik. Autoren als der bedeutendste Vertreter der Romantik. Besondere Popularität erlangte er als »Dichter des Exils« (*Ecos del destierro*, 1873; *La vuelta al hogar*, 1874). Neben diesen Kompositionen der Gefühlsunmittelbarkeit und nostalgischen Verklärung von subjektiver Erlebniswelt verfaßte P. auch episch-dramatische Gedichte, darunter *Fantasías indígenas* (1877), neben dem Roman *Enriquillo* von M. de J. ↑Galván der bedeutendste Beitrag zum dominik. Indianismus. Modernistische Tendenzen zeigen die zwischen 1895 und 1900 verfaßten 12 Gedichte *Contornos i relieves*, die erst postum veröffentlicht wurden. F. G.

Ausgabe: *Obra poética*. STDO 1970. – *Fantasías indígenas y otros poemas*. STDO 1989.

Requena, Andrés Francisco

* 1908 in La Vega, † 2.10.1952 in New York. Er war Journalist und zeitweilig Diplomat in Diensten Trujillos. Nach dem Ausscheiden aus dem diplomatischen Dienst, 1941, politisch aktiv im Exil in Chile und den USA, wurde er von Agenten Trujillos ermordet.

R. publizierte drei Romane als Zeugnis der Zustände während der Trujillo-Ära. *Los enemigos de la tierra* (1936, [2]1942) schildert den Exodus der Bauern und ihr Scheitern in der ihnen feindlichen Stadt. *Camino de fuego* (1941) zeichnet den Weg Oppositioneller ins Exil und ihren verzweifelten Versuch eines Neubeginns in einem fremden Land. Das Klima von Gewalt und Repression in der Dominik. Republik wird im dritten Roman *Cementerio sin cruces* (1949) geschildert, der im Untertitel bereits die »räuberische Tyrannei Trujillos« anklagt. Die dezidiert politische Perspektive und die bisweilen allzu vordergründige Darstellung rücken die Romane in die Nähe des Pamphlets. Ihre Bedeutung als Zeugnis einer Epoche ist jedoch unumstritten, zumal sie, in Chile bzw. Mexiko ediert, weite Verbreitung fanden. F. G.

Rueda, Manuel
*27.8.1921 in Monte Cristi. Pianist und Komponist, lebte von 1939-51 in Chile und war nach der Rückkehr Professor, schließlich Leiter des Conservatorio Nacional de Música in Santo Domingo. Er ist außerdem Literaturkritiker, Direktor des Instituto de Investigaciones Folklóricas der Universidad Nacional sowie Herausgeber der Kulturbeilage der Tageszeitung »Hoy«.
Die Musikalität und Sprachmagie seiner ersten Gedichtzyklen, der Sonette *Las noches* (1949, [2]1953) und *Tríptico* (1949), erinnern an die frz. Symbolisten. Einen großen Teil der späteren Gedichte kennzeichnet die Einbeziehung folkloristischer Elemente. Einen fundamentalen Beitrag zu der von ihm begründeten Bewegung des »Pluralismus« oder »Integralismus«, einer dominik. Variante der Konkreten Poesie, lieferte R. mit seinen »pluralemas« *Con el tambor de las islas* (1975). R. hat außerdem mehrere Theaterstücke verfaßt: *La trinitaria blanca* (UA 1957, 1968), *La tía Beatriz hace un milagro, Vacaciones en el cielo* (UA 1960, 1968), *Entre alambradas* (UA 1960). In ihnen werden – mit den Techniken des traditionellen Illusionstheaters – Grenzsituationen der menschlichen Existenz typisiert und symbolisch überhöht. F. G.

Weitere Werke: Lyrik: *La criatura terrestre. 1954-1960* (1963), *Por los mares de la dama. Poesía 1970-1975* (1976), *Las edades del viento. Poesía inédita 1947-1979* (1979); Kindertheater: *El rey Clinejas* (1979); Erzählungen: *Papeles de Sara y otros relatos* (1985); Roman: *La prisionera del Alcázar. Leyenda de carácter histórico* (1976); Essay: *Conocimiento y poesía en el folklore* (1971).

Ureña de Henríquez, Salomé
*21.10.1850 in Santo Domingo, †6.3.1897. Frühe Gedichte veröffentlichte sie unter dem Pseudonym Herminia. 1880 Heirat. 1881 Gründung des Instituto de Señoritas, der ersten dominik. höheren Schule für Mädchen zur Lehrerausbildung.
Ihr lyrisches Werk, das in der formalen Ausgestaltung ein ausgeprägtes Streben nach Perfektion und Harmonie erkennen läßt, gliedert sich thematisch unter zwei Schwerpunkte: Lyrik zu privat-häuslichen Ereignissen und patriotische Lyrik mit erzieherischem Anspruch, die deutlich den Einfluß des Puertorikaners E. M. de ↑Hostos erkennen läßt. Gedichte wie »La gloria del progreso«, »En defensa de la sociedad« und »La fe en el porvenir« aus *Poesías* (1880) zeugen von einem unerschütterlichen Glauben an die Zukunft und den Fortschritt der Nation. Ihnen verdankt U. H. den Stellenwert, der ihrem Werk – neben dem von J. J. ↑Pérez – als Höhepunkt der dominik. Lyrik des 19. Jh.s zugeschrieben wurde. F. G.

Ausgabe: *Obras completas*. Ciudad Trujillo 1950. – *Poesías completas*. STDO 1989.

Veloz Maggiolo, Marcio
*13.8.1936 in Santo Domingo. Diplomat, Universitätslehrer, Archäologe, Journalist und Literaturkritiker.
Mit etwa 30 veröffentlichten Titeln – Lyrik, Theater, Erzählungen, Romane, anthropologische und literaturwissenschaftliche Studien – ist V. M. der produktivste Autor und die herausragende Gestalt im Kulturleben seines Landes. Die bedeutendsten, mit nationalen wie internationalen Preisen ausgezeichneten Werke finden sich im Bereich der fiktionalen Prosa: die Erzählungen *La*

fértil agonía del amor (1982) und *Cuentos, recuentos y casicuentos* (1986), die Kurzromane *La vida no tiene nombre* (1965), *Nosotros los suicidas* (1965) und *Los ángeles de hueso* (1967) sowie die bislang ehrgeizigsten Romane (oder Romanprojekte) *De abril en adelante (Protonovela)* (1975) und *La biografía difusa de Sombra Castañeda* (1980). Die thematischen Konstanten bilden das Leiden an einer von Grausamkeit und Tod beherrschten aktuellen Wirklichkeit und die nationale Geschichte als eine ununterbrochene Abfolge von Gewaltakten. Eine eindrückliche Schilderung von politischer Gewalt und moralischer Perversion während der ersten Besetzung durch die USA (1916-24) bietet *La vida no tiene nombre*, der Ich-Bericht eines »gavillero«, eines Angehörigen der gegen die US-Truppen operierenden ländlichen Guerilla. Formal komplexer wird historische und aktuelle Wirklichkeit in dem Roman *De abril en adelante* dargestellt. Er zeichnet mit scharfer Ironie und satirischer Verzerrung das Panorama des »Post-Trujillismo« und klagt die politischen Erben des Diktators ebenso an wie die nach dem Scheitern des Volksaufstandes vom April 1965 in ihrer Frustration gefangenen Intellektuellen. Gleichzeitig wird der Versuch unternommen, über die Parallelsetzung mit Ereignissen der Vergangenheit die Gegenwart aus historischer Perspektive zu erklären. Schließlich ist der Roman ein sprachliches Experiment, eine Collage verschiedener Wirklichkeitsbereiche, in denen der Akt des Schreibens zum zentralen Thema wird, der Erzähler ebenso wie die erzählte Welt in ihrer Autonomie in Frage gestellt werden. In dem Roman *La biografía difusa de Sombra Castañeda* wird in einer zwar verwirrenden, dadurch jedoch sinnstiftenden Verknüpfung verschiedener Zeit- und Wirklichkeitsbereiche die Geschichte als Prozeß eines kontinuierlichen Werteverlustes entlarvt. Demgegenüber wird nationale Identität als mythisch-magischer Fluchtpunkt »erfunden« und eine Weltsicht präsentiert, die auf Kulturelementen afrik. Ursprungs beruht. Elemente der indianischen Kulturen hingegen liegen zwei weiteren Kurzromanen zugrunde. In *Florbella* (1986), dem Tagebuch einer archäologischen Ausgrabung, verdichten sich wissenschaftliche Befunde mit Legenden und Visionen zu einer fantastisch anmutenden Rekonstruktion mehrerer, durch das Doppelgängermotiv miteinander verknüpften Lebensläufe. *De donde vino la gente* (1978), ein »Roman für Kinder«, ist eine auch für Erwachsene faszinierende Reise zu den Ursprüngen der indianischen Welt und ein Bericht über deren Untergang aus der Perspektive der Opfer. F. G.

Weitere Werke (Auswahl): Romane: *El buen ladrón* (1960), *Judas* (1962), *Materia prima. Protonovela* (1988); Lyrik: *El sol y las cosas* (1957), *Intus* (1962); Theater: *Creonte* (1963); Essays: *Cultura, teatro y relatos en Santo Domingo* (1972), *Sobre cultura y política cultural en la República Dominicana* (1980).
Ausgabe: *Novelas cortas* (1980).
Literatur: S. Keefe Ugalde, *V. M. y la narrativa de dictador/dictadura: perspectivas dominicanas e innovaciones.* RI, 54 (1988), 142, 129-150.

Vergés, Pedro

* 8.5.1945 in Santo Domingo. Er hat 17 Jahre in Spanien und Frankreich gelebt, ist Mitarbeiter verschiedener span. Verlage und gegenwärtig Literaturprofessor an der Universidad Nacional sowie Leiter des Instituto de Cultura Hispánica in Santo Domingo.

V. ist als Lyriker und Romancier einer der wenigen auch außerhalb des eigenen Landes verlegten dominik. Autoren. Sein bislang bedeutendstes Werk ist der Roman *Sólo cenizas hallarás (Bolero)* (1980), eine kritische Bestandsaufnahme der auf den Tod Trujillos (Mai 1961) folgenden Monate bis zum Wahlsieg des gemäßigt sozialistisch orientierten Juan ↑Bosch (Dez. 1962). Besonders gelungen ist die Diversifizierung der Erzählerstimmen und die damit erzielte authentische Wiedergabe der individuellen, von Egoismen und klassenspezifischen Interessen geprägten Standpunkte, von den konservativen Großgrundbesitzern bis zu progressiven Kreisen des Kleinbürgertums, die den Wandel zwar befürworten, aber unfähig sind, sich der historischen Verantwortung zu stellen. F. G.

Weitere Werke: Lyrik: *Primeras palabras* (1966), *Juegos reunidos* (1971), *Durante los inviernos* (1977).

Villegas, Víctor

* 22.9.1924 in San Pedro de Macorís. Jurist, Professor für Literatur an der Universidad Autónoma de Santo Domingo, Präsident des dominik. Schriftstellerverbandes, Herausgeber der Kunst- und Literaturzeitschrift »Yelidá« (seit 1983).

V. gehört als Lyriker der sog. »Generation von 1948« an, die den gesellschaftlichen Auftrag von Literatur betont und das eigene Schaffen – unter anfänglichem Einfluß P. ↑Nerudas – mit dezidiert politischem Vorzeichen versieht. Besonders interessant sind aufgrund der dialogischen Kommunikationsstruktur V.' Gedichtbände *Diálogos con Simeón* (1977) und *Juan Criollo y otras antielegías* (1982), eindrucksvolle Zeugnisse vom Ringen des dominik. Volkes – symbolisiert durch die beiden Titelgestalten – um Freiheit und soziale Gerechtigkeit, Erforschung der kollektiven Wurzeln und der nationalen Identität. F. G.

Weitere Werke: Lyrik: *Charlotte Amalie* (1980), *Botella en el mar 72* (1984), *Cosmos* (1987).

Ausgabe: *Poesía (Selección) 1947-1984* (1986).

Literatur: J. Cuevas, *Visión crítica en torno a la poesía de V. V.* STDO 1985.

ECUADOR

Villarroel, Gaspar de	1587-1665
Olmedo, José Joaquín	1780-1847
Mera, Juan León	1832-1894
Montalvo, Juan	1832-1889
Carrión, Benjamín	1897-1979
Carrera Andrade, Jorge	1903-1978
Cuadra, José de la	1903-1941
Icaza, Jorge	1906-1978
Palacio, Pablo	1906-1947
Pareja Diezcanseco, Alfredo	1908
Aguilera Malta, Demetrio	1909-1981
Salvador, Humberto	1909
Rojas, Angel F.	1909
Gallegos Lara, Joaquín	1911-1947
Gil Gilbert, Enrique	1912-1973
Jácome, Gustavo Alfredo	1912
Vera, Pedro Jorge	1914
Ortiz, Adalberto	1914
Estupiñán Bass, Nelson	1915
Carrión, Alejandro	1915-1992
Dávila Andrade, César	1918-1967
Adoum, Jorge Enrique	1923
Tobar García, Francisco	1928
Yáñez Cossío, Alicia	1929
Donoso Pareja, Miguel	1931
Granda, Euler	1935
Tinajero, Fernando	1940
Egüez, Iván	1944
Dávila Vázquez, Jorge	1947
Velasco Mackenzie, Jorge	1949
Cárdenas, Eliécer	1950

Adoum, Jorge Enrique
* 29.6.1923 in Ambato. Er studierte Philosophie und Jura in Quito und Santiago de Chile. 1945-47 war er Privatsekretär von Pablo ↑Neruda. In Ecuador bekleidete er verschiedene Ämter im Kulturbereich, war u.a. Verlagsdirektor der Casa de la Cultura Ecuatoriana. Als Mitglied der Kommunistischen Partei mußte er in den 60er Jahren sein Land verlassen. Er lebt seither in Paris und ist u.a. Lektor bei dem Verlag Gallimard gewesen.
A. wurde für seine Lyrik 1952 mit dem ec. Nationalpreis, 1960 von der kub. »Casa de las Américas« ausgezeichnet. Aus seinen ersten Gedichtbänden *Ecuador amargo* (1949) und dem vierteiligen Zyklus *Los cuadernos de la tierra* (1952-62) lassen sich noch Anklänge an die farbige, kosmogonische Metaphorisierung Nerudas und dessen Gestus – vor allem im »Canto general« – des feiernden und verdammenden Interpreten der Geschichte und Zukunft Lateinamerikas herauslesen. Im letztgenannten Werk verwendet A. Texte aus indianischer Überlieferung und den frühen Chroniken. Zu einer neuen dichterischen Sprache gelangt er in *Curriculum mortis* (1968) und besonders in den *Prepoemas en postespañol* (1979). Wortkombinationen wie »coinciobediencia« und »electrocardiomatemáticas« oder Hinweise an den Setzer, »sur« nicht mit »ser« zu verwechseln, bieten eine sprachspielerische, oft witzige Oberfläche, die die subtile Psychologie mancher Gedichte oder die Empörung über die Verhältnisse in den »Kasernenunterdemokratien« (»subdemocracias cuarteleras«) eher verschleiert. Seinen bisher einzigen Roman *Entre Marx y una mujer desnuda* (1976) hat A. als einen »Text mit Personen« bezeichnet. Nach dieser Konzeption wird eine »Person« (»personaje«) durch den Text geschaffen und ist nicht, wie im traditionellen Realismus, einer Realität entnommen und schemenhaft wiedergegeben. Es geht in dem Werk insofern auch nicht um Darstellung, sondern um die »Wahrheit der Realität«, d.h. um Erkenntnissuche im Spannungsfeld von Literatur und soziopolitischer Funktion, in die der »Leser« aktiv einbezogen werden soll. Der Roman entwikkelt sich auf drei Erzählebenen. In der ersten wird der Fall eines »Autors« geschildert, der beim Schreiben des vorliegenden Romans mit seinem alter Ego diskutiert. Die zweite Ebene ist die sich während des Schreibens abspielende Liebesgeschichte zwischen dem Erzähler und Rosana, der Ehefrau Cretinos. Auf einer dritten Ebene werden Lebensgeschichten oder Anekdoten einer Vielzahl von Personen geschildert, die insgesamt die ec. Gesellschaft repräsentieren und von denen einige, besonders der gelähmte Schriftsteller Galo Gálvez (sein Vorbild ist J. ↑Gallegos Lara) auf allen drei Ebenen erscheinen. Die Kritik hat u.a. moniert, daß es sich um ein nach allen Regeln der Textsemiotik erstelltes Elaborat handele, das seinen eigentlichen Adressaten verfehlt. Unbestritten sind die Qualitäten des Werkes, so die schnell abwechselnde Szenenfolge, der oft bissige Humor oder die souveräne Verwendung eines persönlichen Stils und unterschiedlicher sprachlicher Ebenen. A. ist außerdem als Theaterautor mit dem stärker nach poetischen als dramaturgischen Vorgaben gearbeiteten Antirepressionsdrama *El sol bajo las patas de los caballos* (1976; dt. *Die Sonne unter den Pferdehufen*, 1979) bekannt geworden sowie als scharfsinniger Literaturkritiker.

Weitere Werke: Lyrik: *Relato del extranjero* (1953), *Yo me fui con tu nombre por la tierra* (1964), *Informe personal sobre la situación* (1973), *No son todos los que están. Poemas, 1949-1979* (1979); Theater: *La subida a los infiernos* (1977); Essays: *Poesía del siglo XX* (1957), *La gran literatura ecuatoriana* (1984).

Literatur: S. Yurkievich, *De lo lúcido y lo lúdico*. CH, 97 (1974), 291, 724-728. – O. Rodríguez Ortiz, *Sobre narradores y héroes: A propósito de Arenas, Scorza y A.*. CAR 1980. – C. M. Waag, *Frustration and Rage in J. E. A.'s ›Entre Marx y una mujer desnuda‹*. PCL, 10 (1984), 95-101. – L. Hidalgo, *›Entre Marx y una mujer desnuda‹, de J. E. A.* RI, 54 (1988), 144/5, 875-892.

Aguilera Malta, Demetrio

* 24.5.1909 in Guayaquil, † 29.12. 1981 in Mexiko Stadt. Ein Jurastudium in seiner Heimatstadt brach er bald ab. 1930-34 lebte er in Panama als Journalist. 1936 überraschte ihn der Ausbruch des Span. Bürgerkriegs als Student in Salamanca. Er hat verschiedene Tätigkeiten ausgeübt: Drucker, Fabrikant, Zeichner, Oberschullehrer, Dozent, Filmregisseur und sozialistischer Politiker. Ab 1958 lebte er in Mexiko, schließlich als Botschafter seines Landes.

A. M., Autor von mehr als 50 Büchern, gehört zur »Guayaquil-Gruppe« und ist neben J. ↑Gallegos Lara und E. ↑Gil Gilbert einer der Mitautoren des Erzählungsbandes *Los que se van* (1930), mit dem ein neuer Abschnitt in der ec. Literaturgeschichte beginnt, der sich durch kämpferischen Protest gegen soziales Unrecht auszeichnet. In *Los que se van* kreist allerdings die Thematik eher um eine schicksalsbedingte Gewalt oder, in den meisten Fällen, um sexuelles Ungestüm. Das Neue an den insgesamt 24 straffen und sicheren Erzählungen war im wesentlichen die oft auch von der Erzählerstimme verwendete dialektale Sprache, die zunächst vom ec. Establishment als Skandal empfunden wurde. *Don Goyo* (1933), A. M.s erste eigene, erfolgreiche Publikation, wird als Vorläufer des »Magischen Realismus« angesehen, da hier das Imaginäre und Übernatürliche als eine ergänzende Dimension der Realität hinzugefügt wird. Schauplatz des »Amerikanischen Romans«, so der Untertitel, sind die Mangrovenwälder im Mündungsgebiet des Flusses Guayas. Die Zentralgestalt, die indirekt, durch die Berichte und Legenden der dort ansässigen »cholos« (Mestizen), dargestellt wird, ist der 150 Jahre alte Don Goyo, ein zum Mythos gewordener Patriarch, der mit seinen Bäumen spricht und sich weigert zu sterben. Der Einbruch neuer Wirtschaftsmethoden bzw. die rücksichtslose Abholzung durch den »Weißen« zerstört das Paradies. (Wie auch bei anderen ec. Autoren bedeutet »Weißer« keine ethnische, sondern eine soziale Zuordnung zur Gruppe der Mächtigen.) Die außerordentlich farbige Sprache, in der das Grausige und Düstere hervorsticht, verleiht dem Roman lyrische Intensität. Eine erweiternde Fortsetzung dieses Romans ist *La isla virgen* (1942, [3]1978 überarb.). Fantastisch mythische Elemente, Erotik und eine dichte Folge von Geschehnissen – von der Toten, die jede Nacht den Oberst vergewaltigt, bis zur Christusfigur, die vom Kreuz herabsteigt – bilden danach noch einmal die Substanz von *Siete lunas y siete serpientes* (1970), einer »realistischen und magischen Saga der ec. Küste«, wie der Autor das Werk genannt hat, das in seiner Vermischung unterschiedlicher Gattungen und Sprachebenen typisch für den »neuen lateinam. Roman« ist. Eine andere Romanserie ist eher dokumentarischen Charakters, wenngleich die Sprache oft lyrisch verdichtet wird. *Canal Zone* (1935) ist eine Darstellung der von dem Autor erlebten sozialen und politischen Situation Panamas. *Madrid* (1936) schildert als »romanhafte Reportage« den Ausbruch des Span. Bürgerkriegs. Das Buch war mit sechs Auflagen in zwei Jahren besonders erfolgreich. *Una cruz en la Sierra Maestra* (1960) behandelt die kub. Revolution.

Nach dem Vorbild der »Episodios nacionales« des Spaniers Pérez Galdós hat A. M. nach gründlicher Quellenforschung einige Momente der Geschichte Lateinamerikas gestaltet. Die Liebesbeziehung zwischen Manuelita Sáenz und Simón Bolívar behandelt *La caballeresa del sol* (1964). Protagonist von *El Quijote de El Dorado* (1964) ist der Konquistador Francisco de Orellana (1511-46), Nuñez de Balboa (1475-1517) ist es von *Un nuevo mar para el Rey* (1965). Von A. M.s späteren Romanen ist *El secuestro del general* (1973) hervorzuheben, eine mythisch stilisierte Satire auf den mehrfachen Präsidenten von Ecuador, José María Velasco Ibarra, der hier in der Gestalt des kadaverhaften Diktators von Babelandia, Holofernes Verbofilia, auftritt. Die Handlung verfremdet das tatsächliche Ereignis der mutmaßlichen Entführung eines Generals von 1970, der wenige Monate später wieder auftauchte, ohne sein Verschwinden glaubhaft erklären zu können. Der zweite, eher humoristische Romanteil spielt in der Ortschaft Laberinto, mikrokosmisches Spiegelbild von Babelandia, und schildert die Lebensgeschichten von vier oppositionellen Personen. Vom umfangreichen und kontinuierlichen Theaterschaffen A. M.s verdient das häufig aufgeführte satirische Drama *Lázaro* (1941) Hervorhebung. Handlungskern ist die vom Alkohol und der Liebe bewirkte Wandlung eines armen Geschichtslehrers vom marxistischen Idealisten zum – sporadischen – Anhänger des Kapitalismus. Als bestes Theaterstück A. M.s gilt *Infierno negro* (1967, UA 1970). Inhalt ist der Prozeß, der einem unmenschlichen Erfinder und Fabrikanten von Würsten aus dem Fleisch von Schwarzen im Jenseits von seinen Opfern gemacht wird.

Weitere Werke (Auswahl): Lyrik: *El libro de los manglares* (1929); Romane: *Jaguar* (1977), *Réquiem para el diablo* (1978); Theater: *España leal* (1938), *No bastan los átomos. Dientes blancos* (1955), *El tigre* (1956), *Trilogía ecuatoriana* (1959).
Ausgabe: *Teatro completo*. ME 1970.

Literatur: G. Luzuriaga, *Del realismo al expresionismo: el teatro de A. M.* Madrid 1971. – A. Fama, *Realismo mágico en la narrativa de A. M.* Madrid 1977. – M. E. Valverde, *La narrativa de A. M.; un aporte a lo real maravilloso*. Guayaquil 1979. – R. Flores Jaramillo, *D. A. M.* CH, 116 (1979), 348, 623-638. – C. C. Rabassa, *D. A. M. and Social Justice*. Rutherford, N. J. 1980. – C. C. Rabassa, *En torno a A. M.* Guayaquil 1981. – L. A. Diez, *The Apocalyptic Tropics of A. M.* LALR, 10 (1982), 20, 31-40. – K. S. Larsen, *›Los fantoches‹ de D. A. M.* TC, 9 (1989), 30, 136-143.

Cárdenas, Eliécer

* 1950 in Cañar. Er studierte und lebt in Cuenca. Im Unterschied zu den meisten ec. Schriftstellern hat er sein Land nie verlassen. Bekannt wurde er mit dem Roman *Polvo y ceniza* (1978), für den er den Premio Nacional de Novela erhielt. Seine weiteren Romane sind *Juego de mártires* (1977?), *El ejercicio* (1978), *Del silencio profundo* (1980), *Háblanos, Bolívar* (1983) und *Las humanas certezas* (1986?). Er hat sein schriftstellerisches Konzept einmal definiert als den Versuch, »die von der offiziellen Geschichtsschreibung und Literatur ausgeklammerten Personen neu zu entdecken«. *Polvo y ceniza* ist die Geschichte des legendären Banditen Naún Briones, der in den 30er Jahren in der Region von Loja für soziale Gerechtigkeit sorgte bzw., so die Version der Großgrundbesitzer oder des Bischofs, als Mörder und Wegelagerer sein Unwesen trieb. In seiner Person erhellen sich Individuelles und Kollektives wechselseitig oder lösen sich sogar auf. Naúns Leben und Persönlichkeit verschwimmen mit denen anderer Banditen. Komplexität erzielt der Autor auch daher, daß er die Gescheh-

nisse durch eine Vielzahl von Personen aus der Erinnerung in widersprüchlicher, hyperbolischer oder bereits symbolischer Weise – so etwa durch einen Maler, einen Bildhauer oder seinen Verfolger – berichten läßt. Die Sprache des Romans zeichnet sich durch suggestive Bildhaftigkeit und umgangssprachliche Frische aus. C. hat sich jüngst auch dem Theater zugewandt. Sein Theaterstück *Morir en Vilcamba* (1988) ist ein Dialog zwischen dem engl. Schauspieler Richard Burton und dem mex. Komiker Cantinflas, die verständnislos aneinander vorbeireden.

Weitere Werke: Erzählungen: *Hoy, el general* (1971), *Siempre se mira al cielo* (1987).

Literatur: M. M. Robles, *To the Rescue of a Concealed History: E. C.' ›Polvo y ceniza‹*. In. D. Balderston (Hg.), *The Historical Novel in Latin America*. Gaithersburg 1986, 151-157. – A. Bergero, *La descentralización textual en ›Polvo y ceniza‹ de E. C.* RI, 54 (1988), 144/5, 933-958.

Carrera Andrade, Jorge

* 18.9.1903 in Quito, † 7.11.1978 ebd. Sohn eines Justizbeamten. Ab 1922 war er journalistisch tätig, zunächst in Guayaquil, 1923 in Quito als Chefredakteur von »Humanidad« und »La Antorcha«, dem Organ der neugegründeten Sozialistischen Partei, zu deren Sekretär er 1926 gewählt wurde. 1923 war er wegen seiner Kritik an der Regierung kurze Zeit in Haft. 1928 wurde er von seiner Partei zum 5. Internationalen Sozialistischen Kongreß nach Moskau entsandt. Er mußte die Reise durch Vorträge und andere Tätigkeiten finanzieren, u.a. verkaufte er in Deutschland Hörgeräte. Die Einreise nach Rußland wurde ihm nicht genehmigt. Er lebte dann in Frankreich und Spanien. 1932 Promotion zum Dr. phil. an der Universität von Barcelona. 1933, inzwischen als Dichter international bekannt, kehrte er nach Ecuador zurück. Im selben Jahr kam er als diplomatischer Vertreter seines Landes nach Le Havre, darauf lebte er in Japan, San Francisco und Caracas. Aus Protest gegen diktatoriale Maßnahmen des ec. Präsidenten, Velasco Ibarra, legte er 1946 das Amt nieder, nahm aber 1947 den diplomatischen Dienst wieder auf und war unter anderem bei der UNESCO in Paris (1952-58) und bei der UNO tätig.

C. A. hat einmal das Wesen seiner Dichtung definiert: »Meine Gedichte sind visuell wie eine Sammlung von Bildern oder Gemälden. Aus ihnen ergibt sich eine Biographie der Leidenschaften und Sehnsüchte. Jedes meiner Gedichte enthält vielfache biographische Elemente, und die wahre Geographie unseres Planeten wird in ihnen entfaltet. ... In kurzen poetischen Zeilen habe ich meine Lebensreise eingeschlossen, allein um Zeugnis von meinem Erdenweg abzulegen und meine persönliche Vision des Universums darzubieten«. Die erste Phase seiner Poesie, die von einigen Gedichten, die er als Schüler schrieb, bis zu seinem zweiten Band *La guirnalda del silencio* (1926) reicht, thematisiert das geruhsame, provinzielle Leben seiner Heimat. Die Sympathie des Dichters gilt dem bescheidenen Dasein der Insekten, den landwirtschaftlichen Nutztieren, der verträumten Melancholie der Landschaft und der Monotonie alltäglicher Gewohnheiten. Erklärtes Vorbild ist F. Jammes, zugleich läßt die kühne Metaphorisierung Kontakte mit der internationalen Avantgarde erkennen. *Boletines de mar y tierra* (1930) sind Ausdruck jugendlichen Aufbruchs aus idyllischer Stagnation, um sich als Reisender in die »grüne Magie der Geographie« zu begeben. Symbolisierte vorher der ruhende Teich C. A.s poetische Welt, entspricht jetzt das Fenster, »das kleine Grundstück des Himmels«, dem Zustand sinnlicher

Neugierde und Aufnahmebereitschaft. Gleichzeitig dient das Fenster als sprachwirksames Instrument, die Fülle andringender Bilder in klare, geometrische Formen zu fassen. Einen fundamentalen Wandel von einer in der »Werkstatt der Netzhaut« elaborierten Poesie des Lichts und der Farben zum humanitären Engagement vollzieht C. A. mit *El tiempo manual* (1935). Das Elend der Arbeiter in Ecuador, die Verschärfung der sozialen Auseinandersetzungen zu Beginn der 30er Jahre, die Einsamkeit des Menschen in einer von Maschinen beherrschten Welt finden in dem Werk einen von solidarischem Mitgefühl getragenen Ausdruck. Angesichts einer drohenden weltweiten Katastrophe und aus dem Bewußtsein heraus, als Einzelner nichts bewirken zu können, entsteht *Biografía para uso de los pájaros* (1937). Die Dinge des Alltags, familiäre Beziehungen, Gesundheit, Krankheit, Alter, Todesgewißheit werden hier als untranszendente Lebenswirklichkeit gegenüber den Konvulsionen der Zeit behauptet. Ein noch tieferer Pessimismus prägt die in Japan entstandenen Gedichte von *País secreto* (1940). Menschliche und dingliche Existenz wird auf die Grundelemente Tod und Einsamkeit reduziert. Vorherrschende Farbe ist das Grau des Alters und der Asche. Aus Schatten, rätselhaften Zeichen, Ruinen besteht das Inventar dieses »geheimen Landes«. In *Aquí yace la espuma* (1950) wird die prophezeite Realität furchtbarer Zerstörungen übersetzt in das Bild einer Welt, die für den vom Materialismus verführten und entwurzelten Menschen zum immensen Gefängnis geworden ist. Die tropisch elementare Heimat und das bukolische Glück der Jugend bilden in *Lugar de origen* (1945, ²1951, erw.) und *Familia de la noche* (1954) die seelische Zuflucht vor der bedrängenden Einsamkeit. Aus der Wiederentdeckung einer ursprünglichen und perfekten Natur erwächst ein neues Verständnis des Todes als »einer verschiedenen Art des Lebens«. In dem Gedichtzyklus *Hombre planetario* (1959, ²1963, erw.) baut darauf die Hoffnung, daß der »Weizen wachsen wird über den Resten| der zerstörten Waffen«. Zu C. A.s sonstigen Werken gehören mehrere literaturkritische Essays (u. a. über R. Darío, 1964), Studien über die Geschichte Ecuadors sowie Übersetzungen moderner frz. Dichtung. Seine Autobiographie erschien u. d. T. *El volcán y el colibrí* (1970).

Weitere Werke: Lyrik: *El estanque inefable* (1922), *Rol de la manzana* (1935), *La hora de las ventanas iluminadas* (1937), *Microgramas* (1940), *Registro del mundo. 1922-1939* (1940), *Canto a las fortalezas volantes* (1945), *El visitante de niebla y otros poemas* (1947), *Edades poéticas. 1922-1956* (1958), *Moneda del forastero* (1958), *Mi vida en poemas* (1962), *Floresta de los guacamayos* (1964), *Crónica de las Indias* (1965), *Poesía última* (1968), *Libro del destierro* (1970); Essays (Auswahl): *Latitudes* (1934, ²1940), *Guía de la joven poesía ecuatoriana* (1940), *Mirador terrestre* (1943), *Rostros y climas* (1948), *La tierra siempre verde* (1955), *El camino del sol* (1959), *Galería de místicos y de insurgentes* (1959), *Viaje por países y libros* (1961), *El fabuloso reino de Quito* (1963), *Retrato cultural del Ecuador* (1965), *Interpretaciones hispanoamericanas* (1967), *Las relaciones culturales entre el Ecuador y Francia* (1967).

Ausgaben: *Obra poética completa*. 1976. – *J. C. A., los caminos de un poeta*. Hg. J. Aravena. Quito 1980. – *Poemas/Gedichte*. (Auswahl span., dt.) Stuttgart 1980.

Literatur: P. R. Beardsell, *Theme and Standpoint in the Poetry of J. C. A.* I, 3 (1971), 3/4, 348-356. – E. Ojeda, *J. C. A. Introducción al estudio de su vida y de su obra*. New York 1972. – J. H. Córdova González, *El ›Hombre planetario‹ de C. A.: Visión de una nueva humanidad*. H, 56 (1973), 2, 358-363. – J. H. Córdova, *C. A.: Poética y dialéctica de la soledad*. CH, 389

(1982), 360-387. – J.H. Córdova, *Itinerario poético de J.C.A.* Quito 1986. – J.E. Ojeda, *J.C.A. y la vanguardia.* RI, 54 (1988), 144/5, 675-690.

Carrión, Alejandro

* 11.3.1915 in Loja, † 4.1.1992 in Quito. In Loja und Quito studierte er Sozialwissenschaften. Von Jugend an journalistisch tätig, war er Redakteur bei »El Tiempo« von Bogotá, dann bei »El Universo«, der größten Zeitung Ecuadors, in der er unter dem Pseudonym »Juan sin Cielo« – nach einem Gedicht J. ↑Carrera Andrades – eine tägliche politische Kolumne verfaßte, schließlich, ab 1980, Kolumnist bei »El Comercio«. Er gründete die Zeitschriften »Letras del Ecuador« und »La Calle«, 1956. Als Verlagsdirektor der Casa de la Cultura Ecuatoriana und als Vorsitzender der Partei Frente Democrático spielte er im kulturellen und politischen Leben seines Landes eine wichtige Rolle. Zuletzt bekleidete er ein hohes Amt bei der OAS.

C. hat Lyrik, Erzählungen, Essays und einen Roman geschrieben. Seine Lyrik dominieren pessimistische Gedanken über die traditionellen Themen Liebe, Tod und Einsamkeit. Ein erster Erzählband *La manzana dañada* (1948) greift auf persönliche Erinnerungen aus seinen Grundschuljahren zurück. Ein weiterer Band *La llave perdida* (1970) behandelt Familienszenen und provinzielle Intrigen, deren von Geilheit, Geld und Bosheit beherrschte Hintergründe mit sarkastischem Humor ausgeleuchtet werden. Manchmal bittere, manchmal groteske Satiren sind auch die Erzählungen von *Mala procesión de hormigas* (1978). Der Roman *La espina* (1959) entwickelt sich aus der selbstquälerischen Gewissensbefragung eines Mannes, der seine Einsamkeit als metaphysische Verdammung versteht.

Weitere Werke: Lyrik: *Luz del nuevo paisaje* (1937), *¡Aquí, España nuestra!* (1938), *Poesía de la soledad y el deseo. 1934-1939* (1945), *Agonía del árbol y la sangre* (1948), *La noche oscura* (1954), *Canto a la América española* (1954), *Cuaderno de canciones* (1954), *Poesía* (1961); Essays, Sonstiges: *Tiniebla* (1947), *Los compañeros de don Quijote* (1948), *Primicias de la poesía quiteña* (1954), *Los poetas quiteños de ›El ocioso en Faenza‹* (1957-58, 2 Bde.), *La galería de los retratos* (1962).
Ausgabe: *Obras completas.* Quito 19??, 5 Bde.

Carrión, Benjamín

* 20.4.1897 in Loja, † 8.3.1979 in Quito. Er war Journalist, Diplomat (Konsul in Le Havre), Erziehungsminister (1932) und – als Repräsentant der Sozialistischen Partei – Vizepräsident Ecuadors (1948). 1944 gründete er die Casa de la Cultura Ecuatoriana. Im dazugehörigen Verlag wurden zahlreiche Bücher ec. Autoren veröffentlicht, für die er fast immer generöse Vorworte verfaßte.

Er gilt als der bedeutendste Essayist der »Generation von 1920«. Die Frage nach der kulturellen Identität Ecuadors bzw. ganz Lateinamerikas ist das zentrale Thema seiner Essays, von seinem ersten Werk *Los creadores de la nueva América* (1928) bis zum postumen, temperamentvoll polemischen *América dada al diablo* (1981). Auch wenn in Anbetracht der weltweiten kulturellen Interdependenz manche Grundgedanken C.s etwas simplistisch anmuten, hat seine unermüdliche aufklärerische Tätigkeit über Abhängigkeit zumindest dazu beigetragen, die von vielen Ecuadorianern empfundene Inferiorität gegenüber den hegemonischen Kulturnationen in Frage zu stellen. Sein bekanntestes Werk ist *Atahuallpa* (1934), eine psycho-soziologische Studie über den letzten Inka-Herrscher.

Weitere Werke: Romane: *El desencanto de Miguel García* (1929), *Por qué Jesús no vuelve* (1963); Essays: *Mapa de América*

(1930), *Indice de la poesía ecuatoriana contemporánea* (1937), *Cartas al Ecuador* (1943), *El nuevo relato ecuatoriano* (1950-51, 2 Bde.), *San Miguel de Unamuno* (1954), *Santa Gabriela Mistral* (1956), *García Moreno, el santo del patíbulo* (1959), *El pensamiento vivo de Montalvo* (1961), *El cuento de la patria* (1967), *Raíz y camino de nuestra cultura* (1970), *Plan del Ecuador* (1977).

Ausgabe: *Obras completas.* Quito 1981 ff.

Literatur: F. Barriga López, *B. C.* Quito 1985.

Cuadra, José de la

* 3.9.1903 in Guayaquil, † 26.2.1941 ebd. Er wurde 1927 Rechtsanwalt. Während des Studiums in Guayaquil war er an der Gründung einer Arbeiteruniversität beteiligt. Neben seinem eigentlichen Beruf, der ihm wenig einbrachte, da er sich zumeist für die Belange armer Bauern einsetzte, übte er zeitweilig das Amt des Verwaltungssekretärs im Departement Guayas und das des Staatssekretärs für öffentliche Verwaltung aus. Er war außerdem ec. Konsul in Argentinien und Uruguay.

C. ist vielleicht der künstlerisch bewußteste Autor der »Guayaquil-Gruppe«. Außer einem etwas obskuren Frühwerk umfaßt seine Bibliographie Erzählungen, Essays, einen vollendeten und einen unvollendeten Roman. Als Erzähler liegt seine Stärke in der knappen, dramatischen Schilderung menschlicher Schicksale, Laster, brutalisierter Geschlechtsbeziehungen sowie abergläubischer Entsetzlichkeiten aus dem ländlichen Lebensbereich seiner heimatlichen Küstengegend. Daneben finden sich auch manche grausam klarsichtigen Erzählungen, die der gesellschaftlichen Oberschicht des Landes ein wenig schmeichelhaftes Denkmal setzen, auch wenn sich C. immer davor gehütet hat, moralistisch anklagend zu verzerren. Sein Hauptwerk ist der Roman *Los Sangurimas* (1934), Chronik und Anekdotensammlung einer Großgrundbesitzerdynastie, erzählt in einer Mischung aus Dialekt, lakonischer Ironie und makabrer Tragikomik. Die kompositionelle Idee, die dem Werk Zusammenhalt gibt, ist die vegetative Gestalt des »Matapalo«. Den »Stamm« dieses symbolträchtigen Baumes der Region verkörpert in der Familienchronik der Großvater Nicasio, Sohn einer Sangurima und eines Gringo, den ein Bruder seiner Mutter die Vaterschaft mit dem Tod büßen läßt, woraufhin diese kurze Zeit nach seiner Geburt ihren Bruder erschlägt und mit dem Kind flüchtet. Das Schauerdrama »Blutige Wiege« umfaßt allerdings nicht mehr als eine halbe Textseite, und in ähnlicher Knappheit werden weitere Begebenheiten und Legenden aus Nicasios Leben berichtet. Der zweite Teil, »Die Äste«, besteht aus den Lebensläufen, Lastern und Inzesten einiger der vielen Söhne Nicasios. Die dieses Dasein integrierenden Elemente der Gewalttätigkeit führen in »Sturm in den Blättern« zum Gipfel eines absurden und grauenhaften Geschehens, das den Untergang der Sangurimas einleitet. C. hat in dem Essay *El montuvio ecuatoriano* (1937) die geographischen, sozio-ökonomischen und politischen Hintergründe zu seinem kunstvoll komprimierten Roman nachgeliefert. *12 siluetas* (1934) ist eine Sammlung von Essays, von denen einige seine Weggefährten aus Guayaquil charakterisieren.

Weitere Werke: Erzählungen: *El amor que dormía* (1930), *Repisas* (1931), *Horno* (1932), *Guasintón* (1938); Romanfragment: *Los monos enloquecidos* (1951); Kurzromane, Sonstiges: *Perlita Lila* (1925), *Olga Catalina* (1925), *Incomprensión* (1925), *Sueño de una noche de Navidad* (1930), *Palo de balsa* (1938).

Ausgabe: *Obras completas.* Hg. J. E. Adoum. Quito 1958.

Literatur: H. E. Robles, *Testimonio y tendencia mítica en la obra de J. de la C.* Quito

1976. – A. Pareja Diezcanseco, *El mayor de los cinco*. UTIEH/C, 34 (1980), 117-139. – G. F. González, *J. de la C.: Nicasio Sangurima, un patriarca olvidado*. RI, 54 (1988), 144/5, 739-751.

Dávila Andrade, César

* 5.10.1918 in Cuenca, † 1967 (Selbstmord) in Caracas. Zeitweise in Quito, in Guayaquil, dann wieder in seiner Heimatstadt, ab 1951 in Venezuela führte »El Fakir«, wie er genannt wurde, ein unstetes, auch für seine näheren Bekannten undurchsichtiges Leben. Er soll den Theosophen oder Rosenkreuzern angehört haben und Redaktionsmitglied der 1964 gegründeten ven. Zeitschrift »Zona Franca« gewesen sein.

D. A. wurde von León Felipe als »höchster junger Dichter Amerikas« gelobt. In seiner Lyrik erstaunen von Anfang an die elementare Kraft seiner Metaphorik und der lange Atem seines poetischen Höhenflugs. Der thematische Kern, um den sich seine Lyrik entwickelt, ist jene eher metaphysisch als sozial motivierte, verzweifelte Sinnsuche, die auch seine Existenz bestimmte: »Manchmal möchte Man einen Knoten machen| längs über das einzige Skelett| wo es am längsten, am stummsten, am weißesten ist| dort wo es sich tragisch verwickelte| in den Hörnern Der Werke« (»El nudo«). Die ungeheure, von seinen Freunden belegte Anspannung, auch trivialen Alltag immer bewußt wahrnehmen zu wollen, spiegelt sich wider in seiner Dichtung als die Unmöglichkeit, der Fülle des Lebens teilhaftig zu werden. Als Reaktion auf diese grundsätzliche Frustration erklären sich manche Aspekte seines Werkes, von der bis ins letzte Detail ausgefeilten Perfektion der Texte bis hin zum ständig artikulierten Protest gegen alle naiven Vorstellungen von Realität. Sein eigenes Verständnis von – einer fortwährend erzeugten – Realität drückt sich aus in den zu Symbolen gesteigerten Begriffen »Ameise«, »Maurer«, »Architektur«, »Pyramide«, »Skulptur« etc. Grenzbereiche des Vorstellbaren werden fast systematisch in dem am schwersten zugänglichen Werk *En un lugar no identificado* (1960) aufgezeigt. Die noch von D. A. zusammengestellte Anthologie *Materia real* (1970) läßt in den letzten Gedichten die Tendenz zur Verwendung der Umgangssprache erkennen. Eine Sonderstellung in seinem Werk nimmt die Dichtung *Boletín y elegía de las mitas* (1957) ein, eine eindrucksvolle Darstellung der vergangenen und gegenwärtigen Leiden der ec. Indios. In D. A.s Erzählungen, von denen er mehrere Bände veröffentlicht hat, sind seine menschlichen Gestalten fast ausnahmslos metaphysisch Verdammte, im Gefängnis ihrer Körper Leidende, und zumeist dominiert eine alptraumhafte Stimmung der Ausweglosigkeit. Hervorzuheben ist die Meisterschaft, mit der D. A. unterschiedliche Sprachebenen und Milieus gestaltet.

Weitere Werke: Lyrik: *Oda al arquitecto. Canción a Teresita* (1946), *Espacio, me has vencido* (1946), *Catedral salvaje* (1951), *Arco de instantes* (1959), *Conexiones de tierra* (1964); Erzählungen: *Abandonados en la tierra* (1952?), *13 relatos* (1955), *Cabeza de gallo* (1966), *Pacto con el hombre* (1972).

Literatur: *El lenguaje poético de C. D. A.* Quito 1977. – K. Schwartz, *Death and Transfiguration in the Poetry of* C. D. A. H, 65 (1985), 4, 562-569. – J. Dávila Vázquez, *El dios de C. D. A.* RI, 54 (1988), 144/5, 779-787.

Dávila Vázquez, Jorge

* 1947 in Cuenca. Er studierte Literaturwissenschaft in seiner Heimatstadt und Dramaturgie in Frankreich. Sein bekanntestes Werk ist der preisgekrönte Roman *María Joaquina en la vida y en la muerte* (1976). Auf einer

seiner Handlungsebenen stellt der Roman die Zustände in einer lateinam. Diktatur des 19. Jh.s dar, von der brutalen Repression bis zur Einweihung eines pompösen Theaters. Parallel dazu entwickelt sich die inzestuöse Liebesbeziehung zwischen dem stumpfsinnigen, lasterhaften Diktator und seiner kapriziösen, europäisierenden Nichte María Joaquina. Die historischen Modelle sind Ignacio Veintemilla, der Ecuador zwischen 1876 und 1883 regierte, und seine Nichte Marieta Veintemilla. Die verschiedenen Erzählerstimmen lassen in schnellem Rhythmus Rückblenden und Vorgriffe, satirische Karikatur, erotische Episoden und legendäre, traumbildhafte Passagen abwechseln. D. V. hat außerdem die Erzählungsbände *Los tiempos del olvido* (1977), *El círculo vicioso* (1977), Lyrik und Theater, z. B. *Con gusto a muerte* (^{3}1981), veröffentlicht. *Con gusto a muerte* beschreibt die Situation von drei Schwestern, die von den Gespenstern eines Verbrechens aus Leidenschaft isoliert werden.

Donoso Pareja, Miguel

* 1931 in Guayaquil. Er studierte Jura in seiner Geburtsstadt bis zum Anwaltsexamen. 1964-82 lebte er in Mexiko und war Professor für Literaturwissenschaft an der UNAM, außerdem Koordinator der »Literaturwerkstätten« von Puebla und Herausgeber verschiedener Anthologien, u. a. *Prosa joven de América Hispana* (1972) und *Poesía rebelde de América* (1972).

D. P. hat sich der erzählenden Prosa ebenso wie der Lyrik und dem Essay gewidmet. Am bekanntesten sind seine Romane *Henry Black* (1969), *Día tras día* (1976) und *Nunca más el mar* (1981). Es handelt sich um Montagen von verschiedenen Stimmen und Bildern, die ineinander verfließen. So ist im ersten Roman der Erzähler einmal sein Protagonist, der Seemann Henry Black, ein andermal die – oppositionelle – Verkörperung des Tatmenschen gegenüber dem Intellektuellen. Ähnlich ist die weibliche Hauptgestalt Individuum und zugleich Prototyp des erotischen Begehrens sowie der Unmöglichkeit der Liebe. *Día tras día* wiederholt in monotoner Eindringlichkeit das Grundmotiv Sexualität (ein Macho und zwei Frauen) und die damals aktuellen Themen von Revolution und Repression. Leitmotivisch tauchen die Symbole des Kondors und des Berges auf, durch die eine Verknüpfung mit der geschichtlichen Vergangenheit Ecuadors hergestellt wird. Ambitiös konstruiert ist auch *Nunca más el mar*. Die männliche Hauptperson, die als Intellektueller und Schwerenöter den Protagonisten der anderen Romane gleicht, wird am Schluß mit dem Schriftsteller Pablo ↑Palacio identifiziert. Eine weitere Textebene bilden die verschiedenen Neugründungen der Stadt Guayaquil.

Weitere Werke: Lyrik: *La mutación del hombre* (1957), *Primera canción del exiliado* (1966), *Cantos para celebrar una muerte* (1977); Erzählungen: *Krelko* (1962), *El hombre que mataba a sus hijos* (1968), *Lo mismo que el olvido* (1986); Essays: *La hora del lobo* (1970), *Chile: ¿cambio de gobierno o toma del poder?* (1972), *Los grandes de la década del treinta* (1984), *Nuevo realismo ecuatoriano* (1984).

Literatur: R. Prada Oropeza, *Una incógnita obstinada: ›Nunca más el mar‹*. RI, 54 (1988), 144/5, 917-931.

Egüez, Iván

* 1944 in Quito. Er ist Mitherausgeber der Literaturzeitschrift »La Bufanda del Sol«. Sein literarisches Werk umfaßt Romane, Erzählungen und Lyrik. Besonders erfolgreich war sein kurzer Roman *La Linares* (1976), die Lebensgeschichte einer legendär schönen und fatalen Frau aus Quito in den 1920er und 30er Jahren, deren Attraktivität sich selbst der Erzbischof zunutze

machte. Das bunte, manchmal märchenhaft verfremdete Geschehen kritisiert mit pikareskem Charme die korrupte Führungsschicht des Landes. Eingeblendet wird u.a. eine von einer Rundfunkanstalt inszenierte Invasion von Marsbewohnern, eine Variante des H. G. Wellsschen Hörspiels. Hier strömt das Volk zum Haus der Linares, um die öffentliche Beichte ihrer Sünden zu hören. Aber es erfährt letztlich ebensowenig wie der Leser. Ambitiöser ist der Roman *Pájara la memoria* (1984). Das Delirium tremens des Erzählers eröffnet Einblicke in die Geschichte von Quito, von der Gründung bis zur Aktualität. Eine weitere Textebene bildet das zufällig vom Erzähler gefundene Tagebuch einer jungen Studentin. Als Lyriker ist E. zunächst mit den einfachen, direkt anklagenden Gedichten von *Calibre catapulta* (1970) hervorgetreten. Spätestens ab *Buscavida rifamuerte* (1975) wird seine Ausdrucksweise durch Einbeziehung von Umgangssprache, Sprichwörtern, Redensarten, Witzen und sonstigen Verfremdungstechniken wesentlich komplexer. In dem satirischen Roman *El poder del gran señor* (1985) erzählt das Bildnis Gottes in einer Kirche dem Leser – in der Rolle des Beichtvaters – von den Geständnissen der mehr oder weniger frommen Kirchgänger.

Weitere Werke: Lyrik: *La arena pública y loquera es lo-que-era* (1972); Erzählungen: *El triple salto* (1981).
Literatur: C.M. Waag, *Political Satire through Popular Music and a Popular Vision of Reality: ›La Linares‹, a New Novel from Ecuador.* PCL, 13 (1987), 50-57.

Estupiñán Bass, Nelson
* 1915 in Esmeraldas, wo er Präsident der Filiale der Casa de la Cultura Ecuatoriana war. Er gilt als einer der besten Kenner der Kultur und Geschichte der Schwarzen seines Landes. Bekannt geworden ist er als Romancier und Lyriker. Sein erster Roman *Cuando los guayacanes florecían* (1954) behandelt den blutigen Aufstand der Schwarzen in Esmeraldas, der 1911, nach der Ermordung des Parteiführers der Liberalen, Eloy Alfaro, ausbrach. E. B. schildert äußerst plastisch die Greuel des Krieges und der Niederlagen. Ebenfalls aktions- und personenreich ist der Roman *El paraíso* (1958). Die Haupthandlung ist exemplarisch: Der mächtige Großgrundbesitzer, der als Regierungsminister nicht zum Gemeinwohl des Staates wirkt, setzt seinen korrupten und skrupellosen Sohn als Provinzverwalter ein. Nach einer Zeit des Terrors und der schmutzigen Geschäfte erhebt sich die Bevölkerung und hängt den Sohn auf. Ein neuerer Roman von E. B., *Las puertas del verano* (1978), ist eine Mixtur aus Science Fiction, Indigenismo und humoristischen Einlagen. *Toque de queda* (1978) ist die weitgehend in Dialogfragmenten gestaltete Chronik eines Militärputsches. Im Unterschied zu den meisten zeitgenössischen Romanen in Ecuador wird diesmal die Linke nicht zerschlagen, sondern es gelingt der Guerilla sogar, unterstützt vom Volk, die Putschisten zu besiegen.

Weitere Werke: Lyrik: *Canto negro por la luz* (1954), *Timarán y Cuabú: cuaderno de poesía para el pueblo* (1956); Roman: *Senderos brillantes* (1974), *El último río* (1979?); Sonstiges: *Las huellas digitales* (?).
Literatur: M.L. Walker, *The Black Social Identity in Selected Novels of N. E. B. and Adalberto Ortiz.* (1977?). – H.J. Richards, *Narrative Strategies in N. E. B.'s ›El último río‹*. AHR, 1 (1982), 1, 11-16. – S. A. Cyrus, *Rage and Hope in the Works of N. E. B.* AHR, 2 (1983), 3, 13-18. – H.J. Richards, *N. E. B. and the Historico-political Novel: From Theory to Praxis.* AHR, 2 (1983), 1, 5-12.

Gallegos Lara, Joaquín
* 1911 in Guayaquil, † 1947 ebd. Er ist

neben D. ↑Aguilera Malta und E. ↑Gil Gilbert Koautor des Erzählungsbandes *Los que se van* (1930) und nahezu eine Symbolfigur der »Guayaquil-Gruppe«, da er sich trotz Invalidität unermüdlich politisch und gewerkschaftlich einsetzte. Sein Werk umfaßt nur wenige Titel. *Las cruces sobre el agua* (1946) ist sein einziger Roman. Postum wurden die Erzählungen *La última erranza* (1947) und ein kürzerer Essay *Biografía del pueblo indio* (1952) herausgegeben. *Las cruces sobre el agua* ist einer der wenigen ec. Stadtromane und Höhepunkt eines kritischen Realismus. Die auftretenden Personen sind nicht von Anfang an in ihrem Wesen definiert, sondern wachsen im Verlauf der Handlung heran, beobachten, zweifeln, erkennen und handeln. Die Hauptpersonen sind zwei Freunde, Alfredo, Sohn eines Bäckers, und Alfonso, der studiert hat und die Künste liebt. Es ist der Roman von Guayaquil in den ersten Jahrzehnten des 20. Jh.s, zur Zeit der Beulenpest, der von Eseln gezogenen Straßenbahn, der ersten Kinos und des Massenelends. »In unserem unglücklichen Land«, sagt Alfonso einmal, »berauben wir jemanden, wenn wir uns freuen. Nur wenn wir Halunken sind, können wir glücklich sein.« Dramatischer, erzähltechnisch durch die Erinnerungen verschiedener Personen hervorgehobener Höhepunkt ist jener 15.11.1922, an dem bei einer Demonstration vom Militär ein Massaker angerichtet und Hunderte von Toten in den Fluß Guayas geworfen wurden.

Gil Gilbert, Enrique

*8.7.1912 in Guayaquil, †21.2.1973 ebd. Er entstammte einer reichen Familie. Nach dem Schulbesuch trat er der Kommunistischen Partei bei, widmete sich der Politik und kam mehrfach ins Gefängnis. Zeitweise war er Generalsekretär der Partei, 1944 Abgeordneter von Guayas, in späteren Jahren Professor für Geschichte und Literatur in Quito.

G. G. ist der dritte Autor des Erzählungsbandes *Los que se van* (1930). Sein nächstes Werk *Yunga* (1933) enthält einige seiner perfektesten Erzählungen, darunter »El negro Santander«, in der die Schilderung der Landschaft mit dem kollektiven Drama der zum Bau einer Eisenbahnstrecke verpflichteten Farbigen zu einer poetischen Einheit verschmilzt. *Relatos de Emmanuel* (1939) kreist in der Form fiktiver autobiographischer Aufzeichnungen von Erlebnissen, Traumfantasien und Erinnerungen um die soziale Situation unehelicher Kinder. Der Protest gegen Privilegien und deren Mißbrauch überzeugt durch die differenzierten Einsichten des Betroffenen. G. G.s Hauptwerk ist der Roman *Nuestro pan* (1942; dt. *Unser Brot*, 1954). Er behandelt den Wandel der Ausbeutungspraktiken auf den Reisplantagen bei Guayaquil: Der alte Großgrundbesitzer, ein Patriarch mit liberalen Ansätzen, gewährte seinen Pächtern wenigstens das Existenzminimum. Sein Sohn, ein studierter Betriebswirt, modernisiert das Anwesen bis zum Massenmord an den billigsten Arbeitskräften, den aus dem Hochland angeworbenen Indianern. Nach diesem Werk, bei dem gelegentlich die »Melodramatik« des Schlußteils bemängelt wurde, hat G. G., überzeugt von der Wirkungslosigkeit der Literatur, seine schriftstellerische Laufbahn freiwillig beendet. Die angekündigte »Geschichte von einer immensen Krokodilhaut« hat er nie beendet.

Weitere Werke: Erzählungen: *La cabeza de un niño en un tacho de basura* (1967).

Literatur: M. Donoso Pareja, *Aproximación a ›Nuestro pan‹ de E. G. G.* CAMBIO, 15/6 (1979), 101-104.

Granda, Euler

* 1935 in Riobamba. Psychiater. Er gehörte zu den Lyrikern des 1962 entstandenen »Tzantzismo« (von »tzantza«, Schrumpfkopf), die, beeinflußt von Sartre und Heidegger, Dichtung als Überwindung der Metaphysik ansahen und zugleich eine Neubewertung der vitalen Erfahrung sowie der – amerikanischen – Realität anstrebten. In G.s ersten Gedichtbänden bis zur Anthologie *Poesía* (1968) sind der Alltag mit seinen Frustrationen das hauptsächliche Sujet. In den anschließenden Bänden *El cuerpo y los sucesos* (1971), *La inutilimanía y otros nudos* (1973), *Un perro tocando la lira* (1977) und *Bla bla bla* (1982) hat seine lyrische Sprache eine neue Qualität gewonnen, stechen scharfe, oft sarkastische Ironie oder schockierende vulgärsprachliche Ausdrücke hervor. Mit prophetischem Zorn werden die im Alltag des Ecuadorianers versteckten Brutalitäten entlarvt sowie die politischen und sozialen Lügen entmystifiziert.

Weitere Werke: Lyrik: *El rostro de los días* (1961), *Voz desbordada* (1963), *Etcétera etcétera* (1965), *El lado flaco* (1968).

Icaza, Jorge

* 10.6.1906 in Quito, † 12.5.1978 ebd. Er war einige Jahre lang Schauspieler und zeitweise Beamter der Finanzverwaltung in der Provinz Pichincha. Ab 1937 führte er in Quito eine Buchhandlung. Mit A. ↑Carrión u.a. gründete er die ec. Schriftsteller- und Künstlergewerkschaft und wurde deren Generalsekretär. Als Mitglied der sozialdemokratischen Concentración de Fuerzas Populares war er politisch aktiv. 1960 wurde er Direktor der Nationalbibliothek in Quito. Ab 1973 war er Botschafter in der UdSSR.

Bevor I. mit dem Roman *Huasipungo* (1934; dt. *Huasipungo*, 1952) international bekannt wurde, hatte er einige Theaterstücke und Erzählungen veröffentlicht. *Huasipungo* erlebt nach wie vor jedes Jahr hohe Neuauflagen und wird bis zur Gegenwart polemisch verdammt oder gepriesen. Zumeist bezieht man sich dabei nicht auf den Text mit seiner Episodenvielfalt und der dem Gegenstand angemessenen harten, manchmal avantgardistisch aggressiven, manchmal durch die Sprecher verstümmelten Sprache, sondern allein auf das Konstrukt der Zusammenhänge von ausländischen Kapitalinvestitionen und brutaler, auf Ausrottung abzielender Unterdrückung der indianischen Bevölkerung. Teile der Handlung sind exemplarisch: US-Amerikaner haben an den Osthängen der Anden Erdöl entdeckt. Um es zu erschließen, muß eine Straße gebaut werden und müssen die Indianer von ihren »huasipungos«, ihren Parzellen, die sie vom Großgrundbesitzer gegen Dienstleistungen erhalten haben, vertrieben werden. Die an der Straße arbeitenden Indianer fallen dem mörderischen Klima zum Opfer. Die anderen, die sich gegen die Vertreibung zur Wehr setzen, werden von Regierungstruppen niedergemetzelt. Das literarisch Besondere an dem Roman ist jedoch nicht dieser Handlungsverlauf, sondern die ungemilderte Darstellung des Elends, einschließlich barbarischer Sitten und haarsträubender Verhaltensweisen, bis hin zum Verzehr eines schon verwesten Ochsen. Gegenüber dem traditionellen indigenistischen Roman (C. ↑Matto de Turner) verfälscht *Huasipungo* nicht die Wirklichkeit der dahinvegetierenden, letztlich in ihrer Mentalität und Psychologie unbekannten Indianer, indem das Schicksal einer Einzelperson herausgehoben wird, um auf dem Wege der Rührung Mitleid zu erwekken, sondern als ein Dokument von makabrer Entsetzlichkeit, die auch die Selbsterniedrigung der Indianer einschließt, wird Anklage erhoben und Rechenschaft gefordert. Für viele Kritiker sind I.s weitere Romane formal und sprachlich ausgefeilter, aber es ist auch eine andere Realität, die in ihnen gestaltet wird. *En las calles* (1935, ausgezeichnet mit dem Premio Nacional) behandelt die Sinnlosigkeit des politischen Opfers für scheindemokratische Verhältnisse. In einem Staat, den Großgrundbesitzer regieren oder regieren wollen, kämpft der Unterprivilegierte niemals für seine eigenen Interessen. Um das Problem des »cholo«, des Mestizen, der sich seiner indianischen, d.h. mütterlichen Herkunft schämt, der vom weißen Vater den Stolz und die Lasterhaftigkeit geerbt hat, dem aber der Zugang zur Oberschicht fast immer verwehrt bleibt, kreisen die Romane *Cholos* (1938), *Media vida deslumbrados* (1942), *Huairapamushcas* (1948) und *El chulla Romero y Flores* (1958; dt. *Caballero im geborgten Frack*, 1965). Letzteren hielt I. selber für sein bestes Werk. Es ist das komplexe Porträt eines Mestizen. Da er arm ist und nicht ganz so amoralisch wie die Strolche, die die hohen öffentlichen Ämter bekleiden, ist sein Versuch, in die obere Gesellschaft aufzusteigen, zum Scheitern verurteilt. Infolge einer tragisch endenden Liebesgeschichte sowie der Intrigen, denen er ausgesetzt ist, weil er sein Amt bei der Steuerbehörde zu genau nimmt, geht eine tiefe Veränderung in ihm vor und er versteht sein Schicksal als eine sinnlose Flucht aus dem Lebensbereich, in dem er sich als Persönlichkeit hätte verwirklichen können. *Atrapados* (1972) ist eine autobiographische Romantrilogie bzw. die Chronik des mestizischen Autors, der sich vergebens gegen das System auflehnt. Die Technik beruht, ähnlich wie in *El chulla Romero y Flores*, auf dem parallelen Spiel von zwei Stimmen, wobei die eine die männlich-spanische, die andere die weiblich-indianische Stimme ist. Passagenweise gibt es auch einen Dialog zwischen der »bewußten« Stimme der erzählenden Hauptperson und den kollektiven Stimmen der Vorfahren.

Weitere Werke: Erzählungen: *Barro de la sierra* (1933), *Seis relatos* (1952), *Seis veces la muerte* (1953), *Viejos cuentos* (1960); Theater: *El intruso* (1929), *La comedia sin nombre* (1930), *Por el viejo* (1931), *Como ellos quieren; ¿Cúal es?* (1931), *Sin sentido* (1932), *Flagelo* (1936).

Ausgabe: *Obras escogidas*. Madrid 1961.

Literatur: E. Kalwa, *J. I. y el indio: Realismo americano y crítica social*. BRP, 12 (1973), 1, 65-96. – T. A. Sackett, *El arte en la novelística de J. I.* Quito 1974. – A. J. Vetrano, *La problemática psico-social y su correlación lingüística en las novelas de J. I.* Miami 1974. – A. Lorente Medina, *La narrativa menor de J. I.* Valladolid 1980. – J. E. Adoum, ›*Huasipungo*‹: *¿El indio, persona o personaje?* CDLA, 22 (1981), 127, 22-29. – K. N. March; L. Martul Tobío, *Las sorpresas del virtuoso compromiso: El indigenismo de J. I.* IL, 4 (1983), 17, 163-180. – T. A. Sackett, *Metaliteratura e intertextualidad en la última ficción de J. I.* RI, 54 (1988), 144/5, 753-762.

Jácome, Gustavo Alfredo

* 1912 in Otavalo. Als Pädagoge hat er sich außerordentlich verdient gemacht, u.a. als Lehrer an einer Dorfschule, Verfasser von Schulbüchern, Universitätsprofessor, schließlich auch als UNESCO-Beauftragter und Mitglied der Sprachakademie.

Sein literarisches Werk, für das er mehrere nationale Preise erhalten hat, umfaßt Lyrik, Erzählungen und Romane. Anmut und eine seltene menschliche Wärme gelten als Merkmale des Gedichtbandes *Romancero otavaleño* (1967). Der nördlich von Quito gelegene Geburtsort J.s ist wiedererkennbar in der Stadt Quinchibuela, dem Hauptschauplatz des Romans *Porqué se fueron las garzas* (1979; dt. *Auf der Suche ich nach mir*, 1982). Die hier lebenden Indios, die hauptsächlich Weberei betreiben, haben es verstanden, ein internationales Handelsnetz aufzubauen. Im weiteren Verlauf gründen sie ein Komitee zum Schutz armer Indios. Der Protagonist, Andrés Tupatauchi, verkörpert die inneren und äußeren Konflike dieser besonderen indianischen Gemeinschaft. Er ist mit einer US-Amerikanerin verheiratet, hat in Quito und den USA studiert, muß jedoch erfahren, daß er weiterhin diskriminiert wird. Drei Stufen umfaßt sein existentieller Lernprozeß: Einmal als Schüler von einem weißen Mädchen zurückgewiesen, schämt er sich, Indio in einer Gesellschaft zu sein, die ihm den Zugang verwehrt. Bei seinem Studium in den USA entdeckt er seine mutmaßliche Herkunft vom Inkaherrscher Atahualpa. Später wird ihm klar, daß seine Projektion auf eine glorreiche Vergangenheit ein Irrtum war, der die Gegenwart vernebelt. Ein Ausweg aus der – individuellen und kollektiven -- Identitätskrise wird nur angedeutet in der aktiven und bewußten Pflege des eigenen Kulturerbes. Der streckenweise lyrisch verdichtete Roman J.s basiert im Unterschied zum traditionellen Indigenismus nicht auf dem unaufhebbaren Gegensatz von Indios und Weißen bzw. Mestizen, sondern er plädiert für die Anerkennung der Indios als Menschen, die gleichzeitig Indios sind. *Los pucho-remaches* (1984), ein weiterer umfangreicher Roman, ist einerseits eine Darstellung der Geschichte und aktuellen sozialen Situation der Indios in Ecuador, zugleich eine bitterböse Satire auf Oberschicht, Klerus und Militär.

Weitere Werke: Lyrik: *Luz y cristal* (1945), *Ronda de la primavera* (1946); Erzählungen: *Barro dolorido* (1961), *Siete cuentos* (1979); Essays: *Biografía de Luis Felipe Borja* (1947), *La imagen en la poesía de César Dávila Andrade* (1971), *En la muerte de Pablo Neruda* (1974).
Literatur: M. H. Handelsman, *Algunas acotaciones sobre el neoindigenismo de ›Porqué se fueron las garzas‹*. ETL, 12 (1983/4), 1, 59-66. – K. M. March, *Evolución y supervivencia del indigenismo (notas en torno a ›Porqué se fueron las garzas‹)*. ALH, 14 (1985), 143-150.

Mera, Juan León
* 28.6.1832 in Ambato, † 13.12.1894 ebd. Er wuchs in ärmlichen Verhältnissen bei seiner alleinstehenden Mutter und Großmutter auf. Autodidaktisch erwarb er umfassende literarische und historische Kenntnisse. Er war außerdem als Maler tätig, was auch Niederschlag in seinen literarischen Landschaftsschilderungen gefunden hat. 1861 schloß er sich García Moreno an, der als Vertreter der Großgrundbesitzer im Verbund mit der katholischen Kirche ein diktatoriales Regime errichtete.
Obwohl M. im Unterschied zu seinem einstigen Freund J. ↑Montalvo eher zurückgezogen lebte, ist er als Lyriker, Romancier, Literaturkritiker und Essayist mit dem klaren Ziel der Schaffung eines konservativen Geschichts- und Nationalbewußtseins hervorgetreten. So kontrastiert er in der 5000 Verse umfassenden Dichtung *La virgen del sol* (1861) die Söldnermentalität der span. Konquistadoren mit den Tugenden der Indios. Historische Episoden aus der Zeit der Inkaherrschaft werden verwoben mit der Rivalität zweier indianischer Jungfrauen, der einfältigen Cisa und der furchtbaren Toa, um den Krieger Titu. M.s berühmtestes Werk ist der Roman *Cumandá o Un drama entre salvajes* (1879), charakteristisch für den idealisierenden Indianismus des 19. Jh.s, der sich auf Chateaubriands *Atala* (1801) zurückführen läßt. Cumandá ist ein Mädchen, das bei dem Stamm der Jíbaros aufwächst. Sie verliebt sich in Carlos, den Sohn eines Missionars. Nach dramatischer Flucht erleidet sie, um ihn zu retten, einen grausamen Op-

fertod, der sie allerdings vor dem Inzest bewahrt, da sie, was sie nicht wußte, Carlos' Halbschwester ist. Bei allen Mängeln, die der Roman aufweist, wurden seinerzeit die Genauigkeit der Darstellung indianischer Sitten und die Farbigkeit der Landschaftsdarstellung hoch gelobt, u.a. von dem Spanier J. Valera. Die evidenten Mängel der Gestaltung der Protagonisten sind in M.s folgenden kostumbristischen Romanen wie *Los novios de una aldea ecuatoriana* (1872) behoben. Zu seinen weiteren Werken gehört eine erste Darstellung der ec. Literaturgeschichte, *Ojeada histórico-crítica sobre la poesía ecuatoriana* (1868, ²1893) sowie die bedeutende *Antología ecuatoriana. Cantares del pueblo ecuatoriano* (1892). M.s politisches Testament, in dem er über die Bürgerkriegsjahre 1875-83 urteilt, ist der historische Essay *La dictadura y la restauración en la República del Ecuador* (1931, ²1982).

Weitere Werke (Auswahl): Lyrik: *Poesías* (1858, 1892), *Melodías indígenas* (1887); Romane: *Entre dos tías y un tío* (1889), *Porque soy cristiano* (1891), *Un matrimonio inconveniente* (1893).

Ausgabe: *Novelas cortas*. Ambato 1952.

Literatur: M. Corrales Pascual (Hg.), ›*Cumandá*‹, *1879-1979: contribución a un centenario*. Quito 1979. – H. Vidal, ›*Cumandá*‹: *Apología del estado teocrático*. RCLL, 6 (1980), 12, 199-212.

Montalvo, Juan

* 13.4.1832 in Ambato, † 17.1.1889 in Paris. Er war Jurastudent, als er 1857 mit einer Legation nach Europa kam und sich bald mit V. Hugo, Lamartine und mehreren span. Schriftstellern anfreundete. Letztere, unter ihnen Emilia Pardo Bazán, setzten sich später vergebens für seine Aufnahme in die Real Academia ein. 1859 kehrte er nach Ecuador zurück. Mit Mut und Arroganz polemisierte er gegen den klerikal-konservativen Diktator G. García Moreno, u.a. als Herausgeber – und fast einziger Verfasser – der Zeitschrift »El Cosmopolita« (1866-69). 1869 wurde er nach Ipiales, an der kol. Grenze verbannt. Die Ermordung García Morenos (1875) kommentierte er unerschrocken: »Meine Feder hat ihn getötet«. 1879, aufgrund seiner publizistischen Kampagne gegen den neuen Diktator Veintemilla in der Zeitschrift »El Regenerador« (1876), mußte er ins Exil gehen, von wo er den Kampf gegen die Diktatur in seiner Heimat mit *Catilinarias* (1880-82) und »El Espectador« (1886-88) fortsetzte. Ein Konsulat, das ihm 1888 von der ec. Regierung angeboten wurde, schlug er aus.

M.s ausgefeilte Prosa seiner politischen Kampagnen und sonstigen Schriften galt in Lateinamerika und Spanien auch denen als vorbildlich, die nicht seinen liberal-demokratischen Standpunkt teilten. Außer den Diatriben, Artikeln und Essays der von ihm herausgegebenen Zeitschriften hat M. zwei bedeutende Werke geschaffen, deren gattungsmäßige Zuordnung nicht weniger diskutiert worden ist als M.s Zugehörigkeit zur Romantik oder zum Positivismus. Als Roman läßt sich *Capítulos que se le olvidaron a Cervantes* (1895) verstehen. Dieser »Versuch einer Nachahmung eines unnachahmbaren Werkes« wurde bereits 1873 beendet. Nach einer ausführlichen Einleitung werden in sechzig Kapiteln Don Quijote und Sancho Panza in neue Abenteuer und Gespräche verwickelt. Der Hintergrund der Episoden ist die soziopolitische Situation zur Zeit García Morenos, nicht nur Ecuadors, sondern ganz Lateinamerikas, mit ihren Diktaturen, Bürgerkriegen, ignoranten Massen oder machtgierigen Klerikern. Eingeschaltet werden kleinere Essays, etwa über die Torheit, das Wasser, die Tat, den Baum. *Siete tratados* (1882) ist eine von den Gegenständen her recht unterschiedliche Essay-Sammlung, die praktisch alle Gebiete des Geisteslebens umfaßt. Die »Tratados«, also »Abhandlungen«, (u.a. über »Adel«, »menschliche Schönheit«, »Genie«, »Südamerikas Befreiungshelden«) ergeben nur einen lockeren Rahmen, innerhalb dessen vielfältig stilisierte Ausführungen anzutreffen sind, die von einigen glänzenden Porträts berühmter Frauen bis hin zu Gedanken über das Polarlicht oder die Pariser Kommune reichen. Das Werk überragt durch seinen ausdrucksvollen, eher lapidaren als metaphorischen Darstellungsstil, der im Unterschied zu dem vieler Zeitgenossen stärker an den spanischen Klassikern als an der frz. Literatur ausgerichtet ist, auch wenn Montaigne erklärtes Vorbild war, wie M. selbst dann für J. E. ↑Rodó und andere Essayisten zum Vorbild wurde. Zu M.s sonstigen Werken gehören die zumeist zwischen 1872 und 1875 entstandenen Ideen-Dramen *Jara*, *La Leprosa*, *Granja El descomulgado* und *El dictador*, die u. d. T. *El libro de las pasiones* (1935) erschienen.

Weitere Werke (Auswahl): *Desperezo del Regenerador* (1878), *Mercurial eclesiástico, libro de las verdades* (1884), *Geometría moral* (1902), *Los héroes de la emancipación de la raza hispano-americana* (1909).

Ausgaben: *Obras escogidas*. Hg. J.E. Moreno. Quito 1948. – *J. M.* Hg. G. Zaldumbide. Puebla 1959. – *Las Catilinarias. El Cosmopolita. El Regenerador*. Hg. B. Carrión. CAR 1977 (BiAy).

Literatur: R. D. Agramonte, *La filosofía de M.* RIB, 22 (1972), 4, 370-389. – A. Sacoto Salamea, *J. M.: el escritor y el estilista*. Quito 1973. – *J. M. en Francia. Actas del Coloquio de Besançon*. Paris 1976. (Annales littéraires de l'Université de Besançon, 190.) – J. L. Abellán, *En torno a la figura, la obra y la significación intelectual de J. M.* CH, 107 (1977), 320/1, 249-277. – J. Chacón, *J. M. Bosquejo*. Guayaquil 1982.

Olmedo, José Joaquín

* 20.3.1780 in Guayaquil, † 19.2.1847 ebd. In Quito besuchte er die Schule, in Lima die Universität San Marcos, an der er Philosophie und Jura studierte. 1808 wurde er Advokat bei der Königlichen Audienz in Quito. 1811 kam er als Abgeordneter von Guayaquil nach Cádiz (Spanien). Bei der Auflösung der Cortes durch Ferdinand VII. mußte er in seine Heimat zurückkehren. Als sich Guayaquil 1820 unabhängig erklärte, wurde er Mitglied der Regierungsjunta. 1823 nahm er in Lima am Verfassungskongreß teil. 1825 entsandte ihn Bolívar in diplomatischer Mission nach London. 1828 zurückgekehrt, weigerte er sich, Bolívars letztem Kabinett in Bogotá beizutreten. Bei der Gründung der Republik Ecuador wählte man ihn zum Vizepräsidenten.

Von den etwa 90 lyrischen Kompositionen, die O. im Verlaufe seines Lebens verfaßte, überragt nur der geringste Teil neoklassische Pedanterie und Mittelmäßigkeit. Zu den Dichtungen, die nicht nur im span.-sprachigen Amerika über dem allgemeinen Niveau der Zeit stehen, gehören *La victoria de Junín. Canto a Bolívar* (1825) und »Al general Flores, vencedor en Miñarica« (1835 entstanden). Konzipiert wurde die erste, fast tausend Verse umfassende Ode anläßlich Bolívars Sieg im August 1824 bei Junín. Die von Sucre gewonnene Entscheidungsschlacht bei Ayacucho im Dezember desselben Jahres bewog O. zur grundlegenden Umarbeitung der Dichtung, die er später, nicht zuletzt auf die Kritik Bolívars hin, noch weiter glättete und ausfeilte. Die Brücke zwischen beiden Schlachten bildet die Erscheinung des letzten Inka-Herrschers Huayna-Cápac, der seine Prophezeiung vom endgültigen Sieg über die Spanier mit einem politischen Diskurs über die Zukunft des demokratischen, geeinten Hispanoamerika verbindet. Bei aller feierlicher Getragenheit herrscht in der

Ode eine erstaunliche Knappheit und Präzision des Ausdrucks vor, selbst in den Passagen, die mit dem Klang der Worte die Stimmung der Situation volltönend untermalen. Die Sorge um das Schicksal Amerikas durchdringt die andere Dichtung »Al general Flores«, die u.a. von E. ↑Anderson Imbert in ihren politischen Qualitäten über *La victoria de Junín* gestellt wird. Als eine weitere bedeutende Leistung O.s gilt die einfühlsame Übersetzung (1823) von A. Popes *An Essay on Man*.

Ausgaben (Auswahl): *Obras poéticas*. Hg. J.M. Gutiérrez. Valparaíso 1848, Paris 1853. – *Obras poéticas*. Hg. M.N. Corpancho. ME 1862. – *Obras completas: Poesías*. Hg. A. Espinosa Pólit. Quito 1945.
Literatur: L. Noboa Icaza, *Estudios sobre O.* Guayaquil 1973. – A. Andino, *Bolívar, O. y el ›Canto de Junín‹*. CH, 93 (1973), 279, 611-620. – M. Tello, *O.: Magia y fulguración de la palabra*. Cuenca (Ec.) 1980. – C. García Barrón, *Algunos datos poco conocidos sobre textos de J.J. de O.* RI, 46 (1980), 112/3, 581-588. – J.I. Cazorla, *O. y su tiempo*. Quito 1984.

Ortiz, Adalberto
*9.2.1914 in Esmeraldas. Er studierte Pädagogik in Quito und war ab 1937 als Lehrer, in den 40er und 50er Jahren als Diplomat tätig. 1955 wurde er Chefredakteur der Literaturzeitschrift »Cuadernos del Guayas«, bald darauf Sekretär der Casa de la Cultura Ecuatoriana. 1969 war er leitender Sekretär der Polytechnischen Hochschule in Guayaquil.
O., auch als Maler bekannt, ist Autor von Erzählungen, Romanen und Gedichten, von denen die frühsten um 1940 in der Literaturbeilage der Zeitung »El Telégrafo« von Guayaquil erschienen. Als erster Lyriker seines Landes verarbeitete er Motive und Rhythmen der Folklore der Schwarzen Ecuadors. Sein später Gedichtband *Poemas* (1973) enthält eine Sektion »Fórmulas«, in der gegenüber der früheren, vor allem metaphorischen Dichtung, eine neue, direkte Aussageweise vorherrscht. O.' nach wie vor bekanntestes Werk ist der Roman *Juyungo. Historia de un negro, una isla y otros negros* (1943; 1942 Premio Nacional; dt. *Juyungo. Roman aus dem Urwald*, 1957). Protagonist ist der junge Schwarze Ascensión Lastre, Juyungo, was im Dialekt der ec. Indios »Affe« oder »Teufel« bedeutet. Er arbeitet auf Plantagen und beim Straßenbau im Urwald. Seine Empörung über das hoffnungslose Elend seiner Schicksalsgenossen macht ihn zum heldenhaften Anführer von Streiks und Aufständen. Mit seiner weißen Frau erlebt er dann auf der Insel Perpepán, in der Mündung des Río Esmeraldas, zusammen mit anderen Schwarzen eine Zeit des Glücks. Sie währt nicht lang, da der Deutsche Mr. Hans, der die Insel gekauft hat, die Hütten anstecken läßt. Der Tod seines Söhnchens und der Wahnsinn seiner Frau lassen Yuyungo zum Mörder werden. Später findet er im Krieg zwischen Ecuador und Peru (1938-41) den Tod. O. plädiert in dem Roman ohne Pathos für Menschlichkeit. Der schwarze Paria leidet neben dem weißen, und Kriminelle gibt es in allen Rassen. Juyungo wird sicher zum charismatischen Helden stilisiert, dennoch entbehrt der Gegenstand, für den er dann sein Leben verliert, jeder apotheotischen Kraft: Es ist ein Schweinebraten, der im feindlichen Schützengraben zubereitet wird. Stimmung und Milieu des Romans werden in eindrucksvoller Weise durch die Rhythmik und Musikalität der Sprache vermittelt, die sich in den Kapitelanfängen »Augen und Ohren des Urwalds« zu intensiver lyrischer Beschwörung steigert. Ein weiterer Roman *El espejo y la ventana; novela a dos voces* (1964, ²1970) besteht aus einem Kontrapunkt von inneren Monologen verschiedener Personen, die als »Espejo« (»Spiegel«)

jedem Kapitel vorausgeschickt werden, und einer drei Generationen umfassenden Chronik einer Familie aus der Gegend von Esmeraldas. Die wichtigsten Personen sind eine dominierende Großmutter und ihr rebellischer Enkel.

Weitere Werke: Lyrik: *Tierra, son y tambor; cantares negros y mulatos* (1945), *Camino y puerto de la angustia* (1946), *El vigilante insepulto* (1954), *El animal herido* (1961), *Poesía completa* (1959); Erzählungen: *Los contrabandistas* (1945), *La mala espalda; once relatos de aquí y de allá* (1952), *La entundada* (1971).

Literatur: O. Díaz, *El negro y el indio en la sociedad ecuatoriana.* Bogotá 1978. – W. W. Megenney, *Color y sicología social en ›Juyungo‹ de A. O.* IAA, N. F. 5 (1979), 3, 199-213. – M. K. Cobb, *O., Glissant and Ellison: Fictional Patterns in Black Literature.* AHR, 1 (1982), 3, 5-9. – M. Ballester, *Three Possibilities for Black Liberation in ›Juyungo‹.* AHR, 2 (1983), 2, 5-8. – L. Martínez Echazábal, *Desmitificación en ›Juyungo‹ de A. O.* DL, 4 (1987), 2, 437-443.

Palacio, Pablo

* 1906 in Loja, † 7.1.1947 in Guayaquil. Er wuchs auf in ärmlichen Verhältnissen bei seiner alleinstehenden Mutter. Eine Tante finanzierte sein Jurastudium in Quito. 1932 wurde er vom damaligen Erziehungsminister B. ↑Carrión zum Unterstaatssekretär ernannt. Er war danach Professor für Rechtsgeschichte und -philosophie. Ab 1938 erlitt er Anfälle von geistiger Umnachtung, die auf eine syphilitische Erkrankung zurückgeführt wurden.

P., dessen literarisches Werk kaum mehr als 250 S. umfaßt, ist seit Mitte der 60er Jahre zunehmend zu einer Kultfigur geworden. Allein in Ecuador erschienen drei verschiedene Ausgaben seiner *Obras completas* (1964, 1976, 1986), sonstige in Chile, Mexiko, Venezuela und Kuba. Als seine ersten Bücher, beginnend mit dem Erzählungsband *Un hombre muerto a puntapiés* (1927), erschienen, gab es keine oder fast nur negative Reaktionen. Auch Schriftsteller, die dem Sozialisten P. politisch nahestanden, lehnten seine Texte ab. P. verteidigte sein Konzept: Es ginge ihm nicht um Anklage, sondern um Darstellung von Realität mit dem Ziel einer »Einladung zum Ekel über unsere gegenwärtige Wahrheit«. Das gelingt ihm noch heute. Die – als Mutmaßung ausgewiesene – Handlung der Titelgeschichte von *Un hombre muerto a puntapiés* ist folgende: Ein unglücklicher Päderast wird in einer fremden Stadt von dem Arbeiter Epaminondas mit Fußtritten getötet. In einer anderen Erzählung frißt ein Mann (fleisch)stückweise seine Familie auf, bis er als »Anthropophage« in einen Zoo eingeliefert wird. *Débora* (1927) ist ein Kurzroman bzw. das Rezept, wie man einen Kurzroman schreiben soll. Von Anfang an wird die Wirklichkeitsillusion zerstört durch die Unterhaltung des fiktiven »Autors« mit seinem Protagonisten, einem »Leutnant«, dessen romanfüllende Aktivitäten im sonntäglichen Spaziergang in Quito, einigen Begegnungen und Reflexionen – etwa über ein quälendes Hühnerauge – bestehen. Explizit wirft der »Autor« dem traditionellen »realistischen« Roman vor, die Wirklichkeit durch eine nicht vorhandene Kontinuität zu verfälschen und nur das Besondere, nicht die alltäglichen kleinen Geschehnisse darzustellen. P.s letztes Werk, der »subjektive Roman« *Vida del ahorcado* (1932), besteht zwar keineswegs aus Alltäglichkeiten, dennoch beinhaltet er eher Stimmungen als handlungskonstitutive Episoden. Die Menschen leben in Fässern, ein Freund stirbt, Tod und Verwesung sind allgegenwärtig. Schließlich soll der Protagonist seinen Sohn ermordet haben und wird von einer wütenden Menschenmenge, die ihn als Bolschewisten oder Bourgeois beschimpft, zum Tode verurteilt, obwohl er doch schon ein »Gehenkter« ist. Bei allem sarkastischen Understatement – so sind z. B. Ziel eines Krieges die Kekse der feindlichen Truppe – erschüttert der Text durch die selbst in der Natur, etwa bei den gegen sich selbst rebellierenden Bäumen, gegebene Nähe des Wahnsinns, »erzeugt von einem Parasiten, der sich mit Geschick in deinem Gehirn lokalisiert hat und demnächst ohne Ankündigung oder Reue einen Blutandrang verursacht«.

Literatur: J. Ruffinelli, *P. P.: Literatura, locura y sociedad.* RCLL, 5 (1979), 10, 47-60. – H. E. Robles, *P. P.: El anhelo insatisfecho.* UTIEH/C, 34 (1980), 141-156. – A. Pareja Diezcanseco, *El reino de la libertad en P. P.* CDLA, 22(1981), 127, 3-20. – R. Prada Oropeza, *La metaliteratura de P. P.* HISPA, 10 (1981), 28, 3-17. – H. Lavín Cerda, *P. P.: El vértigo de la figura.* CAM, 6, 1984, 257, 70-81. – *Recopilación de textos sobre P. P.* LH, Casa de las Américas 1987. – W. H. Corral, *La recepción canónica de P. como problema de la modernidad y la historiografía literaria hispanoamericana.* RI, 54 (1988), 144/5, 709-724. – D. Quintero, *›Un hombre muerto a puntapies‹: Lectura introductoria.* RI, 54 (1988), 144/5, 725-737.

Pareja Diezcanseco, Alfredo

* 12.10.1908 in Guayaquil. Er entstammt einer namhaften, aber verarmten Familie. In abenteuerlicher Weise verdiente er als Jugendlicher seinen Lebensunterhalt. In Quito gründete er in den 30ern mit B. ↑Carrión die bald bankrotte Tageszeitung »El Sol«. Als Diplomat lebte er in Mexico, Argentinien und Chile. Er war einer der – sozialdemokratischen – Hauptakteure der Revolution von 1944, 1945 Abgeordneter zur Verfassungsgebenden Versammlung, 1956-60 einer der Parteiführer des Frente Democrático Nacional. Danach lebte er in San Juan (Costa Rica), wo er an einem internationalen Forschungsinstitut einen Lehrstuhl für Geschichte innehatte.

Von den Mitgliedern der »Guayaquil-Gruppe« ist P. D. politisch der Gemäßigtste, literarisch der Produktivste. Er könne, sagt man, als einziger Autor Ecuadors über zehn eigene Romane aufzählen. Sein erster bedeutender Roman *El muelle* (1933) behandelt erstmals innerhalb der ec. Literatur städtisches Armutsmilieu. Der Protagonist kommt aus Guayaquil nach New York. Als farbiger Arbeiter diskriminiert, kehrt er in seine Heimat zurück, ohne die politischen Zusammenhänge begriffen zu haben. Noch bitterer sind die Erfahrungen seiner in der Heimat zurückgebliebenen Frau. Ebenfalls ohne dramatische Zuspitzung verläuft das Geschehen in *La Beldaca* (1935), einer panoramischen Schilderung des Lebens ec. Flußschiffer. *Baldomera* (1938; dt. *Baldomera, Dirne und Mutter*, 1954) ist die Geschichte einer außergewöhnlichen, starken Frau, einer Mulattin und Straßenverkäuferin, die erstmals als Prostituierte in einem ländlichen Bordell auftritt. Ein sicheres Gefühl für soziale Gerechtigkeit zeichnet sowohl sie wie auch ihren Ehemann, den Banditen Lamparita, aus. Baldomeras Pendant ist die naive Celia, eine leichte Beute perverser Männlichkeit. Historischer Bezugspunkt ist das Arbeitermassaker von 1922. *Hechos y hazañas de don Balón de Baba y de su amigo Inocente Cruz* (1939), einer der wenigen humoristischen Romane Ecuadors, geht – gleichwohl – auf die innenpolitischen Verhältnisse des Landes ein. *Hombres sin tiempo* (1941) spielt in der hauptstädtischen Strafanstalt »Panóptico«, wo P. D. selbst einmal wegen politischer Aktivität einsaß. Psychologisches ist in dem Roman wichtiger als Soziales. Der wegen Vergewaltigung eingekerkerte Ich-Erzähler findet sich nicht nur mit seinem Zustand ab, sondern entwickelt aus diesem eine Philosophie des Selbstbetrugs bis hin zur erklärten »Gefängnisliebe« als einer ec. Variante der

»Vaterlandsliebe«. Besondere Anerkennung fand der Roman *Las tres ratas* (1944), in dem P. D.s außerordentliche Fähigkeit der Gestaltung weiblicher Charaktere zum Tragen kommt. Hier sind es drei Schwestern von recht unterschiedlicher Moral, jedoch allesamt Opfer ihrer sozialen Stellung als Frauen des unteren Mittelstandes. Ein mehrbändiger Romanzyklus über die politischen Zustände Ecuadors seit der Revolution von 1925, der den Titel *Los nuevos años* führt, besteht aus *La advertencia* (1956; dt. *Offiziere und Señoras*, 1968), *El aire y los recuerdos* (1959), *Los poderes omnímodos* (1964), *Las pequeñas estaturas* (1970) und *La manticora* (1974). In den beiden letztgenannten Romanen wendet P. D. neueste Erzähltechniken an. In dem einem Theaterstück ähnlichen *La manticora* wird der Akt des Schreibens Teil des Geschehens. Zu P. D.s wichtigsten Essays gehört *La hoguera bárbara* (1944), die Biographie des 1911 ermordeten liberalen Staatsmannes Eloy Alfaro.

Weitere Werke: Romane: *La casa de los locos* (1929), *La señorita Ecuador* (1930), *Río arriba* (1931); Essays: *Breve historia del Ecuador* (1946, ²1958 u. d. T. *Historia del Ecuador*, 2 Bde.), *Vida y leyenda de Miguel de Santiago* (1952), *La lucha por la democracia en el Ecuador* (1956), *Thomas Mann y el nuevo humanismo* (1956).

Literatur: B. Schlüter, *Literatura y praxis social en el Ecuador: La novela ›La advertencia‹ de A. P. D.* In: J. Morales Saravia, *La literatura en la sociedad de América Latina*. LI 1986, 139-159 und Guayaquil 1987. – E. Ribadeneira M., *La obra narrativa de A. P. D.* RI, 54 (1988), 144/5, 763-769.

Rojas, Angel F(elicísimo)

*29.12.1909 in Loja. Rechtsanwalt und Universitätsprofessor. Er ist bekannt als Literaturhistoriker, hauptsächlich mit *La novela ecuatoriana* (1948), und Autor des Romans *El éxodo de Yangana* (1949). Dieser schildert die Geschichte eines abgeschiedenen Dorfes in der ec. Sierra, dessen Bevölkerung sich eines Tages mit der juristischen Tatsache konfrontiert sieht, daß das fruchtbare Gemeindeland Eigentümer hat. Wie in Lope de Vegas Drama *Fuenteovejuna* (1619), auf das gelegentlich hingewiesen wird, töten die Bauern den trickreichen jungen Rechtsanwalt, dem sie die Enteignung verdanken. Sie verbrennen danach ihre Besitztümer und ziehen in den Urwald, um eine neue Heimat zu finden. In dem Roman werden in geschickter Weise unterschiedliche Textebenen kombiniert und das Geschehen durch veränderte Erzählperspektiven strukturiert.

Weitere Werke: Roman: *Banca* (1938); Erzählungen: *Un idilio bobo* (1946)

Salvador, Humberto

*25.12.1909 in Guayaquil. In Quito studierte er Jura bis zum Anwaltsexamen, nebenbei Medizin und Psychologie. Seinen eigentlichen Beruf übte er nie aus. In Guayaquil war er u. a. als Leiter der Schulbehörde, Herausgeber der Zeitschrift »La Semana« und Professor an der Philosophischen Fakultät tätig.

S. begann seine literarische Laufbahn als Autor von Theaterstücken, wandte sich dann, in Anbetracht der Fruchtlosigkeit des Metiers in einem Land ohne Bühnen und Publikum, der Erzählung, dem Roman und dem Essay zu. Als seine repräsentativsten frühen Romane gelten *Camarada* (1933) und *Trabajadores; recuerdos de un muchacho desvalido* (1935). In ihnen kombiniert S. marxistische Gesellschaftskritik und Freudsche Psychoanalyse als Erklärungsmuster für zwischenmenschliches Verhalten und sexuelle Beziehungen in den unteren Schichten der städtischen Bevölkerung. Harsche Kritik kam damals von rechts und links. In *Noviembre* (1939) behandelt S. die Epoche der Militärdiktatur unter F.

Páez in Ecuador (1935-37). Mit bissiger Ironie entlarvt er das Gespenst der »kommunistischen Gefahr« als zynische Taktik korrupter Politiker und durchtriebener Geschäftemacher. Die genaue Beobachtung der allmählichen moralischen Zerrüttung weiter Bevölkerungskreise läßt den Roman nicht zur Satire werden. Das psychologische Moment gewinnt in den folgenden Werken den Vorrang. Ein auf die Verhältnisse eines ec. Kurbads übertragenes *Zauberberg*-Milieu gestaltet S. in *La fuente clara* (1946). Die Begegnung mit dem Werk Thomas Manns fand bereits Eingang in die Romanhandlung von *Prometeo* (1943). Für jene 70 Sucres, die das Monatsgehalt des Schulinspektors Carlos ausmachten und einmal in einer einzigen Nacht mit einer Prostituierten vertan wurden, erstand der Protagonist einen Monat später ein *Zauberberg*-Exemplar.

Weitere Werke (Auswahl): Romane: *En la ciudad he perdido una novela* (1930), *La novela interrumpida* (1942), *Universidad Central* (1944?); Erzählungen: *Ajedrez* (1929); Essays: *Esquema sexual* (1939), *Los fundamentos del psicoanálisis* (1947).

Tinajero, Fernando

* 1940 in Quito. Er stand dem rebellischen, vom Existentialismus Sartres und Heideggers beeinflußten »Tzantzismo« (E. ↑Granda) der frühen 60er Jahre nahe. In dem programmatischen Essay *Más allá de los dogmas* (1967) analysiert T. die Kultur Ecuadors. Sein Ergebnis ist, daß es nie dazu kam, eine wahrhaft mestizische Kultur zu entwickeln, da das Mestizentum ethnisch diskriminiert wird und insofern »die Zurückweisung des Eigenen zum ursprünglichen Wert unserer unauthentischen Kultur« geworden ist. Sein erster Roman *El desencuentro* (1976) liefert das Porträt der eigenen Generation, die sich in den 60ern voller Ideale zu Wort meldete, um ein paar Jahre später einen »pragmatischeren«, von der Militärregierung mit Stipendien, Preisen oder sonstigen Vergünstigungen geebneten Weg einzuschlagen. Dargestellt wird eine Familie, in der alle Mitglieder frustriert sind. Niemand ist mit dem zusammen, mit dem er zusammensein möchte, keiner hat sein Lebensziel verwirklichen können. Die Hauptpersonen sind Enrique, der niemals den Roman schreiben wird, von dem er geträumt hat, sein alter ego ist Miranda, der den vorliegenden Roman geschrieben hat. Die besonderen Qualitäten des Werkes liegen in der psychologischen Wahrheit der Gestalten sowie in der durchgearbeiteten Sprache mit ihren ausdrucksstarken Neuschöpfungen. Ein weiteres Werk von T. ist der Essayband *Aproximaciones y distancias* (1986).

Tobar García, Francisco

* 1928 (?) in Quito. Er stammt aus einer reichen Familie und wurde von Jesuiten erzogen. Er war Professor für Latein an der Universidad Católica in Quito, lebte 1970-77 im Exil in Spanien.

Mehrere Jahrzehnte lang ist er der wichtigste Dramaturg seines Landes gewesen, der zumeist pro Jahr zwei Stücke geschrieben und oft selbst inszeniert hat. Die Themen und Motive seiner Versdramen sind Einsamkeit, Tod, Suche nach dem Ideal, Nacht, Schweigen, Wahnsinn. In diesem Sinne bietet *Balada para un imbécil* (UA 1969) eine Synthese seines Theaterschaffens. Das Stück ist voll bitteren Humors. Es erfaßt die Mentalität des ec. Kleinbürgertums, nach T. G.s Worten die einzige Bevölkerungsschicht, »die eine Wahrheit lebt«. In einem anderen charakteristischen Stück von ihm, *En los ojos vacíos de la gente* (UA 1969), wird die Geschichte einer Dichterin dargestellt, die das stickige Provinzmilieu zum Selbstmord treibt. T. G. ist auch als Lyriker bekannt. Als wichtigster Gedichtband von ihm gilt *Canon perpetuo* (1969), dessen dritter Teil die Oppositionen Natur und Zensur, Lebensfreude und Gewohnheiten der Furcht, Erstaunen und Entzug, Wahrheit und Erscheinungen behandelt.

Weitere Werke: Lyrik: *Amargo, poema sin fecha* (1951), *Segismundo y Zalatiel* (1952), *Smara* (1954), *Naufragio* (1961), *Dhanu* (1978); Roman: *La corriente era limpia* (1977); Theater: *Extraña ocupación, La dama ciega, Cuando el mar no exista*, zus. in: *Tres piezas de teatro*. Quito 1967.

Velasco Mackenzie, Jorge

* 1949 in Guayaquil. Er hat Literaturwissenschaft studiert und ist Gymnasiallehrer. Bekannt geworden ist er mit mehreren Erzählungsbänden, die ihn als einen der besten jüngeren ec. Autoren in diesem Genre ausweisen. Sein erster Roman *El rincón de los justos* (1983) stellt das Nachtleben von Guayaquil mit seiner menschlichen Fauna dar. Er ist ein zupackendes und erschütterndes Porträt der Randgruppen in einer »modernen« lateinam. Großstadt. Ein weiterer Roman, *Tambores para una canción perdida*, behandelt wie M. ↑Barnets *Cimarrón* das Schicksal eines entlaufenen schwarzen Sklaven. V. M., auch als Literaturkritiker bekannt, hat ferner eine Anthologie junger ec. Dichter, *Colectivo* (1980), herausgegeben.

Weitere Werke: Erzählungen: *De vuelta al paraíso* (1975), *Como gato en tempestad* (1977), *Raimundo y la creación del mundo* (?).

Vera, Pedro Jorge

* 16.6.1914 in Guayaquil. Er war Professor für Literatur an der Universidad Central von Quito. Während der Regierung von Velasco Ibarra wurde er als Mitglied der Kommunistischen Partei wiederholt inhaftiert. Er gründete die Zeitschriften »La Calle« und »Mañana«.

V. ist in fast allen literarischen Gattungen hervorgetreten. Bedeutendes hat er vor allem als Romancier und Erzähler geschaffen. Wegen seiner psychologischen Tiefe gilt *Los animales puros* (1946) als Markstein in der Entwicklung des ec. Romans. V.s bekanntester Roman ist *El pueblo soy yo* (1976). Er gestaltet die Geschichte eines Caudillo, der gleichzeitig Produkt und Opfer einer egoistischen und korrupten Gesellschaft ist. Obwohl das Land des Dr. Manuel María González Tejada namenlos bleibt, sind die Parallelen zum Ecuador des Dr. José María Velasco Ibarra offensichtlich. Er ist der charismatische Supervater, der »Taitico«, der ununterbrochen Wahlen gewinnt, manchmal einen Putsch inszeniert und mit seinen hohlen Versprechungen einerseits immer wieder Hoffnungen schürt, andererseits die korrupte Führungsschicht an der Macht hält. Eine kleine tragische Note erhält das Geschehen dadurch, daß González Tejada selbst von seiner Ehrbarkeit überzeugt ist und meint, »dem Volk zu dienen«. Schließlich wird er gestürzt. Illusionslos fragt sich ein Indio: »Und wer ist der neue González Tejada?«

Weitere Werke: Lyrik: *Nuevo itinerario* (1937), *Romances madrugadores* (1939), *Túnel iluminado* (1949), *Versos de ayer y de hoy* (1979); Romane: *La Guamoteña* (1946), *La semilla estéril* (1962), *Tiempo de muñecos* (1971); Erzählungen: *Luto eterno y otros relatos* (1953), *Un ataúd abandonado* (1968), *Los mandamientos de la ley de Dios* (1972), *Jesús ha vuelto* (1975), *Cuentos escogidos* (1976), *Nada más que cuentos* (1979); Theater: *El dios de la selva* (1943), *La mano de Dios / Luto eterno / Los ardientes caminos, El dios de la selva* (1956).

Villarroel, Gaspar de

* 1587 in Quito, † 11.10.1665 in Charcas (Bol.). In Lima erhielt er 1608 die Weihen des Augustiner-Ordens. Die Universität San Marcos verlieh ihm

den Doktorgrad. Seine Oberen schickten ihn nach Spanien, wo er acht Jahre blieb, sich als Gelehrter und Prediger einen Namen machte und von Philipp IV. zum Bischof von Santiago de Chile vorgeschlagen wurde. 1639 trat er das Amt in Santiago an. 1651 übernahm er die Diözese von Arequipa. 1660 wurde er Erzbischof von Chuquisaca.

Sein Hauptwerk *Govierno eclesiástico pacífico y unión de los dos cuchillos, pontificio y regio* (Madrid 1656/57, 2 Bde.) entstand aus dem Bemühen, die Rivalitäten zwischen weltlicher und geistlicher Autorität in den span. Vizekönigreichen beizulegen. Gleichzeitig sollte es als ein Verhaltenskompendium für den klerikalen Hausgebrauch dienen. Übersieht man die langweiligen und inzwischen belanglosen Erörterungen theologischer und juristischer Bestimmungen und Probleme, ergibt das Werk eine amüsante Sammlung von Anekdoten und Geschichtchen, die größtenteils dem persönlichen Erfahrungsschatz des Autors entstammen und durch den schnellen, eleganten Stil, ihre realistische Detailliertheit und vor allem durch das lächelnde Verständnis für menschliche Schwächen Charme und Lesbarkeit erhalten. Manche späteren Autoren, u.a. R. ↑Palma, ließen sich von den Anekdoten inspirieren. V.s sonstige Werke sind weitgehend nur kirchengeschichtlich relevant.

Yáñez Cossío, Alicia

* 1929 in Quito. Sie hat Lyrik, Erzählungen und Romane veröffentlicht. Besonders ihre Prosa hat breite nationale Anerkennung gefunden. Bereits ihr erster Roman *Bruna, soroche y los tíos* (1973) behandelt das Thema, das auch in ihrem weiteren Werk zum Tragen kommt: die gesellschaftliche Situation der Frau und die Notwendigkeit ihres Kampfes um das Recht der Selbstverwirklichung. In dem Roman *Yo vendo unos ojos negros* (1979) wird sich die Protagonistin bewußt, daß sie ihr bisheriges Leben als »schlafende Larve« im »schmutzigen Tümpel« der Gesellschaft verbracht hat. Der Prozeß ihrer Befreiung beginnt mit der Änderung ihres Namens, sie streicht das »de«. Sie trennt sich von ihrem Mann, und es gelingt ihr sogar, Arbeit – bei einer ausländischen Kosmetik-Firma – zu finden. In einem weiteren Schritt gelangt sie zur Einsicht, daß der feministische Kampf in den umfassenderen Kontext der Ausbeutung im Kapitalismus zu stellen sei.

Weitere Werke: Lyrik: *Luciolas* (1949), *De la sangre y el tiempo* (1964), *Poesía* (1974); Romane: *Más allá de las islas* (1980), *La cofradía del mullo del vestido de La Virgen Pipona* (1985); Erzählungen: *El beso y otras fricciones* (1975).

Literatur: M. H. Handelsman, *En busca de una mujer nueva: Rebelión y resistencia en ›Yo vendo unos ojos negros‹ de A. Y. C.*, RI, 54 (1988), 144/5, 892-901.

EL SALVADOR

Gavidia, Francisco	1863-1955
Peralta Lagos, José María	1873-1944
Lars, Claudia	1899-1974
Salarrué	1899-1975
Rodríguez Ruiz, Napoleón	1910
Lindo, Hugo	1917
Alegría, Claribel	1924
Menén Desleal, Alvaro	1931
Dalton, Roque	1935-1975
Argueta, Manlio	1935

Alegría, Claribel
* 12.5.1924 in Estelí (Nic.). Kindheit und Jugend verbrachte sie in Santa Ana/El Salvador. Ein Philologiestudium schloß sie 1948 ab. Danach hat sie in den USA, auf Mallorca und in Nicaragua gelebt, gegenwärtig in den USA.
Ihr literarisches Werk umfaßt Lyrik, Erzählungen und Romane. Ihre Lyrik, die bereits ab 1944 entstanden ist, tendiert von Anfang an zu unrhetorischer Schlichtheit. Die politische Thematik tritt seit den 70er Jahren zunehmend stärker hervor. Sie erhielt für den Gedichtband *Sobrevivo* (1978) den Preis der kub. »Casa de las Américas«. Ihren ersten Roman *Cenizas de Izalco* (1966) hat sie zusammen mit Darwin J. Flakoll geschrieben. Verflochten mit Zeitungsberichten aus der Zeit um 1932 erzählt in Ich-Form eine verheiratete Frau aus El Salvador von ihren intimen Erfahrungen und rekonstruiert das Leben ihrer Mutter. Die sexuelle Unterdrückung der Frau thematisiert auch der Kurzroman *El detén* (1977), der die von einem pathologischen Mystizismus geprägte Situation in einem katholischen Mädchenpensionat mit den Erlebnissen der Protagonistin in den USA verknüpft. Ein weiterer Kurzroman *Album familiar* (1982) schildert das Leben einer in Paris verheirateten jungen Nicaraguanerin, die in den Widerstand gegen die Diktatur in ihrer Heimat hineingezogen wird. In Zusammenarbeit mit D. J. Flakoll, ihrem Ehemann, sind noch verschiedene weitere Werke entstanden: der historiographische Essay *Nicaragua, la revolución sandinista* (1982), der bis zur Mitte des 19. Jh.s zurückführt, vor allem jedoch die letzten Jahre der Somoza-Diktatur behandelt, sowie die Berichte über Repression und Widerstand in El Salvador, *No me agarran viva. La mujer salvadoreña en lucha* (1983) und *Para romper el silencio. Resistencia y lucha en las cárceles salvadoreñas* (1984).

Weitere Werke: Lyrik (Auswahl): *Anillo de silencio* (1948), *Huésped de mi tiempo* (1961), *Pagaré a cobrar* (1973), *Vía única* (1976), *Suma y sigue* (1981); Erzählungen: *Tres cuentos* (1958), *Pueblo de dios y de mandinga* (1985).
Literatur: G. Yúdice, *Letras de emergencia: C. A.* RI, 51 (1985), 132/3, 953-964. – J. Coronel Urtecho, *Líneas para un boceto de C. A.* Managua 1989.

Argueta, Manlio
* 24.11.1935 in San Miguel. Er studierte Jura und gründete 1956 zusammen mit O. R. ↑Castillo, R. ↑Dalton u. a. den literarischen Zirkel der Universität von San Salvador, der zum Zentrum des Widerstandes gegen die Diktatur wurde. Er war Herausgeber verschiedener Zeitschriften und lebt seit 1972 im Exil in San José (Costa Rica), wo er den Verlag Editorial Universitaria Centroamericana (EDUCA) leitete.
A. hat eine Anthologie *Poesía de El Salvador* (1983) herausgegeben, Lyrik und mit verschiedenen Preisen ausgezeichnete Romane veröffentlicht. Sein erster Roman *El valle de las hamacas* (1970) handelt von einer Gruppe revolutionärer Studenten aus San Salvador. Bis auf den Protagonisten, der Gefängnishaft und Folter überlebt, verlieren alle bei bewaffneten Auseinandersetzungen oder in der Gefangenschaft ihr Leben. Auch A.s weitere, mit modernen Erzähltechniken, in unterschiedlichen Redeweisen, teils in der Umgangssprache, elaborierte Romane haben ihren Ausgangspunkt in persönlich erlebten Situationen von politischer Unterdrückung und Widerstand. In *Caperucita en la zona roja* (1977, Preis der Casa de las Américas) wird eine Liebesbeziehung vor dem Hintergrund der Guerilla in einem mittelam. Land gestaltet. *Un día en la vida* (1980; dt.

Tage des Alptraums, 1983) ist der Ichbericht des Arbeitstages einer Bäuerin in El Salvador. Die bis zu dem Massaker von 1932 zurückreichenden eingestreuten Rückblenden, Dialoge, Briefe etc. erhellen die Zusammenhänge des gegenwärtigen Bürgerkriegs. Dieser ist auch Gegenstand von *Cuzcatlán donde bate la mar del sur* (1986). Die Haupthandlungsebene ist eine Omnibusreise nach San Salvador an einem Januartag 1981, in deren Verlauf sich die weibliche Hauptperson an verschiedene Personen aus ihrem Leben erinnert.

Weitere Werke: Lyrik: *Poemas* (1967), *De aquí en adelante* (1967), *En el costado de la luz* (1968), *Las bellas armas reales* (1979).

Dalton, Roque

* 14.5.1935 in San Salvador, † 10.5. 1975 (ermordet) bei San Salvador. Er besuchte ein Jesuitenkolleg, studierte Anthropologie und Jura. Mit 22 Jahren trat er der Kommunistischen Partei bei, saß wegen politischer Aktivitäten im Gefängnis und wurde 1961 des Landes verwiesen. Danach lebte er im Exil in Havanna und Prag, kehrte jedoch zeitweilig heimlich in seine Heimat zurück. Von der maoistischen Splittergruppe ERP wurde er wegen angeblicher Agententätigkeit »hingerichtet«.

D. hat zunächst Lyrik veröffentlicht. In seinen ersten Gedichtbänden, ab *La ventana en el rostro* (1961) bis *Los testimonios* (1964), steigert sich das lyrische Subjekt manchmal in ein wortgewaltiges, mythisch-metaphorisches Pathos der »schweren Verwundungen des Lebens«, des »Röchelns der nackten Zahlen« oder der »kleinen Höllen« hinein. D.s Vorbild in jener Zeit ist C. ↑Vallejo, dem er auch einen Essay (1963) gewidmet hat. Mit *Taberna y otros lugares* (1969, Preis der kub. Casa de las Américas; dt. *Y otros lugares. Und andere Orte*, 1981) hat D. den Wandel zu einer direkteren, der Konversation angenäherten poetischen Diktion vollzogen, deren persönliches Merkmal in einer humoristisch-ironischen Grundnote besteht. Daneben findet sich auch die Konstante einer scharfen Anklage der Verbrechen der salv. Oberschicht und des Militärs. Diese Anklage ist nicht abstrakt, sondern sie wird aus anekdotischen Momenten gestaltet. Neue poetische Techniken bzw. die Aufhebung der Grenze zur journalistischen Meinungsbefragung werden in der Komposition »Taberna« erprobt. Wie D. erklärte, fing er das Material aus den Gesprächen auf, die von jungen Tschechoslowaken in einer Prager Gaststätte geführt wurden. Postum erschienen weitere Werke, darunter der fast 500 S. starke Roman *Pobrecito poeta que era yo ...* (1976; dt. *Armer, kleiner Dichter, der ich war*, 1986), der teils die (Auto)biographie eines Schriftstellers der oberen Mittelklasse El Salvadors ist, teils literatur- und gesellschaftstheoretischer Diskurs, von dem in bezeichnender Ambivalenz – die auch auf stilistischer und erzählperspektivischer Ebene vorhanden ist – der Romantext selbst auf seine politische Funktion hinterfragt wird. *Las historias prohibidas del Pulgarcito* (1974; dt. *Däumlings verbotene Geschichten*, 1989) ist eine Collage von kurzen Prosastücken, Dokumenten, eigenen Gedichten, Sprichwörtern etc., in der die Geschichte El Salvadors – das G. ↑Mistral als den »Däumling von Amerika« bezeichnet hatte – dargestellt wird. Eins der entsetzlichsten Verbrechen, die Ermordung von 30000 Bauern und Gewerkschaftern durch das Militär, ist Gegenstand von *Miguel Mármol: los sucesos de 1932 en El Salvador* (1983; dt. *Miguel Mármol*, 1989). Es ist der auf Tonbandaufnahmen beruhende Ich-Bericht eines Mannes, der zu den ersten Gewerkschaftern El Salvadors gehörte und das Massaker zufällig überlebte.

Weitere Werke: Lyrik: *El mar* (1962), *El turno del ofendido* (1963), *Poemas* (1968), *Poemas clandestinos* (1981), *Poesía escogida* (1983) *Ultimos poemas* (1986); Miszellen: *Un libro rojo para Lenin* (1986).
Literatur: E. López Morales, *La liberación es el turno del ofendido*. CDLA, 134 (1982), 48-60. – O. Ostergaard, *La poesía social-revolucionaria en El Salvador y Nicaragua: R. D., Ernesto Cardenal*. UTIEH/C, 1984, 42, 41-59. – H. Achugar, *Poesía política e interpretación populista. Dos poemarios salvadoreños*. TC, 10 (1984), 29, 75-89. – J. Prats Sariol, *El burócrata en la poesía de R. D.* IA, 22/23 (1984), 41-47. – H. García Verzi (Hg.), *Recopilación de textos sobre R. D.* LH 1986.

Gavidia, Francisco
*29.12.1863 in San Miguel, †23.9. 1955 in San Salvador. Von einer Reise nach Paris, um 1886, abgesehen, lebte er zurückgezogen in San Salvador, wo er an der Universität die Fächer Philologie, Geschichte der Philosophie und Mathematik lehrte. Im späten Alter beschäftigte er sich mit der arab. Kultur.
Als Schriftsteller hat er ein vielseitiges Werk geschaffen, das gemeinhin an den Anfang einer spezifischen Literatur El Salvadors gestellt wird, auch wenn es als »ziemlich kalte Kabinettsdichtung« (J. R. Cea) nur bei wenigen Begeisterung erweckte. Dieses Œuvre beruht auf einem breiten Bildungsfundus, der von der Antike bis zu den Literaturen Frankreichs, Deutschlands und Italiens reicht. Sein erster Gedichtband *Versos* (1884) ist literaturgeschichtlich insofern wichtig, als er einige metrische Neuerungen bringt, die von R. ↑Darío, der in G. seinen Lehrmeister sah, aufgegriffen und perfektioniert wurden. Von seinen weiteren lyrischen Arbeiten ist die epische Dichtung *Los aeronautas* hervorzuheben. Mit anderen Werken wurde sie erstmals in *Obras* (1913) veröffentlicht. Sie stellt einen visionären Hymnus auf die Technik und den Triumph menschlichen Erfindungsgeistes über die Materie dar. Geschrieben ist die Dichtung in einer von G. kreierten Kunstsprache »Salvador«, deren Grammatik und polyglott aufgeschlüsseltes Vokabular als Anhang beigefügt ist. Mit Rückgriff auf Motive der Maya-Mythologie, die bereits in frühen Gedichten Verwendung fand, entstand das Epos *Sóteer o Tierra de Preseas* (1949), dessen mit Zügen homerischer, germanischer und »Popol Vuh«-Helden ausgestatter Protagonist die »Freiheit« verkörpern soll. Zu G.s weiteren Werken gehören Erzählungen, Theaterstücke, Reden, historische Abhandlungen etc.

Ausgabe: *Obras completas*. Hg. J. Mata Gavidia. San Salvador 1974, 2 Bde.
Literatur: R. Armijo/J. N. Rodríguez Ruiz, *F. G., la odisea de su genio*. San Salvador 1965. – J. S. Guandique, *G.: el amigo de Darío*. San Salvador 1965. – M. Hernández Aguirre, *G.: Poesía, Literatura, Humanismo*. San Salvador 1968. – J. F. Toruño, *G.: Entre raras fuerzas étnicas*. San Salvador 1969.

Lars, Claudia
*20.12.1899 in Armenia/Sonsonate, †1974. Eigtl. Carmen Brannon de Samayoa. Sie war Leiterin eines Verlages und der vom Kulturministerium herausgegebenen Zeitschrift »Cultura« und verheiratet mit dem guat. Schriftsteller Carlos ↑Samayoa Chinchilla. In den letzten Jahren ihres Lebens war sie politischer Verfolgung ausgesetzt.
Sie hat ein umfangreiches lyrisches Œuvre geschaffen, das sich durch kunstvolle formale Schlichtheit, Musikalität und eine subtile, naturbezogene Bildlichkeit auszeichnet. Seit ihren ersten Gedichtbänden *Estrellas en el pozo* (1934), *Canción redonda* (1937) und *La casa de vidrio* (1942) bildet die Erfahrungs- und Fantasiewelt des Kindes einen ihrer wichtigsten thematischen Schwerpunkte, wie auch ein wei-

terer Teil ihrer Lyrik, darunter die Tiergedichte von *Escuela de pájaros* (1955), oder die Erzählungen *Tierra de infancia* (1958) an Kinder gerichtet sind. Eins ihrer bedeutendsten Werke ist *Donde llegan los pasos* (1953), eine lyrische Autobiographie, deren lange Kompositionen um Themen wie Liebe, Tod und Religion gruppiert sind. Episoden der Geschichte El Salvadors und ihrer väterlicherseits aus Irland stammenden Familie gestaltet sie in dem Gedichtband *Fábula de una verdad* (1959).

Weitere Werke: Lyrik: *Romances de norte y sur* (1946), *Sonetos* (1947), *Canciones* (1960), *Presencia en el tiempo* (1962), *Sobre el ángel y el hombre* (1962), *Del fino amanecer* (1965), *Estancias de una nueva edad* (1969), *Poesía última, 1970-1973* (1975).
Ausgaben: *Obras escogidas*. Hg. M. E. López. San Salvador 1973/4, 2 Bde. – *Sus mejores poemas*. Hg. D. Escobar Galindo. San Salvador 1976.
Literatur: Bibliographie: H, 71 (1988), 2, 281-2.

Lindo, Hugo
* 13.10.1917 in La Unión. Er studierte Jura in Chile, Venezuela, San Salvador und promovierte mit einer Arbeit über Ehescheidung. Er war Botschafter seines Landes in Chile, Kolumbien und Spanien (um 1970), zeitweise auch Erziehungsminister und Leiter der Kulturabteilung der Organisation Zentralam. Staaten (ODECA) in San Salvador.
L. ist als Lyriker, Romancier und Erzähler hervorgetreten. Die Hauptnote seiner Lyrik ist die religiöse Dimension, die er Dingen und persönlichen Erfahrungen zu verleihen sucht. Psychologische Grenzfälle und philosophische Spekulation sind die wesentlichen Elemente seiner Romane. *El anzuelo de Dios* (1956) ist auf der Handlungsebene – es geht um ein geographisch sonderbares Kanalprojekt – vor allem ein sozialkritischer Roman. Die Schauplätze sind Chile und ein von Revolutionen, brutaler Folterpraxis der Polizei und vernichtenden Erdbeben gekennzeichnetes mittelam. Land. Bekannter ist L.s zweiter Roman *¡Justicia, señor gobernador!* (1960). Er behandelt das Problem der menschlichen Verantwortlichkeit aus der Perspektive eines Richters, der bei der Urteilsfindung über einen Mordfall eine so große Sorgfalt walten läßt, daß er der Gesellschaft als geistig unzurechnungsfähig gilt und in eine psychiatrische Heilanstalt eingeliefert wird. Nachdem er noch einmal alle Akten durchgearbeitet hat, spricht er den Täter, seine Umwelt und die Gesellschaft frei, verurteilt hingegen Gott als den für die Ruchlosigkeiten der Menschheit verantwortlichen Schuldigen.

Weitere Werke (Auswahl): Lyrik: *Clavelia* (1936), *Libro de horas* (1948), *Varia poesía* (1961), *Maneras de llover* (1969), *Este pequeño siempre* (1971); Romane: *Cada día tiene su afán* (1964), *Yo soy la memoria* (1984); Erzählungen: *Guaro y champaña* (1947), *Aquí se cuentan cuentos* (1959).

Menén Desleal, Alvaro
* 13.3.1931 in Santa Ana. Eigtl. Alvaro Menéndez Leal. Er studierte Soziologie in San Salvador und war drei Jahre lang Universitätsdozent. Als Journalist nahm er aktiv am politischen Leben teil, kam deswegen einmal ins Gefängnis und mußte 1953-55 ins Exil nach Mexiko, 1959 nach Costa Rica gehen. 1967-71 lebte er in der BRD, danach als Gastdozent in den USA, seit etwa 1980 in San Salvador, wo er bei einem Ministerium Anstellung fand.
Für seine Erzählungen, Theaterstücke und Essays wurde M. D. mehrfach ausgezeichnet. Als Erzähler schließt er mit *Cuentos breves y maravillosos* (1963) an die Tradition der fantastischen Literatur ↑Arévalo Martínez', ↑Arreolas

und J. L. ↑Borges' an. Die absurde, oft makabre Situation, Science-Fiction, chines. bzw. orientalische Fabeln sind die bevorzugten Gegenstände der Erzählungen, von denen manche die Prägnanz eines Witzes haben. Herkömmliche Ordnungen werden aus einer resigniert fatalistischen Haltung heraus in Frage gestellt. Resignation ist auch das Fazit des erfolgreichen Theaterstücks *Luz negra* (1967, [7]1984; dt. *Schwarzes Licht*, 1967). Die Handlung des Zweiakters entwickelt sich irgendwo zwischen Mittelalter und einer Gegenwart, in der gefangenen Aufständischen von den Offizieren eines Unterdrückungsregimes die Augen ausgestochen werden. Auf welche Weise allerdings bessere zwischenmenschliche Beziehungen erreicht werden können, vermag weder der Kopf des hingerichteten Diebes noch der ebenfalls scharfrichterlich vom Rumpf getrennte Kopf des Idealisten zu beweisen. M. D.s Roman *Hacer el amor en el refugio atómico* (1972) ist eine Collage aus unterschiedlichen Texten, Handlungssträngen und katastrophischen Szenarien.

Weitere Werke: Lyrik: *El extraño habitante* (1955), *Para escribir en los muros* (1986); Erzählungen: *Una cuerda de nylon y oro y otros cuentos breves y maravillosos* (1970), *Revolución en el país que edificó un castillo de hadas* (1971), *La ilustre familia androide* (1972), *Los vicios de papá* (1978); Theater: *El circo y otras piezas falsas* (1965); Essay: *Ciudad, casa de todos* (1968), *Los inmortales no necesitamos seguros* (1976).

Literatur: D. Wise, *Un acercamiento a la narrativa de A. M. D.* UK/KRQ, 26 (1979), 1, 35-42.

Peralta Lagos, José María

*25.7.1873 in Santa Tecla, †23.7.1944 in Guatemala-Stadt. Pseudonym: T. P. Machín. Er entstammte einer Großgrundbesitzerfamilie, erhielt seine Ausbildung an der Militärakademie in Toledo, war General, Botschafter in Spanien, Vizerektor der Universität von San Salvador und bekleidete sonstige höhere Staatsämter.

Neben Arturo Ambrogi (1875-1936) gilt P. L. als der bedeutendste Kostumbrist El Salvadors. In verschiedenen Prosawerken und dem dreiaktigen Drama *Candidato* (1931) hat er manchmal mit bissiger Ironie, manchmal mit komischem Humor ein Panoptikum der Typen und Sitten seines Landes dargestellt. Als sein Meisterwerk gilt manchen der Roman *Doctor Gonorreitigorrea* (1926), ein satirisches Gesellschaftsbild um die Gestalt eines Betrügers. Die Erfahrungen eines hauptstädtischen Journalisten in der Provinz bilden den Handlungsfaden von *La muerte de la tórtola, o malandanzas de un corresponsal* (1933?).

Rodríguez Ruiz, Napoleón

*24.6.1910 in Santa Ana. Er studierte Jura, promovierte 1934, war danach als Richter, Mitglied des Obersten Gerichtshofs und Rektor der Universität von San Salvador tätig. Bekannt ist er als Autor von Erzählungen und des Romans *Jaraguá* (1950, [5]1974). Das Werk behandelt die Situation der armen Landbevölkerung im Küstengebiet von El Salvador. Das Latifundiensystem, das hier von einem Spanier repräsentiert wird, mit seiner Tradition der Despotie und Ausbeutung, die unüberwindbaren gesellschaftlichen Schranken und die ungünstigen Bedingungen der tropischen Natur bilden die Komponenten einer Realität, der die Indianer und Mestizen in angstvoller Resignation gegenüberstehen. In den mundartlich gefärbten Dialogen und den sprachlich schlichten, dennoch eindringlichen Landschaftsdarstellungen erhebt sich das Werk zu imposanter Eigenart. Auf romantische Klischees verweisen jedoch die dramatischen, wenn auch glücklich beendeten Peripetien einer Liebesgeschichte des

Titelhelden, der – wie in R. ↑Güiraldes' *Don Segundo Sombra* – unehelicher Sohn eines Großgrundbesitzers ist. Eine ähnliche Diskrepanz von gelungener Milieugestaltung und aufgesetzten Handlungsverwicklungen kennzeichnet auch die Mehrzahl der Erzählungen von *El Janiche y otros cuentos* (1960) oder *Las quebradas chachas* (1961).

Salarrué

* 22.10.1899 in Sonsonate, † 29.11.1975 in San Salvador. Eigtl. Salvador Salazar Arrué. Er war Journalist und einer der namhaftesten Maler seines Landes. Als Gründer von Zeitschriften, Leiter der Kunstakademie, Organisator von Ausstellungen, schließlich auch als priesterlicher Offiziant hindustanischer Rituale hat er im kulturellen Leben El Salvadors eine maßgebliche Rolle gespielt.

Eine über den nationalen Rahmen hinausreichende Bedeutung kommt vor allem seinem Erzählungsband *Cuentos de barro* (1933) zu. Die Thematik dieser »cuenteretes«, wie S. die 33 kurzen Erzählungen mit einem regionalen Modismus für »unwichtiges Etwas« bezeichnet, ist das von Elend und Aberglauben beschattete Leben der indianischen Landbevölkerung. Allerdings erhebt der Autor keine direkte Anklage. Er nähert sich seinen Personen mitempfindend solidarisch und sucht den Trost in einer Geste schmerzlicher Ironie auszudrücken. Die poetische Intensität, die S. sowohl in der dialektal gefärbten Sprache wie durch die Konzentration auf symbolträchtige Episoden erreicht, läßt ihn als Vorläufer der »magischen Realisten« M. A. ↑Asturias, A. ↑Carpentier, J. ↑Rulfo erscheinen. Hervorzuheben sind auch S.s »Kindererzählungen« *Cuentos de cipotes* (1945), in denen es ihm gelingt, Vorstellungswelt und Erzählweise von Kindern recht unverfälscht wiederzugeben. S. ist auch Autor einiger kürzerer Romane. *El cristo negro. Leyenda de San Uraco* (1936) behandelt die Entstehung der Christusfigur von Esquipulas. Im Mittelpunkt steht der unverstandene heilige Uraco, der andere von Sünden befreit, indem er sie selbst begeht. H. ↑Lindo hielt dieses für das gelungenste Werk des Autors. *El señor de La Burbuja* (1956) ist die Geschichte eines Grundbesitzers, der verschiedene Schicksalsschläge erleidet. Er widmet sich darauf entsagungsvoller Nächstenliebe und wird von seinen einstigen Freunden als Irrer oder Hexenmeister angesehen. In ähnlicher Mischung von realistischem Kostumbrismus, fantastischen Elementen und allerlei esoterischen und theosophischen Spekulationen ist auch *Catleya Luna* (1974) gestaltet. Auf einer der zwei Handlungsebenen ist es der Roman eines Romans, den der Protagonist vor allem aus indianischen Mythen und Anekdoten erstellt. Auf der zweiten, damit verflochtenen Ebene entwickelt sich eine dreistufige Liebeshandlung: vom Traumbild über die falsch gewählte Schwester bis zur perfekten Ehefrau.

Weitere Werke (Auswahl): Romane: *La selva roja* (...), *La sed de Sling Bader* (1971); Erzählungen: *O-Yarkandal* (1929), *Remontando el Uluán* (1932), *Conjeturas en la penumbra* (1934), *Eso y más* (1940), *Trasmallo* (1954), *La espada y otras narraciones* (1960); Lyrik: *Mundo nomasito* (1975).

Ausgaben: *Obras escogidas*. Pról. H. Lindo. San Salvador 1969/70, 2 Bde. – *El ángel del espejo y otros relatos*. Hg. S. Ramírez. CAR 1977 (BiAy).

GUATEMALA

Landívar, Rafael	1731-1793
Milla, José	1822-1882
Gómez Carillo, Enrique	1873-1927
Arévalo Martínez, Rafael	1884-1975
Wyld Ospina, Carlos	1891-1956
Herrera, Flavio	1895-1968
Samayoa Chinchilla, Carlos	1898-1973
Asturias, Miguel Angel	1899-1974
Brañas, César	1899-1976
Cardoza y Aragón, Luis	1904
Monteforte Toledo, Mario	1911
Galich, Manuel	1913-1984
Monterroso, Augusto	1921
González, Otto-Raúl	1921
López Valdizón, José María	1929-1975
Arango, Luis Alfredo	1935
Castillo, Otto René	1936-1967
Flores, Marco Antonio	1937
Arias, Arturo	1950

Arango, Luis Alfredo
*1935 in Totonicopán. Lehrer. Er gehörte zu den Herausgebern der Zeitschrift »Nuevo Signo« (1968-70), Organ einer Generation junger Lyriker, von denen er – neben Manuel José Arce (1935-85) – der bekannteste ist. In seiner Lyrik greift er auf Formen der Folklore zurück und überträgt deren sprachliche Wendungen und Metrik auf seine Dichtung. Die Geschichte und Landschaften Guatemalas stehen thematisch im Vordergrund. A. hat auch Erzählungen geschrieben, in denen er auf seine Erfahrungen als Lehrer in einer ländlichen und weitgehend indianischen Umgebung zurückgreift.

Werke: Lyrik: *Brecha en la sombra* (1960), *Ventana en la ciudad* (1962), *Toro sin alas* (1963), *Papel y tusa* (1967), *Boleto de viaje* (1967) *Arpa sin ángel* (1968), *Dicho al olvido* (1969), *Grillos y tuercas* (1970), *Clarinero* (1971), *Imágenes de cuaresma* (197?), *Bocetos para los discursos de Maximón Bonaparte* (1973), *El amanecido o cargando el arpa* (1975), *Canto florido* (1976), *El zopilote biónico* (1979), *Memorial de la lluvia* (1980); Lyrikausgabe: *Archivador de pueblos* (1977); Erzählungen: *Cuentos de oral siguán* (1970), *Cartas a los manzaneros* (1972), *Cruz o Gaspar* (1972), *Lola dormida* (1982).

Arévalo Martínez, Rafael
*25.7.1884 in Guatemala Stadt, †12.6.1975 ebd. Er war Herausgeber der Zeitschrift »Juan Chapín« (1913), die als das wichtigste Organ der guat. Schriftstellergeneration von 1910 angesehen wird. 1920 beteiligte er sich aktiv am Widerstand gegen die Diktatur Estrada Cabreras. 1927-45 war er Leiter der Nationalbibliothek von Guatemala, danach kurze Zeit Diplomat in New York.
A. M. ist in allen literarischen Gattungen aktiv gewesen. Sein erster Gedichtband *Maya* (1911) gilt als eins der perfektesten Zeugnisse des Modernismus in Guatemala. Ab *Las rosas de Engaddi* (1921) wird seine Lyrik schlichter und nüchterner im Ausdruck. Das in ihr gestaltete Lebensgefühl eines »schmerzlichen Optimismus« wird von einer undogmatischen, von der span. Mystik bis zur Theosophie beeinflußten Religiosität getragen. Bedeutender ist jedoch A. M.' Prosawerk. In seiner berühmten, vieldeutigen Erzählung *El hombre que parecía un caballo* (1914) erfährt die Titelgestalt, hinter der man den kol. Dichter M. A. ↑Osorio vermutet, aus der Sicht des Ich-Erzählers verschiedene Metamorphosen. Auch in dem Erzählungsband *El señor Monitot* (1922) werden psychische Vorgänge auf tierhaftes Sein oder Verhalten projiziert. A. M.' erste Romane *Una vida* (1914) und *Manuel Aldano. La lucha por la vida* (1922) sind autobiographisch. *La oficina de paz de Orolandia* (1925) ist eine Satire auf die Unión Panamericana, eine von den USA zwecks Unterdrückung der lateinam. Länder ins Leben gerufene Behörde. *El mundo de los maharachías* (1938) und *Viaje a Ipanda* (1939) sind fantastisch utopische Abenteuerromane. *Hondura* (1947) ist Schelmenroman und zugleich detaillierte Darstellung des politischen und künstlerischen Lebens in Guatemala zur Zeit der Diktatur Estrada Cabreras, die A. M. auch in dem umfangreichen, gelegentlich satirischen historiographischen Essay *Ecce Pericles* (1945, ³1983) darstellt.

Weitere Werke (Auswahl): Lyrik: *Los atormentados* (1914), *Llama* (1934), *Por un caminito así* (1947), *Poemas de R. A. M.* (1965); Romane: *La oficina de Paz en Orolandia* (1925), *Las noches en el Palacio de la Nunciatura* (1927), *Sentas* (1927); Erzählungen: *El embajador de Torlania* (1960), *Cratilo y otros cuentos* (1968), *Cuatro contactos con lo sobrenatural y otros relatos* (1971); Essay: *Concepción de cosmos* (1956).
Ausgabe: *Obras escogidas. Prosa y poesía.* Guatemala 1959.

Literatur: T. Arévalo, *R. A. M.* Guatemala 1971. – H. Estrada, *La poesía de R. A. M.* Guatemala 1971. – M. A. Carrera, *Las ocho novelas de R. A. M.* Guatemala 1975. – F. Albizúrez Palma, *R. A. M.* CULTURA DE GUATEMALA, 3 (1982), 1, 95-111. – H. L. Rosser, *Reflections in an Equine Eye: A. M. ›Psycho-Zoology‹.* LALR, 14 (1986), 28, 21-30. – R. L. Acevedo, *Lo grotesco y lo absurdo en ›Las noches en el Palacio de la Nunciatura‹ de R. A. M.* SLI, 17 (1986), 69-82. – R. L. Acevedo, *El dictador y la dictadura en ›Las fieras del trópico‹ de R. A. M.* RI, 55 (1989), 146-147, 475-492.

Arias, Arturo

* 1950 in Guatemala Stadt. Er hat Literaturwissenschaft in Paris studiert und dort promoviert. Die Begegnung mit dem Werk des russ. Literaturwissenschaftlers Michail Bachtin hat in starkem Maße seine Romane beeinflußt. *Después de las bombas* (1979) behandelt teils in grotesker Verzerrung, teils traumhaft verfremdet die Situation Guatemalas ab 1954, als durch die Bombardierung der Hauptstadt die demokratische Regierung gestürzt und das von der Kirche und den USA getragene Terrorregime mehrerer sich ablösender Generale etabliert wurde. Der Protagonist, der die Zeit unmittelbar nach dem Putsch als Kind erlebt hat, wird sich nach verschiedenen Erfahrungen der Geschichte seines Landes bewußt und entwickelt sich zum Revolutionär, dem gleichwohl der kindliche Schnuller nicht abhanden kommt. In der Verkleidung eines US-Offiziers gelingt ihm nach der Teilnahme an einer grotesk makabren Orgie die Flucht dank der Hilfe einer Prostituierten, die wiederum Tochter eines US-Magnaten ist. Auch in seinem nächsten Roman *Itzam Na* (1981, Preis der kub. »Casa de las Américas«) sucht A. die wirtschaftliche und kulturelle Präsenz der USA in Guatemala in einen dialektischen Zusammenhang von Unterdrückung und Befreiung zu bringen, symbolisiert im Handlungsverlauf durch die Identifikation des esoterischen Gringo H. U. Emerson mit dem Mayagott Itzam Na. Alternativ werden in dem Roman zwei Handlungsstränge entwickelt. In Ich-Form und chronologisch, geschrieben im Argot der Jugendlichen, wird zum einen vom Leben einer Gruppe von Halbwüchsigen aus wohlhabenden Familien berichtet, die zunächst im Drogenkonsum, dann auch in einem mystifizierenden Mayagötterkult ihren diffusen Protest gegen die Gesellschaft ausdrücken. Die andere Handlungsebene besteht aus den Briefen eines Mannes an seine Nichte, Tagebucheintragungen und anderen Dokumenten, in denen die Geschichte Guatemalas bis zum Beginn des Jahrhunderts zurückverfolgt wird. Zu A.' weiteren Werken gehört der Erzählband *En la ciudad y las montañas* (1975) sowie der umfangreiche Essay *Ideologías, literatura y sociedad durante la revolución guatemalteca 1944-1954* (1979), der vor allem den Roman *Entre la piedra y la cruz* von M. Monteforte Toledo untersucht.

Literatur: J. Campos, *Guatemala: La busca de la salvación en la droga y el viejo mundo indígena.* INSULA, 38 (1983), 443, 11.

Asturias, Miguel Angel

* 19.10.1899 in Guatemala Stadt, † 9.6.1974 in Madrid. Er stammte aus einer wohlhabenden Familie, war Sohn einer Lehrerin und eines Juristen, der bei dem Diktator Cabrera Estrada (1898-1920) in Ungnade fiel und 1904 in die Provinz, nach Salamá, verbannt wurde. Von hier kehrte er im Alter von 9 Jahren in die Hauptstadt zurück, wo er ab 1917 an der San Carlos Universität zunächst Medizin, dann Jura studierte. Er beteiligte sich am Widerstand gegen Cabrera Estrada und war Mitgründer des Studentenverbandes. 1923 promovierte er mit der Dissertation *El problema social del indio* (Neu-

aufl. 1971) und begab sich im Jahr darauf nach Paris, wo er u.a. an der Sorbonne Ethnologie-Vorlesungen von G. Raynaud besuchte. 1933 kehrte er nach Guatemala zurück und war während der Diktatur J. Ubicos (1931-44) als Redakteur der Zeitung der Regierungspartei, »El Liberal Progresista«, ab 1938 bei dem von ihm gegründeten Radiosender »Diario del Aire« tätig. Beim Sturz des Ubico-Regimes ging er vorsichtshalber nach Mexiko, wurde jedoch von dem neuen guat. Präsidenten Arévalo rehabilitiert und zum dortigen Kulturattaché ernannt. Bis zum Putsch gegen Arbenz, 1954, war er dann Diplomat seines Landes, anschließend lebte er im Exil in Argentinien, Frankreich und Italien. A.' durch Wahlen an die Regierung gekommener Freund Méndez Montenegro ernannte ihn 1966 zum guat. Botschafter in Paris. Im selben Jahr erhielt er den Lenin-Preis, 1967 den Nobelpreis.

A. begann seine literarische Laufbahn als Lyriker mit *Rayito de estrella* (1929), sein Weltruhm beruht jedoch auf seinem Prosawerk, für das – wie auch für seine weitere Lyrik – der Surrealismus einen der wichtigsten Impulse darstellt. Zugleich ist seine Darstellungstechnik, die das Etikett »magischer Realismus« bekommen hat, in starkem Maße der Literatur der Mayas und Quichés verpflichtet, in der, wie A. angemerkt hat, die Ebenen einer sinnlich wahrgenommenen und einer onirisch imaginären Realität unterschiedslos nebeneinander bestehen. Das frühste Prosawerk, die Märchenerzählungen *Leyendas de Guatemala* (1930; dt. *Legenden aus Guatemala*, 1960) sind eine kunstvolle Collage von Traumbildern, lyrischen Passagen, Nacherzählung indianischer Mythen, wörtlichen Zitaten u.a. aus dem *Popul Vuh* und sonstigen Übernahmen. Paul Valéry würdigte begeistert die »histoires-rêves-poèmes« in seinem Vorwort zur frz. Übersetzung (1932) von Francis de Miomandre. Seit 1922 hatte A., nach eigenen Angaben, an seinem ersten Roman *El señor presidente* (1946; dt. *Der Herr Präsident*, 1957) gearbeitet. Bei aller fantastisch mythischen Verdichtung und grotesk satirischen Schilderung finden sich so viele konkrete Entsprechungen zur Diktatur Estrada Cabreras, daß man von einem Schlüsselroman gesprochen hat. Wortgewaltig evoziert wird jedoch der abstrakte Zustand der Allmacht des Bösen und die dadurch bewirkte Zerstörung menschlicher Tugenden. Die melodramatische Handlung, in der Macht und Liebe polarisiert werden, hebt diesen allgemeinen Aspekt hervor gegenüber einer sozialen Wirklichkeit, die zum Sturz der Diktatur führte. Als A.' Hauptwerk gilt *Hombres de maíz* (1949; dt. *Die Maismänner*, 1956, überarb. *Die Maismenschen*, 1983). Der komplexe, symbolkräftige und sprachlich außergewöhnlich suggestive Roman besteht aus sechs Teilen. Die ersten vier Teile entwickeln den Konflikt zwischen einem sakralisierenden Weltverständnis der Indianer und kapitalistischer Profanierung. Der Maisbauer Gaspar Ilóm erklärt den Agrarunternehmern den Krieg, bis die staatliche Unterdrückungsmacht zurückschlägt. Nach seinem Tod rächt ihn die Natur und tötet die, die ihn verraten und gejagt haben. Die Teile fünf und sechs variieren das Motiv der Suche nach der verlorenen Frau und verbinden (fiktive) Wirklichkeit und daraus entstandene Mythen zu einem immer dichteren Netz. An die Tradition der realistischen Protestliteratur knüpft A. mit der umfangreichen Romantrilogie *Viento fuerte* (1949; dt. *Sturm*, 1967), *El papa verde* (1954; dt. *Der grüne Papst*, 1968) und *Los ojos de los enterrados* (1960; dt. *Die Augen der Begrabenen*, 1971) an. Anklage wird gegen die United Fruit Company erhoben. *Viento fuerte* behandelt das brutale Vorgehen der allmächtigen Gesellschaft gegen die kleinen Bananenerzeuger. Die »tropische Oper«, wie ein textlicher Hinweis auf die musikalische Komposition lautet, gipfelt in einem von einem Zauberer entfesselten Sturm, der alle Pflanzungen zerstört. In *El papa verde* wird der Präsident der Company zum Superdiktator, der von einem Wolkenkratzer in New York her seine tyrannische Macht ausübt. *Los ojos de los enterrados* beendet die Aufarbeitung der Geschichte der ausländischen Bananengesellschaft mit dem Sieg einer revolutionären Bewegung. Aus der Empörung über die von den USA inszenierte Invasion Guatemalas entstand *Week-end en Guatemala* (1956). Die Reaktion des Volkes auf die Invasion ist die gemeinsame Thematik, die den acht in sich geschlossenen Erzählungen eine romanhafte Einheit gibt. Nach dem um 1928 entstandenen, die Vorstellungswelt des Kindes behandelnden Roman *El alhajadito* (1961; dt. *Don Niño oder Die Geographie der Träume*, 1969) greift A. mit *Mulata de tal* (1963; dt. *Mulata de tal. Eine gewisse Mulattin*, 1964) wieder die indigenistische Mythologie der *Hombres de maíz* auf. Die Sprache ist hier volkstümlicher und spielerischer geworden. A. hat den Roman als eine Variation des Mythos von Mond und Sonne erklärt. Der sich immer wieder in der Fülle der Episoden verlierende Handlungsverlauf stützt sich außerdem auf die Legende von einem Mann, der dem Teufel seine Frau verkauft, um reich zu werden. Das eigentliche Thema ist die Vorstellung vom Bösen aus der kontroversen Sicht der Indianer und des Christentums. Cabracán, der Gott der Erdbeben, und Huracán, der Gott der Stürme, wollen den Menschen als störenden Eindringling in das Universum vernichten. Der christliche Satan hingegen ist bestrebt, die Erdbevölkerung tüchtig anwachsen zu lassen, um die Hölle zu füllen. In die Frühzeit der Eroberung Amerikas führt der Roman *Maladrón* (1969; dt. *Der Böse Schächer*, 1969) zurück. Mit pikareskem Witz gestaltet A. seine Studentenzeit in *Viernes de Dolores* (1972). Von seinem weiteren Werk verdienen besondere Hervorhebung die auf Maya-Mythen beruhende Dichtung *Clarivigilia primaveral* (1965) sowie *La audiencia de los confines* (1957), ein historisches Drama um die Person des Bartolomé de las Casas.

Weitere Werke (Auswahl): Erzählungen: *El espejo de Lida Sal* (1967; dt. *Der Spiegel der Lida Sal*, 1983); Lyrik: *Sien de alondra* (1949), *Ejercicios poéticos en forma de soneto sobre temas de Horacio* (1951), *Sonetos de Italia* (1965), *Sonetos del amor acongojado* (?; dt. *Sonette der betrübten Liebe*, 1980); Theater: *Soluna* (1955), *Teatro* (1964); Essays: *Latinoamérica y otros ensayos* (1968).

Ausgaben: *Obras completas*. Madrid 1968, 3 Bde. – *Obras completas*. Paris 1978 ff. – *Periodismo y creación literaria. París, 1924-1933*. Hg. A. Segala. Madrid etc. 1989.

Literatur: G. W. Lorenz, *M. A. A.* Neuwied 1968. – RI, 35 (1969), 67 (Sondernr.). – R. J. Callan, *M. A. A.* New York 1970. – U. Kunzmann, *Grundzüge des Prosawerkes von M. A. A.* Diss. Leipzig 1971. – E. León Hill, *M. A. A.: lo ancestral en su obra literaria*. Eastchester, N. Y. 1972. – H. Giacoman (Hg.), *Homenaje a M. A. A., variaciones interpretativas en torno a su obra*. Long Island City, N. Y. 1972. – J. Sáenz, *Genio y figura de M. A. A.* BA 1974. – C. Meneses, *M. A. A.* Madrid 1975. – EUROPE, 53 (1975), 553/4 (Sondernr.). – R. Daus, *M. A. A.* In: W. Eitel (Hg.), *Lateinamerikanische Literatur der Gegenwart in Einzeldarstellungen*. Stuttgart 1978, 297-329. – R. B. Moore, *A.: A Checklist of Works and Criticism*. New York 1979. – M. A. Arango, *Aspectos sociales en las novelas de M. A. A.* CAM, 39 (1980), 228, 179-199. – G. Bellini, *De tiranos, héroes y brujos: Estudios sobre la obra de M. A. A.* Rom 1982. – J.-M. Saint-Lu, *M. A. A. Présentation bio-*

graphique. Montpellier 1984. – I. H. Verdugo, *El carácter de la literatura hispanoamericana y la novelística de M. A. A.* Guatemala 1984. – G. Tavani, *A. y Neruda. Cuatro estudios para dos poetas*. Rom 1985. – R. Prieto, *El papel de la fauna y de los símbolos precolombinos en la obra de M. A. A. y de José María Arguedas*. DL, 4 (1987), 2, 401-414. – C. Marroquín, *M. A. A. Biographie*. Leipzig 1988. – M. Rössner, *Europäische Avantgarde und Ethnologie im Kontext der Suche nach nationaler Identität: Gedanken zum frühen A. und zum frühen Carpentier*. IA, 31/32 (1988), 2/3, 23-38. – J. Himelblau, *Chronologic Deployment of Fictional Events in M. A. A.'s ›El señor presidente‹*. HJ, 11 (1990), 1, 7-29. – U. Brands-Proharam González, *Das dramatische Werk von M. A. A. im Kontext des modernen lateinam. Theaters*. Bonn 1991.

Brañas, César

* 13.12.1899 in Antigua, † 22.2.1976. Er gründete 1922 die Zeitung »El Imparcial«, die er mehr als 50 Jahre leitete. Sein umfangreiches Werk – Lyrik, Romane, Erzählungen, literaturkritische Essays – ist teils in Privatdrucken, teils verstreut in »El Imparcial« sowie anderen Periodika erschienen und erst in jüngerer Zeit Gegenstand breiter nationaler Anerkennung geworden. Zwischen 1918 und 1939 veröffentlichte er mehrere, zumeist kurze Romane, die in Stimmung und Thematik weitgehend noch dem *Fin de siècle* verpflichtet sind, deren guat. Schauplätze – zumeist die Geburtsstadt des Autors – und gelegentliche Verwendung moderner Erzähltechniken jedoch als innovativ angesehen werden. In *Alba Emérita* (1920) verliebt sich ein junger Schriftsteller in eine von ihm idealisierte Frau, die in seiner Abwesenheit von einem Priester vergewaltigt wird. *La tapia florida* (1927) stellt in Ich-Form die Entwicklung eines jungen Arbeiters dar, den Krankheit, Unglücksfälle und eine gescheiterte Liebe wahnsinnig werden lassen. Stärker gesellschaftskritisch ist der an Pérez Galdós' *Doña Perfecta* angelehnte Roman *Paulita* (1939). Von B.' lyrischem Werk wird besonders die seinem Vater gewidmete elegische Dichtung *Viento negro* (1938?) hervorgehoben.

Weitere Werke (Auswahl): Kurzromane: *Sor Candelaria, leyenda lírica* (1918), *Tú no sirves* (1924), *La vida enferma* (1926), *La divina patoja* (1926), *Un hombre solo* (1932); Lyrik: *Antigua* (1921), *Tonatiuh* (1941), *El lecho de Procusto* (1945), *Raíz desnuda* (1952); Essays: *Itinerario de Ramón Aceña* (1946), *Rafael Arévalo Martínez en su tiempo y en su poesía* (1946), *José Rodríguez Cerna o el esplendor de la crónica literaria* (1956); Kurzprosa: *Diario de un aprendiz de cínico* (1945), *La finca; monografía sentimental* (1946).

Cardoza y Aragón, Luis

* 21.6.1904 in Antigua. 1921 ging er nach Paris, um Medizin zu studieren, beschäftigte sich aber vor allem mit Literatur und Malerei und reiste durch Europa. 1930 war er für kurze Zeit Konsul in New York. Ab 1932 lebte er in Mexiko und kehrte erst mit dem Sturz des Diktators Ubico nach Guatemala zurück. Unter der Regierung Arévalos war er Botschafter in der UdSSR, danach in Kolumbien, wo er beschuldigt wurde, den Volksaufstand vom April 1948 ausgelöst zu haben. Er kam dann als Botschafter nach Paris, mußte jedoch auf Druck der US-Regierung noch vor dem Putsch gegen Arbenz das Amt aufgeben und ließ sich 1955 endgültig in Mexiko nieder.

Er hat Lyrik und Essays veröffentlicht und gilt als einer der besten Kunstkritiker Mexikos. Im Zeichen der Avantgarde sind seine ersten Werke entstanden, von denen die Dichtung *Luna Park* (1924) eher historischen Wert besitzt. Gewichtiger ist der Band *Maelstrom* (1926, mit Vorw. von R. Gómez de la Serna) in seiner Mischung aus fantastischer Fiktion, lyrischen Passagen, unterschiedlichen Sprachebenen und originellen Metaphern. Die Hauptperson, Keemby, ist eine Verkörperung der neuen Poetik. Zwischen 1929 und 1932 entstand die umfangreiche Prosadichtung *Pequeña sinfonía del Nuevo Mundo* (1948), deren alogische Bildlichkeit auf den Einfluß des Surrealismus verweist. Eine weitere Phase seiner dichterischen Entwicklung markiert der Band *Dibujos de ciego* (1969), in dem, an ein Du gerichtet, Erfahrungen aus Kindheit und Jugend gestaltet werden. C.s bekanntester Essay *Guatemala, las líneas de su mano* (1955, [4]1976) ist eine glänzend geschriebene, tiefgehende Betrachtung der Kultur, Geschichte und des sozialen Lebens seines Landes. *La revolución guatemalteca* (1955) behandelt die Geschehnisse von 1954. Der größte Teil seines sonstigen essayistischen Schaffens ist der Malerei Mexikos gewidmet, mit der sich C. erstmals grundlegend in *La nube y el reloj* (1940) auseinandersetzte. *El río, novelas de caballería* (1986) ist ein fast 900 S. langer Text, teils Autobiographie, teils poetologischer Essay, teils eine selbstkritische Befragung. Der Text reicht bis zur Kindheit des Autors in Antigua zurück und führt über die Jahrzehnte, mit ihren Reisen, Liebschaften und Begegnungen bis zur Gegenwart, wobei emotionaler Fluchtpunkt immer das vom Tod gezeichnete Guatemala bleibt.

Weitere Werke: Lyrik: *El sonámbulo* (1937), *Poesía* (1948), *Quinta estación* (1972); Essays: *Carlos Mérida* (1927), *Torre de Babel* (1930), *Rufino Tamayo* (1934), *Orozco* (1942, 1959), *Apolo y Coatlicue* (1944), *Pintura mexicana contemporánea* (1953), *El pueblo de Guatemala, la United Fruit y la protesta de Washington* (1954), *Nuevo Mundo* (1960), *México: pintura activa* (1961), *México: pintura de hoy* (1964; dt. *Mexikanische Malerei von heute*, 1965), *Perfiles* (1964), *Círculos concéntricos* (1967), *Pintura contemporánea de México* (1974); Reiseberichte, Chroniken: *Fez, ciudad santa de los árabes* (1926), *Retorno al futuro* (1948).

Ausgaben: *Poesías completas y algunas prosas*. ME 1977. – *Guatemala con una piedra adentro*. ME 1983.

Literatur: LETRAS DE GUATEMALA, 1 (1980) (Sondernr.).

Castillo, Otto René

* 1936 in Quezaltenango, † 19.3.1967 in der Sierra de las Minas. Er ging nach dem Putsch von 1954 nach El Salvador, von wo aus er am Widerstand gegen die Diktatur von Castillo Armas teilnahm. Ab 1957 studierte er Jura und Sozialgeschichte an der San Carlos Universität in Guatemala, danach als Stipendiat Literaturwissenschaft in Leipzig. 1964, wieder in Guatemala, arbeitete er am Teatro Municipal und war zugleich aktiv an der Guerilla beteiligt. 1965 wurde er verhaftet und in die Verbannung geschickt. Er kam bald wieder zurück, fiel bei einem Gefecht verwundet den Regierungstruppen in die Hand, wurde gefoltert, verstümmelt und lebend verbrannt.

C. ist der international bekannteste jüngere Dichter seines Landes, wozu auch seine politischen Aktivitäten und sein Tod in der Guerilla beigetragen haben. 1955 erhielt er zusammen mit R. ↑Dalton den Premio Centroamericano de Poesía. Von Anfang an zeichnet sich seine Lyrik durch fast völlig unverschlüsselte Aussage und eine bekenntnishafte Vitalität aus. Revolutionäres Bewußtsein, erwachsen aus der leidvollen Situation seines Landes, und persönliche Liebesbeziehungen ziehen sich als thematische Konstanten durch sein relativ umfangreiches Werk. (400 S. umfaßt die von A. ↑Chase herausgegebene, von R. Dalton und H. Alvarado eingeleitete Ausgabe *Informe de una injusticia*, San José 1975.) Viele Gedichte gestalten eine kommunikative Situation und wenden sich zumeist an ein weibliches

Du, das unterschiedliche Gestalt – Geliebte, Mutter, Schwester – annehmen kann, aber immer als eine Vermittlungsinstanz zum Leben erscheint und damit auch den bewaffneten Kampf rechtfertigt.

Weitere Lyrikausgaben: *Tecún Umán* (1964), *Vamos, patria, a caminar* (1965), *Poemas* (1971), *Sabor de luto* (1976); *Poesía*. LH 1989.
Literatur: O.A. Palencia, *La trascendente huella de Roberto Obregón Morales y O.R.C.* A, 3 (1979), 26-36. – R. Navarro Barberena, *El tema de la vida en la poesía de O.R.C.* A, 3 (1979), 8-25.

Flores, Marco Antonio
* 1937 in Guatemala Stadt. Er studierte Medizin, Jura und Psychologie an der San Carlos Universität in Guatemala, danach Theaterwissenschaft in Havanna. Er leitete ein Theater, war Mitarbeiter verschiedener mex. Zeitschriften und lebte mehrere Jahre im Exil.
F. ist zunächst als Lyriker hervorgetreten, jedoch bekannt geworden als Autor des Romans *Los compañeros* (1976), der auf Grund der Verwendung neuer Erzähltechniken und Vermischung verschiedener Sprachebenen als Markstein in der Entwicklung des guat. Romans angesehen wird. Aus verschiedenen Blickwinkeln wird in ihm die Guerilla der 60er Jahre dargestellt; Rückblenden führen in die 40er Jahre. Die Zentralfigur, Bolo, verkörpert den »kleinbürgerlichen« linken Intellektuellen, der sich nicht entscheidet, am bewaffneten Kampf teilzunehmen. Erst als er seine persönlichen Konflikte, deren Ursache eine despotische Mutter ist, aufgearbeitet hat, will er sich der inzwischen zerschlagenen Guerilla anschließen. Ähnlich zirkulär ist die Geschichte des Revolutionärs Patojo, der zu Tode gefoltert wird, und in seinen Fieberträumen wieder in die Welt der Kindheit zurückkehrt.

Weitere Werke: Lyrik: *La voz acumulada* (1964), *Muros de luz* (1968), *La derrota* (1972); Theater: *El cascabel del gato* (196?), *Entremés para cantar* (1972).

Galich, Manuel
* 1913 in Antigua, † 31.8.1984 in Havanna. Er hatte Pädagogik und Jura studiert und war zur Zeit der demokratischen Regierungen von Arévalo und Arbenz u.a. Erziehungs- und Außenminister. Der Putsch von 1954 überraschte ihn als guat. Botschafter in Buenos Aires. Hier verbrachte er seine ersten Jahre des Exils, danach lebte er auf Kuba, wo er eine Professur für Geschichte innehatte und die Theaterzeitschrift »Conjunto« herausgab.
G. ist vor allem als Dramatiker bekannt. Seine ersten, zwischen 1938 und 1944 entstandenen Stücke sind sozialkritische Sittenkomödien in der Art des Uruguayers F. ↑Sánchez: *M'hijo el bachiller*, *Papá Natas*, *De lo vivo a lo pintado*, die in dem Band *Obras de teatro* (1946) zusammengefaßt wurden. Eine Passage des *Popol Vuh* liegt *El señor Gukup Cakix* (1939) sowie dem späteren Theaterstück für Kinder *Puedelotodo vencido* (1978) zugrunde. Populäre Tradition und groteske Elemente verbinden sich in *El canciller Cadejo* (1940, 1954). In den späteren Stücken werden, auch unter dem Einfluß Sartres, politisch-historische Fragestellungen aufgeworfen. *La mugre* (1954) behandelt das Thema der ausländischen Bananengesellschaften in Guatemala. *El pescado indigesto* (1960), G.s international erfolgreichstes Stück, ist eine im antiken Rom spielende Satire auf den Merkantilismus. Sein Versdrama *Mister John Ténor y yo* (1978) greift parodistisch auf *Don Juan Tenorio* des Spaniers José Zorrilla (1817-1893) zurück.

Weitere Werke (Auswahl): Theater: *El retorno* (1938), *Historia a escena* (1949), *Ida y vuelta* (1949), *El tren amarillo* (1955),

Pascual Abah (1966); Essay: *Por qué lucha Guatemala: Arévalo y Arbenz, dos hombres contra un imperio* (1956).
Ausgabe: *El tren amarillo y otras obras*. LH 1979.
Literatur: M. A. Carrera, *Las ideas políticas en el teatro de M. G.* Guatemala 1982. – E. Márceles Daconte, *M. G.: La identidad del teatro latinoamericano*. LATR, 17 (1984), 2, 55-63. – *M. G. in memoriam*. CDLA, 25 (1985), 148, 3-35.

Gómez Carrillo, Enrique

* 27.2.1873 in Guatemala Stadt, †29.11.1927 in Paris. Sein Vater war zeitweise Rektor der Universität San Carlos. Er erwies sich als schlechter Schüler. Mit 16 trank er bereits wie ein Erwachsener, schrieb unter dem Pseudonym »Calamidad« regelmäßig Zeitungsartikel für »El Imparcial«, hatte eine Liebschaft, über die er ausführlich Mit- und Nachwelt unterrichtete, und übte dreiste Kritik am berühmten Romancier J. ↑Milla. Der guten Laune des Staatspräsidenten Barillas verdankte er 1891 ein staatliches Stipendium für einen Aufenthalt in Europa. 1895 kehrte er noch einmal nach Guatemala zurück, schloß sich den Parteigängern Estrada Cabreras an und wurde 1900 von diesem als Generalkonsul wieder nach Paris geschickt. Als Korrespondent der Madrider Zeitung »El Liberal« sowie der arg. » La Nación« bereiste er in den folgenden Jahren Rußland, Asien, die Mittelmeerländer und die Schlachtfelder des 1. Weltkriegs. Nach dem Sturz Estrada Cabreras, 1920, wurde er zum arg. Vizekonsul in Paris ernannt. Er hat dreimal geheiratet, u. a. die span. Coupletsängerin Raquel Meller, mehr als 15 Duelle ausgefochten und 87 Bücher veröffentlicht, darunter einige Romane, zahlreiche Bände feuilletonistischer »Crónicas«, Literaturkritik, Reiseimpressionen sowie eine dreibändige, romanhaft stilisierte Autobiographie *Treinta años de mi vida* (1919-21).

Zur Zeit des Modernismus wurde G. C.s Prosa eine kaum geringere Bedeutung als der Lyrik R. ↑Daríos zugemessen. Einer seiner aufschlußreichen Essays, »El arte de trabajar la prosa«, läßt erkennen, welches Maß an künstlerischem Bewußtsein und technischer Perfektionierung bei der Gestaltung einer eleganten, unrhetorischen, scheinbar natürlichen Prosa er für sich selbst in Anspruch nahm. G. C. ist auch in bezug auf eine sensualistische Lebensauffassung und die Vorliebe für Exotik der Prototyp des Modernismus, mit dem Unterschied, daß er die exotischen Länder bereiste, von denen andere nur träumten, und mit zahlreichen Frauen Umgang pflegte, statt Prinzessinnen der Vergangenheit zu beschwören. R. ↑Blanco Fombona hob hervor, daß G. C. das Verdienst zukomme, »in unsere schwerfällige und langweilige span.-sprachige Literatur die Frau, wenn nicht in ihrer Gesamtheit, so doch mit ihrem ganzen Lächeln, ihrem Mutwillen, ihren Koketterien, bekleidet, halb- und unbekleidet« eingeführt zu haben. Andererseits gelangte er nie, im Unterschied zu den großen Modernisten, zu tieferen Einsichten, weder auf philosophischer noch politischer Ebene. Insofern bieten auch seine Romane wenig mehr als stilistischen Glanz, einige komplexe Frauengestalten und amüsante erotische Konstellationen. *Del amor, del dolor y del vicio* (1898), von R. Darío gelobt, von L. ↑Lugones streng rezensiert, führt über verschiedene Liebesbeziehungen der kräftigen Liliana mit einigen Künstlern zu jenem Gipfel des Lasters, daß sie mit ihrer Freundin Margot in einem Restaurant Zärtlichkeiten austauscht. In der gleichen zeitgenössischen Künstlerwelt von Paris ist auch *Bohemia sentimental* (1899) angesiedelt. Er endet mit der Heirat der einen Millionär ausbeutenden, Anatole France und Verlaine verehrenden Violeta und eines jungen Dramaturgen, der ihr das Opfer abverlangt, auf die einträgliche Liebschaft zu verzichten. *Maravillas* (1899, 1922 u.d.T. *Pobre clown*) schildert in stark dialogisierter Form drei Epochen aus dem Leben einer Pariser Tänzerin. (Überarbeitet erschienen diese Romane u.d.T. *Tres novelas inmorales*, 1922.) Das Byzanz des 14. Jh.s ist Schauplatz von G.C.s letztem, u.a. von Flaubert beeinflußtem Roman *El evangelio del amor* (1922). Den von Christus zur fleischlichen Liebe ermunterten Helden steinigen die Klosterbrüder, als er ihnen aufgrund seiner Erfahrungen das »Evangelium der Liebe« predigt.

Ausgaben: *Obras completas*. Madrid 1919-1923, 27 Bde. – *Páginas escogidas*. Hg. E. Torres. Guatemala 1954, 3 Bde.

Literatur: E. Torres, *E.G.C., el cronista errante*. Guatemala 1956. – A. Enrique Barrientos, *E. G.C.* Guatemala [2]1973. – K. Meyer-Minnemann, *E.G.C., ›Del Amor, del Dolor y del Vicio‹. En torno a una novela del modernismo hispanoamericano*. NRFH, 22 (1973), 1, 61-77. – A. Sabugo Abril, *›Cosmópolis‹*. CH, 144 (1986), 430, 181-192. – C. Schaefer, *¿La liberación de la prosa? Erotismo y discurso ex-céntrico en las crónicas de E.G.C.* TC, 15 (1988), 38, 67-76.

González, Otto-Raúl

* 1.1.1921 in Guatemala Stadt. Er war Rechtsanwalt und eines der führenden Mitglieder der Zeitschrift »Acento«, Sprachrohr der sogenannten »Generación del 40«. 1954 ging er ins Exil und lebt seit 1956 in Mexiko. Bei einem Festakt zu seinen Ehren wurde ihm 1968 die Einreise nach Guatemala verboten. Sein erster Gedichtband *Voz y voto del geranio* (1943) trug ihm bereits politische Verfolgung und Verbannung ein, obwohl die Blumensymbolik und die subtile Schlichtheit seiner Sprache kaum agitatorischen Zwecken dienlich sein mochte. In späteren Werken wird die soziale und politische Anklage zwar konkreter, dennoch steht auch in ihnen die Natur Guatemalas in den Details ihrer Flora, Fauna und Mineralien im Vordergrund.

Weitere Werke: Lyrik: *A fuego lento* (1953), *El bosque* (1955), *Hombre en la luna* (1960), *Para quienes gusten oir caer la lluvia en el tejado* (1962), *Cuchillo de caza* (1965), *Oratorio del maíz* (1970), *La siesta del gorila y otros poemas* (1972), *Poesía fundamental (1943-1967)* (1973), *Consagración del hogar. (Cantata para mi esposa)* (1973), *Tun y chirimía* (1978), *Palindromagia* (1983).

Literatur: M.R. Rosales Díaz, *Aproximación a la poesía de O.R.G.* Guatemala 1981.

Herrera, Flavio

* 18.2.1895 in Guatemala Stadt, † 31.1.1968 ebd. Er vervollständigte nach 1918 sein Jurastudium in Leipzig, verwaltete anschließend die Kaffeeplantagen seiner Familie und war später Professor für Jura und Literaturwissenschaft sowie 1945 Botschafter in Argentinien und Brasilien.

H. ist mit Lyrik, Romanen und Erzählungen hervorgetreten. Als Lyriker gewann er eine über den nationalen Rahmen hinausgehende Reputation mit mehreren Bänden »Hai-kais« – *Trópico* (1931), *Sinfonías del trópico* (1932), *Bulbuxyá* (1933), *Cosmos indio* (1938) und *Palo verde* (1946) –, in denen er ähnlich wie der Mexikaner Tablada vor allem die Kürze und Bildhaftigkeit der japan. Gedichtform übernimmt, ohne auf die Wiedergabe persönlicher Stimmungen oder Erfahrungen zu verzichten. Charakteristisch für H. ist die intime Verbundenheit mit der Natur, besonders der Küstenregion Guatemalas. Gegenüber der vitalistischen Euphorie seiner Frühzeit kommen in den späteren, oft auch längeren Gedichten Bitterkeit und Nihilismus zum Ausdruck. Die bedeutendsten Leistungen H.s sind seine Romane. Eine »kubistische Vision der Tropen«

nannte S. Menton den Roman *El tigre* (1934). Konzentriert auf einen kurzen Handlungszeitraum und zusammengesetzt aus kurzen Szenen und Einzelbildern entwickelt er den Antagonismus von Zivilisation und Barbarei. Anders als in *Doña Bárbara* von R. ↑Gallegos hält Luis, der Vertreter städtischer Zivilisation und ihrer Krankheiten, der von seinem Bruder Fernando verkörperten Naturgewalt der Tropen nicht stand. Er zerbricht moralisch und wird von dem im Werk nur indirekt, durch Berichte Dritter charakterisierten Fernando ermordet. *La tempestad* (1935) ist einer der ersten Versuche in Iberoamerika, die ethnische und geographische Gesamtheit einer Nation im Roman zu erfassen. Eine von sozialem Ehrgeiz getriebene, rachsüchtige Mestizin steht im Mittelpunkt der durch weitschweifige Erzählerkommentare durchbrochenen Handlung. Ein geschlosseneres Werk ist *Poniente de sirenas* (1937). Übertragen auf das Ambiente von Meer und Hafen, ähnelt es in seiner eruptiven, metaphernreichen Sprache dem ersten Roman. Die Handlung gipfelt in dem aus mehreren Perspektiven betrachteten gemeinsamen Selbstmord des von einer Ehe und dem Leben gelangweilten Protagonisten und seiner Geliebten. Eine modern komponierte psychopathologische Fallstudie ist *Caos* (1949). Die scheinbar heterogenen zwei Teile des Romans und die drei unterschiedlichen Hauptfiguren ergänzen sich zum Bild einer Persönlichkeit, deren Umgebung und traumatische Sexualerfahrungen in der Jugend, die der zweite Teil aufrollt, das unüberwindbare spätere »Chaos« von Schuldgefühlen, Alkoholismus und Gewalttätigkeit ergeben. Zu H.s sonstigen Werken gehören *Siete pájaros del iris* (1936), eine experimentelle Mischung aus szenischen Dialogen und romanhaften Passagen über eine gescheiterte Liebesbeziehung, sowie *20 rábulas en flux y uno más* (1946), Anekdoten einiger Jurastudenten aus der Zeit der Diktatur Estrada Cabreras.

Weitere Werke: Lyrik: *El ala de la montaña* (1921); Erzählungen: *La lente opaca* (1921), *Cenizas* (1923).
Literatur: R. Estrada (h), *F. H.; su novela*. Guatemala 1960. – W. Felker, *F. H.: A Bibliography*. RIB, 28 (1978), 3, 291-304.

Landívar, Rafael
* 27.10.1731 in Santiago de los Caballeros, † 27.9.1793 in Bologna. Er entstammte einer namhaften kreolischen Grundbesitzerfamilie. Mit 17 Jahren hatte er bereits seine Studien in Philosophie und Latein am Jesuitenkolleg San Borja und der San Carlos Universität von Guatemala abgeschlossen. 1749 begab er sich nach Tepotzotlán in Mexiko, trat als Novize dem Jesuitenorden bei, wurde 1755 zum Priester geweiht und bereiste in den folgenden Jahren Mexiko und Mittelamerika. 1761 kehrte er nach Guatemala zurück und übernahm den Lehrstuhl für Rhetorik und Philosophie am San Borja-Kolleg. Bei der von Carlos III. 1767 angeordneten Ausweisung der Jesuiten mußte er sein Land verlassen. Er fand Zuflucht in Bologna, wo er bis zu seinem Tod lebte.
Sein Hauptwerk – und eines der bedeutendsten literarischen Zeugnisse der Zeit – ist die in eleganten Hexametern verfaßte lateinische *Rusticatio Mexicana* (Modena 1781), die in der erweiterten zweiten Auflage (Bologna 1782) über 5000 Verse umfaßt. Zwar schimmert an manchen Stellen dieser äußerst lebendigen und farbenprächtigen Dichtung das Vorbild Vergils durch, aber L.s hauptsächliches Anliegen ist eine getreue naturkundliche Schilderung aller Lebensbereiche im gesamten Mittelamerika. Das Werk ist eingeteilt in 15 Bücher, die verschiedenen Landschaften, Landwirtschaft, Bergbau und

Fauna sowie den Sitten und Vergnügungen der Bevölkerung, vom Hahnenkampf bis zum Ballspiel, gewidmet sind. Mit bewundernswerter Genauigkeit werden beispielsweise in den Büchern über die Gold- und Silberminen die Lagerung der Fundstätten, die Techniken der Metallgewinnung bis hin zu den Kontrollen der diebischen Arbeiter dargestellt. Bemerkenswert sind Passagen, in denen Protest gegen die Anhäufung großer Reichtümer in Europa auf Kosten des am. Kontinents ausgesprochen wird. Das Werk ist verschiedentlich ins Span. übersetzt worden. Die beste Ausgabe und Übersetzung stammt von Faustino Chamorro (San José 1987).

Literatur: A. L. Kerson, *El concepto de utopía de R. L. en la ›Rusticatio Mexicana‹*. RI, 42 (1976), 6/7, 363-379. – F. Albizúrez Palma, *L., Virgilio y la religión*. Guatemala 1985. – J. Browning, *R. L.'s ›Rusticatio Mexicana‹: Natural History and Political Subversion*. IL, 1 (1985), 3, 9-30.

López Valdizón, José María
*1929 in Rabinal/Baja Verapaz, †1975 (ermordet). Er war zunächst Lehrer, später Journalist, gründete 1949 die Zeitung »Surco Nuevo« (1949), dann die Zeitschriften »Uleu« (1950), »Presencia« (1957-58) und die Wochenschrift »Saker-ti« (1953). Nach 1954 lebte er mehrere Jahre im Exil in Ecuador. Hervorgetreten ist er vor allem mit Erzählungen, in denen die sozialen Probleme seines Landes dargestellt werden. Als sein bestes Werk gilt der Erzählungsband *La vida rota* (1960, Preis der »Casa de las Américas«). Stimmung und Erzähltechnik erinnern an J. ↑Rulfo. L. V.s einziger Roman *La sangre de maíz* (1960) gestaltet in lockerer Szenenfolge das Leben einer indianisch mestizischen Dorfgemeinschaft in Guatemala.

Weitere Werke: Erzählungen: *Sudor y protesta* (1953), *La carta* (1958).

Milla (y Vidaurre), José
*4.8.1822 in Guatemala Stadt, †30.9.1882 ebd. Pseudonym: Salomé Jil. Nach einem abgebrochenen Jurastudium bekleidete er verschiedene Staatsämter. 1867-71 gab er die Zeitschrift »La Semana« heraus. 1871-74 lebte er im frei gewählten Exil in Europa. Danach widmete er sich der Geschichtsforschung und war außerdem Professor für span. Literatur an der Universität von Guatemala.

M. hat als einer der ersten hispanoam. Autoren nach dem Modell von Walter Scott einige historische Romane geschrieben, deren Stoffe er den Chroniken der Kolonialzeit entnahm. *La hija del Adelantado* (1866, [5]1965) ist eine mit allen Ingredienzien der Romantik versehene verwickelte Geschichte glücklos Liebender, die mit dem Vulkanausbruch von 1541 endet. In ähnlicher Verknüpfung von melodramatischen Liebesaffären, zumeist in Dreieckskonstellationen, mit historischen Geschehnissen und Personen sind auch die Romane *Los Nazarenos* (1867, [4]1935) und *El Visitador* (1868, [4]1935) gestaltet. Als M.s bedeutendere Leistung gelten jedoch seine ab 1861 publizierten humoristischen Sittenbilder, in denen er mehrere typische Charaktere erschuf, von denen der verschmitzte Besserwisser Juan Chapín am berühmtesten wurde. Als Historiker ist M. mit einer fundamentalen, bis 1821 reichenden *Historia de la América Central* (1879-1905, 5 Bde.) bekannt geworden.

Weitere Werke (Auswahl): Romane: *Memorias de un abogado* (1876), *El esclavo de don Dinero* (1881), *Historia de un Pepe* (1882); Kurzprosa: *Cuadros de costumbres guatemaltecas* (1871, 3 Bde.), *Un viaje al otro mundo pasando por otras partes, 1871-1874* (1875), *El canasto del sastre* (1924).

Ausgaben: *Obras completas*. Guatemala 1897-1924, 10 Bde. – *Colección ›Juan Chapín‹*. Guatemala 1935-37, 12 Bde.

Literatur: *Antología de ensayos y estudios sobre J. M.: Homenaje en el primer centenario de su muerte, 1882-1982*. Guatemala: Univ. de San Carlos 1982.

Monteforte Toledo, Mario

* 15.9.1911 in Guatemala Stadt. Er studierte politische und soziale Wissenschaften an der Universität San Carlos und der Sorbonne. 1938 wurde er Rechtsanwalt. Führend an der Revolution von 1944 beteiligt, hatte er danach verschiedene Partei- und Staatsämter inne, war u. a. Vizepräsident von Guatemala (1948-49). 1956 ging er ins Exil nach Mexiko, wo er u. a. als Soziologe an der Universidad Nacional tätig war.

M. T. ist vor allem mit Romanen, Erzählungen und Essays hervorgetreten. *Anaité* (1946), sein erster, 1938 abgeschlossener, 1940 mit dem Premio Nacional ausgezeichneter Roman greift das Thema der Auseinandersetzung von Zivilisation und Barbarei auf, konkret verteilt auf die Hauptstadt Guatemala und die Urwälder des Petén, die der Protagonist aufsucht, um reich zu werden und seine Braut heiraten zu können. Als er nach gefahrvollen Abenteuern zurückkehrt, ist sie verheiratet, und er begibt sich wieder zum Stamm der Lacandonen in den Urwald. *Entre la piedra y la cruz* (1948) zählt zu den Hauptwerken des hispanoam. Indigenismus und ist nach F. ↑Herreras *La tempestad* ein weiterer Versuch, die Gesamtheit Guatemalas im Roman zu erfassen. Im Mittelpunkt steht die Gestalt des Indio Lu Matzar. Der Lebensweg des »Erlösers seiner Rasse« ist nicht frei von Widersprüchen und Zweifeln. Die Mittel, die er einsetzt, um sein Volk aus Ohnmacht und Unwissenheit herauszuführen, entfremden ihn zeitweise von diesem. Eine optimistische Note setzt der Schluß, der den Revolutionären den Sieg – von 1944 – bringt. Die Aufhebung der sozialen Schranken zwischen Indios und Ladinos symbolisiert die Heirat Lu Matzars mit einer Weißen. Die gleiche Problematik unter negativem Vorzeichen behandelt *Donde acaban los caminos* (1953). Der Arzt, der den Indios tiefes Verständnis entgegenbringt und den die Liebesbeziehung zu einer Indianerin von seinen Sexualkomplexen befreit, fügt sich schließlich den Zwängen seiner Gesellschaftsschicht. Erstmals verwendet M. T. hier moderne Erzähltechniken und verdichtet das Geschehen durch eine surreale Überlagerung von äußerer und innerer Realität. Die Konflikte der linken Intellektuellen Guatemalas behandelt *Una manera de morir* (1957). Der Kommunist Peralta verläßt aus Gewissensgründen seine orthodoxe Partei und sucht sich in der Bourgeoisie zu etablieren. Ironischerweise wird ihm eine schnelle Karriere im Bankgewerbe beschert. In einem Akt geistiger Kapitulation tritt er wieder der Kommunistischen Partei bei, als ihm die Orthodoxie der Kirche eine neue Gewissensentscheidung abverlangt. Peraltas Kontrastfigur ist der Bauernführer Rueda, der die vitalen Bedürfnisse seiner Dorfgemeinschaft gegenüber dem doktrinären Anspruch der Parteileitung durchzusetzen versteht. Lyrische Dichte erreicht streckenweise der Roman *Llegaron del mar* (1966), in dem M. T. die Atmosphäre eines indianischen Großreichs kurz vor seiner Zerstörung durch die Weißen zu rekonstrieren sucht.

Weitere Werke: Lyrik: *Barro* (1932), *Cabagüil* (1946); Romane: *Biography of a Fish* (1943), *Los desencontrados* (1976); Erzählungen: *La cueva sin quietud* (1950), *Cuentos de derrota y esperanza* (1962), *Casi todos los cuentos* (1974); Abhandlungen und Essays (Auswahl): *Pintor, gato del arte* (1952), *Los ferrocarriles norteamericanos en Centroamérica* (1957), *Guatemala, monografía sociológica* (1960), *Partidos políticos de Iberoamérica* (1961), *Tres ensayos al servicio del mundo que nace* (1962), *La re-*

forma agraria en Italia (1963), *Las piedras vivas* (1966), *Izquierdas y derechas en Latinoamérica* (1971), *Centroamérica, modelo de desarrollo deforme y dependencia* (1973), *La solución militar peruana, 1968-1970* (1973), *Mirada sobre Latinoamérica* (1975), *Trabajadores y las prestaciones sociales. Estudio en Gran Bretaña, Francia y Unión Soviética. Experiencias para México* (1982), *Las formas y los días. El barroco en Guatemala* (1989).
Literatur: A. Arias, *Ideologías, literatura y sociedad durante la revolución guatemalteca, 1944-1954*. LH 1979. – N. W. Rokas, *Bibliografía crítica selecta de M. M. T.* RIB, 36 (1986), 1, 29-38.

Monterroso, Augusto
*21.12.1921 in Guatemala Stadt. Er lebt seit 1944 in Mexiko Stadt, ist u. a. an der Universidad Autónoma Literaturprofessor gewesen und hat als Übersetzer für den Verlag »Fondo de Cultura Económica« gearbeitet. Vorher soll er u. a. Fleischer gewesen sein und die Literaturzeitschrift »Acento« herausgegeben haben. Zur Zeit der Arbenz-Regierung war er guat. Diplomat in Bolivien.
M.s literarisches Werk umfaßt einige Prosabände, die sich durch Scharfsinn, Humor, Satire und lakonische Kürze auszeichnen. Berühmt ist der »Fruchtbarkeit« überschriebene Mikrotext: »Heute fühle ich mich wohl, ein Balzac; ich beende diese Zeile.« (Aus: *Movimiento perpetuo*, 1972.) Sein erstes Buch ist *Obras completas (y otros cuentos)* (1959; dt. *Das gesamte Werk und andere Fabeln*, 1973, enthält auch Texte aus anderen Werken), von dessen 13 Erzählungen vier bereits 1947 und 1952 erschienen waren. Die bekannteste Geschichte handelt von einem Dinosaurier: »Beim Erwachen war der Dinosaurier immer noch da.« Außer solchen Texten, die ein hintergründiges Bezugssystem von literarischen Anspielungen beinhalten, finden sich andere, in denen die immanente Absurdität ökonomischer Zwänge aufgezeigt wird, wie etwa in der Eingangsgeschichte »Mister Taylor«, die Marktmechanismus und Dependenzstrukturen am Schrumpfkopfhandel illustriert. Eine der von M. bevorzugten Formen ist die Tierfabel. Mit *La oveja negra y demás fábulas* (1969) knüpft er zwar an die Klassiker des Genres an, vielleicht auch an die »psycho-zoologischen« Erzählungen von R. ↑Arévalo Martínez, aber M.s Pointen zeigen eher Widersprüche als rationalistische Lösungen auf. Ingesamt sind seine Texte in subtiler Weise subversiv. Sie richten sich gegen Konventionen, ohne eine Wahrheit oder Moral zu postulieren, sondern indem sie Gewohnheiten, Klischees und Floskeln verfremden und ihr ideologisches Funktionieren erkennbar machen. M.s erster – und wohl auch letzter – Roman *Lo demás es silencio (la vida y la obra de Eduardo Torres)* (1978; *Reif sein ist alles und der Rest ist Schweigen*, 1992) ist eine Satire auf den lateinam. Intellektuellen aus und in der Provinz und zugleich, wie es im Text heißt, der Versuch, »mit der Imagination den Schein der Realität und mit der Realität den Schein der Imagination zu erzielen«. Die Titelfigur der fiktiven Biographie ist die berühmteste Persönlichkeit der Stadt San Blas im Staat S. B. und Redakteur der einzigen dort erscheinenden Zeitung. Der Roman besteht u. a. aus Beiträgen seiner Angestellten zu einer Festschrift, anonymen Aphorismen und Artikeln von Torres, die in tatsächlich existierenden mex. Zeitschriften wie »Siempre« erschienen sein sollen, wenn auch in Absprache mit M., um die Bedenken späterer ungläubiger Leser des Romans zu zerstreuen. M.s weitere Werke sind: *Viaje al centro de la fábula* (1981), eine Sammlung von Interviews, die er gegeben hat, *La palabra mágica* (1983), humoristisch philosophische Essays, die er seinen Lieb-

lingsautoren, darunter J. L. ↑Borges, gewidmet hat, und *La letra E* (1989?), Fragmente seines Tagebuchs.

Literatur: J. Ruffinelli (Hg.), *M.* Xalapa 1976. – D. M. Koch, *El micro-relato en México: Torri, Arreola, M. y Avilés Fabila.* HISPA, 10 (1981), 30, 123-130. – R. H. Moreno-Durán, *Entrevista con A. M.* QUIMERA, 26 (1982), 66-71. – L. Padura, *Sinfonía inconclusa de A. M.* CDLA, 24 (1983), 139, 162-165. – J. A. Masoliver, *A. M. o la tradición subversiva.* CH, 408 (1984), 146-154. – S. Horl, *Ironía y timidez: acerca de ›Movimiento perpetuo‹ de A. M.* I, 20 (1984), 101-108. – W. Corral, *Lector, sociedad y género en M.* ME 1985.

Samayoa Chinchilla, Carlos

* 10.12.1898 in Guatemala Stadt, † 14.2.1973 ebd. Er besuchte die guat. Militärakademie und bekleidete während der Diktatur Ubicos verschiedene Staatsämter, war danach Botschafter in Kolumbien und 1947-48 Direktor der Nationalbibliothek. 1950-54 lebte er im Exil, danach gründete und leitete er verschiedene Museen. Als Journalist war er u. a. Redakteur des »Diario de Centro América« (1922-27) und ab 1925 ständiger Mitarbeiter der Zeitung »El Imparcial«.

S. Ch. ist vor allem als Erzähler bekannt. In dem Band *Madre Milpa* (1934) greift er auf Maya-Legenden und indianische Folklore zurück und erweist sich besonders in der überarbeiteten Fassung (1950) als ein Meister der lyrischen Prosa. Der Band *Chapines de ayer* (1957, ³1984) beinhaltet literarische Porträts von Typen und Gestalten aus der Vergangenheit Guatemalas. Der autobiographische Bericht *El dictador y yo* (1967) gilt als die beste Darstellung der Diktatur Ubicos. Außer weiteren Erzählungen hat S. Ch. auch einige Darstellungen der Maya-Kunst verfaßt.

Weitere Werke: *Cuatro suertes* (1936), *La casa de la muerta* (1941), *Historia de la Virgen del Socorro de Guatemala* (1947), *Estampas de la costa grande* (1954), *El quetzal no es rojo* (1956).

Literatur: I. Monzón, *Biografía y bibliografía de y sobre C. S. C.* LETRAS DE GUATEMALA, 2 (1980), 63-73.

Wyld Ospina, Carlos

* 19.6.1891 in Antigua, † 18.6.1956 in Quezaltenango. 1913-14 lebte er als Journalist in Mexiko. In den 20er Jahren war er Gymnasiallehrer für Literatur, in den 30ern Abgeordneter, danach Bankdirektor.

W. O. ist Autor von Romanen und Erzählungen, in denen er die sozialen Strukturen seines Landes darzustellen suchte. Die Ablösung der traditionellen Oberschicht durch ein neues Bürgertum behandelt sein dem span. Naturalismus verpflichteter Roman *El solar de los Gonzaga* (1924). Sein bekanntestes Werk ist der Roman *La gringa* (1935; dt. *Pranke und Schwinge*, 1940). Die weibliche Hauptfigur stellt eine guat. Variante der ven. »Doña Bárbara« von R. ↑Gallegos dar. Die unbezähmbare Gutsbesitzerin Magda entwickelt unter dem Einfluß ihres gebildeten Widersachers bzw. Liebhabers Eduardo konventionelle weibliche Tugenden, während dieser durch die tropische Kultur zum Wüstling verkommt. Angeschnitten werden in *La gringa* verschiedene Themen wie die Ausbeutung der Indianer, die Diktatur Estrada Cabreras oder die wirtschaftliche Vormacht der Ausländer. Kultur und Lebensformen der Kecchí-Indianer von Cobán behandeln die Erzählungen *La tierra de los Nahuyacas* (1933).

Weitere Werke: Lyrik: *Las dádivas simples* (1921); Erzählungen: *Los lares apagados* (1958); Essay: *El autócrata* (1929).

HONDURAS

Molina, Juan Ramón	1875-1908
Turcios, Froilán	1875-1943
Valle, Rafael Heliodoro	1891-1959
Mejía Nieto, Arturo	1901-1972
Carías Reyes, Marcos	1905-1949
Suárez, Clementina	1906
Díaz Lozano, Argentina	1912
Amaya Amador, Ramón	1916-1966
Sosa, Roberto	1930
Escoto, Julio	1944

Amaya Amador, Ramón
* 26.4.1916 in Olanchito/Yoro, † 24. 11.1966 bei einem Flugzeugunglück in der Nähe von Bratislava. Er war der Sohn eines Pfarrers, dessen früher Tod ihn zwang, als Gelegenheitsarbeiter, zeitweise bei der Standard Fruit Company, und als Hilfslehrer Geld zu verdienen. Ab 1943 war er journalistisch tätig und gründete die Zeitschrift »Alerta«. Zur Zeit der demokratischen Regierungen von Arévalo und Arbenz lebte er in Guatemala, wo er Mitglied der Kommunistischen Partei wurde. Ab 1954 war er in Argentinien, ab 1962 in Prag ansässig.

A. A. hat sozialkritische Romane geschrieben, die weitgehend auf eigenen Erfahrungen beruhen. In dem um 1943 entstandenen Roman *Prisión verde* (1950; dt. *Das grüne Gefängnis*, 1958) schildert er die Situation auf den Bananenplantagen an der Nordküste von Honduras. (Die gleiche Thematik behandelt *Mamita Yunai* des Costaricaners L. C. ↑Fallas.) In *Amanecer* (1952; dt. *Morgendämmerung*, 1956) gestaltet er Ausbruch und Sieg der guat. Revolution von 1944, in *Constructores* (1958; dt. *Aufstand in Tegucigalpa*, 1962) Organisation und politischen Kampf der Bauarbeiter in Honduras.

Weitere Werke: Romane: *Los brujos de Ilamatepeque* (1958), *Destacamento rojo* (1962), *Cipotes* (1981); Drama: *La peste negra* (1956).

Carías Reyes, Marcos
* 19.12.1905 in Tegucigalpa, † 24.10. 1949 ebd. Er war Journalist, Erziehungsminister, 1938-48 Privatsekretär des Präsidenten T. Carías Andino und Botschafter in Paris. Er hat vor allem Erzählungen und Romane geschrieben. *La heredad* (1934), sein bekanntester Roman, ist der Versuch, die Sozialstrukturen von Honduras durch die Gegenüberstellung eines fortschrittlichen Idealisten und eines kriminellen Kapitalisten zu erläutern.

Díaz Lozano, Argentina
* 15.12.1912 in Santa Rosa de Copán. Sie studierte Journalismus an der San Carlos Universität in Guatemala, leitete ein Institut zur Lehrerausbildung in Tegucigalpa, war hond. Kulturattachée in Guatemala und Kolumnistin der guat. Zeitungen »Prensa Libre« und »La Hora«. Sie erhielt mehrere Preise und Auszeichnungen, u. a. 1968 den hond. Premio Nacional de Literatura.

D. L. ist Autorin von Romanen, Erzählungen und einem Essay über W. Whitman. Einige ihrer Romane sind historische Rekonstruktionen. *Mayapán* (1950) spielt in der Zeit der Eroberung Amerikas. Zwei span. Schiffbrüchige erleben, außer Abenteuern, den Glanz des Mayareichs in Yucatán. *Fuego en la ciudad* (1966) schildert den Kampf der Bevölkerung Nicaraguas im Jahr 1856 gegen den nordam. Banditen William Walker. D. L.s bekanntester, auch ins Engl. übersetzter Roman *Peregrinaje* (1944, [7]1981) ist z. T. autobiographischen Gehalts, umfaßt die Jahre 1916-31 und behandelt das Leben einer aufopferungsvollen Lehrerin aus dem Blickwinkel ihrer Tochter.

Weitere Werke: Romane: *Luz en la senda* (1935), *Y tenemos que vivir* (1956), *40 días en la vida de una mujer* (1950), *Mansión en la bruma* (1964), *Fuego en la ciudad* (1967), *Aquel año rojo* (1973), *Eran las doce ... y de noche* (1976), *Ciudad errante* (1983), *Caoba y orquídeas* (1986); Erzählungen: *Perlas de mi rosario* (1928), *Topacios* (1940).

Escoto, Julio
* 28.2.1944 in San Pedro Sula/Cortés. Er studierte Literaturwissenschaft, war Dozent und lebte längere Zeit im Exil in Costa Rica, wo er Leiter des Mittelam. Universitätsverlags (EDUCA)

gewesen ist. Als Journalist und Literaturkritiker hat er u.a. für die hond. Zeitschrift »Presente« und die Zeitung »El Día« geschrieben. Zur Zeit (1987) ist er bei einer landwirtschaftlichen Forschungsstelle (FHIA) in San Pedro Sula tätig.
E. ist als Erzähler, Romancier und Essayist hervorgetreten. Für seine Erzählungen wurde er bereits mehrfach ausgezeichnet. Gleichfalls für seinen ersten Roman *El árbol de los pañuelos* (1972). Mit den Techniken des neuen Romans – Verschachtelung der Perspektiven, unvermittelten Zeitsprüngen, Überlagerung von Traumbildern und fiktiver Wirklichkeit – und in einer außerordentlich bildhaften Sprache, kreisen die verschiedenen Handlungen um das Problem der Identität. Die Hauptfigur Balam Cano, Sohn eines »Hexers«, wird von einer Gruppe von Soldaten halb totgeschlagen. In seinen Fieberträumen fließen Zukunft und Vergangenheit ebenso ineinander wie die Ungewißheit, ob er gut oder unsterblich, Mensch oder Hexer ist. In seinem zweiten Roman *Días de ventisca, noches de huracán* (1980) gestaltet T. vor dem erkennbaren Hintergrund des »Fußballkriegs« zwischen Honduras und El Salvador (1969) die Lebensgeschichten verschiedener Personen in einer zunehmend dichteren Atmosphäre von Korruption, Chaos und Krieg.

Weitere Werke: Erzählungen: *Los guerreros de Hibueras* (1968), *La balada del herido pájaro* (1969); Essays: *Casa del agua* (1975).

Mejía Nieto, Arturo
* 1901 in La Esperanza/Intibucá, † 1972 in Buenos Aires. Er gehörte zur Schriftstellergruppe »Renovación«, die 1926 in Tegucigalpa entstanden war. Ab 1929 war er diplomatischer Vertreter seines Landes in Peru, Paraguay und Argentinien.
Er gilt als einer der Erneuerer der hond. Erzählung. Außerdem hat er Romane geschrieben. Am bekanntesten ist *El Tunco* (1932), dessen Figuren, darunter die Titelgestalt eines daumenlosen Generals, das politische Leben von Honduras symbolhaft repräsentieren.

Weitere Werke: Romane: *El prófugo de sí mismo* (1935), *A la deriva* (1938), *Liberación* (1939); Erzählungen: *Relatos nativos* (1929), *Zapatos viejos* (1930), *El solterón* (1931), *El Chele Amaya y otros cuentos* (1936), *El pecador* (1956); Essays: *El perfil americano* (1938), *Morazán* (1947), *Tres ensayos* (1959).

Molina, Juan Ramón
* 1875 in Comayagüela, † 11.1908 bei San Salvador. Er begann ein Jurastudium in Guatemala, widmete sich jedoch ab 1893 vor allem dem Journalismus, gründete 1899 »El Diario de Honduras«, 1904 »El Día«, danach die Literaturzeitschriften »Espíritu« (1904) und »Ritos« (1908). 1906 war er Sekretär der hond. Delegation bei der Panamer. Konferenz in Rio de Janeiro.
F. ↑Turcios edierte erstmals M.s verstreute Gedichte und Prosastücke u.d.T. *Tierras, mares y cielos* (1911, ^{10}1977). M. erweist sich in seiner Lyrik als Vertreter des Modernismus. Für einige Kritiker, die sich mit seinem Werk beschäftigt haben, unter ihnen E. ↑González Martínez und M.A. ↑Asturias, ist er sogar neben R. ↑Darío der bedeutendste Dichter dieser Schule in Mittelamerika. Die persönliche Note M.s ist die Tendenz, das Leben mit Entsetzen zu betrachten. Beispielhaft ist das Gedicht »Lúgubre fantasía«, eine Sammlung von Todes- und Schreckensvisionen. Diese Neigung prägt auch manche erotischen Gedichte, wie das Alexandriner-Sonett »Pesca de sirenas«. Erbaulich – und hohl – ist hingegen seine bekannte »Salutación a los poetas brasileños«.

Literatur: H. Rivera y Morillo, *J. R. M.* Guatemala (?) 1966, 2 Bde.

Sosa, Roberto

* 1930 in Yoro. Er gehörte zur hond. Schriftstellergruppe »Vidanueva«, studierte Literaturwissenschaft in den USA und ist in Honduras als Leiter des Universitätsverlages sowie als Redakteur der Kulturbeilage der Zeitung »Tiempo« und Herausgeber der Literaturzeitschrift »Presente« (seit 1964) tätig gewesen.

S. ist der bekannteste Lyriker seines Landes und erhielt außer nationalen auch verschiedene internationale Preise (u.a. 1971 der »Casa de las Américas«). Seine von sozialem Engagement durchdrungenen Gedichtbände *Los pobres* (1968) und *Un mundo para todos dividido* (1971) wurden ins Frz. und Engl. übersetzt. Zeitweise waren seine Gedichte in Honduras verboten.

Weitere Werke: Lyrik: *Caligramas* (1959), *Muros* (1966), *Mar interior* (1967), *Secreto militar* (1985), *Hasta el sol de hoy* (1987); Essays und sonstige Prosa: *Breve estudio sobre la poesía y su creación* (1969), *Prosa armada* (1981).

Literatur: B. Fouques, *Sur la poésie unanimiste de R. S.* LNL, 72 (1978), 4 (227), 75-79. – R. Bardini, *R. S.: Poesía y política en Honduras.* PLURAL, 11 (1982), 8 (128), 13-15.

Suárez, Clementina

* 1906 (?). Sie lebte viele Jahre im Ausland. In Tegucigalpa gründete und leitete sie die Zeitschriften »Mujer« und »Prisma« und war Redakteurin der Kulturbeilage von »El Día«, außerdem führte sie hier und in Mexiko Stadt eine Kunstgalerie. Für ihre Lyrik erhielt sie 1970 den hond. Nationalpreis.

Werke: Lyrik: *Corazón sangrante* (1930), *Iniciales* (1930), *Templos de fuego* (1931), *De mis sábados, el último* (1935), *Engranajes* (1935), *Veleros* (1937), *Creciendo con la hierba* (1957), *Canto a la encontrada patria y a su héroe* (1958), *El poeta y sus señales* (1969), *Antología poética* (1984).

Turcios, Froylán

* 7.7.1875 in Juticalpa/Olancho, † 29.11.1943 in San José (Costa Rica). Er entstammte einer begüterten Familie. 1894 gründete er seine erste Zeitschrift »El Pensamiento«. Mit 22 war er bereits Unterstaatssekretär, mit 24 Minister im Regierungskabinett des Präsidenten Sierra. Auch später bekleidete er wiederholt Ministerämter. Zugleich war er unentwegt als Gründer und Leiter von Zeitschriften und Zeitungen tätig, u.a. »El Heraldo« von Tegucigalpa, die wegen seiner heftigen Artikel gegen die US-am. Besetzung Nicaraguas 1908 zerstört wurde, außerdem war er aktiv an zwei Revolutionen beteiligt. R. ↑Darío hielt ihn für einen »typischen Fall unserer Zone: er produziert Bücher, schreibt Zeitungen und macht Revolutionen«. In seinen letzten Lebensjahren war er Buchhändler.

Neben J. R. ↑Molina ist T. der bedeutendste Vertreter des Modernismus in Honduras, wenn auch im Unterschied zu jenem seine Gedichte nur selten einen hintergründigen Sinn erahnen lassen oder eine eigenartige Stimmung zum Ausdruck bringen, wie z.B. in dem Sonett »Los coyolares«. Interessanter sind die Erzählungen und Prosaskizzen, die sich in fast allen seinen publizierten Büchern neben Lyrik finden. Hervorzuheben sind hier seine auf Villiers de l'Isle Adam anspielenden »Cuentos crueles« des Bandes *Hojas de otoño* (1904?) sowie die in seiner tropischen Heimatregion angesiedelten Erzählungen von *Tierra maternal* (1911). T. hat außerdem einen längeren Roman *El vampiro* (1910, 1930) sowie zwei kürzere, *Annabel Lee* (1906) und *El fantasma blanco* (1911) verfaßt. Postum erschien seine über 400 S. starke Autobiographie *Memorias* (1980).

Weitere Werke: *Mariposas* (1895), *Renglones* (1899), *Prosas nuevas* (1914), *Floresta sonora* (1915), *Cuentos del amor y de la muerte* (1930), *Flores de almendro* (1931), *Páginas de ayer* (1932).
Literatur: M. Vincenzi, *F. T. Su vida y su obra*. San José 1921. – M. Mejía, *F. T. en los campos de la estética y del civismo*. Tegucigalpa 1980.

Valle, Rafael Heliodoro

* 3.7.1891 in Tegucigalpa, † 29.7.1959 in Mexiko Stadt. Er lebte seit 1907 in Mexiko, wo er 1948 in Geschichte mit einer Dissertation über den Konquistador Cristóbal de Olid promovierte, aber seit Jahrzehnten bereits an Universitäten lehrte, Herausgeber verschiedener Zeitschriften und Leiter der Publikationsabteilung des Nationalmuseums gewesen war. Zugleich war er ab 1915 als Diplomat für Honduras tätig, 1949-56 als Botschafter in Washington; er gründete in seinem Land mehrere kulturelle Institutionen, darunter das Ateneo de Honduras (1912) und die Academia Hondureña de la Lengua. In gleicher Unermüdlichkeit war er publizistisch tätig. Außer Lyrik, die in der Anthologie *La rosa intemporal (1908-1957)* (1964) zusammengefaßt worden ist, und dem historischen Roman *Iturbide, varón de Dios* (1944) hat er neben zahllosen Zeitschriftenartikeln mindestens zwanzig Bücher veröffentlicht. Seine Themen erstrecken sich von Literatur, Geschichte und Folklore bis zu Philosophie, Religion, Anthropologie oder Medizin, mit dem geographischen Schwerpunkt Mexiko und Mittelamerika. Besondere Verdienste hat er sich auch als Herausgeber und Bibliograph erworben, u.a. der Presse in Hispanoamerika.

Weiterer Essay: *Historia de la cultura hondureña* (1981)
Literatur: O. Acosta, *R. H. V., vida y obra*. Tegucigalpa 1964 und Rom 1981.

KOLUMBIEN

Rodríguez Freile, Juan	1556-1642
Domínguez Camargo, Hernando	1606-1659
Castillo, Josefa del	1671-1742
Arboleda, Julio	1817-1862
Caro, José Eusebio	1817-1853
Marroquín, José Manuel	1827-1908
Pombo, Rafael	1833-1912
Isaacs, Jorge	1837-1895
Obeso, Candelario	1849-1884
Carrasquilla, Tomás	1858-1940
Vargas Vila, José María	1860-1933
Sanín Cano, Baldomero	1861-1957
Silva, José Asunción	1865-1896
Flórez, Julio	1867-1925
Gómez, Efe	1873-1938
Valencia, Guillermo	1873-1943
Osorio, Miguel Angel	1883-1942
López, Luis Carlos	1883-1950
Rivera, José Eustasio	1888-1928
Greiff, León de	1895-1976
Maya, Rafael	1898-1980
Osorio Lizarazo, José Antonio	1900-1964
Arciniegas, Germán	1900
Pardo García, Germán	1902
Vidales, Luis	1904-1990
Zalamea, Jorge	1905-1969
Caballero Calderón, Eduardo	1910
Rojas, Jorge	1911
Carranza, Eduardo	1913-1985
Mújica, Elisa	1918
Zapata Olivella, Manuel	1920
Charry Lara, Fernando	1920
Rojas Herazo, Héctor	1921
Mutis, Alvaro	1923
Gómez Valderrama, Pedro	1923
Mejía Vallejo, Manuel	1923
Leal, Eutiquio	1923
Gaitán Durán, Jorge	1924-1962
Buenaventura, Enrique	1925
Cepeda Samudio, Alvaro	1926-1972
Cote Lamus, Eduardo	1928-1964
García Márquez, Gabriel	1928
Arango, Gonzalo	1931-1976
Soto Aparicio, Fernando	1933
Jaramillo Escobar, Jaime	1935

Rivero, Mario	1935
Quessep, Giovanni	1937
Espinosa, Germán	1938
Alape, Arturo	1938
Angel, Alba Lucía	1939
Arbeláez J., Mario	1940
Collazos, Oscar	1942
Escobar, Eduardo	1943
Sánchez Juliao, David	1945
Alvarez Gardeazábal, Gustavo	1945
Carranza, María Mercedes	1945
Fayad, Luis	1945
Moreno-Durán, Rafael Humberto	1946
Buitrago, Fanny	1946
Jaramillo Agudelo, Darío	1947
Cobo Borda, Juan Gustavo	1948
Burgos Cantor, Roberto Eliecer	1948
Caicedo, Andrés	1951-1977

Alape, Arturo
* 3.11.1938 in Cali. Eigtl. Carlos Ruiz. Er ist Journalist und war Sekretär der Unión Nacional de Escritores seines Landes.

Seine Texte, die die politischen Verhältnisse in Kolumbien behandeln, sind im Zwischenbereich von Geschichte und Fiktion angesiedelt. A.s Ziel ist es, das Schweigen aufzubrechen, das Angst und schlechtes Gewissen um viele Geschehnisse errichtet haben. Eher historiographisch ist eine monumentale Trilogie, die mit *El Bogotazo: memorias del olvido* (1983) beginnt. Das über 600 S. starke Werk bezieht sich auf den 9. April 1948, den Beginn der verheerenden »Violencia«, nachdem der aussichtsreiche Präsidentschaftskandidat der Liberalen, Jorge Eliécer Gaitán, ermordet wurde. A. stellt zunächst die Situation der politischen Parteien in Kolumbien dar und rekonstruiert dann minutiös den Ablauf jenes Tages, an dem auch F. Castro und L. ↑Cardoza y Aragón anwesend waren, auf der Grundlage der Berichte von Augenzeugen und Politikern. Der zweite Text der Trilogie über die kol. Zeitgeschichte ist *La paz, la violencia: testigos de excepción* (1985?), eine Darstellung der Jahre zwischen 1950 und 1980, in denen es einen ständigen Schwebezustand zwischen Krieg und Frieden, zwischen einer Guerilla, einer Gegenguerilla und dem Militär gegeben hat. *Las vidas de Tirofijo* (1989?) ist der Bericht über Pedro Antonio Marín, einen Bauern, der ab 1949 zunächst als Liberaler eine Guerilla organisierte und sie dann mit sozialistischen Vorstellungen mehr als 30 Jahre lang fortsetzte, wobei er von Presse und Militär häufig für tot erklärt wurde. Eher ein Roman ist *Noche de pájaros* (1984). Er behandelt das Massaker im »Haus der Liberalen« in Cali von 1949 aus der Sicht eines der Beteiligten, der aus Angst das Geschehen vertuschen half.

Weitere Werke: Roman: *La marcha* (19??); Erzählungen: *La bola del monte* (1970?), *El cadáver de los hombres invisibles* (1979); Theater: *El abejón mono* (19??); Berichte, Chroniken: *Diario de un guerrillero* (1970), *Las muertes de Tirofijo* (1972), *Un día de septiembre* (1980).

Alvarez Gardeazábal, Gustavo
* 31.10.1945 in Tuluá/Valle del Cauca. Er hat Chemie an der Universidad Pontífica in Medellín studiert, danach Literaturwissenschaft in Cali, wo er eine Professur innehat.

A. G. ist auch außerhalb Kolumbiens mit einem umfangreichen Œuvre von Romanen und Erzählungen bekannt geworden. Von Anfang an hat man ihm effiziente Handhabung moderner Erzähltechniken bescheinigt, obwohl er kritische Distanz zu den Autoren der »Nueva Novela« erkennen läßt, indem er z.B. selten mehr als eine oder zwei Erzählinstanzen verwendet. Seine ersten Romane befassen sich mit dem Thema der kol. »Violencia«. *La tara del papa* (1971), einer seiner technisch ambitiösesten Romane, spielt wie mehrere andere in Tuluá. Es ist eine zirkuläre Familiengeschichte. Die Hauptperson, Sohn eines mächtigen konservativen Politikers, durchbricht die Familientradition und läßt sich als Kandidat der Liberalen aufstellen. Er wird von jenem »Cóndor« ermordet, der in *Cóndores no entierran todos los días* (1972) zunächst ein bescheidener Käseverkäufer ist und dann als Bandenführer ein mörderisches Terrorsystem errichtet. Ein anderer konkreter Zeitbezug ist in *El titiritero* (1977) vorhanden: die Studentenunruhen von 1971 in Cali. Dargestellt werden die Schicksale eines fast durch Zufall vom Militär erschossenen Studenten und einer jungen Frau, die nach der Vergewaltigung durch Soldaten wahnsinnig wird. Der »Puppenspieler« ist der lächerlich charakterlose Rektor der Universität. Die Zuckeroligarchie des Cauca-Tals behandelt die Familienchronik *Los míos* (1981). *Pepe Botellas* (1984) ist die Geschichte eines Exilkubaners in Kolumbien, der durch geschickte Handhabung der Massenmedien politische Macht zu gewinnen sucht – etwa durch die Einladung eines Olympiasiegers zur Einweihung eines städtischen Schwimmbads in einem Armenviertel von Cali – und auch fast Präsident Kolumbiens geworden wäre, wenn ihn nicht sein ehemaliger Freund, der Erzähler dieser Geschichte, ermordet hätte.

Weitere Werke: Romane: *Dabeiba* (1972), *El bazar de los idiotas* (1974), *El Divino* (1986; dt. *Der Göttliche*, 1988), *El último gamonal* (1987); Erzählungen: *Piedra pintada* (1965), *La boba y el buda* (1975), *Cuentos del parque Boyacá* (1978); Essay: *Manual de crítica literaria* (1990).

Literatur: R.L. Williams (Hg.), *Aproximaciones a G.A.G.* BOG 1977. – R.L. Williams, *Structure and Transformation of Reality in A.A.: ›El bazar de los idiotas‹.* UK/KRQ, 27 (1980), 2, 245-261. – L.A. Gyurko, *The Phantasmagoric World of G.* HJ, 2 (1980), 1, 27-40. – R.L. Williams: *García Márquez y G. ante ›Cien años de soledad‹: Un desafío a la interpretación crítica.* RI, 47 (1981), 116/7, 165-174. – S.M. Bell, *Hacia el apocalipsis: La violencia en los cuentos de A.G.* CRIH, 3 (1981), 1, 3-16. – W.A. Luchting, *›Yo no fui‹: La poética de la no responsabilidad. ›El titiritero‹ de G.A.G.* CAM, 40 (1981), 3 (236), 208-221. – R.A. Vélez Correa, *G.* BOG 1990. – H. Raschen, *Narrative Technik im Romanwerk von G.A.G.* Frankfurt/M. 1991.

Angel, Alba Lucía

* 1939 in Pereira. Sie ist Sängerin und lebt in Europa, seit 1980 in England.

In Kolumbien wurde ihr Erzählungsband *Oh gloria inmarcesible* (1977) als Pornographie verdammt. Bereits der Titel, »Oh, unverwelkliche Glorie«, der auf den ersten Vers der kol. Nationalhymne zurückgeht, löste Empörung aus. Inhaltlich variieren die Erzählungen das Thema Machismo. Der Kampf gegen die phallokratischen Determinanten der Gesellschaft ist der Tenor ihres gesamten literarischen Werkes, von denen zwei Romane besondere Aufmerksamkeit gefunden haben. *Estaba la pájara pinta sentada en el verde limón* (1975) – der Titel entstammt diesmal einem alten Kinderlied – schildert zunächst die Erfahrungen eines wohlbehüteten Mädchens, Ana, in einer Provinzstadt, dem allmählich bewußt wird, wie es durch seine Familie in eine Frauenrolle gedrängt wird. Das Drama der »Violencia« ab 1948 prägt Anas weitere Entwicklung. Die Rätsel der eigenen Sexualität und des Landes lassen sie zunächst in ein Reich der Fantasie flüchten. Der Tod Tausender von Campesinos und die Erfahrung, daß viele ihrer Mitstudenten sowie ihr Freund Gefängnishaft und Folter erlitten, erwecken sie zur politisch aktiven Kämpferin. Persönliche und kollektive Erinnerung werden in dem Roman verflochten. Auf allgemeinerer Ebene um weibliche Selbstverwirklichung geht es in *Misiá Señora* (1982). Die äußere Handlung ist die Biographie der naiven und rebellischen Mariana von der Kindheit über die Zeit ihrer Ehe bis zu den Depressionen des Alters. Dieser Rahmen umfaßt einen komplexen Diskurs von bewußten und unterbewußten Vorgängen und Reflexionen, Stimmen anderer Personen, Anspielungen auf mythologische Figuren oder von intertextuellen Bezügen zu Film und Literatur. Der besondere Wert des Romans liegt in der subtilen Ehrlichkeit, mit der Widersprüche und Probleme verdeutlicht werden, etwa die positiven Aspekte einer traditionell behüteten Kindheit, die Funktion sexueller Fantasien, die Ängste, die der Beginn einer neuen Existenz auslöst. In *Las andariegas* (1984) einem zwischen Essay, Lyrik und Fiktion angesiedelten

Werk, sucht A., angeregt von M. Wittigs *Les guérillères*, ein Bild der lateinam. Frau zu entwerfen.

Weitere Werke: Romane: *Los girasoles en invierno* (1970), *Dos veces Alicia* (1972).
Literatur: G. Mora, *Lectura de A. A.* HISPA, 9 (1980), 27, 109-112. – *Ejemplos de la ›niña impura‹ en Silvina Ocampo y A. L. A.* HISPA, 13 (1984), 38, 27-35. – M. E. Filer, *Autorrescate e invención en ›Las andariegas‹, de A. A.* RI, 51 (1985), 132/3, 649-655.

Arango, Gonzalo
* 18. 1. 1931 in Andes / Antioquia, † 25.9.1976 in Tocancipá/Cundinamarca. Pseudonym: »Gonzaloarango«. Er stammt aus einer Beamtenfamilie. Ein Jurastudium brach er nach drei Jahren ab. Er war dann Bibliothekar und Professor für Literatur in Medellín.
In Medellín rief er 1957 zusammen mit Freunden die Bewegung des »Nadaismus« (von »nada«, nichts) ins Leben. 1958 erschien das von ihm gezeichnete *Manifiesto nadaísta*, das Einflüsse des Surrealismus, frz. Existentialismus, und der US-am. Beat Generation (A. Ginsberg, J. Kerouac u. a.) aufweist. Verwirrung statt Ordnung, Krankhaftigkeit statt Gesundheit, Wahnsinn statt Vernunft etwa waren die Programmpunkte, mit denen man die Gesellschaftsordnung »diskreditieren« wollte. Unter das Verdikt der Nadaisten fielen Unsterblichkeit, Privateigentum, Religion, Grammatik, Patriotismus bis hin zur Ästhetik des Schönen und Guten. In der von A. herausgegebenen Anthologie *13 poetas nadaistas* (1963) definierte A. den Nadaisten als denjenigen, der »kein anderes Ding sein kann| der gezeichnet ist vom Schmerz der Frage| die aus seinem Mund kommt wie ein warmes Erbrechen| von der Farbe der Malve und rührender Reinheit:| Warum gibt es Dinge und nicht besser nichts?| ...| Der sich tödlich langweilt und doch existiert| auf Selbstmord verzichtet aus Liebe, rasend zu koitieren| Billard zu spielen in unerschöpflichen Nächten| Rum auf das Wohl seiner Existenz zu trinken«. A.s Sinn – und der seiner Mitstreiter – für makabren Witz und beißende Ironie, seine Vielseitigkeit und sein Einfallsreichtum brachten ein so breites Interesse, daß bald die wichtigsten Tageszeitungen »El Tiempo« und »El Espectador« über den Nadaismus berichteten und A. sich selbst ernstzunehmen begann. Um 1963 hat er sich vom Nadaismus losgesagt: »Rette mich, mein Gott, vor diesem toten Frieden.| Gib mir wieder die Hoffnung und das Leiden.| Gib mir den Glauben an eine Sache, auch wenn sie verloren ist« (»Adiós al nadaísmo«). A.s Lyrik vereint die Ausgabe *Obra negra* (BA 1974). Sein – wesentlich umfangreicheres – weiteres Werk besteht aus Erzählungen, Theaterstücken, Essays und journalistischer Prosa, darunter einigen ausgezeichneten Reportagen. Weitere Nadaisten sind Jaime ↑Jaramillo Escobar, Eduardo und Alberto ↑Escobar, Darío Lemos, Humberto Navarro, Amílcar Osorio, Mario ↑Arbeláez, J. und Mario ↑Rivero. Später kamen noch Fanny ↑Buitrago, Elkin Restrepo, David Bonells und Armando Romero hinzu.

Weitere Werke: Erzählungen: *Sexo y saxofón* (1963); Theater: *Nada bajo el cielo raso y HK 111* (1960), *La consagración de la nada y Los ratones van al infierno* (1964); Essays, Sonstiges: *Prosas para leer en la silla eléctrica* (1966), *El oso y el colibrí* (1968), *Providencia* (1972), *Fuego en el altar* (1974).
Literatur: D. Jaramillo Agudelo, *La poesía nadaísta.* RI, 50 (1984), 128/9, 757-798. – A. Romero, *El nadaísmo colombiano o la búsqueda de una vanguardia perdida.* BOG 1988. – E. Escobar, *G. A.* BOG 1989.

Arbeláez J., Mario
* 1940 in Cali. Pseudonym: »Jotama-

rio«. Er ist einer der witzigsten Nadaisten und – wie einige andere Mitstreiter dieser Bewegung – in der Werbung tätig gewesen.

Sein erstes und bis auf weiteres einziges Buch war der Gedichtband *El profeta en su casa* (1965). Seine Gedichte, die sich oft nach dem Schema einer Erzählung entwickeln, steuern in mehr oder weniger raffinierter Dosierung auf einen knalligen Schlußeffekt zu. A. ist erhaben über alles, nichts bedeutet ihm etwas. Insofern hat er auch das Thema der Sexualität wie kein anderer kol. Autor mit frechem Jubel behandelt. Spontan und unbekümmert macht er Witze oder stellt komische Situationen dar, oft findet sich schwarzer Humor. A. fühlt sich wohl in der Rolle des perversen Bösewichts, der von ensetzlichen Verbrechen und Orgien träumt und diese Träume anregend, vielleicht auch etwas geschwätzig vermittelt. Sein nationalpreisgekrönter zweiter Gedichtband *Mi reino por este mundo* (1980) setzt die nadaistische Rebellion fort. Er enthält ab 1968 entstandene Gedichte, in denen sich Erotik mit leichten Größenwahnanfällen und fantasievoll scharfsinniger Sozialkritik oder auch dreisten Provokationen verbinden. Manchmal wird die eigene Rolle ironisch reflektiert: »Vorausgesetzt, die Muße sei die nackteste Frau| entblättert zufrieden der Dichter des Wörterbuchs Blumen| beim Erwarten des Freundes, der das Bier in der Kneipe bezahlt« (»El amigo del poeta«).

Arboleda, Julio

*9.7.1817 in Timbiquí/Cauca, †12.11.1862 (ermordet) in den Wäldern von Berruecos/Nariño. Seine ersten Lebensjahre waren gezeichnet von den Wirren des Unabhängigkeitskriegs. Sein Vater war Anhänger Bolívars und A. übernahm von ihm den Haß auf die Liberalen im Gefolge des Generals Santander, die das politische Projekt des Befreiers scheitern ließen. Er bereiste Europa und studierte in London Künste und Wissenschaften. 1838 kehrte er nach Kolumbien zurück und stürzte sich bald auf konservativer Seite in die politischen und militärischen Auseinandersetzungen. In Popayán und ab 1843 in Bogotá gab er verschiedene Zeitungen heraus, am berühmtesten wurde »El Misóforo«, in der 1850 seine geschliffen sarkastischen Artikel gegen die regierenden Liberalen erschienen. Daraufhin verbannte man ihn für ein Jahr nach Lima. Von einem Aufenthalt in Paris, 1857, abgesehen, war er ab 1852 u.a. Senator, Präsident des Kongresses und zur Zeit des Krieges mit Ecuador kommandierender General in Cauca und Antioquia.

A. ist als Dichter, Politiker und General der Prototyp des lateinam. Romantikers. Zugleich vereint er alle Widersprüche der Zeit in sich. Er ist konservativ und rebellisch, geschichtsbewußt und progressiv, gläubig und erbitterter Feind der Jesuiten, über die er das Pamphlet *Los jesuitas* (1848) schreibt. A.s Hauptwerk ist die unvollständig überlieferte epische Dichtung *Gonzalo de Oyón* (1858, teilw.; 1883, Hg. M. A. Caro), deren Originalfassung bei einer Plünderung des Hauses von A. verlorenging. Das ursprünglich 24 »Gesänge« umfassende Epos geht auf die Zeit der Eroberung von Nueva Granada zurück. Gegenübergestellt werden die Brüder Alvaro und Gonzalo de Oyón. Der – historische – Alvaro ist ein skrupelloser, habgieriger Konquistador, Gonzalo hingegen ein ritterlicher, aus christlicher Gesinnung handelnder Idealist. Den Schlachten und Machtkämpfen wird eine Liebesgeschichte zwischen Gonzalo und der Häuptlingstochter Pubenza, als Verkörperung der stumm ihr Los ertragenden Indios, zugeordnet. Auch wenn die geschichtlichen Zusammenhänge mit einiger Genauigkeit nachgestaltet werden, dienen sie als Projektionsfläche der Persönlichkeit A.s und seiner Begeisterung für Lord Byron und V. Hugo. A.s übriges lyrisches Werk umfaßt außer politischen und autobiographischen Gedichten einige virtuose Liebesgedichte wie »A Beatriz«.

Weitere Werke: *Cartas* (1848), *Acentos republicanos* (1850), *El Misóforo...* (1851).
Ausgaben: *Poesías*. Hg. M. A. Caro. New York, BOG 1883 und Paris ²1890.

Arciniegas, Germán
* 6.12.1900 in Bogotá. Nach dem Studium von Wirtschaftswissenschaft und Jura begann er als Journalist, Diplomat, Politiker, Hochschuldozent und Schriftsteller mehrfache Karriere zu machen. 1930 kam er als Vizekonsul und Korrespondent der kol. Zeitung »El Tiempo« nach London. Er übernahm 1934 die Chefredaktion dieser Zeitung und wurde gleichzeitig Parlamentsabgeordneter. 1941-42 und 1945-46 war er Erziehungsminister. Verschiedentlich lehrte er an Universitäten und Colleges der USA. Er war Botschafter in Venezuela und Italien und ist ständiger Berater der UNESCO, Mitglied mehrerer Akademien in ganz Amerika sowie Ehrendoktor diverser Universitäten. Die wichtigsten von ihm gegründeten und geleiteten Zeitschriften sind »Universidad« (1921?), »Revista de Indias«, »Revista de América», »Revista de los Andes«. und »Cuadernos« (Paris).
A. hat ein umfangreiches essayistisches Werk geschaffen, das zwischen Historiographie und Journalismus angesiedelt ist und wegen seiner lebendigen und plastischen Darstellung sowie seines stilistischen Glanzes internationale Anerkennung gefunden hat. Abgesehen von den Büchern, die hauptsächlich Kompilationen seiner Zeitschriftenartikel sind, hat er einige in sich abgerundete Werke geschaffen, die für bestimmte geschichtliche Ereignisse neue, originelle Perspektiven entwikkeln. Das gilt etwa für eins seiner ersten Werke *El estudiante de la mesa redonda* (1932), in dem er den studentischen Beitrag zu weltgeschichtlichen Prozessen hervorhebt. So gehörten Studenten zu den wichtigsten Reisebegleitern Kolumbus' oder es waren – oft durchs Examen gefallene – Studenten, die mit den Konquistadoren nach Amerika kamen. Den Beitrag der Intellektuellen im allgemeinen zur Eroberung Amerikas hebt A. auch hervor in *Jiménez de Quesada* (1939, 2. Aufl. u. d. T. *El caballero de El Dorado, vida del conquistador Jiménez de Quesada*, 1942), und *Biografía del Caribe* (1945; dt. *Karibische Rhapsodie*, 1960). Eine wesentliche revolutionäre Kraft sieht A. in den unteren Bevölkerungsgruppen. *Los comuneros* (1938) ist der Versuch, dem Aufstand von Berbeo und Galán in der Ortschaft Socorro, 1781, gegen die span. Kolonialherrschaft eine kontinentale Bedeutung zuzumessen. Der Beitrag der Intellektuellen und der niedrigen Volksschichten bei den Unabhängigkeitskriegen wird auch in einem seiner jüngsten Werke *Bolívar y la revolución* (1984) dargestellt. Da Fiktion und reale Geschichte von A. nicht explizit auseinandergehalten werden, hat man ihm auch immer wieder den Mangel an Überprüfbarkeit oder faktischer Genauigkeit vorgehalten. Der Grundzug seiner historischen Arbeiten liegt in der Synthese, die durch Einfühlung und überraschende Verknüpfungen erzielt wird.

Weitere Werke (Auswahl): Roman: *En medio del camino de la vida* (1949); Essays: *América, tierra firme; sociología* (1937), *Los alemanes en la conquista de América* (1941), *En el país de los rascacielos y las zanahorias* (1945, 2 Bde.), *Este pueblo de América* (1945), *El pensamiento vivo de Andrés Bello* (1946), *Entre la libertad y el miedo* (1952), *Amerigo y el Nuevo Mundo* (1955), *Italia, guía para vagabundos (1958), América mágica; los hombres y los meses* (1959), *Cosas del pueblo* (1962), *El mundo de la bella Simonetta* (1962), *El continente de los siete colores* (1965; dt. *Kulturgeschichte Lateinamerikas*, 1966; danach u.d.T. *Geschichte und Kultur Lateinamerikas*), *Genio y figura de Jorge Isaacs* (1967), *Nuevo diario de Noé* (1969), *Nueva imagen del Caribe* (1970), *América en Europa* (1975), *El revés de la historia* (1980).

Literatur: R. Esquenazi-Mayo, *A. travieso, erudito, soñador*. In: *Estudios de literatura hispanoamericana en honor a José J. Arrom*. Chapel Hill 1974, 167-177. – J. W. Robb, *Variedades de ensayismo en Alfonso Reyes y G. A.* ICC/T, 36 (1981), 1, 109-122. – D. Saldívar, *G. A. o la objetividad retroactiva*. CAM, 246 (1983), 1, 106-120. – *Una visión de América. La obra de G. A. desde la perspectiva de sus contemporáneos*. BOG: Instituto Caro y Cuervo 1990.

Buenaventura, Enrique

* 1925 in Cali. Er studierte eine Zeitlang Philosophie in Bogotá. Seit 1950 widmet er sich dem Theater als Schauspieler, Regisseur und Autor. Um 1956 übernahm er die Leitung des Ensembles und der Theaterschule TEC (Teatro Escuela de Cali) und hatte sie bis etwa 1970 inne. Die Erfolge, die er mit diesem Theater, dessen Angehörige überwiegend aus der Schicht der Arbeiter und Kleinbürger stammen, erzielte, führt er selbst auf die im Kollektiv vorgenommene Erarbeitung des Repertoires zurück. 1960 brachte er in Paris zum Internationalen Theaterfestival sein Stück *En la diestra de Dios Padre* auf die Bühne, eine lockere Bildfolge, dem span. »Sainete« verwandt, deren Text auf einer Erzählung von T. ↑Carrasquilla beruht. 1963 gewann er mit *La tragedia del Rey Cristophe* den lateinam. Theaterpreis. U.d.T. *Teatro* (1963, 1977) wurden zwei verschiedene Sammlungen seiner Theaterstücke veröffentlicht. Die letztere Ausgabe enthält u.a.: *Los papeles del infierno* (1968), fünf kurze, bittere Stücke über die »Violencia«; *El menú*, die groteske Geschichte eines erfolgreichen Politikers; *Soldados*, eine Darstellung des Massakers an Bananenarbeitern im Jahr 1928. *La historia de una bala de plata* (1980, Premio Casa de las Américas) ist der erste Teil einer Trilogie über die Geschichte der Karibik. Das turbulente, durch Liedeinlagen gegliederte Geschehen umfaßt ungefähr 100 Jahre vor allem haitianischer Geschichte seit dem Ende des 18. Jh.s.

Weitere Werke: Theater: *Réquiem por el padre Las Casas* (1963), *El presidente* (1967), *La trampa* (1968), *Seis horas en la vida de Frank Kuldok* (1969), *El convertible rojo* (1970), *La denuncia* (1973).

Literatur: P. A. Wallace, *E. B.'s ›Los Papeles del Infierno‹*. LATR, 9 (1975), 1, 37-46. – M. Watson Espener, *E. B.'s Theory of the Committed Theatre*. LATR, 9 (1976) 2, 43-47. – A. Castilla, *›Tirano Banderas‹, versión teatral de B.* LATR, 10 (1977), 2, 65-71. – N. Eidelberg, *La ritualización de la violencia en cuatro obras teatrales hispanoamericanas*. LATR, 13 (1979), 1, 29-37.

Buitrago, Fanny

* 26.10.1946 in Barranquilla. Sie lebt in Bogotá, schreibt für verschiedene kol. und ven. Zeitungen und Zeitschriften, arbeitet gelegentlich für das Fernsehen. Sie gehörte zu den Nadaisten, von denen sie sich um 1968 distanzierte.

Ihr literarisches Debut ist der Roman *El hostigante verano de los dioses* (1963), der in Anbetracht des Alters der Autorin eine außergewöhnliche Selbständigkeit und Sicherheit erkennen ließ. Diese Qualitäten bestätigten ihre weiteren Werke wie das mit dem Premio Nacional de Teatro 1964 ausgezeichnete Theaterstück *El hombre de paja*. Es wurde zusammen mit einer Auswahl ihrer Erzählungen in *Las distancias doradas* (1967) veröffentlicht. In den Erzählungen stehen thematisch die Geschlechterbeziehungen im Vordergrund. Im besonderen wird der Wandel aufgezeigt, den das Verhalten der Frau erfahren hat. Der Ton ist oft scharf, telegrammartig knapp, dennoch sehr differenziert. Eine andere Facette, spielerischen Humor, offenbart die Erzählung »Mammy deja el oficio«. B.s zweiter Roman *Cola de zorro* (1970) ist die Geschichte einer verzweigten Familie, wenn auch ohne chronologische Ordnung. Die Handlungen spielen in Bogotá und einem von der »Violencia« verheerten Küstengebiet. Den Vertretern der alten Herrschaftverhältnisse, die gefangene Aufständische mit Brandeisen abstempeln oder unbotmäßige Söhne kastrieren lassen, stehen ein paar von emanzipatorischen Idealen beseelte Frauen gegenüber. Ein weiterer Roman, *Los pañamanes* (1978), spielt auf einer kleinen Karibikinsel, die seit dem 17. Jh. von Protestanten aus England bewohnt ist. Die Konflikte entstehen aus dem Unangepaßtsein der eigenwilligen Inselbewohner gegenüber den nordam. Reisegesellschaften, aber auch aus Leidenschaften, Aberglauben und Zauberei. Humor und Absurdes mischen sich mit Elementen der Romane von J. M. ↑Vargas Vila und von Fernsehserien. Im Mittelpunkt steht eine Frau, Sabina Galenda, die in Handel, Politik und Zauberei aktiv ist. Sie muß auf grausame Weise dafür büßen, daß sie die patriarchalische Ordnung verworfen hat, indem sie zum Tod durch Ertrinken verurteilt wird, um die Insel von einem bösen Zauber zu befreien. *Los amores de Afrodita* (1983) besteht aus fünf autonomen Erzählungen, die sich durch die Zugehörigkeit der Personen zu einer mehr oder weniger korrupten Mittelschicht zu einer Einheit zusammenfügen. Parodie eines Frauenfeuilletons ist die letzte Geschichte dieses offenen oder hypothetischen Romans, deren Titel, »Legado de Corín Tellado«, auf die schon legendäre span. Trivialautorin verweist. *La casa del arco iris* (1986) ist der (Kurz-) Roman einer Kindheit.

Weitere Werke: Roman: *La casa del verde doncel* (1990).

Burgos Cantor, Roberto Eliecer
* 4.5.1948 in Cartagena. Er hat Aufmerksamkeit durch die außerordenlich ausgefeilte Sprache seines Erzählungsbandes *Lo amador* (1980) erweckt. Der Schauplatz aller 7 Erzählungen ist ein Arbeiterviertel in Hafennähe. Die Protagonisten sind u. a. ein Busfahrer, eine Sängerin, eine rätselhafte Prostituierte. Den kulturellen Hintergrund bilden Fußball, mex. Filme und Fernsehen. In einer der besten Erzählungen des Bandes wird parallel zur Geschichte eines Journalisten die Ermordung eines Gewerkschafters dargestellt. Sprachlich hervorragend ist auch sein erster Roman *El patio de los vientos perdidos* (1984), in dem die Sprechweise der Personen sehr sensibel aufgezeichnet wird. Er spielt im Milieu von einstigen Sportlern, einsamen Prostituierten, Jazzmusikern usw. Die Haupthandlung thematisiert die Einsamkeit einstiger Idole. Mit Sympathie wird die Biographie der historischen Gestalt des Boxers Bernardo Caraballo rekonstruiert und zugleich ein bitteres Porträt der kol. Gesellschaft geliefert. Zusammen mit Santiago Mutis Durán (* 1951) hat B. C. den Gedichtband *La novia enamorada del cielo* (1981) veröffentlicht.

Caballero Calderón, Eduardo
* 6.3.1910 in Bogotá. Er entstammt einer Großgrundbesitzerfamilie. In Bogotá studierte er Jura. Danach widmete er sich dem Journalismus als Redakteur der Zeitung »El Tiempo«, der Politik und Diplomatie, war Abgeordneter und Diplomat in Lima, Buenos Aires, Madrid und bei der UNESCO.

Er gehörte der liberalen Partei an und war Mitgründer der erfolglosen Alianza Nacional Revolucionaria, einer kol. Version der per. APRA.

C. C.s literarisches Schaffen umfaßt zu zwei Dritteln kulturkritische, geschichtsphilosophische und literaturwissenschaftliche Essays – etwa über Cervantes –, der beträchtliche Rest besteht aus Romanen und sonstiger erzählender Prosa. Einer seiner bedeutendsten Romane ist *El Cristo de espaldas* (1952). Ohne technisches Raffinement, in einer klaren, durchkomponierten Diktion behandelt das Werk die »Violencia«, den nicht erklärten blutigen Bürgerkrieg zwischen Konservativen und Liberalen. Die Hauptperson ist ein junger Priester, der sein erstes Amt in einem abgelegenen Andendorf antritt, das der Krieg in einen Ort des Grauens und Verbrechens verwandelt hat. Vergeblich sucht er zwischen den Parteien zu vermitteln. Bald haßt ihn die gesamte Bevölkerung. Schließlich wird der junge Idealist von seinem konservativen Bischof abberufen und in das Seminar zurückgeschickt. Die gleiche von sozialem Unrecht und entfesselten politischen Passionen beherrschte Welt stellt C. C. in den Romanen *Siervo sin tierra* (1955; dt. *Siervo ohne Land*, 1970) und *Manuel Pacho* (1962) dar. Der erste Roman behandelt das Schicksal eines von allen geschundenen Kleinpächters, dessen Traum vom eigenen Stück Land nie in Erfüllung geht. *Manuel Pacho* ist eine der erschütterndsten Darstellungen der »Violencia«. Handlungskern ist die Geschichte eines schwachsinnigen Jungen, der als einziger den Überfall von Bandoleros auf die Hacienda seiner Eltern überlebt hat und die verwesende Leiche seines Vaters ins nächste Dorf schleppt. Das fast apokalyptische Geschehen verweist auf eine allgemeingültigere Sinngebung, die etwa auch in dem Roman *Caín* (1969) das lokale bäuerliche Ambiente transzendiert und das Thema des Brudermordes im Rahmen der Opposition Natur-Zivilisation behandelt. Eine neue Thematik und zugleich eine neue Etappe der Problematisierung der Literatur eröffnet der Roman *El buen salvaje* (1966). Der Protagonist ist ein lateinam. Student, der in Paris über dem Ehrgeiz, einen Roman zu schreiben, verwahrlost, zum Alkoholiker wird, dabei seine besten Seiten schreibt und vor dem völligen Untergang nur durch die Mildtätigkeit einiger Personen, die ihm die Rückreise ermöglichen, bewahrt bleibt. *Yo, el alcalde* (1971) weist autobiographische Züge auf. Thematisiert wird das Verhältnis von politischen Zielen und Verwaltungspraxis. Der Schauplatz dieses Romans ist das Andendorf Tipacoque, im Departement Boyacá, wo die Familie des Autors ausgedehnte Ländereien besaß, bis diese größtenteils im Zuge einer Landreform aufgeteilt wurden. Immer wieder hat C. C. über dieses Dorf geschrieben, Prosaskizzen zumeist wie *Tipacoque, estampas de provincia* (1941), *Diario de Tipacoque* (1950) bis zu *De Ayer a hoy (Tipacoque)* (1979). In dem letztgenannten Band wird ohne Schuldzuweisung dargestellt, wie eine dörfliche Welt durch den Fortschritt moralisch und ökologisch zerstört werden kann.

Weitere Werke (Auswahl): Romane: *El arte de vivir sin soñar* (1943), *La penúltima hora* (1955), *Azote de sapo* (1976), *Historia de dos hermanos* (1977); Essays, sonstige Prosa: *Caminos subterráneos* (1936), *Latinoamérica, un mundo por hacer* (1944), *Suramérica, tierra del hombre* (1944), *El nuevo príncipe: ensayo sobre las malas pasiones* (1945, ²1969), *Breviario del Quijote* (1947), *Cervantes en Colombia* (1948), *Cartas colombianas* (1949), *Ancha es Castilla* (1950), *Americanos y europeos* (1957), *Hablamientos y pensadurías* (1979).

Ausgabe: *Obras*. Medellín 1963/64, 3 Bde.

Literatur: G. Carrillo, ›*El buen salvaje*‹ *de*

C. C. ICC/T, 28 (1973), 2, 195-223. – E. Porras Collantes, *Construcción del carácter en la narrativa de E. C. C.* ICC/T, 32 (1977), 2, 273-315.

Caicedo, Andrés

* 1951 in Cali, † 4.3.1977 ebd. Er war Journalist, u.a. Direktor der Zeitschrift »Ojo al cine«. Von seinem literarischen Werk, das auch Theaterstücke und Erzählungen umfaßt, ist sein Roman *¡Que viva la música!* (1977) besonders bekannt. In packender Weise synthetisiert er einen Aspekt der kol. Großstadtwirklichkeit der 70er Jahre, wie er ähnlich für Mexiko von den Autoren der »Onda« (G. ↑Sainz u. a.) erfaßt worden ist. C.s Helden sind jugendliche Rock- und Salsafans, geprägt vom Mißtrauen gegenüber Eltern und Institutionen, einer gewalttätigen Gegenwart und leeren Zukunft. Die Musik ist Mittel der Verbrüderung, die Drogen sollen einen Lebenssinn ergründen. Im Mittelpunkt der Handlung steht eine weibliche Figur, Angelita, die auch zumeist in Ich-Form, im Argot der Jugendlichen von Cali erzählt. Der Roman wird strukturiert durch Oppositionen wie Tag/ Nacht, Leben/ Tod, Süden/ Norden, Marxlektüre/ Musik, Rock/ Salsa. Rock wird hier verstanden als Neuigkeit, Lautstärke, Betäubung und kulturelle Entfremdung. Salsa hingegen als eine tiefer wurzelnde Kulturmanifestation, die die Möglichkeit individueller und sozialer Selbstverwirklichung bieten soll.

Weitere Werke: Erzählungen: *El atravesado* (1975). Ausgabe: *Destinos fatales.* Hg. S. Romero Rey/L. Ospina. BOG 1985.
Literatur: R. L. Williams, *A. C.'s ›¡Que viva la música‹!* UA/REH 18 (1983), 1, 43-55.

Caro, José Eusebio

* 5.3.1817 in Ocaña/Santander del Norte, † 28.1.1853 in Santa Marta/ Magdalena. Er entstammte einer reichen Familie. Zusammen mit dem »Patriarchen der kol. Literatur«, José Joaquín Ortiz (1814-1892), gründete er 1836 die Zeitschrift »La Estrella Nacional«, mit der in Kolumbien die katholische Reaktion – wie in Spanien durch Balmes, in Frankreich durch Bonald und de Maistre – eingeleitet wurde. Ebenfalls von C. gegründet wurden die Zeitungen »El Granadino« und »La Civilización«. Als 1840 eine liberale Revolution ausbrach, schloß er sich dem Regierungsheer an. Ab 1841 war er u.a. Kongreßabgeordneter und Finanzminister. Vehement attackierte er 1849 den liberalen Präsidenten J. H. López und ging dann ins Exil nach New York, aus dem er erst kurz vor seinem Tod zurückkehrte.

Mit C.s Lyrik setzt in Kolumbien die Romantik ein, die er ähnlich wie J. ↑Arboleda mit seiner ganzen Persönlichkeit vertritt. Der wesentliche Grundzug seiner Lyrik – seien es Gedichte auf Braut, Ehefrau und Kind, auf die Freiheit des Menschen und soziale Gerechtigkeit – ist die persönliche Emotion, die auch abstrakte Ideen einfärbt. Dennoch findet sich bei ihm keine Rührseligkeit, sondern eher eine altspan. Noblesse, vermischt mit Byrons rebellischer Leidenschaftlichkeit. Von traditionellen metrischen Formen ausgehend, gelangt C. in späteren Gedichten zur freien Kombination verschiedener Versmaße. Dem Modernismus eilt er voraus in der Verwendung des Neunsilblers und des lateinischen Hexameters, so in einem seiner besten Gedichte »En alta mar«, auf das danach Rubén ↑Daríos »Salutación del optimista« anspielt.

Ausgaben: *Poesías* (1857, 1885, 1970 u.ö.); *Obras escogidas en prosa y verso* (1873); *Epistolario* (1953); *Poesías completas.* Hg. L. Pabón Núñez. BOG 1973.
Literatur: S. Aljure Chalela, *Bibliografía de J. E. C.: Poesía.* BCB, 19 (1982), 4, 116-157.

Carranza, Eduardo

* 23.7.1913 in Apiay/Meta, † 1985. Er war Professor und Diplomat und ist neben J. ↑Rojas einer der wichtigsten Autoren der Lyrikergruppe »Piedra y Cielo«, die als gemeinsame Merkmale die Thematik der Einsamkeit, gehobenes Vokabular und klassisches Formenrepertoire aufweisen. Nach E. C. wurde ein hochdotierter span. Literaturpreis benannt, der 1990 zum ersten Mal vergeben wurde.

Hauptwerke (Auswahl): *Canciones para iniciar una fiesta* (1936), *Seis elegías y un himno* (1939), *La sombra de las muchachas* (1941), *Azul de ti. Sonetos sentimentales* (1944), *Canto en voz alta* (1944), *Este era un rey...* (1945), *Los días que ahora son sueños* (1946), *El olvidado* (1949).
Ausgaben: *Los pasos contados. El corazón escrito. Poesías en verso (1935-1968)*. Madrid 1970. – *Hablar soñando*. Hg. F. Charry Lara. ME 1983.
Literatur: G. Serpa de De Francisco, *Gran reportaje a E. C.* BOG 1978. – F. Charry Lara, *E. C. en la poesía colombiana*. ECO, 42 (1983), 6, 561-578. – T. Rozo de Moorhouse, *La palabra en la poesía de E. C.* ICC/T, 46 (1985), 2, 415-422. – A. Alvarez Restrepo, *E. C. y la poesía colombiana*. BAC, 36 (1986), 153., 163-181. – G. Quessep, *E. C.* BOG 1990.

Carranza, María Mercedes

* 1945 in Bogotá. Sie ist die Tochter des Lyrikers Eduardo ↑C. und hat nach einem Studium der Literaturwissenschaft als Journalistin und Kritikerin gearbeitet. Hervorgetreten ist sie mit Lyrik. Ihr erster Gedichtband *Vainas y otros poemas* (1972) konsternierte bereits durch den umgangssprachlichen Titelbegriff »vainas« (Ärgernisse oder Verletzungen). Hier trat eine Dichterin auf den Plan, die die Konventionen des Femininen in der Dichtung über den Haufen warf. Listig, scheinbar einfältig und lakonisch werden die etablierten Werte und Normen bis hin zum allgegenwärtigen Bolívar-Standbild hinterfragt. Manchmal finden sich zweideutige Wortspiele. Parodistisch werden Politiker, Jesuiten, respektable Witwen oder das käufliche Bürgertum überhaupt kritisiert. Zugleich gesteht das lyrische Ich seine Widersprüche ein. Manche Texte sind Anklagen, die sich jedoch durch Komik oder Spannungselemente ästhetisch behaupten. Die gelegentlich spürbaren Erschütterungen prägen dann wesentlicher ihren zweiten Gedichtband *Tengo miedo* (1983). Auch hier finden sich Gedichte, die durch Understatement Spannung erhalten, was besonders in den Liebesgedichten der Fall ist. Die vorherige, an den Nadaismus erinnernde Rebellion ist hierin einer durch exquisitere Intertextualität hervorgehobenen Gedankentiefe gewichen.

Carrasquilla, Tomás

* 17.1.1858 in Santodomingo/Antioquia als Sohn eines Bergbauingenieurs, † 19.12.1940 in Medellín. Er besuchte die Universität in Medellín. Bei Ausbruch des Bürgerkriegs von 1876 begab er sich wieder nach Santodomingo, wo er die nächsten Jahrzehnte verbrachte, gelegentlich betraut mit bescheidenen öffentlichen Ämtern. 1914-19 lebte er in Bogotá als Ministerialbeamter, danach ließ er sich in Medellín nieder. Seit 1928 litt er an einer schweren Beinlähmung und am grauen Star, der 1934 zur völligen Erblindung führte. Er wurde für sein literarisches Werk mit verschiedenen kol. Preisen ausgezeichnet.
C. begann erst im vorgerückten Alter zu schreiben. Seine Erzählungen und Romane erschienen zwischen 1896 und 1935. Ihre detailgetreue Realitätsnähe und ausschließliche thematische Bezogenheit auf Vergangenheit und Gegenwart seiner heimatlichen Region wurden zur Zeit des kosmopolitischen Modernismus etwas geringschätzig betrachtet, wobei man übersah, daß der

sehr belesene C. über die neusten Moden und Strömungen informiert war, diesen aber sein Ideal künstlerischer Schlichtheit entgegenhielt. *La sencillez* (1914) überschrieb er einen Essay, der sein ästhetisches Manifest beinhaltet. Sein literarisches Hauptinteresse gilt der Psychologie, was sich in der Überfülle der Personen in seinem Werk niederschlägt; besonders der Psychologie und Vorstellungswelt des Kindes, deren irrationale, magisch unheimliche Elemente er mit Sympathie, aber auch mit analytischer Schärfe erkennt und darstellt. Vor allem in seinem Spätwerk, unter anderem in den Romanen *El Zarco* (1925) und *Hace tiempos: memorias de Eloy Gamboa* (1935/36, 3 Bde.), nimmt das Thema der Kindheit und Jugend einen zunehmend breiteren Raum ein. Ohne Moralist zu sein oder didaktische Ziele zu verfolgen, offenbart C. in sämtlichen Werken die Haltung eines Aufklärers, der jede Art von Fanatismus oder gemeingefährlicher Obsession ablehnt. In dem Roman *Frutos de mi tierra* (1896) gehen die Hauptpersonen an ihrem skrupellosen Hochmut zugrunde. In *Grandeza* (1910) bringt die Affenliebe einer Mutter zu ihren Töchtern deren Verhängnis mit sich. Die geschäftstüchtige und bildungsbeflissene Protagonistin des im 18. Jh. in C.s Heimatregion spielenden Romans *La Marquesa de Yolombó* (1926 in der Zeitung »Colombia«, 1928) gerät durch einen schlauen Gauner ins Unglück und verliert darüber den Verstand, den sie erst im hohen Alter wiedergewinnt. Was C. zum Vorläufer der modernen kol. Erzählkunst macht, ist z. T. sein expressiver Stil, in dem umgangssprachliche Wendungen und Regionalismen, eigene Wortschöpfungen, Humor, oft auch Ironie eine persönliche, höchst lebendige Mischung ergeben. Was ihn auch aus seiner Zeit heraushebt, ist die mehr oder weniger deutliche Deformierung einer genau beobachteten Realität, die an die Zerrspiegeltechnik in den «Esperpentos» des Spaniers Valle-Inclán erinnert. C. ergreift nach außen hin keine Partei für oder gegen eine Seite im gesellschaftlichen Dualismus, aber er versteht es, durch einige grotesk dimensionierte Episoden Schwächen und Ungerechtigkeiten des Gesellschaftssystems deutlich zu machen. C.s kontinuierlich entstandene Erzählungen – z. B. »Simón el Mago« (1890) – gelten von Anfang an als kleine Meisterwerke. Die Erzählung als Konversation ist wohl auch der Ursprung seines gesamten literarischen Werkes. Davon zeugen die langen Gesprächspassagen der Romane, in denen die Personen beschreiben und berichten. Was als Nachteil der Romane angesehen wird – Behäbigkeit, zu geringe Dynamik –, ist für die Erzählung von Vorteil, da sich in der kürzeren Form Abschweifungen oder Eigenarten der Figuren als bereichernde Komplexität auswirken.

Weitere Werke (Auswahl): Romane: *Salve, Regina* (1903), *Ligia Cruz* (1926); Erzählungen: *El padre Casafús* (1914), *Dominicales* (1934), *Cuentos de tejas arriba* (1936); Essay: *Carta abierta* (1906).

Ausgaben: *Obras completas*. Madrid 1952. – *Cuentos de Tomás Carrasquilla*, Hg. B. A. Gutiérrez. Medellín 1956. – *Obras completas*. Medellín 1958, 2 Bde.

Literatur: K. L. Levy, *T. C.* Boston 1980. – J. A. Benito Lobo, *¿T. C. escritor regionalista?* CH, 119 (1980), 356, 412-424. – L. A. Pérez B., *›La marquesa de Yolombó‹ y el mito en la literatura hispanoamericana.* H, 65 (1982), 3, 377-382. – L. Nivay Bernal Cepeda, *T. C. y Manuel González Zeledón.* RI, 53 (1987), 138/9, 41-58. – A. R. Rodríguez R., *Las novelas de don T. C.: un aporte a la historia de la novela en Colombia.* Medellín 1988. – J. Mejía Duque, *T. C.* BOG 1990.

Castillo, Josefa del

*6.10.1671 in Tunja, †21 od. 22.2.1742 ebd. Ihr vollständiger Name ist Francisca Josefa de la Concepción del Castillo. Sie war Nonne. In ihren zwei Hauptwerken, den *Sentimientos espirituales* (1843, manchmal auch *Afectos espirituales*) wie in ihrer Biographie, die ebenfalls postum u. d. T. *Vida de la Venerable Madre Francisca de la Concepción, escrita por ella* (1817) erschien, stellt sie ihre religiösen Gefühle dar, die sie als eine späte Verwandte der Mystiker erscheinen lassen. Ihr Stil ist eigenwillig und oft von großer Expressivität. Man hat sie häufig mit Teresa de Jesús (1515-1582) verglichen. Im Unterschied zur span. Mystikerin nahm C. jedoch nie ihre konkrete Umwelt wahr.

Ausgabe: *Obras completas*. BOG 1968, 2 Bde.

Cepeda Samudio, Alvaro

* 30.3.1926 in Ciénaga/Magdalena, † 12.10.1972 in New York. In den USA studierte er Zeitungswissenschaft und war dann in Barranquilla Chefredakteur der Zeitungen »El Nacional« und »Diario del Caribe«.

Obwohl C. S. nur ein relativ schmales literarisches Werk veröffentlicht hat, nimmt er wegen seiner – an US-am. Literatur geschulten – Innovationen in Kolumbien einen wichtigen Platz ein. Zur Zeit seines Studiums in New York entstanden die sprachlich elaborierten Erzählungen des Bandes *Todos estábamos a la espera* (1954). In ihnen tritt äußeres Geschehen zurück, werden dagegen flüchtige Eindrücke eingefangen oder innere, oft von der Sehnsucht zurückgeholte Erfahrungen geschildert. So agieren seine eigenartigen Individuen in einer Welt, die von vergangenen Bildern und Geräuschen erfüllt ist. Sie befinden sich zwar in der realen Alltagswelt eines Bahnhofs, einer Bar, einer Straße etc., aber sie scheinen ohne Ziel und Eile zu sein, und handeln entweder euphorisch befreit, nachtwandlerisch oder wie Automaten. Auf dem konkreten Ereignis des vom Militär blutig erstickten Streiks der Arbeiter auf den Bananenplantagen von Ciénaga, 1928, beruht der Roman *La casa grande* (1962). Das historische Ereignis wird jedoch nicht in direkter Weise, aus einer umfassenden Perspektive dargestellt, sondern indirekt und fragmentarisch aus der inneren Realität der von dem Geschehen betroffenen Personen. Der erste Teil des Werkes besteht aus den Dialogen einiger Soldaten, die den Streik niederschlagen sollen. Die eher trivialen Gespräche ergeben ein dichtes Bild der Situation, ihrer Hintergründe und des inneren Zustands der Personen. Weniger einheitlich ist der Rest des Buches, der teilweise aus den Erörterungen eines namenlosen Priesters und eines Mädchens, teilweise aus Zeitungsschlagzeilen, militärischen Lageberichten und sonstigen Materialien besteht. Der bibliophile Sammelband *Los cuentos de Juana* (1972), enthält außer einigen virtuosen Erzählungen wie »Desde que compró la cerbatana ya Juana no se aburre los domingos« auch Filmdrehbücher und journalistische Beiträge.

Ausgabe: *Antología*. BOG 1977.

Literatur: L. I. Mena, ›*La casa grande*‹: *el fracaso en un orden social*. HISPA, 1 (1972), 2, 3-17. – J. Gilard, *A. C. S.: El experimentador tropical*. QUIMERA, 26 (1982), 63-65.

Charry Lara, Fernando

* 14.9.1920 in Bogotá. Er ist Redakteur der Zeitschriften »Mito«, »Eco«, »Golpe de dados« und »Gradiva« gewesen. Man kennt ihn als scharfsinnigen Literaturkritiker und originellen Dichter, dessen hauptsächlicher Gegenstand – nicht nur in *Nocturnos y otros sueños* (1949) – die Nacht ist, weniger als Symbol denn als erlebte Realität und schöpferisches Ambiente. Entsprechend findet sich auch in seiner Dichtung kaum eine visuelle Metapher, hingegen in größerem Ausmaß

eine verschleierte Erotik und die Wiedergabe taktiler Empfindungen. Weitere Themen und Motive sind eine leichte Bitterkeit bei der Betrachtung des Lebens oder der Liebe, die begierige, aber vereitelte Suche nach einem geheimen Genuß, Nebel oder Dämmerungen, die etwas verbergen, aber nicht zerrissen werden dürfen. Metrisch schwanken die Gedichte zwischen traditionellen Strophen, freien Versen und lyrischer Prosa. Zugleich ist die Einheitlichkeit der dichterischen Stimme hervorzuheben, deren Aussagen nicht auf brillanten Metaphern oder sonstigen Kunstgriffen, sondern auf der Entdeckung von suggestiven Nuancen oder Andeutungen beruhen.

Weitere Werke: *Poemas* (1944), *Los adioses* (1963), *Pensamientos del amante* (1982), *Llama de amor viva* (1986); Essays: *Lector de poesía* (1975), *Poesía y poetas colombianos* (1986).

Literatur: R. Gutiérrez Girardot, *Poesía y ›crítica‹ literaria en F. C. L.* RI, 50 (1984), 128/9, 839-852. – J. G. Cobo Borda, *Dos poetas de ›Mito‹: Alvaro Mutis y F. Ch. L.* RI, 51 (1985), 130/1, 89-102. – J. García Mafla, *F. C. L.* BOG 1989.

Cobo Borda, Juan Gustavo

* 1948 in Bogotá. Er hat dort Literaturwissenschaft studiert, die Zeitschriften »Gaceta« und – 1973-84 – »Eco« herausgegeben und verschiedene Posten in der Kulturverwaltung bekleidet. Von 1985 bis 1989 war er Kulturattaché in Buenos Aires, seitdem leitet er die Kulturabteilung des Außenministeriums in Bogotá. Außerordentlich ist auch seine publizistische Betriebsamkeit, kaum ein literaturkritischer Sammelband oder eine Lyrikanthologie, von denen er einige selbst herausgegeben hat, erscheinen ohne Beiträge von ihm. In seiner Lyrik hat man drei Themenkreise festgehalten: die Konflikte als Jugendlicher, die Kritik an der Gesellschaft von Bogotá und die Frauen. Charakteristisch sind (Selbst-)Ironie und Humor, mit denen Situationen beschrieben und kritisch entlarvt werden, wenngleich er feststellt, daß Dichtung noch keinen gerettet habe. Eine umfassende Belesenheit ist die Grundlage seiner Lyrik wie auch seiner Essays, wobei es ihm gelingt, die Gedankenfülle in formaler Prägnanz zu organisieren.

Werke (Auswahl): Lyrik: *Consejos para sobrevivir* (1974), *Salón de té* (1979), *Ofrenda en el altar del bolero* (1981), *Todos los poetas son santos e irán al cielo* (1983), *Almanaque de versos* (1988); Essays, Sonstiges: *Obra en marcha* (1974/76, 2 Bde.), *La alegría de leer* (1976), *Album de poesía colombiana* (1980), *Alejandro Obregón* (1985), *Letras de esta América* (1986), *Arciniegas de cuerpo entero* (1987), *Fábulas y leyendas de El Dorado* (1987), *Visiones de América Latina* (1987).

Literatur: F. Rivera, *Mínima teoría del bolero.* ECO, 36 (1979), 2 (218), 207-212. – S. Castro-Klarén, *Desde el anverso de las cosas: La poesía de C. B.* ECO, 237 (1981), 284-293.

Collazos, Oscar

* 29.8.1942 in Bahía Solano/Chocó. Eine Zeitlang studierte er Soziologie in Bogotá, lebte in Paris und besuchte Kuba, wo er 1970 das literarische Forschungszentrum der »Casa de las Américas« leitete. Von 1972-89 lebte er zumeist in Barcelona, 1976 als Stipendiat in Berlin. Er arbeitet für verschiedene kol. Zeitungen.

Bisher hat C. mindestens sieben Romane, mehrere Theaterstücke, diverse Erzählungsbände sowie Essays veröffentlicht. Besonderen Erfolg erzielte er mit ↑*García Márquez. La soledad y la gloria* (1983; dt. *Gabriel García Márquez. Sein Leben und sein Werk*, 1989). C.' erster Roman *Crónica de tiempo muerto* (1975) ist eine strukturalistische Etüde nicht nur verschiedener Erzählermasken und -formen in der ersten, zweiten und dritten Person, sondern auch der Einbeziehung eines

»Autors« als Reflexionsobjekt der Figuren bis hin zur – versuchten – Verkehrung der Funktion von »Diskurs« und »Fabel«. Der Handlungskern könnte als Aufenthalt eines Intellektuellen in Bogotá in einer Oktoberwoche 1972 definiert werden. Um ihn ranken sich Ausblicke auf Geschichte und Gegenwart Kolumbiens, die Problematisierung der Literatur gegenüber der Revolution, autobiographische Elemente etc. Etwas kompakter ist der nächste Roman *Los días de la paciencia* (1976), eine Darstellung von Buenaventura, wo C. seine Jugend verbrachte. Zwei narrative Ebenen vermitteln das dumpfe Lebensgefühl und die Chronik dieser einst vom »Dollarfieber«, nun von aussichtslosem Elend gezeichneten Hafenstadt am Pazifik. Die Hauptebene besteht aus der Beziehung eines Mannes zu seiner Ehefrau und einer weiteren Frau. Der einzige Motor dieser Menschen sind die Notwendigkeiten des Alltags. Die andere Ebene setzt sich zusammen aus Erinnerungen, Träumen, Monologen verschiedener Nebenfiguren. Der Roman *Memoria compartida* (1978) ist die Geschichte einer von individuellen Frustrationen und der politischen Aktualität Kolumbiens gezeichneten Mann-Frau-Beziehung. Der Text, der alternierend die Lebenserinnerungen der Protagonisten wiedergibt, ist auch der Versuch, die gesellschaftliche Funktion der Sprache zu bestimmen. Amüsant ist der Kurzroman *De putas y virtuosas* (1984). Der Ort der »tropischen Komödie« ist ein Bordell in Buenaventura zur Zeit der Karwoche. In seinen frühen Erzählungen hat C. vor allem die Konflikte von Jugendlichen behandelt, die sich in ihrer Rebellion gegen das Bekannte, die Ordnung und die Autorität nicht nur zu Außenseitern machen, sondern auch den Zugang zur Realität verlieren.

Weitere Werke (Auswahl): Romane: *Disociaciones y despojos* (1977), *Jóvenes, pobres amantes* (1983), *Tal como el fuego fatuo* (1986), *Fugas. O de la picaresca al teatro* (1990); Erzählungen: *El verano también moja las espaldas* (1966), *Son de máquina* (1968), *Esta mañana del mundo* (1970), *Cuentos* (1970); Essays: *Literatura en la revolución y revolución en la literatura* (1969), *Textos al margen* (1978).

Literatur: A. Vignal-Ramos, O. C.: *Un jeune écrivain colombien: Présentation.* LNL, 71 (1977), 2 (221), 78-86.

Cote Lamus, Eduardo

* 18.8.1928 in Pamplona (Kol.), † 3.8.1964 bei einem Autounfall. Er war Jurist, Professor, Diplomat, Parlamentarier und Mitarbeiter der Zeitschrift »Mito«.

Wie bei vielen Dichtern seiner Generation ist die Thematik des Todes seit Beginn seiner dichterischen Laufbahn präsent. Sein erster Gedichtband ist *Preparación para la muerte* (1950). Anders als etwa ↑Gaitán Durán betrachtet er den Tod fast mit Zuneigung. Der Tod ist »Schatten« und wächst ständig weiter im Menschen, der zu leben meint, jedoch Schatten unter Schatten ist oder ein Gespenst in einer Traumwelt. Die erste Phase von C. L.' Dichtung erreicht ihren Höhepunkt in *La vida cotidiana* (1959). Das »Alltägliche« wird vor allem durch Geschehnisse vermittelt. Berücksichtigt wird auch der politische Aspekt, im besonderen die prägende Erfahrung der »Violencia«. *Estoraques* (1963) ist sein letztes Werk. Der Name bezieht sich auf eine kol. Ortschaft bei Cúcuta und ihre durch Erosion geschaffenen Gesteinsformationen. In der Verschmelzung von Landschaftsdarstellung mit der zentralen Thematik der Zeit als Zerstörungsprozeß gelingt C. L. eine eindrucksvolle Gestaltung des alten Themas.

Weitere Werke: *Salvación del recuerdo* (1953), *Los sueños* (1956).

Gesamtausgabe: *Obra literaria.* BOG 1976.

Domínguez Camargo, Hernando

* 7.11.1606 in Bogotá, † 2.1659 in Tunja. Er trat 1621 als Novize in den Jesuitenorden ein, aus dem er 15 Jahre später aus unbekannten Gründen ausgeschlossen wurde. Danach war er Priester, zunächst in einem abgeschiedenen Andendorf, ab 1657 Inhaber einer Pfründe in Tunja.

D. C., ein sehr gebildeter und den Lebensfreuden zugewandter Mann, wurde seinerzeit überschwenglich »Góngoras Erstgeborener« genannt und war in den folgenden Jahrhunderten entsprechend verschrien, bis ihn die Moderne (von ↑Lezama Lima bis ↑Charry Lara) wiederentdeckt hat. Tatsächlich kommt er in der farbigen Präzision der Metaphern dem Meister gelegentlich sehr nahe, z. B. in der populären Romanze »A un salto por donde se despeña el arroyo de Chillo«. D. C.s Hauptwerk ist das unter seinem Untertitel *Poema heroico* bekannt gewordene Epos *San Ignacio de Loyola, Fundador de la Compañía de Jesús* (Madrid 1666). Die über 10000 Verse lange, Fragment gebliebene Dichtung umfaßt das Leben des Heiligen von seiner Geburt bis zum Entschluß, den Orden zu gründen (5. Buch). Dieser Handlungsrahmen ist jedoch nur ein Vorwand für ein gigantisches Wortkunstwerk, das an keiner Stelle in schlichte Benennung verfällt, sondern auf der Basis der klassischen Rhetorik und voller scholastischer Gelehrsamkeit die stilistischen Exzesse der »Soledades« von Góngora noch zu übertreffen strebt und selbst bei der Darstellung der Jungfrau Maria vor Perlmutt und sinnlichem Purpur nicht zurückschreckt.

Ausgaben: *Obras*. Hg. R. Torres Quintero. BOG 1960. – *Antología poética*. Hg. E. Mendoza Varela. Medellín 1969. – *Obras*. Hg. G. M. Zilio. CAR 1986. (BiAy, 121).
Literatur: G. Meo Zilio, *Estudio sobre H. D. C. y su »San Ignacio de Loyola, poema heroyco«*. Messina, Florenz 1967. – E. Gimbernat de González, *En el espacio de la subversión barroca: el ›Poema heroico‹ de H. D. C.* ICC/T, 37 (1982), 3, 523-543. – E. Gimbernat de González, *Apeles de la reinscripción: A propósito del ›Poema heroico‹ de H. D. C.* RI, 53 (1987), 140, 569-579.

Escobar, Eduardo

* 20.12.1943 in Envigado/Antioquia als Sohn eines Bankiers, der ihn in einer Jugendstrafanstalt einsperren ließ, als er sich weigerte, im Bankgewerbe tätig zu werden. Kurze Zeit studierte er dann an einem Priesterseminar, ging darauf nach Medellín, wo er die Literaturzeitschrift »La Viga en el Ojo« herausgab, Postkarten und seine eigenen Gedichtbände verkaufte.

E. ist einer der wichtigsten nadaistischen Dichter. Von Anfang an finden sich in seiner Lyrik einige typographische und grammatische Eigenheiten, Zerstückelung einzelner Wörter, Wortspiele, fehlende Interpunktion. Die Gegenstände seiner ersten Bände *La invención de la uva* (1966) und *Monólogos de Noé* (1967) sind Faulheit, Langeweile und Konfrontation mit der Umwelt zwecks Bestätigung der Notwendigkeit von Trauer und Mutlosigkeit. Der Ton ist pubertär oder pueril, aber doch so echt, daß auch nadaistische Mitstreiter wie Gonzalo ↑Arango von dem Übermaß an Trauer beeindruckt waren. In den nächsten Bänden, *Segunda persona* (1969), *Del embrión a la embriaguez* (1969), und *Cuac* (1970), deren lyrisches Ich gleichbleibend auf den realen Autor verweist, wird das Thema der Langeweile und fehlender Lebenslust weiter ausgebaut. Vermehrt treten Wortspiele auf, der Ton ist pessimistisch und apokalyptisch. In *Buenos días noche* (1973) und *Confesión mínima* (1975) überwiegt sarkastische Sozialkritik. Einige wortgewaltige, erfindungsreiche Bittgesänge ragen hervor. Die Kritik, vor allem am Kleinbürgertum, wird in *Cantar sin motivo* (1977) fortgesetzt.

Weitere Werke: *Antología poética* (1978), *Correspondencia violada* (1980?).
Literatur: D. Jaramillo Agudelo, *La poesía nadaísta*. RI, 50 (1984), 128/9, 757-798. – A. Romero, *El nadaísmo colombiano o la búsqueda de una vanguardia perdida*. BOG 1988.

Espinosa, Germán
*30.4.1938 in Cartagena. Journalist. Er hat Lyrik, Erzählungen, Romane und ein paar Theaterstücke veröffentlicht. Sein erstes Buch ist der Erzählungsband *La noche en la trapa* (1965), dessen Thematik von der Kosmonautik bis zum Hellenismus, von satirischer Science Fiction bis zu jugendlicher Frustration reicht. In der Titelgeschichte gibt sich der Superior des Trappistenklosters dem reumütigen Biologen als dessen entlaufener Versuchsaffe zu erkennen. Ein weiterer Erzählungsband *Los doce infiernos* (1976) greift auf Alltagserfahrungen zurück, deren Hintergrund von konventionellen Gefühlen und Werten in Frage gestellt wird. E.s erster Roman *Los cortejos del diablo* (1970) handelt von Hexerei und Inquisition im kolonialen Cartagena. Ähnliche Elemente finden sich in seinem bisher bekanntesten, fast 600 S. starken Roman *La tejedora de coronas* (1982?), einer Rekonstruktion der Geschichte Europas und Lateinamerikas im 17. und 18 Jh. Die Geschehnisse werden aus der Perspektive der über 90jährigen Genoveva Alcocer berichtet, die, als Hexe verurteilt, im Gefängnis von Cartagena de Indias auf ihren Tod am nächsten Morgen wartet. Sie war Freimaurerin, Geliebte Voltaires und anderer Frauen und Männer. Vielfältig sind die Stimmen und zeitlichen Ebenen, die sich aus dem Monolog der Heldin abzweigen. Als Pedanterie hat man die zahlreichen fremdsprachlichen Zitate empfunden.

Weitere Werke: Romane: *El magnicidio* (1981?), *La tragedia de Belinda Elsner*; Lyrik: *Poesía retrospectiva. 1954-1967* (1967).

Fayad, Luis
*16.8.1945 in Bogotá. Nach einem kurzen Soziologiestudium ist er Mitarbeiter verschiedener kol. Zeitungen und Zeitschriften gewesen. Nach 1975 lebte er zumeist in Europa, 1986, als Stipendiat in Berlin.
F.s bekanntestes Werk ist der Roman *Los parientes de Ester* (1984; dt. *Auskunft über Esters Verwandte*, 1987), eine hintergründig sarkastische Kritik an der kleinbürgerlichen Familie. Der Handlungskern ist der plötzliche Witwerstand eines kleinen Ministerialbeamten, der nach dem Tod seiner Frau, Ester, von deren gefräßiger, habgieriger Verwandtschaft manipuliert wird. Formal hat man an dem in einer trokkenen, genau differenzierenden Sprache abgefaßten Roman die unauffällige Kunstfertigkeit hervorgehoben, mit der das Geschehen dargestellt und gleichzeitig die Darstellung erkennbar gemacht wird. F. hat auch Erzählungen veröffentlicht. Der Lebenskampf von Slumbewohnern ist Gegenstand des Erzählungsbandes *Olor de lluvia* (1974).

Weitere Werke: Roman: *Compañeros de viaje* (1991); Erzählungen: *Los sonidos del fuego* (1968), *Una lección de la vida* (1984).

Flórez, Julio
*22.5.1867 in Chiquinquirá/Boyacá, †17.2.1925 in Usiacuri/Atlántico. Er ist durch seine gefühlsbetonten, klangvollen Verse der populärste Dichter in Kolumbien. G. ↑Valencia, R. ↑Maya, E. ↑Carranza und andere haben immer wieder Versuche einer ästhetischen Re-

habilitation seines Werks unternommen. Zutreffender ist, was Valle-Inclán über ein Sonett von F. an die Mutter meinte: Er sei »ein sehr guter Sohn gewesen«.

Werke (Auswahl): *Horas* (1893), *Cardos y lirios* (1905), *Cesta de lotos* (1908), *Fronda lírica* (1908), *Poesías* (1912, 1927, 1945), *Gotas de ajenjo* (o. J.), *Oro y ébano* (1943).
Ausgabe: *J. F.: sus mejores poesías*. Hg. N. Sesto. ME 1951.

Gaitán Durán, Jorge
* 12.2.1924 in Pamplona/Norte de Santander (Kol.), † 22.6.1962 bei einem Flugzeugunglück auf der Insel Guadeloupe. Er gründete 1955 zusammen mit H. Valencia Goelkel die bedeutende Literaturzeitschrift »Mito«, unter seiner Leitung zur Zeit der Repression durch die Rojas-Pinilla-Diktatur eine liberale »Tribüne der Rebellen«.
G. D. ist Autor von Essays, einigen Erzählungen und Gedichtbänden, die als der wichtigste Teil seines literarischen Schaffens gelten. Die thematische Konstante seiner sprachlich ausgefeilten, fast metaphernlosen Lyrik ist eine von allen Seiten beleuchtete Erotik, deren Erfahrung sowohl quälende Todesnähe als auch eine gegen christliche Askese gewandte Daseinsbejahung bedeutet. Daraus erwachsen ein ständiges Erstaunen, als würde alles zum ersten Mal gesehen, und der intensive Wunsch, die flüchtige Zeit aufzuhalten. Der »schöne Tag« und der Sommer gehören zu den wichtigsten Symbolen seiner Dichtung.

Werke: Lyrik: *Insistencia en la tristeza* (1946), *Presencia del hombre* (1947), *Asombro* (1950), *El libertino* (1959), *Amantes* (1959?), *Si mañana despierto* (1961), *Poemas de la muerte* (1965, zus. mit E. Cote Lamus); Essays: *La revolución invisible* (1959), *Sade* (1960); Opernlibretto: *Los hampones* (1961).
Ausgabe: *Obra literaria; poesía y prosa*. Hg. P. Gómez Valderrama. BOG 1975.
Literatur: J. Liscano, *G. D.: Entre el erotismo y la pulsión de muerte*. ECO, 37 (1980), 1 (223), 16-39. – A. Romero, *Los poetas de ›Mito‹*. RI, 50 (1984), 128/9, 689-755.

García Márquez, Gabriel
* 6.3.1928 in Aracataca/Magdalena, wo er bei seinen Großeltern aufwuchs. Ab 1940 besuchte er ein Jesuitenkolleg und fing 1947 in Bogotá ein Jurastudium an, das er bald aufgab, um sich der Literatur und dem Journalismus zu widmen. Einige Jahre war er Reporter des »Heraldo« in Barranquilla, ab 1954 Mitarbeiter von »El Espectador« in Bogotá. 1955 reiste er als Berichterstatter nach Genf. Eine Zeitlang lebte er dann in Rom, bereiste die ehemaligen Ostblock-Staaten und ließ sich in Paris nieder, wo er auf einmal mittellos dastand, da der Diktator Rojas Pinilla den »Espectador« hatte schließen lassen. 1958 kehrte er nach Kolumbien zurück, heiratete und zog nach Caracas. 1961 eröffnete er in Bogotá das Büro der kub. Nachrichtenagentur »Prensa Latina« und war für einige Monate deren Korrespondent in New York. Danach lebte er bis 1967 in Mexiko Stadt, wo er einige Filmdrehbücher schrieb, übersiedelte anschließend nach Barcelona und lebt seit 1975 wieder in Mexiko, mit längeren Aufenthalten in Kolumbien und Kuba.
G. M. ist bereits ein lebender Mythos der Weltliteratur gewesen, bevor er 1982 den Nobel-Preis erhielt. Sein literarisches Werk hat in sämtlichen Kulturen und sozialen Schichten Gefallen gefunden und gilt als Modell, das intellektuelle Disziplin und Popularität, Komplexität und Klarheit, Barockes und Alltägliches, traditionelle Wurzeln und ständige Erneuerung vereint. Sehr früh, mit 16 Jahren etwa, hatte er zu schreiben begonnen, auch ab 1947 in

»El Espectador« einige Erzählungen publiziert, bevor er nach Europa aufbrach. Sein erstes Buch ist der Roman *La hojarasca* (1955; dt. *Laubsturm*, 1975). Der Schauplatz des Werkes ist bereits jenes imaginäre Macondo, das spätestens seit *Cien años de soledad* (1967; dt. *Hundert Jahre Einsamkeit*, 1970) zur literarischen Topographie Amerikas gehört. Macondo, das in vielen Zügen dem abgeschiedenen Geburtsort des Autors nachgebildet ist, erscheint in *La hojarasca* noch nicht in seiner mythisch-realen Komplexität, sondern ausschnittweise, historisch fixiert auf einen Zyklus von wirtschaftlicher Prosperität, Ruin und einem Massaker an streikenden Bananenarbeitern. Die in drei abwechselnden Monologen rekonstruierte Haupthandlung ist die Geschichte eines Arztes, der ein isoliertes Leben führt und mit der Weigerung, einem hergebrachten Verwundeten zu helfen, den Haß des Dorfes auf sich zieht. Die einzige Person, der er noch einmal hilft, ist ein von den Ärzten aufgegebener alter Oberst. Von ihm hatte er sich seine Beerdigung erbeten. Das *Antigone*-Motiv wird in dem Roman in die Realität der Bürgerkriege Kolumbiens transponiert bzw. in eine von Mißtrauen, Vorurteilen und Grausamkeit gekennzeichnete Atmosphäre, die sich jederzeit gewaltsam entladen konnte. Während seiner Hungermonate in Paris schrieb G. M. den Kurzroman *El coronel no tiene quien le escriba* (1958 in der Zeitschrift »Mito«, 1961; dt. *Kein Brief für den Oberst*, 1968, *Der Oberst hat niemand, der ihm schreibt*, 1976). Der Held, ein alter Oberst der Bürgerkriege – wie der eigene Großvater des Autors –, erwartet seit 15 Jahren von der Regierung die Bestätigung seiner Pensionsansprüche. Obwohl er und seine asthmakranke Frau fast am Verhungern sind, pflegen sie den Kampfhahn, den ihm sein der Repression zum Opfer gefallener Sohn überlassen hat. Für das Dorf wie für ihn wird der Hahn zum Symbol einer fernen, vagen Hoffnung. Die Ökonomie der technischen und sprachlichen Mittel hat G. M. in dem Werk zum Äußersten getrieben. *La mala hora* (1962, autorisierte Fassung 1966; dt. *Unter dem Stern des Bösen*, 1966) ist ein erneuter Anlauf zur Bewältigung jener komplexen Fiktion von Macondo, das auch hier wie zum Zeichen eines Fehlschlags nicht namentlich angegeben wird. Die Handlung besteht in der Geschichte einer Dorfgemeinschaft, die sich untereinander mißtraut und belauert. Manifestationen unterdrückter Wut und Rachegefühle sind die anonymen Anschuldigungen und Schmähungen, in denen heimliche Gerüchte und verschwiegene Wahrheiten offen ausgedrückt werden. *Cien años de soledad*, niedergeschrieben in anderthalbjähriger Klausur, ist die großartige Synthese der Themen und Motive der vorausgegangenen Werke und deren vollkommenere und neuartige Lösung. Abgesehen vom fiktiven Rahmen der sagenhaften Manuskripte des zweifach gestorbenen Zigeuners Melquíades, umfaßt der Roman die linear erzählte Chronik von Macondo und dessen Gründerfamilie Buendía. Der Verlauf des Geschehens erscheint jedoch nicht als zielgerichteter Prozeß, sondern als wuchernder Fortgang. Vergangenheit wiederholt sich in der Gegenwart, die Zukunft ist voraussehbar, weil sie in irgendeiner Form schon geschehen ist. Anfang und Ende fallen in doppelter Weise zusammen. In der 7. Generation erfüllt sich das grotesk-tragische Verhängnis der Familie, wie es die Stammmutter Ursula befürchtete: Das Kind aus inzestuöser Verbindung wird mit einem Schweineschwanz geboren und ein tödlicher Sturm fegt das Dorf vom Erdboden. In diesem zyklischen Sinne laufen drei Haupthandlungen – die des

Obersten Aureliano, der Familie Buendía und Macondos – ab, in die eine umfängliche stoffliche Fracht von aktuellen und historischen Ereignissen, märchenhaften Fantastereien, Mythen, Legenden oder auch mittelalterlich epischen und autobiographischen Elementen eingewoben und eine komplizierte und personenreiche Textur entstanden ist, die zu immer neuen Auslegungen geführt hat. Was die männlichen Buendías wie eine Erbkrankheit mit sich schleppen und jeder einzelne einmal schmerzlich feststellen muß, ist die Unfähigkeit der Kommunikation und der Anpassung an ihre Umwelt. Sie zeugen ständig neue Kinder, aber sie lieben nicht; sie sind unermüdlich aktiv, aber keine ihrer Unternehmungen führt zu einem positiven Ergebnis. Bei der offensichtlichen nationalen oder kontinentalen Symbolik des Romans ist immer wieder nach der Sinnintention dieses selbstverschuldeten Untergangs gefragt worden. Zum Erfolg des Werkes – das 1987 eine Gesamtauflage von 350 Millionen erreichte – hat die künstlerische Meisterschaft beigetragen, mit der die Leser in den Erzählstrom einbezogen werden und sich für sie die Grenzen von Fiktion und Wirklichkeit oder auch von Fremdem und Alltäglichem verschieben. Die Ursprünge von *El otoño del patriarca* (1975; dt. *Der Herbst des Patriarchen*, 1978) führen in die 60er Jahre zurück. Im gesamten Zyklus der lateinam. Diktatorenromane kommt diesem Werk vielleicht eine abschließende Funktion zu. Über sechs absatz- und fast interpunktionslose Kapitel hin wird die Vision eines Tyrannen entworfen, der noch über seinen Tod hinaus weiter herrscht, weil die Gesellschaft vom Wahn der Macht gebannt ist und abergläubische Furcht nicht wahrhaben will, daß von dem Allmächtigen nur noch ein vereinsamter menschlicher Rest vorhanden ist. Ein diffuses, nicht identifizierbares »Wir« bestätigt am Beginn jedes Kapitels den Tod des Toten, andere Stimmen und auch die des Patriarchen lassen ein groteskes Panoptikum von Wahn, Grausamkeit, Lebensfeindlichkeit und Korruption entstehen. Das im Kollektiv oft verlorengegangene Gewissen des einzelnen könnte auch als Thema des Kurzromans *Crónica de una muerte anunciada* (1981; dt. *Chronik eines angekündigten Todes*, 1981) gelten. Handlungskern ist ein absurder Mord aus Gründen der Familienehre und eines ungewissen Tatbestandes. Wesentlich umfangreicher ist wieder *El amor en los tiempos del cólera* (1985; dt. *Liebe in den Zeiten der Cholera*, 1987). Man hat diesem Roman manche Konsistenzschwächen angelastet, vor allem im Zusammenhang mit der männlichen Hauptfigur Florentino, dessen exorbitanter Sexualdrang nicht in Einklang zu bringen sei mit einer jahrzehntelang gehegten Liebe, die im fortgeschrittenen Alter von 76 Jahren schließlich erwidert wird. Dem stehen positiv gegenüber die Fülle und der Witz vieler Episoden, die intensive Charakterzeichnung der heroischen, wütenden, würdevollen Heldin Fermina, wie überhaupt der weiblichen Figuren, schließlich noch die Kunstfertigkeit, mit der die körperliche Liebe der Greise nuanciert und plausibel geschildert wird. *El general en su laberinto* (1989; dt. *Der General in seinem Labyrinth*, 1989) ist ein Buch, das die Tragödie Lateinamerikas spürbar werden läßt und den Eindruck einer tiefen Trauer hinterläßt. Zwar besitzt auch hier der Stil die unverkennbare Mischung von populären und ästhetizistischen Elementen, werden die Szenen mit überraschenden Details und Nuancen dargestellt, dennoch ist eine neue innere und äußere Ordnung vorhanden, die etwas mit Läuterung, gedämpftem Licht, aber auch einer gespenstischen Komik zu tun hat. Es ist ein historischer Roman und gleichzeitig eine fantasievoll fabulierte Geschichte. Erzählt werden die letzten sieben Lebensmonate von Simón Bolívar. Der – buchstäblich – zusammengeschrumpfte, manchmal todkranke, manchmal von exzessiver Tanzlust gepackte Held hat sich mit seinen letzten Getreuen aus dem verhaßten Bogotá davongemacht und die »Rückreise ins Nichts«, den Magdalena-Strom hinunter, angetreten. G. M. ließ sich mit diesem Roman auf das Wagnis ein, die unübersehbare Literatur über den Befreier Lateinamerikas berücksichtigen zu müssen. Bald nach Erscheinen entfesselte das Werk heftige Polemik. Vor allem kol. Historiker warfen G. M. vor, er habe das Bild des politischen Kontrahenten Bolívars, des Generals Francisco de Paula Santander verfälscht und diesen als Verräter und Betrüger verleumdet. Neben den Romanen hat G. M. kontinuierlich Erzählungen geschrieben, die verschiedene Tendenzen erkennen lassen. In den 40er Jahren überwiegt das Fantastische in der Kombination von Bewußtem und Unterbewußtem, Leben und Tod. Die Gestalten sind anormale oder halluzinierende Träumer, die sich nach einem leidvollen Prozeß in einen neuen oder wesentlich unterschiedlichen Zustand retten können. (»La tercera resignación« [1947], »La otra costilla de la muerte« [1948], »Amargura para tres sonámbulos« [1949]). In den 50er Jahren folgt eine Zuwendung zum Neorealismus mit magisch realistischem Einschlag, z. B. in »Un día después del sábado« oder »Isabel viendo llover en Macondo« (1955), wo die Zeit in einem Moment der Entfesselung dämonischer Naturgewalten festgehalten wird. Eine perfekte Verschmelzung von Fantastischem mit dem Realistischen gelingt in der Titelgeschichte des Bandes *Los funerales de la Mamá Grande* (1962; dt. *Das Leichenbegängnis der Großen Mama*, 1974), die in ihrem grotesken Gehalt und ihrer ironisch-burlesken Diktion auf *El otoño del patriarca* vorausweist. Der groteske Humor verstärkt sich noch in den sieben Erzählungen von *La increíble y triste historia de la cándida Eréndira y de su abuela desalmada* (1972; dt. *Die unglaubliche und traurige Geschichte ...*, 1986). In den 80er Jahren wird die Problematik allgemeiner und universeller, z. B. in »El rastro de tu sangre en la nieve« (1981), einer Konfrontation von Idealen einer vergangenen Epoche mit den Idolen einer chaotischen, experimentellen und schnell vergänglichen Aktualität. Zu G. M.' weiteren Werken gehört *La aventura de Miguel Littin, clandestino en Chile* (1986; dt. *Das Abenteuer des Miguel Littin. Illegal in Chile*, 1988), das Protokoll eines Gesprächs mit dem 1984, zur Zeit Pinochets, heimlich nach Chile eingereisten Filmregisseur. Des weiteren liegen umfangreiche Sammlungen von journalistischen, bis 1948 zurückreichenden Arbeiten vor (*Obra periodística*, 4 Bde, dt. Untert.: *Journalistische Arbeiten*, 1984-86). In Buenos Aires wurde 1988 sein erstes Theaterstück *Diatriba de amor contra un hombre sentado* uraufgeführt.

Weitere Werke und Ausgaben (Auswahl): *Relato de un naúfrago ...* (1970; dt. *Die Geschichte eines Schiffbrüchigen ...*, 1980), *Ojos de perro azul* (1972; dt. *Augen eines blauen Hundes*, 1982), *Todos los cuentos* (1975), *Cuando era feliz e indocumentado* (1975), *Crónicas y reportajes* (1976), *El verano feliz de la señora Forbes* (1986), *Doce cuentos peregrinos* (1992).

Literatur: M. E. Fau, *G. G. M.: An Annotated Bibliography 1947-1979*. Westport, CT 1980. – LALR, 13 (1985), 25 (Sondernr.). – T. Koenigs (Hg.), *Mythos und Wirklichkeit. Materialien zum Werk von G. G. M.* Köln 1985. – A. Rama, *La narrativa de G. G. M.* TC, 10 (1985), 31/2, 147-245. – A. M. Hernández de López (Hg.), *En el punto de mira: G. G. M.* Madrid 1985. – O. Collazos, *G. M.: La soledad y la gloria. Su vida y su obra.* Barcelona ²1986 (dt. 1989). – M. E. Fau, N. Sfeir de González, *Bibliographic Guide to G. G. M., 1979-1985.* Westport, CT 1986. – B. A. Shaw, N. Vera Godwin (Hg.), *Critical Perspectives on G. G. M.* Lincoln, Nebr. 1986. – A. M. Hernández López, *Interpretaciones a la obra de G. M.* Madrid 1986. – A. Díaz Arenas, *›Construcción‹ y ›Deconstrucción‹ en ›El amor en los tiempos del cólera‹ de G. G. M. y otros estudios de literatura hispana.* Bonn 1987. – B. Mc Guirk/R. Cardwell (Hg.), *G. G. M. New Readings.* Cambridge 1987. – G. R. McMurray, *Critical Essays on G. G. M.* Boston 1987. – S. Minta, *G. M.: Writer of Columbia.* London 1987. – A. Bhalla, *G. M. and Latin America.* New York 1987. – J. Ortega, *G. G. M. and the Powers of Fiction.* Austin 1988. – P. Sorela, *El otro G. M. Los años difíciles.* Madrid 1988. – A. Díaz Arenas, *Folklore iberoamericano en ›El otoño del patriarca‹ de G. G. M.* Bonn 1988. – W. Semskov. *G. G. M.* Berlin 1990. – R. Janes, *One Hundred Years of Solitude. Modes of Reading.* Oxford 1991. – A. Rama, *La narrativa de G. G. M. Edificación de un arte nacional y popular.* BOG 1991. – D. Ploetz, *G. G. M.* Reinbek 1992.

Goméz, Efe

*9.5.1873 in Fredonia/Antioquia, †25.10.1938 in Medellín. Eigentl. Francisco Gómez Escobar. Er war Professor für Metallurgie an der Escuela Nacional de Minas in Medellín, bekleidete das Amt eines Auditors für das Eisenbahnwesen von Antioquia und war gleichzeitig als Chemiker und Bergbauingenieur tätig. Mangelnder Geschäftssinn war die Ursache für seine ständige finanzielle Notlage. Besonders die letzten Lebensjahre wurden ihm, wie er schrieb, durch die »Schlangen der Armut« verbittert.

G. ist Autor meisterhafter Erzählungen, die mit ihrer wuchtigen Schlichtheit und ihrem intensiven menschlichen Mitgefühl einen wichtigen Platz in der kol. Literatur einnehmen. Sie sind in der Region von Antioquia im Milieu der Minenarbeiter, Bauern und Urwaldbewohner angesiedelt, wenn auch der geographische Hintergrund wenig in Erscheinung tritt. G. konzentriert sich auf die tragischen Aspekte menschlichen Schicksals. In den Erzählungen herrscht eine Grundstimmung ständiger Bedrohung und leidvoller Not. Mit wenigen Ausnahmen steuern die Handlungen auf ein ausweglos unglückliches Ergebnis zu. In der auch zu einem Theaterstück verarbeiteten Erzählung »Guayabo negro« (1923) erschlägt ein Mann im Alkoholrausch seinen besten Freund; in »El loco« erstickt ein Vater seine Kinder, um sie »vom tragischen Schmerz des Lebens zu befreien«; in »Carne« zerschneidet ein Mann, der sich auf der Flucht vor der Justiz befindet, seiner Geliebten das Gesicht, um sie für weitere Liebhaber unansehnlich zu machen. G. hat auch einen Roman, *Gente* (1937), geschrieben, der thematisch und strukturell auf einige seiner gelungensten Erzählungen zurückweist.

Weitere Werke: *Cuentos* (1942), *Almas rudas* (1943), *Retorno* (1944), *Guayabo negro* (1945).

Gómez Valderrama, Pedro

*13.2.1923 in Bucaramanga. Er hat Jura in Paris und London studiert, war Universitätsprofessor und Botschafter in der UdSSR und Spanien. Sein Œuvre umfaßt Erzählungen, Lyrik, Essays und den Roman *La otra raya del tigre* (1977). Die Handlung entwickelt sich im 19. Jh. Der Protagonist ist der Deutsche Geo von Lengerke, der, 1848 wegen Beteiligung an der Revolution aus seiner Heimat geflohen, den Fluß Magdalena hinauffährt. Die Dichotomie zwischen Zivilisation und Barbarei wird aus neuem Blickwinkel dargestellt. Lengerke, Verkörperung der Romantik und Vertreter ihrer Ideale, wird von der üppigen Landesnatur in Bann geschlagen. Der »gute Wilde«, an den er geglaubt hat, verkehrt sich für ihn in ein Hindernis oder Objekt der Ausbeutung. Er wird schließlich Großgrundbesitzer. In einem der kol. Bürgerkriege wird sein Besitz vernichtet. Ausdrücklich knüpft der Roman an die Reflexionen Stendhals über die Beziehung zwischen Romantext und Wirklichkeit an. Hervorzuheben sind der kenntnisreich vermittelte kulturelle Hintergrund und die geschickte Verflechtung historischer Geschehnisse mit dem individuellen Schicksal. G. V. hat auch einige Bände mit Erzählungen veröffentlicht, in denen er sich als Schüler von Borges erweist.

Weitere Werke (Auswahl): Erzählungen: *El retablo de Maese Pedro* (1967), *La procesión de los ardientes* (1975) *Invenciones y artificios* (1975), *La nave de los locos y otros relatos* (1984); Essays: *Noche oscura del alma: interpretación de la poesía de José Asunción Silva* (1948), *Muestras del diablo* (1958), *Nosotros y la libertad* (1959), *Ideas sobre la educación y la cultura* (1963), *La universidad colombiana* (1963), *Los ojos del burgués* (1971).
Ausgabe: *Más arriba del reino. La otra raya del tigre*. Hg. J. E. Ruiz. CAR 1990 (BiAy).

Greiff, León de

* 22.7.1895 bei Medellín, † 11.7.1976 in Bogotá. Seine Mutter war dt., sein Vater schwed. Herkunft. Nach einem Studium an der Escuela de Minas in Medellín war er u.a. Bankangestellter, Verwaltungsbeamter, ab 1945 Abteilungsleiter im Erziehungsministerium und Diplomat. In den 20er Jahren gehörte er neben R. ↑Maya, P. ↑Pardo García, J. ↑Zalamea u.a. zu der avantgardistischen Schriftstellergruppe um die Zeitschrift »Los Nuevos« (1925). Vor allem in der frühen Phase seiner Dichtung hat G. verschiedene Pseudonyme verwendet wie »Gaspar von der Nacht«, »Leo Legris« oder »Matías Aldecoa«.
Zeitlebens verkörperte er den lebendigen Mythos eines *poète maudit*, zuerst wie Verlaine, später als Mischung aus Faun und Hippie, und jahrzehntelang war diese Rolle für viele wichtiger als sein lyrisches Werk. Inzwischen wird dieses jedoch als eine der großen lateinam. Schöpfungen anerkannt und ist manchen jungen Dichtern zum Modell geworden. G. hat, bei allem sozialen Engagement, Dichtung immer als Sprachkunst, als »Schöpfung einer Sprache in der Sprache« verstanden. Von daher rührt sein Reichtum an kulturellen Anspielungen, die ebenso präzisen wie ausgefallenen rhetorischen Konstruktionen, die Vielfalt seiner Rhythmen oder die Suche nach einer engen Beziehung zur Musik, für ihn: »Vergnügen der Herzen, Quintessenz des Fühlens, wollüstige Synthese des Denkens«. Außerordentlich ist auch G.s Fähigkeit, verschiedene Normen – von der literarischen Hochsprache bis zur Umgangssprache oder eigene Neologismen – zu einem persönlichen Idiom zu verschmelzen. Sein lyrisches Ich ist das eines Dichters, der davon überzeugt ist, daß Dichtung Widerspiegelung der eigenen Existenz sei. Insofern ist sein Werk von Anfang an auch voller vergeistigter Intimitäten oder Anspielungen auf subjektive Emotionen. Ein hintergründiger, melancholischer Humor, der sich vor allem gegen ihn selbst als den »honigsüßen Spinner ohne Sonne oder Freude« richtet, verhindert Pathos oder Transzendentalismus. Ähnlich wird auch das Autobiographische von den Anspielungen auf Mythen, Literatur, Legenden oder auf seine Lieblingsmusiker ständig ausbalanciert. Die einzelnen Bände des umfangreichen Œuvres, das wegen seiner zunehmenden Dichte an Querverweisen mit einem gigantischen Labyrinth verglichen wurde, hat G., auf Francisco Delicados *Lozana andaluza* (1531) anspielend, als »Mamotretos« (»Wälzer«) durchnume-

riert, um die Einheitlichkeit zu unterstreichen. Dennoch gilt *Variaciones alrededor de nada* (1936) als sein persönlichstes und intensivstes Werk.

Weitere Werke: *Tergiversaciones de Leo Gris, Aldecoa y Gaspar* (1925), *Libro de los signos* (1930), *Prosas de Gaspar* (1937), *Fárrago* (1954), *Relatos de los oficios y mesteres de Beremundo* (1955), *Nova et Vetera* (1974).
Ausgabe: *Obra completa*. Hg. H. de Greiff. BOG 1986, 3 Bde.
Literatur: O. Rodríguez Sardiñas, *L. de G.: una poética de vanguardia*. Madrid 1975. – S. C. Mohler, *El estilo poético de L. de G.* BOG 1975.

Isaacs, Jorge
* 1.4.1837 in Cali, † 17.4.1895 in Ibagué. Sein Vater war ein aus Jamaika eingewanderter Jude, der in der Nähe von Cali eine Zuckerhacienda erworben hatte, die in finanzielle Schwierigkeiten geriet. Der junge I. gab daraufhin anscheinend ein Medizinstudium auf. 1864 war er Straßenbauinspektor, 1871-72 Diplomat in Chile. 1876 nahm er am Bürgerkrieg teil. 1880 setzte er in einem Staatsstreich den Präsidenten ab und griff mit zusammengewürfelten Truppen Medellín an. Für kurze Zeit war er dann noch Abgeordneter im Parlament. Die letzten Lebensjahre verbrachte er zurückgezogen in Ibagué.
Er hat Lyrik und einige politische Schriften verfaßt. Sein Hauptwerk ist indes der Roman *María* (1867), von dem in den folgenden hundert Jahren fast 150 Auflagen erschienen, der mehrfach verfilmt und als Schauspiel umgearbeitet wurde. Das kunstvoll einfache Werk erzählt eine unglückliche Liebesgeschichte, die formal als Erinnerungen Efraíns gestaltet ist, nachdem ihm der Tod die Geliebte entrissen hat. Schauplatz ist eine Hacienda im Caucatal. Eingehüllt in die Atmosphäre einer lieblichen Landschaft und familiärer Zärtlichkeit erleben der junge Student Efraín und seine Kusine María ein kurzes inniges Liebesglück, das von der ererbten epileptischen Anlage des Mädchens überschattet ist. In der Absicht, die Verbindung der Liebenden hinauszuschieben oder zu vereiteln, wird Efraín von seinem Vater zum Studium nach London geschickt. María erkrankt und stirbt, bevor Efraín zurückgekehrt ist. Zwei eingeschaltete Erzählungen und verschiedene Nebenhandlungen fügen sich in die Gesamtheit ein. Bei aller Dezenz der Erzählweise hat man einigen Passagen zweifelhafte Moral unterstellt. In dem Roman kommen verschiedene romantische Quellen zusammen, darunter Chateaubriands *Atala* und Saint-Pierres *Paul et Virginie*, auch das thematische Arsenal der Romantik, von der sublimierten Sinnlichkeit bis zu Gefühlsaufruhr und Tränenflüssen, aber wesentlicher sind jene Elemente, in denen ein neues Naturempfinden oder auch ein auf jüdisch-biblischer Religiosität beruhender Einklang von Realem und Idealem, Mensch und Kosmos anklingt. Bei der Beschreibung der Landschaft, die erstmals in der lateinam. Literatur in eine Romankomposition integriert worden ist, fällt die Heiterkeit auf, die alles durchdringt bis hin zu Details wie die Lautgebung der Sprache, deren harmonischer Rhythmus und nuancierte Schlichtheit sie fast zu lyrischer Prosa erhebt.

Weitere Werke: Lyrik: *Poesías* (1864, 1877, 1879 u.ö.), *Saulo* (1881); Sonstiges: *La revolución radical en Antioquia* (1888), *La correspondencia inédita de J. I.* (1929).
Gesamtausgabe: *Obras completas de J. I.* Medellín 1966.
Literatur: D. Mc Grady, *Bibliografía sobre J. I.* BOG 1971. – D. Mc Grady, *J. I.* New York 1972. – J. Mejía Duque, *I. y ›María‹*. BOG 1979. – S. Bueno, *El negro en la novela romántica sentimental ›María‹*. ICC/T, 35 (1980), 3, 550-564. – F. Osborne, *¿Es negro el color de María? Análisis cuanti-*

tativo de los colores de ›María‹. ICC/T, 31 (1980), 3, 535-549. – S. Magnarelli, *›María‹ and History*. HR, 49 (1981), 2, 209-217. – A. Laguado, *J. I. en su tiempo*. BCB, 20 (1983), 2, 107-11. – R. L. Williams, *The Problem of Unity in Fiction: Narrator and Self in ›María‹*. MLN, 101 (1986), 2, 342-353. – F. Pérus, *›María‹ de J. I. o la negación del espacio novelesco*. NRFH, 35 (1987) 721-751. – S. Magnarelli, *Woman as Dramatized Reader: ›María‹ and ›La traición de Rita Hayworth‹*. HISP, 32 (1988), 94, 79-88. – D. Sommer, *El Mal de María: (Con) fusión en un romance nacional*. MLN, 104 (1989), 2, 439-474. – P. Gómez Valderrama, *J. I.* BOG 1989.

Jaramillo Agudelo, Darío

* 1947 in Santa Rosa de Osos/Antioquia. Jurist und Ökonom.

Sein literarisches Werk umfaßt Lyrik und einen Roman. Sprach- und Theoriebewußtsein läßt bereits sein erster Gedichtband *Historias* (1974) im Raffinement der Verwendung von Metaphern oder der Collagierung unterschiedlicher Textebenen erkennen. Eine Sektion des Bandes, »Imaginäre Biographien«, besteht aus Dialogen mit verschiedenen Autoren (B. Cendrars, M. Schwob, G. Green u. a.) Im zweiten Gedichtband *Tratado de retórica, o de la necesidad de la poesía* (1978, Premio Nacional) wird mit sarkastischem Humor über Dichtung reflektiert: »Die Poesie: der Trost für Dumme ohne Liebe, ohne Hoffnung| die besoffen sind vom Lärm des Wortes, betäubt von Sachen| die andere Sachen bedeuten«. Das Werk ist zugleich Parodie, kritische Hinterfragung und autonome lyrische Schöpfung. In besonderer Weise gilt die Kritik den Verkalkungen des Sprachgebrauchs. J. A.s erster Roman *La muerte de Alec* (1983) spielt im kalifornischen San Francisco und in Iowa. Das hauptsächlich durch Briefe vermittelte Geschehen kreist einerseits um den mysteriösen Tod des Vietnam-Veteranen Alec, andererseits um einen Schriftstellerkongreß. Die Verschachtelungen verschiedener Fiktionsebenen und der Nachweis enzyklopädischer Literaturkenntnisse zeigen den prägenden Einfluß von J. L. ↑Borges.

Jaramillo Escobar, Jaime

* 1935 (?) in Pueblo Rico/Antioquia. Pseudonym: »X-504«. Setzer und Verleger. Mitglied des Nadaismus. Manche Kritiker – wie A. Holguín – halten ihn für den besten und »nadaistischsten Nadaisten«. Er hat Erzählungen geschrieben, die verstreut in kol. Zeitschriften erschienen, z. B. »Narices por orejas« (1961), eine von einem eisigen schwarzem Humor erfüllte Darstellung der »Violencia«. Sein einziger Gedichtband *Los poemas de la ofensa* (1968), den er unter dem rätselhaften Pseudonym »X-504« veröffentlicht hat, stellt eine Mischung aus makabren oder bloß verzweifelten Fantasien und einer unerfüllten Sehnsucht nach Heiterkeit dar. »Visita de la ballena« ist eins der charakteristischen Gedichte für den eigenartigen Humor, zugleich auch für J. E.s Fähigkeit, Absurdes mit natürlicher Gelassenheit darzustellen. Selten verwendet er traditionelle Metren wie in seinen fast tänzerischen »Coplas de la muerte«, zumeist monologisiert oder dialogisiert er in einer unverkrampften lyrischen Prosa. Immer wieder überraschen die Präzision und spielerische Originalität der Bilder. Manche Gedichte scheinen abzuschweifen, bis die thematische Kohärenz mit einer gelungen Wendung wiederhergestellt wird.

Literatur: J. Mattos Omar, *Escolios a la poesía de J. J. E.* BCB, 24 (1987), 10, 119-122.

Leal, Eutiquio

* 12.12.1923 in Chaparral/Tolima. Eigtl. Jorge Hernández Barrio. Er war Gelegenheitsarbeiter, Handlungsreisender und Journalist, bis er eine Do-

zentur für Literaturwissenschaft an der Universidad Santiago de Cali erhielt. Er gibt die Literaturzeitschrift »Gato Encerrado« heraus und hat Romane und Erzählungen veröffentlicht, denen zunehmend mehr innovatorische Relevanz zuerkannt wird. Erste Erzählungen von ihm erschienen ab 1959 in »El Espectador«, dann in Buchform *Agua de fuego* (1963) und *Cambio de luna* (1969). In seinen formal und sprachlich streng durchkomponierten Erzählungen ist die Sozialkritik latenter Bestandteil der Analyse von zwischenmenschlichem Verhalten, Sexualität, bewußten und unterbewußten Vorstellungen. Grundsätzlich kommt die Einstellung zutage, daß die soziale Ordnung dem Individuum keine Chance einer Veränderung läßt. Der kleine Zirkel der Erwählten und Mächtigen ist völlig abgeschirmt. Der Unterprivilegierte muß seine von Angst und Elend geprägte Wirklichkeit vergessen und sich resignierend einer Traumwelt öffnen, in der es Freiheit und ideale Liebe gibt. Ausgezeichnet wurden die Erzählungen »Bomba de tiempo«, »Tu pesadilla« und »Hambre para que amanezca«. L.s kurzer Roman *Después de la noche* (1964) ist die im Geist klassischer Tragödie komponierte Geschichte eines schwarzen Fischers, den die Not seiner Familie zur Verwendung von Dynamit zwingt, wobei er nacheinander beide Hände verliert.

Weitere Werke: Romane: *Guerrilla 15* (1963), *La hora del alcatraz* (1989).

López, Luis Carlos

*11.6.1883 in Cartagena, †10.11. 1950 ebd. Er stammte aus einer alteingesessenen, mittelständischen Familie. Eine Universitätsausbildung hatte er nicht, besuchte aber möglicherweise für kurze Zeit ein Priesterseminar. Autodidaktisch erlernte er den Apothekerberuf. In vorgerücktem Alter war er Stadtverordneter, Direktor des öffentlichen Gesundheitswesens, kol. Konsul in München und Baltimore.

Der »schielende López«, wie man ihn wegen eines Augenleidens nannte, ist Autor eines schmalen lyrischen Werks von beachtlicher Extravaganz. Rubén ↑Darío begrüßte ihn als den »Herold der neuen Poesie«. In Spanien, wo sein erster Gedichtband *De mi villorrio* (1908) erschien, wütete hingegen Antonio de Valbuena: »Das ist keine Poesie, sondern Schweinerei, das Gegenteil von Poesie.« Formal hält sich L. an den Kanon der traditionellen Metrik und bevorzugt Sonette, die allerdings manchmal vom Schema abweichen und durch ausgefallene Reime fast verfremdet sind. Das Besondere an seiner Lyrik ist die Mischung von Alltagsrealität und satirischem Humor, eine ausgefallene Metaphorik und eine Sprache, deren Vokabular erhaben dichterische, technische und nur lokal übliche Begriffe umfaßt. Besonders wegen der bewußten Provinzialität hat man von L.' »antimodernistischem Modernismus« gesprochen und ihn sogar als Vorläufer der Nadaisten angesehen. Einige seiner bekanntesten Gedichte sind seiner Heimatstadt gewidmet. Seine Liebe zu ihr wie zu »alten Schuhen« wurde in einem Denkmal festgehalten. Bissige oder resignierte Gesellschaftskritik ist eine seiner wesentlichen thematischen Konstanten. Der Kommentar zur Piano-Darbietung einer Bankiersfrau ist die Frage: »Warum, eigentlich, war Mozart nicht Maurer?« Neben den Reichen, den Politikern, den verbürgerlichten Freunden, zielt sein sarkastischer Spott besonders auf den Klerus. So fragt sich der Dichter, als er beim Gewehrputzen einen stolzen Priester erblickt: »Was mache ich nun mit dieser Flinte?«

Weitere Werke: *Posturas difíciles* (1909), *Por el atajo* (1920, ^{2}1922), *42 poemas* (1943), *Los mejores versos* (1946); *La comedia tropical*. Hg. J. Zalamea (1962).

Literatur: N. del Castillo, *Apuntes sobre la poesía de L. C. L.* BAC, 23 (1973), 97, 127-173. – M. S. Bazik, *The Life and Works of L. C. L.* Chapel Hill 1977. – J. J. Alstrum, *Las ›Gotas amargas‹ de José Asunción Silva y la poesía de L. C. L.* ICC/T, 33, 1978, 2, 280-303. – F. Garavito, *L. C. L.* BCB, 18 (1981), 2, 87-97. – S. B. Vranich, *L. C. L. visto por su hermano.* RI, 52 (1986), 135/6, 691-702. – J. J. Alstrum, *La sátira y la antipoesía de L. C. L.* BOG 1986. -E. Zuleta, *La poesía de L. C. L.* Medellín 1988. – G. Espinosa, *L. C. L.* BOG 1990.

Marroquín, José Manuel

* 7.8.1827 in Bogotá, 19.9.1908 ebd.
Er war einer der reichsten Großgrundbesitzer des Landes, Mitgründer der Akademie, 1898 Vize-Präsident und 1900 bis 1904 Präsident des Landes. In seine Regierungszeit fällt der Bürgerkrieg »der tausend Tage«, der 1903 durch Betreiben der USA zur Abspaltung Panamas führte.

M. hat humorvolle Gedichte geschrieben, von denen einige populär geworden sind, sowie Komödien und Fabeln. Seinen literarischen Ruhm verdankt er vor allem seinen Romanen, die er im vorgerückten Alter verfaßte. *Blas Gil* (1896) ist die kritisch beobachtete Geschichte der politischen Karriere eines Mannes indianischer Herkunft. *Entre primos* (1897) und *Amores y leyes* (1898) werden vor allem wegen ihrer Sittenschilderungen gerühmt. Am originellsten dürfte jedoch *El Moro* (1897) sein, die Lebensgeschichte eines Pferdes, die dieses selbst erzählt.

Maya, Rafael

* 19.3.1898 in Popayán, † 22.7.1980 in Bogotá. Er war Jurist und Universitätsprofessor, gehörte wie L. de ↑Greiff oder J. ↑Zalamea zur avantgardistischen Dichtergruppe »Los Nuevos« (1925), hat aber eher zurückgezogen gelebt. Im In- und Ausland wurde sein zweiter Gedichtband *Coros del mediodía* (1928) wegen seiner kunstvollen lyrischen Sprache gefeiert. Im besonderen erstaunte die Spannung zwischen überraschend eingeleiteten und überlegt abgerundeten Bildern. Nach wie vor gelten einige Gedichte wie »Invitación a navegar« oder »En las primeras horas« als seine besten. Klar und konzentriert werden persönliche Erfahrungen im Sinne einer kosmischen Harmonie gedeutet. Bemerkenswert waren auch der genußvolle Abstand vom Leben der anderen und eine intime Sehnsucht nach der alten Ordnung. Dieser zunächst oppositionelle Traditionalismus ist später zu einem akademischen Eklektizismus geronnen, wenn auch immer wieder schöne Gedichte wie »La mujer sobre el ébano« aus *Después del silencio* (1938) zu finden sind. M.s letzter Gedichtband *El tiempo recobrado* (1974) ist eine Betrachtung der Kindheit aus der Warte des Alters. Hervorzuheben sind M.s feinsinnige Essays und Untersuchungen zur kol. und span. Literatur.

Weitere Werke (Auswahl): Lyrik *La vida en la sombra* (1925), *Poesía* (1940), *Tiempo de luz* (1951), *Final de romance y otras canciones* (1951), *Navegación nocturna* (1959?), *La tierra poseída* (1964); Erzählungen: *El rincón de las imágenes* (1927); Essays, Untersuchungen: *Alabanzas del hombre y de la tierra* (1934?, 2 Bde.), *Consideraciones críticas sobre la literatura colombiana* (1944), *Los tres mundos de Don Quijote y otros ensayos* (1952), *Escritos literarios* (1968), *Letras y letrados* (1975), *De perfil y de frente* (1975).

Literatur: B. Piotrowski, *Valores de similitud y su función en ›Mi verso‹ de R. M.* ICC/T, 36 (1981), 3, 527-543. – J. Duarte French, *R. M.* BCB, 19 (1982), 1, 5-10. – F. Charry Lara, *Los poetas de ›Los Nuevos‹.* RI, 50 (1984), 128/9, 633-681. – D. Jiménez Panesso, *R. M.* BOG 1989.

Mejía Vallejo, Manuel

* 23.4.1923 in Jericó/Antioquia. Er wuchs auf und studierte in Medellín, arbeitete als Journalist in Guatemala

und Venezuela, war schließlich als Rundfunkintendant, Direktor der Departementsdruckerei von Antioquia und Professor an der Universidad Nacional in Medellín tätig.

M. V. ist Autor von Romanen, Erzählungen und Essays, die ihm diverse Literaturpreise eingetragen haben. Der Roman *Al pie de la ciudad* (1958) ist eine straff komponierte Sozialkritik. Reichtum und Armut, Nobel- und Elendsviertel werden durch drei Handlungen – die Auflösung der Familie eines Arztes, die Tätigkeit eines Journalisten und die Schwangerschaft eines Dienstmädchens – aufeinander bezogen. *El día señalado* (1964; dt. *Jahrmarkt in Tambo oder Der Stichtag*, 1967) ist nach wie vor sein bekanntester Roman. Im äußeren Aufbau komprimiert auf den Ablauf eines Tages, werden in kontrapunktischer Verflechtung die Schicksale von zwei Personen entwickelt. Der Schauplatz des Geschehens ist ein kol. Dorf zur Zeit der »Violencia«, in dem die Regierung Soldaten stationiert hat wegen einer Gruppe von Guerilleros, die in der Umgebung operiert. In dem von Gewalttätigkeit und einer latenten Feindseligkeit aller gegen alle beherrschten Milieu versucht der Priester Barrios, mehr Empiriker als Dogmatiker und von Selbstzweifeln heimgesucht, die Gemeinde aus ihrer Apathie zu reißen. Seine Widersacher sind der Dorfkazike Chútez und die Honoratioren des Dorfes mit ihren Frauen. Die zweite Haupthandlung besteht aus den inneren Monologen eines unehelichen Sohnes, der seinen unbekannten Vater sucht, um an ihm das zerstörte Leben seiner Mutter zu rächen. Der Sieg, den er über sich selbst erzielt, indem er seinen Haß überwindet, fällt mit dem Sieg der Rebellen über die Soldaten zusammen, er rechtfertigt die Gewalt der Unterdrückten und ist eine Mahnung an das Gewissen. *Aire de tango* (1973) gilt als M. V.s bester Roman. Der kol. Kritiker U. Valverde nannte es das »Kopfkissenbuch für alle neuen Generationen«. Der Handlungsstrang, der als roter Faden die Vielfalt der Stimmen, Anekdoten, Gesprächsfetzen, Zitate usw. durchzieht, ist die Lebensgeschichte Jairos, der einerseits artistische Fähigkeiten als Messerwerfer entwickelt und sie kaltblütig bei Auseinandersetzungen mit anderen Vorortganoven einsetzt, andererseits mit Hingabe das Leben des Tangosängers Carlos Gardel rekonstruiert. Der Schauplatz ist das Stadtviertel Guayaquil von Medellín mit seinen Prostituierten, Spielern, Homosexuellen, aber auch braven, aus dem Umland hergewanderten Bauern. Jairo mit seiner todbringenden Messersammlung wird in verschiedenen Szenen zum Mythos eines epischen Vorstadthelden stilisiert und schließlich in einem ironischen Verweis auf seine fiktive Substanz von seinem Freund und Ich-Erzähler ermordet. Der stilistische Virtuosismus, auch in der Verwendung von lokalem und arg. Slang, erinnert an die Funktion der Sprache in L. ↑Marechals *Adán Buenosayres* oder G. ↑Cabrera Infantes *Tres tristes tigres*.

Weitere Werke: Romane: *La tierra éramos nosotros* (1945), *Los negociantes* (1965), *Las muertes ajenas* (1979), *Tarde de verano* (1980?), *Y el mundo sigue andando* (1985), *La casa de las dos palmas* (Premio »Rómulo Gallegos« 1989), *Los abuelos de cara blanca* (1991); Erzählungen: *Tiempo de sequía* (1957), *Cielo cerrado* (1963), *Cuentos de zona tórrida* (1967), *Las noches de la vigilia* (1976), *Obras historicas de Balandú* (1990); Lyrik: *Soledumbres* (1990).

Literatur: L. J. Mena, *La función de los prólogos en ›El día señalado‹ de M. M. V.* HISPA, 9 (1980), 25/6, 137-146. – L. I. Bedoya M./A. Escobar M., *La novela de la violencia en Colombia. Lectura crítica.* Vol. 3. Medellín 1981. – J. Montoya Candamil, *M. M. V.: vida, obra y filosofía literaria.* BOG 1984. – B. Avila Rodríguez, *El morir-*

renacer en el cuento colombiano contemporáneo. ICC/T, 40 (1985), 3, 549-578. – L. Marino Tronçoso, *Proceso creativo y visión del mundo en M. M. V.* Bogotá 1986. – P. Varón, *M. M. V.* BOG 1989.

Moreno-Durán, Rafael Humberto

* 1946 in Tunja. Er hat Jura und Politologie an der Universidad Nacional studiert. Von 1976-88 lebte er in Spanien, jetzt in Bogotá. Als Romancier hat er versucht, für die Hauptthemen der lateinam. Literatur – Einsamkeit, Tod, Exil, (Militär)diktatur – einen neuen Rahmen oder Blickwinkel zu schaffen, indem er den Frauen mehr Macht oder fröhlich kritische Aufmerksamkeit zumutet, als dies bisher – mit der Ausnahme von J. ↑Amado – geschah. Er selbst nannte »Femina Suite« die Romanserie, die aus *Juego de damas* (1977), *El toque de Diana* (1981) und *Finale capriccioso con madonna* (1983) besteht. In *Juego de damas* umfaßt die Handlung eine Festnacht, bei der verschiedene Männer und Frauen aus Intellektuellenkreisen Bogotás anwesend sind. Auch wenn es die kol. Gegenwart von 1971/72 ist, die in der vergnügten, erotisch angeregten Gesellschaft angesprochen wird, ist die Atmosphäre des Romans die des galanten 18. Jh.s. In Kolumbien wurde moniert, daß hier die Geschichte des Landes zu einer einzigen Serie von Wollust, Festnächten, Eitelkeit, Lügen und Verführungen verzerrt worden sei. Im Mittelpunkt von *El toque de Diana* stehen der Major Aranda und seine sexuell enthemmte Ehefrau, deren Kräfteparallelogramm die Utopie einer »feminin-militärischen Allianz« plausibel erscheinen läßt, vor allem wenn der männliche Part bereits »auf jämmerliche Weise und wörtlich dekliniert«, während die Frau noch »unermüdlich konjugiert«. Die Geschehnisse und Gesprächsinhalte – wieder ist Kolumbien das Thema – werden jedoch fast völlig zugedeckt durch einen Diskurs voller Parodien, Anzüglichkeiten, Wortspiele etc. Eine ähnliche Kunstfertigkeit findet sich in *Finale capriccioso con madonna*, dessen Struktur durch verschiedene Dreieckskonstellationen bestimmt wird, darunter auch die des männlichen Protagonisten zu sich selbst, zur Frau und zur Zeit. Die weibliche Hauptfigur Laura Dávalos, Subjekt und Objekt der Verführung, ist die Schlüsselfigur für die enge – intertextuelle – Beziehung zu Dantes *Göttlicher Komödie*. Sein neuer Roman *Los felinos del canciller* (1987) behandelt die Welt der Diplomatie, verstanden als »der zur Staatsraison erhobene Euphemismus«.

Weitere Werke: Roman: *Metropolitanas* (1987); Essay: *De la barbarie a la imaginación* (1976).
Literatur: D. Fajardo, *Culminación de una trilogía: ›Finale capriccioso con Madonna‹ de R. H. M. D.* HISPA, 16 (1988), 48, 121-129.

Mújica, Elisa

*21.1.1918 in Bucaramanga. Sie war Botschaftssekretärin in Quito. Für verschiedene kol. Zeitungen wie »El Tiempo« und »El Espectador« hat sie Buchkritiken geschrieben. 1965 wandte sie sich öffentlich vom Marxismus ab und dem Katholizismus zu.
Ihr literarisches Werk umfaßt vor allem Romane und Erzählungen. *Los dos tiempos* (1949) ist ein weiblicher Bildungsroman, dessen erste »Zeit« die geborgene Jugend Celinas in Bucaramanga, danach die Arbeit als Büroangestellte, schließlich eine unglücklich verlaufende Liebesbeziehung umfaßt. Schauplatz der zweiten »Zeit« ist Quito. Hier wird Celina zur aktiven Sozialistin und schließt Freundschaft mit mehreren Frauen und Männern, die konspirativ tätig sind. Als sie ihre Arbeit verliert, kehrt sie »stark und demütig« nach Kolumbien zurück.

Gleichfalls ohne technisches Raffinement, jedoch detailgetreu und psychologisch überzeugend ist auch M.s nächster Roman *Catalina* (1963). Im Lebensweg der Titelheldin wird das Kollektivschicksal der dem kol. Provinzbürgertum angehörigen Frau sichtbar gemacht. Hier ergibt das Produkt aus Unterdrückung, Konventionen und Frustrationen den blinden Ausbruch in das Abenteuer eines Ehebruchs, der zum Tod des Mannes und des Geliebten führt. Die Qualität des Romans liegt darin, daß allein die Situationen und nicht Theorie oder Hypothesen die Notwendigkeit einer Befreiung der Frau aus ihrer traditionellen Kondition als Eigentum des Mannes verdeutlichen. Ein weiteres, noch traurigeres Frauenschicksal wird in *Bogotá de las nubes* (1984) dargestellt. Die Protagonistin ist eine Person, die an ihren eigenen Fähigkeiten zweifelt. Dieser Minderwertigkeitskomplex, den ein Muttermal verstärkt, führt zum ständigen Rückzug. Ihr Zufluchtsort wird die Kirche. Beim Beten vergißt sie alles, auch sich selbst und ihre Herkunft aus der Provinz. Nach frustrierenden beruflichen und emotionalen Erlebnissen verläßt sie Bogotá für mehrere Jahre. Als sie zurückkommt, findet sie eine ihr völlig fremd gewordene, vom Kommerz beherrschte Stadt vor, wo sie einem grauen Alter entgegensehen wird. Die meisten Gegenstände der Romane wurden bereits in dem Erzählungsband *Angela y el diablo* (1953) berührt, in dem die Konsequenzen der spezifischen Erziehung der Mädchen mittels der obsessiven Angst vor der Sünde oder anderer Zuchtmittel dargestellt werden.

Weitere Werke: Roman: *La candelaria* (1974); Erzählungen: *Arbol de ruedas* (1972); Essay: *La aventura demorada* (1967).

Literatur: S. Nadhezda Truque, *E. M. en sus escritos*. Bucaramanga 1988.

Mutis, Alvaro

* 25.8.1923 in Bogotá. Die Schule besuchte er in Brüssel und Bogotá. Hier studierte er und schrieb für die Zeitung »El Espectador«. 1956 ließ er sich in Mexico Stadt nieder. Um 1960 war er aus politischen Gründen 18 Monate im Gefängnis Lecumberri. Er hat für Fernsehgesellschaften gearbeitet, synchronisiert und Hollywood-Filme in der Karibik verkauft.

M. ist zunächst als Lyriker bekannt geworden. In längeren Abständen hat er seinem ersten Gedichtband *La balanza* (1947, zus. mit Carlos Patiño) weitere Sammlungen folgen lassen, die in der Ausgabe *Summa de Maqroll el Gaviero* (1973) zusammengefaßt wurden. Von Anfang an ist seine Lyrik voll berstender Bilder, deren Intensität darin besteht, daß sie die Gesamtheit noch erahnen lassen. Das Universum, das er darstellt, ist ein grell beleuchtetes Schlachtfeld, auf dem Wahnsinn und Tod gewütet haben. Was nicht bereits in Verwesung übergegangen ist, kommt nur als Besiegtes davon. Diese von Niederlagen gekennzeichnete Weltsicht spiegelt sich auch im formalen Aufbau der Kompositionen, von denen die meisten in einer harten, von rhythmisierten Passagen unterbrochenen Prosadiktion abgefaßt sind. Jener Maqroll, »der Marsgast«, taucht erstmals in dem Gedichtband *Los elementos del desastre* (1953) auf. Er wird zur Hauptgestalt einer Serie von Romanen, die zu den Kultbüchern einer zunehmend größeren Gemeinde geworden sind und auch internationale Literaturpreise erhalten haben. Die Serie beginnt mit *La nieve del almirante* (1986, dt. *Der Schnee des Admirals*, 1989), wird, ohne einer Handlungschronologie zu folgen, fortgesetzt mit *Ilona llega con la lluvia* (1988; dt. *Ilona kommt mit dem Regen*, 1990), *Un bel morir* (1989; dt. *Ein schönes Sterben*, 1991), *Amirbar* (1990) und *Abdul Bashur* (1991).

Maqroll, ein vom Pech verfolgter Abenteurer, ein philosophierender Unglücksrabe, der im Œuvre seines Schöpfers mehrfach den Tod findet, reist in *La nieve del almirante* mit einigen Gefährten einen tropischen Fluß hinauf zu einem – wie nicht anders zu erwarten – verfallenen Sägewerk in den Anden. In der ständigen Grenzüberschreitung zwischen nüchterner Detailbeobachtung und surrealer Gesamtsituation liegt die Besonderheit des Romans. In *Ilona* kommt der Held auf der bescheidenen »Hansa Stern« nach Panama. Ein Cocktail aus Merkwürdigkeiten – die Geschichte eines Bordells, verschiedene Verbrechen, mysteriöse Todesursachen – und tropische Natur soll eine muntere Lektüre ergeben. M. hat noch weitere Romane mit ähnlichen Protagonisten veröffentlicht, z.B. *La última escala del Tramp Steamer* (1990). Neuere Gedichtbände M.s wie *Crónica regia y alabanza del reino* (1985) und *Un homenaje y siete nocturnos* (1986) sind lyrische Rekonstruktionen von realer Geschichte. So ist *Crónica* dem span. König Philipp II gewidmet.

Weitere Werke (Auswahl): Romane, Erzählungen: *Diario de Lecumberri* (1960), *La mansión de Araucaíma* (1974), *La muerte del estratega* (1988), *El último rostro* (1990); Lyrik: *Caravansary* (1981), *Los emisarios* (1984).

Ausgaben: *Poesía y prosa*. BOG 1982. *Obra literaria*. BOG 1985, 2 Bde.

Literatur: E. Volkening, *El mundo ancho y ajeno de A. M.* ECO, 41 (1981), 237, 259-265. – A. Romero, *Gabriel García Márquez, A. M., Fernando Botero: Tres personas distintas, un objetivo verdadero*. INTI, 16/7 (1982/3), 135-146. – J. G. Cobo Borda, *Dos poetas de ›Mito‹: A. M. y Fernando Charry Lara*. RI, 51 (1985), 130/1, 89-102. – A. Romero, *Los poetas de ›Mito‹*. RI, 50 (1989), 128/9, 689-755. – J. G. Cobo Borda, *A. M.* BOG 1989. – J. Ruiz Dueñas, *La navegación del silencio; A. M. y el ciclo del gaviero*. PLURAL, 233 (1991), 23-28.

Obeso, Candelario

* 12.1.1849 in Mompós, † 3.7.1884 in Bogotá. Er war Sprachlehrer, Oberstleutnant und Konsul in Tours. Als erster Kolumbianer verwendete er in seinem Gedichtband *Cantos populares de mi tierra* (1877) Rhythmen der afroam. Folklore und die Ausdrucksweise der Schwarzen und Mulatten seiner Heimat. Ähnliches findet sich später in den *Motivos de son* von N. ↑Guillén. O.s bekanntestes Gedicht, das schmerzlich melancholische »Canción del boga ausente«, stammt aus seinem Theaterstück *La lucha por la vida* (1882). O. hat verschiedene weitere Werke geschrieben, darunter einen Roman. Veröffentlicht wurde jedoch allein der Essay- und Lyrikband *Lecturas para ti* (1878).

Literatur: L. E. Prescott, *Del infierno al paraíso: Revisión de la costa en la poesía de C. O.* CALd, 1 (1983), 273, 409-420. – R. Lagos, *La poesía ebanita y su precursor C. O.* BCB, 20 (1983), 1, 217-227. – J. F. Socarrás, *En el centenario de C. O.* BAC, 150 (1985), 245-261. – L. E. Prescott, *C. O. y la iniciación de la poesía negra en Colombia*. BOG 1985.

Osorio, Miguel Angel

* 29.7.1883 in Santa Rosa de Osos/Antioquia, † 14.1. 1942 in Mexico Stadt. Pseudonyme: Porfirio Barba Jacob, Ricardo Arenales, Maín Ximénez. Er entstammte einer armen Familie jüdischer Herkunft und wurde in Angostura von seinen Großeltern aufgezogen. Ab 1897 studierte er ergebnislos Pädagogik in Medellín, dann Jura in Bogotá. 1901 wurde er im Bürgerkrieg zum Militärdienst eingezogen. Nach der Beförderung zum Hauptmann desertierte er und führte nun als Journalist ein unstetes, legendenumwobenes Leben in Mexiko, den Antillen, Mittelamerika und Peru. Nach mehr als zwanzigjähriger Abwesenheit begab er sich 1927 noch einmal nach Kolumbien. Bis 1930 lebte

er hier, dann kehrte er verbittert in seine Wahlheimat Mexico zurück. Tuberkulosekrank und unfähig, wie er sagte, »seine Laster zu pflegen«, überarbeitete er seine Dichtungen und starb in einem Armenhospital.

Seine Lyrik und Prosa erschien in den verschiedensten Zeitschriften und Tageszeitungen, die wichtigste politische Artikelserie *Perifonemas* (1936) in den »Ultimas Noticias« von Mexico Stadt. Er selbst weigerte sich, eine endgültige Gesamtausgabe seiner Dichtungen herauszugeben. Von Freunden wurden mehrere Sammlungen ediert. Literaturgeschichtlich bezeichnet seine Lyrik die letzte Phase des kol. Modernismus, der von J. A. ↑Silvas delikater, tiefsinniger Poesie eingeleitet wurde und in G. ↑Valencias kunstvoll elaborierter Sterilität seinen Höhepunkt erlangte. O. greift den modernistischen Formenreichtum auf und erweist sich als äußerst sprachbewußter Dichter. Seine Thematik – Liebe, Sünde, Wollust, Schmerz, Angst, Einsamkeit – verweist auf die Tradition der »schwarzen Romantik« (M. Praz), deutlicher jedoch auf sein eigenes Leben und seine zutiefst romantische Persönlichkeit. Er schreibe, sagte er einmal, »unter dem Einfluß eines diabolischen Rausches«. Was er an Genüssen und Lastern, an existentieller Verzweiflung und Sehnsüchten darstellt, dürfte weniger als literarisches Erbe des 19. Jh.s denn als Ausdruck vitaler Erfahrungen und erlebten Umgangs zu verstehen sein, auch wenn manche Töne falsch klingen mögen und eine temperamentbedingte Selbstgefälligkeit gelegentlich metaphysische Erschütterung und abgründigen Nihilismus mimt. Wie Neuauflagen belegen, haben O.s Gedichte – anders als die Valencias – ihren Glanz behalten und manche – »Canción de la vida profunda«, »La estrella de la tarde« oder »Balada de la loca alegría« – haben breite Popularität erreicht.

Ausgaben: *En loor de los niños* (1915), *Rosas negras* (1933), *La canción de la vida profunda y otros poemas* (1937), *El corazón iluminado* (1942). – *Poemas intemporales*. ME 1943. – *Poesías completas*. Medellín 1962. – *La vida profunda*. BOG 1973. – *Antorchas contra el viento*. Hg. E. Santa. Antioquia 1983. – *Poemas*. Hg. F. Vallejo. BOG 1985.

Literatur: E. Gómez, *Barba Jacob: El poeta de la conciencia desgraciada*. BCB, 19 (1982), 1, 172-175. – R. Gómez Hoyos, *Barba Jacob en la Academia Colombiana*. BAC, 33 (1983), 141, 182-199. – B. Cuberos de Valencia, *Porfirio Barba Jacob*. BOG 1989.

Osorio Lizarazo, José Antonio

* 30.12.1900 in Bogotá, † 1964 in Buenos Aires. Er war ab 1920 Journalist und liberaler Politiker. Sein umfangreiches Werk umfaßt vor allem Essays und Romane. In den letzteren hat er häufig nach naturalistischem Muster Umwelt und Vererbung für pathologisches Verhalten verantwortlich gemacht, aber seine literarische Persönlichkeit ist schwer zu definieren, da er mit seiner sozial-christlichen Weltsicht und seinen Schwankungen die Realität Kolumbiens aus verschiedenen Blickwinkeln gedeutet und auch neue Romantechniken ausprobiert hat. Eins seiner Hauptthemen ist der Zusammenhang von Gewalttätigkeit und Elend. *El criminal* (1935) z. B. ist die Geschichte eines armen Journalisten, der seine schwangere Geliebte ermordet. Andererseits scheint O. L. eine allgemein menschliche Neigung zur Brutalität anzunehmen, wie die Mitschüler und der Jesuitenpater gegenüber einem unbeholfenen Jungen in *Garabato* (1939) demonstrieren. Als eins seiner gelungensten Werke gilt *El día del odio* (1952), eine Darstellung der sozialen Hintergründe, die zur Eruption der Gewalt während des »Bogotazo« von 1948 führten. Als Essayist veröffentlichte er u. a. diverse Apologien des Trujillo-Regimes. In *El bacilo de Marx*

(1959) basiert seine Verteidigung des dominik. Diktators, den er als unschuldiges Opfer von Verleumdung hinstellt, auf der eigenartigen Theorie, daß Kochs Tuberkelbazillus, Hansens Leprabazillus und Marx' Kommunismus die für die Menschheit schädlichsten Dinge seien.

Weitere Werke (Auswahl): Romane: *La cara de la miseria* (1927), Casa de vecindad (1930), *Barranquilla 2132* (1932), *La cosecha* (1935), *Hombres sin presente* (1939), *El hombre bajo la tierra* (1944), *El pantano* (1952), Fuera de la ley (o. J.), *El camino en la sombra* (1965).
Ausgabe: *Novelas y crónicas*. Hg. S. Mutis. BOG 1978.

Pardo García, Germán
* 19.7.1902 in Ibagué/Tolima. Seit 1931 lebt er in Mexico, wo er die Zeitschriften »Nivel« und »Noticia de Colombia« herausgab. Von seinem ersten Gedichtband *Voluntad* (1930) an hat er beinahe jedes Jahr ein neues Werk publiziert. Trotz seiner Zugehörigkeit zur Schriftstellergruppe von »Los Nuevos« (L. de ↑Greiff u. a.) blieb er dem vom Modernismus überkommenen Formenkanon und den traditionellen Gegenständen Angst, Nacht, Einsamkeit, Mysterien etc. treu. Ein wichtiges Thema erwächst aus seinem Pazifismus. Nach seiner Selbsteinschätzung ist er »der Dichter, der am meisten gegen das Grauen des Krieges geschrieben« habe.

Ausgabe: *Apolo Pankrator, 1915-1975*. ME 1977.
Literatur: B. G. Carter, *Rodeando a G. P. G. y su obra: Enfoques y juicios*. ICC/T, 33 (1978), 3, 495-507. – J. W. Robb, *Los ángeles y astronautas de G. P. G.* ETL, 9 (1981), 2, 177-182.

Pombo, Rafael
* 7.11.1833 in Bogotá, † 5.5.1912 ebd. Er studierte Ingenieurswissenschaften, übte den Beruf aber nicht aus. Ab 1855 lebte er zunächst als Diplomat, später als Schriftsteller und Übersetzer in den USA. 1873 kehrte er nach Kolumbien zurück, wo er in der Folgezeit u. a. als Sekretär der Akademie tätig war.
P., den man der letzten Phase der Romantik zuordnet, hat ein umfangreiches lyrisches Werk geschaffen, das manchmal einen großen Dichter erkennen läßt, vor allem dann, wenn Liebe und Metaphysik verschmelzen, eine fast verblaßte Erinnerung zurückgerufen und eine über die Konventionen hinausreichende Verinnerlichung spürbar wird. Oft aber ist seine Lyrik wenig konzentriert. Er schrieb, von seinen Inspirationen hingerissen, ohne weiter an seinen Gedichten zu arbeiten. Insofern sind auch seine besten Kompositionen – »Noche de Diciembre«, »Preludio de primavera« oder die bittere, fast blasphemische »Hora de tinieblas« – eher fragmentarisch, auch nach P.s ästhetischen Vorstellungen. Man hat sein Werk in drei Epochen eingeteilt, von denen die letzte, nach seinem Aufenthalt in den USA, durch strengere Formen und rationalistischen Zugriff auf die Gegenstände gekennzeichnet ist. Unter dem Pseudonym »Edda« und der Maske einer jungen, verliebten Bogotanerin publizierte er um 1860 in der Zeitschrift »La Guirnalda« einige Gedichte, die damals als skandalös empfunden wurden. Hervorzuheben sind noch P.s *Cuentos pintados y cuentos morales para niños formales* (1854), graziöse Nachdichtungen bekannter Fabeln.

Weitere Werke (Auswahl): *Florinda a la Eva del reino godo español* (1880), *Fábulas y verdades* (1916).
Ausgaben: *Poesías de R. P.* Hg. A. Gómez Restrepo. BOG 1916/17, 2 Bde. – *Fábulas y cuentos*. 1917. – *Poesías completas*. Hg. E. Carranza. Madrid 1957. – *Poesías inéditas*. BOG 1974, 2 Bde.
Literatur: L. F. Lyday, *R. P. as a Satirical Humorist*. RIB, 21 (1971), 1, 33-45. – H. H. Orjuela, *Una defensa de P. y un poema des-*

conocido de J. A. S. ICC/T, 28 (1973), 331-337. – H. H. Orjuela, *La obra poética de R. P.* BOG 1975. – O. G. Ramos, ›*Decíamos ayer*‹. ICC/T, 35 (1980), 3, 516-534. – P. Carrascosa-Miguel, *R. P. y el verso semilibre hispanoamericano.* ICC/T, 43 (1988), 12-46.

Quessep, Giovanni

*31.12.1937 in Onofre/Sucre. Lehrer und Lyriker.

Sein erster Gedichtband *Después del paraíso* (1961) markiert die Tendenz: maß- und geschmackvolle Weiterverarbeitung des Kulturfundus, vom alten China bis zu mittelalterlichen oder sonstigen Traumschlössern. Nach eigener Aussage soll »jedes Gedicht eine Metapher der Seele sein: eine Metapher ihrer Wunder und ihrer Ängste, ihrer Himmel und ihrer Abgründe«. Der dritte Gedichtband *Duración y leyenda* (1972) weist die hauptsächlichen Schlüsselelemente seiner bisherigen Dichtung auf: Odysseus, Alice, Dornröschen oder Keats' Nachtigall. Die in »Fabel« verwandelte Realität beginnt in *Canto del extranjero* (1976) brüchig zu werden, pessimistisch wird das Leben als Echo oder Spiegelung wahrgenommen. Der Mensch steht als »Fremder« am Eingang eines nicht existierenden Landes.

Weitere Werke: *El ser no es una fábula* (1968), *Libro del encantado* (1978), *La muerte de Merlín* (1985).

Rivera, José Eustasio

*19.2.1888 in Neiva, †1.12.1928 in New York. Seine weitere Familie gehörte zur kol. Oberschicht, seine Eltern lebten jedoch in bescheidenen Verhältnissen. Er absolvierte 1917 ein Jurastudium und übte bis 1920 in einer kleinen Ortschaft im Gebiet von Casanare den Anwaltsberuf aus. 1922 durchstreifte er als Mitglied einer Regierungskommission das kol.-ven. Urwaldgebiet. 1923 wurde er Abgeordneter. Trotz seiner Zugehörigkeit zur konservativen Regierungspartei kritisierte er öffentlich die Vernachlässigung nationaler Interessen im Kautschukgebiet von Vaupés sowie die Korruption bei der Vergabe von Konzessionen an internationale Gesellschaften. Schließlich entzogen ihm die eigene Partei und der Klerus die Unterstützung. Die Regierung schickte ihn in diplomatischer Mission ins Ausland.

Von Zeitungsartikeln und verstreuten lyrischen Kompositionen abgesehen, hat R. nur den Gedichtband *Tierra de promisión* (1921) und den Roman *La vorágine* (1924; dt. *Der Strudel*, 1934, 1972) publiziert. Die 55 streng und regelmäßig gebauten Sonette des ersten Werkes stehen unter dem Thema der Landschaften Kolumbiens und ihrer spezifischen Floren und Faunen. Von den drei Teilen behandelt der erste den Urwald, der zweite das Gebirge, der dritte die Hochebene. In den intensiven Farben, den klaren Linien und dem reichen, exquisiten Vokabular zeigt sich R.s geistige Nähe zum frz. Parnassianismus, in den Antithesen und Hyperbeln wie in der Vorliebe für Dämmerstimmungen und die Schönheit des Schrecklichen offenbart sich das romantische Temperament des Dichters. Mit *La vorágine* schuf R. einen der berühmtesten Romane seiner Zeit, der, wie zahlreiche Neuauflagen zeigen, seine Faszination auch in der Gegenwart nicht eingebüßt hat. Das Werk wird als autobiographischer Bericht des jungen Dichters Arturo Cova ausgegeben, was mehr als nur ein technisches Mittel ist und auf den konkreten, teilweise selbsterlebten oder von persönlichen Bekannten erfahrenen Gehalt hinweisen soll. So war es auch R.s erklärte Absicht, mit dem Roman auf die unmenschlichen Lebensbedingungen und die verschiedenen Formen von Ausbeutung und Gesetzlosigkeit in den Gebieten des Orinoco und Amazonas aufmerksam zu machen. Die mitreißend schnelle Handlung umfaßt einen Zeitraum von sieben Monaten. Cova, ein widersprüchlicher, wenn nicht gar unzurechnungsfähiger Charakter, der die junge Alicia verführt hat, ohne sie zu lieben, flieht mit ihr vor den Nachstellungen der Verwandtschaft aus Bogotá. Alicia wird zusammen mit Griselda, der Frau seines Freundes Franco, von dem Schurken Barrera geraubt. Mit dem Freund begibt er sich auf die Verfolgung durch die Urwälder, bis er nach ungeheuren Strapazen, nicht zuletzt solchen als Opfer der sinnlichen »Türkin« Zoraida, Barrera findet und tötet. Mit Alicia tritt er den Rückmarsch an. »Sie wurden vom Urwald verschlungen«, heißt es im Telegramm des Epilogs. Damit ist allerdings nur ein Bruchteil der Episoden angegeben, die Cova selbst erlebt, zu denen dann noch eine Fülle abenteuerlicher und tragischer Lebensgeschichten anderer Personen hinzukommt. Diese Berichte, von denen Clemente Silvas verzweifelte Suche nach dem verschollenen Sohn den breitesten Raum einnimmt, ergeben eine atemberaubende Dokumentation vom Elend der Kautschuksammler in der Hölle des Urwaldes, wo sie den Gefahren einer »sadistischen und jungfräulichen« Natur ebenso ausgeliefert sind wie den kriminellen Händlern und Agenten. Sprachlich erreicht das Werk hohen poetischen Rang, und es gewinnt seine vollendete innere Einheit durch die Persönlichkeit Covas, der noch den entsetzlichsten Szenen mit einer morbiden Sensibilität ästhetische Reize abzugewinnen weiß.

Ausgaben: *Obras completas*. BOG 1962. – *La vorágine*. Ed. crit. Hg. L. C. Herrera Molina. BOG 1974. – *J. E. R. polemista*. Hg. V. Pérez Silva. BOG 1989.
Literatur: E. Neale-Silva, *Horizonte humano, vida de J. E. R.* ME 1960. – D. Viñas, *›La vorágine‹: crisis, populismo y mirada*. HISPA, 8 (1974), 3-21. – S. Benso, *›La vorágine‹: Una novela de relatos*. ICC/T, 30 (1975), 271-290. – S. Menton, *›La vorágine‹: Circling the triangle*. H, 59 (1976), 418-434. – V. Pérez Silva, *Atahualpa Pizarra, América Marmól y J. E. R.* BCB, 18 (1981) 145-233. – M. Ordóñez Vila (Hg.), *›La Voragine‹: Textos críticos*. BOG 1987. – R. L. Williams, *La figura del autor y del escritor en ›La vorágine‹*. DL, 4 (1987), 2, 535-551. – J. Sánchez Camacho, *R. y Gallegos, dos narradores de América*. BAC, 37 (1987), 155, 3-13. – S. Moloy, *Contagio narrativo y gesticulación retórica en ›La vorágine‹*. RI, 53 (1987), 141, 745-766. – I. Peña Gutiérrez, *Breve historia de J. E. R.* BOG 1988. – I. Peña, *J. E. R.* BOG 1989.

Rivero, Mario

* 1935 in Envigado/Antioquia. Er ist Mitherausgeber der Lyrikzeitschrift »Golpe de Dados«, gehört zu den Nadaisten und hat einige Bücher über kol. Malerei geschrieben. Sein erster Gedichtband *Poemas urbanos* (1966) erhielt einhelliges Lob von Nadaisten und Nicht-Nadaisten. Alltagsrealität mit ihren Trivialitäten und plötzlichen Rätseln, dezent zurückgenommene Emotionen (»El padre«, »Muchachos«), Grautöne und schlichtes Vokabular sind die wesentlichen Merkmale. Seinen Ruf als origineller, zupackender Dichter festigten *Baladas sobre ciertas cosas que no se deben nombrar* (1972), narrative Prosagedichte, z. T. über Filmsujets, in denen R. versucht hat, den Ton oder die Erzählhaltung anonymer Dichtung zu imitieren. Einige spätere hervorragende Gedichte finden sich in der Anthologie *Baladas* (1980).

Weitere Werke: Lyrik: *Noticiario 67* (1967), *Vivo todavía* (1971).

Rodríguez Freyle, Juan

* 25.4.1556 oder 1566 in (Santa Fe de) Bogotá, † um 1642 ebd. Eine Ausbildung zum Priester scheint er abgebrochen zu haben. Er nahm an verschiedenen Expeditionen gegen aufständische Indios teil. Einige Jahre vagabundierte

er durch Spanien und kämpfte in Cádiz gegen den engl. Piraten Francis Drake.

R. F. ist Autor eines seltsamen Buches, *El Carnero*, das er zwischen 1636 und 1638 verfaßte. Eigentlich sollte es eine Chronik sein über die Geschehnisse in den 100 Jahren seit der Gründung Bogotás sowie eine Darstellung der Sitten und Lebensformen der Einwohner Neugranadas, gerichtet an Philipp IV. So lautet der konventionelle Beginn des Originaltitels: *Conquista y descubrimiento del Nuevo Reino de Granada [...]*. Mehr als 200 Jahre zirkulierte das Werk nur in handschriftlichen Kopien, deren schafslederner Einband ihm den Namen »El Carnero« (»Der Hammel«) gegeben haben soll. Nach anderen Versionen soll sich der Name auf den Inhalt beziehen und im Sinne von »Friedhof berühmter span. Namen« zu verstehen sein. Erstmals veröffentlicht wurde es 1859. Das Werk ist vor allem eine Sammlung von Anekdoten oder »Fällen«, wobei die Verknüpfungstechnik der direkten Ansprache des impliziten Lesers sehr geschickt ist und das Werk als romanhaften Text lesen läßt. Man kann es aber auch als eine Sammlung von gut zwanzig Erzählungen verstehen, und als solche ist es u.d.T. *Ficciones de ›El Carnero‹* ediert worden (1974). Fatale Konsequenzen weisen die meisten Geschichten auf, und oft sind es attraktive und leichtsinnige Frauen, die Verbrechen begehen. So läßt die schöne doña Inés etwa von einem Liebhaber zunächst ihren Ehemann ermorden, dann den Liebhaber von dem nächsten Prätendenten usw. (Kap. X). Die haarsträubendsten Verbrechen werden jedoch von Amtspersonen begangen. Ein Oberrichter etwa, der sich für einen Ehebruch rächen will, gewinnt zunächst einen Komplizen dadurch, daß er ihm die eigene Frau »ausleiht« und dieser dann nach dessen Ermordung diverse Körperteile des Ehebrechers zukommen läßt (Kap. XII).

Ausgaben: *El Carnero*. Hg. D. Achury Valenzuela. CAR 1979 (BiAy). – *El Carnero*. Hg. M. G. Romero. BOG 1984.
Literatur: S. Benso, *La técnica narrativa de J. R. F.* BOG 1977. – P. Lastra, *Sobre J. R. F.: notas de lectura*. ECO, 6 (1982), 252, 625-637. – S. Herman, *Toward Solving the Mystery of the Planment of the Name Carnero on J. R. F.'s History*. REH-PR, 23 (1989),3, 37-53.

Rojas, Jorge

*20.11.1911 in Santa Rosa de Viterbo. Er studierte in Bogotá Ökonomie und Jura. 1939 gründete er »Cuadernos de Piedra y Cielo«, eine Lyrikreihe, in der insgesamt sieben Gedichtbände kol. Autoren erschienen. Ab 1945 hat er zeitweise höhere Staatsämter bekleidet.

Sein ab 1939 publiziertes lyrisches Werk vereint der Gedichtband *Suma poética* (1977). Das Sublime, »bedeckt von einer leichten Tunika aus Aroma«, in Verbindung mit traditionellen Formen, besonders dem Sonett, lassen ihn als Repräsentanten der Gruppe »Piedra y Cielo« erscheinen. (Der Name geht auf den 1919 erschienenen Gedichtband von Juan Ramón Jiménez zurück.) Ihr an die »blinden Menschen« gerichtetes Programm besagte: »Wir glauben an die Poesie. Wir atmen ihre unwägbare Materie und bereisen ihren rätselhaften Kurs ...«. So erstaunt es nicht, daß R. 1951 Mitglied der kol. Akademie und 1965 von dieser mit dem Premio Nacional ausgezeichnet wurde. Andere »Piedracelistas« sind Arturo Camacho Ramírez (1910-1982), Eduardo ↑Carranza (1913-1985), Darío Samper (*1909), Gerardo Valencia (*1914), Tomás Vargas Osorio (1908-1941), und einige andere, die ebenfalls unermüdlich die Begriffe »recuerdo«, »nostalgia« oder »melancolía« deklinierten und zumeist als Juristen und Professoren tätig waren.

Weitere Ausgabe: *Obras completas*. Madrid 1978.

Rojas Herazo, Héctor

* 12.8.1921 in Tolú/Sucre. Er ist Maler und Schriftsteller. Zunächst ist er als Lyriker hervorgetreten. In seinem ersten Gedichtband *Rostro de la soledad* (1951) sind Anklänge an den Humoristen L. C. ↑López herauszuhören, was in Anbetracht des ernsten Tiefsinns und der Todeslyrik seiner gleichaltrigen Kollegen F. ↑Charry Lara, A. ↑Mutis oder J. ↑Gaitán Durán bemerkenswert ist. Die Mischung aus kruder Lebensnähe, anatomischem Interesse, Unbotmäßigkeit, Scherz und poetischer Fantasie fand seit *Desde la luz preguntan por nosotros* (1956) die Zustimmung der Kritik. Ein »Dichter, der die Dinge mit den Händen anfaßt«, hat man von ihm gesagt. *Agresión de las formas contra el ángel* (1960) ist sein letzter Gedichtband. (Angekündigt wurden 1986 »Adams Geschwüre«.) Danach hat R. H. Romane geschrieben, die jedoch den Lyriker – und Maler – nicht verleugnen. *En noviembre llega el arzobispo* (1967), sein immer noch bekanntester Roman, ist ein dörfliches Sittenbild, ohne Handlungsablauf, Revolutionäre oder Konservative und sogar ohne Verbitterung. In kurzen Szenen wird Leben vorgeführt, manchmal erfreuliches, zumeist jedoch eher ekelhaftes oder unmoralisches, vom Stuhlgang bis zum Koitus in anrüchiger Situation, vom Schweiß- oder Aasgeruch bis zur Grausamkeit eines Schwarzen gegen einen alten Mann. Das alles wird mit den exquisitesten Formen der Rhetorik und äußerst nuancenreichem Vokabular ausgedrückt sowie mit einer Plastizität der Bilder, die immer wieder erstaunt. 1968 galt denn auch R. H. dem per. Kritiker L. A. ↑Sánchez als bester Sprachkünstler Hispanoamerikas. Der über 800 S. starke Roman *Celia se pudre* (1986) weist die gleichen Stärken auf, überbietet aber den sprachlichen Erfindungsreichtum bei weitem. Auch hier liegt keine kohärente Handlung vor. Man kann das Buch an beliebiger Stelle anfangen zu lesen und wird fast immer von der Merkwürdigkeit der Szene, einer scharfsinnigen Wahrnehmung oder einer rauschhaften Wortkaskade fasziniert sein. Die »verfaulende« Großmutter Celia (Colombia?) ist nur einer der verschiedenen erinnerten Bezugspunkte des Textes, dessen Sinnintention sein mag, daß sich Leben dem rationalistischen Bewußtsein ständig entzieht.

Weitere Werke: Roman: *Respirando el verano* (1962); Essays: *Señales y garabatos del habitante* (1976).

Literatur: A. Romero, *Los poetas de ›Mito‹*. RI, 50 (1984), 689-755. – M. Manrique, *Una poética obsesión*. CH, 442 (1987), 136-143.

Sánchez Juliao, David

* 1945 in Lorica/Córdoba. Er ist Lehrer und hat bereits ein paar Literaturpreise erhalten. Zu seinen besonderen Fähigkeiten gehört die Wiedergabe persönlicher und dialektaler Besonderheiten der Sprechweise, wie sich bereits in seinem ersten Erzählungsband *¿Por qué me llevas en canoa, papá?* (1974) zeigt. Gemeinsamer Schauplatz ist die kol. Nordküste. Die in den Erzählungen verarbeiteten Stoffe enstammen oft mündlicher Überlieferung wie auch in einem weiteren Erzählungsband *Nadie es profeta en Lorica* (1979). Tonbandaufnahmen liegen den Märchen und Fabeln von *Historias de recamandaca* (1975) zugrunde sowie den drei in einem kleinen Band zusammengefaßten Lebensgeschichten *Abraham al humor; El pachanga; El flecha* (1981). Als Romancier ist S. J. erstmals mit dem Kurzroman *Cachaco, palomo y*

gato (1975) bekannt geworden, dessen besonderes Interesse in der elaborierten Verwendung von drei grammatisch unterschiedlichen Erzählstimmen liegt. Der nächste Roman *Pero sigo siendo el rey: Sinfonía para lector y mariachi, Opus 1* (1983) ist eine übermütige Parodie auf den Machismo, aber auch über lange Passagen hinweg auf Stil und Symbolik von J. ↑Rulfo und G. ↑García Márquez. Das Werk, dessen Titel einer verbreiteten Ranchera entnommen ist, spielt in einer fiktiven mex. Ortschaft und versinnbildlicht in mehreren Gestalten das eigenartig chaotische Weltbild der mex. Volksmusik.

Weitere Werke: Roman: *Buenos días, América* (1988); Kinderbuch: *El país más hermoso del mundo* (1989).

Sanín Cano, Baldomero

*27.6.1861 in Rionegro/Antioquia, †12.5.1957 in Bogotá. Er legte 1880 ein Lehrerexamen ab. 1885 zog er nach Bogotá, wo er sich mit dem Dichter J.A. ↑Silva befreundete. Eine weitere Freundschaft, mit G. ↑Valencia, dauerte ebenfalls zeitlebens. 20 Jahre lang war er Subdirektor der Straßenbahngesellschaft von Bogotá. 1908 wurde er Wirtschaftsminister. 1909-23 lebte er in London, zunächst als Regierungsbeauftragter für die Überwachung des Smaragdhandels, 1925-36, mit Unterbrechungen, als Publizist in Buenos Aires, danach war er u.a. Rektor der Universidad del Cauca und Beauftragter des Völkerbundes in Kolumbien, Peru und Chile. Er war Mitarbeiter von »El Tiempo« (Bogotá), »La Nación« (Buenos Aires), »Time« (London) und »Repertorio Americano« (San José). 1954 erhielt er den Lenin-Friedenspreis.

S.C. hat in seinem langen Leben als literatur- und kulturkritischer Essayist, mehr durch seine Zeitungs- und Zeitschriftenbeiträge als durch Bücher, auf mehrere Generationen hispanoam. Intellektueller eingewirkt. Äußerst belesen seit Jugend an, waren dann sein langer Aufenthalt in Europa und sein ständiges tiefgehendes Interesse, das auch den unbekannteren dt.-sprachigen und skandinav. Literaturen galt, Grundlage einer intensiven Vermittlung. Ein Teil seines essayistischen Werkes ist in zehn Büchern zu Lebzeiten publiziert worden. Beginnend mit *La civilización manual* (1925), sind es lockere Essaysammlungen. Nicht einmal seine Memoiren *De mi vida y otras vidas* (1949) sind ein organisch zusammengefügtes Werk. Charakteristisch ist der maßvolle, differenzierende Blick, der keine Ausschließlichkeiten akzeptiert. Was er einmal über seinen Freund, den brit. Hispanisten J. Fitzmaurice-Kelly schrieb, gilt auch für ihn selbst: »Er haßte die Wörter ›immer‹, ›niemals‹, ›alles‹«. Hervorgehoben wird die schlichte Eleganz seines Stils, die erkennen läßt, daß er, seinem Alter entsprechend, zu den Modernisten gehört. Diese Eleganz ist jedoch nur die Hülle für Präzision und konzentrierte Gedankenfülle, die, laut E. ↑Anderson Imbert, in *El humanismo y el progreso del hombre* (1955) zu einer Prosa führt, »die vom Epigramm bewohnt und nicht nur besucht wird.«

Weitere Werke: *Indagaciones e imágenes* (1926), *Crítica y arte* (1932), *Divagaciones filológicas y apólogos literarios* (1934, 1952), *Ensayos* (1942), *Letras colombianas* (1944), *De mi vida y otras vidas* (1949), *Pesadumbre de la belleza y otros cuentos y apólogos* (1957).
Ausgaben: *Escritos*. Hg. J.G. Cobo Borda. BOG 1977. – *El oficio de lector*. Hg. J.G. Cobo Borda. CAR 1978 (BiAy).
Literatur: J. Posada, *Una gran figura americana: S.C., el maestro*. BAC, 36 (1986), 151, 24-36.

Silva, José Asunción

*27.11.1865 in Bogotá, †24.5.1896 ebd. Er entstammte einer reichen, alteingesessenen Familie, sein Vater war

Kaufmann und Schriftsteller. 1884 begab er sich nach Europa. Bis 1886 residierte er in Paris, bereiste England und die Schweiz. Bei der Rückkehr erlebte er den durch den Bürgerkrieg von 1885 verursachten wirtschaftlichen Niedergang der Familie, den 1887 der Tod des Vaters beschleunigte. Noch schmerzlicher war für ihn der Verlust seiner Schwester Elvira. 1894 wurde er zum Gesandtschaftssekretär in Caracas ernannt. Als er ein Jahr später nach Kolumbien zurückkehrte, ging das Schiff unter. Er wurde gerettet, nicht jedoch seine Manuskripte einer umfangreichen Gedichtsammlung, zweier Romane und sonstiger Prosa. Einen neuen diplomatischen Posten schlug er aus, um statt dessen mit dem Aufbau einer Fliesenfabrik zu beginnen, die jedoch nicht den erhofften Gewinn brachte. Er erschoß sich nach einem der Abende, die er im Kreis befreundeter Schriftsteller zu verbringen pflegte. Unamuno fand das pathetische Wort: »Er starb am Tode«.

So schmal S.s erhalten gebliebenes lyrisches Werk ist, zählt es doch zu den bedeutendsten Leistungen im 19. Jh. Literaturgeschichtlich bildet es den Übergang von der Romantik zum Modernismus, näher allerdings der intimen Melancholie eines Bécquer und den Mysterien eines E. A. Poe als den »dekadenten Kolibris«, den »Rubendariacos«, wie er die neue Schule spöttisch titulierte. Dekadenz allerdings dürfte das Hauptmerkmal seiner eigenen Poesie sein, nur ist es nicht die eines exotischen Frankreich oder Griechenland, sondern die der kolonialen Herrenhäuser in Bogotá, der dunklen Innenhöfe, der engen Altstadtgassen etc. So sind auch seine eindrucksvollsten Gedichte – beispielsweise »Crepúsculo« oder »Vejeces« – diejenigen, in denen Vergangenes und Kindheitserinnerungen beschworen werden. Seine berühmteste Schöpfung ist das »Nocturno«, das anläßlich des Todes der Schwester, 1891, entstanden sein soll. Das Timbre der Dichtung ist eine eigenartige, vage Stimmung, in der etwas Unheimliches, »die Kälte des Nichts« ebenso wie eine tiefe Innigkeit zum Ausdruck kommen. Weniger das Wort als das suggestive Schweigen und der Rhythmus eines unterdrückten Schluchzens lassen den Schmerz nachempfinden. Eine verstechnische Neuerung liegt in der Übernahme musikalischer Takteinheiten statt der traditionellen Metren. Der von S. rekonstruierte Roman *De sobremesa, 1887-1896* (1925) ist ein von einer Rahmenhandlung umschlossenes Tagebuch, dessen Protagonist in seiner Mischung aus Megalomanie, fieberhafter Sensualität und asketischer Idealitätssuche sowohl auf den Autor als auch auf die gesamte Fin-de-siècle-Literatur von Huysmans bis D'Annunzio verweist.

Ausgaben: *Obra completa.* Hg. E. Camacho Guizado. CAR 1977 (BiAy, 77). – *Poesía y prosa.* BOG 1979. – *Poesías* (Ed. crít.) Hg. H. H. Orjuela. BOG 1979.

Literatur: H. H. Orjuela, *›De sobremesa‹ y otros estudios sobre J. A. S.* BOG 1976. – B. T. Osiek, *J. A. S.* Boston 1978. – K. Meyer-Minnemann, *Der spanisch-amerikanische Roman des Fin de siècle.* Tübingen 1979, 44-79. – M. I. Smith, *J. A. S. Contexto y estructura de su obra.* BOG 1981. – H. Alvarado Tenorio, *J. A. S.* BOG 1982. – F. Charry Lara (Hg.), *J. A. S. Vida y creación.* BOG 1985. – S. A. Ingwersen, *Light and Longing: S. y Darío: Modernism and Religious Heterodoxy.* New York 1987. – A. Villanueva Collado, *J. A. S. y Karl-Joris Huysmans: estudios de una lectura.* RI, 55 (1989), 146/6, 273-286. – F. Charry Lara, *J. A. S.* BOG 1989.

Soto Aparicio, Fernando

* 11.10. 1933 in Socha/Boyacá. Er ist Herausgeber der Zeitschrift »Cromos«, Mitarbeiter beim Fernsehen sowie bei verschiedenen Zeitungen gewesen. Sein literarisches Werk umfaßt

eine stattliche Anzahl von Romanen und Lyrikbänden neben Drehbüchern und Erzählungen. Einer seiner charakteristischen Romane ist *La rebelión de las ratas* (1962), zwar eine Mixtur aus einschlägigen Elementen – der einstige Landarbeiter und seine Familie, das von US-Amerikanern ausgebeutete Kohlebergwerk, der blutig unterdrückte Aufstand und der Tod des Helden – dennoch in den einzelnen Charakterdarstellungen und Szenen überzeugend vital und sprachlich gelungen. S. A. hat auch bald seine Erzähltechniken modernisiert. *Viaje a la claridad* (1971) ist der innere Monolog einer von ihrem Stiefvater vergewaltigten Minderjährigen während der Geburtswehen. In *Puerto silencio* (1974) wird die Rolle der kol. Frau thematisiert. Im Mittelpunkt steht die unerbittliche Übermutter mit ihren mörderischen Moralvorstellungen. Die Entstehung eines Mythos mit der Komponente der Zerstörung wird anhand verschiedener innerer Monologe in *Proceso a un ángel* (1977) dargestellt.

Weitere Werke (Auswahl): Romane: *Una ventana sobre el infierno* (1958), *Más allá de la muerte* (1959), *Los bienaventurados* (1960), *Mientras llueve* (1966), *El espejo sombrío* (1967), *Después empezará la madrugada* (1970), *La siembra de Camilo* (1971), *Mundo roto* (1973), *Viaje al pasado* (1975); Erzählungen: *Solamente la vida* (1961); Lyrik: *Diámetro del corazón* 1964), *Carta abierta a una guerrillera* (1969), *Canto personal a la libertad* (1969).

Literatur: B. Espinosa Ramírez, *S. A. o La filosofía en la novela*. BOG 1981.

Valencia, Guillermo

*20.10.1873 in Popayán, †8.7.1943 ebd. Er entstammte einer reichen Familie, war Diplomat, Parlamentarier und zweimal Präsidenschaftskandidat. Mehrere Jahre verbrachte er in Paris, wo er u.a. Oscar Wilde und Mallarmé kennenlernte, die er auch ins Span. übersetzte – neben zahlreichen weiteren Autoren aus diversen anderen Sprachen.

V.s Hauptwerk ist der Gedichtband *Ritos* (1899), ein literaturgeschichtlicher Wendepunkt für Kolumbien, mit dem sich der Modernismus durchsetzt. V.s Lyrik ist tadellos und fast immer etwas zu glatt und wohltönend. Selbst das Böse oder das Elend werden von ihm in eine mildernd idealisierende Dimension entrückt. Verschiedene Tendenzen mischen sich bei ihm: Neigung zu klassizistischer, formaler Schönheit, Positivismus und katholischer Glaubensernst. Zur Lösung sozialer Konflikte wird der Papst angerufen (»Anarkos«). Sein persönliches Schicksal kommt kaum zum Vorschein bzw. wird im Sinne der »impassibilité« der frz. Parnassiens ausgeklammert. Die Gefühle, die er darstellt, stammen aus Büchern oder werden durch die Literatur anderer gefiltert. Seine Welt besteht aus Formen, Licht, Kulturgeschichte und Mythen. Das wurde seinerzeit und bis in die 40er Jahre weithin gefeiert, danach ist V.s Ruhm verblaßt.

Weitere Werke: *Poesías* (1898), *Alma Mater* (1916), *Himno a la raza* (1938).

Ausgabe: *Obras poéticas completas*. Madrid 1948.

Literatur: H. Torres (Hg.), *Estudios: edición en homenaje a G. V., 1873-1973*. Cali 1976. – S. Karsen, *G. V., poeta modernista*. ICC/T, 35 (1980), 3, 572-579. – D. Gerdes/ T. Holzapfel, *›Las dos cabezas‹: Lo erótico y lo exótico en función de lo ético*. H, 68 (1985), 1, 49-54. – G. Espinosa, *G. V.* BOG 1989.

Vargas Vila, José María

*23.7.1860 in Bogotá, †23.5.1933 in Barcelona. Er entstammte einer alten, namhaften Familie. Bereits als Jugendlicher beteiligte er sich aktiv an den politischen Auseinandersetzungen im Lande. 1885 überlebte er die blutige Schlacht von La Humareda. Er flüchtete und schrieb eine Schmähschrift auf den Klerus und die anderen Kräfte der sogenannten »Regeneración«, *Pinceladas sobre la última revolución en Colombia* (1885). Als ein Kopfpreis auf ihn ausgesetzt wurde, begab er sich nach Venezuela ins Exil. 1891-93 gab er in New York die Zeitschriften »Hispanoamérica« und »El Progreso« heraus. Für kurze Zeit war er danach Privatsekretär des ven. Präsidenten Crespo. Nach dessen Sturz durch eine Militärrevolte verbrachte er einige Jahre in Paris, bis er 1902 wieder New York aufsuchte, wo er die Zeitschrift »Némesis« herausgab, die er in Paris fortführte. 1904 wurde er zum nic. Konsul in Spanien ernannt, trat jedoch bald von dem Amt zurück, um sich der Überarbeitung und Herausgabe seiner Werke zu widmen. 1923 besuchte er noch einmal Lateinamerika, gab skandalöse Interviews und hielt brillante Vorträge. Wegen einer Augenkrankheit kehrte er nach Spanien zurück. Blind, körperlich ruiniert und vereinsamt verbrachte er hier den Rest seines Lebens.

Während Rubén ↑Darío ihn als »leuchtenden Hirten der Stürme« porträtierte, beschimpfte ihn das Establishment seines Landes als »Gotteslästerer«, »teuflischen Lügner« oder »Feind von Frieden, Ordnung und Autorität«. Auch später bleibt er in Kolumbien selbst für diejenigen ein unbekannter »Pornograph«, denen der unbeugsame Kämpfer für demokratische Freiheiten und soziale Gerechtigkeit, der wortgewaltige Antiimperialist von *Ante los bárbaros: El yanki; he ahí el enemigo* (1902) aus der Seele gesprochen haben sollte. Zunehmend mehren sich aber auch die Stimmen, die eine Neubewertung fordern. Es entspricht vielleicht den Tatsachen, daß von V. V.s zahlreichen Romanen keiner als Meisterwerk angesehen werden kann, dennoch sind sie stilistisch – in ihrer Mischung aus extravaganter Grammatik, farbenprächtigen Schilderungen und rhetorischer Kunstfertigkeit – sowie in ihrer ausschweifend fantasievollen Thematik ein exquisites Dokument ihrer Zeit. Wie Neuauflagen erkennen lassen, fesseln sie weiter ein breites Lesepublikum. Immer noch zählen *Aura o las violetas* (1886?) oder *Flor de fango* (1895), in denen die Heldinnen erbarmungslos von der Gesellschaft und vom Klerus verfolgt werden, oder *Alba roja* (1902), eine barocke Komposition tragischer Verwicklungen, zu den meistgelesenen Romanen in span. Sprache. V. V. hat sein erzählendes Werk als eine Fortsetzung seines politischen Kampfes, seiner »heroischen Haltung gegenüber dem Despotismus« betrachtet. Er mag damit selber seinen politischen und historischen Schriften einen höheren Rang eingeräumt haben, und auf dieser Ebene des kunstvollen Pamphlets – in einer Tradition, die von Jeremias über Cicero, Dante bis Hugo reicht – ist seine Originalität einzuordnen. In der Kunst der Injurien, beispielsweise von *Los providenciales* (1892), einer seiner ersten vehementen und brillanten Anklagen der antidemokratischen Kräfte in Lateinamerika, oder von *Los Césares de la decadencia* (1907), seiner bekanntesten Abrechnung mit den Diktatoren Kolumbiens und Venezuelas, sind V. V.s Verve und Kühnheit unübertroffen. Als das »giftigste Buch des Jahres« wurde sein teilweise lyrischer Bericht *Mi viaje a la Argentina* (1924?) angepriesen. In der Tat ist diese Schmähschrift über »Puffilandia« und »Esnóbolis« von einzigartiger Boshaftigkeit. Aber V. V. hat seine temperamentvolle Rhetorik auch für bewunderte Personen eingesetzt, etwa in *Rubén Darío* (1917) oder in der Biographie des ec. Politikers Eloy Alfaro, *La muerte del cóndor* (1914?). Die in Barcelona bei R. Sopena zwischen 1915 und 1930 in zumeist überarbeiteten Versionen edierte Gesamtausgabe von über 50 Bänden verzeichnet außer Romanen Schriften zur Literatur, Philosophie und Geschichte. Lange galt das Manuskript seiner Autobiographie als verschollen. Teilweise ist es jüngst publiziert worden: *Diario secreto*. Hg. C. Triviño. BOG 1989.

Weitere Werke (Auswahl): Romane: *Emma* (1888), *Lo irreparable* (1889), *Ibis* (1901?), *Las rosas de la tarde* (1901), *Copos de espuma* (1902), *La simiente* (1906), *Los parias* (1914), *La demencia de Job* (1916), *Los discípulos de Emaüs* (1917), *Eleonora* (1917), *El cisne blanco* (1917), *Los estetas de Teópolis* (1918), *El minotauro* (1919), *Salomé* (1920), *El final de un sueño* (1920), *Cachorro de león* (1920), *Antes del último sueño* (1924), *La novena sinfonía* (1928?; dt. *Die Neunte Symphonie*, 1933, 1954 u. d. T. *Die Liebessymphonie*); Lyrik: *Archipiélago sonoro* (1913); Essays: *Libre estética* (1920), *Némesis* (1923), *La cuestión religiosa en México* (1926), *Los Soviets* (1926), *El joyel mirobolante* (1937), *José Martí; apóstol – libertador* (1938).
Literatur: A. Escobar Uribe, *El divino V. V.* BOG 1968 (m. Bibliographie).

Vidales, Luis
* 26.7.1904 in Calarcá/Quindío, † 15.6.1990 in Bogotá. Er war Professor, Diplomat und Leiter der offiziellen Behörde für Statistik; nach Selbsteinschätzung »ältester Marxist Kolumbiens« und Lenin-Preisträger von 1985. Er hat Essays über Malerei, span. und kol. Literatur geschrieben. Sein literarischer Ruhm beruht auf dem Gedichtband *Suenan timbres* (1926), einem der wichtigsten avantgardistischen Zeugnisse in Kolumbien. Es sind fantasievoll spielerische, manchmal humoristisch absurde Gedichte in origineller Typographie und mit der seinerzeit konsternierenden Neuerung, nicht nur in freien Versen, sondern sogar in eindeutiger Prosa abgefaßt zu sein. V. ist bald danach auf eine eher feierlich elegische Lyrik eingeschwenkt und hat später, in *La obreriada* (1978), politische Dichtung geschrieben.

Literatur: I. Peña Gutiérrez, *Tercer prólogo a ›Suenan timbres‹*. RCLL, 13 (1987), 26, 181-183.

Zalamea, Jorge
* 8.3.1905 in Bogotá, † 10.5.1969 ebd. Er begann ein Studium an der Escuela de Agronomía in Bogotá, brach es ab und bereiste mit einer Theatergruppe Lateinamerika und Spanien. Mit Alberto Lleras Camargo, dem 1946 gestürzten Präsidenten, gab er die Literaturzeitschrift »Los Nuevos« (1925) heraus, die zum Forum der Avantgarde – L. de ↑Greiff u. a. – in Kolumbien wurde. In Zeiten liberaler Regierungen bekleidete er seit den 30er Jahren verschiedene öffentliche und diplomatische Ämter. 1948 gehörte er zum Exekutivausschuß der Revolutionsjunta, die nach der Ermordung des Parteichefs der Liberalen, J. E. Gaitán, zusammengetreten war. 1949 gründete er die Zeitung »Crítica«. 1950-52 lebte er im Exil in Argentinien. 1967 wurde er mit dem Leninpreis ausgezeichnet.
Z. debutierte mit dem (Lese-)Theaterstück *El regreso de Eva* (1927), einer tiefenpsychologischen »dramatischen Farce«. In seinem vielseitigen Œuvre ragen vor allem die Essays hervor, in denen der kompromißlose Demokrat, mehr noch der sensible Kunst- und Literaturinterpret zu Wort kommt, u. a. in *La vida maravillosa de los libros* (1941), einer Aufsatzsammlung über frz. und span. Literatur. Die Erschütterung über den Tod J. E. Gaitáns akzentuiert sein politisches Engagement. Die Erzählung »La metamorfosis de su excelencia« (1949 in »Crítica«, 1964) ist die satirische Vision eines Diktators. Höhepunkt im Schaffen Z.s ist die Prosadichtung *El gran Burundún-Burundá ha muerto* (BA 1952; dt. *Der große Burundún-Burundá ist tot*, 1958). Die mit einer barocken Bilderfülle dargestellten Begräbnisfeierlichkeiten für den Diktator und dessen monströses Wirken in

der Vergangenheit ergeben ein ähnlich schauerliches Bild von Terror und Korruption wie zuvor bei A. Jarry, Valle-Inclán oder M.A. ↑Asturias. Das Geschehen ist weder zeitlich noch örtlich fixiert, und in dem Aufmarsch der burundunianischen Kreaturen läßt sich der Stumpfsinn jeglicher Paraden wiedererkennen. Die Sprache, »die nichtigste und gefährlichste Sitte« der Menschen, ist der zentrale Gegenstand der Dichtung, wie der mit Zeitungspapier geknebelte Papagei im Sarg des Diktators symbolisiert. In einer weiteren hymnischen Dichtung, *El sueño de las escalinatas* (1964, zuerst 1960 als Schallplatte), wird in einem umfassenden Sinne Anklage gegen Elend, Terror und politische Manipulation in der Welt des Kapitalismus erhoben. Z. ist auch als Übersetzer hervorgetreten, u.a. des Gesamtwerks von Saint-John Perse.

Weitere Werke (Auswahl): Lyrik: *Cantos* (1975); Theater: *El rapto de las sabinas, seguido de Pastoral y El Hostal de Belén* (1941); Essays: *Nueve artistas colombianos* (1941), *Minerva en la rueca* (1949), *El elogio de la verdad* (1949), *Antecedentes históricos de la revolución cubana* (1961), *La poesía ignorada y olvidada* (1965, Preis der Casa de las Américas), *Introducción a la prehistoria* (1967).

Literatur: K. Schnelle, *J. Z. oder die Verteidigung des Wortes*. BRP, 12 (1973), 1, 127-154. – S.K. Ugalde, *Language in Z.'s ›El gran Burundún-Burundá ha muerto‹*. H, 66 (1983), 3, 369-375. – C. Hernández de Mendoza, *›El sueño de las escalinatas‹*. BAC, 36 (1986), 154, 249-259.

Zapata Olivella, Manuel

* 17.3.1920 in Lorica/Córdoba. Er studierte Medizin und war als Arzt tätig. 1965 gründete er in Bogotá die Literaturzeitschrift »Letras Nacionales«. Zeitweise war er Gastprofessor für Literatur an der Universität von Toronto. Gemeinsam mit seiner Schwester Delia widmete er sich der Sammlung und Erforschung afro-am. Folklore in Kolumbien.

Z. O.s literarisches Werk umfaßt Romane, Erzählungen, Theaterstücke Essays und anthropologische Untersuchungen. Besonders der Romancier hat sich einen bedeutenden Namen erworben. Sein erster Roman *Tierra mojada* (1947) gestaltet die Situation der Kleinbauern und Landarbeiter in Kolumbiens Reisanbaugebieten. Gegenüber dem kommunistischen Schullehrer verkörpern der Kazike und der Priester den Pol der Herrschenden. *La calle 10* (1960) ist eine krasse Darstellung der Elendsviertel von Bogotá. Der erste der zwei Romanteile, »Die Saat«, behandelt den moralischen Verfall aufgrund von Armut und Hoffnungslosigkeit. Im zweiten Teil, »Die Ernte«, wird die im »Bogotazo« von 1948 entfesselte Mordlust und Zerstörungswut geschildert. *Corral de negros* (1963, 1967 u.d.T. *Chambacú, corral de negros*) ist die Chronik einer schwarzen Familie bei Cartagena in den 50er Jahren, deren einer Sohn sich für den Koreakrieg anwerben läßt. Er wie seine vier Geschwister sind Opfer von Verhältnissen, in denen die Mechanismen der kolonialen Sklavenhaltergesellschaft fortwirken. Das Thema des Romans *Detrás del rostro* (1963) ist die soziale und psychologische Problematik der Straßenjungen, »gamines«, dargestellt an einem Kind, dessen Schicksal und Identität rätselhaft bleiben. *En Chimá nace un santo* (1964) schildert mit manchen burlesken Szenen, wie Ignoranz, religiöse Inbrunst und Fanatismus leicht von Scharlatanen ausgenutzt werden kann. Erst viele Jahre später hat Z. O. einen weiteren Roman veröffentlicht, *Changó el gran putas* (1983), der als einer der großen Romane Lateinamerikas gilt, demgegenüber die vorausgegangenen Werke Z.O.s nur als Vorstufen erscheinen. Die Geschichte des Kontinents wird in dem Roman noch einmal in der Weise aufgearbeitet, daß die Rasse der Schwarzen als historisches Subjekt in den Vordergrund tritt. In dem fünfteiligen Werk läßt sich eine chronologische Abfolge erkennen: vom mythischen Ursprung der Schwarzen über den Sklavenhandel im 17. Jh. und die folgenden Akkulturationsprozesse bis zu einigen herausragenden Momenten der Gegenwart. Diese Ordnung bleibt jedoch fließend unbestimmt, sei es in den eingestreuten Lyrikpassagen oder einem ständigen Wechsel der Verbalzeiten. Die übergeordnete Idee, jener »Changó«, ist die Idee der Subversion in der Verbindung mit dem Mestizentum, die sich in zahlreichen historischen, mythischen oder der Literatur entnommenen Gestalten verkörpert hat.

Weitere Werke (Auswahl): Roman: *El fusilamiento del diablo* (1986); Erzählungen: *Pasión vagabunda* (1949), *He visto la noche* (1954), *China 6. A. M.* (1954), *Cuentos de muerte y libertad* (1961), *El galeón sumergido* (1963), *¿Quién dio el fusil a Oswald?* (1967); Theater: *Hotel de vagabundos* (1954); Untersuchungen: *Tradición oral y conducta en Córdoba* (1972), *El hombre colombiano* (1974).

Literatur: M. A. Lewis, *›En Chimá nace un santo‹: Myth and Violence.* UK/KRQ, 25 (1978), 2, 145-151. – S. G. Carullo, *La dialéctica hambre – agresión en ›Chambacú: Corral de negros‹.* AHR, 2 (1983), 3, 19-22. – B. F. Clemons, *M. Z. O.'s ›Un extraño bajo mi piel‹: A Study of Repression.* AHR, 2 (1983), 3, 5-7. – R. Jackson, *Myth, History and Narrativ Structure in M. Z. O.'s ›Changó el gran putas‹.* RINTER, 13 (1983), 1-4, 109-119. – Y. Capitain-Hidalgo, *El espacio del tiempo en ›Changó, el gran putas‹.* In: R. Williams (Hg.), *Ensayos de literatura colombiana.* BOG 1985, 157-166. – T. Koorman, *Integración artística de la protesta social en las novelas de M. Z. O.* AHR, 6 (1987), 1, 27-36. – A. Heredia, *Figuras arquetípicas y la armonía racial en ›Chambacú: Corral de negros‹ de M. Z. O.* AHR, 6 (1987), 2, 3-8.

KUBA

Manzano, Juan Francisco	1797-1854
Heredia, José María	1803-1839
Valdés, Gabriel de la Concepción	1809-1844
Villaverde, Cirilo	1812-1894
Gómez de Avellaneda, Gertrudis	1814-1873
Tejera, Diego Vicente	1848-1903
Varona, Enrique José	1849-1933
Martí, José	1853-1895
Casal, Julián del	1863-1893
Carrión, Miguel de	1875-1929
Ortiz, Fernando	1881-1969
Loveira, Carlos	1881-1928
Rodríguez, Luis Felipe	1884-1947
Hernández Catá, Alfonso	1885-1940
Poveda, José Manuel	1888-1926
Tallet, José Zacarías	1893-1989
Pedroso, Regino	1896-1983
Marinello, Juan	1898-1977
Martínez Villena, Rubén	1899-1934
Serpa, Enrique	1900-1968
Guillén, Nicolás	1902-1989
Labrador Ruiz, Enrique	1902
Florit, Eugenio	1903
Carpentier, Alejo	1904-1980
Novás Calvo, Lino	1905
Ballagas, Emilio	1908-1954
Pita Rodríguez, Félix	1909-1990
Augier, Angel	1910
Lezama Lima, José	1910-1976
Portuondo, José Antonio	1911
Piñera, Virgilio	1912-1979
Jorge Cardoso, Onelio	1914-1986
Soler Puig, José	1916
Puebla, Carlos	1917-1989
Diego, Eliseo	1920
Vitier, Cintio	1921
García Marruz, Fina	1923
Estorino, Abelardo	1925
Arenal, Humbert	1926
Leante, César	1928
Cabrera Infante, Guillermo	1929
Jamís, Fayad	1930-1988
Fernández, Pablo Armando	1930
Desnoes, Edmundo	1930
Fernández Retamar, Roberto	1930

Benítez Rojo, Antonio	1931
Triana, José	1931
Padilla, Heberto	1932
Otero, Lisando	1932
Buzzi, David	1932
Arrufat, Antón	1935
Cofiño López, Manuel	1936
Sarduy, Severo	1937
Cirules, Enrique	1938
Cossío Woodward, Miguel	1938
González Zamora, Reynaldo	1940
Barnet, Miguel	1940
Díaz, Jesús	1941
Quintero, Héctor	1942
Milanés, Pablo	1943
Fuentes, Norberto	1943
Arenas, Reinaldo	1943-1990
Morejón, Nancy	1944
Nogueras, Luis Rogelio	1945-1985
Rodríguez, Silvio	1946
Yáñez, Mirta	1947
Pereira, Manuel	1948
Paz Martínez, Senel	1950

Arenal, Humberto
* 15.1.1926 in Havanna. Seine berufliche Ausbildung als Film-, Kunst- und Literaturkritiker sowie als Regisseur und Dramaturg vervollständigte er in den USA (1948-1959). Danach arbeitete er als Dokumentarfilmer, Journalist und Redakteur in Havanna.
A. ist ein vielseitiger Schriftsteller, dessen Stärke in der psychologischen Handlungsspannung liegt. Der Reportageroman *El sol a plomo* (1959) steht der historischen Zäsur des Jahres 1959 am nächsten. Er schildert den Wettlauf gegen die Zeit einer Gruppe von Untergrundkämpfern, die einen mex. Boxer kurz vor seinem Wettkampf aus der Halle eines Luxushotels in Havanna entführt hat. Unter A.s Erzählungen und Romanen fanden *Los animales sagrados* (1967), die Geschichte eines Ehebruchs mit offenem Ausgang, und *Del agua mansa* (1982), Porträtstudien vor und nach der Revolution, besonderen Anklang. Erzählungen wie »Cerdos o perros adiestrados para encontrar trufas« (entstanden 1968) wurden in viele Anthologien im In- und Ausland aufgenommen. M. F.

Arenas, Reinaldo
* 16.7.1943 in Los Lazos bei Holguín, †6.12.1990 (Selbstmord) in New York. Bauernsohn. Ein Hochschulstudium in Havanna mußte er abbrechen. Als Homosexueller wurde er »wegen Erregung öffentlichen Ärgernisses« 1974 zu einer Gefängnisstrafe verurteilt und kam 1975/76 in ein Rehabilitationszentrum. Bis zu seiner Ausreise in die USA, 1980, konnte er auf Kuba nichts publizieren.
Das Prosawerk A.' wurde mit *Celestino antes del alba* (1967, Preis des kub. Schriftsteller- und Künstlerverbands; überarb. u. d. T. *Cantando en el pozo*, 1982) eingeleitet, dem ersten Teil einer geplanten Trilogie über die kub. Gesellschaft. Es folgte *El mundo alucinante* (1969, dt. *Wahnwitzige Welt*, 1982), ein grotesker und pikaresker Abenteuerroman, in dem die Biographie des revolutionären mex. Dominikanerpaters Fray Servando Teresa de Mier (1765-1827) ausgebreitet ist. Der Erzählband *Con los ojos cerrados* (1972) leitete zu A.' Hauptwerk über: *El palacio de las blanquísimas mofetas* (1975, dt. *Der Palast der blütenweißen Stinktiere*, 1977). Dieser Roman spiegelt ein beklemmendes Fresko der Verhältnisse im vorrevolutionären Kuba unter den Diktaturen Machados, Príos und vor allem Batistas wider. In der Form des Familienromans hat A. das Leben der drei Generationen der Familie Ramos geschildert, die in einer Baracke neben einer lauten und schmutzigen Fabrik in Holguín hausen müssen. Der 17jährige Fortunato, Sohn eines Landstreichers, setzt sich von der häuslichen Monotonie und provinziellen Enge ab, will sich der Guerilla anschließen, fällt aber den Schergen Batistas in die Hände und wird grausam gefoltert und aufgehängt. Der Roman zeigt – im Zusammenhang mit Prostitution – die Verelendung des Land- und Vorstadtproletariats. Aber auch die sich andeutende Welt des Widerstands und der Befreiung wurde nicht als einzig mögliche Alternative euphorisch begrüßt. Im Exil kritisierte A. in Interviews, Kongreßbeiträgen und Buchpublikationen vehement das Regime F. Castros. Als Ausdruck seiner Verbitterung sind das Prosagedicht *El Central* (1981), der Erzählband *Termina el desfile* (1981) oder der Roman *Otra vez el mar* (1982) zu beurteilen, in denen A. das schreckenerregende Gespenst vom karibischen Archipel GULAG malt, wo die politischen Gefangenen unter der Knute des Aufsehers ebenso leiden wie die Negersklaven auf den Zuckerrohrplantagen der Kolonialzeit. M. F.

Weitere Werke: Romane: *La loma del ángel* (1987), *La vieja Rosa. Sabana grande*

(1980), *Arturo, la estrella más brillante* (1984), *Viaje a La Habana: Novela en tres viajes* (1990); Theater: *Persecución* (1986); Miszellen: *Necesidad de libertad* (1986).

Literatur: G. Zaldívar, *Novelística cubana de los años 60: ›Paradiso‹, ›El mundo alucinante‹*. Miami 1977. – O. Rodríguez Ortiz, *Sobre narradores y héroes: A propósito de A., Scorza y Adoum*. CAR 1980. – J. Olivares, *Carnival and the Novel: R. A.' El palacio de las blanquísimas mofetas*. HR, 53 (1985), 467-476. – E. Volek, *La carnavalización y la alegoría en ›El mundo alucinante‹, de R. A.* RI, 51 (1985), 130/131, 125-148. – P. Rozencvaig, *R. A.: narrativa de la transgresión*. ME 1986. – E. C. Béjar, *La textualidad de R. A.* Madrid 1987. – N. Montenegro, *El espejismo del texto: reflexiones sobre ›Cantando en el pozo‹*. RCEH, 13 (1988), 2, 276-284. – R. Valero, *El desamparado humor de R. A.* Miami 1991. – O. Ette (Hg.), *La escritura de la memoria. R. A.: textos, estudios y documentación*. Frankfurt/M. 1992.

Arrufat, Antón

* 14.8.1935 in Santiago de Cuba. Nach dem Sieg der Revolution kehrte A. aus den USA nach Kuba zurück und arbeitete in leitender Position an den wichtigsten Kulturzeitschriften mit. Obwohl er spätestens seit der Padilla-Affäre, 1971, als Dissident betrachtet wurde, vertrat er Kuba auf einer Reihe von Auslandsmissionen und publizierte sein lyrisches, erzählerisches und dramatisches Werk auf der Insel. Als Lyriker knüpft er an Alltagsereignisse an, die jedoch bald eine symbolische Bedeutung erhalten, so in seiner ersten Gedichtsammlung *En claro* (1962) in einigen Versen über den Schock der Invasion in der Schweinebucht von 1961. Danach folgten *Repaso final* (1964), *Escrito en las puertas* (1968) und der Erzählband *Mi antagonista y otras observaciones* (1963). Während diese Titel in relativ niedrigen Auflagen (2000-3000 Exemplare) verbreitet sind, wurde er als Dramatiker vor allem durch sein Stück *Los siete contra Tebas* (1968, Theaterpreis und kontroverse Erklärung des kub. Schriftsteller- und Künstlerverbands) bekannt. Zwar schrieb A. auch schon vor 1959 Theater (*El caso se investiga*, 1957), aber erst nach der Revolution konnte er mit seinen Stücken ein breiteres Publikum erreichen: *El vivo al pollo* (1961), *Los días llenos* (1962), *La repetición* (1963), *El último tren* (1963), *Todos los domingos* (1966). Mit dem Roman *La caja está cerrada* (1984) kehrte A. in seine Heimatstadt Santiago zu den Alltagsproblemen des Kleinbürgertums zurück, diesmal zur Zeit des II. Weltkriegs. M. F.

Literatur: F. N. Dauster, *The Theatre of A. A.* In: L. F. Lyday/G. W. Woodyard (Hg.), *Dramatists in Revolt. The New Latin American Theatre*. Austin, London 1976, 3-18. – R. K. Reading, *The Renewal of Traditional Myth and Form in the Works of A. A.* RINTER, 10 (1980) 357-377. – J. A. Escarpanter, *Tres dramaturgos del inicio revolucionario: Abelardo Estorino, A. A. y José Triana*. RI, 56 (1990), 152/153, 881-899. – A. V. Smith, *Memorias del país de los muertos: una lectura de ›La caja está cerrada‹*. RI, 56 (1990), 152/153, 1091-1105.

Augier, Angel I.

* 1.12.1910 auf der Zuckerrohrplantage Santa Lucía, heute Rafael Freyre/Gibara. Eng befreundet mit N. ↑Guillén, dessen gesammelte Werke er kommentiert herausgab, arbeitete er vor 1959 u. a. als Redakteur der ersten kommunistischen Tageszeitung »La Palabra« (1935 von J. ↑Marinello gegründet). Seine Lyrik, die der Band *Poesía, 1928-1978* (1980) vereint, trägt zuweilen eine allzu konstruierte politisch-kämpferische Note. Das historische Gedicht *Isla en el tacto* (1965) schildert in freien Versen – von Huldigungssonetten auf J. ↑Martí, Mella, Fidel Castro und Kuba unterbrochen – den langen Weg des kub. Volkes bis zur Befreiung. Gedämpfter klingen die literarischen, historischen

und politischen Porträtvignetten *De la sangre en la letra* (1977), die ein lebendiges Album des großen Freundes- und Bekanntenkreises A.s darstellen. M.F.

Ballagas, Emilio

*7.11.1908 in Camagüey, †11.9.1954 in Havanna. Er studierte Philologie an der Universität von Havanna, an der er 1946 promovierte, nachdem er schon seit 1933 als Professor an der Lehrerbildungsanstalt von Santa Clara tätig gewesen war.

Als Lyriker ist B. erstmals mit *Júbilo y fuga* (1931) hervorgetreten. Mit diesem Werk schließt er sich der avantgardistischen *poesía pura* an, die auf den »Creacionismus« V. ↑Huidobros zurückgeht und in Kuba ihren Hauptvertreter in Mariano Brull (1891-1956) gefunden hatte. Von ihm übernimmt B. die »jitanjáfora«, die alogische, vorwiegend vom Klang bestimmte Metapher oder Wortkombination. Spontane Fröhlichkeit, unbeschwerte Fantasie und ein kindlich intuitives Lebensverständnis sind die Merkmale von *Júbilo y fuga*, an die sich übergangslos die afro-kub. Klänge, Rhythmen und Bilder von *Cuaderno de poesía negra* (1934) anschließen. Zwar sieht B. die Welt der Schwarzen nur von außen, faszinieren ihn vor allem Vitalität, Exotik und die Möglichkeit, den Dialekt zu humoristischen Wortspielen zu gebrauchen, dennoch spricht aus seinen Gedichten eine tiefe Sympathie. So hat B. auch als erster versucht, die über den gesamten Kontinent verstreuten lyrischen Manifestationen der sich in der »négritude« fortsetzenden neoafrik. Tendenz zu vereinen und die *Antología de la poesía negra americana* (1935), danach *Mapa de la poesía negra americana* (1946) herausgegeben. Seine eigene Lyrik bekommt in *Sabor eterno* (1939) einen neoromantisch elegischen Ton. Die hauptsächlichen Themen sind der Verlust der Geliebten und die Verzweiflung über die Sinnlosigkeit des Lebens. Die letzte Phase seiner Dichtung, ab *Nuestra señora del mar* (1943), steht im Zeichen religiöser Besinnung und Rückkehr zur traditionellen Metrik. Für den Gedichtband *Cielo en rehenes* (1955) erhielt er 1951 den Premio Nacional. B. hat außerdem verschiedene literaturkritische Essays, u.a. über R. Tagore (1941), veröffentlicht.

Ausgaben: *Obra poética.* LH 1955. – *Orbita de E.B.* Hg. R. Antuña. LH 1965. – *E.B.* Hg. E. de Armas. LH 1973. – *Obra poética.* LH 1984.

Literatur: A. Pryor Rice, *E.B., poeta y poesía.* ME 1966. – R. Pallas, *La poesía de E.B.* Madrid 1973. – *E.B.: El autor y su obra.* LH 1973. – R. Herrera, *La poesía mulata de E.B.* CIRCULO, 10 (1981), 93-103. – L. Suardíaz, *E. B. de otro modo.* CDLA, 24 (1983), 139, 27-37. – P.M. Barreda, *Patriarcado, poeta, poesía: la lírica de E.B.* RI, 56 (1990), 152/153, 1153-1171.

Barnet, Miguel

*28.1.1940 in Havanna. Hier besuchte er ein US-am. College und studierte dann Werbetechnik, Soziologie und Ethnologie. 1961-67 war er Dozent für Folkore an einer Lehrerbildungsanstalt, danach Forscher an dem von F. ↑Ortiz geleiteten Instituto de Etnología y Folklore und ist zur Zeit im kub. Schriftsteller- und Künstlerverband sowie an der Universität von Havanna tätig.

B. hatte zunächst Lyrik und ethnologische Studien veröffentlicht. Weltweite Anerkennung fand er mit seinem ersten »dokumentarischen Roman« (»novela testimonio«) *Biografía de un cimarrón* (1966; dt. *Der Cimarrón,* 1969; Opernfassung von H.W. Henze und H.M. Enzensberger, 1970). Zwar gibt es Vorbilder für das Genre, im besonderen die Indio-Biographie *Juan Pérez Jolote* (1952) des mex. Anthropologen R. ↑Pozas, aber B. hat es in einzigartiger Weise verstanden, den Lebensbericht Esteban Montejos, eines über 100 Jahre alten Schwarzen, zu einem poetischen Text zu verdichten. (Zu Technik und Theorie der »novela testimonio« äußert sich B. u.a. in dem Essayband *La fuente viva*, 1983.) Mit außerordentlichem Erinnerungsvermögen und Offenheit berichtet Montejo, der als Sklave geboren wurde, vom Leben auf den kub. Zuckerrohrplantagen und seinen Fluchtversuchen, vom Krieg gegen die Spanier und den nachfolgenden Jahrzehnten der Republik, die für die Schwarzen, die sie miterkämpft hatten, keine wesentlichen Verbesserungen brachten. Geringfügig geänderte Tonbandaufnahmen, collagiert mit anderen, teils echten, teils erfundenen Dokumenten, liegen auch *Canción de Rachel* (1969; dt. *Das Lied der Rachel*, 1980; als »Vaudeville« *La Cubana*, 1975) zugrunde. Die Konfessionen der Tänzerin und Sängerin Rachel, ihr Weg vom Zirkus zum Bühnenstar des Alhambra-Theaters in Havanna, lassen die stickige Atmosphäre der *belle époque* des republikanischen Kuba nachempfinden. Die »Geschichte der Leute ohne Geschichte« hat B. mit *Gallego* (1981; dt. *Alle träumten von Cuba*, 1981) fortgesetzt. Der 1916 aus Galizien nach Kuba emigrierte Manuel Ruiz, dessen Schicksal für das von Millionen von span. Auswanderern nach Lateinamerika steht, erlebt die »Trauminsel« als Lastenträger, Kohleverkäufer, Straßenbahnschaffner usw. Heimweh zieht ihn 1931 zurück nach Spanien. Er erlebt den Bürgerkrieg, flieht 1939 nach Frankreich, wird interniert, kommt jedoch dank der Hilfe kub. Freunde wieder nach Havanna. Er muß zwar von vorn anfangen, aber er erkennt, daß Kuba seine eigentliche Heimat geworden ist. Die Emigration ist auch Thema von *La vida real* (1986; dt. *Ein Kubaner in New York*, 1990). Anders als Ruiz, der sich in Kuba integrieren konnte, gelingt es dem in den 40er Jahren von Kuba nach New York ausgewanderten Julián Mesa nicht, aus dem Getto der diskriminierten »Latinos« herauszukommen. Er will es vielleicht auch nicht, während seine Tochter bereits nur Engl. spricht und sich als US-Bürgerin empfindet. In dem halbautobiographischen Buch *Oficio de ángel* (1989) schildert B. die Entwicklung eines Jugendlichen bis zum Beginn der Revolution. Journalistische Arbeiten sind in dem Band *Autógrafos cubanos* (1990) gesammelt. In seiner Lyrik hat B. von Anfang an versucht, Gegenstände seines genau beobachteten Alltags auf ihren sozialen und geschichtlichen Sinn zu befragen. Als sein bedeutendster Band gilt *La sagrada familia* (1967), dessen erster Teil kurze und komplexe Gedichte über die typische kleinbürgerliche Familie, ihre Rituale, Lügen oder mit Wut gepaarte Zärtlichkeit enthält. Das kalte und dekadente Europa ist u.a. lyrischer Gegenstand von *Carta de noche* (1982).

Weitere Werke: Lyrik: *La piedrafina y el pavorreal* (1963), *Isla de güijes* (1964); Sonstiges: *Akeké y la jutía* (1978; dt. *Die stummen Hunde. Kub. Fabeln*, 1986).

Literatur: R. González Echevarría, *›Biografía de un cimarrón‹ and the Novel of the Cuban Revolution*. NFF, 13 (1980), 3, 249-263. – E. F. Bejel, *M. B.* HISPA, 10 (1981), 29, 41-52. – I. Vegas García, *Nueva conciencia, nueva expresión: seis poetas en la revolución cubana*. RCLL, 9 (1983), 17, 213-229. – J.-P. Tardieu, *Religions et croyances populaires dans ›Biografía de un cimarrón‹ de M. B.* UTIEH/C (1984), 43, 43-67. – E. Sklodowska, *Aproximaciones a la forma testimonial: La novelística de M. B.* HISPA, 14 (1985), 40, 23-33. – Dies., *M. B.: Hacia la poética de la novela testimonial*. RCLL, 14 (1988), 27, 139-149. – W. Luis, *The Politics of Memory and M. B.'s ›The Autobiography of a Run Away Slave‹*. MLN, 194 (1989), 2, 475-491. – M. Franzbach, *Die mehrfache Lehre der ›novela testimonio‹: M. B.* IA, 40/41 (1990), 62-74. – E. Sklodowska, *M. B. y la novela testimonio*. RI, 56 (1990), 152/153, 1065-1079.

Benítez Rojo, Antonio

14.3.1931 in Havanna. Nach der Jesuitenschule erhielt er eine Ausbildung zum Buchhalter und Wirtschaftswissenschaftler. Nach 1959 konnte er sich im Rahmen der neuen Kulturorganisationen der Literatur widmen.

Gleich für seinen ersten Erzählband *Tute de reyes* (1967) erhielt er einen Preis der Casa de las Américas. Die sieben Geschichten zeichneten sich in der Tradition J. ↑Cortázars durch ihre Mischung realistischer und fantastischer Elemente aus. Inhaltlich bezogen sie sich weniger auf einen konkreten historischen Hintergrund als auf Personen und ihre Probleme. In derselben Gattung erhielt er für *El escudo de hojas secas* (1969) auch den Preis des kub. Schriftsteller- und Künstlerverbands. Im Sommer 1980 kehrte er von einem Auslandsaufenthalt nicht wieder nach Kuba zurück und lebt heute in den USA. Bis dahin hatte er regelmäßig weitere Bücher publiziert: *Los inquilinos* (1976), *Heroica* (1977), *La tierra y el cielo (1978, verfilmt), El mar de las lentejas* (1979) und *Fruta verde* (1979). Weiterhin verfaßte er das Drehbuch zu dem Film *Los sobrevivientes* (1978) unter der Regie von Tomás Gutiérrez Alea, in dem das Schicksal einer Familie vor der Revolution geschildert wurde. Der Band *Estatuas sepultadas y otros relatos* (1984) versammelt bereits publizierte Erzählungen. M. F.

Literatur: J. Ortega, *Relato de la utopía*. Barcelona 1973, 173-190. – F. Martínez Laínez, *Palabra cubana*. Madrid 1975, 107-125. – E. Sklodowska, *La cuentística de A. B. R.: la experiencia revolucionaria desde la marginalidad*. CAM, 14 (1984), 1, 7-16. – L. Artalejo, *Creación y subversión: la narrativa histórica de A. B. R.* RI, 56 (1990), 152/153, 1027-1039.

Buzzi, David

* 14.11.1932 in Havanna. Nach 1959 kehrte er aus dem Exil in Ecuador zurück und ist als Anwalt, Kulturfunktionär und Journalist tätig gewesen. Er hat Romane und Erzählungen veröffentlicht. In seinem ersten Roman *Los desnudos* (1967) werden Arbeiterklasse und Bourgeoisie im vorrevolutionären Kuba kontrastiert. Es folgten *La religión de los elefantes* (1968), *Mariana* (1970), *Caudillo de difuntos* (1975) und der Erzählband *Viejas historias para un mundo nuevo* (1977). Sein bisheriges Hauptwerk *El juicio final* (1977, dt. *Das Jüngste Gericht*, 1980), gestaltet das Thema der Emanzipation von Mann und Frau. Die Hauptheldin María Victoria war vor der Revolution Repräsentationsfrau eines kub. Industriellen. Nach dessen Flucht in die USA verdient sie sich ihren Lebensunterhalt als Arbeiterin in der Metallindustrie. Erst in einem wechselseitigen Erziehungsprozeß – in der Auseinandersetzung mit Machismus, Eifersucht, Besitzansprüchen – gelangt sie zu einer vorurteilsfreien Partnerschaft. M. F.

Literatur: R. Chang-Rodríguez, *Sobre el realismo socialista y ›Los desnudos‹ de D. B.* UA/RF, 36 (1974), 3-15.

Cabrera Infante, Guillermo

* 22.4.1929 in Gibara/Oriente. Im Alter von 12 Jahren kam er nach Havanna. Nach einem kurzen Studium an der Escuela de Periodismo arbeitete er als Journalist. 1951 gründete er mit anderen die »Cinemateca de Cuba«, die er bis 1956 leitete. Unter dem Pseudonym »G. Caín« schrieb er ab 1954 Filmkritiken für die Wochenzeitschrift »Carteles«. Nach der Revolution war er Direktor des nationalen Filminstituts und Chefredakteur des seinerzeit bedeutendsten Literatursupplements, »Lunes de Revolución«, das 1962 sein Erscheinen einstellen mußte. Im selben Jahr wurde er zum Kulturattaché der kub. Botschaft in Belgien ernannt.

1965 legte er das Amt nieder und begab sich ins freigewählte Exil, zunächst nach Madrid, 1967 nach London, wo er seither als brit. Staatsbürger lebt.

Noch in Kuba erschienen C. I.s erste Erzählungen *Así en la paz como en la guerra* (1960), von denen er sich später wiederholt distanzierte, und eine Sammlung von Filmkritiken, *Un oficio del siglo XX* (1963). Bekannt wurde er mit dem Roman *Tres tristes tigres* (1967; dt. *Drei traurige Tiger*, 1987), der 1964 in Spanien mit dem Preis »Biblioteca Breve« ausgezeichnet wurde, jedoch erst nach Kürzung einiger von der Zensur beanstandeter erotischer Passagen erscheinen durfte. *Tres tristes tigres* gilt wegen seiner sprachlichen Virtuosität, komplexen Darstellungsweise und vitalen Komik als eins der Hauptwerke der lateinam. Literatur. (Die Kritik hat alle möglichen Verwandtschaften aufgezeigt, von Petronius bis L. Sterne oder J. Joyce. Am konkretesten dürfte jedoch die Beziehung zu L. ↑Marechals *Adán Buenosayres* sein.) Hauptsächlicher Schauplatz ist das nächtliche Havanna der Amüsierbetriebe für US-Touristen und einheimische Schlachtenbummler in den letzten Monaten der Batista-Diktatur. Der geschichtliche Hintergrund wird jedoch nur kurz angedeutet, denn eigentlicher Gegenstand ist die kub. Sprache in ihrer gesamten Breite und Schichtung, die »im Flug erhaschte menschliche Stimme«, die die Personen des Romans umgibt, ihr Verhalten und ihre Reaktionen gewissermaßen eher bestimmt als erklärt. Der Haupthandlungsstrang, der sich ohne chronologische Ordnung durch den ersten Teil des Romans zieht, besteht aus den Lebenslauffragmenten mehrerer Jugendlicher, die aus der Provinz kommen und in der Großstadt mancherlei Enttäuschungen erfahren, nicht zuletzt auf sexuellem Gebiet. Stärker profiliert als diese sind einige miteinander befreundete Personen wie der kinobegeisterte Schriftsteller Silvestre, der Fernsehschauspieler Cué, der »Starfotograf« Códac – er erzählt die Geschichte der massigen Bolero-Sängerin Estrella – und schließlich der Wortmagier und Parodist Bustrófedon, Inkarnation ausgeklügelter »literarischer« Sprachschöpfung. Nach und nach wird deutlich, daß er in der Gegenwart der Erzählung bereits tot ist wie auch die Sängerin Estrella. Nur eine Tonbandaufnahme legt ein vergängliches Zeugnis ab von seiner Sprachakrobatik, wie von Estrella nur eine Schallplatte bleibt. Auf ironische Weise wird verschiedentlich von der »Literatur« Abschied genommen, am glanzvollsten in Bustrófedons sieben Versionen der Ermordung Trotzkis, bei denen er den Stil der bedeutendsten kub. Autoren parodiert. C. I.s zweiter Roman *La Habana para un Infante difunto* (1979) ist Autobiographie und Bildungsroman, auch wenn die Identität von Autor, Erzähler(n) und Protagonist ambivalent bleibt bzw. die Diskrepanz zwischen erlebter Wirklichkeit und deren Erinnerung ständig aufgezeigt wird. Die – gelegentlich höchst komischen – Episoden des jugendlichen Protagonisten bilden eine zyklisch organisierte Abfolge von Einführungen in die als künstliche Schöpfung verstandene Welt der Großstadt Havanna, des Films und der Literatur, in erster Linie jedoch in die Varianten der Erotik, die nicht nur eine von der Realität abgehobene Zeit beansprucht, sondern deren Gestaltung bis hin zum Schundroman oder zur Pornographie, nach den Worten des wieder aufgetauchten Bustrófedon, die gleiche Bedeutung hat wie jedes Kunstwerk. Auf Engl. hat C. I. eine witzige Abhandlung über den Tabak und das Rauchen, *Holy Smoke* (1985; dt. *Rauchzeichen*, 1987) abgefaßt.

Weitere Werke: Erzählungen: *Vista del amanecer en el trópico* (1974; *dt. Ansicht der*

Tropen im Morgengrauen, 1992); Essays, Filmkritiken, Miszellen: O (1975), *Exorcismos de esti(l)o* (1976), *Arcadia todas las noches* (1978).

Literatur: R. Jiménez, *G. C. I y ›Tres tristes tigres‹.* Miami 1977. – R. M. Pereda, *G. C. I.* Madrid 1979. – I. Alvarez-Borland, *Discontinuidad y ruptura en G. C. I.* Maryland 1982. – A. L. Nelson, *G. C. I. in the Menippean Tradition.* Newark, DE 1983. – S. Merrim, *Logos and the World: The Novel of Language and Linguistic Motivation in ›Grande Sertão: Veredas‹ and ›Tres tristes tigres‹.* New York 1983. – R. Geisdorfer Feal, *Novel Lives: The Fictional Autobiographies of G. C. I. and Mario Vargas Llosa.* Chapel Hill 1986. – I. Ivask (Hg.), *Focus on G. C. I.* WLT, 61 (1987), 4. – J. Lezra, *Squared Circles, Encircling Bowls: Reading Figures in ›Tres tristes tigres‹.* LALR, 16 (1988), 31, 6-23. – D. Hernández Lima, *Versiones y re-versiones históricas en la obra de C. I.* Madrid 1990.

Carpentier, Alejo

* 26.12.1904 in Lausanne, † 24.4.1980 in Paris. Sohn eines frz. Architekten und einer Russin. In Paris besuchte er ein Gymnasium und begann 1921 in Havanna ein Architekturstudium, das er nach kurzer Zeit aufgab, um sich dem Journalismus und der Musik zuzuwenden. Er war bald Chefredakteur der Wochenzeitschrift »Carteles«, Mitherausgeber der »Revista de Avance« und organisierte Konzerte neuer Musik. 1927 kam er wegen Beteiligung an einer Protestaktion gegen die Machado-Diktatur für 6 Monate ins Gefängnis. Heimlich verließ er Kuba und begab sich nach Paris, wo er bis 1939 blieb, als Musikkritiker, Komponist und Librettist arbeitete und für verschiedene Zeitschriften schrieb, darunter »Révolution Surréaliste«. 1937 nahm er am 2. »Kongreß zur Verteidigung der Kultur« in Madrid und Valencia teil. Bis 1945 lebte er wieder in Havanna und war u. a. bei einer staatlichen Rundfunkanstalt tätig. Er ließ sich dann in Caracas nieder und kehrte beim Sieg der Revolution nach Kuba zurück. In den folgenden Jahren war er u. a. Professor für Literatur an der Universität von Havanna, Leiter des Staatsverlages und, ab 1966, Kulturattaché in Paris. 1977 erhielt er den span. »Premio Cervantes«.

C. hat in seinem Œuvre ein monumentales, facettenreiches Fresko der Geschichte und Gegenwart des karib. Raums entworfen und an der Entwicklung des modernen Romans in Lateinamerika einen bedeutenden Anteil gehabt. Sein erster Roman *Ecué-Yamba-O* (1933), dessen Titel im Ñáñigo-Dialekt »Gott sei gelobt« bedeutet, verknüpft ethnographischen Dokumentarbericht über Religion und Sitten der Schwarzen Kubas und Haitis mit surrealistischer Metaphorik und gesellschaftspolitischer Problematik, die im Schicksal eines Schwarzen zum Tragen kommt, dessen Familie von einem US-Konzern zum Verlassen des Landes gezwungen wird. Gegenüber naturalistischer oder realistischer Schilderung stellt das Werk einen entscheidenden Fortschritt dar, aber C. war sich auch bald der Diskrepanz zwischen Darstellungsweise und Inhalt bewußt. Die Konzeption des »real maravilloso«, des »wunderbar Wirklichen«, die sich vor allem auf die lateinam. Realität der Gleichzeitigkeit unterschiedlichster historischer Entwicklungsstufen beruft, wird in *El reino de este mundo* (1949; dt. *Das Reich von dieser Welt,* 1964) zum formgebenden Prinzip. Wie C. im berühmten Vorwort zu dem Kurzroman ausführt, geht es ihm nicht um eine exotische Perspektive, sondern um »eine Erweiterung der Skalen und Kategorien der Wirklichkeit«. Historischer Rahmen des Romans ist die Epoche der Sklavenaufstände und Befreiungskriege auf Haiti bis zur Königsherrschaft Henri Christophes (1811). Die Hauptperson ist der Schwarze Ti Noël, eine ins Mythische projizierte Verkörperung seiner Rasse. Die Auswirkungen der Frz. Revolution behandelt auch der Roman *El siglo des las luces* (1962; dt. *Explosion in der Kathedrale*, 1964). Zentralfigur ist Victor Hughes, Emissär der frz. Regierung, der die Ideale der neuen Freiheit auf der Insel Guadeloupe mit Robespierrescher Unerbittlichkeit verwirklicht und schrittweise zum machtbesessenen Tyrannen wird. Seine Gegenspieler sind Esteban und Sofía, junge Kubaner, die die Revolution aktiv miterleben, von ihren Auswüchsen enttäuscht werden und bei einem Aufstand in Madrid gegen die frz. Besetzung den Tod finden. Der Kurzroman *El acoso* (1956; dt. *Finale auf Kuba*, 1960, danach u.d.T. *Die Hetzjagd* sowie *Die Verfolgung*, 1977) streift mit ähnlicher Skepsis das Thema der Revolution. Während der Aufführung von Beethovens *Eroica* rekapituliert der von seinen ehemaligen Freunden zum Tode verurteilte Widerstandskämpfer gegen die Machado-Diktatur die vorausgegangenen Geschehnisse seiner Verhaftung und Folterung durch die Polizei. Der zuvor erschienene Roman *Los pasos perdidos* (1953; dt. *Die Flucht nach Manoa*, 1958; *Die verlorenen Spuren*, 1979) geht auf C.s Erfahrungen in Venezuela zurück. Die Forschungsreise eines Musikwissenschaftlers, die sich ihm gleichzeitig als Flucht aus einer unbefriedigenden Ehe und dem zermürbenden Leben in einer Weltstadt bietet, wird zu einer Reise durch die Epochen bis zu einer durch eine Liebeserfahrung symbolisierten außergeschichtlichen Frühzeit. Durch seine pflichtbewußte Rückkehr in die Zivilisation verspielt der Protagonist das Paradies. In den 70er Jahren sind weitere große Romane von C. erschienen, deren Bedeutung gelegentlich noch höher eingeschätzt wird als die der vorherigen. *El recurso del método* (1974; dt. *Staatsraison*, 1976; *Die Methode der Macht*, 1989) behandelt das Thema der Diktatur in Lateinamerika mit z.T. äußerst burlesken Akzenten. Der »erste Magistrat«, dem evtl. das gleiche Modell wie M.A. ↑Asturias' *El Señor Presidente* zugrunde liegt, ist hier sowohl Bildungsphilister, mit lächerlichen Geschmacksverirrungen, als auch gnadenloser Machiavellist. In ironischer Weise konfrontiert C. das Verhalten dieser Gestalt mit Zitaten aus Descartes' *Discours de la méthode*. Der Kurzroman *Concierto barroco* (1974; dt. *Barockkonzert*, 1976) führt mit ironischem Humor und überschäumender Fantasie vom Venedig und den Orchestralinnen Vivaldis bis zum Grab Strawinskys. Ausgangspunkt dieser märchenhaften Musikgeschichte ist die Vivaldi-Oper *Montezuma* (1733). *La consagración de la primavera* (1978; dt. *Le Sacre du Printemps* 1993) ist in vielen Momenten Autobiographie und der am eindeutigsten sozial und politisch engagierte Roman C.s. In ihm wird eine historische Entwicklung aufgezeigt, die von der Oktoberrevolution bis zur Niederlage der USA bei der Schweinebucht-Invasion von 1961 führt. Die Ich-Erzähler des umfangreichen Romans sind die russ. Tänzerin Vera und der kub. Architekt Enrique, die sich während des Bürgerkriegs in Spanien kennenlernen und das vom Faschismus bedrohte Europa gemeinsam verlassen. Auf Kuba erleben sie den Terror des Batista-Regimes. Erst der Sieg der Revolution ermöglicht Vera die Verwirklichung ihres choreographischen Projekts. C.s letzter Roman *El arpa y la sombra* (1979; dt. *Die Harfe und der Schatten*, 1979) entmythisiert mit beißender Ironie Persönlichkeit und Leben von Kolumbus. In mehreren Rückblicken des auf dem Sterbebett liegenden Admirals sowie in der grotesken Verhandlung über seine Seligsprechung entsteht das Bild eines kleinen Glücksritters, der über ein reichhaltiges Repertoire an Schwindelgeschichten verfügt, zum Liebhaber der span. Königin avanciert, weil er ihr Berge von Gold und Edelsteinen verspricht, schließlich »das schönste Land, das er je betreten habe«, verwüstet, um sein Geschäft mit dem Sklavenhandel zu machen. C. ist außerdem Autor von einigen wenigen, aber meisterhaften Erzählungen, sowie von Essays zur Literatur, Musik und Architektur (dt. Auswahl, *Stegreif und Kunstgriffe*, 1980). Ein unübertroffenes Standardwerk ist *La música en Cuba* (1946).

Weitere Werke: Lyrik: *Poèmes des Antilles* (1929), *Dos poemas afrocubanos* (1933); Erzählungen: *Guerra del tiempo* (1958; dt. *Krieg der Zeit*, 1977); Essays (Auswahl): *Tientos y diferencias* (1964), *Literatura y conciencia política en América Latina* (1969), *La ciudad de las columnas* (1970), *La novela latinoamericana en vísperas de un nuevo siglo y otros ensayos* (1981).
Ausgaben: *Cuentos completos*. Barcelona 1983. – *Crónicas*. LH 1985, 2 Bde. – *Obras completas*. ME 1983 ff. Bisher 14 Bde.
Literatur: J. Frank, *A. C. and His Early Works*. London 1981. – L. Acosta, *Música y épica en la novela de A. C.* LH 1981. – C. Armbruster, *Das Werk A. C.s, Chronik der ›Wunderbaren Wirklichkeit‹*. Frankfurt/M. 1982. – A. Márquez Rodríguez, *Lo barroco y lo real maravilloso en la obra de A. C.* ME 1982. – R. González Echevarría/K. Müller-Bergh, *A. C.: Biobliographical Guide/Guía bibliográfica*. Westport, CT 1983. – R. A. Young, *C.: ›El reino de este mundo‹*. London l983. – R. Chao, *Palabras en el tiempo de A. C.* Barcelona 1984. – A. García-Carranza/J. García-Carranza, *C. en ›Letra y Solfa‹*. LH 1984. – A. García-Carranza, *Biobibliografía de A. C.* LH 1984. – *Homenaje a A. C.* ESCRITURA, 9 (1984), 17/18. – H. Herlinghaus, *Die realistische Methode in den Romanen des ›amerikanischen Zyklus‹ von A. C.* Diss. Rostock 1984. – P. Rubio de Lértora/R. A. Young, *C. ante la crítica: bibliografía comentada*. Xalapa 1985. – R. Pellicer, *El contexto cubano en las novelas de A. C.* MESTER, 14 (1985), 1, 29-40. – H. Roloff, *A. C. und die Mythisierung des Mittelalters*. I, 21 (1985), 79-102. – D. L. Shaw, *Some Issues of C. Criticism*. RIB, 35 (1985), 3, 297-304. – Ders., *A. C.* Boston 1985. – V. A. Smith, *C.s Journalism in Relation to his Works of Fiction*. CRIH, 7 (1985), 2, 159-174. – O. Velayos Zurdo, *El diálogo con la historia de A. C.* Barcelona 1985. – A. Jansen, *¿Es ›La consagración de la primavera‹ (1978) la obra maestra de A. C.?* ETL, 15 (1986/87), 1, 6583. – H.-O. Dill, *A. C., teórico de la literatura latinoamericana*. ALH, 16 (1987), 145-166.

Carrión, Miguel de
*9.4.1875 in Havanna, †30.7.1929 ebd. Seine beruflichen Erfahrungen reichten vom Volksschullehrer bis zum Politiker und Bildungsplaner, vom Privatarzt bis zum Universitätsprofessor. Ein ähnlich breites Spektrum bietet auch sein in Zeitschriften verstreutes journalistisches und literarisches Werk. Bekannt wurde er durch seine Romane und Erzählungen, die nach dem Vorbild Zolas das Panorama des kub. Bürgertums in der frühen Republik entfalten: *El milagro* (1903), *La última voluntad* (1903), *Las honradas* (1917), *Las impuras* (1919) u. a. Diese Werke sind auch im nachrevolutionären Kuba mit Erfolg als kulturhistorischer Spiegel verlegt, verfilmt, auf die Bühne, in Funk und Fernsehen gebracht worden. M. F.

Literatur: E. Yedra, *La imagen de la mujer en la obra de M. de C.: ›Las honradas‹*. UCLV/I, 51 (1975), 121-152. – M. L. González, *La novela y el cuento psicológicos de M. de C.* Miami 1979. – A. Méndez Ródenas, *›Este sexo que no es uno‹: mujeres deseantes en ›Las honradas‹ y ›Las impuras‹ de M. C.* RI, 56 (1990), 152/153, 1009-1027.

Casal, Julián del
*7.11.1863 in Havanna, †21.10.1893 ebd. Er begann 1880 ein Jurastudium, das er aus finanziellen Gründen abbrechen mußte. Einige unter dem Pseudonym »El Conde de Camors« veröffentlichte Zeitungsartikel, in denen er

den Chef der span. Kolonialverwaltung satirisch angriff, kosteten ihn die Anstellung bei der Finanzverwaltung. 1888 unternahm er eine kurze Reise nach Spanien. Als Redakteur von »La Familia Cristiana« und mit Beiträgen für »La Habana Elegante«, »El Fígaro« u.a. fristete er sein Leben. Er starb mit dreißig Jahren an Tuberkulose.

C. gehört zu den Wegbereitern des Modernismus. Er veröffentlichte die Lyrikbände *Hojas al viento* (1890), *Nieve* (1892, 1893) und *Bustos y rimas* (1893). Letztere enthalten neben Gedichten die Prosaporträts berühmter Kubaner der Epoche. Zunächst noch einem romantischen Subjektivismus verpflichtet, beginnt mit *Nieve* seine (früh)modernistische, vom frz. Parnassianismus und besonders von Baudelaire beeinflußte Phase. C.s kränklicher Zustand, verbunden mit einer übersensiblen Veranlagung, führte von der früheren Melancholie weg zu einem radikalen Lebenspessimismus. Die Kunst, die unerreichbare Ferne, ein exotisches Japan, Dekadenz, Raffinement und Drogen sind – nicht allein – seine Lieblingsthemen. Er meinte jedoch, daß nur er alles schwarz, R. ↑Darío hingegen, mit dem er befreundet war, alles rosarot sähe. Außergewöhnlich ist C.s deskriptives Vermögen. Zurückhaltend bleibt er bei der Verwendung neuer Metren. Eleganz und Esprit seiner Zeitungsbeiträge legen den Vergleich mit dem Mexikaner M. ↑Gutiérrez Nájera nahe.

Ausgaben: *Poesías completas*. Hg. M. Cabrera Saqui. LH 1945. – *Poesías*. LH 1963. – *Crónicas habaneras*. Hg. A. Augier. LH 1963. – *Prosas*. LH 1963, 3 Bde. – *The Poetry of J. d. C.* Hg. R. J. Glickman. Gainesville 1976.

Literatur: L. Fontanella, *Parnassian Precept and a New Way of Seeing C.'s ›Museo Ideal‹*. CLS, 7 (1970), 4, 450-479. – R. J. Glickmann, *J. d. C.: Letters to Gustave Moreau*. HIUS/R, 37 (1972/3), 12, 101-135. – E. Figueroa u.a., *J. d. C.: estudios críticos sobre su obra*. Miami 1974. – P. Pearsall, *A New Look at Duality in J. de C.* CHASQUI, 8 (1979), 3, 44-53. – L. F. Clay Méndez, *J. d. C.: estudio comparativo de prosa y poesía*. Miami 1979. – Ders., *J. d. C.: Nuevas rectificaciones críticas*. UA/REH, 14 (1980), 1, 101-120. – Ders., *Una autopsía psicológica de J. d. C.* CH, 374 (1981), 270-286. – C. Blanco Aguinaga, *Lectura de ›Neurosis‹ de J. d. C.* CDLA, 21 (1980), 122, 48-56. – O. Montero, *Las ordalías del sujeto: ›Mi museo ideal‹ y ›Marfiles viejos‹ de J. d. C.* RI, 55 (1989), 146-147, 287-306. – E. de Armas, *J. de C. y el modernismo*. RI, 56 (1990), 152/153, 781-793.

Cirules, Enrique

* 5.11.1938 in Nuevitas/Camagüey, einer kleinen Küstenstadt, wo er sich früh seinen Lebensunterhalt als Hafenarbeiter verdienen mußte. Das Meer und das Leben der Küstenbewohner kommen in fast allen seinen Erzählungen vor: *Los perseguidos* (1971), *En la corriente impetuosa* (1978), *La otra guerra* (1979), *El corredor de caballos* (1980). Manchmal werden fantastische und unheimliche Elemente aus individueller Erfahrung einbezogen. *Conversación con el último norteamericano* (1973) ist ein »Dokumentarbericht« über den Kolonisten William Stokes. Ähnlich ironisch ist die Liebesgeschichte zwischen einer Kubanerin und einem Nordamerikaner, *La saga de Gloria City* (1983), die sich vor 1917 abspielt. In *Los guardafronteras* (1983) werden Zeugenaussagen, Anekdoten und Berichte der Grenztruppen an der Küste miteinander verwoben. M. F.

Cofiño López, Manuel

* 16.2.1936 in Havanna. Vor der Revolution Mitbesitzer einer Möbelfabrik, nach 1959 Kulturfunktionär. Sein erster Roman *La última mujer y el próximo combate* (1971; dt. *Die letzte Frau und der nächste Kampf*, 1975)

wurde mit dem Preis der Casa de las Américas ausgezeichnet. In ihm schildert er spannend die Bewußtseinskonflikte der Bauern und Landarbeiter im Zusammenhang mit den revolutionären Umgestaltungen durch die Agrarreform gleich nach der Revolution. An dem Buch wurde die hölzerne Konstruktion moniert. Ein weiterer Roman von ihm, *Cuando la sangre se parece al fuego* (1975; dt. *Cristino*, 1977) spielt in einer Mietskaserne in Havanna vor der Revolution. Das Leben des von Schergen Batistas ermordeten Hafenarbeiters Cristino läuft in erschütternder Bilderfolge vor dem Leser ab. Erzählbände wie *Tiempo de cambio* (1969), *Un dia el sol es juez* (1976), *Un pedazo de mar y una ventana* (1979) flankieren das Romanwerk C. L.', zu dem noch *Amor a sombra y sol* (1989) gehört. Auf über 3 Millionen Exemplare wird weltweit die Gesamtauflage seiner Bücher beziffert. M. F.

Literatur: J. Rodríguez-Puértolas, *M. C. o La superación de lo real-maravilloso*. IL, 1 (177), 3, 73-80. – M. Walter, *Interview mit M. C. L.* WB, 26 (1980), 9, 104-123. – C. Romero, *Para una bibliografía de y sobre M. C. (1953-1981)*. TC, 10 (1984), 29, 120-135. – H. Vidal, *Para llegar a M. C.* Minneapolis 1984. – R. L. Salper, *Ideología y la visión de la mujer en los cuentos de M. C.* HISPA. 16 (1987), 46/47, 57-70.

Cossío Woodward, Miguel
* 17.4.1938 in Havanna. Er war u. a. Leiter des Zentrums für Autorenrechte, Direktor der Staatsverlage, Gründungsmitglied der neuen Kommunistischen Partei Kubas und erhielt den Romanpreis der Casa de las Américas für *Sacchario* (1970). Das Erbe des Monokulturprodukts Zucker wird hier am Beispiel des Landarbeiters Darío in einen gesamtgesellschaftlichen Entwicklungsprozeß gestellt. Die Auswirkungen der Raketenkrise vom Oktober 1962 auf das Alltagsleben in Kuba hat C. W. in seinem zweiten Roman *Brumario* (1980) gestaltet. Teilweise im inneren Monolog beschriebene Momentaufnahmen vermitteln ein Bild von den Ängsten der Bevölkerung. M. F.

Literatur: A. Fornet, *A propósito de ›Sacchario‹*. CDLA, 10 (1971), 64, 183-186.

Desnoes, Edmundo
* 1.10.1930 in Havanna. Er besuchte die Columbia University in New York und arbeitete als Redakteur der Zeitschrift »Visión«. 1960 kehrte er nach Kuba zurück, wo er nacheinander im Staatsverlag, im Instituto del Libro, als Spezialist für Massenkommunikation in der Ideologie-Kommission (COR) und als Professor für Kulturgeschichte sowie als Mitarbeiter bei »Lunes de Revolución« und der »Casa de las Américas« tätig war. Seit 1979 lebt er als Hochschullehrer in den USA.
D. ist Autor von Romanen, Erzählungen und Essays über Politik, Literatur und Malerei. Als sein bedeutendstes Werk gilt immer noch der Roman *Memorias del subdesarrollo* (1965), dessen gleichnamige Filmversion (1967 von T. Gutiérrez Alea) außerordentlich erfolgreich war. In der Form von undatierten Tagebuchskizzen schildert ein junger, dem Bürgertum entstammender Kubaner, den die Revolution überrascht hat und anödet, seine inneren Zustände, Begierden und Eindrücke. Als antibourgeoiser Bourgeois verstrickt er sich immer tiefer in die eigenen und klassenbedingten Widersprüche. Er sehnt sich nach einer pseudoanarchischen Freiheit, kann sich jedoch nicht entschließen auszuwandern. In seiner selbstempfundenen Nutzlosigkeit und prätentiösen Oberflächlichkeit wird ihm die eigene Identität zum Rätsel. Der Roman hat im Verlauf der Jahrzehnte an Bedeutungstiefe gewonnen. Konnte seinerzeit die »Unterentwicklung«, von der der Titel spricht,

politisch als Gegensatz zu Revolution und zum Sozialismus verstanden werden, verweist »Unterentwicklung« danach in einem ontologischen Rahmen auf den Gegensatz von Individuum und Kollektiv, privatem Leben und geschichtlichen Prozessen. D. ist auch Herausgeber einer ausgezeichneten Anthologie der kub. Literatur seit der Revolution, *Los dispositivos en la flor* (1981), Dokument der Bereitschaft zum »Dialog in einer Epoche der Polarisierung«.

Weitere Werke: *Todo está en el fuego* (1952, Lyrik und Prosa); Romane: *No hay problema* (1961), *El cataclismo* (1965); Essays: *Lam: Azul y negro* (1963), *Punto de vista* (1967), *Now; el movimiento negro en Estados Unidos* (1967), *Para verte mejor, América Latina* (1972).

Literatur: E. Rodríguez Monegal, *Literatura: cine: revolución.* RI, 41 (1975), 92/93, 579-591. – T. Holzapfel, ›*Inconsolable Memories*‹ *and its Russian Counterpart.* LALR, 11 (1982), 21, 21-26. – W. Luis, *America Revisited: An Interview with E. D.* LALR, 11 (1982), 21, 7-20. – R. de la Campa, ›*Memorias del subdesarrollo*‹*: Novela/Texto/Discurso.* HISPA, 15 (1986), 44, 3-18.

Díaz (Rodriguez), Jesús

* 7.10.1941 in Havanna. Während der Schul- und Studienzeit kämpfte er im Untergrund gegen die Diktatur Batistas. 1961 nahm er an Aktionen gegen Konterrevolutionäre in der Sierra del Escambray teil. Seit 1971 ist er als Filmregisseur und Drehbuchautor am kub. Filminstitut tätig (u.a. *Viva la República*, *Ustedes tienen la palabra*, *Puerto Rico*, *En tierra de Sandino*). Seit 1991 lebt er in Berlin.

D.' Erzählband *Los años duros* (1966, Preis der Casa de las Américas) spiegelte die Zeit in der Résistance und kurz nach der Revolution wider. Die drei letzten Erzählungen gaben den Stoff für das politische Theaterstück *Unos hombres y otros* (1967) ab. Der Dokumentar- und Interviewband *De la patria y el exilio* (1979) schildert die ersten Eindrücke exilkub. Jugendlicher, die in einer Arbeitsbrigade 1977 kurzzeitig nach Kuba zurückkehrten (verfilmt als *55 hermanos*, prämiert auf dem Filmfestival in Leipzig, 1978). In seinem ersten, schon in den 70er Jahren entstandenen Roman *Las iniciales de la tierra* (1987; dt. *Die Initialen der Erde*, 1991) thematisiert D. die Lebensgeschichte eines Kubaners seiner Generation. Den inhaltlichen Rahmen bildet die »Erinnerungsarbeit« des 31jährigen Carlos, der mit einer Ärztin verheiratet ist, als Vorbereitung für eine Versammlung, auf der er als »vorbildlicher Arbeiter« anerkannt werden soll. Die persönliche Rechenschaft oder Identitätsfrage, die sich die Hauptperson stellt, reicht chronologisch von der Kindheit auf dem Lande, umgeben von afrik. Mythen und Riten, bis zur Desillusionierung nach der gescheiterten Zuckerrohrernte im Jahre 1970. D. zieht gegen gläubigen Dogmatismus zu Felde und weist unerbittlich ehrlich auf Ursachen für Ängste und Fehler hin. In der Romantechnik zeigt er sich als Meister seines Fachs: Kontraste wechseln mit Übergängen, innere Monologe mit eindrucksvollen Kollektivschilderungen, geraffte Zeiteinstellungen wie beim Film mit brillanten Parodien. In seinem neuesten Roman *Las palabras perdidas* (1991; dt. *Die verlorenen Worte*, 1992) wird die politische Situation Kubas mit Witz und Bitterkeit beurteilt. Er berichtet von vier künftigen Schriftstellern, die in der 60er Jahren eine Literaturzeitschrift in Havanna gründen wollen. M. F.

Literatur: J. Ortega, *Relato de la utopía.* Barcelona 1973, 127-139. – R. Chang-Rodríguez, *La experiencia revolucionaria en la cuentística cubana actual:* ›*Los años duros*‹ *y* ›*Tute de reyes*‹. CAM, 222 (1979), 59-75. – A. Fornet, *A propósito de* ›*Las iniciales de la tierra‹.* CDLA, 28 (1987), 164, 148-153. – Ders., *Simplificando. Crítica de una crítica de ›Las iniciales de la tierra‹.* CDLA, 29 (1988), 168, 150-158.

Diego, Eliseo

* 2.7.1920 in Havanna. Er war Gründungsmitglied der Dichter-Gruppe »Orígenes« (1944-1956). Als Redakteur der Zeitschrift »Unión« (ab 1960), als Übersetzer und Herausgeber russ., ungar., engl. und dt. Lyrik und Prosa sowie als Kulturfunktionär auf Auslandsreisen leistete er wichtige Vermittlerdienste.
Sein vornehmlich lyrisches Werk wurzelt in der katholischen Tradition und im militanten Christentum Camilo Torres' und E. ↑Cardenals. Grundthemen sind Kindheit, Alter, Tod, Familie, Freundschaft und die kleinen Dinge des Alltags. Zusammen mit J. ↑Lezama Lima übte er beträchtlichen Einfluß auf die junge Lyrikergeneration aus. M. F.

Hauptwerke: *En la calzada de Jesús del Monte* (1949), *Por los extraños pueblos* (1958), *El oscuro esplendor* (1966), *Divertimientos y versiones* (1967), *Nombrar las cosas* (1974), *Noticias de la quimera* (1975).
Ausgaben: *Poesía.* Hg. E. Sainz. LH 1983. – *In meinem Spiegel. Dichtungen.* (Sammlung, dt.) Berlin, Weimar 1984 (Nachwort von H.-O. Dill). – *Entre la dicha y la tiniebla. Antología poética 1949-1985.* Hg. D. García Elio. ME 1986.
Literatur: A. García-Carranza, *Bibliografía de E. D.* LH 1970. – A. Sicard, *En un roce inocente de la luz (para una poética de E. D.)* CDLA, 25 (1985), 149, 142-148. – E. Sainz, *E. D.: definición de un poeta.* RI, 56 (1990), 152/153, 1203-1211.

Estorino, Abelardo

* 20.1.1925 Unión de Reyes, Provinz Matanzas. Dieser mit H. ↑Quintero und J. ↑Triana (im Exil) bekannteste Dramatiker Kubas hat dem Theaterbetrieb entscheidende Impulse gegeben. Als Regisseur, Kritiker, Theaterdirektor und Dozent an der staatlichen Theaterakademie hat er auch außerhalb Kubas zur Bildung eines kritischen Avantgardetheaters beigetragen. In seinem meistgespielten Stück *El robo del cochino* (1964, auch verfilmt) wird in der Endphase des Befreiungskampfes gegen Batista ein Junge aus einem Dorf in der Provinz Matanzas verhaftet, gefoltert und erschossen, weil er einen verwundeten Studentenrebellen versteckt hatte. Die ältere Generation (verkörpert im Bürgermeister) wird durch ihre Gleichgültigkeit an der Ermordung des jungen Revolutionärs mitschuldig. Fragen der Gesellschaftskritik, der Emanzipation von Mann und Frau, Jugend- und Generationenprobleme stehen im Mittelpunkt anderer Stücke, von denen *La casa vieja* (1964) und *Ni un sí ni un no* (1980) besonders bekannt sind. M. F.

Literatur: G. Woodyard, *E.'s Theatre: Customs and Conscience in Cuba.* LALR, 11(1983),22, 57-63. – E. M. Muñoz, *Teatro cubano de transición (1958-1964): Piñera y E.* LATR, 19 (1986), 2, 39-49. – J. A. Escarpanter, *Tres dramaturgos del inicio revolucionario: A. E., Antón Arrufat y José Triana.* RI, 56 (1990), 152/153, 881-899.

Fernández, Pablo Armando

* 2.3.1930 auf der Zuckerrohrplantage Delicias, Provinz Oriente, Kuba. Arbeitete sich von 1943 bis 1959 als Sohn eines Zuckerrohrarbeiters in den USA vom Tellerwäscher bis zum reichen Ex- und Importhändler in New York empor. Danach diente er als Journalist, Redakteur und Verlagsangestellter in den Kulturinstitutionen der Revolution, als Kulturattaché in London (1962-1965) und bei der UNESCO. Über sein Werk schrieb der spanische Autor José Agustín Goytisolo: »Er ist ein intuitiver, überschäumender Dichter, der Mut zum mystisch-realistischen Traumgebilde hat und dies auch in seinem ausgezeichne-

ten Roman *Los niños se despiden* (1968) zeigt. Aufgrund seiner protestantischen Erziehung in der Jugend und eines längeren Aufenthalts in den Vereinigten Staaten hat man ihn manchmal zu den von Whitman beeinflußten Dichtern gezählt.... Aber seine Poesie hat einen ganz persönlichen Stil«. In seinem jüngsten Roman *El vientre del pez* (1990) hat F. ein facettenreiches Panorama des ländlichen Kuba, konkret seines Geburtsortes Delicias, seit dem vergangenen Jahrhundert dargestellt. Der narrative Rahmen ist auf 1970, das Jahr der entscheidenden Zuckerrohrernte festgelegt. Im Zusammenhang mit einem Filmprojekt des aus den USA zurückgekehrten Erzählers werden die Beziehungen und Vorgeschichten verschiedener Personen ergründet, wobei ein zunehmend komplexeres Geflecht von Stimmen und Handlungslinien entsteht. M. F.

Weitere Werke: Lyrik: *Salterio y lamentación* (1953), *Toda la poesía* (1962), *Himnos* (1962), *El libro de los héroes* (1964), *Un sitio permanente* (1970), *Campo de amor y de batalla* (1984).
Ausgabe: *El sueño, la razón (1948-1983)*. LH 1988.
Literatur: R. González, *La palabra, el mito, el mito de la palabra*. CDLA, 8 (1968), 49, 147-154. – W. Luis, *Autopsia de ›Lunes de revolución‹: entrevista a P. A. F.* PLURAL, 17 (1982), 126, 52-62. – G. Ibieta, *P. A. F. Entrevista*. HISPA, 17 (1988), 51, 47-60. – E. Saínz, *P. A. F.: ›El sueño, la razón‹*. CDLA, 30 (1989), 172/173, 122-127. – M. Díaz Martínez, *Realidad y poesía en P. A. F.* RI, 56 (1990), 152/153, 1211-1217.

Fernández Retamar, Roberto
*9.6.1930 in Havanna. Er studierte Malerei, Architektur und Literaturwissenschaft an den Universitäten von Havanna, Paris und London. Nach der Promotion, 1954, wurde er Professor für Linguistik in Havanna. Ab 1956 nahm er aktiv am Widerstand gegen das Batista-Regime teil. Nach der Revolution war er für kurze Zeit Kulturattaché in Paris, danach Sekretär des Schriftsteller- und Künstlerverbandes. Von 1965 bis 1988 leitete er die Zeitschrift »Casa de las Américas«, seitdem ist er Direktor der Institution dieses Namens.
F. R. hat sich als Lyriker und Essayist einen großen Namen erworben. In seinen Anfängen stand er der ästhetizistischen Schriftstellergruppe um J. ↑Lezama Limas Zeitschrift »Orígenes« nahe, der er jedoch bald mit einer direkten, der alltäglichen Erfahrung und Konversation angenäherten Lyrik – auf der Linie von M. ↑Benedetti oder E. ↑Cardenal – gegenübertrat. (In einem der Aufsätze von *Para una teoría de la literatura hispanoamericana y otras aproximaciones*, 1975, definiert F. R. die Unterschiede zwischen der sarkastischen und zum Absurden tendierenden »antipoesía« von N. ↑Parra und der im wesentlichen zukunftsoffenen »poesía conversacional«.) Die durch die Revolution geschaffene Realität fand ihre erste lyrische Interpretation in seinem Band *Vuelta de la antigua esperanza* (1959). Der Vernichtungskrieg der USA gegen Vietnam, den er bei der Mitarbeit an einem Dokumentarfilm erlebte, ist Thema der bei aller unrhetorischen Nüchternheit erschütternden Gedichte von *Cuaderno paralelo* (1973; zuvor in der Sammlung *A quien pueda interesar. Poesía, 1958-1970*, 1970). Von F. R.s literatur- und kulturkritischen Essays ist besonders seine gründliche Darstellung *La poesía contemporánea en Cuba* (1954) hervorzuheben, des weiteren *Calibán. Apuntes sobre la cultura en nuestra América* (1971; dt. *Kaliban. Essays zur Kultur Lateinamerikas*, 1988). Das Werk, das als einer der wichtigsten Beiträge zur lateinam. Identitätssuche gilt, schlägt u. a. mit Bezug auf D. F. ↑Sarmiento und J. E. ↑Rodó einen Bogen von der Symbolik der aus Shakespeares

The Tempest stammenden Figuren zur (neo-) kolonialistischen Abhängigkeit des Kontinents.

Weitere Werke (Auswahl): Lyrik: *Elegía como un himno* (1950), *Patrias* (1952), *Alabanzas, conversaciones* (1955), *En su lugar la poesía* (1959), *Historia antigua* (1963), *Buena suerte viviendo* (1967), *Algo parecido a los monstruos antediluvianos* (1970), *Circunstancia de poesía* (1977), *Juana y otros poemas personales* (1981), *Para el perfil definitivo del hombre* (1981), *Poeta en La Habana* (1982); Essays: *Idea de la estilística* (1958), *Papelería* (1962), *Ensayo de otro mundo* (1967), *El intelectual y la sociedad* (1969), *Cuba hasta Fidel* (1979); Interviews: *Entrevisto* (1982).
Literatur: A.E. Prieto, *Trayectoria de una ensayística*. CDLA, 20 (1980), 120, 45-55. – D. Navarro, *Un ejemplo de lucha contra el esquematismo eurocentrista en la ciencia literaria de la América Latina y Europa*. CDLA, 21 (1980), 122, 77-91. – K. Ellis, *›¿Y Fernández?‹ in the Poetry of R.F.R.* RCEH, 10 (1986), 3, 353-373. – Ders., *R.F.R.: poeta y teórico literario*. RI, 56 (1990), 152/153, 1217-1229.

Florit, Eugenio
*15.10.1903 in Madrid. Sohn einer Kubanerin und eines Spaniers, mit denen er 1918 nach Havanna kam, wo er die Universität besuchte und als Jurist promovierte. 1940-45 war er Sekretär am kub. Generalkonsulat in New York. Später erhielt er an der Columbia University einen Lehrstuhl für span.-sprachige Literatur.
Seit dem Gedichtband *Trópico* (1930) zählte F., Mitglied der Avantgardistengruppe um die »Revista de Avance«, zu den besten kub. Lyrikern. Mit Rückgriffen auf die Lyrik Góngoras werden in *Trópico* die Landschaften der Karibik zu geometrischen Formen stilisiert. *Doble acento* (1937), von Juan Ramón Jiménez eingeleitet und ihm verpflichtet, gilt allgemein als F.s Hauptwerk. Emotionale Erschütterung und »klassische« Harmonie werden hier als Gestaltungsprinzipien konfrontiert. Der Purismus verliert sich in *Conversación a mi padre* (1949) und *Asonante final* (1950). Ein manchmal wehmütig selbstironischer Rückzug auf das Private kennzeichnet den größten Teil seines Spätwerks. F. ist außerdem Autor literaturwissenschaftlicher Untersuchungen, Herausgeber mehrerer Lyrikanthologien und widmete sich auch kurze Zeit als Dramatiker dem Theater.

Weitere Werke (Auswahl): Lyrik: *32 poemas breves* (1927), *Poema mío* (1947), *Hábito de esperanza* (1965), *Antología penúltima* (1970), *Versos pequeños, 1938-1975* (197?).
Ausgabe: *Obras completas*. Lincoln 1982, 3 Bde.
Literatur: O.E. Saa, *La serenidad en las obras de E.F.* Miami 1973. – M. Castellanos Collins, *Tierra, mar y cielo en la poesía de E.F.* Miami 1976. – R. Hiriart, *La soledad en la poesía de E.F.* CH, 108 (1977), 322/3, 323-337. – M. Parajón, *E.F. y su poesía*. Madrid 1977. – M. D'Ambrosio Servodidio, *The Quest for Harmony: The Dialectics of Communication in the Poetry of E.F.* Lincoln, Nebr. 1979. – R. Hiriart, *Imagen de E.F. desde su poesía*. CIRCULO, 12 (1983), 97-109. – M.V. Vega de Febles, *La obra poética de E.F.* Miami 1987. – L.M. Perdigó, *La reciente poesía pura en la obra de E.F.* CIRCULO, 16 (1987), 101-108. – J.O. Jiménez, *E.F. y la significación histórica de su itinerario poético*. RI, 56 (1990), 152/153, 1235-1247.

Fuentes, Norberto
*2.3.1943 in Havanna. Nach einem Malereistudium war er zunächst als Karikaturist tätig gewesen, schrieb dann die Texte zu den Comic-Serien in der Zeitschrift »Mella«, in der auch seine ersten Reportagen erschienen, die er ab 1962 in der Sierra del Escambray, während des Kampfes gegen konterrevolutionäre Guerillagruppen machte. Sie erschienen u.d.T. *Cazabandidos* (1971?) in Montevideo. Auch sein mit dem Preis der Casa de las Américas ausgezeichneter Erzählungsband *Condenados de Condado* (1968) handelt

von diesen Kämpfen. Die zumeist skizzenhaft knappen Erzählungen zielen weniger auf den konkreten historischen und politischen Zusammenhang als auf die Gestaltung der Grundsituation des Bedrohtseins und der Entfremdung durch Tod und Gewalt. Das Erschütternde vollzieht sich unmerklich, versteckt unter einer Oberfläche von makabrem Humor und betont nüchterner Wiedergabe des brutalen Geschehens. Bei den Jägern wie den Gejagten handelt es sich zumeist um Bauern, die aus einem geregelten Leben herausgerissen und in unentrinnbarer Weise dazu »verdammt« sind, sich bis zur Vernichtung zu bekämpfen. F.' weiteres Hauptwerk ist die umfangreiche Biographie *Hemingway en Cuba* (1982; dt. *Ernest Hemingway – Jahre in Kuba*, 1987), in der F. erstmals die von Hemingway selbst im dunkeln gelassenen Beziehungen zu Kuba, wo er 1940 eine Villa erwarb und sich die meiste Zeit seines Lebens aufhielt, auf der Grundlage akribischer Recherchen erhellt. Journalistische Arbeiten enthält der Sammelband *Nos impusieron la violencia* (1986).

García Marruz, Fina

*28.4.1923 in Havanna. Angeregt vom Aufenthalt Juan Ramón Jiménez' in Havanna (1936), durch die Mitarbeit in der Gruppe »Orígenes« (1944-56) und durch gemeinsame Forschertätigkeit mit ihrem Gatten C. ↑Vitier, fand sie schon früh zur Lyrik. Der größte Teil ihres Werkes entstand vor der Revolution: *Poemas* (1942), *Transfiguración de Jesús en el Monte* (1947), *Las miradas perdidas, 1944-1950* (1951), *Visitaciones* (1970). In der Themenwahl ihrer Gedichte, der Suche nach der Vergangenheit und dem Gefühl der Geborgenheit in Glauben und Religion steht sie E. ↑Diego nahe. M. F.

Literatur: J. L. Araes, *Obra y pensamiento poético en F. G. M.* RI, 56 (1990), 152/153, 1195-1203.

Gómez de Avellaneda, Gertrudis

*3.3.1814 in Puerto Príncipe/Camagüey, † 1.2.1873 in Madrid. 1836 verließ sie in Begleitung der Familie Kuba, um sich in Spanien niederzulassen, wo sie durch ihre wechselnden Liebesbeziehungen ebenso Aufsehen erregte wie durch ihr literarisches Talent und ihre Erfolge als Bühnenautorin. 1859 kehrte sie in Begleitung ihres zweiten Ehemannes nach Kuba zurück und wurde als Literatin mit höchsten Ehren gefeiert. Von 1864 bis zu ihrem Tod lebte sie wieder in Spanien, wo sie den Druck ihrer Werkausgabe (*Obras literarias*, 1869-71, 5 Bde) überwachte. Sie starb mittellos und vergessen.

Nach einem Selbstzeugnis verfaßte sie erste Gedichte mit acht Jahren. In der Folgezeit widmete sie sich neben der Lyrik – der erste Gedichtband, *Poesías* (1841, erw. 1850), erschien in Madrid – auch anderen literarischen Gattungen. Allein zwischen 1846 und 1858 brachte sie in Madrid 13 Dramen zur Aufführung, die formal und inhaltlich in der span. Tradition stehen. Ihr Prosawerk umfaßt mehrere Romane und Erzählungen, sowie eine Autobiographie, die 1907 zusammen mit Briefen von ihr an Ignacio de Cepeda, mit dem sie eine langjährige, konfliktive Liebesbeziehung verband, veröffentlicht wurde. Einen wichtigen Beitrag zur kub. bzw. lateinam. Literaturtradition leistete sie mit zwei Romanen: *Guatimozín, último emperador de Méjico* (1846), ein historischer Roman in der Linie des romantisch-verklärenden Indianismus, und *Sab* (1841), ein gleichermaßen romantisch eingefärbter Roman über die Liebe eines Mulattensklaven zu seiner weißen Herrin, der – trotz unrealistischer Handlungsführung und Charakterzeichnung – aufgrund des enthaltenen Protests gegen die Sklaverei auch heute noch lesenswert erscheint. F. G.

Ausgaben: *Obras de la A.* LH 1914, 6 Bde. (Nachdruck Madrid 1974). – *Antología: poesías y cartas amorosas.* Hg. R. Gómez de la Serna. BA 1948. – *Teatro.* LH 1965. – *Errores del corazón y otras comedias.* Hg. M. Cruz. LH 1977.
Literatur: C. Bravo-Villasante, *Una vida romántica: La A.* Barcelona 1967. – R. Leal, *El teatro de G. G. de A.* LH 1973. – F. Alazage/A. R. Núñez, *Ensayo de diccionario del pensamiento vivo de la A.* Miami 1975. – F. Alzaga, *Las ansias de infinito en la A.* Miami 1979. – H. A. Harter, *G. G. de A.* Boston 1981. – R. Martínez Cabrera/G. B. Zaldívar (Hg.), *Homenaje a G. G. de A.* Miami 1981. – L. Guerra, *Estrategias femeninas en la elaboración del sujeto romántico en la obra de G. G. de A.* RI, 51 (1985), 132-133, 707-722. – C. Bravo-Villasante, *Un vida romántica: la A.* Madrid 1986. – D. Sommer, *›Sab‹ c'est moi.* HISPA, 16 (1987), 48, 25-37. – E. Picón Garfield, *Sexo / texto: la política de G. G. A.* CDLA, 30 (1989), 172/173, 107-114.

González Zamora, Reynaldo
* 23.8.1940 Ciego de Avila. Journalist, Direktor der Zeitschriften »Pueblo y Cultura«, »Revolution et/and Culture« (1963-1967) und Kulturfunktionär. Er debütierte mit Erzählungen (*Miel sobre hojuelas*, 1964), aber erst die Romane *Siempre la muerte, su paso breve* (1968, erw. 1982) und *La fiesta de los tiburones* (1978, 2 Bde.) brachten auch internationalen Erfolg. Sie boten ein lebendiges Panorama der herrschenden Schicht im vorrevolutionären Kuba und zeigten das Talent des Autors, kulturhistorisch fundierte Archivstudien in anschaulicher Form wiederzugeben. Das gilt auch für seine literar- und sozialgeschichtlichen Essays (*Contradanzas y latigazos*, 1983). M. F.

Literatur: J. Ortega, *Relato de la utopía.* Barcelona 1973, 191-201.

Guillén, Nicolás
* 10.7.1902 in Camagüey, † 17.7.1989 in Havanna. Sohn eines Journalisten, der bei dem Aufstand von 1917 von Regierungstruppen erschossen wurde. Ein Jurastudium, das er 1920 in Havanna begann, brach er bald ab. Er kehrte nach Camagüey zurück, wo er die kurzlebige Literaturzeitschrift »Lis« herausgab und für eine lokale Zeitung schrieb. 1926 ging er wieder nach Havanna und war dann hauptsächlich als Journalist für »Diario de la Marina«, »Información«, »El Loco«, »Resumen«, »Mediodía« (1936-39) und »Hoy« (1938-53) tätig. 1937 verließ er Kuba zum ersten Mal und reiste über Mexiko zum antifaschistischen Schriftstellerkongreß in Spanien. 1939 wurde er Mitglied des Nationalkomitees der Unión Revolucionaria Comunista. Politische und journalistische Aktivitäten füllten die nächsten Jahre aus. Ab 1953 lebte er bis zum Sieg der Revolution im Exil, u. a. in Paris und Buenos Aires. 1954 erhielt er den Lenin-Friedenspreis. Ab 1961 war er Präsident des kub. Schriftsteller- und Künstlerverbands.
G. gilt als bedeutendster Vertreter der Ende der 20er Jahre entstandenen und u. a. von J. Z. ↑Tallet und E. ↑Ballagas produzierten »poesía negra«. Er selbst hat allerdings diesen Begriff kritisch beurteilt: »Es gibt auf Kuba ebensowenig eine ›schwarze‹ wie eine ›weiße‹ Poesie. Es gibt, schlicht und einfach, einen beträchtlichen Beitrag des schwarzen Menschen zur span. Dichtung.« G. hatte seine noch dem Modernismus verpflichteten Jugendgedichte u. d. T. *Cerebro y corazón* gesammelt, jedoch nicht herausgegeben. (Sie wurden 1962 von seinem Biographen A. ↑Augier publiziert.) Sein erstes Meisterwerk *Motivos de son* (1930, vertont von A. Roldán u. a.) erschien in der Sonntagsbeilage des »Diario de la Marina«. Es handelt sich um 8 kurze, ge-

schliffene Genrebilder aus der Welt und im Dialekt der Schwarzen. Dabei ist der »son«, die Form eines kub. Tanzlieds, nicht Gegenstand, sondern Bedeutungsträger. G. war es mit diesen Kompositionen gelungen, die Trennung von »Volkskunst« und »hoher Kunst« aufzuheben und eine neue Phase der nationalen Literatur einzuleiten. *Sóngoro cosongo* (1931) ist eine Erweiterung der vorausgegangenen Sammlung. Der Untertitel »Poemas mulatos« (Mulattengedichte) unterstreicht die auf Synthese zielende Haltung, die auch in der Themenvielfalt und der Kombination traditioneller und moderner poetischer Verfahrensweisen zum Ausdruck gebracht wird. Deutliche politische Akzente setzt G. erstmals in *West Indies Ltd.* (1934). Die Titeldichtung erfaßt den komplementären Prozeß von wirtschaftlichem Imperialismus der USA und physischer wie moralischer Verelendung der erneut kolonisierten Antillen. Außerdem enthält der Band einige der gelungensten Gedichte über den Hintergrund von Mythen, Zauber und Beschwörungen im Leben der Farbigen. Der sozialrevolutionäre Gehalt wird in *Cantos para soldados y sones para turistas* (1937) vertieft. Größtenteils verleiht hier die Form des »son« der Anklage eine schwebende Leichtigkeit und Musikalität. Im ersten Teil wird die Repression denunziert, werden die Soldaten brüderlich aufgefordert, nicht mehr Henker ihresgleichen zu sein. Im zweiten Teil entlarvt der Sänger und Fremdenführer Cantaliso mit grimmiger Ironie die Unverschämtheit der Touristen, die das zum Bordell und Andenkenladen degradierte Land besuchen. Der Span. Bürgerkrieg ist Thema von *España. Poema en cuatro angustias y una esperanza* (1937). Neben C. ↑Vallejos *España, aparta de mí este cáliz* und P. ↑Nerudas *España en el corazón* ist es das dritte große Zeugnis lateinam. Betroffenheit. G.s erste Gesamtausgabe *El son entero* (1947; dt. *Bitter schmeckt das Zuckerrohr*, 1952) läßt in den neu hinzugekommenen Gedichten eine melancholische Grundhaltung erkennen, die sich fortsetzt in *Elegía a Jacques Roumain en el cielo de Haití* (1948) und *Elegía a Jesús Menéndez* (1951), über einen von der Polizei erschossenen kub. Gewerkschaftsführer. Die Erfahrung des Exils, zumeist auf den weltpolitischen Kontext der aggressiven Machtausdehnung der USA übertragen, reflektiert ein Teil der Gedichte von *La paloma de vuelo popular* (1958). Die grundlegenden Veränderungen, die Kuba seit 1959 erfahren hat und das Bild einer brüderlichen Sowjetunion rücken in *Tengo* (1964) in den Vordergrund. In den Spätwerken hat G. immer wieder durch virtuoses Können, Originalität, Witz und manchmal frappierende Offenheit – etwa mit »Digo que yo no soy un hombre puro« aus *La rueda dentada* (1972) – überrascht. Auffallend ist die quantitative Zunahme burlesk satirischer Gedichte. *Coplas de Juan Descalzo* (1979) ist eine Sammlung von Satiren auf das Batista-Regime, die 1952 einzeln und anonym erschienen waren. *El gran zoo* (1967) besteht aus Kurzgedichten, die Naturphänomene, Menschengruppen oder auch die Atombombe in tierähnlicher Gestalt darstellen. *El diario que a diario* (1972) behandelt die Geschichte Kubas, wobei die sprachlichen Modelle einer Tageszeitung – von der Kleinanzeige bis zum Polizeibericht – verwendet werden. G.s journalistische Beiträge aus den Jahren 1938-61 vereint *Prosa de prisa* (1962). Seine Autobiographie erschien u.d.T. *Páginas vueltas* (1982; dt. *Umgeblätterte Seiten*, 1987).

Weitere Werke: Lyrik: *Buenos días, Fidel* (1959), *¿Puedes?* (1960), *Poemas de amor* (1964).

Ausgaben: *Obra poética.* LH 1972/73,

2 Bde. – *Gedichte* (Span., dt.). Leipzig 1969. – *Gedichte* (Span., dt.). Frankfurt/M. 1982.
Literatur: *Bibliografía de N. G.* LH 1975. – J. M. Ruscalleda Bercedóniz, *La poesía de N. G.: cuatro elementos sustanciales.* Río Piedras 1975. – D. Sardinha, *The Poetry of N. G.: An Introduction.* London 1976. – R. Fernández Retamar, *El son del vuelo popular.* LH 1979. – A. Augier, *La Revolución Cubana en la poesía de N. G.* LH 1979. – M. Mansour, *Análisis textual e intertextual, ›Elegía a Jesús Menéndez‹ de N. G.* ME 1980. – G. Batinic/I. Kerkhoff/J. Schmitt-Sasse, *N. G. Cuba – Lyrik – Revolution. Eine Auswahl seiner Gedichte übersetzt und kommentiert.* Köln 1981. – M. Aguirre, *Un poeta y un continente.* LH 1982. – N. Morejón, *Nación y mestizaje en N. G.* LH 1982. – R. Márquez, *Racism, Culture and Revolution: Ideology and Politics in the Prose of N. G.* LARR, 17 (1982), 1, 43-68. – L. Williams, *Self and Society in the Poetry of N. G.* Baltimore 1982. – K. Ellis, *Cuba's N. G.: Poetry and Ideology.* Toronto 1983. – J. Ruffinelli, *Poesía y descolonización.* ME 1985. – C. A. White, *N. G.* (Bibliografía). INTI, 21 (1985), 143-163. – R. Jackson, *N. G. in the 1980s: A Guide to Scholarship.* LARR, 23 (1988), 4, 110-122. – A. Gonçalves, *N. G. O Itinerário de un Poeta.* RI, 56 (1990), 152/153, 1171-1187.

Heredia (y Heredia), José María
*31.12.1803 in Santiago de Cuba, †7.5.1839 in Mexiko Stadt. Sohn eines span. Verwaltungsbeamten. Mehrere Jahre lebte er mit seiner Familie in Venezuela, ab 1819 in Mexiko Stadt, wo er ein Jurastudium anfing, das er 1821 an der Universität von Havanna abschloß. Er ließ sich dann in Matanzas als Rechtsanwalt nieder, beteiligte sich – bis zu welchem Grad ist unbekannt – an der Verschwörung »Soles y Rayos de Bolívar« gegen die span. Herrschaft und konnte, als diese aufgedeckt wurde, außer Landes fliehen. Ab 1823 lebte er in den USA, ab 1825 in Mexiko – Cuernavaca und Toluca –, wo er als Verwaltungsbeamter, Richter und Parlamentsabgeordneter sowie als Mitarbeiter und Herausgeber mehrerer Zeitschriften tätig war. Enttäuscht von der politischen Entwicklung in Mexiko trat er 1833 von seinem Parlamentssitz zurück und richtete an den Generalkapitän von Kuba einen Brief, in dem er sich zur span. Krone bekannte und um die Erlaubnis bat, seine Familie zu besuchen. Die Tuberkulose beendete sein gehetztes, zuletzt auch von materiellen Sorgen verdüstertes Leben.

Während H.s Temperament und Schicksal die Romantik verkörpern, wurzeln seine Bildung und Lebensphilosophie in Antike und Aufklärung. Nicht immer vermag er die Diskrepanz zu überbrücken und seinen Gefühlen einen Ausdruck verleihen, der frei ist von klassizistischer Pedanterie, aber doch häufig genug, um als einer der bedeutendsten Lyriker seiner Zeit im span. Sprachgebiet zu gelten. In einer ersten, ungewöhnlich frühen Phase entstehen in der Hauptsache Liebesgedichte konventioneller Machart, aber auch, bereits im Alter von 16 Jahren, eine seiner bekanntesten Dichtungen »En el teocalli de Cholula«. (Sie erschien in H.s erster Gesamtausgabe *Poesías*, New York 1825.) Der Anblick der Ruinen der Azteken-Kultstätte zur Stunde des Sonnenuntergangs führt zu Reflexionen über Natur, Geschichte und Zeit. Vergleichbar in der Genauigkeit der Landschaftsdarstellung mit den Dichtungen A. ↑Bellos, tritt anders als bei diesem ein empfindsames Subjekt in den Vordergrund, das von der Sehnsucht nach einer besseren Menschheitsgeschichte erfüllt ist. Wie in einem weiteren großen Naturgedicht, der »Oda al Niágara« (um 1824), identifiziert sich das dichterische Ich in romantischer Exaltation – »Würdig bin ich, dich zu betrachten« – mit dem Geist der Natur. Seit H. Kuba verlassen hat, durchzieht ein wehmütiger Grundton seine Lyrik. Die Liebe zu Kuba und der Glaube an die Demokratie inspirieren ihn zu mehreren politischen Dichtungen, von denen »Himno del desterrado« (1825) zum Kampfgesang der kub. Patrioten im 19. Jh. wird. Zu H.s sonstigem literarischen Schaffen gehören Theaterstücke, Übersetzungen – u. a. Gedichte von Byron, Goethe, Lamartine und Theaterstücke von Jony, Ducis, Voltaire, Chénier – sowie Literaturkritiken und Briefe.

Ausgaben: *Poesías, discursos y cartas.* LH 1939, 2 Bde. – *Poesías completas.* Hg. R. Lazo. ME 1974

Literatur: T. F. Robaina, *Bibliografía sobre J. M. H.* LH 1970. – A. A. Laurencio, *Bibliografía de J. M. H.* RIB, 26 (1976), 2, 177-196. – J. Garcerán de Vall y Souza, *Síntesis de dicotomía libertad – independencia en la poesía de H.* Albany 1976. – Ders., *H. y la libertad.* Miami 1978. – *J. M. H.* Toluca 1979. – J. M. Chacón y Calvo, *Estudios heredianos.* LH 1980. – M. Cota-Cárdenas, *El hablante y el espacio en el ›Niágara‹ de H.: Análisis estructural.* ETL, 12 (1983/4), 2, 19-28. – A. Augier, *Evocación de J. M. H.* RLCUB, 12 (1989), 5-37. – Ders., *J. M. H.: novela y realidad de América Latina.* RI, 56 (1990), 152/153, 734-747.

Hernández Catá, Alfonso

* 24.6.1885 in Aldeávila de la Ribera/Salamanca (Spanien), † 8.11.1940 bei einem Flugzeugabsturz in der Nähe von Rio de Janeiro. Sohn einer Kubanerin. Seine Kindheit verbrachte er in Santiago de Cuba. Mit 14 kam er nach Spanien und besuchte ein Militärkolleg in Toledo. Danach lebte er in Madrid als Journalist. 1908 kehrte er nach Kuba zurück und trat wenig später in den diplomatischen Dienst ein. Ab 1909 war er Konsul in verschiedenen Städten Europas, 1933 Botschafter in Madrid, anschließend in Panamá, Chile und Brasilien.

Von H. C.s umfangreichem literarischen Werk fanden zunächst seine Romane ein breites Publikum in Spanien und Hispanoamerika. Dauerhaftere Anerkennung ist jedoch seinen Erzählungen zuteil geworden. Seine lexikalisch sorgsam ausgefeilte Prosa stellt ihn in die Nähe des Modernismus. Hauptmerkmale der Erzählungen, vor allem ab *Los frutos ácidos* (1915), sind die genaue und durchdringende Analyse menschlicher Leidenschaften, die dichte Atmosphäre der Sinnlichkeit und dramatisch gewalttätige Ausgänge. Pathologisches Verhalten tritt thematisch zunehmend in den Vordergrund, besonders in den Erzählungen von *Manicomio* (1931). Nur selten hat H. C. sich spezifisch kub. Themen zugewandt. Eine Ausnahme bildet *Un cementerio en las Antillas* (1933), in dem er die Epoche der Machado-Diktatur behandelt.

Weitere Werke (Auswahl): Romane: *Pelayo González* (1909), *La juventud de Aurelio Zaldívar* (1911?), *El placer de sufrir* (1920), *La muerte nueva* (1922), *El ángel de Sodoma* (1928); Erzählungen: *Cuentos pasionales* (1907), *Novela erótica* (1909), *Los siete pecados* (1920), *Piedras preciosas* (1927).

Ausgaben: *Sus mejores cuentos.* SCh 1936. – *Cuentos.* LH 1966. – *Cuentos olvidados de A. H. C.* Hg. J. Febles. New York 1982.

Literatur: A. Gutiérrez de la Solana, *Maneras de narrar.* New York 1972. – G. Fernández de la Torriente, *La novela de H. C.: un estudio desde la psicología.* Madrid 1976. – J. M. Febles, *Sobre la artificiosidad ambiental: Cuba en los cuentos clásicos de A. H. C.* ETL, 18 (1989/90), 2, 98-107. – S. Bueno, *Itinerario de A. H. C.* RI, 56 (1990), 152/153, 933-951.

Jamís, Fayad

* 27.10.1930 in Zacatecas (Mexiko), † 12.11.1988 in Havanna. Als Sohn eines Arabers und einer Mexikanerin kam er früh nach Kuba. Kindheit und Jugend verbrachte er im Landesinnern (Santi Spiritus, Las Villas) und lebte 1954-59 unter finanziellen Schwierigkeiten in Paris.

Als bildender Künstler, Journalist, Lyriker und Übersetzer (P. Eluard u.a.) hat er sich gleichermaßen einen Namen gemacht. In Paris entstanden seine wichtigsten Gedichtbände: *Los párpados y el polvo* (1954), *Vagabundo del alba* (1959) und *Los puentes: Poesía 1956-57* (1962). Im Gegensatz zur alles dominierenden Gruppe von »Orígenes« ging J. in der engen Verbindung von Malerei, Musik, Bild und Wort einen konsequenten Weg vom Symbolismus, Impressionismus, Surrealismus bis zu einer existentialistisch ausgefeilten Lyrik, die von historischen und alltäglichen Begebenheiten ihren Ausgang nimmt. M. F.

Weitere Werke: *Brújula* (1949), *Alumbran. Seco sábado* (1954), *Cuatro poemas en China* (1961), *La pedrada* (1962, 1985), *Por esta libertad* (1962, Preis Casa de las Américas), *La victoria de Playa Girón* (1964), *Cuerpos* (1966), *Abrí la verja de hierro* (1973).

Literatur: E. R. Lamadrid, *La poesía de F. J. y la revolución cubana; un estudio de cambio estético.* SY, 33 (1979), 3, 230-247. – CDLA, 30 (1989), 172/173 (Sondernr.) – T. de J. Fernández, ›*Las grandes puertas*‹ *de F. J.* RI, 56 (1990), 152/153, 1225-1235.

Jorge Cardoso, Onelio

* 11.5.1914 in Calabazar de Sagua/Las Villas, † 29.5.1986 in Havanna. Er stammte aus bescheidenen bäuerlichen Verhältnissen und verdiente zunächst als Gelegenheitsarbeiter seinen Unterhalt. In Havanna arbeitete er dann vor der Revolution als Rundfunk- und Fernsehredakteur, danach hatte er verschiedene leitende Funktionen inne.

J. C. ist vor allem als Autor von Erzählungen aus dem ländlichen Kuba bekannt. Bereits in seinem Frühwerk gelingt es ihm, ähnlich wie J. ↑Rulfo, die Lebensumstände und das Verhalten seiner Helden aus ihrem Bewußtsein heraus darzustellen und die verschiedenen, auch widersprüchlichen Beziehungen zwischen kreatürlichen und sozialen Bedürfnissen, individuellen und kollektiv traditionellen Vorstellungen in symbolischer Form zu verdeutlichen. In den Erzählungen, die J. C. in den 60er Jahren geschrieben hat, tritt zunehmend die Stadt als Schauplatz in den Vordergrund, verbunden mit Elementen des Künstlichen und Fantastischen bis hin zum Grotesken.

Werke (Auswahl): *Taita, diga usted cómo* (1945), *El cuentero* (1958), *El caballo de coral* (1960; dt. *Das Korallenpferd*, 1972), *La lechuza ambiciosa* (1960), *La otra muerte del gato* (1974), *El perro* (1964; dt. *Negrita*, 1987), *Iba caminando* (1966), *Abrir y cerrar los ojos* (1969), *Caballito blanco* (1974), *El hilo y la cuerda* (1974).

Ausgabe: *Cuentos completas.* LH 1965.

Literatur: P. Rubio de Lértora, *El concepto de focalización. Su aplicación a la cuentística de O. J. C.* S, 6 (1981), 99-123. – J. de la C. Hernández Azaret, *Algunos aspectos de la cuentística de O. J. C.* Santiago (Kuba) 1982. – *Coloquio sobre la cuentística de O. J. C.* LH 1983. – P. Rubio de Lértora, *La figura del narratorio en la narrativa de O. J. C.* RCLL, 11 (1985), 21-22, 193-204. – U. Hinz/C. Holtz, *Zum Menschenbild in den Erzählungen O. J. C.s.* BRP, 22 (1983), 1, 63-75. – D. García Ronda/J. Garavito, *O. J. C. et la nouvelle cubaine.* EUROPE, 666 (1984), 15-21. – J. Talvet, *O. J. C. en sus dos tiempos.* CDLA 158 (1986), 42-50. – R. Prada Oropeza, *Poética y liberación en la narrativa de O. J. C. Ensayo de interpretación.* ME 1988.

Labrador Ruiz, Enrique

* 11.5.1902 in Sagua la Grande. Journalist und Handelsvertreter, nach 1959 Redakteur des Staatsverlages. Seine literarischen Kenntnisse erwarb er sich nach dem Volksschulabschluß als Autodidakt.

»Novelas gaseiformes«, »gasförmige Romane«, nannte er seine drei ersten größeren Werke *El laberinto de si mismo* (1933), *Cresival* (1936) und *Anteo* (1940). In seinem eklektischen Bildungsdrang entlehnte L. R. dem Werk Faulkners den bilderreichen Stil, der von vordergründigen Ereignissen rasch in symbolische Dimensionen überging, und die triebhafte, schicksalsbestimmte Vita seiner Gestalten. J. Joyce verdankte er die anspielungs-, beziehungs- und gebärdenreiche Sprache, die Verfeinerung der inneren Monologe, die Synthese von Traum, Wunsch und Anschauung und die mythisch-symbolische Umdeutung vieler Details. Das Werk Kafkas war für die Personengestaltung seiner Romane und Erzählungen bedeutsam. Die nebulöse Verschwommenheit der Konturen, die gespenstische Einsamkeit der Figuren und ihre zeitlose Handlungsweise schienen sie jeder konkreten Interpretation zu entziehen. »Novelines neblinosos«, »Nebelnovellen« nannte der Autor die Erzählungen des Bandes *Carne de quimera* (1947). Hier wie auch in einem weiteren größeren Erzählband, *Trailer de sueños* (1949), gestaltet er irreale, fantastische, ins Lyrische überhöhte Welten. Mit dem Roman *La sangre hambrienta* (1950, Nationalpreis) und den Erzählungen *El gallo en el espejo* (1953) tritt ein Wandel ein, indem er versucht, die konkreten Lebens- und Arbeitsverhältnisse seiner Umgebung mit Elementen des Imaginären zu verbinden. M. F.

Weitere Werke: Essays, Miszellen: *Manera de vivir* (1941), *Papel de fumar. Cenizas de conversación* (1945), *El pan de los muertos* (1958).
Ausgabe: *Cuentos*. LH 1970.
Literatur: R. Molinero, *La narrativa de E. L. R.* Madrid 1977. – M. Montes Huidobro, *L. R. Pruebas de galera del proceso creador.* CHASQUI, 7 (1978), 1, 5-16. – R. Sánchez (Hg.), *Homenaje a E. L. R.* MON 1981. – R. Sánchez, *E. L. R. y la novela gaseiforme: Una aproximación al texto narrativo.* CRIH, 3 (1981), 1, 37-46. – P. Rosencvaig, *Las novelas ›gaseiformes‹ de E. L. R.* RI, 56 (1990), 152/153, 967-975.

Leante, César

* 1.7.1928 in Matanzas. Er war 1954-59 Rundfunkredakteur, nach der Revolution u.a. Mitarbeiter des kub. Informationsdienstes »Prensa Latina«, Professor für dramatische Literatur, Kulturattaché in Paris (1963) und Beamter des Außenministeriums. Anfang der 80er Jahre verließ er Kuba und lebt heute in Madrid.

L. hat außer den Reportagen über den Kampf gegen die konterrevolutionäre Guerilla, *Con las milicias* (1962), vor allem Romane veröffentlicht. Sein erster, *El perseguido* (1964), schildert die Flucht eines Mannes durch Havanna, der auf Batista ein fehlgeschlagenes Attentat verübt hat. Einen Generationenkonflikt im vorrevolutionären Kuba nach dem Modell von Turgenjews *Väter und Söhne* behandelt L. in *Padres e hijos* (1967). Sein bisher bedeutendstes Werk ist *Los guerrilleros negros* (1976; 1982 u.d.T. *Capitán de cimarrones*; dt. *Die schwarzen Guerrilleros*, 1980), ein historisch fundierter und spannend geschriebener Roman, der im Schicksal verschiedener Personen das Leben der Sklaven auf den kub. Zuckerrohrplantagen zu Beginn des 19. Jh.s und ihren Widerstand schildert. In einer Mischung aus verschlüsselten und konkreten Fakten sowie langen Diskussionen über das Verhältnis von Revolution und Kultur behandelt *Calembour* (1988) die ersten Jahre nach dem Sieg der Revolution und die zunehmende Enttäuschung vieler kub. Intellektueller.

Weitere Werke: Roman: *Muelle de caballería* (1973); Erzählungen: *La rueda y la serpiente* (1969); Essay: *El espacio real* (1975).
Literatur: I. Alvarez García, *La obra narrativa de C. L.* CDLA, 20 (1980), 118, 108-113. – W. Luis, *Myth and Reality in C. L.'s ›Muelle de caballería‹*. LALR, 8 (1980), 16, 256-265. – W. Luis, *La novelística de C. L.* CAM, 24 (1982), 5, 226-236. – C. Lucyga, *Traditionsbeziehungen im modernen kub. Roman: Manuel Cofiño López und C. L.* WB, 26 (1980), 9, 159-163. – R. Prada Oropeza, *Historia y literatura en Cabrera In-*

fante, C. L. y Cintio Vitier. TC, 8 (1983), 26-27, 65-91.

Lezama Lima, José

* 19.12.1910 in Columbia, einem Militärstützpunkt bei Havanna, † 9.8. 1976 in Havanna. Sohn eines Obersten, der 1919 starb. Nach einem Jurastudium, das er 1938 abschloß, arbeitete er zunächst in einer Anwaltskanzlei, ab 1941 in der Verwaltung. Nach der Revolution war er Leiter der Literatur- und Publikationsabteilung des Consejo Nacional de Cultura, ab 1962 Vizepräsident des kub. Schriftsteller- und Künstlerverbands (UNEAC) sowie Assessor am Literaturinstitut der Academia de Ciencias. In seinem Leben verließ er Kuba nur für einen kurzen Besuch Jamaicas (1949) und Mexikos (1950). Er gab mehrere Literaturzeitschriften heraus: »Verbum« (1937), »Espuela de Plata« (1939-41), »Nadie parecía« (1942-44) und »Orígenes« (1944-56), die zu den wichtigsten hispanoam. Zeitschriften zählte.

L. L. hat ein umfangreiches Werk als Lyriker, Essayist und Romancier geschaffen, das in einer profunden Universalbildung wurzelt und eine nahezu sakrale Hingabe an die Literatur kennzeichnet, die für viele jüngere kub. Autoren beispielhaft gewesen ist. Bereits mit seinen ersten Gedichtbänden *Muerte de Narciso* (1937) und *Enemigo rumor* (1941) erwarb er sich die Anhängerschaft einer breiten Gruppe avantgardistischer Lyriker seines Landes, mit dem Roman *Paradiso* (1966; dt. *Paradiso*, 1979) weltweite Anerkennung. Die Lyrik L. L.s charakterisiert ein üppig wucherndes Rankenwerk von kulturellen Anspielungen sowie unentwirrbar verketteten Bildern und Symbolen, das den bereits weitgehend literarisch gefilterten vitalen Kern verbirgt. Erkennbar bleiben die Modelle der culteranistischen Lyrik Góngoras, des »Creacionismus« V. ↑Huidobros und der *écriture automatique* der Surrealisten. Spezifisch sind eine den gesamten Kosmos durchdringende Sensualität, die sich auch in einer Sprachverwendung manifestiert, die die Welt der Objekte dem bildhaften und klanglichen Material unterordnet. Soweit das äußerst kompakte lyrische Gesamtwerk L. L.s eine Entwicklung erkennen läßt, könnte der Zugriff auf die Gegenstände des Alltags, der viele Gedichte der postumen Sammlung *Fragmentos a su imán* (1977) auszeichnet, der mythischen Bilderwelt der frühen Werke bis *La fijeza* (1949) gegenübergestellt werden. L. L. hat in mehreren poetologischen Essays seine Konzeption zu erläutern gesucht. Fundamentale Bedeutung hat der Essay »Las imágenes posibles« (1948, dann in der Sammlung *Analecta del reloj*, 1953), in dem über die Beinahe-Gleichsetzung von Phänomen und Bild (»imagen«) der ontologische Erkenntniswert der Dichtung festgestellt wird. *Paradiso* ist gleichzeitig Bildungsroman, Autobiographie, und ein enzyklopädischer Versuch, die Prinzipien seiner Dichtung im Rahmen einer realitätsnahen, wenn auch hauptsächlich nach ästhetischen Maßstäben organisierten Fiktion zu verwirklichen. In diesem Sinne hat L. L. von einer »bewohnten Dichtung« gesprochen und den Romanfiguren den Status von Metaphern zugewiesen. Die Haupthandlung der 14 Kapitel von *Paradiso* umfaßt Kindheit und Jugend des Kubaners José Cemí und verzweigt sich in den Lebensgeschichten seiner Familie sowie den Erfahrungen seiner Freunde Fronesis und Foción. Cemís Elternhaus, Asthmaanfälle in der Kindheit, die hier eine lebensfördernde Todesnähe bedeuten, enge Mutterbindung etc. verweisen auf die Biographie L. L.s. Auf symbolischer Ebene vertritt der Protagonist das Prinzip des Willens, Fronesis verkörpert die Rationalität und Foción die (homo)sexuelle Begierde. Erweitert im Mythos der Androgynie, kommt ihr in der Gesamtheit des Romans eine zentrale Bedeutung zu. Eine weitere symbolische Ebene bezieht sich auf L. L.s Ästhetik. Die Welt der Kindheit, die als Archetyp des Glücks in der Erinnerung fortlebt, bedeutet die Quelle des Poetischen. Der Verlust des »Paradieses« der Kindheit – hier ausgelöst durch den Tod des Vaters – führt zur schöpferischen Tätigkeit, die – in der übergeordneten Kategorie der »Poesie« – auf eine Wiedergewinnung der paradiesischen Harmonie oder auch auf die Aufhebung des Gegensatzes Eros – Tod abzielt. Cemís Werdegang vom »erstaunten Erkennen des Kindes zur gesuchten Erkenntnis« führt durch eine rein sensorisch aufgenommene Daseinsfülle von Klängen, Formen, Farben etc., in der auch Unwichtiges magische Dimensionen gewinnt. Ein in seiner sprachlichen und inhaltlichen Dichte ebenbürtiges Werk ist der Fragment gebliebene Roman *Oppiano Licario* (1977), bei dem es sich weniger um eine Fortsetzung als um eine Erweiterung von *Paradiso* handelt, aus dem die meisten Gestalten und auch die Titelfigur übernommen worden sind. Oppiano Licario bleibt in diesem Roman eine mysteriöse und eher allegorische, die Theorie der Dichtung verkörpernde Gestalt. Der eigentliche Protagonist ist Fronesis, der im ersten Teil von *Oppiano Licario* eine Reise nach Europa unternimmt. Im weiteren Verlauf der Handlung, die in Havanna spielt, kreuzt sich sein Lebensweg wieder mit Cemís. Zu den Höhepunkten des Romans gehört Fronesis' Besuch einer »Metaphernfabrik« oder eines »Bilderhospitals«, wo ihm ein »Närrchen von großer Schönheit« verschiedene Veredelungsvorschläge der Poesie unterbreitet.

Weitere Werke: Lyrik: *Enemigo rumor* (1941), *Aventuras sigilosas* (1945), *Dador* (1960); Essays: *Arístides Fernández* (1950), *La expresión americana* (1957; dt. *Die Ausdruckswelten Amerikas*, 1981; *Amerikanische Ausdruckswelt*, 1992), *Tratados en La Habana* (1958), *Esferaimagen* ... (1970), *La cantidad hechizada* (1970), *Las eras imaginarias* (1971), *Introducción a los vasos órficos* (1971), *Imagen y posibilidad* (1981); Erzählungen: *Cangrejos, golondrinas* (1977), *Juego de las decapitaciones* (1982).

Ausgaben: *Poesía completa*. LH 1970, 1985. – *Obras completas*. ME 1975/77, 2 Bde. – *Cartas: 1939-1976*. Hg. E. Lezama Lima. Madrid 1979. – *Paradiso*. Ed. crítica. Hg. C. Vitier. Madrid etc. 1988.

Literatur: P. Simón (Hg.), *Recopilación de textos sobre J. L. L.* LH 1970. – G. Zaldívar, *Novelística cubana de los años 60: ›Paradiso‹, ›El mundo alucinante‹*. Miami 1977. – M. Strausfeld (Hg.), *Aspekte von J. L. L. ›Paradiso‹*. Frankfurt/M. 1979. – M. Junco Fazzolari, *›Paradiso‹ y el sistema poético de L. L.* BA 1979. – J. C. Ulloa, *J. L. L.: textos críticos*. Miami 1979. – M. Pereira, *J. L. L.: Las cartas sobre la mesa*. LH 1980. – J. Valdivieso, *Bajo el signo de Orfeo: L. L. y Proust*. Madrid 1980. – C. Ruiz Barrionuevo, *El Paradiso de L. L.* Madrid 1980. – E. Gimbernat de González, *›Paradiso‹: entre los confines de la transgresión*. Xalapa 1982. – R. H. Moreno-Durán (Hg.), *J. L. L.* Barcelona 1982. – R. D. Souza, *The Poetic Fiction of J. L. L.* Columbia 1983. – C. Vizcaíno, E. Suárez Galbán-Guerra (Hg.), *Coloquio internacional sobre la obra de J. L. L.* Madrid 1984, 2 Bde. – R. Ríos-Avila, *The American Gnosis of J. L. L.* Columbia 1984. – E. Bejel, *Literatura de nuestra Américana: estudios de literatura cubana e hispanoamericana*. Xalapa 1985. – J. C. Ulloa, *Sobre J. L. L. y sus lectores: guía y compendio bibliográfico*. Boulder 1987. – G. Pellón, *Portrait of the Cuban Writer as French Painter: Henri Rousseau, J. L. L.'s Alter Ego*. MLN, 103 (1988), 2, 350-373. – J. Prats Sariol, *›Paradiso‹: recepciones*. RLCUB, 12 (1989), 38-69. – I. Chiampi, *Teoría de la imagen y teoría de la lectura en L. L.* CDLA, 30 (1989), 177, 48-57. – R. V. Molinero, *J. L. L. o el hechizo de la búsqueda*. Madrid 1989.

Loveira, Carlos
*21.3.1881 in El Santo/Las Villas, †26.11.1928 in Havanna. 1895 kam er in die USA, wo er als Hoteljunge arbeitete. 1897 nahm er auf Kuba am Kampf gegen die Spanier teil. Danach war er Eisenbahner und Organisator von Gewerkschaften. Als anarchosyndikalistischer Agitator bereiste er 1908-17 Mittelamerika und das revolutionäre Mexiko. Ab 1921 war er kub. Delegierter bei der internationalen Behörde für Arbeit in Genf.
Außer Essays und einem umfassenden Bericht über seine gewerkschaftlichen Erfahrungen, *De los 26 a los 35. Lecciones de la experiencia en la lucha obrera. 1908-1917* (1917), hat L. vier Romane geschrieben, die bei allen stilistischen und formalen Mängeln als die repräsentativsten Werke der Epoche gelten. L.s Ziel ist die Aufdeckung gesellschaftlicher Mißstände und Widersprüche, zwar mit manchen Anleihen bei Zola, im wesentlichen jedoch der eigenen Erfahrung und Beobachtung verpflichtet. *Los inmorales* (1919) greift in die Debatte um die Ehescheidung ein und attackiert eine verlogene Moral, deren Opfer vor allem die Frauen sind. *Generales y doctores* (1920) schildert im ersten Teil Jugend, Liebschaften und Kriegserfahrungen (1895-98) des Protagonisten, im zweiten Teil die trüben Anfangsjahre der Republik, als sich die »Generäle und Doktoren« hemmungslos bereichern. *Los ciegos* (1922) ist ein buntes Sittenbild vor allem aus dem kub. Arbeitermilieu. *Juan Criollo* (1927), L.s bester Roman, führt in die letzten Jahrzehnte des 19. Jh.s zurück. Der Protagonist ist gewissermaßen als das Gegenbild des Freiheitshelden J. ↑Martí angelegt und vereint in seiner Biographie – vom Zuhälter zum Abgeordneten – Elemente, die die moralische und soziale Struktur der korrupten und zur Bildung eines gerechten und demokratischen Staates unfähigen Führungsschicht Kubas offenlegen sollen. Zu L.s weiteren Werken gehört der Kurzroman *La última lección* (1924), in dem das Thema der Erotik, das auch die anderen Romane ausgiebig behandeln, im Vordergrund steht, sowie eine große Anzahl von Erzählungen, die er in Zeitschriften wie »Cuba Contemporánea«, »EL Fígaro«, »Social« u.a. veröffentlichte.

Literatur: M.A. Martínez, *Causa, tesis y tema de la novela de C.L.* H, 54 (1971), 1, 73-79.

Manzano, Juan Francisco
*1797 in Havanna, †1854 ebd. Er kam als Sklave zur Welt und hatte eine verhältnismäßig unbeschwerte Kindheit, bis er mit elf Jahren an die Marquesa de Prado Ameno vererbt wurde, unter der er schlimme Quälereien erlitt. Durch eine von dem Schriftstellerzirkel um Domingo del Monte (1804-1853) veranstaltete Kollekte wurde 1836 das für seinen Freikauf benötigte Geld aufgebracht. Er wurde seiner Freiheit nicht froh. Angeklagt wegen Beteiligung an der »Conspiración de la Escalera«, kam er 1844 ins Gefängnis. Nach einem Jahr unbegründeter Haft wurde er entlassen. Das Beispiel des farbigen Dichters Gabriel de la Concepción ↑Valdés, der wegen dieser Verschwörung hingerichtet wurde, ließ ihn verstummen. Bis zu seinem Tod arbeitete er als Koch.
M. gewann seine Freiheit durch ein schmales lyrisches Werk, das den Band *Poesías líricas. Cantos a Lesbia* (1821) und Beiträge für die Zeitschriften »La Moda«, »El Pasatiempo«, »El Album« und »El Aguinaldo Habanero« umfaßt. In letzterer erschien sein Sonett »Mis treinta años«, eine Synthese seiner Leiden und Erniedrigungen. Außerdem schrieb er eine fünfaktige Tragödie *Zafira* (1842). Bei aller Konventionalität verdient seine Lyrik größte Anerkennung als Ausdruck einer uner-

meßlichen Anstrengung, sich mit eigenen Kräften aus der Kondition des Rechtlosen zu befreien. Als bedeutender gilt jedoch seine um 1839 aufgezeichnete *Autobiografía* (1840 ins Engl. und teilweise ins Frz. übersetzt), deren zweiter Teil verlorengegangen ist. So reicht die Darstellung nur bis zum 33. Lebensjahr M.s. Die erlittenen körperlichen und seelischen Qualen, die in einem ausdrucksstark schlichten Stil geschildert werden, klagen nicht nur die Unmenschlichkeiten einer bestimmten Epoche an, sondern zeigen den perversen Kern jeglicher Art von Unterdrückung auf.

Ausgaben: *Flores pasageras*. LH 1830. – *Autobiografía, cartas y versos*. LH 1937. – *Obras*. LH 1972.

Literatur: C. Leante, *Dos obras antiesclavistas cubanas*. CAM, 207 (1976), 175-189. – R. Friol, *Suite para J. F. M.* LH 1977. – E. J. Mullen (Hg.), *The Life and Poems of a Cuban Slave. J. F. M., 1797-1854*. Hamden 1981. – S. Molloy, *From Serf to Self: The Autobiography of J. F. M.* MLN, 104 (1989), 2, 393-417.

Marinello (Vidaurreta), Juan

*2.11.1898 in Jicotea, †27.3.1977 in Havanna. Das politische und kulturelle Wirken M.s hat ein halbes Jh. kub. Geschichte entscheidend mitgeprägt. Seine antiimperialistische und antifaschistische Haltung trug ihm seit den 30er Jahren wiederholt Verfolgung, Gefängnis und Exil ein, führten nach der Revolution von 1959 aber zu hohen Ehren (u.a. Präsident des Weltfriedenrates, 1966). Das politische Leben M.s war eng mit seinen literarischen Aktivitäten verknüpft. 1923 nahm er am »Protest der Dreizehn« für eine demokratische Hochschulreform teil, aus dem der »Grupo Minorista« hervorging, zu dessen Gründungsmitgliedern M. ebenso zählte wie zu den Taufpaten der avantgardistischen »Revista de Avance« (1927). Im Zusammenhang mit dem Span. Bürgerkrieg radikalisierte sich seine politische Einstellung.

In M.s literarischem Werk dominieren die politischen Reden und Essays (*Ensayos*, 1977). Sie sind Dokumente einer engagierten Geschichts- und Lebensauffassung, welche die Erkenntnisse des historischen Materialismus mit nationalen Erfordernissen zu verbinden versuchen. Ausgehend von einer marxistischen Ästhetik, zeigen seine zahlreichen Arbeiten zu J. ↑Martí, die der Band *Once ensayos martianos* (1965) vereint, wie ihm an einem nationalen Weg aus Abhängigkeit und Unterentwicklung gelegen war. In Madrid veröffentlichte M. den Band *Liberación* (1927), intimistische Lyrik, die von Juan Ramón Jiménez beeinflußt ist. In der späteren Dichtung werden gelegentlich aktuelle Geschehnisse satirisch behandelt, z.B. die Raketenkrise von 1962 in »Coplas de Pancho Alday« aus *Poesía* (1977). M. F.

Literatur: M. L. Antuña, *Bibliografía de J. M.* LH 1975. – S. Arias, *Der Essay als Waffe im Kampf: J. M. und sein ›Momento español‹*. WB, 24 (1978), 12, 156-165. – *Recopilación de textos sobre J. M.* LH 1979.

Martí, José

*28.1.1853 in Havanna, †19.5.1895 in Dos Ríos/Oriente. Sein Vater war gebürtiger Spanier, Soldat und Polizeiwachtmeister. Der Lehrer, der ihn entscheidend förderte, war der Lyriker Rafael María de Mendive (1821-1886), der 1869 nach Spanien deportiert wurde. Auch ihn verhaftete man in diesem Jahr mit der Begründung eines aufrührerischen Briefes an einen Freund und verurteilte ihn zu 6 Jahren Zwangsarbeit. Schwerkrank wurde er 1871 nach Spanien deportiert. In Madrid und Zaragoza studierte er bis 1874 Jura und Philologie und begab sich im Anschluß nach Mexiko. Von diesem Zeitpunkt an begann er auf kulturellem Gebiet, u. a. als Redakteur der »Revista Universal« und Professor in Guatemala, große Aktivität zu entfalten. 1878 kehrte er nach Kuba zurück und wurde 1879 erneut nach Spanien deportiert. 1880 gründete er in New York das kub. Revolutionskomitee und widmete sich in den folgenden Jahren unermüdlich auf Reisen und als Korrespondent einiger der wichtigsten Zeitungen des Kontinents sowie als Herausgeber von Zeitschriften – im besonderen von »Patria«, ab 1892 – der Vorbereitung der kub. Befreiung. 1890 ernannten ihn Argentinien, Uruguay und Paraguay zum Konsul in New York. Am 11.4.1895 landete er mit dem General Máximo Gómez und fünf weiteren Personen in Kuba, wo der Aufstand bereits ausgebrochen war. Bald darauf wurde er bei einem Gefecht tödlich verwundet.

In seinem kurzen Leben hat M. ein umfangreiches literarisches Werk geschaffen, das Spiegel und Zeugnis einer Persönlichkeit ist, die Opferbereitschaft und künstlerische Sensibilität in großartiger Weise verbindet. Sein eigentlich belletristisches Werk umfaßt nur ein paar Gedichtbände und Theaterstücke sowie zwei Romane, aber eine scharfe Trennung zwischen diesem Teil seines Schaffens und den sonstigen Schriften – Briefe, Zeitungsartikel, Reden, Essays, Kritiken, Tagebuchaufzeichnungen – zu ziehen ist ebenso unmöglich wie die Unterscheidung zwischen seinem politischen Denken und Handeln sowie seinem öffentlichen und privaten Leben. Sein persönlicher Stil, dessen assoziative Spannweite und fast halluzinatorische Fähigkeit der Verbildlichung von Ideen noch heute erstaunen, ist eine Qualität des Gesamtwerks. Literatur, in welcher Form auch immer, steht für ihn im Dienst einer Sache, und er sieht in ihr vor allem den praktischen Zweck, die Gesellschaft zu verbessern, sei es durch die Ehrlichkeit emotionaler Selbstvergewisserung, durch direkte moralische Reflexion oder über die Begeisterung für Kunst und Schönheit. Poetisches Temperament und Wille zur ästhetischen Perfektion zeichnen selbst noch die Schriften aus, die, wie seine letzten Aufzeichnungen, in Momenten höchster Gefahr und Sorge entstanden und nicht für eine Publikation bestimmt sind. Im Zentrum seiner politisch-sozialen Artikel und Essays steht Kubas Gegenwart und Zukunft. Um Elend und Unterdrückung in der Kolonie anzuprangern und das Gewissen des Mutterlandes wachzurütteln, publizierte er in Spanien die Schriften *El presidio político en Cuba* (1871) und nach Ausrufung der Republik *La república española ante la revolución cubana* (1873). Seine Empörung über Machtgier und Brutalität der Verwaltungsoberen richtet sich nicht pauschal gegen die Spanier. Ebenso wie er jeden Rassismus verurteilt und ausdrücklich die Gleichstellung von Schwarzen und Weißen propagiert, findet er sich nicht zur kollektiven Verurteilung eines Volkes bereit. Der Befreiungskampf ist für ihn eine ethische Pflicht, die als solche über den nationalen Rahmen hinaus wirkt. Weitblikkend erkennt er die Gefahr des Imperialismus der USA für »Unser Amerika«. (»Nuestra América« ist der Titel einer seiner wichtigsten Schriften, die 1891 in der mex. Zeitung »El Partido Liberal« erschien.) Zwar hebt er die historischen Leistungen der USA hervor, aber lange genug hat er »im Bauch des Ungeheuers« gelebt, um den Niedergang demokratischer Tugenden wahrzunehmen und vor der Habgier und dem Superioritätsanspruch der »angelsächsischen Rasse« zu warnen. Die weitere Entwicklung bestätigte M.s Befürchtungen. Das in seinem sog. »Manifiesto de Montecristi« (*El Partido Revolucionario Cubano a Cuba*, 1895) entworfene Bild eines von fremden Ausbeutern, Rassenschranken und Standesunterschieden freien Kuba wurde erst durch die Revolution Castros verwirklicht. Als Lyriker veröffentlichte M. nur die Gedichtbände *Ismaelillo* (1882) und *Versos sencillos* (1891). Die 15 Gedichte von *Ismaelillo* sind aus der Haltung väterlicher Sehnsucht nach dem kleinen Sohn geschrieben. Geschmeidig kunstvolle Schlichtheit in der Verbindung mit preziöser Metaphorik verweisen bereits auf den etwas später einsetzenden Modernismus. Noch kühner und subtiler sind die Bilder, die M. in den an volksliedhaften Formen orientierten *Versos sencillos* verwendet. Kommen hier eher sublimierter Schmerz und Resignation zum Ausdruck, wird der Stimmungsgehalt der um 1880 entstandenen *Versos libres* (1913) von einer zur Verzweiflung neigenden tragischen Spannung beherrscht. Der unter dem Pseudonym Adelaida Ral als Feuilleton erschienene und von M. selbst skeptisch beurteilte Roman *Amistad funesta* (1885) vereint romantische Elemente mit der ästhetizistischen Sprachgebung der Jahrhundertwende. M.s *Obras completas* wurden mehrfach herausgegeben, erstmals 1900-19 in 15 Bänden.

Weitere Ausgaben (Auswahl): *Obras completas*. LH 1936-1953, 74 Bde. – *Obras completas*. LH 1963-1973, 28 Bde. – *Páginas escogidas*. Hg. R. Fernández Retamar. LH 1971, 2 Bde. – *Mit Feder und Machete*. Hg. H.-O. Dill. Berlin 1974 (²1986).

Literatur: N. Salomon, *Cuatro estudios martianos*. LH 1980. – J. Marinello, *Dieziocho ensayos martianos*. LH 1980. – J. Ibarra, *J. M. Dirigente político e ideólogo revolucionario*. LH 1980. – C. Vitier/F. García Marruz, *Temas martianos*. Río Piedras ²1981. – A. Augier, *Acción y poesía en J. M.* LH 1982. – J. Le Riverend, *J. M.: pensamiento y acción*. LH 1982. – J. A. Portuondo, *M., escritor revolucionario*. LH 1982. – J. A. Benítez, *M. y los Estados Unidos*. LH 1983. – J. M. Kirk, *J. M., Mentor of the Cuban Nation*. Tampa 1983. – J. Lawrezki, *J. M., Soldat mit Feder und Gewehr*. Berlin 1983. – J. Olivio Jiménez, *J. M., poesía y existencia*. ME 1983. – H.-E. Gross/R. Kumpf (Hg.), *J. M. hoy – J. M. heute*. Dortmund 1985. – C. Abel (Hg.), *J. M., Revolutionary Democrat*. London 1986. – R. Rexach, *Estudios sobre M.* Madrid 1986. – P. Turton, *J. M., Architect of Cuba's Freedom*. London 1986. – T. G. Oría, *M. y el Krausismo*. Colorado 1987. – *J. M. Estudios y textos desconocidos*. RI, 55 (1989), 146/147, 175-250 (Sondernr.) – J. M. Oviedo, *La niña de New York: una revisión de la vida erótica de M.* ME 1989. – A. M. Teja, *La poesía de J. M. entre naturaleza e historia. Estudios sobre la antítesis y la síntesis*. Cosenza 1990. – O. Ette, *J. M. Teil 1: Apostel – Dichter – Revolutionär. Eine Geschichte seiner Rezeption*. Tübingen 1991.

Martínez Villena, Rubén

* 20.12.1899 in Alquízar, † 16.1.1934 in Havanna. Er war Jurist und kam erstmals 1924 wegen Konspiration ins Gefängnis. 1927 verfaßte er das Manifest des avantgardistischen »Grupo minorista«. Im folgenden Jahr trat er der Kommunistischen Partei bei. 1930 organisierte er den Generalstreik gegen Machado, wurde zum Tode verurteilt und konnte über die USA nach Moskau entkommen. 1933 leitete er erneut die Protestaktionen gegen Machado, die zum Sturz des Diktators führten. Bald danach starb er an Tuberkulose.

Die weitverstreute Lyrik und Prosa M. V.s spiegeln sein unruhiges Leben wider. Die erste Sammlung seiner Schriften, *La pupila insomne* (1936), enthält größtenteils Gedichte, die während seiner avantgardistischen Phase entstanden und von denen er sich bald distanzierte. Gegenüber den delikaten, manchmal auch sarkastischen frühen Kompositionen sind die späteren eher erbaulich-patriotisch oder tendieren, wie z. B. »El gigante«, zu deklamatorischem Pathos. M. F.

Ausgabe: *Poesía y prosa.* LH 1978, 2 Bde.
Literatur: A. Núñez Machín, *R. M. V.* LH [2]1974 (mit Bibliographie).

Milanés, Pablo

* 24.2.1943 in Bayamo. Er ist Sänger, Gitarrist und Liedermacher und hat als einer der ersten seit Beginn der 60er Jahre einheimische bzw. karibische Elemente mit Beat- und Rockmusik kombiniert. Zunächst war er Mitglied der Gruppen »Cuarteto del Rey«, »Los Bucaneros« und – seit 1968 – von »Nueva Trova«. Er hat auch Musik zu Theaterstücken und Filmen komponiert. Im Unterschied zu anderen jüngeren Musikern (z. B. S. ↑Rodríguez) sind in fast allen Kompositionen M.' Anklänge an den kub. »Son« – im besonderen die Variante des »Son montuno« – deutlich vorhanden. Die gleiche Traditionsverbundenheit kommt auch in vielen seiner Texten zum Vorschein, in denen die elementare Schlichtheit volksliedhafter Formeln auf die Situation des revolutionären Kuba übertragen wird. Zu seinen bekanntesten Liedern gehören vielleicht *Mis veintidós años*, *La vida no vale nada*, *Para vivir*.

Literatur: E. González Portal, *P. M.: un caso de integridad cultural y compromiso social.* SIGNOS, 37 (1989), 149-169.

Morejón, Nancy

* 7.8.1944 Havanna. Sie ist Lyrikerin, Übersetzerin (René Depestre; Aimé Césaire, Jacques Roumain u. a.) und Literaturwissenschaftlerin (*Nación y mestizaje en Nicolas Guillén*, 1982). Ihre ersten Gedichtbände sind *Mutismos* (1962) und *Amor, ciudad atribuida* (1964). Seit ihrer Anthologie *Richard trajo su flauta y otros argumentos* (1967) orientiert sie sich stärker am Vorbild N. ↑Guilléns. In der Sammlung *Parajes de una época* (1979) findet sich als Ausdruck dieser Entwicklung ihr berühmtes Gedicht »Mujer negra«, das eine poetische Identitätsschau der Geschichte der Schwarzen von der Sklaverei bis in die Gegenwart darstellt. Das Poem endet ähnlich wie Aimé Césaires *Une saison au Congo* in hymnischer Freude. Die zukunftsorientierte Ausrichtung ihrer Lyrik zeigt sich noch deutlicher in den Gedichtsammlungen *Octubre imprescindible* (1982) und *Cuaderno de Grenada* (1984). Liebe, Familie, Solidarität und Episoden aus der Geschichte der Befreiungskämpfe auf Kuba sind die Themen ihrer engl.-span. Anthologie *Donde duerme la isla como un ala* (1985). *Fundación de la imagen* (1988) enthält M.s vielseitige literatur- und kulturkritische Arbeiten. M. F.

Weitere Werke: Lyrik: *Parajes de una época* (1979), *Poemas* (1980), *Elogio de danza* (1982).
Literatur: K. Grötsch, *Sozialistischer Alltag und soziale Poesie bei N. M.* In: H. Wentzlaff-Eggebert (Hg.), *Die Legitimation der Alltagssprache in der modernen Lyrik.* Erlangen 1984, 113-134. – T. Pérez Valdés, *A propósito de un cuaderno para no olvidar.* CDLA, 27 (1986), 158, 62-74.

Nogueras, Luis Rogelio

* 17.11.1945 in Havanna, † 6.7.1985 ebd. Als Journalist, Regisseur, Drehbuchautor – u. a. von *El brigadista* (1977), *Guardafronteras* (1982), *Que levante la mano la guitarra* (1983) – und Lyriker war N. erfolgreich, mehr noch mit seinen »lyrischen Kriminalromanen«. *El cuarto círculo* (1976, zus. mit Guillermo Rodríguez Rivera), einer dieser Romane, schildert den Raubmord am Nachtwächter einer Transporteinheit. *Y si muero mañana* (1978?) spielt in den USA, wo verschiedene Geheimdienste Kommandounternehmen gegen Kuba vorbereiten. Ein kub. Spion im Milieu von CIA, Menschen- und Waffenhändlern in Miami ist tragischer Held von *Nosotros, los*

sobrevivientes (1981, dt. *Cuba libre in Miami*, 1986). In seiner Lyrik hat N. sensibel und differenziert Alltagsprobleme der kub. Revolution und Fragen des internationalen Engagements behandelt. M. F.

Weitere Werke: Lyrik: *Cabeza de zanahoria* (1976), *Las quince mil vidas del caminante* (1977), *Imitación de la vida* (1981, Preis der Casa de las Américas); Prosaparodien: *El último caso del inspector* (1983).

Literatur: F. Gewecke, *L. R. N. (1945-1985): un poeta apasionado por la novela policíaca.* IA, 9 (1985), 25/26, 135-139. – D. Navarro, *Intertextualidad, canon, juego y realidad historica en la poesía de L. R. N.* CDLA, 26 (1986), 154, 145-151. – R. Prada Oropeza, *Estructura y significación en ›Y si muero mañana‹.* TC, 36/37 (1987), 68-78.

Novás Calvo, Lino

* 22.9.1905 in Grañas del Sur/La Coruña (Spanien). Im Alter von 7 Jahren kam er nach Kuba, wo er sich u. a. als Kellner, Landarbeiter, Boxer, Buchhändler durchschlug. Um 1930 wurde er Mitarbeiter der Zeitschrift »Orbe«, die ihn als Korrespondent nach Spanien schickte. Während des Bürgerkriegs war er Berichterstatter auf republikanischer Seite, ab 1945 Professor an der Lehrerbildungsanstalt von Havanna. 1960 ließ er sich in den USA nieder und war bis 1975 Professor für hispanoam. Literatur an der Universität von Syracuse.

N. C.s bedeutendste Leistung sind seine Erzählungsbände ab *La luna nona y otros cuentos* (1942) bis *En los traspatios* (1946), in denen er neue Darstellungstechniken und Ausdrucksmittel entwickelt. Wesentliche Anregungen verdankte er der nordam. Literatur, über die er den Essay *El medio y las letras de Norteamérica* (1934) schrieb. Außerdem übersetzte er Faulkner, Huxley, Hemingway u. a.; berühmt ist seine Übersetzung von *The Old Man and the Sea*. Die meisten Erzählungen N. C.s spielen im Milieu der Armut und Randgruppen Kubas. Es geht ihm jedoch nicht um die Wiedergabe einer kausal bedingten Realität, sondern um die Versinnbildlichung der kreatürlichen Hilflosigkeit oder Brutalität des Menschen. Dieser Rückführung auf allgemeine Grundmuster entspricht eine Darstellungsweise, die nur die Umrisse von Situationen und Handlungen aus den minutiös aufgezeichneten Gesten und Reaktionen der Personen sowie ihren lapidaren Äußerungen erschließen läßt. Zu N. C.s weiteren Werken gehört u. a. die Romanbiographie *El negrero* (1933) über das Leben des 1795 in Málaga geborenen Sklavenhändlers Pedro Blanco. Das sozialistische Kuba aus der Sicht eines Gegners der Revolution thematisieren die späten Erzählungen *Tiempos de contar* (1970).

Weitere Werke: Lyrik: *Poema proletario* (1927); Romane: *Un experimento en el Barrio Chino* (1936), *El otro Cayo'* (1959); Erzählungen: *Un dedo encima* (1943), *No sé quién soy* (1945), *Cayo Canas* (1946).

Literatur: A. Gutiérrez de la Solana, *Maneras de narrar: contraste de L. N. C. y Alfonso Hernández Catá.* New York 1972. – SY, 29 (1975), 3 (Sondernr.). – H. R. Calvo, *Temas fundamentales en los cuentos de L. N. C.* RLV, 44 (1978), 4, 308-314. – R. D. Souza, *L. N. C.* Boston 1981. – L. E. Roses, *Voices of the Storyteller. Cuba's L. N. C.* New York 1986. – L. Otero, *L. N. C., recobrado.* UNION, 7 (1989), 11-19.

Ortiz, Fernando

* 16.7.1881 Havanna, † 10.4.1969 ebd. Nach dem Staatsexamen in Jura an der Universität Barcelona (1900) und diplomatischer Tätigkeit in La Coruña, Genua, Marseille und Paris (1903-1905) diente er den akademischen Institutionen und demokratischen Bewegungen seines Landes. Über 50 Jahre leitete er die liberale »Revista Bimestre Cubana« (seit 1910). Die

Gründung von Zeitschriften wie »Archivo del Folklore Cubano« (1924-1930), »Surco« (1930-1931), »Ultra« (1936-1947), »Estudios Afrocubanos« (1937-1940, 1945-1946), »Cuba y la URSS« (1945-1952) spiegeln den weiten Radius seiner wissenschaftlichen Interessen wider, die vom Strafrecht und der Kriminalistik bis zur Soziologie, Archäologie, Geschichte, Philologie, Musikwissenschaft und Ethnologie sowie Religion reichten. In mehreren von ihm gegründeten Kulturinstitutionen, der kub. Sprach- und Geschichtsakademie u. a., entfaltete er eine reiche Lehr- und Vortragstätigkeit. Durch sein Wirken erlangte Kuba den Anschluß an die internationale Forschung, desgleichen bildete O. den wissenschaftlichen Nachwuchs aus, der im heutigen Kuba wichtige Funktionen wahrnimmt. Seine Einflüsse reichen bis in die Literatur, denn die *Biografía de un cimarrón* (1966) seines Schülers M. ↑Barnet wäre nicht ohne O.' grundlegende Arbeiten zur afrokub. Kultur denkbar gewesen. Seine Veröffentlichungen auf diesem Gebiet, *Hampa afrocubana. Los negros brujos* (1906), *Los negros esclavos* (1916), *Contrapunteo cubano del tabaco y el azúcar* (1940, dt. *Tabak und Zucker. Ein kub. Disput*, 1987), *El engaño de las razas* (1945), *Historia de una pelea cubana contra los demonios* (1959), sind wegen ihrer gründlichen Quellenarbeit, anschaulichen Darstellung, wegen ihres sozialen Engagements und Blicks für das Wesentliche bei aller notwendigen Detaildarstellung zu unentbehrlichen Standardwerken geworden, die auch methodisch der internationalen Forschung anregende Impulse gaben. M. F.

Literatur: J. Le Riverend (Hg.), *Orbita de F. O.* LH 1973. – C. Serrano, *Miguel de Unamuno y F. O. (un caso de regeneracionismo trasatlántico)*. NRFH, 35 (1987), 299-310. – J. Ibarra, *La herencia científica de F. O.* RI, 56 (1990), 152/153, 1339-1353.

Otero, Lisandro

*4.6.1932 in Havanna. Er studierte Journalismus und Literaturwissenschaft in Havanna und Paris (1954-56), wo er gleichzeitig als Pressekorrespondent tätig war. Während des Freiheitskrieges bereiste er Algerien und gewann mit seinen Reportagen *Lo que vi en Argelia* (1956) den kub. Journalistenpreis. Er nahm aktiv an der Widerstandsbewegung gegen das Batista-Regime teil und wurde 1959 zum Stadtdirektor von Havanna ernannt. Danach hat er weitere höhere Funktionen ausgeübt: Chefredakteur der Zeitschriften »Revolución«, »Revolución y Cultura« (bis 1968) und »Cuba«, Kulturattaché in Chile (1971-73) und England, Leiter der Informationsabteilung des Außenministeriums.

Außer weiteren hervorragenden Reportagen *Cuba: Z. D. A.* (1960; dt. *Rebellion im Paradies*, 1961), über die Agrarreform, hat O. Romane, Erzählungen und Essays veröffentlicht. Der erste Band eines farbigen Romanzyklus über die Entwicklung der kub. Gesellschaft im 20 Jh. vor der Revolution ist *La situación* (1963; dt. *Schaler Whisky*, 1967), ein streckenweise satirisches Porträt der kub. Oberschicht um 1951/52. Rückblicke erhellen die Geschichte seit der Unabhängigkeit. Stilistisch und strukturell komplexer ist *Pasión de Urbino* (1966), dessen Handlungskern die Liebesromanze eines katholischen Priesters mit einer Frau aus der Oberschicht bildet. *En ciudad semejante* (1970; dt. *Wehe dir, große Stadt*, 1973; 1985 u. d. T. *Stadt im Feuer*) behandelt die letzten Jahre des korrupten Batista-Regimes. Der Held, ein aufstrebender Rechtsanwalt, der zunächst irritiert die Geschehnisse verfolgt, schließt sich der Revolution an. Eingefügt in das Hauptgeschehen sind Episoden aus der Geschichte der kub. Befreiungsbewegungen seit 1860 sowie die unterschiedlichen Lebensläufe zweier Revolutionäre. *Bolero* (1986; dt. *Bolero*, 1988) rekonstruiert die wechselhafte Lebensgeschichte eines einst berühmten Bolero-Musikers – das Modell ist der Kubaner Benny Moré (1919-63) –, dessen Schicksal beispielhaft ist für Glanz und Elend der populären Musiker in der Karibik. Außerhalb des Zyklus ist der Kurzroman *General a caballo* (1980; dt. *General zu Pferde*, 1985) angesiedelt. Die Mechanismen der Politik einer westlichen Großmacht werden burlesk durch die einen Tag währende Diktatur eines fiktiven Generals in »Río Tinto« illustriert. Die sozialen Kämpfe in England in der Mitte des 17. Jh.s behandelt der Roman *Temporada de ángeles* (1983).

Weitere Werke: Erzählungen: *Tabaco para un jueves santo* (1955); Essays: *Hemingway* (1963), *En busca de Viet Nam* (1970), *Trazado* (1975), *Razón y fuerza de Chile* (1984).

Padilla, Heberto

* 20.1.1932 in Puerta de Golpe/Pinar del Río. Er studierte Jura an der Universität von Havanna. Mit Unterbrechungen lebte er zwischen 1949 und 1959 in New York, wo er an einer Sprachschule unterrichtete. Nach der Revolution war er Redakteur der Zeitung »Revolución« und ab 1960 Korrespondent der kub. Nachrichtenagentur »Prensa Libre« in London und Moskau. 1964-65 leitete er die staatliche Handelsbehörde »Cubartimpex«. 1968 wurde sein Gedichtband *Fuera del juego* (1968; dt. *Außerhalb des Spiels*, 1971) mit dem Literaturpreis des kub. Künstler- und Schriftstellerverbandes (UNEAC) ausgezeichnet und zugleich vom Verbandskomitee als »ideologische Manifestation außerhalb der Prinzipien der Kub. Revolution« verurteilt. 1971 kam er wegen konterrevolutionärer Tätigkeit für 37 Tage in Untersuchungshaft. Seine »Selbstkritik« löste international einen Sturm der Entrüstung aus. Die nächsten Jahre war er vor allem als Übersetzer tätig, bis er 1981 in die USA ausreisen durfte und an der Princeton University eine Professur erhielt.

P.s erste Gedichtbände und vor allem *Fuera del juego* ließen einen der besten kub. Lyriker seiner Generation erkennen, auch wenn oder gerade weil es ihm an ideologisch verordnetem Optimismus mangelte: »Endgültig – er war kein Dichter der Zukunft.| Er sprach viel von den schwierigen Zeiten| und analysierte die Ruinen,| war aber nicht fähig, sie zu stützen« (»No fue un poeta del porvenir«). Es war P.s eigenes Epitaph. Verspielt wirken die Rilke-Paraphrasen seines im Exil veröffentlichten Gedichtbandes *El hombre junto al mar* (1981). P.s bisher einziger Roman *En mi jardín pastan los héroes* (1981; dt. *In meinem Garten grasen die Helden*, 1985) ist eine Abrechnung mit dem sozialistischen Kuba. (Der Titel entstammt einem Gedicht von R. ↑Dalton und enthält eine versteckte Anspielung auf F. Castro.) Die Hauptpersonen des perspektivisch verschachtelten Romans sind der Übersetzer Julio, der von polemischen Interviews mit Castro und Herbert Marcuse träumt, sowie der von seiner moralistischen Umgebung mit Mißtrauen betrachtete Trinker Gregorio. Beide waren Anhänger der Revolution, fühlen sich in ihren Idealen verraten und sehen nichts als Fäulnis. In *La mala memoria* (1989) schildert P. essayistisch seine Erfahrungen ab 1958.

Weitere Werke: Lyrik: *Las rosas audaces* (1948), *El justo tiempo humano* (1962), *La hora* (1964), *Provocaciones* (1971).

Literatur: M. Benedetti, *Las prioridades del escritor.* CDLA, 68 (1971), 70-79. – C. Droguett, *El escritor y su pasión necesaria.* CDLA, 68 (1971), 60-68. – L.Casal, *El caso P.: literatura y revolución en Cuba; documentos.* Miami 1972. – L. M. Quesada, *›Fuera del juego‹: A Poet's Appraisal of the Cuban Revolution.* LALR, 3 (1975), 6, 89-98. -M. A. Salgado, *Esbozo de aproximación a la poética de H. P.* RI, 56 (1990), 152/153, 1257-1269.

Paz Martínez, Senel

* 30.8.1950 in Fomento/Sancti Spiritus. Er wuchs auf dem Lande in der Nähe der Sierra del Escambray auf und fand über die »Talleres literarios« zur Literatur. Nach abgeschlossenem Journalismusstudium (1973) erhielt er 1979 den »Premio David« der Casa de las Américas für den Erzählband *El niño aquel* (1980). Sein teils autobiographischer zweiter Roman *Un rey en el jardín* (1983) schildert aus der Kinderperspektive das Leben kurz vor und nach der Revolution im Kampf ums tägliche Brot in der Emigrationskette vom Land aufs Dorf und in die Stadt. Die düsteren Symptome der Unterentwicklung, die Generationenkonflikte, Adoleszenzprobleme und der Schock der Revolution werden durch die Symbolwelt der Natur (Blumen, Käfer, Schmetterlinge) gemildert, welche eine tiefere Aufarbeitung der Geschichte ersetzen und eine – bei den jüngeren kub. Schriftstellern häufig zu beobachtende – intimistische Note in das Werk bringen. M. F.

Weiteres Werk: Kurzroman: *El lobo, el bosque y el hombre nuevo* (1991).
Literatur: S. Ibargoyen, *La narrativa de S. P.* PLURAL, 158 (1984), 65-68. – E. Barradas, *›Un rey en el jardín‹: verosimilitud, historia y estilo.* CDLA, 25 (1985), 149, 148-154.

Pedroso, Regino

* 5.4.1896 in Unión de Reyes/Matanzas, † 23.12.1983 in Havanna. Von seinem 13. Lebensjahr an arbeitete er in Plantagen als Zimmermann, Schmied und Mechaniker. Er gehörte zur Liga Antimperialista de Cuba und kam 1935 als Redaktionsmitglied der Zeitschrift »Masas« ins Gefängnis. Nach 1959 war er Kulturattaché in Mexiko und China.
Eine spätparnassianische Traumwelt orientalischer Kostbarkeiten gestaltete er in seinen zwischen 1918 und 1926 entstandenen Gedichtsammlungen »La ruta de Bagdad y otros poemas« und »Las canciones de ayer«, die er in *Antología poética* (1939) veröffentlichte. Sein 1927 im »Diario de la Marina« erschienenes Gedicht »Salutación fraterna al taller mecánico« kennzeichnet eine abrupte Zuwendung zu einer klassenkämpferischen Lyrik, die er dann in *Nosotros* (1933) zusammenfaßte. Dieses Werk, das sofort beschlagnahmt wurde, ist fast das einzige der kub. Lyrik, das die Thematik der Fabrikarbeit behandelt. In der Dichtung *Más allá canta el mar...* (1939) wird das heroische Moment zurückgenommen, um noch einmal unter historischem Aspekt in *Bolívar. Sinfonía de libertad* (1945) aufzuleben. Eins seiner letzten Werke, *El ciruelo de Yuan Pei Fu* (1955) – angeblich die Übersetzung eines ihm von seinem chines. Großvater hinterlassenen Manuskripts – ist einer sanft ironischen Betrachtung des »ewigen Wandels der Existenz« gewidmet.

Ausgaben: *Poemas.* Vorw. N. Guillén. LH 1966. – *Obra poética.* Hg. F. Pita Rodríguez. LH 1975. – *R. P.* Hg. O. Navarro. LH 1975.

Pereira (Quintero), Manuel

* 31.10.1948 in Havanna. Er gehört zur Generation der »Kinder des Che«, die ihre »Tennisschuhe gegen Stiefel eintauschten«. Das ist das Motto seines Romans über die Alphabetisierungs-Kampagne, an der er als 13jähriger 1961 teilnahm, *El Comandante Veneno* (1977; dt. *Veneno*, 1980). Hier wird die Welt der Bauern in der

Sierra nicht als rückständig, minderwertig oder exotisch gegenüber der rationalen Buchweisheit der »Alphabetisierer« geschildert, sondern der gegenseitige Lernprozeß hervorgehoben. Als Journalist (u.a. *Cro-Nicas desde Nicaragua*, 1981), Drehbuchautor am kubanischen Filminstitut (ICAIC) und Sekretär der kub. UNESCO-Delegation in Paris lernte er die Welt des Films und der Literatur im In- und Ausland kennen. In *El Ruso* (1980), seinem zweiten vielschichtigen, teils autobiographischen Entwicklungsroman stellte er den ständigen Zusammenprall zwischen der Welt der Illusionen und der gesellschaftlichen Realität dar. *La quinta nave de los locos* (1988) ist eine Sammlung kunst- und kulturkritischer Essays. M. F.

Piñera, Virgilio
*4.8.1912 in Cárdenas/Matanzas, †18.10.1979 in Havanna. In Havanna studierte er Philologie und gab 1942 die Zeitschrift »Poeta«, 1955 zusammen mit José Rodríguez Feo »Ciclón« heraus. 1946-59 lebte er in Buenos Aires als Konsulatsangestellter und organisierte 1946 die berühmte kollektive Übersetzung des Romans *Ferdydurke* von Witold Gombrowicz ins Span. Er ließ sich 1959 in Havanna nieder und leitete bis 1964 die Publikationsreihe »Ediciones R«, in der auch eine Ausgabe seiner Theaterstücke, *Teatro completo* (1960), erschien. Als er Ende der 60er Jahre bei der Affäre um H. ↑Padilla für diesen Partei ergriff, mußte er bald selbst die Konsequenzen der neuen Kulturpolitik erfahren, indem weder ein Theaterstück von ihm aufgeführt noch ein weiteres Buch gedruckt wurde.

P. ist zunächst als Lyriker aus dem »Orígenes«-Kreis um J. ↑Lezama Lima hervorgetreten, jedoch vor allem durch seine Theaterstücke und sein narratives Werk bekannt geworden. Seinen ersten Erfolg konnte er 1948 mit *Electra Garrigó* verzeichnen, einer Kubanisierung des Atridenstoffes, in der er viele Elemente des Absurden Theaters von Beckett oder Ionesco antizipierte, ebenso in *Jesús, Falsa alarma* sowie *La boda*. In späteren Dramen wird das Groteske zunehmend in Kausalzusammenhänge eingebettet, enthüllt sich das Düstere und Bedrückende hinter harmloser Alltäglichkeit. In dem Dreiakter *Aire frío* (1959) umfaßt die Handlung die Geschichte einer kub. Familie. Die eigentliche dramatische Kraft ist die unerbittlich fortschreitende Zeit. Die letzten Szenen sind von makabrem Humor erfüllt, wenn sich etwa der trunksüchtige und inzwischen erblindete Vater mit seinem tauben Sohn unterhält, oder über das Familiengrab diskutiert wird, das für die sterbende Mutter geräumt werden soll. In dem Zweiakter *Dos viejos pánicos* (1968, Preis der Casa de las Américas) werden am Beispiel eines alten Ehepaares, das mehrfach am Tag sich gegenseitig zu ermorden übt, allgemeingültige Prinzipien – auf die schon die Namen Tota und Tabo verweisen – zwischenmenschlicher Grausamkeit und Verachtung durch Routine und Gewöhnung aufgezeigt. Das Weltbild einer zu Schmerz und Sadismus verurteilten Menschheit wird auch in dem Roman *La carne de René* (1952) gestaltet, den der befreundete Gombrowicz als »Blasphemie gegen die Quellen des Lebens« verstand. P.s bekanntester Roman *Pequeñas maniobras* (1963; dt. *Kleine Manöver*, 1989) besteht aus einer Abfolge von dramatischen und auch komischen Situationen, denen der bis zur Selbstaufgabe konfliktscheue Protagonist und Ich-Erzähler sich selbst entzieht oder durch die Umstände entkommt. Sein konsequenter Antiheroismus läßt vielleicht ein neues Heldentum entstehen. In ähnlicher Dialektik wird durch die ironische Relativierung literarischer Darstellung – bis hin zum Dialog mit den Lesern über den Fortgang des Romans – eine neue Literatur vorgeschlagen.

Weitere Werke: Lyrik: *Las furias* (1941), *La isla en peso* (1943), *La vida entera* (1969); Erzählungen: *El conflicto* (1942), *Cuentos fríos* (1956), *Cuentos* (1964), *El que vino a salvarme* (1970); Roman: *Presiones y diamantes* (1967); Theater: *Una caja de zapatos vacía* (1986); Sonstiges: *Poesía y prosa* (1944), *Muecas para escribientes* (1990)
Literatur: M. Frosch-Morello, *La anatomía: Mundo fantástico de V. P.* HISPA, 8 (1979), 23/24, 19-34. – R. G. Gilgen, *V. P. and the Short Story of the Absurd.* H, 63 (1980), 2, 348-355. – D. M. Koch, *V. P. y el neobarroco.* HISPA, 13 (1984), 37, 81-86. – P. Barreda, *La tragedia griega y su historización en Cuba: ›Electra Garrigó‹ de V. P.* ESCRITURA, 10 (1985), 19/20, 117-126. – R. Aguilú de Murphy, *Los textos dramáticos de V. P. y el teatro del absurdo.* Madrid 1989. – C. L. Torres, *La cuentística de V. P.: Estrategias humorísticas.* Madrid 1989. – R. Carrió Mendia, *Estudio en blanco y negro: teatro de V. P.* RI, 56 (1990), 152/153, 871-881. – G. Ibieta, *Funciones del doble en la narrativa de V. P.* RI, 56 (1990), 152/153, 975-993.

Pita Rodríguez, Félix
* 18.2.1909 in Bejucal, † 10.1990 in Havanna. Zwischen 1926 und 1932 vagabundierte er durch Mittelamerika und Europa. 1937 nahm er am Kongreß zur Verteidigung der Kultur in Madrid und Valencia teil. Ab 1940, wieder auf Kuba, war er Chefredakteur von »Noticias de Hoy«, dem offiziellen Organ des Partido Socialista Popular, und schrieb für den Rundfunk. 1949-58 lebte er in Buenos Aires und Caracas. Beim Sieg der Revolution kehrte er nach Kuba zurück und war zeitweise Präsident des Künstler- und Schriftstellerverbands.
P. R.' Werk umfaßt Lyrik, Essays (u. a. *Carlos Enríquez*, 1957, über den kub. Maler und Schriftsteller) und – als bester Teil seines literarischen Schaffens – Erzählungen. Satirischer Witz, radikale Skepsis und abstruse Einfälle, die das Vorbild der »Esperpentos« des Spaniers Valle-Inclán erkennen lassen, zeichnen seine frühen Erzählungen aus. Mit *San Abul de Montecallado* (1945) setzt eine Phase lyrischer Prosa ein, in der Träume und Magie vorherrschen. Soziales Engagement, erwachsen aus dem Glauben an die Realisierbarkeit humanitärer Ideale, kennzeichnet seine weiteren Erzählungen. Parallel dazu verläuft seine Entwicklung als Lyriker. So wandte er sich nach einer verspielt avantgardistischen Phase (die der spätere Lyrikband *Corcel de fuego*, 1948, vereint) unter dem Eindruck des Span. Bürgerkriegs und dem Einfluß von P. ↑Neruda und C. ↑Vallejo politischen und sozialen Themen zu.

Weitere Werke (Auswahl): Erzählungen: *Tobías* (1955), *Cuentos* (1960), *Esta larga tarea de aprender a morir y otros cuentos* (1960), *Cuentos completos* (1963), *Niños de Viet Nam* (1968); Lyrik: *Romance de América, la bien guardada* (1942), *Las crónicas. Poesía bajo consigna* (1961), *Las noches* (1964), *Historia tan natural* (1971), *Elogio de Marco Polo* (1974); Essay: *Literatura, detritus y buenos sentimientos* (1956).
Ausgabe: *Poemas y cuentos.* LH 1966.
Literatur: A. González Bolaños, *Los cuentos de Montecallado.* UCLV/I, 50 (1975), 106-152. – L. Rodríguez H., *Cronología de la vida y la obra de F. P. R.* UCLV/I, 62 (1979), 3-74. – A. González Bolaños, *F. P. R.: el arte de la palabra.* RI, 56 (1990), 152/153, 1143-1153

Portuondo, José Antonio
* 10.11.1911 in Santiago de Cuba. Er promovierte 1941 in Literaturwissenschaft an der Universität von Havanna und hat ab 1946 an Universitäten in Mexiko, USA und Kuba gelehrt. 1962-65 war er Rektor der Universidad de Oriente seiner Geburtsstadt, 1965-75 Professor für Ästhetik in Havanna und

Leiter des Instituto de Literatura y Lingüística der kub. Akademie der Wissenschaften, danach Botschafter am Vatikan.
P. hat als Literaturwissenschaftler ein breites und vielseitiges Werk geschaffen, das sich zunächst am liberalen Universalismus des Mexikaners A. ↑Reyes orientierte und seit *Implicaciones estéticas de la teoría leninista del reflejo* (1956) einem marxistischen Ansatz konsequent verpflichtet ist. Der Essayband *El heroísmo intelectual* (1955) charakterisiert den Übergang. Die in diesen Essays behandelten Gegenstände reichen vom dramatischen Schaffen des Italieners Leo Ferrero bis zu den Werken Faulkners, Hemingways, P. ↑Nerudas etc. »Heroismus« bedeutet für P., daß der Schriftsteller, »mit absoluter Ehrlichkeit die eigene Verwirrung oder Angst enthüllt«. So konstatiert er bei Hemingway einen fortschreitenden Prozeß innerer Unwahrhaftigkeit. Unter das Verdikt steriler Wirklichkeitsflucht fallen auch Autoren wie Truman Capote, J. L. ↑Borges, E. ↑Anderson Imbert u. a. Ihnen gegenüber hebt er Faulkner, L. ↑Novás Calvo oder P. Neruda hervor, bei denen »die Angst des Menschen unserer Zeit, der dem Chaos seiner sozialen Umwelt gegenübersteht«, zum Ausdruck gekommen sei.

Weitere Werke (Auswahl): *Proceso de la cultura cubana* (1938), *Concepto de la poesía* (1945), *En torno a la novela detectivesca* (1947), *José Martí, crítico literario* (1953), *Bosquejo histórico de las letras cubanas* (1960; dt. *Kubanische Literatur im Überblick*, 1974), *Estética y revolución* (1963), *Crítica de la época* (1965), *Astrolabio* (1973), *La emancipación literaria de Hispanoamérica* (1975), *Orden del día* (1979), *Itinerario estético de la Revolución Cubana* (1979), *La historia y las generaciones* (1981), *Capítulos de literatura cubana* (1981), *Ensayos de estética y de teoría literaria* (1986).
Literatur: R. Fernández Retamar, *El compañero crítico J. A. P.* RCLL. 7 (1982), 16, 103-115.

Poveda, José Manuel
* 23.(25.?)2.1888 in Santiago de Cuba, † 2.(3.?)1.1926 in Manzanillo/Oriente.
Nach intensiven Jahren der Boheme und journalistischer Tätigkeit promovierte er 1921 in Jura und wurde 1923 Amtsrichter in Manzanillo.
P. ist neben Regino E. Boti (1878-1958) und Agustín Acosta (1886-1979) der wichtigste kub. Autor der ersten republikanischen Generation. Der größte Teil seines Werkes – zeit- und literaturkritische Essays, Chroniken, Satiren, Lyrik – erschien in kub. Zeitungen und Zeitschriften und ist danach erstmals teilweise u. d. T. *Proemios del cenáculo* (1948) ediert worden. Sein beträchtlicher Nachlaß, darunter ein Roman, wurde von seiner Frau vernichtet. In Buchform veröffentlichte er den Gedichtband *Versos precursores* (1917). Literaturgeschichtlich steht P. am Ausgang des Modernismus und hat besonders von L. ↑Lugones Anregungen bekommen. Gleichzeitig ist er Vorläufer neuer Tendenzen. Gedichte wie »La danza ritual« und »El grito abuelo« enthalten Ansätze der späteren »poesía negra«. Im Unterschied zu seinen Zeitgenossen bevorzugt P. das Thema der Stadt, besonders das Milieu der Armenviertel und Vororte, das er manchmal mit Abscheu (»Luna de arrabal«), manchmal aus einem intimen Gefühl der Zugehörigkeit (»Retiro«) betrachtet. Beides erwächst aus der Verzweiflung am Zustand Kubas: »Wir sind nichts weiter als eine koloniale Faktorei, gezwungen, unter der Peitsche zu arbeiten und die Ernte abzugeben. Ein Windstoß hat unser Gewissen hinweggefegt, hat die schöpferischen Energien der Seele der Nation auseinandergetrieben. Wir sind der Schatten eines Volkes, der Traum einer Demokratie, die Sehnsucht einer Frei-

heit. Wir existieren nicht« (»Elegía del retorno«).

Weitere Ausgabe: *Orbita de J. M. P.* Hg. A. Rocasolano. LH 1975.
Literatur: A. Rocasolano, *P. visto a través de el ›Pencil‹ y ›Renacimiento‹, 1909-1910.* UNION, 9 (1970), 1, 141-151. – Ders., *Algunos aspectos formales en la poesía de J. M. P.* RLCUB, 2 (1984), 2/3, 67-88.

Puebla, Carlos
* 11.9.1917 in Manzanillo/Oriente, † 12.9.1989 in Havanna. Er war in verschiedenen Berufen tätig, bevor er sich ausschließlich der Musik als Sänger, Gitarrist und Komponist widmete. 1952 kam er nach Havanna, wo er mit seinem im selben Jahr gebildeten Quartett »Los Tradicionales« im Restaurant »La Bodeguita del Medio« auftrat. Seit 1959 ist er im Consejo Nacional de Cultura tätig gewesen. Seine erste Auslandstournee unternahm er 1961. Auf Schallplatten, die in Kuba, Spanien und Frankreich aufgenommen worden sind, haben seine Lieder internationale Verbreitung gefunden.
P. ist neben V. ↑Parra und A. ↑Yupanqui der dritte große Dichter und Komponist der »Nueva Canción Latinoamericana«. Eindeutiger oder auch radikaler als jene hat P. von Anfang an seinen Liedern eine politische Funktion zugemessen. Er nannte es »musikalischen Journalismus« und man hat ihn auch als den »Chronisten der kub. Revolution« bezeichnet. Viele seiner Lieder entstanden aus dem Stegreif, oft als satirische Kommentare zu aktuellen Geschehnissen. Zwar herrscht in seinen Kompositionen das humoristische oder pikaresk volkstümliche Element vor, aber es finden sich auch Lieder wie das anläßlich des Todes von Che ↑Guevara geschriebene »Hasta siempre«, das durch sein schlichtes Pathos berührt. Die musikalischen Formen, auf die P. zurückgreift, sind vor allem der im Wechselgesang vorgetragene »Son« bzw. »Guajira-Son« und die »Guaracha«. Daneben finden sich freie Kompositionen (»Canciones«) und Boleros.

Ausgaben: *Ja, sie dachten sich das schön.* (Span. u. dt.) Berlin 1966 (Dass. gekürzt u. d. T. *Lieder.* Rüsselsheim 1979). – *Hablar por hablar.* LH 1984.
Literatur: G. Haschke, *C. P.: Cantar para vivir o vivir para cantar.* ARAUCARIA, 25 (1984), 123-129.

Quintero, Héctor
* 1.10.1942 in Havanna. Der auch international bekannte Dramatiker ging von dem Anspruch aus, ein Theater zu schaffen, das nationale und ausländische Einflüsse sinnvoll miteinander verbindet. Diese bildungspolitische und künstlerische Aufgabe suchte er als Schauspieler (1959-1968), Regisseur, Mitarbeiter bei Funk und Fernsehen, Drehbuchautor und Dramatiker einzulösen. Mit Vorliebe schildert er Alltagssituationen und Probleme des Kleinbürgertums. Erfolgreich waren auch seine Musicals und Dramatisierungen literarischer Vorlagen (Boccaccio, Puschkin, Gogol und Tschechow). Als Q.s Meisterwerk gilt *El premio flaco* (1968, Neufassung 1977; dt. *Der magere Preis*, 1973): Ein armes Wanderzirkusehepaar gewinnt auf einem Seifencoupon ein Haus und überläßt seine Hütte Verwandten. Nach der Zerstörung des Hauses durch die Luftwaffe Batistas wird das Paar durch die Hartherzigkeit der Verwandten und der Umwelt erneut zum Artistenleben gezwungen. Auch andere Stücke Q.s wie *Contigo pan y cebolla* (1965), *Los siete pecados capitales* (1970), *Mambrú se fue a la guerra* (1971) und *La última carta de la baraja* (1978; dt. *Die letzte Karte im Spiel*, 1979; eigene Musicalfassung u. d. T. *El caballo de Pogolotti*, 1983) wurden zu Publikumserfolgen. M. F.

Ausgabe: *Q. Teatro.* (Nachwort von A. Cruz Luis) LH 1978.

Rodríguez, Luis Felipe
* 30.7.1884 in Manzanillo/Oriente, † 5.8.1947 in Havanna. Von Jugend an war er als Journalist tätig und schrieb zunächst für die lokale Presse, später für »El Fígaro«, »Bohemia«, »Carteles« u.a. Er war Mitgründer der Wochenzeitschrift »Orto« (1912-57), die im kulturellen Leben seiner Heimatprovinz eine große Rolle spielte.
In Romanen und Erzählungen hat R. das Leben der kub. Landbevölkerung dargestellt und dabei wie kein anderer Autor vor ihm die Beziehungen zwischen Elend, Latifundien und Imperialismus aufgezeigt. Sarkastische Ironie charakterisiert bereits sein Frühwerk, den von J. E. ↑Rodó gerühmten Essayband *La ilusión de la vida* (1912), die skizzenhaften Erzählungen *Gente de Oriente* (1915) und den Roman *Cómo opinaba Damián Paredes* (1916). Schauplatz des letzteren ist das imaginäre Tontópolis, ein kub. Schilda bornierter Figuren, denen die Wahrheiten Damiáns nichts anhaben können. Äußerlich der Tradition des realistischen Kostumbrismus verpflichtet, gewinnt das Geschehen in *La conjura de la ciénaga* (1924, ab 1937 u.d.T. *Ciénaga*) symbolhafte Dimension. Der »Sumpf«, in dem der Protagonist Santiago Hermida den Tod findet, versinnbildlicht den gesellschaftlichen Zustand Kubas. Die psychologisch überzeugend gestaltete Handlung entwickelt sich gradlinig aus der Rivalität um ein Dorfmädchen. Ein tragikomischer Charlie Chaplin ist der Held des Romans *Don Quijote en Hollywood* (1936). R.' bedeutendster und für die nächste Autorengeneration vorbildlicher Erzählungsband *Marcos Antilla* (1932) läßt in der Kunst, mit sparsamen Mitteln eine tragische Atmosphäre zu schaffen, das Vorbild H. ↑Quirogas erkennen. Die Ironie des Erzählers oder auch der spöttisch schlaue Humor der Bauern schaffen ein Gegengewicht zum soziologischen Dokument.

Weitere Werke (Auswahl): Roman: *La copa vacía* (1926); Erzählungen: *La pascua de la tierra natal* (1928).
Literatur: S. Bueno, *L. F. R. en su centenario*. RLCUB, 5 (1985), 141-148

Rodríguez, Silvio
* 29.11.1946 in San Antonio de los Baños. Er ist neben P. ↑Milanés der bekannteste Liedermacher der kub. »Nueva Trova«, in der karibische und Beat-Elemente zusammenfließen. R.' musikalische und dichterische Laufbahn begann während des Militärdienstes. 1967 trug er erstmals seine Lieder in einem von der Gruppe »El Caimán Barbudo« organisierten Konzert im Palacio de Bellas Artes von Havanna vor. Bald folgten Vorträge im kub. Fernsehen und Rundfunk, Schallplattenaufnahmen und Auslandsreisen. Zu den Charakteristika seiner anspruchsvollen Texte gehören die Reflexion über das Verhältnis von Dichtung und Wirklichkeit, sowie die Vermittlung von kub. Alltag und dem Bewußtsein, an einer Revolution teilzuhaben. Seine vielleicht bekanntesten Lieder sind »Hay un grupo que dice«, »Playa Girón« und »Días y flores«.

Literatur: V. Casaus, *S. R.: que levante la mano la guitarra*. Concepción (Chile) 1990.

Sarduy, Severo
* 25.2.1937 in Camagüey. Er schloß sich 1958 in Havanna der Schriftstellergruppe um die Zeitschrift »Ciclón« an. Nach dem Sieg der Revolution wurde er Redakteur bei »Diario Libre« und »Lunes de Revolución«. Als Stipendiat der kub. Regierung studierte er ab 1960 Malerei in Paris, wo er seitdem lebt und im Verlagswesen arbeitet.
S. hat Lyrik, Theaterstücke, Essays und mehrere romanartige Texte veröf-

fentlicht, die zunächst noch manche Elemente des *nouveau roman* aufweisen, sich aber dann, ausgehend von Fragestellungen der Semiotik R. Barthes' (u.a.), auf den Grenzpunkt der »Abwesenheit von Sinn« zubewegt haben, um andererseits über ästhetische und sensorische Reize eine neue Art der literarischen Kommunikation zu bieten. *Gestos* (1963; dt. *Bewegungen*, 1968), sein erster größerer Text, spielt in einem traumhaft verfremdeten Havanna zur Zeit der Bombenanschläge und des Polizeiterrors. Handlung und Personen bleiben schemenhaft. Eine schwarze Sängerin, die profilierteste Gestalt, läßt sich aus Liebe zu einem Revolutionär in das für sie sinnlose Abenteuer ein, in einem Elektrizitätswerk eine Bombe zu legen. Strukturell komplizierter ist *De donde son los cantantes* (1967, zuerst frz. als *Ecrit en dansant*). Das kompositionelle Gerüst bieten drei »Fabeln«, entsprechend den auf Kuba zusammengekommenen Kulturen Spaniens, Afrikas und Chinas. Der erste Teil führt in ein Kabarett im Chinesenviertel von Havanna. Der General und Lüstling Mortal Pérez sucht die Sängerin Flor de Loto zu verführen. Verwandelt in einen korrupten Politiker taucht er im zweiten Teil als Liebhaber der Mulattin Dolores Rondón auf. (Dieser satirische Romanteil wurde zu einem Hörspiel verarbeitet.) Der dritte Teil, Parodie eines Ritterromans, beginnt im mittelalterlichen, maurischen Spanien und endet im verschneiten Havanna. Die Pilgerinnen Auxilio und Socorro – synthetische Figuren aus Motiven der span. Literatur und Malerei – verfolgen den blonden Jüngling Pérez und verlagern dann ihre Konkupiszenz auf eine hölzerne Christusfigur. Überlagerungen verschiedener Zeit- und Handlungsebenen sowie Parodien im Sinne eines spielerischen, karnevalistischen oder erotischen Umgangs mit Texten und Wirklichkeitsvorstellungen finden sich auch in den weiteren Romanen. *Colibrí* (1984; dt. *Kolibri*, 1991) ist ein grotesker und fantastischer Bilderbogen von der – halb tierischen, halb männlichen – Klientele eines Urwaldbordells. In *Cocuyo* (1990) wird die Geschichte einer Kindheit auf Kuba dargestellt. In diesem Roman der sinnlichen Erfahrung dominiert vor allem das visuelle Element, sei es in den außerordentlich präzis nuancierten Beschreibungen oder den zahlreichen Anspielungen auf Gemälde. S. hat in mehreren Essays zu Fragen der Literatur und Ästhetik Stellung genommen. Einer seiner Schlüsselbegriffe ist das »Barocke«, das er als einen Bereich des Überflusses und der unproduktiven spielerischen Erotik im Gegensatz zur kleinlichen Güterverwaltung der bürgerlichen Ökonomie deutet.

Weitere Werke: Romane: *Cobra* (1972), *Maitreya* (1978); Lyrik: *Flamenco* (dt., 1969), *Big Bang* (1974), *Daiquirí* (1980), *Un testigo fugaz y disfrazado* (1985); Theaterstücke: *Para la voz. La playa. La caída. Relato. Los matadores de hormigas* (1978); Essays: *Escrito sobre un cuerpo* (1968), *Barroco* (1974), *La simulación* (1982).

Literatur: R. González Echevarría, *Para una bibliografía de y sobre S.S.* RI, 38 (1973), 79, 323-343. – J. Aguilar Mora u.a., *S.S.* Madrid 1976. – E. González, *Baroque Endings: Carpentier, S. and Some Textual Contingencies.* MLN, 92 (1977), 269-295. – A. Méndez Ródenas, *S.S.: el neobarroco de la transgresión.* ME 1983. – J. Ortega, *La estética neobarroca en la narrativa hispanoamericana.* Madrid 1984. – J.C. Ulloa, *S.S.: pintura y literatura.* HISPA, 14 (1985), 41, 85-94. – J. Sánchez-Boudy, *La temática novelística de S.S.* Miami 1985. – R. González Echevarría, *La ruta de S.S.* Hanover 1987. – Ders., *S., the Boom and the Post-Boom.* LALR, 15 (1987), 29, 57-72. – A. Moreiras, *Despatriación y política de la novela: S.S.* RCLL, 14 (1988), 27, 167-174. – L.A. de Ulloa, *Signos en rotación en el neobarroco pictórico de S.S.* HISPA, 18 (1989), 52, 97-108.

Serpa, Enrique

* 15.7.1900 in Havanna, † 2.12.1968 ebd. Er arbeitete u. a. in einer Zuckerfabrik, bis er – seit Beginn der 20er Jahre – als Journalist tätig wurde. Vor allem ist er bekannt als Erzähler und Romancier. In dem mit dem Nationalpreis ausgezeichneten, mehrfach aufgelegten Roman *Contrabando* (1938) gestaltet er auf der Grundlage exakter Kenntnisse und im Rahmen einer packenden Handlung das Leben im Hafenviertel von Havanna in den 30er Jahren. Die Haupthandlung ist die Geschichte eines Mannes, der aus Not zum Rumschmuggler wird und moralisch zugrunde geht. Den Hintergrund bildet die allgemeine Verelendung der kub. Fischer, deren Existenzgrundlage durch die moderne Fangflotte der USA zerstört wurde. Das gleiche Milieu behandeln auch S.s bekannteste Erzählungen *Aletas de tiburón* (1963, 1975) und »La aguja«. In einem weiteren Roman *La trampa* (1956) schildert S. die Auseinandersetzungen zwischen verschiedenen revolutionären Gruppen im Anschluß an die Machado-Diktatur.

Weitere Werke (Auswahl): Lyrik: *La miel de las horas* (1925); Erzählungen: *Felisa y yo* (1937), *Noche de fiesta* (1951); Reportagen: *Días de Trinidad* (1939), *Jornadas villareñas* (1962).

Soler Puig, José

* 10.11.1916 in Santiago de Cuba. Er arbeitete in einer Kokosölfabrik, auf Zuckerrohrplantagen, als Händler und Journalist, beteiligte sich am Widerstand gegen Machado und Batista und war nach der Revolution hauptsächlich als Rundfunkredakteur und bei der Filmproduktion tätig.

S. P. ist Autor von Romanen und Erzählungen. Sein erster, mit dem Preis der Casa de las Américas ausgezeichneter Roman *Bertillón 166* (1960; dt. *Bertillon 166*, 1961) stellt den Kampf der »Bewegung des 26. Juli« in Santiago gegen das Batista-Regime dar. Konzentriert auf ein eintägiges Geschehen, gelingt es dem Autor, Hintergründe und Mechanismen der Diktatur herauszuarbeiten. Der nächste Roman *En el año de enero* (1963) behandelt den revolutionären Prozeß im Jahr 1959 und die Auseinandersetzungen zwischen dem bürgerlichen und radikalen Flügel. *El derrumbe* (1964) schildert das soziale Leben vor und nach der Revolution in Santiago am Beispiel eines korrupten Kapitalisten. Die reife Schaffensphase S. P.s beginnt mit *El pan dormido* (1976). Den Haupthandlungsstrang des episodenreichen und verschiedene Mythen parodistisch verarbeitenden Romans bildet eine mysteriöse Krankheit, unter der die Bäckerfamilie Perdomo-Portuondo schon seit der Kolonialzeit leidet. Hauptsächlicher geschichtlicher Hintergrund dieses in seiner Atmosphäre von trüber Verzweiflung außerordentlich dichten Romans ist die Zeit der Machado-Diktatur zu Beginn der 30er Jahre. Die nächste Dekade wird dann in ähnlicher Weise in *El caserón* (1977) gestaltet. S. P.s ambitiösester Roman *Un mundo de cosas* (1982) ist ein die hundert Jahre von 1873 bis 1973 umfassendes vitales Fresko der Geschichte Kubas im Gesamtkontext Amerikas. Die handlungstragenden Figuren sind die Mitglieder einer Arbeiterfamilie, denen kontrapunktisch die Angehörigen der mächtigsten Rumfabrikantenfamilie aus Santiago de Cuba zugeordnet sind.

Literatur: U. Sass/C. Holtz, *Die kub. Revolution in den Werken von J. S. P.* UR/L, 31 (1978), 12, 25-34. – R. Repilado, *En los sesenta años de J. S. P.* UNION, 16 (1977), 1, 116-131. – A. Benítez Rojo, ›*El pan dormido*‹: *hacia una nueva perceptiva*. CDLA, 19 (1979), 112, 150-162. – N. Galano, *El mundo narrativo de J. S. P.* LH 1985. – A. Arango, ›*El pan dormido*‹, *desde* ›*Paradiso*‹. RCLL, 13 (1987), 26,161-168. – R. Repilado, *La novelística de J. S. P.* RI, 56 (1990), 152/153, 1001-1009.

Tallet, José Zacarías
* 18.10.1893 in Matanzas, † 12.1989 in Havanna. Er gehörte zum »Grupo Minorista«, einem Kreis junger Autoren und Journalisten, der sich nach dem historischen »Protest der 13« im Mai 1923 gegen die Regierung Zayas' bildete. Reform des politischen Lebens und des Erziehungswesens, Modernisierung von Kunst und Literatur auf der Grundlage der neuesten Theorien und Techniken sowie die Schöpfung einer nationalen Kultur waren die Programmpunkte. Zu der Gruppe, die sich wegen der zunehmenden Repression der Machado-Dikatur nach 1928 auflöste, gehörten u.a. A. ↑Carpentier, J. ↑Marinello, R. ↑Martínez Villena, R. ↑Pedroso, E. ↑Serpa. T. entfaltete ab 1925 eine intensive journalistische Tätigkeit, u.a. als Chefredakteur von »Revista de Avance«, »El Mundo« und »El País« sowie als Geschichtsprofessor an der Hochschule für Publizistik, die er 1959-60 leitete.
Obwohl T. nur wenig veröffentlicht hat, gilt er als einer der Erneuerer der kub. Lyrik. Seine Gedichte »La rumba« und »Negro ripiera«, die 1928 erschienen, gehören zu den frühesten Manifestationen der afro-kub. »poesía negra«. (Das erstere wurde von Alejandro García Caturlo vertont.) Eine noch größere literaturgeschichtliche Bedeutung haben jedoch die Gedichte T.s, in denen Dinge des Alltags, zumeist aus einer schmerzlich ironischen Haltung heraus, gestaltet werden. Sie weisen voraus auf die »poesía conversacional« von R. ↑Fernández Retamar oder auf N. ↑Parras »antipoesía«. »Elegía diferente« oder »Proclama«, in denen sich eine von Enttäuschungen, Niederlagen und »schamhaften Rebellionen« gezeichnete Existenz manifestiert, gelten als T.s repräsentativste Dichtungen. Seine ab 1923 in verschiedenen Zeitschriften veröffentlichten Gedichte vereint *La semilla estéril* (1951).

Weitere Ausgabe: *Orbita de J. Z. T.* Hg. H. Orovio. LH 1969.
Literatur: H. Orovio, *T. y la antipoesía*. UNION, 5 (1966), 1, 157-160.

Tejera, Diego Vicente
* 20.11.1848 in Santiago de Cuba, † 6.11.1903 in Havanna. Sein Leben stellt sich als eine verwirrende Abfolge von Aufenthalten in Europa, Nord- und Südamerika, Beteiligung an konspirativen Umtrieben gegen die span. Regierung, Freimaurerei, Medizinstudium und Journalismus neben weiteren anderen Tätigkeiten dar. 1899 gründete er den kurzlebigen Partido Socialista de Cuba, 1901 den Partido Popular, nach dessen Wahlniederlage er sich aus der Politik zurückzog.
T. ist der seinerzeit namhafteste der sieben kub. Dichter, die gemeinsam mit einer Anthologie *Arpas amigas* (1879) an die Öffentlichkeit traten. T.s Lyrik, von der zuvor die Sammlungen *Consonancias* (1874) und *Un ramo de violetas* (1877) erschienen waren, bleibt zwar der Romantik verpflichtet, hat aber durch seine intensive Beschäftigung mit außerspan. Literaturen – er übersetzte Goethe, Longfellow, Heine und Leopardi – eine große Bandbreite gewonnen. Inhaltlich lassen sich zwei parallele Tendenzen feststellen. Zum einen inspiriert ihn die tropische Natur seiner Heimat zu farbigen Landschaftsdarstellungen. Dieser »tropicalismo poético« manifestiert sich z.B. in »El despertar de Cuba«. Berühmt ist auch »En la hamaca«, ein Gedicht liedhaften Charakters über die Wonnen eines naturverbundenen Lebens. Die Grundstimmung anderer Gedichte reicht von Skepsis bis zur Verbitterung aus enttäuschter Philanthropie (»Desencanto«). Zu T.s besten Kompositionen zählen seine am Vorbild Heines orientierten Balladen »¡No!« und »El judío errante«. Außer journalistischen Artikeln und Essays hat T. ein lyrisches

Drama über den von den Spaniern hingerichteten schwarzen Dichter G. de la C. ↑Valdés verfaßt, *La muerte de Plácido* (New York 1875).

Weitere Ausgaben (Auswahl): *Poesías completas*. LH 1879. – *Poesías*. Paris ³1893, LH ⁴1932. – *Prosa literaria*. LH 1936.

Triana, José

* 14.1.1931 in Sibanicú/Camagüey. Er studierte Literaturwissenschaft bis 1952 und arbeitete 1955-59 in Spanien als Schauspieler und Regieassistent. Einige Jahre war er danach Assessor am Consejo Nacional de Cultura. Seit 1980 lebt er in Paris.

T. hat zwischen 1957 und 1965 mehrere hervorragende Theaterstücke geschrieben, jedoch nach dem international besonders erfolgreichen *La noche de los asesinos* (1965, Preis der Casa de las Américas; dt. *Die Nacht der Mörder*, 1969) kein weiteres Werk veröffentlicht. In einem seiner ersten Stücke *El Mayor General hablará de teogonía* (entst. 1957, UA 1960) sind bereits Grundzüge der Technik und Thematik der weiteren Stücke ausgeprägt: Der bürgerliche ritualisierte Familienalltag als Spiegel der gesellschaftlichen und politischen Verhältnisse Kubas vor der Revolution; der Konflikt zwischen den »Schatten« einer instinktiven Suche nach persönlicher Autonomie und den »Masken« des sozialen Gehorsams; das repressive Moment der christlichen Weltordnung. Das Absurde, das vor allem in der Unfähigkeit zur Kommunikation sichtbar wird, verweist auf das Theater Becketts und V. ↑Piñeras. Als T.s dramaturgisch gelungenste Stücke gelten die im Slang und spezifischen Milieu Havannas angesiedelten Dramen *Medea en el espejo* (1960), *El parque de la fraternidad* (1962) und *La muerte del ñeque* (1964). Im Unterschied zur subtilen Symbolik und parodistischen Färbung dieser Stücke sind Symbolik und Handlung des in ständiger Wiederholung durchgespielten Elternmords in *La noche de los asesinos* von lapidarer Schlichtheit.

Weitere Werke: Lyrik: *De la madera del sueño* (1958); Theater: *La casa de las brujas* (1957), *El exilio* (1962), *La casa ardiendo* (1962), *La visita del ángel* (1963).

Literatur: K. F. Nigro, ›*La noche de los asesinos*‹: *Playscript and Stage Enactment*. LATR, 11 (1977), 1, 45-58. – R. de la Campa, *J. T.: Ritualización de la sociedad cubana*. Minneapolis 1979. – E. G. Neglia, *El asedio a la casa: Un estudio del decorado en ›La noche de los asesinos‹*. RI, 46 (1980), 110-111, 139-149. – P. Meléndez, *El espacio dramático como signo: ›La noche de los asesinos‹ de J. T.* LATR, 17 (1983), 1, 25-35. – D. G. Alvarez-Borland, ›*La noche de los asesinos*‹: *Text, Staging and Audience*. LATR, 20 (1986), 1, 37-48. – J. A. Escarpanter, *Tres dramaturgos del inicio revolucionario: Abelardo Estorino, Antón Arrufat y J. T.* RI, 56 (1990), 152/153, 881-899.

Valdés, Gabriel de la Concepción

* 18.3.1809 in Havanna, † 28.6.1844 in Matanzas. Pseudonym: »Plácido«. Er war unehelicher Sohn einer span. Tänzerin und eines mulattischen Friseurs. Um die Affäre zu verheimlichen, wurde er in ein öffentliches Waisenheim gebracht, aus dem ihn sein Vater zu sich holte. Er besuchte eine Armenschule, war jedoch ab 1821 gezwungen zu arbeiten. Nacheinander war er Tischler, Schriftsetzer, Kammacher und Silberschmied, ab 1836 zugleich Redakteur der Zeitung »La Aurora« von Matanzas. Sein häufiger Ortswechsel und die Kontakte mit Personen aus allen Gesellschaftsschichten erweckten den Verdacht der span. Kolonialbehörden. 1842, kurz nach seiner Heirat, wurde er auf der Suche nach Arbeit in Trinidad festgenommen und blieb 6 Monate unbegründet im Gefängnis. Er kehrte wieder nach Matanzas zurück, wo er erneut verhaftet und – ohne Beweis – wegen Teilnahme an der sogenannten »Conspiración de

la Escalera« zum Tode verurteilt und mit weiteren 10 Angeklagten hingerichtet wurde.

Das umfangreiche lyrische Werk des unglücklichen »Plácido« zeugt von einer außerordentlichen dichterischen Begabung. Zwar besteht der größte Teil seines Œuvres aus mittelmäßigen Gelegenheits- und Auftragsgedichten, die den span. Klassikern verpflichtet sind, dennoch traf er als erster Dichter Kubas einen Ton, der ebenso bei den Gebildeten wie im Volk Anklang fand. V. klagte selbst über die erniedrigende Kunstübung, für Aristokratengeburtstage und feierliche Anlässe zu dichten, manchmal finden sich aber auch hier unverhohlen rebellische Aussagen wie etwa in einer sonst panegyrischen Ode auf die span. Königin Isabel II. Einige seiner Gedichte kreisen um das Thema der Befreiung von Tyrannei, wobei der Schauplatz in ein fernes Land gelegt wird, am eindeutigsten in dem Sonett »Muerte de Gesler«. Eingegangen in die Literaturgeschichte ist V. vor allem mit indianistischen Romanzen wie »Jicoténcal« und »Cora« sowie mit einigen graziösen Letrillas wie »La flor de la caña« u.a., in denen verschiedene Frauentypen besungen werden und eine spezifisch kub. Farbgebung vorhanden ist. In ihrer feinen Musikalität führen sie aus der schwerfälligen Neoklassik hinaus. Im Gefängnis, kurz vor seiner Hinrichtung, verfaßte er die Gedichte »Adiós a mi lira«, »Despedida a mi madre« und »Plegaria a Dios«. Im 19. Jh. wurden V.' Gedichte mehrfach aufgelegt, in Matanzas (1838, 1845, 1846, 1847), New York, Paris, Barcelona und Palma de Mallorca. Als beste Ausgabe gilt *Poesías completas*, herausgegeben von seinem Freund S. A. de Morales (LH 1886, ^{2}1903).

Literatur: F. S. Stimson, *Cuba's Romantic Poet; the Story of Plácido*. Chapel Hill 1964. – S. Feijóo, *Un paralelo satírico: Plácido y Nicolás Guillén*. UNION, 16 (1977), 3, 150-155. – J. Castellanos, *Plácido, poeta social y político*. Miami 1984. – E. A. García, *Plácido, poeta mulato de la emancipación (1809-1844)*. New York 1986.

Varona, Enrique José

* 13.4.1849 in Puerto Príncipe, heute Camagüey. † 19.11.1933 in Havanna. Philosoph, Bildungsreformer, Psychologe, Soziologe und Politiker (1912 Vizepräsident der Republik). Sein Engagement für die Unabhängigkeit Kubas von Spanien und gegen den Annexionismus der USA machten ihn zu einer Symbolfigur des Widerstands. Sein essayistisches Werk stellt die wichtigste geistige Leistung in den ersten Jahrzehnten der Republik dar. V. ist auch als Lyriker und Erzähler bekannt. M. F.

Werke (Auswahl): Lyrik: *Odas anacreónticas* (1868), *Poesías* (1878), *Paisajes cubanos* (1879), *Poemitas en prosa* (1921); Essays: *Conferencias filosóficas* (I: 1880; II u. III: 1888), *Estudios literarios y filosóficas* (1883), *Desde mi belvedere* (1907), *De mis recuerdos* (1917).

Ausgabe: *Textos escogidos*. Hg. R. Lazo. ME 1968.

Literatur: E. Alba Bufill, *E. J. V. Crítica y creación literaria*. Miami etc. 1979. – Ders., *Los estudios cervantinos de E. J. V.* New York 1979. – P. M. Guadarrama González, *La sociología en el pensamiento filosófico de E. J. V.* UCLV/I, 60 (1978), 83-126. – Ders., *Die philosophische Auffassung E. J. V.s von der Gesellschaftsentwicklung*. Leipzig 1980.

Villaverde, Cirilo

* 28.10.1812 in San Diego de Nuñez/Pinar del Río, † 24.10.1894 in New York. Nach Jurastudium Journalist und Spanischlehrer. Aufgrund politischer Aktivitäten für die Unabhängigkeit Kubas 1848 inhaftiert, 1849 Flucht in die USA. 1858 kehrte V. nach Erlaß einer Amnestie nach Kuba zurück; 1861 ließ er sich endgültig in den USA nieder.

Neben journalistischen Arbeiten veröffentlichte V. zahlreiche vorwiegend historische Erzählungen und Romane im Stil der Romantik, die dort, wo lokale Sitten und Gebräuche der kub. Landbevölkerung thematisiert sind, als wichtiger Beitrag zur Herausbildung des Criollismus, einer spezifisch amerikanischen Variante des spanischen Kostumbrismus, gelten können. Sein bedeutendstes Werk ist der Roman *Cecilia Valdés o La Loma del Angel* (1839; stark erw. Fassung 1882), das interessanteste der in Kuba vor dem Hintergrund der Sklaverei entstandenen literarischen Zeugnisse: ein breit angelegtes, über dieses Thema weit hinausgreifendes Panorama der kub. Wirklichkeit während des ersten Drittels des 19. Jh.s. Um die inzestuöse Liebesgeschichte einer Mulattin und ihres weißen Halbbruders entfaltet sich das alltägliche Leben einer Gesellschaft, die durch Rassenvorurteile und Diskriminierung auch auf seiten der Mulatten gekennzeichnet ist und die insbesondere im zweiten Teil mit deutlich sozialkritischem Engagement geschildert wird. F. G.

Literatur: E. S. Santovenia y Echaide, *C. V.* Madrid 1973. – R. González, *Para una lectura historicista de ›Cecilia Valdés‹*. CDLA, 22 (1981), 129, 84-92. – J. Kaye, *La esclavitud en América: ›Cecilia Valdés‹ y ›La cabaña del tío Tom‹*. CDLA, 22 (1981), 129, 74-83. – I. Alvarez (Hg.9), *Acerca de C. V.* LH 1982. – C. Schnelle, *Der Roman ›Cecilia Valdés‹ von C. V., ein Spiegelbild der kub. Gesellschaft in der ersten Hälfte des 19. Jh.s.* BZRP, 22 (1983), 1, 21-30. – R. González, *Contradanzas y latigazos*. LH 1983. – F. Fernández Robaina, *Bibliografía de ›Cecilia Valdés‹*. RLCUB, 2 (1984), 2/3, 102-127. – O. Ette, *›Cecilia Valdés‹ y ›Lucía Jerez‹: transformaciones del espacio literario en dos novelas cubanas del siglo XIX*. In: D. Balderston (Hg.), *The Historical Novel in Latin America*. Gaithersburg 1986, 85-96. – W. Luis, *›Cecilia Valdés‹: el nacimiento de una novela antiesclavista*. CH, 451-452 (1988), 187-195. – A. Benítez Rojo, *C. V., fundador*. RI, 56 (1990), 152/153, 769-777.

Vitier, Cintio

* 25.9.1921 in Key West, Florida. Seine ersten Lyrikbände (*Poemas*, 1938, *Sedienta cita*, 1943, *Extrañeza de estar*, 1943) ließen ihn rasch Anschluß an die avantgardistische Gruppe der Zeitschrift »Orígenes« (1944-1956) finden, der u. a. J. ↑Lezama Lima, V. ↑Piñera und (seine spätere Frau) F. ↑García Marruz angehörten. Neben die Lyrik traten im Laufe der Jahrzehnte die Literaturkritik, der Essay und die Prosa. In der nachrevolutionären Lyrik V.s nimmt die Aufarbeitung der Vergangenheit einen wichtigen Raum ein. Als Sprachlehrer, Literaturprofessor und Übersetzer (Valéry, Mallarmé, Claudel, Rimbaud u. a.) hat V. zur Literaturkritik gefunden, der er über den kub. Meridian hinaus bedeutende Impulse gegeben hat. Abgesehen von seinen zahlreichen Arbeiten über J. ↑Martí – den er als Lyriker aufwertete –, haben ihn vor allem seine Vorlesungen *Lo cubano en la poesía* (1958, ^{2}1970) am Lyzeum von Havanna bekannt gemacht. Es sind philologisch fundierte, sensible Interpretationen, die zusammen mit den kommentierten Anthologien *Diez poetas cubanos, 1937-1947* (1948), *Cincuenta años de poesía cubana, 1902-1952* (1952) und *Los poetas románticos cubanos* (1962) ein vollständiges Bild der kub. Lyrik ergeben. Eine Überraschung bedeutete das Erscheinen seines ersten Romans *De peña pobre* (1979; dt. *Eine Straße in Alt-Havanna*, 1987), der den Zeitraum von 1895 bis 1970 erfaßt. Was auf den ersten Blick als historischer Roman klassifizierbar erscheint, erweist sich als Bildungsroman, in dem verschiedene Gestalten über den Lehrcharakter der Geschichte zu ihrer Identität gelangen. M. F.

Weitere Werke (Auswahl): Lyrik: *Escrito y cantado (1954-1959)* (1959), *Testimonios (1959-1964)* (1964), *La fecha al pie* (1981), *Hojas perdidizas* (1988), *Palabras a la aridez*

(1989); Essays, sonstige Prosa: *Temas martianos* (1982), *Los papeles de Jacinto Finalé* (1984).

Literatur: *Homenaje a C. V., 30 años con la poesía*. LH 1968. – J. F. Garganigo, *C. V.: De la conciencia de la poesía a la poesía de la conciencia*. UA/REH, 14 (1980), 1, 93-100. – R. Repilado, ›*De peña pobre*‹: *Historia, novela y poesía*. CDLA, 21 (1981), 125, 115-126. – R. Prada Oropeza, *Historia y literatura en Cabrera Infante, César Leante y C. V.* TC, 8 (1983), 26/27, 65-91. – V. Zemskov, *Una novela cubana: ›De peña pobre‹*. RLCUB, 3 (1985), 5, 98-111. – A. Díaz Quiñones, *C. V.: La memoria integradora*. San José (Puerto Rico) 1987. – R. Hernández Novás, *C. V.: la mirada poética*. RI, 56 (1990), 152/153, 1187-1195.

Yáñez, Mirta

* 1947 in Havanna. Sie studierte Literaturwissenschaft und ist heute Mitarbeiterin am Centro Wilfredo Lam für Bildende Künste in Havanna. Ihre erste Veröffentlichung ist der Gedichtband *Las visitas* (1970). Die folgenden Erzählbände *Todos los negros tomamos café* (1975) und *La Habana es una cuidad bien grande* (1980) berichten von Alltagsereignissen. Die Stärke der Autorin liegt dabei weniger in der Handlungsspannung als in der humorvollen und psychologisch einfühlsamen Charakterschilderung, vor allem der Kinderwelt. In *La hora de los mameyes* (1982) hat Y. aus einer imaginären Dorfperspektive das Alltagsleben während der Republik geschildert. Ein weiteres Werk von ihr ist das Kinderbuch *Serafín y su aventura con los caballitos* (1980). M. F.

Weitere Werke: Erzählungen: *El diablo son las cosas* (1988).

MEXIKO

Alva Ixtlilxóchitl, Fernando de	1577-1648
Sigüenza y Góngora, Carlos de	1645-1700
Juana Inés de la Cruz, Sor	1651-1695
Fernández de Lizardi, José Joaquin	1776-1827
Calderón, Fernando	1809-1845
Payno, Manuel	1810-1894
Sierra O'Reilly, Justo	1814-1861
Rodríguez Galván, Ignacio	1816-1842
Inclán, Luis G.	1816-1875
Prieto, Guillermo	1818-1897
Roa Bárcena, José María	1827-1908
Cuéllar, José T. de	1830-1894
Mateos, Juan A.	1831-1913
Riva palacio, Vicente	1832-1896
Altamirano, Ignacio Manuel	1834-1893
Ancona, Eligio	1836-1893
Díaz Covarrubias, Juan	1837-1859
Castero, Pedro	1838-1906
Sierra, Justo	1848-1912
Acuña, Manuel	1849-1873
Díaz Mirón, Salvador	1853-1927
Delgado, Rafael	1853-1914
Gutiérrez Nájera, Manuel	1859-1895
Gamboa, Federico	1864-1939
Campo, Angel del	1868-1908
Frías, Heriberto	1870-1925
Nervo, Amado	1870-1919
González Martínez, Enrique	1871-1952
Tablada, José Juan	1871-1945
Azuela, Mariano	1873-1952
Vasconcelos, José	1882-1959
Mediz Bolio, Antonio	1884-1957
Guzmán, Martín Luis	1887-1976
López Velarde, Ramón	1888-1921
Reyes, Alfonso	1889-1959
Abreu Gómez, Ermilo	1894-1971
López y Fuentes, Gregorio	1897-1966
Pellicer, Carlos	1897-1977
List Arzubide, Germán	1898
Maples Arce, Manuel	1898-1981
Muñoz, Rafael F.	1899-1972
Ortiz de Montellano, Bernardo	1899-1949
Gorostiza, José	1901-1973
Ferretis, Jorge	1902-1962
Torres Bodet, Jaime	1902-1974
Villaurrutia, Xavier	1903-1950

Novo, Salvador	1904-1974
Yáñez, Agustín	1904-1980
Hernández, Efrén	1904-1958
Rojas González, Francisco	1904-1951
Usigli, Rodolfo	1905-1979
Owen, Gilberto	1905-1952
Magdaleno, Mauricio	1906-1986
Rubín, Ramón	1912
Benítez, Fernando	1912
Pozas, Ricardo	1912
Revueltas, José	1914-1976
Paz, Octavio	1914
Huerta, Efraín	1914-1982
Solana, Rafael	1915
Arreola, Juan José	1918
Rulfo, Juan	1918-1986
Garro, Elena	1920
Bonifaz Nuño, Rubén	1923
Carballido, Emilio	1925
Castellanos, Rosario	1925-1974
Spota, Luis	1925-1985
Jiménez, José Alfredo	1926-1973
Sabines, Jaime	1926
Galindo, Sergio	1926
Fuentes, Carlos	1928
Ibargüengoitia, Jorge	1928-1983
Hernández, Luisa Josefina	1928
Montes de Oca, Marco Antonio	1932
Elizondo, Salvador	1932
García Ponce, Juan	1932
Pitol, Sergio	1933
Leñero, Vicente	1933
Poniatowska, Elena	1933
Zaid, Gabriel	1934
Paso, Fernando del	1935
Azuela, Arturo	1938
Monsivaís, Carlos	1938
Pacheco, José Emilio	1939
Gardea, Jesús	1939
Aridjis, Homero	1940
Avilés Fabila, René	1940
Sainz, Gustavo	1940
García Saldaña, Parménides	1944-1982
Agustín, José	1944
Aguilar Camín, Héctor	1946
Samperio, Guillermo	1948
Mastretta, Angeles	1949
Ruy Sánchez, Alberto	1951
Villoro, Juan	1956

Abreu Gómez, Ermilo

*18.9.1894 in Mérida/Yucatán, †14.7.1971 in Mexiko Stadt. Er war nach dem Besuch der Oberschule als Journalist tätig. Ab 1918 lebte er in Mexiko Stadt, 1947-60 in Washington. 1961 wurde er Professor für Literatur an der UNAM, 1963 Mitglied der mex. Sprachakademie.

In den 20er Jahren schrieb er einige in der Kolonialzeit spielende Romane und Theaterstücke, von denen die burleske Komödie *Viva el rey* (1921) besonders erfolgreich war. Seine bedeutendste literarische Leistung sind die indigenistischen Erzählungen *Héroes mayas* (1942; dt. *Geschichten von den Maya-Indianern*, 1948, gekürzt), daraus besonders *Canek* (1940), in der er auf ein reales Geschehen aus dem 18. Jh. zurückgreift. Eine ähnliche Verschmelzung von lyrisch-bildhaften, epischen und mythischen Elementen findet sich dann noch einmal in der Erzählung *Quetzalcóatl, sueño y vigilia* (1947). Ein moderner Schelmenroman mit sozialkritischem Gehalt ist *Tata Lobo* (1952). A.G.' eigentlicher Schwerpunkt liegt in der literaturgeschichtlichen Forschung. Die Wiederentdeckung von Sor ↑Juana Inés de la Cruz ist im wesentlichen sein Verdienst. Hervorzuheben ist außerdem die Monographie *Martín Luis ↑Guzmán* (1968).

Weitere Werke (Auswahl): Romane, Erzählungen: *El Corcovado* (1924), *La vida del venerable Gregorio López* (1925), *Cuentos de Juan Pirulero* (1939), *Naufragio de indios* (1951), *Leyendas mexicanas* (1951), *Cosas de mi pueblo* (1957), *La conjura de Xinum* (1958), *Cuentos para contar junto al fuego* (1959), *Leyendas y consejas del antiguo Yucatán* (1961), *San Francisco de Asís* (1964); Theater: *Pasos de comedia* (Sammlung, 1926), *Un juego de escarnio* (1943); Memoiren: *La del alba seria* ... (1954), *Duelos y quebrantos* (1959); Essays, Untersuchungen: *Guía de amantes* (1933), *Clásicos, románticos, modernos* (1934), *Sor Juana Inés de la Cruz. Bibliografía y biblioteca* (1934), *La ruta de Sor Juana* (1938), *Sala de retratos* (1946), *Diálogo del buen decir y otros ensayos* (1961).

Literatur: C. Silva de Rodríguez, *Vida y obra de E. A. G.* Fort Worth, Texas 1975. – G. D. Schade, *Dos mexicanos vistos por sí mismo: Reyes y A. G.* RI, 55 (1989), 148/149, 785-802.

Acuña, Manuel

*8.1849 in Saltillo/Coahuila, †6.12.1873 (Selbstmord) in Mexiko Stadt. 1868 begann er ein Medizinstudium und schrieb, betroffen von dem Tod eines Freundes, seine ersten Gedichte. Er war Mitarbeiter mehrerer Zeitschriften der Hauptstadt, u.a. »El Libre Pensador« (1870), »El Eco de Ambos Mundos«, und stand dem Schriftstellerkreis um I. ↑Altamirano nahe. Wegen mehrerer unglücklicher Liebschaften, darunter zu Rosario de la Peña, in die verschiedene mex. Schriftsteller sowie J. ↑Martí verliebt waren, nahm er sich das Leben.

In A.s über Mexiko hinaus einst äußerst populärer Lyrik sind die beiden Tendenzen der Romantik, der gefühlsbetonte Irrationalismus und der Positivismus vorhanden. Repräsentativ für letzteren ist sein Gedicht »Ante un cadáver«, in dem der Tod aus dem Prinzip eines sich ständig erneuernden Lebens gedeutet wird. Gott oder die Unsterblichkeit der Seele werden geleugnet: »dein Schädel, voll von neuem Leben| wird Blumen statt Gedanken geben.« A.s Ideale sind Wissenschaft, Fortschritt und Liberalismus. In seinem einzigen Drama *El pasado* (1872?) kämpft er gegen Heuchelei und christliche Sexualmoral. Aber vor allem seine schmerzlich melancholischen Liebesgedichte fanden großen Anklang, darunter jenes fast unbeholfen schlichte »Nocturno a Rosario«, das am Vorabend seines Todes entstand.

Ausgaben: *Versos* (1874), *Poesías* (Paris 1884, ME 1885, 1919, 1941), *Historia de un pensamiento, poesía inédita* (1941), *Obras*. Hg. J. L. Martínez. ME 1949.
Literatur: B. Jarnés, *M. A., poeta de su siglo*. ME 1942. – F. Castillo Nájera, *M. A.* ME 1950.

Aguilar Camín, Héctor
*9.7.1946 in Chetumal/Quintana Roo. Er hat Kommunikationswissenschaft und Geschichte studiert und ist u. a. als Herausgeber der Zeitschriften »Nexos« und »La Jornada Semanal« tätig. Sein Werk umfaßt historiographische Darstellungen, Erzählungen und einen Roman. Als Historiker hat er mit den Büchern *La frontera nómada, Sonora en la Revolución Mexicana* (1977) sowie *Saldos de la Revolución: cultura y política de México, 1910-1980* (1982) neue Aspekte der mex. Revolution aufgewiesen. Der Historiker kommt auch in A. C.s narrativem Werk insofern zum Vorschein, als seit seinem ersten Erzählband *Con el filtro azul* (1979) die subjektive Erlebniswelt seiner Gestalten ständig mit konkreten Wirklichkeitsfragmenten konfrontiert oder unterlegt wird. Auch der Roman *Morir en el Golfo* (1985; dt. *Der Kazike*, 1989), der schnell mehrere Auflagen erlebte, verschmilzt die mex. Wirklichkeit der Machtkämpfe innerhalb der PEMEX, der staatlichen Erdölfirma, auf administrativer und gewerkschaftlicher Ebene in den 70er Jahren mit »romanhaften« Elementen. Die existentiellen Erfahrungen einer Frau zwischen einem Politiker und einem Journalisten, dem Ich-Erzähler, werden einmal lapidar zusammengefaßt: »Männer und Frauen sind vorhanden. Was fehlt, sind Liebesbeziehungen.«

Weitere Werke: Erzählungen: *La decadencia del dragón* (1983); Roman: *La guerra de Galio* (1991).

Agustín, José
*19.8.1944 in Guadalajara (?). Im Alter von zweiundzwanzig Jahren hatte A. bereits zwei Romane und eine Autobiographie veröffentlicht, war zweimal verheiratet gewesen, hatte Film- und Theaterwissenschaften studiert und war Stipendiat des mex. Schriftstellerverbandes.
In seinem ersten Roman *La tumba* (1964) wird aus der Perspektive des Ich-Erzählers Gabriel das zügellose Leben einer Gruppe mex. Jugendlicher der Metropole geschildert, die gegen die Konventionen und Heucheleien des Establishments, dem ihre Eltern angehören, aufbegehren. Wie auch die Protagonisten des erzähltechnisch bereits ausgereiften zweiten Romans *De perfil* (1966) akzeptieren diese Jugendlichen Drogen und Alkohol als Mittel zur Bewußtseinserweiterung, sie sind Verfechter einer von Besitzansprüchen befreiten Liebe und pflegen eine eigene, unkonventionelle, laszive Sprache, die in bewußter Ablehnung nationaler Eigenheiten modern, kosmopolitisch sein will. Gabriel wird schließlich zum Opfer der selbst gewählten Lebensweise: Haltlosigkeit und übersättigte Sinnlichkeit treiben ihn in den Selbstmord. Die mit Romanen von G. ↑Sainz und A. einsetzende Jugendprotestliteratur wurde später als »Narrativa de la Onda«, als Erzählkunst der (neuen) Welle bezeichnet. Über die Schriftsteller der »Onda« befragt, urteilte J. ↑Rulfo 1967: »A. ist sehr begabt, wenn auch seine bisherigen Werke das schriftstellerische Talent noch nicht widerspiegeln. Die Vertreter dieser jungen mex. Literatur, die für eine sehr eingeschränkte jugendliche Leserschaft schreiben, können nicht ewig so weitermachen.« Tatsächlich zeugen neuere Werke A.s wie *El Rey se acerca a su templo* (1977) von einer Weiterentwicklung, vom Willen zum literarischen Experiment. Auch hier wieder

die für ihn typischen Figuren- und Problemkonstellationen, jedoch kennzeichnet diesmal die »Annäherung an den Tempel« eine Wahrheitsfindung, die von der Vernunft und den Gefühlen sowie der Sexualität gleichermaßen geleitet wird und in den Individuen selbst zu suchen ist. Die beiden einander entsprechenden Erzählsequenzen »externes Licht« und »internes Licht« versinnbildlichen das Spannungsverhältnis zwischen den entgegengesetzten Polen menschlicher Gefühle und Verhaltensweisen. Der Emanzipationsgedanke in privater wie nationaler Hinsicht durchzieht *Ciudades desiertas* (1982). Die Sehnsüchte der Protagonistin Susana nach einem unabhängigen Leben belasten die Beziehung zu ihrem Ehemann. Spontan entschließt sie sich zur Annahme eines Stipendiums für junge Schriftsteller in einer Provinzstadt der USA. In der Beschreibung ihrer ersten Eindrücke entlarvt sie den »American way of life« als eine von Konsum und Technologien geprägte, aber kulturlose Lebensform. R. S.

Weitere Werke: Romane: *Se está haciendo tarde: final en laguna* (1973), *Cerca del fuego* (1986), *Luz interna* (1989); Erzählungen: *Inventando que sueño* (1968), *La mirada en el centro* (1977), *Furor matutino* (1985); Theater: *Abolición de la propiedad* (1969), *Círculo vicioso* (1974); Essays, Sonstiges: *J. A.* (Autobiographie, 1966), *La nueva música clásica* (1968), *Literature and censorship in Latinamerica today* (1978).

Literatur: M. Glantz, *Onda y escritores en México: jóvenes de 20 a 30*. ME 1971. – P. García Saldaña, *En la ruta de la Onda*. ME 1972. – J. Rufinelli, *Sainz y A.: Literatura y contexto social*. TC, 3 (1977), 8, 155-164. – G. Woodyard, *Language and Tensions in J. A.'s Theatre*. H, 63 (1980), 1, 31-37. – E. Poniatowska, *¡Ay vida, no me mereces! C. Fuentes, R. Castellanos, J. Rulfo, la literatura de la Onda*. ME 1985. – J. C. D. Carter/ D. L. Schmidt (Hg.), *J. A.: Onda and Beyond*. University of Missouri 1986.

Altamirano, Ignacio Manuel
* 13.11.1834 in Tixtla, † 13.2.1893 in San Remo (Italien). Indianischer Abstammung und aus bescheidenen sozialen Verhältnissen, war A. seit seiner Studienzeit engagierter Vertreter des Liberalismus. Er kämpfte im Bürgerkrieg (1858-61) und gehörte zum mex. Widerstand gegen die frz. Invasion (1863-67). Als Herausgeber zahlreicher Zeitungen und Zeitschriften entwickelte er eine rege publizistische Tätigkeit. Mit Gonzalo A. Esteva gründete er 1869 die literarische Zeitschrift »El Renacimiento«, die liberale und konservative Schriftsteller gleichermaßen in der Suche nach einer Kultur- und Nationalidentität einte. Eine intensive Auseinandersetzung mit den zeitgenössischen europäischen Schriftstellern stand ihren literarischen Emanzipationsbemühungen durchaus nicht entgegen.
Obgleich A. auch als Dichter (*Rimas*, 1871) durchaus erfolgreich war, spiegelt in erster Linie das Erzählwerk sein erklärtes Anliegen wider, über die stoffliche Verarbeitung der mex. Geschichte zu einer autochthonen Literatur zu finden. Immer wieder betonte A. die soziale Funktion des Romans. Der Übergang von der Romantik zum Realismus wird an *Clemencia* (1869), einer romantischen Liebeserzählung mit Ansätzen zu realistischer Welt- und Lebensbetrachtung deutlich. Ort der Handlung ist Guadalajara zur Zeit des Widerstandskampfes unter Juárez gegen den von Napoleon III. eingesetzten Kaiser Maximilian. Die Ereignisse kreisen um zwei charakterlich antagonistische Offiziere, die in dieselbe Frau, eine verwöhnte Aristokratin, verliebt sind. Enrique, der im Kampf um Clemencias Zuneigung siegt, entpuppt sich schon bald als Opportunist, für den einzig materieller Erfolg von Bedeutung ist. Die Fernando zugedachte Rolle des Opfers wird durch seine poli-

tische Standhaftigkeit ins Gegenteil verkehrt. Zu spät erkennt Clemencia das Heldentum des von ihr abgewiesenen Liebhabers und sühnt ihren Irrtum durch Eintritt ins Kloster. Mit den ausschweifenden donjuanesken Monologen Enriques dürfte der Autor den zeitgenössischen Publikumsgeschmack getroffen haben. Die exakte Darstellung regionaler Lebensstile und -bräuche (Kostumbrismus), die Nachahmung der Volkssprache und die literarische Reflexion der politischen und sozialen Wandlungsprozesse, die durch die Bürgerkriege ausgelöst wurden, bilden auch die Konstanten seiner weiteren Romane. *La navidad en las montañas* (1871) präsentiert ein Lebensmodell vom harmonisch-sozialen Miteinander, das liberale und klerikale Grundsätze zu versöhnen sucht. *El Zarco* (1901) liest sich als Kritik auf die Reformbedürftigkeit staatlicher Institutionen während des Bürgerkriegs. Namentlich in dieser Banditenerzählung sieht die Literaturkritik einen Vorläufer des mex. Revolutionsromans des 20. Jh.s. R. S.

Ausgaben: *Obras literarias completas*. Pról. de S. Reyes Nevares. ME 1959. – *Obras completas*. ME 1986, 4 Bde.
Literatur: R. E. Warner, *Bibliografía de I. M. A.* ME 1955. – C. N. Nacci, *I. M. A.* New York 1970. – K. Hölz, *Liebe auf mexikanisch. Patriotisches Denken und romantischer Sentimentalismus im Werk von I. M. A.* IA, 8 (1984), 22/23, 5-29.

Alva Ixtlilxóchitl, Fernando de

* um 1577, † 1648 (?). Umstritten wie seine Lebensdaten ist der Ort seiner Geburt: Texcoco, Mexiko Stadt oder San Juan Teotihuacán. Mütterlicherseits stammt er in direkter Linie von Ixtlilxóchitl ab, dem letzten Herrscher von Texcoco, der mit Cortés gegen die Azteken kämpfte. Er besuchte das Colegio de Santa Cruz in Tlaltelolco, 1612 war er Gouverneur von Texcoco, 1617 von Tlalmanalco. Später bekleidete er das Amt eines Dolmetschers bei dem Statthalter von Mexiko.
A. I. ist der erste mestizische Chronist Mexikos. Nach gründlichen Studien von Bilderhandschriften und sonstigen Náhuatl-Dokumenten verfaßte er auf Span. zwei Werke über die Geschehnisse während und nach der span. Eroberung. Einen Teil seiner *Relaciones* legte er, samt der verwendeten Quellen, 1608 dem Gouverneur von Otumba und verschiedenen eingeborenen Würdenträgern vor, um sich die Richtigkeit seiner Angaben bestätigen zu lassen und damit den Rechtsanspruch auf ein angemessenes Erbe zu begründen. Das andere – und bedeutendere – Werk *Historia chichimeca* (dt. *Das Buch der Könige von Tezcuco*, 1930) wurde 1648 abgeschlossen. Obwohl A. versucht, das Verhalten der Texcocaner, die den Untergang Tenochtitláns mit herbeiführten, zu rechtfertigen, schildert er eindringlich das Leiden der unterlegenen Azteken wie auch die Größe und kulturellen Leistungen dieses Volkes. Nicht immer ist seine Darstellung schlicht und schmucklos, gelegentlich verfällt er in hymnische Formen oder arbeitet in den Text Lieder und Gedichte der Indianer ein. Obwohl seine Texte Widersprüchlichkeiten enthalten, haben sie sich in der Wiedergabe der Zahlen und Daten exakter als die meisten anderer Chroniken erwiesen.

Ausgaben: *Horribles crueldades* ... ME 1829 (Auszug aus *Relaciones*). – *Historia chichimeca*. London 1848. – *Obras históricas*. Hg. A. Chavero. ME 1891-92, 2 Bde., ME [2]1952.

Ancona, Eligio

* 1.12.1836 in Mérida (Yucatán), † 3.4.1893 in Mexiko Stadt.
Er beschäftigte sich vor allem mit der Gattung des historischen Romans. *El Filibustero* (1864) spielt zu Beginn des

18. Jh.s und verknüpft im Stile des sentimentalen Feuilletonromans die historische und soziale Thematik der politischen und klerikalen Repräsentanten der Kolonialzeit mit dem intrigenreichen Schicksal der jungen Helden, die ohne ihr Wissen in inzestuöser Liebe zueinander gefallen sind. Die Haupthandlung kreist um den namenlosen Leonel, den der Erzähler stolz mit der literarischen Figur des Antony von A. Dumas vergleicht. Wie dieser muß sich Leonel gegen die Anfeindungen der Gesellschaft durchsetzen, indem er sich für seine soziale Inferiorität mit den Abenteuern und Raubzügen eines – freilich edlen – Piraten rächt. Indem der Autor hinter der religiösen Mission der Kolonialvertreter Profitgier und Fanatismus aufdeckt, legt er mit dem Roman zugleich ein patriotisches Geständnis des antispan. Unabhängigkeitsdenkens ab. Von ähnlicher thematischer Aussage sind die Conquista-Romane *La cruz y la espada* (1864, 1950) und *Los mártires del Anáhuac* (1870, 1956). Beide Werke berufen sich auf den span. Chronisten Bernal Díaz del Castillo (1498-1582). Trotz der patriotischen Wertschätzung und Verherrlichung der indigenen Kultur- und Zivilisationsleistung läßt A. auch Kritik an barbarischen Gebräuchen der Azteken einfließen. Wenn in *La cruz y la espada* am Ende das junge Indio-Mädchen als christliche Märtyrerin stirbt, ist gleichzeitig das kulturelle Faktum des »mestizaje« idealistisch vermittelt. K. H.

Weitere Werke: Romane: *La mestiza* (1861), *El Conde de Peñalva* (1879), *Memorias de un Alférez* (1904); historiograph. Darstellung: *Historia de Yucatán desde la época más remota hasta nuestros días* (1878-80, 4 Bde.)

Aridjis, Homero

* 6.4.1940 in Contepec/Michoacán. Er studierte Journalismus in Mexiko Stadt und war u.a. Herausgeber der Zeitschrift »Correspondencias«. Er hat Gastprofessuren in den USA innegehabt und war in verschiedenen europ. Ländern als Diplomat tätig; zur Zeit ist er Präsident der Umweltorganisation »Gruppe der 100«.

A. ist zunächst als Lyriker bekannt geworden, in dessen frühen Gedichtbänden ein subjektiver, von der Intensität der Empfindungen gesteuerter Gestaltungswille erkennbar ist. O. ↑Paz riet ihm damals zu mehr Konzentration und Zurückhaltung. Die Originalität der Liebesgedichte aus *Antes del reino* (1963) fand gleichwohl breite Zustimmung. Die erotische Thematik bleibt vorherrschend in der lyrischen Kurzprosa von *Mirándola dormir* (1964) und *Perséfone* (1968). Eine veränderte Einstellung gegenüber der Realität und zugleich eine einfachere, um präzise Wiedergabe von Wahrnehmungen bemühte Sprache zeichnet sich ab in *Vivir para ver* (1977). Die formale und inhaltliche, von Tierszenen und Alltagsgegenständen bis zur aztektischen Zeremonie reichende Vielfalt dieses Bandes bedeutet Enthierarchisierung der Realität. In den 80er Jahren hat sich A. zunehmend als Prosaautor profiliert. Außer Erzählungen und einem zwischen Drama, Lyrik und Essay angesiedelten *Espectáculo del año 2000* (1981) hat er zwei ambitiöse Romane veröffentlicht. *1492. Vida y tiempos de Juan Cabezón de Castilla* (1985) ist eine gelegentlich burleske, ereignis- und personenreiche Rekonstruktion Spaniens im 16. Jh., wobei sich die Handlung auf das kollektive Drama der 1492 angeordneten Vertreibung der Juden zuspitzt. Der Titelheld, Sohn konvertierter Juden, der auf der Suche nach seiner verschollenen und von der Inquisition zum Feuertod verurteilten Geliebten Spanien durchirrt, taucht dann im nächsten Roman *Memorias del Nuevo Mundo* (1988) als Marsgast des Flaggschiffs von Kolumbus wieder auf. In Cabezóns weiterem Schicksal spiegeln sich in einer Mischung von Fiktion und bekannter Historie die ersten Jahrzehnte der Eroberung Amerikas.

Weitere Werke: Lyrik: *La musa roja* (1958), *Los ojos desdoblados* (1960), *La tumba de Filidor* (1961), *La difícil ceremonia* (1963), *Ajedrez. Navegaciones* (1969), *Los espacios azules* (1969), *Quemar las naves* (1975), *Construir la muerte* (1982); Kurzroman: *Noche de Independencia* (1978); sonstige Prosa: *El poeta niño* (1971), *El encantador solitario* (1973), *Playa nudista y otros relatos* (1982), *El último Adán* (1986).
Ausgabe: *Obra poética.* ME 1987.

Arreola, Juan José
* 21.9.1918 in Zapotlán, heute Ciudad Guzmán/Jalisco. Er hat seit seinem 12. Lebensjahr gearbeitet, u.a. als Händler, Drucker, Schauspieler, Bäcker. Zusammen mit J. ↑Rulfo und Antonio Alatorre (* 1922) gab er in den frühen 40ern in Guadalajara die Zeitschrift »Pan« heraus. Als Stipendiat nahm er 1945 Schauspielunterricht in Paris. Danach ist er als Mitarbeiter von Verlagen und Literaturdozent tätig gewesen und hat sich besonders durch Gründung und Herausgabe der Buchreihe »Los Presentes« um die Förderung junger Autoren verdient gemacht. Seit den 70er Jahren bestreitet er als Alleinunterhalter eine wöchentliche Fernsehsendung.

A. hat ähnlich wie Rulfo mit einem relativ schmalen Œuvre die Literatur seines Landes in starkem Maße beeinflußt. Sein Hauptwerk ist ein immer wieder überarbeiteter Prosaband, der inzwischen als *Confabulario definitivo* (1986) vorliegt. Er enthält Texte – Erzählungen, Fabeln, Prosagedichte – die ab 1943 entstanden und deren frühere Sammlungen u.d.T. *Varia invención* (1949), *Confabulario* (1952), *Bestiario* (1959) und *Confabulario total* (1962; dt. *Confabularium*, 1980) erschienen waren. Das Neue und Modellhafte an diesen Texten ist vor allem die perfekte – und beunruhigende – Logik, mit der Absurdes und Alltägliches oder Wahrscheinliches aufeinander bezogen werden. Eine Frau, die als Tanzbär vorgeführt wird (»Una mujer amaestrada«), oder auch Obsessionen, die sich zunehmend und bedrohlich materialisieren, sind eingebettet in die Normalität individueller und gesellschaftlicher Mechanismen. Sexualität zwischen Mann und Frau als Metapher der Einsamkeit und Kommunikationsunfähigkeit des Menschen ist eine von A.s thematischen Konstanten. Formal augenfällig ist die Tendenz zu äußerster Konzentration. Epigrammatische Kürze hat seine »Horrorgeschichte«: »Die Frau, die ich liebte, hat sich in ein Gespenst verwandelt. Ich bin der Ort, wo es erscheint.« Das zeitkritische, manchmal satirische Element als Ausdruck einer komplex erfaßten Ethik steht in A.s Werk gleichwertig neben den Problemen der Ästhetik im allgemeinen, der Sprache und Literatur im besonderen. Die außerordentliche Belesenheit, die auch Ergebnisse naturwissenschaftlicher Forschungen umfaßt, der hintergründige Humor sowie ein genüßlich spielerischer Zynismus haben immer wieder den Vergleich mit J.L. ↑Borges nahegelegt. A.s Sprache und bis zu einem gewissen Grade seine Vorstellungswelt wurzeln jedoch stärker als bei Borges in der ländlichen, religiös geprägten Kultur seines Landes. So ist A.s einziger Roman *La feria* (1963) ein aus zahlreichen Episoden bestehendes Mosaik des Lebens bzw. Überlebens in seiner Heimatstadt Zapotlán bis hin zur fast rituellen Katastrophe eines vernichtenden Feuerwerks. Der Klerus von Zapotlán ließ ein Exemplar des Werkes öffentlich verbrennen, obwohl die beanstandeten »obszönen« Stellen wörtlich aus dem

»Alten Testament« stammten. Zu A.s weiteren herausragenden Werken gehört das preisgekrönte, erfolgreiche »Fronleichnamsspiel von Tod und Ekel«, *La hora de todos* (1954).

Weitere Werke: *Palindroma* (1971), *Mujeres, animales y fantasías mecánicas* (1972), *Y ahora la mujer* (1975), *La palabra educación* (1977).

Ausgaben: *Obras*. ME 1971. – *Confabulaciones*. Hg. R. Hernández Novás. LH 1990.

Literatur: A. Ramírez/F. L. Ramírez, *Hacia una bibliografía de y sobre J. J. A.* RI (1979), 108/9, 651-667. – T. M. Herz, *Las fuentes cultas de la sátira del ›Confabulario‹*. HISP, 24 (1981), 3, 3149. – Y. M. Washburn, *J. J. A.* Boston 1983. – J. Ortega, *Etica y estética en algunos cuentos de ›Confabulario‹*. SN, 13 (1983), 3, 52-59. – B. Akker, *El cuento mexicano contemporáneo: Rulfo, A. y Fuentes*. Madrid 1984. – P. R. Heusinkveld, *La nueva alegoría de J. J. A.* RCLL, 11 (1986), 23, 45-52. – R. Hernández Novás, *J. J. A. : de la ilusión a la desesperanza*. CDLA, 30 (1989), 177, 73-86. – C. Mora Valcárcel, *J. J. A.: ›La feria‹ o una apocalipsis de bolsillo*. RI, 56 (1990), 150, 99-115.

Avilés Fabila, René

* 15.11.1940 in Mexiko Stadt. Er studierte Politik und Soziologie und unterrichtet diese Fächer als Professor an der UNAM.

Seine ersten Publikationen – Erzählungen, Reportagen, Kritiken und der zunächst im Selbstverlag erschienene Roman *Los juegos* (1967) – brachten ihm den Ruf eines *enfant terrible* der mex. Literatur ein. *Los juegos* ist eine grimmige Satire auf modisches Angepaßtsein, Selbstbetäubung durch Lärm, Rockmusik, Sex und Drogen in der zeitgenössischen Künstler- und Schriftstellerszene von Mexiko Stadt. Die satirische Entlarvung von Korruption und Zynismus in den Medien und der Politik bis hinab zum Verhalten des mex. Kleinbürgers bleibt weiter eine der Konstanten von A. F.s Werk. Der Roman *El gran solitario de palacio* (1970, ²1976) spielt in einem imaginären Land, das schon fünfzig Jahre lang von einem Präsidenten regiert wird, der sich alle sechs Jahre einer Gesichtsoperation unterzieht und dem von einem Computer ein neues Persönlichkeitsprofil ausgerechnet wird. Eine ähnliche parabelhafte Kritik am öffentlichen Leben Mexikos beinhalten die Erzählungen *Pueblo en sombras* (1978). Fantastische Kombinatorik, skurrile Situationen und schwarzer Humor kennzeichnen die Kurzprosa von *Hacia el fin del mundo* (1968), *Fantasías en carrusel* (1978) und *Los oficios perdidos* (1983), in denen das Vorbild J. J. ↑Arreolas besonders deutlich wird. Eine andere Konstante in A. F.s Werk ist die Problematik der Liebesbeziehung, die einer ebenso subtilen wie pessimistischen Analyse in dem Kurzroman *La canción de Odette* (1982) unterzogen wird wie auch in dem Band *Todo el amor* (1986), der Erzählungen ab 1968 umfaßt.

Weitere Werke: Roman: *Tantadel* (1975), *Introducción al estudio del derecho mexicano* (1978); Erzählungen: *Alegorías* (1969), *La lluvia no mata flores* (1970), *Nueva utopía (y los guerrilleros)* (1973, Preis Casa de las Américas), *La desaparición de Hollywood* (1973), *Lejos del Edén, la tierra* (1980), *Oficios perdidos* (1983), *Los fantasmas y yo* (1985), *Cuentos y descuentos* (1986); Essay: *El escritor y sus problemas* (1975); *Cómo escribir una novela y convertirla en best seller* (1979).

Azuela, Arturo

* 30.6.1938 in Mexiko Stadt. Er hat Mathematik und Wissenschaftsgeschichte an der UNAM studiert und diese Fächer dort und an ausländischen Universitäten 20 Jahre lang unterrichtet. Er ist Präsident des mex. und – um 1983 – des lateinam. Schriftstellerverbandes gewesen. A., ein Enkel Mariano ↑Azuelas, hat in seinen Romanen ein breites historisches und soziales Pan-

orama von Mexiko Stadt dargestellt. Sein erster Roman *El tamaño del infierno* (1974) ist die über drei Generationen geführte Geschichte der eigenen Familie, einer der vielen, die gegen Ende des vergangenen Jh.s vom Land in die Hauptstadt abwanderten. Szenarium von *Un tal José Salomé* (1975, überarb. 1982) ist eine ehemals idyllische Ortschaft, die durch die expandierende Hauptstadt zum verelendeten Randgebiet wird. Während im ersten Roman der vielstimmige Dialog vorherrscht, zeichnet sich dieser durch lange lyrische Passagen aus –, die der Autor zu eliminieren beabsichtigte. *Manifestación de silencios* (1979) kreist um das Massaker an Studenten von 1968, das jedoch nicht dargestellt wird, sondern als suggestiver Leerraum die beiden in Erzählrhythmus und Handlungsführung kontrastierenden Romanteile verbindet. (In ähnlicher Weise wird das Geschehen vom September 1968 von J. ↑Agustín, J. ↑García Ponce und G. ↑Sainz behandelt.) Eigentliches Thema des im Intellektuellenmilieu angesiedelten Werkes ist die Auseinandersetzung mit den Vorstellungen und Mythen von der nationalen Identität Mexikos. *La casa de las Mil Vírgenes* (1983) ist eine Fortsetzung der Saga von Mexiko Stadt. Eine verlassene, ehemals großbürgerliche Villa, die zeitweise als Bordell fungiert, bildet den Schnittpunkt zahlreicher »realer« und von den Personen erfundener Geschehnisse.

Weitere Werke: Romane: *El don de la palabra* (1984), *El matemático* (1988).
Literatur: J. Anadón, *A. A. Entrevista.* HISPA, 11 (1982), 33, 61-78.

Azuela, Mariano

*1.1.1873 in Lagos de Moreno/Jalisco, †1.3.1952 in Mexiko Stadt. Er studierte Medizin in Guadalajara und ließ sich 1899 als Landarzt nieder. Aktiv an der 1910 ausgebrochenen Revolution gegen Porfirio Díaz beteiligt, wurde er zum Leiter des Erziehungswesens in Jalisco ernannt. Nach Maderos Ermordung schloß er sich den aufständischen Truppen unter dem Oberbefehl Francisco Villas an. Enttäuscht von den Machtkämpfen zwischen den Revolutionären, ging er 1915 nach El Paso (USA). Ab 1917 lebte er als Arzt in Mexiko Stadt. 1949 erhielt er den nationalen Literaturpreis.

A. hat außer Essays, Biographien und einigen Theaterstücken ein umfangreiches Œuvre von Romanen und Erzählungen geschaffen. Es ist ihm nicht immer gelungen, vor allem in seinen späteren Werken, Handlungen oder Personen in sinnfälliger Weise zu Symbolen zu verdichten. Neben den künstlerischen Mängeln läßt sich auch manchmal ein vorurteilsverhaftetes Unverständnis prozeßhafter Wandlungen feststellen. Eine Lektüre, die diese Widersprüche als eine Dimension der dargestellten Wirklichkeiten versteht, wird jedoch anerkennen, daß kein anderer Autor seiner Generation ein ähnlich vielschichtiges und lebendiges Bild der politischen und gesellschaftlichen Entwicklung Mexikos gestaltet hat. Schon in seinen ersten Romanen erweist sich A. als eigenständiger, seine erlebte Wirklichkeit zupackend schildernder Autor. Kennzeichen der ersten Phase sind die souveräne Verschmelzung verschiedener Einflüsse – Romantik, Naturalismus und Modernismus – sowie eine auf konkreten optischen und akustischen Wahrnehmungen beruhende Darstellungsweise. A.s erster Roman *María Luisa* (1907) geht auf den persönlich erlebten Fall einer von einem Kommilitonen im Stich gelassenen Frau zurück, deren Schicksal u.a. zur Manon Lescaut von Prévost in Beziehung gesetzt wird. Die folgenden Romane *Los fracasados* (1908), *Mala yerba* (1909) und *Sin amor* (1912) sind Auseinandersetzungen mit der Gesellschaft von Lagos, deren handlungstreibender Konflikt aus dem Scheitern idealistischen Verhaltens erwächst. *Mala yerba* behandelt das Thema der Macht der Großgrundbesitzer und der Korruption der Provinzautoritäten. Der Hacendado, der aus Eifersucht seinen Knecht und eine Frau ermordet, taucht als lächerliche Gestalt noch einmal in *Esa sangre* (1956) auf. Die politische Ebene und damit eine schärfer akzentuierte Sozialkritik findet sich in *Andrés Pérez, maderista* (1911) und dem 1914 geschriebenen *Los caciques* (1917). Der opportunistische und korrupte Intellektuelle Andrés Pérez, der durch die Ignoranz der Revolutionäre zu Macht und Einfluß gelangt, findet sich – in unterschiedlicher Gestalt – als Negativfigur in manchen weiteren Werken A.s. Sein berühmtester, in viele Sprachen übersetzter Roman *Los de abajo* (dt., *Die Rotte*, 1930) erschien Ende 1915 im Feuilleton der Zeitung »El Paso del Norte«. Jedoch erst 1927 verhalfen die avantgardistischen Estridentistas – M. ↑Maples Arce u.a. – dem Werk, das die fruchtbare Tradition des mex. Revolutionsromans einleitet, zu breiter Anerkennung. In schneller Bildfolge und knappen, lebendigen Dialogen zeichnet A. den Siegeszug und Untergang einer zusammengewürfelten Freischar verelendeter Bauern und Opfer der Justiz, aber auch Abenteurer, Dirnen und Verbrecher. Die Handlung umfaßt ungefähr die Zeit von 1913 bis Juni 1915, als sich Villas Heer nach der Niederlage gegen Obregón aufzulösen begann. Demetrio Macías, der nach der Eroberung von Zacatecas zum General ernannte Anführer dieser Truppe, wird mit seinen letzten Getreuen von anderen Revolutionären an der Stelle überfallen und getötet, wo er zwei Jahre zuvor seinen ersten Sieg errungen hatte. Seine Enttäuschung über den weiteren Verlauf der Revolution hat A. in mehreren Werken, z.T. bitter satirischen Gehalts, zum Ausdruck gebracht, u.a. in den Kurzromanen *Las moscas* (1918), *Domitilo quiere ser diputado* (1918) und dem umfangreicheren *Las tribulaciones de una familia decente* (1918). Einen unterschiedlichen, als »hermetisch« bezeichneten Zyklus bilden *La malhora* (1923), *El desquite* (1925) und *La luciérnaga* (1932,) in denen moderne Erzählverfahren wie innere Monologe, Traumfantasien, Überlagerung der Zeitebenen etc. angewendet werden. Der letztere schildert – vielleicht beispielhaft für die allgemeine gesellschaftliche Entwicklung – den moralischen Verfall eines Mannes, der mit seiner Familie aus der Provinz nach Mexiko Stadt gekommen ist und dort Opfer seiner eigenen Schwächen, der Behörden und Mitmenschen wird. Ähnlich ist auch die Thematik von *La maldición* (1956). Die weitgehend gescheiterte Agrarreform behandelt *San Gabriel de Valdivias* (1938), *Nueva burguesía* (1941) die Herausbildung einer neuen herrschenden Schicht, die nicht weniger habgierig und amoralisch ist als die alte. Ein widersprüchlicher Diskussionsbeitrag zur Emanzipation der Frau ist der Roman *La mujer domada* (1946).

Ausgaben: *Obras completas.* ME 1958-60, 3 Bde. – *Epistolario y archivo.* Hg. B. Berler. ME 1969.

Literatur: A. Dessau, *Der mexikanische Revolutionsroman.* Berlin 1967. – G.R. Herbst, *Mexican Society as Seen by M.A.* New York 1977. – S.L. Robe, *A. and the ›Mexican Underdogs‹.* Los Angeles 1979. – E. Martínez, *The Art of M.A.: Modernism in ›La malhora‹, ›El desquite‹, ›La luciérnaga‹.* Pittsburgh 1980. – J. Ruffinelli, *Literatura e ideología: el primer M.A., 1896-1918.* ME 1981. – F. Merrell, *›Los de abajo‹, ›La feria‹ and the Notion of Space-time Categories in the Narrative Text.* HISP, 27 (1983), 1 (79), 77-91. – M. Polgar, *Un análisis del misticismo revolucionario en ›Los de abajo‹.* CH, 137 (1984), 410,

152-162. – L. Leal, *M. A.: Precursor de los nuevos novelistas.* RI, 55 (1989), 148/149, 859-867.

Benítez, Fernando

* 1912 in Mexiko Stadt. Er war 1949-61 Chefredakteur des seinerzeit bedeutenden Kultursupplements der Zeitung »Novedades«, danach leitete er die Beilage der Zeitschrift »Siempre!«. Außer frühen Erzählungen und einem Theaterstück hat er vor allem mehrere sehr erfolgreiche Werke verfaßt, die Reportage, historiographische Dokumentation und essayistischen Scharfsinn vermitteln. *La ruta de Hernán Cortés* (1950; dt., *Auf den Spuren Fernando Cortés'*, 1955) ist teils eine fabulierend ausgeschmückte Darstellung der Conquista, teils ein Versuch, deren Auswirkungen auf die weitere Geschichte Mexikos zu bestimmen. In ähnlicher Weise wird die Zeit der Unabhängigkeitskriege in *La ruta de libertad* (1960) dargestellt. Aktuelle Konflikte behandeln u. a. *La batalla de Cuba* (1960), eine scharfe Kritik am US-am. Imperialismus, sowie *El agua envenenada* (1961). Ausgehend von dem Vorfall der kollektiven Rache eines Dorfes an seinem Peiniger, wird in letzterem der immer noch vorhandene Caciquismo angeprangert. *El libro de los desastres* (1988?) inventarisiert die Zerstörungen – der Umwelt, der indianischen Kulturen, der Klöster etc. –, die Mexiko im Verlauf seiner Geschichte erlitten hat. B.' Hauptwerk ist indessen die monumentale, inzwischen auf fünf Bände angewachsene historisch-anthropologische Arbeit *Los indios de México* (ab 1967), eine bis in die Gegenwart führende Darstellung der indianischen Kulturen (Bd. 1: Tarahumaras, Tzotziles, Mixtecos; Bd. 2: Huicholes; Bd. 3: Mazatecos, Coras; Bd. 4: Otomíes, Mayas; Bd. 5: Tepehuanes, Nahuas). Zu den Verdiensten dieses außerordentlichen Werkes, das in glücklicher Weise Detailgenauigkeit, Engagement und sprachliche Eleganz verbindet, gehört die erstmalige Veröffentlichung von Dokumenten und Berichten der z. T. von der völligen Auslöschung bedrohten Völker. Mit Vorwort von C. ↑Fuentes erschien eine Anthologie, *Los indios de México* (1989).

Weitere Werke (Auswahl): *China a la vista* (1953), *La vida criolla en el siglo XVI.* (1953), *La aristocracia frente a la revolución* (1953), *Ki: el drama de un pueblo y de una planta* (1956), *El rey viejo* (1959), *Los primeros mexicanos* (1962, [11]1988), *Los hongos alucinantes* (1964), *Viaje al centro de México* (1975), *Lázaro Cárdenas y la revolución mexicana* (1977-78, 3 Bde.), *Los demonios en el convento. Sexo y religión en la Nueva España* ([4]1989).

Bonifaz Nuño, Rubén

* 12.11.1923 in Córdoba/Veracruz. In Mexiko Stadt studierte er Jura bis zum Anwaltsexamen, 1950. Danach ist er als Professor für Latein an der UNAM und Leiter des Universitätsverlags tätig gewesen. Er ist vor allem als Lyriker und Übersetzer lateinischer Dichtung hervorgetreten. Klarheit und Präzision des Ausdrucks sowie eine von keinem anderen Dichter seiner Generation erreichte meisterliche Beherrschung der Verstechnik haben ihn seit 1946 zum Gewinner bei vielen nationalen Dichterwettbewerben gemacht und wurden einhellig von der Kritik spätestens bei der Veröffentlichung des Bandes *El manto y la corona* (1958) hervorgehoben. Eine der wesentlichen inhaltlichen Tendenzen dieses Werkes, das einen Zyklus von Liebesgedichten umfaßt, vor allem jedoch der darauf folgenden Bände, ist die Einbeziehung der Erfahrungen des Alltags, der Durchschnittlichkeit und einer unpathetischen Rebellion.

Weitere Werke: Lyrik: *La muerte del ángel* (1945), *Poética* (1951), *Ofrecimiento romántico* (1951), *Imágenes* (1953), *Los de-*

monios y los días (1956), *Canto llano a Simón Bolívar* (1958), *El dolorido sentir* (1959), *Fuego de pobres* (1961), *Siete de espadas* (1966), *El ala del tigre* (1969), *La flama en el espejo* (1971); Ausgaben: *De otro modo lo mismo* (1979), *Antología personal* (1983); Sonstiges: *Santos Balmori* (1983).

Literatur: M. Andueza, ›*La flama en el espejo*‹, *R. B. N.: análisis y comentarios del texto*. ME 1981.

Calderón, Fernando

*26.7.1809 in Guadalajara, †18.1. 1845 in Ojocaliente. Nach einem 1829 abgeschlossenen Jura-Studium engagiert er sich in der Politik. Zusammen mit den Liberalen nimmt er 1835 am Aufstand gegen Santa Anna teil. Nach seiner Gefangennahme wird er aus dem Staat Zacatecas verbannt und gelangt 1837 nach Mexiko Stadt. Dank der Fürsprache des Kriegsministers kehrt er bald in seine Heimat zurück, wo er seine politische Laufbahn als Magistrat und Kongreßabgeordneter fortsetzt.

Das literarische Werk Calderóns umfaßt Lyrik und Theater. Seine Lyrik (ab 1825) greift mit den Themen Melancholie, Einsamkeit, Vergänglichkeit, Erinnerung, sowie mit Übersetzungen von Lamartine die Tradition der romantischen Gefühls- und Bekenntnisliteratur auf. Auch die politischen Gedichte, darunter »El sueño del tirano« und »El soldado de la libertad« folgen romantischen Vorbildern, insbesondere Esproncedas »La canción del pirata«. Das dramatische Werk entsteht in der Zeit der Verbannung. *El torneo* (1865), *Ana Bolena* (1854) und *Hermán o la vuelta del cruzado* (1854) verarbeiten im Stil Scotts und F. Schillers historische und mittelalterliche Stoffe, in denen die Intrigen um die traditionellen Motive wie Tyrannei der Väter und Ehegatten, Inzestmotiv, Konvenienzehe oder die am Ende offenbarte edle Herkunft des angeblich verwaisten, unbekannten und verarmten Helden kreisen. Obwohl C. das dramatische Geschehen in eine soziale Thematik einbindet und einen Konflikt zwischen der edlen Gesinnung und der niederen Herkunft des Helden aufbaut, enden die Stücke *El torneo* und *Hermán* »versöhnlich« mit dem durch die unerwarteten Enthüllungen abgesicherten gesellschaftlichen und finanziellen Aufstieg der Außenseiter. Die Sittenkomödie *A ninguna de las tres* (1854) – eine Replik auf Manuel Bretón de los Herreros' *Marcela o ¿cuál de los tres?* (1831) – stellt in mehrfacher Hinsicht eine Gesellschaftssatire dar. Die drei Töchter Leonore, Clara und María finden trotz ihrer weiblichen Reize keinen willigen Heiratsbewerber. Ihr Makel besteht in einer falschen, da einseitigen Erziehung, die Leonore zur schwärmerischen Werther-Anbetung, Clara zur eloquenten politischen Rhetorik und María zur eitlen Coquetterie hinzieht. Unter den potentiellen Heiratskandidaten wird mit dem geschwätzigen Raisonneur Carlos die antimex. Frankomanie der Lächerlichkeit preisgegeben. Der Autor wurde in der zeitgenössischen Kritik trotz des klassizistischen Vorbehalts gegenüber seinen romantischen Lizenzen (José Joaquín ↑Pesado) und trotz moralischer Beanstandung der Inzestthematik enthusiastisch gefeiert (Guillermo ↑Prieto). K. H.

Ausgaben: *Obras poéticas* (1844); *Obras Completas*. Zacatecas 1882, 2 Bde. – *Dramas y poesías*. ME 1959 – *A ninguna de las tres, El torneo, Ana Bolena, Hermán o la vuelta del cruzado*. ME 1982.

Campo, Angel de

*9.7.1868 in Mexiko Stadt, †8.2. 1908 ebd. Pseudonyme: »Micrós« und »Tick-Tack«. Nach dem Tode seiner Eltern brach C. das Medizinstudium ab, um als Angestellter der Finanzverwaltung und später als Literaturlehrer

Geld für den Lebensunterhalt seiner drei jüngeren Brüder zu verdienen. Außerdem war er journalistisch tätig. Er starb vierzigjährig an Typhus.

Seine Erzählungen, Romanfragmente und Chroniken faßte er in drei Bänden zusammen: *Ocios y apuntes* (1890), *Cosas vistas* (1894) und *Cartones* (1897). Vor allem aber hat ihm der Kurzroman *La Rumba* (1890-91 in »El Nacional«) einen dauerhaften Platz im Kanon der mex. Literatur des 19. Jh.s verschafft. Der elende Vorstadtplatz »La Rumba« ist ein Sammelbecken grenzenloser Trauer, in dem die Romanfiguren wie Abfall im Strudel der Kloaken untergehen. Der Roman vereint die fotografische Genauigkeit des Realismus mit der Sorgfalt naturalistischer Analyse und dem dramatischen Subjektivismus der Romantik. R. S.

Ausgaben: *Ocios y apuntes y La rumba*. Hg. M. del Millán. ME 1958. – *Cosas vistas y Cartones*. Hg. M. del Millán. ME 1958.

Literatur: E. H. Miller, *›La rumba‹ de A. d. C. y su valor literario*. ME 1953.

Carballido, Emilio

*22.5.1925 in Córdoba/Veracruz. Er studierte Anglistik und Theaterwissenschaften und ist u. a. Dozent an der Schauspielschule des Instituto Nacional de Bellas Artes in Mexiko Stadt und Professor an der Universität von Veracruz gewesen.

C. ist vor allem als Dramatiker bekannt, mehrfach prämiert worden und der einzige mex. Autor, dessen Theaterstücke in Buchform Bestseller geworden sind. Sein erstes Drama *La triple porfía* (1950?) gelangte 1948 zur Aufführung. Besonders erfolgreich und wegweisend war C. mit *Rosalba y los llaveros* (UA 1950, 1955), einem in der Provinz spielenden Familiendrama, das erstmals das Element des Humors mit sozialkritischem (Neo-) Realismus verbindet. Im gleichen Milieu spielt *¡Silencio, pollos pelones, ya les van a echar su maíz!* (1963), eine Satire auf die Bürokratie, in der zwei miteinander verflochtene Handlungen in Brechtscher Manier als beispielhaftes Bühnengeschehen verfremdet werden. Eine ähnliche Anklage der Selbstherrlichkeit und zynischen Heuchelei lokaler Autoritäten enthält *Un pequeño día de ira* (UA 1966, Premio Casa de las Américas, 1962). Das Verhältnis zwischen Ausbeutern und Ausgebeuteten auf internationaler Ebene wird in dem Stück *Acapulco, los lunes* (1970) am Verhalten von drei Touristen, zwei US-Amerikanern und einem Mexikaner illustriert. Außer gesellschaftskritischen hat C. eine Reihe von Stücken geschrieben, in denen das fantastische Element dominiert – *La hebra de oro* (1956), *El relojero de Córdoba* (1960) – oder beide Tendenzen verschmolzen werden wie in *El día que se soltaron los leones* (1960). Die Ausgabe *D. F., 26 obras en un acto* (1979, zuerst 1957 mit 9 Einaktern) umfaßt Lehrstücke für Theaterschüler, die gleichzeitig ein breites Panorama des Lebens in Mexiko Stadt wiedergeben. C. ist auch als Autor von Romanen und Erzählungen hervorgetreten, in denen das formale Bewußtsein des Dramatikers durch strenge, oft auf Parallelen beruhende Kompositionen erkennbar wird. So schildert der Kurzroman *La veleta oxidada* (1956) die gleichzeitige Schwangerschaft von Hausherrin und Dienerin und den aus unterschiedlichen Gründen herbeigeführten Tod der beiden Kinder, deren gemeinsamer Vater der Hausherr ist.

Weitere Werke: Theater (Auswahl): *La zonarfilermedia*, (1950), *Las palabras cruzadas* (1955), *Felicidad* (1955), *Las estatuas de marfil* (1960), *Medusa* (1960), *Te juro Juana, que tengo ganas* ... (1965), *Un vals sin fin por el planeta* (1980); Ausgaben: *Teatro de E. C.* (1960), *Tres obras* (1978), *Tres comedias* (1980); Kurzromane: *El Norte* (1958), *Las visitaciones del diablo*

(1965), *El sol* (1970); Erzählungen: *La caja vacía* (1962), *Pizarrón encantado* (1984).
Literatur: M. Vázquez-Amaral, *El teatro de E. C. (1950-1965)*. ME 1974. – M. Sayers Peden, *E. C.* Boston 1980 (mit Bibliographie). – S. Messinger Cypess, *I, too, speak: ›Female‹ Discurse in C.'s Plays*. LATR, 18 (1984), 1, 45-52. – J. Eyring Bixler, *A Theatre of Contradictions: The Recent Works of E. C.* LATR, 18 (1985), 2, 57-65. – F. Dauster, *Tiempo de ladrones, tiempo de libertad*. CRIH, 8 (1986), 19-26. – J. Eyring Bixler, *Historical and Artistic Self-consciousness in C.'s ›José Guadalupe‹*. MESTER, 17 (1988), 15-27. – Dies., *C.'s ›Acapulco, los lunes‹ and the Darker Side of Comedy*. CHASQUI, (1990), 2, 3-13.

Castellanos, Rosario

*25.5.1925 in Mexiko Stadt, †7.8. 1974 in Jerusalem. Die Kindheit verbrachte sie auf der Hacienda ihrer Eltern in Comitán/Chiapas. Mit 16 Jahren begann sie ein Philologie-Studium in Mexiko Stadt, das sie als Postgraduierte in Madrid bis 1952 fortsetzte. Ab 1956 war sie Mitarbeiterin der Indigenistischen Institute von San Cristóbal de las Casas/Chiapas und Mexiko Stadt, nach 1961 Leiterin des Presseamtes der UNAM, Professorin für Literaturwissenschaft und schließlich Botschafterin in Israel.

C. ist die erste professionelle Schriftstellerin Mexikos. Ihr literarisches Werk umfaßt alle Gattungen, mit deutlicher Präferenz der Lyrik, die sie als die der Philosophie am nächsten stehende künstlerische Disziplin ansah. Dieser Anspruch ist schon in ihrem ersten Werk *Trayectoria del polvo* (1948) erkennbar. Dichtung ist hier der Versuch, die bisherige subjektive Lebenserfahrung unter dem Aspekt einer kosmischen Willkür zusammenzufassen. Die Suche nach dem Konkreten und die ständige Versuchung zu abstrahieren bilden auf der Ausdrucksebene die Pole, zwischen denen die weitere Entwicklung ihrer Lyrik pendelt, wobei ab *El rescate del mundo* (1952) in zunehmendem Maße die Welt der Dinge oder auch, wie in vielen Gedichten von *Lívida luz* (1960), gesellschaftliche Konflikte in den Vordergrund treten. Durch ihr gesamtes lyrisches Werk, das sie unter dem einen Vers des span. Romantikers G. A. Bécquer negierenden Titel *Poesía no eres tú* (1972) herausgegeben hat, zieht sich die thematische Verknüpfung von Liebe, Zerstörung und Einsamkeit, die ihren intensivsten Ausdruck in dem Gedicht »Lamentación de Dido« aus *Poemas 1953-1955* (1957) findet. Die generelle Anschauung, daß Tod und Verlust realer sind als Leben und Glück, schließt jedoch – vor allem in C.' späterer Lyrik – eine sarkastisch humoristische Tendenz nicht aus. Internationalen Ruhm erlangte sie mit zwei Romanen, die dem Indigenismus zugerechnet werden, *Balún-Canán* (1957; dt. *Die Neun Wächter*, 1962) und *Oficio de tinieblas* (1962). Im ersteren, dessen Titel in der Maya-Sprache die Ortschaft des heutigen Comitán bezeichnet, werden aus der Perspektive der siebenjährigen Gutsbesitzertochter der Alltag, die indianische Welt und die von Vorurteilen und Ausbeutung geprägten dortigen sozialen Verhältnisse geschildert. Erhält dieser Roman, dessen Handlung mit den 1934 von L. Cárdenas angeordneten Reformen abschließt, durch die Sensibilität des Mädchens eine eigenartige, märchenhafte Stimmung, treten in *Oficio de tinieblas* die historischen und epischen Elemente in den Vordergrund. Der Kern der Handlung ist ein blutig unterdrückter Aufstand der von Großgrundbesitzern wie Leibeigene gehaltenen Indios. In dem Roman, dessen Haupthandlung die Jahre zwischen 1930 und 1940 umgreift, wird jedoch nicht einseitig Schuld zugemessen, sondern in dem jahrhundertealten Kampf zwischen Unterworfenen und Siegern und dem angestauten Haß wird auch ein tragisches Verhängnis aufgezeigt, das unweigerlich zu Katastrophen führt. In kunstvoller Weise werden in dem Roman die unterschiedlichen Zeitvorstellungen von Weißen und Indios kontrastiert und moderne narrative Techniken mit mythischen, magischen Vorstellungen verbunden. Es ist jedoch eins der großen Verdienste C.', wie auch die Erzählungen von *Ciudad Real* (1960) bestätigen, die Welt der Indios nicht nur auf dieser Ebene wahrzunehmen, sondern in ihrer gesamten aktuellen Komplexität, zu der die verschiedenen Grade wirtschaftlicher Abhängigkeiten oder halbherzige Reformen ebenso gehören wie die Kommunikationsunfähigkeit der indianischen Gemeinschaften untereinander bis hin zu Apathie und Alkoholismus. Ein weiteres Thema, dem sich C. in ihrem Gesamtwerk, hauptsächlich in mehreren Essays sowie in den Erzählungen *Los convidados de agosto* (1964) und *Album de familia* (1971) mit Engagement zugewandt hat, ist die Situation der mex. Frau sowohl im Rahmen traditioneller Familienbeziehungen als auch in fortschrittlicheren und liberalen Kreisen. Im gesamten sozialen Spektrum konstatiert C. erzwungene Unterwürfigkeit und Selbstaufgabe. Die Folge sind Reaktionen und Verhaltensweisen, die zumeist weder rational reflektiert noch motiviert erscheinen. Besonders *Album de familia* enthält einige ihrer perfektesten Erzählungen, die sich durch witzig schlagfertige Dialoge, Ironie und psychologischen Scharfsinn auszeichnen.

Weitere Werke: Lyrikausgaben: *Bella dama sin piedad y otros poemas* (1984), *Meditación en el umbral* (1985); Theater: *El eterno femenino* (1976); Essays: *Juicios sumarios* (1966), *Mujer que sabe latín* (1973), *El uso de la palabra* (1974), *El mar y sus pescaditos* (1974).

Literatur: G. Calderón, *El universo poético de R. C.* ME 1979. – M. R. Fiscal, *La imagen de la mujer en la narrativa de R. C.* ME 1980. – M. Ahern, M. Seale Vásquez (Hg.), *Homenaje a R. C.* Valencia 1980. – B. Miller, *R. C., una conciencia feminista en México.* ME 1983. – N. Magged, *R. C. Un largo camino a la ironía.* ME 1984. – M. E. Franco, *R. C. Semblanza psicoanalítica.* ME 1985. – B. Bockus Aponte, *Estrategias del feminismo en ›El eterno femenino‹.* LATR, 20 (1987), 2, 49-58. – M. M. Villarreal, *La red de las discriminaciones o el enigma de las ovejas petrificadas.* RI, 56 (1990), 150, 63-83. – E. Poniatowska, *R. C.: rostro que ríe, rostro que llora.* RCEH, 14 (1990), 3, 495-511.

Castera, Pedro

* 29.9.1838 in Mexiko Stadt, † 5.12. 1906 in Tacubaya. Er kämpft als Soldat gegen die frz. Intervention und nimmt 1867 als Kommandant an der Belagerung von Querétaro und Mexiko Stadt teil. Nach vorübergehender Tätigkeit als Minenarbeiter und Schatzsucher widmet er sich ab 1872 der journalistischen und literarischen Arbeit. Er schreibt wissenschaftliche Artikel für die Zeitschriften »El Domingo« und »La República«. Für letztere übernimmt er als Nachfolger von I. ↑Altamirano 1882 die Leitung und wird im selben Jahr Kongreßabgeordneter.

C. hat vor allem Prosawerke verfaßt. In ihnen verbindet sich romantische Liebesthematik mit realistischen, teils gar naturalistischen Beschreibungen aus dem Milieu der Minenarbeiter. Die *Cuentos mineros. Un combate* (1881) und vor allem der Kurzroman *Los maduros* (1882) beschreiben die soziale Misere der Arbeiter. Luis, der Protagonist von *Los maduros* kann sein bescheidenes Eheglück nur dadurch erwirken, daß er seine Gesundheit unter Tage für einen Hungerlohn aufs Spiel setzt. Krank und erblindet, verdankt er den Künsten des Arztes und der solidarischen Hilfsaktion der Arbeiterkollegen seine Genesung und die Summe zum Kauf der Heiratsdokumente. Der sozialen Erniedrigung der auch in ihrer Sprache charakterisierten Minenarbeiter folgt am Ende die pathetische und idealistische Erhöhung. Mit Luis und seiner Angetrauten hat die naturhafte Willensstärke, Schönheit und moralische Reinheit über das widrige Geschick gesiegt. Das bekannteste Werk des Autors ist der an J. ↑Isaacs *María* angelehnte Roman *Carmen* (1882). Im Stile sentimentalischer Seelenanalyse behandelt er die Geschichte der Liebe des Erzählers zu der ihm als Findelkind anvertrauten jungen Carmen. Die grausame Enthüllung der intriganten Mutter, Carmen sei als Tochter des Erzählers ohne dessen Wissen im Hause aufgenommen worden, stört jäh das sich anbahnende Liebesglück. Das romantische Inzestmotiv überlagert sich im Fortgang der ansonsten spärlichen Handlung mit dem der totgeweihten Liebenden. K. H.

Weitere Werke: Lyrik: *Ensueños y armonías* (1882); Romane: *Querens* (1890), *Dramas en un corazón* (1890); Erzählungen: *Las minas y los mineros* (1882), *Impresiones y recuerdos* (1882).

Cuellar, José T(omás) de

* 18.9.1830 in Mexiko Stadt, † 11.2. 1894 ebd. Pseudonym: »Facundo«. 1847 tritt er als Kadett in das Colegio Militar von Chapultepec ein und nimmt im selben Jahr an der Verteidigung gegen den nordam. Angriff vom 13. September teil. Ab 1872 übt er verschiedene politische Ämter aus, darunter das des Botschaftssekretärs in Washington (1872), eines Staatssekretärs im Außenministerium (1882) und eines Wirtschaftsministers (1885). Neben der Literatur widmet er sich der Malerei und Fotografie.

Er hat Lyrik und etwa zehn Theaterstücke geschrieben, darunter *Natural y figura*, das noch während der frz. Intervention (1861-67) aufgeführt wird, in dem er sich offen gegen die übertriebene Nachahmung frz. Bräuche wendet. Bekannt ist C. durch sein Erzählwerk geworden, das ab 1869 entsteht und in diversen nationalen und hispanoam. Zeitschriften erscheint. U.d.T. *La linterna mágica* (1. Serie: 1871/72; 2. Serie: 1889-92, 24 Bde.) hat der Autor mehrere Kurzromane zusammengefaßt, die nach dem Vorbild Balzacs eine kritisch-realistische Sittenschilderung der »menschlichen Komödie« vornehmen. C. zählt zu den Hauptvertretern des Kostumbrismus. Entsprechend sind seine Erzählwerke in Einzelszenen angelegt, in denen die Protagonisten – freilich ohne die psychologische Komplexität der Balzac-Gestalten – als Prototypen ihres Zeitgeistes agieren. Mit dem Blick des Satirikers porträtiert C. eigennützige Politiker, Neureiche, Ehrgeizige, biedere Hausväter, freigeistige Schwärmer, verwöhnte Zöglinge und immer wieder die »Stutzer«. Die groteske Darstellung unterstreicht die gesellschaftliche Parteinahme des Autors. In häufigen Erzählerkommentaren unterbricht er das Geschehen, um etwa in *Los Mariditos* (1890) ein am positivistischen Fortschrittsglauben orientiertes Erziehungsprogramm der Jugend vorzustellen. In *Historia de Chucho el Ninfo* (1871) wird der scheinheilige, klerikale Traditionalismus gegen den weltoffenen »Voltairianismus« der liberalen Denker abgesetzt. Andererseits warnt er in *Los fuereños* (1890) vor übertriebenem modernen Zivilisationsglauben sowie der Imitation des Fremden und entwickelt am Gegensatz von Stadt und Land ein schematisches Kontrastbild von Korruption und Naturzustand, böse und gut. Im Prolog zu dem Roman *Ensalada de pollos* (1871) hat C. sein literarästhetisches Programm niedergelegt. Realistische Charakteristik, moralische Reliefgebung und nationales Kolorit sind die Hauptpunkte. Mit seinen Schriften will er zugleich dem von G. ↑Prieto und I. ↑Altamirano propagierten Ideal nachkommen, die Literatur zu »mexikanisieren«. K. H.

Weitere Werke (Auswahl): *Obras poéticas* (1856), *Artículos ligeros sobre asuntos trascendentales* (1882/83; 1890/91; 1892).
Ausgabe: *La linterna mágica.* (Auswahl) Hg. M. Magdaleno. ME 1955.
Literatur: H. B. Carnes, *Facundo y su obra.* ME (o.J.) – H. Pérez Martínez, *Facundo en su laberinto.* ME 1934. – J. R. Spell, *The Costumbrista Movement in Mexico.* PMLA, 50 (1935), 290-315.

Delgado, Rafael
*20.8.1853 in Córdoba (Mexiko), †20.5.1914 in Orizaba. Er lehrt 1875-1893 am Colegio Nacional de Orizaba Geschichte, Geographie und Literatur. 1892 wird er Mitglied der mex. Sprachakademie, 1913 Leiter des Erziehungswesens in Jalisco.
Nach einigen Versuchen als Dramatiker erscheint 1890 sein erster Roman *La Calandria* (in »Revista Nacional de Letras y Ciencias«). In ihm schildert D. den Liebeskonflikt der jungen und armen Carmen, die sich in ihrer Wahl zwischen dem edlen, aber mittellosen Gabriel und dem reichen Galan Alberto schließlich für den letzteren entscheidet, um ihren sozialen Geltungsdrang zu befriedigen. Vereitelt hier ein »realistischer« Opportunismus die romantische Liebesidylle, so verharrt der Roman *Angelina* (1893) ganz in der sentimentalen Leidens- und Liebesgeschichte, wenngleich sich der Held am Ende von seinem romantischen Idealismus löst. In immer wieder eingestreuten kostumbristischen Beschreibungen der konservativen, von Armut, Trauer und Fatalitätsdenken geprägten Provinzstadt Villaverde (in Wirklichkeit Orizaba) erzählt Rodolfo seine Liebesgeschichte mit der verwaisten und unehelichen Angelina, die ins Kloster geht, um seinen sozialen Aufstieg nicht zu behindern. Diese Geschichte wie auch die Handlung der anderen Prosawerke, *Los parientes ricos* (1901/02), *Cuentos y notas* (1902) und *Historia vulgar* (1904), entwickeln sich vor dem Hintergrund sozialer, politischer und weltanschaulicher Konflikte der zweiten Hälfte des 19. Jh.s. Literarästhetisch vereint D. romantische und realistische Ansätze in seinem Werk. Greifbar werden sie in den gegenläufigen Erfahrungen »prosaischen Alltagslebens« und »erträumter Idealität«. In seinem theoretischen Traktat *Lecciones de literatura* (1904) greift er mit der Vermittlung realistischer und ästhetischer Postulate poetologische Prinzipien Flauberts auf. Die Forschung erkennt in D. den wegweisenden Vertreter des Realismus, der an der Schwelle zur literarischen Modernität steht. K. H.

Ausgaben: *Obras Completas.* Jalapa 1953, 5 Bde. – *Obras.* ME 1986, 2 Bde.
Literatur: J. Graham Bickley, *The Life and Works of R. D.* Univ. de California 1935.

Díaz Covarrubias, Juan
*27.12.1837 in Jalapa, †11.4.1859 in Tacubaya. Als Sohn eines Soldaten der Unabhängigkeitsbewegung und als Schüler des freigeistigen Ignacio Ramírez (El Nigromante) schließt er sich der liberalen Reformpartei Juárez' an, um dann – nach einem Medizinstudium – als Arzt an dem Bürgerkrieg 1858-61 teilzunehmen. Er wird nach seiner Gefangennahme von den Konservativen füsiliert.
Sein literarisches Werk entsteht weitgehend in den Jahren 1857 und 1858. Sowohl die Dichtung – *Páginas del corazón* (1857) – als auch seine Romane und Kurzerzählungen sind zunächst mit ihrer Melancholie und ihrem Pessimismus der romantischen Schule verpflichtet. Seine Schriften propagieren Patriotismus und demokratischen

Fortschrittsglauben. 1857 verfaßt er einen programmatischen *Discurso cívico*, in dem er den Mittelstand (»clase media«) und die Unterschichten (»pueblo«) aufruft, sich gegen die Privilegien und Unterdrückungsmechanismen von Aristokratie, Klerus und Militär zu wehren. Die politische Parteinahme setzt sich in seinem Erzählwerk fort. So zeichnet der Roman *Gil Gómez el insurgente o la hija del médico* (1858) zugleich mit der Geschichte der Unabhängigkeitskämpfe den Edelmut der entrechteten Indios. Der Roman greift in die politische Diskussion um die Bedeutung der Nationalhelden Hidalgo, Morelos und Guerrero ein und verteidigt sie gegen die Diffamierungskampagne der Konservativen (Alamán). Die Prosawerke *Impresiones y sentimientos* (1857) und *La clase media* (1858) sind kostumbristische Skizzen, die den machtpolitischen Konflikt zwischen dem Mittelstand und der Aristokratie gestalten und in einem typisierenden Dualismus von liberal und konservativ, Patriot und Verräter aufgehen lassen. Sein letzter Roman *El diablo en México* (1858) läßt die Tendenz eines pragmatisch-realistischen Wirklichkeitsbezugs erkennen. K. H.

Ausgabe: *Obras Completas*. Hg. C. Díaz y de Ovando. ME 1959, 2 Bde.
Literatur: A. Rivera del Valle, *El romanticismo en las novelas de J. D. C.* ME 1952. – K. Hölz, *Die politische Realität des Miguel Hidalgo im historischen Roman Mexikos*. I, 22 (1985), 79-105.

Díaz Mirón, Salvador

* 14.12.1853 in Veracruz, † 12.6.1927 ebd. Er war Journalist und wiederholt Kongreßabgeordneter, berühmt wegen seiner brillanten Verurteilung der Staatsverschuldung (1884). Nach der Ermordung Maderos ergriff er Partei für die Konterrevolution Huertas und begab sich nach dessen Sturz, 1914, ins Exil nach Spanien und Kuba. 1920 übernahm er die Leitung eines Kollegs in Veracruz. Im Verlauf seines Lebens brachte ihm sein hitziges und gewalttätiges Temperament manche Ungelegenheiten. Der Unmut, den er mit einigen polemischen Artikeln in der Lokalpresse von Jalapa errregt hatte, zwang ihn 1876 für zwei Jahre ins Exil. Für seinen zweiten Totschlag, in Selbstverteidigung, 1892, verbüßte er 4 Jahre Haft. Schließlich kam er 1910 wegen eines tätlichen Angriffs auf einen Abgeordneten noch einmal ins Gefängnis.

D. M. gilt als einer der großen hispanoam. Lyriker seiner Zeit, auch wenn sein Gesamtwerk nicht mehr als 120 Kompositionen umfaßt. Seine erste Schaffensphase erstreckt sich von 1876 bis 1891. Die Gedichte jener Zeit sind inhaltlich, in ihrem Eintreten für soziale Gerechtigkeit und Demokratie, Victor Hugo verpflichtet. Das von der Vorstellung des Dichters als Erlöser der geknechteten Massen getragene Pathos – u.a. in »Sursum«, 1884 – wird in einer lyrischen Sprache zum Ausdruck gebracht, die von Anfang an eine souveräne Beherrschung der Metrik und vor allem eine außerordentliche Farbigkeit des Vokabulars und kühne Assoziationen auszeichnen. Auf die Gefängnishaft wird der Wandel vom humanitären Engagement zum Ästhetizismus zurückgeführt, der in *Lascas* (1901), dem einzigen von D. M. autorisierten Gedichtband, sichtbar ist. Zwar werden thematisch weder persönliche Emotionen – z.B. »Nox« – noch konkrete Realität ausgeklammert, dennoch bleiben sie einem künstlerischen Willen untergeordnet, für den die absolute Perfektion bis hin zur Vermeidung gleichlautender Silben innerhalb eines Verses eine Richtschnur ist, die nicht einmal von D. M.s Vorbild Quevedo oder von den modernistischen Zeitgenossen respektiert wurde.

Weitere Lyrikausgaben: *Poesías*. New York

1885. – *Poemas*. ME 1918. – *Poesías completas*. Hg. A. Castro Leal. ME 1941 (⁴1958). – *Antología*. ME 1979. – *Lascas*. Ed. Crítica. Hg. M. Sol T. ME 1986.
Literatur: F. Monterde, *D. M., el hombre, la obra*. ME 1956. – M. R. Rey, *D. M. o La exploración de la rebeldía*. ME 1974. – J. P. Buxó, *D. M. o Los artificios de la realidad*. TC, 36/37 (1987), 4-12.

Elizondo, Salvador
* 19.12.1932 in Mexiko Stadt. Er studierte Literaturwissenschaft in Kanada, Italien, Paris und Mexiko. Seit 1955 ist er als Journalist tätig und hat u. a. die Zeitschrift »S. Nob« herausgegeben. Er hat Filmkritiken geschrieben, 1965 den Film *Apocalipsis 1900* gedreht und ist jüngstes Mitglied der mex. Sprachakademie gewesen.
E. hat mit seinen Texten in ständig erneuerten Anläufen versucht, an die Grenzen der erzählenden Literatur und damit auch der Sprache in ihrer Beziehung zur Wirklichkeit vorzustoßen, Unmöglichkeiten aufzuzeigen und diese wieder in Literatur zu verwandeln. Sein erstes und nach wie vor bekanntestes Werk *Farabeuf o la crónica de un instante* (1965; dt., *Farabeuf oder Die Chronik eines Augenblicks*, 1969) kreist um das Problem der Fixierung des Momentanen, wie sie gefühlsmäßige Erfahrung verwirklicht, gegenüber der zwangsläufig konsekutiven Entfaltung des Diskurses. Der Fall, an dem das unaufhebbare Dilemma vorgeführt wird, ist ein Foto von einem zur Zeit des chines. Boxeraufstands öffentlich zu Tode Gemarterten. In E.s nächsten romanartigen Texten *El hipogeo secreto* (1968) und *El grafógrafo* (1972) wird in einer noch konsequenteren Weise der – nach E. – letztlich nur im Tod mögliche, jedoch immer wieder versuchte Zugriff auf die Realität über Vermittlungen – sei es durch Sprache, Fotos oder Spiegelbilder – in Frage gestellt. Insofern sind die letzteren Texte vor allem Versuche, den Prozeß des Schreibens in Hinsicht auf das Produkt und die Vorgaben der Literatur – Zeit, Raum, Figuren, Sprache, Leser und Autor – transparent zu machen. E. ist auch mit Erzählungen hervorgetreten, in denen seine Problematisierungen oft in verblüffend präziser Form variiert werden, etwa in »La historia según Pao Cheng« (aus *Narda o el verano*, 1966), in der zum einen das Verhältnis von wahrheitsnaher Imagination und durchweg irrigem Realitätsverständnis, zum anderen auch E.s vieldeutiges Postulat »Scribo ergo sum« verdeutlicht werden.

Weitere Werke: Lyrik: *Poemas* (1960); Autobiographie: *S. E.* (1966); Erzählungen: *El retrato de Zoe y otras mentiras* (1969); Kurzroman: *Elsinore* (1988); Essays, Sonstiges: *Cuadernos de escritura* (1969), *Contextos* (1973), *Museo poético* (1974), *Antología personal* (1974), *Luz que regresa* (1980?), *Regreso a su casa* (1982), *Camera lucida* (1983).
Literatur: O. Mata, *Apuntes sobre la novela ›El hipogeo secreto‹*. ME 1980. – A. M. Sotomayor, *›El hipogeo secreto‹: La escritura como palíndromo y cópula*. RI, 46 (1980), 112/113, 499-513. – S. M. Bell, *Literatura crítica y crítica de la literatura: teoría y práctica en la obra de S. E.* CHASQUI, 11 (1981), 1, 41-52. – B. Fouques, *›Farabeuf‹, entre l'anatheme et l'anamorphose*. BH, 83 (1981), 3/4, 399-431. – V. G. Agüera, *El discurso grafocéntrico en ›El grafógrafo‹ de S. E.* HISPA, 10 (1981), 29, 15-27. – P. Rosas/L. Madrid, *Las torturas de la imaginación*. ME 1982. – L. Manzor-Coats, *Problemas en ›Farabeuf‹ mayormente intertextuales*. BH, 88 (1986), 3/4, 465-476. – L. E. Gutiérrez de Velasco, *El paso a la textualidad en ›Camera lucida‹*. RI, 56 (1990), 150, 235-243.

Fernández de Lizardi, José Joaquín
* 15.11.1776 in Mexiko Stadt, † 21.6. 1827 ebd. Nach einem unvollendeten Studium am Colegio de San Ildefonso betätigt er sich politisch und publizistisch. Unter dem Eindruck der 1812 in

Cádiz erlassenen freiheitlichen Verfassung gründet er die liberalsatirische Zeitschrift »El Pensador Mexicano« (1812-14), unter deren Namen er auch als Publizist und Schriftsteller bekannt wird. In den ersten neun Ausgaben greift er mit aufklärerischem Impetus das politische System der span. Kolonialherrschaft an. Eine Satire auf den Vizekönig Venegas bringt ihn für einige Monate ins Gefängnis und veranlaßt ihn zu politischer Mäßigung. Nach seiner Freilassung durch den neuen Vizekönig Calleja wird er noch einmal von der Inquisition unter Anklage gestellt. Trotz der strengen Zensurmaßnahmen gründet er 1815 und 1816 zwei weitere Zeitschriften. Als 1820 die Inquisition und die Junta de Censura erneut aufgelöst werden, gibt er eine weitere politische Zeitschrift mit dem Titel »El Conductor Eléctrico« heraus, in der er offen die Unabhängigkeitsbewegung Agustín de Iturbides unterstützt. Nach dem Triumph Iturbides distanziert er sich von dessen absolutistischen Ambitionen. Er fällt in Ungnade, wird jedoch 1825 zum Herausgeber des offiziellen Organs »La Gazeta de Gobierno« ernannt. Sowohl in der letzten von ihm verantworteten Zeitschrift »El Correo Semanario de México« (1826) als auch in seinem publizistischen Vermächtnis, *Testamento y despedida* (1827), faßt er noch einmal seine reformerischen Gedanken zusammen. Das literarische Werk läßt sich inhaltlich nicht von den politischen Schriften des Autors trennen. Auch hier äußert er sich als aufgeklärter Enzyklopädist über Politik, Erziehung und Bildung und nimmt sich vor, Laster und Tugenden seiner Landsleute mit dem Blick des Satirikers und Moralisten zu beschreiben. Der Roman *El Periquillo Sarniento* (1816), das erste lateinam. Werk dieses Genres, steht in der Tradition des span. Schelmenromans. Die Autobiographie führt dem Leser die verschiedenen Lebensstationen des Helden vor – vom erfolglosen Studenten über den leichtsinnigen Spieler bis hin zum Barbier, Küster, Seemann und schließlich gesitteten Ehemann – und nimmt in das Itinerarium die realistische Sittenschilderung der verschiedenen sozialen Stände auf. Der Roman kann trotz der niederen und bescheidenen Erlebniswelt des Ich-Erzählers seine gelehrte Diktion nicht verbergen. Zahlreiche Zitate und Anspielungen auf antike Autoren und vor allem Denker des 17. Jh.s und der Aufklärung lassen erkennen, daß der Erzähler sein enzyklopädisches Wissen einsetzt, um auf breiter Front gegen die Ignoranz und Dekadenz der Kolonialzeit anzukämpfen. Als Gegenmodell skizziert L. in Fortführung antiker und neuzeitlicher Utopisten – Platon, Aristoteles, Thomas Morus, Caussin, Fénelon – ein hierarisch gegliedertes Gesellschaftssystem, das mit den Prinzipien der allgemeinen Bildung und des Naturrechtsdenkens eine gemäßigt liberale Sozialgemeinschaft entstehen läßt. Wegen der utopischen Sehnsucht nach einer neuen politischen und sozialen Ordnung gilt *El Periquillo Sarniento* als ein frühes literarisches Zeugnis mex. Unabhängigkeitsstrebens. K. H.

Weitere Werke (Auswahl): Lyrik: *Polaca que en honor de nuestro católico monarca el señor don Fernando VII cantó J. F. de L.* (1808), *Fábulas del Pensador* (1817), *Las quejas de los ahorcados* (1819), *Ratos entretenidos o miscelánea útil y curiosa* (1819), *Epitalamio* (1823), *Diálogos de los muertos* (1825); Romane: *Noches tristes* (1818), *La Quijotita y su prima* (1818), *Vida y hechos del famoso caballero don Catrín de la Fachenda* (1832); Theater: *Unipersonal del arcabuceado* (1822), *El negro sensible* (1825), *La tragedia del padre Arenas* (1827).

Ausgaben: *Obras*. Hg. J. Chencinsky/L. M. Schneider. ME 1963-71, 3 Bde. – *Obras*. ME 1973-81, 10 Bde.

Literatur: L. Pérez Blanco, *Un manifiesto*

paralelismo: Periquillo Sarniento y Martín Fierro. CAM, 39 (1980), 3 (230), 134-158. – J. Skirius, *F. de L. y Cervantes*. NRFH, 31 (1982), 257-272. – J. Franco, *La heterogeneidad peligrosa: Escritura y control social en vísperas de la independencia mexicana*. HISPA, 12 (1983) 34/35, 3-34. – M. I. Larrea, *›El Periquillo Sarniento‹: Un relato ejemplar*. EF, 18 (1983), 59-75. – H. Hudde, *F. de L. Literarische Utopie an der Schwelle der Unabhängigkeit Mexikos*. LJGG, 27 (1986), 253-267. – N. Vogeley, *The Concept of ›the People‹ in ›El Periquillo Sarniento‹*. H, 70 (1987), 3, 457-467. – D. Janik, *›El Periquillo Sarniento‹ de J. J. F. de L.: una normativa vacilante*. IAA, 13 (1987), 1, 49-60. – M. Moraña, *El Periquillo Sarniento y la ciudad letrada*. REHPR, 23 (1989), 3, 113-127.

Ferretis, Jorge

* 20.4.1902 in Río Verde/San Luis Potosí, † 28.4.1962 bei einem Autounfall zwischen Mexiko Stadt und San Luis. Journalist und Politiker. Mit Unterbrechungen erstreckte sich seine Tätigkeit als sozialistischer Parlamentsabgeordneter von 1937-57. Von 1955-62 leitete er die Dirección General de Cinematografía.

F. verstand seine Literatur als Beitrag zur Lösung der drei Probleme Mexikos: Land, Schulbildung und Arbeit. Schreiben hieß für ihn »aufzeigen, was wir nicht sehen wollen.« *Tierra caliente* (1935), sein erstes größeres Werk, ist ein politischer Entwicklungsroman. Der Protagonist, ehemals Literaturprofessor, kommt als Oberst der Revolutionsarmee F. Villas in ein Dorf im tropischen Tiefland und bleibt verwundet im Haus eines Händlers zurück. Die Revolutionswirren sowie die Erfahrung einer nicht im Elend, sondern in bescheidener Genügsamkeit lebenden Dorfgemeinschaft lassen ihn seine ehemaligen abstrakten Ideale revidieren. Ebenfalls von essayistischen Exkursen ist auch *Cuando engorda el Quijote* (1937) durchzogen. In Form einer fiktiven Autobiographie wird die jüngere mex. Geschichte im Zusammenhang mit den Erfahrungen des Helden in den USA, der Gómez-Diktatur in Venezuela und der mit den Gegnern paktierenden Gewerkschaftsbürokratie in Mexiko gedeutet und ein undogmatischer, humanisierter Kommunismus als Ziel einer zweiten Revolution gefordert. In F.s Gesamtwerk überwiegt eine in ihren Inhalten manchmal frappierend weitsichtige und originelle, dennoch oft lästige Belehrungstendenz. Zugleich finden sich zahlreiche plastisch ausgearbeitete Szenen und Gestalten, scharfe satirische Passagen sowie eine versteckte Selbstironie, die sich darin äußert, daß seine Helden auf dem Höhepunkt ihrer Einsichten einer unvermittelten Zufälligkeit zum Opfer fallen. Jeweils drei Kurzromane enthalten die Bände *El sur quema* (1937) und *San Automóvil* (1938), die gelungensten Erzählungen der Band *Hombres en tempestad* (1941).

Weitere Werke: Erzählungen: *El coronel que asesinó a un palomo y otros cuentos* (1952); Essay: *¿Necesitamos inmigración?* (1934); Werkausgabe: *Libertad obligatoria* (1967).

Frías, Heriberto

* 15.3.1870 in Querétaro, † 12.11.1925 in Tizapán. Als Offizier der Artillerie nahm F. 1892 an der Niederschlagung eines Aufstandes der indianischen Bevölkerung in Nordmexiko teil, der gegen die Herrschaft des Diktators Porfirio Díaz gerichtet war. Die literarische Verarbeitung seiner Eindrücke erschien 1894 anonym u. d. T. *Tomóchic* als Fortsetzungsroman in »El Demócrata«. Obwohl der Autor erst in späteren Ausgaben seine Anklage gegen das Díaz-Regime unverblümt zum Ausdruck brachte, provozierte bereits diese erste Fassung des Zeugenromans aufgrund ihrer Kritik

am Vorgehen des Militärs einen politischen Skandal, der zur Schließung der Zeitung und zur Verhaftung F.' führte. Trotz politischer Desillusionierung übte der soldatische Patriotismus auch später noch eine gewisse Faszination auf den Autor aus, wie neben zahlreichen Artikeln und Gedichten zum Thema die Studien *Episodios militares mexicanos* (1901) und *La vida de Juan Soldado* (1918) belegen. Nach seiner Suspendierung vom Militärdienst war er journalistisch tätig. Wie *Tomochic* so sind auch alle folgenden Romane stark autobiographisch. *El último duelo* (1896), auf historischen Tatsachen basierend, zeichnet ein satirisches Bild der urbanen Mittelschicht und prangert, wie auch *Miserias de México* (1916), die Praktiken der Sensationspresse an. In *El amor de las sirenas* (1908, in erster Version u.d.T. *Naufragio*, 1895) gerät ein studentischer Bohemien in die Unterwelt der Trinker, Spieler, Drogenabhängigen und Prostituierten von Mexiko Stadt. Miguel Mercado, das Alter ego des Autors, als Protagonist von *Tomochic* und *El amor de Sancho Panza* (1911) bereits bekannt, steht in *¿Aguila o sol?* (1923) für den (ideal-)typischen mex. Journalisten. Dieser letzte publizierte Roman war als erster Band einer Trilogie über die mex. Revolution geplant und schildert ziemlich genau das politische Klima kurz vor Ausbruch der Revolte von Francisco Madero im Jahre 1910. R. S.

Literatur: J. W. Brown, *H. F.* Boston 1978 (mit Bibliographie). – J. Sommers, *Literatura e historia: Las contradicciones ideológicas de la ficción indigenista.* RCLL, 5 (1979), 10, 9-39. – U. Fleichmann, *Cañones contra dios. ›Canudos‹ y ›Tomochic‹ como paradigmas textuales en las postrimerías del siglo XIX.* CDLA, 28 (1987), 165, 27-38.

Fuentes, Carlos
*11.11.1928 in Mexiko Stadt. Als Sohn eines Diplomaten verbrachte er seine Jugend in den USA und verschiedenen lateinam. Ländern. In Mexiko Stadt und Genf studierte er Jura und war seit den 50er Jahren zeitweilig im diplomatischen Dienst sowie als Journalist und Herausgeber tätig, u.a. der »Revista Mexicana de Literatura« (1955-58, zus. mit Emmanuel Carballo) und in den 60er Jahren der Zeitschriften »El Espectador«, »Política« und »Siempre!«. Nach heftigen Angriffen auf die Regierung wegen der blutigen Unterdrückung der Studentenunruhen ging er 1968 für drei Jahre ins freiwillige Exil nach Paris. 1975-77 war er dort als Botschafter akkreditiert. Seither lebte er abwechselnd in Mexiko und den USA und lehrte an der Harvard University Vergleichende Literaturwissenschaft. Seit 1990 lebt er in London. 1987 erhielt er den Cervantes-Preis.

F.' erzählendes Werk hat fast schon Balzacsche Ausmaße angenommen. Nach einem in *Gringo viejo* (1985; dt. *Der alte Gringo*, 1986) angegebenen Plan sind die vorliegenden Romane und Erzählungen Teil eines gewaltigen Zyklus, in dessen Mittelpunkt die gesellschaftliche Entwicklung Mexikos steht, der jedoch in immer weiteren thematischen Kreisen und kühneren Konzeptionen auf eine totale Erfassung dieser spezifischen Realität abzielt. F.' erstes Buch ist *Los días enmascarados* (1954), dessen sechs Erzählungen in meisterlicher Beherrschung verschiedener sprachlicher Register Reales, Irreales und Symbolisches verflechten. Einige thematische Konstanten, wie die Spuren der aztekischen Vergangenheit in der Gegenwart von Mexiko Stadt oder auch das Motiv der Maske als austauschbare und zugleich symbolhafte Verdeutlichung struktureller Züge finden hier ihre erste Ausprägung. Der Roman *La región más transparente* (1958; dt. *Landschaft in klarem Licht*, 1974) hat F.' internationalen Ruhm begründet. In einer erst allmählich ihre Kompositionslinien offenbarenden Montage von bruchstückhaften Handlungen, lyrischen Kommentaren, inneren Monologen, Zeitungsnotizen, Schlagertexten etc. gestaltet F. ein sarkastisch-kritisches Bild der aktuellen Situation von Mexiko Stadt im Jahre 1951. Mit Rückblenden auf die Zeit des Porfiriats und der Revolution, die »einmal identisch war mit der geistigen Kraft, die Mexiko aus sich selber schöpfte«, wird im besonderen die Rolle der neuen Bourgeoisie – einer »Kaste ohne Tradition, ohne Geschmack und ohne Talent« – anklagend hinterfragt. In *La muerte de Artemio Cruz* (1962; dt. *Nichts als das Leben*, 1964, später u.d.T. *Der Tod des Artemio Cruz*) wird das Leben eines Repräsentanten dieser herrschenden Schicht und werden damit fünfzig Jahre mex. Geschichte dargestellt. In den zwölf Stunden seiner Agonie ziehen in sprunghaften Bildern die entscheidenden Episoden seines gesellschaftlichen Aufstiegs und damit verbundenen moralischen Verfalls vorbei, dem wiederum sein aktueller und zugleich symbolhafter Zustand entspricht. Aufgebaut ist der Roman in zwölf Erzähleinheiten, die jeweils in drei, durch Ich-, Du- und Er-Perspektive charakterisierte Abschnitte gegliedert sind. Die Thematik der kapitalistischen Entfremdung und – auf der nationalen Ebene – des kulturellen Identitätsverlustes der mex. Oberschicht ist auch in *Cambio de piel* (1966, dt. *Hautwechsel*, 1969) und *Zona sagrada* (1967) vorhanden, obgleich bei diesen Romanen eher individuelle Schicksale im Vordergrund stehen. Erstgenannter Roman, der den Literaturpreis des span. Verlages Seix Barral erhielt, von der span. Zensur jedoch verboten wurde, beschreibt die Selbstdarstellungen von vier Personen: einem frustrierten Dichter, seiner erotomanischen Frau, einem Mädchen der Hippie-Generation und einem sudetendeutschen Architekten, der einst Konzentrationslager gebaut hat. Die Hauptfigur von *Zona sagrada* ist ein junger Homosexueller, dessen Konflikte aus der Beziehung zu seiner Mutter erwachsen, einer berühmten Schauspielerin. Mit dem enzyklopädischen Bildungsroman *Terra Nostra* (1975; dt. *Terra Nostra*, 1979) hat F. versucht, in einer kontrapunktischen Verflechtung von historischen Realitäten und nichtrealisierten Möglichkeiten die Geschichte Spaniens und Lateinamerikas zu deuten. Die Eckdaten der Haupthandlungen des umfangreichen Werks sind die Jahre 1492 und 1605, als der erste Teil des *Don Quijote* erschien. (F.' Essay *Cervantes o la crítica de la lectura*, 1976, liefert theoretische Ergänzungen zu *Terra Nostra*.) Die Rückblicke reichen bis zu Christi Geburt, die Ausblicke bis zum Jahr 2000. In dieses historische Gerüst stellt F. als Hauptkulisse und zentralen Schauplatz den Escorial und als Hauptfigur den von Widersprüchen und Gebrechen gekennzeichneten Philipp II. Bei allen konkreten Referenzen handelt es sich jedoch nicht um einen historischen Roman, sondern um eine kaleidoskopische Schilderung, in der berühmte und erfundene Gemälde, Figuren aus diesen und der span. Literatur – Celestina, Pedro, Don Juan u.a. als Verkörperungen der Sehnsucht nach einer freien Welt –, Teufelsbünde, Ketzerbewegungen, Geheimkulte etc. ständig neu kombiniert werden. Ordnung erhält dieses Chaos durch die Zahl 3, die sowohl einigen Figurenkonstellationen, den Religionsgruppen (Christen, Mauren und Juden), dem architektonischen Muster der indianischen Pyramide, schließlich auch der Einteilung des Romans zugrunde liegt. Nach *Terra nostra* sind zunächst drei kürzere und transparentere Romane entstanden. *La cabeza de la hidra* (1978; dt. *Das Haupt der Hydra*, 1983) ist ein Spionageroman oder eine Parodie dieses Genres. Handlungskern des Romans ist der Kampf verschiedener Geheimdienste um die Daten der mex. Erdölfunde. *Una familia lejana* (1980; dt. *Die Heredias*, 1981) konfrontiert die lateinam. Oberschicht verschiedener Heredias seit der Entdeckung mit dem europ. Adel, der trotz seiner Schattenseiten eine Mission erfüllte, während die Kreolen ihre Länder in Chaos und Unglück stürzten. *Gringo viejo* wendet sich erstmals ausschließlich der mex. Revolution zu. Protagonist ist der nordam. Schriftsteller Ambrose G. Bierce (1842-1914), der 1913 nach Mexiko kam, um dort zu sterben. Mit *Cristóbal Nonato* (1987; dt. *Christoph, ungeborn*, 1991) hat F. dann ein weiteres Werk geschaffen, das seinem Umfang und Anspruch nach als Pendant zu *Terra nostra* anzusehen ist und es wohl noch wegen seines außerordentlichen sprachlichen und inhaltlichen Gedanken- und Erfindungsreichtums übertrifft. Der Roman ist ein sturzflutartig entfesselter lyrischer, essayistischer, pamphlethafter Monolog des aufgrund eines Wettbewerbs zwar schon zur 500-Jahrfeier der Entdekkung Amerikas gezeugten, jedoch noch nicht geborenen Cristóbal, der den Befruchtungsvorgang ebenso wie die Familiengeschichte oder die bereits grotesk gewordene politische Situation eines von Erdbeben heimgesuchten, teils ans Ausland verkauften, von Aufständen zerrissenen und nach wie vor von Korruption, PRI und einer Mamadoc beherrschten Mexiko kommentiert. *La campaña* (1990; dt. *La Campaña*, 1990) ist der erste Roman einer Trilogie, die den Gesamttitel »El tiempo romántico« hat, deren weitere Teile, *La novia muerta* und *El baile del centenario*, bald folgen sollten. Die den lateinam. Kontinent umspannende Handlung von *La campaña* spielt zur Zeit der Unabhängigkeitskriege von Spanien und setzt mit einer vielschichtig symbolischen Szene ein: In der Nacht vom 24. zum 25. Mai 1810 raubt Baltasar Bustos, einer der drei revolutionären Romanhelden, den neugeborenen Sohn des Präsidenten des vizeköniglichen Gerichtshofes in Buenos Aires und tauscht ihn gegen das Kind einer schwarzen, öffentlich ausgepeitschten Dirne aus. Unauslöschlich verfolgt ihn danach das Bild Ofelia Salamancas, der schönen, vom Tod durch die Guillotine gezeichneten Mutter des geraubten Kindes. Der Roman, dessen Konzeption an Goethes *Wilhelm Meister* erinnert, sucht im weiteren Fortgang der Handlung die komplexen philosophischen, politischen und kulturellen Zusammenhänge jener Epoche zu erklären.

Weitere Werke: Romane: *Las buenas conciencias* (1959), *Aura* (1962; dt. *Aura*, 1966), *Cumpleaños* (1969); Erzählungen: *Cantar de ciegos* (1964; dt. *Chac Mool*, Auswahl, 1976), *Agua quemada* (1981; dt. *Verbranntes Wasser*, 1987), *Constancia* (1989); Essays: *París: La Revolución de Mayo* (1968), *La nueva novela latinoamericana* (1969), *Casa con dos puertas* (1970), *Tiempo mexicano* (1971), *Von mir und anderen* (Auswahl, dt. 1989), *Valiente mundo nuevo* (1990); Theater: *El tuerto es rey* (1970), *Todos los gatos son pardos* (1970; *Alle Katzen sind grau*, 1989?), *Orquídeas a la luz de la luna* (1982; *Orchideen im Mondschein*, 1989?).

Gesamtausgabe: *Obras completas*. ME 1974.

Literatur: G. B. Durán, *The Archetypes of C. F. From Witch to Androgyne*. Hamden, Conn. 1980. – R. Brody/Ch. Rossman (Hg.), *C. F. A Critical View*. Austin 1982. – M. Stoopen, *›La muerte de Artemio Cruz‹: una novela de denuncia y traición*. ME 1982. – W. B. Faris, *C. F.* New York 1983. – R. M. Reeve, *C. F. Selected Bibliography (1949-1982)*. WLT, 57 (1983), 4, 541-546. – A. E. Ramírez Mattei, *La narrativa de*

C. F.: *Afán por la multiplicidad antagónica del mundo*. Río Piedras, Puerto Rico 1983. – G. Feijóo, *Lo fantástico en los relatos de C. F.: aproximación teórica*. New York 1985. – S. Tejerina Canal, ›*La muerte de Artemio Cruz*‹: *secreto generativo*. Colorado 1987. – F. J. Ordiz, *El mito en la obra narrativa de C. F.* Univ. de León 1987. – A. M. Hernández (Hg.), *Obra de C. F.: una visión múltiple*. Madrid 1988. – F. García Núñez, *Fabulación de la fe: C. F.* ME 1989. – I. Simson, *Realidad y ficción en ›Terra Nostra‹ de C. F.* Frankfurt/M. 1989. – F. Moreno, *C. F., ›La mort d'Artemio Cruz‹ entre le mythe et l'histoire*. Paris 1989. – IAA, 16 (1990), 1 (Sondernr.).

Galindo, Sergio

* 2.9.1926 in Xalapa/Veracruz. Er studierte Literaturwissenschaft in der mex. Hauptstadt und Frankreich. 1953 war er Dozent für Ästhetik an der Theaterschule von Xalapa, danach Direktor des Instituto Nacional de Bellas Artes, schließlich Leiter des Verlags der Universität von Veracruz.

G. hat vor allem Romane und Erzählungen geschrieben. Zu seinen charakteristischsten Frühwerken gehört der Roman *El Bordo* (1960). Er ist das Porträt einer traditionellen Familie aus dem Inneren von Veracruz. Eine trübe, unwirtliche Natur ist nicht nur Hintergrund, sondern ein wesentliches Moment der Geschichte, das in Verhalten, Passionen, Schicksal und Monologen der Gestalten ständig präsent ist. Xalapa ist der Schauplatz von *La comparsa* (1964). Die Karnevalsmaskerade erlaubt den Einwohnern die Katharsis des Unerlaubten, zugleich verkehrt sich ihnen die bekannte Welt in Rätsel und Überraschungen. Das in diesem Roman thematisierte Vexierspiel von Irrealität und Realität bleibt eine der Konstanten von G.s weiteren Werken, sei es im Rahmen eines experimentell aufgebauten Romans wie *Nudo* (1970) oder in einem von Träumen und Magie beherrschten Milieu wie in *El hombre de los hongos* (1976), einem Roman von Kindheit, Liebe und Grausamkeit. Kindheit und Erwachsensein als zwei unüberbrückbar unterschiedliche Existenzformen gestaltet der Roman *Los dos Angeles* (1984).

Weitere Werke: Romane: *Polvos de arroz* (1958), *La justicia de enero* (1958), *Declive* (1985), *Terciopelo violeta* (1985); Erzählungen: *La máquina vacía* (1951), *Oh, hermoso mundo* (1975).

Literatur: J. D. Finch, *Un análisis semiológico de tres novelas de S. G.* S, 2 (1979), 55-74. – A. Pavón, ›*El hombre de los hongos*‹: *Desarrollo de la ›novela familiar*‹. S, 2 (1979), 83-110. – R. M. Cluff, *Alegoría e intuiciones arquetípicas en ›El hombre de los hongos‹ de S. G.* H, 65 (1982), 4, 544-553. – J. C. Richards, *Transgression and the Social Order: Redemption and Retribution in S. G.'s ›La justicia de enero‹*. H, 73 (1990). 2, 353-360.

Gamboa, Federico

* 22.12.1864 in Mexiko Stadt, † 15.8. 1939 ebd. Als Angehöriger des diplomatischen Dienstes lebte G. zeitweilig in New York, Guatemala, Buenos Aires und Brüssel. 1913, mit dem Sturz Huertas, ging er ins Exil. Nach seiner Rückkehr im Jahre 1923 war er ausschließlich als Hochschullehrer für Literatur und internationales Recht tätig.

Die Literaturkritik hat G. wiederholt als orthodoxesten der lateinam. Schüler des frz. Naturalismus bezeichnet. Die Grenzen zwischen Realismus und Naturalismus sind in G.s Werken jedoch stark verwischt. M. ↑Azuela, der den Einfluß G.s auf das eigene Romanschaffen stets leugnete, hat an diesem Autor den »Mischmasch von Prüderie und Sinnlichkeit« sowie die »fehlende psychologische Durchdringung« der Handlung kritisiert. Den größten Publikumserfolg erzielte G. mit *Santa* (1903), der Geschichte einer jungen Prostituierten, die aufgrund mangelnder Unterstützung und Liebe ihrer Familie ins materielle und moralische Elend gestoßen wird. Rettung erfährt Santa schließlich durch die Liebe Hipólitos, eines armen blinden Pianisten. Mit authentischen Szenen des Lebens in der Metropole in der Aktualität hatte zuvor der Roman *Suprema ley* (1896) seine Leser vertraut gemacht. Julio Ortegal, ein Gerichtsschreiber, fühlt sich von Clothilde angezogen, die wegen Mordes an ihrem Liebhaber angeklagt ist. Als diese entlassen wird, nimmt er sie mit Einverständnis seiner Frau Carmen bei sich auf. Allmählich entspinnt sich eine Liebesbeziehung zwischen Julio und Clothilde, die alles zerstört. G. bemühte sich um die exakte Erfassung der sozialen Strukturen der Großstadt. Mitgefühl mit den gesellschaftlich Ausgegrenzten war nicht nur ausschlaggebend für die Stoffwahl, sondern auch für die Art der Wirklichkeitsgestaltung. Eine minutiöse Rekonstruktion der Umgangssprache kennzeichnet den Erzählstil. R. S.

Weitere Werke (Auswahl): Roman: *La llaga* (1910); Theater: *La última campaña* (1894), *La venganza de la gleba* (1904); Memoiren: *Mi diario* (1907-1938, 5 Bde.).

Ausgaben: *Novelas de F. G.* Pról. de F. Monterde. ME 1965. – *Diario de F. G., 1892-1939*. Hg. J. E. Pacheco. ME 1977.

Literatur: A. C. Hooker, *La novela de F. G.* Madrid 1971. – A. M. Alvarado, *Función del prostíbulo en ›Santa‹ y ›Juntacadáveres‹*. HJ, 2 (1980), 1, 57-68. – S. Serafin, *La città in ›Santa‹ di F. G.* SLI, 15/16 (1983), 159-166.

García Ponce, Juan

*22.9.1932 in Mérida/Yucatán. Er kam im Alter von zwölf Jahren nach Mexiko Stadt, wo er später Philosophie und Theaterwissenschaft studierte. Seit Beginn der 60er Jahre ist er bekannt als Literatur-, Theater- und Kunstkritiker, zeitweise unter dem Pseudonym Jorge Olmo. Er ist Chefredakteur bzw. Herausgeber der Zeitschriften »Universidad de México« und »Revista Mexicana de Literatura« sowie der Kulturbeilagen von »Novedades« und »Siempre!« gewesen.

G. P. hat Theaterstücke – zuerst *El canto de los grillos* (UA 1957, 1958) –, Erzählungen, Romane und Essays veröffentlicht. Letztere weisen ihn aus als profunden Kenner der US-am. und nahezu als einzigen mex. Spezialisten für dt.-sprachige Literatur (T. Mann, H. Broch, G. Grass und besonders R. Musil). G. P.s erzählendes Werk ist wie bei mehreren Autoren seiner Generation nicht mehr fixiert auf die Problematisierung der mex. Geschichte und Identität, sondern stellt sich von Anfang an in einen universalen Kontext und bezieht sich hauptsächlich auf ein großstädtisches Milieu von Künstlern und Intellektuellen. Das bedeutet keine Ausklammerung der nationalen Realität, sondern Verlagerung des Interesses auf ästhetische und philosophische Probleme. Seine ersten Erzählungen *Imagen primera* (1963) gestalten jugendliche Erfahrungen der Schutzlosigkeit und des unvermuteten Einbruchs negativer Gewalten. Die Grundkonzeption der Flüchtigkeit und Instabilität von Schicksal und Persönlichkeit, die sich durch G. P.s gesamtes Werk hindurchzieht, findet ihren adäquaten Ausdruck in einer Darstellungsweise, die sich vor allem auf die Beobachtung von Details und Oberflächen konzentriert, während ursächliche Bedingungen und Motivationen allenfalls erahnbar bleiben, wenn sie nicht ironisch negiert, in ein unauflösbares Wechselspiel von Realität und Kunst oder in eine, wie er es definiert hat, »Mystik ohne Glauben« überführt werden. Thematisch dominiert in G. P.s Werk die Erotik, u. a. in dem Roman *La casa en la playa* (1966), in dem die Geschichte von zwei Paaren aus der Sicht einer emanzipierten Rechtsanwältin dargestellt wird. In dem mehrfach aufgelegten Roman *El libro* (1970) bildet die Liebesbeziehung zwischen einem Literaturprofessor und seiner Schülerin einen Vordergrund; eigentlicher Kern ist die Beziehung zwischen psychologisch erfaßbarer Wirklichkeit, literarischer Imagination und einer phänomenologisch verstandenen Liebe. Erotik schließlich als destruktive Kraft illustrieren die zwei fast identischen weiblichen Hauptfiguren des über 1100 S. starken, von der Kritik mit J. ↑Lezama Limas *Paradiso* verglichenen Romans *Crónica de la intervención* (1982).

Weitere Werke (Auswahl): Romane: *Figura de paja* (1964), *La presencia lejana* (1968), *La cabaña* (1969), *La vida perdurable* (1970), *El nombre olvidado* (1970), *La invitación* (1972), *El gato* (1974), *Unión* (1974), *De ánima* (1984), *Inmaculada o los placeres de la inocencia* (1989); Erzählungen: *La noche* (1963), *Encuentros* (1972), *Figuraciones* (1982); Theater: *La feria distante* (1957), *Doce y una, trece* (1964), *Sombras* (1969), *Catálogo razonado* (1982); Essays: *Cruce de caminos* (1965), *Entrada en materia* (1968), *La aparición de lo invisible* (1968), *Desconsideraciones* (1968), *Cinco ensayos* (1969), *Vicente Rojo* (1971), *El reino milenario* (1972), *Trazos* (1974), *Teología y pornografía. Pierre Klossowsky en su obra* (1975), *La errancia sin fin: Musil, Borges, Klossowski* (1981), *Las huellas de la voz* (1982), *Una lectura pseudognóstica de la pintora de Bathys* (1986), *Apariciones* (1987).

Literatur: R. H. Moreno-Durán, *Hacia una liturgia de la degradación.* QUIMERA, 20 (1982), 50-53. – J. Bruce-Novoa, *J. G. P. y la ficción empírica.* I, 20 (1984), 109-116. – A. Duncan, *La percepción visual (La ›mirada‹) como creadora del texto y de los personajes en dos novelas de J. G. P.* BH, 38 (1986), 1/2, 223-237. – S. M. Bell, *Entrevista con J. G. P.* HISPA, 15 (1986), 43, 45-55. – D. E. Johnson, *Of the Soul: Translation and History in J. G. P.* CHASQUI, 18 (1989), 2, 28-35.

García Saldaña, Parménides

* 9.2. 1944 in Orizaba/Veracruz, † 19.9.1982. Mit 18 Jahren ging er nach New Orleans und wurde zu einem fanatischen Anhänger des Rock 'n' Roll. Er starb früh, nach einem Leben zwischen Psychiatrie und Gefängnis.

In dem jugendlichen Protagonisten seines einzigen Romans *Pasto verde* (1968) meint man den Autor selbst wiederzuerkennen: Der Schriftsteller Epicuro, ein unglücklich verliebter, einsamer Rebell, geplagt von Todesgedanken und Halluzinationen, sucht seine Probleme mit sich selbst und der Gesellschaft durch Musik, Drogen und Alkohol zu verdrängen. Aufgrund der Inhalte, Zielsetzungen und Schreibweise – autobiographischer Konversationsstil, eigenwillige Typographie und Orthographie, Collagetechniken, Verwendung des Soziolekts der Jugendlichen, Häufung von Anglizismen und deren Verballhornung im sogenannten »hispanglish« etc. – der Texte rechnet man G. S. neben J. ↑Agustín u. a. der Literatur der »Onda« zu. Die mex. Jugendszene der späten 50er und der 60er Jahre hat er in den Aufsätzen von *En la ruta de la onda* (1972) dargestellt. Zu seinen übrigen Werken gehören *El rey criollo* (1970), elf Erzählungen, die jeweils mit der span. Übersetzung eines Liedes der »Rolling Stones« beginnen, sowie *Mediodía* (1975), eine Sammlung von eigenen Liedtexten.
I. M.

Gardea, Jesús

* 2.7.1939 in Ciudad Delicias/Chihuahua. Zahnarzt und Professor an der Universität von Ciudad Juárez. Er hat prämierte Erzählungen und mehrere kurze, außerordentlich dicht gestaltete Romane veröffentlicht, die einen legendären Schauplatz entstehen lassen: die von einer brennenden Sonne, Haß, Neid und Einsamkeit gekennzeichnete Ortschaft Placeres. In einer trockenen und präzisen Sprache, die an balladenhafte Corridos erinnert, schildert der

Roman *La canción de las mulas muertas* (1981) die Rivalität zwischen Placeres und einem Nachbarort. Erinnerungen eines Jungen an seinen toten Vater enthält der Roman *El sol que estás mirando* (1981). In *El tornavoz* (1983) verdeutlichen die nur in Nuancen voneinander abweichenden Aussagen verschiedener Personen aus drei Generationen die Versteinerung von Bewußtseinsstrukturen. *Soñar la guerra* (1984) läßt aus dem Bericht des toten Protagonisten die Motivationen erkennen, die friedfertige Personen dahin führen, unvermittelt kriegerische Gelüste zu entwickeln. In *Sobol* (1985) wird in ähnlich elementarer Weise aus dem Handlungskern des Diebstahls eines Löffels der komplexe Zusammenhang von Macht, Eigentum und Übertretungen entfaltet.

Weitere Werke: Roman: *Los músicos y el fuego* (1985); Erzählungen: *Los viernes de Lautaro* (1979), *Septiembre y los otros días* (1980), *De alba sombría* (1985), *Luces del mundo* (1986); Lyrik: *Canciones para una sola cuerda* (1982).

Garro, Elena

* 11.12.1920 in Puebla Stadt. Sie studierte Philologie an der UNAM, bei deren Theatergruppe sie als Choreographin tätig war. Danach hat sie vor allem als Journalistin und – ab 1954 – als Drehbuchautorin gearbeitet und viele Jahre im Ausland gelebt, die meiste Zeit in den USA, Frankreich und Spanien, zuletzt in Paris. 1991 kehrte sie nach Mexiko zurück.

G. ist zunächst als Dramatikerin mit mehreren Einaktern hervorgetreten, die 1957 von der Theatergruppe »Poesía en voz alta« uraufgeführt und u. d. T. *Un hogar sólido y otras piezas en un acto* (1958 mit sechs, 1983 mit zwölf Stücken; dt. *Ein festes Heim*, 1966) publiziert wurden. In einer für ihr weiteres Werk kennzeichnenden Weise verschränken sich in ihnen soziale Wirklichkeit und subtile ironische Kritik mit Traumbildern, mythischen und märchenhaften Elementen. Jenes »feste Heim« etwa beherbergt Tote verschiedenen Alters, die an ihren Manien, Verschämtheiten und Sehnsüchten festhalten. Da sie nicht die Trompeten des Jüngsten Gerichts, sondern des Zapfenstreichs einer Kaserne hören, wie sie verärgert feststellen, scheint auch ihr weiteres Schicksal eher irdischen Gesetzen unterworfen zu sein. G.s erster Roman *Los recuerdos del porvenir* (1963; dt. *Erinnerungen an die Zukunft*, 1967) hat als Schauplatz – und Erzählerstimme – eine Kleinstadt im Süden Mexikos um 1927, zur Zeit der Kirchenverfolgung und des Cristero-Aufstandes. In dem dramatischen, von fantastischen Elementen durchzogenen Roman geht es, entsprechend dem Zeitverständnis der Figuren, weniger um die historischen Fakten als um den Zusammenhang von Gewalt und Erotik. Insofern erweist sich die Handlungsebene der chaotischen, von der Brutalität einer selbstherrlichen Soldateska und der Furcht der Einwohner gekennzeichneten Zustände als ein allegorischer Hintergrund für die zwei in ihrer Konstellation entgegengesetzten Liebesbeziehungen eines Generals. Auch in G.s weiteren Romanen werden zumeist frustrierte und weitgehend qualvolle Beziehungen dargestellt. *Testimonios sobre Mariana* (1981) schildert in drei voneinander abweichenden Versionen die Geschichte der Ehe der Titelheldin mit dem unerträglich despotischen und von einer Schar unterwürfiger Verehrer umgebenen Augusto, bei dem manche Leser Züge von O. ↑Paz, ihrem früheren Ehemann zu erkennen glauben. Auch *Reencuentro de personajes* (1982) entwickelt sich als eine von ständiger Erniedrigung der Frau durch ihren dämonischen Geliebten geprägte Beziehung. Das mit alptraumhafter Intensität dargestellte Geschehen erweist sich als eine Komposition von Figuren und Episoden aus den Romanen von Francis Scott Fitzgerald (1896-1940). Der Kurzroman *La casa junto al río* (1983) behandelt ein Emigrantenschicksal, eine Thematik, die auch ein Teil der Erzählungen des Bandes *Andamos huyendo Lola* (1980) gestaltet.

Weitere Werke: Erzählungen: *La semana de colores* (1964); Theater: *La señora en su balcón* (1963), *Felipe Angeles* (1969), *El rastro* (1981).

Literatur: A. G. Østergaard, *El realismo de los signos escénicos en el teatro de E. G.* LATR, 16 (1982), 1, 53-65. – R. K. Anderson, *La cuentística mágico-realista de E. G.* SELECTA, 3 (1982), 117-121. – M. I. Fernández de Ciocca, *›Los recuerdos del porvenir‹ o la novela del tiempo.* RIB, 36 (1986), 1, 39-51. – M. P. Mosier, *Protagonista y lector como detectives: Punto de vista en ›La casa junto al río‹ de E. G.* TC, 36/37 (1987), 92-105. – D. Meyer, *Alienation and Escape in E. G.'s ›La semana de colores‹.* HR, 55 (1987), 2, 153-164. – C. Larson, *Recollections of Plays to Come: Time in the Theatre of E. G.* LATR, 22 (1989), 2, 5-17. – M. J. Lemaitre, *El deseo de la muerte y la muerte del deseo en la obra de E. G.* RI, 55 (1989), 148/149, 1005-1017. – C. Galli, *Las formas de la violencia en ›Los recuerdos del porvenir‹.* RI, 56 (1990), 150, 213-225. – A. K. Stoll, *E. G.'s / Lope de Vega's ›La dama boba‹.* LATR, 23 (1990), 2, 21-32.

González Martínez, Enrique

* 13.4.1871 in Guadalajara/Jalisco, † 19.2.1952 in Mexiko Stadt. Er wurde mit 22 Jahren Doktor der Medizin und übte seinen Beruf in Sinaloa und Mocorito aus. 1912 zog er nach Mexiko Stadt, wo er dem für die kulturelle Entwicklung Mexikos wichtigen »Ateneo de la Juventud« (P. ↑Henríquez Ureña, A. ↑Reyes, J. ↑Vasconcelos u.a.) beitrat und als Journalist bei »El Imparcial«, Herausgeber der Literaturzeitschriften »Argos« (ab 1912) und »Pegaso« (ab 1917, zus. mit R. ↑López Velarde und E. Rebolledo), Literaturdozent und Politiker breite Aktivität entfaltete. 1920-31 war er Botschafter in Chile, Argentinien, Spanien und Portugal. Er übernahm danach noch mehrere hohe Ämter und repräsentierte sein Land bei verschiedenen internationalen Kongressen.

G. M. ist der letzte große Dichter des Modernismus und zugleich der Patriarch der modernen mex. Dichtung. Die erste Phase seiner Lyrik – *Preludios* (1903) und *Lirismos* (1907) – weist noch Merkmale der modernistischen Schule auf: ausgefeilte Formen, pittoresk farbige Motive und eine durch Wohlklang und exquisites Vokabular ausgezeichnete Sprache. Erkennbar sind jedoch bereits eigene Züge, etwa ein für die Zeit ungewöhnlicher Blick auf die Natur, der auch Monotonie und Verwesung entdeckt. In den folgenden Gedichtbänden sucht G. M. zunehmend nach einem von dekorativen Kulissen und feierlicher Eloquenz befreiten Ausdruck. Sein berühmtes Sonett »Tuércele el cuello al cisne de engañoso plumaje« (»Dreh' dem Schwan trügerischen Gefieders den Hals um«, aus: *Los senderos ocultos*, 1911) markiert die Zuwendung zu einer nachdenklichen Betrachtung des Lebens, auch mit der pädagogischen Absicht der Überwindung innerer Schwächen. Das verleiht zwar vielen seiner Gedichte einen etwas moralisierenden Beiklang, dennoch ist die bedächtige und konzentrierte Annäherung an das Wesen von Gegenständen, Landschaften und Menschen für die folgende Dichtergeneration beispielhaft gewesen. G. M. suchte selber den Anschluß an die avantgardistischen Tendenzen, hauptsächlich in *Las señales furtivas* (1925) und *Poemas truncos* (1935), dennoch hinderte ihn eine konservative Selbstkritik, von allen neuen Freiheiten Gebrauch zu machen. In einer letzten Phase seines Werkes – *Segundo despertar* (1945) – tritt soziales und politisches Engagement in den Vordergrund.

Weitere Werke (Auswahl): Lyrik: *Silenter* (1909), *El libro de la fuerza, de la bondad y del ensueño* (1917), *Parábolas y otros poemas* (1918), *La palabra del viento* (1921), *El romero alucinado* (1923), *El diluvio de fuego* (1938), *El nuevo Narciso* (1952); Autobiographie: *El hombre del búho* (1944), *La apacible locura* (1951).
Gesamtausgabe: *Obras completas*. ME 1971.
Literatur: J. G. Martínez (Hg.), *La obra de E. G. M.* ME 1951. – F. J. Campos Cornejo, *E. G. M.: ensayo psicológico*. ME 1978. – R. Williamson, *Hacia una teoría de la variación metafórica en el texto literario: análisis de dos poemas de E. G. M.* NRFH, 35 (1987), 223-249.

Gorostiza, José
* 10.11.1901 in Villahermosa/Tabasco, † 16.3.1973 in Mexiko Stadt. Besuch der Escuela Nacional Preparatoria. 1927 Eintritt in den diplomatischen Dienst. 1929 Professor für mex. Literatur an der Nationaluniversität. 1932 Professor für Neuere Geschichte an der Pädagogischen Hochschule und Direktor des Departamento de Bellas Artes. 1935 Rückkehr ins Außenministerium. Die diplomatische Karriere führt 1953 zum Posten eines Staatssekretärs des Äußeren und schließlich, 1964, für einige Monate in das Amt des Außenministers. Seit 1965 ist er Vorsitzender der nationalen Kernenergiekommission.
Sein erster Gedichtband *Canciones para cantar en las barcas* (1925) setzt die von E. ↑González Martínez begründete modernistische Dämpfung fort und knüpft z. T. an volksliedhafte Strömungen der span. Lyrik des späten 16. Jh.s an. Die in den folgenden Jahren geschriebenen Gedichte und Essays G.s werden erst Jahrzehnte später in Buchform ediert. 1939 erscheint das Langgedicht *Muerte sin fin*. Danach veröffentlicht er nichts mehr. Nur ein 1948 in Bogotá verfaßtes Gedicht wird noch bekannt. Unter den Autoren um die Zeitschrift »Contemporáneos« (1928-31) nimmt G. einen bedeutenden Rang ein. Sein schmales Werk kann als immer neue Auseinandersetzung mit der Konzeption einer reinen, durch die Form ihrer selbst gewissen Kunst verstanden werden, die schließlich zum radikalen Zweifel an deren Tragfähigkeit führt. Die Sprachverwendung und gedankliche Tiefe insbesondere von *Muerte sin fin* haben ihn weit über Mexiko hinaus als großen Lyriker bekannt gemacht. K. M.-M.

Ausgaben: *Poesía*. ME 1964. – *Prosa*. Guanajuato 1969.
Literatur: E. Dehennin, *Antithèse, oxymore et paradoxisme: Approches rhétoriques de la poésie de J. G.* Paris 1973. – C. Montemayor, *Tres Contemporáneos (Jorge Cuesta, J. G., Gilberto Owen)*. ME 1981. – J. Gelpí, *Enunciación y dependencia en J. G. Estudio de una máscara poética*. ME 1984. – B. Garza Cuarón, *Claridad y complejidad en ›Muerte sin fin‹ de J. G.* RI, 55 (1989), 148/149, 1129-1149. – J. Malpartida, *J. G.* CH, 479 (1990), 81-89.

Gutiérrez Nájera, Manuel
* 22.12.1859 in Mexiko Stadt, † 3.2. 1895 ebd. Seine Eltern, verarmte Bürgerliche, bestimmten ihn für eine geistliche Laufbahn, er entschied sich jedoch schon mit 16 Jahren für den Journalismus, dem er bis zu seinem Lebensende treu blieb, u. a. als Chefredakteur von »El Partido Liberal« und (ab 1894) Herausgeber der »Revista Azul«, die zum bedeutendsten Organ der neueren literarischen Strömungen wurde.
Sein literarisches Werk, das – unter wechselnden Pseudonymen, das berühmteste ist »El Duque Job« – größtenteils in Zeitschriften erschienen war, wurde erst postum von Freunden gesammelt und herausgegeben. Seine Prosa umfaßt Buch- und Theaterkritiken, politische Artikel, Reisebilder und

Erzählungen, darunter *Cuentos frágiles* (1883), die mit ihrem subtilen Humor und ihrer sprachlichen Lebendigkeit möglicherweise das Modell lieferten für die Erzählungen R. ↑Daríos in *Azul*... Im Rahmen der gesamten Erzählungen G. N.s bilden Schicksal und Erfahrungswelt von Kindern eine der wichtigsten thematischen Konstanten. In stärkerem Maße wegweisend für die Schule des Modernismus ist jedoch G. N.s Lyrik, die ihrerseits seine Bewunderung für die frz. zeitgenössische und romantische Poesie nicht verhehlt. Manche Elemente, z. B. Farbsymbolik und Motive der Bohème verdankte er frz. Anregungen und gab sie an die folgende Dichtergeneration weiter. Die von J. ↑Sierra herausgegebene erste Sammlung *Poesías* (1896; zahlreiche Neuauflagen), umfaßt ein weites Spektrum von Themen, Stimmungen und sprachlichen Registern, wobei manche Bilder oder Techniken eine außerordentliche Originalität bezeugen. In manchen Kompositionen wie »La duquesa Job« kommt eine graziöse Frivolität zum Ausdruck, die nach wie vor ihren Charme behalten hat. Andere Gedichte, letztlich der größere Teil, sind von einer nach dem Sinn des Lebens suchenden und melancholischen Haltung geprägt (»Odas breves«, »Tristissima nox« u. a.). Unvollendet hinterließ G. N. die Romane *Un drama en la sombra*, *La mancha de Lady Macbeth* und *Monólogo de Magda*.

Ausgaben: *Poesías completas*. Hg. F. González Guerrero. ME 1953, 2 Bde. – *Cuentos completos y otras narraciones*. Hg. E. K. Mapes. ME 1958, ²1983. – *Obras*. Hg. E. K. Mapes/E. Mejía Sánchez. ME 1959 ff.; Bd. 4: Hg. Y. Bache Cortés. ME 1984.

Literatur: C. Gómez del Prado, *M. G. N., vida y obra*. ME 1964. – T. O. Taylor, *M. G. N.: Originality and the Question of Literary Borrowings*. SY, 27 (1973), 3, 269-279. – A. Ruiz, *Reparos a la bondad de las crónicas periodísticas de Don M. G. N.* RI, 52 (1986), 137, 931-936. – J. F. Day, *La exploración de lo irracional en los cuentos de M. G. N.* RI, 55 (1989), 146/147, 251-272. – L. H. Peña/M. Maiz, *La discreción exquisita: una aproximación a las crónicas de G. N.* TC, 15 (1989), 38, 43-50. – B. Ortega, *G. N. y sus contemporáneos: afrancesamiento vs. nacionalismo*. TC, 15 (1989), 38, 118-126.

Guzmán, Martín Luis

*6.10.1887 in Chihuahua, †22.12. 1976 in Mexiko Stadt. Sein Vater war Offizier, der 1910 im Kampf gegen die Aufständischen fiel. Er hatte ein Jurastudium begonnen und als Journalist gearbeitet. Die Revolution sah ihn sofort auf ihrer Seite. 1913 floh er nach Kuba und den USA, um sich bald den Truppen Villas anzuschließen. Nach deren Niederlage, 1915, suchte er Zuflucht in Spanien, wo er einen ersten Bericht über die Geschehnisse, *La querella de México* (1915), veröffentlichte. 1920 kehrte er zurück, wurde 1922-24 Parlamentsabgeordneter, mußte jedoch 1925 erneut das Land verlassen und blieb bis 1936 im span. Exil. Danach arbeitete er wieder als Journalist, u. a. als Herausgeber der Zeitschriften »Romance« und »Tiempo«.

G., der die bedeutendsten Akteure der Revolution persönlich kannte, versucht in seinem ersten Roman *El águila y la serpiente* (1928; dt. *Adler und Schlange*, 1932, gekürzt) das Geschehen vor allem aus deren Persönlichkeiten zu deuten. Insofern besteht der Roman aus einer Galerie prägnant und plastisch gezeichneter Charaktere, deren Zusammenhang durch die chronologische Abfolge – der Handlungszeitraum umfaßt die Jahre 1913-1915 – sowie die autobiographische Erzählerstimme hergestellt wird. Wie das Bild vom beutegierigen »Adler« und der zerstückelten »Schlange« symbolisiert, steht G. ähnlich wie M. ↑Azuela jener Zeit der Entfesselung der Gewalt, die der Masse der Bevölkerung keine Verbesserung brachte, skeptisch gegenüber. Sein nächstes Werk *La sombra del caudillo* (1929), das erst 1938 in Mexiko erscheinen konnte, ist ein Schlüsselroman über die nachrevolutionären Machenschaften, Morde und Wahlmanipulationen der neuen Führungsclique. Wie viele der Vorfälle sind auch die meisten Personen authentisch (so ist z.B. der »caudillo« Obregón, ist »Aguirre« Serrano, »Jiménez« Calles). G.s Hauptwerk sind *Las memorias de Pancho Villa* (Bde. 1-4, 1938/41; Bd. 5, 1951). Es handelt sich um fiktive Memoiren, die in einer klaren und schlichten Sprache abgefaßt sind. G. gestaltet in diesem Werk ein wesentlich positiveres Bild des 1923 ermordeten Revolutionärs als in *El águila y la serpiente*. Villa wird hier zu einem volkstümlichen Helden, der im Gegensatz zu vielen anderen den sozialen Idealen der Revolution treu geblieben ist.

Weitere Werke (Auswahl): Roman: *Islas Marías* (1959); Erzählungen: *Filadelfia, paraíso de conspiradores* (1938), *Kinchil* (1946); Biographien, Essays, Berichte: *Javier Mina, héroe de España y México* (1951), *Muertes históricas* (1958), *Pábulo para la historia* (1960), *Crónicas de mi destierro* (1964).

Ausgabe: *Obras completas*. ME 1961/63, 2 Bde., [2]1984.

Literatur: W. W. Meggeney (Hg.), *Five Essays on M. L. G.* Riverside 1978. – F. Campbell, *M. L. G.: la tragedia del poder*. TC, 8 (1982), 24/25, 38-65. – M. C. Bianchini, *La figura del dittatore in ›La sombra del caudillo‹*. SLI, 15/16 (1983), 167-176. – J. Bruce-Novoa, *M. L. G.'s Necessary Overtures*. DL, 4 (1986), 1, 63-83. – C. Cortínez, *Simetría y sutileza en la narrativa de M. L. G.* RCEH, 12 (1988), 2, 221-234. – D. W. Foster, *Escrutando el texto de la revolución: ›El águila y la serpiente‹ de M. L. G.* RCLL, 30 (1989), 79-91.

Hernández, Efrén

* 1.9.1904 in León/Guanajuato, † 28.1.1958 in Tacubaya/Distrito Federal. Nach einem abgebrochenen Jurastudium war er in verschiedenen Behörden sowie als Redakteur der Zeitschrift »América« tätig. Er hat Theaterstücke, Lyrik, Romane und Erzählungen geschrieben. Seinen literarischen Ruhm verdankt er vor allem den letzteren. Bereits in seinem ersten Band *Tachas* (1928) erreicht er jene eigenartige Mischung von unkonventioneller Versponnenheit und Tiefe, humoristischer Leichtigkeit und absurder Irrealität, die sein gesamtes narratives Werk auszeichnet. Zur damaligen Zeit der Nachwirkungen der Revolution, der nationalen Erziehungsprojekte und Machtkämpfe, bildete H.' erzählerisches Universum von alltäglichen Situationen und flüchtigen Gegenständen sowie seine sprunghaften, verspielten und scheinbar naiven Assoziationen eine mit Nichtbeachtung gestrafte Herausforderung. Zunächst waren es auch nur einige Avantgardisten wie S. ↑Novo, die H.' Originalität, vor allem seinen Mut zum unspektakulär Intimen bewunderten. Jedoch schon in den 40er Jahren erlangte er breite Anerkennung und gilt inzwischen als einer der Klassiker der modernen Erzählkunst. Postum wurde sein lyrisches Theaterstück *Casi sin rozar el mundo* (1982) herausgegeben und gewürdigt.

Weitere Werke: Erzählungen: *El señor de palo* (1932), *Cuentos* (1941, 1947); Romane: *Cerrazón sobre Nicómaco. Ficción harto doliente* (1946), *La paloma, el sótano y la torre* (1949); Lyrik: *Hora de horas* (1936), *Entre apagados muros* (1943); Theater: *Dichas y desdichas de Nicocles Méndez* (1951).

Werkausgabe: *Obras*. ME 1965 (mit Bibliographie).

Hernández, Luisa Josefina

* 2.11.1928 in Mexiko Stadt. Sie studierte zunächst Jura, dann Philologie und Theaterwissenschaft und unter-

richtet letztere an der UNAM sowie am Instituto Nacional de Bellas Artes. Sie hat Theaterkritiken geschrieben, u. a. – seit 1962 – für die Kulturbeilage von »Siempre!«, und Stücke von Anouilh, Brecht, Fry, A. Miller, Sternheim u. a. übersetzt. Ihr literarisches Werk umfaßt über 20 z.T. sehr erfolgreiche Theaterstücke und mehrere Romane. Schon ihr erstes Stück *Aguardiente de caña* (1951) zeichnet sich durch unsentimentale Nüchternheit aus. Diese Tendenz hat sich dann noch verstärkt, was ihr gelegentlich den Vorwurf einer zu großen Strenge – auch im Formalen – und zu dunkler Töne bei der Gestaltung ihrer zumeist kleinbürgerlichen Charaktere einbrachte. Die Dichte einer klassischen Tragödie erreicht *Los huéspedes reales* (1958). *Apostasía* (1978) ist eine auf viele Bereiche übertragbare Parabel von zwei Gläubigen, die sich im Namen ihres Gottes gegenseitig töten. H.' erste Romane *El lugar donde crece la hierba* (1959) und *La Plaza de Puerto Santo* (1961) sind psychologisch vertiefte Milieudarstellungen. Eine pathologische Liebesbeziehung beschreibt *Los palacios desiertos* (1963). *Las fuentes ocultas* (1980) weist in seinem Repertoire von Magie, Neurosen, Wahnsinn und Delirien Züge eines Schauerromans auf, ist jedoch im Grunde eine der Realität einer mex. Provinzstadt in der Vergangenheit entsprechende Darstellung des kollektiven Bewußtseins und Verhaltens.

Weitere Werke: Romane: *La cólera secreta* (1964), *La primera batalla* (1965), *El valle que elegimos* (1965), *La noche exquisita* (1965), *La memoria de Amadís* (1967), *Nostalgia de Troya* (1970), *Los trovadores* (1973), *Apocalipsis cum figuris* (1982); Theater (Auswahl): *Botica modelo* (1954), *Los frutos caídos* (1957), *Arpas blancas ... conejos dorados* (1959), *La calle de la gran ocasión* (1962, 1981).

Literatur: J. K. Knowles, *L. J. H.: teoría y práctica del drama*. ME 1980.

Huerta, Efraín

* 18.6.1914 in Silao/Guanajuato, † 3.2.1982 in Mexiko Stadt. Dort Jurastudium. Erste lyrische Veröffentlichungen mit *Absoluto amor* (1935) und *Línea del alba* (1936). Ständiger Mitarbeiter der Zeitschrift »Taller« (1938-1941). Schon bald Eintritt in die Kommunistische Partei und Arbeit als Kritiker und Journalist.

Anders als O. ↑Paz, sein Generationsgefährte, bricht er nicht mit der literarischen Volksfront, in deren Geist er mehrere engagierte Gedichte in inhaltlicher und stilistischer Nähe zu P. ↑Neruda schreibt, der zu jener Zeit als chil. Konsul in Mexiko lebt. Mit dem Titel von *Poemas de guerra y esperanza* (1943) spielt er auf die antiimperialistische Lyrik Daríos an, der auch sonst von ihm in Gedichten genannt wird. In *Los hombres del alba* (1944) versammelt er unter anderen seine frühen Stadtgedichte, deren schrille Dissonanzen für das Gesamtwerk kennzeichnend bleiben. Weitere Gedichtbände folgen. Einen vorläufigen Überblick über sein Werk bietet *Poesía, 1935-1968* (1968). Mit diesem Band, der in der Protestbewegung von 1968 eine starke Resonanz findet, wird er zum ersten Mal einem größeren Publikum bekannt. Öffentliche Ehrungen werden ihm zuteil. In den 70er Jahren ist er ein vielgelesener Kolumnist in der Sonntagsbeilage der Tageszeitung »El Día«. Mit H. wird zum ersten Mal das Erlebnis der Großstadt in der mex. Lyrik zum Thema. Er hat das chaotische Anwachsen der mex. Hauptstadt zu ihrer heutigen Größe miterlebt und reagiert darauf mit Haß, Sarkasmus, aber auch Faszination. Einen breiten Raum nimmt bei ihm die Erotik ein, die er weniger als transzendierte Macht, sondern als Auslöser von Erfüllung, Schmerz, Trauer, Verlangen, Ironie und Resignation erfährt. Man hat von seiner eruptiven, gefühlsgeladenen Lyrik gesagt, daß sie der Musikalität der Sprache so gut wie keine Beachtung schenke. Das ist jedoch nur bedingt richtig, denn auch er bedient sich lautlicher Ausdrucksmittel in seinen Gedichten. Gleichwohl steht er in vielerlei Hinsicht in deutlichem Gegensatz zu den »Contemporáneos« und O. Paz. Lange Zeit nur einem kleinen Kreis bekannt, wurde er mit der Protestbewegung von 1968 berühmt und beeinflußte nachhaltig eine Reihe jüngerer Autoren. K. M.-M.

Weitere Werke (Auswahl): Lyrik: *La rosa primitiva* (1950), *Los poemas de viaje, 1949-1953* (1956), *Estrella en alto y nuevos poemas* (1956), *Para gozar tu paz* (1957), *La raíz amarga* (1962), *El Tajín* (1963), *Barbas para desatar la lujuria. (Poema eróticosocial)* (1965), *Poemas prohibidos y de amor* (1973), *Los eróticos y otros poemas* (1974), *Circuito interior* (1977), *Amor, patria mía* (1980), *Estampida de poemínimos* (1980); Essay: *Maiakovski, poeta del futuro* (1956).

Ausgaben: *Poesía, 1935-1968*. ME 1968. – *Poesía*. LH 1975. – *Poemas*. ME 1978. – *Transa poética*. ME 1980.

Literatur: C. Mora, *La muerte de un gran cocodrilo*. CDLA, 22 (1982), 132, 139-143. – R. Aguilar Melantzón, *E. H. and the New School of Mexican Poets*. LALR, 11 (1983), 22, 41-55. – R. Aguilar, *E. H.* ME 1984. – M. Mansour, *E. H.: absoluto amor*. Guanajuato 1984.

Ibargüengoitia, Jorge

*22.1.1928 in Guanajuato, †26.11.1983 Barajas, Madrid (Flugzeugunglück). Er begann ein Ingenieursstudium, wechselte jedoch 1951 zur Theaterwissenschaft. Danach ist er als Mitarbeiter bei verschiedenen Zeitschriften, Übersetzer, Bauer und Topograph tätig gewesen.

I. ist zunächst als Theaterautor hervorgetreten, erstmals mit *Susana y los jóvenes* (UA 1954), einer Komödie aus dem Studentenmilieu, später mit *El atentado* (1963, Preis Casa de las Américas, UA 1975), einer im Grunde tragischen Burleske vor dem Hintergrund des Cristero-Aufstands von 1928. Danach hat er sich fast ausschließlich dem Roman gewidmet. Sein erster, *Los relámpagos de agosto. Memorias de un general mexicano* (1964; dt. *Augustblitze*, 1992), der ebenfalls mit dem Preis der Casa ausgezeichnet wurde, setzt den mex. Revolutionsroman auf einer burlesk-satirischen Ebene fort. Der fiktive Memoirenschreiber gehört jener neuen Kaste von Militärs an, die sich in den späten 20er Jahren um die Macht streiten und dabei vor keinem Mittel zurückschrecken, ihre Rivalen auszutricksen. Die Überlebenden lassen sich als Nationalhelden feiern und widmen sich dann einträglichen Geschäften. Mit *Estas ruinas que ves* (1975) beginnt ein Zyklus von Romanen, der verschiedene literarische Muster – in diesem Fall den kostumbristischen Roman – parodiert, mit Gesellschaftskritik und humoristischen Elementen verbindet. Schauplatz des genannten Romans ist eine Provinzstadt im fiktiven »Plan de Abajo«. Die operettenhaften Verwicklungen werden von einem jungen Gastlehrer ausgelöst. *Las muertas* (1977; dt. *Die toten Frauen*, 1990) kombiniert unterschiedliche Texte und Perspektiven – Polizei- und Presseberichte, Zeugenaussagen, Briefe etc. – zu einer makabren Story von zwei Schwestern, Arcángela und Serafina, die viele Jahre lang eine modellhafte Ordnung in dem von ihnen geleiteten Bordell aufrechtzuerhalten wissen. *Dos crímenes* (1979; dt. *Zwei Verbrechen*, 1988) ist burlesker Kriminalroman und eine bittere, wenn auch immer wieder von Witz und Komik durchzogene Satire auf Korruption und Machismus der gesamten mex. Gesellschaft, von den ehrenwerten Familien bis hin zu linken Intellektuellen. I.s letzter Roman *Los pasos de López* (1981, span. Ausgabe u.d.T. *Los conspiradores*) geht zurück auf den Beginn der Unabhängigkeitskriege, 1810, und ist der Versuch, die Biographie eines Nationalhelden – es handelt sich um den Priester M. Hidalgo, der im Roman als Periñón bzw. López auftritt – auf menschliche Dimensionen zu reduzieren.

Weitere Werke: Roman: *Maten al león* (1969); Erzählungen: *La ley de Herodes y otros cuentos* (1967); Theater: *Tres piezas en un acto* (1963), *Clotilde, El viaje y El pájaro* (1964); Bericht: *Viajes en la América ignota* (1972).

Literatur: J. Bruce-Novoa, D. Valentín, *Violating the Image of Violence: I.'s ›El Atentado‹*. LATR, 12 (1979), 2, 13-21. – A. Azuela, *J. I.: Múltiples espejos de utopías gastadas*. CAM, 4 (1984), 255, 75-79. – S. Keefe Ugalde, *Beyond Satire: I.'s ›Maten al león‹*. DL, 1 (1984), 2, 217-229. – V. F. Torres, J. I. desnuda al rey. TC, 9 (1984), 30, 64-77. – F. Campbell, *I.: La sátira histórico-política*. RI, 55 (1989), 148/149, 1047-1055. – E. Rehder, *I.'s ›Estas ruinas que ves‹ as a Neocostumbrista Novel in the Spanish Tradition*. HJ, 11 (1990), 1, 61-77.

Inclán, Luis G.
*21.6.1816 in Carrasco/Tlalpan, †23.10.1875 in Mexiko Stadt.
Popularität trug I. vor allem der Roman *Astucia* (1865/66) ein, der als eines der frühen Zeugnisse des mex. Realismus noch heute literaturgeschichtliche Erwähnung findet. Der Protagonist, Astucia, ist Anführer einer romantischen Bande von Tabakschmugglern, die zahlreiche Abenteuer zu bestehen haben. I., der als Verwalter mehrerer Haziendas Kenner des ländlichen Ambiente und seiner Sprache war, schuf mit der Beschreibung des typischen »Charro«, des berittenen mex. Hirten, gewissermaßen eine kreolische Version des Robin Hood. R. S.

Ausgabe: *Astucia*. Pról. de S. Novo. ME 1946, 3 Bde.

Literatur: J. L. Porras Cruz, *Vida y obra de L. G. I.* Río Piedras 1976 (mit Bibliographie).

Jiménez, José Alfredo
*19.1.1926 in Dolores-Hidalgo/Guanajuato †23.11.1973. Er ist einer der bedeutendsten mex. Sänger und Liederdichter in der Tradition der vom Mariachi-Orchester begleiteten »Canción ranchera«. Als Jugendlicher bestritt er seinen Unterhalt als professioneller Fußballspieler, verfaßte aber in seiner Freizeit kontinuierlich Lieder. Sein berühmtes *Ella* schrieb er schon mit 18 Jahren. Nachdem er den Fußball aufgegeben hatte, widmete er sich zunehmend der Musik. In den 50er Jahren erlangte er schlagartig Anerkennung mit dem Lied *Yo*, dem weitere folgten, die eine derartige Verbreitung und Beliebtheit – in Mexiko, den USA und anderen Teilen von Lateinamerika – erreichten, daß die meisten bereits als anonymes Volksgut gelten. Dazu gehören *La que se fue*, *Tú y las nubes*, *Camino de Guanajuato*, *El Rey*, *La enorme distancia*, *Ando volando bajo*, *Tu recuerdo y yo*. In diesen Liedern wird zumeist eine soziale Problematik mit subtiler Indirektheit, oft in Form einer Liebesgeschichte abgehandelt, wobei die Ausdruckskraft durch den umgangssprachlichen Ton und den Rückgriff auf mex. Volksweisheit erzielt wird. Außer »Canciones rancheras« hat J. auch balladenhafte »Corridos« gedichtet und komponiert, darunter *El Caballo Blanco*, die wie seine übrigen Kompositionen zum Repertoire der mex. Sänger gehören und auch in Filmen Verwendung fanden. J., der selbst als Filmschauspieler gearbeitet hatte, starb auf dem Höhepunkt seiner musikalischen Karriere an den Folgen von Trunksucht. Y. B. G.

Juana Inés de la Cruz, Sor
*12.11.1651 in San Miguel de Nepantla, †17.4.1695 in Mexiko Stadt, eigtl. J. I. de Asbaje y Ramírez de Santillana. Wie sie in ihrem autobiographischen Schreiben *Respuesta a Sor Fi-*

lotea de la Cruz (1691) dem Bischof von Puebla mitteilte, habe sie mit drei Jahren heimlich Lesen und Schreiben gelernt und mit acht ein religiöses Lobgedicht in Latein verfaßt. Sie kam bald in die mex. Hauptstadt zu ihrem Großvater, in dessen Bibliothek sie ihren Wissensdurst zu stillen suchte. Wegen ihrer Bildung und Schönheit ließ der Vizekönig die 13jährige als Gesellschaftsdame an den Hof holen, wo sie einmal vor Gelehrten aller Fakultäten ihr glänzendes Wissen unter Beweis stellte. Damit nichts »die Freiheit meiner Studien hinderte«, trat sie 1667 in ein Karmeliterinnenkloster ein, das sie aus Gesundheitsgründen bald wieder verließ, um 1669 in einem weniger strengen, den Künsten und Wissenschaften offenen Kloster der Schwestern des Heiligen Hieronymus den Schleier zu nehmen. In den folgenden Jahren wurde sie immer wieder zu weltlichen und kirchlichen Festlichkeiten herangezogen, und ihre sprudelnde dichterische Begabung schuf Gedichte, Lust-, Sing- und Fronleichnamsspiele. Vieles davon ist verlorengegangen, ebenfalls die Ergebnisse ihrer wissenschaftlichen Tätigkeit, darunter ein musikalisches Lehrbuch und ein moralischer Traktat sowie ihre umfängliche Korrespondenz mit Intellektuellen in Amerika und Europa. 1690 verblüffte sie noch einmal die geistliche Welt, als sie theologische Spitzfindigkeiten des wortgewaltigen Jesuitenpaters Antonio Vieira (1608-1697) in ihrer *Carta athenagorica* zu widerlegen suchte. 1692, als das Land von Seuchen und Hungersnot heimgesucht wurde, entsagte sie ihren Forschungen, ließ die 4000 Bände ihrer Bibliothek, ihre astronomischen und musikalischen Instrumente verkaufen und widmete sich, bis sie selbst von der Cholera ergriffen wurde, der Krankenpflege und Exerzitien. Ebenso wie es über ihren Eintritt ins Kloster vielfältige Spekulationen gegeben hat, wurde auch ihr Verzicht auf die Wissenschaft unterschiedlich, als freiwilliger Entschluß oder Bekehrung, interpretiert. Wie O. ↑Paz (1982) gezeigt hat, wurde dieser Schritt von der kirchlichen Obrigkeit erzwungen: Die intelligente, scharfsinnige, noch dazu schöne und erfolgreiche Frau stellte für den Klerus zunehmend mit ihrem Streben nach wahrer geistiger Erkenntnis eine Gefahr dar.

Von ihren ersten Gedichten an beherrscht sie Technik und Stil ihrer Vorbilder Góngora, Lope de Vega, Calderón u.a. Hervorzuheben sind ihre geschliffenen »Redondillas« über die heuchlerische Sexualmoral der Männer. Als ihre bedeutendste Leistung wird die 975 Verse umfassende, in Form der Silva (d.h. Sieben- und Elfsilbler in freiem Wechsel) gehaltene Komposition *Primero sueño* (um 1690; dt. *Die Welt im Traum*, 1941, danach *Erster Traum*, 1992) angesehen. Geschult an den metaphorischen und syntaktischen Raffinessen der »Soledades« Góngoras, stellt sie nach dem alten Schema des Lehrtraums ihr Weltbild dar. K. Vossler sieht in dem poetischen Gespinst aus Mythologie, Physik, Astronomie und Physiologie ein »bewußtes Staunen, das die täglichen und allzu bekannten Dinge plötzlich mit neuen, zur Forschung entschlossenen, jedoch nicht ausreichenden Kräften betrachtet«. Ihre Dramen (Comedias) *Los empeños de una casa* (1683) und *Amor es más laberinto* (1689, zus. mit Juan de Guevara) sowie ihre Fronleichnamsspiele *El mártir del Sacramento* und *El cetro de José* bringen außer einigen mex. Farbtupfen gegenüber der Calderón-Schule nichts Neues. Hervorzuheben ist jedoch das Stück *Divino Narciso*, in dem sie das Thema der Eucharistie mit dem aztekischen Mythos des ermordeten und rituell verzehrten Maisgottes verknüpft. Die poetischen Werke der »Zehnten

Muse« oder des »Phönix aus Mexiko«, wie sie genannt wurde, erschienen erstmals 1689 in Madrid, ein zweiter Band 1691 in Sevilla.

Ausgabe: *Obras completas*. Hg. A. Méndez Plancarte. ME, BA 1951-74, 4 Bde.
Literatur: F. de la Maza/E. Trabulse (Hg.), *S. J. I. de la C. ante la historia: biografías antiguas*. ME 1980. – C. M. Montross, *Virtue or Vice: S. J.'s Use of Thomistic Thought*. Washington 1981. – O. Paz, *S. J. I. de la C. o Las trampas de la fe*. Barcelona 1982 (dt. Fassung Frankfurt/M. 1991). – M. C. Bénassy-Berling, *Humanisme et religion chez S. J. I. de la C.* Paris 1982 (span. Fassung ME 1983). – R. Perelmuter Pérez, *La noche intelectual: la oscuridad idiomática en el ›Primero sueño‹*. ME 1982. – H. Merkl, *S. J. I. de la C. Ein Bericht zur Forschung 1951-1981*. Heidelberg 1986. – N. y E. Casillas Gómez, *El don apacible de S. J. I. de la C.* ME 1986. – A. Uribe Rueda, *S. J. I. de la C. o la culminación del siglo barroco en las Indias*. ICC/T, 44 (1989), 1, 112-148. – K. A. Myers, *S. J.'s ›Respuesta‹: Rewriting the Vitae*. RCEH, 14 (1990), 3, 459-473.

Leñero, Vicente

* 9.6.1933 in Guadalajara. Nach Beendigung der journalistischen Ausbildung und einem Studium der Ingenieurswissenschaft an der UNAM publizierte L. eine Sammlung von Erzählungen *La polvareda y otros cuentos* (1959). Seinen ersten Roman *La voz adolorida* (1961) veröffentlichte er in revidierter Fassung 1967 u. d. T. *A fuerza de palabras*. Die zunächst zusammenhanglos erscheinenden Monologe, Erinnerungsfetzen und Assoziationen verdichten sich für den Leser zur Biographie des psychisch kranken Enrique in einem von der Außenwelt abgeschlossenen Sanatorium. Für diese Welt der Kommunikationslosigkeit findet L. eine Ausdrucksform, die über die eigentliche Vermittlung der Tatbestände hinaus um eine fortwährende Komplizenschaft mit dem Leser bemüht ist. In dem prämierten Roman *Los albañiles* (1964) wird der Detektiv Munguía beauftragt, den Mord an Don Jesús, dem korrupten und böswilligen Nachtwächter einer Baustelle in Mexiko Stadt, aufzuklären. In Munguías Gedankenspielen werden ausnahmslos alle Personen, die mit dem Toten in Kontakt standen, zu Tatverdächtigen. Der Leser erkennt erst im nachhinein, daß die vermeintlich realen Mordszenen ausschließlich der Einbildung des Detektivs entstammen. In *El garabato* (1967) müssen drei ineinander verschachtelte Romanebenen unterschieden werden. L. tritt als fingierter Herausgeber des Romanmanuskripts gleichen Titels von Pablo Mejía auf. Erzählt wird dieser Roman in der Ich-Form von Fernando J. Moreno, einem Schriftsteller, der sich von dem eigenen Vorhaben, den mex. Roman *par excellence* zu verfassen, fast bis zur völligen Schreibunfähigkeit lähmen läßt. Moreno wiederum liest ausschnittsweise das Romanmanuskript des jungen Fabián Mendizábal, der gewissermaßen zu seinem Alter ego wird. Fragen der christlichen Moral und ihrer Einbindung in die Dogmen der katholischen Kirche klingen in vielen Werken L.s an. *El evangelio de Lucas Gavilán* (1979; dt. *Das Evangelium des Lucas G.*, 1987) ist eine zeitgenössische Version des Lebens Jesu im modernen Mexiko. Der Protagonist, Jesucristo Gómez, wird auf Veranlassung der mex. Oligarchie getötet, nachdem er eine nationale Revolution beinahe zum Triumph führen konnte. Nur die Leser, nicht aber die Romanfiguren, erkennen die Parallelen zwischen dem Leben Jesu und dem von Jesucristo Gómez. Weil die wahre christliche Botschaft verlorengegangen ist, konnte es zu einer Wiederholung des Leidensweges Christi kommen. Die Frage des Verhältnisses von Realität und Fiktion wird erneut in *La gota de agua* (1984) gestellt. Der chronische Wassermangel veranlaßt den Autor und Ich-Erzähler

Don Vicente zu der Einsicht, daß trotz der hohen Kosten und Lieferschwierigkeiten eine Wasserzisterne beschafft werden müsse. In diese Rahmenhandlung sind Zeitungsnotizen über den Wassernotstand in der Metropole, graphische Zeichnungen der verlegten Rohrsysteme sowie das erste Kapitel eines nie vollendeten fiktiven Textes mit dem Arbeitstitel »La situación« eingeschoben. Der Dokumentarroman *Asesinato* (1985) rekonstruiert den Doppelmord an dem Politiker Gilberto Flores Muñoz und seiner Frau, der Schriftstellerin Asunción Izquierdo, der in Mexiko im Oktober 1978 Schlagzeilen machte. Dokumentarisches Material diente L. auch als Grundlage für seine Dramen. Theater ist für ihn ein offenes Forum, in dem historische oder zeitgenössische Ereignisse kontrovers diskutiert werden. *Pueblo rechazado* (1969) und *El juicio* (1972) setzen sich mit der traditionellen Kirche auseinander. *Compañero* (UA 1970), L.'s Version der letzten Stunden Che ↑Guevaras, soll der Desmystifikation seines Lebens dienen. Der Konflikt zwischen revolutionärer Theorie und Praxis wird auf der Bühne durch zwei getrennte Persönlichkeiten Ches dargestellt. *Martirio de Morelos* (1981) konfrontierte einen geschlagenen, gequälten José María Morelos (1765-1815) mit dessen offziellem Bild eines Nationalhelden. R. S.

Weitere Werke (Auswahl): Romane: *Estudio Q* (1965), *Redil de ovejas* (1972), *Los periodistas* (1978); Erzählungen: *Cajón de sastre* (1981), *Puros cuentos* (1986); Dramen: *Los albañiles* (1964), *La mudanza* (1980), *Alicia tal vez* (UA 1980), *La visita del ángel* (1981); Sonstiges: *V. L. Autobiografía* (1967), *Viaje a Cuba* (1974), *Justos por pecadores. Tres guiones cinematográficos* (1981), *Vivir del teatro* (1982), *Talacha periodística* (1983).

Ausgaben: *Teatro completo*. ME 1983, 2 Bde. – *Teatro documental*. ME 1985.

Literatur: L. Garavito, *La narración y la focalización como base para un análisis de la novelística de V. L.* S, 4 (1980), 61-82. – A. M. Amar Sánchez, *L.: Confesar - contar - escribir: espacio del enfrentamiento*. TC, 8 (1982), 24/25, 229-241. – J. M. Lipski, *V. L.: Narrative Evolution as Religious Search*. HJ, 3 (1982), 2, 41-59. – J. L. Martínez Morales, *L.: ficción de la realidad, realidad de la ficción*. TC, 10 (1984), 29, 173-187. – J. I. Bisset, *Constructing the Alternative Version: V. L.'s Documentary and Historical Drama*. LATR, 18 (1985), 2, 71-78. – J. L. Martínez Morales, ›*Asesinato*‹, *la novela del lector*. TC, 13 (1987), 36/37, 54-67.

List Arzubide, Germán

*31.5.1898 in Puebla. Mit fünfzehn Jahren schließt er sich dem Arbeiter- und Bauernbataillon »Paz y Trabajo« an. Als Anhänger Präsident Carranzas wird er bei dessen Ermordung 1920 gefangengesetzt, 1921 aus der Armee entlassen. Er kehrt nach Puebla zurück und gründet zwei literarische Zeitschriften. Ende 1922 stößt er zum Estridentismus, der frühen mex. Avantgardebewegung, und wird Mitverfasser des zweiten »schrillistischen« Manifests. Er geht 1925 mit M. ↑Maples Arce nach Xalapa, wo er die Zeitschrift »Horizonte« (1926-27) herausgibt. Später bekleidet er verschiedene Ämter im Erziehungsministerium und ist von 1941-53 Redakteur der von M. L. ↑Guzmán geleiteten Zeitschrift »Tiempo«. 1982 wurde er zum »lebenslangen« Präsidenten des mex. Schriftstellerverbandes ernannt.

L. A.s umfangreiches lyrisches, erzählerisches, dramatisches und essayistisches Werk geht weit über den Estridentismus hinaus. Gleichwohl wird sein Name fast ausschließlich dieser Bewegung zugeordnet, der er mit seinem Buch *El movimiento estridentista* (1927) noch zu ihren Lebzeiten ein erstes Denkmal setzt. Dessenungeachtet hat er sich auch während dieser Phase durchaus in anderen Schreibweisen versucht, wie die Sammlungen *Plebe (poemas de rebeldía)* (1925) und *¡Mueran los gachupines!* (1925) zeigen. K. M.-M.

Weitere Werke (Auswahl): *El viajero en el vértice (poema movilatitudinal)* (1926), *Emiliano Zapata. Exaltación* (1926), *Tres comedias revolucionarias* (1931), *El México de 1910. El Maderismo* (1940), *Ramón López Velarde y la Revolución Mexicana* (1963), *Lenín en la literatura* (1970), *Cantos del hombre errante* (1970), *Tlatoani: vida novelada de Netzahualcóyotl* (1975), *El robo de la mujer de Rubens* (1977), *Poemas estridentistas* (1986).

López Velarde, Ramón

* 15.6.1888 in Jerez/Zacatecas, † 19.6. 1921 in Mexiko Stadt. Bis 1911 Jurastudium in San Luis Potosí. Zunächst ein überzeugter Parteigänger Maderos, hält L. V. später zunehmend Distanz zur Revolution. Nach Einnahme von Zacatecas durch die Truppen Pancho Villas im Juni 1914, bei der ein Onkel des Dichters erschossen wird, läßt er sich endgültig in der Hauptstadt nieder. Er arbeitet für einige Zeit im Innenministerium, eröffnet 1919 jedoch eine eigene Kanzlei. Lehraufträge für Literatur an der Escuela Nacional de Altos Estudios, der späteren UNAM. Seit 1908 literarische Veröffentlichungen in Zeitschriften und Tageszeitungen. J. J. ↑Tablada sah in L. V. 1915 den »neuen Stern«. 1917 Mitherausgeber der Zeitschrift »Pegaso«. Als L. V. stirbt, erhält er auf Geheiß des Präsidenten Obregón ein Staatsbegräbnis.

L. V. beginnt als Dichter der mex. Provinz, der er mit den Mitteln des späten Modernismus in *La sangre devota* (1916) poetischen Ausdruck verleiht. Sein Ruhm beruht jedoch auf den vierzig Gedichten von *Zozobra* (1919). An ihnen ist der Übergang von den Inhalten und Schreibweisen des Modernismus zur Avantgarde klar erkennbar. L. V. bewahrt zwar den Reim, den er nie aufgeben wird, seine eigenwilligen Reimschemata bedeuten jedoch eine Annäherung an den freien Vers. In seinen Verfahren der Ironisierung und Einfügung von umgangssprachlicher Rede in einen hochartifiziellen Stil orientierte er sich an dem Argentinier L. ↑Lugones, den er sehr bewunderte. Auf der anderen Seite gehören seine spannungsvolle Sicht von Eros, Spleen, Religion und Tod noch zur Tradition der Fin-de-siècle-Literatur, die sich darin oft auf Baudelaire berief. Einzigartig ist L. V.s Sprachgefühl, das die von ihm behandelten Themen, die zu seiner Zeit schon schal zu werden begannen, vor der Trivialität bewahrt. Sein 1921 entstandenes Langgedicht »La suave patria«, dessen ironische Töne oft übersehen werden, ist in Mexiko Schullektüre. Es erschien in der postumen Sammlung *El son del corazón* (1932). L. V.s Prosa wurde – unvollständig – in den Bänden *El minutero* (1923), *El don de febrero* (1952) und *Prosa política* (1953) erfaßt. K. M.-M.

Ausgabe: *Obras*. Hg. J. L. Martínez. ME ²1979.

Literatur: C. de la Fuente, *L. V., su mundo intelectual y afectivo*. ME 1971. – F. F. Murray, *La imagen arquetípica en la poesía de R. L. V.* Chapel Hill 1972. – M. L. Canfield, *La provincia inmutable. Estudios sobre la poesía de R. L. V.* Firenze 1981. – B. Espejo, *R. L. V., un pesimista lujurioso*. RI, 55 (1989), 148/149, 1071-1081. – G. Sheridan, *Un corazón adicto: La vida de R. L. V.* ME 1989.

López y Fuentes, Gregorio

* 17.11.1897 auf der Hacienda El Mamey/Veracruz, † 11.12.1966 in Mexiko Stadt. Er studierte an der Lehrerbildungsanstalt in der Hauptstadt, als er, wie viele andere Studenten, 1914 nach Veracruz geschickt wurde, um die Interventionstruppen der USA zu vertreiben. Im selben Jahr schloß er sich der Revolution als Parteigänger Carranzas an. In den 20er Jahren wurde er

durch seine Feuilletongeschichten über das Leben in Mexiko Stadt für »Universal Gráfico« bekannt. Seit 1928 bis in die 50er Jahre war er Leiter dieser großen Tageszeitung.

L. y F. profilierte sich als Schriftsteller mit dem Roman *Campamento* (1931), in dem er im Unterschied zu den zahlreichen Erlebnisberichten über das Revolutionsgeschehen – M. L. ↑Guzmán u. a. – dieses zu objektivieren und seine tiefere historische Bedeutung zu erfassen sucht. Der Roman beginnt mit dem Einrücken einer revolutionären Heeresgruppe in ein dörfliches Nachtquartier und schließt mit dem Abmarsch am nächsten Morgen. In diesem Augenblicksbild werden in schnellen, kräftigen Zügen zahlreiche Personen gezeichnet, die die gesamte Spannweite der Motivationen – vom Gerechtigkeitsideal bis zur Zerstörungswut – verdeutlichen. Der folgende Roman *Tierra* (1932) behandelt die Bauernrevolution Zapatas. Im Vordergrund stehen weniger die militärischen Aktionen als das Problem der Bodenverteilung. *¡Mi general!* (1934; dt. *Mein General*, 1941), vielleicht L. y F.' bestes Werk, ist die fiktive Autobiographie eines bäuerlich redlichen Viehhändlers, der es bis zum General gebracht hat. Durch politische Intrigen in der nachrevolutionären Zeit verliert er seine Stellung und kehrt wieder in sein Heimatdorf und zu seinem Beruf zurück. Der seinerzeit äußerst erfolgreiche Roman *El indio* (1935, ausgez. mit dem Premio Nacional; dt. *El Indio*, 1938) schildert exemplarisch am Fall einer indianischen Ortschaft Ausbeutung und Erniedrigung durch die Weißen nach jahrhundertealtem Schema. Auch die Revolution bringt den Indios keine Verbesserung: Sie werden als kostenlose Arbeiter zum Straßenbau eingesetzt, zu parteipolitischen Zwecken mobilisiert und betrogen. L. y F. geht dann noch einmal in *Los peregrinos inmóviles* (1944) auf das Indio-Thema ein. Brisante gesellschaftliche Probleme des nachrevolutionären Mexiko beinhalten die Romane *Huasteca, novela del petroleo* (1939), *Acomodaticio, novela de un político de convicciones* (1943), *Entresuelo* (1948) und *Milpa, potrero y monte* (1951), letzterer über die Abwanderung verelendeter Bauern.

Weitere Werke: Romane: *El vagabundo* (1922), *El alma del poblacho* (1924), *Arrieros* (1937); Erzählungen: *Cuentos campesinos* (1940); Lyrik: *La siringa de cristal* (1914), *Claros de selva* (1922).

Literatur: E. Fernández Agüera, *La proyección social en las novelas de G. L. y F.* ME 1960. – M. D. Morales Elizalde. *G. L. y F.* ME 1963. – J. Kattar, *G. L. y F. et son roman ›El indio‹*. Dakar, Senegal 1969.

Magdaleno, Mauricio

* 13.05.1906 in Villa del Refugio (oder Tabasco?)/Zacatecas, † 30.6.1986 in Mexiko Stadt. Sohn eines liberal eingestellten Kaufmanns. Prägende Elemente seiner Kindheit – Revolutionswirren und provinzielles Ambiente – wurden zum Fundament seines engagierten literarischen Schaffens. Nach einem angefangenen Jurastudium verschrieb er sich dem Journalismus und der Politik. Er bekleidete einige wichtige Ämter: Kongreßabgeordneter, 1958-63 Senator seines Heimatstaates Zacatecas, 1964-70 Staatssekretär für kulturelle Angelegenheiten im Erziehungsministerium.

In seinem ersten Roman *Mapimí 37* (1927) gestaltet M. bereits eins seiner wesentlichen Themen: die von den Herrschenden – in diesem Fall die Regierung Calles' – nicht realisierten oder gar hintertriebenen Ziele der Revolution. Im Rahmen seiner Theaterarbeit als Mitgründer (1932) des »Teatro de Ahora« entsteht die Dramen-Trilogie *Teatro revolucionario mexicano* (1933). *Pánuco 137* kritisiert (wie *Ma-*

pimí 37) die imperialistische Ausbeutung in der Erdölindustrie, *Emiliano Zapata* verherrlicht den Führer der Bauernarmee, *Trópico* behandelt die Zerstörung einheimischer Kultur durch einen allmächtigen Plantagenkonzern. Die Romane *Campo Celis* (1935) und *Concha Bretón* (1936) suchen in der Darstellung individueller Schicksale soziale Strukturen aufzuzeigen. Letzterer illustriert wie auch *Sonata* (1941) vornehmlich an Frauenschicksalen das soziale Elend in Mexiko Stadt. In M.s berühmtestem Roman *El resplandor* (1937) wird der aussichtslose Kampf eines verarmten Indiodorfes gegen einen betrügerischen Großgrundbesitzer und Politiker dargestellt. Der hier demonstrierte Verrat an den Ideen der Revolution – gerechte Landverteilung, allgemeines Wahlrecht, Einschränkung des ausländischen Einflusses – enthält zugleich den humanitären Auftrag im Sinne der indigenistischen Bewegung, die Lebensumstände der Landbevölkerung zu verbessern. Gegenüber den meisten Romanen, die eine ähnliche Thematik behandeln, z.B. *El indio* von G. ↑López y Fuentes, zeichnet sich M.s Werk durch kompositionelle Geschlossenheit und eine an Huxley und Faulkner geschulte moderne Erzähltechnik aus. In späteren Werken wie dem Roman *Tierra grande* (1949) und den Erzählungen *El ardiente verano* (1954) werden die Revolutionsgeschehnisse weniger unter sozialpolitischem Aspekt denn als vitale Erfahrungen ihrer bäuerlichen Helden dargestellt. Seit 1942 schrieb M. auch Drehbücher zu bekannten Filmen wie *Flor Silvestre* (1943), *Bugambilia* (1944) oder *Río Escondido* (1947). Essays wie *Rango* (1941), *Tierra y Viento* (1949) oder *Ritual del año* (1955) runden sein Werk ab, für das er 1981 den Premio Nacional erhielt. A. E.

Weitere Werke (Auswahl): Essays: *Vida y poesía* (1936), *Fulgor de Martí* (1940), *Cabello de Elote* (1949), *El compromiso de las letras* (1958), *Las palabras perdidas* (1956), *Agua bajo el puente* (1968).

Maples Arce, Manuel

* 1.5.1898 in Papantla/Veracruz, † 1981 in Mexiko Stadt. Schulbesuch in Tuxpan und Veracruz, Studium der Rechte in Mexiko Stadt. Nach Veröffentlichung eines ersten, noch spätmodernistisch geprägten Lyrikbandes versucht er Ende 1921 mit seinem Flugblatt *Actual – Nr. 1. Hoja de Vanguardia. Comprimido Estridentista de Manuel Maples-Arce* einen literarischen Skandal zu erzeugen. Er wird zum Begründer und wichtigsten Vertreter des Estridentismus (Schrillismus), mit dem sich die literarische Avantgarde in Mexiko erstmals als Bewegung manifestiert. 1925 erhält er die Stelle eines Sekretärs des Gouverneurs von Veracruz, Heriberto Jara, und stellt den Estridentismus in den Dienst der mex. Revolution. Jaras Sturz, 1927, bedeutet auch das Ende der Bewegung. M. A. muß seinen Posten in der Landeshauptstadt Xalapa verlassen. Er wird später Landesparlaments- und Kongreßabgeordneter, dann Diplomat.

M. A.s »schrillistische« Periode umfaßt die Gedichtbände *Andamios interiores. Poemas radiográficos* (1922), *Vrbe. Superpoema bolchevique en 5 cantos* (1924) und *Poemas interdictos* (1927). *Vrbe* wird 1929 von John Dos Passos ins Engl. übertragen. Die literarhistorische Bedeutung M. A.s liegt im konsequenten Bruch mit der modernistischen Poesie, den er als erster in Mexiko vollzog. Das hervorstechende Merkmal seiner »schrillistischen« Lyrik wie der seiner Mitstreiter ist die Einbeziehung des Wortschatzes der Technik in das Gedicht und die partielle Aufgabe lebenspraktisch vorgegebener bzw. traditionell nachvollziehbarer Sinnverknüpfungen von Wörtern und Satzteilen, zu der sich der Modernismus trotz seiner anfänglichen Orientierung am frz. Symbolismus so gut wie nie entschlossen hatte. Eine gewisse Faszination für Modernität und Technik, die wohl durch den Futurismus vermittelt war, ist bei ihm deutlich spürbar. Die von ihm für kurze Zeit erreichte institutionelle Verbindung von literarischer Avantgarde und politisch-sozialer Revolution blieb einmalig. K. M.-M.

Weitere Werke: Lyrik: *Rag. Tintas de abanico* (1920), *Memorial de la sangre* (1947); Essays, Memoiren, Sonstiges: *El movimiento social en Veracruz* (1927), *El paisaje en la literatura mexicana* (1944), *El arte mexicano moderno* (1945), *Peregrinación por el arte de México* (1952), *Incitaciones y valoraciones* (1957), *Ensayos japoneses* (1959), *A la orilla de este río* (1964), *Soberana juventud* (1967), *Leopoldo Méndez* (1970), *Mi vida por el mundo* (1983).
Ausgabe: *Las semillas del tiempo. Obra poética 1919-1980*. Est. prel. R. Bonifaz Nuño. ME 1981.
Literatur: L. M. Schneider, *El Estridentismo o una literatura de la estrategia*. ME 1970. – K. Meyer-Minnemann, *Der Estridentismo*. IA, 6 (1982) 15, 31-42. – S. Sirias, *El estridentismo visto desde ›80 H. P.‹* CHASQUI, 17 (1988), 1, 75-83.

Mastretta, Angeles
* 9.10.1949 in Puebla. Sie hat Kommunikationswissenschaft an der UNAM studiert und ist als Redakteurin und Mitarbeiterin bei Rundfunk, Fernsehen und verschiedenen mex. Zeitschriften tätig gewesen. Sie veröffentlichte zunächst den Gedichtband *La pájara pinta* (1975). Großen Erfolg (250.000 verkaufte Exemplare in fünf Jahren) erzielte sie mit dem Roman *Arráncame la vida* (1986; dt. *Mexikanischer Tango*, 1988). In Ich-Form berichtet Catalina von ihrer Ehe mit einem hohen Politiker, der sie als junges Mädchen geheiratet hat. Der Roman, der in Puebla und der mex. Hauptstadt spielt, verbindet eine teils humorvolle, teils scharfe Sozialkritik – vor allem am Machismus – zur Zeit des Präsidenten Manuel Avila Camacho (1940-46) mit der Darstellung des mühsamen Emanzipationsprozesses einer Frau. *Mujeres de ojos grandes* (1990; dt. *Frauen mit großen Augen*, 1992) ist eine Sammlung von Erzählungen und schildert Episoden aus dem Leben von Frauen.

Mateos, Juan A.
* 24.6.1831 in Mexiko Stadt, † 29.12. 1913 ebd. Nach einem Jurastudium am Colegio de Letrán nimmt er 1855 an der Revolution von Ayutla teil (Absetzung des Diktators Santa Anna) und unterstützt, nach vorübergehender Kollaboration mit Maximilian, die Befreiungsbewegung gegen die frz. Intervention (1861-67). Als Journalist arbeitet er an mehreren republikanischen, liberalen Zeitschriften mit. Auch unter dem Porfiriat nimmt Mateos eine schwankende Haltung ein. Er bekleidet politische Ämter während der Präsidentschaft des Porfirio Díaz, distanziert sich aber zunehmend von der Diktatur.
M.' literarische Laufbahn beginnt mit Theaterstücken, die er zusammen mit V. ↑Riva Palacio schreibt, darunter das politische Theaterstück *La catarata del Niágara* (1862) gegen die amerikanische Invasion von 1847 und das volkstümliche Typenstück *La hija del cantero* (1862). Diese und einige weitere Stücke enthält die Ausgabe *Las liras hermanas* (1871). Ab 1863 verfaßt M. als Alleinautor mehr als 20 dramatische Werke, von denen nur wenige veröffentlicht werden. Die Serie seiner historischen Romane setzt ein mit *El Cerro de las Campanas* (1868; 1985). Der Roman beschreibt die Zeit des Interregnums bis zum Sieg der Republikaner 1867. Dokumentarische Darstellung und fiktionale Ausschmük-

kung verbinden sich miteinander und umgeben das politische Geschehen mit romantisierender Liebesdramatik sowie mit den am frz. Feuilleton-Muster abgeschauten Motiven von Menschenraub, Mord, Ehebruch oder Schicksalsfügungen. Die Typendarstellung steht immer im Dienst der moralischen Disqualifizierung der Gegenspieler und verfolgt das Ziel, den Sieg der Liberalen über Maximilian als Ereignis von universaler Wichtigkeit zu feiern. Ähnlich strukturiert sind die Romane *El sol de mayo* (1868; 1978), *Sacerdote y caudillo* (1869) und dessen Fortsetzung *Los insurgentes* (1869). Sie behandeln den Beginn des Interregnums, den Unabhängigkeitskampf Hidalgos sowie den Reformkrieg von 1858-61. Mit seinem letzten Roman *La majestad caída o la revolución mexicana* (o. J., um 1913; 1982) beschreibt M. den Sturz der Diktatur von Porfirio Díaz und die Anfänge der Revolution unter Madero. K. H.

Mediz Bolio, Antonio

* 13.10.1884 in Mérida/Yucatán, † 15.9.1957 in Mexiko Stadt. Zur Zeit der Revolution war er in Yucatán politisch tätig und suchte durch Gründung verschiedener Institutionen – u.a. des »Ateneo Peninsular« – zur Wiederbelebung der regionalen Kultur beizutragen. Danach war er Abgeordneter, Diplomat und Senator.

Sein literarisches Schaffen umfaßt Lyrik, Theater, erzählende und andere Prosa sowie Filmdrehbücher. Als erster mex. Bühnenautor gestaltete er die sozialen Beweggründe der Revolution in dem Drama *La ola* (UA 1917, 1918). Von größerer Bedeutung im Hinblick auf die weitere literarische Entwicklung, vor allem des Indigenismus, ist *La tierra del faisán y del venado* (1922; dt. *Das Land das Fasans und des Hirsches*, 1960), teils Legendensammlung, teils eine einfühlsame Darstellung von Leben und Kultur der Maya. Wissenschaftliche Verdienste erwarb sich M. B. danach mit der kommentierten Übersetzung einer der wichtigsten Maya-Dorfchroniken, *El libro de Chilam Balam de Chumayel* (1930), sowie mit den Sprachstudien *Introducción al estudio de la lengua maya* (1943) und *Interinfluencia del maya con el español de Yucatán* (1951).

Literatur: L. Peniche Vallado, *A. M. B.: Personalidad y obra. Opinión sobre opiniones.* CAM, 5 (1984), 256, 122-143.

Monsiváis, Carlos

* 4.5.1938 in Mexiko Stadt. Er hat Philologie und Wirtschaftswissenschaften an der UNAM studiert und ist als Film-, Kunst- und Literaturkritiker bei fast allen mex. Zeitschriften und Rundfunkanstalten sowie als Gastprofessor in Mexiko und den USA tätig gewesen. Er gilt als äußerst scharfsinniger und – auch wegen seines sarkastischen Humors – brillanter Essayist, dem die Entdeckung vieler verborgener Realitäten Mexikos zugesprochen wird. Zu seinen ersten verdienstvollen Leistungen gehört die Anthologie *La poesía mexicana del siglo XX* (1966; III: 1985), zu den wichtigsten Büchern über das Mexiko der 60er Jahre sein Essayband *Días de guardar* (1970, ^{12}1988), in dem er die künstlich geschaffenen Mythen aus Kultur und Politik seines Landes, aber auch manche Spiegelfechtereien der akademischen Jugend seziert. Eine Serie von Porträts populärer Künstler und Scharlatane Mexikos, aber auch tragischer Helden der nationalen Malerei, Literatur und des linken Engagements enthält *Amor perdido* (1976, ^{10}1988). Journalistische »Crónicas« aus fast zwei Jahrhunderten vereinen seine Anthologien *A ustedes les consta* (1979, ^{5}1988) und *Entrada libre* (1987).

Weitere Werke: *C. M.* (1966, Autobiographie), *Nuevo catecismo para indios remisos*

(1982), *Celia Montalván* (1983), *De qué se ríe el licenciado* (1984), *Jorge Cuestas* (1986), *Escenas de pudor y liviandad* (1987).

Montes de Oca, Marco Antonio

* 3.8.1932 in Mexiko Stadt. Er hat Jura und Literaturwissenschaft studiert und ist danach in der Leitung des Verlags der UNAM, als Redakteur der »Revista Mexicana de Literatura« sowie 1978-80 in Spanien als Kulturattaché tätig gewesen. M. ist auch als Maler hervorgetreten. Für sein literarisches Werk wurde er 1985 mit dem Nationalpreis ausgezeichnet. Sein erster Gedichtband *Ruina de la infame Babilonia* (1953) fand wegen der vitalen bildhaften Fantasie und der souveränen Verknüpfung von Assoziationen den Beifall der Kritik. M. de O. knüpft hier und auch in dem folgenden Werk *Contrapunto de la fe* (1955) vor allem an die metaphorischen Kühnheiten des Creacionismus V. ↑Huidobros bzw. der mex. Estridentistas – M. ↑Maples Arce u.a. – an, was zu jener Zeit, als eher puristische Dezenz vorherrschte, einen erfrischenden Kontrast darstellte. Die in diesen Gedichten geschaffene eigengesetzliche Welt von erahnten Vorgängen, apokalyptischen Visionen, paradoxen, wenn auch oft erstaunlich sinnfälligen Beziehungen zwischen allen möglichen Lebensbereichen etc. führte zunächst in *Pliego de testimonios* (1956) zu einer auf jegliche Kohärenz verzichtenden Subjektivität, die M. de O. jedoch selbstkritisch in seinen folgenden Werken wieder überwunden hat.

Weitere Werke: Lyrik: *Delante de la luz cantan los pájaros* (1959), *Cantos al sol que no se alcanza* (1961), *Fundación del entusiasmo* (1963), *La parcela en el edén* (1964), *Vendimia del juglar* (1965), *Pedir el fuego* (1968), *Poesía reunida, 1953-1970* (1971), *Se llama como quieras* (1974), *Lugares donde el espacio cicatriza* (1974), *Las constelaciones secretas* (1976), *En honor de las palabras* (1979), *Comparecencias, 1968-1980* (1980), *Migraciones y vísperas* (1983), *Cuenta nueva y otros poemas* (1983), *Tablero de orientaciones* (1984), *Vaivén* (1986), *Pedir el fuego, obras completas 1953-1985* (1986), *Altanoche* (1986); Prosa: *Fuentes legendarias* (1966), *M. A. M. de O, autobiografía* (1967).

Literatur: M. D. Arana, *El torrencial lirismo de M. A. M. de O.* PSA, 21 (1976), 245/6, 263-270. – C. E. R. Weller, *The Poetry of M. A. M. de O.* 1976. – M. A. Flores, *M. A. M. de O.: Ese inmenso mar poético.* RI, 56 (1990), 150, 225-235.

Muñoz, Rafael F[elipe]

* 1.5.1899 in Chihuahua, † 6.7.1972 in Mexiko Stadt. Als Reporter einer lokalen Zeitung lernte er mit sechzehn Jahren F. Villa kennen, der einen unauslöschlichen Eindruck auf ihn machte. 1916-20 lebte er im Exil in den USA. Danach arbeitete er als Redakteur bei »El Universal« und anderen Zeitungen, wo ab 1927 seine ersten Erzählungen erschienen. Später war er Ministerialbeamter.

Das Thema seiner Erzählungen und Romane sind die Kriegsgeschehnisse der Revolution. Die distanzierte Trokkenheit, mit der M. die nach eigener Aussage realen Vorfälle gestaltet, schafft eine Atmosphäre von Psychose und Irrealität, wie sie später in J. ↑Rulfos Erzählungen wieder auftaucht. M.' Helden sind die namenlosen Bauern und Soldaten, die mit selbstmörderischer Opferbereitschaft, aus Stolz oder groteskem Männlichkeitsideal bei jener »fiesta de balas« töten oder getötet werden, oft ohne zu wissen, für was sie kämpfen. M.' erster Roman *¡Vámonos con Pancho Villa!* (1931; dt. *Vorwärts mit Pancho Villa*, 1935), war zunächst konzipiert als eine Serie von Erzählungen über die verschiedenen Möglichkeiten, während der Revolution das Leben zu verlieren. Der überlebende Protagonist wird von Villa auf seinem Bauernhof aufgestöbert, von seiner Familie »erlöst« und wieder in den Krieg gestoßen, bis ihn zuerst US-Amerikaner, dann die Soldaten Carranzas zu Tode foltern. Der Roman wird vor allem durch das finstere Charisma Villas und die gleichbleibende blutige Dramatik zusammengehalten. Etwas straffer komponiert ist der nächste Roman *Se llevaron el cañón para Bachimba* (1941). Der Krieg – Orozcos Rebellion gegen Madero –, der hier von dem anfänglich dreizehn Jahre alten Erzähler erlebt wird, bildet den kontrastiven Hintergrund zu der rührend törichten Begeisterung des Helden.

Weitere Werke: Erzählungen: *El hombre malo* (1927), *El feroz cabecilla* (1928), *Si me han de matar mañana* ... (1934); Biographien: *Memorias de Pancho Villa* (1923, zus. mit Ramón Puente), *Santa Anna, el que todo lo ganó y todo lo perdió* (1936).
Ausgaben: *Obras incompletas, dispersas o rechazadas*. ME 1967. – *Relatos de la Revolución*. ME 1976.

Nervo, Amado
* 27.8.1870 in Tepic (Nayarit), † 24.4. 1919 in Montevideo. Um seine Familie zu unterstützen, mußte er sein Theologiestudium abbrechen. 1894 zog er nach Mexiko Stadt, wo er ein Geschäft eröffnete und bei verschiedenen Zeitschriften, darunter M. ↑Gutiérrez Nájeras »Revista Azul« tätig war. 1898 gründete er mit J.E. Valenzuela die noch wichtigere »Revista Moderna«. 1900-03 lebte er als Korrespondent von »El Imparcial« in Paris, ab 1905 als Diplomat in Madrid, ab 1918, zum Botschafter ernannt, in Argentinien und Uruguay.
Seine erste Buchpublikation, der Kurzroman *El bachiller* (1895) löste eine heftige Diskussion aus. Das im Zeichen des span. Naturalismus (L. Alas) geschriebene Werk handelt von den Gewissensnöten eines Theologiestudenten und gipfelt in dessen Selbstkastration. Den bedeutenderen Teil von N.s Schaffen bildet jedoch die Lyrik, die im gesamten span. Kulturraum eine außergewöhnliche Verbreitung fand. Seine ersten Gedichtbände, von *Perlas negras* (1898) bis *El éxodo y las flores del camino* (1902), lassen ihn als Nachfolger von M. Gutiérrez Nájera erscheinen: formvollendet, graziös und gelegentlich nichtssagend. Danach wird seine Lyrik zunehmend von Gedanken über Religion, Tod und Transzendenz beherrscht. N. ist jedoch kein Dogmatiker, seine Religiosität reicht von einem franziskanischen Pantheismus (*Jardines interiores*, 1905) bis zu buddhistischen Glaubensinhalten (*El estanque de los lotos*, 1919). Dieses breite metaphysische Interesse erinnert an Novalis, einen seiner Lieblingsautoren. Formal wendet N. sich immer stärker vom modernistischen Formenreichtum und Wohlklang ab, um zu einer bekenntnishaften, fast prosaisch schlichten Ausdrucksweise oder direkt zum Prosagedicht, z.B. in *Plenitud* (1918; dt. *Segensfülle*, 1922) zu gelangen. Für manche Kritiker ist diese mit *En voz baja* (1909) eingeleitete Phase ästhetisch unakzeptabel, für andere gilt N. unverändert als einer der bedeutenden mex. Lyriker.

Weitere Werke (Auswahl): Lyrik: *Místicas* (1898), *La hermana agua* (1901), *Serenidad* (1914), *Elevación* (1917), *La amada inmóvil* (1920); Prosa: *Juana de Asbaje* (1910), *Mis filosofías* (1912), *La mujer moderna* (1919).
Ausgaben: *Obras completas*. Hg. A. Reyes. Madrid 1920-28, 29 Bde. – *Obras completas*. Hg. F. González Guerrero/A. Méndez Plancarte. Madrid 1962, 2 Bde.
Literatur: F. Monterde, *A. N., en su centenario*. RIB, 21 (1971), 1, 3-15. – L. Lamothe, *Hábleme del modernista mexicano A. N.* Port-au-Prince 1975. – L. Mendieta y Núñez, *Vida y obra de A. N.* ME 1979. – A. M. Hernández de López, *Amor, dolor y muerte en cuatro poemas de A. N.* CAM, 40 (1981), 4 (237), 135-148. – J. F. Marx, *›Perlas negras‹ y ›Plenitud‹: El modernismo me-*

xicano de A.N. TC, 15 (1988), 38, 100-108.

Novo, Salvador

*30.6.1904 in Mexiko Stadt, †13.1.1974 ebd. Nach einem bald aufgegebenen Jurastudium erste literarische Veröffentlichungen in Zeitschriften und Zeitungen. 1924 tritt er in das Erziehungsministerium ein, wo er in den folgenden Jahren verschiedene höhere Posten bekleidet. Mit seinem früheren Mitschüler X. ↑Villaurrutia gründet er die Zeitschrift »Ulises« (1927-28), die zum Vorläufer von »Contemporáneos« (1928-31) wird. Seit Mitte der 30er Jahre arbeitet er als freier Schriftsteller, vor allem für Zeitungen. 1946-52 leitet er das Departamento de Teatro des Instituto Nacional de Bellas Artes und gründet 1953 ein eigenes kleines Theater, das für einige Jahre existiert. Er schreibt jetzt vorwiegend für die Bühne. Nachdem er schon 1940 mit einem erfolgreichen Buch über seine Vaterstadt hervorgetreten war, verleiht ihm Präsident Díaz Ordaz 1965 den Titel eines offiziellen Chronisten der Ciudad de México. Die blutige Unterdrückung der Studentenbewegung durch die Regierung am 2.10.68 wird von ihm ausdrücklich gebilligt.

N. gilt als Repräsentant der »Contemporáneos«. Erst in letzter Zeit ist seine Bedeutung als Mitbegründer einer versteckten Strömung der lateinam. Avantgarde erkannt worden, die schließlich in die »antipoesía« N. ↑Parras und die »poesía conversacional« der kub. Revolution einmündet. Mit der Herausgabe der Anthologie *La poesía norteamericana moderna* (1924) markiert N. schon früh einen Kontrast zur vorherrschenden Ausrichtung der Avantgardezirkel seiner Zeit an der frz. Literatur, die ihm gleichwohl bestens vertraut war. Der Stil seiner *XX Poemas* (als Anhang in seinem ersten Essayband *Ensayos*, 1925, sowie als Sonderdruck) zeichnet sich durch einen auffälligen Lakonismus und eine Ironie aus, die zwar auch bei R. ↑López Velarde existiert, dort aber noch auf Inhalte, Themen und Verfahren des Fin de siècle bezogen ist. Dieser lakonisch-ironische Stil, der eine Entsakralisierung der Poesie beabsichtigt, setzt sich in den Gedichten von *Espejo* (1933) fort und bleibt das Kennzeichen der meisten Verse N.s. Abweichend davon lesen sich die Liebesgedichte aus *Nuevo Amor* (1933), die zwar größere Publikumsresonanz finden, z.T. larmoyant wirken. Der Adressat von *Nuevo Amor* läßt sich an den Texten nicht erkennen. N. versah die frz. Ausgabe 1936 mit einer Widmung für Federico García Lorca. Ein interessantes zeitgeschichtliches Dokument sind seine Darstellungen *La vida en México en el período presidencial de Lázaro Cárdenas* (1964), *La vida en México en el período presidencial de Manuel Avila Camacho* (1965), *La vida en México en el período presidencial de Miguel Alemán* (1967). K.M.-M.

Weitere Werke (Auswahl): Lyrik: *Seamen Rhymes* (1934), *Romance de Angelillo y Adela* (1934), *Canto a Teresa. Un esquema de hidrografía poética* (1934), *Décimas en el mar* (1934), *Florido laude* (1945), *Dieciocho sonetos* (1963); Essays: *Continente vacío* (1935), *En defensa de lo usado y otros ensayos* (1938), *Nueva grandeza mexicana* (1946), *Las locas, el sexo, los burdeles* (1972), *La vida en la ciudad de México en 1824* (1974); Theater: *El tercer Fausto* (1934), *La culta dama* (1951), *Yocasta, o casi* (1961), *La guerra de las gordas* (1963).

Ausgaben: *Poesía (1915-1955)*. ME 1955. – *Poesía*. ME 1961. – *Toda la prosa*. ME 1964. – *Antologia (1925-1965)*. ME 1966.

Literatur: M. Muncy, *Teatro de S.N.* ME [2]1976. – P.J. Roster Jr., *La ironía como método de análisis: la poesía de S.N.* Madrid 1978. – M. Capistrán, *Notas para un posible estudio de relaciones entre Alfonso*

Reyes y los Contemporáneos: el caso de Alfonso y N. NRFH, 37 (1988), 2, 339-365.

Ortiz de Montellano, Bernardo

* 3.1.1899 in Mexiko Stadt, † 13.4. 1949 ebd. Durch Vermittlung von J. ↑Torres Bodet fand er Arbeit in einem Ministerium und war seit 1926 auch Dozent. Ab Heft Nr. 9 war er alleiniger Herausgeber der Zeitschrift »Contemporáneos« (1928-1931).

Sein erster Gedichtband *Avidez* (1921) trägt Züge des Spätmodernismus, der sich in den einfachen und verinnerlichten Gedichten von *El trompo de siete colores* (1925) ins Volksliedhafte wendet. Eingangs- und Prosagedichte von *Red* (1928) bedeuten demgegenüber O. de M.s Anschluß an die Schreibweise der Avantgarde. Seine Zuwendung zum Surrealismus manifestiert sich in *Primero Sueño* (1931; Traumprotokoll und Gedicht). Das Werk konnte nach der Ermordung von F. García Lorca (1936) wie eine düstere Vorahnung gelesen werden. Gesammelt erscheinen O. de M.s Traumgedichte u.d.T. *Sueños* (1933). Mit *Botella al mar* (1946) kommt er auf sie zurück. Traum und Wachen bilden auch in *Muerte de cielo azul* (1937) die grundlegende Thematik. Für das Theater schrieb er *El sombrerón* (Puppentheater) und *La cabeza de Salomé* (in Buchform beide 1946). Als Kritiker ist er u.a. mit *La poesía indígena de México* (1935), *Figura, amor y muerte de Amado Nervo* (1943) und *Literatura indígena y colonial mexicana* (1946) hervorgetreten. Stärker als seine Weggefährten interessierte er sich für das kulturelle Erbe Mexicos, das sowohl in der indianischen als auch kolonialen Ausprägung in seinem Werk erscheint. Die Zielsetzung, eine unverkennbar nationale Literatur zu schaffen, die sich im wesentlichen aus Folkloristischem speist, lag ihm gleichwohl fern. Darin kann er mit der auf die »Contemporáneos« folgenden »Taller«-Gruppe verglichen werden, von der ihn ansonsten seine Ablehnung des politischen Engagements in der Literatur trennt. K. M.-M.

Ausgabe: *Sueño y poesía.* ME 1952.
Literatur: J. M. González de Mendoza, *La obra de B. O. de M.* CA, 46 (1949), 4, 262-274.

Owen, Gilberto

* 4.2.1905 in El Rosario/Sinaloa, † 9.3.1952 in Philadelphia. Sohn eines irischen Erzprospektors und einer mex. Mutter. Mitarbeiter der Zeitschriften »Ulises« (1927-28) und »Contemporáneos« (1928-31). Eintritt in den diplomatischen Dienst, aus dem er 1932 entfernt wird, weil er sich für die sozialrevolutionäre APRA in seinem Gastland Peru engagiert. Übersiedlung nach Bogotá. 1942 Rückkehr nach Mexiko und Mitarbeit an der Zeitschrift »El Hijo Pródigo« (1943-46). Wiederaufnahme in den diplomatischen Dienst. Ab 1947 Vizekonsul in Philadelphia, wo er an den Folgen von langjährigem Alkoholismus stirbt.

O., der seine biographischen Spuren gern verwischte, gehört zu den weniger bekannten »Contemporáneos«. Seine Jugendgedichte sind spätmodernistisch konventionell. Doch schon in der Sammlung *Desvelo* (1925), die einiges Juan Ramón Jiménez verdankt, gibt es Passagen, die die Grenzen zwischen Wirklichkeitserfahrung und Imagination aufheben. Diese Aufhebung wird in *Línea* (1930) zum Thema. Sie verrät auch die Wirkung des Surrealismus. O.s ambitionierteste Gedichtsammlung *Perseo vencido* (1948) erscheint in Lima. Der größte Teil der Auflage verschwindet in den Wirren des Odría-Putsches. Die Komplexität der Gedichte von *Perseo vencido*, in denen Motive aus der griechischen, biblischen, aber auch der islamischen Mythologie und Legendenwelt zusammenfließen, ist erst in den letzten Jahren erkannt worden. O.s Roman *Novela como nube* (1928) ist ein Beispiel für jenen von der Ästhetik Ortega y Gassets geprägten Typus des Avantgarderomans der späten 20er und frühen 30er Jahre, zu dem auch die erzählenden Werke von J. ↑Torres Bodet und X. ↑Villaurrutia gehören. K. M.-M.

Weitere Werke: Lyrik: *Libro de Ruth* (1944), *Primeros versos* (1957); Sonstiges: *La llama fría* (1925), *Cartas a Clementina Otero* (1982).

Ausgaben: *Poesía y prosa*. Hg. J. Procopio. ME 1953. – *Obras*. Hg. J. Procopio u. a. ME 1979.

Literatur: E. J. Boldridge, *The Poetic Process in G. O.* RN, 14 (1973), 3, 476-483. – J. García Terrés, *Poesía y alquimia. Los tres mundos de G. O.* ME 1980. – F. Charry Lara, *G. O.* ECO, 38 (1980), 2 (230), 200-209. – T. Segovia, *O.: El símbolo y el mito.* NRFH, 29 (1980), 2, 556-573. – C. Montemayor, *Tres Contemporáneos (Jorge Cuesta, José Gorostiza, G. O.)* ME 1981. – E. L. Moretta, *G. O. en la poesía mexicana.* ME 1985.

Pacheco, José Emilio

*30.6.1939 in Mexiko Stadt. Er studierte Jura und Philologie an der UNAM und war Professor für Literaturwissenschaft an verschiedenen Universitäten in den USA, England und Kanada. Er hat Werke von O. Wilde, S. Beckett, I. Calvino u. a. übersetzt und als Herausgeber mehrerer Lyrikanthologien sowie als Redakteur verschiedener Kulturzeitschriften (»Universidad de México«, »Proceso«, »La Cultura en México« u. a.) breite Aktivität entfaltet.

P.s Œuvre umfaßt Lyrik, Erzählungen und Romane. Bereits sein erster Gedichtband *Los elementos de la noche* (1963) erhielt enthusiastisches Kritikerlob, das sich bei den folgenden Bänden wiederholte, jedoch seit den 70er Jahren etwas abgeflaut ist. Eine der wesentlichen Qualitäten P.s ist die Ausgewogenheit: Perfektion, die weder glatt noch routiniert wirkt; formale Experimentierfreude, die nicht zum Selbstzweck wird, sondern im Dienste klarer Aussagen steht; Engagement und Gefühl ohne pathetische Gesten. Für P. wird Literatur aus Literatur gemacht. Insofern gehören Zitate, Parodien, apokryphe Zuschreibungen oder andere Techniken der Distanzierung zu seinen bevorzugten Mitteln. Neben der Gestaltung intimer Erfahrung bildet die Reflexion über gesellschaftliche Zustände eine Konstante seiner Lyrik. So gilt der mit dem Nationalpreis ausgezeichnete Gedichtband *No me preguntes cómo pasa el tiempo* (1969) als eins der repräsentativsten Werke der 60er Jahre, mit seiner Kritik an der Konsumgesellschaft, dem Vietnamkrieg der USA oder mit seinem antiautoritären und entmythisierenden Humor, der auch die traditionelle Rolle des Dichters erfaßt. Ab *Irás y no volverás* (1973) verdüstert sich P.s Weltbild. In den Vordergrund tritt das Bewußtsein von Chaos und Krisen, unaufhaltsamer Zerstörung der Natur, ruinierten Städten und endgültigen Verlusten. Der Gegenpol, kondensiert in Begriffen wie »Fülle«, »Genuß«, »Schönheit«, kommt oft nur noch abstrakt spekulativ oder als Kommentar zur Kunst zum Ausdruck. P.s erzählendes Werk ist seiner Lyrik ebenbürtig. *El viento distante* (1963, 1969) ist eine Sammlung von subtilen Erzählungen aus und über die Welt von Kindern. P. hat wiederholt die Thematik dieser für ihn mit den ersten Mythen der Menschheit vergleichbaren »Initiation in das Leben« aufgegriffen, u. a. in dem Kurzroman *Las batallas en el desierto* (1981). Das Werk spielt in einem nostalgisch erinnerten Viertel von Mexiko Stadt in den 40er Jahren. Handlungskern ist die von Eltern, Priester und Lehrer mit Empörung entdeckte

Verliebtheit eines Jungen in die Mutter seines Freundes, die später Selbstmord begeht. P.s ambitiösester Roman ist jedoch *Morirás lejos* (1967, 1977), ein von Robbe-Grillet angeregter Versuch, die Beziehungen von Realität und literarischer Fiktion systematisch durchzuspielen, in diesem Fall in der Kontrastierung einer »fiktiven« Handlungsebene – ein Mann wird in einem Park ständig beobachtet – und der »historischen« Ebene der Zerstörung des Warschauer Gettos.

Weitere Werke (Auswahl): Lyrik: *El reposo del fuego* (1966), *Islas a la deriva* (1976), *Desde entonces* (1979), *Tarde o temprano* (1980, Sammlung), *Los trabajos del mar* (1983), *Fin de siglo* (1987, Anthologie), *Miro la tierra* (1986), *Ciudad de la memoria. Poemas 1986-1989* (1989); Erzählungen: *La sangre de Medusa* (1958), *El principio del placer* (1972).

Literatur: *Ficción e historia: la narrativa de J. E. P.* ME 1979. – J. M. García Rey, *La poesía de J. E. P.* CH, 380 (1982), 472-484. – R. Dorra, *La literatura puesta en juego.* ME 1986. – L. A. Villena, *J. E. P.* Madrid 1986. – H. J. Verani (Hg.), *J. E. P. ante la crítica.* ME 1987. – M. J. Doudoroff, *J. E. P.: On Overview of the Poetry, 1963-86.* H, 72 (1989), 2, 264-276. – S. Gordon, *Los poetas ya no cantan ahora hablan (aproximaciones a la poesía de J. E. P.* RI, 56 (1990), 150, 255-267. – C. d'Lugo, *Narrative and Historical Commitment in P.'s ›Morirás lejos‹.* CHASQUI, 19 (1990), 2, 33-43. – D. Torres, *J. E. P.: Poesía y poética del prosaísmo.* Madrid 1990.

Paso, Fernando del

* 1.4.1935 in Mexiko Stadt. Er wohnte 14 Jahre in London, wo er für die BBC arbeitete. Seit 1986 ist er Kulturattaché in Paris.

Er trat zuerst als Lyriker mit *Sonetos de lo diario* (1958) hervor, ist aber vornehmlich mit seinem Prosawerk bekannt geworden. Schon in seinem ersten Roman *José Trigo* (1966) zeichnet sich die für P. typische Technik der Verbindung des Anekdotischen mit der Universalgeschichte ab. So wird die enge Erlebniswelt des José Trigo in kosmopolitische und mythologische Zusammenhänge gerückt, die ihrerseits Rückschlüsse auf eine sozialgeschichtliche und kulturelle Standortbestimmung Mexikos gestatten. Der zweite, u. a. mit dem ven. Premio Rómulo Gallegos ausgezeichnete Roman *Palinuro de México* (1977) beschreibt eine Freundschafts- und Liebesverbindung zwischen dem Erzähler, Palinuro, und Estefanía. In der inhaltlichen Gestaltung wird das Realgeschehen ständig von fantastischen und imaginären Einblendungen überholt und transzendiert. Die Personen sind Metamorphosen und widersprüchlichen Erscheinungsweisen unterworfen. Estefanía z. B. vereint in sich die antiken und modernen Mythen der weiblichen Schönheit, Psyche, Iris etc. mit Sophia Loren oder Rita Hayworth. Palinuro, eine Art Alter ego des Erzählers, ist gleichzeitig dessen Lehrer und Stimme des Todes. Auch die von den Protagonisten vertretene Medizin erschließt Fantasmen und Träume, die es ihnen nach der Art der Rabelaisschen Farcenkomik gestatten, mit der Körpersprache der »pedos« Ereignisse von weltgeschichtlicher Relevanz zu benennen. Der universelle Zusammenhang wird bald karnevalesk, bald surrealistisch erschlossen: Ein Karfunkel am After nimmt Züge des »Universal-Auges« an, und das Geburtszimmer im ehemaligen Inquisitionsgebäude und jetzigen Medizininstitut in Mexiko Stadt, wo der Erzähler und Estefanía heute noch wohnen und sich lieben, ist »nicht verschieden von dem des ganzen Universums«. Der Roman vollzieht auch sprachlich die assoziative Ausweitung zu einem kosmogonen Verständnis. Die literarischen, biblischen, okkultistischen, wissenschaftlichen und pseudowissenschaftlichen Zitate und Anspielungen konkretisieren intertextuelle Allgegenwärtigkeit und geben ein freies, mitunter ironisches und parodistisches Spiel zu erkennen. Kategorielle Unterschiede wie Traum und Realität, dinglich und fiktiv werden zugunsten einer neuen Sehweise relativiert. Mit der komödiantischen Darstellung der Studentenunruhen 1968 in Mexiko sind daher politische Probleme, nämlich der Kampf gegen Armut, Ignoranz und Hunger, Probleme der Vergangenheit und der Zukunft angesprochen. Die sprachlich vermittelte Szenerie des Irrealen hat – so ein poetologischer Kerngedanke P.s – das Faktische nicht nur nachgeahmt, es präfiguriert auch die realen Geschehnisse. Dieser Zusammenhang von sprachlich-fiktiver Realität und historischer Authentizität kommt auch in P.s bisher letztem Roman *Noticias del Imperio* (1987) zum Tragen. Den äußeren Handlungsrahmen bildet die frz. Intervention in Mexiko und die Herrschaft des Kaisers Maximilian. Unter Verwendung von zeitgenössischen Dokumenten werden in den Kapiteln gerader Zahl die historischen Ereignisse detailliert beschrieben. In den ungeraden Kapiteln werden die Jahre des Interregnums aus der Perspektive der wahnsinnig gewordenen Ehefrau Maximilians, Charlotte, und aus der Rückschau ihres Todesjahres 1927 neu erlebt. Autobiographie, Beichte, Selbstgespräch, Wahn und Traum durchbrechen den Strang des scheinbar objektiven Geschehens und legen Widersprüche frei, die in eine generelle Diskussion über die Aufsplittung der »Historia Universal« in eine Vielzahl von »historias cambiantes« einmünden. Gleichzeitig wird das »imperialistische Abenteuer« des Hauses Habsburg einer neuen Lesart zugeführt. Maximilian und Charlotte »mexikanisierten« sich, indem sie sich über den Tod bzw. den Wahn für ihr Handeln verantworten. Die selbstzerstörerische und schöpferische Fantasie des Todes bzw. des Wahnsinns, die das historische Handlungsgeschehen trägt, begleitet auch den literarischen Diskurs: Durch Zitate werden Sachverhalte beschrieben und gleichzeitig relativiert. Die Fiktion wird als Geschichte und umgekehrt die Geschichte als Fiktion erklärt und durchschaubar gemacht. K. H.

Literatur: J. Ortega, *La estética neobarroca en la narrativa hispanoamericana*. Madrid 1984. – M. A. Ibañez Molto, *Humor surrealista en ›Palinuro de México‹*. ALH, 15 (1986), 159-167. – L. Soto, *Tres aproximaciones a ›José Trigo‹*. RCHL, 30 (1987), 125-154. – A. López González, *Una obra clave en la narrativa mexicana: ›José Trigo‹*. RI, 56 (1990), 150, 117-142. – R. Fiddian, *F. de P. y el arte de renovación*. RI, 56 (1990), 150, 143-159.

Payno, Manuel

* 21.6.1810 in Mexiko Stadt, † 4.11. 1894 in San Angel.

Wie auch anderen Romanen der Romantik fehlt den Sittengemälden P.s die strenge formale Konzeption. Als minutiöser Beobachter seiner mex. Umwelt, Sammler typischer Charaktere und Chronist der »Stimme des Volkes« schaffte er es jedoch nie, sich von der Tendenz zu befreien, die Wirklichkeit zu sentimentalen Konventionen zu vereinfachen. *El fistol del diablo* (1845, 1967) ist ein an frz. Vorbildern orientierter Feuilletonroman, den der Autor in späteren Jahren noch einige Male, mit einer jeweils anderen Schlußversion versehen, neu verlegte. Die Handlung, um die sich viele Episoden reihen, wirkt konstruiert. Sprache und Erzählstil sind einfach und dienen dem erklärten Ziel einer Popularisierung der Literatur. Mit *El hombre de la situación* (1861) ließ P. das Bild des kolonialen Mexiko im ausgehenden 18. Jh. und der ersten Jahre der Unabhängigkeit erstehen. Während seiner Zeit als Konsul in Spanien veröffentlichte P. unter dem Pseudonym »Un ingenio de la corte« (»ein großer Geist des Hofes«) den Roman *Los bándidos de Río Frío* (1889-91, [5]1928, 1959). Historischer Angelpunkt war ein Prozeß, der in jenen Jahren Schlagzeilen machte. Dieser bekannteste Roman des Autors ist nicht nur die sorgfältige Rekonstruktion der kriminellen Karriere des Oberst Yáñez und seiner Komplizen, sondern gleichzeitig ein exaktes Porträt aller sozialen Schichten in der ersten Hälfte des 19. Jh.s. Der dokumentarische Wert des Werkes ist unbestritten, die zähflüssige, sich über 1000 S. erstreckende Handlung schränkt jedoch den Genuß der Lektüre erheblich ein. Aufgrund der »Mexikanität« seiner Romane errang P. regionalen Ruhm, wurde aber außerhalb der Landesgrenzen kaum rezipiert. R. S.

Paz, Octavio

* 31.3.1914 in Mixcoac/Mexiko Stadt. Besuch der Escuela Nacional Preparatoria und Studium an der Nationaluniversität. Seit 1931 Veröffentlichungen in literarischen Zeitschriften, die er z. T. mitbegründet. Sein erster Gedichtband, *Luna silvestre*, erscheint 1933. Beim Ausbruch des Span. Bürgerkriegs verfaßt er das Gedicht *¡No pasarán!* (1936), das in einer Auflage von 3000 Exemplaren der Vertretung der span. Volksfrontregierung in Mexiko übergeben wird. 1937 Gründung einer Landschule in Yucatán und Veröffentlichung von *Raíz del hombre* (1937). Im selben Jahr reist er zum II. Kongreß antifaschistischer Schriftsteller zur Verteidigung der Kultur nach Spanien. Eine Auswahl seiner Gedichte erscheint mit einem Vorwort von Manuel Altolaguirre in Valencia. 1938-41 ist er Mitherausgeber und später Leiter der Literaturzeitschrift »Taller«, in der zahlreiche Arbeiten span. Exilautoren erscheinen. Seine Erfahrungen aus Yucatán verarbeitet er in dem Langgedicht *Entre la piedra y la flor* (1941). Die Sammlung *A la orilla del mundo* (1942) enthält sein zu diesem Zeitpunkt von ihm akzeptiertes lyrisches Werk, das er in der Folgezeit stark erweitern, aber auch immer wieder neu ordnen und überarbeiten wird. 1942 Bruch mit P. ↑Neruda und der literarischen Volksfront, der sich neben persönlichen Gründen auch aus der Erfahrung des Hitler-Stalin-Paktes und der Ermordung Trotzkis herleitet. Stärkere Annäherung an die »Contemporáneos«, insbesondere X. ↑Villaurrutia. 1943 geht er mit einem Stipendium für zwei Jahre in die USA. 1945 Eintritt in den diplomatischen Dienst. Posten in Paris, Tokio, Mexiko Stadt und dann wieder Paris. Anschluß an den Surrealismus und Aufnahme in den »Almanach surréaliste du demisiècle« (1950). 1949 Veröffentlichung der ersten Auflage von *Libertad bajo palabra* (dt. *Freiheit, die sich erfindet*, 1971). Im Jahr darauf publiziert er *El laberinto de la soledad* (dt. *Das Labyrinth der Einsamkeit*, 1970). Damit beginnt derjenige Teil des Werkes, der P. zu einem der wichtigsten Lyriker und Essayisten der Gegenwartsliteratur machen wird. In rascher Folge erscheinen die surrealistisch gefärbten Prosatexte von *¿Aguila o sol?* (1951; dt. *Adler oder Sonne*, 1991), der Gedichtband *Semillas para un himno* (1954), der poetologische Essay *El arco y la lira* (1956; *Der Bogen und die Leier*, 1983), die Aufsatzsammlung *Las peras del olmo* (1957) und *Piedra de sol* (1957; dt. *Sonnenstein*, 1977), das wohl wichtigste seiner Langgedichte. Die lyrische Produktion jener Jahre wird in *La estación violenta* (1958) zusammengefaßt. *Libertad bajo palabra* (1960) repräsentiert das bis dahin vorliegende, vom Autor vertretene dichterische Gesamtwerk. *Salamandra*, ein Band mit neuen Gedichten, erscheint 1962. In diesem Jahr wird er zum Botschafter in Indien

ernannt. Er veröffentlicht die vier zentralen Essays von *Cuadrivio* (1965) über R. ↑Darío, R. ↑López Velarde, Pessoa und Cernuda sowie die Aufsatzsammlung *Puertas al campo* (1966). Zugleich erscheint der Essay *Los signos en rotación* (1965), der der zweiten Fassung von *El arco y la lira* (1967) als eine Art poetologischer Fortschreibung beigegeben wird; ferner die Prosatexte von *Corriente alterna* (1967) und das Buch über *Claude Lévi-Strauss o el nuevo festín de Esopo* (1967). Im selben Jahr veröffentlicht er *Blanco*, sein zweites großes Langgedicht, das wie die Gedichte von *Ladera este* (1968) auch die Erfahrungen mit Indien spiegelt. In Anknüpfung an *Blanco* experimentiert er in den *Discos visuales* (1968) mit den Möglichkeiten der Erzeugung poetischer Texte unter aktiver Einbeziehung des Lesers. Aus Protest gegen die blutige Auflösung einer friedlichen Demonstration auf dem Platz der drei Kulturen in Mexiko Stadt verläßt er 1968 seinen Botschafterposten und hält sich bis 1971 in freiwilligem Exil im Ausland auf. Als Nachschrift zu *El laberinto de la soledad* erscheint 1970 unter dem Titel *Posdata* eine Abrechnung mit dem politischen System Mexikos. Nach seiner Rückkehr, die durch die Freilassung der politischen Gefangenen in Mexiko motiviert wird, Gründung der Zeitschriften »Plural« (1973) und »Vuelta« (1976), gleichzeitig Entfaltung einer umfangreichen publizistischen Tätigkeit. Mit seiner seit den 40er Jahren anhaltenden Kritik am Stalinismus, die nun auch die Entwicklungen des kub. Sozialismus einschließt, gerät er in immer deutlicheren Widerspruch zu einem Teil der lateinam. Linken. Von diesem Widerspruch zeugen zahlreiche Essays der in der Folgezeit veröffentlichten Sammlungen *El ogro filantrópico* (1979; dt. *Der menschenfreundliche Menschenfresser*, 1979, 1981) und *Tiempo nublado* (1983). Gleichzeitig setzt er seine Kritik an jeglichem System physischer und geistiger Unterdrückung fort und wendet sich mit der monumentalen Biographie *Sor Juana Inés de la Cruz o las trampas de la fe* (1982; dt. *Sor Juana Inés de la Cruz oder Die Fallstricke des Glaubens*, 1991), die die koloniale Gesellschaft im Mexiko des ausgehenden 17. Jh.s wiedererstehen läßt, auch gegen die Praktiken der katholischen Kirche. Der Essay *Los hijos del limo* (1974; dt. *Die andere Zeit der Dichtung*, 1989) repräsentiert seine Sicht der okzidentalen Literatur von der Romantik bis zu den historischen Avantgardebewegungen, deren zentrale Verfahren er in seiner Analyse des Werks von Marcel Duchamp (*Apariencia desnuda*, 1973, erw. 1976; dt. *Nackte Erscheinung*, 1991) untersucht. Die in den letzten Jahren erschienenen Essays zur Literatur und Kunst faßt er in mehreren Sammlungen zusammen, die zunehmend Aufarbeitungen des eigenen literarischen Werdegangs enthalten. Spürbar ist die autobiographische Rückschau auch in dem Langgedicht *Pasado en claro* (1975), dem Gedichtband *Vuelta* (1976) und der gesammelten Ausgabe seines lyrischen Werks (*Poemas*, 1979; dt. *Gedichte*, span. und dt. 1977). Erwähnung verdienen ferner seine zahlreichen Übertragungen fremdsprachiger Lyrik. Paz' Leben und Werk sind mit zahlreichen Ehrungen bedacht worden. 1987 wurde er zum Präsidenten der 50-Jahrfeier des II. Kongresses antifaschistischer Schriftsteller zur Verteidigung der Kultur berufen, die im Juni 1987 in Valencia stattfand. 1981 wurde er mit dem span. Premio Cervantes, 1984 mit dem Friedenspreis des Börsenvereins des dt. Buchhandels, 1990 mit dem Nobelpreis ausgezeichnet.

Durch das sehr umfangreiche, vielschichtige Werk von P. zieht sich als roter Faden die entschiedene Ablehnung sowohl des Ideals einer sich selbst genügenden Kunst als auch der Forderung nach literarischer Vermittlung institutionalisierter Weltanschauungen. Literatur und Kunst sind für P. Ausdruck der jedem Menschen innewohnenden Kräfte der Infragestellung aller Gewißheiten alltagsgewohnten Handelns. Diese Position ist seit den frühen Anfängen der 30er Jahre erkennbar und führt nach dem Bruch mit der literarischen Volksfront konsequenterweise zum Surrealismus. Diesen Auffassungen, die sich seit den 30er Jahren auch aus der Erfahrung der Unvereinbarkeit parteilichen Engagements mit Kunst und Literatur speisen, bleibt P. im Verlauf seiner Entwicklung im wesentlichen treu. In der Lyrik knüpft er an Orientierungen, Themen und Sprachverwendungsweisen der historischen Avantgardebewegungen an, greift jedoch über den Symbolismus und die europäische Romantik bis auf die Barocklyrik aus. Aus der Vielfalt seiner stets klar geschriebenen Essays sticht die Aufarbeitung mex. Kultur, Kunst, Literatur und Geschichte hervor, die er zumeist in einen umfassenderen Entwicklungszusammenhang stellt. Wie kaum ein anderer Autor aus Lateinamerika hat er mit seinem Werk eine intellektuelle Ausstrahlungskraft erlangt, die weit über die Grenzen des Kontinents hinauswirkt. Er ist das beeindruckende Beispiel eines hispanoam. Poeta doctus in der Weltliteratur des 20. Jh.s. K. M.-M.

Weitere Werke: *Tamayo en la pintura* mexicana (1959), *Viento entero* (1965), *La centena (Poemas 1935-1968)* (1969), *Conjunciones y disyunciones* (1969; dt. *Verbindungen – Trennungen*, 1984), *México: la última década* (1969), *Las cosas en su sitio: sobre la literatura española del siglo XX* (1971, zus. mit Juan Marichal), *Traducción: literatura y literalidad* (1971), *Topoemas* (1971), *Renga* (1971, zus. mit Jacques Roubaud, Edoardo Sanguineti und Charles Tomlinson; span. 1972), *La fille de Rappaccini* (1972; span. in »Revista Mexicana de Literatura«, 2, 1956), *Le singe grammairien* (1972; span. 1974; dt. *Der sprachgelehrte Affe*, 1982), *El signo y el garabato* (1973), *Solo a dos voces* (1973, zus. mit Julián Rios), *La búsqueda del comienzo* (1974), *Versiones y diversiones* (1974), *Xavier Villaurrutia en persona y en obra* (1978), *Air Born / Hijos del aire* (1979, zus. mit Charles Tomlinson), *In/Mediaciones* (1979), *Democracy and Dictatorship in Latin America* (1982), *Sombras de obras* (1983), *Tiempo nublado* (1983), *Hombres en su siglo y otros ensayos* (1984), *Pasión crítica: Conversaciones con O. P.* (1985), *Carta de creencias* (1987), *Arbol adentro* (1987; dt. *In mir der Baum*, 1990), *Primeras letras* (1988).

Ausgaben: *Poemas (1935-1975)*. Barcelona 1979. – *Suche nach einer Mitte. Die großen Gedichte*. (Span., dt.) Frankfurt/M. 1980. – *Essays 1/2*. (Dt. Sammlung). Frankfurt/M. ²1984, 2 Bde.

Literatur: P. Gimferrer, *Lecturas de O. P.* Barcelona 1980. – P. Gimferrer (Hg.), *O. P.* Madrid 1982. – O. Juzyn, *Bibliografía actualizada sobre O. P.* INTI, 15 (1982), 98-144. – H. J. Verani, *O. P.: Bibliografía crítica*. ME 1983. – J. A. Ojeda, *La cabeza rota. La poética de O. P.* ME 1983. – J. M. Fein, *Toward O. P. A Reading of his Major Poems*. Lexington 1986. – J. Wilson, *O. P.* Boston 1986. – F. Chiles, *O. P. The Mythic Dimension*. Frankfurt/M. 1987. – M. Murillo González, *Polaridad – unidad. Camino hacia O. P.* ME 1987. – R. Valenzuela, *Der Begriff des Tragischen bei Aristoteles, Max Scheler und O. P.* Frankfurt/M. 1988. – E. González Rojo, *Cuando el rey se hace cortesano. O. P. y el salinismo*. ME 1990. – M. Höfs-Kahl, *Zur Rezeption der lateinam. Literatur in der BRD: das Beispiel O. P.* Frankfurt/M. 1990. – A. Ruy Sánchez, *Una introducción a O. P.* ME 1990 (dt. Fassung 1991). – M. Schärer, *O. P. Metaphern der Freiheit*. Hamburg 1991.

Pellicer, Carlos

* 16.1.1897 (4.11.1899?) in Villahermosa/Tabasco; † 16.2.1977 in Mexiko Stadt. Kindheit in der tropischen Welt seiner Heimat, 1912 Übersiedlung mit

den Eltern nach Mexiko Stadt. 1918 Reise nach Kolumbien als offizieller Vertreter des mex. Studentenverbandes. Der Versuch, zusammen mit G. ↑Arciniegas einen kol. Schwesterverband zu gründen, stößt auf den Widerstand der konservativen Regierung in Bogotá. 1920 Bekanntschaft mit J. ↑Vasconcelos, den er 1929 im Kampf um die Präsidentschaft unterstützt. Unter der Anschuldigung, den Mord des PNR-Kandidaten Ortiz Rubio geplant zu haben, kommt P. für kurze Zeit ins Gefängnis. 1937 nimmt er am II. Internationalen Kongreß antifaschistischer Schriftsteller in Valencia teil. 1964 erhält er den Nationalpreis für Literatur. 1965 wählt ihn der lateinam. Schriftstellerkongreß in Rom zu seinem Präsidenten. Unter den zahlreichen Aktivitäten P.s in diesen Jahren treten die Mitbegründung des archäologischen Freilichtmuseums »La Venta« in seiner Heimatstadt Villahermosa und des Museums »Frida Kahlo« hervor.

Eine Zeitlang zählte man P., der Gedichte ab 1912 verfaßte, zur Gruppe der »Contemporáneos«, jedoch war ihnen seine immer wieder durchscheinende Verwurzelung im christlichen Glauben fremd, noch teilte er ihre Schreibweise. Sein Pathos und seine häufigen Wortströme erinnern an R. ↑Daríos *Cantos de vida y esperanza* (1905) oder an J. ↑Santos Chocano, der den jungen P. auch persönlich beeindruckte. Sie weisen voraus auf den P. ↑Neruda des *Canto general*. Mehr als auf die Erkundungen des Bewußtseins und Unterbewußtseins ist seine Dichtung auf die Wiedergabe von Sinneseindrücken, die vor allem visueller Natur sind, gerichtet. Er gilt als einer der großen Dichter des tropischen Amerika, für den das Meer einen zentralen Platz einnimmt. Auf der anderen Seite zeigen eine Reihe von Gedichten aus den 20er Jahren durchaus das Entsakralisierungsstreben und die spielerische Unbekümmertheit der zeitgenössischen Avantgarde. Seine panamerik. Gedichte gelten als das lyrische Pendant zur Gedankenwelt seines Mentors J. Vasconcelos. In der Rückforderung der nichteurop. kulturellen Traditionen Amerikas und im Antiimperialismus läßt er sich auch mit N. ↑Guillén vergleichen. K. M.-M.

Werke (Auswahl): Lyrik: *Colores en el mar y otros poemas* (1921), *Oda de junio* (1924), *Piedra de sacrificios. Poema iberoamericano* (1924), *Seis, siete poemas* (1924), *Bolívar* (1925), *Hora y 20* (1927), *Camino* (1929), *5 poemas* (1931), *Esquemas para una oda tropical* (1933, [2]1976), *Estrofas del mar marino* (1934), *Hora de junio. (1929-1936)* (1937), *Exágonos* (1941), *Recinto y otras imágenes* (1941), *Discurso por las flores* (1946), *Subordinaciones. Poemas* (1949), *Sonetos* (1950), *Práctica de vuelo* (1956), *2 poemas* (1962), *Con palabras y fuego* (1962), *Teotihuacán y 13 de agosto: ruina de Tenochtitlán. Poemas* (1965), *Noticias sobre Netzahualcóyotl y algunos sentimientos* (1972), *Cuerdas, percusión y alientos* (1976), *Reincidencias* (1978), *Cosillas para el nacimiento* (1978), *Recinto* (1979); Biographie: *Simón Bolívar* (1966).

Ausgaben: *Material poético (1918-1961)*. ME 1962. – *Obras (Poesía)*. Hg. L. M. Schneider. ME 1981. – *Poesía*. LH 1982.

Literatur: E. J. Mullen, *C. P.* Boston 1977. – G. Melnykovich, *Reality and Expression in the Poetry of C. P.* Chapel Hill 1979. – E. J. Mullen (Hg.), *La poesía de C. P. Interpretaciones críticas*. ME 1979. – E. Montejo, *En torno al primer P.* ECO, 37 (1980), 1 (223), 43-50. – J. Prats Sariol, *La imagen en C. P.* CDLA, 20 (1980), 120, 3-17. – O. Rivera Rodas, *La primera época en la poesía de P.* TC, 8 (1983), 26/27, 150-158. – C. Reverte, *La poesía heroica de C. P.* ALH, 16 (1987), 67-80. – G. Zaid, *Siete poemas de C. P.* RI, 55 (1989), 148/149, 1099-1118.

Pitol, Sergio

* 18.3.1933 in Puebla Stadt. Die Jugend verbrachte er auf einer Zuckerrohrplantage in Veracruz. Er studierte

Jura und Literaturwissenschaft an der UNAM und ist danach als Übersetzer – vor allem engl. und poln. Autoren –, Literaturprofessor und Diplomat, u. a. in China, UdSSR, Bulgarien, Ungarn, Spanien, zuletzt als Botschafter in Prag tätig gewesen.

P. ist Verfasser von Romanen und Erzählungen, die sich – auch bedingt durch seinen jahrzehntelangen Aufenthalt im Ausland – nationalen Schulen oder Gruppen entziehen und deren narrativer Gehalt zunehmend durch die Überlagerung von mex. Realität und internationalen Erfahrungen geprägt ist. Schon in seinen ersten Erzählungsbänden *Tiempo cercado* (1959), *El infierno de todos* (1964) und *Los climas* (1966) herrscht die Tendenz vor, ein ambivalentes Klima von Alltag – hier zumeist im Rahmen der Stadt Córdoba/Veracruz – und Irrealität, Gegenwart und Erinnerung oder auch normalen Verhaltensweisen und plötzlichen Ausbrüchen irrationaler Gewalt zu erzeugen. Die ständige Bedrohung festgefügter Ordnungen oder die Unmöglichkeit, Wahrheit im Chaos menschlicher Schicksale zu finden, bestimmen auch die Handlungsführung seiner Romane. In *Nocturno de Bujara* (1981, 1984 u. d. T. *Vals de Mefisto*) verzahnen sich, zusammengehalten durch die Erzählerstimme, Szenen aus Venedig, Warschau, Samarkand und anderen Schauplätzen mit Referenzen auf musikalische Werke – eine der konstanten Ebenen P.s – Gemälde und Literatur. In *El desfile de amor* (1984) verwirren sich die Lebenswege der zahlreichen Gestalten, die sich aus verschiedenen Ländern Europas nach Mexiko zur Zeit des 2. Weltkriegs geflüchtet haben, wie in einer span. Barockkomödie. Die detektivischen Recherchen eines Historikers nach den Hintergründen eines Mordes bilden einen ironischen Kontrapunkt. Derber Humor findet sich streckenweise in *Domar a la divina garza* (1988). Auch in diesem Roman werden verschiedene fiktive Ebenen und intertextuelle Bezüge – hier vor allem Gogol und Valle-Inclán – verschachtelt.

Weitere Werke (Auswahl): Romane: *El tañido de una flauta* (1972), *Juegos florales* (1982); Erzählungen: *Vitorio Ferri cuenta un cuento* (1958), *No hay tal lugar* (1967), *Del encuentro nupcial* (1970), *Asimetría* (1980), *Cementerio de tordos* (1982), *El asedio del fuego* (1984); Essays: *Siete escritores ingleses: de Jane Austen a Virginia Woolf* (1982).

Literatur: *S. P.* TC, 7 (1981), 21 (Sondernr.) – E. Kristal, *El rostro y la máscara: Entrevista con S. P.* RI, 53 (1987), 141, 981-994.

Poniatowska, Elena

* 19.5.1933 in Paris. Als Tochter einer mex. Mutter und eines poln. Vaters verbrachte sie die Kindheit in Frankreich, bevor sie 1942 mit ihren Eltern nach Mexiko übersiedelte. Sie studierte in Frankreich, den USA und Mexiko, seit 1954 arbeitet sie als Journalistin.

Nach frühen schriftstellerischen Versuchen – *Lilus Kikus* (1954), Kurzroman, und *Melés y Teléo* (1956), Drama – gelang ihr mit *Hasta no verte, Jesús mío* (1969; dt. *Allem zum Trotz... Das Leben der Jesusa*, 1982) der literarische Durchbruch. In dieser »novela testimonio« ist es P. gelungen, die Tonbandaufzeichnungen der authentischen Geschichte der Landarbeiterin Jesusa Palancares so zu bearbeiten, daß Ausdrucksweise und Vorstellungswelt Jesusas erhalten blieben. Im Ich-Bericht ihres Lebens, das voller Abenteuer und Rückschläge war, wird die mex. Geschichte dieses Jahrhunderts aus der Perspektive der Unterschicht dargestellt. Obgleich Jesusa an vielen Kämpfen der Revolution beteiligt war, hat dieses ihr nichts gegeben, nichts bewirkt außer »daß wir noch mehr Hunger leiden als zuvor«. Dienerin vieler Herren, hat sie als Soldatin gekämpft, als Fabrikarbeiterin, Haus- und Kindermädchen, Kellnerin, Krankenschwester und Wäscherin gearbeitet, um ihren Lebensunterhalt zu bestreiten. Das Bild ihrer gewissermaßen androgynen Persönlichkeit ist ein radikaler Bruch mit der traditionellen Verarbeitung von Weiblichkeit in der mex. Literatur. *La noche de Tlatelolco* (1971), eine Collage aus Dokumenten und Interviews, hat das Massaker an demonstrierenden Studenten im Jahre 1968 in Mexiko, das die Regierung später zu bagatellisieren suchte bzw. mit Schweigen belegte, zum Inhalt. Schweigen hörbar zu machen, um es in Macht zu verwandeln, ist ein erklärtes Anliegen der Autorin, wie auch der Titel der fünf Chroniken *Fuerte es el silencio* (1980; dt. *Stark ist das Schweigen*, 1982) beweist. Auch hier sind es wieder die Stimmen der Unterdrückten, wie z.B. die obdach- und elternloser Kinder der Großstadtslums, denen P. Gehör verschafft. Das Thema des Schweigens, verknüpft mit dem weiblicher Abhängigkeit, wird in *Querido Diego, te abraza Quiela* (1978; dt. *Lieber Diego*, 1988) erneut aufgegriffen. In Briefen an ihren früheren Lebenspartner, Diego Rivera, die von ihm jedoch nie beantwortet werden, versucht die russische Malerin Angelina Beloff (Quiela), das Gefühl des Ich-Verlustes, der für sie mit der Trennung verbunden war, zu überwinden. Das Leben von Frauen spielt auch in den Erzählungen aus *De noche vienes* (1979) eine Rolle, drei der Kurzgeschichten tragen autobiographische Züge. Ihr journalistisches Talent stellte P. erneut mit *Domingo 7* (1982) unter Beweis, einer Sammlung von Dialogen mit den sieben Präsidentschaftskandidaten für die Wahlen von 1982, in der sie Persönlichkeiten wie der Menschenrechtlerin und Oppositionsführerin Rosario Ibarra de Piedra ein literarisches Denkmal gesetzt hat. Der große Roman über Tina Modotti, an dem die Autorin lange Jahre arbeitete, erschien 1992. R. S.

Weitere Werke: Erzählungen: *La casa en la tierra* (1980), *Métase mi prieta entre el durmiente y el silbatazo* (1982); Romane: *Moletiques y pasiones (1987), La ›Flor de Lis‹* (1988); Chroniken, Interviews, Essays: *Palabras cruzadas* (1961), Todo empezó el domingo (1963), *Gaby Brimmer* (1979), *El último guajalote* (1982), *¡Ay vida, no me mereces!* (1985), *Nada, nadie. Las voces del temblor* (1987).

Literatur: J. Hancock, *E. P.'s ›Hasta no verte, Jesús mío‹: The Remaking of the Image of Woman*. H, 66 (1983), 3, 353-359. – D. J. Young/W. D. Young, *The New Journalism in Mexico: Two Women Writers*. CHASQUI, 12 (1983), 2/3, 72-80. – B. Gale Chevigny, *The Transformation of privilege in the Work of E. P.* LALR, 13 (1985), 26, 49-62. – C. Steele, *La creatividad y el deseo en ›Querido Diego, te abraza Quiela‹, de E. P.* HISPA, 14 (1985), 41, 17-28. – M. J. Lemaître, *Jesusa Palancares y la dialéctica de la emancipación*. RI, 51 (1985), 132/133, 751-763. – J. A. Kushigian, *Transgresión de la autobiografía y el Bildungsroman en ›Hasta no verte Jesús mío‹*. RI, 53 (1987), 140, 667-677. – M. I. Lagos Pope, *El testimonio creativo de ›Hasta no verte Jesús mío‹*. RI, 56 (1990), 150, 243-255.

Pozas, Ricardo

*4.5.1912 in Amealco/Querétaro. Bevor P. in der Hauptstadt Anthropologie studierte, engagierte er sich als Grundschullehrer besonders für die Erziehung Nichtprivilegierter. Er unterrichtete in Abendschulen für Arbeiterkinder und widmete sich in späteren Jahren in leitender Funktion der Alphabetisierung einsprachiger Indiogemeinschaften.

Die Biographie *Juan Pérez Jolote* (1948; dt. *Juan Pérez Jolote, Tzotzil, Lebensbericht eines mex. Indios*, 1978) wird heute als erstes Zeugnis einer neuen literarischen Gattung, der »novela testimonio« angesehen, obgleich P. mit der

Abfassung des Lebensberichtes eines Tzotzil-Indio keineswegs beabsichtigt hatte, ein literarisches Werk zu schaffen. Der Roman war das Ergebnis ausgedehnter ethnologischer Studien in der Region Chamula. Er offenbart dem Leser ein Psychogramm der Tzotzils wie auch ihre gegenwärtigen Lebensbedingungen. In Ich-Form, aus der Perspektive von Juan erzählt, verzichtet der »Zeugnisroman« auf kommentierende Eingriffe des Herausgebers. In episodisch-linearer Form berichtet Juan, wie er die Indiogemeinschaft verläßt, um den Wutausbrüchen des Vaters zu entgehen. Außerhalb der vertrauten Umgebung sieht er sich mit der Welt der Weißen konfrontiert. Unfreiwillig gerät er zu den Truppen General Huertas, kämpft später auf Seiten der Generäle Carranza und Villa, bleibt aber ein Außenseiter der mex. Gesellschaft. Völlig marginalisiert, entschließt er sich zur Umkehr. Doch obwohl sich Juan Pérez Jolote wieder in die Stammesgemeinschaft eingliedert, heiratet und einen offiziellen Posten bekleidet, gelingt ihm aufgrund der Bewußtseinserweiterung, die er während seiner Odyssee durch Mexiko erfahren hat, nicht mehr die totale Assimilation. Er weigert sich, wie seine Vorfahren als Alkoholiker zu sterben. R. S.

Weitere Werke: *Los mazatecos* (1957), *Chamula: un pueblo indio de los altos de Chiapas* (1959), *El Indio en las clases sociales de México* (1971, zus. mit Isabel Horcasitas).
Literatur: N. Klahn, ›*Juan Pérez Jolote*‹: *¿Antropología o ficción?* TC, 5 (1979), 13, 236-241.

Prieto, Guillermo
* 10.2.1818 Mexiko Stadt, † 2.3.1897 in Tacubaya. Als Mitbegründer der Academia de Letrán nimmt er federführend an der nationalen Erneuerungsbewegung in Mexiko teil. Politisch steht er im Lager der Liberalen, deren Reformgesetze er als Abgeordneter des Congreso Constituyente von 1857, dann als Senator, Finanzminister und Berater von Benito Juárez mitträgt. In seinem historischen Werk, den *Memorias de mis tiempos* (1906, ²1948), setzt er sich mit der politisch bewegten Geschichte Mexikos von 1828-1853 auseinander.
Sein literarisches Werk entsteht ab 1837 und erscheint unter dem Pseudonym »Fidel« in den verschiedensten Zeitschriften: »El Museo Popular«, »El Museo Mexicano«, »El Siglo Diez y Nueve«, »La Orquesta« etc. P., von I. ↑Altamirano als volkstümlicher Nationaldichter gefeiert, kleidet seine Aussage in folkloristische und kostumbristische Szenen ein. Die Gedichtsammlung *Musa callejera* (1883) beschreibt die Bräuche, Leidenschaften, Sprache, Kleidung vornehmlich der niederen Schichten (»pueblo bajo«), ohne freilich auf eine patriotisch-republikanische Parteinahme zu verzichten. Die politische Satire richtet sich vor allem gegen Franzosen und Anhänger der Intervention. Mit *El romancero nacional* (1885) verfaßt P. das Epos der Unabhängigkeitsbewegung. Die Romanzen verfolgen in historischen Skizzen und Porträts die Stationen auf dem Weg in die Freiheit und treten mit der Idealisierung der Unabhängigkeitshelden Hidalgo, Morelos und Guerrero der von Alamán angeführten konservativen Diffamierungskampagne entgegen. Das Geleitwort P.s zum *Romancero* benennt die patriotische Bewußtseins- und Identitätsbildung des »Volkes« als Ziel des Gedichtzyklus. Die Erzählwerke setzen teils die kostumbristische Sittenschilderung fort – so *Amor de verano* (1844), *Placeres conyugales*, *Cosas que no faltan*, *Un día aciago* (1846) –, teils folgen sie den romantischen Modellen der vom Unglück überschatteten Liebesgeschichten, so

Manuelita (1843). Die Erzählung *El Marqués de Valero* (1843) geht auf ein historisches Ereignis der Kolonialzeit zurück (1718). Der im Titel genannte Vizekönig wird von dem wahnsinnig gewordenen Nicolás Camacho getötet, nachdem dieser seine Ehefrau an den königlichen Nebenbuhler verloren hat. K. H.

Weitere Werke (Auswahl): *Versos inéditos* (1879), *Los San Lunes de ›Fidel‹* (1923).
Ausgaben: *Musa callejera*. ME 1976. – *Romancero Nacional*. ME 1984. – *El placer y otros textos similares*. ME 1984.
Literatur: C. Miranda (Hg.), *La novela corta en el primer romanticismo mexicano*. ME 1985.

Revueltas, José
* 20.11.1914 in Durango, † 14.4.1976 in Mexiko Stadt. Er stammte aus einer in bescheidenen Verhältnissen lebenden Familie, deren Kinder auf verschiedenen künstlerischen Gebieten Berühmtheit erlangten. Sehr früh trat er der Kommunistischen Partei bei und wurde erstmals 1929 wegen Aufruhrs angeklagt und in eine Besserungsanstalt eingewiesen. Danach war er Reporter von »El Popular«, bis 1934 erneut Anklage wegen subversiver Tätigkeiten gegen ihn erhoben und er zu mehrjähriger Haft in der Strafkolonie von Islas Marías verurteilt wurde. 1961 erklärte er seinen Parteiaustritt und gründete die trotzkistische Liga Espartaco. 1968, im Anschluß an das Studentenmassaker von Tlatelolco wurde er ein letztes Mal wegen »Aufruhrs« verurteilt und verbüßte bis 1971 eine Strafe im Gefängnis von Lecumberri. 1975 gründete er mit anderen die Literaturzeitschrift »Cambio«.
R. hat ein umfangreiches Œuvre von Romanen, Erzählungen, Theaterstükken, Filmdrehbüchern, Essays und zahllosen Zeitungsartikeln geschaffen, das jetzt in einer 26 Bände umfassenden Gesamtausgabe (*Obras completas de J. R.* ME 1978-87) vorliegt. Besonders sein erzählendes Werk, das immer wieder Gegenstand kontroverser Einschätzungen war, gilt heutzutage als eine der innovativsten Leistungen (neben A. ↑Yañez') in Mexiko. R.' charakteristische Motive sind der wechselseitige Haß der sozialen Klassen, die konfliktive Sexualität, die urchristliche Ethik, der dialektische Materialismus, die Gesellschaft als Gefängnis. Die Anklage sozialen Unrechts ist bei ihm von Anfang an ausgerichtet auf allgemeine Gesetze der Realität und Grenzsituationen der Existenz, woraus eine Beziehung zu Sartres Philosophie ableitbar ist, die jedoch eher auf Affinität als Einfluß beruht. Sein erster Roman *Los muros de agua* (1941) behandelt die Situation der Strafkolonie von Islas Marías. Neben einigen Angehörigen der Kommunistischen Partei, darunter einer Frau, tauchen verschiedene der für R.' narrativen Kosmos typischen Gestalten auf: Prostituierte, Homosexuelle, Krüppel, kleine Verbrecher, Geschlechtskranke etc. Der meisterliche Kurzroman *El apando* (1969; dt. »Eingelocht«, in: *Die Schwester, die Feindin*, 1990) behandelt das gleiche Thema: das Gefängnis als Zerrspiegelbild einer verdammten Welt. *El luto humano* (1943), einer der bedeutendsten mex. Romane, entfaltet – mit seinerzeit neuen Erzähltechniken – um die Geschichte eines gestorbenen Mädchens ein dramatisches, psychologisch vertieftes Geschehen von finsteren Leidenschaften, mörderischer Gewalt, Ignoranz, Chaos und Elend, das über den konkreten historischen Zusammenhang des Cristero-Aufstands auf die gesamte Geschichte Mexikos verweist. Jener blutig unterdrückte, aber auch von den fanatisierten Gläubigen mit aller erdenklichen Grausamkeit durchgeführte Aufstand ist ebenfalls Hintergrund oder Gegenstand der Er-

zählungen *Dios en la tierra* (1944). Mit dem Roman *Los días terrenales* (1949, [8]1988) entfachte R. eine heftige Polemik. Die Gestaltung des Klassenkampfes ohne positiven, sondern sogar noch an seinen psychischen Konflikten leidenden Helden konnte seinerzeit von der Kommunistischen Partei nicht akzeptiert werden, und R. zog den Roman zurück. Die Auseinandersetzung mit dem Dogmatismus der Partei ist dann Gegenstand von *Los errores* (1964). R. verdeutlicht im aktuellen mex. Kontext in diesem Roman, der ebenfalls zum Skandal geriet, die Alternative zwischen Oktoberrevolution und Stalinismus. Unorthodoxer, dennoch konsequenter Marxismus liegt auch den Essays zugrunde. *México: una democracia bárbara* (1958) und *Ensayo sobre un proletariado sin cabeza* (1962) kritisieren die Erbübel der mex. Linken: Sektierertum, Dogmatismus und Opportunismus. Eine auf der Subjektivität gegründete Bestimmung einer marxistischen Dialektik enthält *Dialéctica de la conciencia* (1972?).

Weitere Werke (Auswahl): Romane: *En algún valle de lágrimas* (1956), *Los motivos de Caín* (1957); Erzählungen: *Dormir en tierra* (1960); Memoiren: *Las evocaciones requeridas* (1986?, 2 Bde.)

Literatur: J. Ruffinelli, *J. R.: ficción, política y verdad*. Xalapa 1977. – *Conversaciones con J. R.* Entrevista de G. Sainz. Xalapa 1977. – M. R. Frankenthaler, *Bibliografía de y sobre J. R.* CHASQUI, 7 (1978), 2, 46-93. – Ders., *J. R.: El solitario solidario*. Miami 1979. – E. Escalante, *J. R. Una literatura del ›lado moridor‹*. ME 1979. – S. L. Slick, *J. R.* Boston 1983. – J. J. Blanco, *J. R.* ME 1985. – H. A. Sheldon, *Mito y desmitificación en dos novelas de J. R.* ME 1985. – V. F. Torres M., *Visión global de la obra literaria de J. R.* ME 1985. – A. Rabadán, *›El luto humano‹ de J. R. o la tragedia de un comunista*. ME 1985. – E. Negrin, *El narrador J. R., la tierra y la historia*. RI, 55 (1989), 148/149, 879-890.

Reyes, Alfonso

* 17.5.1889 in Monterrey, † 27.12. 1959 in Mexiko Stadt. Er studierte Jura bis zum Anwaltsexamen. 1909 hatte er mit anderen Intellektuellen das für die kulturelle Erneuerung Mexikos wichtige Ateneo de la Juventud gegründet. 1914-20 lebte er in Madrid, widmete sich philologischen Studien in der von R. Menéndez Pidal geleiteten Abteilung des Centro de Estudios Históricos und schrieb für J. Ortega y Gassets Zeitung »El Sol«. Danach war er als mex. Botschafter in Frankreich, Argentinien und Brasilien tätig. 1939 ließ er sich endgültig in Mexiko Stadt nieder, wo er eine Professur für Philosophie und die Leitung des Colegio Nacional innehatte. Er erhielt u.a. den Premio Nacional.

R. hat ein umfangreiches Werk von literaturwissenschaftlichen und kulturkritischen Arbeiten, Lyrik, Theater, Erzählungen etc. geschaffen, das O. ↑Paz nicht einem einzelnen, sondern einer »Gruppe von Schriftstellern« zurechnen mochte und dessen philologischer Teil bis zur Gegenwart als eine der bedeutendsten Leistungen in ganz Lateinamerika angesehen wird. In seiner ersten größeren Publikation *Cuestiones estéticas* (1910/11) werden bereits die Themen angesprochen, die die Schwerpunkte seiner weiteren Forschungsarbeit bilden: die klassische Kultur Griechenlands (u.a. *La crítica en la edad ateniense*, 1941; *La antigua retórica*, 1942); die Literatur Spaniens und vor allem die Dichtung Góngoras (*Cuestiones gongorinas*, 1927); die Geschichte und Literatur Mexikos (*El paisaje en la poesía mexicana del siglo XIX*, 1911; *Visión de Anáhuac*, 1917; *L'évolution du Mexique*, 1923; *Tránsito de Amado Nervo*, 1937; *Resumen de la literatura mexicana*, 1957); Werk und Persönlichkeit Goethes (*Idea política de Goethe*, 1937; *Trayectoria de Goethe*, 1954). Als R.' Hauptwerk gilt

El deslinde (1944), der Versuch einer systematischen, sowohl phänomenologischen als auch linguistischen Grenzziehung zwischen Literatur und Nicht-Literatur. R.' Lyrik, deren Gesamtausgabe *Obras poéticas* (1952) Gedichte ab 1906 erfaßt, spiegelt seine geisteswissenschaftlichen Interessen wider. In ihrer Entwicklung zeichnen sich Momente des Einflusses von R. ↑Darío, E. ↑González Martínez, Góngora und Mallarmé ab. Humor, besonders in *Homero en Cuernavaca* (1949), eine vitale Genußfreude und eine gewisse Volkstümlichkeit sind ihre wichtigsten persönlichen Noten.

Gesamtausgabe: *Obras completas*. ME 1955 ff., bisher 21 Bde.

Literatur: J. W. Robb, *Estudios sobre A. R.* BOG 1976. – A. Reyes, *Genio y figura de A. R.* BA 1976. – J. W. Robb, *El estilo de A. R.: imagen y estructura*. ME [2]1978. – R. Rangel Frías, *Evocación de A. R.* Monterrey 1978. – P. Patout, *A. R. et la France: 1889-1959*. Paris 1978. – J. A. Rendón Hernández, *A. R., instrumentos para su estudio*. Monterrey 1980. – J. W. Robb, *Por los caminos de A. R.* ME 1981. – S. I. Zeitzeff, *Recados entre A. R. y Antonio Castro Leal*. ME 1987. – R. Hozven, *Sobre la inteligencia americana de A. R.* RI, 55 (1989), 148/149, 803-817. – CH, Los Complementarios, 4 (1989) (Sondernr.). – NRFH, 37 (1989), 2 (Sondernr.). – S. Lang, *›América es sueño‹ oder Die Geschichte einer Utopie. Zur Frage des geschichtlichen Bewußtseins bei A. R.* IA, 15 (1991), 43/44, 28-53.

Riva Palacio, Vicente

*16.10.1832 in Mexiko Stadt, †22.11.1896 in Madrid. Von Beruf Rechtsanwalt, bekleidete er öffentlichte Ämter in Politik und Verwaltung. Gegen die frz. Invasoren nahm er am Widerstandskrieg teil. Unter dem Regime von P. Díaz war er seit 1886 Gesandter am span. Hofe.

R. P. betätigte sich als Romancier, Lyriker, Dramatiker, Essayist, Literaturkritiker, Journalist und Historiker. Zeitgenössische Popularität trugen ihm vor allem seine historischen Feuilletonromane ein. Die thematische Vorliebe für die Zeit der Inquisition in der ersten Hälfte des 17. Jh.s erklärt sich aus der Tatsache, daß R. P. einen Großteil der Unterlagen aus dem Archiv der Inquisition besaß, die er 1861 im Auftrage der Regierung Juárez konfisziert hatte. Einzig *Calvario y Tabor* (1868, 1963) weicht vom thematischen Schwerpunkt des kolonialen Mexiko ab und behandelt die Abenteuer der mex. Widerstandskämpfer während des Invasionskrieges, die mit dem Triumph der Republik enden. *Martín Garatuza* (1868, 1960), die Fortsetzung des Romans *Monja y casada, virgen y mártir* (1868) ist eine lockere Episodenreihung der Erlebnisse eines Pícaro, in denen Rivalitäten zwischen Kreolen und Mestizen eine Rolle spielen. Obgleich R. P. die historische Wirklichkeit unverfälscht darzustellen vorgab, waren in der stofflichen Bearbeitung ganz offensichtlich die Vorstellungen seiner Leser von unterhaltenden Schauergeschichten einkalkuliert. Literarisches Können verraten weniger die Feuilletonromane als vielmehr seine satirischen Essays *Los Ceros* (1882) oder die in dem Lyrikband *Flores del alma* (1875) zusammengefaßten Gedichte, die er unter dem Pseudonym »Rosa Espino« veröffentlicht hatte. R. S.

Weitere Werke: Romane: *Las dos emperadoras* (1869), *Los piratas del golfo* (1869), *La vuelta de los muertos* (1870), *Memorias de un impostor, don Guillén de Lampart, rey de México* (1872), *Un secreto que mata* (1917); Erzählungen: *Cuentos del general* (1896); Lyrik: *Mis versos* (1893); Dramen: *Las liras hermanas* (1871); Abhandlung: *El libro rojo* (1870).

Roa Bárcena, José María

*3.9.1827 in Jalapa, †21.9.1908 in Mexiko Stadt. Als konservativer Politiker unterstützt er die Herrschaft des

Kaisers Maximilian (1864-67), bei dessen Sturz er zu zwei Jahren Gefängnis verurteilt wird. Nach einer kurzen Inhaftierung kann er jedoch seine publizistische Arbeit in den Zeitschriften »La Sociedad«, »La Cruz« und »El Renacimiento« wieder aufnehmen. Er gehört zu den Gründungsmitgliedern der Academia Mexicana Correspondiente de la Española. In seinen historiographischen *Recuerdos de la Invasión norteamericana (1846-48)* (1883, 1971) verfolgt er das patriotische Ziel, den nationalen Heldenmut der Mexikaner gegen den angeblichen Defätismus zu verteidigen. Sein dichterisches Werk steht in der klassizistisch-akademischen Tradition, vor allem mit den Nachdichtungen von Phaedrus, Vergil und Horaz. Die *Poesías líricas* (1854) sind neben der traditionellen Liebesthematik religiös inspiriert. Mit den *Leyendas Mexicanas* (1862) wendet er sich indigenistischen Themen der vorkolonialen Vergangenheit zu. In seinem Prosawerk bezieht er politische Positionen, die seiner Skepsis gegen die liberalen Reformbestrebungen des Benito Juárez Ausdruck geben. So setzt sich die Erzählung *La quinta modelo* (1857, 1984) satirisch mit den von Saint Simon, Fourier, Proudhon und Lammenais vertretenen fraternitären und sozialen Ideen auseinander. Die Geschichte beschreibt, wie der fanatische Gutsbesitzer Gaspar in seinem Toleranzdenken »brüderliche« und »fortschrittliche« Organisationsformen erprobt, die schließlich zu einer moralischen und sozialen Anarchie führen. Seine »kommunistische Praxis« scheitert am Unverständnis, aber auch an der moralischen Labilität der Arbeiter und kann erst durch den Eingriff des verständigen Priesters in ein funktionierendes Sozialgefüge zurückgeführt werden. Die Erzählung illustriert den ideologischen Rigorismus des Reformkriegs (1857-61). K. H.

Ausgaben: *Obras*. ME 1897, 1909. – *Obras poéticas*. ME 1913. – *Relatos*. Hg. J. Jiménez Rueda. ME [2]1955.

Rodríguez Galván, Ignacio

* 12.3.1816 in Tizayuca, † 25.7.1842 in Havanna. Mit seinen Übersetzungen und Nachahmungen von Delavigne, Lamartine, Reboul, Monti und Mazoni zählt er zu den Hauptvertretern der mex. Romantik. In seiner Lyrik verarbeitet er neben religiös-biblischen Themen (»Eva ante el cadáver de Abel«) historische und indigene Reminiszenzen (»La visión de Moctezuma«, »La profecía de Guatimoc«). Auch in seinem Theaterwerk – *Múñoz, visitador de México* (1838, 1947), *El privado del Virrey* (1842), *La Capilla* (1851) pflegt er als erster Mexikaner das historische Drama. In der Zeitschrift »El Año Nuevo« erscheinen die meisten seiner Erzählungen. »La hija del oidor« (1837) schildert die unglückliche Liebe der Heldin zu dem edlen, aber sozial und politisch geächteten Freiheitsdenker und prangert mit dem Vater, der am Ende seine schwangere Tochter dem Tod ausliefert, die Unmenschlichkeiten der Inquisition an. »Manolito el Pisaverde« (1838) beschreibt die Geschichte des Abenteurers Almárez, der um des Geldes wegen seine erste Frau verläßt und unerkannt eine neue, reiche Ehe eingegangen ist. Melancholische Vorahnungen, Verkleidungsszenen, Peripetien, Erkennungsinsignien strukturieren die Erzählung im Stile der romantisch-feuilletonesken Vorbilder, gleichzeitig ist aber auch mit der moralischen Ächtung des politischen und sozialen Opportunismus ein patriotisches und erzieherisches Anliegen des Autors eingelöst. »La Procesión« (1839) verknüpft die sentimentale Liebe der vom Schicksal geprüften Helden mit aktuellen politischen Bezügen. Die Liebenden können vorerst nicht zueinander finden

den, weil der vom Napoleon-Kult und frz. Zivilisationsbewußtsein geprägte reiche Oheim sein Findelkind dem Galan Le Braconier versprochen hat. R. G. zerstört mittels der Typologie der Personen und Ereignisse den Mythos von Frankreichs nationaler Größe, indem er die charakterliche Verwerflichkeit des frz. Emporkömmlings illustriert und gleichzeitig die mex. »Unglücklichen« am Ende sozial und moralisch erhöht. K. H.

Ausgaben: *Poesías*. ME 1883, 2 Bde. – *Poesía y teatro*. ME 1972. – *Manolito el pisaverde y otros cuentos*. ME 1984.

Rojas González, Francisco

* 10.3.1904 in Guadalajara/Jalisco, † 11.12.1951 ebd. Er war in den Jahren 1920 bis 35 als Diplomat in Guatemala und den USA tätig. Im Rahmen des Instituto de Investigaciones Sociales der UNAM sowie anderer Institutionen betrieb er danach ethnologische Forschungen, aus denen die monographischen Darstellungen seiner *Etnografía de México* (1957) hervorgegangen sind. R. G.' sozialwissenschaftlich fundierte Kenntnisse der marginalisierten Bevölkerungsschichten Mexikos haben ihren Niederschlag in seinen Erzählungen gefunden, eine Gattung, mit der er sich auch als Literaturhistoriker beschäftigt hat. Sein bekanntester Erzählband ist *El diosero* (1952), der die Grundlage des Drehbuchs für den 1955 in Cannes preisgekrönten Film *Raíces* bildet. In diesen prägnanten Erzählungen, die um das Leben verschiedener indianischer Gemeinschaften kreisen, zeigt R. G. die Gleichzeitigkeit von archaischen Vorstellungen und erfolgreicher Anpassung an die moderne Zivilisation, ohne die sozialen Mißstände zu verschweigen. Trotz mancher Schwächen verdient auch sein Roman *La negra Angustias* (1944, Premio Nacional) Hervorhebung, weil hier zum ersten Mal ein weibliches Schicksal während der Revolution dargestellt wird. Die Heldin ist eine männerscheue Mulattin, die ihren jugendlichen Liebhaber tötet, sich dann zu den Truppen Zapatas begibt und in die Kämpfe stürzt, schließlich einen zunächst etwas linkischen Lehrer heiratet und sich in eine fürsorgliche Mutter verwandelt, während der Ehemann zum Tyrannen gerät.

Weitere Werke: Erzählungen: *Historia de un frac* (1930), *... y otros cuentos* (1931), *El pajareador* (1934), *Sed* (1937), *Chirrín y la celda 18* (1944), *Cuentos de ayer y de hoy* (1946), *La última aventura de Mona Lisa* (1949), *Cuentos completos* (1971); Roman: *Lola Casanova* (1947).

Literatur: R. Chang-Rodríguez, *Trayectoria y símbolo de una revolucionaria. ›La negra Angustias‹ de F. R. G.* RCLL, 7 (1981), 13, 99-104.

Rubín, Ramón

* 11.6.1912 in Mazatlán/Sinaloa. Er hat verschiedene Berufe ausgeübt und dabei ganz Mexiko durchstreift. Zeitweise ist er auch Seemann gewesen. Im Span. Bürgerkrieg kämpfte er in den Internationalen Brigaden auf republikanischer Seite. Danach ließ er sich in Guadalajara nieder, wo er die Zeitschrift »Creación« herausgab, an der Universität lehrte und zwei Schuhfabriken gründete. 1972 verschenkte er seine Unternehmen sowie die Rechte an seinen Büchern und zog sich nach Autlán/Jalisco zurück, wo er sich der Fisch- und Froschzucht widmet, über die er auch Studien und Lehrbücher verfaßt hat.

Sein literarisches Werk umfaßt eine beträchtliche Anzahl von Erzählungsbänden und Romanen, die stilistisch und erzähltechnisch einem traditionellen Realismus, inhaltlich größtenteils dem Indigenismus zugerechnet werden. Es gehört zu den Verdiensten R.s, den Indio nicht als Exoten, sondern als gewöhnlichen Menschen darzustellen, der sich bestimmten Problemen konfrontiert sieht und sein Leben im Sinne eigenständig getroffener Entscheidungen führen muß. In seinem bekanntesten Roman *El callado dolor de los tzotziles* (1949) wird der Konflikt zwischen indianischer und mestizischer Kultur am Schicksal eines Ehepaares gezeigt, das sich nach einem Beschluß des Dorfältesten wegen des »Verbrechens« der Kinderlosigkeit trennen muß. Die Frau wird verstoßen und der Mann sucht Arbeit auf einer Plantage der Weißen. Nach vielen Erniedrigungen kehren beide wieder in ihr Dorf zurück, aus dem er aufgrund einer Verkettung unglücklicher Umstände schließlich endgültig fliehen muß.

Weitere Werke (Auswahl): Romane: *Ese rifle sanitario* (1948), *La loca* (1950), *La canoa perdida* (1951), *El canto de la grilla* (1952, 1984), *La bruma lo vuelve azul* (1954), *La sombra del techincuagüe* (1955), *Cuando el táguaro agoniza* (1960), *El seno de la esperanza* (1964), *Donde la sombra se espanta* (1964); Erzählungen: *Cuentos del medio rural mexicano* (1942), *Cuentos mestizos de México* (I-III: 1948; IV: 1950; V: 1961), *Diez burbujas en el mar* (1949), *Cuentos de indios* (1954; II: 1958), *Navegantes sin rumbo* (1983), *Los rezagados* (1983); Abhandlungen: *Manual práctico de piscicultura rural* (1973), *La piscifactoría* (1976), *La rana y su explotación* (1976); Memoiren: *Casicuentos del agente viajero* (1987).

Literatur: E.M. Ringwald, *The Life and Works of R.R.* Ann Arbor, Mich. 1968. – E. Meyer Ringwald, *Imagery in the work of R.R.* H, 53 (1970), 2, 225-229. – G. de Beer, *R.R. y ›El callado dolor de los tzotziles‹*. RI, 50 (1984), 127, 559-568.

Rulfo, Juan

*16.5.1918 in San Gabriel (heute Venustiano Carranza)/Jalisco, †7.1.1986 in Mexiko Stadt. Er stammte aus einer bäuerlichen Familie und verlor seinen Vater mit Beginn des Cristero-Aufstands (1926-29), der auch anderen Verwandten das Leben kostete. Mit zehn Jahren kam er in ein von Nonnen geführtes Waisenheim in Guadalajara und mit sechzehn nach Mexiko Stadt, wo er ein Jurastudium begann, das er bald wieder aufgab. 1935-47 war er Angestellter bei der Einwanderungsbehörde, danach arbeitete er jahrelang bei einer Autoreifenfirma. 1955 gehörte er zu einer staatlichen Kommission, die ein Bewässerungsprogramm im Staat Veracruz projektieren sollte. Später verdiente er seinen Lebensunterhalt als Drehbuchautor für Werbefilme. Ab 1962 war er Mitarbeiter des Instituto Nacional Indigenista und leitete dessen Publikationsabteilung.

R.s weltweiter Ruhm beruht auf zwei schmalen Büchern. Zu schreiben begann er jedoch schon um 1935. Damals entstand ein Roman, der »von der Einsamkeit und solchen Dingen« gehandelt habe, den er wieder vernichtete. Ab 1942 publizierte er erste Erzählungen in der von ihm, J.J. ↑Arreola und A. Alatorre herausgegebenen Zeitschrift »Pan«, die seinem Stilideal unrhetorischer Einfachheit und äußerster Prägnanz entsprachen. Zusammen mit einigen anderen wurden die zuvor einzeln veröffentlichten Erzählungen in dem Band *El llano en llamas* (1953, 1970; dt. *Der Llano in Flammen*, 1964) zusammengefaßt. Ihre Thematik sind Begebenheiten und Schicksale in der von Armut und Ignoranz geprägten bäuerlichen Welt von Jalisco, einer Region, wo »die Toten schwerer sind als die Lebenden« und das Leben jedes einzelnen von Gewalt, Unglück und Tod determiniert wird. Die letzte Hoffnung ist, daß »eines Tages die Nacht kommt«. Mord aus Rache, atavistischem Zwang oder fanatischer Wut ist der Handlungskern der meisten Erzählungen. Die Ausbrüche sinnloser Gewalt – historischer Bezugspunkt ist im wesentlichen der Cristero-Aufstand – sind jedoch eher Begleiterscheinungen eines unabänderlich erscheinenden Elends, das seinen Ursprung entweder in einer unbarmherzigen Natur – »glühendes Backblech« –, ungerechten Sozialverhältnissen oder einem unergründlichen Verhängnis haben kann. Die dramatische Wucht und die z. T. gespenstisch irreale Atmosphäre resultieren vor allem aus der Übertragung der Perspektive auf das reduzierte Bewußtsein der handelnden Personen. Die in den Erzählungen virtuos gehandhabten literarischen Techniken wie Verschachtelung verschiedener Stimmen und Erzählebenen, filmartige Schnitte, innere Monologe, deren Subjekt jedoch nicht erkennbar wird, oder Dialoge, bei denen ungewiß bleibt, wer zu wem spricht, finden noch einmal konzentriert Anwendung in dem Roman *Pedro Páramo* (1955; dt. *Pedro Páramo*, 1958). In der Geschichte des tyrannischen Großgrundbesitzers P. Páramo und des von ihm zum Sterben verurteilten Dorfes Comala gestaltet R. eine Epoche der mex. Geschichte, vom Porfiriat bis in die nachrevolutionäre Zeit, und gleichzeitig einen Mythos, der die Sozialstruktur Lateinamerikas symbolisiert. Páramo, ein Opportunist, Mörder und Betrüger, dessen einzige menschliche Regung in der sentimentalen Bindung an eine inzwischen wahnsinnig gewordene Jugendliebe besteht, wird zum Schluß von einem seiner unehelichen Söhne erstochen. Die Rahmenhandlung bildet die Geschichte Juans, eines anderen unehelichen Sohns, der das Dorf seiner Mutter aufsucht, in dem die Leute nur noch schattenhaft weiterzuleben scheinen, in Wirklichkeit jedoch, wie der Erzähler selbst, bereits im Grab liegen. Um dieses Geschehen gibt es eine Fülle von Nebenfiguren und Seitenmotiven, die dem Roman eine außerordentliche Bedeutungsdichte verleihen und zu zahlreichen – vor allem psychoanalytischen und mythengeschichtlichen – Interpretationen Anlaß gegeben haben. R. arbeitete mehrere Jahre an einem weiteren Roman »La cordillera«, dessen Manuskript er jedoch 1970 vernichtet haben soll. Seine einzige weitere Buchpublikation ist das Filmdrehbuch *El gallo de oro* (1980; dt. *Der Goldene Hahn*, 1984).

Literatur: K. Hölz, *Erleben und Denken. Die mexikanische Realität in J. R.s ›El llano en llamas‹*. RJ, 31 (1980), 383-415. – O. Juzyn, *Bibliografía actualizada sobre J. R.* INTI, 13-14 (1981), 128-151. – M. Portal, *Análisis semiológico de ›Pedro Páramo‹*. Madrid 1981. – J. Sánchez Mac Gregor, *R. y Barthes: Análisis de un cuento*. ME 1982. – I. H. Verdugo, *Un estudio de la narrativa de J. R.* ME 1982. – L. Leal, *J. R.* Boston 1983. – N. E. Alvarez, *Análisis arquetípico, mítico y simbológico de ›Pedro Páramo‹*. Miami 1983. – M. Portal, *R.: dinámica de la violencia*. Madrid 1984. – J. C. González Boixo, *Claves narrativas de J. R.* León [2]1984. – CH, 421-423 (1985, Sondernr.). – J. Riveiro Espasadín, *›Pedro Páramo‹ de J. R.* Barcelona 1985. – J. C. González Boixo, *Bibliografía de J. R.: Nuevas aportaciones*. RI, 52 (1986), 137, 1051-1059. – *Omaggio a J. R.* SLI, 20 (1988) (Sondernr.). – *R. en llamas*. Universidad de Guadalajara [2]1988. – S. Lorente-Murphy, *J. R.: realidad y mito de la Revolución Mexicana*. Madrid 1988. – T. J. Peavler, *El texto en llamas. El arte narrativo de J. R.* New York 1988. – D. Medina (Hg.), *Homenaje a J. R.* ME 1989. – Y. Jiménez de Báez, *J. R., del páramo a la esperanza*. ME 1990.

Ruy Sánchez, Alberto

* 7.12.1951 in Mexiko Stadt. Nach einem Studium der Kommunikationswissenschaften promovierte er bei Roland Barthes an der Ecole des Hautes Etudes in Paris. Er hat sich als Übersetzer, Essayist – u. a. mit *Mitología de un cine en crisis* (1981) – und Prosaautor einen Namen gemacht. *Los demonios de la lengua* (1987) ist eine lange Erzählung, die als fiktives Manuskript eines unorthodoxen Inquisitors ausgewiesen wird. Man hat die gepflegte Sprache und die umfassenden theologischen Kenntnisse des Autors gelobt.

Los nombres del aire (1987) ist ein Kurzroman über eine junge Mohammedanerin, der eine Stimmung von Sinnlichkeit und Magie im islamischen Alltag beschwört.

Weitere Werke: Lyrik: *La inaccesible* (1990); Essays: *Al filo de las hojas* (1989), *Una introducción a Octavio Paz* (1990; dt. *Octavio Paz lesen. Leben und Werk. Eine Einführung*, 1991), *Tristeza de verdad (A. Gide regresa de Rusia)* (1991).

Sabines, Jaime

* 25.3.1926 in Tuxtla Gutiérrez/Chiapas. Er studierte Medizin und Literaturwissenschaft in Mexiko Stadt. 1952-59 lebte er als Händler in Chiapas, danach wieder in der Hauptstadt. S. ist einer der populärsten Lyriker Mexikos. Er trat erstmals mit *Horal* (1950) an die Öffentlichkeit; sein Gesamtwerk ist in *Nuevo recuento de poemas* (1977, [3]1983; dt. *Dein Körper neben mir*, 1987, Auswahl) enthalten. S.' Stärke beruht von Anfang an auf der Umsetzung konkreter persönlicher Lebenserfahrung in ebenso konkrete und deswegen oft erstaunlich originelle und symbolkräftige Bilder. O. ↑Paz hat ihn mit dem expressionistischen G. Benn verglichen und seinen »Realismus des Hospitals und Bordells« gerühmt. Näher steht S. aber der Dichtung C. ↑Vallejos, auf den Schlüsselbegriffe wie »Tote«, »Knochen«, »Regen«, »Sonntag«, »Ängste«, »Spinnen« etc. verweisen. Diese bilden jedoch geradezu die inhaltliche Antithese zur wichtigsten Dimension seiner Lyrik: eine weder von metaphysischen Spekulationen noch nihilistischem Glauben an das Absurde angekränkelte Vitalität auf allen Ebenen der Wahrnehmung, nicht zuletzt der erotischen. (Die in der Sektion »Poemas sueltos« der Gesamtausgabe erfaßten, zwischen 1951 und 1961 entstandenen Liebesgedichte zählen zu den besten in span. Sprache.) Einer der Höhepunkte von S.' Schaffen ist der Band *Tarumba* (1956), ein freundschaftlich ironischer Dialog des Dichters mit einem für ihn rätselhaften, aber auch kritikwürdigen Alter ego. Die jenem »Tarumba« gelegentlich vorgeworfene Erhabenheit kommt manchmal in S.' später Lyrik, etwa in den Prosagedichten von *Maltiempo* (1972) zum Vorschein.

Literatur: M. Mansour, *J. S.: Malestares y desconciertos*. PLURAL, 12 (1983), 4, 38-45. – E. Hernández Palacios, *La poesía de J. S.* Xalapa 1984. – M. Mansour, *Estructuras rítmicas y ritmo semántico en la poesía de J. S.* TC, 10 (1984), 29, 159-172. – F. Dauster, *The Double Strand: Five Contemporary Mexican Poets*. Lexington 1987. – *La poesía en el corazón del hombre. J. S. en sus sesenta años*. ME: UNAM e Instituto nacional de Bellas Artes 1987. – A. Armayol, *El experimento de J. S.: Estudio de Tarumba*. PLURAL, 17 (1988), 199, 25-36. – M. I. González, *La paradoja de la concepción de vida y muerte en la poesía de J. S.* CHASQUI, 19 (1990), 1, 40-47.

Sainz, Gustavo

* 13.7.1940 in Mexiko Stadt. Er war mehrere Jahre Redakteur der literarischen Beilage von »Novedades«, 1972-77 Leiter der Abteilung für Kommunikationswissenschaften an der UNAM, danach Direktor des Verlages Grijalbo, seit 1982 Professor an der Universität von Albuquerque in den USA.

Wie J. ↑Agustín gehörte S. in den 60er Jahren zu den führenden Vertretern der mex. Jugendprotestliteratur, der »Narrativa de la Onda«, die sich in eher unpolitischer Weise den institutionalisierten Konzeptionen der älteren Generation verweigerte und statt patriotisch lieber kosmopolitisch sein wollte. Ausdrucksmittel der europäischen Avantgardeprosa verwendet S. in seinem ersten, stark autobiographischen Roman *Gazapo* (1965): Tagebuchnotizen, Tonbandaufzeichnungen, Briefe und Telefongespräche fügen sich zu der Geschichte einiger Jugendlicher in Mexiko Stadt, die der hohlen Welt ihrer Eltern ein sinnhafteres Leben voller Gefühle und Fantasie entgegenzusetzen versuchen. In *Obsesivos días circulares* (1969) nimmt der Erzähler die Rolle eines Lesers anderer Texte bzw. der Wirklichkeit überhaupt ein. Intertextuelle Bezüge zu Joyces *Ulysses* weist *La princesa del Palacio de Hierro* (1974) auf. Die 300seitige Konversation der Protagonistin mit einem nicht identifizierten Gesprächspartner kreist um ihre konsumorientierte Alltagswelt, ihre Liebesabenteuer und ihre Arbeit als Verkäuferin des modernen Einkaufzentrums Palacio de Hierro. Die einundzwanzig frivol-geschwätzigen Monologe der »Prinzessin« ergänzt und kommentiert der Autor jeweils durch ein Zitat von O. ↑Girondo. Wie vor ihm O. ↑Paz oder C. ↑Fuentes, spürt S. in *Fantasmas aztecas (un pretexto)* (1979) unter der Oberfläche der modernen Metropole Mexikos die Stadt der Azteken, Tenochtitlán, auf. Konzipiert als eine Art »Abenteuer der Wahrnehmung«, erfaßt der »Pre-Text« die Wirklichkeit Mexiko-Tenochtitláns als einen Raum mit sich überlagernden Zeiten, ein Kaleidoskop in steter Bewegung, das von Göttern und Helden der Azteken, Eroberern, Kriegern, Chronisten, Helden der Unabhängigkeitskämpfe und der mex. Revolution ebenso bevölkert wird, wie es von den materiellen und kulturellen Symbolen der Gegenwart geprägt ist. S. ist Herausgeber der Anthologien *Antología de la poesía erótica* (1972, zus. mit M. ↑Donoso Pareja), *Jaula de palabras* (1980), *Corazón de palabras* (1981) und *Los mejores cuentos mexicanos* (1984). R. S.

Weitere Werke: Romane: *Compadre lobo* (1977), *Paseo en trapecio* (1985), *Muchacho en llamas* (1987); Sonstiges: *Autobiografía* (1966), *Autorretrato con amigos* (1967), *Ritos de iniciación* (1982), *Ojalá que te mueras y otras novelas clandestinas mexicanas* (1982).

Literatur: J. Rufinelli, *S. y Agustín: literatura y contexto social.* TC, 3 (1977), 8, 155-164. – R. Williams, *The Reader and the Recent Novels of G. S.* H, 65 (1982), 3, 383-387. – J. Jones, *The Dynamics of the city: G. S.'s ›La princesa del Palacio de Hierro‹.* CHASQUI, 123 (1982), 1, 14-23. – M. E. Filer, *La ciudad y el tiempo mexicano en la obra de G. S.* HISPA, 12 (1984), 39, 95-102.

Samperio, Guillermo

*22.10.1948 in Mexiko Stadt. Durch verschiedene Preise, darunter den der kub. Casa de las Américas für den Erzählband *Miedo ambiente* (1977) ist er inzwischen als einer der profiliertesten jüngeren Erzähler Mexikos ausgewiesen. Schon jenseits aller erzähltechnischen Tricks und Raffinessen der international gefeierten Autoren der vorausgegangenen Generation scheint er diese mit seinem unprätentiösen, dennoch ästhetisch überzeugenden Zugriff auf den Überlebenskampf der Bevölkerungsmehrheit, ihre Vergnügungen sowie deren mehr oder weniger kriminelle Hintergründe als feinsinnige, aber wirklichkeitsferne Adepten Jungs und Faulkners entlarven zu wollen.

Weitere Werke: Lyrik: *De este lado y del otro* (1982); Erzählungen: *Cuando el tacto toma la palabra* (1974), *Fuera del ring* (1975), *Cruz y cuernos* (1976), *Tomando vuelo y demás cuentos* (1976), *Lenin en el futbol* (1978), *Manifiesto de amor* (1980), *Textos extraños* (1981), *Miedo ambiente y otros miedos* (1986), *Gente de la ciudad* (1986).

Sierra (Méndez), Justo

*26.1.1848 in Campeche als Sohn von Justo ↑Sierra O'Reilly, †13.9.1912 in Madrid. Er bekleidete mehrere politische Ämter, war u. a. Kongreßabgeordneter, Magistrat am Obersten Gerichtshof, Sekretär im Erziehungsmini-

sterium und Botschafter in Spanien. Er nimmt in Mexiko eine umfassende Schulreform vor und gibt auch der Nationaluniversität neue Statuten.
S. schreibt ab 1868 Artikel über Literatur. Bereits die Auswahl der Autoren – Lamartine, Hugo, George Sand, Dumas u.a. – weist ihn als begeisterten »afrancesado« aus. Seine literaturhistorische Bildung fließt unmittelbar in die *Cuentos románticos* ein, die er ebenfalls ab 1868 in den Feuilletons veröffentlicht. Die Erzählungen lassen sich inhaltlich in fantastische, psychologische und historische Werke gliedern. Sie gehen vielfältige intertextuelle Beziehungen ein: zu Hugo (»Niñas y flores«), Lamartine (»Marina«), Gautier (»Incógnita«, »La sirena«) oder Renan (»Memorias de un fariseo« sowie die anderen historischen Erzählungen). Literarästhetisch folgt S. dem Parnaß. Entsprechend sucht er in der Annäherung an die zweckfreie Schönheit die Bestimmung der Kunst. Auch in der Dichtung, die teilweise in der von M. ↑Gutiérrez Nájera gegründeten »Revista Azul« erscheint, hat sich mit der Musikalität der Sprache die Suche nach der formalen Perfektion erhalten. Seine postum erschienenen historischen Schriften *Historia política de Mexico* (1917) und *Evolución política del pueblo mexicano* (1948, 1984) entstehen um die Jahrhundertwende. S. ist Herausgeber der zweibändigen *Antología del Centenario* (1910, 1985), einer mit Bibliographie und Kommentaren versehenen literarischen Bestandsaufnahme der Jahre 1800-21. K. H.

Ausgaben: *Cuentos románticos*. ME 1969. – *Obras completas*. ME 1948-49 (²1977), 15 Bde.
Literatur: B.J. Pankow, *J.S. prosista*. ME 1954. – C. Arceo de Konrad, *J.S.M. Sus cuentos románticos y la influencia francesa*. ME 1985.

Sierra O'Reilly, Justo
* 24.9.1814 in Tixcacaltuyú/Yucatán, † 15.1.1861 in Mérida. Nach einem Philosophie- und Rechtsstudium wird er 1839 Richter. Ab 1841 übernimmt er politische Missionen im Kampf Yucatáns gegen den Zentralismus. Während seiner journalistischen Laufbahn gründet er die Zeitschriften »El Museo Yucateco« (1841), »El Registro Yucateco« (1845), »El Fénix« (1848) sowie »La Unión Liberal« (1855).
Als erste literarische Arbeit erscheint 1845-46 im »Registro Yucateco« das in Form eines Briefromans gehaltene Erzählwerk *Un año en el Hospital de San Lázaro*. Der unter dem Pseudonym »José Turrisa« erschienene Roman beschreibt in affektgeladener Sprache die Geschichte des todgeweihten Leprakranken Antonio und verbindet sie mit der grundsätzlichen Problematik der von der Gesellschaft Verstoßenen. Ebenfalls in Fortsetzungen veröffentlicht S. in »El Fénix« 1848-49 den historischen Roman *La hija del judío* (verschiedene Ausgaben, u.a. ME 1959, 1982). Obwohl der Roman Akten der Inquisition verarbeitet und auf ein tatsächliches Ereignis im 17. Jh., die Konspiration des Gouverneurs von Yucatán, des Conde de Peñalva, gegen die Familie Marías, der »Tochter eines jüdischen Hundes«, zurückgeht, sind die Intrigen fiktiv ausgeschmückt. Der Roman setzt die inhaltlichen und strukturellen Mittel der feuilletonesken Erzählpraxis bewußt ein und spielt unter direkter Anlehnung an A. Dumas, E. Sue oder W. Scott mit einer an europ. Modellen erprobten Lesererwartung. K. H.

Ausgaben: *Obras*. ME 1908, 2 Bde. – *Páginas escogidas*. ME 1960.

Sigüenza y Góngora, Carlos de
* 1645 in Mexiko, † 22.8.1700 in Mexiko Stadt. Sein Vater war Präzeptor am Madrider Hof von Philipp IV.,

seine Mutter eine Verwandte von Luis de Góngora. Er wurde in einem Jesuitenkolleg erzogen und erhielt die Priesterweihe. Ab 1672 hatte er an der Universität von Mexiko einen Lehrstuhl für Astronomie und Mathematik inne und war ab 1682 zugleich Kaplan eines Gemeindehospitals. Aufgrund seiner wissenschaftlichen Verdienste wurde er zum königlichen Geographen ernannt und nahm in dieser Eigenschaft an einer Expedition in die nördliche Zone des Golfes von Mexiko teil.

S. y G. ist einer der namhaftesten Universalgelehrten in der gesamten span.-sprachigen Welt seiner Zeit. In seinem wissenschaftlichen Werk als Astronom, Geograph und Historiker, von dem vieles verlorengegangen ist, erweist er sich als Forscher, der dem Denken Descartes' näher steht als der katholischen Scholastik. Von geringer Bedeutung ist sein lyrisches Werk. Obwohl ihn Sor ↑Juana Inés de la Cruz einmal als den »süßen, melodisch singenden Schwan Mexikos« bezeichnete, gibt es wohl kein einziges Gedicht von ihm, das auch nur entfernt die poetische Qualität der befreundeten Sor Juana oder Góngoras erreicht, zu dem er gelegentlich in Beziehung gesetzt worden ist. Beachtlicher sind allerdings seine zeitgeschichtlichen Berichte und erzählenden Prosaschriften. Hier lassen sich konkret beobachtete Details wahrnehmen und ist die Sprache weitgehend frei von gestelzter Rhetorik. Das zwischen Tatsachenbericht und romanhafter Fiktion angesiedelte Werk *Infortunios que Alonso Ramírez, natural de Puerto Rico, padeció así en poder de ingleses piratas ... como navegando ...* (1690) ist ein farbiges Zeugnis des Lebens in einer vom Verfall der span. Weltmacht geprägten Zeit. Mit Resignation und Humor erzählt Alonso, der in früheren Zeiten als Konquistador ein glorreiches Schicksal gehabt hätte, jetzt aber als Pícaro sein Leben fristet, von seinen Wanderungen und Erlebnissen in Mexiko, seiner Verschleppung durch »ketzerische Piraten« aus England um die halbe Welt, bis er schließlich wieder nach Mexiko zurückkommt.

Ausgaben: *Obras.* ME 1928. – *Poesías.* ME 1931. – *Relaciones históricas.* Hg. M. Romero de Terreras. ME 1954. – *Obras históricas.* Hg. J. Rojas Garcidueñas. ME ²1960. – *Documentos inéditos.* Hg. I. A. Leonard. ME 1963.

Literatur: J. R. Jones, *›La erudición elegante‹: Observations on the Emblematic Tradition in Sor Juana's ›Neptuno Alegórico‹ and S.'s ›Teatro de Virtudes Políticas‹.* HISP, 22 (1979), 2 (65), 43-58. – E. Gimbernat de González, *Mapas y texto: Parauna estrategia del poder.* MLN, 95 (1980), 2, 388-399. – J. G. Johnson, *Picaresque Elements in C. S. G.'s ›Los infortunios de Alonso Ramírez‹.* H, 64 (1981), 1, 60-67. – G. Luzuriaga, *S. y G. y Sor Juana: disidentes de la cultura oficial.* CAM, 243 (1982), 3, 140-162. – A. González, *›Los infortunios de Alonso Ramírez‹: Picaresca e historia.* HR, 51 (1983), 189-204. – J. S. Cummins, *Infortunios de Alonso Ramírez: ›A Just History of Fact‹?* BHS, 61 (1984), 3, 295-303. – M. D. Bravo A., *C. S. G.: Literatura culterana y literatura de almanaques.* TC, 36/37 (1987), 25-35. – E. Trabulse, *Los manuscritos perdidos de S. y G.* ME 1988.

Solana, Rafael

*7.8.1915 in Veracruz. Von seinem 14. Lebensjahr an hat er als Journalist gearbeitet und sich als Film- und Theaterkritiker sowie Stierkampf- und Sportreporter einen Namen gemacht. Zusammen mit E. ↑Huerta, O. ↑Paz und Alberto Quintero Alvarez gründete er die Zeitschrift »Taller« (1938-39). Seit 1940 ist er außerdem in der Filmindustrie als Drehbuchautor, danach bei Rundfunk und Fernsehen in leitender Stellung tätig gewesen. Er hat nationale (1986 den Premio Nacional) und internationale Auszeichnungen erhalten.

S. gilt vor allem als meisterhafter Erzähler, dessen wesentliche Qualitäten in Kenntnisreichtum, kompositorischem Geschick und einem gutmütigen Humor beruhen. Fantastische Spekulation ist zumeist der Ausgangspunkt der Erzählungen von *La música por dentro* (1943), in dem S.s profunde Musikkenntnisse zutage treten. Weniger einheitlich sind die Erzählungen von *Los santos inocentes* (1944), die in unterschiedlichen Epochen spielen. Ihre Thematik ist der Betrug, der geschichtliche Konsequenzen zeitigen kann. Die Titelgeschichte spielt in der Frühzeit des Christentums. Ein armer Trinker, die Schande der Gemeinde, wird der römischen Obrigkeit ausgeliefert und nach seinem Märtyrertod heiliggesprochen. *Trata de muertos* (1947) enthält satirische Erzählungen vom mex. Film. S. hat außerdem Lyrik, Theaterstücke, Essays und Romane geschrieben. In dem Roman *El sol de octubre* (1959) wird das Thema der Liebe im reifen Alter variiert. *La casa de la Santísima* (1960) spielt im Studentenmilieu. *Bosque de estatuas* (1971) schildert die Geschichte des braven und grauen Staatssekretärs eines mex. Ministers, in der S. seine eigene Erfahrung als Sekretär von J. ↑Torres Bodet, 1958-64, ironisch verarbeitet.

Weitere Werke (Auswahl): Lyrik: *Ladera* (1934), *Todos los sonetos* (1963), *Las estaciones y Sonetos* (1988); Romane: *El envenenado* (1939), *El palacio Maderna* (1960), *Las torres más altas* (1969), *Viento del sur* (1970), *Juegos de invierno* (1970); Erzählungen: *Todos los cuentos* (1961); Theater: *Las islas de oro* (1952), *Debiera haber obispas* (1954?), *Ni lo mande Dior* (1958), *Pudo haber sucedido en Verona* (1984), *La pesca milagrosa* (1986), *Una vejez tranquila* (1987), *Pláticas de familia* (1988); Essays: *Tres ensayos de amistad lírica para Garcilaso* (1937), *Veinte lecturas* (1964), *Musas latinas* (1969).

Spota, Luis

* 13.7.1925 in Mexiko Stadt, † 20.1. 1985 ebd. Sohn eines ital. Einwanderers und einer span. Aristokratin. Er besuchte nur die Grundschule, dann war er in verschiedenen Berufen tätig, u. a. als Seemann und Torero. 1943 begann seine journalistische Karriere als Reporter des bedeutenden »Excelsior«. Später war er Chefredakteur von »Espejo« und der Beilage von »El Heraldo Cultural«, außerdem Vorsitzender des Nationalen Boxsport-Verbandes.

S. ist, wie die hohen Auflagenzahlen aller seiner Werke belegen, der populärste Romancier seines Landes, dessen Mißstände er »mit wahrheitsgemäßer und exakter Grausamkeit« aufdecken wollte. Dramatisch, manchmal auch burlesk konstruierte Handlungen und reportageartiger Stil sind das Rezept seiner ersten Romane. *El coronel fue echado al mar* (1947) schildert makaber humoristisch, wie auf einem US-am. Schiff, das verwundete Soldaten transportiert, der Mannschaft bei jedem Todesfall ein üppiges Fleischgericht serviert wird, da – entgegen anderen Annahmen – wegen der begrenzten Kühlkapazität des Schiffes der Proviant reduziert werden muß. *Murieron a mitad del río* (1948) behandelt das Schicksal der illegalen mex. Wanderarbeiter an der Grenze zu den USA. *Más cornadas da el hambre* (1950; dt. *Die Wunden des Hungers*, 1961) konfrontiert Idealismus und soziale Wirklichkeit am Beispiel eines Stierkämpfers. *Casi el paraíso* (1956; dt. *Der Verführer*, 1961) ist eine Satire auf die mex. Neureichen, deren höchstes Glück die Einheirat in den europ. Adel bedeutet. *Las horas violentas* (1958) thematisiert die Korruption der mex. Gewerkschaftsbosse, *El tiempo de la ira* (1960) die Diktatur in Lateinamerika. In formal ambitiöser Beschränkung auf eine einstündige erzählte Zeit schildert *La carcajada del gato* (1964; dt. *Das Gelächter des Katers*, 1967) den Mord an einem Mann, der seine Frau und seine Kinder lebenslang gefangenhielt, um sie vor der Realität zu schützen. Ein mehrbändiger Zyklus über die Mechanismen der politischen Macht auf der Ebene persönlicher und staatlicher Auswirkungen, »La costumbre de poder«, umfaßt die Romane *Retablo hablado* (1975), *Palabras mayores* (1975, überarb. 1981), *Sobre la marcha* (1976), *El primer día* (1977) und *El rostro del sueño* (1979). Letzterer ist die teils burleske Geschichte eines terroristischen Anschlags zur Erpressung von Lösegeld. Objekt ist die Reliquie des Turiner Totenhemdes von Christus. Das Unternehmen scheitert, weil die Revolutionäre die Fernsehnachrichten verpassen.

Weitere Werke (Auswahl): Romane: *Vagabunda* (1950), *La estrella vacía* (1950), *Las grandes aguas* (1954), *La sangre enemiga* (1959; dt. *Das feindliche Blut*, 1962), *La pequeña edad* (1964), *Los sueños del insomnio* (1966; dt. *Die Träume eines Schlaflosen*, 1968), *Lo de antes* (1968), *El viaje* (1973), *Mitad oscura* (1982), *Paraíso 25* (1983), *Días de poder* (1985).
Literatur: S. Sefchovich, *L. S., la costumbre del poder.* RMS, 41 (1979), 3, 839-862. – Dies., *Ideología y ficción en la obra de L. S.* ME 1985. – M. Cota-Cárdenas, *Visión de la frontera mexico-texana, 1959: ›Murieron a mitad del río‹ por L. S.* ETL, 18 (1989/90), 1, 72-87.

Tablada, José Juan
*3.4.1871 in Mexiko Stadt, †2.8. 1945 in New York. Er besucht eine Privatschule, die Militär- und die Kunstakademie. Seine umfangreiche journalistische Tätigkeit beginnt er mit neunzehn Jahren bei der Zeitung »El Universal«. Mit dem erotisierenden Gedicht »Misa Negra« (1893) erregt er öffentliches Ärgernis. Das 1894 in M. ↑Gutiérrez Nájeras »Revista Azul« veröffentlichte Gedicht »Onix« besiegelt seinen Ruhm. T. wird zu einem der bekanntesten mex. Modernisten und zum Mitbegründer der »Revista Moderna« (1898-1903). 1900 reist er nach Japan und lebt 1911-12 in Paris. Eine Zeitlang gibt er das Dichten auf, bedingt u.a. durch Entziehungskuren wegen Drogenabhängigkeit, und verdient viel Geld als Weinimporteur. Der 1910 ausbrechenden Revolution steht er feindlich gegenüber. Nach der Ermordung Maderos 1913 kollaboriert er mit der Konterrevolution des Generals Huerta und wird Direktor des »Diario Oficial«. Zapatistische Truppen plündern nach der Einnahme von Mexiko Stadt Ende 1914 das in japan. Stil errichtete Haus T.s. Er muß emigrieren und lebt bis 1918 in New York. Unter Carranza begnadigt, tritt er in den diplomatischen Dienst seines Landes ein, den er aus gesundheitlichen Gründen aber bald wieder verläßt. 1920-35 lebt er in New York, 1935-44 in Mexiko Stadt. Er stirbt als Vizekonsul in New York.

T. gehört zu den schillerndsten Figuren des hispanoam. Modernismus. Wie die auf 87 Gedichte angewachsene zweite Auflage von *El florilegio* (1904), aber auch die zahlreichen übrigen verstreuten Texte zeigen, war er im Aufgreifen von Themen und Ausdrucksweisen der Fin-de-siècle-Literatur konsequenter und mutiger als viele seiner Zeitgenossen in der moralisch-heuchlerischen Gesellschaft ihrer Zeit. Sein Opportunismus schreckte freilich nicht vor einem peinlichen Preisgedicht auf Porfirio Díaz zurück. Seine Neugierde, die ihn immer wieder zur Erprobung noch unbekannter poetischer Verfahren führte, rettete T. vor dem Abgleiten in dichterische Routine. Entscheidend wurde die Begegnung mit der fernöstlichen, insbesondere japan. Kultur, bei deren Aneignung ihn engl. und frz. Vermittler leiteten, wie z.B. die Brüder Goncourt. Er lieferte aber nicht nur eine bloße Darstellung einer als exotisch empfundenen Welt, sondern versuchte ihre Seh- und Ausdrucksweisen zu übernehmen. Er ist der Begründer des Haikus in span. Sprache. Darüber hinaus verwendet er fast gleichzeitig mit Appollinaire ideogrammatische Formen und erregt mit *Li-Po y otros poemas* (1920) die Aufmerksamkeit der jungen Avantgarde-Autoren Hispanoamerikas. Sein Gedichtband *La feria* (1928) evoziert in Thematik und Ausdruck eine bunte mex. Welt, die auch als Hommage an R. ↑López Velarde gedacht war, zugleich aber die durch die Revolution ausgelöste abrupte Konfrontation mit der eigenen Wirklichkeit widerspiegelt, an die sich der Dichter in seinem New Yorker Exil nun nostalgisch erinnert. K. M.-M.

Ausgabe: *Obras*. ME 1971, 3 Bde.
Literatur: A. A. Roggiano, *J. J. T.: Espacialismo y vanguardia*. HJ, 1 (1980), 2, 47-55. – A. Tanabe, *El japonismo de J. J. T.* ME 1981. – A. García de Aldridge, *Las fuentes chinas de J. J. T.* BHS, 60 (1983), 2, 109-119. – M. Nieves Alonso, *›Nocturno alterno‹ de J. J. T., poeta de la vanguardia*. AL, 9 (1984), 109-119. – E. Hernández Palacios, *T. o el crisol de sorpresas*. TC, 9 (1984), 30, 104-135. – Ders., *T. modernista: aventuras de un joven naturalista mexicano*. TC, 15 (1988), 38, 77-88. – K. Meyer-Minnemann, *Formas de estructura ideográfica en Li-Po y otros poemas de J. J. T.* NRFH, 36 (1988), 433-453. – H. Méndez-Ramírez, *La afinidad poética de Lugones y T.* RI, 55 (1989), 148/149, 1059-1069.

Torres Bodet, Jaime

*7.3.1902 in Mexiko Stadt, †3.5.1974 ebd. (Selbstmord). 1921 Professor für Literatur an der Escuela Nacional Preparatoria, schließlich persönlicher Sekretär von J. ↑Vasconcelos. Als dieser Erziehungsminister wird, ernennt er den blutjungen Autor zum Direktor der Bibliotheksabteilung seines Ministeriums. T. B. organisiert Bücherhallen und fahrende Bibliotheken für Arbeiter und Bauern. Nach dem Rücktritt Vasconcelos' wird T. B. Professor für frz. Literatur an der Escuela de Altos Estudios der Universität, der späteren UNAM. Seine Essaysammlung *Contemporáneos: Notas de crítica* (1928) gibt der im selben Jahr von ihm mitbegründeteten Zeitschrift »Contemporáneos« ihren Namen. 1929 tritt er in den diplomatischen Dienst ein, der ihn u. a. nach Madrid, Paris und Buenos Aires führt. 1940 Staatssekretär des Äußeren und 1943 Erziehungsminister. In dieser Funktion organisiert er eine gewaltige Alphabetisierungskampagne. 1946 Außenminister, Ende 1948 Generaldirektor der UNESCO in Paris. Von diesem Posten tritt er aus Protest gegen die zu geringe finanzielle Ausstattung der UNESCO 1952 zurück. 1958-1964 erneut Erziehungsminister.

Die frühen Gedichtsammlungen T. B.s – *Fervor* (1918), *El corazón delirante* (1922), *Canciones* (1922) u. a. – stehen noch in der spätmodernistischen Tradition eines E. ↑González Martínez, der ihm mit seinem Vorwort zu *Fervor* literarisch den Weg ebnet. Auch Anklänge an R. ↑López Velarde finden sich. Sie sind allerdings mehr thematischer Natur. In *Biombo* (1925), wo sich bereits eine anspruchsvollere Sprachverwendung abzeichnet, gibt es im Gefolge des fernöstlichen Anstrichs – »biombo« (Wandschirm) konnotiert Japan – auch einige Haikus. Obwohl T. B. sein meditatives lyrisches Spätwerk entschieden bevorzugte, beruht seine literarhistorische Bedeutung als einer der »Contemporáneos« auf den z. T. surrealistisch beeinflußten Gedichten der Sammlung *Destierro* (1930) und dem darauf folgenden Band *Cripta* (1937), der freilich schon zum Spätwerk überleitet. Als Romanautor – *Margarita de niebla* (1927), *La educación sentimental* (1929), *Proserpina rescatada* (1931), mit Vorabveröffentlichung in Ortega y Gassets »Revista de Occidente«, *Estrella de día* (1933), *Primero de enero* (1935) und *Sombras* (1937) – initiiert T. B. zusammen mit X. ↑Villaurrutia und G. ↑Owen in Mexiko eine Ausformung des span.-sprachigen Avantgarderomans, die erst in jüngster Zeit in ihrer Eigenständigkeit erkannt wurde. 1955 erscheint u. d. T. *Tiempo de arena* der erste Band seiner Memoiren, dem fünf weitere zwischen 1969 und 1974 folgen. K. M.-M.

Weitere Werke (Auswahl): Lyrik: *Nuevas canciones* (1923), *La casa* (1923), *Los días* (1923), *Poemas* (1924), *Sonetos* (1949), *Fronteras* (1954), *Sin tregua* (1957), *Veinte poemas* (1971); Erzählungen: *Nacimiento de Venus* (1941); Essays: *Tres inventores de realidad: Stendhal, Dostoyevski, Pérez Galdós* (1955), *Balzac* (1959), *Liberar el alma de América con la luz de la educación* (1962), *León Tolstoi; su vida y su obra* (1965), *Rubén Darío, abismo y cima* (1966), *Tiempo y memoria en la obra de Proust* (1967).
Ausgabe: *Obra poética*. ME 1967, 2 Bde.
Literatur: S. Karsen, *J. T. B.* Boston 1971. – B. Kurti Miller, *La poesía constructiva de J. T. B.* ME 1974. – B. Miller (Hg.), *Ensayos contemporáneos sobre J. T. B.* ME 1976.

Usigli, Rodolfo

* 17.11.1905 in Mexiko Stadt, † 18.6. 1979 ebd. Er studierte Theaterwissenschaften, u.a 1936 an der Universität von Yale. Später lehrte er zeitweise an der UNAM. Als Diplomat lebte er ab 1944 in Paris, 1958-64 im Libanon, danach in Oslo.

Von G. B. Shaw beeinflußt, versah der mex. Moralist seine Dramen stets mit polemischen Vor- und Nachworten. Keinesfalls beabsichtigte U. mit seinen Stücken die mex. Mythen satirisch zu zerstören, vielmehr forderte er ihre kritische Hinterfragung. *El gesticulador* (1937, UA 1947) ist eine Attacke gegen den seiner Meinung nach in Mexiko weitverbreiteten Hang zu politischer Maskerade. Der Protagonist César Rubio, ein gescheiterter Historiker, raubt sich die Identität des gleichnamigen, hingerichteten Revolutionsgenerals. Die Ironie des Stückes will es, daß auch er, der Doppelgänger, getötet wird, als er die Reformen vorantreiben will, die der wahre Revolutionär Rubio nicht vollenden konnte. Mit der »antihistorischen« Trilogie der *Coronas* verfolgte U. ebenfalls die Absicht, einzelne historische Elemente neu zu erfassen, um so zum Wesen der Mexikanität vorzudringen. *Corona de sombra* (1943, UA 1947) dramatisiert die Herrschaft Kaiser Maximilians (1864-67). Der Historiker Ramírez, Symbol des heutigen Mexiko, sucht Maximilians Frau, die geistig umnachtete Charlotte Amalie, ein Jahr vor ihrem Tod auf. Indem er anhand ihrer Erinnerungen die Vergangenheit neu durchlebt und versteht, kann er diesen Teil mex. Geschichte akzeptieren. *Corona de fuego* (1961) greift den Mythos des letzten Aztekenherrschers Cuauhtémoc auf, der sich schweigend und kampflos der augenscheinlichen Niederlage seiner Götter gegenüber dem Christentum unterwirft und statt des Selbstmordes den Opfertod wählt. *Corona de luz* (1965) rekonstruiert den Widerstreit der beiden koexistierenden Religionen im 16. Jh. Um diesen Konflikt zweier Kulturen in Lateinamerika zu überwinden, beschließt Karl I. von Spanien die Inszenierung eines Wunders. Tatsächlich erscheint wenig später dem Indio Juan Diego die Jungfrau von Guadalupe. Inwieweit er durch das Wunder allerdings bekehrt werden konnte, bleibt bewußt offen. R. S.

Ausgabe: *Teatro completo*. ME 1963-79, 3 Bde.
Literatur: F. A. Lomeli, *Los mitos de la mexicanidad en la trilogia de R. U.* CH, 111 (1978), 333, 466-477. – P. Bravo Elizondo, *El concepto de la revolución y de lo mexicano en ›El Gesticulador‹*. TC, 10 (1984), 29, 197-205. – C. Larson, ›*No conoces el*

precio de las palabras‹. Language and Meaning in U.'s ›El gesticulador‹. LATR, 20 (1986), 1, 21-28. – K. Nigro, *Light and Darkness in U.'s ›Corona de sombra‹.* CHASQUI, 17 (1988), 2, 27-34. – L. R. Scarano, *Correspondencias estructurales y semánticas entre ›El gesticulador‹ y ›Corona de sombra‹.* LATR, 22 (1988), 1, 29-36. – G. Schmidhuber, *Díptico sobre el teatro mexicano de los treinta: Bustillo, Magdaleno, U. y Villaurrutia.* RI, 55 (1989), 148/149, 1221-1237.

Vasconcelos, José

* 27.2.1882 in Oaxaca, † 30.6.1959 in Mexiko Stadt. Er gehörte zu den Anhängern der Revolutionäre Madero und Villa, die die Diktatur Porfirio Díaz' zu Fall brachten. 1921 ernannte ihn Präsident Obregón zum Rektor der Universität. In den 20er Jahren reformierte V. das staatliche Erziehungswesen. Als er 1929 als Präsidentschaftskandidat scheiterte, ging er ins Exil nach Europa, Asien und Südamerika und kehrte erst 1940 nach Mexiko zurück, wo er bis zu seinem Tode die Biblioteca Mexico leitete.

Sein Œuvre umfaßt zwar auch Zeugnisse der Belletristik (z.B. *La cita*, Erzählungen, 1945, *Prometeo vencedor*, Tragödie in drei Akten, 1916), einen Namen als Schriftsteller machte er sich jedoch in erster Linie durch seine soziologischen und philosophischen Abhandlungen. *Indología* (1926), eine eigenwillige »Deutung der iberoam. Kultur«, enthält in Teil I den Vergleich nord- und südam. Lebensweisen und Kulturen. V.' Urteil über die USA wirkt stark polemisch. (Er hat es in *¿Qué es la revolución?*, 1937, dann z.T. revidiert.) Der Kulturlosigkeit des angloam. Nordens stehe eine Synthese verschiedenster Einflüsse und Traditionen indianischer und europ. Kulturen in Lateinamerika gegenüber, die im Gegensatz zur nordam. Zivilisation auch im technischen Zeitalter alles Transzendente zu integrieren erlaube. *Indología*, im Kontext seiner Entstehung betrachtet, kennzeichnet die notwendig gewordenen Emanzipationsbestrebungen Lateinamerikas von der nordam. Vorherrschaft. In den beiden übrigen Abschnitten entwirft V. die Lehre von einer iberoam. Kultur für die »kosmische Rasse«. Diesen neuen Menschentypus hatte er in *La raza cósmica* (1925) als eine Mischung aus Indios, Weißen, Negern und Asiaten definiert. In V.' Kulturlehre kommen einander entgegengesetzte christlich-mythische Elemente sowie ästhetizistisches und philosophisches Gedankengut zur Verschmelzung. Auf der letzten Entstehungsstufe dieser Utopie wird es weder soziale Gegensätze noch Kriege geben. Stärker noch als seine kulturwissenschaftlichen Werke sind für die Nachwelt seine Memoiren von Bedeutung: *Ulises criollo* (1935), *La tormenta* (1936), *El desastre* (1938), *El proconsulado* (1939) und *La llama* (1959, postum). V. begann 1932 im freiwilligen Exil in Madrid mit der Abfassung seiner Lebensbeschreibungen, die er zunächst als autobiographischen Roman konzipierte. Sie sind nicht nur literarisches Spiegelbild ihres Autors, eines leidenschaftlichen, aber auch widersprüchlichen Verfechters der Lateinamerikanität, sondern gleichzeitig ein wertvolles zeitgeschichtliches Dokument. In *Ulises criollo* rekonstruiert V. mit stilistischer Treffsicherheit die Jahre seiner Kindheit und Jugend im Mexiko des ausgehenden 19. Jh.s bis hin zu den politischen Unruhen nach der Ermordung von Madero. In deutlicher Abgrenzung zum angelsächsischen Vorbild des Robinson Crusoe, der auf einer einsamen Insel seßhaft wird und die Natur zum Werkzeug des Menschen macht, symbolisiert der rastlose, ewig suchende Odysseus die Identitätssuche Lateinamerikas. *La tormenta* behandelt die blutige Phase der Bürgerkriege bis zur Regierungsübernahme General Obregóns im Jahre 1920. *El desastre* berichtet seine Erfahrungen als Erziehungsminister bis zur Absetzung Obregóns. Es schließen sich Länder- und Reisebeschreibungen aus Europa, dem Vorderen Orient und Amerika an, fabulierfreudige und polemische Zeugnisse der Genialität und Vitalität des Autors. R. S.

Ausgabe: *Obras completas*. ME 1957-61, 4 Bde.
Literatur: M. Vasconcelos Aguilar, *J. V.: maestro de América*. ME 1978. – M. Vera y Cuspinera, *El pensamiento filosófico de V.* ME 1979. – A. Rivas Mercado, *La campaña de V.* ME 1981. – D. W. Foster, *A Checklist of Criticism on J. V.* ENSAY, 14/15 (1983), 177-212. – M. Robles, *Entre el poder y las letras: V. en sus memorias*. ME 1989.

Villaurrutia, Xavier
*27.3.1903 in Mexiko Stadt, †25.12. 1950 ebd. Jurastudium, das nicht beendet wird, und erste literarische Veröffentlichungen in Zeitschriften. Zusammen mit J. ↑Torres Bodet und B. ↑Ortiz de Montellano gründet er die Zeitschrift »La Falange« (1922-1923). Arbeit im Gesundheits-, später im Erziehungsministerium. 1926 erscheint der von R. ↑López Velarde und J. R. Jiménez beeinflußte Band *Reflejos*, der weitgehend aus Beschreibungsgedichten besteht. Zusammen mit S. ↑Novo Gründung der Zeitschrift »Ulises« (1927-28) und des »Teatro de Ulises« (1928-29), an dem sich auch G. ↑Owen beteiligt. 1928 Veröffentlichung des Avantgarderomans *Dama de corazones* und Mitarbeit an der Zeitschrift »Contemporáneos« (1928-1931). V. beginnt seine *Nocturnos* (1933) zu schreiben. Daneben wachsendes Interesse am Theater, dem er sich mit *Parece mentira* (1934) auch als Autor zuwendet. 1935-36 Studienaufenthalt in den USA, 1936-39 Gründung und Leitung des Theaters der Elektrikergewerkschaft in Mexiko Stadt. 1938 erscheint in Buenos Aires sein Hauptwerk *Nostalgia de la muerte* (erw. 1946), das die *Nocturnos* und einige andere Gedichte enthält. Danach hauptsächlich Tätigkeit für das Theater. Mitbegründer der Zeitschrift »El Hijo Pródigo« (1943-1946). 1946 Ernennung zum Professor für Schauspiel am Departamento de Bellas Artes. Er stirbt unerwartet an den Folgen eines Herzanfalls.
V. gilt als zentraler Vertreter der »Contemporáneos«. Mit dem »Teatro de Ulises« und seinen eigenen Stücken versuchte er das Programm der kulturellen Zeitgenossenschaft Mexikos für das Theater einzulösen. Dabei dienen als Vorbilder vor allem Cocteau, Giraudoux und Pirandello, aber auch Racine. V.s andauernde literarische Wertschätzung beruht jedoch weitgehend auf den Gedichten aus *Nostalgia de la muerte*, die jenseits der Sprachexperimente der historischen Avantgardebewegungen nach einer neuen lyrischen Thematisierung von Sein, Nacht, Traum, Einsamkeit, Liebe und Tod suchten. Vom Surrealismus, den er kannte, trennt ihn der bewußte Formwille seiner Gedichte, in denen er barocke Sprachverwendungsweisen des Konzeptismus kongenial erneuerte. Die zahlreichen Kritiken, die er schrieb und die sich vor allem auch mit dem Film befassen, harren noch einer Auswertung. Erwähnung verdienen außerdem seine Beschäftigung mit Sor ↑Juana Inés de la Cruz, deren »Sonetos« und »Endechas« er edierte, und die umfangreiche Anthologie moderner span.-sprachiger Lyrik *Laurel* (1941), die er in Zusammenarbeit mit O. ↑Paz, Emilio Prados und Juan Gil-Albert herausgab. K. M.-M.

Weitere Werke (Auswahl): Lyrik: *Nocturno de los ángeles* (1936), *Nocturno mar* (1937), *Nocturno rosa* (1937), *Canto a la primavera y otros poemas* (1948); Theater: *La hiedra* (1941), *La mujer legítima* (1943),

Invitación a la muerte (1943), *El yerro candente* (1945).

Ausgaben: *Autos profanos.* ME 1943. – *Poesía y teatro completos.* ME 1953. – *Obras. Poesía. Teatro. Prosas Varias. Crítica.* ME ²1966. – *Crítica cinematográfica.* ME 1970. – *Antología.* ME 1980.

Literatur: F. Dauster, *X. V.* New York 1971. – M. H. Forster, *Fire and Ice: The Poetry of X. V.* Chapel Hill 1976. – E. L. Moretta, *La poesía de X. V.* ME 1976. – O. Paz, *X. V. en persona y en obra.* ME 1978. – J. Villegas, ›*La hiedra*‹ *de X. V. y la imagen de la sociedad mexicana.* ETL, 16 (1987/88), 1, 18-27. – M. Martin-Rodríguez, *El fondo angustiado de los ›Nocturnos‹ de X. V.* RI, 55 (1989), 148/149, 1119-1128. – O. Rivera-Rodas, *Para una semiótica proxémica en V.* RI, 55 (1989), 148/149, 1239-1259.

Villoro, Juan

* 24.9.1956 in Mexiko Stadt. Er studierte Soziologie und war ab 1977 Rundfunkredakteur für Rockmusik, 1981-84 Kulturattaché in Ostberlin. Er hat Werke von G. Greene, G. v. Rezzori, A. Schnitzler G. C. Lichtenberg u. a. übersetzt. Sein literarisches Werk umfaßt mehrere Bände mit Erzählungen, deren subtile Übergänge von präzis dargestellter Realität zur Fantastik an das von ihm und seiner Generation »in frenetischer Einhelligkeit« (V.) akzeptierte Vorbild J. ↑Cortázars erinnern. Sein erster Roman *El disparo de argón* (1991) handelt von einem Augenarzt, der eine Klinik in Mexiko Stadt eröffnet. Das Werk ist eine Metapher der Metropole, die ihr Gesicht zu verlieren scheint, und zugleich die Erkundung des Blickes und der Krankheit.

Werke: *La noche navegable* (1980), *Albercas* (1985), *Tiempo transcurrido. Crónicas imaginarias* (1986); Sonstiges: *Palmeras de la brisa rápida. Un viaje a Yucatán* (1989).

Yáñez, Agustín

* 4.5.1904 in Guadalajara/Jalisco, † 17.1.1980 in Mexiko Stadt. Er studierte Jura und Philosophie und war vorwiegend als Universitätsprofessor tätig. Mehrfach bekleidete er höhere Staatsämter: u. a. Direktor für Erziehung im Staat Nayarit, Abteilungsleiter im Finanzministerium, 1953-59 Gouverneur von Jalisco, 1964-70 Staatssekretär bzw. Minister für Volksbildung.

Y. ist Autor von Romanen, Erzählungen, literaturgeschichtlichen Untersuchungen und Essays. Zu letzteren gehören verschiedene Arbeiten über J. ↑Sierra sowie *Genio y figuras de Guadalajara* (1941) und *El clima espiritual de Jalisco* (1945), die, wie auch ein großer Teil seines übrigen Werkes, die enge Verbundenheit mit der heimatlichen Provinz bezeugen. Als Markstein in der Entwicklung der mex. Literatur gilt der Roman *Al filo del agua* (1947), der die folgende Generation nachhaltig beeinflußt hat und seinerseits in der Anwendung neuer Erzähltechniken den Einfluß von Joyce, Faulkner und Dos Passos erkennen läßt. Das Bevorstehende, auf das der Titel, eine mex. Redewendung, hinweist, ist die Revolution von 1910. In einer kunstvollen Komposition mehrerer sich überschneidender, parallel und gegenläufig entwickelter Einzelschicksale wird die lethargische Atmosphäre einer Ortschaft in Jalisco dargestellt, wobei die Geschehnisse vor allem über das Bewußtsein der Personen vermittelt werden. Von den verschiedenen Handlungssträngen gewinnt die innere Entwicklung Marías, der Pflegetochter eines engstirnigen Gemeindepfarrers, beispielhaften Charakter. Marías Auflehnung gegen eine lebensfeindliche Gesellschaftsordnung manifestiert sich zunächst in der Lektüre verbotener Romane (Dumas, Sue). Schließlich verläßt sie mit einer Truppe von Revolutionären das über ihr Verhalten entsetzte Dorf. Das Schicksal einiger Figuren aus diesem Roman wird in *La creación*

(1959) weiterverfolgt, im besonderen das des Glöckners Gabriel, eines stillen Liebhabers von María und Opfer der attraktiven jungen Witwe Victoria, die in *Al filo del agua* auf ihre Weise zur Unruhe unter der Bevölkerung beigetragen hatte. Mit dem Roman *Ojerosa y pintada* (1960) hat Y. versucht, in einem Geschehen, das auf einen Tag aus dem Leben eines Taxifahrers konzentriert ist, ein Bild des Lebens von Mexiko Stadt zu entwerfen. Einige der grundsätzlichen Probleme Mexikos hinsichtlich der Überwindung überkommener ländlicher Sozial- und Wirtschaftsstrukturen bilden die Thematik von *La tierra pródiga* (1960) und *Las tierras flacas* (1962). Schauplatz des ersten Romans sind die Urwaldgebiete an der Küste von Jalisco. Während hier noch der Sieg der Zivilisation über die Natur gefeiert wird, läßt sich in *Las tierras flacas* tendenziell Kritik an einem absoluten Fortschrittsglauben erkennen. Auch dieser Roman, der ein kleinbäuerliches Milieu um 1925 behandelt, konzentriert das Hauptgeschehen auf einen Tag. Y.' letzter Roman *Las vueltas de tiempo* (1973) ist eine Rekonstruktion der Geschichte Mexikos, die sich einerseits auf weibliche Archetypen aus Mythologie und Religion gründet, andererseits auf das von Giambattista Vico (1668-1744) entwickelte geschichtsphilosophische Modell von Aufstieg, Verfall und ständiger Wiederkehr.

Weitere Werke (Auswahl): Roman: *Pasión y convalecencia* (1943); Erzählungen: *Baralipton* (1931), *Espejismo de Juchitán* (1940), *Flor de juegos antiguos* (1942), *Archipiélago de mujeres* (1943), *Tres cuentos* (1964), *Los sentidos del aire* (1964), *La ladera dorada* (1978); Ausgabe: *Obras escogidas* (1968).

Literatur: H. F. Giacoman (Hg.), *Homenaje a A. Y.: variaciones interpretativas en torno a su obra.* Madrid 1973. – R. A. Young, *A. Y. y sus cuentos.* London 1978. – E. de la Torre Villar, *A. Y. y su obra histórica.* RIB, 31 (1981), 2, 258-266. – L. Leal, *A. Y. y la novela mexicana. Rescate de una teoría.* RI, 48 (1982), 118/9, 121-129. – MESTER, 12 (1983), 1-2 (Sondernr.). – P. Schiefer, *Zum Geschichtsbild in den Romanen von A. Y.* Frankfurt/M., Bern, New York 1986. – K. Oyarzún, *Parricidio a la letra: ›Al filo del agua‹.* TC, 34/35 (1986), 65-80. – R. Gnutzmann, *›Al filo del agua‹ de A. Y. y su modelo norteamericano, ›Manhattan Transfer‹.* IAA, 14 (1988), 1, 1-20. – F. Merrell, *Structure and Restructuration in ›Al filo del agua‹.* CHASQUI, 17 (1988), 51-60. – D. Jaen, *La victoria de Samotracia en ›Al filo del agua‹ de A. Y.* RI, 55 (1989), 148/149, 891-901.

Zaid, Gabriel

*24.1.1934 in Monterrey. Industrieingenieur. Er ist als Lyriker und Essayist – mit Arbeiten über Literatur und Volkswirtschaft – bekannt geworden und hat die Anthologien *Omnibus de poesía mexicana* (1971, [10]1984) und *Asamblea de poetas jóvenes* (1981) herausgegeben. Letztere sind insofern besonders verdienstvoll, als sich Z. ebenso engagiert wie illusionslos und kritisch mit der Tatsache auseinandersetzt, daß es in Mexiko mehr als fünfhundert jüngere, nach 1940 geborene Lyriker gibt, die mindestens ein Buch publiziert hatten. Die Probleme der massiven kulturellen Produktion behandelt er auch in den Essays *Los demasiados libros* (1972) und *Cómo leer en bicicleta* (1975). Als Lyriker gehört er selbst – neben H. ↑Aridjis, M. A. ↑Montes de Oca und J. E. ↑Pacheco – zu jenen vier jüngeren Auserwählten, die O. ↑Paz 1967 in den mex. Parnaß aufnahm, mit der Empfehlung an Z., »nach oben zu schwimmen«. Den größten Teil seiner veröffentlichten und unveröffentlichten Lyrik vereinigt *Cuestionario* (1976). In der Verbindung von Gedankentiefe, die oft in epigrammatischer Kürze zum Ausdruck gebracht wird, mit ironischem Witz liegt ihr Charakteristikum. Ein jedem

Exemplar des Buches beigelegter Fragebogen soll den Leser eine persönliche Auswahl treffen oder Verbindung mit dem Autor zwecks kollektiver Schöpfung eines »pan-poema« aufnehmen lassen.

Weitere Werke: Lyrik: *Fábula de Narciso y Ariadna* (1958), *Seguimiento* (1964), *Campo nudista* (1969), *Práctica mortal* (1973); Essays: *La poesía, fundamento de la ciudad* (1963), *La máquina de cantar* (1967), *Leer poesía* (1972), *El progreso improductivo* (1979), *La Feria del progreso* (1982), *La poesía en la práctica* (1985), *La economía presidencial* (1987).

Literatur: O. Armand, G. Z.: *Los cuatro sainetes de Apocalipsis o el futuro de una literatura ciclista.* PSA, 22 (1977), 251, 183-198.

NICARAGUA

Darío, Rubén	1867-1916
Robleto, Hernán	1892-1969
Selva, Salomón de la	1893-1959
Coronel Urtecho, José	1906
Cuadra, Manolo	1907-1957
Cuadra, Pablo Antonio	1912
Pasos, Joaquín	1915-1947
Mejía Sánchez, Ernesto	1923-1985
Cardenal, Ernesto	1925
Chávez Alfaro, Lizandro	1929
Ramírez, Sergio	1942
Belli, Gioconda	1948
Cabezas, Omar	1950

Belli, Gioconda

* 1948 in Managua. Sie beteiligte sich aktiv am Widerstand gegen die Somoza-Diktatur, wurde verhaftet, verurteilt und konnte 1975 nach Costa Rica entkommen. Sie war nach 1979 im Planungsministerium der Revolutionsregierung sowie im nic. Schriftstellerverband tätig.

Hervorgetreten ist sie zunächst als Lyrikerin. Für den Band *Línea de fuego* (1978) erhielt sie den Lyrikpreis der kub. Casa de las Américas. Die Besonderheit ihrer Dichtung ist die Verknüpfung von Erotik mit der kollektiven geschichtlichen und revolutionären Erfahrung ihres Landes, d.h. »Privates« wird nicht dem »Öffentlichen« entgegengesetzt und auch die üblicherweise eher abstrakt definierte Liebe zu einem Land erfüllt B. mit konkret sinnlicher Emphase. Ihr erster Roman *La mujer habitada* (1988; dt. *Bewohnte Frau*, 1988) schildert die Entwicklung der Protagonistin, einer Architektin, von der kritisch-distanzierten höheren Tochter zur Revolutionärin. Verflochten mit dem in den 70er Jahren spielenden Hauptgeschehen sind lyrische Passagen in Ich-Form, die Leben und Empfindungen einer Indianerin zur Zeit der span. Eroberung Nicaraguas beinhalten. Ein weiterer Roman *Sofía de los presagios* (1990; dt. *Tochter des Vulkans*, 1990) ist ein modernes nic. Märchen: die Entwicklung einer Frau vom verlassenen Zigeunermädchen zur Gutsbesitzerin und alleinerziehenden Mutter. Eine Prise magischer Realismus mit Hexenzauber und einem im opportunsten Moment erfolgten Erdstoß wird dem Geschehen beigemischt. Interessant wird der Roman durch den intertextuellen Bezug zu *Doña Bárbara* von R. ↑Gallegos.

Weitere Werke: Lyrik: *Sobre la grama* (1974), *Truenos y arco iris* (1982), *De la costilla de Eva* (1986; dt. *Aus einer Rippe Evas*, 1989), *Wenn du mich lieben willst* (dt., Auswahl, 1988), *Poesía reunida* (1989?).

Cabezas (Lacayo), Omar

* 1950 in León. Er studierte Jura, nachdem er sich bereits 1968 dem FSNL angeschlossen hatte. Das Buch *La montaña es algo más que una inmensa estepa verde* (1982; dt. *Die Erde dreht sich zärtlich, Compañera*, 1983) ist der Ich-Bericht des Autors über seine Erfahrungen – die intime Gefühle und erotische Beziehungen nicht ausschließen – als Mitglied des gerade gegründeten Frente Sandinista im Kampf gegen die Somoza-Diktatur, zunächst im Untergrund der Städte, danach als Guerilla auf dem Lande. Das Buch wurde von J. ↑Cortázar u.a. wegen seiner gelungenen Mischung von gesprochener und geschriebener Sprache gelobt. Die Verwendung der nic. Umgangssprache erforderte einen erläuternden Glossar.

Cardenal, Ernesto

* 20.1.1925 in Granada (Nic.). Bis zum Abitur besuchte er das Jesuitenkolleg seiner Geburtsstadt, studierte dann Philosophie und Literaturwissenschaft an der UNAM sowie der Columbia University von New York und ging um 1950 nach Europa. April 1954 nahm er am gescheiterten Aufstand gegen die Somoza-Diktatur teil. Er konnte der Verhaftung entgehen; mehrere seiner Mitverschwörer wurden zu Tode gefoltert. 1957 trat er als Novize in das Trappistenkloster »Our Lady of Gethsemani« im US-Staat Kentucky ein. Sein Lehrer war der Dichtermönch Thomas Merton (1915-1968). Nach 1959 lebte er in Klöstern Mexikos und Kolumbiens und wurde 1965 zum Priester geweiht. 1966 gründete er zusammen mit William Agudelo u.a. die klosterähnliche Kommune Solentiname auf einer Insel des Sees von Nicaragua. Im Zusammenleben und -arbei-

ten mit den dortigen Bauern und Fischern ist u.a. die dokumentarische Sammlung *El Evangelio en Solentiname* (1976; dt. *Das Evangelium der Bauern von Solentiname*, 1976) entstanden. 1977 wurde Solentiname von den Nationalgardisten überfallen und zerstört. Er mußte fliehen und lebte bis 1979 im Exil, bis 1990 war er danach Kulturminister der sandinistischen Regierung. 1980 wurde er mit dem Friedenspreis des Börsenvereins des dt. Buchhandels ausgezeichnet.

C. hat mit einzigartiger Konsequenz in seinem Werk die Verbindung von christlicher Religion und sozialrevolutionärem Engagement angestrebt. Das brachte ihn ebenso in Konflikt mit der Kirchenführung wie mit dogmatischen Marxisten oder liberalen Schriftstellerkollegen, die sich über seinen »Cocktail von Christentum und Revolution« (M. ↑Vargas Llosa) mokierten. Unbestreitbar ist, daß C. vor dem Hintergrund der in den 60er Jahren entstandenen Theologie der Befreiung und in der Nähe der Antipoesie N. ↑Parras oder der »poesía conversacional« M. ↑Benedettis u.a. die Entwicklung der Lyrik in Iberoamerika entscheidend geprägt hat. Mitglied der sogenannten »Generation von 1940«, zu der u.a. E. ↑Mejía Sánchez und Carlos Martínez Rivas (* 1924) zählen, verdankt er selbst dem Lyriker J. ↑Coronel Urtecho Förderung und Anregungen, vor allem den Zugang zur nordam. Literatur. C.s zwischen 1952 und 1957 entstandenen *Epigramas* (1961) markieren die Frühphase seiner Poesie. Es ist eine Zeit ständigen Verliebtseins (Miryam, Claudia etc.) und aktiven Kampfes gegen die Somoza-Dikatur. (Eine Sektion des Bandes sind freie Übertragungen von latein. Epigrammen Catulls und Martials.) Collagierende Verwendung unterschiedlicher Textarten, konkrete Referenzialisierung, Abkehr von Metaphorik und andere zukunftsweisende Neuerungen kennzeichnen *La hora O* (1960; dt. *Die Stunde Null*, 1979). In einer Kombination von historischen Daten, Fragmenten aus Reden und Erlassen, Telegrammtexten, kurzen Dialogen, Werbeslogans, Bruchstücken des mex. Corridos »Si Adelita« etc. stellt das Titelgedicht einen von einer quälenden Spannung getragenen Abriß der Situation Mittelamerikas dar, polar verkörpert in der heroisch tragischen Gestalt Sandinos und des von den USA manipulierten Diktators Somoza. Eine von Askese und Mystik bestimmte, gleichwohl die kapitalistische Konsumgesellschaft scharf verurteilende Haltung charakterisiert *Gethsemani Ky* (1960), lyrische Skizzen aus dem Novizenleben. In *Salmos* (1964; dt. *Zerschneide den Stacheldraht*, 1967, ab 1977 u.d.T. *Psalmen*) wird einer von Mord, Folter, Reklame, Krieg etc. gezeichneten Zivilisation mit biblischem Zorn die Apokalypse vorausgesagt. Eine neue Nähe zur Realität besitzen die Gedichte von *Oración por Marilyn Monroe y otros poemas* (1965; dt. *Gebet für Marilyn Monroe und andere Gedichte*, 1972). Der prophetische Donner und der Schrei zu Gott ist hier umgeschlagen in ein Bewußtsein, das an den Schmerzen und Absurditäten der Gegenwart teilhat. Das Verbrechen ist anonym geworden. Suggestiv wird der korrekte Geschäftsmann nach der Herkunft seines Geldes befragt. Eine weitere Gruppe von lyrischen Werken weist eine deskriptiv-epische Tendenz auf. Die Bände *El estrecho dudoso* (1966, mit einem langen, handschriftlichen Vorw. von Coronel Urtecho; dt. *Die ungewisse Meerenge*, 1985) und *Homenaje a los indios americanos* (1970; dt. *Für die Indianer Amerikas*, 1973) sind breit angelegte Collagen aus Chroniken, den Berichten von Las Casas und indianischer Überlieferung, wobei durch C.s Komposition die poetische Intensität dieser Dokumente hervorgehoben wird. Ein revolutionäres Programm in der damaligen Situation Nicaraguas enthielten *Canto nacional* (1972) und *Oráculo sobre Managua* (1973; zusammen dt. *Orakel über Managua. Nationallied für Nicaragua*, 1974). C.s umfangreiches Œuvre, das auch religiöse Schriften, Reise- und sonstige Berichte enthält, liegt bisher nur auf Dt. in einer umfassenderen Ausgabe vor: *Das poetische Werk*. Wuppertal 1985-89, 9 Bde.

Literatur: J. L. Smith, *An Annotated Bibliography of and about E. C.* Tempe 1979. – *Bibliografía de y sobre E. C.* RI, 45 (1979), 108/109, 641-650. – W. B. Berg, *E. C.: Dichtung und/als Revolution.* I, 15 (1982), 97-125. – P. W. Borgeson Jr., *Hacia el hombre nuevo: poesía y pensamiento de E. C.* London 1984. – E. Urdanivia Bertarelli, *La poesía de E. C.: Cristianismo y revolución.* Lima 1984. – R. Schopf, *Zur Genese und Entwicklung der engagierten Dichtung E. C.s.* Frankfurt/M. 1985. – K. Biermann, *Die Wiederkehr der epischen Dichtung in der lateinam. Literatur des 20. Jh.s: Pablo Neruda und E. C.* IAA, 14 (1988), 2, 187-214. – R. Pring-Mill, *El ›saber callar a tiempo‹ en E. C. y en la poesía campesina de Solentiname.* CDLA, 28 (1988); 166, 19-34. – H. Koch, *E. C. Leben und Werk in Texten und Bildern.* Baden-Baden 1990.

Chávez Alfaro, Lizandro

* 1929 in Bluefields. Er lebte ab 1948 in Mexiko, wo er in der Werbung, als Journalist und Theaterdirektor tätig war. Nach dem Sieg über die Somoza-Diktatur wurde er Leiter der nic. Nationalbibliothek.

Bekannt wurde er durch den Erzählungsband *Los monos de San Telmo* (1963, Preis der kub. Casa de las Américas; dt. *Die Affen von San Telmo und andere Erzählungen*, 1989). Z. T. eingekleidet in die Form fantastischer Tiergeschichten, wird in ihnen satirische Kritik an der Somoza-Diktatur oder den US-Marines im Kampf gegen Sandino geübt. Mit dem sadistischen »Tachito« Somoza befaßt sich »El zoológico de papá«. Als einer der bedeutendsten nic. Romane gilt *Trágame tierra* (1969). Das komplexe Werk mischt verschiedene Erzählhaltungen und Textarten (frühe Chroniken, romantische Historiographie, aktuelle journalistische Dokumente, populäre Tradition etc.). Inhaltlich umfaßt der Roman die Geschichten von zwei Familien und zwei Generationen in Nicaragua. Bei aller politischen Eindeutigkeit gibt es keine Vorverurteilungen. Der von den US-Amerikanern begeisterte Vater, für den Sandino nur ein Bandit war, wird schließlich wegen der Solidarität mit seinem im Widerstand kämpfenden Sohn von den Schergen des Somoza-Regimes zu Tode gefoltert. Ein weiterer, von Sartres Existentialismus beeinflußter Roman, *Balsa de serpientes* (1976) spielt in der Aktualität von Mexiko Stadt. Analysiert bzw. angeklagt wird in ihm das Verhalten von Personen, die vor dem Hintergrund zunehmend brisanterer sozialer und politischer Spannungen ihren selbstbetrügerischen Träumen verhaftet bleiben und in einer offiziell als kosmopolitisch idealisierten Stadt sich weder entfalten noch der Korruption widerstehen können.

Weitere Werke: Lyrik: *Hay una selva en mi voz* (1945?), *Arquitectura inútil* (1954).

Literatur: I. Rodríguez, *›Trágame tierra‹: una narrativa consistente.* CDLA, 25 (1985), 150, 79-89.

Coronel Urtecho, José

* 1906 in Granada (Nic.). Er wurde in einem Jesuitenkolleg erzogen. Nach einem Studienaufenthalt in den USA kam er 1927 wieder nach Nicaragua zurück, wo er sich zum Wortführer der Avantgarde aufschwang und mit einem irreverenten Gedicht über R. ↑Darío, den »unvermeidlichen Landsmann«, den obligaten Skandal verur-

sachte. Bald bildete sich um ihn und den Dichter Luis Alberto Cabrales (* 1901), mit dem er ab 1928 die Zeitschrift »Vanguardia« herausgab, eine zunehmend stärkere Autorengruppe, zu der u. a. J. ↑Pasos und P. A. ↑Cuadra gehörten. Obwohl C. U. seit etwa 1940 mit seiner Familie in einer abgelegenen Waldregion am San-Juan-Fluß lebt, ist er der unentwegte Erneuerer und Anreger geblieben, und hat sich vor allem als Vermittler der neuesten literarischen Tendenzen in den USA mit mehreren, teils zusammen mit E. ↑Cardenal herausgegebenen Anthologien (*Lincoln de los poetas*, 1951; *Antología de la poesía norteamericana*, 1963) große Verdienste erworben.

C. U. hat relativ wenig veröffentlicht; sein großer Einfluß beruht auf dem Gespräch und persönlichen Kontakten. Die einzige vollständigere Sammlung seiner Lyrik erschien u.d. griech. Titel eines Homerzitats, *Pol-la d'anánta katánta paránta ... Imitaciones y traducciones* (1970). Die Gedichte lassen eine außerordentliche Wandlungsfähigkeit erkennen bzw. – wie bei dem Argentinier O. ↑Girondo, mit dem C. U. vieles, vor allem auch den ironischen Humor gemeinsam hat – einen konstanten Erneuerungswillen. Humoristischer Überschwang kennzeichnet die frühen Gedichte, darunter die bei genauerem Hinsehen von Bewunderung durchdrungene »Oda a Rubén Darío«. Die Gedichte der 30er und 40er Jahre, in denen C. U. manchmal auf traditionelle Formen oder auch auf surrealistische Vieldeutigkeit zurückgreift, sind evtl. die »Abstürze« und »Irrwege«, von denen Homer spricht. Die einflußreichste Phase ist die des »exteriorismo«, die vor allem von E. Cardenal aufgegriffen wird. Beispielhaft für die letzte Tendenz ist die etwa 12 S. lange Dichtung »Pequeña biografía de mi mujer«. Es ist ein anhand von vielen Situationen und konkreten Angaben erstelltes Porträt seiner Ehefrau. Ihre technischen, medizinischen oder kulturellen Kenntnisse, gigantische Arbeitsleistung, Mütterlichkeit, soziales, durch Liebenswürdigkeit und Fähigkeiten errungenes Prestige etc. lassen den mit ihr verheirateten Dichter, der das alles nur registrieren kann, sehr klein erscheinen. – Den Sieg der Sandinisten hat C. U. sofort begrüßt und in *Paneles de infierno* (1981 als bibliophile Luxusausgabe) kommentiert. Es handelt sich um eine 300 Zeilen lange Dichtung über die Geschichte der Unterdrückung Nicaraguas seit der Zeit des Konquistadors Pedrarias Dávila, über die Verbrechen des US-am. Flibustiers William Walker bis zur Somoza-Dynastie. Eine weitere, ähnlich umfangreiche Dichtung, *Conversación con Carlos* (1986), ist dem Gründer des Frente Sandinista, Carlos Fonseca Amador, gewidmet. C. U. hat in Zeitschriften Literaturkritik, Kurzromane und Theaterstücke veröffentlicht, darunter das absurde »komische Spielzeug« *La petenera* und die als »noveletas« ausgewiesenen Prosatexte *La muerte del hombre símbolo* und *Narciso*. Der salvador. Dichterin C. ↑Alegría hat C. U. den umfangreichen Essay *Líneas para un boceto de Claribel Alegría* (1989) gewidmet.

Weitere Werke: Essays: *Rápido tránsito (al ritmo de Norteamérica)* (1959), *Reflexiones sobre la historia de Nicaragua (De Gainza a Somoza)* (1962); Theater: *Chinfonía burguesa* (1957; zus. mit J. Pasos).
Ausgabe: *Prosa reunida*. Managua 1985.
Literatur: J. E. Arellano, *La poesía de J. C. U.* CH, 93 (1973), 277/8, 307-317. – M. Tirado, *Conversando con J. C. U.* Managua 1983. – J. Boccanera, *J. C. U.: Desconocemos la palabra imposible*. CRISIS, 44 (1986), 42-43.

Cuadra, Manolo

* 1907 in Malacatoya, einem Dorf des Lago de Nicaragua (nach anderen Quellen * 1908 in Granada), † 1957 in

Managua. Er war Telegrafist, Soldat bei den im Bürgerkrieg von 1925 besiegten Regierungstruppen, Angestellter im Finanzamt, nahm dann auf der Seite der Guardia Nacional am Kampf gegen Sandino teil. Seine Erfahrungen machten ihn zum Bewunderer des 1932 ermordeten Rebellengenerals. Die Geschehnisse stellt er in dem Buch *Contra Sandino en la montaña* (1942) dar. Er bekämpfte die Somoza-Dikatur von Anfang an, erlitt Gefängnishaft und Verbannung. Über seinen Zwangsaufenthalt auf einer Karibik-Insel berichtete er in *Itinerario de Little Corn Island* (1937). Er führte dann ein ein abenteuerliches Leben, war Amateurboxer, Bananenschnitter, Angestellter eines Beerdigungsinstitutes, Sprachlehrer usw. Ohne Paß und gelegentlich als blinder Passagier bereiste er Amerika. Nach 1950 besuchte er West- und Osteuropa. Als er nach Nicaragua zurückkam, wurde er verhaftet und nach Costa Rica abgeschoben. Hier verbrachte er die letzten Jahre seines Lebens, bis er als Todkranker nach Managua zurückkehrte.

C., der sich früh der einheimischen Avantgarde anschloß, hat Gedichte geschrieben, die sich durch eine sehr persönliche Mischung von schmerzhafter Lebenserfahrung, rebellischem Engagement und Humor auszeichnen. Als einer der ersten Dichter seines Landes hat er politisches Engagement zum Ausdruck gebracht, u.a. in »Elegía simplista« von 1931. C. ist auch Autor meisterhafter Erzählungen, die der Band *Almidón* (1945) vereint. Die Titelgeschichte ist eine groteske Satire auf staatliche Repression, die hier jemanden trifft, der mit einem hausgemachten Kleister bunte Reklamebilder anklebt. Hinter dem Humor wird jedoch tiefe Erschütterung sichtbar. Einige Erzählungen behandeln das Eingreifen der USA in Nicaragua. »Torturados«, eine der vehementesten Anklagen, schildert die an einem aufständischen Bauern und seinem Sohn erprobten modernen Elektrofoltertechniken der Marines. Der Sammelband *Solo en la compañía* (1982) enthält u.a. journalistische Arbeiten und Essays über Rimbaud und R. ↑Darío.

Weitere Werke: Lyrik: *Tres amores: el mar, el amor y la muerte* (1955), *Obra poética* (1962).

Literatur: J. Calatayud Bernabeu, *M. C. (el yo y las circunstancias)*. Managua 1968. – J. Correa Camiroaga, *Un artista no es una anécdota*. CAM, 41 (1982), 2 (241), 229-237.

Cuadra, Pablo Antonio

*4.11.1912 in Managua. In Granada besuchte er die höhere Schule und die Juristische Fakultät der Universität. Er war Journalist, Abgeordneter (ab 1939), Universitätsprofessor, Dramaturg, nic. Geschäftsträger in Spanien (1948?). Er hat u.a. die folgenden Literaturzeitschriften herausgegeben: »Vanguardia« (1929), »La Reacción« (1944-45) – beide zus. mit ↑Coronel Urtecho –, »Los Lunes de La Prensa« (1940), »Cuadernos del Taller San Lucas« (1942-45), »El Pez y la Serpiente» (ab 1961). Außerdem war er zeitweise Direktor der einflußreichen, antisomozistischen und schließlich antisandinistischen Zeitung »La Prensa«.

C. ist mit einem umfangreichen Œuvre von Gedichtbänden, Theaterstücken und Essays hervorgetreten. Die Thematik letzterer umspannt Philologie, Politik – in den Jahren 1936-47 setzte er sich mit Verve für den gemeinsamen Widerstand der Staaten Lateinamerikas gegen den Imperialismus der USA ein – und reicht bis zur Altamerikanistik. Als Lyriker gehört er neben J. Coronel Urtecho und J. ↑Pasos zu den wichtigsten Avantgardisten. Seine besondere Leistung ist jedoch die Initialisierung einer thematisch und sprachlich einheimischen Lyrik, die er in seinem zweiten Gedichtband *Poemas nicaragüenses* (1934) präsentiert und kontinuierlich fortsetzt. Diese Lyrik verzichtet auf Mythisches und ist eher meditativ als pathetisch. Sie ist erwachsen aus der Intimität mit der Natur und dem bäuerlichen Lebensbereich Nicaraguas. Kein Dichter hat vor C. dieses idyllische Land der Kühe, der berittenen Hirten, der weiten Ebenen und der Flüsse dargestellt. Er zeigte damit einen Aspekt der nationalen Realität auf, der auch für viele Menschen Nicaraguas über dem Elend und den politischen Wirren unbekannt geblieben war, vor denen er allerdings auch nicht die Augen geschlossen hat. So greift er in seiner Dichtung auch die sozialen und politischen Aspekte auf, wobei christlicher Humanitarismus die Grundnote bildet.

Weitere Werke (Auswahl): Lyrik: *Canciones de pájaro y señora* (1929), *Canto temporal* (1943), *La tierra prometida* (1952), *Libro de horas* (1956), *El jaguar y la luna* (1959), *Poesía. Selección 1929-1962* (1964), *Cantos de Cifar y del mar dulce* (1971), *La ronda del año* (1988); Theater: *Por los caminos van los campesinos* (1937, [5]1982), *La Cegua* (1945), *Máscaras exige la vida* (1952), *Tres obras de teatro nuevo* (1958); Essays: *Hacia la cruz del sur* (1938?), *Breviario imperial* (1939?), *Entre la cruz y la espada* (1946), *Torres de Dios. Ensayos sobre poetas* (1958), *El nicaragüense* (1967), *Aventura literaria del mestizaje y otros ensayos* (1988).
Ausgaben: *Obra poética completa*. San José 1984 ff., 8 Bde. – *Obra en prosa*. San José 1986 ff., 4 Bde.
Literatur: G. Guardia de Alfaro, *Estudio sobre el pensamiento poético de P. A. C.* Madrid 1971. – J. E. Balladares, *P. A. C. La palabra y el tiempo. Secuencia y estructura de su creación poética*. San José 1986. – J. E. Arellano, *El ›corpus‹ poético completo de P. A. C.* CH, 442 (1987), 47-61.

Darío, Rubén
* 18.1.1867 in San Pedro de Metapa (heute Ciudad Darío), † 6.2.1916 in León (Nic.). Eigentl. Félix Rubén García Sarmiento. Er entstammte einer kleinbürgerlichen Familie. Seine wenig glückliche Kindheit verbrachte er in León. Ab 1880 erschienen Gedichte von ihm in nic. Zeitschriften. In El Salvador lernte er 1882 den Dichter F. ↑Gavidia kennen, der ihn in Sprache und Literatur Frankreichs einführte. 1886 kam er nach Chile, arbeitete einige Wochen in Valparaíso als Zollinspektor und entfaltete bald eine umfangreiche journalistische Aktivität. 1889 wurde er Korrespondent der arg. Zeitung »La Nación«, der er viele Jahre verbunden blieb. 1890 schloß er die erste seiner drei Ehen. 1892 kam er erstmals nach Spanien. Der Freundschaft mit dem kol. Dichter und Expräsidenten Rafael Núñez verdankte er 1893 die Ernennung zum Konsul von Kolumbien in Buenos Aires. Sein Weg dorthin führte über New York, wo er José ↑Martí kennenlernte, und Paris. Fünf Jahre währte sein Aufenthalt in Argentinien. Mit R. ↑Jaimes Freyre gründete er die kurzlebige »Revista de América«. Ende 1898 schickte ihn »La Nación« als Korrespondenten nach Spanien. Reisen durch Europa – Italien, Belgien, Deutschland, Österreich – und ein intensives Bohemeleben füllen die Jahre bis 1905 aus. 1908 – Aufenthalte in Rio de Janeiro, Buenos Aires, den Balearen und seiner Heimat waren vorausgegangen – wurde er Botschafter Nicaraguas in Spanien. Dieses Amt verlor er 1910 durch einen Regierungssturz. In Paris gründete er 1911 die span.-sprachige Zeitschrift »Mundial-Magazine«. Allmählich hatte der Alkoholmißbrauch seine Gesundheit ruiniert. 1914 erkrankte er bei einer Vortragsreise in New York an einer Lungenentzündung. Er begab sich, einer Einladung des Diktators Cabrera Estrada folgend, nach Guatemala, bald darauf, im Vorgefühl des Todes, nach Nicaragua.
Werk und Persönlichkeit D.s sind maß-

gebend für die literaturästhetische Bewegung des Modernismus, der über zwei Jahrzehnte lang das Geistesleben der gesamten span.-sprachigen Welt bestimmte. D., der selbst den Begriff »modernismo« als Programm eingeführt hatte, stellte sich bewußt der Aufgabe, eine Sprache der Poesie zu schaffen, die von neoklassischen und romantischen Residuen zu befreien war und dem herrschenden Naturalismus ein oppositionelles Konzept entgegensetzte. Die Kernpunkte seiner ästhetischen Doktrin sind Subjektivierung – »meine Poesie ist mein in mir« – und die Option für die Universalität der Kultur gegenüber nationalistischen oder regionalistischen Tendenzen. Ähnliche Bestrebungen verfolgten bereits J. ↑Martí, J. A. ↑Silva, M. ↑Gutiérrez Nájera oder J. del ↑Casal, die jedoch frühzeitig starben. Die Dichter, die gleichzeitig auf den Plan traten, verehrten D. als Meister, auch wenn die besten von ihnen – S. ↑Díaz Mirón, L. ↑Lugones, A. ↑Nervo oder der Spanier Valle-Inclán – andere Wege suchten. D.s dichterische Produktion beginnt außerordentlich früh. Fast die Hälfte seines lyrischen Gesamtwerks ist schon geschrieben, als er nach Chile aufbrach. Er selbst verwarf diese frühreife Produktion und legte den Beginn seiner Werke mit *Azul...* (1888, 2. erw. Aufl. 1890; dt. *Azul*, 1942) fest. Es ist eine Sammlung von Gedichten und Prosastücken, in der jedes Wort mit Bedacht gewählt ist, aber zugleich eine schwebende Leichtigkeit vorherrscht. Das Gestaltungsprinzip der Gedichte scheint in stärkerem Maße an der Musik als an den Regeln der Prosodie ausgerichtet zu sein. Besonders bei den Erzählungen wird ein perfektes Gleichgewicht von kunstvoll ausziselierter Sprache und einem den Leser sehr direkt ansprechenden Plauderton erreicht. Der Spanier Juan Valera wies als einer der ersten Kritiker auf die neuartige Sprachqualität dieses Werkes hin, die er als »geistigen Gallizismus« würdigte. Das hohe Niveau, das D.s Prosa in *Azul...* besitzt, erreicht er im Vers mit seinem nächsten Werk *Prosas profanas y otros poemas* (1896, 2. erw. Aufl. 1901), einem Buch voller lyrischer Neuerungen oder Wiederentdekkungen: Akzentverschiebungen, Binnenreime, gewagte metrische und Reimkombinationen, frappierende Enjambements etc. Die Seele des Gedichtbandes ist eine fast verzweifelt anmutende Suche nach Schönheit und Erotik, die die Realität nicht bieten kann und die darum in der Kulissenwelt des Rokoko, einer durch den frz. Klassizismus gefilterten Antike und sonstiger Exotismen vorgegaukelt werden. Was bei D. bewußte Maskerade ist, wurde von vielen Nachahmern als bare Münze ausgegeben, und damit wurden die nicht nur brillanten, sondern auch tiefsinnigen und revolutionären *Prosas profanas* als Inbegriff eines verspielten, dekorativen Ästhetizismus mißverstanden. D. hat bereits mit den auf die span. Kulturgeschichte rekurrierenden Zusätzen von 1901 sein Unbehagen wegen der wohlfeilen Imitationen zu erkennen gegeben. Der Höhepunkt seines dichterischen Schaffens ist mit *Cantos de vida y esperanza* (1905) erreicht. Der Schwan, einst Sinnbild des Ästhetizismus und gelegentlicher Frivolität, erlebt die Metamorphose zum Symbol der Hoffnung und der Weisheit. Fragen werden jetzt konkret gestellt und mit einem Unterton der Melancholie beantwortet. Der Künstler versteht sein Metier als eine fast mystische Weise der Erfahrung, als schmerzlich einsames Erlebnis des Absoluten. Die einzige Gewißheit, die es als Teilantwort auf die Frage nach dem Leben gibt, ist der Tod, dessen Präsenz im Genuß und in der Liebe spürbar wird. Erwacht ist das politische Bewußtsein des Dichters. Dem Imperialismus der USA

– 1903 fand die Loslösung Panamas von Kolumbien statt – gilt das heftige, furchtsame »No« der Ode »A Roosevelt«. Es wurde kurz danach in dem Gedicht »Salutación al águila« der Sammlung *El canto errante* (1907) widerrufen. Realistischer schätzten damals D.s Freunde R. ↑Blanco Fombona, J.M. ↑Vargas Vila oder M. ↑Ugarte die Interessen der USA ein. Von D. s umfangreicher Prosa ist zumindest die in Buenos Aires entstandene Sammlung kritischer Porträts, *Los raros* (1896), hervorzuheben, in der – hauptsächlich französische – Autoren dargestellt werden, denen sein eigenes und das Interesse der Zeit galt. Von großer Wichtigkeit ist auch seine Autobiographie: *La vida de R.D. escrita por él mismo* (Madrid 1915).

Ausgaben: *Obras completas.* Hg. A. Ghiraldo. Madrid 1917-19, 22 Bde. (Ghiraldo ist auch Hg. der Ausgaben: Madrid 1920-21, 1922, 23-29, 1932). – *Poesías completas.* Hg. A. Méndez Plancarte. Madrid 1952. [10]1967, Hg. A.O. Belmás). – *Cuentos completos.* Hg. E. Mejía Sánchez. ME 1950. – *Poesía.* Prol. A. Rama. CAR 1977 (BiAy). – *Das Colloquium der Zentauren* (dt. Teils., 1989)

Literatur: H.C. Woodbridge, *R.D.: A Selective Classified and Annotated Bibliography.* Metuchen, N.Y. 1975. – Seminario-Archivo R.D. ALH. 1985 ff. – F.X. Diez de Revenga, *R.D. en la métrica española y otros ensayos.* Murcia 1985. – A.M. Escudero, *R.D., el modernismo y otras páginas.* SCh 1985. – C. Ferreira, *Claves para la lectura de R.D.* Barcelona [6]1985. – A.S. Jofre, *R.D. y la moral estética.* Granada 1986. – A. Rama, *R.D. y el modernismo.* Barcelona [2]1986. – S.A. Ingwersen, *Light and Longing: Silva y D.: Modernism and Religious Heterodoxy.* New York 1987. – J. Larrea, *R.D. y la nueva cultura americana.* Valencia 1987. – T. Fernández, *R.D.* Madrid 1987. – A. Augier, *Cuba en D. y D. en Cuba.* LH 1988. – TC, 15 (1988), 38 (Sondernr.). – RI, 55 (1989), 146/7 (Sondernr.).

Mejía Sánchez, Ernesto

* 6.7.1923 in Masaya, † 29.10.1985 in Mérida/Yucatán. Er studierte ab 1944 Philologie in Mexico und promovierte 1953 an der Universität von Madrid, war Professor für iberoam. Literatur an der UNAM von Mexico. Mit dem Sieg der Sandinisten kehrte er nach Nicaragua zurück und wurde 1980 zum Botschafter in Spanien und Frankreich ernannt. In seiner Heimat und in Mexiko erhielt er verschiedene Auszeichnungen.

Als Literaturwissenschaftler hat M.S. über J. ↑Montalvo, M. ↑Gutiérrez Nájera, J.J. Rousseau, Unamuno, J. ↑Martí und vor allem über R. ↑Darío gearbeitet, dazu oblag ihm seit 1955 die Herausgabe der Werke von A. ↑Reyes. Als Lyriker charakterisieren ihn von seinem ersten Werk *Ensalmos y conjuros* (1947) an fast mathematische Genauigkeit des Ausdrucks, die gelegentlich in Wortspiele mündet (»Yeneralaif«, »Generalife«, »Generalísimo de por vida«). M.S. sucht den poetischen Prozeß transparent zu machen, den Leser an der Erfindung der dichterischen Wahrheit teilhaben zu lassen. Im Verlauf seiner lyrischen Produktion wird die politische Note oder das Bewußtsein, im Exil leben zu müssen, zunehmend akzentuiert. Die Erschütterung verbirgt sich oft hinter Ironie: »Der Tod Somozas, wie der vom Foster| sagt Ike, ist ein großer Verlust, o weh| für die freie Welt ...«

Weitere Werke (Auswahl): Lyrik: *La carne contigua* (1948), *El retorno* (1950), *Antología. 1946-1952* (1953), *Contemplaciones europeas* (1957), *Poemas* (1963), *Recolección a mediodía* (1980); Untersuchungen und Essays: *La mujer nicaragüense en los cronistas y viajeros* (1942, zus. mit J. Coronel Urtecho), *Hércules y Onfalia* (1964), *Rubén Darío en Oxford* (1966), *En torno de Rubén Darío* (1969?), *Cuestiones rubendarianas* (1970), *Vida y ficción de Alfonso Reyes* (1970), *Estelas y homenajes* (1971), *Recolección* (1972).

Literatur: R. Llopesa, *Reto a la palabra en la poesía de E. M. S.* CAM, 246 (1983), 1, 207-213.

Pasos, Joaquín

* 1915 (?) in Granada (Nic.), † 1.1947 in Managua. Jurastudium, danach Journalist, u. a. beim Literatursupplement von »La Prensa«.

Er war das poetische Wunderkind der nic. Avantgardisten und schrieb bereits mit fünfzehn Jahren passable Gedichte in der neuen Art. Zusammen mit J. ↑Coronel Urtecho verfaßte er um 1930 ein burleskes Theaterstück *La chinfonía burguesa* (1957), in dem sie auf Elemente populärer Dichtung zurückgriffen. P.' Stärke ist ein vielseitiger, auch selbstkritischer Humor. Nach E. ↑Cardenal sollen ihn seine Satiren auf die Diktatur gelegentlich ins Gefängnis gebracht haben. Den angeblichen Frustrationen seines Lebens, nie gereist zu sein, nie geliebt zu haben und kein Engl. zu können, wollte er verschiedene Gedichtbände widmen. Freunde gaben postum die Sammlung *Poemas de un joven* (1962) heraus, die den ursprünglichen Plan (»Poemas de un joven que no ha viajado nunca, que no«, etc.) noch erkennen läßt. P. schrieb auch Gedichte über indianische Motive. Die Problematisierung des »Anderen« in manchen seiner Gedichte läßt frühe Berührung mit dem Existentialismus erkennen.

Weitere Werke und Ausgaben: *Las bodas de un carpintero* (1935), *Breve suma* (1945), *Poesías* (1960).

Ramírez, Sergio

* 1942 in Masatepe. Er studierte Jura an der Universidad Nacional de Nicaragua bis zum Anwaltsexamen, 1964. Mit Fernando Gordillo (1941-1967) hatte er 1960 die Zeitschrift »Ventana« und den gleichnamigen Literaturkreis gegründet. 1969 war er Direktor der in San José erscheinenden Zeitschrift »Repertorio«, Generalsekretär der mittelam. Rektorenkonferenz und gründete den Verlag EDUCA. 1973-75 lebte er als Stipendiat des DAAD in Berlin. Er baute danach in Mittelamerika die »Gruppe der 12« auf, einen Zusammenschluß von Intellektuellen, der die militärischen Aktionen des Frente Sandinista (FSLN) diplomatisch flankierte. Nach der Zerschlagung der Diktatur, 1979, wurde er Mitglied der Regierungsjunta, 1984, nach dem Wahlsieg der Sandinisten, Vizepräsident. Seit 1989 ist er Vorsitzender der sandinistischen Parlamentsfraktion.

R. ist Autor von Erzählungen, Romanen und Essays, wobei erstaunlicherweise während der Jahre seiner Regierungstätigkeit die literarische Produktivität noch zugenommen hat. R.s Stärke ist der Humor in einer Bandbreite, die von scharfer Ironie bis zur angewiderten Groteske reicht. Eine hervorragende Sammlung von Erzählungen ist *Charles Atlas también muere* (1976), in der diese Stärke voll zur Geltung kommt. Die gemeinsame Thematik sind die grausamen Bewußtseinsdeformationen der mittelam. Bourgeoisie, die sie durch die Anpassung an US-Kulturnormen, vom Body-Building bis zu Jacqueline Kennedy, erfahren haben. Holzschnittartig (wie die Illustrationen von Dieter Masuhr, 1983) sind die kurzen, zumeist grotesken Diktator-Fabeln *De tropeles y tropelías* (1972; dt. *Vom Vergnügen des Präsidenten*, 1981). R.' erster Roman *Tiempo de fulgor* (1970; dt. *Chronik des Spitals San Juan de Dios, aufgezeichnet von der Schwester María Teresa*, 1973) erfaßt die Lebensläufe verschiedener exzentrischer Gestalten gegen Ende des 19. Jh.s mit Rückblenden in die Kolonialzeit. *¿Te dio miedo la sangre?* (1977; dt. *Die Spur der Caballeros*, 1980) ist einer der bedeutendsten nic. Romane. Es ist das ironisch gefärbte Porträt eines Diktators, der

»el hombre« genannt wird und im Text fast nur indirekt agiert. Auf der Handlungsebene umfaßt das Werk die Zeit nach der Ermordung Sandinos im Jahre 1934 bis 1961, als ein Aufstand gegen den Diktator scheitert und in den USA Kennedy Präsident wird. Die Oppositionellen werden nicht idealisiert, sondern mit ihren Schwächen und Fehleinschätzungen gezeigt, die die jahrzehntelange Diktatur ermöglichten. Erzähltechnisch vermischen sich Szenen, Orte und Zeiten, orientieren oft nur die unterschiedlichen Sprachebenen der Figuren. Der fast 500 S. starke Roman *Castigo divino* (1988) erschien zuerst als Feuilleton im »Nuevo Diario«, einer der drei Zeitungen Nicaraguas. Die Handlung geht auf einen tatsächlichen Kriminalfall eines Giftmörders in der Stadt León im Jahr 1932/33 zurück. Die in dem Roman wiedergegebenen, weitgehend authentischen Zeugenaussagen und Prozeßakten scheinen bald zu klären, wer der Mörder ist, doch im weiteren Verlauf wird die Schuldfrage wieder problematisch. Der besondere Reiz des Romans liegt in der Aufhebung der Grenze zwischen Fiktion und Realität oder auch von lokaler Geschichte und internationaler Aktualität (bis hin zu Anspielungen auf Thatcher oder Biedenkopf). In den detaillierten Darstellungen des historischen Milieus wird das Anliegen sichtbar, im sozialen Mikrokosmos einer Stadt wie León die Voraussetzungen sichtbar zu machen, die zur Errichtung einer über 40 Jahre dauernden Diktatur führen konnten. Tonbandaufnahmen von Gesprächen mit Francisco Rivera Quintero, »El Zorro«, einem der Kommandanten der Anti-Somoza-Guerilla, liegen R.' jüngstem romanhaften Werk *La marca del Zorro* (1989) zugrunde.

Weitere Werke: Erzählungen: *Cuentos* (1963); Sonstiges: *Viva Sandino* (1976; dt. *Viva Sandino*, 1976), *Sandino siempre* (1980; dt. *Mit den Waffen der Zukunft*, 1984), *El alba de oro. La historia viva de Nicaragua* (1983), *Estás en Nicaragua* (1985), *Seguimos de frente* (1985), *El muchacho de Niquinohomo* (1988).

Literatur: J. Correa Camiroaga, *Un artista no es una anécdota*. CAM, 41 (1982), 2 (241), 229-237. – C. Rincón, *Entrevista con S. R.* CDLA, 24 (1983), 139, 126-135. – C. Schaefer, *La recuperación del realismo: ›¿Te dio miedo la sangre?‹ de S. R.* TC, 36/7 (1987), 146-152.

Robleto, Hernán

* 17.10.1892 (?) in Camoapa/Boaco, † 17.2.1969 in Mexico Stadt. Er war Redakteur, Gründer und Leiter verschiedener Zeitungen von Nicaragua und Mexiko. Auf liberaler Seite nahm er 1926 an der Revolution gegen den von den USA unterstützten konservativen Präsidenten Chamorro teil. In den 30er Jahren bekleidete er höhere Staatsämter in Nicaragua.

R. hat Romane, Erzählungen, Essays und Theaterstücke geschrieben. Sein bekanntestes Werk ist der in mehrere Sprachen übersetzte Roman *Sangre en el trópico. La novela de la intervención yanki* (1930; dt. *Es lebe die Freiheit*, 1933). In einem schmucklos sachlichen, »proletarischen« Stil, wie R. seine Darstellungsweise bezeichnete, schildert er Szenen und Schicksale vor dem Hintergrund des Bürgerkrieges und der Guerilla, die Sandino gegen Regierungs- und US-Truppen führte. Der politische Rahmen – der Gigant USA, der im Streit der Zwerge die Partei der Reaktion ergreift – tritt vor der Dokumentation der Unerbittlichkeit des Krieges und einer grausam zerstörerischen Natur zurück. Man hat dem Autor Bewunderung für die USA vorgeworfen. In der Tat ist er um Verständnis bemüht, wie das sentimentale Happy-End belegt: der US-Sergeant Clifford, der eine Kreolin vergewaltigt hat, macht seine Verbrechen wieder gut, indem er bei Kriegsende sein Opfer heiratet. Der nordamerikanische Imperialismus und die Praktiken der mächtigen Handelsgesellschaften in den von ihnen beherrschten kleinen Staaten werden dann konzessionslos scharf in dem thematisch anschließenden Roman *Los estrangulados. El imperialismo yanki en Nicaragua* (1933; dt. *Gabriel Aguilar*, 1935) angeprangert. Eine im Urwald spielende Liebesbeziehung zwischen einer Frau und einem Affen behandelt *Una mujer en la selva* (1936). R.s letzter zu ermittelnder Roman *Brújulas fijas* (1962) ist die Geschichte eines Spaniers, der nach Mittelamerika kommt, um hier sein Glück zu machen. Dramatische, oft haarsträubende Anekdoten und Szenen aus der Mex. Revolution – viele entstammen Augenzeugenberichten direkt Beteiligter – gestaltet R. in dem Erzählband *La mascota de Pancho Villa* (1934).

Weitere Werke (Auswahl): Romane: *Primavera en el hospital* (1924), *Don Otto y la niña Margarita* (1944); Erzählungen: *Cuentos de perros* (1943).

Selva, Salomón de la

* 20.3.1893 in León (Nic.), † 5.2.1959 in Paris. Mit dreizehn Jahren kam er in die USA, wo er von einem Millionär als Sohn adoptiert wurde. Auf einem exklusiven College erhielt er seine Ausbildung. Sein erster Gedichtband *Tropical Town and Other Poems* (1918) erschien auf Engl. Er nahm als Soldat im brit. Heer am 1. Weltkrieg teil. Seine Erfahrungen sind Thema des Gedichtbandes *El soldado desconocido* (1922), der in Mexiko mit Illustrationen von Diego Rivera erschien. 1930 organisierte er aus Solidarität mit Sandino in Nicaragua eine antiimperialistische Kampagne. In der Folgezeit lebte er in Panama und Mexiko. In seinen letzten Lebensjahren kollaborierte er mit dem Somoza-Regime und übernahm diplomatische Funktionen. Merkmale seines späteren lyrischen Werkes sind die Tendenz der Episierung und der intertextuelle Dialog mit griech. und latein. Klassikern. Repräsentativ ist der Band *Evocación de Píndaro* (1957), eine kunstvolle Überlagerung von römischer Geschichte und Gegenwart bzw. Momenten der Biographie von Rubén ↑Darío.

Weitere Werke: Lyrik: *Evocación de Horacio* (1949), *La familia ilustre* (1950), *Tres poesías a la manera de Rubén Darío* (1951), *Canto a la independencia de México* (1955), *Acolmixtle Nezahualcoyotl* (1958), *Versos y versiones nobles y sentimentales* (1975); Roman: *La dionisiada* (1975).

PANAMA

Herrera, Darío	1870-1914
Miró, Ricardo	1883-1940
Korsi, Demetrio	1899-1957
Herrera Sevillano, Demetrio	1902-1950
Sinán, Rogelio	1904
Beleño C., Joaquín	1922
Changmarín, Carlos Francisco	1922
Solarte, Tristán	1924
Arroyo, Justo	1936
Pitty, Dimas Lidio	1941
Jaramillo Levi, Enrique	1944

Arroyo, Justo

* 1936 in Colón. Er studierte in Panama, Mexiko und New York und ist Professor für Literaturwissenschaft an Universitäten in Panama und Mexiko.

Als einer der ersten Prosaautoren seines Landes hat er neue Erzähltechniken, vor allem unter dem Einfluß J. ↑Cortázars, verwendet. A.s erster (Kurz-)Roman, *La gayola* (1966), ist die verschachtelte Geschichte eines Schriftstellers und seines Romans »La gayola« (»Der Knast«), dessen Manuskript von einem Freund vernichtet wird, nachdem der Autor Selbstmord begangen hat. A.s Hauptthemen sind der Schriftsteller und seine Probleme, Jazz und Sexualität. Die Darstellung letzterer in wenig zurückhaltender Weise hat ihm herbe Kritik eingebracht, besonders bei den nächsten, ebenfalls sehr kurzen Romanen. In *Dedos* (1970) werden die Fragmente zweier Lebensläufe gemischt: eines Industriellen, der sich mit einer Prostituierten verheiratet, und seines Freundes, eines gescheiterten Romanciers. In *Dejando atrás el hombre de celofán* (1972) werden einerseits gesellschaftliche Konventionen und schriftstellerische Freiheitsbedürfnisse behandelt, andererseits spiegeln sich im Leben des Protagonisten, eines auf Frauen attraktiv wirkenden Lehrers, die unterschiedlichen Bedingungen von ländlichem Panama (Boca del Toro) und Kanalzone. Die Widersprüche Mittelamerikas behandelt auch *Geografía de mujer* (1982), der Roman eines Schriftstellers aus Panama, der in dem kosmopolitisch hohlen Ambiente von Mexiko Stadt mit Übersetzungen sein Leben fristet. Das Doppelgänger-Thema und die Erzählweise in der zweiten Person charakterisieren den Kurzroman *El pez y el segundo* (1979).

Weitere Werke: Erzählungen: *Capricornio gris* (1972).

Beleño C., Joaquín

* 5.2.1922 in Panama Stadt. Während des Studiums in seiner Heimat war er als Hilfsarbeiter in der Kanalzone und in der studentischen Reformbewegung tätig. In New York spezialisierte er sich auf öffentliche Verwaltung. Er bekleidete verschiedene höhere Ämter und war mehrere Jahre Kolumnist der Zeitung »La Hora«. Er erhielt dreimal den Nationalpreis (1950, 1959, 1965).

Kein Werk eines anderen panam. Autors erreichte die internationale Verbreitung, die B. mit seinem ersten Roman *Luna verde* (1951) erzielte, der in mehrere Sprachen übersetzt wurde. B. gestaltet in ihm eigene Erfahrungen als rassisch diskriminierter Arbeiter in der Kanalzone. Die Romanhandlung entwickelt sich aus vielen Einzelszenen und mündet in einem Protest von Studenten und Arbeitern gegen ein Abkommen mit den USA. Lyrische Passagen bilden den stilistischen Kontrapunkt zur straffen, dokumentarischen Schilderung. Die Rassendiskriminierung in der Kanalzone behandelt auch der Roman *Gamboa Road Gang. (Los forzados de Gamboa)* (1960), in dem die Mischung von umgangssprachlichem Span. und Engl. ein neues Kunstidiom ergibt. Die Hauptperson, der uneheliche Sohn einer schwarzen Jamaikanerin und eines weißen US-Soldaten, wird wegen der Vergewaltigung einer Weißen, die sein Ideal verkörpert, zu fünfzig Jahren Gefängnis verurteilt. Über den persönlichen Fall hinaus gestaltet B. in dem Roman die nationale Problematik seines durch die Kanalzone in geographischer, sozialer und politischer Hinsicht geteilten Landes. Die durch die sich bekämpfenden christlichen Religionen entstandenen Konflikte in Mittelamerika, hier konkret in der Kanalzone, und ausgetragen zwischen einem katholischen Studenten und einem protestantischen

Prediger, behandelt der um 1940 entstandene Roman *Curundú* (1963).

Weitere Werke: Roman: *Flor de banana* (1970).
Literatur: F. Perus, *Crisis, identidad y diálogo en ›Luna verde‹ de J. B.* PLURAL, 19/2 (1989), 218, 28-39.

Changmarín, Carlos Francisco
* 26.2.1922 in Los Leones/Veraguas. Er war Lehrer, Maler, Musiker, Liedermacher und Fotograf. In seiner Lyrik herrscht soziales Engagement aus emotionaler Betroffenheit vor. Gleiches gilt für seine Prosa. Die Erzählungen von *Faragual* (1961) behandeln die von Armut beherrschten Lebensbedingungen der Landbewohner von Veraguas. Der kurze Roman *El guerrillero transparente: Victoriano Lorenzo* (1982) verherrlicht den im Titel genannten Caudillo indianischer Abstammung in der Zeit des »Krieges der 1000 Tage« (bis 1902).

Weitere Werke: Lyrik: *Punto 'e llanto* (1948), *Dos poemas* (1953), *Poemas corporales* (1956), *Socabón* (1959); Kinderliteratur: *Las tonadas y los cuentos de cigarra* (1975).

Herrera, Darío
* 18.7.1870 in Panama Stadt, † 10.6.1914 in Valparaíso. Er lebte in Buenos Aires, Mexiko, Lima und Callao und hatte auch die unvermeidliche Reise nach Paris unternommen. Nur ein Buch wurde von ihm zu Lebzeiten veröffentlicht, ein Band mit modernistischen Erzählungen, *Horas lejanas* (BA 1903), der vor allem wegen seiner stilistischen Feinheit hervorgehoben wird. Später erschien noch eine Sammlung seiner Lyrik, *Lejanías* (mit Vorw. von R. ↑Miró, Panama, Lima 1971).

Ausgabe: *Horas lejanas y otros cuentos.* Vorw. R. Miró. Panama 1971.

Herrera Sevillano, Demetrio
* 27.11.1902 in Panama Stadt, † 9.10.1950 ebd. Die Armut seiner Familie erlaubte ihm nur den Besuch der Grundschule, dann mußte er arbeiten, wurde Buchbinder, heiratete früh und starb, inzwischen als Dichter bekannt geworden, als Alkoholiker und einsam in einer jener Elendswohnungen, von denen in manchen seiner Gedichte die Rede ist.
H. S. ist einer der wenigen Dichter des Kontinents, der aus proletarischen Verhältnissen stammte und sich zeitlebens diesen zugehörig fühlte. An Dante und den Modernismus erinnert sein erster Gedichtband *Mis primeros trinos* (1924). Techniken und Metaphern der lateinam. Avantgarde der 20er Jahre finden sich in *Kodak* (1937). Seine populäre und persönlichste Phase beginnt mit *Los poemas del pueblo* (1938). Lebensnah, ohne Pathos und Monotonie schildern Gedichte wie »Orfandad«, »Vida pobre«, »Cuartos« Armut und Aussichtslosigkeit, gegen die sich auch die Natur verschworen zu haben scheint. Gelegentlich überraschen eigenartige Symbole wie jene Puppe in einem Schaufenster in »Jacinto, el carpintero«, Inbegriff aller möglichen existentiellen Frustrationen. Mit schmerzlicher Ironie werden in anderen Kompositionen Ausbeutung und selbstverschuldetes Elend aufgezeigt. Zu den eindringlichsten und kunstvollsten Gedichten gehört »Tú siempre dices que sí«, eine Mahnung an den panam. Arbeiter zu verneinen, was er immer wieder bejahte.

Weitere Werke: *Mensaje en verso* (1934), *La fiesta de San Cristóbal* (1937), *Antología poética* (1945), *La canción del esclavo* (1947), *Ventana* (1950).

Jaramillo Levi, Enrique
* 11.12.1944 in Colón. Er studierte Anglistik in Panama und USA. Am Colegio de México promovierte er in Hispanistik. Er hielt Seminare für »Creative Writing« nach US-am. Vorbild

und ist Herausgeber der Kulturzeitschrift »Maga« sowie der Anthologien *Antología crítica de joven narrativa panameña* (1971), *Poesía panameña contemporánea* (1980) und *Poesía erótica de México* (1982, 2 Bde.). Der letzteren Thematik ist u.a. auch sein Gedichtband *Cuerpos amándose en el espejo* (1982) gewidmet. Poesie der Erotik und Erotik des poetischen Wortes ist die dialektisch formulierte Lektüreanweisung zu diesen Gedichten. J.M. ist außerdem als Prosaautor hervorgetreten. *Duplicaciones* (1973), sein erster Band mit Erzählungen, ordnet sich ein in die Tendenz der fantastischen Literatur in Anlehnung an J. ↑Cortázar. In vielen Erzählungen geht es um die Erhellung grotesker oder absurder Aspekte im scheinbaren Normalfall. J.L. hat auch politische Essays veröffentlicht, darunter *Canal de Panamá* (?) sowie, zusammen mit anderen Autoren, *Explosión en América: el canal de Panamá* (1983?).

Weitere Werke: Erzählungen: *El buho que dejó de latir* (?), *La voz despalabrada* (?)

Korsi, Demetrio

*13.1.1899 in Panama Stadt, †30.10.1957 ebd. Er war panam. Konsul in San Francisco, Le Havre und Kingston sowie Leiter der staatlichen Biblioteca Colón.

K. ist eins jener lyrischen Talente, die schon von ihren Jugendwerken an, bei aller Abhängigkeit von Vorbildern, eine eigene, unerschöpfliche Kraft erkennen lassen. So ist zunächst noch der Einfluß R. ↑Daríos vorhanden, etwa in der Vogel-Symbolik, besonders jedoch der des Peruaners J.S. ↑Chocano, dem K. in der Klage über den mangelnden Heroismus der Aktualität nacheifert. Ab *Cumbia!* (1935) gewinnt seine Dichtung einen eigenständigen Charakter, teils durch die Thematisierung der sozialen und kulturellen Probleme Panamas, teils durch eine humoristische Tendenz und Rückgriff auf die Folklore der Karibik. Das Titelgedicht des genannten Bandes ist eine den Cumbia-Rhythmus imitierende Ballade über die blutige Rache eines Schwarzen an einem »Gringo«, der ihm die Frau ausgespannt hat. In späteren Gedichten ist diese humorige Distanz zum Nationalismus nicht immer vorhanden, ein ästhetisches Defizit, das K. nur selten durch andere Mittel überwand.

Weitere Werke: Lyrik: *Los poemas extraños* (1920), *Tierras vírgenes* (1923), *Los pájaros en la montaña* (1924), *Bajo el sol de California* (1924), *El viento en la montaña* (1926), *El palacio del sol* (1927), *Block* (1934?), *El grillo que cantó sobre el canal* (1937), *Cumbia y otros poemas panameñistas* (1941), *El grillo que cantó bajo las hélices* (1942), *Yo cantaba a la falda del Ancón* (1943), *Pequeña antología* (1947), *Canciones efímeras* (1950), *Nocturno en gris* (1952), *Los gringos llegan y la cumbia se va...* (1953), *El tiempo se perdía y todo era lo mismo* (1955); Romane: *Leyenda bárbara* (1921), *Escena de la vida tropical* (1934).

Miró, Ricardo

*5.11.1883 in Panama Stadt, †2.3.1940 ebd. In Bogotá besuchte er eine Akademie für Malerei. Er nahm aktiv an den separatistischen Unruhen von 1903 teil, die zur Abtrennung Panamas von Kolumbien führten. Er war dann als Journalist tätig, u.a. als Herausgeber der Zeitschrift »Nuevos Ritos«. Zeitweise war er Diplomat, Leiter der Staatsarchive und Sekretär der Sprachakademie. Hervorgetreten ist er in allen literarischen Gattungen. Man würdigt ihn jedoch besonders als ersten Dichter seines Landes. Sein erster Gedichtband *Preludios* (1908) erscheint zur Blütezeit des Modernismus, dennoch gehört M., entsprechend dem allgemeinen Kulturdefizit seines Landes, eher einer späten Spätromantik an. Seine Lieblingsthemen waren Frau, Mond, Meer, Möwen, Reiher und Nacht. Ein patriotisches Gefühl ist gelegentlich zu bemerken, obgleich M. eigentlich apolitisch blieb.

Weitere Werke: Lyrik: *Los segundos preludios* (1916), *La leyenda del Pacífico* (1919), *Versos patrióticos y recitaciones escolares* (1925), *Caminos silenciosos* (1929), *El poema de la reencarnación* (1929), *Antología poética* (1937, 1951, 1975); Prosa: *Flor de María* (1922).
Literatur: Rodrigo Miró, *Cuatro ensayos sobre la poesía de R. M.* Panama 1983.

Pitty, Dimas Lidio
* 1941 in Potrerillos/Chiriquí. Er studierte in Panama und Santiago de Chile. Aus politischen Gründen ließ er sich um 1970 in Mexiko Stadt nieder, wo er noch immer journalistisch tätig ist. Er ist mit Gedichtbänden hervorgetreten, die sich in die Linie der »poesía conversacional« von M. ↑Benedetti oder E. ↑Cardenal einordnen. Außer Erzählungen hat er auch einen ambitiösen Roman verfaßt, *Estación de navegantes* (1976), der in einer Mischung aus lyrischer Prosa, historischen Dokumenten und fiktiver Handlung in Ich-Perspektive die soziale und politische Problematik des Panamakanals behandelt.

Weitere Werke: Lyrik: *Camino de las cosas* (1965), *El país azul* (Erzählungen u. Gedichte für Kinder, 1968), *Crónica prohibida* (1979); Erzählungen: *El centro de la noche* (1977), *Los caballos estornudan en la lluvia* (1979).

Sinán, Rogelio
* 25.4.1904 (1902?) auf Taboga, einer Insel an der Einfahrt zum Panamakanal. Eigentl. Bernardo Domínguez Alba. Er studierte in Santiago de Chile und Rom. 1930 kehrte er nach Panama zurück und lehrte Literatur und Ästhetik am Instituto Nacional. 1937-38 war er Generalkonsul in Kalkutta. Ab 1941 entfaltete er in seinem Land eine intensive kulturelle Aktivität, gründete das Departement für schöne Künste, organisierte eine Volkstheatergruppe, gab die Zeitschrift »Biblioteca Selecta« heraus und war Präsident der panam. Sprachakademie.
Mit seinem ersten Gedichtband *Onda* (1929) gab S. den Auftakt zur modernen Poesie in Panama. Beeinflußt von der geometrischen Transparenz der Lyrik des Spaniers Jorge Guillén, sucht S. konkrete sinnliche Eindrücke auf elementare Muster zurückzuführen. Zu den verbreitetsten Gedichten gehört »Balada del seno desnudo«, die farbige, mit äußerst geringen Mitteln gestaltete Momentaufnahme einer erotischen Situation. Auch in den späteren Gedichtbänden erweist sich S. vor allem in den kürzeren Gedichten als ausdrucksstark und originell, während manche seiner größeren Kompositionen fragwürdig sind, etwa jenes von Dante inspirierte, apokalyptische Titelgedicht von *Incendio* (1944) in seiner Kombination von Halleluja-Ausrufen und surrealistischer Metaphorik.
S. hat auch als Prosaautor zur Modernisierung der Literatur seines Landes beigetragen. Psychische, von sexuellen Konflikten herrührende Probleme behandeln seine bekanntesten Erzählungen wie die Titelgeschichten von *Todo un conflicto de sangre* (1946), in der suggestiv die Beziehung zwischen der Protagonistin und ihrem »Opfer« offen bleibt, und *La boina roja y cinco cuentos* (1954), eine Variation des Andersenschen Märchens von der in eine Frau verwandelten Nixe. Der bereits 1943 preisgekrönte Roman *Plenilunio* (1947) ist auf der zentralen Handlungsebene – Panama zur Zeit des 2. Weltkriegs – eine dramatische Mischung aus Haß, Liebe, Frauenhandel, Sexualität, Verbrechen, Rassendiskriminierung etc. In Vollmondnächten, so das Hauptmotiv, gerät die neurotische

Protagonistin im Angedenken an ihren in Antwerpen erschossenen Geliebten in einen Zustand sexueller Ekstase, der von ihrem verabscheuten Ehemann ausgenutzt wird. Ein doppelter Rahmen relativiert das Geschehen zunächst als Bericht der drei überlebenden Personen, dann als Traum des Erzählers, den eine fiktive Leserin miterlebt. S. hat dann noch einmal mit *La isla mágica* (1978) einen voluminösen, manchmal als Pornographie verleumdeten Beitrag zum neuen lateinam. Roman geleistet. In zehn Teilen von jeweils zehn Kapiteln wird die mehrere Generationen umfassende Geschichte einer Insel – ihr Modell ist Taboga – in einem Puzzle von Handlungsfragmenten und Anekdoten dargestellt. Eine der Hauptfiguren, der potente Liebhaber und Faulenzer Juan Felipe ist eine panam. Version des Don-Juan-Mythos im Anschluß an Lord Byron oder Shaw.

Weitere Werke: Lyrik: *Semana Santa en la niebla* (1949), *Saloma sin sal o mar* (1969); Erzählungen: *Dos aventuras en el lejano oriente* (1947), *Los pájaros del sueño* (1958?), *El candelabro de los malos oficios y otros cuentos* (1982); Kindertheater: *La cucarachita mandinga* (1961); Essay: *Los valores humanos en la lírica de Maples Arce* (1959). Ausgabe: *Homenaje a R.S.: poesía y cuento.* Hg. E. Jaramillo Levi. ME 1982.

Literatur: J. Ruffinelli, *El trópico sensual de R.S.* TC, 5 (1979), 12, 128-141. – A. Soto de Cáceres, *Breve viaje a ›La isla mágica‹ de R.S.* LNB/L, 293 (1980),4, 20-30. – R. Ruiloba, *R.S. o la muerte de Don Juan.* LNB/L, 320(1982), 1, 50-55. – A. Camacho-Gingerich/W.P. Gingerich, *Entrevista con R.S.* RI 52 (1986), 137, 911-927.

Solarte, Tristán

*1.6.1924 in Bocas del Toro. Eigtl. Guillermo Sánchez Borbón. Er stammt aus einer Grundbesitzerfamilie. In Costa Rica besuchte er die Universität und war dann in Panama als Bakteriologe tätig. Einige Jahre lebte er in Buenos Aires als Diplomat, danach zeitweise im Exil in Mexiko.

S. ist zunächst als Lyriker mit *Voces y paisajes de vida y muerte* (1950) und dem bereits 1952 mit dem Miró-Preis ausgezeichneten Band *Aproximación poética a la muerte* (1973) bekannt geworden. Obwohl diese Lyrik der Avantgarde zugerechnet wird, beweist S. sein dichterisches Können vor allem in einigen konzentrierten Sonetten, z.B. »Retrato« oder »Memento«. Das Vorbild, das auch in ihnen durchschimmert, ist V. ↑Huidobro, sei es in präzisen Worterfindungen wie »Phantasmometer« oder in der burlesk großspurigen Gestik eines »kleinen Gottes«. Gegenüber den brillanten kürzeren Kompositionen erscheint das lange Titelgedicht der letztgenannten Sammlung theatralisch, wenn nicht banal. S. hat auch Romane veröffentlicht, der bekannteste ist *El ahogado* (1957). Der zumeist nüchtern berichtende Text beginnt mit dem mysteriösen Mord an einem jungen, talentierten Dichter und Sänger aus Bocas del Toro. Im weiteren Verlauf entwickelt sich anhand von Aussagen verschiedener Personen, vor allem aus Panamas Halbwelt, eine überraschende Geschichte von sexuellen Exzessen und Wahnsinn. Das Leitmotiv des »Ertrinkens« durchzieht in verschiedener Gestaltung, etwa als Legende von der bestraften Sünderin Tulivieja, den Roman.

Weitere Werke: Lyrik: *Evocaciones* (1950); Romane: *El guitarrista* (1961), *Confesiones de un magistrado* (1968).

Literatur: V. Fernández Cañizález, *Análisis de la obra literaria de T.S.* Madrid 1974.

PARAGUAY

Barrett, Rafael	1876-1910
Casaccia, Gabriel	1907
Campos Cervera, Hérib	1908-1953
Pla, Josefina	1909
Rodríguez-Alcalá, Hugo	1917
Roa Bastos, Augusto	1917
Rivarola Matto, José María	1917
Romero, Elvio	1927
Appleyard, José Luis	1927
Halley Mora, Mario	1928
Bareiro Sagüier, Rubén	1930
Vallejos, Roque	1943
Silva, Lincoln	1945

Appleyard, José Luis

* 1927. Er ist Jurist, Dozent für Literaturwissenschaft, Mitarbeiter mehrerer par. Zeitschriften und Redakteur von »La Tribuna«, wo er zweisprachig seine monologischen Glossen veröffentlichte, die er dann gesammelt als *Monólogos* (1980) herausbrachte. Er ist Autor von Gedichtbänden, Theaterstücken, Erzählungen und dem Roman *Imágenes sin tierra* (1965), der das Thema des Exils in einer kontrapunktischen Komposition behandelt: Die Träume des Emigranten von einer idealisierten Heimat werden mit den tatsächlichen Zuständen konfrontiert.

Weitere Werke (Auswahl): Lyrik: *Entonces era siempre* (1963), *El sauce permanece* (1963?), *Tres motivos* (1965); Theater: *Aquel 1811* (1961).

Bareiro Saguier, Rubén

* 1930 in Villeta del Guarnipitán. Er hat Jura und Literaturwissenschaft in Asunción studiert und lebt seit 1964 in Paris, wo er als Dozent für Guaraní an der Universität Paris-Vincennes tätig ist. Außer Arbeiten über Ethnolinguistik und die Literatur Paraguays hat er Lyrik und Erzählungen publiziert, die weitgehend auf eigenem Erleben basieren und stilistisch der in Paraguay gesprochenen Sprache, mit starken Guaraní-Einflüssen, angenähert sind. Von seiner Lyrik liegen drei Bände vor. In *Biografía de ausente* (1964), werden die bis in die Kindheit zurückgeführten Lebenserfahrungen durch biblische Symbolik überhöht. Den thematischen Gegenpol zur ländlichen Heimat bildet das Exil in der fremden Stadt. *A la víbora de la mar* (1977, erw. 1987) geht ebenfalls auf jugendliche Erfahrungen zurück, stärker wird hier jedoch das Element der Identität in der Zugehörigkeit zur Guaraní-Kultur betont, die auch in der spezifischen Form des in diesem Band verwandten »Kotyú«, eines Haiku-ähnlichen Kurzgedichtes, zum Ausdruck kommen soll. *Estancias / Errancias / Querencias* (1982) ist ein in sieben Teile gegliederter Gedichtzyklus, in dem die Auseinandersetzung mit der politischen Situation seines Landes, die eigene Gefängnishaft (1972, bei einem Besuch in Paraguay), aber auch Reisen und Freundschaften thematisiert werden. B. S. ist Herausgeber einer umfangreichen Sammlung von Volksdichtung der vier Guaraní-Gruppen in seinem Land, *Literatura guaraní del Paraguay* (CAR 1980, BiAy).

Weitere Werke: Erzählungen: *El clown* (1954), *La operación* (1968), *Pact du sang* (1971, frz., danach span. u. d. T. *Ojo por diente*, 1972, Preis Casa de las Américas), *El séptimo pétalo del viento* (1984); Untersuchungen, Essays: *Panorama de la literatura paraguaya* (1959), *Cuento y novela* (1960), *Paraguay* (1972), *Augusto Roa Bastos (caídas y resurrecciones de un pueblo)* (1989), *De nuestras lenguas y otros discursos* (1990).

Literatur: F. Navarro, *El ave de vuelo mestizo. Aproximaciones a la poesía de R. B. S.* HISPA, 17 (1989), 49, 101-106. – *R. B. S.* Université Paul-Valéry Montpellier III 1987. – *R. B. S. Valoraciones y comentarios acerca de su obra.* ASU 1987.

Barrett, Rafael

* 7.1.1876 in Torrelavega/Santander (Span.), † 17.12.1910 in Arcachon (Frankr.). Der junge Aristokrat aus der Familie Alvarez de Toledo kam 1903 nach Südamerika und ließ sich zunächst in Buenos Aires, bald darauf in Asunción nieder, wo er sich mit einer Paraguayerin verheiratete. Hier schrieb er u. a. für die Zeitungen »Los Sucesos«, »La Tarde«, »El Diario« und gründete die Wochenschrift »Germinal«. 1908 wurde er wegen Kritik an der Diktatur verhaftet und nach Brasilien deportiert. 1909 Rückkehr nach Paraguay. Um sich von einer Tuberkulose zu heilen, begab er sich kurz vor seinem Tod nach Frankreich.

Seine zahlreichen, vorwiegend während seines Aufenthaltes in Paraguay erschienenen Zeitungs- und Zeitschriftenartikel wurden von ihm selbst in einigen Sammlungen zusammengefaßt: *Moralidades actuales* (1910), *Al márgen* (1912), *Mirando vivir* (1912), *Ideas y críticas* (1912). Die bekannteste Sammlung ist *El dolor paraguayo* (1911; CAR 1978, BiAy), in der er ein breites Panorama von Landschaftsskizzen, selbsterlebten Situationen, Kommentaren zu dem Elend der Landarbeiter und zur politischen Situation entfaltet. B.s klare und geschmeidige Prosa, die in einigen Beschreibungen lyrische Intensität gewinnt, weist ihn als den wichtigsten Vertreter des Modernismus in seiner Wahlheimat Paraguay aus, in der sich diese Tendenz erst nach seinem Tod durchsetzt. B. ist auch Autor einiger brillanter Erzählungen, die z. T. der Band *Cuentos breves (Del natural)* (1911) vereint, in denen seine sarkastische Sozialkritik die detaillierte Darstellung von Luxus und Kostbarkeiten nicht ausschließt. Ein anderes wichtiges Werk ist seine Reportage *Lo que son los yerbales* (1910) über die unmenschlichen Arbeitsbedingungen der Mate-Pflücker in den Urwäldern des Paraná.

Ausgaben: *Obras completas*. BA 1943, 3 Bde. (Auch BA 1954; ASU 1973; ASU, Madrid 1988/89). – *Cartas íntimas*. MON 1967.
Literatur: V. Muñoz (Hg.), *B. en Montevideo*. MON 1982. – C. Meneses, *B., personaje quijotesco*. CH, 462 (1988), 33-44.

Campos Cervera, Hérib
* 1908 in Asunción, † 28.8.1953 in Buenos Aires. In den 20er Jahren gehörte er zu den par. Modernisten um die Zeitschrift »Juventud«. Danach, beeinflußt vom Surrealismus, wird er als Mitglied der um 1943 entstandenen Gruppe »Vy'á Raity« (etwa »Nest der Freude«), zu der auch A. ↑Roa Bastos und J. ↑Pla gehörten, zum wichtigsten Vertreter der Avantgarde in Paraguay. Wegen des Bürgerkriegs von 1947 begibt er sich ins Exil nach Buenos Aires, wo sein einziger Gedichtband *Ceniza redimida* (1950, Neuaufl. 1982, Hg. M. A. Fernández) erschienen ist, dem mehrere Jahre nach seinem Tod die Sammlung *Hombre secreto* (1966) folgte. Im wesentlichen lassen sie zwei thematische Linien erkennen: Ein existentialistisch beeinflußtes Lebensverständnis, das vom »Nichts« und von der »Angst« beherrscht wird. C. C. hat diese persönlichen, intimistischen Gedichte als »Poesie der Maske« bezeichnet. »Poesie des Nächsten oder des Aufschreis« sind demgegenüber die Gedichte, in denen sein politisches und soziales Engagement zum Ausdruck gekommen ist und an die viele par. Dichter, darunter E. ↑Romero angeknüpft haben.

Literatur: H. Rodríguez Alcalá, *El vanguardismo en el Paraguay*. RI 48 (1982), 118/119, 241-255.

Casaccia, Gabriel
* 20.4.1907 in Asunción. Eigtl. Benigno Gabriel Casaccia Bibolini. Er entstammt einer wohlhabenden Familie von Einwanderern. An der Universität von Asunción promovierte er als Jurist. Bis ins hohe Alter hat er dann den Beruf des Rechtsanwalts ausgeübt. Um 1932 war er Kabinettschef im Außenministerium seines Landes. 1935 ging er ins Exil, zunächst ins arg. Posadas, 1951 für immer nach Buenos Aires.
C.s Romane und Erzählungen bedeuten für die Literatur Paraguays den Anschluß an die Moderne. Ein großer Teil dieses Werkes spielt in der fiktiven kolonialen Kleinstadt Areguá, Mikrokosmos oder literarisches »Purgatorium« Paraguays, die erstmals 1937 erwähnt wird. C.s Debut ist der Roman *Hombres, mujeres y fantoches* (1930). In der Handlungsführung erkennbar an-

gelehnt an E. ↑Larretas *Zogoibi*, wird dem aus der par. Oberschicht stammenden Protagonisten eine Ausländerin zum Verhängnis. Manche Grundzüge des weiteren Schaffens sind schon erkennbar: die scharfe Kritik an allen Gesellschaftsschichten Paraguays; übersensible, neurotische oder zu Perversionen neigende Charaktere; die Sexualität in diversen Kombinationen als wichtigste und oft zerstörende Kraft. Romantechnisch kontrollierter ist der Kurzroman *Mario Pareda* (1939), in dem verschiedene Erzählebenen vorhanden sind. Die Probleme des Helden kreisen um politisches Engagement, die Liebe zu einer Kusine und zu einem Studienkollegen. Mit *La Babosa* (1952) beginnt die Serie der großen Romane C.s. Trügerisch einfach sind Sprache und Handlungsgerüst des Werkes, das eine tiefgründige und unerbittliche Kritik an Paraguay enthält. Der Schauplatz ist Areguá, wo außer den Einwohnern auch Sommergäste aus Asunción anwesend sind. Hauptperson ist Angela, eine bigotte Klatschtante, deren Intrigen und hinterhältige Angriffe den Tod mehrerer Personen verursachen. Die andere Hauptperson ist der entwurzelte Ramón Fleitas, unehelicher Sohn einer Indianerin, frustrierter Dichter und Jurist, der sich gegen seinen reichen Schwiegervater auflehnt und als Spieler und Trinker verwahrlost. Das Politische wird deutlicher in den folgenden Romanen herausgearbeitet. Eine der Handlungsebenen von *La llaga* (1964) ist eine gescheiterte Verschwörung zum Sturz des Diktators Alsina. Die andere Ebene ist ein Mutter-Sohn-Konflikt: Der junge Atilio verrät den Liebhaber seiner Mutter Constancia an die Polizei, weil er in ihrem libertinären Lebenswandel den Grund für den Selbstmord seines Vaters sieht, aber auch sexuelles Verlangen nach ihr empfindet. Er erschießt sich mit dem Revolver seines Vaters. Einige der Personen, darunter Constancia, finden sich in *Los exiliados* (1966) als politische Emigranten in der deprimierenden Grenzstadt Posadas wieder. Das von C. entworfene Bild kann kaum negativer sein. Manche Personen befinden sich schon über zwanzig Jahre im Exil, warten, konspirieren, aber haben längst den Kontakt zur Realität ihrer Heimat verloren. Ihre Kinder sind entweder gleichgültig oder Strolche. Das Motiv des Inzests, das hier ebenfalls gestaltet wird, gewinnt symbolischen Gehalt in der Gleichsetzung von Vater – Diktator, Mutter – Paraguay, Söhne – Exilierte. Mit *Los herederos* (1975) kehrt C. noch einmal nach Areguá zurück. Der Handlungskern sind die Vorbereitungen für eine neue revolutionäre Erhebung, die schon von Anfang an zum Scheitern verurteilt ist. Noch dichter und bitterer – auch durch die Verwendung von Monologen – ist hier das Gewebe von niedriger Gesinnung, Verrat, Grausamkeit und Perversionen. Den Kontrast zum Grundton der Trauer bilden schwarzer Humor und die zahlreichen ironischen Anspielungen auf historische und noch lebende Persönlichkeiten Paraguays. Eine der komplexesten Gestalten ist der Arzt Indalecio, gebildet, opportunistisch, maßlos in seinem Stolz, seiner Feigheit und seinen Sexualbedürfnissen, die vor allem von Minderjährigen befriedigt werden. Er ist einer der »Erben« jener Konquistadoren Paraguays vor 400 Jahren, die sich angesichts der vielen Indianermädchen laut der Chronik von Martín del Barco Centenera wie in »Mohammeds Paradies« vorkamen. Von C.s erzählerischem Werk ist der Band *El pozo* (1947, ²1967) hervorzuheben. In den kompakten und spannenden Erzählungen geht es vor allem um die Freisetzung von elementaren, den sozialen Regeln entzogenen Kräften im Verhalten der Personen. So treiben

Verlustängste den Protagonisten der Titelgeschichte dazu, seine Braut zu erwürgen. Wird hier durch die Austauschbarkeit von Realität und Wahn oder Traumvorstellung eine besondere Dichte erzeugt, ergeben sich in andern Erzählungen durch historische oder soziale Analogien zusätzliche Bedeutungsebenen. In »La ilusión de Tomás González« weiß der kleine Postbeamte, als er endlich seinen Dienst quittieren darf, nichts mit seiner Freiheit anzufangen. *Cartas a mi hermano* (1982) sind C.s Briefe an seinen in Paraguay lebenden Bruder in den Jahren 1937-48.

Weitere Werke: Theater: *El bandolero* (1932); Erzählungen: *El guajhú* (1938). Ausgabe: *Cuentos completos*. ASU 1984. Literatur: R. Bareiro Saguier, *El tema del exilio en la narrativa paraguaya contemporánea*. UTIEH/C,14 (1970), 79-96. – F.E. Feito, *El Paraguay en la obra de G.C.* BA 1977. – T. Méndez Faith, *Exilio y estructuración espacio-temporal en la novelística de G.C.* ESCRITURA, 8 (1983), 16, 179-190. – T. Méndez Faith, *Exilio y producción literaria paraguaya*. UA/REH, 18 (1984),3, 357-369. – E. Marini Palmieri, *›La Babosa‹ de G.C. o la tragicomedia de la irresponsabilidad*. ASU 1988.

Halley Mora, Mario

* 1928 (?). Er ist der erfolgreichste Dramatiker seines Landes, von dem bereits in den 70er Jahren über vierzig Theaterstücke aufgeführt worden waren, einige auch in Argentinien. Als seine besten Dramen galten *Interrogante* (1968), *Un rostro para Ana* (1970), *La Madama* (1974). Eins seiner neueren Stücke, *El juego del tiempo* (ASU 1986, zus. mit *Testigo falso*), handelt von zwei älteren, unverheirateten Schwestern, die voller Verbitterung und mit gegenseitigem Haß ihr Leben betrachten, bevor sie Selbstmord begehen. H.M. ist auch Autor der Romane *Raíces de la aurora* (19??) und *La quema de Judas* (1965). Der Band *Cuentos y anticuentos* (1971) vereint einen Teil seiner zahlreichen Erzählungen.

Weitere Werke (Auswahl): Theater: *Se necesita un hombre para caso urgente* (1959), *El dinero del cielo* (1961), *El último caudillo* (1966), *Magdalena Servín* (1967); Ausgabe: *Teatro paraguayo* (1971, 2 Bde.)

Pla, Josefina

* 1909 in Las Palmas auf Gran Canaria. Seit 1927 lebt sie in Paraguay und ist als Journalistin, Kritikerin, Leiterin eines Theaters, Universitätsprofessorin, bildende Künstlerin etc. tätig. Sie war verheiratet mit dem par. Maler und Bildhauer A. Campos Cervera, als dessen Witwe sie das nach seinem Künstlernamen Julián de la Herrería genannte Museum in Asunción leitet. Sie ist die Förderin vieler Autoren gewesen, darunter E. ↑Romero, Roque ↑Vallejos und A. ↑Roa Bastos, der sie einmal als den »Motor der par. Literatur« würdigte.

Ihr umfangreiches Werk umfaßt alle Gattungen, wobei Lyrik, literatur- und kunstgeschichtliche Studien überwiegen. Ihre Lyrik entwickelt sich vom surrealistisch beeinflußten, eher assoziativen Frühwerk, *El precio de los sueños* (1934), zu direkteren Formen des Ausdrucks. Eines ihrer Hauptthemen ist die erotische Erfahrung. In vielem ähnelt sie darin D. ↑Agustini. Wie die Uruguayerin übergeht sie moralische Tabus, und wie diese transzendiert sie Erotik zur metaphysischen Realität. Im Spätwerk *Follaje del tiempo* (1981), *Tiempo y tiniebla* (1982) oder *La llama y la arena* (1987) wird vor allem die Auseinandersetzung mit der Zeit thematisiert. *Los treinta mil ausentes* (1985) ist ein Zyklus von patriotisch elegischen Gedichten über den Chaco-Krieg. Die Emanzipation der Frau ist ein weiteres wichtiges Thema, das außer in der Lyrik auch in anderen Werken P.s angesprochen wird. So behandelt das zum Teil in Versen geschriebene Theaterstück *Fiesta en el río* (UA 1976, 1977) die – fast fatale – Rebellion einer jungen Frau gegen gesellschaftliche Standards. *Algunas mujeres de la conquista* (1985) besteht aus Vignetten in lyrischer Prosa über die Spanierinnen und Indianerinnen, die an der Eroberung Paraguays beteiligt waren. Das feministische Anliegen kommt nicht zuletzt in der von P. herausgegebenen Anthologie *Voces femeninas en la poesía paraguaya* (1982) zum Ausdruck. Von ihren Untersuchungen verdient *La cultura paraguaya y el libro* (1983) Hervorhebung: eine Rezeptionsgeschichte der Literatur seit der Kolonialzeit bis ungefähr 1870, wobei u. a. auch die Bestände der Bibliothek des Diktators Francia ausgewertet werden.

Weitere Werke (Auswahl): Lyrik: *La raíz y la aurora* (1960), *Rostros en el agua* (1963), *Invención de la muerte* (1965), *Satélites oscuros* (1966), *El polvo enamorado* (1968), *Antología poética* (1978); Erzählungen: *La mano en la tierra* (1963); Theater: *Historia de un número* (1965), *Teatro breve* (1969, zus. mit Ramiro Domínguez); Untersuchungen, Essays: *El grabado en el Paraguay* (1964), *Arte moderno del Paraguay* (1964), *Las artes plásticas en el Paraguay* (1966), *Cuatro siglos de teatro en el Paraguay* (1966), *Apuntes para una historia de la cultura paraguaya* (1967), *El teatro en el Paraguay* (1967), *Historia de la cultura paraguaya* (1968), *Narrativa paraguaya, recuento de una problemática* (1969), *Literatura paraguaya del siglo XX* (1972, [3]1976), *El barroco hispano guaraní* (1975), *Arte actual en el Paraguay, 1900-1980* (1983, zus. mit Olga Blinder und Ticio Escobar).

Literatur: H. Rodríguez Alcalá, *El vanguardismo en el Paraguay.* RI 48 (1982), 118/9, 241-255. – L. D. Hazera, *Signos y mensaje de ›Historia de un número‹ de J. P.* ETL, 15 (1986/87), 1, 59-64.

Rivarola Matto, José María

* 1917 (?). Er nahm am Chaco-Krieg teil; lebt in Asunción. Außer vereinzelten Erzählungen hat er den Roman *Follaje en los ojos* (1952) veröffentlicht. Dieser behandelt den Konflikt eines Mannes zwischen einer Frau vom Lande, die zu jedem Opfer bereit ist, und einer gebildeten Frau aus Asunción, deren differenziertes Denken und Verhalten er nicht nachvollziehen kann. R. M. ist jedoch vor allem als Dramatiker bekannt. Auch im Ausland erfolgreich war das Theaterstück *El fin de Chipí González* (UA 1954, 1965), ein Plädoyer für geistige und wirtschaftliche Freiheit.

Weitere Werke: Theater: *La cabra y la flor* (1965), *Encrucijada del Espíritu Santo* (1972?), *Tres obras y una promesa* (1983).

Roa Bastos, Augusto

* 13.6.1917 in Asunción. Kindheit in Iturbe. Mit 16 Jahren nimmt er freiwillig am Chaco-Krieg zwischen Paraguay und Bolivien teil, der fast 100.000 Opfer fordert. Nach dessen Beendigung, 1935, studiert er Philologie und Volkswirtschaft, wendet sich aber bald dem Journalismus zu. Ein 1937 zu einem Wettbewerb eingereichtes Romanmanuskript, *Fulgencio Miranda*, wird zwar prämiert, geht jedoch verloren. Als Chefredakteur der par. Zeitung »El País« kommt er kurz vor Ende des Weltkriegs nach Europa. 1946 wird er zum Kulturattaché in Buenos Aires ernannt. Wegen des Ausbruchs des par. Bürgerkrieges von 1947 kommt er jedoch nicht als Diplomat, sondern als Exilant nach Argentinien, wo er als Journalist, Professor für Literatur (in Córdoba), Drehbuchautor und freier Schriftsteller bis 1976 lebt. Eine kurze Liberalisierung des Stroessner-Regimes erlaubt ihm erstmals 1966 – in der Begleitung von M. ↑Vargas Llosa und G. ↑Casaccia – einen Besuch Paraguays. Die Repression in Argentinien zwingt ihn in ein weiteres Exil nach Frankreich, wo er an der Universität von Toulouse die nächsten

zehn Jahre lateinam. Literatur und Guaraní lehrt. 1982, bei einem Besuch in Paraguay, wird er mit seiner Familie gewaltsam deportiert und ihm die par. Staatsbürgerschaft aberkannt, die ihm erst die neue Regierung 1989 zurückgibt. Die wichtigste seiner zahlreichen internationalen Auszeichnungen ist der span. Cervantes-Preis 1989.

R. B. ist neben M. A. ↑Asturias – mit dem ihn Freundschaft, mestizische Herkunft sowie die Erfahrung langjähriger Emigration verbanden –, A. ↑Carpentier und J. M. ↑Arguedas Vertreter eines sozial-engagierten »magischen Realismus«. So verschmelzen in seinem Werk – das vor allem Lyrik, mehrere Bände hervorragender Erzählungen und Romane umfaßt – sozioökonomische, historische und politische Fakten mit dem Symbolismus der Mythen und Legenden seines Landes. Weltruhm brachte ihm der Roman *Hijo de hombre* (1960, überarb. 1983; dt. *Menschensohn*, 1962). Aus einer zunächst verwirrenden Vielzahl selbständiger Episoden auf verschiedenen Zeitebenen, die fiktiv-formal als Aufzeichnungen des Oberleutnants Vera ausgegeben werden, rundet sich der Roman zur Geschichte Paraguays seit der Zeit des Diktators Francia über den Bauernaufstand des Jahres 1912 bis 1936, ein Jahr nach dem Krieg gegen Bolivien, den fremdländische Wirtschaftsinteressen verursachten. Gemeinsam ist den Bildern und Szenen, die Veras Bericht festhält, das Thema des vom Leid unerlösten Menschen. Not, Unterdrückung, Verfolgung, verzweifelte Rebellion, grausame Vergeltung sind die Ingredienzien par. Schicksals. Obwohl Vera, ein scharfsichtiger Zyniker, auf der Seite der Unterdrücker steht, sucht er nach einem Ausweg »aus dem ungeheuerlichen Widersinn des Menschen, der vom Menschen gekreuzigt wird«, und endet wahrscheinlich durch Selbstmord. Der zweite große Roman *Yo el Supremo* (1974; dt. *Ich der Allmächtige*, 1977) rekonstruiert Persönlichkeit und Epoche des par. Diktators J. G. Rodríguez de Francia (1766-1840), der im Unterschied zu allen seinen Nachfolgern das Land keineswegs ins Elend stürzte, sondern erstmals und einzig in Lateinamerika eine politische und wirtschaftliche Basis schuf, die eine eigenständige und sozial gerechte Entwicklung erlaubt hätte. Die Komplexität dieser Gestalt, deren Widersacher allemal korrupter sind als er, erbringt dann auch gegenüber den anderen großen Diktatoren-Romanen – von M. A. Asturias, G. ↑García Márquez, A. Carpentier etc. – den wesentlichen Unterschied, daß deren Antihelden, die den Normalfall verkörpern, zu grotesken Marionetten geraten, während der »Allmächtige« tragisch ist. Äußerlich erscheint das Werk spröde, fast wissenschaftlich, ausgestattet mit Fußnoten sowohl der tatsächlich vorhandenen Forschungsliteratur als auch des zwittrigen Kompilators. Die bequeme Lektüre wird durch die Polyphonie von Erzählerstimmen und zeitlichen Ebenen – mit Rückblenden, Vorgriffen und sogar prophetischen Aussagen – getrübt. Dennoch manifestiert sich gerade in der komplexen Erzählstruktur ebenso wie in einer ausziselierten Sprache, die fast alle Register bis hin zu epigrammatischen Wortspielen umfaßt, ein selbstkritisches, jedes Wort auskostendes künstlerisches Bewußtsein. Von daher ist wohl zu verstehen, daß R. B. einen dritten Roman, »El fiscal«, in dem er die Motive für die gesellschaftliche Duldung einer Diktatur darstellen wollte, 1986 vernichtet hat, eine Handlung, die eine heftige Diskussion über die Rechte eines (berühmten) Autors auslöste. R. B. gilt seit seinem ersten Erzählband *El trueno entre las hojas* (1953; dt. *Die Nacht der treibenden Feuer*, 1964; erw., *Der Donner zwi-*

schen den Blättern, 1976) als Meister dieses Genres. Thematisch kreisen die Erzählungen, in denen der Dialog und damit die par. Sprechweise vorherrschen, um die soziale Realität Paraguays. Ein Teil handelt vom mühsamen Leben der Menschen auf dem Lande, vom sozialen Unrecht, das erbarmungslos aufrechterhalten wird, und einer Vorstellungswelt, in der indianische Legenden, Ungeheuer, Gespenster und christlicher Aberglaube eine eigenartige Verbindung eingegangen sind. In »Carpincheros« wird eine deutsche Einwandererfamilie mit dem mythischen und unheimlichen Paraguay konfrontiert, das die nomadisierenden »Flußschweinjäger« verkörpern. Die Titelgeschichte ist eine politische Parabel von grausamer Unterdrückung durch einen Yankee, den »roten Ochsen«, und unbeugsamer moralischer Stärke des Volkes. Thematisch verwandt sind die Erzählungen eines weiteren Bandes, *Moriencia* (1969), in denen eine Atmosphäre von Gewalt, Tragik und Bürgerkrieg vorherrscht.

Weitere Werke (Auswahl): Lyrik: *El ruiseñor de la aurora* (1942), *Sonetos del destierro* (1956), *El naranjal ardiente. Nocturno Paraguayo* (1960); Theater: *Mientras llega el día* (UA 1946, 1955); Erzählungen, Sonstiges: *El baldío* (1966), *Madera quemada* (1967), *Los pies sobre el agua* (1967), *El texto cautivo* (1971), *Cuerpo presente* (1971), *El génesis de los Apopkura-Guaraní* (1971), *Lucha hasta el alba* (1979), *Contar un cuento* (1984), *Carta abierta a mi pueblo* (1986).

Literatur: A. L. Aldana, *La cuentística de A. R. B.* MON 1975. – D. W. Foster, *A. R. B.* Boston 1978. – A. Nassi, *Bibliografía crítica de la obra de A. R. B.* Université de Toulouse le Mirail 1978. – C. Battilana, *Reflexiones sobre ›Hijo de hombre‹ de A. R. B.* Frankfurt/M., Bern, Las Vegas 1979. – J. M. Marcos, *R. B., precursor del post-boom.* ME 1983. – R. Antúnez de Dendia, *A. R. B.: una interpretación de su primera etapa narrativa.* Bonn 1983. – L. Schrader (Hg.), *A. R. B. Actas del coloquio Franco-Alemán Düsseldorf.* Tübingen 1984. – G. Vila Barnés, *Significado y coherencia del universo narrativo de A. R. B.* Madrid 1984. – RCLL, 10 (1984), 19 (Sondernr). – S. Sosnowski (Hg.), *A. R. B. y la producción cultural americana.* BA 1986. – *A. R. B. Semana de autor.* Madrid 1986. – F. Tovar, *Las historias del dictador. ›Yo el Supremo‹, de A. R. B.* Barcelona 1987. – F. Burgos (Hg.), *Las voces del karaí: estudios sobre A. R. B.* Madrid 1988. – R. Bareiro Saguier, *A. R. B. (caídas y resurrecciones de un pueblo).* MON 1989. – *A. R. B. Premio ›Miguel de Cervantes‹ 1989.* Madrid 1990. – ANTHROPOS, 115 (1990) (Sondernr.). – CH, 493/494 (1991) (Sondernr.).

Rodríguez-Alcalá, Hugo

* 25.11.1917 in Asunción. Lebt seit 1945 in den USA, und ist seit 1963 an der Universität von Kalifornien in Riverside als Professor für lateinam. Literatur tätig gewesen. Außer mit literaturwissenschaftlichen Untersuchungen, u. a. über den arg. Philosophen Francisco Romero (1959) und J. ↑Rulfo (1965) sowie mehreren Darstellungen der par. Literaturgeschichte ist er als Erzähler und Lyriker hervorgetreten. Er gehörte 1943 zu dem avantgardistischen Dichterklub »Vi'á Raity«.

Werke (Auswahl): Lyrik: *Estampas de la guerra* (1939), *Horas líricas* (1939), *Abril que cruza el mundo* (1960), *La dicha apenas dicha* (1968), *Palabras de los días* (1972), *El canto del aljibe* (1973), *El portón invisible* (1983), *Terror bajo la luna* (1988); Erzählungen: *Relatos de norte y sur* (1983); Essays, Untersuchungen: *Ensayos de norte a sur* (1960), *Historia de la literatura paraguaya (1970)*, *Narrativa hispanoamericana* (1973), *La incógnita del Paraguay y otros ensayos* (1987), *Quince ensayos* (1988), *Poetas y prosistas paraguayos* (1988).

Romero, Elvio

* 1927 (?) in Yegros. Er war das jüngste Mitglied des 1943 entstandenen Dichterzirkels »Vy'á raity«. Seit 1947

lebt er als Journalist im Exil in Argentinien. Die leidvolle Geschichte Paraguays, der Terror des Stroessner-Regimes und das Schicksal des Verbannten bilden die zentrale Thematik seines mehrbändigen lyrischen Werkes. Bereits sein erster, von R. Alberti mit einem Widmungsgedicht eingeleiteter Band *Días roturados* (1948), der auf den Bürgerkrieg von 1947 Bezug nimmt, zeugt von sicherer Beherrschung des Metiers. Bei allem leidenschaftlichen Pathos bleibt die Sprache lyrisch transparent und überhöht. So verweisen R.s Bilder und Symbole gleichzeitig auf die Landschaften und Lebensformen seines Landes wie auf die allgemeine Wirklichkeit einer leidenden Menschheit. Gelegentlich wurde kritisch bemerkt, daß die hauptsächlichen Elemente dieser Lyrik von M. Hernández (1910-1942) stammten, über den R. auch die Studie *Miguel Hernández, destino y poesía* (1958) verfaßte. Dennoch ist, wie G. ↑Mistral bezeugt hat, die tiefe Verwurzelung der Vorstellungswelt R.s, Bauernsohn wie Hernández, in der par. Heimat unübersehbar. Außer Gedichten des sozialen und politischen Protestes hat R. auch leidenschaftliche Liebeslyrik verfaßt, die vor allem in den Bänden *De cara al corazón* (1961) und *Un relámpago herido* (1967) enthalten ist. 1984 konnte in Paraguay erstmals ein Gedichtband von ihm, die Neuauflage von *El sol bajo las raíces, 1952-1955* (1956) erscheinen.

Weitere Werke: Lyrik: *Resoles áridos* (1950), *Despiertan las fogatas* (1953), *Destierro y atardecer* (1962), *Doce poemas* (1962), *Nosotros, los innombrables* (1964), *Libro de la migración* (1964), *Antología poética, 1947-1964* (1965), *Esta guitarra dura* (1967?).
Literatur: E. F. Szántó, *Realidad e ilusión en los poemas de E. R.* In: *Actas del Simposio Internacional de Estudios Hispánicos*. Budapest 1978, 277-283.

Silva, Lincoln
* 28.10.1945 in Barrero Grande (heute Eusebio Ayala). Er lebte im Exil in Buenos Aires und war Redakteur u.a. der Zeitung »Mayoría« (1974-75). Außer verstreuter Lyrik veröffentlichte er die Romane *Rebelión después* (1970) und *General General* (1975), deren Besonderheit der groteske Humor ist, der die ansonsten entsetzlichen Zustände in Paraguay verfremdet. Der quijoteske Held des letzteren Romans ist ein zu Beginn der Stroessner-Diktatur wiederauferstandener ehemaliger Soldat aus dem Chaco-Krieg, der eine indianische Dorfgemeinschaft aufgrund seines eher zufälligen Charismas dazu überreden kann, eine Arche zu bauen. Seine rätselhafte, assoziative Rhetorik, die zu seinem Ruhm beitrug, wird ihm bei seiner letzten Rede zum Verhängnis, da sie von der Regierung als Aufruf zur Revolution verstanden wird. In grausamer Weise, die sich zu einer apokalyptischen Vision ausweitet, wird er zu Tode gefoltert.

Vallejos, Roque
* 8.1943 in Asunción. Er studierte Medizin in seiner Geburtsstadt und ist Chefredakteur der Kulturbeilage der par. Zeitung »ABC« sowie Mitarbeiter zahlreicher in- und ausländischer Zeitschriften gewesen. Sein Werk umfaßt Lyrik und literaturgeschichtliche Essays zur par. Literatur. Außerdem hat er mehrere Anthologien herausgegeben. Als Lyriker setzt er die existentialistisch metaphysische Linie von H. ↑Campos Cervera fort. Wie seine Mentorin J. ↑Pla einmal schrieb, »ist seine Poesie nicht die der Verzweiflung ... Die Wörter ›Nichts‹ und ›Leere‹ wiederholen sich häufig in ihr; sie beschwören jedoch nicht den Schrecken der Vernichtung. Das Wesen, das sich selbst betrachtet, wie es von diesem Nichts verschlungen wird, ist ein waches und zähes Bewußtsein, das uner-

mündlich seine ständige Auslöschung überlebt.«

Werke: Lyrik: *Pulso de sombra* (1961), *Los arcángeles ebrios* (1964), *Poemas del Apocalipsis* (1970); Essays: *La literatura paraguaya como expresión de la realidad nacional* (1967).

PERU

Guamán Poma de Ayala, Felipe	1535-1615
Garcilaso de la Vega, El Inca	1539-1616
Espinosa Medrano, Juan de	1629-1688
Peralta Barnuevo, Pedro de	1664-1743
Melgar, Mariano	1790-1815
Tristán, Flora	1803-1844
Salaverry, Carlos Augusto	1830-1891
Márquez, José Arnaldo	1830-1903
Palma, Ricardo	1833-1919
González Prada, Manuel	1844-1918
Matto de Turner, Clorinda	1854-1909
López Albújar, Enrique	1872-1966
Eguren, José María	1874-1942
Chocano, José Santos	1875-1934
García Calderón, Ventura	1886-1959
Valdelomar, Abraham	1888-1919
Valcárcel, Luis Eduardo	1891
Vallejo, César	1892-1938
Mariátegui, José Carlos	1894-1930
Sánchez, Luis Alberto	1900
Moro, César	1903-1956
Diez-Canseco, José	1904-1949
Oquendo de Amat, Carlos	1905-1936
Adán, Martín	1908-1985
Alegría, Ciro	1909-1967
Arguedas, José María	1911-1969
Salazar Bondy, Sebastián	1924-1965
Eielson, Jorge E.	1924
Varela, Blanca	1926
Belli, Carlos Germán	1927
Zavaleta, Carlos E.	1928
Scorza, Manuel	1928-1983
Ribeyro, Julio Ramón	1929
Reynoso, Oswaldo	1932
Vargas Llosa, Mario	1936
Bryce Echenique, Alfredo	1939
Ortega, Julio	1942
Martínez, Gregorio	1942
Cisneros, Antonio	1942
Heraud, Javier	1942-1963

Adán, Martín
*27.10.1908 in Lima, †30.1.1985 ebd. Eigtl. Rafael de la Fuente Benavides. Er entstammte einer angesehenen Familie. Zunächst Schüler des Pensionats de Saint Joseph de Cluny und später der Deutschen Schule in Lima, schloß er sein Studium an der San Marcos-Universität 1938 mit einer literaturwissenschaftlichen Dissertation *De lo barroco en el Perú* ab. 1928 hatte er *La casa de cartón* veröffentlicht (mit einem Vorw. von L. A. ↑Sánchez und einem Nachwort von J. C. ↑Mariátegui, der im Jahr zuvor einige Kapitel daraus in der Zeitschrift »Amauta« abgedruckt hatte). Der knapp 100 S. lange Text – von einigen Kritikern als Roman, von anderen als »poema en prosa« bezeichnet – stellt eine Art Skizzenbuch dar, das aus der Perspektive eines Gymnasiasten Stimmungen, Situationen, Typen, Erlebnisse und Reflexionen im Lima der 20er Jahre beschreibt, mit dem Schwerpunkt im alten Stadtteil Barranco. Der avantgardistische Charakter des autobiographisch geprägten Büchleins beruht auf der locker-impressionistischen Strukturierung und vor allem auf den kapriziösen Bildern und Metaphern (»Eine Ölfabrik bläht ihren schmierigen Bauch und bläst wie eine betrunkene Alte: Lima. Im tiefblauen Morgen spielt sich die Polizei von Uniform zu Uniform einen Pfiff zu, noch halb schläfrig, der schrillt und sich mit den Fäusten die Augen zuhält«). A. gilt als bedeutendster Vertreter einer »poesía pura« in Peru, der in einer ersten Phase von 1927-50 – *La rosa de la espinela* (1939) und *Travesía de extramares (sonetos a Chopin)* (1950) – traditionelle Formen wie Dezime und Sonett bevorzugt, nach längerer Pause ab 1961 in freien Versen schreibt (*Escrito a ciegas*, 1961; *La mano desasida, canto a Macchu Picchu*, 1964; *La piedra absoluta*, 1966) und danach wieder zum Sonett zurückkehrt (*Mi Darío*, 1967; *Diario de poeta*, 1969 und 1975). Durchgängige Themen sind existentielle Suche, Einsamkeit und Verzweiflung, das Verlangen nach Schönheit, das Wesen der Poesie. G. H.

Ausgaben: *Obra poética (1928-1971)*. LI 1971. – *Obras en prosa*. Pról. R. Silva-Santisteban. LI 1982.

Literatur: E. Bendezú Aibar, *La poética de M. A.* LI 1969. – H. P. Weller, *Bibliografía analítica y anotada de y sobre M. A. (1927-1974)*. LI 1975. – M. Lauer, *Los exilios interiores. Una introducción a M. A.* LI 1983. – J. Kinsella, *La creación de Barranco: un estudio de ›La casa de cartón‹, de M. A.* RCLL, 13 (1987), 26, 87-96. – J. Kinsella, *The Theme of Poetry in M. A.'s ›Travesía de extramares‹*. BHS, 64 (1988), 349-358.

Alegría, Ciro
*4.11.1909 auf der Hacienda seiner Eltern in der Provinz Huamachuco, †17.2.1967 in Lima. Sein Vater wie sein Großvater vertraten, für Großgrundbesitzer unüblich, liberale, proindianische Grundsätze, und so wuchs er auf in einem Milieu, das ihn mit dem Leben der Indios intensiv vertraut werden ließ. Er besuchte das Colegio Nacional San Juan in Trujillo, wo C. ↑Vallejo zu jener Zeit Lehrer war, der ihn zu ersten literarischen Versuchen ermutigte. Seit 1926 war er als Journalist tätig, wurde ein Jahr darauf Redakteur bei der Zeitung »El Norte« und trat der damals antiimperialistischen APRA bei. Seine Kritik an der Diktatur von Sánchez Cerro führte 1931 zu seiner Verhaftung. Aus dem Gefängnis befreite ihn sieben Monate später ein Aufstand von Arbeitern und Studenten, aber seine Flucht mißlang. Er wurde erneut inhaftiert und 1934 nach Chile abgeschoben. Als Journalist und Übersetzer überbrückte er eine schwierige Zeit im Exil. Vom Geheimdienst des per. Diktators Benavides wurden zwei Mordanschläge auf ihn verübt. Als Folge der erlittenen Gefängnishaft

erkrankte er an Tuberkulose. 1941 bis 1949 lebte er in den USA und lehrte zeitweise an der Columbia-Universität, danach erhielt er eine Professur an der Universität von Puerto Rico und übersiedelte später nach Kuba. 1957 kehrte er erstmals wieder nach Peru zurück, endgültig 1960. Er hatte sich 1948 von der auf bürgerlichen Kurs eingeschwenkten APRA getrennt und trat 1962 der fortschrittlichen Acción Popular bei. Ein Jahr danach wurde er Abgeordneter und schließlich Senatsmitglied.

In den Jahren seines chil. Exils entstand der bedeutendste Teil seines literarischen Werkes, das an den Indigenismus eines E. ↑López Albújar anknüpft und den »magischen Realismus« eines J. M. ↑Arguedas ankündigt. Thema seines ersten Romans *La serpiente de oro* (1935; dt. *Menschen am Marañón*, 1954 und *Die goldene Schlange*, 1971) ist das Leben der mestizischen Flößer am Oberlauf des Marañón, in jener Gegend, wohin A. 1932 nach seiner Befreiung geflüchtet war. Erzählt wird in einer reichen Folge von Episoden und Schicksalen, die im wesentlichen durch die Realität des fruchtbaren, geheimnis- und gefahrvollen Stromes zusammengehalten werden. Kompositionell ausgewogener ist *Los perros hambrientos* (1939; dt. *Hirten, Herden, Hunde*, 1957 und *Die hungrigen Hunde*, 1981). Den Handlungsstrang des Romans bildet das Schicksal einiger Hirtenhunde und ihrer Herren – Bauern, Schafzüchter, Banditen – in dem von Trockenheit und Hungersnöten heimgesuchten nördlichen Andenteil Perus, A.s ursprünglicher Heimat. Härter als in dem vorausgehenden Werk werden hier die sozialen Zustände in Peru kritisiert. In einer Schlüsselszene verweigert der reiche Hacendado einer Gruppe vom Hunger bedrängter Indianer die erbetene Hilfe und läßt auf sie schießen, als sie seine wohlgefüllten Speicher zu stürmen versuchen. In der gleichen Landschaft spielt auch der letzte und verbreitetste Roman *El mundo es ancho y ajeno* (1941; dt. *Taita Rumi*, 1945 und *Die Welt ist groß und fremd*, 1980). Die Handlung umspannt den Zeitraum von 1910 bis 1930. Im Mittelpunkt steht das Schicksal einer indianischen Dorfgemeinschaft, die ein Großgrundbesitzer um ihr angestammtes Land bringt und deren verzweifelter Aufstand schließlich durch Regierungstruppen blutig erstickt wird. Sprachlich entspricht das letzte Werk dem schmucklosen, kraftvollen Realismus der anderen Bücher, stark eingeschränkt ist jedoch, im Unterschied zu diesen, die Verwendung von Quechuanismen und umgangssprachlichen Wendungen. Die künstlerische Qualität des Romans liegt ebenso in den komplexen Charakterdarstellungen der Indianer und »Cholos« (Mestizen), wie in der Vielschichtigkeit und analytischen Schärfe, mit der die sozialen und ökonomischen Verhältnisse dargestellt und die Mechanismen der Ausbeutung entlarvt werden. A. wollte mit seinen Büchern, wie er einmal sagte, »konkrete Auswirkungen erzielen ..., um damit die Revolution vorzubereiten, die in ganz Lateinamerika unumgänglich und unausbleiblich ist«. Postum erschienen zahlreiche weitere Werke von ihm, darunter die Romane *Lázaro* (1973) und *El dilema de Krause; penitenciaría de Lima* (1979), in dem er sich auf seine Inhaftierung bezieht, sowie die Memoiren *Mucha suerte con harto palo* (1976).

Ausgaben: *Novelas completas*. Madrid, 1959, 1963. – *Muerte y resurrección de C. A.* LI 1969, 5 Bde. – *Relatos*. Madrid 1983.

Literatur: M. del C. Casado Linarejos, *La sociedad peruana de C. A.* Madrid 1974. – J. J. Rodríguez-Florido, *Bibliografía de y sobre C. A.* CHASQUI, 4, (1975), 3, 23-54.

G. Tocilovac, *La comunidad indígena y C. A.* LI 1975. – *La obra de C. A.* Arequipa 1976. – M. Vilariño de Olivieri, *La novelística de C. A.* Río Piedras 1979. – E. Earley, *Joy in Exile: C. A.'s Narrative Art.* Washington 1980. – T. Escajadillo, *Filiación y derrotero del último alcalde de Rumi.* RCLL, 6 (1980), 12, 225-253. – T. G. Escajadillo, *A. y ›El mundo es ancho y ajeno‹.* LI 1983. – *Bibliografía sobre C. A.* RI, 50 (1984), 127, 595-599. – C. A. Zavaleta, *Retrato de C. A.* LI 1984. – J. J. Rodríguez Florido, *C. A. y el tema negro.* AHR, 6 (1987), 1, 3-8. – M. Gai, *›Los perros hambrientos‹: En el cierre de una forma genérica.* RCLL, 14 (1988), 27, 75-96.

Arguedas, José María

*18.1.1911 in Andahuaylas/Apurímac, †2.12.1969 in Lima (Selbstmord). Sohn eines Rechtsanwalts. Die Kindheit verbrachte er auf der Hacienda seiner Stiefmutter in San Juan de Lucanas. Sein Umgang waren in jenen Jahren die indianischen Landarbeiter und Hausbediensteten oder die Bewohner abgeschiedener Siedlungen, die er mit seinem Vater besuchte. So sprach er bis zu seinem 14. Lebensjahr fast nur Quechua. Zur Schule ging er in Huancayo, Ica und – ab 1929 – in Lima. 1931 schrieb er sich als Philologiestudent an der San Marcos-Universität ein und verdiente seinen Lebensunterhalt zeitweise als Postangestellter. Zusammen mit einer Gruppe apristischer und kommunistischer Studenten kam er 1937 ins Gefängnis. Nach seiner Entlassung schloß er das Studium ab, wurde Lehrer und dann Angestellter am Erziehungsministerium. Er promovierte 1944 (?) in Anthropologie. 1958 wurde er Professor für Ethnologie. Er leitete das Museo Nacional de Historia und (bis 1964) die Casa de Cultura.

Seine langjährigen und durch Forschung vertieften Erfahrungen vom Leben der per. Quechua-Indianer bilden die Thematik des größten Teils von A.' Erzählungen und Romanen. Anders als C. ↑Alegría, der sich der indianischen Welt vom Standpunkt des intellektuellen Sozialisten her nähert, sucht A. diese Welt aus ihrem eigenen kulturellen Zentrum heraus zu gestalten. Dabei stellte sich ihm vor allem das Problem einer adäquaten Sprache. Vorstellungen und Mentalität der Indios ließen sich in der traditionellen literarischen Ausdruckweise nur distanziert und darum verfälschend wiedergeben. So entwickelte er ein Kunstidiom, in dem die Struktur des Quechua auf das Span. übertragen wurde. Wirkungsvoll verwandte er diese Sprachform schon in einer seiner ersten Erzählungen, »Warma Kuyay«, aus dem Band *Agua* (1935). Der Kurzroman *Yawar Fiesta* (1941, dt. *Fiesta des Blutes*, 1980), mit dem A.' erste Schaffensphase abschließt, gestaltet im Rahmen eines indianischen Festes, das in der zeremoniellen Tötung eines Stieres durch Dynamit gipfelt, die sozialen und kulturellen Konflikte im per. Hochland, hier im Distrikt von Puquio. Die Obrigkeit und die politisch aufgeklärten, aus Puquio stammenden Studenten wollen das unwürdige Schauspiel verhindern. Die Obrigkeit sieht im Töten des Stieres einen Akt der Rebellion, die Studenten einen selbstmörderischen Akt der Barbarei. Allein der Vertreter des alten Besitzadels befürwortet das Fest, das dann auch stattfindet. Die Ambivalenz dieses Stierkampfes findet ihre Entsprechung in der Jahre zuvor vom Kollektiv der Indios gebauten Straße, einer gemeinsamen Tat, die die Größe des Inka-Reichs symbolisiert, aber auch die Voraussetzung für das Ende ihrer kulturellen Autonomie geschaffen hat. A.' Meisterwerk ist der Roman *Los ríos profundos* (1958; dt. *Die tiefen Flüsse*, 1965), eine poesievolle Schilderung der eigenen Jugend. Erzähler ist der junge Ernesto, der seinen Vater, einen armen

Rechtsanwalt, auf den Wanderungen durch die per. Provinzen begleitet, auf eine Klosterschule geschickt wird und im Zusammenleben mit den Mitschülern sowie in den äußeren Geschehnissen das gegenseitige Unverständnis von Weißen und Indios erfährt. Sozialer Protest ist in dem Roman eindringlich vorhanden, aber er wird im Zusammenhang mit magisch-religiösen Vorstellungen aufgezeigt. Das Leben der Menschen tritt in Beziehung zu dem der Vögel, Bäume, Flüsse und Felsen. Die Grenzen zwischen Belebtem und Leblosem, Subjekt und Objekt sind verwischt. Die Sprache ist darum nicht die der Logik und Kausalität, sondern sie gewinnt ihre Ordnung aus klanglichen und bildlichen Assoziationen. Das Böse erwächst aus der unterbrochenen Verbindung zwischen Mensch und Natur, und es wird als selbstverschuldete Verdammnis gedeutet, die in einer gewaltigen Katastrophe enden muß. Zunehmend häufen sich im Roman Verbrechen und Grausamkeit als drohende Anzeichen eines Unheils, das dann in Form einer »Pest« über die Stadt hereinbricht. A.' reifste Schöpfung sieht man in dem Roman *Todas las sangres* (1964; dt. *Trink mein Blut, trink meine Tränen*, 1983). Es ist der Versuch einer Zusammenschau von ganz Peru in den 60er Jahren. Das strukturelle Prinzip des vielschichtigen Werkes, eine Art Mosaik aus zahlreichen Episoden und Gestalten, ergibt sich aus den Widersprüchen zwischen ausländischem Kapital, traditionellem Feudalismus und schwachem einheimischem Kapitalismus. Opfer sind in jedem Fall die Indios, wenngleich A. die soziale Problematik keineswegs schematisierend vereinfacht. Er zeigt auch Gegenbeispiele: humanitäres Engagement bei einstigen Großgrundbesitzern, rationalistisch begründeter Widerstand bei den Indios. Fragment geblieben ist *El zorro de arriba y el zorro de abajo* (1970). Das ebenso heterogene wie komplexe Werk, das die Entwicklung des Fischereihafens Chimbote ins Mythische projiziert und gleichzeitig den literarischen Entstehungsprozeß in eingestreuten Briefen und Bucheintragungen reflektiert, erschüttert als Zeugnis krisenhafter Stimmungen, die in der Realität des Selbstmords gipfeln.

Weitere Werke: Romane: *Diamantes y pedernales (1954)*, *El Sexto* (1961); Erzählungen: *Amor mundo y todos los cuentos* (1967); Lyrik: *Ratatay y otros poemas* (1973).

Ausgaben: *Relatos completos*. BA 1974. – *Obras completas*. LI 1983, 5 Bde.

Literatur: S. Muñoz, *J. M. A. y el mito de la salvación por la cultura*. Minneapolis 1980. – RCLL, 6 (1980), 12 (Sondernr.). – M. Lienhard, *Cultura popular andina y forma novelesca: zorros y danzantes en la última novela de A.* LI 1981. – E. J. Pantigoso, *La rebelión contra el indigenismo y la afirmación del pueblo en el mundo de J. M. A.* LI 1981. – J. Ortega, *Texto, comunicación y cultura: ›Los ríos profundos‹ de J. M. A.* LI 1982. – P. Trigo/G. Gutiérrez, *A.: mito, historia y religión*. LI 1982. – RI, 49 (1983), 122 (Sondernr.). – A. Escobar, *A. o la utopía de la lengua*. LI 1984. – V. Spina, *El modo épico en J. M. A.* Madrid 1986. – R. Forgues, *J. M. A.: del pensamiento dialéctico al pensamiento trágico*. LI 1989 (zuerst. frz., 1986). – G. F. González, *Amor y erotismo en la narrativa de J. M. A.* Madrid 1990.

Belli, Carlos Germán

*15.9.1927 in Lima. B's. Gedichte, wie die des mit ihm vergleichbaren E. ↑Cardenal, sind Botschaften aus der »Dritten Welt«, keine hoffnungsvollen allerdings, sondern verfaßt aus der Perspektive von einem, der gerade noch den Kopf aus dem Morast des täglichen Daseinskampfes streckt und ihn manchmal gänzlich hängen lassen möchte. Die B. zugefallene Sorge für seinen von Geburt an schwer behinderten Bruder und der Zwang, über Jahrzehnte mittels einer schlecht bezahlten Bürotätigkeit den Familienunterhalt verdienen zu müssen, sind in vielen seiner Gedichte Anlaß für Protest und Auflehnung gegen die existentielle bzw. soziale Ungerechtigkeit solcher Lebensumstände (z.B. »Variaciones para mi hermano Alfonso« oder »Segregación No. 1« aus dem Erstlingsband *Poemas*, 1958). In einigen Texten kommt der politische Standort B.s überraschend deutlich zum Ausdruck, wie in »¡Cuánta existencia menos...!« (aus *Oh hada cibernética*, 1962). Auffälligstes formales Kennzeichen von B.s Lyrik ist eine an der Poesie des span. Siglo de Oro orientierte Schreibweise, mit z.T. komplizierten syntaktischen Strukturen in der Art Góngoras, seltenem bzw. archaischem Vokabular und der häufigen Übernahme klassischer Vers- und Strophenformen, eine barocke Maske, bewußt gewähltes sprachliches Korsett als Spiegelbild der eigenen Lage, das dort am wirkungsvollsten ist, wo es ironisch überblendet oder durch Kontrastierung mit krudem Alltagsvokabular sarkastisch aufgebrochen wird. G. H.

Weitere Werke: *El pie sobre el cuello* (1967; enthält auch alle vorangehenden Gedichtbände), *Sextinas y otros poemas* (1970), *En alabanza del bolo alimenticio* (1979), *Canciones y otros poemas* (1982), *Boda de la pluma y la letra* (1985), *El buen mudar* (1986, 1987), *Más que señora humana* (1986), *El restante tiempo terrenal* (1988).

Ausgabe: *Antología personal.* LI 1988.

Literatur: J. Higgins, *The Poetry of C. G. B.* BHS 47 (1970), 327-339. – F. Lasarte, *Pastoral and Counter-pastoral: The Dynamics of B's. Poetic Despair.* MLN, 94 (1979), 301-320. – W. N. Hill, *Tradición y modernidad en la poesía de C. G. B.* Madrid 1985. – J. Duchesne, *Mensaje desde Bética no bella: ›Boda de la pluma y la letra‹, de C. G. B.* ESCRITURA, 10 (1985), 19/20, 151-160. – M. A. Cánepa, *Lenguaje en conflicto: La poesía de C. G. B.* Madrid 1987. – J. B. Margaret, *Lo autorreferencial en varios poemas de C. G. B.* DL, 5 (1987), 1, 139-153.

Bryce Echenique, Alfredo

* 1939 in Lima, wo er an der San Marcos-Universität Jura und Literaturwissenschaft studierte und mit einer Dissertation über Hemingway promovierte. Danach lebte er in Frankreich und Italien, ab 1980 in Montpellier, wo er an der Universität lateinam. Literatur und Landeskunde unterrichtete; 1984-88 als freier Schriftsteller in Barcelona, seitdem in Madrid.

Schon sein erster Roman *Un mundo para Julius* (1970) ließ in der technischen und sprachlichen Gestaltung meisterliches Schriftstellerhandwerk und im Rahmen der gesamten lateinam. Literatur außergewöhnliche Selbständigkeit erkennen. Erzählt wird über einen Zeitraum von elf Jahren die Geschichte der Kindheit von Julius, der im Milieu der Millionäre von Lima heranwächst. B. E., der selbst einer der reichsten Familien entstammt, schildert diese Welt mit hintergründiger Ironie, die jedoch seine grundsätzliche Kritik an ihr nicht verbirgt, die u.a. auch dadurch zum Ausdruck gebracht wird, daß keine Entwicklung stattzufinden scheint und das Leben in ritualhaften Wiederholungen erstarrt ist. Obwohl in der auktorialen dritten Person erzählt, wird der Roman weitgehend durch die Perspektive des sensiblen, klar blickenden Julius bestimmt, der sich am liebsten bei dem Dienstpersonal des Hauses aufhält. Im gleichen Milieu der per. Oberschicht spielen auch die Erzählungen von *La felicidad, ja, ja* (1974), die insgesamt ein Panoptikum von Wahnsinn, Absurditäten, Schwächen und Lastern ergeben, wobei jedoch auch hier der feine Humor des Autors das Unerträgliche plausibel macht. Der Roman *Tantas veces Pedro* (1977) enthält ein Vexierspiel von Erinnerungen des Protagonisten und deren fiktiver Darstellung, die ihm verdeutlicht, daß sich seine Realität und deren literarische Vergewisserung ausschließen. Die chaotische Handlung, die zunächst in Kalifornien, dann in Paris spielt, besteht in der Suche des Protagonisten nach der Geliebten, die er in anderen Frauen wiederzufinden meint, um jedoch feststellen zu müssen, daß nicht nur die Erinnerung verblaßt, sondern sich auch ihr Bild verändert. Der Text, den er darüber abgefaßt hat, wird ihm auf dem Weg zu dem Schriftsteller J. R. ↑Ribeyro von dem Hund einer Frau entrissen, die jene ursprüngliche Geliebte zu sein scheint. Auch die Romane *El hombre que hablaba de Octavia de Cádiz* (1985) sowie *La última mudanza de Felipe Carrillo* (1988) handeln – eingebettet in burleske metaliterarische Problemstellungen – von den Komödien der Liebe, ihrer Unvereinbarkeit mit fester Bindung sowie von der Ironie oder Absurdität des Schicksals. *La vida exagerada de Martín Romaña* (1981) ist der über 600 S. starke Roman eines per. Schriftstellers. Dieser, ein begeisterter Hemingway-Leser, kommt auf den Spuren seines Idols nach Paris, das ihn bald derartig anwidert, daß ihn eines Tages, als er in einem Café sitzt, das auch Hemingway aufsuchte, der Wunsch überkommt, Paris aufzusuchen. Er wird sich danach jedoch bewußt, daß er vergessen hat, bereits dort zu leben. Als er sich dann zu einem endgültigen Versuch des Vergessens aufrafft, ermordet ihn die einzige Person, die ihn je verstanden hat. *Dos señoras conversan* (1990) ist ein Band mit drei Kurzromanen. Der erste davon kehrt wieder zum per. Schauplatz zurück. In den stereotypen Reden und Handlungen von zwei älteren Schwestern, Witwen von zwei ungleichen Brüdern, kommt einerseits ein Porträt der Oberschicht zutage, andererseits eine ergreifende Darstellung des Alters.

Weitere Werke: Erzählungen: *Huerto cerrado* (1968), *Cuentos completos* (1981), *Magdalena peruana y otros cuentos* (1986); Essays, Zeitschriftenartikel: *Crónicas personales* (1988).

Literatur: W. A. Luchting, *A. B. E. Humores y malhumores*. LI 1975. – J. A. Duncan, *Language as Protagonist: Tradition and Innovation in B. E.'s ›Un mundo para Julius‹*. FMLS, 16 (1980), 2, 120-135. – P. Verdevoye, *Léxico peruano e hispanoamericano de ›Un mundo para Julius‹*. LNL, 74 (1980), 1 (232), 163-172. – P. Rodríguez Peralta, *Narrative Access to ›Un mundo para Julius‹*. UA/REH, 17 (1983), 3, 407-418. – P. Pérez Rivero, *Un mundo contra Julius*. CDLA, 25 (1984), 147, 157-161. – L. Eyzaguirre, *A. B. E. o la reconquista del tiempo*. RCLL, 11 (1985), 21/22, 215-221. – L. Eyzaguirre, *La última mudanza de B. E.* HISPA, 18 (1989), 53/54, 195-202. – L. Padura Fuentes, *Imagen y voz de A. B. E.* PLURAL, 224 (1990), 35-41.

Chocano, José Santos

* 14.5.1875 in Lima, † 13.12.1934 in Santiago de Chile. Sein Vater war Oberst, seine Mutter entstammte einer Familie reicher Minenbesitzer. Ein paar aufrührerische Gedichte, die er als Student gegen die Diktatur des Generals Cáceres schrieb, büßte er mit Folter und Gefängnishaft, aus der ihn nach sechs Monaten Revolutionäre Piérolas (1893) befreiten. Ab 1901 – er galt bereits als größter Dichter Perus – war er als Diplomat tätig. 1905 kam er als Botschaftssekretär nach Madrid. Ein obskurer Wechselbetrug zwang ihn zu fluchtartiger Rückkehr nach Amerika. Er schloß sich der mex. Revolution an. Gegen 1918 ging er nach Guatemala. Bei der Revolution von 1920 ließ der mit ihm befreundete Diktator Estrada Cabrera auf sein Anraten hin die Hauptstadt bombardieren. Die Revolutionäre verurteilten Ch. zum Tode. Vor der Hinrichtung bewahrten ihn u. a. die Petitionen des Papstes sowie des span. Königs. 1922 wurde er in Lima zum Nationaldichter gekrönt.

Sein offenes Lob auf Diktaturen brachte ihn in einen unversöhnlichen Gegensatz mit den liberalen Intellektuellen Lateinamerikas. Der Konflikt gipfelte darin, daß er 1925 den jungen per. Schriftsteller Edwin Elmore erschoß. Nach einer nicht voll verbüßten Gefängnisstrafe begab er sich 1928 nach Chile, wo er sich einer alten Leidenschaft, der Suche nach verborgenen Schätzen, widmete. Von einem Geisteskranken wurde er erstochen.

Bis 1910 entstand der Hauptteil seines lyrischen Werkes. Im Zeichen künstlerischer Selbstkritik verwarf er in den Eingangsworten von *Alma América* (1906) seine bis dahin publizierten Werke. Unter dem – wenig bescheidenen – Titel *Fiat Lux!* (1908) erschien dann gleichzeitig in Madrid und Paris eine Gedichtsammlung, die neben neuen Kompositionen das beste aus früheren Büchern enthält. Erst nach seinen Abenteuern in Mittelamerika gelang ihm wieder ein größeres Werk, *Ayacucho y los Andes* (1924), der IV. Gesang eines breit angelegten Epos, das den Titel »El Hombre Sol« führen sollte, dessen restliche sechs Gesänge jedoch nur im Entwurf bestehen. Gedichte aus verschiedenen Epochen seines Lebens vereint die letzte von ihm bearbeitete Sammlung *Primicias de oro de Indias* (1934). Postum erschienen *Poemas del amor doliente* (1937), die zwischen 1923-25 entstandenen Liebesgedichte für seine dritte Frau, und die umfangreiche Anthologie *Oro de Indias* (1939-41, 4 Bde.). Ch.s dichterische Vorbilder waren V. Hugo und der Mexikaner S. ↑Díaz Mirón. Sein Ehrgeiz lag darin, der Walt Whitman Lateinamerikas zu sein, sein Wahlspruch: »Entweder finde ich den Weg, oder ich öffne ihn mir.« Er suchte die Geschichte, den Menschen und die Natur des Kontinents »objektiv«, wie er sagte, zu poetisieren. Zeitweise übertönten sein kämpferisches Pathos, die Gewalt seiner Bilder und die Monumentalität seiner Panoramen die lyrische Sensibilität eines R. ↑Darío. Um 1920 war jedoch sein Ruhm weithin verblichen. Seine einst bewunderte Genauigkeit in der Wiedergabe erwies sich als Oberflächlichkeit, sein Patriotismus als Selbstdarstellung eines Egozentrikers, die Kraft seiner Sprache als deklamatorische Brutalität. Auch wenn man zu seiner Entschuldigung anführt, daß er zwar Diktatoren, nie jedoch Oligarchien diente (L. A. ↑Sánchez) – den Vorwurf mangelnden humanitären Gewissens suchte er selbst nie zu entkräften. Bei aller Subjektivität besitzen die Essays *Idearium tropical* (1922) und die Autobiographie *Memorias: Las mil y una aventuras* (1940) repräsentativen Wert.

Ausgabe: *Obras completas*. Hg. L. A. Sánchez. ME 1954.

Literatur: M. Aguilar Machado, *J. S. Ch., sus últimos años*. LI 1965. – P. Rodríguez-Peralta, *J. S. Ch.* New York 1970. – L. A. Sánchez, *Aladino o Vida y obra de J. S. Ch.* LI [2]1975 (zuerst ME 1960). – P. W. Rodríguez- Peralta, *Tres poetas cumbres en la poesía peruana; Ch., Eguren y Vallejo*. Madrid 1983. – L. Fox Lockert, *La América ignota en la poesía de Darío, Ch. y Neruda*. ALH, 16 (1987), 59-66.

Cisneros, Antonio

*27.12. 1942 in Lima, wo er an der San Marcos-Universität Literaturwissenschaft studierte und 1974 promovierte. Er lehrte an verschiedenen Universitäten: Southampton, Nizza, Berkeley, Budapest, gegenwärtig wieder in Lima. 1984/85 lebte er in Berlin als Stipendiat des DAAD. Er war Herausgeber der per. Zeitschriften »Amaru«, »Cuadernos« und der Literaturbeilage der Zeitung »El Diario«.

In vieldeutiger Ironie hat C. seinen ersten größeren Gedichtband nach dem Hauptwerk des Inca ↑Garcilaso de la Vega *Comentarios reales* (1964) benannt. Die Gedichte zielen ab auf die

Entlarvung der offiziellen Geschichtsfälschungen seines Landes. Sprachlicher Witz und Humor, der auf dem Nachweis profaner Realitäten hinter Feierlichkeit und Denkmälern gründet, unterstreichen die Aussage. Zuweilen äußert sich beträchtlicher Optimismus: »Ohne daß wir uns um den Gestank | der alten Toten kümmern, | noch unser Haus errichten | aus Heldenknochen. | Für Neue Schlachten und Gesänge | sind wir auf der Erde.« In *Canto ceremonial contra un oso hormiguero* (1968, Preis der kub. Casa de las Américas) tritt das Ich selbstkritisch-reflexiver in den Vordergrund. Alltag und Momente persönlicher Erfahrung werden eher nachdenklich als emphatisch auf historische oder aktuelle politische Zusammenhänge projiziert. In den weiteren Gedichtbänden bleibt die Tendenz der problematisierenden Verinnerlichung erhalten, aber kontinuierlich vervielfältigen sich Szenarien, Personen und bildhafte Assoziationen. Tiefe Erschütterungen werden sichtbar, zugleich aber auch eine gewaltige Vitalität, die Verzweiflung nicht zuläßt. Die hauptsächlich in Deutschland entstandenen Gedichte von *Monólogo de la casta Susana y otros poemas* (1986) sind hintergründige Satiren auf bürgerliche Mythen, Vorurteile oder konventionelle Vorstellungen vom Weiblichen.

Weitere Werke: *Destierro* (1961), *David* (1962), *Agua que no has de beber* (1971), *Como higuera en un campo de golf* (1972), *El libro de Dios y los húngaros* (1978), *Crónica del Niño Jesús de Chilca* (1982).

Ausgaben: *Gedichte*. (Span., dt. Auswahl). Frankfurt/M. 1986. – *Poesía, una historia de locos (1962-1986)*. 1990.

Literatur: E. Russell Lamadrid, *La poesía de A. C.: Dialéctica de creación y tradición*. RCLL, 6 (1980), 11, 85-106. – A. Cornejo Polar, *La poesía de A. C.: primera aproximación*. RI, 53 (1987), 140, 615-623.

Diez-Canseco, José

* 1904 in Lima, † 1949 ebd. Aus einer Patrizierfamilie stammend, wurde er in einem Jesuitenkolleg erzogen und studierte Philologie und Jura an der San-Marcos-Universität. Er schloß sich der APRA an und wurde Redaktionsmitglied der 1931 von Haya de la Torre gegründeten Zeitung »La Tribuna«, bei der auch C. ↑Alegría mitarbeitete. Der Apristen-Verfolgung entging er durch rechtzeitige Emigration nach Frankreich. 1935 kehrte er nach Peru zurück, wo er als Journalist unter verschiedenen Pseudonymen (»El Coronel Fiestas«, »Sebastián Fomeque«, »Beteta«) tätig war.

Seine ersten Erfolge waren die längeren Erzählungen »El Gaviota« (1929) und »Kilómetro 83« (1930), letztere eins der ersten Werke, in dem das Argot der per. Unterwelt literarische Verwendung fand. Zusammen mit weiteren Erzählungen, die hauptsächlich im Milieu der an der Küste lebenden Zambos und Mulatten spielen, wurden sie mehrfach aufgelegt, erstmals 1930 u. d. T. *Estampas mulatas*. Witz, Ironie, gelegentlich auch Sentimentalität, verbunden mit einer außerordentlichen Dynamik des Stils, sind ebenfalls die Qualitäten seines Romans *Duque* (1934). Für Eingeweihte waren hinter einigen Gestalten dieses in seinen erotischen Passagen nicht zimperlichen Werkes Angehörige des exklusiven »Country Clubs« von Lima zu erkennen. Ein weiterer Roman von ihm ist *Suzy* (1930?, 1979). Kurzprosa und Gedichte enthält *Lima: Coplas y guitarras* (1949).

Ausgabe: *Obras completas*. 1949/51.

Eguren, José María

* 7.od.8.7.1874 in Lima, † 19.4.1942 ebd. Schon als Kind von schwächlicher Konstitution, wuchs er teils in einem alten Limaer Stadtviertel, teils auf einer Hacienda nahe Lima auf, die der Vater

verwaltete. Später zog er mit zwei unverheirateten Schwestern, die ihn umsorgten, in den Strandvorort Barranco. Bis 1931 konnte er sich einem stillen, kontemplativen Leben widmen, dann zwangen ihn finanzielle Schwierigkeiten, eine Tätigkeit in der Bibliothek eines Ministeriums anzunehmen.
E. gilt als wichtigster Vertreter »symbolistischer« Lyrik in Peru und Lateinamerika. Seine ersten beiden Gedichtbände *Simbólicas* (1911) und *La canción de las figuras* (1916) stießen überwiegend auf Unverständnis. J. S. ↑Chocanos nicht selten schriller, oratorischer Modernismus beherrschte die Szene. E. schrieb dagegen eine Lyrik, die auf eine klar konturierte Aussage verzichtete, Entmaterialisierung der Wirklichkeit anstrebte, mit leisen Tönen und gedämpften Farben geheimnisvolle Vorgänge und Bezüge mehr andeutete als beschrieb oder gar erklärte. Seine Gedichte sind von einer bunten Fülle imaginärer, symbolischer Figuren bevölkert. Kindheits- und Märchenmotive, Karneval und Maskerade, Mittelalterliches und Germanisch-Nordisches, aber auch die Natur sind häufig wiederkehrende inhaltliche Elemente dieser Gedichte, deren überwiegende Grundstimmung eine unbestimmte Traurigkeit ist. »Tristesía«, »tristura«, »tristor« sind Neubildungen E.s, der in vielfältiger Weise, mittels Archaismen, Regionalismen, Neologismen etc. bestrebt war, sein poetisches Vokabular zu erneuern und zu bereichern. Kritiker wie Higgins und Díaz Herrera haben darauf hingewiesen, daß nicht wenige Texte E.s eine subversiv vorgetragene Kritik an der Gesellschaft seiner Zeit beinhalten. J. C. ↑Mariátegui hatte die neue Qualität von E.s Lyrik erkannt und widmete ihm neben einem Kapitel in den »Siete ensayos« eine Nummer seiner Zeitschrift »Amauta« (21, 1929). E. hat sich in zahlreichen Zeitungs- und Zeitschriftenartikeln zu seiner Ästhetik geäußert: »Die Stimmung der Landschaft nehmen wir auf, wenn wir beim Spaziergang verschwommen die Helligkeiten und bevölkerten Schatten einer inbrünstigen und verzückten Welt wahrnehmen. Dazu bedarf es einer blitzschnellen Aufnahmefähigkeit, während des Gehens, in halbwachem Zustand. Den Gegenstand oder die Schönheit vollständig zu schauen heißt, das Gefühl zu verlieren und uns in der Analyse zu verhärten« (»El Comercio«, 11.1.1931). G. H.

Ausgabe: *Obras completas*. Hg. R. Silva-Santisteban. LI 1974.
Literatur: E. Núñez, *J. M. E. Vida y obra*. LI 1964. – X. Abril, *E., el obscuro (El simbolismo en América)*. Córdoba (Arg.) 1970. – J. Higgins, *The Rupture between Poet and Society in the Work of J. M. E.* UK/KRQ, 20 (1973), 1, 59-74. – J. L. Rouillon Arróspide, *Las formas fugaces de J. M. E.* LI 1974. – R. Silva-Santisteban, *J. M. E., aproximaciones y perspectivas: estudios seleccionados*. LI 1977. – J. Díaz Herrera, *Contra el E. que no es*. RCLL, 7 (1981), 13, 83-91. – P. W. Rodríguez-Peralta, *Tres poetas cumbres en la poesía peruana: Chocano, E. y Vallejo*. Madrid 1983.

Eielson, Jorge Eduardo
* 1924 (?) in Lima. Am Anfang der rund einhundert Texte in der Ausgabe der *Poesía escrita* (1976) E.s stehen die *Moradas y visiones del amor entero* (1942), den Schluß bildet die Präsentation verschiedener Zustände von »Papier« (1960): Sie reichen vom »weißen Papier« (auf dem, nicht ganz titelkonform, immerhin diese zwei Wörter stehen) bis zum »Papier, mit Wörtern bedeckt« (das fortlaufend mit diesen vier Wörtern bedruckt ist). Dazwischen spannt sich das lyrische Werk eines seit etwa 1948 in Europa, davon die meisten Jahre in Italien lebenden Autors und bildenden Künstlers, in dessen frühen Texten deutliche Bezüge und Anklänge an die klassische span. Mystik,

aber auch an Rilke und die frz. Symbolisten vorhanden sind. *Reinos* (1944) ist ebenfalls noch vom religiös bestimmten existentiellen Suchen und Fragen geprägt. Der kurze poetische Prosatext *Antígona* (1945) vergegenwärtigt mittels der Transposition des antiken Mythos die Schrecken des Weltkrieges. Einen deutlichen Einschnitt thematischer und formaler Art markiert *Tema y variaciones* (1950): Scheinbar spielerisches Experimentieren mit der Sprache durch Alliterationen, schematisierte Abwandlungen der Wortfolge, Kalligramme etc., verbunden mit entschiedener Abkehr von jedem früheren Prunk in Wortwahl und Syntax, wird zum Symptom von Desillusionierung und Glaubensverlust. In *Habitación en Roma* (1951-54) sind diese spielerischen Ausdruckselemente weniger eigenständig, sondern werden in Verse integriert, die sich teilweise der Prosa annähern und »mit erlesenem Farbenspiel| den ekelvollen Abgang| der Liebe« ankündigen. Die Abkehr von der Literatur nach 1960 und die Hinwendung zu anderen künstlerischen Ausdrucksformen ist die letzte Konsequenz aus E.s zunehmender Sprachskepsis. In Rom schrieb E. zwischen 1955-57 den Roman »der Ambivalenz, der Doppeldeutigkeiten des Lebens«, *El cuerpo de Giuliano* (1971), dessen Episoden zwischen Peru und Italien wechseln. G. H.

Literatur: E. Urvanivia Bertarelli, *Los ›Reinos‹ de J. E. E.* RCLL, 7 (1981), 13, 71-79. – S. R. de Rivarola, *De la elegía latina a la ›poesía escrita‹ de J. E. E. o ›Mar de amor‹ nuevamente entonado.* SUR, 350/351 (1982), 173-186. – J. M. Oviedo, *J. E. E. o el abismo de la negación.* CH 139 (1985), 191-196.

Espinosa Medrano, Juan de

* 1629 (?) in Calcauso/Cuzco, † 13.11. 1688 in Cuzco. »El Lunarejo«, wie man ihn wegen eines großen Muttermals (»lunar«) im Gesicht nannte, war vermutlich indianischer Abkunft und kam als Schüler auf das Priesterseminar in Cuzco. Neben Quechua und Span. beherrschte er Latein, Griechisch und Hebräisch, außerdem spielte er mehrere Musikinstrumente. 1650 hatte er den Lehrstuhl für Künste am Seminar in Cuzco inne, später folgte eine lange Reihe anderer akademischer und geistlicher Ämter. Zum bedeutendsten Werk E. M.s wurde seine literarische Streitschrift *Apologético en favor de don Luis de Góngora, príncipe de los poetas líricos de España ...* (1662). Sie richtet sich gegen die Angriffe auf Góngora und seinen kulteranistischen Stil, die der Portugiese Manuel de Faria e Sousa 1639 in seinem Kommentar zu Camões' *Lusíadas* geführt hatte, und gilt als wichtigstes Zeugnis barocker Literaturtheorie in Hispanoamerika sowie als erste literaturwissenschaftliche Abhandlung dort überhaupt. Die Verteidigungsschrift dokumentiert die umfassende Bildung E.s. und zeichnet sich ihrerseits durch Eleganz und Witz des Stils aus, mit dem der Autor die Kritik an Góngora zurückweist. Neben einer Reihe von Predigten und philosophischen Schriften sind von E. M. eine biblische »Comedia« (Drama) *Amar su propia muerte* und das »Auto sacramental« (Fronleichnamspiel) *El hijo pródigo* überliefert. Letzteres Stück hat E. M. in seiner Muttersprache Quechua verfaßt, woraus es der Peruanist E. Middendorf 1891 ins Dt. übertrug; auf der dt. Version basiert die span. Übersetzung, die Federico Schwab 1938 in der »Biblioteca de Cultura Peruana« veröffentlichte. G. H.

Ausgabe: *Apologético*. Hg. A. Tamayo Vargas. CAR 1982. (BiAy, enthält auch die Stücke und andere Schriften E. M.s.).
Literatur: S. Howell, *Una nueva lectura del ›Apologético‹, de E. M.* RABM, 82 (1979), 3, 583-591. – L. J. Cisneros, *E. M.: lector*

del ›Polifemo‹. HH, 7 (1980), 78-82. – J. Núñez Cáceres, *Propósito y originalidad del ›Apologético‹ de J. de E. M.* NRFH 32 (1983), 170-175.

García Calderón, Ventura

*23.2.1886 in Paris als Sohn des per. Ex-Präsidenten Francisco G. C., †28.10. 1959 ebd. In Lima besuchte er Schule und Universität. Die meiste Zeit seines Lebens verbrachte er in Europa als Botschafter Perus, u. a. in Belgien, der Schweiz und nach 1945 bei der UNESCO in Paris.

Als »Doktor der Literatur und Melancholie«, wie er sich nannte, hat er Lyrik, mehrere Bände Erzählungen, teilweise in frz. Sprache, und etwa 15 Sammlungen feuilletonistischer Artikel, Glossen und Skizzen sowie literaturwissenschaftliche Arbeiten veröffentlicht. Stilistisch bleibt er in diesem Werk den Idealen des Modernismus – Wohlklang, Ebenmaß, Eleganz, Esprit – und seinem Freund R. ↑Darío als Vorbild verpflichtet. Seine wichtigsten Erzählbände sind: *Dolorosa y desnuda realidad* (1914), *La venganza del cóndor* (1924; dt. *Peruanische Novellen*, 1926), *Danger de mort* (1926), *Couleur du sang* (1931; dt. *Traum in der Sierra*, 1936), *Le sang plus vite* (1938) und *Cuentos peruanos* (1952; dt. *Peruanisches Feuerwerk*, 1956). In der Form dramatischer Miniaturen werden mit ironischer Gelassenheit exotische Abenteuer und makabre Ereignisse aus einem romantisch verklärten Peru vorgetragen. Daß es eine solche Realität kaum gegeben hätte und diese schon gar nicht mehr in der aktuellen Situation vorhanden wäre, waren Vorwürfe, die der weltweiten Beliebtheit der Geschichten keinen Abbruch taten. G. C. ist Herausgeber der 13bändigen Sammlung »Biblioteca de Cultura Peruana« (Paris 1938).

Ausgabe: *Obra literaria selecta*. Hg. L. A. Sánchez. CAR 1989 (BiAY).

Literatur: L. de León Hazera, *La novela de la selva hispanoamericana*. BOG 1971, 104-120. – D. C. Scroggins, *Vengeance with a Stickpin: Barreto, Quiroga and G. C.* RN, 15 (1973), 1, 47-51. – E. Rodríguez Monegal, *América / utopía: G. C., el discípulo favorito de Rodó*. CH, 139 (1985), 417, 166-171.

Garcilaso de la Vega, El Inca

*12.4.1539 in Cuzco (Peru), †22.4. 1616 in Córdoba (Span.). Er war der natürliche Sohn der Inkaprinzessin Isabel Chimpu Ocllo und eines span. Hauptmanns vornehmster Herkunft, zu dessen Familie die Renaissancelyriker Garcilaso de la Vega und Jorge Manrique gehörten. Aufgezogen wurde der Knabe teils von den Verwandten seiner Mutter, denen daran lag, ihn an die Quechua-Traditionen zu binden, teils von Freunden des Vaters, die ihm Spaniens Kultur, Waffenruhm und Christentum nahebrachten. Mit der Absicht, auf juristischem Wege das Erbe seines Vaters – der aus Gründen der Opportunität seine fürstliche Konkubine verlassen und eine Spanierin geheiratet hatte – zu gewinnen, begab er sich 1561 nach Spanien. Seine Petitionen wurden jedoch abgelehnt. Statt, wie er vorhatte, zurückzukehren, trat er in das span. Heer ein und stieg auf zum Hauptmann. Mit 30 Jahren gab er die militärische Karriere auf und ließ sich in Córdoba nieder. Gegen 1600 ergriff er die geistliche Laufbahn und wurde zum Priester geweiht.

Abgesehen von Blas Valera, dessen Werk verlorenging, ist G. der erste in Peru geborene Schriftsteller, und er erfüllt als solcher eine über die Jahrhunderte hinweg gültige Regel: daß sich im Ausland dem literarisch Ambitionierten günstigere Voraussetzungen bieten. Es wird darum kein Zufall sein, daß er sich zunächst des Werkes eines Exilierten annimmt und 1590 eine Übersetzung der ital. *Dialoghi d'amore* des aus Spanien vertriebenen Juden Leone Ebreo vorlegt. Sein erstes bereits in den »Diálogos de amor« angekündigtes Hauptwerk *La Florida del Inca* (1605, dt. *Geschichte der Eroberung von Florida*, 1753) ist die romanhaft ausgeschmückte Chronik von der gescheiterten Expedition des Hernando de Soto, der 1539-42 auf der Suche nach einem indianischen Großreich den nordam. Südosten durchzog. G. bekam die Geschichte jener Irrfahrten in seiner Jugend von einem Veteranen der Expedition erzählt. Er reichert sie an mit Stoffen der Heldenepen und Ritterromane und sucht einfühlsam die Charaktere und Motivationen seiner Krieger darzulegen. Die Fakten bilden dabei nur Rahmen und äußerliche Richtschnur. Der Fantasie kommt es zu, Geschichte zu verlebendigen, um aus ihr allgemeine Lebenslehren ableiten zu können. In der lebendigen, vokabelreichen und logisch klaren Prosa, die einen Vergleich mit der Sprache Cervantes' nahelegt, erweist sich die *Florida* seinem nächsten und bedeutendsten Werk, den *Comentarios reales*, als ebenbürtig. Diese erschienen in zwei Teilen: *Primera parte de los Comentarios reales, que tratan del origen de los Incas* ... (1609; dt. *Geschichte der Inkas, Könige von Peru, 1787/88 und Wahrhaftige Kommentare zum Reich der Inka*, 1983) und *Historia general del Perú* ... (1617). Der erste Teil behandelt die Kultur und Geschichte des Inka-Reichs. Bei aller Fabulierfreude – besonders deutlich im berühmten 15. Kapitel, in dem er von seiner Unterweisung in die indianische Kosmogonie erzählt – und einer immer wieder durchdringenden wehmütigen Bewunderung für das Land seiner Mutter ist G. um Objektivität bemüht und unterstreicht sie explizit. Der legendären Überlieferung steht er kritisch und zugleich mit der Neugierde und dem Verständnis des Humanisten gegenüber. Auch die utopischen Elemente, die er im Inka-Reich verwirklicht sieht – gemeinschaftliches Eigentum, Zivilisation barbarischer Völker, eine patriarchalische, auf humanitäre und philosophische Prinzipien gegründete Herrschaftsform – entsprechen dem Gedankengut der Renaissance, ebenso wie Vorstellungen von moralischer Würde, die auf dem Einklang von Gott und Welt gründet. Im zweiten Teil wird die Geschichte Perus nach der span. Eroberung dargestellt. Die Absicht, seinen Vater zu rehabilitieren, dem das Fehlen politischer Prinzipien die Bezeichnung des »Getreuen für 3 Tage« eingetragen hatte, führt streckenweise zu polemischer Heftigkeit. Zugleich ist eine zunehmende Trauer wahrzunehmen. Diese bezieht sich jedoch weniger auf seine eigenen Enttäuschungen als auf eine tragische Geschichtsauffassung. Obwohl das Werk die Konquista wie die Christianisierung befürwortet, womit G. einen Standpunkt vertritt, der dem des Padre Las Casas widerspricht, wurde es 1782 von der span. Kolonialverwaltung verboten. Auch danach geriet es immer wieder in das Kreuzfeuer der Meinungen von Eurozentristen, Nationalisten, Historikern, Theologen und Dogmatikern.

Ausgaben (Auswahl): *Obras completas*. Hg. C. Sáenz de Santa María. Madrid 1960, 4 Bde. – *Comentarios Reales de los Incas*. Hg. A. Miró Quesada. CAR 1976, 2 Bde. (BiAy).

Literatur: F. G. Crowley, *G. de la V., el I. and his sources in Comentarios reales de los incas*. The Hague 1971. – A. Miró Quesada, *El I. G. y otros estudios garcilasistas*. Madrid 1971. – J. Durand, *El I. G., clásico de América*. ME 1976. – E. Pupo-Walker, *Historia, creación y profecía en los textos de I. G. de la V.* Madrid 1982. – R. Amador, *Aproximación histórica a los ›Comentarios reales‹*. Madrid 1984. – S. Jákfalvi-Leiva, *Traducción, escritura y violencia colonizadora: un estudio de la obra del I. G.* Syracuse, N. Y. 1984. – B. Scharlau, *Abhängigkeit und Autonomie. Die Sprachbetrachtungen des I. G. de la V.* IA, 9 (1985), 25/26, 53-64. – J. Durand, *G. I. jura decir verdad.* CRIH, 10 (1988), 1/2, 21-40. – J. Ortega, *El I. G. y el discurso de la abundancia.* RCHL, 32 (1988), 31-45. – L. Alberto, *I. G. de la V. o el tiempo histórico.* CH, 469/40, (1989), 208-217.

González Prada, Manuel

* 5.1.1844 in Lima, † 22.7.1918 ebd. Sein Vater war zeitweilig Minister und mußte anläßlich eines politischen Machtwechsels von 1855-1857 nach Chile emigrieren, wo G. P. eine engl. Schule in Valparaíso besuchte. Ein Jurastudium in Lima brach er bald ab und widmete sich eigenen geistes- und naturwissenschaftlichen Forschungen, von 1871-79 auf einer Hacienda seiner Familie. Als Freiwilliger nahm er 1879 am Krieg gegen Chile teil. Die per. Niederlage und die demütigende chil. Besatzungszeit wurden Anlaß für ein entschiedenes öffentliches Engagement. 1887 übernahm er den Vorsitz des progressiven Círculo Literario, der sich als Gegenpol des traditionalistisch orientierten, unter der Ägide R. ↑Palmas stehenden Club Literario verstand. Aus diesem Zirkel ging vier Jahre später die antioligarchische und antiklerikale Partei Unión Nacional hervor. Kurz nach der Parteigründung verließ er sein Land mit dem Wunsch nach Weiterbildung und Kontakten. In Paris hörte er u. a. Vorlesungen bei Ernest Renan am Collège de France und begann, die Artikel und Essays der *Páginas Libres* zusammenzustellen, deren Erstausgabe dort 1894 erschien. Die Vielfalt der in ihnen behandelten Themen reicht vom kritisch-patriotischen Gedenken an den Marineoffizier Miguel Grau, der mit seinem Schiff den chil. Invasoren lange Widerstand geleistet hatte, über Fragen der literarischen und sprachlichen Selbstständigkeit Hispanoamerikas, heftige Attacken gegen das von der Kirche beherrschte per. Erziehungswesen bis zu philosophischen Betrachtungen. Kontakte mit anarchistischen Kreisen in Barcelona und Madrid bewirkten eine Radikalisierung seiner politischen Positionen. Bald nach der Rückkehr nach Peru, Anfang 1898, begann er in den anarchistischen Blättern »La Idea Libre« und »Los Parias« zu schreiben. Seine ideologische Entwicklung in den folgenden Jahren dokumentieren die Reden und Essays des zweiten wichtigen Prosabandes *Horas de lucha* (LI 1908). Die fünf Reden des ersten Teils befassen sich u. a. mit dem Unvermögen der politischen Parteien in Peru, die nationalen Fragen zu lösen (»Los partidos y la Unión Nacional«), mit dem Verhältnis von Arbeitern und Intellektuellen (Rede zum 1. Mai 1905 vor der Bäckergewerkschaft), mit der Rolle der Kirche als Hemmschuh der Frauenemanzipation und des gesellschaftlichen Fortschritts (»Las esclavas de la Iglesia«, »Italia y el Papado«). Der zweite Teil enthält vierzehn spöttische Polemiken gegen diejenigen gesellschaftlichen Gruppen, die für die soziale und politische Misere verantwortlich sind. Eine Ausnahme bildet der – in der Erstausgabe auch noch nicht enthaltene – Essay »Nuestros indios«, in dem er rassistische Erklärungsversuche für die desolate Lage der Indios verwirft und die historisch bedingten ökonomischen und sozialen Wurzeln des Problems bloßlegt. Hier erweist er sich am deutlichsten als Vorläufer J. C. ↑Mariáteguis und seiner »Siete ensayos«. Gedichte hat G. P. sein Leben lang geschrieben, mit ihrer Veröffentlichung jedoch war er zurückhaltend, und die meisten Gedichte erschienen erst postum. Den ersten selbständigen Band, *Minúsculas* (1901), brachten Frau und Sohn im Selbstverlag, eigenhändig gesetzt, heraus. Eine zweite Gedichtsammlung,

Exóticas (1911), zeichnet sich ebenso wie der Erstlingsband durch formale Experimentierfreudigkeit aus, indem er verschiedene Gedicht- und Strophenformen aus anderen Literaturen übernimmt. Neben philosophischen und filigranen Liebesgedichten nimmt die sozialkritische und indigenistische Thematik breiten Raum ein, vor allem in *Baladas peruanas* (1935), den epigrammatischen *Grafitos* (1937), *Libertarias* (1938) und den an Quevedo und Góngora orientierten satirischen *Letrillas* (1975). G. H.

Ausgaben (Auswahl): *Obras.* LI 1933-40, 8 Bde. – *Páginas libres - Horas de lucha.* CAR 1976 (BiAy). – *Cantos del otro siglo.* Hg. L. A. Sánchez. LI 1979. – *Obras.* LI 1985.

Literatur: H. García Salvattecci, *El pensamiento de G. P.* LI 1972. – B. Podestá, *Pensamiento político de G. P.* LI 1975. – L. A. Sánchez, *Nuestras vidas son los ríos... (Historia y leyenda de los G. P.)* LI 1977. – D. O. Wise, *La consagración de G. P. Maestro y epígonos, 1918-1931.* CAM, 250 (1983), 5, 136-172. – A. Ferrari, *M. G. P. entre lo nuevo y lo viejo.* RI, 55 (1989), 146/147, 307-328.

Guamán Poma de Ayala, Felipe

* um 1535 in San Cristóbal de Suntuto/ Lucanas, † nach 1615. Er entstammte väterlicherseits der Kaziken-Dynastie der Yarovilcas, seine Mutter, Curi Ocllo, war eine legitime Tochter des Tupac Inca Yupanqui, des zehnten der zwölf Inka-Herrscher.

Zwischen 1587 und 1613 verfaßte er seine *Nueva crónica y buen gobierno* (dt. *Das alt-peruanische Inkareich und seine Kultur*, 1949). Das Werk war für den König von Spanien bestimmt: »Ich würde zu Eurer Majestät gern von Angesicht zu Angesicht sprechen, doch kann ich, was ich zu sagen habe, nicht direkt mitteilen, denn ich bin achtzig Jahre alt und kann nicht so weit reisen ... So werden wir uns also schriftlich und vermittels meines Briefes sehen«, schreibt G. im Schlußteil seines Buches. Er wollte die Geschichte des Landes von den mythischen Uranfängen, der Gründung des Inka-Reichs bis zur Zerstörung der alten Ordnung durch die span. Konquista erklären und die Lebensbedingungen vor Augen führen, unter denen die von der Kirche gequälten, von den »Encomenderos«, den span. Lehnsträgern, versklavten Indios zu leiden hatten. G. kannte die Schriften von Las Casas, vor allem sammelte er jedoch selbst mehr als zwanzig Jahre lang die Materialien zu dem Werk, das in der Tat zu den informativsten und aufschlußreichsten Dokumenten jener Zeit zählt. G. beherrschte das Span. nur sehr unvollkommen: Er mischt nicht nur Begriffe, sondern ganze Sätze in Quechua, Aymara und dem Dialekt von Chinchaysuyo in den Text. Aber so schwer verständlich dieser ist, in seiner Holprigkeit und stellenweisen Monotonie wirkt er lebendig und beeindruckend. Zur Verdeutlichung sind 400 einfache, wenn auch faszinierend ausdrucksstarke Federzeichnungen beigefügt, die immer mehr zu sagen scheinen als der Text. Das Manuskript gelangte 1613 nach Lima und blieb dann verschollen. R. Pietschmann entdeckte es 1908 in der Königl. Bibliothek von Kopenhagen. 1936 wurde es erstmals in Paris als Faksimile von P. Rivet herausgebracht.

Weitere Ausgaben (Auswahl): *Nueva corónica ....* Hg. F. Pease. CAR 1980, 2 Bde. (BiAy). – *El primer nueva corónica ....* Ed. crítica. Hg. J. V. Murra/R. Adorno. ME 1980, 3 Bde.

Literatur: G. Ludeña de la Vega, *La obra del cronista indio F. G. P. de A.* LI 1975. – A. Padilla Bendezú, *Huaman P.: el indio cronista dibujante.* ME 1979. – J. Varallanos, *G. P. de A.: cronista precursor y libertario.* LI 1979. – S. Castro-Klaren, *Huamán P. y el espacio de la pureza.* RI, 47 (1981), 114/ 115, 45-67. – M. López-Baralt, *La crónica de Indias como texto cultural.* RI, 48 (1982), 120/121, 461-531. – J. P. Husson,

La poésie quechua dans la chronique de F. Waman Puma de A. Paris 1985. – R. Adorno, *G. P.: Writing and Resistance in Colonial Peru.* Austin 1986. – J. Ortega, *El cronista indio G. P. de A. y la conciencia cultural y pluralista en el Perú colonial.* NRFH, 36 (1988), 1, 365-377. – M. López-Baralt, *La metáfora como traslatio: del código verbal al visual en la crónica ilustrada de G. P.* NRFH, 36 (1988), 1, 379-389. – R. Huhle, *F. G. P. de A.s Verhältnis zu Schrift und Buch.* HISPANORAMA, 59 (1991), 48-51.

Heraud, Javier

*19.1.1942 in Lima, †15.5.1963 bei Puerto Maldonado. Im vornehmen Stadtteil Miraflores aufgewachsen, studiert er 1958-61 an der Facultad de Letras der Katholischen, dann an der San Marcos-Universität. Im Juli 1961 reist er auf Einladung zu den Weltjugendspielen in Moskau, im März 1962 fliegt er mit einem Stipendium für eine filmkünstlerische Ausbildung nach Kuba. Ein Jahr später kommt er mit einer kleinen Gruppe studentischer Guerilleros über die bras.-per. Urwaldgrenze zurück, wird bei Puerto Maldonado am Madre-de-Dios-Fluß gestellt und nach einem Feuergefecht, offenbar trotz vorheriger Ergebung, getötet.

H.s lyrisches Werk umfaßt knapp hundert Gedichte. Dem Titelgedicht der Erstveröffentlichung *El río* (1960) ist als Motto eine Zeile von A. Machado vorangestellt: »Das Leben fließt dahin wie ein breiter Fluß«. Mehr noch als an Manrique und Machado erinnert es freilich in seiner Dynamik und der Grundhaltung kraftvollen Selbstvertrauens an ein weiteres Vorbild des jungen Peruaners, P. ↑Neruda (»Ich bin der Fluß der| den Mittag besingt| und die Menschen«). Ein zentrales Symbol in H.s Lyrik ist der Herbst als Zeit der existentiellen Reife, der Erfüllung, der Überwindung des »weichlich-süßlichen« Sommers. Während sein zweiter Band *El viaje* (1961) noch vom Wunsch nach Ruhe und Selbstbestimmung geprägt ist und mit einem melancholischen Epilog endet, kommt die politische und soziale Dimension von H.s Lyrik vor allem in den *Poemas de Rodrigo Machado* (datiert La Habana, 1962 und La Paz, 1963) zum Durchbruch. Neben dem im Pseudonym enthaltenen Bezug ist auch für diese Gedichte (und für die Lebensentscheidung, die ihnen zugrunde liegt) Neruda ein wesentliches Leitbild. G. H.

Ausgabe: *Poesías completas.* LI 1973.
Literatur: G. M. Goloboff, *J. H.: La palabra en su límite.* HISPA, 2 (1973), 4/5, 41-48.

López Albújar, Enrique

*23.11.1872 in Chiclayo, †6.3.1966 in Lima. 1891-94 studierte er Jura, legte 1905 das Staatsexamen ab und eröffnete in Piura ein Anwaltsbüro. Später war er Richter in Huánuco sowie anderen Orten Perus und schließlich, bis zu seiner Pensionierung, 1947, Präsident des Landgerichts von Tacna. Zeit seines Lebens war er journalistisch tätig, u. a. gab er in Piura die Wochenschrift »El Amigo del Pueblo« (1904-07) heraus, war Chefredakteur der Zeitung »La Prensa« von Lima (1916) und Mitarbeiter der gleichnamigen Zeitung von Buenos Aires. Er erhielt 1950 den per. Nationalpreis für Literatur.

Die literarische Produktion seiner Jugend brachte ihm mehr Ärger als Ansehen ein. Wegen eines politischen Gedichts kam er 1893 für 40 Tage ins Gefängnis. Seine frivolen Verse auf einige Damen aus Limas Oberschicht in *Miniaturas. Album de bellezas limeñas* (1895) wurden von den erzürnten Vätern und Verlobten derselben mit Forderungen zum Duell beantwortet. Der bedeutendere Teil seines Schaffens beginnt mit *Cuentos Andinos* (1920) und mit ihnen ein neuer Abschnitt in Perus Literaturgeschichte. In einer außerordentlich prägnanten, oft sarkastisch unterkühlten Sprache behandeln diese Erzählungen dramatische Grenzsituationen menschlicher Existenz. Deutlich spürbar ist in ihnen die Erfahrungsgrundlage des Richters, der täglich mit dem Delikt, der Anomalie und den Auswirkungen einer ungerechten Gesellschaftsordnung konfrontiert wird. Als Schriftsteller begnügt sich L. A. nicht mit dem Reflex oder der impressionistischen Wiedergabe der Realität der Andenregion und ihrer Menschen, besonders der Indios, sondern er sucht den Lebensnerv dieser Realität zu treffen und sie aus einer immanenten Perspektive darzustellen. Einen »Roman der Nachhut« nannte L. A. in polemischer Anspielung auf die zeitgenössische Avantgarde seinen *Matalaché* (1928). Der Schauplatz ist Piura am Ende der Kolonialzeit. Erzählt wird die Geschichte eines kräftigen Mulatten-Sklaven, der von seinen Herren zum Zweck einer hochwertigen Reproduktion gehalten wird. Als sich jedoch die junge Tochter des Hacienda-Besitzers – im Verlauf eines subtil dargestellten Enwicklungsprozesses – in ihn verliebt und seine Fähigkeiten selbst ausprobiert, wird der Unglückliche zur Strafe in einen Kessel mit kochender Seifenlauge getaucht. Trotz seines historischen Rahmens und traditioneller auktorialer Darstellung weist das Werk wegen seiner Symbolkraft und differenzierten Psychologie in die Zukunft des Neorealismus, und als erster Roman der Anden-Staaten, der sich thematisch mit dem schwarzen Bevölkerungsteil befaßt, leitet er vor allem in Ecuador eine literarische Strömung ein. Von der Kritik besonders hervorgehoben werden noch L. A.s autobiographische Prosaskizzen *De mi casona* (1924), die ihre Fortsetzung in *Memorias* (1963) finden.

Weitere Werke: Lyrik: *De la tierra brava* (1938); Roman: *El hechizo de Tomaiquichua* (1943); Erzählungen und sonstige Prosa: *Calderonadas* (1930), *Los caballeros del delito* (1936), *Nuevos cuentos andinos* (1937), *Las caridades de la señora Tardoya* (1955), *Los mejores cuentos* (1957), *La mujer Diógenes* (1972).

Literatur: R. E. Cornejo, *L. A., narrador de América: trayectoria vital.* Madrid 1961 (Bibliographie LI 1963). – T. G. Escajadillo, *La narrativa de L. A.* LI 1972. – M. Gayol Mecias, *›Matalaché‹: dos temas y tres personajes.* CDLA, 19 (1979), 114, 141-146. – T. Cáceres Cuadros, *Indigenismo y estructuralismo en L. A.* Arequipa 1981. – *Bibliografía sobre L. A.* RI, 50 (1984) 127, 614 f.

Mariátegui, José Carlos

* 14.6.1894 in Moquegua, † 16.4. 1930 in Lima. Er ist zusammen mit zwei Geschwistern bei der Mutter aufgewachsen, einer einfachen, religiösen Frau vom Lande, die den Lebensunterhalt für sich und ihre Kinder durch Näharbeiten verdienen mußte, weil der aus gutsituierten Kreisen stammende Vater seine Familie verlassen hatte. Im Alter von acht Jahren zieht sich M. eine Verletzung zu und behält ein steifes Knie. Die durch den Unfall praktisch beendete Schulausbildung kompensiert er durch stetige Lektüre. Es ist der Beginn eines autodidaktischen Bildungsweges, dessen Fortsetzung im Alter von fünfzehn Jahren eine Hilfstätigkeit bei der Zeitung »La Prensa« bildet, wo M. binnen weniger Jahre zum Redakteur aufsteigt und unter dem Pseudonym Juan Croniqueur Artikel publiziert. Sein politisches Interesse wird ab 1918 deutlich. Er beteiligt sich an der Gründung eines »Komitees für sozialistische Propaganda und Organisation« und gründet im Jahr darauf die sozialistische Zeitung »La Razón«, die nach wenigen Monaten auf Betreiben der Regierung eingestellt wird. Bald darauf erhält er von der Regierung Leguía ein Stipendium für eine Europareise. Der dreieinhalbjährige Aufenthalt, überwiegend in Italien, wird für

M. zu einem einzigartigen Anschauungsunterricht politischer und sozialer Prozesse. Nachhaltigen Einfluß auf sein Denken und Schreiben gewinnen H. Barbusse, B. Croce, O. Spengler und insbesondere G. Sorel mit seiner Theorie vom Mythos als Motor der geschichtlichen Bewegung. Am wichtigsten jedoch wird für M. die Rezeption des Marxismus, den er mit einer Geschichtsphilosophie metaphysisch-religiöser Prägung verbindet. Jungverheiratet kehrt er mit seiner Frau Ana Chiappe 1923 nach Lima zurück. An der Universidad Popular González Prada hält er den Vortragszyklus »Historia de la crisis mundial«. Als Haya de la Torre 1924 deportiert wird, übernimmt er von ihm die Leitung der Universidad Popular und der Zeitschrift »Claridad«. Im selben Jahr wird M. ein Bein amputiert, was ihn für den Rest seines Lebens an den Rollstuhl fesselt. Sein erstes Buch, *La escena contemporánea* (1925), behandelt politische Gegenwartsfragen (Faschismus, Krise der Demokratie und des Sozialismus in Europa etc.). Im September 1925 beginnt er in der Zeitschrift »Mundial« mit der Veröffentlichung der Artikelserie »Peruanicemos al Perú«, in der er politische, historische, kulturelle und sozioökonomische Probleme des Landes auf marxistischer Basis behandelt, und deren Material die Grundlage seines Hauptwerks *Siete ensayos de interpretación de la realidad peruana* (1928; dt. *Sieben Versuche, die per. Wirklichkeit zu verstehen*, 1986) bildet. Ein Jahr später gründet M. die Monatsschrift »Amauta«, die sich als Forum der literarischen und politischen Avantgarde in Peru versteht. Von 1926-28 ist M. Mitglied der von Haya de la Torre 1924 im mex. Exil gegründeten APRA, mit der er 1928 bricht, um sich führend an der Gründung der im Unterschied zur APRA nicht klassenübergreifenden Partido Socialista del Perú und 1929 auch des Gewerkschaftsverbandes CGTP zu beteiligen. In den *Siete ensayos* faßt M. seine Analysen Perus zusammen. Der erste »Essay« behandelt die Phasen der wirtschaftlichen Entwicklung bis zur Gegenwart, der zweite das Indioproblem, der dritte die Landverteilung und -bewirtschaftung, der vierte befaßt sich mit dem Erziehungswesen und der Universitätsreform, der fünfte mit den religiösen Faktoren unter den Bedingungen der Kolonialzeit und der Unabhängigkeit, der sechste mit der (für die interne politisch-wirtschaftliche Herrschaftsstruktur wichtigen) Problematik von Regionalismus und Zentralismus, und der letzte mit dem Entwicklungsprozeß der nationalen Literatur. Freilich ist gerade dieser letzte Abschnitt mehr eine Aneinanderreihung von Autorenporträts mit dem Versuch einer politisch-ideologischen Einordnung als eine historische Darstellung im strengen Sinne. An der Ersten Kommunistischen Konferenz Lateinamerikas 1929 kann M. aus gesundheitlichen Gründen nicht selbst teilnehmen, von ihm schriftlich unterbreitete Thesen und Analysen stoßen auf heftigen Widerspruch. Zugleich wächst der Druck von seiten der Regierung in Lima gegen seine Person und Aktivitäten; sein Haus wird durchsucht, die von ihm gegründete Zeitung »Labor« verboten. Den Plan, nach Buenos Aires überzusiedeln und von dort weiterzuarbeiten, kann er nicht mehr verwirklichen. Die per. Arbeiterbewegung verliert ihren führenden Kopf zu einem Zeitpunkt, als ihr die schwersten Kämpfe in der Krise Anfang der 30er Jahre gerade bevorstehen. G. H.

Ausgaben (Auswahl): *Obras completas.* LI 1959-71, 20 Bde. – *7 ensayos de interpretación de la realidad peruana.* Pról. A. Quijano. CAR 1979 (BiAy). – *Revolution und per. Wirklichkeit.* (Auswahl, dt.) Frankfurt/M. 1986.

Literatur: X. Abril u.a., *M. y la literatura*. LI 1980. – A. Flores Galindo, *La agonía de M.: La polémica con la Komintern*. LI 1980. – R. Paris, *La formación ideológica de J. C. M.* ME 1981. – D. W. Foster, *A checklist of criticism on J. C. M.* ENSAY, 10/11 (1981), 231-257. – E. Garrels, *M. y la Argentina: un caso de lentes ajenos*. Gaithersburg 1982. – E. Chang-Rodríguez, *Poética e ideología en J. C. M.* Madrid 1983. – H. Vanden, *National Marxism in Latin America: J. C. M.'s Thought and Politics*. Boulder 1986. – R. Luna Vegas, *J. C. M. (1894-1930). Ensayo biográfico*. LI 1986. – V. Berger (Hg.), *Ensayos sobre M.* LI 1987.

Márquez, José Arnaldo

* 1830 (?) in Lima, † 1903 (?) ebd. 1855 kam er als per. Konsul nach New York. Auf eigene Initiative gab er hier zwei Kriegsschiffe in Auftrag, da er eine europ. Intervention in Peru befürchtete. Die Angriffe der span. Flotte auf per. und chil. Häfen bestätigten später seine Befürchtungen. Seine Regierung jedoch ließ ihn fallen und annullierte den Auftrag. Die nächsten Jahre verbrachte er als Kaufmann in Frankreich, Spanien, Argentinien und Chile. Ihn beherrschte die Idee, eine Setzmaschine zu konstruieren. Nach vielen Fehlschlägen präsentierte er 1878 in Lima eine Maschine, die als brauchbarer Vorläufer der Linotype anzusehen war. Er ließ sie sich patentieren, wurde jedoch um die Früchte seiner Mühen betrogen.

M. ist einer der ersten Dichter Perus, der soziales Engagement zum Ausdruck bringt. Es zeigt sich bereits in seinem frühesten Werk, dem Drama *Pablo o la familia del mendigo* (1849) und es kommt zum Tragen in einem großen Teil der Gedichtsammlung *Notas perdidas* (1862, erw. 1878). Eine der wesentlichen Komponenten seiner Lyrik ist daneben das Interesse an Wissenschaft und Technik, womit er über die festgefahrene Thematik der zeitgenössischen Romantiker hinausgreift. Zu seiner Zeit war man jedoch wenig geneigt, dieses zu honorieren oder die Authentizität von Werk und Persönlichkeit, die Echtheit von Gefühlen der Trauer und des humanitären Mitleids anzuerkennen. Außer verschiedenen Prosaschriften – Reiseberichte, philosophische und politische Abhandlungen (z. B. *La orgía financiera del Perú*, 1888) – veröffentlichte M. als Auftragsarbeit der span. Real Academia de la Lengua eine Shakespeare-Übersetzung (1883/84), die als eine der besten in span. Sprache gilt.

Ausgabe: *Prosa y verso*. LI 1901-02, 6 Bde.

Martínez, Gregorio

* 1942 in Coyungo. 1971-74 gab er zusammen mit M. Gutiérrez und O. ↑Reynoso die Zeitschrift »Narración« heraus. M. hat in Romanen und Erzählungen versucht, die spezifische Kultur und Sprache der afro-am. Minderheit in Peru, zu der er selbst gehört, zum Ausdruck zu bringen. Sehr erfolgreich war sein Roman *Canto de sirena* (1977). Der Held, ein Schwarzer, bei dem es sich um eine authentische Person handeln soll, verdient seinen Lebensunterhalt als »guaquero«, Grabräuber, seine besondere Leidenschaft gilt indes der Kochkunst. Rezepte aus der Inkazeit, die der Protagonist ausprobiert hat, werden in dem Roman angegeben. An die »Tradiciones« von R. ↑Palma erinnert die Sammlung von Schwänken, Legenden und Liebeszauber-Cocktails, *La gloria del piturrín y otros embrujos de amor* (1985), die als Übersetzung aus dem »Coyungo« ausgewiesen ist.

Weitere Werke: Erzählungen: *Tierra de caléndula* (1975); Roman: *Crónica de músicos y diablos* (1991).

Matto de Turner, Clorinda

* 1854 in Cuzco, † 1909 in Buenos Aires. C. M. war die Gattin eines engl.

Arztes und Großgrundbesitzers in Cuzco und gehörte zur Generation von M. ↑González Prada, dessen liberales und sozialrevolutionäres Denken sie nachhaltig beeinflußte. Ihre *Tradiciones cuzqueñas* (1884/86) nehmen R. ↑Palma zum Vorbild, freilich ohne dessen Pikanterie und Witz, aber unter Einbeziehung der Indio-Thematik. Der bekannteste ihrer drei Romane ist *Aves sin nido* (1889), eine Mischung von romantischer Handlung und realistischen Details. Er gilt als ein Vorläufer des indigenistischen Romans dieses Jahrhunderts in seiner sozialkritischen Intention, die sich gegen Ausbeutung und entwürdigende Behandlung der Indios durch lüsterne Priester, herrschsüchtige Grundbesitzer und korrupte Vertreter der Staatsgewalt richtet. M. ist dazu als Übersetzerin der vier Evangelien ins Quechua, Verfasserin einer Arbeit über J. de ↑Espinosa Medrano und Journalistin tätig gewesen. Wegen eines Beitrages in der von ihr geleiteten Zeitschrift »El Perú Ilustrado« wurde ihr Bildnis 1890 öffentlich verbrannt. 1895 ging sie ins politische Exil nach Argentinien, wo sie starb. G. H.

Weitere Werke: Romane: *Indole* (1891), *Herencia* (1895).
Ausgabe: *Tradiciones cuzqueñas completas*. Hg. E. Núñez. LI 1976.
Literatur: F. Carrillo, *C. M. de T. y el indigenismo literario*. LI 1967. – A. Tauro: *C. M. de T. y la novela indigenista*. LI 1976. – A. Cornejo Polar, *C. M. de T.: Para una imagen de la novela peruana del siglo XIX*. ESCRITURA, 2 (1977), 3, 91-107. – K. Satake, *El mundo privado de C. M. de T. en ›Herencia‹*. UA/REH, 20 (1986), 2, 21-39. – G. Küppers, *Per. Autorinnen vor der Jh.-wende. Literatur und Publizistik als Emanzipationsprojekt bei C. M. de T.* Frankfurt/M. 1989.

Melgar, Mariano
* 8.(?)8.1790 in Arequipa, † 12.3.1815 in Umachiri/Arequipa. M., ein Mestize, war Schüler und später Lehrer für Grammatik und Philosophie am Priesterseminar von Arequipa. 1813 reiste er nach Lima, erwarb den Doktorgrad der Universität San Marcos und kam in Kontakt mit politischen Kreisen der Hauptstadt, die der Unabhängigkeitsbewegung nahestanden. Nach dem Aufstand von Cuzco, 1814, schloß er sich den revolutionären Truppen unter dem indianischen General Mateo Pumacahua an, wurde zum Kriegsgerichtsrat ernannt und im folgenden Jahr nach der Niederlage der Aufständischen von den Royalisten füsiliert.
Die seminaristische Bildungskomponente M.s schlägt sich in einigen Übersetzungen nieder, darunter Ovids *Remedia amoris*. Wichtiger für sein eigenes Dichten wurde der Einfluß span. Neoklassizisten (Meléndez Valdés, Quintana, Cienfuegos) sowie die Vertrautheit mit indianischer Poesie: M. wurde »el poeta de los yaravíes« genannt, weil er diese Lieder der Quechua-Indios als Vorbild für rund siebzig eigene Gedichte genommen und damit in der span.-sprachigen Literatur Perus heimisch gemacht hat. »Yaravíes« sind traurig-melancholische Liebeslieder mit kurzen Versen und ursprünglich geringem Umfang, deren Gesang von Charango und Quena begleitet wird. Die Verwendung jeweils nur eines musikalischen Themas ohne Variationen gibt der Musik einen monotonen Charakter. In M.s »Yaravíes«, die schon zu seinen Lebzeiten populär gewesen sein sollen, verbinden sich unverkennbar indianische Grundmuster und Elemente der span. Lyriktradition. Die Liebesthematik überwiegt auch in der übrigen, an klassischen span. Formen (Ode, Sonett, Glosa etc.) orientierten Poesie M.s. In einigen seiner Texte wird aber auch der Ruf nach politischer Freiheit und der Protest gegen Rassendiskriminierung laut, so in der Ode »Por fin libre y seguro«. Gleichen Tenor haben einige

Versfabeln M.s, z.B. »El cantero y el asno« oder »Los gatos«. G.H.

Ausgaben: *Poesías*. Nancy 1878. Arequipa 1958. Cuzco 1958. – *Obra poética*. Hg. P. Durán Quevedo. LI 1944. – *Poesías completas*. LI 1971.
Literatur: A. Miró Quesada, *Historia y leyenda de M. M.* Madrid 1978. – A. Cornejo Polar, *Sobre la literatura de la emancipación en el Perú*. RI, 47 (1981) 114/115, 83-93.

Moro, César
* 19.8.1903 in Lima, † 10.1.1956 ebd. Eigtl. Alfredo Quíspez Asín. Seine Gedichte waren in Peru zunächst nur wenigen bekannt, gewannen aber nach seinem Tod zunehmend Einfluß unter den jüngeren Lyrikern des Landes, obwohl sie größtenteils frz. geschrieben sind. M. hielt sich in den Jahren 1925-33 in Paris auf, wo er als einziger Lateinamerikaner zum Kreis der Surrealisten um Breton gehörte. Nach seiner Rückkehr versucht er durch eine Ausstellung vorwiegend eigener Gemälde, Zeichnungen und Collagen und durch die Herausgabe einer Zeitschrift gemeinsam mit E. A. Westphalen die surrealistischen Ideen in Peru zu propagieren. 1938 geht er nach Mexiko und organisiert dort 1940 mit Breton und Wolfgang Paalen die Internationale Surrealismusausstellung für »eine Kunst, die beginnt, wo die Ruhe endet«. In Mexiko erscheinen auch seine beiden ersten Gedichtbände *Le château de grisou* (1943) und *Lettre d'amour* (1944). Er sagt sich von der surrealistischen Bewegung los, weil sie in seinen Augen an Kraft und Aufrichtigkeit verloren hat, und öffnet sich neuen Tendenzen. Nach zehnjährigem Exil kehrt er nach Lima zurück und schlägt sich als Lehrer – M. ↑Vargas Llosa hat ihm in seinem Roman *La ciudad y los perros* ein literarisches Denkmal gesetzt – und als Konservator eines Krankenhausmuseums durch. Auch in seinem letzten, noch zu Lebzeiten veröffentlichten Gedichtband *Trafalgar Square* (1954) bleibt er dem Frz. treu. Seine verstreut erschienenen und nachgelassenen span. Gedichte hat sein Freund André Coyné in dem Band *La tortuga ecuestre y otros poemas* (1957) zusammengefaßt. Trotz wachsender Distanz zu den führenden Köpfen der Bewegung blieb M. bis zuletzt vom Surrealismus geprägt. Auch er bediente sich anfangs – mit Zurückhaltung – der *écriture automatique*. Sein gesamtes Werk kreist um die Themen Eros und Tod, entzündet seine gewagte Bilderflut an der Verzweiflung über eine ihrer Sinnlichkeit beraubte Welt und an der leidenschaftlichen Hingabe in einer unglücklichen homosexuellen Liebesbeziehung: »Devant t'écrire jusqu' à la fin de ma vie| Pour illustrer le poids mort des jours| Que je vivrai sans toi«. Seine späte Lyrik wird in der Isolation, in der er seine letzten Lebensjahre verbrachte, immer eigenwilliger, dadurch aber auch hermetischer und oft rätselhaft bis zur Unzugänglichkeit. W.B.

Weitere Werke: *Amour à mort* (1957), *Los anteojos de azufre. Prosas reunidas* (1958), *Derniers poèmes. Ultimos poemas (1953-55)* (1976).
Ausgabe: *Obra poética*. Hg. R. Silva-Santisteban. LI 1980.
Literatur: A. Ferrari, *Tres exiliados*. ECO, 38 (1980), 2 (230), 175-187. – A. Coyné, *M.: una edición y varias discrepancias*. HH, 10 (1981), 148-170. – Ders., *M. entre otros y en sus días*. CH, 448 (1987), 73-89. – M. Lauer, *Razón y pasión en* M. HH, 27 (1990), 135-144.

Oquendo de Amat, Carlos
* 17.4.1905 in Puno, † 6.3.1936 in Navacerrada (Span.). Als M. ↑Vargas Llosa 1967 den Gallegos-Preis in Empfang nahm, bezog er sich in seiner Rede auf einen Landsmann, der nach einem kurzen, vom Elend gekennzeichneten Leben der Nachwelt einen Gedichtband von »einzigartiger visionärer

Zartheit« hinterlassen hat: *5 metros de poemas* (1927). Der Autor dieser Gedichte war, nachdem beide Eltern an Tuberkulose gestorben waren, als 17jähriger aus der Provinz nach Lima gekommen, wo er, angeregt vom kleinen Kreis der per. Avantgardisten, begierig die neuesten aus Europa kommenden Tendenzen der Lyrik aufsog. In den Jahren bis 1930 entstanden die achtzehn Gedichte seiner einzigen Buchveröffentlichung und sechs weitere, die teils in J. C. ↑Mariáteguis Zeitschrift »Amauta« erschienen. Die Bekanntschaft mit Mariátegui weckte in O. den Drang zur politischen Aktion. Er trat 1930 in die Kommunistische Partei ein, versuchte sich im Süden Perus und in Bolivien als Agitator, wurde verhaftet und schließlich 1935 ins Exil getrieben. Bereits schwer erkrankt, gelangte er über Mittelamerika nach Spanien, wo er in einem Lungensanatorium starb.

O.s schmales Werk – nach 1930 hat er mit aller Wahrscheinlichkeit nichts mehr geschrieben – weist zwei konträre Grundzüge auf: einerseits die avantgardistischen Techniken der 20er Jahre mit dem spürbaren Einfluß der verschiedenen Strömungen vom Dadaismus bis zum Surrealismus, andererseits eine fast romantisch-naive, gefühlsbetonte Grundstimmung. Vor allem in den Liebesgedichten schafft die ungewohnte Kombination beider Elemente eine Atmosphäre, die bis heute ihren besonderen Reiz bewahrt hat. W. B.

Literatur: C. Meneses, *Tránsito de O. de A.* Las Palmas de Gran Canaria 1973 (mit Bibliographie und sämtlichen Gedichten).

Ortega, Julio

* 1942 in Casma. Er wuchs auf in Chimbote, studierte Philologie an der Universidad Católica von Lima und ist danach Professor für lateinam. Literatur an den Universitäten von Pittsburgh und Yale in den USA gewesen. Sein Werk als Lyriker, Prosa- und Theaterautor sowie Literaturwissenschaftler hat beträchtlichen Umfang erreicht. Breite Anerkennung haben einige seiner zumeist einaktigen Theaterstücke gefunden. Als Hörspiele wurden von dt. Rundfunkanstalten *Balada de la dirección correcta* (1982; dt. *Ballade von der richtigen Adresse*) und *Perfecta soledad* (1965; dt. *Vollendete Einsamkeit*) gesendet. Die Einaktersammlung *Ceremonias y otros actos* (1974) läßt außer der gesellschaftskritischen Haltung als besondere Merkmale präzise Diktion und schwarzen Humor erkennen. Hervorzuheben sind auch O.s literaturwissenschaftliche Untersuchungen *La contemplación y la fiesta. Ensayos sobre la nueva novela latinoamericana* (1968), *Figuración de la persona* (1971), eine Sammlung von Essays im wesentlichen über per. Lyriker, sowie *Cultura y modernizacion en la Lima del 900* (1986), kritische Reflexionen über die Stadt als kultureller Mittelpunkt anhand von literarischen, politischen und populären Manifestationen. O. ist ferner Herausgeber verschiedener Anthologien, darunter *El muro y la intemperie* (1989), die Erzählungen jüngerer, zwischen 1929 und 1957 geborener hispanoam. Autoren umfaßt, sowie *Antología de poesía hispanoamericana actual* (1990).

Weitere Werke: Lyrik: *De este reino* (1964), *Tiempo en dos* (1966), *Las viñas del moro* (1969); Erzählungen: *Las islas blancas* (1966), *Adios Ayacucho. Seguido de El oro de Moscú. Y otros peligros que acechan a los adolescentes en sus primeros pasos hacia la vida adulta* (1986); Roman: *Mediodía* (1970); Theater: *Teatro* (1965), *Varios rostros del verano* (1968), *Perfecta soledad* (1968?); Essays, Untersuchungen: *La imaginación crítica* (1974), *La cultura peruana: experiencia y conciencia* (1978), *La teoría poética de César Vallejo* (1986), *Crítica de la identidad. La pregunta por el Perú en su literatura* (1988).

Literatur: G. Palau de Nemes, *Resonancias colonialistas y heraclitanas en ›La campana de J. O.* LATR, 14 (1980), 1, 47-54. – H. Adler, *J. O.s Peruvian Inferno*. LATR, 15 (1981), 1, 53-58. – R. J. Morris, *The Theatre of J. O. Since his ›Peruvian Hell‹*. LATR, 19 (1986), 2, 31-37.

Palma, Ricardo

*7.2.1833 in Lima, †6.10.1919 ebd. Sohn eines kleinen Kaufmanns. Nach Schulabschluß war er – bis auf einige Schiffsreisen als Zahlmeister, 1853-55 – als Journalist tätig. 1860 beteiligte er sich an der fehlgeschlagenen Revolte gegen den konservativen Präsidenten Castilla. Drei Jahre lebte er im Exil in Chile, bis ein Regierungswechsel seine Rückkehr ermöglichte. 1865 und 1868 nahm er an weiteren Revolutionen teil. Nach dem Krieg zwischen Peru und Chile (1879-83) wurde ihm die Aufgabe übertragen, die zerstörte Nationalbibliothek wieder aufzubauen. Aus Protest gegen eine Regierungsanordnung trat er 1912 von der Bibliotheksleitung zurück.

P. ist die überragende Gestalt der in Peru mit Verspätung eingetretenen Romantik. Seine erste Veröffentlichung ist das Versdrama *Rodil* (1851, UA 1852); wie weitere jugendliche Theaterstücke verdammte er es später als »abscheuliche Monstrosität«. Weniger kritisch betrachtete er seine Lyrik, deren umfangreiche Gesamtausgabe *Poesías completas* (1911) in Barcelona erschien. Nicht so tief, gefühlvoll und traurig wie die Gedichte der Zeitgenossen, zeichnet sich P.s Lyrik durch ein breites, auch unkonventionelle Themen berührendes Spektrum aus. An den von ihm übersetzten Heine erinnert die Grundstimmung einer lächelnden Bitterkeit. P.s bedeutendste Schöpfung sind die zwischen 1872 und 1910 in insgesamt zwölf Serien erschienenen *Tradiciones peruanas*. (Eine schon legendäre, anrüchige Serie *Tradiciones en salsa verde* wurde 1973 in Lima ediert.) Formal stellen die einzelnen »Tradiciones« eine Gattung *sui generis* dar, der Erzählung ebenso verwandt wie dem Märchen oder der Anekdote, und in typisch romantischer Regelwidrigkeit verquicken sie Poesie und Realismus, Burleske und Dramatik, Legende und Zeitsatire. In ihrer Gesamtheit bieten sie ein Bild Perus, das durch alle Bevölkerungsschichten und zeitlich von der Konquista bis zur Gegenwart führt. Thematisch überwiegen Geschehnisse aus dem vizeköniglichen Lima im 18. Jh. Bei aller vorgegebenen Unparteilichkeit wird das Leben von Höflingen, Klerikern und Bürgern mit Ironie und Skepsis betrachtet. Der hintergründige Ernst demokratischer Überzeugungen verwandelt den Spott über politische Kabalen und erotische Verstrickungen in mehr oder weniger scharfe Kritik, die auch den aktuellen Zuständen gelten konnte. P.s Erzählkunst lebt aus einer unerschöpflichen Fantasie. Das geschichtliche Faktum bildet nur einen Ausgangspunkt, aus dem er eine komplizierte Handlung mit zahlreichen Personen, aufgelösten und nicht aufgelösten Konflikten entwikkelt, um aus der Fülle der Ereignisse und Einzelheiten die historische Atmosphäre entstehen zu lassen. Der Stil P.s in den *Tradiciones* wie auch in anderen Prosaschriften, z. B. den lesenswerten Vertraulichkeiten *La bohemia de mi tiempo* (1887) ist unverwechselbar persönlich als eine lebendige Mischung aus Umgangssprache, barocker Würde, Plastizität der Vergleiche und pointiertem Witz.

Ausgaben: *Tradiciones peruanas completas*. Hg. E. Palma. Madrid 1952, 1968. – *Cien tradiciones peruanas*. Hg. J. M. Oviedo. CAR 1977 (BiAY). – *Crónicas de la guerra con Chile, 1881-1883*. LI 1984.

Literatur: A. Flores (Hg.), *Aproximaciones a R. P.* LI 1973. – Ders., (Hg.), *Orígenes del cuento hispanoamericano. R. P. y sus Tra-*

diciones. ME 1979. – M. D. Compton, *R. P.* Boston 1982. – P. A. Georgescu, *Lectura moderna de R. P.* SLI, 12 (1982), 5-21. – R. L. Tanner, *The Humor of Irony and Satire in the ›Tradiciones peruanas‹*. Columbia, Missouri 1986. – R. L. Tanner, *La presencia de R. P. en ›Aves sin nido‹*. HJ, 8 (1986), 1, 97-109. – J. Durán Luzio, *R. P., cronista de una sociedad barroca*. RI, 53 (1987), 140, 581-593.

Peralta Barnuevo, Pedro de

*26.11.1664 in Lima, †30.4.1743 ebd. Als Sohn eines aus Guadalajara (Span.) stammenden Kolonialbeamten entwickelte er sich in der wenig förderlichen Atmosphäre des per. Vizekönigreiches zu einem der facettenreichsten Intellektuellen, die das span. Kolonialreich hervorgebracht hat. Er war Doktor beider Rechte, Advokat der Real Audiencia, Professor für Mathematik, Rektor der Universität San Marcos (1715-17), oberster Kosmograph und Ingenieur des Vizekönigreiches und stand mehreren Vizekönigen als Berater zur Seite. In seinen wissenschaftlichen Schriften hat sich P. auf den unterschiedlichsten Feldern bewegt: Medizin, Musik, Mathematik, Metallurgie, Astronomie und Festungsbau. Als Geschichtsschreiber versuchte er sich in seiner *Historia de España vindicada* (1730), die allerdings – vermutlich aus finanziellen Gründen – nicht über einen ersten, nur bis in die Gotenzeit reichenden Band hinauskam. Einen großen Teil seines literarischen Werkes machen die bisweilen auch in frz. und ital. verfaßten Gelegenheitsdichtungen aus, die sich dem Geschmack der Zeit und dem jeweiligen Anlaß gemäß vor allem durch hohle Rhetorik und verbale Gymnastik auszeichnen. Wenn ihn der span. Literaturhistoriker Menéndez Pelayo eine »in die Mistgrube des Gongorismus gefallene Perle« nennt, so bringt er damit das Dilemma eines Mannes zum Ausdruck, der sich bei allem Talent nicht von den Moden seiner Zeit lösen konnte. Auch sein mehr als tausend Stanzen umfassendes Werk *Lima fundada o conquista del Perú* (1732), ein nach den klassischen Vorbildern von Homer bis Tasso verfertigtes Heldenepos um Francisco Pizarro, weist P. als zwischen den Zeiten stehend aus: Dem barocken Schwulst seiner Versdichtung hat er in aufklärerischem Eifer Marginalien beigegeben, in denen er sein Wissen und seine Theorien über klimatische, geologische, astronomische und sonstige Gegebenheiten Perus ausbreitet. Unumstritten ist aus heutiger Sicht seine Rolle als Vorläufer eines nationalen Theaters in Peru. Er verdankt diesen Ruf weniger den drei von ihm überlieferten Dramen, darunter die Adaptation einer Tragödie von Corneille (*La Rodoguna*, 1711), als den dazu entstandenen Vor-, Zwischen- und Nachspielen, die mit ihren volkstümlichen Figuren und der ansatzweisen Verwendung der Populärsprache bereits Elemente des per. Kostumbrismus des 19. Jh.s aufweisen. W. B.

Ausgaben: *Obras dramáticas*. Hg. J. A. Leonard. SCh 1937. – *Obras dramáticas cortas*. Hg. F. Carrillo. LI 1964 (mit Bibliographie).
Literatur: L. A. Sánchez, *El doctor Océano. Estudios sobre Don P. P.* LI 1967.

Reynoso, Oswaldo

*1932 in Arequipa. Er besuchte die Lehrerbildungsanstalt in Chosica bei Lima, die sogenannte »Cantuta«, und war an dieser später Dozent. Außerdem unterrichtete er am Pädagogischen Institut von Barquisimeto in Venezuela und an der Universität von Huamanga/ Ayacucho. 1966 war er Mitherausgeber der Zeitschrift »Narración«.
R. begann als Lyriker; seine ersten Gedichte erschienen um 1955 in der Zeitschrift »Creación«, später veröffentlichte er den Band *Luzbel* (1959). Da-

nach schrieb er Erzählungen, die zuerst u. d. T. *Los inocentes* (1961), in zweiter Auflage als *Lima en Rock* (1966) erschienen. Die Personen des Werkes sind Limas Halbstarke der unteren Mittelschicht, Opfer einer inhumanen Gesellschaftsordnung, deren Rebellionen jedoch sinnlos oder selbstzerstörerisch sind. R. verwendet in den Erzählungen das Argot der Jugendlichen, das ein Glossar entschlüsselt. Die Problematik des Generationenkonfliktes und die Welt der Halbstarken hat R. noch einmal in dem Kurzroman *El escarabajo y el hombre* (1970) aufgegriffen. Empörung und heftige Diskussionen löste *En octubre no hay milagros* (1965) aus. In Szenen von manchmal brutaler Deutlichkeit gestaltet der Roman ein durch alle Bevölkerungsschichten Limas führendes Bild der politischen und sozialen Krise. Das Geschehen wird auf zwölf Stunden eines Tages konzentriert, an dem die jährliche Prozession »Unseres Herren der Wunder« stattfindet. Die Hauptpersonen verkörpern die sozialen Extreme. Don Manuel ist ein konspirativer, bigotter und homosexueller Bankier; Lucho, einer seiner Angestellten, wird obdachlos wegen eines Bauprojekts von Luxuswohnungen. Den schnellen Perspektiven- und Szenenwechsel sucht der Autor durch Verwendung verschiedener Schrifttypen überschaubar zu halten.

Ribeyro, Julio Ramón

* 1929 in Lima. 1946-52 studierte er Jura und Literatur an der Universidad Católica. In Spanien gewann er 1953 den Literaturpreis des Instituto de Cultura Hispánica, der es ihm erlaubte, eine Zeitlang in Paris zu leben. 1956 erhielt er ein DAAD-Stipendium für einen Aufenthalt in München. 1958 kehrte er für kurze Zeit nach Peru zurück, um sich dann in Paris niederzulassen, zunächst als Mitarbeiter der Agence France Press, dann als Vertreter Perus bei der UNESCO.

Als der bedeutendste Teil seines literarischen Werkes gelten die vier Erzählungsbände *Los gallinazos sin plumas* (1955), *Cuentos de circunstancias* (1958; dt. *Auf offener See*, 1961), *Las botellas y los hombres* (1964) und *Tres historias sublevantes* (1964), von denen verschiedene Sammlungen vorliegen, die vollständigste: *La palabra del mudo* (1973, Bde. 1 u. 2; 1977, Bd. 3); die bisher letzte: *Silvio en el rosedal* (1989). Der größte Teil der Erzählungen spielt in Lima und Umgebung und erfaßt ein breites soziales und individuelles Spektrum, vom Kleinbürgertum bis zum verstaubten Adel, von der Elendsiedlung bis zum exklusiven Club. Wegen der thematischen Verankerung in einer konkreten nationalen Gesellschaft und seiner äußerlich unprätentiösen Erzähltechniken hat man R. gelegentlich den »besten per. Autor des 19. Jh.s« genannt, dennoch gilt er manchen jüngeren Autoren wie A. ↑Bryce Echenique als Vorbild. Die Stimmung, die in den ersten Erzählungen herrscht, ist die einer latenten tragischen Brutalität. In einer Atmosphäre von Monotonie und Zynismus der Etablierten erwartet jede Illusion ihre Niederlage, endet jedes Schicksal im Melodrama der Frustration, auch wenn immer wieder mutige oder trotzige Versuche der Selbstbehauptung unternommen werden. Das unterkühlte und manchmal kafkaeske Pathos des Elends der ersten ist in den nachfolgenden Sammlungen von einem breiteren Spektrum der Darstellungsweisen abgelöst worden, das von der ironischen Behandlung kostumbristischer Szenerien bis zu Kindheitserinnerungen, der Geschichte von Gegenständen oder der tiefen Melancholie äußerlich trivialer Episoden bis hin zur Satire auf militärische Mentalität oder Rassismus reichen kann. Bemerkenswert ist R.s souveräne Beherrschung der Erzähltechniken. Das Raffinement erscheint bei ihm wie ein Zufall oder eine im Thema liegende Notwendigkeit. Sicher und natürlich entwickelt sich auch das Geschehen in seinem ersten, mit dem Premio Nacional ausgezeichneten Roman *Crónica de San Gabriel* (1960; dt. *Im Tal von San Gabriel*, 1964). Erzählt wird aus der Perspektive eines Halbwüchsigen, der aus Lima herauf zu einer Hacienda in den Anden kommt und von seiner zahlreichen legitimen und illegitimen Verwandschaft aufgenommen wird. Die feudale Welt, die er erlebt, befindet sich in einem Zustand unaufhaltsamen Verfalls. Der Junge erleidet hier den Verlust seiner Illusionen, aber er versteht, diese Erfahrung zu objektivieren. Mit dem Erlöschen seiner Gefühle für eine rätselhafte, kokette und zugleich abweisende Kusine gewinnt er Distanz zur Erkenntnis der zerbröckelnden gesellschaftlichen Ordnung. Auch R.s zweiter Roman *Los geniecillos dominicales* (1965) handelt vom Niedergang der traditionellen Bourgeoisie und dem Aufstieg einer neuen Schicht von Bankiers und Händlern. Im Mittelpunkt des auktorial erzählten Geschehens steht der aus einer namhaften Famlie stammende Ludo, der sich nach dem Jurastudium jeglicher Verpflichtung entzieht. Kurze Zeit verkauft er mit einem Freund Insektenvernichtungsmittel, verbringt aber die meiste Zeit mit Nichtstun, Saufgelagen und Bordellbesuchen. Der oft mit Humor geschilderte Prozeß seiner Selbstzerstörung, der nur durch literarische Ambitionen etwas gebremst wird, endet in Raub und Mord. Der bereits in den 60er Jahre geschriebene Roman *Cambio de guardia* (1976) gestaltet im Zusammenhang mit dem Putsch von 1948, der die Diktatur des Generals Odría etablierte, ein menschliches Panorama in ähnlichen Grautönen wie M. ↑Vargas Llosa in *Conversación en la Catedral*. Ein weiteres Werk R.s sind seine jedesmal erweiterten *Prosas apátridas* (1975, 1978, 1986; dt. *Heimatlose Geschichten*, 1991), kurze, scharfsinnige Beobachtungen, philosophische Reflexionen und literarische Bekenntnisse in prägnantem, fast aphoristischem Stil.

Weitere Werke und Ausgaben: Erzählungen: *La juventud en la otra ribera* (1973); Theater: *Vida y pasíon de Santiago el Pajarero* (1960), *El último cliente* (1966), *Teatro* (1972?, 1975); Essays: *La caza sutil* (1976).

Literatur: L. Loayza, *Regreso a San Gabriel*. HH, 8 (1981), 66-79. – W. A. Luchting, *Los mecanismos de la ambigüedad: ›La juventud en la otra ribera‹ de J. R. R.* I, 17 (1983), 131-150. – E. Hopkins R., *El teatro de J. R. R.* RCLL, 10 (1984), 20, 129-153. – E. Kristal, *El narrador en la obra de J. R. R.* RCLL, 10 (1984), 20, 155-169. – W. A. Luchting, *Estudiando a J. R. R.* Frankfurt/M. 1988.

Salaverry, Carlos Augusto

* 1830 in Piura, † 1891 in Paris. Der Sohn eines Generals und Expräsidenten beteiligte sich 1865 an der Erhebung des Obersten J. Prado, kam 1870 in diplomatischer Mission nach Frankreich und wurde von der Zivilregierung M. Pardos bald darauf seines Amtes enthoben. Verbittert und frühzeitig gealtert kehrte er 1878 nach Peru zurück. Nach dem Sieg Chiles über sein Land ging er wieder nach Paris.

S. schrieb mehrere Versdramen, u.a. das spanienfreundliche Stück *Atahualpa o la conquista del Perú* (1854). Im nationalen Kontext überragen jedoch seine Gedichte, die zunächst in Zeitschriften wie »La Revista de Lima« und dem Pariser »El Americano« erschienen, bis er sie in den Büchern *Diamantes y perlas* (1869), *Albores y destellos* (1871), *Cartas a un ángel* (1871?) und *Misterios de la tumba* (1883) zusammenfaßte. Ein Ton stiller Melancholie und Trauer herrscht besonders in seinen Liebesgedichten vor. Nach und nach wird allerdings eine skeptische Haltung gegenüber der romantischen Gefühlsbetontheit sichtbar. S. weiß, daß eine Ära der Technik und Wissenschaft begonnen hat und sucht durch bewußt eingesetzte Prosaismen seine Dichtung auf die neue Wirklichkeit einzustimmen.

Ausgabe: *Poesía.* Hg. A. Escobar. LI 1958.

Salazar Bondy, Sebastián

* 1924 in Lima, † 4.4.(?)1965 ebd. Nach einem Philologiestudium in Lima lebte er 1947-52 in Buenos Aires als Journalist und schrieb u. a. für »La Nación«. Danach entfaltete er in Lima eine äußerst vielseitige kulturelle und politische Aktivität, u. a. als Theaterleiter und Mitglied des Movimiento Social Progresista.

S. B ist zunächst als Lyriker hervorgetreten. Seine Gedichtbände bis *Máscara del que duerme* (1949) stehen im Zeichen eines nahezu hermetischen Ästhetizismus. Die Gedichte schaffen in ihrer Glätte und Abstraktheit Distanz zum Leser. Mit *Los ojos del pródigo* (1951) beginnt ein Umschwung. Das lyrische Ich wendet sich an den Leser aus der Intimität seiner Sehnsüchte und Erinnerungen. Als S. B.s reifsten Lyrikband wertet man *El tacto de araña* (1965). In ihm ziehen sich die Grundgedanken Zeit und Tod durch eine Vielzahl existentieller Probleme und Motive. Das Testament eines undogmatischen Sozialisten ist der ebenfalls postume Gedichtband *Sombras como cosas sólidas* (1965). Das Theater bildet im literarischen Schaffen S. B.s eine Konstante von gleicher Wichtigkeit wie die Lyrik. Außer verschiedenen burlesken Einaktern, die er »Juguetes« nannte, entsteht in einer ersten Phase *Amor, gran laberinto* (1947, Premio Nacional), eine politische Parabel, in der barockes Maskenspiel mit Valle-Incláns Zerrspiegeltechnik des »Esperpento« verknüpft wird. Mit dem historischen Drama *Rodil* (1952) beginnt ein neuer Abschnitt. Die Handlung des klassisch gebauten Werkes geht auf die span. Verteidigung der Festung Real Felipe (1824-26), den Abschluß des per. Befreiungskampfes zurück. Auf die historische Szenerie wird hier die Bewußtseinskrise des modernen Lateinamerika projiziert. Die ökonomische Problematik des unteren Mittelstandes von Peru behandelt u. a. das Drama *No hay isla feliz* (1954): eine dörfliche Familie, durch Zufall – Bau einer Straße – zu Wohlstand gekommen, gerät kurz darauf durch einen anderen Zufall ins Elend. *Flora* ↑*Tristán* (1959) ist das Porträt der berühmten Vorkämpferin der internationalen Arbeiterbewegung, halb Französin, halb Peruanerin. Wie in *Rodil* bildet das historische Geschehen (1833-44) den Ausgangspunkt für die eigene Identitätssuche. In einer dritten, sowohl an B. Brecht wie am frz. Vaudeville orientierten Phase, zu der die dreiaktige Komödie *El fabricante de deudas* (1962) und der Einakter *El rabdomante* (1965, Premio Nacional) gehören, werden in symbolhaften Handlungen die politisch-ökonomische Situation Lateinamerikas und deren Konsequenzen behandelt. In dieser letzten, besonders fruchtbaren Schaffensphase entstand auch der Essay *Lima, la horrible* (1964), in dem S. B. eine brillante und polemische Analyse der Gesellschaft Perus, »eines der traurigsten Länder des Universums«, vornimmt. Besonders die »entsetzliche« Realität Limas hinter der hochherrschaftlichen Fassade und den Mythen der Kolonialzeit gelte es wahrzunehmen. Auch wenn manche These anfechtbar ist, z. B. daß durch die Frau aus Lima bzw. das weibliche Prinzip die gesellschaftliche Ordnung korrumpiert worden sei, brachte der Essay gleichwohl die Stimmung einer ganzen Generation zum Ausdruck. Ein weiteres hervorragendes Werk S. B.s ist *Pobre gente de París* (1958), dessen zwei alternativ angeordnete Serien von acht Erzählungen in Ich- und acht in auktorialer Form ein deprimierendes Bild lateinam. Schicksale entwerfen.

Ausgabe: *Obras completas*. Vorw. M. Vargas Llosa. LI 1967, 3 Bde.
Literatur: W. A. Luchting, *S. S. B.'s only Novel*. I, 1 (1974), 155-169. – J. Caballero, *El teatro de S. S. B.* LI 1975. – F. Moncloa, *S. S. B. en lo cotidiano de la historia del Perú*. CDLA, 21 (1980), 121, 74-81.

Sánchez, Luis Alberto

* 12.10.1900 in Lima. »LAS«, wie er in Peru kurz genannt wird, ist zweifellos einer der produktivsten Literaturwissenschaftler Lateinamerikas. Bereits in jungen Jahren veröffentlichte er seine ersten Aufsätze, 1927 wurde er Professor für Literatur an der Universität San Marcos, der er später mehrfach als Rektor vorstand. Neben unzähligen Zeitschriftenbeiträgen hat er Monographien zu per. Autoren – R. ↑Palma, M. ↑González Prada, M. A. Segura, J. S. ↑Chocano, A. ↑Valdelomar u. a. –, Biographien, historische und kulturkritische Essays, Reiseberichte und auch einige Romane verfaßt. Sein Hauptwerk ist eine 1928 begonnene Literaturgeschichte Perus, die im Lauf der Zeit auf fünf Bände angewachsen ist: *La literatura peruana. Derrotero para una historia espiritual del Perú* (1981). Als einer der Gründer der 1985-90 in Peru regierenden APRA war er sein ganzes Leben für diese Partei tätig und deshalb ständiger Verfolgung ausgesetzt. Die Jahre zwischen 1931 und 1956 verbrachte er mit kurzen Unterbrechungen im Exil, unter anderem in Chile, wo er den Verlag Ercilla leitete. Seine sechsbändigen Erinnerungen *Testimonio personal. Memorias de un peruano del siglo 20* (1969-88) und seine *Apuntes para una biografía del Apra* (1978-82, 3 Bde.) sind lebendige Zeugnisse der politischen und gesellschaftlichen Entwicklung Perus im 20. Jh. 1985-90 war »LAS« Vizepräsident der Republik. W. B.

Weitere Werke (Auswahl): Essays: *América, novela sin novelistas* (1933), *Vida y pasión de la cultura en América* (1935), *Balance y liquidación del novecientos* (1941), *¿Existe América Latina?* (1945), *Perú: retrato de un país adolescente* (1959); Romane: *El pecado de Olazábal* (1963), *Los señores* (1983), *Los burgueses* (1983), *Los revoltosos* (1984), *Rigoletto el sigiloso* (1987).
Ausgaben: *Pasos de un peregrino son errante. Antologia 1919-1968*. Hg. J. Pucinelli. LI 1968. – *Escafandra, lupa y atalaya. Ensayos 1923-1976*. Madrid 1977. – *Tiene la palabra. Testimonio parlamentario*. LI 1985, 3 Bde.

Scorza, Manuel

* 9.9.1928 in Lima, † 27.11.1983 Barajas, Madrid (Flugzeugunglück). Wegen seines politischen Engagements für die APRA, von der er sich allerdings bald mit einem spektakulären offenen Abschiedsbrief trennte, wurde er nach dem Militärputsch von 1948 des Landes verwiesen. Im Exil arbeitete er in Mexiko und anderen Ländern Lateinamerikas vorwiegend als Journalist. Nach seiner Rückkehr betätigte er sich mit Erfolg als Organisator von Bücherfestivals und Verleger. Für seinen Gedichtband *Las imprecaciones* (1955) wurde ihm der per. Nationalpreis für Poesie verliehen. Anfang der 60er Jahre beteiligte er sich als Generalsekretär des »Movimiento Comunal« an dem Versuch, den Kampf der indianischen Landgemeinden gegen die Großgrundbesitzer im zentralandinen Hochland politisch zu organisieren. Nach der blutigen Niederschlagung der Bauernaufstände reifte in S. der Entschluß, von diesem »lautlosen Krieg«, den selbst die Medien der per. Hauptstadt totschwiegen, Zeugnis ab-

zulegen. Er kehrte noch einmal an den Ort der Geschehnisse zurück, um sie in Gesprächen mit den Beteiligten ausführlich zu dokumentieren, und begab sich mit diesem Material ins – diesmal freiwillige – Exil nach Paris, wo man ihm eine Lektorenstelle an der Ecole Normale von St. Cloud angeboten hatte. Dort entstand im Verlauf eines Jahrzehnts ein Zyklus von fünf Romanen über den verzweifelten Überlebenskampf der indianischen Dorfgemeinschaften im per. Departement Cerro de Pasco: *Redoble por Rancas* (1970; dt. *Trommelwirbel für Rancas*, 1975), *Historia de Garabombo, el invisible* (1972; dt. *Garabombo, der Unsichtbare*, 1977), *El jinete insomne* (1977; dt. *Der schlaflose Reiter*, 1981), *Cantar de Agapito Robles* (1977; dt. *Der Gesang des Agapito Robles*, 1984) und *La tumba del relámpago* (1979). Unterbrochen wurde die literarische Arbeit immer wieder durch Aufenthalte in Peru, bei denen er sich auf seiten der Linken in die politischen Auseinandersetzungen des Landes einmischte. S.s Romanzyklus über den »lautlosen Krieg« in den Anden steht partiell in der Tradition des Indigenismus von J. ↑Icaza, C. ↑Alegría und J.M. ↑Arguedas. Die vier ersten Romane S.s entsprechen in ihren Grundelementen und im Handlungslauf ganz dem traditionellen Schema: Eine Dorfgemeinschaft wird ihres Landes beraubt, versucht zunächst mit legalen Mitteln ihre Rechte zu verteidigen und setzt sich schließlich durch Landbesetzungen zur Wehr; die von den Großgrundbesitzern zu Hilfe gerufenen Truppen machen der Rebellion ein Ende, indem sie unter den Bauern ein Massaker veranstalten. Diesem »Standardschluß« des indigenistischen Romans kann sich auch S. nicht entziehen, denn er entspricht der seinen Romanen zugrundeliegenden Wirklichkeit: In den Anden gäbe es eine fünfte Jahreszeit namens »Massaker«, meint eine der Figuren aus *Cantar de Agapito Robles*. Allerdings läßt sich im Verlauf der fünf Romane zumindest ansatzweise eine Entwicklung des politischen Bewußtseins erkennen, die im traditionellen Indigenismus nicht vorgegeben ist und die Perspektive auf ein mögliches »Vietnam in den Anden« öffnet (so in *La tumba del relámpago*). Der Widerstand der Bauern ist zunehmend besser organisiert und reicht über die Grenzen der einzelnen Dorfgemeinschaft hinaus. Sehr viel weiter entfernt sich S. jedoch im sprachlichen und stilistischen Bereich vom etablierten Kanon indigenistischer Ausdrucksmittel, insbesondere durch die Einführung fantastischer und magischer Elemente. Zwar tauchen diese auch schon in früheren indigenistischen Werken auf, doch meist – außer bei J.M. Arguedas – als Teil einer beschreibend »ethnographischen« Perspektive. Bei S. erfüllen diese Elemente unterschiedliche Funktionen. Wenn etwa in *Redoble por Rancas* der Zaun, den die Cerro de Pasco Corporation um ihr riesiges Latifundium zieht, die mythologischen Dimensionen eines gefräßigen Ungeheuers gewinnt, wenn Raymundo Herrera in *El jinete insomne* seit mehr als zwei Jahrhunderten nicht mehr schläft, weil er die Besitztitel seiner Gemeinde bewachen muß, wenn der in allen Romanen auftauchende Großgrundbesitzer Montenegro die Macht besitzt, den Lauf der Zeit zu verändern und die Naturgesetze umzukehren, so sind dies sowohl Symbole für historisch belegbare Sachverhalte als auch Versuche, die Geschehnisse aus der Sicht der indianischen Bauern zu beschreiben. Dabei wird die poetisierte Welt der Indios nicht mit der fast sakralen Distanz des früheren Indigenismus geschildert: Der oft sarkastische Humor entlarvt zum einen die Mythisierung der Macht in der Person Montenegros, ironisiert zum anderen aber auch ihren Gegenpol, die ungeeigneten Mittel der Magie und die mythische, ahistorische Erklärung der Wirklichkeit durch die Unterdrückten, wenngleich die Sympathie des Erzählers immer auf deren Seite bleibt. Spätestens in *La tumba del relámpago* werden die ideologischen Prämissen des gesamten Zyklus deutlich. Das historische Bewußtsein gewinnt hier die Oberhand über das mythische. Zu den Protagonisten gehören Genaro Ledesma – damals als Rechtsanwalt einer der Organisatoren der Aufstände in Cerro de Pasco, heute Mitglied des per. Senats – und der Autor selbst. Der politische Diskurs bestätigt implizit die Unfähigkeit der Bauern, ihre Rechte ohne die Hilfe der fortschrittlichen Kräfte »abendländischer« Prägung durchzusetzen. Mit dieser Unterschätzung der positiven Kräfte des Mythos gerade in der andinen Kultur bleibt S. trotz aller Modernisierung der Ausdrucksmittel, die ihm zusammen mit seiner humorvollen Erzählweise zu einer Leserschaft in dreißig Sprachen verholfen hat, weit hinter seinem großen Vorbild J. M. Arguedas zurück. W. B.

Weitere Werke: Roman: *La danza inmóvil* (1983).
Ausgaben: *Poesía incompleta*. ME 1976. – *Poesía*. LI 1986.
Literatur: O. Rodríguez Ortiz, *Sobre narradores y héroes: A propósito de Arenas, S. y Adoum*. CAR 1980. – M. Moraña, *Función ideológica de la fantasía en las novelas de M. S.* RCLL, 9 (1983), 17, 171-192. – A. Cornejo Polar, *Sobre el ›neoindigenismo‹ y las novelas de M. S.* RI, 50 (1984), 127, 549-557. – *M. S. L'homme et son œuvre*. Bordeaux 1985. – D. Puccini, *M. S., el cronista de la epopeya india*. RCLL, 11 (1986), 23, 63-71. – L. Pranzetti, *Elegía y rebelión en los cantares de M. S.* RCLL, 13 (1987), 25, 109-119. – J. M. Lassus, *Una noticia inédita de M. S. Primer elemento de reflexión teórica sobre el ciclo de ›La guerra silenciosa‹*. RCLL, 15 (1989), 30, 119-135.

Tristán, Flora

*7.4.1803 in Paris, †14.11.1844 in Bordeaux. Ihr Reisebericht *Pérégrinations d'une paria* (1838; dt. *Meine Reise nach Peru*, 1983) ist eines der frühen Zeugnisse über die noch junge Republik Peru. F. T. war die Tochter eines span.-per. Offiziers, dessen kirchlich geschlossene Ehe mit einer Französin zivilrechtlich nicht anerkannt wurde. Zweck ihrer Perureise war es, bei ihrem Onkel, damals Präfekt und Generalkommandant des Departements Arequipa, ihr väterliches Erbe einzufordern. Die bei ihrem – im übrigen ergebnislosen – Aufenthalt in Lima und Arequipa gesammelten Eindrücke vermitteln ein lebendiges Bild von der damaligen per. Gesellschaft. Als Anhängerin Fouriers richtet F. T. ihr Augenmerk bereits hier auf die gesellschaftlichen Aspekte, die Gegenstand ihrer späteren Schriften sind: die Ausbeutung des Menschen durch den Menschen und die Unterdrückung der Frau. Ihre Kritik am per. Klerus und an den Cliquen, die damals auf Kosten des Volkes um die Macht stritten, fiel derart schonungslos aus, daß man die nach Arequipa gelangten Exemplare ihres Buches öffentlich verbrannte. W. B.

Weitere Werke: *Promenades dans Londres* (1840), *L'union ouvrière* (1843), *L'émancipation de la femme* (1845).
Literatur: D. Desanti, *F. T., la femme révoltée*. Paris 1972. – M. Portal, *F. T., precursora*. LI 1983. – L. A. Sánchez, *Una mujer sola contra el mundo*. LI [4]1987. – V. Teitelboim, *Retrato de F. T.* ARAUCARIA, 38 (1987), 155-163.

Valcárcel, Luis E[duardo]

* 1891 (?) in Ilo/Moquegua. Er promovierte 1913 an der Universität von Cuzco, wo er ab 1917 eine Professur innehatte, außerdem die Tageszeitung »El Comercio« (1916-23) herausgab und 1923 das Universitätsmuseum

gründete. Ab 1930 war er Direktor des Museo de Historia von Lima, ab 1931 Lehrstuhlinhaber für Geschichte an der San-Marcos-Universität und Mitarbeiter bei mehreren Zeitungen.

In V.s zahlreichen Büchern verbinden sich die wissenschaftliche Akribie des Historikers und Archäologen mit dem polemischen Geist des Journalisten und sozialistisch orientierten Politikers. Höhepunkt und Abschluß einer ersten Phase seiner Veröffentlichungen bildet der Essay *Tempestad en los Andes* (1927). Er löste eine heftige Diskussion aus und brachte ihn wegen angeblichen Landesverrats ins Gefängnis. V. geht in dem Werk von der These aus, daß die einst freien Völker der Anden von einer Kultur unterdrückt werden, der sie sich nicht anpassen können. Der Widerstand ist eine natürliche Folge der Ungerechtigkeit und Unterdrückung. Er muß geschürt und organisiert werden, um wieder das Reich der Gerechtigkeit zu errichten. In dem nächsten größeren Werk, der *Historia de la cultura antigua del Perú* (1943) untermauert V. eine Geschichtsbetrachtung, die entgegen der statischen Konzeption traditioneller Historik von der Theorie ununterbrochener und vielschichtiger Beziehungen zwischen Vergangenheit, Gegenwart und Zukunft ausgeht. In seinem Hauptwerk *Ruta cultural del Perú* (1945) gelangt V. zu einer komplexen Synthese seines Landes, aus der sich verschiedene sozialpolitische Programmpunkte ergeben. Den wichtigsten erblickt er in der Erziehung und Ausbildung der indianischen Bevölkerungsmehrheit. Dabei lehnt V. das herkömmliche Schulsystem ab und fordert eine Massenalphabetisierung auf der Grundlage eines totalen Einsatzes; statt des Spezialistentums polytechnischer Unterricht, statt der Intellektualisierung die Schulung primärer Fähigkeiten und Eigenschaften. Weitere Programmpunkte sind die politischen Integration der Indios, gerechte Bodenverteilung und Technisierung der Landwirtschaft. In seinen *Memorias* (1981), deren Schriftenverzeichnis fast 30 S. umfaßt, äußerte V. 1981 die Absicht, das nächste Jh. zu erreichen.

Weitere Werke (Auswahl): *La crisis agraria del Cusco* (1913), *La Universidad del Cusco* (1914), *Los problemas actuales* (1916), *Kon, Pachacamac, Viracocha* (1922), *Tampu* (1922), *Sentido del arte incaico* (1924), *El Cusco precolombino* (1924), *Del ayllu al imperio* (1925), *De la vida inkaika* (1925), *Esculturas de Pikillajta* (1932), *Algunas raíces keshwas* (1932), *Cuadernos de arte antiguo del Perú* (1936), *Mirador indio* (1937), *Cuentos y leyendas inkas* (1939), *El virrey Toledo, gran tirano del Perú* (1940), *Tradición, planeamiento y urbanismo* (1954), *La vida rural en el Perú* (1957), *El estado imperial de los Incas* (1961), *Historia del Perú antiguo a través de la fuente escrita* (1964, 3 Bde.), *Machu Picchu* (1964).

Valdelomar, Abraham

* 16.4.1888 in Ica, † 3.11.1919 in Ayacucho. 1905 schreibt er sich in der Universität San Marcos ein, wendet sich jedoch bald dem Journalismus zu und arbeitet als Karikaturist für verschiedene Publikationen. Seine ersten literarischen Beiträge erscheinen in Zeitschriften wie »Contemporáneos« (1909), »Ilustración Peruana« (1910) und »Variedades« (1911), die in diesen Jahren die besten Köpfe Perus zu ihren Mitarbeitern zählen. Politisch setzt er sich in dieser Zeit für den Präsidentschaftskandidaten G. Billinghurst ein, was ihm nach dessen Wahl zunächst den Posten des Chefredakteurs beim Regierungsorgan »El Peruano« und danach (1913/14) den eines Legationsrates an der per. Botschaft in Rom einbringt. Nach Lima zurückgekehrt, entfaltet er eine fieberhafte publizistische Aktivität und wird zum Motor eines literarischen Zirkels, der es sich zum Ziel gesetzt hat, die überkommenen

Werte durch eine neue Ästhetik zu ersetzen. Sichtbarer Ausdruck dieses Bemühens ist die Zeitschrift »Colónida« (1916), von der lediglich vier Nummern erschienen und die als »Aufstand gegen den Akademismus und seine Oligarchie« gedacht war, wie es J. C. ↑Mariátegui später formuliert hat. In seinen beiden letzten Lebensjahren unternimmt V. zwei ausgedehnte Vortragsreisen in den Norden und den Süden des Landes, bei denen er seine ästhetischen und gesellschaftspolitischen Ideen propagiert. Bei einer weiteren Reise als gewählter Vertreter seiner Heimatprovinz Ica findet er durch einen Unfall den Tod.

V. war eine der schillerndsten Figuren im kulturellen Leben Perus zu Beginn des Jahrhunderts. Durch sein Auftreten in der Öffentlichkeit pflegte er das Image eines Dandys im Stil seiner Vorbilder d'Annunzio und Wilde. Wenn er sich extravagant kleidete, mitunter verzückt die eigenen Hände küßte oder unumwunden den Opiumgenuß pries, so war das nur eine Facette seiner Persönlichkeit, die er selbst einmal folgendermaßen charakterisiert hat: »Ich bin stolz und rebellisch, weil ich aufrichtig und frei bin«. Neben dem provozierenden Gehabe des Bürgerschrecks, das sich auch in einigen seiner journalistischen Arbeiten niederschlug, stand immer die ruhelose Suche nach neuen Ausdrucksmöglichkeiten, die V.s Gesamtwerk prägt: kaum ein Thema, das ihn nicht interessiert, kaum eine Gattung, in der er sich nicht versucht und neue Wege beschritten hätte, ohne sie zu Ende gehen zu können. Einen festen Platz in der per. Literatur des 20. Jh.s sichern ihm vor allem seine Erzählungen, sieht man von den postum unter dem Titel *Los hijos del sol* (1921) veröffentlichten »inkaischen Geschichten« ab, die allzu sehr dem spätmodernistischen Exotismus huldigen und nur einen oberflächlichen, meist verzerrenden Blick auf die inkaische Kultur freigeben. Ganz anders sein Erzählband *El caballero Carmelo* (1918), in dem er – wie auch in einigen seiner besten Gedichte – die Erinnerung an seine Kindheit in dem damals provinziell verschlafenen Fischereihafen Pisco wachruft. In einer einfachen, fast gänzlich von der modernistischen Rhetorik befreiten Sprache beschreibt V. – vorwiegend aus der Perspektive des Kindes – ein Milieu, in dem das Schicksal der Menschen noch völlig von der Natur bestimmt ist. Das Meer und die Küstenlandschaft gewinnen bei ihm zum erstenmal in der per. Literatur eine eigene poetische Qualität jenseits eines rein deskriptiven Regionalismus. W. B.

Weitere Werke: Biographien: *La Mariscala* (1914), *Belmonte, el trágico* (1918); Kurzroman: *La cuidad de los tísicos* (1958).

Ausgaben: *Obra poética*. Hg. J. Cheesman. LI 1958. – *Cuentos*. Hg. A. Zubizarreta. LI 1969. – *Obras. Textos y dibujos*. Pról. de L. A. Sánchez. LI 1979. – *Las conferencias de A. V.* Hg. C. A. Angeles Caballero. Ica 1985.

Literatur: L. A. Sánchez, *V. o la belle époque*. ME 1969. – J. Díaz Falconi, *La imagen marina de la muerte en V.* Anales científicos de la Universidad del Centro de Perú 3. Huancayo 1974 (mit Bibliographie). – H. Scheben, *Die Krise des Modernismus in Peru. Gesellschaftliche Aspekte in der Prosa A. V.s*. Frankfurt/M., Bern 1980. – L. Loayza, *V. en sus cartas*. HH, 11 (1981), 41-52. – M. Goldman, *Imagery of Light in A. V.'s Prose Fiction*. H, 65 (1982), 1, 51-57.

Vallejo, César

*16.3.1892 in Santiago de Chuco/La Libertad, †15.4.1938 in Paris. Er ist das elfte Kind eines kleinen Verwaltungsbeamten; seine Großväter waren span. Priester, die Großmütter Indianerinnen. Bis 1908 besucht er Grund- und Oberschule. Finanzielle Not, die sein ganzes Leben beschatten sollte, verhindert ein Medizinstudium in Lima, für das er sich 1910 immatrikuliert. Eine Anstellung als Lehrer erlaubt ihm ab 1913 ein Philologiestudium an der Universität von Trujillo und dort auch nach dem Baccalaureat, 1915, ein Jurastudium. 1918 geht er nach Lima, wo er an einer Privatschule eine Anstellung erhält, die er ein Jahr darauf wieder verliert. Mehrfach erschüttert ihn der Tod geliebter Personen. 1915 stirbt sein jüngster Bruder Manuel, 1918 seine Mutter, 1919 der mit ihm befreundete A. ↑Valdelomar. Traumatische Folgen hat eine obskure Revolte, in die er Mitte 1920 bei einem Besuch seiner Familie in Santiago verwickelt und in deren Gefolge er fast vier Monate grundlos inhaftiert wird. Da er weitere Verfolgung befürchtet, ergreift er Juni 1923 das Angebot eines Freundes, mit ihm nach Europa zu reisen. Mit kümmerlichen Honoraren für journalistische Arbeiten, zeitweise mit einem Stipendium der per. Regierung, fristet er in Paris sein Leben. 1928 unternimmt er eine erste Reise in die UdSSR, eine zweite, die von seiner späteren Frau Georgette finanziert wird, erfolgt 1929, eine dritte 1931. Wegen seiner kommunistischen Kontakte wird er Ende 1930 aus Frankreich ausgewiesen. Er geht mit Georgette nach Madrid, ohne jedoch, trotz einiger publizistischer Erfolge, seiner finanziellen Misere zu entkommen. Heimlich kehrt er Anfang 1932 wieder nach Paris zurück, wird im Juli verhaftet und kann einer Abschiebung nur durch die Zusage entgehen, sich politischer Aktivitäten zu enthalten. Sein Elend hält an, verschärft durch Mißerfolge seiner Theaterstücke, Heimweh und eheliche Konflikte. Bei Ausbruch des Span. Bürgerkriegs nimmt er aktiv an der antifaschistischen Solidaritätsbewegung teil, gründet 1937 mit P. ↑Neruda u. a. das »Comité Ibero-Americano para la defensa de la República Española« und nimmt am 2. Internationalen Kulturkongreß in Valencia und Madrid teil. Die Erfolge der Faschisten in Spanien und sein vom langjährigen Hungern angegriffener Gesundheitszustand führen trotz guter medizinischer Versorgung zu seinem Tod.

Das Einzigartige seines dichterischen Werkes hat in den Jahrzehnten nach seinem Tod zunehmend Anerkennung gefunden. Sein erster Gedichtband *Los heraldos negros* erschien 1919 in Lima (laut Impressum 1918). Zwar lassen sich noch Einflüsse von R. ↑Darío – den V. zeitlebens verehrte –, L. ↑Lugones, J. ↑Herrera y Reissig und J. S. ↑Chocano entdecken, aber sie beschränken sich auf die Übernahme einiger Bilder und formaler Elemente. Neu ist in vielen Gedichten die antirhetorische, chaotische Vehemenz einer Sprache, die die konventionelle Grenze zwischen Vulgärem und Erhabenem mißachtet. Das Schöne, soweit es Selektion und Kostbarkeit bedeutet, interessiert ihn nicht. Er weist der Dichtung die Aufgabe zu, die Gesamtheit des Lebens zu offenbaren, nicht um es zu erklären, sondern um den geheimnisvoll vitalen Kern von Dingen, Handlungen und Sprache erfaßbar zu machen. Die Themen – erotische Erfahrungen, indianisches Erbe, Familienleben – sind aus konkreter persönlicher Erfahrung erwachsen. Die bewußt unsystematische Anordnung der Gedichte läßt Beziehungen entstehen, die der Rationalität nicht zugänglich sind. Das Wesentliche der Sammlung ist der Gehalt an fatalistischer Verzweiflung und solidarisch empfundenem Schmerz, den das Titelgedicht als Vorzeichen setzt: »Es gibt im Leben so schwere Schläge ... Ich verstehe es nicht! | Schläge wie von Gottes Haß; als würde sich vor ihnen | die Brandung alles Erlittenen | in der Seele stauen ... | Ich verstehe es nicht!«. Der nächste Gedichtband *Trilce* (LI 1922) ist revolutionärer Bruch mit den Regeln traditioneller Poetik und Sprache und zugleich mit dem zeitgenössischen nationalen Publikum. (Der Titel, eine der vielen Wortneuschöpfungen V.s, ist möglicherweise eine Steigerung von »dulce«, süß, analog zu »duple«/ »triple«, oder eine Kontraktion von »triste« und »dulce«, also »trüß«.) Verständnislos standen damals auch V. wohlgesonnene Kritiker wie L. A. ↑Sánchez vor Versen wie: »999 Kalorien| Rumbbb ... Trrraprr rrach ... chaz| Serpentinisches u des Zwiebäkkers| das sich zum Trommelfell giraffft.« In seiner extremen sprachlichen Gewaltsamkeit nimmt dieses Gedicht (Nr. XXXII) eine Sonderstellung ein. Manche der 77 Gedichte des äußerst erfindungsreichen Buches sind bestürzend direkt und lassen Gefühle, Vorstellungen und Inhalte des Unterbewußten zum Vorschein kommen, die erst der Surrealismus sanktionierte. Der letzte, von V. selbst zum Druck eingerichtete Gedichtband *España, aparta de mí este cáliz* (1. Aufl. 1938 in Spanien vernichtet, dann als Sektion der postumen Sammlung *Poemas humanos*, Paris 1939) umfaßt fünfzehn Kompositionen, die V.s Erschütterung über die Geschehnisse in Spanien zum Ausdruck bringen. Außerordentlich ist auch hier die sprachliche und bildliche Fantasie, die das Pathos des humanitären Engagements durch die Vielfalt der Aspekte, Gegenstände und sprachlichen Materialien intensiviert. *Poemas humanos*, eine in ihrer Textgestaltung höchst umstrittene Sammlung, ist gewissermaßen das Testament Vallejos. Fast alle Gedichte und lyrischen Prosastücke sind kurz vor seinem Tod entstanden. Die Besinnung auf die elementaren Anliegen des menschlichen Daseins, daneben Kultur und Politik der Gegenwart, werden aus der Perspektive leidvoller Lebenserfahrung dargestellt: »Der Mensch ist schlechtgeboren,| schlecht lebt er,| ist ein schlechter Toter und| ein Schlechtsterbender.« Der Anblick von Hunger, Elend, Krankheit, Leidenden und Toten läßt die für den ästhetischen Genuß bestimmte Lyrik fragwürdig werden. Der als Chaos und Unrecht erlebten Welt wird aus einem dunkel erschrockenen, vom eigenen Leid gemarterten, vom Mitleid aufgewühlten Gemüt der »große Tag der Erlösung«, der Sieg des Kommunismus angekündigt, weniger aus dem Prinzip der Gerechtigkeit, denn aus solidarischer Menschenliebe (»Geliebt sei, der da Wanzen hat,| der zerrissene Schuhe anhat im Regen ...«). Immer wieder wird der Tod beklagt, als Ende der Zeit oder als vergangene Zukunft. In einem ingrimmig visionären Sonett beschwört der Dichter das eigene Ende: »Ich werde sterben in Paris, mit Wolkenbruch,| schon heute erinnere ich mich jenes Tages.« Die emotionelle und fantasievolle Suggestionskraft nicht nur der Bilder, sondern auch der durch Brechung von Farben, Sprachebenen und Stimmungen entdeckten Nuancen und Dimensionen erreicht in diesem Werk ein für die gesamte span.-sprachige Lyrik gültiges Höchstmaß. Außer Hunderten von Zeitungsartikeln, von denen erst ein Teil in neueren Buchausgaben zugänglich gemacht worden ist, hat V. verschiedene Prosawerke geschrieben: *Escalas melografiadas* (1923) enthält Skizzen, Prosagedichte und halluzinatorisch fantastische Erzählungen; der Kurzroman *Fabla Salvaje* (1923) entfaltet im indianischen Milieu ein psychoanalytisches Drama von Liebe, Eifersucht und Wahnsinn; ein weiterer Kurzroman *(El) Tungsteno* (1931; dt. *Wolfram für die Yankees*, 1961), der unentwegt als Beispiel mißlungener Literatur diffamiert wird, bezieht sich auf reales Geschehen um 1917 und schildert Elend und Unterdrückung des indianischen Proletariats bis hin zur Ankündigung der befreienden Revolution. Seine Rußlanderfahrungen hat V. in *Rusia en 1931. Reflexiones al pie del Kremlin* (1931) und *Rusia ante el segundo plan quinquenal* (1965) sowie in dem Drama *Entre las dos orillas corre el río* dargestellt.

Ausgaben (Auswahl): *Gedichte*. Span. u. dt. Frankfurt/M. 1963, 1976. – *Novelas y cuentos completos*. LI 1967. – *Obra poética completa*. Ed. con facsímiles. Hg. Georgette de Vallejo. LI 1968. – *Poesía completa*. Ed. crítica. Hg. J. Larrea. Barcelona 1978. – *Teatro completo*. Hg. E. Ballón Aguirre. LI 1979, 2 Bde. – *Desde Europa. Crónicas y artículos (1923-1938)*. Hg. J. Pucccinelli. LI 1987. – *Obra poética*. Ed. crítica. Hg. A. Ferrari. Madrid 1989 (Ed. Archivos).

Literatur: J. Larrea, *El amor de V.* Valencia 1980. – R. Paoli, *Mapas anatómicos de C. V.* Messina, Florenz 1981. – V. Fuentes, *El cántico material y espritual de C. V.* Barcelona 1981. – G. Beutler/A. Losada (Hg.), *C. V. Actas del Coloquio Internacional*. Freie Universität Berlin. Tübingen 1981. – A. Flores, *C. V. Síntesis biográfica, bibliografía e índice de poemas*. ME 1982. – J. Vélez/A. Merino, *España en C. V.* Madrid 1984, 2 Bde. – G. Podestá, *C. V. Su estética teatral*. Minneapolis, Valencia, LI 1985. – E. Ballón Aguirre, *Poetología y escritura. Las crónicas de C. V.* ME 1985. – J. Ortega, *La teoría poética de C. V.* LI 1986. – S. Hart, *Religión, política y ciencia en la obra de C. V.* London 1987. – E. Neale-Silva, *C. V., cuentista*. Barcelona 1987. – CH, 454-457 (1988) (Sondernr.). – A. Merino (Hg.), *En torno a C. V.* Barcelona 1988. – E. More, *V., en la encrucijada del drama peruano*. LI 1988. – L. Hernán Ramírez, *El marxismo leninismo en la poesía de C. V.* LI ²1989. – J. Guzmán Ch., *Contra el secreto profesional. Lectura mestiza de C. V.* SCh 1991.

Varela, Blanca

* 1926 in Lima. Sie ist als Lyrikerin hervorgetreten, erstmals mit dem Gedichtband *Ese puerto existe* (Xalapa, 1959). In ihrer Lyrik dominiert zunächst das Bewußtsein ständiger Verluste, die das Gedächtnis nur scheinbar und vorübergehend verhindert. Der Ton rebellischer Unzufriedenheit, der hier noch furchtsam anklingt (»Die Angst erfindet den Flug.| Vertraute Einöde umgibt mich.| Jemand beobachtet mich gleichgültig«) wird zunehmend offener. Auch die für die 50er Jahre typischen Ambivalenzen und Verrätselungen (im Gefolge eines falsch verstandenen Surrealismus) werden danach aufgegeben. In ihrem dritten Gedichtband *Valses y otras falsas confesiones* (1972), in dem Anklänge an Schlager vorhanden sind bzw. diese parodiert werden, finden sich einige Gedichte auf das aus der Ferne erinnerte Lima, »meine schamlose Geliebte ... leprös und zahnlos«. V.s hauptsächliche Thematik bildet indes die Situation der Frau bzw. die Verurteilung patriarchalischer Strukturen in Gesellschaft und Religion: »Sieh her, was du aus mir gemacht hast, die ärmste Heilige im Museum, die im letzten Saal, neben den Toiletten, die mit der schwarzen Wunde wie ein Auge unter der linken Brust«.

Weitere Werke: Lyrik: *Luz de día* (1963), *Canto villano* (1978).

Literatur: J. M. Oviedo, *B. V. o la persistencia de la memoria*. ECO, 36 (1979), 1 (217), 100-111. – C. Graves, *Con el ángel entre los dedos*. HH, 4 (1980), 93-101. – A. Ferrari, *V.: explorando los ›bordes espeluznantes‹*. HH, 21 (1986), 134-143. – A. M. Gazzolo, *B. V. y la batalla poética*. CH, 466 (1989), 129-138.

Vargas Llosa, Mario

* 28.3.1936 in Arequipa als Sohn eines Journalisten. Bis zum Alter von 10 Jahren lebte er in Cochabamba bei seinen Großeltern. Mit seiner Mutter, die sich kurz nach der Geburt des Sohnes hatte scheiden lassen, kehrte er 1946 nach Peru zurück und setzte zunächst in Piura seinen Schulbesuch fort. Ein Jahr später söhnten sich die Eltern aus und zogen in Lima zusammen. Zwei Jahre besuchte er hier die Kadettenanstalt

»Leoncio Prado« und immatrikulierte sich anschließend an der San-Marcos-Universität zu einem Philologiestudium. Mit einer Dissertation über R. ↑Darío promovierte er 1958 in Madrid. Er ließ sich in Paris nieder, gab Sprachunterricht an der Berlitz School, bis er besser bezahlte Arbeit bei der Agence France Press und der Radiodiffusion Française fand. Ab 1967 hatte er Gastprofessuren an verschiedenen renommierten Universitäten in Europa und Nordamerika inne. Von 1970-1974 lebte er in Barcelona. Erst 1974 verlegte er seinen Wohnsitz nach Peru. Nach dem Ende der Militärdiktatur betätigte er sich politisch in seiner Heimat. 1990 verlor er als Kandidat der Mitte-Rechts-Koalition FREDEMO die Wahl zum Staatspräsidenten nach einer Stichwahl. 1991 war er Gast des Wiss. Kollegs in Berlin. Seit vielen Jahren lebt er abwechselnd in London und Lima.

V. L. ist einer der großen Romanciers der span.-sprachigen Welt. Seine wesentlichen schriftstellerischen Qualitäten liegen in der sicheren und flexiblen Beherrschung moderner Erzähltechniken, im Gespür für Konstruktion und Zusammenhalt sowie in der Schärfe seines Blicks für die Details menschlichen Verhaltens, aber auch für die Strukturen und Mechanismen der Gesellschaft. Sein Weltbild ist deterministisch, ihm fehlen Sinnlichkeit, musikalische Sensibilität und Fantasie, dafür versteht er es, die Fantasie des Lesers zu provozieren. Ihn interessiert das Erscheinungsbild der Realität, die er in eine andere, rein verbale Realität umzusetzen sucht. Insofern enthält er sich moralischer Beurteilungen, läßt seine Personen agieren, denken und sprechen, zeigt jedoch durch Verschachtelung verschiedener räumlicher und zeitlicher Handlungsebenen Alternativen auf. Sein erster, in Spanien erschienener, prämierter und in Peru öffentlich verbrannter Roman *La ciudad y los perros* (1963; dt. *Die Stadt und die Hunde*, 1966) behandelt die Zustände an der Kadettenanstalt »Leoncio Prado«. Der Schlüssel zu dieser von Militärs geleiteten Hölle, in der aus den »Hunden«, den Schülern der Grundklasse, Menschen gemacht werden sollen, ist die Gewalt. Die geforderte autoritätsgläubige Disziplin setzt sich bei den Betroffenen um in Terror und pervertierte Sexualität. Der Schwache wird zum Opfer kollektiven Sadismus, der Rechtschaffene beugt sich schließlich dem fatalen System. Für den nächsten Roman *La casa verde* (1966; dt. *Das grüne Haus*, 1968) wurde V. L. in Venezuela mit dem Rómulo-Gallegos-Preis ausgezeichnet. (Aufsehenerregend war bei der Preisvergabe sein Bekenntnis zum kub. Sozialismus, den er jedoch seit der ↑Padilla-Affäre, 1970, in zunehmender Schärfe verurteilt.) Der Roman spielt im Norden Perus, in einem die Komposition bestimmenden Dreieck, das von den Städten Piura, Santa María de Nieva und Iquitos gebildet wird. Einige der inhaltlichen Elemente des Werkes beruhen auf Eindrücken einer Reise, die V. L. 1958 in die Urwälder am Oberlauf des Marañón unternahm, manches auch auf Erinnerungen seiner Kindheit. Eine der fünf Handlungsebenen ist die Geschichte des »Grünen Hauses«, eines Bordells in Piura, und seines Gründers Don Anselmo. Sie verbindet eine mythische Vergangenheit – Anselmo als harfespielender Orpheus und Antonia, das stumme und blinde Mädchen, seine todgeweihte Geliebte – mit der Gegenwart eines neuerbauten »Grünen Hauses«, das unter der Leitung von Antonias tüchtiger Tochter floriert. Wie im vorigen Roman ist das Gesetz dieser Welt die Gewalt. Nonnen rauben Indiomädchen, um ihre missionarische Aufgabe zu erfüllen; christlich erzogen, werden diese dann an die Offiziere der Garnison als Dienerinnen vermittelt und enden später als Prostituierte. Erbarmungslos werden die Indios von den Kautschukhändlern ausgebeutet. Eine Inkarnation des Dschungelgesetzes ist Fushía, der mit seiner Bande die Dörfer der Indios überfällt, die Männer ermordet, die Frauen und den Kautschuk raubt, aber endlich in einer Lepra-Station lebendigen Leibes verfault. Es gibt in dem Roman keine durchgezogenen Handlungslinien. Die Szenen überlagern sich, geistige Prozesse entwickeln sich gleichzeitig aus verschiedenen Situationen, die Bewußtseinsströme der Personen gehen ineinander über, Gegenwart wird ständig auf Vergangenes bezogen. Trotz der anspruchsvollen und verwirrenden Erzählweise wird das Werk von einer intensiven Spannung gehalten, die den Leser unwiderstehlich mit sich zieht. V. L.s monumentaler Roman *Conversación en la Catedral* (1969; dt. *Die andere Seite des Lebens*, 1976, danach *Gespräch in der Kathedrale*) behandelt die innenpolitische Situation Perus zur Zeit der Regierung des Generals Odría (1948-56). Im Gegensatz zur barocken Vitalität von *La casa verde* herrscht in *Conversación* von Anfang an eine Stimmung der Depression und einer alles durchdringenden, obszönen Korruption. Den Auftakt gibt die Szene, in der in einem staatlichen Hundeheim die eingefangenen Tiere wegen des zu niedrigen Etats mit Knüppeln erschlagen werden. »Jodido«, in der ganzen semantischen Bandbreite dieses vulgären Begriffes, ist das Leitmotiv der Lebensschicksale, die in einer komplexen Architektur von Oppositionen und Entsprechungen in dem Buch entfaltet werden. Die das Geschehen vermittelnden Hauptpersonen sind der Aufsteiger Cayo Bermúdez, ein sadistischer Voyeur, später Innenminister, und Santiago Zavala, Sohn eines korrupten Senators, einst idealistischer Rebell, nun verkommener Journalist, der über sein verpfuschtes Leben und seine Ehe nachgrübelt. Die anderen Hauptpersonen sind die im Elend endende attraktive Haushaltshilfe Amalia und Ambrosio, momentan Hundefänger, einst Faktotum – bis zum Mord – und homosexueller Partner des gesellschaftlich hochangesehenen Vaters von Santiago, sowie die beruflich mit Ambrosio und Bermúdez verbundene Prostituierte Queta. Nach diesem äußerst komplizierten, hart anklagenden Roman hat V. L. zwei erzähltechnisch eher entspannte und humorvolle Romane veröffentlicht, in denen gleichwohl die Themen, Motive und »Dämonen« der vorherigen Werke präsent sind. In *Pantaleón y las visitadoras* (1973; dt. *Der Hauptmann und sein Frauenbataillon*, 1974) wird die tragikomische Geschichte des pflichtbewußten Hauptmanns Pantoja erzählt, der es sich zur Lebensaufgabe gemacht hat, den im Urwald stationierten per. Soldaten den Dienst durch eine ambulante Prostituierten-Einheit zu erleichtern. Das patriotische und bei den direkt Beteiligten höchst erfolgreiche Unternehmen wird von der Obrigkeit schnell abgebrochen. *La tía Julia y el escribidor* (1977; dt. *Tante Julia und der Lohnschreiber*, 1979, danach *Tante Julia und der Kunstschreiber*, 1988) ist ein Abschnitt aus V. L.s eigenem Leben, verflochten – auf höchst ironische und kunstvolle Weise – mit der Problematik der literarischen Berufung. Die autobiographische Liebesgeschichte des damals 18jährigen, also noch minderjährigen »Marito« und seiner 14 Jahre älteren Tante Julia Urquidi, die nach einer gescheiterten Ehe zu ihrer Verwandtschaft in Lima kommt, wird alternierend mit den melodramatischen, manchmal blutrünstigen Radio-Fortsetzungsgeschichten des schließlich selbst verwirrten »Schreiberlings« Camacho erzählt. (J.

Urquidi hat in ihrem Buch *Lo que Varguitas no dijo*, 1983, einige Hintergründe zu erhellen versucht.) – Der Thematik von Geschichte und ideologischer Verzerrung sind die zwei nächsten Romane gewidmet. *La guerra del fin del mundo* (1981; dt. *Der Krieg am Ende der Welt*, 1982) geht auf *Os Sertões* (1902) des bras. Autors E. da ↑Cunha zurück, der in V. L.s Roman als eine der Hauptfiguren auftritt. Der von da Cunha dargestellte Kampf der bras. Armee gegen religiös fanatisierte, arme Bauern im Nordosten Brasiliens, der mehr als 20000 Menschen das Leben kostete, wird hier unter dem Aspekt der Verblendungen dargestellt: Die einen sehen in der soeben erst gegründeten Republik, die Demokratie, soziale Fürsorge und Fortschritt verspricht, ein Werk des »Antichristen«. Für die Vertreter der Republik ist der Aufstand hingegen eine von den Engländern unterstützte Intrige der Monarchisten. Der aus Europa gekommene Anarchist Galileo Gall wiederum erkennt in dem Aufstand das Modell der Pariser Kommune bzw. der europ. Klassenkämpfe wieder. *Historia de Mayta* (1984; dt. *Maytas Geschichte*, 1986) geht von der historischen Episode eines 1962 gescheiterten Aufstands in einer abgelegenen per. Kleinstadt aus, der von einem Trotzkisten aus Lima und einem jungen Offizier angeführt wurde. Nach wenigen Stunden war das Unternehmen kläglich gescheitert. Im Roman sucht der Erzähler durch Gespräche mit Verwandten und Bekannten des Protagonisten dessen Vorgeschichte und Motivationen aufzudecken, wobei sich durch die fast apokalyptische Vision einer in Kämpfe mit US-Truppen verstrickten Revolutionsarmee über das Thema der zerstörerischen Gewalt Gegenwart und Vergangenheit verzahnen. Offensichtlich verurteilt V. L. in dem Roman die maoistische Guerilla-Bewegung »Sendero luminoso« und hat damit einen neuralgischen Punkt der politischen Auseinandersetzung in ganz Lateinamerika berührt. *¿Quién mató a Palomino Molero?* (1986; dt. *Wer hat Palomino Molero umgebracht?*, 1988) spielt in Piura und entspricht den Regeln des Kriminal-Genres, enthält jedoch eine scharfe Anklage. *Elogio de la madrastra* (1988; dt. *Lob der Stiefmutter*, 1989) erschien in der span. Erotik-Reihe »La Sonrisa Vertical« und gilt als amüsante Lektüre. Befriedigender für eher problemorientierte Leser ist *El hablador* (1987; dt. *Der Geschichtenerzähler*, 1990). Sprachliche und kulturelle Vermittlung ist das Thema der zwei kontrapunktischen Ebenen des Romans, deren eine den »Geschichtenerzähler« eines verstreut lebenden Indianerstammes am Amazonas erfaßt. V. L. hat diverse Essays zur Literatur veröffentlicht. Der wichtigste, weil für ihn selbst aufschlußreichste, ist neben dem genannten über García Márquez vielleicht *La orgía perpetua. Flaubert y ›Madame Bovary‹* (1975; dt. *Die ewige Orgie. Flaubert und ›Madame Bovary‹*, 1980). Die Entstehungsgeschichte von *La casa verde* stellt er in *Historia secreta de una novela* (1972; dt. *Geheime Geschichte eines Romans*, 1992) dar. V. L.s Neigung galt von Anfang an auch dem Theater. *La huida del Inca*, ein dramatischer Dreiakter mit Prolog und Epilog, wurde 1952 in Piura uraufgeführt. Das Drama *La señorita de Tacna* (1981) präsentiert zwei miteinander verwobene Handlungen. Das Gegenwartsgeschehen problematisiert schriftstellerisches Schaffen. Auf dem anderen Bühnenteil wird die Geschichte jener »señorita« Elvira dargestellt, die einst in einem Wutausbruch beschloß, nie zu heiraten. Die Episoden ihres Lebens sucht später ihr Neffe Belisario literarisch zu gestalten. Ein ähnlich subtil durchkalkulierter, Literatur kritisierender Zweiakter ist *Kathie y el* *hipopótamo* (1983). Die Bankiersfrau Kathie will einen Roman über Reiseabenteuer schreiben. Sie erzählt ihre – erfundenen – Abenteuer ihrem Ghostwriter, dem Journalisten Santiago Zavala zwei Stunden täglich. Zusammen spielen sie diese von Zavala mit exotischen und erotischen Einzelheiten ausgeschmückten und von beiden mit weiteren Personen und Geschehnissen angereicherten Geschichten durch. Die andere Handlungsebene sind die Erinnerungen der beiden Gestalten an die jeweiligen Ehegeschichten, die durch Untreue und Eifersucht scheiterten. *La Chunga* (1986; dt. *La Chunga*, 1989) besteht ebenfalls aus einer fiktiv realen Ebene und von den Figuren imaginierten Traumeinlagen. Eines Abends bringt der Zuhälter Josefino seine Freundin Meche mit in die Kneipe der Chunga. Er verliert beim Würfelspielen, »vermietet« Meche für die Dauer einer Nacht an die Chunga und sieht Meche nie wieder. (Bei der Aufführung in Lima hagelte es Protest, denn so viel drastische Szenen und schmutzige Worte waren noch nie bei einem Theaterstück vorgekommen.) Von V. L.s weiteren Werken wäre die lange Erzählung *Los cachorros* (1967; *Die jungen Hunde*, 1975) hervorzuheben, die symbolhafte Geschichte eines von einem Hund sexuell Verstümmelten, der nie von der Welt der »normalen« Erwachsenen akzeptiert sein wird.

Weitere Werke: Erzählungen: *Los jefes* (1959), *Día domingo* (1971); Hörspiel: *El loco de los balcones* (dt. *Der verrückte Balkonschütze*, 1990); Essays, sonstige Prosa: *El combate imaginario* (1972, zus. mit Martín de Riquer), *Contra viento y marea (1962-1982)* (1983; dt. *Gegen Wind und Wetter. Literatur und Politik*, 1988).

Ausgabe: *Obras escogidas*. Madrid 1973.

Literatur: A. Pereira, *La concepción literaria de M. V. L.* ME 1981. – J. M. Oviedo, *M. V. L.: La invención de una realidad*. Barcelona [3]1982. – M. A. Lewis, *From Lima to Leticia. The Peruvian Novels of M. V. L.* Washington 1983. – D. Gerdes, *M. V. L.* Boston 1985. – A. de Toro, *Die Zeitstrukturen im Gegenwartsroman*. Tübingen 1986. – R. Geisdorfer Feal, *Novel Lives: The Fictional Autobiographies of Guillermo Cabrera Infante and M. V. L.* Chapel Hill 1986. – J. M. Oviedo (Hg.), *M. V. L.* Madrid [2]1986. – R. L. Williams, *M. V. L.* New York 1986. – I. Enkvist, *Las técnicas narrativas de V. L.* Goterna 1987. – S. Castro-Klaren, *M. V. L.: análisis introductorio*. LI 1988. – E. Snauwaert, *M. V. L.: El reino de la mentira*. Kortrijk 1990. – R. A. Kerr, *M. V. L.: Critical Essays on Characterization*. Potomac 1990. – T. Scheerer, *M. V. L.* Frankfurt/M. 1990.

Zavaleta, Carlos E[duardo]

* 1928 in Caraz/Ancash. An der San Marcos-Universität promovierte er mit einer Dissertation über Faulkner und erhielt dort nach einer Reise durch die USA und Europa einen Lehrstuhl für Literatur. Zeitweise hat er diplomatische Posten bekleidet, u. a. 1968 als Kulturattaché in La Paz.

Z. ist Autor von hervorragenden Erzählungen, einigen kürzeren Romanen sowie literaturkritischen Essays und Aufsätzen, besonders über engl.-sprachige Literatur. Er ist auch als Übersetzer von Faulkner, Hawthorne und Joyce hervorgetreten. Z.s Thematik ist sehr breit gespannt. Leser und Kritiker bevorzugen allerdings seine Erzählungen aus dem andinen Hochland. Beispielsweise die Titelgeschichte seines ersten Bandes *La batalla* (1954), in der ein indianisches Dorffest mit seinem grausamen Ritual der Quälerei eines festgebundenen Kondors – wenn auch ohne Verurteilung durch den Erzähler – geschildert wird. Ähnlich eindrucksvoll ist die Titelgeschichte von *El Cristo Villenas* (1956), in der der unter gräßlichen Qualen gestorbene Protagonist, der in einen Kessel mit kochender Chicha gefallen ist, als örtlicher

Christus in die Legende eingeht. Andere Erzählungen spielen im städtischen Milieu von Akademikern, Büroangestellten bis hin zur Welt der Delinquenten. Auf die Beschäftigung mit Faulkner führte man die Triebhaftigkeit und düstere Schicksalstragik seiner Personen zurück, den technischen Erfindungsreichtum auf Joyce. In den Erzählungen von *Vestido de luto* (1961) sucht Z. das Thema des Todes, in *Muchas caras del amor* (1966) das der Liebe von verschiedenen Aspekten und sozialen Konstellationen her einzukreisen. Der Roman *Retratos turbios* (1982) stellt in einem dichten Klima von Leidenschaft und Gewalt die Schicksale von zwei Jugendlichen aus der Provinz dar, für die Lima zum Inbegriff ihrer Wünsche wird.

Weitere Werke: Romane: *El cínico* (1948), *Los Ingar* (1955); Erzählungen: *Unas manos violentas* (1958), *Niebla cerrada* (1970), *Un día en muchas partes del mundo* (1979), *La marea del tiempo* (1982); Essay: *Retrato de Ciro Alegría* (1984).
Ausgabe: *Cuentos completos.* LI 1983-84, 3 Bde.
Literatur: F. Tobar García, *Z. en el cuento y la novela.* NE, 18 (1980), 84-87.

PUERTO RICO

Alonso Pacheco, Manuel A.	1822-1889
Tapia y Rivera, Alejandro	1826-1882
Hostos, Eugenio María de	1839-1903
Rodríguez de Tió, Lola	1843-1924
Gautier Benítez, José	1851-1880
Zeno Gandia, Manuel	1855-1930
Marín, Francisco Gonzalo	1863-1897
Diego, José de	1866-1918
Llorens Torres, Luis	1876-1944
Juliá Marín, Ramón	1878-1917
Ribera Chevremont, Evaristo	1890-1976
Diego Padró, José Isaac de	1896-1974
Blanco, Tomás	1897-1975
Palés Matos, Luis	1898-1959
Pedreira, Antonio S.	1899-1939
Laguerre, Enrique A.	1906
Corretjer, Juan Antonio	1908-1985
Andreu Iglesias, César	1915-1976
Arriví, Francisco	1915
Díaz Alfaro, Abelardo	1916
Marqués, René	1919-1979
González, José Luis	1926
Soto, Pedro Juan	1928
Diaz Valcárcel, Emilio	1929
Sánchez, Luis Rafael	1936
Ferré, Rosario	1940
Rodríguez Torres, Carmelo	1941
Rodríguez Juliá, Edgardo	1946
Ramos Otero, Manuel	1948

Alonso Pacheco, Manuel A.
* 6.10.1822 in San Juan, † 4.11.1889 ebd. Studium der Medizin in Barcelona (1842-49), Rückkehr nach Puerto Rico und Tätigkeit als Arzt in Caguas. Von 1871 bis zu seinem Tod war er Leiter des Asilo de Beneficencia in San Juan. Als gemäßigter Liberaler stand er den Reformisten nahe, die bei aller Kritik am kolonialen System und der Forderung nach mehr Freiheiten eine Loslösung von Spanien ablehnten.
Erste literarische Arbeiten erschienen während der Studienjahre in Barcelona in der von A. P. mitherausgegebenen Sammlung »Album Puertorriqueño« (1844) und dem »Cancionero de Boriquen« (1846). Sie stehen unter dem Einfluß des span. Romantikers Espronceda (schwärmerische Verherrlichung der individuellen Freiheiten, Verklärung marginaler Existenzen), doch finden sich auch genuin lateinam. Elemente: etwa in »El salvaje« (»Album Puertorriqueño«) die Gestalt des gegen die span. Eroberer rebellierenden Indio. Hauptwerk ist *El Gíbaro* (1849; erw. Fassung 1882), eine Sammlung von Genrebildern über ländliche Typen, Sitten und Gebräuche, historisch-gesellschaftskritischen Skizzen und volkstümlichen Romanzen, mit denen A. P. über das Anekdotische und rein Pittoreske hinaus die nationale Identität zu bestimmen und gleichzeitig zu reformieren suchte. In seinem Stellenwert für das puertoric. Selbstverständnis ist *El Gíbaro* dem *Martín Fierro* des Argentiniers J. ↑Hernández vergleichbar. F. G.

Literatur: M. Rivera Rivera, *Concepto y expresión del costumbrismo en M. A. A. P.* San Juan 1980.

Andreu Iglesias, César
* 13.7.1915 in Ponce, † 17.4.1976 in San Juan. Aufgrund finanzieller Probleme Abbruch des Studiums; Hafenarbeiter in San Juan; aktiv in der Gewerkschaftsbewegung; Journalist. Als kompromißloser Verfechter der Unabhängigkeit Puerto Ricos und Marxist führende Persönlichkeit in der Kommunistischen Partei (1936-54) und dem von ihm mitbegründeten Movimiento Pro Independencia (1959-70); mehrfach aus politischen Gründen in Haft. 1970-71 Professur für puertoric. Studien am Hunter College in New York.
Das politische Engagement prägte die journalistische und essayistische Arbeit ebenso wie drei Romane, die in jener Zeit entstanden, als sich A. I. nach dem Bruch mit der Kommunistischen Partei vorübergehend vom öffentlichen Leben zurückzog: *Los desterrados* (1956), *Una gota de tiempo* (1958) und *El derrumbe* (1960). Zentrales Anliegen ist in allen drei Werken eine Bestandsaufnahme der puertoric. Gegenwart in ihren politischen Aspekten. Als gelungenster Versuch gilt *Los desterrados*, eine differenzierte und kritisch-distanzierte Analyse jenes Mikrokosmos, der sich innerhalb und im Umfeld der Nationalistischen Partei herausgebildet hatte. F. G.

Weitere Werke: Theater: *El inciso hache* (1963); Essay: *Independencia y socialismo* (1951).
Literatur: J. Sánchez-Boudy, *Las novelas de C. A. I. y la problemática puertorriqueña actual.* Barcelona 1968. – G. H. Fromm, C. *A. I. Aproximación a su vida y obra.* Río Piedras 1977.

Arriví, Francisco
* 1915 in San Juan. Studium der Literaturwissenschaft an der Universidad de Puerto Rico. Als Lehrender, Kritiker und Praktiker seit den 40er Jahren Integrationsfigur der puertoric. Theaterwelt, als Leiter der Sektion Theater im Instituto de Cultura Puertorriqueña hat er viele Festivals organisiert.
A. veröffentlichte neben Essays, vornehmlich zum zeitgenössischen Thea-

ter, einen 5bändigen Gedichtzyklus, »Via Poética«: *Isla y nada* (1958), *Frontera* (1960), *Ciclo de lo ausente* (1962), *Escultor de la sombra* (1965) und *En la tenue geografía* (1971). Die größte Resonanz aber erreichte seine umfangreiche Theaterproduktion, die er selbst in drei Phasen bzw. Stile gliederte: poetisch-absurdes, existentiell-lyrisches und poetisch-realistisches Theater. Unter den Werken, die dem poetischen Realismus zuzuordnen sind, gilt die Trilogie *Máscaras puertorriqueñas* als eines der repräsentativsten Stücke der neueren lateinam. Dramatik. Nach Aussage des Autors ist die Trilogie »ein Theaterstück in drei Dramen«, in dem das erste, aus zwei Einaktern bestehende »Drama« das zweite durchdringt und dies wiederum dem dritten die gesteigerte Dynamik weitergibt. Die thematische Klammer ist die Erforschung der Problematik von Identität und Kommunikation vor dem Hintergrund der Rassenvorurteile in der puertoric. gemischtrassigen Gesellschaft. A. selbst versteht seine Trilogie als »Ritual des Todes und der Auferstehung« in einem konkreten gesellschaftlichen Kontext. Das erste »Drama« *Bolero y plena* (1956) – bestehend aus *El murciélago* und *Medusas en la bahía* – dramatisiert das Moment des Todes; die Verweigerung der Annahme des afrik. Erbes als Teil der (individuellen wie kollektiven) Identität führt zu Entfremdung, Einsamkeit, emotionaler Verkrüppelung und schließlich zum physischen Tod. Das zweite »Drama« – *Sirena* (1958) – steigert den Konflikt in neuer Personen- und Situationenkonstellation, suggeriert aber bereits das Moment der »Auferstehung«, das sich im dritten, dem am stärksten elaborierten Stück – *Vejigantes* (1958) – über drei Generationen im letzten Glied erfüllt. Die Segmentierung von Raum und Zeit, Spiegel der komplexen Schichtung psychischer Wirklichkeit, und die Verknüpfung der einzelnen Sequenzen unterstreicht auf der Spielebene der kunstvolle Einsatz optischer und akustischer Mittel (insbes. von Lichteffekten und leitmotivisch festgeschriebenen musikalischen Partien), die Theater zu einem synästhetischen Erlebnis werden lassen und die in Puerto Rico Schule machten. F. G.

Weitere Werke (Auswahl): Lyrik: *Ciba, areyto, cemí, coquí* (1980); Theater: *María Soledad* (1947), *Club de solteros* (Marionettentheater, 1953), *Coctel de don Nadie* (1964); Essays: *Areyto mayor* (1966), *Conciencia puertorriqueña del teatro contemporáneo: 1937-1956* (1967).

Literatur: E. G. Neglia, *La ›conscientização‹ de Paulo Freire y su aplicación al teatro.* RCEH, 5 (1981), 2, 157-166. – L. F. González-Cruz, *Dialéctica de lo blanco y lo negro en ›Vejigantes‹ de F. A.* ALH, 9 (1981), 10, 99-106.

Blanco, Tomás

* 1897 in Santurce (1900 in San Juan?), † 1975 in San Juan. Wie für viele andere Autoren seiner Generation steht für B. die Frage nach der geschichtlichen und kulturellen Entwicklung Puerto Ricos nach der US-am. Invasion von 1898 im Mittelpunkt seines literarischen Schaffens. Die Sorge um die Bewahrung der nationalen Identität der Insel durchzieht sein ganzes Werk. Neben diversen Erzählungen, Essays und einem Roman machte er sich vor allem einen Namen durch das *Prontuario histórico de Puerto Rico* (1935), eine Synthese und Interpretation der Geschichte Puerto Ricos von seinen Anfängen bis ins 20. Jh. Höhepunkt seiner brillanten Essayistik bilden die in *Los cinco sentidos* (1955) zusammengefaßten Texte, in denen B. typische Erscheinungen der Inselwelt beschreibt, die jeweils eines der fünf Sinnesorgane des Menschen ansprechen. C. S.

Weitere Werke: Erzählungen: *Cultura. Tres pasos y un encuentro* (1939), *Naufragio*

(1952), *Los Aguinaldos del Infante* (1954), *La Dragontea* (1956); Kurzroman: *Los vates* (1949, ²1981, mit Bibliographie); Lyrik: *Letras para música* (1964); Essays: *El prejuicio racial en Puerto Rico* (1942), *Sobre Palés Matos* (1950), *Miserere. En la muerte de Georges Roualt y luz perpetua luzca en él* (1959).
Literatur: M. Arce de Vázquez, *La obra literaria de T. B.* INSULA, 31 (1976), 356/357, 3. – *T. B. y ›Los vates‹*. San Juan: Instituto de Cultura Puertoriqueña 1986.

Corretjer, Juan Antonio
* 3.3.1908 in Ciales, † 19.1.1985 in Río Piedras. Journalist und Politiker, Marxist und militanter Verfechter der Unabhängigkeit Puerto Ricos. Als radikaler Anhänger der Nationalistenpartei war er mehrfach in Haft und im Exil.
Das umfangreiche dichterische und essayistische Werk C.s ist geprägt von seinem politischen Engagement. *Argüeybana. Poemas criollos* (1932), *Amor de Puerto Rico* (1937), *El leñero. Poema de la Revolución de Lares* (1944), *Tierra nativa* (1951), *Genio y figura. Rapsodia criolla* (1961): Bereits die Titel verweisen auf die das gesamte Werk durchziehende kreolische Thematik. Die Wurzeln eines authentischen Selbstverständnisses findet C. in der heimatlichen Erde und der Gemeinschaft der auf ihr lebenden Menschen ebenso wie in der kollektiven Erinnerung, in der die Mythen und Legenden der indianischen Vergangenheit wie die revolutionären Bewegungen der kolonialen Vergangenheit jene Kraft spenden, die allein eine radikale Veränderung der neokolonialen Gegenwart möglich machen wird. Die Sprache ist einfach und transparent, idiomatische Varianten und Indigenismen unterstreichen den »volkstümlichen« Charakter der Gedichte. F. G.

Weitere Werke: Erzählungen: *El cumplido. Narraciones arbitrarias* (1979); Essays: *Laurel negro* (1981).
Ausgabe (Lyrik): *Obras completas*. San Juan 1977 (Bd. I).
Literatur: R. F. Medina López, *J. A. C.: poeta nacional puertorriqueño*. San Juan 1984.

Díaz Alfaro, Abelardo
* 24.7.1916 in Caguas. Sozialarbeiter, Rundfunkjournalist. Mit nur einem Band – *Terrazo* (1947) – wurde D. A. zum populärsten und meistaufgelegten Erzähler Puerto Ricos, und die Würdigung seiner Kurzprosa von seiten angesehener Kritiker umfaßt inzwischen mehr gedruckte Seiten als sein publiziertes Werk. Seine Popularität verdankte D. A. vorrangig seiner Tätigkeit beim Rundfunksender des Erziehungsministeriums, wo er in zwei beliebten Programmen dieselben volkstümlichen Typen und Situationen in Szene setzte, die auch in seinen kurzen Genrebildern mit liebevoller Ironie und in pittoresk-umgangssprachlichen Wendungen beschrieben sind. Die hohe Auflagenzahl verdankte er schließlich auch der Tatsache, daß das Erziehungsministerium den Band als Schultext empfahl. Die Kritik lobte besonders jene narrativen Texte, in denen D. A. der puertoric. Wirklichkeit entlehnte Handlungselemente durch symbolisch-allegorische Überhöhung in einen universellen Zusammenhang stellte. F. G.

Weitere Werke: *Mi isla soñada (Estampas)* (1967).

Díaz Valcárcel, Emilio
* 16.10.1929 in Trujillo Alto. Nach Schulabschluß Militärdienst in den USA, Teilnahme am Korea-Krieg. Studium der Kunstgeschichte und Hispanistik in Puerto Rico, Journalist und Drehbuchautor, gegenwärtig Professor an der Universidad de Puerto Rico. Längere Aufenthalte in den USA und Spanien.
Erste Anerkennung fand D. V. mit neonaturalistischen Erzählungen – *El ase-*

dio y otros cuentos (1958), *Proceso en diciembre* (1963), *El hombre que trabajó el lunes* (Kurzroman, 1966), *Napalm* (1970) –, in denen vorwiegend gesellschaftliche Außenseiter oder in extremen Situationen befindliche Gestalten im städtischen Umfeld in Puerto Rico oder vorzugsweise in New York verzweifelt und an sich selbst verzweifelnd dahinvegetieren. Besonders eindrücklich sind hier die bereits in den 50er Jahren entstandenen Erzählungen mit dem thematischen Schwerpunkt des Korea-Krieges, verfaßt mit dem Impuls einer noch lebendigen Erfahrung. Mit Beginn der 70er Jahre und seinem ersten Roman *Figuraciones en el mes de marzo* (1972) wandte sich D. V. jedoch von den traditionellen Erzählweisen des kritischen Realismus weg zu den Techniken des lateinam. neuen Romans. Erzählt wird hier die Geschichte eines puertoric. Schriftstellers, der ins freiwillige Exil nach Madrid geht, auf der Flucht vor der Wirklichkeit seines Landes und vor sich selbst. Diese Geschichte enthüllt sich fragmentarisch in einer Collage aus narrativen Segmenten, Zeitungsartikeln, Anzeigen, Rechnungen, Auszügen aus dem Telefonbuch usw. Der Roman stieß bei der puertoric. Kritik keineswegs auf einmütigen Beifall und wurde – nicht zu Unrecht – als intellektualistisches Experiment gewertet. Weitaus gelungener erscheinen die Neuerungen in den nachfolgenden Romanen, etwa die Sprachgestaltung dort, wo Personen in einem bestimmten soziokulturellen Kontext eine spezifische Sprache zugeordnet und durch die Vielfalt der Idiome die besondere kommunikative Situation der Puertoricaner insbesonders in New York sinnfällig betont wird. F. G.

Weitere Werke: Romane: *Inventario* (1975), *Harlem todos los días* (1978), *Mi mamá me ama* (1981), *Dicen que de noche tú no duermes* (1985).

Ausgaben: *Panorama (Narraciones 1955-1967)*. Río Piedras 1971. – *Cuentos*. LH 1983.

Literatur: M. M. Dalman de Sánchez, *Bibliografía de E. D. V.* REHPR, 3 (1973), 1/2, 81-89. – A. Matilla Rivas, *Signos claves para el mejor entendimiento de ›Mi mama me ama‹*. ETL, 12 (1983-84), 2, 49-57. – J. Martínez Tolentino, *›Mi mamá me ama‹, de E. D. V.: Cómo se satiriza una visión distorsionada de Puerto Rico*. CAM, 252 (1984), 1, 216-226. – M. Herrera–Sobek, *Identidad cultural e interacción dinámica entre texto y lector destinatario en ›Mi mamá me ama‹*. ETL, 15 (1986-87), 2, 123-137.

Diego, José de

* 16.4.1866 (1867?) in Aguadilla, † 16.7.1918 in New York. Nach Jurastudium in Spanien u. Kuba war er erfolgreich als Rechtsanwalt auf Puerto Rico tätig. Seine patriotischen Ideale ließen ihn, verstärkt noch nach der Machtübernahme der USA, als Parlamentarier und Publizist für die Unabhängigkeit der Insel tätig werden. Die letzten Jahre seines Lebens widmete der ausgezeichnete Redner D. der Verbreitung seines Programms einer Union der Antillen.

Sein poetisches Werk aus mehr als dreißig Jahren zeigt eine beachtliche stilistische wie inhaltliche Spannweite: von der Romantik über den Modernismus hin zu einer eigenen impressionistischen Ausdrucksweise, vom melancholischen Subjektivismus über die politische Rebellion hin zu einer religiösen Mystik. Trotz der eklektischen Vielfalt folgt sein Schaffen doch einem Grundgedanken, den er im Prolog zu *Cantos de rebeldía* (1916) anführt: »Die Schaffung und die Betrachtung von Schönheit« müssen »dem unentbehrlichen Guten zur Seite stehen«. Für ihn war dies die Unabhängigkeit Puerto Ricos. C. S.

Ausgabe: *Obras Completas*. San Juan 1970, 2 Bde.

Literatur: C. Meléndez, *J. de D. en mi me-*

moria. San Juan 1966. – M. Arce de Vázquez, *La obra literaria de J. de D.* San Juan 1967. – C. Pedrosa Izarra, *Nuevas perspectivas en la obra de J. de D.: descubrimiento de poemas juveniles.* HO, 14 (1971), 28, 95-114.

Diego Padró, José Isaac de

* 12.4.1896 in Vega Alta, † 18.8.1974 in Hato Rey. Er war Journalist, zeitweise Pressechef in ministeriellen Diensten. Längere Aufenthalte in Spanien, Frankreich und den USA; während des 1. Weltkriegs Soldat der US-Armee.

Der erste publizierte Gedichtband *La última lámpara de los dioses* (1921) stand noch ganz unter dem Eindruck der »Prosas profanas« von R. ↑Darío. Im Jahr seines Erscheinens formulierte D. P. jedoch gemeinsam mit L. ↑Palés Matos ein eigenes Konzept der Avantgarde: den Diepalismus, den eine weitgehend onomatopoetische Sprachgestaltung kennzeichnete. (Der Terminus wurde aus den Anfangsbuchstaben beider Namen gebildet.) Das lyrische Werk D. P.s blieb ohne größere Resonanz, nicht hingegen seine Romanproduktion, insbesondere die beiden ersten Romane *Sebastián Guenard* (1924) und *En babia. El manuscrito de un braquicéfalo* (1940; 2. verbesserte Aufl. 1961). Das Sujet beider Werke ist »der ewige Konflikt zwischen Traum und Wirklichkeit« (D. P.): ein Ausflug in die Sphären der Metaphysik und die Tiefen der Seele eines Psychopathen, Protagonist beider Romane. F. G.

Weitere Werke: Lyrik: *Ocho epístolas mostrencas* (1952), *Escaparate iluminado. Autobiografía poética* (1959); Romane: *El tiempo jugó conmigo* (1960), *El minotauro se devora a sí mismo* (1965), *Un cencerro de dos badajos* (1969), *El hombrecito que veía en grande* (1973).

Literatur: *Bibliografía mínima de J. I. de D. P.* SN, 6 (1976), 3, 63-66. – P. J. Soto, *La ciudad y yo.* CDLA, 23 (1982), 135, 147-150.

Ferré, Rosario

* 28.9.1940 in Ponce. Studium der Anglistik und Romanistik in Puerto Rico und den USA, Journalistin und Literaturkritikerin. Sie gründete und betreute die für die Verbreitung der neueren puertoric. Literatur bedeutsame Zeitschrift »Zona de Carga y Descarga« (1972-74).

Ihr erstes Buch *Papeles de Pandora* (1976) enthält Kurzgeschichten und Gedichte. Neben mehreren Bänden mit Erzählungen für Kinder folgten zwei Kurzromane, *La caja de cristal* (1978) und *Maldito amor* (1986, enthält auch drei Erzählungen). Die Autorin ist vertraut mit den neueren Techniken der lateinam. Erzählkunst; ihre Sujets richten sich vorzugsweise auf die private und öffentliche Konfliktwelt der Frau in Puerto Rico, ein Themenbereich, dem sie auch zahlreiche journalistische Artikel und Essays (z. T. in *Sitio a Eros*, 1980) gewidmet hat. Der Essayband *El árbol y sus sombras* (1989) enthält poststrukturalistisch ausgerichtete Arbeiten über lateinam. Romanciers und Lyriker. F. G.

Weitere Werke: Lyrik: *Fábulas de la garza desangrada* (1982); Roman: *Maldito amor* (1986, enthält auch drei Erzählungen; dt. *Kristallzucker*, 1991); Erzählungen (für Kinder): *El medio pollito* (1978; dt. *Das halbe Hühnchen auf dem Weg zum Palast*, 1990), *La mona que le pisaron la cola* (1980), *Los cuentos de Juan Bobo* (1981), *Cuentos de hadas* (1988).

Literatur: I. López, *›La muñeca menor‹: Ceremonias y transformaciones en un cuento de R. F.* ETL, 11 (1982-83), 1, 49-58. – L. Guerra-Cunningham, *Tensiones paradójicas de la femineidad en la narrativa de R. F.* CHASQUI, 13 (1984), 2/3, 13-15. – M. I. Lagos-Pope, *Sumisión y rebeldía: el doble o la representación de la alienación femenina en narraciones de Marta Brunet y R. F.* RI, 51 (1985), 132/133, 731-749. – M. Fernández Olmos, *Los cuentos infantiles de R. F., o la fantasía emancipadora.* RCLL, 14 (1988), 27, 151-163. – M. I. Acosta Cruz, *Historia, ser e identidad femenina en ›El* *collar de camándulas‹ y ›Maldito amor‹.* CHASQUI, 19 (1990), 2, 23-33.

Gautier Benítez, José

* 12.11.1851 in Caguas, † 24.1.1880 in San José. Zunächst militärische Laufbahn in Spanien. 1871 Rückkehr nach Puerto Rico. Tätigkeit als Journalist. Er publizierte vorwiegend gesellschaftskritische Beiträge in der Zeitschrift »Progreso« (unter dem Pseudonym »Gustavo«) und der von ihm mitbegründeten »Revista Puertorriqueña«; aktives Mitglied der Liberal-Reformistischen Partei, die nach mehr Autonomie strebte, eine Loslösung von Spanien aber ablehnte. Er starb früh an Tuberkulose.

G. B. ist der »ausgereifteste Romantiker« Puerto Ricos (J. L. ↑González). In seiner von Melancholie und verhaltener Sehnsucht durchdrungenen Bekenntnislyrik steht er dem von ihm zutiefst bewunderten span. Dichter Bécquer sehr nahe. Zu seinen bekanntesten Gedichten gehört »Canto a Puerto Rico«, eine Hymne auf die Landschaft und Menschen seiner Heimat, die aber jener kämpferischen Note entbehrt, die für andere Zeitgenossen, etwa »Pachín« ↑Marín, so charakteristisch ist. Die 71 überlieferten Gedichte erschienen 1880 postum in San Juan. F. G.

Literatur: S. Girón, *Vida y obra de J. G. B.* San Juan 1980.

González, José Luis

* 8.3.1926 in Santo Domingo als Sohn einer dominik. Mutter und eines puertoric. Vaters. Als Fünfjähriger kommt er mit seiner Familie nach Puerto Rico und erwirbt dort später einen Hochschulabschluß der Sozialwissenschaften. Von 1950-52 lebt er als Pressekorrespondent in Europa, die meiste Zeit in der Tschechoslowakei. 1953 läßt er sich in Mexiko nieder und erlangt später die mex. Staatsangehörigkeit. Dort bekleidet er zur Zeit verschiedene Lehrstühle für Literatur.

Seit den 40er Jahren entwickelt sich die Erzählung zu einer der wichtigsten Literaturgattungen in Puerto Rico. G. ist einer ihrer bedeutendsten Vertreter. Zeichnen sich seine ersten beiden Bände *En la sombra* (1943) und *Cinco cuentos de sangre* (1945) noch durch die rurale Thematik aus – die Darstellung des »jíbaro«, des weißen Siedlers, als Opfer von Unwissenheit, Hunger und Betrug – so vollzieht sich mit *El hombre en la calle* (1948) der Abschied vom ländlichen Ambiente und die Hinwendung zum urbanen Milieu, seiner moralischen Verrohung und Kriminalität. Eine Folge der Industrialisierungspolitik der USA auf der Insel ist die Entwurzelung der Landbevölkerung und ihre Emigration in die Städte, vor allem nach New York, dem G. mit einer nur knapp 30 Zeilen umfassenden Kurzgeschichte in Briefform, »La carta«, ein eindrucksvolles Zeugnis setzt. Sein Stil ist schlicht, die Personen roh, aber kunstvoll herausgearbeitet, die Dialoge schlagend und knapp wie die Hemingways. In jüngster Zeit widmet sich G. überwiegend soziologischen und politischen Essays, die wie im Falle von *El país de cuatro pisos y otros ensayos* (1980) als wegweisender Beitrag zur kulturellen Standortbestimmung Puerto Ricos Anerkennung finden, aber auch aufgrund ihrer marxistischen Interpretation scharf attakkiert werden. C. S.

Weitere Werke: Erzählungen: *En este lado* (1954), *La galería y otros cuentos* (1972), *Mambrú se fue a la guerra* (1972), *Cuento de cuentos y once más* (1973), *En Nueva York y otras desgracias* (1973), *Las caricias del tigre* (1984); Romane: *Paisa* (1950), *Balada de otro tiempo* (1978), *La llegada* (1980); Essays: *Literatura y sociedad en Puerto Rico: De los cronistas de Indias a la generación del 98* (1976), *Teresa de la Parra, 1895-1936* (1987).

Literatur: A. Avellaneda, *Para leer a*

J. L. G.: Un repaso de su segunda salida. CH, 103 (1976), 308, 156-169. – A. Díaz Quiñones, *Conversación con J. L. G.* Río Piedras ^{2}1977. – I. Ruscalleda Bercedóniz, *Bibliografía de J. L. G.* TC, 5 (1979) 12, 115-127. – E. Ortiz u. a., *Aproximación a ›Balada de otro tiempo‹ de J. L. G.* TC, 5 (1979), 12, 92-114. – N. G. Orthmann/ C. L. Silva de Velázquez, *J. L. G.: Observaciones sobre su obra y su generación.* SN, 10 (1979), 2, 29-38. – M. Maldonado-Denis, *En torno a ›El país de cuatro pisos‹.* CDLA, 23 (1982), 135, 151-159. – R. A. Román Riefkohl, *Crónica de una llegada anunciada: ›La llegada‹ J. L. G.* UTIEH/C, 43 (1984), 69-80.

Hostos, Eugenio María de
* 11.1.1839 in Río Cañas/Mayagüez, † 11.8.1903 in Santo Domingo. Die wenigste Zeit seines Lebens verbringt H. auf Puerto Rico. Aufgrund seines Engagements für die Unabhängigkeit Puerto Ricos und Kubas, gegen die Sklaverei und für eine Föderation der Antillen ist er ständig unterwegs. Nachdem er während seines Jurastudiums in Madrid mit den span. Republikanern und Liberalen zusammengearbeitet hatte, diese sich aber nach Errichtung der 1. Republik weigerten, seiner Heimat die Unabhängigkeit zu gewähren, geht H. 1869 nach New York, um an den Vorbereitungen einer Befreiungsexpedition teilzunehmen. 1871 tritt er eine dreijährige Reise durch Südamerika an, um sich für die Befreiung Kubas und ein vereintes Lateinamerika einzusetzen. Ab 1879 wird Santo Domingo für neun Jahre seine Wirkungsstätte sein. Er gründet dort die erste Ausbildungsanstalt für Lehrer und verfaßt die Schriften *Lecciones de derecho constitucional* (1887) und *Moral social* (1888). Nach einer ähnlichen pädagogischen Tätigkeit in Chile, ab 1889, kehrt er 1898 nach dem Sieg der USA über Spanien voller Hoffnung nach Puerto Rico zurück. Doch sein Traum von der nationalen Unabhängigkeit für Puerto Rico wird vom amerikanischen Präsidenten nicht geteilt, und so verläßt er 1900 enttäuscht die Insel, um sich in Santo Domingo völlig der Pädagogik zu widmen.
Über den vom Krausismus und Positivismus beeinflußten Pädagogen, Soziologen und Politiker schrieb J. ↑Martí: »Er besänftigt die heftigen Feuer seiner Fantasie eines Inselbewohners im Studium der tiefsten Grundsatzfragen.« So sind seine beachtetsten Werke die Schriften über Soziologie, Pädagogik und Moral. Mit *Tratado de sociología* (1901) gilt H. als einer der Begründer der lateinam. Soziologie, und seine rationalistische Pädagogik (»Die Vernunft gemäß den Gesetzen der Vernunft ausbilden«) stellte ein Gegengewicht zu religiös ausgerichteter Erziehung dar. Der Kampf gegen Unterdrückung, für Freiheit und Unabhängigkeit bestimmte die ethischen Grundsätze dieses Moralisten, für den die Notwendigkeit, die Dankbarkeit, die Zweckmäßigkeit, das Recht und vor allem die Pflicht unabdingbare Elemente einer humanen Gesellschaft waren. H. ist auch Autor eines allegorischen Romans über die Unabhängigkeitsbestrebungen der Antillen, *La peregrinación de Bayoán* (1863; 1988, Hg. J. C. López). C. S.

Werke: *Obras Completas.* LH 1939, 20 Bde. – *España y América.* Madrid 1955 (21. Bd. der O. C.).
Literatur: E. Roig de Leuchsenring (Hg.), *H. y Cuba.* LH 1974. – J. Bosch, *H., el sembrador.* Río Piedras ^{2}1976 (zuerst 1939). – M. Maldonado-Denis, *Introducción al pensamiento social de E. M. de H.* CDLA, 21 (1981) 124, 51-66. – E. R. Colón Zayas, *La escritura ante la formación de la conciencia nacional: ›La peregrinación de Bayoán‹, de E. M. de H.* RI, 53 (1987), 140, 627-634. – M. Maldonado-Denis (Hg.), *Visiones sobre H.* CAR 1988.

Juliá Marín, Ramón

* 1878 in Utuado, † 21.12.1917 in Cataño. Journalist und Literaturkritiker.

J. M., neben M. ↑Zeno Gandía der repräsentativste Romanautor der puertoric. »98er Generation«, veröffentlichte zwei Romane: *Tierra adentro* (1911, 1962) und *La gleba* (1912, 1962). In beiden schildert er die verheerenden Folgen der von der neuen Kolonialmacht nach 1898 verfügten massiven Veränderungen in der puertoric. Agrarstruktur; so die von US-am. Interessen diktierte Umstellung von Kaffee- auf Zuckerrohranbau (in *La gleba*) oder die erzwungene Emigration von Landarbeitern nach Haiti (in *Tierra adentro*). Beide Romane spiegeln die Ernüchterung und Frustration der kreolischen Bourgeoisie, die sich durch die neokoloniale Wirklichkeit um die möglichen Früchte der Unabhängigkeit von Spanien betrogen sah. Sie spiegeln auch deren Unvermögen, ein der Gegenwart angemessenes Selbstverständnis zu entwickeln, denn der »Amerikanisierung« Puerto Ricos wußte sie allein die nostalgische Verklärung der Vergangenheit als span. Kolonie entgegenzusetzen. F. G.

Laguerre, Enrique A[rturo]

* 3.5.1906 in Moca/Aguadilla. Nach Grundschulabschluß erhielt er eine Kurzausbildung zum Lehrer (1924). Neben der Ausübung seines Berufs Fortsetzung der Studien in Puerto Rico und den USA. Ab 1932 außerdem Journalist und Literaturkritiker, Mitarbeit an Bildungsprogrammen des Erziehungsministeriums und anderer Institutionen (u.a. der UNESCO). Bis 1933 Hochschullehrer.

Neben unzähligen Essays und monographischen Arbeiten zur lateinam., besonders zur puertoric. Literatur und Geschichte – Auswahl in *Pulso de Puerto Rico 1952-1954* (1956) und *Polos de la cultura iberoamericana* (1977) – veröffentlichte L. Erzählungen, ein Theaterstück (*La resentida*, UA 1944, 1960) sowie elf Romane, mit denen er sich als bedeutendster Romancier Puerto Ricos profilieren konnte. Sie sind eine Chronik seiner Zeit in ihren historischen Bezügen, eine kritische Bestandsaufnahme der durch die US-am. Besetzung eingeleiteten Veränderungen in Politik, Wirtschaft, Sozialstruktur und Mentalität. Repräsentativ für die erste, dem realistisch-regionalistischen Roman in der Tradition eines M. ↑Zeno Gandía und eines R. ↑Juliá Marín verpflichtete Schaffensperiode sind *La llamarada* (1935) und *Solar Montoya* (1941), in denen die radikalen Strukturveränderungen im Agrarbereich während der ersten Jahrzehnte dieses Jahrhunderts einer scharfen Kritik unterzogen werden. *La resaca (Bionovela)* (1949) führt im Versuch einer historischen Aufarbeitung der damals aktuellen Probleme zurück in die Zeit der span. Kolonialherrschaft, konkret in die Jahre 1870-98, eine Zeit des individuellen Heroismus in einem Klima von Unterdrückung und Gewalt, die nicht in die erhoffte Freiheit, sondern in neuerliche Abhängigkeit mündete. Repräsentativ für die zweite Schaffensperiode, in der sozialpsychologische Fragestellungen in einem vorzugsweise städtischen Umfeld im Vordergrund stehen und L. sich zunehmend neuerer narrativer Techniken bedient, sind *La ceiba en el tiesto* (1956), *Cauce sin río (Diario de mi generación)* (1962) und *El fuego y su aire* (1970). Zentrales Anliegen der Protagonisten ist die Frage nach den Wurzeln des eigenen und kollektiven Selbstverständnisses sowie das Bemühen um Authentizität, die in der puertoric. Gegenwart von Industrialisierung, Verbürgerlichung und Assimilation an nordam. Vorbilder allenfalls durch Flucht in ländliche Randbereiche zu verwirklichen ist. Die Flucht in die Privatsphäre ermöglicht den Protagonisten in *La ceiba en el tiesto* und *Cauce sin río* das Zu-sich-selbst-finden, doch ist dieser Rückzug aus dem öffentlichen Bereich auch Resignation und Zeichen für eine Perspektivlosigkeit, die dem Verfasser von einigen Kritikern als Mangel vorgeworfen wurde. Diesem Vorwurf hat L. in *El fuego y su aire* entgegengewirkt: Der Protagonist, der in New York elternlos heranwuchs und sich aufmacht, die ihm vorenthaltene Identität gewissermaßen auf einer Reise zu den Ursprüngen zu suchen, scheitert insofern, als sich ihm seine Heimat als fremd und kulturlos eröffnet; doch indem er sich den in der Dominik. Republik gegen die dort herrschende Diktatur kämpfenden Rebellen anschließt, findet er zu authentischem Handeln und damit zu sich selbst. F. G.

Weitere Werke (Auswahl): Romane: *Los amos benévolos* (1976), *Infiernos privados* (1986).
Ausgabe: *Obras completas*. San Juan 1962-64, 3 Bde.
Literatur: L. O. Zayas Micheli, *Lo universal en E. A. L. (Estudio de conjunto de su obra)*. Río Piedras 1974. – O. Casanova Sánchez, *La crítica social en la obra novelística de E. A. L.* Río Piedras 1975. – E. Irizarry, *E. A. L.* Boston 1982. – Dies., *›La llamarada‹, clásico puertorriqueño: realidad y ficción*. Río Piedras 1985. – M. del Carmen Monserrat Gámiz, *E. A. L. y ›Los amos benévolos‹*. San Juan 1987.

Llorens Torres, Luis
* 14.5.1876 in Collores/Juana Díaz, † 16.6.1944 in Santurce. Jurastudium in Spanien, gegen 1901 Rückkehr nach Puerto Rico. Er war zeitweise Abgeordneter für die Unionspartei und befürwortete innerhalb dieser heterogenen Formation die Unabhängigkeit Puerto Ricos. 1913 Gründung der »Revista de las Antillas« (erschien bis 1914), Sprachrohr des puertoric. Modernismus.

Ll. T. gilt als die herausragende Persönlichkeit eines genuin puertoric. Modernismus, dessen Merkmale in besonders sinnfälliger Weise die »Canción de las Antillas« (1913) enthüllt, ein in freien Versen abgefaßtes Poem, in dem die kritische Aufarbeitung von Vergangenheit und Gegenwart in die mythisch-messianische Vision eines auch für die Zukunft nicht verlorenen Paradieses mündet. Das hier offenbarte, an den Criollismus des vergangenen Jh.s anknüpfende Bekenntnis zum Mundonovismus weist nun aber eine für die »98er Generation« in Puerto Rico charakteristische Konstante auf: das gleichermaßen vehement vorgetragene Bekenntnis zum Kulturerbe Spaniens, das es angesichts der seit der Besetzung durch die USA massiv vorangetriebenen »Amerikanisierung« zu bewahren gilt. Sein (von einigen Kritikern bereits dem Postmodernismus zugerechnetes) poetisches Konzept faßte Ll. T. 1913 unter die Begriffe »Pancalismo« (gr. »pan«, alles; »kalos«, Schönheit) und »Panedismo« (»edos«, Vers). Im Vorwort zu den »Poemas pancalistas« der Sammlung *Sonetos sinfónicos* (1914) wurde dieses Konzept weiter ausgebaut. Die Anerkennung als »Nationaldichter« verdankte Ll. T. schließlich seinen populären »Décimas«, seinem Beitrag zur patriotischen Dichtung und Tradition des »jíbaro« als der Verkörperung puertoric. Identität (*Alturas de América*, 1940). F. G.

Ausgabe: *Obras completas*. San Juan 1967-69, 3 Bde.
Literatur: D. Caraballo Vda. de Abreu, *La prosa de L. Ll. T.* REHPR, 1 (1971), 3/4, 81-91. – N. S. Ortiz García, *Vida y obra de L. Ll. T.* San Juan 1977. – A. Díaz Quiñones, *El almuerzo en la hierba: Ll. T, Palés Matos, René Marqués*. Río Piedras 1982.

Marín, Francisco Gonzalo »Pachín«
* 12.3.1863 in Arecibo, † 26.10.1897 auf Kuba. Journalist und Redakteur.

Erstes Exil 1887-1890; zunächst Befürworter der Autonomie, dann jedoch kompromißloser Verfechter der Unabhängigkeit. Zweites Exil ab 1891; in New York Anschluß an J. ↑Martí und das kub. Revolutionskomitee; Mitte 1896 Teilnahme an einer bewaffneten Expedition nach Kuba, wo er ein Jahr später auf einem Rückzugsmarsch, vom Fieber geschwächt, starb.

Zu Lebzeiten des Autors erschienen vier Gedichtbände: *Flores nacientes* (1884), *Mi óbolo* (1887), *Emilia* (1890) und *Romances* (1892). Die während der Kuba-Expedition abgefaßten Gedichte sammelt der postum erschienene Band *En la arena* (1898). Als thematische Schwerpunkte sind zu nennen: Liebeslyrik von verhaltener Innerlichkeit (mit zumeist konkreten biographischen Bezügen); gefühlsunmittelbare Entdeckung von Natur und heimischer Landschaft; Entlarvung gesellschaftlicher Mißstände, insbesondere der Rassendiskriminierung (*Emilia*); kämpferisches Engagement für Vaterland und Unabhängigkeit. F. G.

Ausgabe: *Obras completas.* Manzanillo (Kuba) 1944.

Literatur: P. Figueroa de Cifredo, *Pachín Marín.* San Juan 1967.

Marqués, René

* 4.10.1919 in Arecibo, † 22.3.1979 in Hato Rey. Studium der Agrarwissenschaft in Puerto Rico, der Literatur- und Theaterwissenschaft in Madrid und New York. Journalist und Redakteur, Leiter der Publikationsabteilung im Erziehungsministerium, Theaterregisseur, Literaturkritiker und -professor.

M. begann seine literarische Karriere mit der Veröffentlichung von Erzählungen und einem Gedichtband, *Peregrinación* (1944). Im Bereich der Lyrik sollte dies die einzige Publikation bleiben. In der Folgezeit trat er mit mehreren Erzählbänden hervor: *Otro día nuestro* (1955), *En una ciudad llamada San Juan* (1960), *Inmersos en el silencio* (1976). Die größte Resonanz – auch im Ausland – erlangte M. aber mit seinem Theater, in dem zum ersten Mal auf der puertoric. Bühne die neueren Techniken des europ. und US-am. Theaters erprobt wurden und das für die weitere Entwicklung des nationalen Theaters, etwa bei F. ↑Arriví und L. R. ↑Sánchez, richtungsweisend war. Die thematischen Schwerpunkte, die sich gleichermaßen in den Erzählungen finden, sind metaphysisch-existentielle Fragestellungen: die Vereinsamung und Entfremdung des von Todesangst und dem Sehnen nach Unsterblichkeit erfüllten Individuums in einer unmenschlichen, soziale Bindungen und die Möglichkeit der Selbstverwirklichung ebenso wie transzendente Sinnzusammenhänge negierenden Welt (etwa in *El hombre y sus sueños*, 1948; *Los soles truncos*, UA 1958; *Carnaval afuera, carnaval adentro*, UA 1962, 1971; *El apartamiento*, UA 1964, 1966). Die Handlungspersonen bewegen sich im konkret faßbaren Umfeld der konfliktreichen Gegenwart Puerto Ricos als Kolonie der USA. So ist das Werk M.' eine kritische, von tiefem Pessimismus erfüllte Bestandsaufnahme der puertoric. Wirklichkeit. In *La carreta* (UA 1953, 1961) emigriert der Campesino zunächst in die Hauptstadt, schließlich nach New York, ohne hier die Hoffnung auf ein lebenswertes oder auch nur die Grundbedürfnisse befriedigendes Dasein erfüllt zu sehen. *Palm Sunday*, (UA 1956) oder *La muerte no entrará en palacio* (1970) behandeln die von Gewalt, Verrat und dem Verfall moralischer Werte geprägte politische Auseinandersetzung, *Juan Bobo y la dama de occidente* (1956) oder *La casa sin reloj* (UA 1961, 1962) den Identitätsverlust der sich selbstzufrieden an den American Way of Life anpassenden Mittelschicht. F. G.

Weitere Werke (Auswahl): Romane: *La víspera del hombre* (1959), *La mirada* (1976); Essays: *El puertorriqueño dócil y otros ensayos (1953-1971)* (1977); Theaterausgabe: *Teatro*. Río Piedras 1970-71, 3 Bde.
Literatur: E. Rodríguez Ramos, *Los cuentos de R. M.* San Juan 1975. – C. Pilditch, *R. M.: A Study of his Fiction*. New York 1976. – E. J. Martin, *R. M.* Boston 1979. – SN, 10 (1979), 3 (Sondernr.) – A. Díaz Quiñones, *El almuerzo en la hierba: Llorens Torres, Palés Matos, R. M.* Río Piedras 1982. – I. Dieguez Caballero, *Lo trágico en el teatro de R. M.* LH 1985 (?). – V. L. Peterson, *Idea y representación literaria en la narrativa de R. M.* Madrid 1986. – M. M. Caballero Wanguemert, *La narrativa de R. M.* Madrid 1986. – B. H. Reynolds, *Space, Time and Crisis: The Theatre of R. M.* York, SC 1988.

Palés Matos, Luis

*20.3.1898 in Guayama, †23.2.1959 in Santurce. Er stammte aus einer Familie namhafter Lyriker, war Lehrer und Literaturprofessor an der Universität von Puerto Rico, bekleidete verschiedentlich öffentliche Ämter.

P. M. gilt als bedeutendster Lyriker Puerto Ricos. Sein erster Gedichtband *Azaleas* (1915) ist modernistischer Prägung. Vor allem dem Uruguayer J. ↑Herrera y Reissig ist P. M. in dieser frühen Periode verpflichtet. Zusammen mit dem Lyriker und Romancier J. I. de ↑Diego Padró propagiert er um 1921 den Diepalismus, neben Pancalismus, Euforismus, Noísmus, Atalayismus, Transzendentalismus etc. eins der vielen avantgardistischen Konzepte in Puerto Rico. Der wesentliche Programmpunkt des Diepalismus besteht in der Erfindung und Anwendung onomatopoetischer Wörter und Lautkombinationen. Was die einen als »Poesie der Stotterer« ablehnten, erschien anderen als eine »kühn zertrümmernde Kraft«. Auf jeden Fall liegen im Diepalismus die Ansätze zu dem Beitrag, den P. M. als einer der ersten Vertreter der »poesía negra« in Lateinamerika geliefert hat. Bereits 1926, einige Jahre bevor auf Kuba R. Guirao, J. Z. ↑Tallet, E. ↑Ballagas, N. ↑ Guillén u. a. das afrik. Element in die Lyrik aufnehmen, erscheinen Gedichte von ihm, in denen Rhythmen, Klänge und Motive aus der Folklore der Schwarzen gestaltet werden. Zu den perfektesten Kompositionen dieser Art gehört seine »Danza negra«, in der das Klangbild der Worte und Silben das Instrumentarium, die Sinnlichkeit und Bewegungen der Musik imitiert. Was P. M. von anderen Vertretern der »poesía negra« unterscheidet, ist die ironische Distanz, die, wie E. ↑Anderson Imbert meint, aus der grundsätzlichen Skepsis gegenüber der Kultur sowohl der Weißen wie der Schwarzen erwächst: »Amerika tanzt Jazz. | Europa spielt und theoretisiert. | Afrika grunzt: ñam-ñam.« So bedeutet auch die afro-antillan. Lyrik, die der Band *Tuntún de pasa y grifería* (1937) vereint, nur eine Episode in P. M.' Gesamtwerk. Im Verlauf seiner weiteren dichterischen Entwicklung gewinnt seine Sprache eine subtile Konzentriertheit. Mit differenzierter Melancholie interpretiert er eine Welt, in der Traum und Leben identisch und in gleicher Weise flüchtig und unwiderruflich vergänglich sind.

Ausgaben: *Poesía, 1915-1956*. San Juan 1957. – *Poesía completa y prosa selecta*. Hg. M. Arce de Vázquez. CAR 1978 (BiAy). – *Obras. (1914-1959)*. Hg. M. Arce de Vázquez. San Juan 1984, 2 Bde.
Literatur: J. I. de Diego Padró, *L. P. M. y su trasmundo poético*. Río Piedras 1973. – L. V. Romero García, *El aldeanismo en la poesía de L. P. M.* Río Piedras 1977. – A. Díaz Arcadio, *El almuerzo en la hierba*. Río Piedras 1982. – E. Barradas, *Sobre el origen de unos versos palesianos*. HISPA, 12 (1983), 34/35, 69-79. – J. L. Vega, *L. P. M.: Entre la máscara manierista y el rostro grotesco de la realidad*. REHPR, 12 (1985), 189-203. – E. Figueroa Berríos, *Raíces folclóricas en la poesía de L. P. M.* REHPR, 12

(1985), 179-188. – J. C. González Boixo, *La evolución poética de L. P. M.* ALH, 15 (1986), 129-148. – A. González, *La (sín)tesis de una poesía antillana: P. y Spengler.* CH 451/452 (1988), 59-72.

Pedreira, Antonio S.

* 13.6.1899 in San Juan, † 23.10.1939 in Hato Rey. Literaturstudium in Puerto Rico, den USA und Spanien, ab 1921 Professor für span.-sprachige Literatur, von 1927 bis zu seinem Tod Leiter des Departamento de Estudios Hispánicos an der Universidad de Puerto Rico. Er war Journalist und Kritiker, Mitbegründer der Kulturzeitschrift »Indice« (1929-31), dem Sprachrohr der »Generation von 1930«.

Die ersten in Zeitschriften publizierten Beiträge P.s waren post-modernistische Gedichte. Zum einflußreichsten Intellektuellen seiner Zeit und geistigen Mentor nachfolgender Generationen aber wurde er durch seine Essays und monographischen Arbeiten zu Themen der span., lateinam. und besonders der puertoric. Literatur und Geschichte. Sein bedeutendstes Werk, *Insularismo. Ensayos de interpretación puertorriqueña* (1934), bot den erstmaligen Versuch, die nationale Wirklichkeit in ihrem genetisch-historischen Prozeß zu analysieren und über sozialpsychologische Fragestellungen die »Mentalität« des Puertoricaners – den »genio nacional« – zu bestimmen. Das Ergebnis dieser kritischen Bestandsaufnahme war äußerst pessimistisch: Aufgrund der Insellage sei Puerto Rico stets Angriffen von außen ausgesetzt gewesen; doch statt der Gefahr geeint und entschlossen entgegenzutreten, hätten sich die Puertoricaner, in ihrer Physis und ihrer Psyche durch rassische wie klimatische Faktoren geschwächt, aus ständiger Furcht in die Isolation zurückgezogen. Perspektiven einer zukünftigen Entwicklung sah P. allein in der Überwindung dieser unheilvollen Isolation; und dies konnte sinnvoll nur dadurch geschehen, daß man sich den Einflüssen der span. Kultur öffnete, die nach seiner Erkenntnis das Fundament puertoric. Identität gesetzt hatte. Mit seinem uneingeschränkten Bekenntnis zur »hispanidad« bot P. ein zu seiner Zeit als Stimulans wirksames Gegengewicht zur »Überfremdung« durch die USA; doch sein elitäres, die Volkskultur ausschließendes Konzept erschwerte in der Folgezeit die Formulierung eines kulturellen Selbstverständnisses, das auch den lebendigen afro-am. Kulturelementen den ihnen angemessenen Stellenwert zugestand. F. G.

Ausgabe: *Obras.* San Juan 1970, 2 Bde.
Literatur: C. Maldonado de Ortiz, *A. S. P. Vida y obra.* Madrid 1974. – J. Flores, *Insularismo e ideología burguesa en A. P.* LH 1979.

Ramos Otero, Manuel

* 20.7.1948 in Manatí. Lebt seit 1968 in New York. Studium der span. und lateinam. Literatur und Geschichte. Mitherausgeber der puertoric. Literaturzeitschrift »Zona de Carga y Descarga« (1973-76).

Unter den jüngeren, dem lateinam. neuen Roman verpflichteten puertoric. Autoren ist R. O. derjenige, der den Experimentiercharakter fiktionaler Prosa am stärksten betont. Die Multiplizierung der Erzählperspektiven, die Aufhebung chronologischer oder kausaler Zusammenhänge und die Grenzüberschreitung der (fiktionalen) Realität schaffen in den Erzählungen der Bände *Concierto de metal para un recuerdo y otras orgías de soledad* (1971) und *El cuento de la mujer del mar* (1979) ein komplexes, von Fantastik und Absurdität geprägtes Universum, Spiegel der Vereinsamung und fundamentalen Entfremdung des Puertoricaners in New York. *La novela-bingo*

(1976) ist Parodie und Karikatur des Romans, ein Experimentierfeld des Autors, der – in der Zeichensetzung und Anordnung der Kapitel ebenso eigenwillig wie in der Konstruktion der (nicht) erzählten Geschichte – mit seiner barocken, halluzinatorischen Wort- und Assoziationsfülle den Leser sehr beansprucht. In dem Erzählband *Página en blanco y staccato* (1987) ist der Experimentiercharakter auf ein der Aussage angemessenes Maß zurückgenommen. Gleichzeitig wird der transparent gemachte Vorgang des Erzählens zum zentralen Thema stilisiert, als Versuch, gegen Vergessen und Identitätsverlust anzukämpfen. F. G.

Weitere Werke: Lyrik: *El libro de la muerte* (1985).

Ribera Chevremont, Evaristo
* 16.2.1890 in San Juan, † 19.2.1976 in Santurce. Autodidakt. Er arbeitete als Journalist und Kritiker. 1919 Reise nach Spanien als Stipendiat und enge Kontakte zu den span. Ultraisten. Nach seiner Rückkehr, 1924, Bemühen um eine Neuorientierung der puertoric. Poesie, u.a. durch eine regelmäßig erschienene Zeitungskolumne »Página de Vanguardia«.
Nach einer ersten, modernistischen Phase (*El templo de los alabastros*, 1919) entwickelte R. Ch. unter dem Einfluß der span. Ultraisten ein eigenes Konzept der Avantgarde, Girandulismo, das in dem Band *El hondero lanzó la piedra* erstmals zusammengefaßt Niederschlag fand (erschien erst 1975). Seine gesamte, außerordentlich umfangreiche Produktion zeigt eine große Variationsbreite in Rhythmus und Versmaß, mit einer besonderen Vorliebe für traditionelle Formen wie Alexandriner (*Color*, 1939) und Sonett (*Verbo*, 1947) in den späteren Werken. Thematische Schwerpunkte sind: Naturbetrachtung, inspiriert von einem mystischen Pantheismus, mit dem Meer als zentralem Motiv (*Tú, mar y yo y ella*, 1946); Erinnerung an die Kindheit (auch in dem autobiographischen Roman *El niño de arcilla*, 1950); daneben sozialkritisch engagierte Behandlung von Themen aus der Arbeitswelt (auch in dem Erzählband *Madre haraposa*, 1918, in Zusammenarbeit). Zu Lebzeiten publizierte er etwa 20 Gedichtbände, weitere blieben unveröffentlicht. F. G.

Ausgaben (Auswahl): *Antología poética, 1929-1965*. San Juan 1967. – *Obra poética*. San Juan 1976, 2 Bde.
Literatur: L. Gallego, *Las ideas literarias de E. R. Ch.* San Juan 1983.

Rodríguez de Tió, Lola
* 14.9.1843 in San Germán, † 10.11. 1924 in Havanna. Veröffentlichte bereits seit frühester Jugend Gedichte in Zeitschriften. Die Heirat mit dem wohlhabenden Kaufmann und Journalisten Bonocio Tió Segarra, 1865, begünstigte ihr Wirken in literarischen und politischen Zirkeln. Aufgrund aufrührerischer Aktivitäten erstes Exil in Caracas (1877-80); ab 1889 neuerliches Exil, zunächst auf Kuba (bis 1895), dann in New York (bis 1899), schließlich wieder auf Kuba. Enge Zusammenarbeit und Freundschaft mit J. ↑Martí und E. M. de ↑Hostos. 1912 vorübergehend Rückkehr nach Puerto Rico.
Wie bei »Pachín« ↑Marín reflektiert sich auch bei R. de T. politisches Denken und Handeln direkt im dichterischen Werk, doch besitzt es nicht denselben kämpferischen Impetus. Die patriotische »Pflicht« erfüllt sich hier eher in verhaltenen Tönen: in der Trauer um die im Exil als fern erlebte Heimat und in der melancholisch-nostalgischen Beschwörung verlorener Geborgenheit, die R. de T. allein im familiären Umfeld und im christlichen Glauben wiederzufinden vermochte. F. G.

Werke: *Mis cantares* (1876), *Claros y nieblas* (1885), *Mi libro de Cuba* (1893).

Ausgabe: *Obras completas*. San Juan 1968-79, 5 Bde.

Rodríguez Juliá, Edgardo

* 9.10.1946 in Río Piedras. Studium der Hispanistik in Puerto Rico und New York, Literaturprofessor an der Universidad de Puerto Rico.

Bereits mit seinem ersten Roman, *La renuncia del héroe Baltasar* (1974), erregte R. J. beträchtliches Aufsehen. Erzählt wird der durch Assimilation an die Kultur und die Wertvorstellungen der Weißen gelungene Aufstieg eines Schwarzen in der puertoric. Sklavenhaltergesellschaft des 18. Jh.s. Der fingierte historiographische Bericht ironisiert die in der Geschichte und Gegenwart dominierenden Rassenvorurteile. Vorgebliches Dokument oder Chronik einer vergangenen Epoche (Ende des 18. Jh.s) ist auch der zweite Roman, *La noche oscura del Niño Avilés* (1984), der ambitionierte Versuch, über die Fächerung verschiedener Erzählstränge, Multiplizierung der Erzählerstimmen und Einbeziehung mythisch-magischer Weltsicht die puertoric. Kolonialgeschichte und zugleich die Herausbildung nationaler Identität zu rekonstruieren. F. G.

Weitere Werke: Essays/Chroniken: *Las tribulaciones de Jonás* (1981), *El entierro de Cortijo* (1983), *Campeche o los diablejos de la melancolía* (1986), *Una noche con Iris Chacón* (1986).

Literatur: A. Gonzales, *Una alegoría de la cultura puertorriqueña: ›La noche oscura del Niño Avilés‹*. RI, 52 (1986), 135/136, 583-590.

Rodríguez Torres, Carmelo

* 30.8.1941 in Vieques. Literaturprofessor an der Universidad de Puerto Rico.

Er trat zunächst mit dem Gedichtband *Minutero del tiempo* (1965) hervor. Nachfolgend widmete er sich vorwiegend der Prosa und veröffentlichte die Romane *Veinte siglos después del homicidio* (1971), *La casa y la llama fiera* (1982) sowie den Erzählband *Cinco cuentos negros* (1976). Zentrales Anliegen des Autors ist die kritische Reflexion der puertoric. Wirklichkeit in ihrer ökonomisch-politischen Dimension und den sozialpsychologischen Auswirkungen von Rassendiskriminierung und Identitätsverlust. Sein besonderes Augenmerk gilt der heimatlichen Insel Vieques, die zur Hälfte Sperrgebiet der US-Militärbasen ist. Die Verwendung moderner narrativer Techniken stützt die mythisch-magische Vision von Geschichte und Gegenwart, die sich bisweilen dem Leser nur fragmentarisch erschließt. F. G.

Literatur: E. Otero-Krauthammer, *Búsqueda y encuentro de la identidad puertorriqueña en ›La casa y la llama fiera‹*. DL, 5 (1987), 1, 171-181.

Sánchez, Luis Rafael

* 17.11.1936 in Humacao. Studium der Literaturwissenschaft in Puerto Rico, den USA und Spanien. Theaterpraxis am Teatro Experimental der Universidad de Puerto Rico sowie unter F. ↑Arriví. Journalist und Professor für lateinam. Literatur.

Anfang der 60er Jahre wurde S., der sich mit Ausnahme der Poesie allen Gattungen gewidmet hat, zunächst mit Dramen bekannt, die dem poetischen Theater von R. ↑Marqués nahe standen. Doch bereits *La farsa del amor compadrito* (1960), das bedeutendste Werk dieser ersten Schaffensperiode, weist Grundzüge einer eigenen Ästhetik auf, die in der Folgezeit im Theater wie im Roman meisterhaft entwickelt wurde. Das Stück, das in einem puertoric. Umfeld Grundsituationen und archetypische Gestalten der Commedia dell'Arte in Szene setzt, will nicht realistisches Theater sein und betont ständig die Fiktionalität der Situationen und Gestalten. Antiillusionistisches Theater ist auch das erfolgreiche Drama *La pasión según Antígona Pérez (Crónica americana en dos actos)* (1968), eine Projektion des antiken Mythos auf die lateinam. Gegenwart von diktatorialer Gewalt und heroischem Widerstand. Die episch vermittelnde Figur ist die Titelgestalt selbst, handelnde und leidende Person ebenso wie distanzierter Erzähler und Kommentator. Das vorrangige Interesse des Stückes liegt weniger in der gelungenen Anwendung Brechtscher Episierungstechniken als in seiner aussagespezifischen Dimension der subjektiven Deutung einer individuellen und kollektiven Tragödie in einem imaginären lateinam. Land und Bekenntnis zur »Lateinamerikanität« Puerto Ricos. Der Roman *La guaracha del Macho Camacho* (1976) führt direkt in die spezifisch puertoric. Wirklichkeit zurück. Leitmotiv ist die im Titel benannte populäre »Guaracha« (eine karibische Liedform), »Das Leben ist eine fantastische Sache«, ironische Brechung dessen, was die Handlungspersonen als ihr Leben erfahren. Das auch hier angewandte Konzept der Illusionsverweigerung manifestiert sich auf zwei Ebenen: zum einen in den eingesetzten narrativen Techniken, durch die der Autor sich selbst sowie die »Autonomie« seiner Geschichte in Frage stellt; zum andern in der Sprache, die zwar auf die Umgangssprache als Rohmaterial zurückgreift, jedoch zu einer originellen Kunstsprache stilisiert ist. Darüber hinaus bedient sich S. in seiner – nach eigener Aussage – »gegen die nationale Wirklichkeit« geführten »Offensive« ausgiebig des darstellerischen Mittels der Entlarvung durch Sarkasmus und groteske Verzerrung. F. G.

Weitere Werke (Auswahl): Erzählungen: *En cuerpo de camisa* (1966); Essay: *La importancia de llamarse Daniel Santos* (1988); Theater: *...O casi el alma (Auto de fe en tres actos)* (1965), *La hiel nuestra de cada día* (1976), *Quintuples* (UA 1984, 1985).
Ausgabe: *Teatro I*. Río Piedras 1976.
Literatur: REHPR, 5 (1978) (Sondernr.) – M. Solá Márquez, *Puerto Rico entre amos y guaracha: Novelas de Enrique Laguerre y L. R. S.* SN, 10 (1979), 2, 84-97. – D. Zalacain, *La ›Antígona‹ de S.: Recreación puertorriqueña del mito.* ETL, 9 (1981), 2, 111-118. – E. Barradas, *Para leer en puertorriqueño: Acercamiento a la obra de L. R. S.* Río Piedras 1981. – R. A. Román Riefköhl, *›La guaracha del Macho Camacho‹: Texto de ruptura.* ALH, 9 (1981), 10, 241-262. – J. Ramos, *›La guaracha del Macho Camacho‹: texto de la cultura puertorriqueña.* TC, 8 (1982), 24/25, 171-183. – C. Vázquez Arce, *Sexo y mulatería: Dos sones de una misma guaracha.* SN, 12 (1982), 4, 51-63. – A. Morfi, *El teatro de L. R. S.* RCEH, 7 (1982/83), 189-204. – E. R. Colón Zayas, *El teatro de L. R. S. Códigos, ideología y lenguaje.* Madrid 1985. – C. J. Alonso, *›La guaracha del Macho Camacho‹: The Novel as Dirge.* MLN, 100 (1985), 2, 348-360. – L. López-Baralt, *›La guaracha del Macho Camacho‹, saga nacional de la guachafita puertorriqueña.* RI, 51 (1985), 130/131, 103-123. – A. Cruz, *Repetition and the Language of the Mass Media in L. R. S.'s ›La guaracha del Macho Camacho‹.* LALR, 13 (1985), 26, 35-48. – N. Hernández Vargas/D. Caraballo Abréu (Hg.), *L. R. S.: crítica y bibliografía.* Río Piedras 1985. – J. Gelpí, *La cuentística antipatriarcal de L. R. S.* HISPA, 15 (1986), 43, 113-120.

Soto, Pedro Juan
* 11.7.1928 in Cataño. Nach Schulabschluß Emigration in die USA (1946-55). Militärdienst in der US-am. Armee. Nach Entlassung Studium der Pädagogik in New York, Promotion in Lateinamerika-Studien an der Universität Toulouse. Journalist, Drehbuchautor und Verfasser von Schulbüchern.
Die im engeren Sinne literarische Produktion S.s – Erzählungen, Romane, Theater – behandelt in kritisch-ironi-

scher Distanz die auch individuelles Verhalten beeinflussende hybride politische Wirklichkeit Puerto Ricos als faktische Kolonie der USA, etwa in den Romanen *Usmaíl* (1959), *El francotirador* (1969) und *Temporada de duendes* (1970). Ähnlich ist die Thematik des Erzählbandes *Spiks* (1956) über die Wirklichkeit der Puertoricaner in New York, die im Widerstreit zwischen Anpassung und Regression in einer ihnen fremden Welt als »Spiks« diskriminiert und verachtet werden. Bei ihrer Rückkehr nach Puerto Rico sind sie auch zu Fremden im eigenen Land geworden und werden als »Yankees« und Touristen behandelt, etwa in dem Roman *Ardiente suelo, fría estación* (1961). Die kritische Sicht der puertoric. Realität spiegelt bereits der erste publizierte Roman, *Usmaíl*, der klare Schuldzuweisungen an die Adresse der USA enthält, der aber auch die sozialpsychologischen Implikationen von Rassenvorurteilen und Anpassung als Identitätsverweigerung auf seiten der Puertoricaner thematisiert. Protagonist ist die Titelfigur Usmaíl, unehelicher Sohn einer puertoric. Schwarzen und eines US-am. Weißen. Sein Name – »US-mail« als Beschwörungsformel für den Brief, den die Mutter vom verschwundenen Vater erwartet und nie erhält – verweist auf die (Schein-)Identität, die dem hellhäutigen Jungen von der ihn nach dem frühen Tod der Mutter erziehenden Nana Luisa zugewiesen wird. Er weist diese Identität jedoch in dem Augenblick zurück, da er über seine Herkunft aufgeklärt wird. Diese Verweigerung geschieht über den Mord an einem weißen nordam. Marinesoldaten – Vatermord und Tyrannenmord zugleich – und über den Namenswechsel: statt Usmaíl nennt er sich fortan Negro. F. G.

Weitere Werke: Erzählungen: *Un decir* (1976); Roman: *Un oscuro pueblo sonriente* (1982, Preis der kub. Casa de las Américas); Theater: *El huésped* (1958); Essays: *En busca de J. I. de Diego Padró* (1990).

Literatur: R. Ortiz Guzmán, *P. J. S., treinta años de producción literaria (1948-1978). Guía bibliográfica.* REHPR, 6 (1979), 251-283. – L. M. Umpierre, *›El francotirador‹ de P. J. S. - la crítica puertorriqueña y la metafísica.* ETL, 15 (1986/87), 2, 1-7.

Tapia y Rivera, Alejandro

* 12.11.1826 in San Juan, † 19.7.1882 ebd. Autodidakt. Als Lehrer, Journalist und unermüdlicher Organisator von Lesezirkeln und Vortragsreihen herausragende Persönlichkeit im Geistesleben seiner Zeit.

T. y R.s umfangreiches literarisches Werk umspannt nahezu alle Gattungen. Von seinen historischen, biographischen und kulturkritischen Schriften ist die essayistische Autobiographie *Mis memorias o Puerto Rico como lo encontré y como lo dejo* (postum 1928) hervorzuheben. Als Lyriker schrieb er u. a. das über 8000 Verse umfassende, dem »Fürsten der Finsternis« gewidmete Epos *La Sataniada* (vollst. 1878), die christlich-neoplatonische, nach dem Vorbild von Dantes *Göttlicher Komödie* entworfene Vision einer Reise in metaphysische Regionen sowie in die konkret-faßbaren Seinsbereiche der gesellschaftlichen Realität. Einer seiner Romane, die »historische Legende« *La palma del Cacique* (1852), gestaltet in der Tradition des romantischen Indianismus einen Liebeskonflikt und indianischen Widerstand gegen die Spanier. Als Theaterautor schließlich verfaßte er vorwiegend historische Dramen im Stil der span. Romantiker Zorrilla und Duque de Rivas (u. a. *Roberto D'Evreux*, UA 1856, und *Vasco Núñez de Balboa*, UA 1872), doch auch ein Drama mit aktuellen Bezügen, *La Cuarterona*, in dem Rassenvorurteil und -diskriminierung als Stigma der antillanischen Gesellschaften angeprangert werden, allerdings ohne Verweis auf die konkreten, in den Strukturen dieser Gesellschaft wurzelnden Ursachen. F. G.

Ausgabe: *Obras completas*. San Juan 1968-70, 3 Bde.

Zeno Gandía, Manuel

* 10.1.1855 in Arecibo, † 30.1.1930 in San Juan. Er entstammte einer konservativen Großgrundbesitzerfamilie. Jugendjahre und Medizinstudium in Spanien (mit längeren Aufenthalten in Frankreich) und Kontakte zu kub. Exilierten. 1876 Rückkehr nach Puerto Rico und Tätigkeit als Arzt, gleichzeitig Journalist und Verleger mit politischen Ambitionen. 1902 Aufgabe der ärztlichen Praxis zugunsten der politischen Arbeit. Wechsel von der Republikanischen Partei, die den Anschluß an die USA befürwortete, zu der von ihm mitbegründeten Unionspartei, wo er dem sich schließlich durchsetzenden Flügel der Independentistas angehörte.

Z. G. hat Arbeiten zu Fragen der Medizin, historische und ethnographische Studien, Reisechroniken, literatur- und sprachwissenschaftliche Abhandlungen, Lyrik, Theater, Kurzprosa und Romane verfaßt. Seinen literarischen Ruhm begründen die Romane *La charca* (1894), *Garduña* (1896), *El negocio* (1922) und *Redentores* (1925). Der übergreifende Titel »Crónicas de un mundo enfermo« verweist auf den frz. Naturalismus bzw. auf das Vorbild Zolas, ebenso der programmatische Ansatz, ein halbes Jh. nationaler Wirklichkeit mit analytisch-wissenschaftlichen Methoden zu sezieren. Doch entspricht die Praxis bei Z. G. – ähnlich wie bei der Spanierin Pardo Bazán – einem eher moderaten Naturalismus, der zudem nur in *La charca* zum Tragen kommt. Weniger durch Handlung als durch Erörterung wird hier der Zustand des ländlichen Sektors und damit der Bevölkerungsmehrheit von Puerto Rico vorgestellt: ein »riesiger Tümpel (charca) der sozialen Fäulnis«, in dem eine »kranke und degenerierte Rasse« stumpfsinnig dahinvegetiert, krank durch materielles Elend und Ausbeutung, degeneriert durch den Prozeß der Rassenmischung, dazu verdammt, »dem Selektionsprozeß der Art zum Opfer zu fallen«. Trotz der heute unhaltbaren physiologischen Rückschlüsse, der Rassenlehre und des Sozialdarwinismus ist der Roman interessant und lesenswert als ideologisches Bekenntnis der »aufgeklärten« Bourgeoisie jener Zeit und Zeugnis der puertoric. »98er Generation«, die sich nach der Loslösung von Spanien in ihren Hoffnungen und Ambitionen enttäuscht sah. F. G.

Ausgaben: *Cuentos*. New York 1958. – *Poesías*. San Juan 1969. – *Obras completas*. San Juan 1973, 2 Bde. (enthält nur die genannten vier Romane). – *La charca*. CAR 1978 (BiAy).

URUGUAY

Hidalgo, Bartolomé	1788-1822
Lussich, Antonio D.	1848-1928
Acevedo Díaz, Eduardo	1851-1921
Zorrilla de San Martín, Juan	1855-1931
Viana, Javier de	1868-1926
Reyles, Carlos	1868-1938
Rodó, José Enrique	1871-1917
Carreras, Roberto de las	1873-1963
Sánchez, Florencio	1875-1910
Herrera y Reissig, Julio	1875-1910
Vaz Ferreira, María Eugenia	1875-1924
Quiroga, Horacio	1878-1937
Agustini, Delmira	1886-1914
Sabat Ercasty, Carlos	1887-1982
Silva Valdés, Fernán	1887-1975
Ibarbourou, Juanade	1895-1979
Zavala Muniz, Justino	1898-1968
Morosoli, Juan José	1899-1957
Pereda Valdés, Ildefonso	1899
Amorim, Enrique	1900-1960
Quijano, Carlos	1900-1984
Espínola, Francisco	1901-1973
Hernández, Felisberto	1902-1964
Onetti, Juan Carlos	1909-1994
Ibáñez, Sara de	1909-1971
Somers, Armonía	1914
Arregui, Mario	1917-1985
Martínez Moreno, Carlos	1917-1986
Vilariño, Idea	1920
Benedetti, Mario	1920
Rodríguez Monegal, Emir	1921-1985
Larreta, Antonio	1922
Maggi, Carlos	1922
Rama, Angel	1926-1983
Benavides, Washington	1930
Ibargoyen Islas, Saúl	1930
Lago, Silvia	1932
Rosencof, Mauricio	1933
Ferrer, Horacio	1933
Galeano, Eduardo	1940
Peri Rossi, Cristina	1941
Fierro, Enrique	1941
Estrázulas, Enrique	1942

Acevedo Díaz, Eduardo

* 20.4.1851 in La Unión, † 18.6.1921 in Buenos Aires. Er entstammte einer Patrizierfamilie, nahm auf der Seite des Partido Blanco aktiv an den Revolutionen von 1870, 1875 und 1897 teil. Seine Laufbahn als Politiker endete 1903, als er sich mit seiner Partei überwarf und öffentlich die »revolutionären Wirren« der Vergangenheit verurteilte. Bis 1916 bekleidete er danach hohe diplomatische Ämter in Amerika und Europa.

A. D. ist der erste große Romanautor Uruguays, dessen aktuelle Gültigkeit zahlreiche Neuauflagen nach 1945 belegen. In der Romantetralogie *Ismael* (1888), *Nativa* (1890), *Grito de gloria* (1893), *Lanza y sable* (1914) entwirft er ein heroisches Panorama des ur. Unabhängigkeitskrieges von 1811 bis 1830. Manche Szenen und Charaktere werden mit überzeugender, detailgenauer Plastizität dargestellt, wenn auch der idealisierende Blick auf die patrizischen Helden – mit Ausnahme des Caudillos der Colorados, Frutos Rivera – gelegenlich als hohle Rhetorik langweilt. Meisterhaft sind vor allem zwei kleinere Werke, der Kurzroman *Soledad* (1894) und die Erzählung *El combate de la tapera* (1892), die in dramatischen Episoden das Leben der Landbewohner behandeln.

Weitere Werke: Romane: *Brenda* (1884), *Minés* (1907); Sonstiges: *Correspondencia familiar e intima (1880-1897)* (1979).

Ausgaben: *Obras completas*. BA 1954-57, 3 Bde. – *El combate de la tapera y otros cuentos*. Pról. A. Rama. MON 1965.

Literatur: W. Rela, *A. D.: guía bibliográfica*. MON 1967. – E. Rodríguez Monegal, *Vínculo de sangre*. MON 1968. – J. J. Figueira, *E. A. D. y los aborígenes del Uruguay*. RIB, 21 (1971), 2, 125-160. – S. Deus, *E. A. D., el caudillo olvidado*. MON 1978. – *Exposición bibliográfica y documental (1851-1921) de E. A. D.* MON 1981. – H. J. Verani, *Un uruguayo en la generación argentina del ›80: Realismo y creación artística en ›Soledad‹ de E. A. D.* CHASQUI, 12 (1983), 2/3, 32-41.

Agustini, Delmira

* 24.10.1886 in Montevideo, † 6.7. 1914 ebd. Ihre Familie gehörte zum gehobenen Kleinbürgertum, eng und exklusiv wurde sie erzogen. Eine autoritäre Mutter und die Stickluft der Gesellschaft, in der sie sich bewegte, können die Ursachen für die Flucht in die Infantilität sein, die aus den Briefen der reifen D. A. an ihren Verlobten spricht. Sehr früh entwickelt sich ihre Persönlichkeit als Dichterin. Der Vater überträgt die Verse des Wunderkindes in Reinschrift. Nach sechs Jahren Verlobungszeit heiratet sie, flieht nach einem Monat aus »soviel Vulgarität«, trifft sich gelegentlich noch heimlich mit ihrem Mann, der sie erschießt, kurz bevor die Scheidung ausgesprochen wird, und sich darauf selbst das Leben nimmt.

Ihr Bild einer brünetten Schönheit mit meergrünen Augen, ihre dramatische Eheerfahrung sowie der zum Schlagwort erhobene Gedichttitel »Fiera de amor« (Raubtier der Liebe) aus dem letzten Band *Los cálices vacíos* (1913) haben die meisten Interpreten verführt, allein den sexuell-sinnlichen Aspekt ihrer Lyrik wahrzunehmen. Damit wird man zwar der Gesamtheit ihres Œuvre nicht gerecht, dennoch verdienen Kühnheit und Anmut, mit denen sie in einigen Gedichten die konventionellen Grenzen weiblicher Schamhaftigkeit übertreten hat, uneingeschränkte Bewunderung. R. ↑Darío, der zunächst ihr wichtigstes Vorbild ist, fand sie »wegen ihrer Seele ohne Schleier und ihres blumengleichen Herzens« beeindruckend. Andere, wie Uruguays Literaturpapst A. Zum Felde, warfen sich zu postumen Tugendwächtern auf: die »schreckliche Priesterin des Eros« sei »ein völlig keusches Mädchen bis zum Tag ihrer Ehe« gewesen. Manches in ihrer Dichtung könnte kalkulierte Provokation sein. Ihre »Muse«, sagt sie in ihrem ersten Werk *El libro blanco* (1907), sollte »schillernd, geheimnisvoll und komplex« sein, und es ist unverkennbar, daß sich ihre so oft beschworene »Schamlosigkeit« jedem Konkretisierungsversuch entzieht. Erotik ist für sie vor allem ein Mittel, um die Grenzen der Erfahrbarkeit zu überwinden und in Dimensionen vorzudringen, in denen Tod und Leben, Vergangenheit und Gegenwart, Körper und Seele die gleiche Realität besitzen. Dieses ständige Transzendieren der Sinnlichkeit verleiht ihren Gedichten eine eigenartige Spannung, deren Ursprung von psychologisierender oder moralisierender Betrachtungsweise nicht zu erfassen ist, weil ihre Frage andere und subtilere Kategorien, zwischen Mystik und Existentialismus, voraussetzt: »Verspürtet ihr niemals den seltsamen Schmerz | eines unermeßlichen Gedankens, der im Leben wurzelt, | Seele und Fleisch verschlingt und nicht zur Blüte gelangt?«

Weitere Werke: *Cantos de la mañana* (1910); Nachlaß: *Correspondencia íntima* (1961).
Ausgabe: *Poesías completas*. Hg. M. Alvar. Barcelona 1971 (mit Bibliographie).
Literatur: C. Silva, *Pasión y gloria de D. A.* BA 1972. – H. Hinterhäuser, *Leda aus Uruguay.* In: *Sprachen der Lyrik. Festschrift für Hugo Friedrich.* Frankfurt/M. 1975, 356-375. – D. Thomason Stephens, *D. A. and the Quest for Transcendence.* MON 1975. – A. S. Visca, *Correspondencia íntima y tres versiones de ›Lo inefable‹.* MON 1978. – M. Alvarez, *D. A.* MON 1979. – *D. A.: seis ensayos críticos.* MON 1982. – I. Loureiro de Renfrew, *La imaginación en la obra de D. A.* MON 1987.

Amorim, Enrique
*25.7.1900 in Salto, †28.7.1960 ebd.
Er entstammte einer Großgrundbesitzerfamilie, ging 1916 nach Buenos Aires, wo er bis 1950 mit Unterbrechungen lebte. Der Anschluß an die dortige links-orientierte »Boedo«-Gruppe in den 20er Jahren, antifaschistisches Engagement in den 30ern und 1947 Eintritt in die Kommunistische Partei sind die Etappen seiner politischen Entwicklung.
Vielleicht haben die Widersprüche von Herkunft und politischer Überzeugung, von Großstadtexistenz und tiefer Landverbundenheit seine gewaltige literarische Aktivität bewirkt: mehr als 40 Bücher, in der Hauptsache Romane und Erzählungen, aber auch Lyrik, Theater und Filmdrehbücher. Nach dem lyrischen Debut *Veinte años* (1920) und *Amorim* (1923), einem Band mit fünfzehn unglücklichen Bräuten gewidmeten Erzählungen, setzt mit dem Kurzroman *Tangarupá* (1925) eine Serie von Werken ein, die das weithin verfälschte, romantisierende Bild der ur. und arg. Landbevölkerung korrigieren, wobei in zunehmender Schärfe die sozialen und ökonomischen Probleme beleuchtet werden. In dem Roman *La carreta* (1923; dt. *Die Carreta*, 1937) wird das bitter ereignisreiche Leben einer Gruppe ambulanter Dirnen und verschiedener Landstreicher geschildert. In *El paisano Aguilar* (1934) erlebt der Held – fast in Antithese zu R. ↑Güiraldes' *Don Segundo Sombra* –, wie ihm das Landleben, von dem er sich Freiheit und Selbstverwirklichung versprach, zum monotonen Gefängnis wird. Wie in einem späteren Roman, der vier Generationen langen Chronik einer Großgrundbesitzerfamilie, *La desembocadura* (1958), stellt A. den Prozeß der Auflösung einer patriarchalischen Ordnung durch das Vordringen kapitalistischer Lebensformen dar. Die zunächst spontane Rebellion des Landproletariats gegen den Feudalismus demonstriert er in *El caballo su sombra* (1941). Hier rächt ein ital. Einwanderer den Mord an seinem Sohn und er-

schlägt einen Großgrundbesitzer, der den Fremden die Durchquerung seiner ungenutzten Ländereien verbot. Der rechtlose, demütige Einwanderer von einst tritt selbstbewußt dem alteingesessenen Provinzdespoten entgegen. Der Stadt wendet A. sich erstmals in *La edad despareja* (1937) zu. Die Bewußtseinskrise des Intellektuellen, die hier noch keine Lösung gefunden hat, wird in dem nach einem Stalin-Wort betitelten Roman *La victoria no viene sola* (1952) durch die Einsicht in die Notwendigkeit des Kampfes gegen den nordam. Imperialismus überwunden. Ein Dokument des Elends unterprivilegierter Bevölkerungsschichten ist *Corral abierto* (1956). A. vertraute seinem erzählerischen Talent und, prinzipiell, der Spontaneität. Keines seiner Werke ist perfekt, aber häufig überraschen scharfe Beobachtungen der Wirklichkeit und Passagen von großer Intensität.

Weitere Werke und Ausgaben (Auswahl): Romane: *La plaza de las carretas* (1937), *La luna se hizo con agua* (1944), *Nueve lunas sobre Neuquén* (1946), *El asesino desvelado* (1946), *Feria de farsantes* (1952), *Los montaraces* (1957), *Eva Burgos* (1960); Erzählungen: *Los mejores cuentos*. Pról. A. Rama. MON 1967; Lyrik: *Para decir la verdad. Antología 1920-1960* (1964); Theater: *La segunda sangre. Pausa en la selva. Yo voy más lejos* (1950).

Literatur: H. Rodríguez Urruty, *Para la bibliografía de A.* MON 1958. – B. Varse de López, *En torno a E. A.* MON 1970. – H. Mose, *E. A.: The Passion of a Uruguayan.* New York 1972. – D. Ross Gerling, *El parentesco literario entre la novela ›Sin rumbo‹ de Cambaceres y una novela contemporánea de A.* RIB, 30 (1980), 238-245. – S. Rojas, *E. A. y el grupo de Boedo.* RIB, 31 (1981), 3, 378-384. – Ders., *E. A. y el grupo de Florida.* UA/REH, 16 (1982), 2, 181-189. – B. Varse de López, *E. A., panorama lexicográfico de ›La carreta‹.* MON 1984. – F. Martínez García, *E. A.: ›La carreta‹.* CH, 488 (1991), 128-133.

Arregui, Mario

* 1917 in Trinidad/Flores, † 1985 in Montevideo. Mehrere Jahre lebte er als Journalist in Montevideo, danach, ab etwa 1950, als Landwirt in seinem heimatlichen Departement Flores.

Sein literarisches Werk besteht vor allem aus einigen meisterhaft durchkomponierten Erzählungen, die fast ausschließlich im ländlichen oder kleinstädtischen Milieu spielen, wenn auch ein spezifisches Lokalkolorit nebensächlich bleibt. Im Rahmen der Symbolik von Nacht und Tag variiert und kombiniert A. die Themen Einsamkeit und Tod. Seine Gestalten erleben die Nacht als einen Raum der existentiellen Wahrheit oder eines ständigen Kampfes, der nur kurzfristig während des Tages aufgehoben erscheint. Auch Alkohol, Sexualität oder Freundschaft bieten nur momentane Zuflucht oder sind Rituale, die den Tod beschwören. Die ursprüngliche Tragik und Gewalt der Erzählungen wird jedoch oft von einem subtilen, anspielungsreichen Humor überlagert oder auch durch den Kontrast mit einer gestelzt literarischen Ausdrucksweise bis an die Grenze des Absurden persifliert.

Werke: Erzählungen: *Noche de San Juan y otros cuentos* (1956), *Hombres y caballos* (1960), *La sed y el agua* (1964), *El gato* (1967), *La escoba de la bruja* (1979), *Ramos Generales* (1985); Essays, Sonstiges: *Líber Falco* (1964), *El narrador* (1972).

Ausgaben: *Tres libros de cuentos.* MON 1969. – *Veinte cuentos.* LH 1978.

Literatur: J. Ruffinelli, *M. A., del western al cuento metafísico.* In: J. R., *Palabras en orden.* ME 1985.

Benavides, Washington

* 1930 in Tacuarembó. Er war Oberschullehrer für Literatur, wurde 1973 aus dem Schuldienst entlassen und durfte erst ab 1985 wieder den Lehrerberuf ausüben. Seither ist er auch Dozent an der Universität von Montevideo und Rundfunkredakteur.

In seinen ersten Gedichtbänden bis *Las milongas* (1965, [4]1989) übernahm er die Formen traditioneller Volksdichtung und -lieder. Auf Grund der Musikalität seiner Gedichte, ihres ländlichen Stimmungsgehalts und der Gedankentiefe der Bilder sind mehr als 100 von ihnen vertont worden und gehören zum Repertoire von Alfredo Zitarrosa, Daniel Viglietti, Numa Moraes und anderen Sängern, auch außerhalb Uruguays. Seit *Las milongas* gilt B. als der bedeutendste Dichter seiner Generation, gleichwohl hat er sein lyrisches Instrumentarium ständig erweitert. In Werken wie *Los sueños de la razón* (1967) und *Hokusai* (1975) werden unterschiedliche Textarten und heterogene Themen collagiert, oder es entstehen durch die Paraphrase lateinischer Epigrammatiker (Catull, Properz) oder japan. Lyriker – im Sinne der Semiotik, auf die sich B. ausdrücklich bezieht – neue Zeichenstrukturen. Konkrete persönliche Erfahrungen des Autors, die jedoch transparent bleiben, neue Zusammenhänge erahnen lassen, werden in *Finisterre* (1986) gestaltet.

Weitere Werke: Lyrik: *Tata Vizcacha* (1955), *El poeta* (1959), *Poesía 1959-1962* (1963), *Poemas de la ciega* (1968), *Historias* (1970), *Fontefrida* (1979), *Murciélagos* (1981), *Fotos* (1986).

Benedetti, Mario

* 14.9.1920 in Paso de los Toros/Tacuarembó. In Montevideo besuchte er das Colegio Alemán. Mit zwanzig Jahren erhielt er eine Anstellung bei einer Behörde, die er nach kurzer Zeit wieder aufgab. Von nun an war er als Journalist tätig, gründete 1948 die kurzlebige Zeitschrift »Marginalia« und arbeitete für »Marcha«, »Número«, »La Tribuna Popular« u.a. 1968-71 leitete er in Havanna das Centro de Investigaciones Literarias. 1973, nach dem Militärputsch, mußte er Uruguay verlassen. Die Stationen seines elf Jahre langen Exils waren Buenos Aires, Lima, Havanna, Palma de Mallorca und Madrid. Heute lebt er zeitweise in Montevideo und Madrid.

Als Lyriker, Erzähler und Romancier ist B. der meistgelesene Autor seines Landes. Seine Lyrik, die er selbst für den wichtigsten Teil seines Œuvres hält, vereinte das zunehmend umfangreichere *Inventario* (1963, [5]1974, definitiv 1980). Modellhaft für die Entwicklung der »poesía conversacional« sind die *Poemas de la oficina* (1956), die ihrerseits auf C. ↑Vallejos Spätwerk und N. ↑Parras »Anti-Poesie« verweisen. Gesprächsfetzen, zu Floskeln erstarrte Sprache, Dinge und Begriffe aus Großstadtalltag und Betriebswirtschaft, formelhafte Sehnsüchte oder Flüche sind die sprachlichen Materialien, die einen Mikrokosmos von Frustration und Mittelmäßigkeit erstehen lassen. Einige dieser Gedichte wurden von Alberto Favero vertont, von Nacha Guevara u.a. gesungen und erreichten große Popularität. (Die Ausgabe *Canciones del mal acá*, 1988, umfaßt sämtliche Texte B.s., die vertont wurden.) Auffallend sind – eigentlich im Gesamtwerk B.s – die vielen brillanten Wortspiele. Die durch die kub. Revolution ausgelöste Politisierung schlägt sich nieder in *Poemas del hoy por hoy* (1961). Danach tritt die Erfahrung des Exils in den Vordergrund, so in *Poemas de otros* (1974), deren »Autoren« Figuren aus dem Prosawerk B.s sind, sowie in *La casa y el ladrillo* (1976), *Cotidianas* (1979), *Viento del exilio* (1981) oder *Preguntas al azar* (1986). Auch noch aus der »idyllischen« Zeit der »lateinam. Schweiz« stammt der Erzählband *Montevideanos* (1959, erw. 1961), eine Inventur der sozialen Krisensymptome. Die meisten Erzählungen spielen im Milieu der Büroangestellten. Konventionen, mangelnde Vitalität und Sexualkomplexe prägen die zwischenmenschlichen Beziehungen, Feigheit und Korruption das staatsbürgerliche Verhalten. Die Komik, mit der jämmerliches Versagen registriert wird, täuscht nicht über untergründig schwelende Empörung hinweg. In dem Maße, wie sich die sozialen Konflikte in Uruguay zuspitzen, werden die späteren Erzählungen B.s wie *La Muerte y otras sorpresas* (1968, dt. *Die Sterne und wir*, 1984) und *Con y sin nostalgia* (1977) aggressiver in ihren Anklagen, was weder technische und sprachliche Brillanz noch subtile psychologische Beobachtungen ausschließt. B. stellt sich nicht über seine Kreaturen, sondern nimmt teil an ihren Niederlagen oder zeigt auch unerwarteten Heroismus auf. Der – mit Lyrik gemischte – Erzählband *Despistes y franquezas* (1990) schließlich setzt die Kritik an Entfremdungen, offener oder versteckter Gewalt fort, wenn auch mit vielen Nuancen zwischen Sanftmut und Erbitterung. Eine ähnliche Entwicklung vollzieht sich in den Romanen. *Quien de nosotros* (1953) ist die dreifache Version eines eher verquälten, montevideanisch grauen Liebesdreiecks. *La tregua* (1960, dt. *Gnadenfrist*, 1986), der erfolgreichste, auch verfilmte Roman B.s, gestaltet die intime Chronik eines ordentlichen Beamten, der sich kurz vor der Pensionierung fast widerwillig in eine 25 Jahre jüngere Frau verliebt. In *Gracias por el fuego* (1965; dt. *Danke für das Feuer*, 1987) wird die psychologische Problematik des Generationenkonflikts auf politische Dimensionen projiziert: Der Großvater gelangte durch unsaubere Geschäfte zu Geld und Macht, der Sohn ist Nutznießer dieses Reichtums, will jedoch mit den Machenschaften seines Vaters nichts zu tun haben, der Enkel schließlich verachtet beide. *Primavera con una esquina rota* (1982, dt. *Frühling im Schatten*, 1986) behandelt aus fünf verschiedenen Perspektiven – einschließlich der des realen Autors – die Erfahrung von Folter, Exil und deren Konsequenzen. Den zentralen Handlungsstrang der Kapitel »Intramuros« bildet die jahrelange Inhaftierung eines Mannes in Uruguay. Seine Frau, seine Tochter und sein Vater erzählen aus dem Exil. Das deprimierende Geschehen wird mit großer literarischer Virtuosität, besonders durch die Verwendung verschiedener Sprachebenen, und psychologischer Sensibilität gestaltet. In mehreren Bänden hat B. seine journalistischen Arbeiten zusammengefaßt. *Crónicas del 71* (1972) und *Terremoto y después* (1973) enthalten Beiträge für »Marcha« bis zu deren Verbot; *El desexilio y otras conjeturas* (1985) ist eine Auswahl von Artikeln für die span. Zeitung »El País«. B.s weitere Werke umfassen u.a. die Theaterstücke *Ida y vuelta* (UA 1958), *Pedro y al capitán* (1979), einen Roman in Gedichtform *El cumpleaños de Juan Angel* (1979) sowie zahlreiche literaturkritische Essays, wie *Literatura uruguaya siglo XX* (1969), *El escritor latinoamericano y la revolución posible* (1974, dt. *Literatur und Revolution*, 1985).

Weitere Werke (Auswahl): Lyrik: *Geografías* (1984, enthält auch Erzählungen; dt. *Auf den Feldern der Zeit*, 1990), *Verteidigung der Freude* (Auswahl, dt. 1985); Erzählungen: *Todos los cuentos* (1980); Essays, Sonstiges: *Mejor es meneallo* (1965, unter dem Pseudonym »Damocles«), *El recurso del supremo patriarca* (1979), *El ejercicio del criterio: Crítica literaria, 1950-1970* (1981), *Escritos políticos* (1985), *La cultura, ese blanco móvil* (1985), *Cultura entre dos fuegos* (1986), *Subdesarrollo y letras de osadía* (1987), *Yesterday y mañana* (1987), *Recuerdos olvidados* (1988).

Ausgabe: *Obras fundamentales.* MON 1991 f. (Bisher 12 Bde.)

Literatur: A. Fornet (Hg.), *Recopilación de textos sobre M. B.* LH 1976. – M. Mansour, *Tuya, mía, de nosotros. La poesía coloquial de M. B.* ME 1979. – F. Pérez Beberfall, *Bibliografía de y sobre M. B.* RI, 47 (1981),

114/115, 360-411. – C. S. Mathieu, *Los cuentos de M. B.* New York 1983. – H. Alfaro, *M. B.: Detrás de un vidrio claro.* MON 1986. – E. M. Zeitz, *La crítica, el exilio, y más allá en las novelas de M. B.* MON 1986.

Carreras, Roberto de las

* 1873 in Montevideo, † 1963 ebd. Er gehörte zu dem Kreis der Modernisten um J. ↑Herrera y Reissig, war allerdings noch exzentrischer als dieser, was zu einer öffentlich ausgetragenen Polemik und zum Bruch der Freundschaft führte. Um 1906 hatte er sein Vermögen verschwendet, bald danach traten erste Symptome geistiger Umnachtung auf. Wohlwollend nahm man an, daß sie auf die Liebe zu der ital. Schauspielerin Lina Cavalieri zurückzuführen waren, von der die metaphernreiche Prosadichtung *Psalmo a Venus Cavalieri* (1905, 1967 mit Vorw. von A. ↑Rama) handelt. Die letzten 45 Jahre seines Lebens verbrachte er in einem Irrenhaus.

Interessanter als die größtenteils in perfekten Alexandrinern abgefaßten Gedichte von *Al lector* (1894) sind seine scharfzüngigen Satiren auf die Gesellschaft Montevideos, von denen drei größere Manuskripte verschollen sind. Sein berühmtestes Werk ist *Amor libre, interviews voluptuosos con Roberto de las Carreras* (1902), in dem er am Beispiel seiner Ehe mit einer minderjährigen Kusine – Berta Bandinelli – eine Theorie der »freien Liebe« entwickelt. Da die junge Frau diese Theorie schnell begriffen hatte, war sie bald mit einem Liebhaber verschwunden, um nach einem späteren Wiedersehen mit ihrem Ehemann diesen zum Geliebten zu machen.

Weitere Werke: *Sueño de Oriente* (1900), *La trajedia del Prado. La crisis del matrimonio. El amor libre. Oración pagana* (1904), *Parisinas* (1904), *Yo no soy culpable ...* (1905), *En la onda azul ...* (1905), *Diadema fúnebre* (1906), *Don Juan (Balmaceda)* (1908), *La visión del arcángel* (1908), *La Venus celeste* (1909), *El cáliz* (1909), *Suspiro a una palmera* (1914).

Literatur: R. Goldaracena, *R. de las C., poeta.* MON 1979.

Espínola, Francisco

* 4.10.1901 in San José (Uruguay), † 1973 in Montevideo. Er studierte Medizin ohne Abschluß. 1935 nahm er am gescheiterten Aufstand gegen die Diktatur Terras teil und kam ins Gefängnis. Später war er Universitätsprofessor und Theaterkritiker bei der Zeitung »El País«. 1961 erhielt er den nationalen Literaturpreis.

Obwohl E.s Werk nicht sehr umfangreich ist, hat er neben J. C. ↑Onetti entscheidenden Einfluß auf die Erzähler der ur. »Generation von 1945« ausgeübt. Vorbildlich sind seine durchdachte Handhabung formaler Techniken und die äußerst nuancierte Gestaltung seiner Personen. Bei diesen handelt es sich vor allem um graue, bescheidene Existenzen aus den Randgebieten der Provinz San José, die in E.s Darstellungsweise über ihre historisch-soziale Situation universelle Dimensionen gewinnen. Schon in den ersten Erzählungen *Raza ciega* (1926) verschwimmen die Konturen der Realität, indem sich den Personen zumeist durch ein tragisches Geschehen eine ihnen vorher verborgene Seite ihres Lebens offenbart. Aber es sind vor allem die späteren Erzählungen, in denen E. jene von ihm selbst als »Satinierung« bezeichnete Überlagerung von Wirklichkeitsschichten erreicht bzw. die für seine Erzählkunst charakteristischen Zwischentöne von ironischer Distanz und Mitgefühl oder auch von Wahrscheinlichkeit und Absurdität, die zumeist aus der Inkongruenz von subjektiven Vorstellungen und objektiven Gegebenheiten erwächst. Außer Erzählungen und dem Theaterstück *La fuga en el espejo* (1937) umfaßt E.s

Œuvre zwei Romane: *Sombras sobre la tierra* (1933, endgültige Fassung [5]1969), dessen äußeres Szenarium ein Provinzbordell bildet, und *Don Juan, el Zorro* (teilweise 1968, komplettiert 1984, 2 Bde.), sein Fragment gebliebenes Hauptwerk, eine ironisch-parodistische Bearbeitung des literarischen Mythos vom rechtschaffenen Gaucho und seinen Widersachern, dem Kneipenwirt, der Obrigkeit und dem Militär.

Weitere Werke: Erzählungen: *Las ratas* (1945), *El rapto y otros cuentos* (1950), *Cuentos* (1961), *Veladas del fogón* (1985), *Cuentos completos* (1986); Essays: *Milón o el ser del circo* (1954); Zeitungsartikel: *El Paco en París* (1984).

Literatur: D. Gil, *Un recuerdo de infancia de Paco E.: Las ratas.* MON 1986. – M. Carriquiry/G. Martínez, *F. E.; después del silencio.* MON 1987. – S. Sclavo, *La narrativa de F. E.* MON 1987. – G. Mántaras, *F. E. Epoca, vida y obra.* MON 1988.

Estrázulas, Enrique

* 1942 in Montevideo. Er war erst Bankangestellter, dann Journalist bei »El País« und der arg. Zeitung »La Opinión«, gegenwärtig bei »El Día«. 1968 gründete er mit anderen die Zeitschrift »Brecha«. Das thematische Zentrum seines Werkes als Lyriker, Erzähler und Romancier sind die Verfallserscheinungen und die Verelendung von Montevideo. In seiner Lyrik setzt er die Linie der an der gesprochenen Sprache orientierten »poesía conversacional« M. ↑Benedettis u. a. fort, wobei er in spezifischer Weise Stimmung und Elemente des Tango einbezieht. Sein bekanntestes Werk ist der Roman *Pepe Corvina* (1974). In ihm werden zwei Handlungen entwickelt, zum einen die des Fischers Pepe Corvina, Mythos, reale Person und poetisches Prinzip. Die andere, teilweise burleske Handlung umfaßt den Verfall bzw. das Ende des Verfalls einer patrizischen Familie.

Weitere Werke: Lyrik: *El sótano y otros poemas* (1965), *Fueye* (1968), *Caja de tiempo* (1971), *Confesión de los perros* (1975), *Poemas de amor* (1979), *Poesías completas* (1986); Romane: *Lucifer ha llorado* (1980), *El ladrón de música* (1982), *El amante de paja* (1987), *Tango para intelectuales* (1990); Erzählungen: *Los viejísimos cielos* (1975), *Las claraboyas* (1977), *Cuentos fantásticos* (1984), *Antología personal* (1984); Essays: *Mientras exista un poeta, un ladrón y una puta* (1970), *A. Zitarrosa, el cantor de la flor en la boca* (1977), *El canto de la flor en la boca* (1978).

Literatur: D. T. Stephens, *The Quest for Utopia as a Game of Impossibility in E. S.' ›Pepe Corvina‹.* CRIH, 3 (1981), 2, 173-182.

Ferrer, Horacio

* 2.6.1933 in Montevideo, lebt seit 1968 in Buenos Aires. Bereits als Jugendlicher beschäftigte er sich intensiv mit Musik, Milieu und Geschichte des Tango. Inzwischen gilt er weltweit als Autorität auf diesem Gebiet. Fundamental ist *El libro del tango* (1970, 2 Bde., [3]1980, 3 Bde.), das eine anekdotisch geschichtliche Darstellung sowie ein äußerst minutiös erarbeitetes Lexikon umfaßt. F. ist dem Tango jedoch nicht nur als Historiker, Lexikograph und – seit 1990 – Präsident der offiziell in Argentinien eingerichteten Tango-Akademie verbunden, sondern auch als Musiker und – vor allem – Textdichter. Als heimliche Hymne der La-Plata-Staaten gilt seine *Balada para un loco* (1969), eine närrisch fantasievolle, metaphorische Utopie, die von Astor Piazzolla vertont wurde. Mit ihm hat F. – außer nahezu 100 weiteren Tangos – auch eine zweiaktige »Operita« mit dem Titel *María de Buenos Aires* (1968) geschaffen.

Weitere Werke: Lyrik: *Canciones* (1973), *Loquita mía* (1978); Untersuchungen: *El Tango. Su historia y evolución* (1960), *Discepolín* (1965, zus. mit Luis Adolfo Sierra).

Fierro, Enrique

* 1941 in Montevideo. Er unterrichtete Literatur an höheren Schulen. Zur Zeit der Militärdiktatur (1973-84) lebte er in Mexiko. Seit 1985 ist er Direktor der ur. Staatsbibliothek. Er übersetzte u. a. Shakespeare, Genet, Eluard und Pound.

Sein Gedichtband *Mutaciones 1 (1963-1966)* (1972) stellte innerhalb der neueren Literatur Uruguays den radikalsten Versuch dar, die Sprache der Lyrik den Vorstellungen und Realitäten der Gegenwart anzupassen. Da für F. die Gegenwart eine konkret nicht mehr faßbare Komplexität besitzt, können allenfalls Grenzbereiche der Sprache, also Zonen zwischen autonomer Schöpfung und der als Kommunikationsmedium verstandenen Sprache oder auch Fragmente von Wörtern und Aussagen, Realitäten berühren. Bis zur Gegenwart hat F. mit großer Disziplin – in mancher Hinsicht dem Argentinier R. ↑Juarroz vergleichbar – sein poetisches Projekt verfolgt. Die Qualität der zumeist sehr knappen Gedichte resultiert aus der Spannung von Verrätselung und sprachlicher Präzision, die sowohl die Grammatik als auch kleinste Wortpartikel erfaßt. Zumeist in der Gesamtheit der Komposition wird der hohe Grad von semantischer Unbestimmtheit bewußt gemacht, den die Sprache im allgemeinen und besonders die floskelhaften Wendungen besitzen. »Der Sommer kommt. Die Armut | des Wortes ist offensichtlich. | Eine doppelte Weise | – intern in ihrer Sympathie – | ist Ausgleich des Inhalts. ... Insofern und gesamt, | die gleiche Sache ist möglich | in jedem Moment, zum ersten Mal« (»Clave«).

Weitere Werke: Lyrik: *De la invención* (1964), *Entonces jueves (1962-1963)* (1972), *Impedimenta (1966-1968)* (1973), *Capítulo aparte (1966-1968)* (1974), *Breve suma (1966-1969)* (1976), *1/2* (1977), *Trabajo y cambio* (1977), *Textos-pretextos (1966-1970)* (1978), *Las oscuras versiones* (1980), *Ver para creer [...]* (1980), *Contrahierba* (1982), *Fuera de lugar (1973-1975)* (1982), *La entonces música* (1983), *Ristra* (1984), *Calca* (1986).

Literatur: H. J. Verani, *El fragmento como texto: la poesía de E. F.* SLI, 13/14 (1983), 131-140.

Galeano, Eduardo (Hughes)

* 3.9.1940 in Montevideo. Seit seinem fünfzehnten Lebensjahr war er journalistisch tätig, u. a. als Karikaturist unter dem Pseudonym »Gius« für »El Sol«, 1961-64 als Redaktionschef von »Marcha«, 1964-66 als Direktor von »Epoca«. Ab 1965 leitete er die Publikationsabteilung der Universität von Montevideo. Im März 1973 ging er ins Exil, zunächst nach Buenos Aires, wo er die erfolgreiche Kulturzeitschrift »Crisis« gründete und bis zu ihrem Verbot leitete. 1976-85 lebte er in Spanien, seither wieder in Montevideo, wo er die Zeitschrift »Brecha« herausgibt.

Politisches Engagement ohne Fanatismus, aber auch ohne Furcht und Berechnung, ein scharfer, erstaunter und überraschender Blick für Details und schließlich nahezu wissenschaftliche Gründlichkeit sind die konstant gebliebenen Qualitäten seines Werkes. International bekannt wurde er durch *Las venas abiertas de América Latina* (1971; dt. *Die offenen Adern Lateinamerikas*, 1973). Es ist eine umfassend dokumentierte, nicht nur die offizielle Historiographie berücksichtigende, blendend und polemisch geschriebene Geschichte der wirtschaftlichen Ausplünderung, Völkermorde und politischen Versklavung, die von den span. Konquistadoren bis zu den Technokraten des Internationalen Währungsfonds reicht und auch die Gegenseite der geschlagenen Helden, des Widerstands, der »toten und wiederauferstandenen Hoffnungen« umfaßt. Was hier in großen Zügen dargestellt wurde, erhält in der dreibändigen *Memoria del fuego* (1982-86; dt. *Erinnerungen an das Feuer*, 1983-87) Gestalt eines riesigen Mosaiks prägnant formulierter Szenen, Anekdoten, Momentaufnahmen, Miniaturen. Die in dem Werk mit sicherem Gespür für poetische Qualität zusammengestellten, oft nur geringfügig bearbeiteten Texte entstammen literarischen Quellen von präkolumbischer Zeit bis zur Aktualität. Geschichte wird hier als konkrete Lebenswirklichkeit sichtbar, in der gleichwohl die Grundzüge der Dialektik von Unterdrückung und Befreiungsversuchen ständig präsent sind. Eher fiktiv, wenn auch nicht von der konkreten Realität Uruguays abzulösen, sind die Erzählungen von *Vagamundo* (1973) und der Roman *La canción de nosotros* (1975; dt. *Wenn die Erde aufsteigt*, 1978). Die in ihm verlaufenden Handlungsebenen – der Landstreicher Buscavida und Ganapán, der wochenlang gefolterten Oppositionellen Fierro und Mariano, eines Journalisten, dem die Flucht aus dem Gefängnis gelingt – werden mit Dokumenten der Inquisition parallelisiert. Ebenso wie dieser Roman wurde auch der weitgehend autobiographische, vor allem die Jahre 1973-76 umfassende Bericht *Días y noches de amor y de guerra* (1978, dt. *Tage und Nächte von Liebe und Krieg*, 1978) mit dem Preis der kub. Casa de las Américas ausgezeichnet.

Weitere Werke (Auswahl): Roman: *Los días siguientes* (1962); Kinderbuch: *La piedra arde* (1980; dt. *Die Geschichte vom brennenden Stein*, 1980); Reportagen, Essays: *Reportajes* (1967), *Crónicas latinoamericanas* (1972), *Schlachthof der Worte. Begegnungen, Beobachtungen, Ausblicke* (Auswahl, dt. 1977), *Voces de nuestro tiempo* (1981), *Von Chile bis Uruguay* (Auswahl, dt. 1983), *Contraseña* (1986), *Aventuras de los jóvenes dioses* (1986), *Nosotros decimos no. Crónicas (1963-1988)* (1988), *Entrevistas y artículos (1962-1987)* (1988), *El libro de los abrazos* (1989; dt. *Das Buch der Umarmungen*, 1991).

Literatur: G. Saad, *E. G.: La literatura como una pasión latinoamericana*. CH, 108 (1977), 334, 454-469. – H. Campanella, *La memoria insustituible*. CH, 116 (1979), 346, 236-240. – S. R. Wilson, *E. G.: Exile and Silenced Montevideo*. CHASQUI, 9 (1980), 2/3, 30-38. – S. Wilson-Serfaty, *E. G.: el exilio de Montevideo, la poesía del destierro*. ESCRITURA, 9 (1980), 103-114. – H. J. Verani, *Los restos del naufragio: ›La canción de nosotros‹ de E. G.* RCLL, 7 (1981), 13, 61-70.

Hernández, Felisberto
* 20.10.1902 in Montevideo, † 13.1.1964 ebd. Er entstammte einer kleinbürgerlichen Familie kanarischer Einwanderer. Seine Ausbildung konzentrierte sich vor allem auf die Musik. Mit neun Jahren bekam er seinen ersten Klavierunterricht, mit fünfzehn spielte er Klavier in Stummfilmkinos, ab zwanzig bereiste er das Landesinnere Uruguays und Argentiniens als Konzertpianist und Verkäufer. 1925 ging er – nach hartnäckigem Widerstand der wohlhabenden Schwiegereltern – die erste seiner vier Ehen ein. Ab 1940 widmete er sich hauptsächlich der Literatur und veröffentlichte Erzählungen in ur. und arg. Zeitschriften. Mit einem Stipendium der frz. Regierung lebte er 1946/47 in und bei Paris. 1954 erhielt er eine Anstellung bei der ur. Staatsdruckerei.

Als Schriftsteller war H. ein Außenseiter, bei dessen Frühwerk die Kritik vor allem sprachliche Mängel registrierte. Erst in den 40er Jahren, nachdem er für den Kurzroman *Por los tiempos de Clemente Colling* (1942) den Preis des ur. Erziehungsministeriums erhalten hatte, wurden seine Vorläuferrolle und Bedeutung für die Entwicklung der fantastischen Literatur zunehmend gewürdigt. In seiner ersten Epoche, in der die Musik für ihn noch Vorrang hatte, veröffentlichte er einige kleinere Werke in bescheidenen Ausgaben – *Fulano de tal* (1925), *Libro sin tapas* (1928), *La cara de Ana* (1930), *La envenenada* (1931) –, deren fragmentarische Skizzen und Erzählungen spöttische Skepsis gegenüber den Konventionen der Literatur zum Ausdruck bringen. Spielerisch eigenwilliger Umgang mit der Realität, zugleich aber auch scharfsinnige Beobachtungen von Situationen im Grenzbereich zwischen normalem Alltag und Skurrilität, verbinden sich mit der Hinterfragung der eigenen Wahrnehmung. Die erzählerischen Texte werden transparent in Hinsicht auf den Prozeß der literarischen Gestaltung. Die zweite Epoche umfaßt die Kurzromane *Por los tiempos de Clemente Colling*, *El caballo perdido* (1943), *Tierras de la memoria* (1944 entstanden, 1965) sowie ein weiteres Romanfragment, das in einer von H. entwickelten Kurzschrift geschrieben ist. Der Stoff der Werke sind Kindheits- und Jugenderinnerungen; der geniale, verwahrloste C. Colling etwa war einer von H.' Klavierlehrern. Es geht H. in diesen Werken vor allem um die Ergründung der Mechanismen des Gedächtnisses. Zugleich ist Kindheit nicht Gegenstand, sondern eine Perspektive, die Dinge freilegt, die der Logik unzugänglich bleiben. Die dritte Epoche ist die der Erzählbände *Nadie encendía las lámparas* (1947), *Las hortensias* (1949; dt. *Die Hortensien*, 1985) und *La casa inundada* (1960). In ihnen verdichtet sich das fantasmagorische Klima: Krankheiten, die von den Personen mit lasterhaftem Genuß gepflegt werden, sexuelle Delirien, groteske Rituale, finstere Leidenschaften hinter der Maske von Mittelmäßigkeit und Anstand. Noch prägnanter als vorher fängt ein spezifischer Humor das Entsetzliche auf, nimmt ihm Tragik und Pathos oder reduziert es auf die psychologischen Lächerlichkeiten des normalen Lebens.

Ausgaben: *Obras completas*. MON 1969-74, 6 Bde. (²1981-83, 3 Bde.). – *Obras completas*. ME 1983. – *Novelas y cuentos*. Hg. J. P. Díaz. CAR 1985 (BiAy). – *Narraciones incompletas*. Madrid 1990.
Literatur: N. Giraldi de Dei Cas, *F. H.: del creador al hombre*. MON 1975. – A. Sicard (Hg.), *F. H. ante la crítica actual*. CAR 1977. – W. Rela, *F. H., bibliografía anotada*. MON 1979. – F. Casarte, *F. H. y la escritura de ›lo otro‹*. Madrid 1981. – R. Echavarren, *El espacio de la verdad. Práctica del texto en F. H.* BA 1981. – R. Bengio Brito, *F. H., el hombre y el narrador*. MON 1981. – W. Rela (Hg.), *F. H.; valoración crítica*. MON 1982. – ESCRITURA, 7 (1982) 13/14 (Sondernr.). – R. Pallares/R. Reyes, *¿Otro F.?* MON 1983. – R. Antúnez, *F. H.: El discurso inundado*. ME 1985. – R. Ferré, *›El acomodador‹: Una lectura fantástica de F. H.* ME 1986. – J. P. Díaz, *El espectáculo imaginario. Juan Carlos Onetti y F. H. ¿una propuesta generacional?* MON 1986. – H. J. Verani, *F. H.: La inquietante extrañeza de lo cotidiano*. ALH, 16 (1987), 127-144.

Herrera y Reissig, Julio

*9.1.1875 in Montevideo, †18.3.1910 ebd. Er entstammte einer Patrizierfamilie. Sein Vater war Bankier, sein Onkel Julio Herrera y Obes wurde 1890 zum Präsidenten der Republik gewählt. Wenige Jahre später hatte die Familie ihr großes Vermögen und ihren politischen Einfluß eingebüßt, und der junge H. y R. sah sich gezwungen, als Angestellter zunächst bei einer Handelsfirma, dann bei verschiedenen Behörden seinen Lebensunterhalt zu verdienen. 1899 gründete er die Literaturzeitschrift »La Revista«, deren Erscheinen nach einem knappen Jahr eingestellt wurde. 1902 eröffnete er im Haus seiner Eltern den exklusiven Literatenklub »Torre de los Panoramas« und gründete »La Revista Nueva««. 1905, zur Zeit des Bürgerkriegs, begab er sich das einzige Mal in seinem Leben außer Landes und arbeitete mehrere Monate im Meldeamt von Buenos Aires. Später ersuchte er um ein

Vizekonsulat, das ihm von der ur. Regierung jedoch abgeschlagen wurde. Statt dessen erhielt er, wenige Monate vor seinem durch ein chronisches Herzleiden und wohl auch durch Opiumgenuß herbeigeführten Tod, eine Anstellung an einer öffentlichen Bibliothek.

Als Persönlichkeit und Lyriker hat H. y R. den Modernismus am konsequentesten verkörpert und konkretisiert. Kunst ist für ihn keine Angelegenheit der Minorität mehr, sondern die seines engsten Freundeskreises. Von der Kritik fordert er: »Laßt die Götter in Frieden!« Vor den Mitgliedern seiner »Torre« dekretiert er: »Ego sum imperator«. Größenwahn, dem zweifellos faschistoides Sendungsbewußtsein fremd ist, wird hier zur theatralischen Geste eines Exzentrikers und für die Gesellschaft, in Verbindung mit seiner Exklusivität, zur unverzeihlichen Provokation. Davon wurde lange Zeit der Streit um seine Bedeutung beeinflußt. Einige Kritiker sahen in ihm den größten hispanoam. Dichter seiner Zeit neben R. ↑Darío; andere lehnten einen Teil seiner Lyrik als abstrus, pseudometaphysisch oder verschnörkelt ab und ließen höchstens den idyllisch eklogischen Teil gelten, zu dem die Gedichte von *Ciles alucinada* (1903), *Los éxtasis de la montaña* (1904-07), *Sonetos vascos* (1906) und die zweite Serie von *Los parques abandonados* (1908, I: 1901) gehören. Im Vergleich mit Darío fehlen H. y R. Vitalität und menschliche Größe, im Vergleich mit L. ↑Lugones die intellektuelle Schärfe. Seine Stärke liegt im verbalen Raffinement, im Gespür für sprachliche Originalität und in einer seit Góngora in span. Dichtung unerreichten Fülle und Kühnheit der Metaphorik, mit der er vielfach die Grenzen der Logik überschreitet und in Bereiche unbewußter oder traumbildhafter Assoziationen vordringt. Diese Erweiterung des sprachlichen Horizonts läßt ihn als Vorläufer der avantgardistischen Tendenzen der 20er Jahre erscheinen. Die krassen Gegensätze seiner Dichtung – Trivialität und Ekstase, gekünstelte Eleganz und Schönheit, Bildungsgüter und Traumerlebnisse – sind ebenso zeitbedingt modisch wie authentischer Ausdruck seiner von einer unheilbaren Krankheit beschatteten, zwiespältigen Persönlichkeit.

Ausgaben (Auswahl): *Obras completas.* MON 1910-13, 5 Bde. – *Poesías completas y páginas en prosa.* Hg. R. Bula Píriz. Madrid [2]1961. – *Poesías completas y prosa selecta.* Hg. I. Vilariño, A. Migdal. CAR 1978 (BiAy).

Literatur: S. de Collazo, *Vida y obra de J. H. y R.* MON 1975. – R. Blengio Brito, *H. y R.: del romanticismo al avanguardia.* MON 1978. – A. Seluja Cecín, *J. H. y R.: vida y obra.* MON 1984. – A. Trigo Ehlers, *Una página sociológica de J. H. y R.* CRIH, 7 (1985), 2, 149-157. – A. W. Phillips, *Cuatro poetas hispanoamericanos entre el modernismo y la vanguardia.* RI, 55 (1989), 146/147, 427-450. – E. Espina, *J. H. y R. y la no-integrable modernidad de ›La torre de las esfinges‹.* RI, 55 (1989), 146/147, 451-456.

Hidalgo, Bartolomé

*24.8.1788 in Montevideo, †20.11. 1822 in Morón (Arg.). Er stammte aus bescheidenen Verhältnissen und war in seiner Jugend Ladenangestellter, nach anderer Version Friseur. 1811 schloß er sich den revolutionären Truppen Artigas' an und hatte während der nächsten Kriegsjahre höhere militärische und politische Funktionen inne. Seit 1818 lebte er in Argentinien.

H. ist der Initiator der gauchesken Dichtung in Argentinien und Uruguay. Mit seinen auf Flugblättern verbreiteten *Cielitos* und *Diálogos patrióticos* schuf er sprachlich und formal die Grundmuster für die Dichtungen H. ↑Ascasubis, J. ↑Hernández', A. D. ↑Lussichs u. a. Bei den *Cielitos* handelt es sich um die Umsetzung einer älteren Liedform in Spottlieder politischen Inhalts. Die ersten *Cielitos* H.s entstanden 1812 bei der Belagerung des von königstreuen Truppen gehaltenen Montevideo. Die originellste Leistung stellen indes H.s drei *Diálogos* (*Diálogo*, *Nuevo Diálogo*, *Relación*) dar, die ab 1818 entstanden. In ihnen kommentieren zwei Gauchos im – stilisierten – Dialekt der Landbevölkerung mit seinen farbigen Redewendungen und Sprichwörtern das politische Geschehen. Gegenüber der noch vorherrschenden klassizistischen Rhetorik, auf die H. auch in einigen Kompositionen zurückgreift, sticht die ungezwungene Lebendigkeit der im traditionellen Romanzenvers geschriebenen *Diálogos* besonders hervor. Teilweise erschienen H.s Dichtungen erstmals in der Anthologie »La lira argentina« (BA 1824). Eine erste Gesamtausgabe wurde von M. Leguizamón u.d.T. *El primer poeta criollo del Río de la Plata* (BA 1917) herausgegeben.

Weitere Werke: Theater: *Sentimiento de un patriota* (1816).
Ausgaben: *Vida y obras de B.H.* Hg. N. Fusco Sansone. BA 1952. – *Cielitos y diálogos patrióticos*. Hg. H.J. Becco. BA 1963, ²1969. – *Obra completa*. Hg. W. Rela. MON 1979. – *Obra completa*. Hg. A. Praderio. MON 1986.
Literatur: A. Rama, *Los gauchipolíticos rioplatenses*. BA 1976, 55-72.

Ibáñez, Sara de
* 1.1.1909 in Chamberlain/Tacuarembó, † 14.4.1971 in Montevideo. Ihr Mädchenname ist S. Iglesias Casadei. 1928 heiratete sie den Dichter Roberto Ibáñez (1907-78). 1945 wurde sie zur Professorin für Literatur ernannt.
Ihre erste Gedichtsammlung *Canto* (1940) erschien mit einem Prolog von P. ↑Neruda. Insgesamt veröffentlichte sie acht Gedichtbände, die in gleicher Weise wie *Canto* eine schwebende Leichtigkeit, »eine Atmosphäre beflügelter Luft«, wie Neruda schrieb, zum Ausdruck bringen und sich zugleich durch Formstrenge, einen außerordentlichen lexikalischen Reichtum und die Kühnheit der Metaphernbildung auszeichnen. Für S. de I. blieb Poesie, auch als sich die Leserschaft politisierte, nach eigener Aussage »eine Beschäftigung mit dem Mysterium«. Nur gelegentlich, so in der Sektion »Intemperie« aus *Las estaciones y otros poemas* (1957) und *Apocalipsis XX* (1970) dringt äußere Realität in ihren hermetischen Kosmos ein.

Weitere Werke: *Canto a Montevideo* (1941), *Hora ciega* (1943), *Pastoral* (1948), *Artigas* (1952), *La batalla* (1967), *Canto póstumo* (1973).
Literatur: *Homenaje a S. de I.* MON: Fundación de Cultura Universitaria 1971. – C.R. Perricone, *A Bibliographic Approach to the Study of Latin American Women Poets*. H, 71 (1988), 2, 282.

Ibarbourou, Juana de
* 8.3.1895 in Melo, † 15.7.1979 in Montevideo. Sie entstammte einer wohlhabenden Familie, die mütterlicherseits zur ur. Oligarchie gehörte. Ihr Taufname ist Juana Fernández Morales. Sie besuchte zunächst eine Klosterschule, dann ein staatliches Gymnasium, heiratete 1915 den Hauptmann Lucas Ibarbourou und bekam 1917 ihr einziges Kind. Ein Jahr später ließ sie sich in Montevideo nieder, das sie fast nie verlassen hat. Für ihr lyrisches Werk erhielt sie 1929 den Ehrentitel »Juana de América« und in der Folgezeit wurden ihr von vielen lateinam. Staaten, 1946 von der Regierung Belgiens höchste Auszeichnungen zugesprochen.
Mit Begeisterung wurde ihr erster Gedichtband *Las lenguas de diamante* (1919) aufgenommen, der manchen Kritikern bis heute als ihr bestes Werk

gilt, obwohl sich zumindest noch *Raíz salvaje* (1922) durch eine gleiche Spontaneität auszeichnet. Sprachlich sind die Gedichte der ersten Phase für die damalige Zeit von erstaunlicher Einfachheit, und allein ihre Musikalität – von einigen griech. Götternamen abgesehen – erinnert an den Modernismus. Mit bezaubernder Selbstgefälligkeit bietet I. das Bild einer sinnlichen Frau. Anders als D. ↑Agustini wirkt sie jedoch weder provokant, noch sucht sie zur Erkenntnis eines tragischen Mysteriums vorzudringen. Erotik, wie I. sie empfindet, ist unbeschwert, fröhlich. In Äpfel zu beißen, duftende Pinien zu umarmen oder den Geliebten zu küssen, wie es ungefähr in dem Gedicht »La inquietud fugaz« heißt, sind für sie gleichermaßen beglückende und »ruhelos« gesuchte Erlebnisse. Der Tod wird der Vitalität untergeordnet (»Charon, auf deiner Fähre werde ich dir ein Ärgernis sein, | während andere Schatten jammern, beten und weinen«), die Liebe zum Blumenarrangement oder zur Berührung jugendfrischer Oberflächen entmystifiziert. Damit erhält jede Art von Sinnengenuß ästhetischen Rang und in dieser Ästhetisierung des Flüchtigen und Alltäglichen liegt I.s poetische Originalität und Größe. Unschwer läßt sich erraten, wer ihr den Vorwurf machte, ein allzu blumiges Weltbild vorzugaukeln und Weiblichkeit unverhüllt problemlos zu präsentieren. In *La rosa de los vientos* (1930) behält sie ihre dionysische Thematik bei, aber die Sprache ist reflektierter, Vokabular und Metaphorik berücksichtigen die Welt der modernen Technik. Im Spätwerk, ab *Perdida* (1950), gewinnt ihre Ausdrucksweise, angeregt vom Surrealismus, eine neue Dimension von Mehrdeutigkeit. Zwar dominieren Stimmungen von gelassener Trauer und religiöser Einkehr, manchmal jedoch kommt es zu einem vitalen Aufschrei aus der Verzweiflung des Alterns: »Der Durst lauert in meiner Kehle, | mein ganzes Sein hat Hunger, Hunger, Hunger.«

Weitere Werke: Lyrik: *Azor* (1953), *Romances del destino* (1955), *La pasajera* (1967). Lyrische Prosa: *El cántaro fresco* (1920), *Los loores de Nuestra Señora* (1934), *Estampas de la Biblia* (1934), *Chico-Carlo* (1944), *Juan Soldado* (1971); Theater für Kinder: *Los sueños de Natacha* (1945).

Ausgaben: *Obras completas*. Hg. D. Russell. Madrid ³1968. – *Los mejores poemas*. Pról. A. Rama. MON 1968. – *Antología de poemas y prosas*. Hg. A. S. Visca/J. C. Da Rosa. MON 1980.

Literatur: G. Figueira, *Las relaciones literarias y amistosas entre Gabriela Mistral y J. de I.* RIB, 25 (1975), 1, 13-23. – J. Arbeleche, *J. de I.* MON 1978. – J. O. Pickenhayn, *Vida y obra de J. de I.* BA 1980. – E. Feliciano Mendoza, *J. de I., oficio de poesía*. Río Piedras 1981 (?). – I. Sesto Gilardoni, *J. de I.* MON 1981. – J. Dutra Vieyto, *Aproximación a J. de I.* MON 1983. – S. Puentes de Oyenard, *J. de I.* MON 1988.

Ibargoyen Islas, Saúl

* 1930 in Salto. Journalist, lebte 1973-84 im Exil in Mexiko, wo er u. a. als Subdirektor der Zeitschrift »Plural« und Herausgeber mehrerer Lyrikanthologien tätig war. Er ist, nach Meinung A. ↑Ramas, einer der wichtigsten Lyriker seiner »Generation der Krise«. Auf seinen ersten Gedichtband *El pájaro en el pantano* (1953) folgte fast jedes Jahr ein weiterer. Die Sammlung *Palabra por palabra* (ME 1979), die Gedichte von 1956 bis 1973 enthält, bietet Überblick über ein poetisches Schaffen, das sich der Aufgabe stellt, »diskret zu sagen, | was die anderen verschweigen«. Die Gedichte erhellen die gesellschaftliche Entwicklung Uruguays vor allem auf der Ebene der Wahrnehmung von Veränderungen und Verlusten im Alltag der Großstadt. I. I.' Sozialkritik ist schärfer in den im Grenzbereich zu Brasilien angesiedelten Erzählungen *Fronteras de Joaquim*

Coluna (1975) und dem Roman *La sangre interminable* (1981), der gleichfalls dort spielt und die besondere Sprachmischung der Bevölkerung aufgreift. Mexiko ist das Szenarium der Erzählungen *¿Quién manda aquí?* (1986).

Weitere Werke: Lyrik (ab 1973): *Patria perdida* (1973), *Poemas de la extranjera* (1977), *Nuevo octubre* (1978), *Exilios* (1978, 1986), *Poemas con amor* (1979), *Catálogo* (1979), *El sonido del tiempo* (1981), *Erótica mía, escribiré en tu espalda* (1982), *Historia de sombras* (1983), *Epigramas a Valeria* (1984).
Literatur: E. Zeitz, *Tres escritores uruguayos en el exilio*. CHASQUI, 9 (1979), 1, 79-101. – J.M. Marcos, *Nueva narrativa latinoamericana: una escritura postborgiana*. CHASQUI, 13 (1983), 1, 69-75. – H. Giovanetti Viola, *Las fronteras de S.I.* PLURAL, 222 (1990), 66-70.

Lago, Sylvia
* 1932 in Montevideo. Sie unterrichtete Literaturgeschichte an höheren Schulen. Während der Militärdiktatur, ab 1973, hatte sie Berufsverbot. Seit 1985 ist sie Professorin für hispanoam. Literatur und Mitarbeiterin der Zeitschrift »Brecha«.
Ihre ersten Publikationen, die Kurzromane *Trajano* (1962) und *Tan solos en el balneario* (1962) fanden wenig Beachtung. Der letztere ist eine betont neutrale, fast farblose Schilderung von Frustrationen und Ziellosigkeit, lokalisiert in einem Armenviertel von Montevideo und einem modischen Badeort. Um so mehr überraschten die satirische Schärfe ihrer Erzählung »Días dorados de la señora Pieldediamante« (in dem Sammelband »La mitad del amor«, Montevideo 1966) und besonders die in der ur. Literatur selten oder nie vorgekommene Mißachtung von sexuellen Tabuzonen. In einer Art von innerem Monolog resümiert die Frau eines reichen Unternehmers die Geschichte ihrer Ehe, Liebhaber, Abtreibungen und Selbstzerstörung. Abgesehen von der unerbittlichen Kritik an gesellschaftlicher Heuchelei und männlichem Sexualverhalten, liegt die Originalität der Erzählung in der erfindungsreichen Sprache und der grotesken mythologischen Verfremdung, eine Überlagerungstechnik, die L. häufiger verwendet. Auch in ihren weiteren Werken, von denen die Erzählungsbände *Detrás del rojo* (1967) und *Las flores conjuradas* (1971) hervorzuheben sind, wird brillant und sarkastisch das Rollenverhalten der Geschlechter seziert, wobei L.s Blick jedoch auch auf den politischen Kontext fällt.

Weitere Werke: Roman: *La última razón* (1968); Erzählungen: *El corazón de la noche* (1987).

Larreta, Antonio
* 1922 in Montevideo. Er war ab 1946 als Schauspieler und Dramaturg sowie als Theaterkritiker für »El País« und »Marcha« (1963-66) tätig. Seit 1972 lebt er in Spanien als Drehbuchautor für Film und Fernsehen.
L.s literarisches Werk umfaßt vor allem Theaterstücke sozialkritischen Gehalts, von denen besonders *Juan Palmieri* (1973, ausgez. mit dem Preis der Casa de las Américas) breite Anerkennung fand. Das in »10 Konversationen und ein Zwischenspiel« gegliederte Werk registriert im Verhalten der Personen die Veränderungen des politischen und sozialen Klimas in Uruguay zwischen 1967 und 1971. Die Hauptfigur ist die Mutter eines Tupamaro, eine zunächst typische Vertreterin des Mittelstandes, die in zunehmendem Maße revolutionäres Bewußtsein gewinnt. L.s erster und bisher einziger Roman *Volavérunt* (1980) rekonstruiert in einer geschickten Verschachtelung verschiedener Dokumente und einer spannungsreichen Mischung von Fiktion und historischen Fakten die In-

trigen am span. Königshof zur Zeit Goyas.

Weitere Werke: Theater: *Una familia feliz* (UA 1948), *La sonrisa* (UA 1950), *Oficio de tinieblas* (1954).

Lussich, Antonio D[ionisio]

*23.3.1848 in Montevideo, †5.6. 1928 ebd. L., dessen Vater aus Österreich stammte, schloß sich 1870 den revolutionären Truppen von Timoteo Aparicio, dem Caudillo der Blancos, an und nahm an allen Gefechten teil bis zum Friedensschluß der Bürgerkriegsparteien vom April 1872. Danach übernahm er das von seinem Vater gegründete Unternehmen für Küstenschiffahrt und Seerettung. Später widmete er sich der Aufforstung eines großen Gebiets bei Maldonado.

L. ist Autor von drei gauchesken Versepen, die eine außerordentliche Verbreitung fanden. So erreichte das erste von ihnen, *Los tres gauchos orientales* (1872), bis 1883 eine Auflagenhöhe von 16000 Exemplaren. Der Bürgerkrieg 1870-72, in dem sich die ur. Landbevölkerung noch einmal gegen die Auswirkungen und Handlanger eines Wirtschaftssystems zur Wehr setzte, das sie zu Opfern der Interessen des Auslandskapitals und der Handelsbourgeoisie machte, bildet den Hintergrund von *Los tres gauchos orientales*. Der eigentliche Gegenstand der größtenteils in Dezimen verfaßten Dichtung sind die Selbstdarstellung und Sprechweise der drei Gauchos, die Geschehnisse, Personen, Leiden und Heldentaten des für die Revolutionäre ergebnislosen Krieges kommentieren. J. ↑Hernández, der mit L. befreundet war, empfing möglicherweise von dessen Epos Anregungen für die Abfassung seines *Martín Fierro*, die gerade die eklatanten Unterschiede der beiden Werke belegen können. Seinerseits bezieht sich L. in der Fortsetzung *El matrero Luciano Santos* (1873) sehr deutlich auf J. Hernández. Der sich erst in der zweiten Hälfte zu den anderen Gauchos gesellende Luciano Santos ist – wie Martín Fierro – heroisches Opfer staatlicher Willkür. L.s drittes Epos *Cantalicio Quirós y Miterio Castro en un baile del Club Uruguay* (1883) enthält den verschmitzt satirischen Bericht des Gauchos M. Castro von einem Ball der höheren Gesellschaft. L. hat außerdem einige Berichte über Schiffsunglücke verfaßt, u.a. *Naufragios célebres en el Cabo Polonio [...]* (1893).

Ausgabe: *Los tres gauchos orientales y otras poesías*. Vorw. M. Falção Espalter. MON 1937. (Weitere Ausgaben 1964, 1972; Faksimile 1973).
Literatur: E. Sansone de Martínez, *La imagen en la poesía gauchesca*. MON 1962. – *Homenaje a L.* MON 1973. – F. Aínsa, *Los símbolos ›naturalizados‹ de ›Los tres gauchos orientales‹*. RI, 40 (1974), 87/8, 409-432. – F. Aínsa, *Tiempo reconquistado*. MON 1977. – E. Villegas Suárez, *El Quijote de bosque y del mar, A.D.L.* MON 1979 (?) – B. Brant Bynum, *The Evolution of ›Los tres gauchos orientales‹*. HISP, 92 (1988), 67-75.

Maggi, Carlos

*1922 in Montevideo. Er ist der erfolgreichste Dramatiker Uruguays und zugleich einer der bekanntesten Humoristen. Als Bestseller erwiesen sich alle Sammlungen seiner zunächst in der Zeitschrift »Marcha« erschienen humoristischen Artikel, *El Uruguay y su gente* (1963), *Cuentos de humoramor* (1967) u.a. Sein Schaffen als Dramatiker setzt ein mit *La trastienda* (UA 1958, 1961) und *La biblioteca* (UA 1959, 1961), eine makabre Satire auf die Bürokratie. Beide Stücke stehen in der Tradition des Rioplatenser »Grotesco«, vor allem A. ↑Discépolos. In einer gelegentlich ins Absurde umschlagenden, mehrere Jahre umfassenden Handlung ist *La trastienda* zugleich kleinbürgerliches (Un)Sittenbild sowie farcenhafte Ironisierung der Kapitalakkumulation. Auch sonst versteht es M., bekannte Probleme aus unbekannten Blickwinkeln zu beleuchten oder tragisches Geschehen hinter einer Mischung aus Ironie, Alltag und Fantasie zu verbergen. M. hat unentwegt neue Techniken erprobt, mit einigen Experimenten auch gelegentlich sein Publikum konsterniert, zumeist jedoch Stücke geschaffen, die wegen ihrer spritzigen Dialogführung und strengen Komposition nach wie vor bühnenwirksam sind. (1985 und 1986 wurden zwei seiner schon in den 60er Jahren aufgeführten Stücke, *Frutos* und *El patio de la torcaza*, prämiert.) Als M.s bedeutendste Dramen gelten *La noche de los ángeles inciertos* (1960), über einen ehemaligen Boxer, und *El apuntador* (1962), ein fantasmagorisch burlesker Einakter über das Leben oder den Tod, dessen Tiefsinn gerade darin liegt, daß diese Thematik durch symbolische Überfrachtung und als sich selbst parodierendes Theater im Theater ironisch hinterfragt wird.

Weitere Werke (Auswahl): Lyrik: *Polvo enamorado* (1951); Theater: *Un cuervo en la madrugada* (1962), *Mascarada* (1962), *Esperando a Rodó* (1968), *Las llamadas* (1968); Erzählungen, humorist. und sonstige Prosa: *Gardel, Onetti y algo más* (1964), *Invención de Montevideo* (1968), *El libro de Jorge* (1976), *El libro del buen humor* (1985), *Los militares, la televisión y otras razones de uso interno* (1986).

Literatur: L. H. Quackenbush, *Theatre of the Absurd, Reality, and C. M.* JSSTC, 3 (1975), 1, 61-72. – J. Cordones-Cook, *Entrevista a C. M.* LATR (1987), 20/2, 107-112.

Martínez Moreno, Carlos

* 1.9.1917 in Colonia del Sacramento, † Februar 1986 in Mexiko Stadt. Er studierte Jura ab 1936 und war gleichzeitig Theaterkritiker bei der Zeitung »El País«, bis er 1942 in die Redaktion der Zeitschrift »Marcha« eintrat, für die er ununterbrochen bis zum Verbot, 1974, Rezensionen und politische Kommentare schrieb. 1949 wurde er zum straf- und zivilrechtlichen Offizialverteidiger ernannt. Von den 60er Jahren an war er Präsident verschiedener Verbände sowie der Kommission für Menschenrechte. Ein Bombenattentat zerstörte 1972 seine Wohnung. 1975 ging er ins Exil nach Spanien, 1980 nach Mexiko, wo er eine Professur an der UNAM bekleidete.

M. M. hat Erzählungen und Romane veröffentlicht. Ihre hervorstechenden Merkmale sind die ausgefeilte, differenzierte sprachliche Gestaltung und die analytische Schärfe, mit der Hintergründe und Zusammenhänge der fiktiven Gestalten und ihrer Welt aufgedeckt oder hinterfragt werden. In seinen frühen Erzählungen, die bereits ab 1944 in ur. Zeitschriften erschienen und in dem Band *Los días por vivir* (1960) zusammengefaßt wurden, sowie in dem Kurzroman *Cordelia* (1961) konzentriert sich die Thematik auf verkrachte Beziehungen und sonstige Frustrationen von Personen, die weder sich selbst noch ihre Umwelt verstehen können. Oft unterstreicht ein sarkastischer Humor die Dummheit, die zu Verstrickung oder Zerstörung führt. Die allegorische Titelgeschichte des Bandes *Los aborígenes* (1964) kennzeichnet den Beginn einer neuen Etappe im Schaffen M. M.s in der Zuwendung zur politischen Entwicklung und aktuellen Situation seines Landes. Vor dem Hintergrund der kub. Revolution werden in dem Roman *El paredón* (1963) Uruguays gesellschaftlicher Immobilismus, die Realitätsferne seiner Institutionen und die Scheinhaftigkeit einer friedlichen Ordnung bürgerlich-demokratischen Gepräges sichtbar gemacht. Der nächste Roman *Con las primeras luces* (1966) ist die Chronik des Verfalls einer patrizischen Familie. Im inneren

Monolog der an einem Gartenzaun tödlich verletzten Hauptperson wird ein System neurotisch gestörter Beziehungen freigelegt, das in völligem Gegensatz zur Fassade familiärer Harmonie und Ehrbarkeit steht. *Tierra en la boca* (1974) ist eine auch in metaphysische Bereiche vordringende Analyse des Verhaltens und der Lebensumstände von Gestalten aus dem Milieu des marginalisierten Verbrechens, in dem ebenfalls der Roman *Coca* (1970) spielt. M. M.s letzter Roman *El color que el infierno me escondiera* (1981) behandelt das Klima des Terrors in Uruguay und entlarvt die Rolle der US-Regierung im Zusammenhang mit der bereits vor dem Putsch von 1973 einsetzenden Repression.

Weitere Werke: Romane: *La otra mitad* (1966); Erzählungen: *La sirena y otros relatos* (1968), *Los prados de la conciencia* (1968), *Las bebidas azules* (1969), *De vida o muerte* (1971), *Animal de palabras* (1987); Chroniken, Essays: *Memorias de un viaje breve* (1963), *Montevideo en la literatura y en el arte* (1971), *Los días que vivimos* (1973).

Literatur: F. Ainsa Amigues, *Las ›tensiones‹ de C. M. M.* RI, 37 (1971), 76/77, 677-688. – M. Morello-Frosch, *›Con las primeras luces‹ de M. M.: La decadencia sin historia.* RCLL, 4 (1978), 7/8, 153-163. – N. G. Orthmann, *Bibliografía de y sobre C. M. M.* CHASQUI, 15 (1985), 1, 25-43. – N. Erro Orthmann, *Entrevista con C. M. M.* HISPA, 15 (1986), 45, 61-79.

Morosoli, Juan José

*19.1.1899 in Minas/Lavalleja, †29.12.1957 ebd. Nach kurzem Grundschulbesuch, bis 1909, mußte er arbeiten und war nacheinander Laufbursche, Kohlenverkäufer, Kellner, Wirt und ab 1923 bis zum Lebensende Inhaber einer Gemischtwarenhandlung. Daneben arbeitete er seit den 20er Jahren als Journalist, zunächst für regionale Zeitungen unter dem Pseudonym »Pepe«, danach auch für die Literaturbeilagen von »El Día«, »Marcha«, »Mundo Uruguayo« u. a. Postum wurde ihm 1959 der Nationale Literaturpreis zuerkannt.

M. hatte zunächst Gedichte veröffentlicht und in Zusammenarbeit mit Julio Casas Araújo einige Theaterstücke geschrieben, bis er sich mit dem Erzählungsband *Hombres* (1932, erw. Auflage 1942) neben E. ↑Amorim und F. ↑Espínola als einer der wichtigsten Autoren mit dem thematischen Schwerpunkt der ländlichen Alltags- und Arbeitswelt profilierte. Die besondere Tonalität seiner Erzählungen ergibt sich aus der Angleichung von dargestellter Welt und Darstellungsweise. In ihrer lapidaren Prägnanz, die noch durch Aussparungen verbindender Handlungselemente oder Erklärungen unterstrichen wird, entfaltet M. ein menschliches Panorama, das durch die dünn besiedelten, baumlosen Einöden im ur. Norden geprägt ist. Aber nicht die sozioökonomischen Faktoren bilden M.s Material, sondern eine Vielzahl von Individuen mit ihren oft abenteuerlichen Lebensläufen oder auch – besonders bei seinen weiblichen Gestalten – bitteren Frustrationen. M. läßt diese Personen reden – oder zumeist schweigen – und handeln, ohne als Erzähler sichtbar zu werden. Auch die lyrischen und humoristischen Elemente seiner Sprache ergeben sich scheinbar spontan aus der Lebensart und dem Charakter seiner Gestalten. Eins seiner besten Werke ist der Erzählband *Los albañiles de ›Los Tapes‹* (1936), von dem J. C. ↑Onetti 1957 schrieb: »Dieses Buch bleibt weiter ein Ereignis in unserer Literatur, es vermittelt den Eindruck von etwas, das in Stein gehauen ist, von Dingen, die für immer geschrieben worden sind.« Die Titelerzählung, eher ein Kurzroman, schildert ohne dramatische Akzente, dennoch in einer eigenartig bedrohlichen Spannung, wie zwei befreundete

Maurer, zu denen dann noch zwei Wanderarbeiter aus Italien stoßen, einen abgelegenen Friedhof ausbauen. Die Spannung erwächst aus der bedrückend unwirtlichen Landschaft und der Unfähigkeit der Personen, ihre Gefühle auszusprechen. M. hat einen weiteren Roman *Muchachos* (1950) veröffentlicht, der weniger durch eine Handlung als durch Kontraste und Analogien der Erfahrungen von Jugendlichen zusammengehalten wird.

Weitere Werke: Erzählungen: *Hombres y mujeres* (1944), *Vivientes* (1953), *Tierra y tiempo* (1959), *El viaje hacia el mar* (1962), *Cuentos escogidos* (1964); Erzählungen für Kinder: *Perico* (1945), *Tres niños, dos hombres y un perro* (1967); Lyrik: *Balbuceos* (1925, in dem Gemeinschaftsband *Bajo la misma sombra*), *Los juegos* (1928); Essays: *La soledad y la creación literaria* (1971).

Literatur: A. S. Visca, *Tres narradores uruguayos: Reyles, Viana, M.* MON 1962. – A. Felipe, *J. J. M.* MON 1981.

Onetti, Juan Carlos

* 1.7.1909 in Montevideo, † 30.5.1994 in Madrid. Vorzeitig verläßt er das Gymnasium und arbeitet u.a. als Portier, Kellner, Verkäufer. 1930 heiratet er eine Kusine, zieht nach Buenos Aires, kehrt 1934 nach Montevideo zurück und geht eine zweite Ehe mit einer anderen Kusine ein. 1939 wird er Redaktionssekretär der gerade gegründeten Zeitschrift »Marcha«, in der er unter den Pseudonymen »Periquito el Aguador« eine wöchentliche Feuilletonkolumne und als »Grucho Marx« humoristische Artikel veröffentlicht. 1941-55 arbeitet er als Journalist und Übersetzer wieder in Buenos Aires. 1945 weitere Eheschließung; seit 1955 ist er mit der Geigerin Dolly Muhr verheiratet. 1957 wird er Direktor der Städtischen Bibliotheken von Montevideo und der Comedia Nacional. 1962 (1985 noch einmal) erhält er den ur. Nationalpreis für Literatur. 1974 wird er als Jurymitglied von »Marcha« aufgrund der Prämierung einer als subversiv angesehenen Erzählung (von Nelson Marra) fast ein Jahr lang inhaftiert. Seit 1975 lebt er in Madrid. 1980 erhielt er den Cervantes-Preis.

O.s Anerkennung als einer der größten Prosaautoren Lateinamerikas setzt erst in der Mitte der 60er Jahre ein, als bereits ein beträchtlicher Teil seines Œuvres veröffentlicht – wenn auch unverkauft – vorliegt. Von einigen ab 1933 entstandenen Erzählungen abgesehen, bedeutet der Kurzroman *El pozo* (1939; dt. *Der Schacht*, 1989) den Beginn oder ersten Versuch der Schöpfung eines eigenständigen literarischen Kosmos. Das Werk beschreibt eine vage, bruchstückhafte Lebensgeschichte bzw. Selbstbefragung des Ich-Erzählers, der einen Tag vor seinem vierzigsten Geburtstag, »allein und im Dreck, eingeschlossen in dem Zimmer«, ohne Trauer, eher neugierig zurückblickt. Manche Elemente – das notwendige Scheitern von Liebesbeziehungen, der scharfe Blick auf Elend, Gewalt und Verwahrlosung, der Kontrapunkt von Traum und Wirklichkeit – deuten das inhaltliche Spektrum der weiteren Werke an. Auch sprachlich sind wesentliche Merkmale bereits ausgeprägt: erstaunliche Nuancierungen, scharfsinniges Auswägen, durch Ambivalenz erzeugte Plastizität, versteckte sarkastische Ironie, suggestive Unverbundenheit. Vor allem wird in *El pozo* O.s Literaturverständnis als konzessionslose Suche, als Eintauchen in das Dunkel der menschlichen Existenz sichtbar. *Tierra de nadie* (1941), der nächste, wesentlich umfangreichere, ähnlich fragmentarisch zersplitterte Roman läßt als Schauplatz Buenos Aires erkennen. Die Leitmotive Schmutz, schuldhafte Besudelung und Tod verbinden die Schicksale und Gesprächsinhalte verschiedener Künstler und Intellektueller samt ihrer wechselnden

Geliebten. *Para esta noche* (1943) bezieht sich auf Spanien am Ende des Bürgerkriegs, obwohl konkrete Referenzen fehlen. Die Verfolgung und Ermordung eines Widerstandskämpfers zusammen mit seiner jugendlichen Geliebten bestätigen das Konzept des Lebens als tödliche Falle. Die konkrete Gestaltung eines eigenen fiktiven Universums setzt ein mit *La vida breve* (1950, dt. *Das kurze Leben*, 1978). Der Roman entwickelt sich in drei Handlungssträngen, die von einer vorgeblich vorhandenen Realität in eine als Fiktion kenntlich gemachte, ähnlich brüchige Realität einmünden. Brausen, kleiner Angestellter einer Werbeagentur, erfindet den Landarzt Díaz Grey als Hauptperson eines Filmdrehbuchs. Zugleich übernimmt Brausen, angeregt durch seine Wohnungsnachbarin, die Prostituierte Queca, allmählich die Rolle ihres Zuhälters Arce. Im zweiten Teil ist Brausen in der Identität mit Arce aufgegangen und hat sich Díaz Grey von seinem Schöpfer emanzipiert. Zunehmend nähern sich die Schicksale beider Gestalten, bis sie schließlich gleichzeitig am Karneval in Santa María teilnehmen. Diese imaginäre Stadt ist der Schauplatz weiterer Romane. *Juntacadáveres* (1964; dt. *Leichensammler*, 1986) schildert mit hintergründigem Humor den Aufbau, das kurze Florieren und schließliche Scheitern eines Bordellbetriebs. Eine der wichtigsten Parallelhandlungen ist die Liebesbeziehung des jungen Jorge Malabia zu seiner verwitweten Schwägerin Julita. Der Wahnsinn Julitas als oppositionelles Prinzip zur Heuchelei der Einwohner läßt sich übertragen auf die Antagonisten der Haupthandlung, den Zuhälter Larsen alias Juntacadáveres und den Ortspfarrer Bergner. Der gealterte Larsen ist auch die Hauptfigur von *El astillero* (1961; dt. *Die Werft*, 1976). Mit außerordentlicher Intensität wird hier eine tragische Grundstimmung von unaufhaltsamem Verfall und Vergeblichkeit entfaltet. Larsens letzter Versuch eines sozialen Aufstiegs erweist sich gleich zu Beginn als hoffnungslos. Die Werft, deren Leitung er übernimmt, ist eine verschuldete Ruine voller Schrott. Zugleich bleibt Angélica-Inés, die Tochter des Werftbesitzers, aufgrund ihres Wahnsinns für ihn unerreichbar. Santa María ist auch Schauplatz verschiedener Erzählungen, u.a. von *El infierno tan temido* (1957, 1962 als Titelgeschichte eines Erzählbandes; dt. in *So traurig wie sie*, 1981), der Geschichte einer erotisch-obszönen Rache aus verletzter Liebe, und des Kurzromans *Una tumba sin nombre* (1959, ab der zweiten Auflage *Para una tumba sin nombre*; dt. *Für ein namenloses Grab*, 1982, dann *Grab einer Namenlosen*, 1987), einer virtuosen Verschachtelung verschiedener Fiktionsebenen um den Handlungskern einer von einem Ziegenbock begleiteten bettelnden Prostituierten. O.s bisher letzter umfangreicher Roman *Dejemos hablar al viento* (1979; dt. *Lassen wir den Wind sprechen*, 1986) bringt kaleidoskopartig verschiedene Figuren und Elemente der vorausgegangenen Werke in eine neue Ordnung und setzt diese Werke gewissermaßen als Weltersatz voraus. Das Handlungsgewebe ist betont zufällig, wie auch die Maßstäbe für das Glück oder das Gute konsequent in Frage gestellt werden. Medina, ehemals Kommissar von Santa María, lebt auf der anderen Seite des Flusses in der modernen Großstadt Lavanda. Seine Partnerin, gleichzeitig Widersacherin, ist die lasterhafte, emanzipierte, ihm als Persönlichkeit überlegene Frieda, die ihn generös aushält, aber auch die Frauen an sich bindet, mit denen er schlafen möchte. (Ein Entwurf dieser Konstellation ist die Erzählung »Justo el treinta y uno«, 1964). Der zweite Teil verlagert die Handlung nach Santa

María, wobei der Roman Züge einer absurden Kriminalgeschichte gewinnt: der drogenabhängige Sohn, Frieda als die Schuldige und schließlich Medinas Rache an ihr und Santa María, das er in Flammen aufgehen lassen wird. Der Kurzroman *Cuando entonces* (1987; dt. *Magda*, 1989) verzeichnet noch einmal alle bekannten Merkmale: eine fast lyrisch dichte Sprache, Personen, die zumeist gealtert und im Leben gescheitert sind, Prostitution und Pessimismus. Charakteristisch sind auch der Erzähler, der als Gestalt wenig greifbar bleibt und wenig vertrauenswürdig ist, sowie das Thema der Suche um ihrer selbst willen, als Aufgabe und nicht als Ziel. In einer Bierstube in Lavanda erzählt der heruntergekommene Journalist Lamas einem Freund von seiner Liebe zu einer jungen, in ihrem Verhalten geheimnisvollen Prostituierten. Ihr wahrscheinlicher Selbstmord beantwortet die Frage nach der Wahrheit, anders als im Kriminalroman, mit einer neuen Frage.

Weitere Werke: Kurzromane: *Los adioses* (1954; dt. *Die Abschiede*, 1981), *La muerte y la niña* (1973; dt. *Der Tod und das Mädchen*, 1993); Essays und Artikel: *Requiem por Faulkner y otros artículos* (1975).
Ausgaben: *Obras completas*. Pról. de E. Rodríguez Monegal. ME 1970. – *Tan triste como ella y otros cuentos*. Barcelona 1976. – *Presencia y otros cuentos*. Madrid 1986. – *Novelas y relatos*. Hg. H. Verani. CAR 1990 (BiAy).
Literatur: TC, 6 (1980), 18/19 (Sondernr.). – A.M. Alvarado, *Función del prostíbulo en ›Santa‹ y ›Juntacadáveres‹*. HJ, 1 (1980), 57-68. – O. Prego/M.A. Petit, *J. C. O. o la salvación por la escritura*. Madrid 1981. – H.J. Verani, *O.: el ritual de la impostura*. CAR 1981. – J.M. Molina, *La dialéctica de la identidad en la obra de J. C. O.* Frankfurt/M. 1982. – A. Rama, *El narrador ingresa al baile de máscaras de la modernidad*. SLI, 13/14 (1983), 45-61. – J.P. Díaz, *Sobre J. C. O.* SLI, 13/14 (1983), 79-102. – S.M. Boschetto, *El canto de las sirenas: Aproximación al mundo femenino en algunos relatos de J. C. O.* ETL, 12 (1983/4), 2, 3-18. – F. Curiel, *O.: calculado infortunio*. ME ²1984. – M. Millington, *Reading O.: Language, Narrative and the Subject*. Liverpool 1985. – M.C. Milián-Silveira, *El primer O. y sus contextos*. Madrid 1986. – O. Prego, *J. C. O. (perfil de un solitario)*. MON 1986. – H. Verani, *J. C. O.* Madrid 1987. – M. Millington, *No Woman's Land: The Representation of Woman in O.* MLN, 102 (1987), 2, 358-377. – B. Bayce, *Mito y sueño en la narrativa de O.* MON 1987. – R. Cosse (Hg.), *J. C. O., papeles críticos*. MON 1989. – *La obra de J. C. O.* Madrid 1990: (Centre de Recherches Latino-Américaine, Université de Poitiers). – R. Chao, *J. C. O.* Paris 1990. – S. Mattalía, *La figura en el tapiz. Teoría y práctica narrativa en J. C. O.* London 1990. – *J. C. O. Premio ›Miguel de Cervantes‹ 1980*. Barcelona, Madrid 1990.

Pereda Valdés, Ildefonso

* 1899 in Tacuarembó. In Montevideo studierte er Jura bis zum Anwaltsexamen, 1927. Mit dem Lyriker und Essayisten Federico Morador (1896-1977) gründete er 1920 die Zeitschrift »Los Nuevos«, deren Programm der Klarheit und Schlichtheit sich gegen die Ausläufer des Modernismus richtete. 1982 wurde ihm der Nationale Literaturpreis zuerkannt, aber von der Diktatur verweigert. Er erhielt ihn 1985.
P. V. ist vor allem als Lyriker und Ethnologe hervorgetreten. Seine ersten Gedichtbände *La casa iluminada* (1920), *El libro de la colegiala* (1921), *La guitarra de los negros* (1926) und *Raza negra* (1929) sind literaturgeschichtlich bedeutend, da sie den aktuellen Nativismus (F. ↑Silva Valdés u.a.), die Verschmelzung von avantgardistischen und populären Elementen, aufgreifen, aber dieser Schule durch die Zuwendung zur marginalisierten Kultur der Schwarzen in Uruguay einen sozialkritischen Akzent geben. Zugleich weisen diese Werke P. V. im Rahmen ganz Lateinamerikas als einen der ersten Vertreter der »poesía ne-

gra« aus. Wichtiger als sein weiteres literarisches Schaffen sind dann vor allem die Untersuchungen, die er über die von der Forschung selten zur Kenntnis genommene Geschichte und Gegenwart der Schwarzen in den La-Plata-Staaten verfaßt hat.

Weitere Werke (Auswahl): Lyrik: *Toda la poesía negra* (1979), *Siete poemas para Elsa* (1979), *Mozartianas* (1985); Erzählungen: *El sueño de Chaplin* (1930); Roman: *Aventuras de Perico Majada* (1962?); Essays, Untersuchungen: *El negro rioplatense* (1937), *Negros esclavos y negros libres* (1941), *El rancho y otros temas de etnografía y folklore* (1957), *La etnografía y el folklore* (1960), *El negro en el Uruguay. Pasado y presente* (1965), *Magos y curanderos* (1968), *Lo negro y lo mulato en la poesía cubana* (1970), *Introducción a la antropología cultural* (1984).

Peri Rossi, Cristina

* 5.10.1941 in Montevideo. Sie studierte Literaturwissenschaft, war Dozentin an der Universität von Montevideo und gehörte zum Redaktionsrat der Zeitschrift »Marcha«. 1972 ging sie ins Exil nach Spanien. Von der Militärdiktatur wurde ihr die ur. Staatsbürgerschaft aberkannt. Sie lebt in Barcelona, ist freie Mitarbeiterin verschiedener Zeitungen und Übersetzerin, vor allem aus dem Port. 1981 DAAD-Stipendiatin in Berlin.

P. R.s umfangreiches Œuvre von Erzählungen, Lyrik und Romanen hat seit Mitte der 70er Jahre zunehmend internationale Anerkennung gefunden. Ihr erstes Buch *Viviendo* (1963) enthält drei Erzählungen von Frauen, die die Gelegenheit, ihrem Leben einen neuen Sinn zu geben, nicht wahrnehmen. P. R. analysiert diese Existenzen, für die Frustration und Melancholie Lebensinhalt geworden ist, mit psychologischem Scharfsinn und Mitleid. Zugleich wird deutlich, daß es sich nicht um Einzelfälle handelt, sondern ein großer Sektor der ur. Bevölkerung allegorisch repräsentiert wird. Diese Fähigkeit, allegorisches Geschehen zu entwickeln, ohne den Bezug zur Realität aufzugeben, oder auch Realität auf der Ebene von Konventionen oder kollektiven Mythen zu ergründen, ist eine der wesentlichen Charakteristika ihres gesamten narrativen Werkes. In den Erzählbänden *Los museos abandonados* (1969) und *Indicios pánicos* (1970) wird die Situation des staatlich organisierten Terrors, noch bevor sich dieser in der Brutalität der Jahre ab 1972 manifestierte, nahezu visionär erfaßt. In der meisterhaften Erzählung »Los extraños objetos voladores« des erstgenannten, noch in Uruguay prämierten Bandes wird die Bedrohung durch ein braunes Objekt versinnbildlicht, das sich im Raum installiert und die Wirklichkeit immer stärker einschränkt und verändert. Der hellsichtige Pessimismus ist auch in den nachfolgenden, in Spanien entstandenen und publizierten Werken vorhanden. Inhaltlich tritt jetzt vor allem eine Thematik in den Vordergrund, für die die Titelgeschichte des Bandes *El museo de los esfuerzos inútiles* (1983) repräsentativ ist: die Nutz- und Sinnlosigkeit der Existenz und die Schwierigkeit, sie in dieser Form – also nutzlos – zu leben, beispielsweise einen Hund das Sprechen lehren zu wollen oder, in einer anderen Erzählung, lebenslange Liebe zu ertragen. Der erfindungsreiche, spielerische oder auch persiflierende Umgang mit der Sprache oder den sprachlichen Konventionen ist ein weiteres Charakteristikum ihres Werkes. Besonders die Unbefangenheit der Kinder in einigen Erzählungen der Bände *La tarde del dinosaurio* (1976; dt. *Der Abend des Dinosauriers*, 1982) oder *La rebelión de los niños* (1980) entlarvt die repressive Funktion und die Realitätsferne der Sprache der Erwachsenen. In dem Roman *La nave de los locos* (1984; dt. *Iks*, 1988) akkumuliert P. R. die Themenkomplexe ihres gesamten Werkes: das Verhältnis von Bewußtsein und der Welt der Dinge, Kindheit, Exil, Hinterfragung von Autorität, Konventionen usw. Das zentrale Motiv ist die Reise bzw. die Erfahrung des Fremdseins. Sie wird nicht nur von der Hauptfigur Equis verkörpert, sondern auch von allen anderen Personen, mit denen er in Kontakt kommt. Den Kontrapunkt zu dem krisenhaften Zustand eines ständigen Exodus – und auch zu dem fragmentarischen Charakter des Romans – bilden die eingeblendeten Beschreibungen des mittelalterlichen »Schöpfungsteppichs« der Kathedrale von Gerona. P. R.s dritter Roman, *Solitario de amor* (1988; dt. *Einsiedler der Liebe*, 1989), ist die schmerzliche und tiefsinnige Geschichte einer Leidenschaft oder eines Lasters. Der von seiner Liebe zu einer idealisierten Frau verzehrte Protagonist und Erzähler monologisiert in einem manchmal ekstatischen, manchmal subtil analytischen Diskurs über die Unvereinbarkeiten von absolut gesetzter Emotion und Alltag, Heiterkeit oder Gesellschaft.

Weitere Werke: Lyrik: *Evohé* (1971), *Descripción de un naufragio* (1975), *Diáspora* (1976), *Lingüística general* (1979), *Europa después de la lluvia* (1987), *Babel bárbara* (1991); Roman: *El libro de mis primos* (1969); Erzählungen, Sonstiges: *Mona Lisa und der Maler. Prosa und Lyrik* (Auswahl, dt. 1985), *Una pasión prohibida* (1986), *Cosmoagonías* (1988).

Literatur: H. J. Verani, *Una experiencia de límites: La narrativa de C. P. R.* RI, 48 (1982), 118/9, 303-316. – C. Peri Rossi, *Génesis de ›Europa después de la lluvia‹*. SLI, 13/14 (1983), 63-78. – E. Pittarello, *C. P. R.: ›Los extraños objetos voladores‹ o la disfatta del soggetto*. SLI, 13/14 (1983), 259-287. – S. Ragazzoni, *La escritura como identidad: Una entrevista con C. P. R.* SLI, 15/16 (1983), 227-241. – L. Gutmann, *Lateinamerikanische Gegenwartslyrik im Exil: C. P. R.* Diss. Salzburg 1985. – M. Moraña, *›La nave de los locos‹ de C. P. R.* TC, 34/35 (1986), 204-213. – L. Invernizzi, *Entre el tapiz de la expulsión del paraíso y el tapiz de la creación: Múltiples sentidos del viaje a bordo de ›La nave de los locos‹ de C. P. R.* RCHL, 30 (1987), 29-53. – M. Moraña, *Hacia una crítica de la nueva narrativa hispanoamericana: alegoría y realismo en C. P. R.* UA/REH, 21 (1987), 3, 33-48. – L. Guerra Cunningham, *La referencialidad como negación del paraíso: Exilio y excentrismo en ›La nave de los locos‹ de C. P. R.* REHPR, 23 (1989), 2, 63-75. – G. San Román. *Fantastic Political Allegory in the Early Work of C. P. R.* BHS, 92 (1990), 2, 151-164.

Quijano, Carlos

* 1900 in Montevideo, † 1984 in Mexiko Stadt. Er studierte Jura bis zum Anwaltsexamen, 1923, danach Wirtschaft und Politik an der Sorbonne. Ab 1928 war er in der Partei der Blancos aktiv, u. a. kurze Zeit als Abgeordneter, gründete 1929 die antiimperialistische »Agrupación Nacionalista Demócrata Social«, um sich jedoch bald völlig dem Journalismus zu widmen. 1930 gründete er die Zeitung »El Nacional«, 1932 »Acción« und 1939 die Wochenzeitschrift »Marcha«, die bis zu ihrem Verbot, 1974, auch über die Grenzen Uruguays hinaus als vorbildlich angesehen wurde. Der Mitarbeiterstab war – wie schon bei seinen anderen Zeitungen – von Anbeginn außergewöhnlich: u. a. schrieben die politischen Artikel neben Q. der Historiker und Philosoph Arturo Ardao, J. C. ↑Onetti war Redaktionssekretär (wie später E. ↑Galeano) und verantwortlich für die Sektion Literatur (die A. ↑Rama von 1959-68 leitete), F. ↑Espínola für Theater, Lauro Ayestarán für Musik etc. Ab 1948 gab Q. außerdem die »Revista de Economía« heraus, gründete 1970 die Buchreihe »Biblioteca de Marcha« und 1970 die essayistischen »Cuadernos de Marcha«, deren zweite Epoche von ihm im Exil in Mexiko herausgegeben wurde.

Als Essayist und Journalist hat »don Quijano de la Marcha«, wie man ihn nannte, das politische und kulturelle Leben Uruguays über mehr als zwei Generationen hinweg wie kein anderer beeinflußt. Weitsichtig erfaßte er die Probleme seines Landes schon in den 20er Jahren: die imperialistische Bedrohung durch die USA, die gefährdete lateinam. Identität, die Notwendigkeit struktureller ökonomischer Veränderungen, die Scheinhaftigkeit eines politischen Systems, das nicht durch starke Parteien gesichert wurde usw. Zugleich galt für »Marcha« und die anderen von ihm geleiteten Publikationsorgane das Ideal überparteilicher Objektivität, das er 1958 in einem berühmten Leitartikel »A rienda corta« zum Ausdruck brachte, mit dem er seine Karriere in der Partei der Blancos freiwillig beendete. Als Ausgaben der »Cuadernos de Marcha« erschienen 1985 in Montevideo verschiedene Sammlungen seiner Artikel.

Weitere Werke: Essays: *Nicaragua; ensayos sobre el imperialismo de los Estados Unidos* (um 1929), *Evolución del contralor de cambios en el Uruguay* (1944), *El tratado con los Estados Unidos* (1950), *La reforma agraria en el Uruguay* (1963).

Quiroga, Horacio

* 31.12.1878 in El Salto, † 19.2.1937 in Buenos Aires (Selbstmord). Sein Leben erscheint wie eine Verkettung unglücklicher Geschehnisse. Sein Vater, arg. Konsul, starb durch einen Jagdunfall kurze Zeit nach der Geburt des Sohnes. Später nahm sich der zweite Mann seiner Mutter nach einem Gehirnschlag das Leben. Ab 1898 war Q. Herausgeber von »La Revista«, einer Zeitschrift seiner Geburtsstadt. Nach einem kurzen, enttäuschenden Parisaufenthalt gründete er in Montevideo den Dichterclub »Consistorio de Gay Saber«. Aus Versehen erschoß er 1902 einen seiner Freunde, der sich auf ein Duell vorbereitete. 1903 begab er sich als Fotograf mit L. ↑Lugones auf eine Reise in die Urwälder der arg. Provinz Misiones. Jene Landschaft sollte ihn zeitlebens in Bann halten. Zunächst blieb er vier Jahre, die von finanziellen Mißerfolgen beschattet waren. Dann übernahm er in Buenos Aires einen Lehrauftrag. Er heiratete 1909 und ließ sich in dem Urwaldort San Ignacio nieder, wo er als Friedensrichter und Verwaltungsangestellter tätig war. Die Einsamkeit bedrückte seine Frau so sehr, daß sie sich 1915 das Leben nahm. Da es ihm finanziell immer schlechter ging, zog er mit seinen zwei Kindern nach Buenos Aires. 1917 wurde er zum ur. Konsul ernannt. 1927 heiratete er zum zweitenmal und begab sich mit seiner fast 30 Jahre jüngeren Frau noch einmal nach San Ignacio. Wieder scheiterten seine Unternehmungen. Es kam zu ehelichen Unstimmigkeiten, außerdem verschlechterte sich sein gesundheitlicher Zustand. Als er die Gewißheit hatte, unheilbar an Krebs erkrankt zu sein, nahm er eine tödliche Dosis Zyankali.

Q.s erstes Buch ist der von modernistischer Metaphorik und Exotik gezeichnete, seinem Vorbild Lugones gewidmete Gedichtband *Los arrecifes de coral* (1901). Mit seinem nächsten Werk, den Erzählungen *El crimen del otro* (1904), hat er das seinem Können und Temperament angemessene Genre gefunden, dessen Techniken er im Verlauf der folgenden Sammlungen mit immer größerer Virtuosität beherrscht. Zunehmend gewinnen dabei die Erzählungen an innerer Dynamik, während er sich stilistisch an einen nüchternen, kühl berichtenden Realismus hält. In einem »Decálogo del perfecto cuentista« hat er auf Poe, Maupassant, Kipling und Tschechow als Vorbilder für jeden Erzähler hingewiesen. Seine Erzählungen mögen an diesen oder jenen erinnern, aber literarische Abhängigkeiten sind gegenüber den offenkundigen existentiellen Zusammenhängen von untergeordneter Bedeutung. So spiegelt sich die Serie der Unfälle und Selbstmorde, die er in seiner Familie erlebte, in der düsteren Thematik vieler Erzählungen wider: Wahnsinn, Grenzbereiche des Bewußtseins, parapsychologische Phänomene und der Tod in den Dimensionen des Mysteriums oder der grauenvollen Tat, des Unfalls oder der entsetzlichen Gewißheit. Die Urwaldlandschaft ist häufig nicht nur Szenerie, sondern magische Kraft, die den Menschen vernichten, gefangenhalten, in ein Tier verwandeln oder zum Wahnsinn treiben kann, wie umgekehrt die Tiere des Urwalds, so in *Anaconda* (1921; dt. *Der Aufruhr der Schlangen*, 1958), menschliche Verhaltensweisen produzieren, dabei nicht weniger »unnormal« reagieren können. Von verschiedenen Ansätzen her hat Q. das Thema der Liebe und ihrer Abarten behandelt, u.a. auch in den Romanen *Historia de un amor turbio* (1908) und *Pasado amor* (1929), deren männliche Protagonisten in ihrem Egoismus und ihrer fast pathologischen Widersprüchlichkeit manche autobiographischen Züge aufweisen.

Weitere Werke: Erzählungen: *Los perseguidos* (1905), *Cuentos de amor, de locura y de muerte* (1917; dt. *Geschichten von Liebe, Irrsinn und Tod*, 1985; enthält auch Erzählungen aus anderen Bänden), *Cuentos de la selva para niños* (1918), *El salvaje* (1920), *El desierto* (1924), *La gallina degollada y otros cuentos* (1925), *Los desterrados* (1926), *Más allá* (1935).

Ausgaben (Auswahl): *Cuentos*. MON 1937-45, 13 Bde. – *Obras inéditas y desconocidas*. Hg. A. Rama. MON 1967-73, 8 Bde. – *Cartas inéditas*. Hg. A. S. Visca. MON 1970. – *Cuentos*. Hg. E. Rodríguez Monegal. CAR 1981 (BiAy). – *Cartas de un cazador*. MON 1986.

Literatur: W. Rela, *H. Q.: Repertorio bibliográfico anotado, 1897-1971*. BA 1972. – N. Bratosevich, *El estilo de H. Q. en sus cuentos*. Madrid 1973. – A. Flores (Hg.), *Aproximaciones a H. Q.* CAR 1976. – L. Garet, *Obra de H. Q.* MON 1978. – E. Espinoza, *Trayectoria de H. Q.* BA 1980. – P. R. Beardsell, *Irony in the Stories of H. Q.* IAA, 8 (1980), 2, 95-116. – E. K. Gambarini, *El discurso y su transgresión: ›El almohadón de pluma‹, de H. Q.* RI, 46 (1980), 112/113, 443-457. – J. L. Martínez, *H. Q. Teoría y práctica del cuento*. Xalapa, ME 1981. – C. Leante, *H. Q.: El juicio del futuro*. CH, 383 (1982), 367-380. – R. Crisafio, *H. Q. o el destierro de la memoria*. SLI, 13/14 (1983), 141-160. – R. M. Scari, *H. Q. y los fenómenos parapsicológicos*. CH, 397 (1983), 123-131. – K.-H. Körner, *H. Q., écologiste hispanoamericain et sémiologue avant la lettre*. BH, 87 (1985), 3/4, 387-409. – E. K. Gambarini, *La escritura como lectura: La parodia en ›El crimen del otro‹, de H. Q.* RI, 52 (1986), 135/136, 475-488. – L. Martul Tobió/K. N. March, *Ejes conceptuales del pensamiento de H. Q.* CH, 443 (1987), 73-87. – E.-S. Speratti-Piñero, *H. Q., precursor de la relación cine-literatura en la América hispánica*. NRFH, 36 (1988), 2, 1239-1249.

Rama, Angel

* 1926 in Montevideo, † 27.11.1983 Barajas, Madrid (Flugzeugunglück). Er studierte Philosophie und Literaturwissenschaft. 1958-68 leitete er den Literaturteil der Wochenzeitschrift »Marcha« und war zugleich als Professor für Theatergeschichte am Konservatorium und für Literatur an der Universität von Montevideo, als Leiter der Verlage Arca und Editores Reunidos sowie als Theaterkritiker für die Zeitung »Acción« tätig. »Es besteht der Verdacht, daß er nie schläft«, hieß es unter seinen Kollegen. In den 70er Jahren mehrten sich Vortragsreisen und Gastdozenturen. Nach dem Staatsstreich von 1973 mußte er Uruguay verlassen. Er setzte seine Lehrtätigkeit zunächst an der Universidad Central von Caracas fort, wo er die Zeitschrift »Escritura« mitherausgab und wesent-

lich an Planung und Durchführung des großen Projektes der »Biblioteca Ayacucho« beteiligt war. Ein längerer Forschungsaufenthalt in den USA wurde 1982 durch eine Ausweisungsanordnung wegen »kommunistischer Kontakte« beendet. Danach lehrte er in Paris.

R. galt schon in den 60er Jahren als bedeutendster Literaturwissenschaftler seines Landes, danach wurde er es für ganz Lateinamerika, auch wenn bei einer kritischen Sichtung seines immensen, nur zum geringsten Teil in Buchform herausgebrachten Werkes einige Defizite – relative Beschränktheit des Corpus seiner Untersuchungsobjekte, gelegentlich unzureichende Berücksichtigung des aktuellen spezifischen Forschungsstandes – sichtbar werden. Zugleich aber hat R. tradierte Schemata über den Haufen geworfen, analytische Modelle entwickelt, in denen vielfältige Aspekte argumentativ – und nicht »interdisziplinär« additiv – zusammengeführt werden, und schließlich eine Wissenschaft betrieben, die sich nicht in akademischer Entrücktheit verwirklichen mochte, sondern die er als Beitrag zum kulturellen Selbstverständnis Lateinamerikas verstand. Sein Hauptinteresse galt den Vermittlungsmechanismen von Gesellschaft und literarischer Produktion, wobei der Bogen, der sich von *Rubén Darío y el modernismo* (1970) bis zum postumen *La ciudad letrada* (1984) spannt, eine zunehmend komplexere Einsicht in die Zusammenhänge von sozioökonomischen Strukturen und Literatur offenbart. R. hat auch verschiedene Werkausgaben und Anthologien herausgegeben, u.a. *Der lange Kampf Lateinamerikas* (1982). Als Schriftsteller ist R. selbst mit einigen Erzählungen, Theaterstücken und zwei Romanen hervorgetreten.

Weitere Werke: Romane: *¡Oh, sombra puritana!* (1951), *Tierra sin mapa* (1961); Theater: *La inundación* (1959), *Lucrecia* (1959), *Queridos amigos* (1961). Essays, Studien (Auswahl): *Diez problemas para el narrador latinoamericano* (1964, 1972), *La generación crítica, 1939-1969* (1972), *Los gauchipolíticos rioplatenses* (1976), *Transculturación narrativa en América Latina* (1982), *La novela latinoamericana. Panoramas 1920-1980* (1982), *Literatura y clase social* (1983?), *Las máscaras democráticas del modernismo* (1985), *La crítica de la cultura en América Latina* (1985), *García Márquez, edificación de una cultura nacional y popular* (1987).

Literatur: A. Barros-Lémez, *Bibliografía sumaria. A. R. 1926-1983*. Maryland 1984. – J. Ruffinelli, *A. R.: La carrera del crítico de fondo*. ESCRITURA, 8 (1983), 15, 123-131. – A. Losada, *La contribución de A. R. a la historia social de la literatura latinoamericana*. CDLA, 25 (1985), 150. 44-57. – TC, 10 (1985), 31/32 (Sondernr.). – A. Barros Lémez/C. Blixen, *Cronología y bibliografía de A. R.* MON 1986. – T. E. Martínez, *A. R. o la crítica como gozo*. RI, 52 (1986), 175/176, 545-664. – R. Adorno, *La ›ciudad letrada‹ y los discursos coloniales*. HISPA, 16 (1987), 48, 7-24. – M. Moraña, *›El Periquillo Sarniento‹ y ›La ciudad letrada‹*. REHPR, 23 (1989), 3, 113-127. – A. Barros-Lémez, *A. R., narrador*. ESCRITURA, 15 (1990), 29, 255-260.

Reyles, Carlos

*30.10.1868 in Montevideo, †24.7.1938 ebd. Sein Vater war einer der reichsten Großgrundbesitzer des Landes, nach dessen Tod, 1886, er als einziger das Erbe antrat. Er heiratete eine Madrider Zarzuela-Sängerin und widmete sich, außer der Literatur und den Reisen, zunächst der Verwaltung des Gutes »El Paraíso«, einer der modernsten Rinderfarmen der Zeit. 1901 suchte er über die Präsidentschaft des politischen »Club Libertad« der Colorado-Partei politischen Einluß zu gewinnen, unterlag aber dem Gegenkandidaten. Nach und nach verschwendete er sein Vermögen in Paris, Melilla, Buenos Aires und mit dem Ankauf eines Schlosses bei Bordeaux. 1936 wurde er Intendent des ur. Rundfunks.

R.' literarisches Œuvre – Romane, Erzählungen und Essays – hat im Verlauf der Zeit unterschiedliche Bewertungen erfahren: zunächst kritiklos gepriesen, von den 30er Jahren an übergangen und in neuerer Zeit Gegenstand von Aufforderungen, endlich zu einer gerechten Beurteilung zu gelangen. Diese Schwankungen hängen z. T. mit R.' Lebensstil sowie der von ihm aggressiv vertretenen Wertschätzung von Macht und Reichtum zusammen, z. T. mit den qualitativen Unterschieden im gesamten, manchmal auch in einzelnen Werken, schließlich auch damit, daß seine späten Romane – *El gaucho Florido* (1932) u.a. – keine wesentliche Entwicklung im Vergleich mit den früheren erkennen lassen. Seinen ersten – autobiographischen – Roman, *Por la vida* (1888), zog er aus Selbstkritik und Reue über das negative Porträt seines Vaters, der in weiteren Werken zunehmend idealisiert wird, zurück. Mit *Beba* (1894) gelang ihm trotz des schematischen Stadt-Land-Antagonismus und der naturalistischen Vererbungsthese ein erster bedeutender Roman. Die Haupthandlung besteht in der schließlich gescheiterten Liebe der verheirateten Protagonistin zu ihrem Onkel, auf dessen Estancia sie mit der Familie einen Sommer verbracht hat. In *La raza de Caín* (1900) sind die Opponenten zwei Familien der ur. Bourgeoisie: die rücksichtslosen, pragmatischen Crookers und die Cacios, eine heruntergekommene Kreolenfamilie mit berühmten Vorfahren, sowie der rauschgiftsüchtige Ästhet und Bohemien Julio Guzmán, in dem R. den Dichter J. ↑Herrera y Reissig karikiert. Die Verführung der Braut Jacinto Cacios durch Arturo Crooker und deren Ermordung durch Jacinto bestätigen die These von der Superiorität der Reichen und Mächtigen gegenüber der Feigheit und moralischen Verkommenheit der Intellektuellen. Einen ähnlichen Gegensatz verkörpern in *El terruño* (1916), R.' bestem Roman, der lächerliche Literat Pérez González, der sich bei seiner »Selbstanalyse eines verirrten Verstandes« ironischerweise auf Nietzsche bezieht und seine rustikale, herzliche und lebenskluge Schwiegermutter Mamagela, die Estanciera von »El Paraíso«. Mit *El embrujo de Sevilla* (1922) verläßt R. vorübergehend den heimatlichen Klassenkampfplatz. Die turbulente Handlung, die kein Klischee andalusischer Folklore ausläßt, endet mit einer Doppelhochzeit. Dennoch zeigt auch dieser Roman R.' erzählerisches Können, stilistische Brillanz und eine immer wieder überraschende tiefe Menschenkenntnis.

Weitere Werke: Roman: *A batallas de amor ...campos de pluma* (1939); Kurzromane: *Academias*: I. *Primitivo* (1896), II. *El extraño* (1897), III. *El sueño de rapiña* (1898); Essays: *El ideal nuevo* (1903), *La muerte del cisne* (1910), *Diálogos olímpicos*: I. *Apolo y Dionisos* (1918), II. *Cristo y Mammon* (1919), *Panorama del mundo actual* (1932), *Incitaciones* (1936), *Ego sum* (1939).

Ausgaben: *Cuentos completos*. MON 1968. – *Ensayos*. MON 1965, 3 Bde.

Literatur: W. Rela, *C. R., guía bibliográfica*. MON 1967. – S. Bollo, *C. R.; su obra*. MON 1975. – M. López, *Eclecticismo y síntesis estética en la obra de C. R.* CAM, 40 (1981), 4 (237), 82-115. – R. Mirza, *R. y la novela*. MON 1982. – M. López, *Stress, psicoanálisis y complejo de culpa en ›Beba‹ de C. R.* TC, 11 (1986), 34/35, 179-188.

Rodó, José Enrique

*15.7.1871 in Montevideo, †1.5.1917 in Palermo (Ital.). Er war Bankangestellter, Journalist und Literaturprofessor. 1895 gründete er mit anderen die »Revista Nacional de Literatura y Ciencias Sociales«. In drei Legislaturperioden, 1902-14, war er Parlamentsabgeordneter der Colorado-

Partei. Als Wortführer des konservativen Flügels, der »anticolegialistas«, geriet er häufiger in Konflikt mit dem Staatspräsidenten Batlle y Ordóñez. Am bekanntesten ist im Zusammenhang der innerparteilichen Auseinandersetzungen R.s Polemik gegen die Abschaffung der Kruzifixe in den öffentlichen Hospitälern (*Liberalismo y Jacobinismo*, 1906). Als Korrespondent der arg. Zeitschrift »Caras y Caretas« starb er auf einer Europareise.

R. hat als kulturphilosophischer Essayist und Literaturkritiker einen ähnlich starken Einfluß auf das gesamte hispanoam. Kulturleben ausgeübt wie der Dichter Rubén ↑Darío. Allerdings blieben R.s Ideen nicht unangefochten, und selbst in Uruguay wurde sehr früh und besonders seit den 20er Jahren in immer neuen Ansätzen Kritik formuliert, u.a. an seinem realitätsfernen Idealismus und aristokratischen Kulturbegriff, an seiner ästhetizistischen Moral, seinem Unverständnis gegenüber der wirtschaftlichen und sozialen Problematik, schließlich auch an der monotonen Perfektion seines Stils. Nach wie vor gilt der kulturphilosophische Essay *Ariel* (1900) als das zentrale Werk seines Schaffens. Im Rückgriff auf Shakespeares Drama *Der Sturm* verkörpert Ariel »die Anmut der Vernunft« bzw. ein universalistisches Bildungsideal, das vom griech.-lat. Kulturerbe getragen wird. Das in Caliban verkörperte Gegenprinzip wird im Rahmen einer differenzierten Kritik am Utilitarismus der USA und zugleich am Voluntarismus der – allerdings recht klischeehaft ausgelegten – Philosophie Nietzsches erörtert. Der Essay wurde zunächst in Spanien – vor dem Hintergrund der Niederlage von 1898 gegen die USA – mit großer Begeisterung aufgenommen. Der sogenannte »Arielismo«, d.h. die auf die Überlegenheit der ethischen und religiösen Werte der Lateinamerikaner gegründeten Hoffnungen, verebbte mit der Zunahme der sozialen und politischen Probleme. Zu den weiteren Hauptwerken R.s gehören die Sammlung literaturkritischer Artikel, *El mirador de Próspero* (1913), sowie der auf eine allgemeine Lebensphilosophie abzielende didaktische Essay *Motivos de Proteo* (1909). Die vollständigste der verschiedenen Gesamtausgaben ist: *Obras completas*. Hg. E. Rodríguez Monegal. Madrid 1957.

Literatur: M. Benedetti, *Genio y figura de J. E. R.* BA 1966. – A. Ardao, *R.; su americanismo.* MON 1970. – H. Costábile de Amorín/M. del R. Fernández Alonso, *R., pensador y estilista.* Washington 1973. – H. Torrano, *R.: acción y libertad; restauración de su imagen.* MON 1973. – W. Penco, *J. E. R.* MON 1978. – H. Costábile de Amorín, *La concepción de la subjetividad en el ciclo ›Proteo‹ de J. E. R.* MON 1979. – C. Reyes de Viana, *J. E. R., ›genio‹ educador iberoamericano.* MON 1980. – J. Jurt, *Literatur und Identitätsfindung in Lateinamerika: J. E. R.: ›Ariel‹.* RZLG, 6 (1982), 1/2, 68-95. – W. Lockhart, *R. y su prédica.* MON 1982.

Rodríguez Monegal, Emir

*28.7.1921 in Melo/Cerro Largo, †14.11.1985 in New Haven (USA). Zunächst Lehrer in Montevideo, ab 1945 Professor für engl. Literatur sowie (bis 1957?) Leiter des Literaturteils der Zeitschrift »Marcha«, ab 1952-85 in den USA an der Yale University Professor für lateinam. Literatur und Komparatistik. Er hat Untersuchungen – u.a über J. L. ↑Borges, P. ↑Neruda, H. ↑Quiroga und J. E. ↑Rodó – veröffentlicht und mehrere Anthologien u.a. *Die Neue Welt. Chroniken Lateinamerikas von Kolumbus bis zu den Unabhängigkeitskriegen* (1982) herausgegeben.

Weitere Werke: *José Enrique Rodó en el novecientos* (1950), *Objetividad de Horacio Quiroga* (1950), *El juicio de los parricidas. La nueva generación argentina y sus ma-*

estros (1956), *Las raíces de Horacio Quiroga* (1961), *Narradores de esta América* (1962), *Eduardo Acevedo Diáz: Dos versiones de un tema* (1963), *Ingmar Bergman: un dramaturgo cinematográfico* (1964, zus. mit Alsina Thevenet), *El viajero inmóvil: Introducción a Pablo Neruda* (1966), *Literatura uruguaya del medio siglo* (1966), *Rodó en el novecientos* (1967), *Genio y figura de Horacio Quiroga* (1967), *El arte de narrar (1968), Vínculo de sangre: Crítica* (1968), *El desterrado: Vida y obra de Horacio Quiroga* (1968), *Sexo y poesía en el 900; los extraños destinos de Roberto y Delmira* (1969), *El otro Andrés Bello* (19069), *Tres testigos españoles de la guerra civil* (1971), *El boom de la novela latinoamericana* (1972), *Borges: Hacia una lectura poética* (1976), *Jorge Luis Borges: A Literary Biography* (1978), *Borges por él mismo* (1980, frz. 1978).

Rosencof, Mauricio

* 1933 im Departement Florida. In seiner Jugend Mitglied der Kommunistischen Partei und Mitbegründer der Zeitschrift »El Popular«, schloß er sich Ende der 60er Jahre den Tupamaros an. 1972 wurde er als einer ihrer Leiter verhaftet, mehrere Monate lang gefoltert und bis 1984 in verschiedenen Militärkasernen in Einzelhaft weiter gequält. Nach seiner Freilassung, 1985, nahm er seine früher ausgeübte journalistische Tätigkeit wieder auf und ist seitdem Mitarbeiter von »Brecha«, »Jaque« und anderen Zeitschriften. Über seine Hafterfahrungen verfaßte er zusammen mit seinem Leidensgefährten Eleuterio Fernández Huidobro die auch wegen ihrer Ironie und Selbstironie bewegenden *Memorias del calabozo* (1987; dt. *Wie Efeu an der Mauer*, 1990).
Er war in den 60er Jahren vor allem als Dramatiker mit einigen erfolgreichen Stücken – *Las ranas* (UA 1961, 1964), *La valija* (1967) u.a. – hervorgetreten. Während seiner 13jährigen Haft verfaßte er Lyrik, zwei Romane und mehrere Theaterstücke, die er auswendig lernte. Eines der erschütterndsten und großartigsten Zeugnisse des Widerstands gegen systematisch betriebene psychische und physische Zerstörung ist der Gedichtband *Conversaciones con la alpargata* (MON 1985, mit Vorw. von M. ↑Benedetti). Das 1986 uraufgeführte Drama *El saco de Antonio* (1985, zus. mit *Los caballos* und *El combate en el establo)* schildert Bewußtseinszustände einer durch Einsamkeit und bedrängende Enge an den Rand des Wahnsinns getriebenen Existenz.

Weitere Werke: Lyrik: *Canciones para alegrar una niña* (1985); Roman (für Kinder): *Vincha Brava* (1987); Theater: *La calesita rebelde* (1964), *... Y nuestros caballos serán blancos* (1985); Berichte: *La rebelión de los cañeros* (1969), *Las crónicas del Tuleque* (1986), *Hundeleben* (dt. Teilsammlung, 1990); Erzählungen: *Leyendas del abuelo de la tarde* (1990; dt. *Das Lied im Kieselstein*, 1991).

Sabat Ercasty, Carlos

*4.11.1887 in Montevideo, †4.8. 1982 ebd. Seit seiner Jugend als Journalist und 40 Jahre lang als Lehrer – u.a. für Mathematik und Astronomie – an höheren Schulen tätig; 1949-63 Universitätsprofessor für span. Literatur. 1976 wurde er mit dem Premio Nacional de Literatura ausgezeichnet. Er ist mit einem umfangreichen, hauptsächlich lyrischen Werk hervorgetreten, und es gibt einen mehrere tausend Seiten umfassenden Nachlaß. Seit *Pantheos* (1917), seinem ersten Gedichtband, galt er über drei Jahrzehnte hinweg als größter Dichter Uruguays, gepriesen als Schöpfer einer neuen Sprache, wenn nicht gar als »ein Meteor, der die Flamme der absoluten Freiheit entzündete« (G. L. Haws). Anerkennung fand er auch in anderen Ländern Lateinamerikas. Wie P. ↑Neruda in seinen Memoiren berichtet, beindruckte ihn S.E.s »epenhafte Poesie, die sich mit dem großen Mysterium des Universums und mit den Möglichkeiten des Menschen auseinandersetzte«. Diesen Anspruch, in kosmischen Dimensionen den Menschen und die Natur sowie die Geschichte des lateinam. Kontinents zu erfassen, suchte S. E. in dem neun Bände umfassenden Zyklus *Poemas del hombre* (1921-1958) zu verwirklichen. Das Charakteristikum dieser Lyrik ist die maßlose Üppigkeit von – oft sehr plastischen – Metaphern im Wechsel mit chaotischen Begriffsaufzählungen, die zwar als adäquater Ausdruck einer enthusiastischen Schaffensfreude überzeugt, aber auch ihre ästhetische und kognitive Hinterfragung nahelegt. Formal bevorzugt S. E. den freien Vers in langen Tiraden, nach der Art W. Whitmans, und das Sonett.

Ausgabe: *Antología*. Hg. D.I. Russell. MON 1982, 2 Bde.
Literatur: G.L. Haws, *El prometeo uruguayo: C.S.E.* MON 1968. – L. Hierro Gambardella, *C. S. E., testigo y protagonista del proceso espiritual uruguayo*. MON 1977. – C.M. Rama, *Raíces españolas del poeta uruguayo C.S.E.* CH, 111 (1978), 333, 480-490. – R. Bula Píriz, *S. E. Persona y creación*. MON 1979.

Sánchez, Florencio

*17.1.1875 in Montevideo, †7.11. 1910 in Mailand. Er kam aus bescheidenen Verhältnissen und mußte mit fünfzehn Jahren eine Stellung als Schreiber bei einer Verwaltungsbehörde annehmen. Er verlor sie bald wieder, weil er in »La Voz del Pueblo« von Minas dreiste Satiren veröffentlicht hatte. Bis 1894 arbeitete er in einer Polizeidienststelle von La Plata, danach als Reporter in Montevideo. 1897 schloß er sich, der Familientradition gehorchend, dem von der Partei der Blancos unterstützten Aufstand des Caudillos A. Saravia an. Als dieser gescheitert war, ging er wieder nach Argentinien und betätigte sich als Journalist in Rosario und Buenos Aires. Die Jahre ab 1903 waren in der Hauptsache seinem theatralischen Schaffen gewidmet. Sein gesundheitlicher Zustand verschlechterte sich zusehends. Die ur. Regierung gewährte ihm die Mittel für eine Europareise, von der er sich Veränderung seiner Lebensgewohnheiten und Heilung versprach. Finanzielle Nöte, Sehnsucht nach seiner Frau und unvorhergesehene Schwierigkeiten wegen der ital. Bearbeitung seiner Stücke ließen ihn jedoch nicht zur Ruhe kommen. Er starb ein Jahr nach seiner Ankunft an Tuberkulose.

Der zunächst auf Argentinien und Uruguay beschränkte Erfolg seiner Theaterstücke, von dem er allerdings nur sehr geringen wirtschaftlichen Nutzen hatte, breitete sich etwa ab 1920 über die gesamte span.-sprachige Welt aus. In seinen Werken verbinden sich Elemente der kostumbristischen Tradition mit Themen und Techniken der naturalistischen Dramen Ibsens, Hauptmanns, Giacosas etc. Den weltanschaulichen Hintergrund bilden, neben der Philosophie Nietzsches, die Theorien der Anarchisten Bakunin, Kropotkin und Malatesta. S. kämpft in seinen Stücken gegen soziale Ungerechtigkeiten, religiös begründete Vorurteile, Ausbeutung der Unwissenden. Das unverkennbar persönliche Gepräge aber erhalten die Werke durch ihre Atmosphäre von finsterer Tragik, Ausweglosigkeit, Morbidität und Verfall. Aus der eigenen Erfahrung einer von Alkoholismus und unheilbarer Krankheit bedrohten Existenz opponiert er gegen die Fortschrittsgläubigkeit der Zeitgenossen. Von seinem persönlichen bis zur Verzweiflung reichenden Pessimismus sind fast alle seine Gestalten gezeichnet. Wenn er, wie in einem seiner letzten Dramen, *Los derechos de la salud* (UA 1907), das Vorrecht vitaler Instinkte gegenüber Forderungen der Ethik behauptet, gewinnt diese von einem Todkranken vorgeschlagene Lösung eine Aura von heroischem Fatalismus. Zwischen 1902 und 1909 hat S. 20 Stücke, davon 9 Einakter geschrieben. *M'hijo el dotor* (UA 1902), sein erstes größeres Drama, ist teilweise autobiographisch. Konfrontiert werden die patriarchalischen Lebensformen auf dem Lande mit dem zivilisatorischen Fortschritt, verkörpert in einem Vater-Sohn-Konflikt. Ambitiöser und strenger konstruiert ist *La gringa* (UA 1904; dt. *Einwanderer*, 1925), in dem die Auseinandersetzung zwischen alteingesessenen Criollos und Einwanderern eine Lösung im gemischtrassigen Enkel findet. Den Höhepunkt seiner ländlichen Dramatik bildet *Barranca abajo* (UA 1905). In einem kunstvoll aufgebauten Crescendo steigert sich das tragische Geschehen bis zum Selbstmord des Bauern Zoilo, den skrupellose Großgrundbesitzer und eine käufliche Justiz um sein Land gebracht haben, der sich von seiner moralisch korrupten Familie verraten sieht und dessen tuberkulöse Lieblingstochter aus Gram über sein Unglück gestorben ist. Selten ist es dem Autor wie in diesem Stück gelungen, mit Gestik, Schweigen und äußerst knappen Dialogen eine ähnliche Dichte und Spannung zu erreichen. Die folgenden Werke sind zunehmend deklamatorischer und werden über weite Strecken vom Monolog beherrscht. Der Welt der großstädtischen Mietskasernen mit ihrem physischen und moralischen Elend wendet er sich u.a. in *Los muertos* (UA 1905) zu. Der Alkoholismus läßt den Protagonisten Frau und Kind verlieren und zum Mörder werden, wobei die Ursache der inneren Haltlosigkeit, wie bereits in *La pobre gente* (UA 1904), in der Armut gesehen wird.

Weitere Werke: *La gente honesta* (1902; überarb. u.d.T. *Los curdas*, 1907), *Canillita* (1902), *Cédulas de San Juan* (1904), *Mano santa* (1905), *En familia* (1905), *El conventillo* (1906), *El desalojo* (1906), *El pasado* (1906), *La tigra* (1907), *Moneda falsa* (1907), *El cacique Pichuelo* (1907), *Nuestros hijos* (1908), *Marta Gruni* (1908), *Un buen negocio* (1909).

Ausgaben: *Teatro completo*. Hg. D. Cúneo. BA ³1964. – *Teatro*. Hg. W. Rela. MON ²1975, 2 Bde.

Literatur: J. Imbert, *F. S., vida y creación*. BA 1954. – W. Rela, *Repertorio bibliográfico anotado sobre F. S.* BA 1973. – M. Rein, *F. S., vida y obra*. MON 1975. – A. Rosell, *El lenguaje en F. S.* MON 1975. – R. Richardson, *F. S. and the Argentine Theater*. New York 1975. – N. Perera San Martín, *El cocoliche en el teatro de F. S.* BH, 80 (1978), 1/2, 108-122. – J. Pignataro C., *F. S.* MON 1979. – W. Rela, *F. S., persona y teatro*. MON 1981. – D. W. Foster, *Ideological Shift in the Rural Images in F. S.'s Theater*. HJ, 11 (1990), 1, 97-107.

Silva Valdés, Fernán

* 15.10.1887 in Montevideo, † 1975 ebd. Er war Mitarbeiter von ur. und arg. Zeitungen und hat Gedichtbände, Erzählungen, Theaterstücke und Kinderbücher veröffentlicht. Nach den Gedichtbänden *Anforas de barro* (1913) und *Humo de incienso* (1917), die den Modernismus auf der thematischen Ebene von Exotismus, Dekadenz und künstlichen Paradiesen fortsetzen, schuf er mit *Agua del tiempo* (1921, erw. 1922) ein Werk, das seinerzeit von der ur. Kritik als Markstein gefeiert wurde. Neben Pedro Leandro Ipuche (1889-1976) inaugurierte S. V. mit *Agua del tiempo* die Schule des Nativismus, unter dem er die Umsetzung von Elementen der populären Kultur und Traditionen in die Sprache der Avantgarde verstand. Ähnlich wie die arg. Ultraisten (O. ↑Girondo, J. L. ↑Borges u.a.) sah er in der Metapher das wichtigste Instrument poetischer Gestaltung. Nach dem Vorbild García Lorcas griff S. V. ab *Intemperie* (1930) wieder auf traditionelle Formen, be-

sonders auf den Romanzenvers zurück. Einige seiner besten Gedichte finden sich in *Los romances chúcaros* (1933) und *Romancero del Sur* (1938).

Weitere Werke: Lyrik: *Poemas nativos* (1925, [9]1951), *Corralito* (1944); Erzählungen, sonstige Prosa: *Leyenda* (1936), *Cuentos y leyendas del Río de la Plata* (1941), *Cuentos del Uruguay* (1919-45); Theater: *Santos Vega* (1952), *Barrio Palermo* (1953), *Por la gracia de Dios* (1954), *Los hombres verdes* (1956), *Vida de dos cuchillos* (1957); Kinderbücher: *Poesías y leyendas para los niños* (1930, [6]1958), *Ronda catonga* (1940).
Ausgaben: *Antología poética, 1920-1955*. BA 1961. – *Antología*. MON 1966. – *Poemas nativos y romances*. BA 1968.

Somers, Armonía

* 1914 in Montevideo. Eigtl. A. Etchepare de Henestrosa. Sie war ab 1938 Volksschullehrerin, ab 1960 Leiterin des Museo Pedagógico sowie eines staatlichen Dokumentationszentrums für Pädagogik und hat auch in diesem Fachgebiet mehrere Arbeiten veröffentlicht.

S. ist Autorin von Romanen und Erzählungen, in denen mit zunehmender technischer Perfektion ein ästhetisch sublimiertes Horrorbild menschlicher Existenz entworfen wird. Manche Konstanten ziehen sich durch ihr konzessionslos schwieriges Gesamtwerk: das emotionale, irrationale Verhältnis ihrer Figuren zur Umwelt. Diese sind in unfreiwilliger Weise blind und lächerlich, nur ihre tragische Kommunikationsunfähigkeit hebt sie vom Tier ab. Aus der Verzweiflung an sich selbst oder an der generellen Trostlosigkeit des Lebens retten nur Tod oder Wahnsinn. Insofern liefert S. nicht einmal indirekte Heilsbotschaften, und selbst ihr Humor ist eher makaber und grotesk als in irgendeiner Art konziliant. Ihr erstes literarisches Werk, der Kurzroman *La mujer desnuda* (1950) wurde seinerzeit als dreiste Herausforderung sowohl auf inhaltlicher als auch struktureller Ebene empfunden. In einem dichten Gewebe von fiktiver Realität, traumhafter Fantastik und Symbolisierung thematisiert der Roman die sexuelle Unterdrückung der Frau. Ausgangspunkt der symbolischen Handlung ist die Entscheidung der Protagonistin, nur mit ihrem Mantel bekleidet zu einem Landhaus zu fahren. Die Empörung, die diese Provokation bei der Dorfbevölkerung auslöst, wurde beinahe von der Literaturkritik übertroffen, die »Satanismus« und »Zerstörung« konstatierte. Auch der Erzählband *El derrumbamiento* (1953) wurde weithin mit Mißfallen aufgenommen, sei es wegen des blasphemischen Gehalts der Titelgeschichte und sonstiger »Obszönitäten« oder wegen vorgeblicher kompositioneller Mängel. Anerkennung fand S. erst in den 60er Jahren mit den Erzählungen *La calle del viento norte* (1963) und weiteren Bänden, die die Authentizität der Obsessionen und »metaphysischen Angst« (M. ↑Benedetti) des Frühwerks bestätigten. *Viaje al corazón del día* (1986), einer ihrer letzten Romane, gestaltet in knapper und subtiler Form ein von Chaos und Leidenschaften beherrschtes Weltbild. In Ich-Form erzählt in dieser »Elegie einer heimlichen Liebe« Laura Kadisja Hassan, die früh verwaiste Tocher eines Mohammedaners und einer Christin, von ihrer Jugend in der Obhut der steinreichen und -harten Doña Encarnación Cienfuegos und Refugio, der Verwalterin des Gutes »Las Nubes«. Der zweite, ergänzende Ich-Bericht stammt von ihrer deutschen Musiklehrerin Hildegard. Die Geschichte der Identitätssuche Lauras überlagert sich mit Schicksalen der Familie Cienfuegos.

Weitere Werke: Romane: *De miedo en miedo* (1965), *Un retrato para Dickens* (1969), *Sólo los elefantes encuentran man-*

drágora (1986); Erzählungen: *Todos los cuentos, 1953-1967* (1967, 2 Bde.), *Tríptico darwiniano* (1982), *La rebelión de la flor. Antología personal* (1988).
Literatur: E. Picón Garfield, *Yo soplo desde el páramo: La muerte en los cuentos de A. S.* TC, 3 (1977), 6, 113-125. – A. M. Rodríguez Villamil, *Aspectos fantásticos en ›La mujer desnuda‹ de A. S.* RP, 1 (1985), 147-163. – J. M. García Rey, *A. S. Sondeo intuitivo y visceral del mundo.* CH, 139 (1985), 415, 101-104. – H. Araújo, *El tema de la violación en A. S. y Griselda Gambaro.* PLURAL, 15 (1986), 11 (179), 21-23. – W. Penco, *El amor en el centro del mundo.* CDLA, 27 (1987), 161, 125-127. – E. Picón Garfield, *La metaforización de la soledad en los cuentos de A. S.* HISPA, 16 (1987), 46/47, 179-188.

Vaz Ferreira, María Eugenia
* 1875 in Montevideo, † 1924 ebd. Sie war Sekretärin, später Professorin für Literatur an einer pädagogischen Hochschule. Neben D. ↑Agustini gilt sie als die bedeutendste Lyrikerin der »Generation von 1900«. Ihr einziger Gedichtband, den sie noch selbst zusammengestellt hatte, *La isla de los cánticos* (1925), wurde von ihrem Bruder, dem Philosophen Carlos V. F. (1872-1958) herausgegeben. Die 41 Kompositionen lassen eine Entwicklung erkennen, die von spätromantischen Idyllen über das Thema des Verhältnisses von Dichtung und Leben zu einer Schlußphase der Leere und Hoffnungslosigkeit führt. Besonders diese späten Gedichte (»Las quimeras«, »Los desterrados«, »El ataúd flotante« u. a.) bringen ohne Rhetorik, dennoch in suggestiven und zugleich verschleiert wirkenden Bildern eine unüberwindbare, von Angst erfüllte Distanz zwischen vitalen Wunschvorstellungen und realer Existenz zum Ausdruck. Eine weitere Sammlung von Gedichten, die entweder ab 1900 in Zeitschriften erschienen oder unveröffentlicht geblieben waren, *La otra isla de los cánticos* (1959), bestätigt die Richtigkeit der von ihr selbst getroffenen Auswahl.

Ausgaben: *Poesías.* MON 1980. – *Poesías completas.* Hg. H. J. Verani. MON 1986.
Literatur: *M. E. V. F., 1875-1975: Bibliografía.* MON: Biblioteca Nacional 1975. – M. d. R. Fernández Alonso, *Angustia existencial en la poesía de M. E. V. F.* CH, 102 (1975), 303, 634-652. – M. Rubinstein, *Aproximación a M. E. V. F.* MON 1976. – A. Paganini, *M. E. y Delmira.* MON 1978. – T. Porzecanski, *V. F., transgresora de una opaca realidad.* PLURAL, 11 (1982), 6 (126), 33-37. – A. Mejías Alonso, *›La isla de los cánticos‹. Una aproximación métrica.* ALH, 15 (1986), 95-105.

Viana, Javier de
* 5.8.1868 in Canelones, † 5.10.1926 in La Paz/Canelones. Er stammte aus einer verarmten, alten Familie; einer seiner Vorfahren war im 18. Jh. Gouverneur von Montevideo. Die Jugend verbrachte er auf dem Lande. 1886 nahm er an der Revolution gegen Máximo Santos, 1904 am Aufstand Aparicio Saravias teil. Diese gescheiterten Aufstände gegen die Zentralgewalt sind Gegenstand seiner *Crónicas de la revolución del Quebracho* (1891 in »La Epoca«, 1943) und *Con divisa blanca, crónica de la guerra uruguaya* (1904). 1898 hatte er im Departement Minas eine Estancia gepachtet. Verfolgt von der Polizei, ging er mit seiner fünfköpfigen Familie ins Exil nach Argentinien. 1918 kehrte er nach Uruguay zurück. 1923 wurde er Abgeordneter des Partido Nacional. Er starb, wie er zumeist auch gelebt hatte, in bitterer Armut.
V. ist Autor eines – schwachen – Romans, *Gaucha* (1899), mehrerer nie veröffentlichter Theaterstücke und Hunderter von Erzählungen, die ihn neben H. ↑Quiroga als den seinerzeit wichtigsten Vertreter dieser Gattung ausweisen. Zwar verdankt er den literarischen Ruhm vor allem seinen er-

sten Bänden *Campo* (1896) und *Gurí* (1901), während sich bei den ab 1904 zuerst in Zeitschriften, dann in mehreren Sammlungen publizierten Erzählungen, die zumeist kürzer sind als in der ersten Epoche, oft mangelnde Sorgfalt bemerkbar macht. Dennoch finden sich auch in den Bänden *Macachines* (1911), *Leña seca* (1912) und *Yuyos* (1912) Erzählungen, deren Farbigkeit, Dramatik und, vor allem, meisterhafte Dialogführung unbestritten sind. V. verstand sich als fortschrittsgläubiger Positivist und exakter Beobachter im Sinne des Naturalismus. Die Einzigartigkeit seines literarischen Universums resultiert jedoch daraus, daß er diese Ideale und Doktrinen nicht – wie manchmal C. ↑Reyles – auf seine Gestalten überträgt, sondern Individuen darstellt, die in einer Zeit des Umbruchs unfähig sind, sich von Lebensformen und Vorstellungen der Vergangenheit zu lösen. Heroismus ist nur gelegentlich bei einigen versprengten Caudillos aus der Zeit der Bürgerkriege oder irgendeinem unergründlichen, selbstmörderischen Banditen (z. B. Lorenzo in *Gaucha*) zu finden. Im allgemeinen sind aus den ehemaligen Gauchos kleine Gauner und Landstreicher geworden, in ihrem pathologischen Verhalten genauso von der Dekadenz der Jahrhundertwende gekennzeichnet wie die gescheiterten Künstler späterer Erzählungen V.s.

Weitere Werke: Erzählungen: *Abrojos* (1919), *Cardos* (1919), *Sobre el recado* (1919), *Ranchos* (1920), *Paisanas* (1920), *Bichitos de luz* (1920), *De la misma lonja* (1920), *Del campo y la ciudad* (1921), *Potros, toros y aperiases* (1922), *La biblia gaucha* (1925), *Tardes del fogón* (1925), *Pago de deuda, campo amarillo y otros escritos* (1934).
Ausgabe: *Selección de cuentos*. Pról. A. S. Visca. MON 1965, 2 Bde.
Literatur: J. F. Garganigo, *J. de V.: Life and Works*. New York 1972. – J. J. da Rosa, *J. de V.* MON 1979. – A. Barros Lémez, ›*Leopoldo Almeida*‹: *un relato clave para la comprensión de la obra narrativa de J. de V.* HISPA, 10 (1981), 29, 63-69. – R. S. Scott, *Obra y vida de J. de V.* Berkeley 1984. – A. Barros Lémez, *La obra cuentística de V.* MON 1985. – R. S. Scott, *J. de V.: Un narrador del 900*. MON 1986. – H. S. Turner/ J. K. Knowles, *Relectura crítica de ›La tísica‹, de J. de V.* RI, 52 (1986), 135/136, 417-429.

Vilariño, Idea
* 18.8.1920 in Montevideo. Sie war Lehrerin für Literaturgeschichte, ab 1970 Gastdozentin an der Universität von Montevideo, wo sie seit 1985 den Lehrstuhl für ur. Literatur bekleidet. Zur Zeit der Militärdiktatur hatte sie Berufsverbot.
In ihrem ersten, schmalen Gedichtband *La suplicante* (1945), der nur unter dem Vornamen Idea erschienen war, erkannte man retrospektiv die wohl bedeutendste Dichterin ihrer Generation. In einer bilderreichen, manchmal hermetischen Sprache, getragen von einem sicheren Empfinden für Klang und Rhythmus, brachte sie mit überzeugend wirkender Emphase die absurde Vergänglichkeit des Lebens zum Ausdruck. Ab *Cielo cielo* (1947) wird V.s Sprache unter zunehmendem Verzicht auf Metaphern und Adjektive glanzloser, aber zugleich tiefer und direkter, bis hin zur Zerstörung syntaktischer Kohärenz. Verzweiflung an der Scheinhaftigkeit des Lebens oder Ekel vor der Allgegenwart des Todes durchziehen als eine der wichtigsten Konstanten ihr weiteres Werk, das seinen Höhepunkt in den mehrfach erweiterten *Nocturnos* (1955, 1963, 1986) findet. Ihr verbreitetster Lyrikband ist jedoch *Poemas de amor* (1957, ^{9}1984). Konzessions- und illusionslos wird hier Liebe negiert bzw. nur als Erinnerung oder verzweifelte Projektion in die Zukunft anerkannt. V. ist außerdem mit literaturwissen-

schaftlichen Arbeiten hervorgetreten, besonders verdienstvoll ist ihre Untersuchung von Tangotexten, *Las letras de tango* (1965).

Weitere Werke und Ausgaben: Lyrik: *Paraíso perdido: 1945-1948* (1949), *Por aire sucio* (1950), *Pobre mundo* (1966), *Treinta poemas* (1967), *Poesía: 1941-1967* (1970), *Segunda antología* (1980), *No* (1980), *Nocturnos del pobre amor* (1989); Untersuchungen (Auswahl): *Julio Herrera y Reissig* (1950), *Grupos simétricos en poesía* (1958), *El tango cantado* (1981).

Literatur: C. R. Perricone, *A Bibliographic Approach to the Study of Latin American Women Poets*. H, 71 (1988), 2, 283.

Zavala Muniz, Justino

*16.7.1898 in Melo/Cerro Largo, †1968 in Montevideo. Er entstammte einer Großgrundbesitzerfamilie. Als Anhänger des liberalen Staatspräsidenten Batlle y Ordóñez (1903-07, 1911-15) nahm er früh am politischen Leben teil und wurde Abgeordneter. 1935 schickte ihn der Diktator Terra in die Verbannung nach Brasilien. 1942 kehrte er zurück und wurde zum Senator gewählt. Danach war er Botschafter, Erziehungsminister, und 1954-58 Regierungsberater.

Sein Hauptwerk ist ein dreibändiger Romanzyklus, der auf der Grundlage exakter historisch-geographischer Fakten ein komplexes Bild der ur. Landbevölkerung entwickelt. *Crónica de Muniz* (1921) erfaßt in der Lebensgeschichte seines Großvaters Justino M. die Epoche der nach der Unabhängigkeit ausbrechenden Bürgerkriege. Sichtbar geht es dem Autor auch um die Rehabilitierung dieses u.a. von J. de ↑Viana und E. ↑Acevedo Díaz negativ dargestellten Caudillo. *Crónica de un crimen* (1926) ist das Porträt eines Mörders und Psychopathen, El Carancho, der 1913 von der Polizei gefaßt wird. Der heldenmütige Gaucho der Bürgerkriege ist zum grausamen Verbrecher verkommen. *Crónica de la reja* (1930; dt. *Pampaswind auf meinen Seiten*, 1960) beobachtet aus der Perspektive eines Kneipenwirts den Prozeß der gesellschaftlichen Konsolidierung. Die sprachliche und inhaltliche Intensität der Romane erreicht Z. M. nicht in seinen Theaterstücken, von denen *La cruz de los caminos* (1933) oder *Alto alegre* (1944?) das durch den Latifundismus verursachte Elend thematisieren.

Weitere Werke: Roman: *La revolución de enero* (1933); Essay: *Batlle, héroe civil* (1945); Theaterstücke: *En un rincón del Tacuarí* (1938), *Fausto Garay, un caudillo* (1943).

Ausgabe: *Crónica de un crimen*. Pról. A. S. Visca. MON 1966.

Zorrilla de San Martín, Juan

*28.12.1855 in Montevideo, †3.11. 1931 ebd. Erzogen wurde er von Jesuiten in Santa Fe, anschließend studierte er Jura in Santiago de Chile. Ab 1878 übte er in Montevideo das Amt eines Richters aus, gründete 1879 die katholische Zeitung »El Bien Público« und besetzte 1880 den Lehrstuhl für Literatur an der Universität. Seine Angriffe auf das Regime des Generals Santos führten zu Entlassung und Verbannung. 1887 kehrte er aus dem arg. Exil zurück, wurde zum Abgeordneten gewählt und bald darauf zum Botschafter in Spanien und Portugal ernannt. Nach mehrjähriger diplomatischer Tätigkeit in Europa bekleidete er noch verschiedene Lehrstühle, u. a. für Internationales Recht und Kunstgeschichte, und war außerdem Abteilungsleiter der ur. Bank.

Die sechzehn Bände seiner *Obras completas* (MON 1930) enthalten Reden, Vorträge, Reiseberichte in Briefform, philosophische, religiöse, ästhetische Abhandlungen, das umfangreiche historisch-biographische Werk über den Gründer der ur. Republik, *La epopeya de Artigas* (1910), sowie ein lyrisches

Œuvre. Dieses umfaßt die Sammlung vergeistigt-nostalgischer Gedichte seiner Jugend, *Notas de un himno* (1877), die anläßlich eines Wettbewerbs entstandene patriotische Ode *La leyenda patria*, der er den verpflichtenden Ruhm verdankte, Dichter der Nation zu sein und bei offiziellen Festakten heroischen Wohlklang zu liefern, und vor allem die lyrisch-epische Dichtung *Tabaré* (1888, überarb. 1923, dt. 1911). Tabaré, der Held, ist ein blauäugiger Mestize, Sohn einer Spanierin und eines Charrúa-Häuptlings. Er verliebt sich in Blanca, die Tochter eines Konquistadoren. Als Tabaré die von einem wilden Häuptling entführte Geliebte befreit und dem Vater in die Festung zurückbringt, tötet dieser ihn, weil er ihn für den Entführer hält. Das eigentliche Thema des Werkes, für das der melodramatische Handlungsablauf nur das Gerüst abgibt, ist das Mysterium des Untergangs einer Rasse. Das Problem des Autors ist theologischer Natur: Welcher metaphysische Wille bestimmte das Schicksal der Charrúa? Thematisch knüpft Z. damit an die span. Romantik an, sprachlich ist besonders der Einfluß Bécquers festzustellen. In der impressionistischen Bildhaftigkeit, besonders in der Verwendung von Synästhesien kündigt sich bereits der Modernismus an.

Weitere Ausgabe: *Obras escogidas*. Hg. R. Bula-Piriz. Madrid 1967. – *Ensayos*. Hg. A. S. Visca. MON 1978.

Literatur: E. Anderson Imbert, *Análisis de ›Tabaré‹*. BA 1968. – I. Montiel, *J. Z. de S. M., traductor de Ossian*. CH, 95 (1974), 283, 164-175. – A. Andino, *Notas a propósito de ›Tabaré‹ y el velatorio de Carace*. CH, 105 (1976), 313, 179-191. – H. Achúgar, *Modernización y mitificación: el lirismo neorromántico en el Uruguay*. ESCRITURA, 5 (1980), 9, 49-87.

USA

Villarreal, José Antonio	1924
Hinojosa, Rolando	1929
Elizondo, Sergio D.	1930
Méndez, Miguel M.	1930
Delgado, Abelardo	1931
Acosta, Oscar Zeta	1935
Rivera, Tomás	1935-1984
Anaya, Rudolfo A.	1937
Valdez, Luis	1940
Hoyos, Angela de	1940
Arias, Ron	1941
Sánchez, Ricardo	1941
Morales, Alejandro	1944
Alurista	1947
Cárdenas, Reyes	1948
Tafolla, Carmen	1951
Castillo, Ana	1953

Acosta, Oscar »Zeta«
* 1935 (?). Er stammte aus armen Verhältnissen und finanzierte aus eigenen Kräften ein Jurastudium. In den späten 60er Jahren wurde er als erfolgreicher Rechtsanwalt diskriminierter Chicanos bekannt.
A. hat zwei Romane veröffentlicht. *The Autobiography of a Brown Buffalo* (1972) ist die streckenweise selbstironische Lebensgeschichte eines Chicano auf der Suche nach seiner Identität. Die ersten Kapitel des Romans enthalten und reflektieren Drogenerfahrungen und assoziative Rückwendungen auf Kindheit und Jugend. Die Reise, die der Ich-Erzähler antritt, nachdem er seine Anwaltspraxis aufgegeben hat, endet wegen finanzieller und sprachlicher Kommunikationsschwierigkeiten im Gefängnis einer mex. Grenzstadt. Die Suche nach Identität erreicht ihren Höhepunkt, als er versucht, wieder in die USA einzureisen, dies ihm jedoch verweigert wird, da er seine Papiere verloren hat. Symbolisiert hier in burlesker Verzerrung der gejagte Büffel den Chicano, so bildet die »cucaracha« (Küchenassel) in *The revolt of the Cockroach People* (1973) das Symbol einer ironischen Selbstreferenz. Handlungsort dieses ebenfalls weitgehend autobiographischen Romans um den Chicano-Rechtsanwalt »Z. Brown« ist Los Angeles in den späten 60ern zur Zeit der Massenproteste gegen den Vietnamkrieg.

Alurista
* 8.8.1947 in Mexiko Stadt. Eigtl. Alberto Urista Heredia. Er kam 1961 in die USA, besuchte die Universität in San Diego, promovierte in Spanisch und hat an verschiedenen Universitäten Literatur und Sprache unterrichtet. 1976-83 leitete er das Chicano Studies Center in San Diego.
A. gehört zu den einflußreichsten Dichtern, die aus der Chicano-Bewegung der 60er und 70er Jahre hervorgegangen sind. Sein erster Gedichtband *Floricanto en Aztlán* (1971) wurde inspiriert durch die Kämpfe der Landarbeiter-Gewerkschaft unter César Chávez. A. verbindet Anklage gegen den angloam. Materialismus, exemplarisch personifiziert als »Mr. Jones«, mit dem Lob auf die Chicano-Lebensphilosophie. Die Sammlung enthält hundert Gedichte. Wichtige Elemente des Wortschatzes und der Syntax sowie Metaphern, Symbolik und Weltanschauung entstammen der altam., insbesonders aztekischen philosophisch-religiösen Kosmos-Vision. A. war einer der Hauptvertreter der Aztlán-Idee. Diese aztekische Bezeichnung für ihr Ursprungsland im Gebiet des heutigen Südkalifornien oder New Mexiko wurde für die Chicano-Bewegung zum Symbol für die verlorene Heimat. Immer wieder hebt A. die Kontinuität zwischen den altam. Kulturen und der neuen Chicano-Kultur hervor und fordert dazu auf, dieses Erbe zu bewahren. Auch in den nachfolgenden Gedichtbänden *Nationchild Plumaroja* (1972) oder *Timespace Huracán* (1976) bezieht sich A. auf diese Traditionslinien, die er auf die zeitlich vor den Azteken liegende Maya-Kultur ausdehnt. Ein Teil des letzteren Gedichtbandes, der insgesamt stärker auf die Gestaltung inneren Erlebens abzielt, ist fast hermetische konkrete Poesie, ein anderer Teil kann als reine Naturlyrik gelesen werden. Bei der Erweiterung des präkolumbianischen Bezugssystems fällt auf, daß die Götterfiguren, die mit Krieg und Zerstörung assoziiert werden, denen weichen, die für Harmonie und Liebe stehen und optimistischen Glauben an den Geist des Sozialismus ausdrücken. Meisterhaft ist das formale und inhaltliche Spiel mit der Zweisprachigkeit der Chicanos. Die von A. verwendeten Mischungen von span. und engl. Wörtern,

Redewendungen und Metaphern bringen das dialektische Verhältnis zwischen den beiden Volksgruppen zum Ausdruck. Daneben hat A. jedoch auch viele Gedichte auf Span. geschrieben. Ein weiteres Hauptmerkmal seiner Dichtung ist die Auffassung von Poesie als gesprochen-gesungener Gemeinschaftsform mit instrumentaler Rhythmus-Begleitung. Nach dem Abklingen der Chicano-Bewegung hat A. zunehmend mit Phonetik, Orthographie, Syntax, Sprachrhythmus, Reim und Wortaufteilungen experimentiert. Sein Gedichtband *A'nque* (1979) ist völlig in der Phonetik des umgangssprachlichen Span. der Chicanos geschrieben. Ähnlich experimentiert er mit der engl. Sprache in *Spik in Glyph?* (1981). Aber trotz der oft recht manierierten Experimente ist die Affirmation der Chicano-Kultur gegenüber der entfremdeten und gewalttätigen kapitalistischen angloam. Gesellschaft eine wichtige Konstante seines dichterischen Schaffens geblieben. Y. B. G.

Weitere Werke: *Return* (1982), *Tremble Purple* (1986).
Literatur: J. Maldonado, *Poesia Chicana: A., el mero chingón.* Seattle 1971.

Anaya, Rudolfo A(lfonso)
* 30.10.1937 in Pastura/New Mexico (USA). Er war Lehrer, seit 1974 Professor für Engl. an der Universität von Albuquerque. Sein literarisches Werk erzielte mehrere Preise. In Engl., mit vereinzelten span. Redewendungen und Worten ist seine erster Roman *Bless Me, Ultima* (1972; dt. *Segne mich, Ultima*, 1986) abgefaßt. Geschildert wird die Beziehung zwischen Ultima, einer weisen, alten Frau und dem siebenjährigen Antonio, der in einer Kleinstadt in New Mexiko aufgewachsen ist. Mit der geheimnisvollen Mutterfigur Ultima, der man sowohl Hexenkünste als auch Heilkunde und Güte nachsagt, sowie der den Roman durchziehenden Suche nach der Erkenntnis des Guten beabsichtigt der Autor, einen Mythos zu begründen. Der nächste Roman *Hearth of Aztlán* (1976) ist stärker politisch ausgerichtet. Die Geschichte einer Familie entwurzelter Bauern verdeutlicht den Kontrast von ländlicher Kulturgemeinschaft und kapitalistischer Großstadt. *Tortuga* (1979), der dritte Roman der sogenannten »New Mexiko-Trilogie« ist ein entfernt an T. Manns *Zauberberg* erinnernder Bildungsroman eines Jungen, der wegen seiner durch einen Unfall bewirkten Paralyse jahrelang in einer einsam gelegenen Klinik behandelt wird. Der Kurzroman *The Legend of La Llorona* (1984) schildert in kurzen Szenen das tragische Schicksal von Malintzin, der Übersetzerin und Geliebten des Konquistadors H. Cortés und »Mutter aller Mestizen Mexikos«. A., der auch Volkserzählungen aus dem Span. ins Engl. übersetzt hat, erweist sich als ein profunder Kenner der indianischen und span. Mythen, Legenden sowie sonstigen Überlieferungen der Region. Diese Kenntnisse sind in die Romane eingeflossen und auch in weiteren Werken, wie in der epischen Dichtung *The Adventures of Juan Chicaspatas* (1985), wesentlicher Bestandteil.

Weitere Werke: Erzählungen, sonstige Prosa: *The Silence of the Llano* (1982), *A Chicano en China* (1986), *The Farolitos of Christmas* (1987), *Lord of the Dawn: The Legend of Quetzalcoatl* (1987).

Arias, Ron
* 30.11.1941 in Los Angeles. Eigtl. Ronald Francis Arias. Er studierte in Berkeley, Barcelona und Buenos Aires, wo auch 1962 seine journalistische Karriere als Reporter des engl.-sprachigen »Buenos Aires Herald« begann. Berühmtheit erlangte er mit *The Road to Tamazunchale* (1975), einem kurzen, sehr komplexen und durch die Einbeziehung von fantastischen Elementen

außergewöhnlichen Roman innerhalb der Chicano-Literatur. Die Hauptfigur ist der sterbende Buchhändler Fausto Tejada, der sich während einer imaginären Reise zwischen Los Angeles, Lima, Mexiko und einer Hollywood-Filmlandschaft auf seinen Tod vorbereitet, dabei jedoch immer lebendiger wird. Nachdem er seine alte Haut abgestreift sowie verschiedene indianische Rituale und Verwandlungen erlebt hat, stirbt er zwar, jedoch gewinnt sein – nur angedeuteter – Tod eine positive, lebensbejahende Bedeutung.

Weitere Werke: *Five against the Sea* (1989).

Cárdenas, Reyes

*6.1.1948 in Seguin/Texas. Ältestes Kind einer wandernden Landarbeiterfamilie. Während seines jahrelangen Kampfes gegen Tuberkulose und mehrerer Krankenhausaufenthalte eignete er sich als Autodidakt umfangreiches Wissen an, das in seiner Lyrik Ausdruck findet. Er ist Arbeiter und lebt in Seguin.

In seinen ersten Gedichtbänden *Chicano Territory* (1975) und *Get Your Tortillas Together* (1976) schreibt er überwiegend auf Engl., danach auch auf Span. Gewagte Metaphern und Assoziationen bei gleichzeitiger Präzision und Konkretheit bis hin zu beißender Satire kennzeichnen die Sprache seiner Dichtung. Um die Kontinuität zwischen der Chicano-Kultur und den indianischen Vorfahren zu verdeutlichen, überlagert er verschiedene Zeitalter. Bei allen poetischen Experimenten, die in besonderer Radikalität in *Anti-Bicicleta Haiku* (1976) betrieben werden, bleibt sein Hauptanliegen erkennbar: das Aufbegehren gegen Ungerechtigkeit, Armut und Rassismus im Leben der Chicanos. In *Survivors of the Chicano Titanic* (1981) gewinnt seine Sprache an Emotionalität. In vielen auf Span. geschriebenen Gedichten kommt seine Verbundenheit mit den Befreiungsbewegungen Lateinamerikas zum Ausdruck. Eine differenzierte und unerbittlich ehrliche Selbstbefragung über die Bedeutung des politischen Engagements enthält der preisgekrönte Gedichtband *I Was Never a Militant Chicano* (1986). Y. B. G.

Castillo, Ana

*15.6.1953 in Chicago. Sie gilt als wichtigste Vertreterin einer feministischen Chicana-Lyrik der 80er Jahre. Ihre frühen Gedichtbände *Otro canto* (1977) und *The Invitation* (1979) bringen einerseits Protest gegen soziales Unrecht in den USA und besonders gegen den jede menschliche Würde erstickenden Arbeitsalltag des Landarbeiters zum Ausdruck, andererseits wird in den Liebesgedichten schonungslos die Widersprüchlichkeit von Liebe und Sexualität in einem Spannungsbogen aufgezeigt, der eine erstaunliche Bilderwelt des weiblichen Körpers und seiner sexuellen Funktionen aufweist und zugleich die physische Erfahrung kühl kontrolliert, bisweilen ironisch distanziert auslotet. In den folgenden Bänden *Women Are Not Roses* (1984) und *My Father Was a Toltec* (1988) zeigen sich manchmal Zynismus und Depression, manchmal ironische Distanz zum Trend innerhalb der Chicano-Bewegung, sich auf die präkolumbianischen Vorväter zu berufen. Vehement werden die glühenden Blicke des »Mexican lover« zurückgewiesen. Sie wird ihn nicht am Herd bedienen, sondern »drive an obsidian blade | through his heart | lick up the blood«. Die Veränderungen der gesellschaftlichen Stellung und Rolle der Frau in Mexiko und den USA behandelt der als Briefwechsel von zwei Freundinnen gestaltete Roman *The Mixquiahuala Letters* (1986).

Weitere Werke: Lyrik: *Zero Makes me Hungry* (1975); Essay: *Keats, Poe, and the Shaping of Cortázar's Mythopoesis* (1981).

Delgado, Abelardo
*27.11.1931 in La Boquilla de Conchas/Chihuahua (Mexico). 1943 emigrierte D. mit seiner Mutter in die USA. Er ist als Sozialarbeiter und in der Erwachsenenbildung tätig.
Das Leben und Leiden der Chicanos steht im Mittelpunkt seiner zahlreichen Gedichtbände. In einer fast im Plauderton vorgetragenen Sprache thematisiert er die Sehnsucht nach Gerechtigkeit, den Lebenskampf der Landarbeiter sowie der mex. Einwanderer und die Liebe zur Chicano-Kultur in Opposition zur angloam. Gesellschaft. Seine frühen Werke, *Chicano: 25 Pieces of a Chicano Mind* (1969) oder *Los Cuatro* (1970), gehören zu den wichtigsten Veröffentlichungen der militanten Chicano-Bewegung. In späteren Bänden wie *Bajo el sol de Aztlán* (1973) oder *It's Cold: 52 Cold-Thought Poems by Abelardo* (1974) wendet er sich, getragen von Enttäuschung, nachdenklich philosophischen Fragen zu. D. ist auch als Prosaautor hervorgetreten. Die feinfühligen, essayistischen Briefe *Letters to Louise* (1977) sind eine verschleierte autobiographische Darlegung seiner individuellen Erlebnisse und Motivationen. Y. B. G.
Weitere Werke (Auswahl): Lyrik und Kurzprosa: *Reflexiones: 16 Reflections of Abelardo* (1976), *Here Lies Lalo: 25 Deaths of Abelardo* (1977), *Under the Skirt of Lady Justice: 43 Skirts of Abelardo* (1978), *7 de Abelardo* (1979), *Totoncaxihuitl, a Laxative: 25 Laxatives of Abelardo* (1981), *Unos perros con metralla: 25 perros de Abelardo* (1982); Essays: *The Chicano Movement: Some Not Too Objective Observations* (1971).

Elizondo, Sergio
*29.4.1930 in El Fuerte/Sinaloa (Mex.). Die Jugend verbrachte er in Mexico, emigrierte 1950 und erhielt 1955 die US-Staatsbürgerschaft. Er promovierte 1964 in Romanistik und wurde Universitätsdozent.
Sein erstes Buch, *Perros y Antiperros* (1972), ist ein dreiteiliger episch-lyrischer Zyklus, der verschiedene Etappen der Chicano-Geschichte seit dem Krieg zwischen Mexiko und den USA (1846-48) erzählt. Die angloam. Invasoren sind die »Hunde« (»Perros«), während die einheimischen Chicanos die »Anti-Hunde« (»Anti-perros«) sind. Entsprechend den nur lose verknüpften Episoden, wandelt sich die poetische Diktion von emotionalem Aufbegehren zu historisch vertiefter Anklage oder burlesker Satire. Einige längere Gedichte erinnern an span. Romanzen und mex. Corridos, wenn auch die spezifischen Anliegen der Chicanos im Vordergrund stehen. Der soziale Protest kommt seltener zum Ausdruck in seinem zweiten Gedichtband *Libro para batos y chavalas chicanas* (1977), der hauptsächlich Liebeslyrik enthält. *Rosa, la flauta* (1979) ist eine Sammlung von Erzählungen, die zumeist von metaphysischen Fragestellungen ausgehen. Y. B. G.
Weitere Werke: Romane: *Muerte en una estrella* (1984), *Suruma* (1990).

Hinojosa(-Smith), Rolando
*21.1.1929 in Mercedes, Texas (USA). Er stammt aus einer alteingesessenen texan. Familie. Nach einem abwechslungsreichen Berufsleben – er war u.a. Soldat, Lehrer, Beamter, Kellner, Büroaufseher einer Textilfirma – promovierte er 1969 in Romanistik und lehrte danach span.-sprachige Literatur. Seit 1981 ist er Professor für Anglistik an der University of Texas in Austin.
Obwohl H. die span. Sprache vorzieht, schreibt er genauso erfolgreich auf Engl. Sein Erstlingswerk, der Roman *Estampas del Valle y otras obras* (1972), besteht in einer Aneinanderreihung einzelner Szenen, die nach Tonbandaufnahmen wortgetreu transkribiert wurden. Als erster Chicano erhielt H. für seinen zweiten Roman *Klail City y sus alrededores* (1976; dt. *Klail City*

und Umgebung, 1981) den kub. Preis der Casa de las Américas. Der Schauplatz dieses und aller weiteren Romane ist die (fiktive) Kleinstadt Klail City, die repräsentativ ist für die gesamte südtexan. Wirklichkeit des Río Grande. Mosaikartig wird die heterogene Chicano-Lebensgemeinschaft dargestellt. In packender Unmittelbarkeit wird ein breites Spektrum von Durchschnittsmenschen gezeigt, denen aber immer Individualität oder sogar Exzentrizität zugemessen wird. Statt Beschreibungen durch einen allwissenden Erzähler vermitteln Dialoge, Briefe, Monologe, Interviews, Balladen, Radioansagen usw. ein komplexes Gesamtbild mit zahlreichen Wandlungen und Interpolationen. Wichtige Konstanten sind Ironie und Humor. Der Roman *Mi querido Rafa* (1981) erweitert den Blickwinkel auf die ausbeuterischen ökonomischen Beziehungen zwischen Chicanos und »Anglos« in Form eines lustigen Briefwechsels zweier jugendlicher Chicanos. Die Hierarchien der Gesellschaft sowie der Mißbrauch von Macht werden in der farbigen engl.-span. Sprachmischung der Briefpartner dargestellt. Der in Engl. abgefaßte Roman *Rites and Witnesses* (1982) übernimmt die Perspektive der privilegierten angloam. Familien. Rassismus, Korruption, Landraub durch Betrug und andere Mittel der Machterhaltung gehören zum unsichtbaren Alltag im Mikrokosmos von Klail City. Der Korea-Krieg, an dem der Autor als Soldat teilnahm, wird sowohl in *Rites und Witnesses* als auch in dem Versroman *Korean Love Songs* (1978) thematisiert. Letzterer stellt die blutigen Erlebnisse des Krieges aus der Situation eines Chicano-Soldaten dar. Die Perspektive derer, die an der Front einen sinnlosen Tod sterben, eröffnet zugleich die Sicht auf die anderen, die sich am Krieg bereichert haben. Der Kriminalroman *Partners in Crime: A Rafe Buenrostro Mystery* (1985) enthält hinter der konventionellen Kriminal-Geschichte eine subtile Kapitalismus-Kritik. Y. B. G.

Weitere Werke: Romane: *Claros varones de Belken* (1986), *Los amigos de Becky* (1990).
Literatur: J. D. Saldivar (Hg.), *The R. H. Reader. Essays Historical and Critical.* Houston 1984.

Hoyos, Angela de
* 24.1.1940 in Rosita, Coahuila (Mex.). Seit frühester Kindheit lebt sie in San Antonio, Texas. Ihr dichterisches Schaffen ist stark beeinflußt von der Chicano-Bewegung der 60er und 70er Jahre. In ihrem ersten Gedichtband *Arise, Chicano! and Other Poems* (1975) verbindet sie eine vielseitige soziale Kritik mit dem Aufruf an die Chicanos zur Selbsthilfe und zur Erhaltung der eigenen Kultur. Sarkastisch parodiert sie die rassistischen Vorurteile der angloam. Gesellschaft. Während in diesem Band die Gedichte sowohl in Span. als auch in Engl. aufgeführt sind, mischt H. die beiden Sprachen in *Chicano Poems: For the Barrio* (1976). In *Selected Poems / Selecciones* (1979) wendet sich ihre Dichtung ins introspektiv Persönliche. In durchgängiger Gegenüberstellung von Ich und Du behandelt sie die Problematik von Liebesbeziehungen. Thematisch rücken auch Leben und Tod in den Vordergrund. Der Tod wird immer wieder in Verbindung mit der Enge und Isolation kleinbürgerlicher Häuslichkeit gebracht, wobei Töne scheinbarer Bescheidenheit mit enttäuscht ironischem Aufbegehren wechseln. Die relative Zurückgezogenheit, in der die Autorin lebt, intensiviert wohl dieses Bewußtsein, aus dem heraus das Leben als unablässiges Leiden, die Kunst hingegen als Ideal und Utopie verstanden werden. Y. B. G.
Weitere Werke: *Woman, Woman* (1986).

Literatur: L. A. Ramos, *A. de H.: A Critical Look*. Albuquerque 1979. – J. Vásquez-Castro, *Acerca de literatura (Diálogo con tres autores chicanos)*. San Antonio 1979.

Méndez, Miguel

* 15.6.1930 in Bisbee/Arizona. Nach einem Leben als Bauarbeiter und Tagelöhner in der Landwirtschaft überraschte er die literarische Öffentlichkeit mit seinem Erstlingswerk *Peregrinos de Aztlán* (1974), einem Roman von enormer erzählerischer Fantasie und sprachlicher Brillanz und wohl auch der komprimierteste Ausdruck des Chicano-Protestes in den 70er Jahren. Erzähltechnische Hauptmerkmale des ganz in span. Sprache abgefaßten Romans sind die diskontinuierliche Handlung, die Überlagerung verschiedener Zeiten, der Wechsel der Perspektiven und die manchmal barocken Detailbeschreibungen. Insgesamt bietet das Werk eine Synthese von Natur, indianischer Mythologie und Geschichte in jenem Grenzgebiet von Arizona und der mex. Sonora-Wüste, in dem M. immer gelebt hat und das auch der Schauplatz seiner weiteren Werke ist. Eindrucksvoll ist das breite Spektrum der nicht nur auf Engl. und Span., sondern auch auf der Sprache der Yaqui-Indianer beruhenden Register. Die Wüste als geographische Realität und als spirituelle Macht ist allgegenwärtig und ihre Beschreibungen gehören zu den markantesten Passagen in M.' Gesamtwerk. Die von ihm emotional eingenommene und von seinen Personen verkörperte Perspektive ist die der verarmten Yaqui-Chicano-Volksgruppe, deren Menschlichkeit, Ausdauer und rettender Humor mit der Habgier und der Zerstörungswut der dominanten Gesellschaftsgruppe kontrastiert werden. Diesen Sachverhalt gestaltet M. mit surrealistischer Metaphorik auch in seinem lyrischen Epos *Los criaderos humanos y Sahuaros* (1975). Der bisher letzte Roman *El Sueño de Santa María de las Piedras* (1986) gestaltet die Geschichte eines Wüsten-Dorfes im heimatlichen Grenzgebiet des Autors und ist dem magischen Realismus stark verpflichtet. Y. B. G.

Weitere Werke: *Cuentos para niños traviesos/ Stories for Mischievous Children* (1979), *De la vida y del folclore de la frontera* (1986).
Literatur: M. Bornstein, ›*Peregrinos de Aztlán*‹: *Dialéctica estructural e ideológica*. CAM, 39 (1980), 231, 23-33.

Morales, Alejandro

* 14.10.1944 in Montebello, Kalifornien. Als Sohn mex. Einwanderer, die in verschiedenen Chicano-Vierteln (»barrios«) in Kalifornien gelebt haben, bilden diese Erfahrungen den hauptsächlichen Gegenstand seiner Werke. Sein erster Roman, *Caras viejas y vino nuevo* (1975), behandelt das Barrio aus der Perspektive einer Randgruppe. Drogensucht, Alkoholismus und Gewalttätigkeit stehen im Mittelpunkt des Geschehens. Die Geschichte der Desintegration einer Familie wird in chronologischer Umkehr und fragmentarisch durch Gesprächsfetzen und verschiedene Erzähler vermittelt. Das Experimentieren mit modernen, einschließlich filmischen Techniken setzt M. in seinem zweiten Roman *La verdad sin voz* (1979) fort, jedoch erscheint es hier eher als Selbstzweck. Drei verschiedene Handlungen – die Geschichte eines humanitären Arztes, die eines Universitäts-Professors und eine Drogenschmugglergeschichte – durchziehen den Roman und berühren sich nur punktuell. Die Charakterentwicklung und Konflikte des Individuums rücken in den Brennpunkt der Gestaltung, während das Chicano-Milieu in den Hintergrund tritt. Die Geschichte Kaliforniens seit der Annexion durch die USA thematisiert M. in seinem dritten Roman, *Reto en el pa-*

raíso (1983). Technologischer Fortschritt und das Wachstum der Städte bilden den Kontext für die um Grundstücke geführten Kämpfe zwischen Chicanos und »Anglos«. Y. B. G.

Weitere Werke: *The Brick People* (1988).
Literatur: E. González-Berry, ›*Caras viejas y vino nuevo*‹: *Reverse Journey Through a Disintegrating Barrio.* LALR, 7 (1979), 14, 62-72.

Rivera, Tomás
* 22.12.1935 in Crystal City/Texas † 16.5.1984 in Fontana/Kalifornien. Er war zunächst Lehrer, ab 1971 Professor für span. Sprache und wurde 1979 – als erster Angehöriger einer Minderheitsgruppe – zum Kanzler der University of California in Riverside ernannt. Der literarische Ruhm des Frühverstorbenen beruht, von vereinzelten Gedichten und Erzählungen abgesehen, auf seinem Roman *... y no se lo tragó la tierra* (1971). In schlichter Alltagssprache, wenn auch in subtiler Verschränkung von Traum und Wirklichkeit, spaßhaften Vignetten und lyrischen Beschwörungen, eingestreuten Anekdoten und Selbstgeprächen, behandelt er das Leben der Chicano-Landarbeiter, das R. als Kind und Jugendlicher selbst erlebt hatte. Angelegt als Entwicklungsroman eines namenlosen Jungen, werden in zwölf Kapiteln, entsprechend dem Monatszyklus eines Jahres, die Ursachen und Bedingungen hinterfragt, die die Lebensverhältnisse der Wanderarbeiterfamilie bestimmen. Über die Kritik an der Ausbeutung durch die Landbesitzer sowie an Diskriminierung und Brutalisierung durch Schulen und andere öffentliche Anstalten wölbt sich jedoch umfassend die Suche nach Identität und Sinngebung des Daseins. Dieser Prozeß beginnt mit der Befreiung von tradierten religiösen Vorstellungen und führt über schlußfolgerndes Denken zum kollektiven Bewußtsein und aktiver Parteinahme für das mex. Erbe. Y. B. G.

Literatur: L. Davila (Hg.), *Chicano Literature and T. R.* University of Indiana 1974. – J. Olivares (Hg.), *International Studies in Honor of T. R.* Houston 1986.

Sánchez, Ricardo
* 29.3.1941 in El Paso/Texas. Als jüngstes von dreizehn Kindern wuchs er hier im »Barrio del Diablo« auf. Schon früh verließ er die Schule. Nach dem Militärdienst verbrachte er die 60er Jahre wegen einiger Verbrechen größtenteils im Gefängnis. Autodidaktisch erwarb er ein großes Wissen. 1974 gelang es ihm, in Literaturwissenschaft zu promovieren, ohne zuvor die Grade des Bachelor und Master erworben zu haben. Er gründete einen eigenen Verlag mit angeschlossener Buchhandlung.
S. gehört zu den bedeutendsten und produktivsten Dichtern der Chicano-Literatur. Seine Gedicht- und Prosabände sind geprägt von der Armutserfahrung, seinen fast zehn Gefängnis-Jahren, dem Selbstbewußtsein der Zugehörigkeit zur Kultur und Geschichte der Chicanos sowie einer utopischen Vision ihrer Befreiung. Mit einer seiner ersten Gedichtsammlungen, *Canto y grito mi liberación / The Liberation of a Chicano Mind* (1971) wurde S. zu einem der Wortführer der Chicano-Bewegung. Ohne Rücksicht auf Konventionen, erfinderisch und nuancenreich, bedient sich S. der span., engl. und »calo«- (Chicano-) Sprachen. *Canto y grito* ist getragen von Wut und Bitterkeit angesichts einer Gesellschaft, in der der Profit mehr als die Würde des Menschen zählt. Immer wieder setzt sich jedoch auch Lebensbejahung durch und dominiert die Auffassung von der Macht der Literatur und ihrer Funktion der symbolischen Selbstbestimmung. S.' Lyrik erreicht einen Höhepunkt in *Hechizospells* (1976), einer

300seitigen, zweisprachigen Tour de force, deren Intensität durch die wuchtigen, überquellenden Bilder ebenso erzeugt wird wie durch Wortfusionen und Neologismen (z.B. »Pensasentimientos«, »almamente«), in denen Widersprüche aufgezeigt und aufgehoben werden. In manchen Gedichten übernimmt S. die Technik des Bewußtseinsstroms, bei anderen wiederum greift er mündliche Überlieferung oder »Straßenpoesie« auf, z.B. die »cábula«, den spielerischen Wortkampf, der mit Semantik und Phonetik jongliert. Gesellschaftsanklage und Auflehnung gegen die Schmelztiegel-Ideologie der »Anglos« bleiben Konstanten, wenngleich der bittere Sarkasmus des Frühwerks hier eine Wandlung zu Humor und Ironie erfahren hat. Eine sehr private, oft zärtliche Note besitzt der letzte der drei Teile des Bandes, »Estos poemas los dedico«, der persönliche Familiengedichte enthält. *Amsterdam Cantos y poemas pistos* (1982) ist das lyrische Tagebuch verschiedener Reisen des Autors mit z.T. scharf satirischer Tendenz, vor allem bei der Kritik an Dichterkollegen und -kolleginnen, aber auch immer wieder aufkommendem Optimismus, der gelegentlich den Vergleich mit W. Whitman nahegelegt hat. Y. B. G.

Weitere Werke: *Obras* (1971), *Milhuas blues y gritos norteños* (1980), *Brown Bear Honey Madness: Alaskan Cruising Poems* (1982).

Tafolla, Carmen

* 29.7.1951 in San Antonio/Texas. Sie hat Romanistik und Pädagogik studiert und in verschiedenen Bereichen gearbeitet, zuletzt als Universitätsdozentin. Sie gehört zur jüngsten Generation von Chicano-Dichtern, die jedoch mit der älteren sowohl die Vorstellung der Verbundenheit durch das Leben im Barrio sowie die Berufung auf das indianische Kulturerbe teilt. Eine wichtige Thematik von T.s Dichtung ist die Ergründung des Gedächtnisses als unsichtbares Band zwischen den Generationen und Träger kultureller Traditionen. Besonders in ihren frühen Gedichten der Anthologie *Get Your Tortillas Together* (1976, zus. mit Cecilio García-Camarillo und Reyes ↑Cárdenas) ist auch die Auflehnung gegen die soziale Ungerechtigkeit in den Barrios eine wichtige Dimension. Andererseits sieht sie im Gemeinschaftssinn der Chicanos die Ursache des Widerstandes. Die Konkretheit ihrer poetischen Sprache basiert auf Metaphern aus der Alltagswelt und der Verwendung der gesprochenen Sprache einschließlich der durch die Zweisprachigkeit erzielbaren Effekte. Zu ihren ausdrucksvollsten Gedichten gehören solche, in denen Barrio-Gestalten (z.B. ein kleiner Junge, eine alte Frau, eine junge Prostituierte usw.) in der ihnen eigenen Sprechweise vom Leben reden. Immer wieder hat T. lyrische Frauenporträts entworfen. Bemerkenswerte Frauengestalten finden sich besonders in dem Gedichtband *Curandera* (1983). Y. B. G.

Weitere Werke: Prosa: *To Split a Human. Mitos, Machos, y la Mujer Chicana* (1985).

Valdez, Luis

* 26.6.1940 in Delano/Kalifornien. Er gehörte zum Kreis des Landarbeiterführers César Chávez und organisierte 1965 erste Aufführungen von Sketches unter den Arbeitern mit dem politischen Ziel, sie für das »United Farm Workers Organizing Committee« zu gewinnen. Die Gruppe nannte sich »Teatro Campesino«, und ihre Mitwirkenden waren in der Tat Landarbeiter. Nach dem Beispiel des »Teatro Campesino« entstanden im Südwesten und Mittelwesten der USA weitere Gruppen wie »Teatro de la Esperanza«, »Teatro de la Gente«, »Teatro de los Barrios«, »Teatro del Piojo«, »Te-

atro Libertad«, »Teatro Quetzalcoatl«, »Teatro Urbano«, um die wichtigsten zu nennen. V.' künstlerische Leistung lag vor allem darin, bestimmte Situationen der Arbeiter in einen satirischen Dialog zu fassen und in zahlreichen »actos« theatergerecht umzusetzen. Sie stellten die ersten dramatischen Versuche in der Literatur der Chicanos dar und wurden u. d. T. *Actos* 1971 teilweise veröffentlicht.

Ausgabe: *Early Works: Actos, Bernabé and Pensamiento Serpentino*. Houston 1990. Literatur: A. C. Flores, *El teatro campesino de L. V. (1965-1980)*. Madrid 1990. – C. Rahner, *Chicano-Theater zwischen Agitprop und Broadway. Die Entwicklung des Teatro Campesino (1965-1985)*. Tübingen 1991.

Villarreal, José Antonio
* 30.7.1924 in Los Angeles. Sein kurzer Roman *Pocho* (1959, [2]1970), ist ein erster wichtiger Beitrag zur Literatur der Chicanos, weil er nicht nur die sozialen, sondern auch die psychischen Probleme der jungen Chicanos in einem konfliktreichen privaten und öffentlichen Kontext aufzeigt, wobei der span. Begriff »pocho« (welk, bleich, traurig) Entwurzelung und Verrat konnotiert. Der Roman schildert die Geschichte des jungen »Pocho« Ricardo, der in der kulturell vielschichtigen Gesellschaft von Santa Clara (Kalifornien) aufwächst. Vor dem soziokulturellen Hintergrund seiner in Mexiko geborenen Eltern sucht Ricardo zusammen mit seiner wie er in den USA zur Welt gekommenen Schwester zu einer Definition seiner Identität zu gelangen. Diese Identitäts- und Akkulturationsproblematik, die danach weithin die Chicano-Literatur beherrscht, wird allenfalls indirekt in V.s umfangreichem, verschlungen strukturierten Roman *The Fifth Horseman* (1974) über die Mex. Revolution angesprochen.

VENEZUELA

Bello, Andrés	1781-1865
Pérez Bonalde, Juan Antonio	1846-1892
Picón Febres, Gonzalo	1860-1918
Díaz Rodríguez, Manuel	1871-1927
Blanco Fombona, Rufino	1874-1944
Gallegos, Rómulo	1884-1969
Ramos Sucre, José Antonio	1890-1930
Pocaterra, José Rafael	1890-1955
Parra, Teresa de la	1895-1936
Blanco, Andrés Eloy	1896-1955
Garmendia, Julio	1898-1977
Heredia, José Ramón	1900-1948
Palacios, Lucila	1902
Arraiz, Antonio	1903-1962
Díaz Sanchez, Ramón	1903-1968
Uslar Pietri, Arturo	1906
Otero Silva, Miguel	1908-1985
Meneses, Guillermo	1911-1978
Gerbasi, Vicente	1913
Liscano, Juan	1915
Sánchez Peláez, Juan	1922
Herrera Luque, Francisco	1927-1991
Trejo, Oswaldo	1928
Garmendia, Salvador	1928
Muñoz, Rafael José	1928-1981
González León, Adriano	1931
Chocrón, Isaac	1933
Romero, Dencil	1938
Balza, José	1939
Britto García, Luis	1940
Liendo, Eduardo	1941

Arraiz, Antonio

* 27.3.1903 in Barquisimeto, † 16.9. 1962 in New York. Bei studentischen Unruhen gegen die Gómez-Diktatur wurde er 1928 als Rädelsführer verhaftet. Sieben Jahre, bis zu Gómez' Tod, verbrachte er in dem berüchtigten Gefängnis »La Rotunda«. Danach war er als Journalist, ab 1949 in den USA als Diplomat bei der UNO tätig.

Als Lyriker und Prosaautor hat A. der ven. Literatur wichtige Impulse gegeben. Sein erster Gedichtband *Aspero* (1924) ist eins der frühesten Zeugnisse avantgardistischer Rebellion gegen die Überhänge des Modernismus, dem A. mit einer enthusiastisch eingestimmten Thematisierung des Alltags und des Arbeitslebens sowie der nationalen Geschichte entgegentritt. Der erste seiner drei Romane *Puros hombres* (1938) stellt die Zeit der Gómez-Diktatur aus der Sicht der Insassen eines Gefängnisses dar. Schicksale, Meinungen und erlittene Foltern der Inhaftierten bilden die Mosaikteile eines grauenvollen Systems. Poesie, Mythos und Legende sind die Elemente des Romans *Dámaso Velázquez* (1943, ab 1950 u.d.T. *El mar es como un potro*). Der Schauplatz des von Sinnlichkeit durchdrungenen, buntschillernden Werkes ist die Insel Margarita im Karibischen Meer. Der Titelheld, ein geistiger Nachkomme span. Abenteuerer und Glücksritter, der als Schmuggler, Perlenhändler und Schiffseigner zu unermeßlichem Reichtum gelangt ist, bleibt bis zum Romanende als eine ebenso bewunderte wie gefürchtete Gestalt im Hintergrund. Lebensgier und Grausamkeit charakterisieren seinen Auftritt. Er straft den Ehebruch seiner Frau, die zuvor wie eine Königin residierte, indem er sie in einer Höhle ankettet und samt ihrem Geliebten von Giftschlangen töten läßt. Nach einem letzten Bankett für seine Freunde will er sich der Justiz stellen, geht jedoch mit dem Schiff unter, das ihn zum Festland bringen soll. A.' letzter Roman *Todos iban desorientados* (1951) ist ein weitgehend dokumentarischer Bericht über Vorgeschichte und Geschehnisse der gegen das Gómez-Regime gerichteten Revolte, die ihren tragischen Höhepunkt im Studentenmassaker vom 7.4.1928 fand. Zu den weiteren Werken A.' gehören die satirischen Fabeln *Tío Tigre y Tío Conejo* (1945), die auf Legenden und Überlieferungen der Kolonialzeit beruhenden Erzählungen *El diablo que perdió el alma* (1954) sowie verschiedene Essaybände.

Weitere Werke: Lyrik: *Parsimonia* (1932), *Cinco sinfonías* (1939), *Suma poética* (1966); Essays: *Culto bolivariano* (1940), *Vida ejemplar del Gran Mariscal de Ayacucho* (1948).
Literatur: *Contribución a la bibliografía de A. A.* CAR: Gobernación del Distrito Federal 1970.

Balza, José

* 17.12.1939 in San Rafael/Delta Amacuro. Er hat Psychologie studiert und ist in diesem Fach als Dozent tätig gewesen, zugleich als Literaturprofessor, seit 1969 an der Universidad Central de Venezuela.

Er gilt als einer der innovativsten ven. Erzähler und Romanciers. Den Titel seines ersten Erzählbandes, *Ejercicios narrativos* (1967), hat er als Untertitel seiner weiteren Sammlungen übernommen. Eins seiner jüngsten Werke, *Medianoche en video: 1/5* (1988) ist gleichzeitig Roman und Prosagedicht. Im Verlauf eines Festes, das an Bord eines Schiffes im Urwald-Szenarium des Orinoco stattfindet, entstehen die eher durch Zufälle verbundenen Lebensgeschichten von fünf Personen, darunter die eines Architekten und einer berühmten Fernsehschauspielerin, einschließlich der des Erzählers. B. hat sich als Literaturwissenschaftler besonders mit Narrativik beschäftigt und u.a. die Untersuchungen *Proust* (1969), *Narrativa, instrumental y observaciones* (1969) sowie den Essayband *Este mar narrativo* (1987) veröffentlicht.

Weitere Werke: *Marzo anterior* (1965), *Largo* (1968), *Ordenes* (1970), *Setecientas palmeras plantadas en el mismo lugar* (1974), *D* (1977), *Percusión* (1982), *Un rostro absolutamente* (1982), *La mujer de espaldas* (1986), *Al vencedor* (1989).

Bello, Andrés

* 29.11.1781 in Caracas, † 15.10.1865 in Santiago de Chile. In Caracas studierte er Geisteswissenschaften und war zugleich als Privatlehrer tätig. Einer seiner Schüler war S. Bolívar, mit dem er 1810 im Auftrag der Revolutionsjunta nach London reiste, um für Unterstützung der Unabhängigkeitsbewegung zu werben. Bis 1829 lebte und forschte er in London. Viele seiner Dichtungen sowie sprach- und literaturgeschichtlichen Studien erschienen hier in den von ihm herausgegebenen enzyklopädischen Zeitschriften »Biblioteca Americana« (1823) und »Repertorio Americano« (1826/27). Eingeladen von der chil. Regierung, kam er mit seiner Familie 1829 nach Santiago, wo er zunächst in verschiedenen Ministerien und als Redakteur der Zeitung »El Araucano« tätig war. 1827 wurde er in den Senat gewählt, der ihn 1840 mit dem Entwurf zum – 1855 verabschiedeten – Zivilgesetzbuch beauftragte. 1843 wurde er der erste Rektor der von ihm geplanten Universidad de Chile.

Als Politiker, Jurist, Philologe, Schriftsteller, Journalist, Universitätsgründer und -rektor hat B., der »ewige Vater«, wie ihn Chiles konservativer Parteiführer D. Portales nannte, einen entscheidenden Beitrag zum Aufbau des Gastlandes geleistet. Zwar erregte sein maßvoller Traditionalismus die Kritik vieler Zeitgenossen, besonders der arg. Emigranten – D. F. ↑Sarmiento zählte zu seinen heftigsten Gegnern –, aber seine Rechtschaffenheit und geistige Würde entrückten ihn allen berechtigten und unberechtigten Angriffen. Innerhalb seines Schaffens nimmt die Lyrik nur einen kleinen, aber nicht unwichtigen Bereich ein. Zusammen mit Übersetzungen, Adaptationen, Entwürfen und Varianten füllt sie immerhin die fast 1400 S. der zwei ersten Bände seiner *Obras Completas* (CAR [2]1981, 23 Bde.). Viele Gedichte sind nicht mehr als Stilübungen oder Impromptus einer schöpferischen Laune, der die geistige Zucht enge Grenzen setzt; manche sind jedoch für die Entwicklung der hispanoam. Poesie unbestreitbar wichtig gewesen. So die *Alocución a la poesía* (1823), das Fragment einer größeren Dichtung, die den Titel »América« führen sollte. Form und Stil der Komposition sind zwar der neoklassischen Tradition verhaftet, zukunftsweisend ist sie hingegen als Programm der Emanzipation Amerikas von der Vormundschaft Europas und als Ausdruck eines historischen Bewußtseins, für das die Freiheitskämpfe auf dem am. Kontinent eine universale Dimension besitzen. Auch die ebenfalls in Silva-Strophen abgefaßte, ursprünglich als »América«-Teil konzipierte Dichtung *A la agricultura de la zona tórrida* (1826) verweist auf Vorbilder aus Antike, Renaissance und Neoklassik; in der Fülle ihrer Bilder und Begriffe aus der Tropenwelt verwirklicht sich jedoch noch stärker als in der *Alocución* ein Amerikabewußtsein, das über die Romantik bis zu den jeweiligen kreolistischen Schulen des 20. Jh.s reichen soll. Zu B.s sonstigen Werken gehören philosophische Schriften, die bedeutendste ist die eklektische *Filosofía del entendimiento* (1881), literaturwissenschaftliche und linguistische Arbeiten – *Compendio de historia de la literatura* (1850), *Gramática caste-*

llana (1847) – Studien über den altspan. »Cid« (1881), Arbeiten über Völkerrecht, Geschichte, Geographie, Kosmographie, Regierungserklärungen, Senatsreden etc.

Weitere Ausgaben: *Obras completas*. SCh 1881-93, 15 Bde. – *Obras completas*. Madrid 1882-1905, 7 Bde. – *Obra literaria*. Hg. P. Grases. CAR 1979. – *Obras*. Hg. P. Grases. Barcelona 1981, 2 Bde.

Literatur: C. A. Millares, *Bibliografía de A. B.* Madrid 1978. – P. Grases, *Algunos temas de B.* CAR 1978. – *B. y Caracas. Primer congreso del bicentenario*. CAR: Fundación la Casa de Bello 1979. – *B. y Londres. Segundo congreso del bicentenario*. CAR: Fundación la Casa de Bello 1980-81, 2 Bde. – *B. y Chile. Tercer congreso del bicentenario*. CAR: Fundación la Casa de Bello 1981, 2 Bde. – F. Alvarez O., *El periodista A B.* CAR [2]1981. – L. Cardozo, *La poética de A. B. y sus seguidores. CAR 1981*. – *P. Grases, Estudios sobre A. B.* Barcelona 1981, 2 Bde. – J. Lynch (Hg.), *A. B.: The London Years*. Surrey 1982. – *A. B.: homenaje de la Universidad Central de Venezuela*. CAR 1982. – *B. y la América Latina. Cuarto congreso del bicentenario*. CAR: Fundación la Casa de Bello 1982. – J. Dorta, *Gramática inédita de A. B.: estudio de dos variantes*. La Laguna 1982. – A. de Avila Martel, *Mora y Bello en Chile, 1829-1831*. SCh 1982. – *Homenaje a A. B. en el bicentenario de su nacimiento, 1781-1981*. Amsterdam: Rodopi 1982. – *Homenaje a don A. B.* SCh: Editorial de Jurídica de Chile 1982. – J. M. Lope Blanch (Hg.), *Homenaje a A. B.* ME 1983. – G. Ugarte Chamorro, *El teatro en la obra de A. B.* CAR 1986. – O. Sambrano Urdaneta, *Cronología de A. B., 1781-1865*. CAR 1986. – A. Ardao, *A. B., filósofo*. CAR 1986. – F. Murillo, *A. B.* Madrid 1987.

Blanco, Andrés Eloy

* 6.8.1896 in Cumaná/Sucre, †21.5. 1955 in Mexiko Stadt. Er studierte Jura bis zur Promotion, 1918. Als Gegner der Gómez-Diktatur verbrachte er die Jahre 1928-33 in den Gefängnissen »La Rotunda« von Caracas und »Castillo Libertador« von Puerto Cabellos; 1934 wurde er in das Innere des Staates Trujillo verbannt. Er war danach einer der Gründer der Partei Acción Democrática, 1947 Präsident der Verfassungsgebenden Versammlung und 1948, während der Regierung R. ↑Gallegos', Außenminister. Nach dem Militärputsch begab er sich mit Gallegos ins Exil, zunächst nach Kuba, dann nach Mexiko.

B. ist vor allem als Dichter bekannt. Seine frühe Lyrik steht unter dem Einfluß R. ↑Daríos und A. ↑Nervos. Am persönlichsten, manchmal erstaunlich gelungen, sind die ab 1916 entstandenen Gedichte »Nombres de mujeres« der Sammlung *Tierras que me oyeron* (1921): die Namen von Freundinnen werden auf Korrespondenzen zwischen ihren konkreten und historischen oder mythischen Trägerinnen befragt. Zunehmend werden danach B.s Gedichte sicherer und eigenständiger, auch wenn er auf formale, sprachliche und inhaltliche Experimente verzichtet. Der größte und interessanteste Teil der Gedichte beruht auf konkreten Erfahrungen. Während der fünfjährigen Haft entstanden die Gedichte von *Barco de piedra* (1937). Ein zarter Humor kommt in den seiner Ehefrau gewidmeten Gedichten von *Giraluna* (1956) zum Vorschein. Fragment sind manche lyrischen Projekte geblieben, darunter ein Zyklus von Gedichten auf »Juan Bimba«, einen archetypischen Venezolaner, von denen einige in der Sammlung *Baedeker, 2000* (1938), andere postum in *La juambimbada* (1959) erschienen. B. ist auch Autor von Theaterstücken, darunter *Los muertos las prefieren negras* (entstanden 1948-50), eine Farce, die Züge des Absurden Theaters aufweist. Erzählungen und autobiographische Episoden enthält *La aeroplana clueca* (1935).

Ausgaben: *Obras*. CAR 1960, 10 Bde. – *Obras selectas*. Madrid, CAR 1968. –

A. E. B., parlamentario. Hg. L. Pastori. CAR [2]1981, 3 Bde. – *Antología popular.* CAR 1990.
Literatur: L. B. Prieto F., *Homenaje a A. E. B.* CAR 1981. – *A. E. B., humanista.* CAR [2]1981, 2 Bde.

Blanco Fombona, Rufino
* 17.6.1874 in Caracas, † 16.10.1944 in Buenos Aires. Er entstammt einer alteingesessenen ven. Großgrundbesitzerfamilie. Nach einem kurzen Besuch der Militärakademie wird er 1893 zum Konsul in Philadelphia ernannt. 1895 kehrt er, zum unversöhnlichen Feind der USA geworden, nach Venezuela zurück. 1900 ernennt ihn der Diktator Cipriano Castro zum Generalsekretär des Staates Zulia, 1901 zum Konsul in Amsterdam, 1905 zum Gouverneur des Amazonasgebiets, wo es bald zu Auseinandersetzungen mit den lokalen Kaziken kommt. Bei einem auf ihn verübten Attentat erschießt er mehrere Angreifer und verbüßt zehn Monate im Gefängnis. Als Senatsmitglied beteiligt er sich 1908 an Protestaktionen gegen Castro. Dessen Nachfolger, Juan Vicente Gómez, läßt ihn wie andere oppositionelle Politiker 1909 einkerkern und schickt ihn 1910 in die Verbannung. Sein Exil währt 26 Jahre. Von Paris zieht er 1914 nach Madrid, wo er den bedeutenden Verlag Editorial América gründet und als Journalist tätig ist. 1932 ernennt ihn die span. Regierung zum Gouverneur von Almería, dann von Navarra. Nach Gómez' Tod, 1936, bekleidet er noch verschiedene höhere ven. Staatsämter.
B. F. hat als Lyriker, Erzähler, Romancier und Essayist ein vielbändiges Werk geschaffen, dem sein explosives Temperament, profunder Pessimismus und übermächtiger Haß auf Gómez und jede Art von Unterdrückung ein unverwechselbar persönliches Gepräge geben. Als Lyriker folgt er noch mit *Pequeña ópera lírica* (1904) dem Modernismus R. ↑Daríos. Eruptive Haßgesänge auf Gómez sind *Cantos de la prisión y del destierro* (1911). Biographischer Hintergrund des *Cancionero de amor infeliz* (1918) ist eine kurze Ehe, die mit dem Selbstmord seiner Frau endete. Von größerer Bedeutung als die Lyrik ist sein Prosawerk, das gleichwohl selten ungeteilte Anerkennung gefunden hat. Sein erster Roman *El hombre de hierro* (1907) – manchmal auch nur dessen Eingangskapitel – gilt weithin als sein bestes Werk. Erzählt wird die Lebensgeschichte des fleißigen, biederen Crispín Luz, der die Schläge des Schicksals hinnimmt, ohne sich jemals aufzulehnen. Das jammervolle Dasein dieses Menschen offenbart den moralischen Zustand einer Gesellschaft, in der Ruchlosigkeit triumphiert, Schwäche hingegen mißbraucht und verhöhnt wird. Die Kritik am sozialen Leben von Caracas, hier noch im Rahmen naturalistischer Milieu- und Charakterschilderung, verschärft sich in *El hombre de oro* (1915) zu offener Satire. Der Protagonist des blendend geschriebenen, in mehrere Sprachen übersetzten Werks, Camilo Irurtia, ist die Inkarnation eines mißtrauischen, raffsüchtigen Geizhalses, der seine Karriere zum Finanzminister und mächtigsten Mann des Staates der Dummheit und Sittenlosigkeit der Umwelt verdankt. Ein wortgewaltiges Pamphlet auf die »Barbarokratie« Gómez' ist *La máscara heroica* (1923). In *La mitra en la mano* (1927) und *La bella y la fiera* (1931) wird die Kritik am gesellschaftlichen Zustand Venezuelas aus einem erotisch akzentuierten Handlungsgewebe heraus entwickelt. Beide Werke haben zwei Hauptpersonen gemeinsam, die Witwe Marta und ihre Tochter Griselda, und bilden thematisch eine korrespondierende Einheit. Marta ist das Opfer ihres sinnlichen Temperaments, Griselda setzt es ein, um zu beherrschen. Die er-

stere wird die Geliebte eines korrupten Priesters, der sie fallen läßt, als er zum Bischof ernannt wird. Die selbstsüchtige, willensstarke Griselda, die jener Priester als Minderjährige verführt hatte, steigt in *La bella y la fiera* auf zur Geliebten des Despoten. B. F.s letzter Roman *El secreto de la felicidad* (1933) ist aus einer resignierten Haltung heraus geschrieben. Der Politiker Luis Carmona, dem egoistisches Zweckdenken fremd ist, verfängt sich in den Intrigen seiner Freunde, die zur Gegenpartei überwechseln, als er gestürzt wird. Von B. F.s sonstigen Werken wären einige seiner kunstvoll verdichteten Erzählungen aus *Cuentos americanos* (1904, endgültige Ausgabe 1913), seine »Tagebücher« (1929, 1933, 1942) und verschiedene Essays zur Literaturgeschichte Lateinamerikas hervorzuheben.

Ausgaben: *Obras selectas*. CAR 1958. – *R. B.F. íntimo*. Hg. A. Rama. CAR 1975. – *Ensayos históricos*. Hg. R.R. Castellanos. CAR 1981 (BiAy).

Literatur: W. Stegmann, *R. B.F. und sein episches Werk*. Hamburg 1959. – R.R. Castellanos, *R. B.F.: ensayo bibliográfico*. CAR 1975. – A. Rama, *R. B.F. y el egotismo latinoamericano*. Valencia (Ven.) 1975. – R. A. Rivas Dugarte, *Fuentes documentales para el estudio de R.B.F, 1874-1944*. CAR 1979.

Britto García, Luis

*9.10.1940 in Caracas. Während seines Jurastudiums, das er 1962 abschloß, gab er die satirische Wandzeitung »El Torturado« heraus, die den opportunistischen Politikern der Diktatur von Pérez Jiménez gewidmet war. Seit 1964 ist er Professor für Methodologie der Sozialwissenschaften an der Universidad Central von Caracas.

Außerordentliche Sprachgewandtheit, Belesenheit und kombinatorischer Scharfsinn sind die Qualitäten seines literarischen Werkes. Außer Erzählungen, von denen der Band *Rajatabla* (1970) mit dem Preis der Casa de las Américas ausgezeichnet wurde, hat er Theaterstücke (z.B. *La misa del esclavo*, 1983), essayistisch-humoristische Kurzprosa und die Romane *Vela de armas* (1970) sowie *Abrapalabra* (1980) veröffentlicht. Letzterer, der ebenfalls den Preis der Casa de las Américas erhielt, ist der ambitiöse Versuch, die Geschichte und Gesellschaft bzw. die ungelösten Konflikte und Probleme Venezuelas auf der Ebene der sozialen Funktionen der Sprache sichtbar zu machen. Der Haupthandlungsstrang umfaßt die verschiedenen Lebensabschnitte des kleinbürgerlichen Rubén: Kindheit, Teilnahme an der Stadtguerilla, Inhaftierung, Exil, Rückkehr, Marginalisierung und Tod. Kontrapunktisch wird ihm die Karriere des politisch erfolgreichen Moncho zugeordnet. Rubéns Weg in die Marginalität, Drogenszene oder Müllhalde, gesehen als Verzicht auf politisches Handeln, wird auch durch die grammatische Auflösung seiner Sprache verdeutlicht.

Weitere Werke: *Los fugitivos y otros cuentos* (1964), *Racha* (1970), *El tirano Aguirre o la conquista de El Dorado. Suena el teléfono* (1976), *La orgía imaginaria* (1984), *Me río del mundo* (1984), *Muñequita linda: la múcura está en el cielo* (1985).

Literatur: A. Martínez, *Discurso político y discurso novelesco en ›Abrapalabra‹, de L.B.G.* ESCRITURA, 8 (1983), 15, 87-101.

Chocrón, Isaac

*25.9.1933 in Maracay/Aragua. Er studierte Wirtschafts- und Politikwissenschaften in den USA und arbeitete seit Mitte der 50er Jahre als Journalist. Zur Zeit hat er einen Lehrstuhl für Theater an der Universidad Central inne.

Er ist zunächst als Dramatiker bekannt geworden, hat sich danach aber auch als Romancier profiliert. Wie in einem seiner ersten Dramen, *Animales feroces* (1963), das die Vorstellung von Familienharmonie als grausame Täuschung entlarvt, bildet die Analyse von Heuchelei und Konventionen im sozialen, familiären und partnerschaftlichen Verhalten die wichtigste inhaltliche Dimension seines Werkes. In handgreiflichen Auseinandersetzungen gipfelt etwa die konfliktreiche Liebesbeziehung zwischen einer Sängerin und ihrem »Begleiter« in dem erfolgreichen Drama *El acompañante* (1978). Die Ausgrenzung von »Sonderlingen« oder die Tabuisierung der Homosexualität im kleinbürgerlichen Milieu wird satirisch in den Romanen *Cincuenta vacas gordas* (1980) oder *Pájaro de mar por tierra* (1982) beleuchtet. In der Retrospektive, ausgehend von einer Beerdigung, wird das Geschehen des Romans *Toda una dama* (1988) entwickelt. Bei dem Toten und der im Titel andeutungsweise charakterisierten Person handelt es sich um einen ven. Botschafter, den besonders feine Umgangsformen auszeichneten. Der streckenweise sehr humorvoll geschriebene Roman schildert mit großer Detailkenntnis das lateinam. Diplomatenmilieu in Washington und greift auch erstmals das Thema Aids auf.

Weitere Werke (Auswahl): Romane: *Se ruega no tocar la carne por razones de higiene* (1970), *Rómpase en caso de incendio* (1975); Theater: *El quinto infierno* (1961), *Asia y el lejano oriente* (1966), *O.K.* (1969), *La revolución* (1971), *La máxima felicidad* (1974), *Mesopotamia* (1980), *Cliper* (1984); Essay: *Tendencias del teatro contemporáneo* (1968).

Ausgabe: *Teatro.* CAR 1981-1984, 2 Bde.

Literatur: M. Vestrini, *I. Ch. frente al espejo.* CAR 1980. – E. H. Friedmann, *›Cherchez la femme‹, el lector como detective en ›Cincuenta vacas gordas‹ de I. Ch.* DL, 4 (1987), 2, 647-656.

Díaz Rodríguez, Manuel

* 28.2.1871 bei Caracas, † 24.8.1927 in New York. Er studierte Medizin in Caracas und lebte ab 1891 mehrere Jahre in Paris. 1902 kehrte er nach Venezuela zurück und widmete sich der Verwaltung des Grundbesitzes seiner Familie. Ab 1909, nach dem Sturz des C. Castros, war er politisch tätig und wurde von dem nachfolgenden Diktator J. V. Gómez mit hohen Staatsämtern betraut.

D. R. galt als einer der hervorragendsten Prosaautoren des hispanoam. Modernismus. Sein Werk, dessen größter und wichtigster Teil bis 1902 erschienen war, umfaßt Reisebeschreibungen, Erzählungen und die Romane *Idolos rotos* (1901) sowie *Sangre patricia* (1902), deren stilistische Qualitäten auch von den Kritikern anerkannt wurden, die die snobistische Verachtung des Autors gegenüber der nationalen Wiklichkeit empörte. Der erste Roman behandelt den Konflikt von künstlerischer Sensibilität – in hypochondrischer Variante des Fin de siècle – und verständnisloser Umwelt, der darin gipfelt, daß die Arbeiten des in Paris gereiften Bildhauers Alberto Soria in Caracas von den barbarischen Truppen eines Caudillo zerstört werden. In *Sangre patricia* verbinden sich naturalistische und modernistische Elemente. Für den Protagonisten, Abkömmling einer verarmten Patrizierfamilie, führt die Nachricht vom plötzlichen Tod seiner Braut auf der Überfahrt nach Frankreich zu einer Psychose. Er meint, das Blaugrün ihrer Augen ständig wiederzuerkennen, bis er sich an der Stelle selbst ins Meer stürzt, wo die Tote den Wellen übergeben worden war. In dem Spätwerk *Peregrina; o el pozo encantado* (1921) bildet ein Bruderzwist um eine verführte Unschuld den narrativen Vorwand für ausgiebige Landschaftsschilderungen.

Weitere Werke: *Sensaciones de viaje* (1896), *Confidencias de Psiquis* (1896), *De mis romerías* (1898), *Cuentos de color* (1899), *Sermones líricos* (1918).
Ausgaben: *Obras completas*. Barcelona 1951-52, 2Bde. – *M. D. R.* CAR 1964. 2Bde. – *Obras selectas*. CAR, Madrid 1968. – *Narrativa y ensayo*. CAR 1982 (BiAy).
Literatur: O. Araújo, *La palabra estéril*. Maracaibo 1966. – E. Subero u.a., *Contribución a la bibliografía de M. D. R.* CAR 1970. – K. Meyer-Minnemann, *Der spanisch-amerikanische Roman des Fin de siècle*. Tübingen 1979, 180-198. – J. Olivares, *Disposición, argumento invisible y estructura de ›Sangre patricia‹*. HR, 50 (1982), 1, 17-31. – M. M. Matteson, *The Symbolic Use of Color in D. R.‹ ›Sangre patricia‹*. H, 68 (1985), 1, 35-43. – R. Barrientos, *›Sangre patricia‹ un arte para morir*. RNC, 256 (1985), 24-53. – A. González, *La novela modernista hispanoamericana*. Madrid 1987. – F. Larubia-Prado, *›Sangre patricia‹: La aventura del héroe mítico en la novela modernista*. RCEH, 13 (1988), 2, 255-260.

Díaz Sánchez, Ramón

* 14.8.1903 in Puerto Cabello, † 8.11.1968 in Caracas. Als Jugendlicher verdiente er sich seinen Lebensunterhalt u.a. als Zeitungsverkäufer, Angestellter in einer dt. Fleischexportfirma, Tabakarbeiter und schrieb für die lokale Presse von Puerto Cabello und Maracaibo, wo er sich der Schriftstellergruppe »Seremos« anschloß. Im Gebiet von Zulia war er 1930-35 als Richter, danach in Caracas in verschiedenen Ministerien tätig. In den 50er Jahren war er Kulturattaché in Madrid, Paris, Rom und Bonn, 1958-67 Sekretär der Academia Nacional de Historia.

In Romanen, Erzählungen und Essays hat er mit soziologischer Gründlichkeit die Geschichte und Probleme Venezuelas aufgearbeitet. Sein erster Roman *Mene* (1936) behandelt den kulturellen und sozialen Wandel, den Entdeckung und Ausbeutung der Erdölvorkommen für eine kleine Ortschaft im Gebiet von Zulia mit sich brachten. In vier reportagenhaften Kapiteln werden die Entwicklungsstufen von der Zerstörung bodenständiger Lebensformen über Rassendiskriminierung und gewaltsame Unterdrückung bis zur Mechanisierung und Entvölkerung dargestellt. In *Casandra* (1957) wird dieses Thema weiterbearbeitet bis zur Spätzeit des Gómez-Terrors. Die Titelfigur ist eine alte, hellsichtige Alkoholikerin. Eine weitere, kontrastiv gesetzte Handlungsebene bildet das nicht-entfremdete Leben der Fischer von Margarita. Ein anderer Zyklus, der als Trilogie geplant war, besteht aus den häufig aufgelegten Romanen *Cumboto; cuento de siete leguas* (1950) und *Borburata* (1960). Sie thematisieren die historisch verankerte Feudalstruktur und die damit verbundenen Rassenkonflikte in der Heimatregion des Autors. *Cumboto* ist die von dem Schwarzen Natividad aufgezeichnete, durch manche unehelichen Beziehungen genealogisch verkomplizierte Chronik eines Landbesitzes, die bis in die letzten Jahrzehnte des 19. Jh.s zurückreicht, als der gewalttätige, dt.-stämmige Guillermo Zeus das Gut beherrschte. Sein Sohn Federico, der sich bei seiner Rückkehr aus Europa in eine Schwarze verliebt, die nach kurzer Leidenschaft plötzlich verschwindet und ihm Jahre später den gemeinsamen Sohn sendet, verkörpert eine menschenwürdigere Gegenwart. *Borburata* ist das Tagebuch einer energischen jungen Frau, die, auch familiären Widerständen trotzend, die Kakaoplantage ihrer Vorfahren rettet. Verflochten in das betriebswirtschaftliche Geschehen sind einige Liebesbeziehungen der Protagonistin, die sich selbstbewußt über soziale Normen hinwegsetzt.

Weitere Werke: Roman: *El Líbano: Una historia de hombres y de pueblos* (1969);

Erzählungen: *Caminos del amanecer* (1941), *La virgen no tiene cara y otros cuentos* (1951); Theater: *La casa* (1957; dt. *Das Haus*, 1958); Essays (Auswahl): *Gúzman, elipse de una ambición de poder* (1950), *Cecilio Acosta* (1953), *Teresa de la Parra* (1954), *La independencia de Venezuela y sus perspectivas* (1960), *Paisaje histórico de la cultura venezolana* (1965), *El Caraqueño* (1967).

Ausgabe: *Obras selectas*. Madrid, CAR 1967.

Literatur: *Contribución a la bibliografía de R. D. S.* CAR 1970. – H. Schneider, *Das Bild der Deutschen im Roman ›Cumboto‹ von R. D. S.* In: *Festschrift Wilhelm Giese*. Hamburg 1972, 441-456. – K. Smyley, *The Sensate Universe in ›Cumboto‹ and ›Batouala‹*. AHR, 2 (1983), 2, 17-21. – A. Persico, *›La virgen no tiene cara‹: A Portrayel of Rebellion in Afro-Hispanic Narrative*. AHR, 3 (1984), 3, 11-15.

Gallegos, Rómulo

* 2.8.1884 in Caracas, † 5.4.1969 ebd.

Er begann 1904 ein Jurastudium, entschied sich jedoch für den Lehrerberuf und war ab 1912 Leiter verschiedener höherer Schulen. Zugleich publizistisch tätig, gründete er 1912 die Zeitschrift »La Alborada«, gab 1919-21 »Actualidades«, ab 1922 mit R. ↑Pocaterra »La Novela Semanal« heraus. 1930 ernannte ihn der Diktator J. V. Gómez zum Senator der Provinz Apure. Von New York aus wies er die Ernennung zurück. Ab 1932 lebte er bis zum Tod des Diktators in Spanien. Bei seiner Rückkehr, 1936, wurde er Erziehungsminister im Kabinett von E. López Contreras, trat jedoch nach drei Monaten aus Protest gegen die reaktionären Tendenzen des neuen Regimes zurück. 1941 gründete er die Partei Acción Democrática, als deren Kandidat er 1947 die Präsidentschaft errang. Nach neun Monaten Amtszeit wurde er im November 1948 durch einen von den USA unterstützten Militärputsch gestürzt. Er ging ins Exil, zunächst nach Kuba, 1949 nach Mexico, bis er 1958 von der ven. Regierung zur Rückkehr eingeladen wurde.

G.' Romane zählen zu den bedeutendsten literarischen Leistungen Lateinamerikas, wenn auch die Kritik am schematischen Aufbau einiger seiner Werke und an einer im Positivismus wurzelnden Lehrhaftigkeit berechtigt ist. Sein erster Roman *El último Solar* (1920, ab 1930 u. d. T. *Reinaldo Solar*) thematisiert die Orientierungslosigkeit der intellektuellen Jugend Venezuelas, die sich im heimischen Klima politischer und moralischer »Fäulnis« unwohl fühlt, in den Cafés revolutionäre Theorien europ. Herkunft zerredet und Illusionen von glückhafter Urwüchsigkeit nachhängt. Der nächste Roman *La trepadora* (1925) entfaltet in farbigen Schilderungen die Lebenswirklichkeit des ländlichen Venezuela und reduziert zugleich die sozialen Probleme auf das Schema D. F. ↑Sarmientos von Zivilisation und Barbarei: die sanftmütige Adelaida zähmt den ruppig noblen Hilario. Eine ähnliche Symmetrie kennzeichnet G.' berühmtesten Roman *Doña Bárbara* (1929; dt. *Doña Bárbara*, 1941, 1952). Zukunftshoffnung und politisches Credo des Autors verkörpern sich in Santos Luzardo, dem Zivilisierten, der sich mit Energie und Klugheit an den Wiederaufbau des Familienguts macht. Sein Gegenspieler, die Titelheldin, symbolisiert Kazikentum, Primitivität, Gewalttätigkeit und Aberglauben. Aber Doña Bárbara ist mehr als nur Symbol feudalistischer Rückständigkeit, und dieses Mehr – ihre Einsamkeit und widersprüchliche Gefühlswelt – verleiht dem Roman Tiefe und dramatische Kraft. Er beeindruckt auch durch die Vielzahl glänzend gezeichneter Nebenpersonen, darunter den US-am. Abenteurer Mr. Danger, sowie durch die Schilderung der Natur und ländlichen Aktivitäten. Den Tyrannen J. V. Gómez begeisterte die Lektüre der

Doña Bárbara dermaßen, daß er G. zum Senator jener Provinz machte, die Schauplatz des Romans ist. Im Exil entstanden *Cantaclaro* (1934) und *Canaima* (1935; dt. *Canaima*, 1961 und 1989), die zwei besten Romane G.', in denen die Fabulierlust die Sozialpädagogik zurückgedrängt hat. *Cantaclaro* ist die Lebensgeschichte eines legendären Stegreifsängers. Weltbild und Wirklichkeit der ven. Savannenbewohner werden hier nicht von außen betrachtet, sondern von ihrem Zentrum aus und mit den Materialien ihrer Mythen, Sprichwörter und Lieder gestaltet. *Canaima* behandelt episodenreich und in kraftvoll sinnlichen Bildern den Kampf der Menschen mit den Naturgewalten des Urwalds. Obwohl auch diesem Roman wieder ein oppositionelles Schema von Gut und Böse, verdichtet im Mythos der indianischen Götter Cajuña und Canaima, zugrunde liegt, überbordet die bewegte Lebensgeschichte des widersprüchlichen Abenteurers Marcos Vargas die positivistische Sinnintention. *Pobre negro* (1937; dt. *Der Bastard*, 1970) behandelt die Rassenproblematik in Venezuela im Rahmen einer Handlung, die sich in der Zeit nach dem Unabhängigkeitskrieg entwickelt. Mit den Romanen *El forastero* (1942, 1980 erschien die 1921/22 entstandene, stark abweichende Urfassung), der die politischen Kämpfe gegen Tyrannei und Oligarchie um 1920 behandelt, und *Sobre la misma tierra* (1943), in dem die politischen und wirtschaftlichen Probleme dargestellt werden, die die Entdeckung der Erdölvorkommen mit sich brachte, wird die Darstellung der nationalen Wirklichkeit Venezuelas abgerundet. Schauplatz eines weiteren Romans *La brizna de paja en el viento* (1952) ist Kuba zur Zeit der Diktatur Machados. Auf fünf verschiedenen Handlungsebenen wird ein breites soziales Panorama entfaltet. Die Durchführung der Landreform in Mexiko nach der Revolution ist Thema seines letzten Romans *La brasa en el pico del cuervo* (1970?, ab 1971 u.d.T. *Tierra bajo los pies*).

Weitere Werke: Erzählungen: *Los aventureros* (1913), *La rebelión y otros cuentos* (1946); *Theater: La doncella* (1957); Essays: *Una posición en la vida* (1954).

Ausgaben: *Obras completas.* LH 1949, 2 Bde.; Madrid 1958, 2 Bde.; LI 1959, 10 Bde. – *Cuentos completos.* CAR 1981.

Literatur: H.S. Howard, *R. G. y la revolución burguesa en Venezuela.* CAR 1976. – M. Schärer-Nussberger, *R. G., el mundo inconcluso.* CAR 1979. – *Relectura de R. G.* CAR 1980. – R. T. Caldera, *La respuesta de Gallegos: ensayos sobre nuestra situación cultural.* CAR 1980. – J. Liscano, *R. G. y su tiempo: ensayo.* CAR [2]1980. – P. Díaz Seijas, *R. G. ante la crítica.* CAR 1980. – E. Subero (Hg.), *G., materiales para el estudio de su vida y de su obra.* CAR 1980, 4 Bde. – J. Santos Urriola, *R. G. y la primera versión de ›El forastero‹.* CAR 1981. – P. A. Georgescu, *R. G.* CAR 1984. – U. Leo, *R. G. y el arte de narrar.* CAR 1984. – F. Massiani, *El hombre y la naturaleza en R. G.* CAR [2]1984. – G. Morón (Hg.), *Homenaje a R. G.* CAR 1984. – J. López Rueda, *R. G. y España.* CAR 1986. – *Homenaje de Barcelona a R. G.* Barcelona: Ayuntamiento 1986.

Garmendia, Julio

*9.1.1898 in El Tocuyo/Lara, †1977 in Caracas. Er studierte Jura in Caracas. Mehrere Jahrzehnte lang war er Redakteur der Zeitung »El Universal«.

Seinerzeit blieb G.s Erzählband *La tienda de muñecos* (1927) nahezu unbekannt, eine zweite Auflage folgte erst 1952, heute gilt er als eine der ersten Manifestationen der Avantgarde in Venezuela. Die acht Erzählungen werden durch die gleichbleibende personale Perspektive zu einer Einheit verbunden. Das Neue ist vor allem der spöttisch neugierige Blick der Erzählerfigur, der die Absurdität der Rituale und Mythen seiner zeitgenössischen Gesellschaft bloßlegt. Die kühle Nonchalance, mit der der »Puppenladen« Caracas betrachtet wird, verbirgt sarkastische Kritik und verfremdet die Realität zum Spuk ohne Zuhilfenahme fantastischer Elemente. Im Vollzug der Rehabilitation G.s wurden weitere Bände mit Erzählungen, Zeitungsartikeln, Prosaskizzen, die er ab 1917 in verschiedenen Zeitungen und Zeitschriften publizierte, herausgegeben.

Weitere Werke: *La tuna de oro* (1951), *Tres cuentos barquisimetanos* (1974), *La hoja que no había caído en su otoño* (1979), *Opiniones para después de la muerte* (1984).

Literatur: N. Osorio, ›*La tienda de muñecos*‹ *de J. G. en la narrativa de vanguardia hispanoamericana*. CAMBIO, 3 (1978), 10 (2), 60-78. – J. C. Santaella (Hg.), *J. G. ante la crítica*. CAR 1980. – N. Osorio, *La formación de la vanguardia en Venezuela: Antecedentes y documentos*. CAR 1985. – F. Burgos, *Prosa de renovaciones:* ›*Tienda de muñecos*‹ *de J. G.* ESCRITURA, 11 (1986), 22, 219-229.

Garmendia, Salvador

* 11.6.1928 in Barquisimeto/Lara. Eine mehrjährige Krankheit verhinderte seine reguläre Schulausbildung. Bald nach der Publikation seines ersten Buches, des Kurzromans *El parque* (1946), war er journalistisch bei verschiedenen Zeitungen und Rundfunksendern in Caracas tätig. Mit anderen Mitgliedern der politisch engagierten Schriftstellergruppe »Sardio« (1955-61) kam er 1957, während der Diktatur von Pérez Jiménez, für einige Wochen ins Gefängnis. 1961 nahm er maßgeblich an der Gründung der Gruppe »El Techo de la Ballena« (bis 1964) teil, die ähnlich wie die kol. Nadaisten um G. ↑Arango durch mehr oder weniger witzige Provokationen – wie Ausstellungen zum Thema »Kitsch«, als dessen Repräsentanten die großen Autoren des Landes vorgestellt wurden, oder »Nekrophilie«, mit Haufen verwesender Innereien – und entsprechende Veröffentlichungen hervortraten. Ab 1967 arbeitete er in der Publikationsabteilung der Universidad de los Andes von Mérida sowie als Herausgeber der Zeitschrift »Actual«, als Autor von Filmdrehbüchern, besonders für das Fernsehen und Mitarbeiter der humoristischen Zeitschrift »El Sádico Ilustrado«. 1973 erhielt er den Nationalpreis, 1984 wurde er zum ven. Kulturattaché in Spanien ernannt.

Diszipliniert und selbstkritisch hat G. ein kompaktes Œuvre von Romanen und Erzählbänden geschaffen, das in seiner schonungslosen Auseinandersetzung mit der Realität Venezuelas als gleichwertiges Gegenmodell zum Gesamtwerk R. ↑Gallegos' angesehen wird. Sein erster größerer Roman *Los pequeños seres* (1959) gestaltet im Rahmen der Selbstbefragung einer zentralen Person die weiterhin wichtigen Themen Identitätsverlust, zwischenmenschliche und ideologisch bedingte Entfremdung, Grausamkeit, Machismus, Tod und verzweifeltes Warten. Schauplatz ist ein graues städtisches Panorama von beliebigen Straßen, einem Zirkus, einem Friedhof, einer einsamen Zugstation. In den folgenden Romanen wird Dramatik zunehmend überführt in die Komik des Absurden, die auch Entsetzliches deutlich aufzeigt. Symbolischer Bezugspunkt des Romans *Los habitantes* (1961) ist ein mit einer unbezahlbaren Hypothek belastetes bescheidenes Haus. Akteure des ergebnislosen, möglicherweise eintägigen Geschehens sind einige sexuell frustrierte Jugendliche in einem ärmeren kleinbürgerlichen Stadtteil von Caracas. Die Beamtenschicht in dieser Stadt, ihr Selbstwertgefühl und Habitat, die unübersehbare Verfallssymptome erkennen lassen, ist kollektiver Protagonist des auktorial erzählten, streng komponierten Romans *Día de ceniza* (1963). Die Personen leben, ohne zu existieren. Der Selbstmord einer der Personen wird von den anderen als Mord interpretiert, da man an der Möglichkeit einer entschlossenen Tat zweifelt. Leben reduziert sich auf Essen, Trinken, Masturbation und Stuhlgang. Das wird in dem Roman *La mala vida* (1968, überarb. ²1982) bis über die Ekelgrenze hinaus durchexerziert, als am Romanende die männlichen Akteure – völlig normale Personen – ihre eigenen Exkremente kosten. Auch in diesem Roman ist das chaotische, sich ständig wandelnde Caracas Gegenstand einer kritischen bis angewiderten Faszination. Die in der Großstadt verlorenen Menschen bewegen sich wie Traumfiguren und sehen sich selbst verstrickt in konfuse Abenteuer, die von ihrer Realität abgelöst sind. Die hier sichtbaren fantastischen Akzente verdichten sich in den Erzählbänden *Doble fondo* (1965), *Difuntos, extraños y volátiles* (1970) und *Los escondites* (1972), in denen der Alltag als Alptraum, das Geheimnisvolle als banaler Zufall, der Tod als Beamter, das Binden einer Krawatte als verschlungene Metamorphosen, eine Türklinke als Gefängnis erscheinen. Eine andere Richtung wird mit dem Roman *Los pies de barro* (1973) eingeschlagen. Historischer Kontext ist Caracas in den 60er Jahren, zur Zeit der Stadtguerilla und Repression. Der Hauptperson, einem gescheiterten Schriftsteller, geht es um Selbsterkenntnis und Entzifferung der Fragmente des eigenen Lebens. Die Aufopferung aus politischer und sozialer Verantwortung wird als Spiel inszeniert und ohne Antwort hinterfragt. Mit *Memorias de Altagracia* (1974) hat G. erstmals das großstädtische Szenarium verlassen. In den 18 Erzählungen, die durch die gleichbleibende Perspektive des jugendlichen Erzählers verbunden sind, wird eine fast märchenhafte, legendäre Provinzstadt – der Stadtteil Altagracia von Barquisimeto – dargestellt, mit merkwürdigen Geschehnissen und skurrilen Gestalten: der atheistische Apotheker, eine fromme Tante, der Konstrukteur eines unbeweglichen Automobils, der erste Flieger, der Ziegenkastrator etc. Viele dieser Personen tauchen wieder auf in dem Erzählband *La casa del tiempo* (1986) sowie in dem an die *Memorias* anschließenden, locker gefügten Roman *El capitán Kid* (1988). Außerhalb der »Altagracia-Saga«, wie man den Zyklus genannt hat, ist *El único lugar posible* (1981) einzuordnen, eine Abfolge von Erzählungen, die durch das Milieu von billigen Pensionen und die Lebenssituation der Personen – vor allem Witwer und Alleinstehende – zu einer alptraumhaften Einheit verschmolzen werden.

Weitere Werke: Roman: *Las alegres campanas de la muerte* (1990?); Erzählungen: *El inquieto Anacobero y otros relatos* (1976), *El brujo hípico y otros relatos* (1979), *Enmiendas y atropellos* (1979), *Hace mal tiempo afuera* (1986).

Ausgabe: *Los pequeños seres. Memorias de Altagracia y otros relatos.* Hg. O. Rodríguez Ortiz. CAR 1989 (BiAy).

Literatur: L. Cardozo, ›*Memorias de Altagracia*‹, *un cambio en la narrativa de S. G.* CH, 97 (1974), 289/290, 442-447. – A. Rama, *S. G. y la narrativa informalista.* CAR 1975. – O. Rodríguez Ortiz, *Seis proposiciones en torno a S. G.* CAR 1976. – J. S. Brushwood, *Cinco novelas de S. G.: El impacto sobre los hábitos perspectivos.* H, 60 (1977), 4, 884-890. – B. Perozo Naveda, *La develación del poder en la obra de S. G.* Mérida 1979. – A. Llebot Cazalis, *El tiempo interior en los personajes garmendianos.* CAR 1980.

Gerbasi, Vicente

*2.6.1913 in Canoabo/Carabobo. Nach einem literaturwissenschaftlichen Studium in Florenz gab er mehrere Zeitschriften heraus, darunter »Bitácora« (1943-44) und »Viernes« (1945), letztere als Sprachrohr einer

Dichtergruppe, die den Surrealismus in Venezuela propagierte. Seit 1959 war er im diplomatischen Dienst u.a. in Haiti, Dänemark, Israel und Polen tätig. 1969 wurde ihm der ven. Nationalpreis für Lyrik zuerkannt.
G., der auch Maler ist, hat ein lyrisches Werk geschaffen, das die Begeisterung für die Landschaften seiner Heimat mit Motiven der Nostalgie oder einer vom Tod bedrohten Einsamkeit verbindet, was zunächst noch auf den Einfluß von P. ↑Nerudas *Residencia en la tierra* verweist. Deutlich eigenständiger ist bereits G.s zweiter Gedichtband *Bosque doliente* (1940). In ihm findet sich jene immer wieder überraschende Fähigkeit, inhaltlich weit auseinanderliegende Begriffe zu sinnvollen Metaphern zu verknüpfen. Der Schlüssel für diese Technik, auf den G. selbst in dem Essayband *Creación y símbolo* (1942) hingewiesen hat, ist die – von Hölderlin und Novalis angeregte – Idealisierung und Subjektivierung der Natur, mit der sich die Sinne des dichterischen Subjekts in Einklang bringen lassen. Die Fülle der Synästhesien und damit der Eindruck einer schwebenden Unbestimmtheit, die alogisch, jedoch nicht willkürlich ist, ergeben sich aus dem zwanglosen Wechsel von Subjekt und Objekt. G.s berühmtestes Werk ist *Mi padre el inmigrante* (1945). Ausgangspunkt der dreißig Kompositionen des Bandes sind einige Momente aus dem Leben des mythisch überhöhten Vaters, aus denen sich dann weitere Mythen und Legenden, geschichtliche Ereignisse, metaphysische Fragen, abergläubische Sitten und Bräuche der ital. und ven. Landbevölkerung herleiten. Im Hinblick auf poetische Techniken und Erfindungen gilt indes der Band *Los espacios cálidos* (1952) als G.s bedeutendste Leistung. Während zuvor manche Gedichte durch Aufzählungen und Wiederholungen zu eloquent und überladen wirkten, erreicht er in diesem Band, dessen Thematik sich größtenteils aus Kindheitserinnerungen ergibt, ein Höchstmaß an Leichtigkeit, Schlichtheit und Bedeutungsfülle.

Weitere Werke (Auswahl): *Vigilia del náufrago* (1937), *Poemas de la noche y de la tierra* (1943), *Liras* (1943), *Tirano de sombra y fuego* (1955), *Por arte de sol* (1958), *Olivos de eternidad* (1961), *Poesía de viajes* (1968), *Retumba como un sótano del cielo* (1977), *Edades perdidas* (1981); Prosa: *La rama del relámpago* Hg. O. Sambrano Urdaneta. CAR 1984.
Ausgaben: *Antología poética, 1943-1978.* CAR 1980. – *Obra poética.* Hg. F. Pérez Perdomo. CAR 1986 (BiAy).
Literatur: E. León, *La elegía como celebración.* ESCRITURA, 11 (1986), 21, 49-69. – J. Prats Sariol, *G.: Alquimia de palabras.* CDLA, 27 (1987), 160, 114-117.

González León, Adriano
* 1931 in Valera/Trujillo. Mitglied der Redaktionen der Zeitschriften »Sardio« (1958), »En Letra Roja« (1962) und – neben S. ↑Garmendia u.a. – der Schriftstellergruppe »El Techo de la Ballena« (1961-64); Literaturprofessor an der Universidad Central (seit 1969) und Redakteur der Fernsehsendung »Contratema«.
Sein bekanntestes Werk, inzwischen ein Klassiker der 60er Jahre, ist der Roman *País portátil* (Barcelona 1968), der den span. Preis »Biblioteca Breve« erzielte. Sein Thema ist die damals noch aktuelle Guerilla und Repression in Caracas. Auf drei auch sprachlich voneinander abgesetzten Handlungsebenen entfaltet sich die Lebensgeschichte einer diffusen Hauptperson, deren Vergangenheit im ländlichen, fast noch feudalen Venezuela von Trujillo wurzelt. Die Gegenwart, die den Verlauf einer halbtägigen subversiven Mission erfaßt, ist durch den Alltag in Caracas gezeichnet: vom Verkehrsstau bis zur Erschießung von Demonstranten und Folterung von verhafteten

Guerilleros. In den Passagen, die in ländlicher Umgangssprache geschrieben sind, streckenweise aber auch in den anderen Teilen erreicht der Roman poetische Intensität. Diese besonders auf der Bildhaftigkeit beruhende Qualität läßt sich auch im übrigen Werk G. L.s, das im wesentlichen Erzählungen umfaßt, feststellen. Hervorzuheben als ein typisch skandalöses Produkt der Schriftstellergruppe »El Techo de la Ballena« ist die zusammen mit dem Fotografen Daniel González erstellte Publikation *Asfalto-infierno* (1963) über absurd makabre Aspekte in den Außenvierteln von Caracas.

Weitere Werke: Erzählungen: *Las hogueras más altas* (1957), *Hombre que daba sed* (1967), *Linaje de árboles* (1988).
Literatur: R. Gnutzmann, *A. G. L., ›País portátil‹: Entre el documento y la ficción.* HISP, 21 (1978), 3 (63), 89-102.

Heredia, José Ramón
* 10.11.1900 in Trujillo, † 1948 (?) in Caracas. Er kam um 1930 nach Caracas, arbeitete in verschiedenen Ministerien und war als Diplomat in Kairo und Lima tätig. Er gehört zu der experimentierfreudigen Lyrikergruppe um die Zeitschrift »Viernes«, die 1936 nach Beendigung der Gómez-Diktatur von rückgekehrten Emigranten gegründet und getragen wurde. Das Konzept, das H.s Lyrik zugrundeliegt, ist eine intuitive, mit dem Begriff »magisch« umschriebene Erkenntnis der Schönheit der Dinge. Die suggestive Metapher, die die Verbindung zwischen Erfahrbarem und Geheimnisvollem, zwischen Bewußtem und Unbewußtem herstellt, ist für ihn das wichtigste poetische Instrument. Zeigt sich hier die Beziehung zum Surrealismus, greift H. andererseits auf traditionelle Metren und Versformen zurück. In ähnlicher Breite reicht der Aussagegehalt seiner Gedichte von der ästhetisierenden Verklärung der Welt bis zum tiefempfundenen humanitären Engagement.

Werke: Lyrik: *Paisajes y canciones* (1928), *Por Caminos nuevos* (1933), *Justicia bárbara* (1934), *Música de silencios* (1936), *Los espejos de más allá* (1938), *Gong en el tiempo* (1941), *Mensaje en siete cantos de la guerra y la paz y desde América* (1944), *Maravillado cosmos* (BA 1950), *La noche y siempre la noche* (ASU, 1966), *Antología poética*. CAR 1974. – Prosa: *Doce horas por las calles de Caracas* (1948).

Herrera Luque, Francisco
* 14.12.1927 in Caracas, †14.4.1991. Er war Psychiater von Beruf, 1974-76 Botschafter in Mexiko und wohl der meistgelesene und produktivste ven. Autor. Manche seiner – im Durchschnitt über 500 S. starken – Romane, wie *Boves el urogallo* (1972), haben bereits mehr als zwanzig Auflagen erreicht, fast ebenso viele *En la casa del pez que escupe el agua* (1975), eine Chronik der ven. Diktatoren und ihrer intellektuellen Helfer zwischen 1875 und 1935. H. L. nannte seine Schreibweise, die Dokumentation mit Fiktion verwebt, »fabulierte Geschichte«, wobei das dokumentarische Fundament besonders bei den von ven. Historikern polemisch diskutierten Personen wie Boves oder dem von Bolívar hingerichteten Protagonisten des Romans *Manuel Piar, caudillo de dos colores* (1987) sehr wichtig gewesen ist. In H. L.s auch international bekanntem Roman *La luna de Fausto* (1983; dt. *Faustmond. La luna de Fausto*, 1986) überwiegt jedoch das fantasievoll Fabulierte. Der Roman, dem ein historischer Anhang beigefügt ist, spielt zur Zeit der Reformation. Held ist der Franke Philipp von Hutten, der sich an einer gescheiterten Expedition im Auftrag der Welser beteiligt, das sagenhafte El Dorado zu finden. Wie im spätmittelalterlichen Ritterroman, der als Modell erkennbar bleibt, vermi-

schen sich in H. L.s Text historische und märchen- oder sagenhafte Gestalten, wobei sich die weiblichen Gestalten im wesentlichen auf bayrische Hexen oder eine Amazonenkönigin reduzieren. Postum erschien der erfolgreiche Roman *Los cuatros reyes de la baraja* (1991), der im Rahmen verschiedener Handlungsebenen, darunter der jugendlichen Prostituierten Democracia und Libertad, die These vertritt, daß nur vier große Persönlichkeiten, allesamt Diktatoren, Venezuela regiert hätten.

Weitere Werke: Romane: *Los amos del valle* (1979, 2 Bde.), *La historia fabulada I, II y III* (1980, 1982, 1983); Untersuchungen, Essays: *Los viajeros de Indias* (1961), *Las personalidades psicopáticas* (1968), *La huella perenne* (1969), *Bolívar de carne y hueso* (1983).

Literatur: A. Márquez Rodríguez, ›*La luna de Fausto*‹ *y la nueva novela histórica latinoamericana*. CDLA, 24 (1984), 144, 172-178.

Liendo (Zurita), Eduardo

* 1941 (?) in Caracas. Nach eigener Angabe war er 1973 dreißig Jahre alt. Sechs Jahre hatte er damals wegen Teilnahme an der Guerilla im Gefängnis verbüßt. Die Jahre der verschärften Repression, die Teilnahme am bewaffneten Untergrundkampf, Gefangenschaft und immer wieder gescheiterte Fluchtversuche sind Thema des »Zeugnisromans« *Los topos* (1975), der in einem klaren und direkten Stil vor allem den Gefängnisaufenthalt in der berüchtigten Festung »El Vigía« sowie auf der von Krankheiten verseuchten Insel Tacarigua beschreibt. Zuvor hatte L. den satirischen Kurzroman *El mago de la cara de vidrio* (1973) veröffentlicht. Er behandelt die Folgen des Fernseh-Rausches, in den die Personen – Mittelstand aus Caracas – geraten sind, der zumindest bei dem Erzähler zur Einlieferung in ein Irrenhaus geführt hat. Absurder Humor kennzeichnet den kürzeren romanähnlichen Text *Mascarada* (1978). Um populäre Musik geht es in dem Roman *Si yo fuera Pedro Infante* (1989).

Weitere Werke: *Los platos del diablo* (1985), *El cocodrilo rojo* (1987).

Liscano, Juan

* 7.7.1915 in Caracas. Er verbrachte einen Großteil seiner Kindheit und Jugend in Frankreich, Belgien und der Schweiz. Ab 1934 entfaltete er in Venezuela breite Aktivitäten als Journalist, Anthropologe, Ethnologe und Literaturkritiker. Für sein lyrisches Werk, in dem er auf die Folklore des Landes zurückgreift, erhielt er 1950 den Nationalpreis. Er war Herausgeber der wichtigen Literaturzeitschrift »Zona Franca« (ab 1964).

Werke (Auswahl): Lyrik: *Contienda* (1942), *Humano destino* (1949), *Tierra muerta de sed* (1954), *Nuevo mundo Orinoco* (1959), *Rito de sombra* (1961), *Cármenes* (1966), *Nombrar contra el tiempo* (1968), *Teclado obscuro* (1969), *Los nuevos días* (1971), *Rayo que al alcanzarme* (1978), *Fundaciones* (1981); Essays, Untersuchungen: *Poesía popular venezolana* (1945), *Folklore y cultura* (1950), *Caminos de la prosa* (1953), *Rómulo Gallegos y su tiempo* (1961, ²1980), *Tiempo desandado* (1964), *La geografía venezolana en la obra de Rómulo Gallegos* (1970), *Panorama de la literatura venezolana actual* (1973), *Espiritualidad y literatura* (1976), *El horror por la historia* (1980), *Descripciones* (1983).

Meneses, Guillermo

* 15.12.1911 in Caracas, † 29.12.1978 auf Isla Margarita. Als Student beteiligte er sich 1928 an den Demonstrationen gegen J. V. Gómez und kam für ein Jahr ins Gefängnis. 1936 Promotion in Politischen Wissenschaften; 1937 Richter; ab 1942 Redakteur, zunächst bei der Zeitung »Ahora«, später bei »El Universal« und »El Nacional« sowie Herausgeber der wichtigen Kulturzeitschrift »CAL« (1962-66); 1953-

59 Botschaftssekretär in Brüssel; 1967 ven. Nationalpreis für Literatur.
In fünf Romanen und einem Dutzend guter Erzählungen hat M. ein komplexes Bild der ven. Gesellschaft entworfen, das um so überzeugender ist, als er auf Mythisierung verzichtet und zugleich durch den Einsatz von – zu ihrer Zeit innovatorischen – Perspektivierungstechniken und einer reflektierten sprachlichen Gestaltung die Fragwürdigkeit einer umfassenden »Wesensbestimmung« durchblicken läßt. Sein kurzer, erster Roman *Canción de negros* (1934) ist eine eher lyrische als dramatische Geschichte der Liebschaften, Tätigkeiten und Gefängnishaft eines Schwarzen. *Campeones* (1939) behandelt das Schicksal von vier jungen Männern aus dem Landesinneren und ihre – bis auf kurzen Starruhm im Profisport – schließlich scheiternden sozialen Aspirationen. *El mestizo José Vargas* (1942), ein Roman in fünf »Akten« exemplifiziert in der Konstellation eines despotischen Großgrundbesitzers, einer sich sozial und als Persönlichkeit emanzipierenden Indianerin und ihres gemeinsamen, zwiespältigen Sohnes José V. die Rassenproblematik. In *El falso cuaderno de Narciso Espejo* (1952) verschachteln und ergänzen sich in wechselseitiger Spiegelung zwei verschiedene fiktive Diskurse und ihre jeweiligen Ich-Erzähler, deren existentielles Scheitern wiederum auf das Verhältnis von Wahrheit bzw. Realität und schemenhafter oder »falscher« Wiedergabe der Wahrheit in der Literatur verweist. Identitätssuche und literarische Selbstreflexion werden auch in *La misa de Arlequín* (1962) gestaltet, wobei in der sich ständig verwandelnden Titelfigur das poetisch-allegorische Bild der ven. oder lateinam. Gesellschaft verdichtet wird. Ihm gegenüber exemplifiziert der Trunkenbold Martínez ein konkretes, von Elend und Frustration geprägtes Bild des gegenwärtigen Caracas. In einer den Roman abschließenden Burleske stellt Arlequín sowohl den Autor eines »Balletts der Obristen« dar als auch das gesamte Corps putschsüchtiger Militärs und trickreicher Politiker. Zu M.' weiteren Werken gehören u. a. das Theaterstück *El marido de Nieves Mármol* (1944), die literaturkritischen Essays *Caracas en la novela venezolana* (1966) und *Espejos y disfraces* (1967) sowie die Stadtchronik *Libro de Caracas* (1967).

Ausgaben: *Diez cuentos*. CAR 1968. – *Cinco novelas*. CAR 1972. – *Espejos y disfraces*. CAR 1981 (BiAy, 81).
Literatur: J. Gerendas, *›La misa‹ de G. M.* CAR 1960. – A. Boulton, *El verdadero cuaderno de G. M.* CAR 1979. – G. García Riera, *G. M.: una bibliografía*. CAR 1981. – L. Corbalan, *G. M.: lo otro como doble*. HISPA 11 (1982), 31, 79-84. – L. Zacklin, *La narrativa de G. M.* CAR 1985.

Muñoz, Rafael José
* 1928 in Guanape/Anzoátegui. † 1981. Er war 1970 Redakteur der Zeitschrift »Zona Franca«. Eine außerordentliche Dichterpersönlichkeit läßt seine erste, fast 500 S. starke Lyrikausgabe *El círculo de los 3 soles* (1968) erkennen, die zu »intimen Visionsübungen« einlädt. In manchen Gedichten findet sich etwas viel an modischer Esoterik oder Kabbalistik. Hingegen faszinieren seine vielseitigen Sprachexperimente und die Entdekkungen seltsamer Welten.

Weitere Ausgabe: *Obra poética*. Pról. J. Liscano. CAR 1981.

Otero Silva, Miguel
* 26.10.1908 in Barcelona/Anzoátegui, † 28.8.1985 in Caracas. Als Student der Ingenieurwissenschaft nahm er 1928 in Caracas aktiv an der Studentenrevolte gegen die Diktatur Gómez' teil, wurde verhaftet und 1930 in die Verbannung geschickt. 1937, ein Jahr nach seiner Rückkehr, mußte er erneut

– bis 1941 – ins Exil gehen. In Caracas gründete er die humoristische Wochenzeitschrift »El Morrocoy Azul« und 1943 mit seinem Vater und A. ↑Arráiz die Tageszeitung »El Nacional«, die er bis 1954 leitete. 1958-64 war er Senatsmitglied.

Als Lyriker, Romancier und Humorist nimmt O.S. einen hervorragenden Platz in der Kultur Venezuelas ein. Das Bewußtsein des Sozialrevolutionärs, der seine Gefühle und sein Leben dem politischen Ziel unterordnet, ist Thema des Lyrikbandes *Agua y cauce* (1937). In einer späteren Sammlung, *Sinfonías tontas* (1962), entfaltet sich Humor in einer Skala, die von der Parodie bis zur sarkastischen Absurdität reicht. O.s erster Roman, *Fiebre* (1939, überarb. 1971; dt. *Fieber*, 1960) ist die Geschichte des zusammengebrochenen Aufstandes der ven. Studenten und ein Dokument ihrer Leiden in den Arbeitslagern. Die Agonie des Protagonisten im Schlußteil ist eine Anklage von erschütternder Gewalt. *Casas muertas* (1955), einer der großen Romane Lateinamerikas, behandelt das allmähliche Sterben einer Stadt in der Öde der Savanne. Weniger die – rückläufig entwickelte – Handlung als die Atmosphäre von Krankheit, Verfall und Tod, die durch die Zeugnisse einstiger Blütezeit noch um so erdrückender wirkt, geben dem Werk eine kompakte Einheit. Trotz der allgemeinen Trostlosigkeit und resignierten Bereitschaft zum Sterben manifestiert sich in den Personen ein gewisser Heroismus des Alltags. Die einzige allerdings, die dem Untergang entgeht, ist die junge Carmen Rosa, ein von einem geheimnisvollen Lebenswillen beseeltes Mädchen, das nach dem Verlust des Geliebten die todgeweihte Stadt verläßt. In *Oficina No. 1* (1961) wird der weitere Lebensweg Carmen Rosas in den neuerschlossenen Erdölfeldern Venezuelas verfolgt. Das Mädchen, das in *Casas muertas* mit Hingabe seinen Blumengarten pflegte, erfährt hier die ganze Härte eines von rücksichtslosem Gewinnstreben beherrschten Lebens. *La muerte de Honorio* (1963; dt. *Der Tod des Honorio*, 1976) behandelt die Repression unter Pérez Jiménez (1952-58). Der erste Teil besteht aus den Gesprächen von fünf politischen Gefangenen, die in ihrer Haft entsetzliche Folterungen erleiden mußten. Der zweite Teil, in Form eines Tagebuchs, kreist um die Figur Honorios, eines von einem der Inhaftierten erfundenen Jungen, der zu ihrem gemeinsamen Sohn wird. *Cuando quiero llorar no lloro* (1970; dt. *Ich weine nicht*, 1975) ist eine von schwarzem Humor durchsetzte Analyse der Gegenwart Venezuelas. Die drei Helden – Victorino Pérez, der dem asozialen Milieu entstammt, Victorino Perdomo, ein Rebell der Mittelklasse und Victorino Peralta, Sohn eines Millionärs – haben denselben Geburtstag im Jahr 1948. Jeder von ihnen repräsentiert einen Ausschnitt der gesellschaftlichen Wirklichkeit: Elend und Exkremente im Armutsviertel La Charneca, Wirkungslosigkeit studentischen Protests, »Jailai« – Luxus, schnelle Autos, elegante Prostitution – und politische Macht. *Lope de Aguirre, príncipe de la libertad* (1979; dt. *Lope de Aguirre, Fürst der Freiheit*, 1981) rekonstruiert aus verschiedenen Erzählperspektiven die Geschichte des blutrünstigen Moralisten und Rebellen (sowie Romanprotagonisten A. ↑Uslar Pietris, 1947, und des Spaniers J.R. Sender, 1968). Bei O.S. wird Aguirre, auf den sich Simón Bolívar in seinem »Decreto de guerra a muerte« von 1813 bezog, zum Vorläufer der lateinam. Unabhängigkeitskämpfe. In *La piedra que era Cristo* (1985) hat O.S. eine romanhafte Umsetzung des Neuen Testaments versucht, wie auch der Argentinier D. ↑Sáenz in *Cristo de pie* (1988).

Ausgaben: *Poesía completa*. CAR 1972. – *Obra poética*. CAR 1976. – *Obra humorística completa*. Barcelona 1976. – *Prosa completa; opiniones sobre arte y política*. CAR 1976. – *Un morrocoy en el infierno: humor - humor - humor*. CAR ²1982.
Literatur: E. Subero, *Cercanía de M. O. S.* CAR 1975. – L. E. Delgado, *M. O. S. y la nueva novela venezolana*. ALH, 13 (1984), 203-207. – J. A. Marban, *Transfiguración histórica y creación literaria en el ›Lope de Aguirre‹ de O. S.* RI, 51 (1985), 130/131, 273-282. – A. Márquez Rodríguez, *Acción y pasión en los personajes de M. O. y otros ensayos*. CAR 1985. – L. Acosta, *Dos novelas venezolanas de lo real maravilloso*. CDLA, 27 (1986), 157, 161-170. – A. A. Rodríguez, *La mutabilidad de la historia: ›Lope de Aguirre, príncipe de la libertad‹*. ESCRITURA, 15 (1990), 29, 77-84.

Palacios, Lucila
* 8.10.1902 in Puerto España auf Trinidad, eigtl. Mercedes Carvajal de Arocha. Kindheit und die meiste Zeit ihres Lebens verbrachte sie in Ciudad Bolívar (Ven.). 1936 gründete sie die frauenrechtlerische Junta Patriótica Femenina. 1948-52 war sie Senatorin des Staates Bolívar, ab 1963 Botschafterin Venezuelas in Uruguay.
In Romanen, Theaterstücken und Essays hat sie für die Gleichberechtigung der Frauen gekämpft. Ihr erster und mit über 500 S. umfangreichster Roman *Los buzos* (1937) behandelt im Rahmen einer im ven. Guayana spielenden Familiengeschichte Probleme und Konsequenzen falscher Kindererziehung. *Rebeldía* (1940), ein Roman in Briefen, beleuchtet aus der Sicht zweier Kusinen Verständnislosigkeit und Despotie der Männer. *Tres palabras y una mujer* (1944) kreist um den Konflikt einer Frau, die beim ehelichen Beischlaf ihrem Mann in Gedanken untreu wird. *El corcel de las crines albas* (1950), einer ihrer lebendigsten Romane, spielt im Milieu der Fischer der Insel Margarita. *Cubil* (1951) kombiniert das Thema der verderblichen Faszination des Urwalds mit dem der Rechtlosigkeit der Frau und der Rassenproblematik in einem Crescendo wilder Abenteuer und Verstrikkungen.
Weitere Werke: Romane: *Tiempo de siega* (1940), *La gran serpiente* (1943), *El día de Caín* (1958), *Signos en el tiempo* (1969), *La piedra en el vacío* (1970), *Reducto de la soledad* (1975); Erzählungen: *Trozos de vida* (1942), *Mundo en miniatura* (1955), *Ayer violento* (1965), *Cinco cuentos del sur* (1972); Theater: *Orquídeas azules* (1942), *Niebla* (1952), *Juan se durmió en la torre* (1956); Lyrik: *Poemas de noche y de silencio* (1964).

Parra, Teresa de la
* 5.10.1895 in Paris, † 23.4.1936 in Madrid. Eigtl. Ana Teresa Parra Sanojo. Ihre Eltern waren Venezolaner. Mit ihnen kam sie 1902 nach Venezuela und verbrachte einige Jahre auf einer Hacienda ihrer Familie in der Nähe von Caracas. Im Kolleg Sacre Cœur im span. Valencia erhielt sie 1906-15 ihre höhere Schulbildung. Danach lebte sie wieder einige Zeit in Venezuela, ab 1924 in Europa, hofiert von Schriftstellern, Künstlern und Politikern. Ihre letzten Lebensjahre, ab 1932, waren überschattet von einer unheilbaren Lungentuberkulose.
Ihr literarischer Ruhm gründet sich auf die Romane *Ifigenia. Diario de una señorita que escribió porque se fastidia* (1924) und *Memorias de Mamá Blanca* (1929). Der erste Roman, von dem ein Auszug 1922 erschienen war, erhielt 1924 in Paris den »Prix du meilleur roman américain«. In ironisch-elegantem Plauderton schildert die Protagonistin María Eugenia zunächst in Brief-, dann in Tagebuchform, wie sie, als sie mit achtzehn Jahren von Paris nach Caracas zu ihrer inzwischen verarmten Verwandtschaft zurückkehrte, einer Gesellschaft begegnet, deren stikkiger Traditionalismus ihren Erfah-

rungen von Freiheit und Weltoffenheit entgegengesetzt ist. Die rigiden Normen der Familie zwingen sie, statt ihre Bildung nutzbringend einzusetzen, standesgemäß zu heiraten. Das »Luxusobjekt, das auf der Messe des Lebens zum Verkauf angeboten wird«, findet bald einen Interessenten, dessen einziger Vorzug der Reichtum ist. Notgedrungen nimmt ihn – die auch recht kokette und putzsüchtige – »Iphigenie« María Eugenia zum Ehemann. Obwohl die Sozialkritik eher lächelnd als bitter, eher mit Anmut als Provokation vorgebracht wird, war in Venezuela das Echo zunächst negativ. Indirekt kommt die Ablehnung später in der Form zum Ausdruck, daß man den *Memorias de Mamá Blanca* als dem reiferen und subtileren Werk de la P.s den Vorzug gibt. Die »Lebenserinnerungen« Blancas erfassen eine idealisierte Kindheit auf einer ven. Zuckerrohrhacienda um die Jahrhundertwende. Die verschiedenen Charaktere – der weise Gärtner, der dichtende Rinderhirt, der zerstreute Vetter, die spöttischen Schwestern, die tüchtige Mulattin – sowie die Gebräuche und Aktivitäten der Landbewohner ergeben das nahezu paradiesische Bild einer patriarchalischen Ordnung, das nur durch die delikate Schlichtheit der Erzählerfigur Glaubwürdigkeit erhält. Neuere feministische Interpretationen erkennen in dem Roman gleichwohl scharfe, wenn auch indirekte Kritik am männlichen bzw. weiblichen Rollenverhalten.

Ausgaben: *Obras completas*. CAR 1965. – *Obra. Narrativa, ensayos, cartas*. Hg. V. Bosch. CAR 1982 (BiAy). – *Las memorias de Mamá Blanca*. Madrid 1989.

Literatur: R. Berlín u.a., *Contribución a la bibliografía de T. de la P., 1895-1936*. CAR 1970. – V. Fuenmayor Ruiz, *El inmenso llamado. Las voces en la escritura de T. de la P.* CAR 1974. – C. Piedrahita, *Literatura sobre la problemática femenina en Latinoamérica*. CAM, 40 (1981), 3 (236), 222-238. – V. Bosch (Hg.), *T. de la P. ante la crítica*. CAR 1982. – V. Bosch, *Lengua viva de T. de la P.* CAR [2]1983. – R. Hiriart, *Más cerca de T. de la P.* CAR 1983. – E. Aizenberg, *El ›Bildungsroman‹ fracasado en Latinoamérica: el caso de ›Ifigenia‹, de T. de la P.* RI, 51 (1985), 132/133, 539-546. – E. Garrels, *Las grietas de la ternura. Nueva lectura de T. de la P.* CAR 1986.

Pérez Bonalde, Juan Antonio

* 30.1.1846 in Caracas, † 4.10.1892 in La Guayra. Wegen des Bürgerkrieges emigierte seine Familie 1861 nach Puerto Rico. Bald nach der Rückkehr mußte er sich als Autor einer Satire auf Guzmán Blanco erneut ins Exil begeben. Ab 1870 lebte er in New York und unternahm von dort als Vertreter einer Parfümfabrik Reisen durch Lateinamerika, Europa und Asien. Seit 1890 dämmerte er, Opfer einer vom Morphinismus verursachten Totallähmung, dem Tode entgegen.

Literaturgeschichtlich gehört P.B. zur Romantik. Gegenüber den meisten Dichtern dieser Schule in Venezuela überzeugt er durch die Authentizität seiner schwermütigen Gefühle, durch den Ton zurückhaltender, gedämpfter Verzweiflung. Zu seinen berühmtesten Gedichten zählen »Flor«, eine tiefsinnige Klage um den Verlust einer Tochter, »Vuelta a la patria«, eine elegische Evokation der Heimat des Verbannten, und *El poema del Niágara* (New York 1880), ein, nach den einleitenden Worten J. ↑Martís, »titanischer Dialog zwischen dem ungeduldigen Menschen und der verachtungsvollen Natur«. Das tragisch metaphysische Lebensgefühl sowie die Zuwendung zu den Mysterien des Todes in seinen Dichtungen erinnern an Poe und Heine, die P.B., der mehrere Sprachen beherrschte, kongenial übersetzte.

Werke: *Estrofas* (1877), *Ritmos* (1880).

Ausgaben (Auswahl): *Poesías y traducciones*. CAR 1947. – *J.A.P.B.* Hg. P.P. Paredes. CAR 1964, 2 Bde.

Literatur: J. R. Medina, *J. A. P. B.* CAR 1954. – E. A. Johnson, *J. A. P. B., los años de formación*. Mérida (Ven.) 1971. – A. Pérez Huggins, *J. A. P. B., poeta romántico*. CAR 1988.

Picón Febres, Gonzalo

* 10.9.1860 in Mérida (Ven.), † 6.6. 1918 in Curaçao. Nach dem Studium Polit. Wissensch. an der Universidad Central bekleidete er ab 1888 verschiedene diplomatische und Ministerämter. Er schrieb für die Zeitungen »La Epoca«, die er 1878 mitgegründet hatte, sowie »El Cojo Ilustrado«. Eine antiimperialistische Gedenkrede zur Hundertjahrfeier der Unabhängigkeitserklärung Venezuelas, 1910, brachte ihn in Konflikt mit dem Diktator Gómez. P. F. zählt zu den bedeutendsten ven. Romanciers und Literaturkritikern seiner Epoche. Sein erster Roman *Fidelia* (1893) gilt, trotz gelegentlicher Rückfälle in romantische Melodramatik, als einer der ersten naturalistischen Romane in Venezuela. Erzählt wird das Leben eines Dienstmädchens im Hause eines Priesters, das sich aus einer – von der Mutter geerbten – Haltlosigkeit einem korrupten Politiker hingibt. P. F.' Hauptwerk ist *El sargento Felipe* (1899). In einer gradlinigen Handlung wird das Drama eines Bauern entwickelt, dem der Bürgerkrieg von 1871 das Leben zerstört. Zwangsrekrutiert muß er seinen Hof verlassen, um für eine Partei zu kämpfen, deren Ziele und Führer er nicht kennt. Als abgerissener Unteroffizier kehrt er zurück. Sein Haus ist inzwischen verbrannt, sein Feld verödet, die Frau vor Gram gestorben und die Tochter zu einer der Mätressen des Großgrundbesitzers geworden. Die Rache, die er an dem Verführer vornimmt, kann ihn aus seiner Verzweiflung nicht erlösen. In der Ausweglosigkeit seines Schicksals stürzt er sich von einem Felsen. Es geht in dem Roman ebenso um den Protest gegen das soziale Unrecht wie um die getreue Erfassung der Landschaft und um das Porträt der Landbevölkerung. Die erzählerische Kraft, die P. F. hier beweist, erreicht er nicht mehr in den weiteren Werken. Als Literaturwissenschaftler ragt er wegen seiner manchmal fast rüden Kritik an den Zeitgenossen hervor. Dabei sind ihm zwar manche Fehlurteile unterlaufen – so verkannte er die gewichtige literarische Erneuerung, die der Modernismus und besonders das Werk R. ↑Daríos bedeuteten –, aber sein Bemühen um Objektivität und seine unermüdliche Forschungstätigkeit, die sich in acht umfangreichen Bänden zur Literaturgeschichte Venezuelas niedergeschlagen haben, verdienen Anerkennung.

Weitere Werke: Romane: *¡Ya es hora!* (1895), *Nieve y lodo* (1895), *Flor* (1905); Erzählungen: *De tierra venezolana* (1939); Lyrik: *Caléndulas* (1893), *Claveles encarnados y amarillos* (1895); Untersuchungen, Essays: *Páginas sueltas* (1889), *Revoltillo* (1890), *La literatura venezolana en el siglo diez y nueve* (1906), *Teatro crítico venezolano* (1912).

Ausgabe: *Obras póstumas*. CAR 1939, 5 Bde.

Pocaterra, José Rafael

* 18.12.1890 in Valencia/Carabobo, † 18.4.1955 in Montreal. Ab 1908 als Journalist und Politiker tätig, wurde er mit zwanzig Jahren zum Gouverneur des Staates Guárico ernannt. Ab 1914 trat er öffentlich in Opposition zur Gómez-Diktatur und kam 1919 ins Gefängnis. 1922 gelang ihm die Flucht ins Ausland. Bis 1935 lebte er in Kanada. Nach seiner Rückkehr war er u. a. Präsident des ven. Senats (1939-41), Minister für Arbeit und Verkehr, Gouverneur seines Heimatstaates Carabobo und Botschafter in England, der damaligen UdSSR (1945), den USA und Brasilien. 1950 ging er wieder nach Kanada und lehrte hispanoam. Literatur an der Universität von Montreal.

P.s Romane und Erzählungen entstanden aus der Verachtung gegenüber dem nationalen Literaturbetrieb und in der erklärten Absicht einer satirischen Aufrechnung gesellschaftlicher Mißstände. Aber anstelle von Karikaturen gelangen ihm psychologisch überzeugende Charaktere und außerordentlich plastische Darstellungen der ven. Realität. Sein erster Roman *Política feminista* (1913, ab 1918 u.d.T. *El doctor Bebé*) schildert Aufstieg und Fall eines jungen, gebildeten und korrupten Politikers. Die lächerlichen Intrigen dieses Dr. Bebé als Gouverneur von Carabobo – er verheiratet seinen Sekretär mit der Schwester einer Geliebten, um den Skandal eines unehelichen Kindes zu vertuschen – karikieren die Aktivitäten des 1909 gestürzten Diktators C. Castro und sind zugleich Reflex der sozialen Zwänge in einer Provinzstadt. *Vidas oscuras* (1916) konfrontiert im Schicksal von zwei Brüdern das halbfeudale, ländliche Venezuela mit dem modernen Caracas der Opportunisten und Schmarotzer. *Tierra del sol amado* (1918) greift wieder die Kritik der Provinzgesellschaft auf. Schauplatz ist die Hafenstadt Maracaibo. Das Handlungsgerüst bilden die vier Liebschaften eines Politikers, wobei mit dem Verlust seiner Macht auch die Zuneigung der Damen schwindet. Während P.s Gefängnishaft entstand *La casa de los Abila* (1946), die Chronik der moralischen Zerrüttung einer bürgerlichen Familie. Ein eindrucksvolles, z.T. erschütterndes Dokument sind die autobiographischen *Memorias de un venezolano de la decadencia* (1927, 2 Bde.).

Weitere Werke: Erzählungen: *Cuentos grotescos* (1922, 2 Bde.); Lyrik: *Voces del viento* (1951), *Valencia, de la Venezuela* (1955), *Después de mí* (1965); Essays, Sonstiges: *La tyrannie au Vénézuela ...* (Paris 1928), *Cartas hiperbóreas*. Hg. M. Caballero. CAR 1975.

Ausgaben: *Obras selectas*. Madrid, CAR 1956. – *Sus mejores cuentos*. CAR 1959.

Literatur: J. A. Castro, *El sentido de lo grotesco en los cuentos de P.* Maracaibo 1968. – L. A. Arcay, *Evocación de P.* Valencia (Ven.) 1970. – *Contribución a la bibliografía de J. R. P.* CAR: Gobernación del Distrito Federal 1970.

Ramos Sucre, José Antonio

*9.6.1890 in Cumaná/Sucre, †13.6.1930 (Selbstmord) in Genf. Er studierte Politische Wissenschaften und Sprachen, u.a. Griech., Dän., Niederländ., und war Lehrer an verschiedenen höheren Schulen sowie Dolmetscher der Staatskanzlei; ab 1929 ven. Generalkonsul in Genf.

Seine Gedichte und lyrische Prosa haben seit den 50er Jahren zunehmend Beachtung gefunden, während ihre Paradoxien und vieldeutige Symbolik zu Lebzeiten R. S.s als unverständlich abgelehnt wurden. Außerordentlich ist R. S.s Belesenheit, die in einer Fülle von Anspielungen zum Ausdruck gebracht wird, sicher auch mit der Absicht, Distanz zu seiner nationalen Umwelt zu schaffen. Die kühne, traumbildhafte Metaphorik und Adjektivierung läßt die Nähe des Surrealismus und anderer avantgardistischer Schulen erkennen. Die Präzision und Knappheit seines Stils weist andererseits zurück auf den Conceptionismus Graciáns oder Quevedos.

Werke: *Trizas de papel* (1921), *La torre de timón* (1925), *El cielo de esmalte* (1929?), *Las formas del fuego* (1929).

Ausgaben: *Obras*. Pról. de F. A. Núñez. CAR 1956. – *Obra completa*. Hg. J. R. Medina. CAR 1983 (BiAy). – *Obra poética*. Pról. de C. A. León. CAR ²1990.

Literatur: J. R. Medina (Hg.), *R. S. ante la crítica*. CAR ²1983. – S. Tenreiro, *Para una poética del sujeto en la obra de J. A. R. S.* ESCRITURA, 11 (1986), 21, 25-39.

Romero, Denzil

*1938 in Aragua de Barcelona. Er ist

Rechtsanwalt und Professor für Philosophie. Als Schriftsteller hat er sich auf die Zeit der Befreiungskriege spezialisiert. *La tragedia del Generalísimo* (1984) ist der erste Teil einer geplanten Roman-Tetralogie über Francisco de Miranda (1750-1816), den Vorkämpfer für die Unabhängigkeit Venezuelas. Erzählt wird vor allem in der zweiten Person aus der Retrospektive auf Kindheit und Jugend des in Cádiz Inhaftierten. Äußerst minutiös werden die historisch realen Personen, mit denen der Held in Berührung kam, sowie Städte, Landschaften, Innenräume etc. geschildert. *Grand Tour. Epítasis* (1987) ist der zweite Teil der Miranda-Saga. Wie im klassischen Drama in der »Epitasis« der Handlungsknoten geschürzt wird, so soll in diesem Roman über einen Roman das Ende des Helden verzögert werden. Den hauptsächlichen Inhalt bilden die Reisen des Generalissimus durch Europa sowie seine Liebesabenteuer. Aus anderer Sicht werden die Freiheitskämpfe in *La esposa del Dr. Thorne* (1988) beleuchtet. Die Heldin dieses in der span. Erotik-Reihe »La Sonrisa Vertical« erschienenen Romans ist Manuela Sáenz, die Geliebte Bolívars, eine Frau von außerordentlicher Charakterstärke. Obwohl der Roman die üblichen Routinen und Motive des Porno-Genres aufweist, gewinnt er wegen der Berühmtheit der Figuren – darunter San Martín und dessen Geliebte Rosita Campuzano, Ecuadorianerin wie M. Sáenz – eine besonders ambivalente Note. In dem fast 600 S. starken Roman *La Carujada* (1990) wird auf der Grundlage von historischen Dokumenten die Geschichte des Generals Pedro Carujo rekonstruiert, der Urheber eines Anschlags auf Bolívar war. Die Kombination von Zitaten (vor allem von Quevedo), Verspottung Bolívars, linguistischen, metaphorischen und allegorischen Spielen und Anspielungen ergeben einen postmodernen Text.

Weitere Werke: Roman: *Entrego los demonios* (1986); Erzählungen: *Infundios* (1978), *El invencionero* (1982), *Tardía declaración de amor a Seraphine Louis* (1988).
Literatur: F. López Sacha, ›*La tragedia del Generalísimo*‹: *realidad y proyección de un nuevo mundo*. CDLA, 25 (1985), 148, 160-167.

Sánchez Peláez, Juan
* 25.9.1922 in Altagracia de Orituco/Guárico. Er lebte mehrere Jahre in Chile, wo er sich der vom Surrealismus beeinflußten Dichtergruppe um die Zeitschrift »Mandrágora« (1938-43) anschloß. Danach war er Literaturdozent in Maracaibo und – bis 1955 – ven. Kulturattaché in Kolumbien. Später lebte er einige Zeit in Paris.
S. P.' schmales lyrisches Werk hat von Anfang an in Venezuela große Beachtung gefunden. Eine dichte Atmosphäre der Erotik ist das wesentliche Kennzeichen seines ersten Gedichtbandes *Elena y los elementos* (1951), wobei allerdings das Objekt der Betrachtung oder Begierde immer in der Ferne bleibt oder, wie in der Dichtung der Mystiker, metaphysisch verschleiert wird. Die Metaphorik ist eher dunkel und zielt ab auf die Ergründung des Unterbewußten. Ganz anders *Animal de costumbre* (1959), in dem Klarheit, Alltag und eine in ihrer Vielfalt respektierte Realität dominieren. Schließlich der mit dem Nationalpreis ausgezeichnete Band *Rasgos comunes* (1975), in dem die bisherigen ästhetischen und Lebenserfahrungen auf einer neuen Stufe der Auseinandersetzung mit der Sprache reflektiert werden.

Weitere Werke: *Filiación oscura* (1966), *Lo huidizo y permanente* (1969), *Por cuál causa o nostalgia* (1981).
Ausgabe: *Poesía, 1951-1981*. Pról. A. González León. CAR 1984.

Literatur: L. Silva, *La poesía de J.S.P.* ESCRITURA, 1 (1976), 1, 96-114. – J.G. Cobo Borda, *La poesía de J.S.P.* ECO, 37 (1980), 6 (228), 637-651. – L. Padrón, *J.S.P.: una poética bajo el látigo de oro.* ESCRITURA, 11 (1986), 21, 101-144.

Trejo, Oswaldo

* 1928 in Mérida. Diplomat. Er ist bekannt als Autor von Erzählungen, deren Entwicklung von einem anfänglichen Neorealismus über die Kafka-Imitation zu Texten führt, die subtile Psychologie mit narrativen Experimenten verbinden.

Werke: Erzählungen: *Los cuatro pies* (1948), *Cuentos de la primera esquina* (1952), *Escuchando al idiota* (1952), *Aspasia tiene nombre de corneta* (1953), *Depósitos de seres* (1965); Romane: *También los hombres son ciudades* (1962), *Andén lejano* (1968), *Textos de un texto con Teresas* (1988?).

Uslar Pietri, Arturo

* 16.5.1906 in Caracas. Sohn eines Generals. 1929 Promotion in Politischen Wissenschaften an der Universidad Central von Caracas. 1929-34 war er Botschaftssekretär in Paris, ab 1937 bekleidete er weitere höhere Staatsämter; 1946-48 Gastprofessur an der Columbia University, New York; ab 1958 Senator im Nationalkongreß; 1963 Präsidentschaftskandidat; danach Delegierter bei der UNESCO.

Seine umfangreiche Bibliographie umfaßt Erzählungsbände, Romane, literaturgeschichtliche und historiographische Essays, Reiseberichte, Theaterstücke etc. Sein erstes Buch, der Erzählband *Barrabás y otros relatos* (1928) manifestierte die Bestrebungen der jungen Avantgarde, die ven. Literatur aus der Sackgasse eines pittoresken Kostumbrismus herauszuführen. Die außergewöhnliche, historisch und geographisch abgelegene Situation, die psychische Anomalie sind die Themen der stilistisch eleganten Erzählungen. Die weitest mögliche Entfernung von der nationalen Realität entsprach, wie der Autor später schrieb, der »unbewußten Absicht«, eine Perspektive zu gewinnen, um »mit größerer Treffsicherheit das Universellste und Gültigste des Eigenen zu erfühlen und auszudrücken«. In Paris entstand der Roman *Las lanzas coloradas* (1931; dt. *Die roten Lanzen,* 1932), der U.P. unter die großen Autoren Lateinamerikas einreihte. Die Romanhandlung führt in die Zeit der ven. Befreiungskämpfe zurück. Dem Autor geht es nicht um die Rekonstruktion der historischen Geschehnisse, sondern um die Erfassung der Psychologie seiner Nation. »Ich fühlte, daß sich im zerstörenden und schöpferischen Impuls des Unabhängigkeitskrieges unsere kreolische Kondition vollständig offenbart hatte. Es war das erste Mal, daß sich die Seele der Kreolen mit besitzergreifendem Genuß der uneingeschränkten Verwirklichung des eigenen Seins hingeben konnte.« In der Grundsituation von Barbarei und Chaos löst sich das Geschehen in dramatische Einzelheiten und Einzelschicksale auf. Die Personen, die sich im Anfang auf dem Großgrundbesitz »El Altar« zusammenfinden, werden auseinandergetrieben und verlieren sich in den kriegerischen Wirren. Das Fazit ist nicht patriotisches Heldentum, sondern Frustration, Tod und blutrünstige Gewalt. Presentación Campos, der charismatische Rebell, der »El Altar« verwüstet und die verträumte Herrin Inés vergewaltigt hat, stürzt sich in den Krieg, nicht aus ideologischen Gründen, sondern in berserkerhaftem Selbstgefühl. Die wahnsinnig gewordene Inés durchirrt das Land, um sich an Campos zu rächen, ohne ihn jemals zu finden. Ihr Bruder Fernando geht an seiner Unentschlossenheit zugrunde. Idealisten wie der Kapitän David und Bernardo finden den

Tod, ohne daß sie sich für ihre Ziele einsetzen konnten. Die Sprache des Romans ist kunstvoll differenziert. Die Metaphern erhalten eine starke Bildkraft, da sie aus der Perspektive des Erlebenden gebildet werden. *El camino de El Dorado* (1947; dt. *Rauch über El Dorado*, 1966), U. P.s nächster Roman, ist die mit historischen Dokumenten belegte Geschichte der Rebellion des Konquistadors Lope de Aguirre, eines diabolischen Krüppels, der seine Mannschaft durch gemeinsam begangene Greueltaten und Terror an sich bindet. Das Thema des lateinam. Caudillismo wird noch einmal in *Oficio de difuntos* (1976) aufgegriffen. Im Wechsel von gegenwärtigen Trauerfeierlichkeiten und Rückblenden wird die Lebensgeschichte des Generals Aparicio Peláez, die in großen Zügen mit der des ven. Diktators J. V. Gómez übereinstimmt, aufgerollt. Das pessimistische Bild der lateinam. Gesellschaften sucht U. P. auch in einem weiteren Roman, *La isla de Róbinson* (1981), zu bestätigen. Die Hauptperson ist Simón Rodríguez, der Lehrer Bolívars, dessen pädagogische Projekte ebenso von der span. Kolonialverwaltung wie später von den republikanischen Regierungen abgelehnt werden. Der Vorkämpfer einer neuen Gesellschaft stirbt nach einer jahrzehntelangen ereignisreichen Irrfahrt einsam und unbekannt in einer abgelegenen per. Ortschaft. U. P.s bisher letzter Roman *La visita en el tiempo* (1990) ist die romanhafte Biographie des unehelichen Sohnes Kaiser Karls V., Juan de Austria (1547-1578), der 1571 als Oberbefehlshaber der span. Flotte den Sieg von Lepanto über die Türken errang, jedoch von seinem mißtrauischen Halbbruder, Philipp II., nicht mit dem erhofften Königreich belohnt wurde. Nach span. Kritikermeinung ist nicht auszuschließen, daß die realen Personen und Zusammenhänge komplexer sind als in U. P.s Darstellung.

Weitere Werke: Romane: *Un retrato en la geografía* (1962), *Estación de máscaras* (1964); Erzählungen: *Red* (1936), *Treinta hombres y sus sombras* (1949), *Tiempo de contar* (1954), *Pasos y pasajeros* (1966), *Treinta cuentos* (1969), *Catorce cuentos venezolanos* (1969), *Moscas, árboles y hombres* (1973), *El prójimo y otros cuentos* (1978), *Los ganadores* (1980); Lyrik: *Manoa* (1972), *El hombre que voy siendo* (1986); Essays (Auswahl): *Las visiones del camino* (1945), *Las nubes* (1946), *Letras y hombres de Venezuela* (1948), *Valores humanos* (3 Bde, 1953-58), *Breve historia de la novela hispanoamericana* (1954), *La otra América* (1974), *Viva voz* (1975), *Fantasmas de dos mundos* (1979), *Los libros de Miranda* (1979), *Bolívar hoy* (1983), *Venezuela en el petróleo* (1984), *Godos, insurgentes y visionarios* (1986).

Ausgaben: *Obras selectas*. CAR, Madrid ^{3}1967. – *Teatro*. CAR 1958.

Literatur: D. Miliani, *A. U. P., renovador del cuento venezolano*. CAR 1969. – M. Z. Lange de Cabrera u. a., *Contribución a la bibliografía de A. U. P.* CAR 1973. – R. Kramer, *A. U. P.* In: W. Eitel (Hg.), *Lateinamerikanische Literatur der Gegenwart in Einzeldarstellungen*. Stuttgart 1978, 512-529. – A. Peña, *Conversaciones con U. P.* CAR 1978. – J. A. Marban, *La génesis de la violencia americana en tres novelas históricas de A. U. P.* ETL, 10 (1981), 1, 69-77. – C. Pacheco, *La palabra y el poder: Contradicciones de la palabra sometida en ›Oficio de difuntos‹, de A. U. P.* RCLL, 7 (1981), 14, 65-86. – S. Keefe Ugalde, *The ›Mythos‹ of Autumn in ›Oficio de difuntos‹*. CRIH, 5 (1983), 1, 23-33. – T. Polanco Alcántara (Hg.) *El valor humano de A. U. P.* CAR 1984. – *A. U. P.: Homenaje en sus 80 años*. CAR: Universidad Santa María 1986.

NEUERE NACHSCHLAGEWERKE UND LITERATURGESCHICHTLICHE DARSTELLUNGEN

Lateinamerika allgemein und Ländergruppen

Adler, Heidrun (Hg.): *Theater in Lateinamerika. Ein Handbuch*. Berlin 1991.

Ainsa, Fernando: *Identidad cultural de Iberoamérica en su narrativa*. Madrid 1986.

Andreu, Jean: *Anarkos: literaturas libertarias de América del Sur, 1900*. BA 1990.

Araújo, Helena: *La Scherezada criolla. Ensayos sobre escritura femenina latinoamericana*. BOG 1989.

Bellini, Giuseppe: *Historia de la literatura hispanoamericana*. Madrid 1985.

Beutler, Gisela (Hg.): *›Sieh den Fluß der Sterne strömen‹. Hispanoamerikanische Lyrik der Gegenwart*. Darmstadt 1990.

Burgos, Fernando: *La novela moderna hispanoamericana. (Un ensayo sobre el concepto literario de la modernidad)*. Madrid 1985.

Escritura y sexualidad en la literatura hispanoamericana. Madrid 1990. (Centre de Recherches Latino-americaines, Université de Poitiers.)

Fernández, Teodosio: *Los géneros ensayísticos hispanoamericanos*. Madrid 1990.

Foster, David William: *Alternate Voices in the Contemporary Latin American Narrative*. Columbia 1985.

García Pinto, Magdalena: *Historias íntimas: Conversaciones con diez escritoras latinoamericanas*. Hanover, New Hampshire 1988.

Georgescu, Paul Alexandro: *Nueva visión sistemática de la narrativa hispanoamericana*. CAR 1989.

Gewecke, Frauke: *Die Karibik. Zur Geschichte, Politik und Kultur einer Region*. Frankfurt/M. 1989.

González, Aníbal: *La crónica modernista hispanoamericana*. Madrid 1985.

González, Aníbal: *La novela modernista hispanoamericana*. Madrid 1987.

Herlinghaus, Hermann (Hg.): *Romankunst in Lateinamerika*. Berlin 1989.

Handbook of Latin American Studies. Nr. 1-50. Austin: University of Texas Press 1936-91.

Iñigo Madrigal, Luis (Coord.): *Historia de la literatura hispanoamericana*. Madrid 1987 ff. (Bisher 3 Bde.)

Jackson, Shirley M.: *La novela negrista en Hispanoamérica*. Madrid 1986(?).

Jozef, Bella: *Romance Hispano-americano*. SP 1986.

Kirkpatrick, Gwen: *The Dissonant Legacy of Modernismo. Lugones, Herrera y Reissig, and the Voices of Modern Spanish American Poetry*. Berkeley 1989.

Klein, Leonard S. (Hg.): *Latin American Literature in the 20th Century: A Guide*. New York 1986.

Marco, Joaquín: *Literatura hispanoamericana: Del modernismo a nuestros días*. Madrid 1987.

Mejía Ruiz, Carmen: *La figura del dictador en la novela moderna y contemporánea (narrativa hispanoamericana)*. Madrid 1987.

Meléndez, Priscilla: *La dramaturgia hispanoamericana contemporánea: teatralidad y autoconciencia*. Madrid 1990.

Meyer-Minnemann, Klaus: *La novela hispanoamericana de fin de siglo*. ME 1991.

Mora, Gabriela: *En torno al cuento: de la teoría general y de su práctica en Hispanoamérica*. Madrid 1985(?).

Ryan, Bryan: *Hispanic Writers. A Selection of Sketches from Contemporary Authors.* Detroit 1991.

Schumm, Petra: *Exilerfahrung und Literatur. Lateinam. Autoren im Exil.* Tübingen 1990.

Shimose, Pedro: *Literatura latinoamericana.* Madrid 1989.

Siebenmann, Gustav/Casetti, Donatella: *Bibliographie der aus dem Spanischen, Portugiesischen und Katalanischen ins Deutsche übersetzten Literatur.* Tübingen 1985.

Sucre, Guillermo: *La máscara, la transparencia: ensayos sobre poesía hispanoamericana.* ME [2]1985.

Toro, Fernando de/Roster, Peter: *Bibliografía del teatro hispanoamericano contemporáneo, 1900-1980.* Frankfurt/M. 1985, 2 Bde.

Zubatsky, David S.: *Latin American Literary Authors: An Annotated Guide to Bibliographies.* Metuchen, N.J. 1986.

Argentinien

Antelo, Raúl (Hg.): *Confluencia: literatura argentina por brasileños, literatura brasileña por argentinos.* BA 1982.

Cattarossi Arana, Nelly: *Literatura de Mendoza: historia documentada desde sus orígenes a la actualidad, 1820-1980.* Mendoza 1982, 2 Bde.

Fishburn, Evelyn: *The Portrayel of Immigration in Nineteenth-Century Argentine Fiction: 1845-1902.* Berlin 1981.

Foster, David William: *Argentine Literature. A Research Guide.* New York, London [2]1981.

Foster, David William: *Social Realism in the Argentine Narrative.* Chapel Hill 1986.

Foster, David William: *The Argentine Teatro Independiente, 1930-1955.* York, S.C. 1986.

Jara, René/Vidal, Hernán (Hg.): *Ficción y política: la narrativa argentina durante el proceso militar.* BA 1987.

Kohut, Karl/Pagni, Andrea (Hg.): *Literatura argentina hoy: de la dictadura a la democracia.* Frankfurt/M. 1989.

Ludmer, Josefina: *El género gauchesco. Un tratado sobre la patria.* BA 1988.

Masiello, Francine: *Lenguaje e ideología: las escuelas argentinas de vanguardia.* BA 1986.

Olivera-Williams, María Rosa: *La poesía gauchesca: de Bartolomé Hidalgo a José Hernández.* Xalapa 1986.

Ordaz, Luis u. a.: *Historia del teatro argentino.* BA: Centro Editor de América Latina 1982.

Pelletieri, Osvaldo: *Cien años de teatro argentino.* BA 1990.

Röhl-Schulze, Barbara: *Einsamkeit, Entfremdung und Melancholie in der zeitgenössischen arg. Literatur (1955 bis zur Gegenwart).* Köln 1990.

Seibel, Beatriz: *El teatro ›bárbaro‹ del interior.* BA 1985.

Senkman, Leonardo: *La identidad judía en la literatura argentina.* BA 1983.

Sosa de Newton, Lily: *Diccionario biográfico de mujeres argentinas.* BA 1986.

Sosnowski, Saúl: *La orilla inminente: escritores judíos argentinos.* BA 1987.

Sosnowski, Saúl: *Represión y reconstrucción de una cultura: el caso argentino.* BA 1988.

Spiller, Roland (Hg.): *La novela argentina de los años 80.* Frankfurt/M. 1991.

Ulla, Noemí: *Identidad rioplatense, 1930. La escritura coloquial (Borges, Arlt, Hernández, Onetti).* BA 1990.

Viñas, David/Tabakian, Eva (Hg.): *Historia social de la literatura argen-*

tina. BA 1989 ff. (Bisher erst Bd. VII: *Yrigoyen, entre Borges y Arlt, 1916-1930*.)

Zayas de Lima, Perla: *Diccionario de autores teatrales argentinos, 1950-1980*. BA 1981.

Bolivien

Alcázar V., Reinaldo M.: *El cuento social boliviano*. La Paz 1981.

Cáceres Romero, Adolfo: *Nueva historia de la literatura boliviana*. La Paz 1988 ff., 4 Bde. (Bisher Bde. 1 und 2.)

Díez de Medina, Fernando: *Literatura boliviana: introducción al estudio de las letras nacionales del tiempo mítico a la producción contemporánea*. La Paz [4]1982.

García Pabón, Leonardo (Hg.): *El paseo de los sentidos*. La Paz 1983.

Guzmán, Augusto: *Biografías de la literatura boliviana*. La Paz 1982.

Ortega, Julio: *Narrativa boliviana del siglo XX*. La Paz 1984.

Soria, Mario T.: *Teatro boliviano en el siglo XX*. La Paz 1980.

Brasilien

Almeida, José Maurício Gomes de: *A Tradição Regionalista no Romance Brasileiro, 1857-1945*. RJ 1981.

Azevedo, Sâncio de: *Aspectos da Literatura Cearense*. Fortaleza 1982.

Bosi, Alfredo: *História Concisa da Literatura Brasileira*. SP [3]1981.

Brookshaw, David: *Race and Color in Brazilian Literature*. Metuchen, N. J. 1986.

Bruno, Haroldo: *Novos Estudos de Literatura Brasileira*. RJ, Brasília 1980.

Cardoso, Zélia Ladeira Veras de Almeida: *O Romance Paulista no Século XX*. SP 1983.

Coutinho, Afrânio (Hg.): *Enciclopédia de Literatura Brasileira*. RJ 1990, 2 Bde.

Di Antonio, Robert E.: *Brazilian Fiction: Aspects of Evolution of the Contemporary Narrative*. Fayetteville 1989.

ESCRITURA, 14 (1989), 27/28 (Sondernr.)

Goldstein, Norma: *Do Penumbrismo ao Modernismo: O Primeiro Bandeira e Outros Poetas Significativos*. SP 1983.

Hohlfeld, Antônio: *Conto Brasileiro Contemporâneo*. Porto Alegre 1981.

Londres, Maria José F.: *Cordel: Do Encantamento às Histórias de Luta*. SP 1983.

Lowe, Elizabeth: *The City in Brazilian Literature*. Rutherford, N. J. 1982.

Lucas, Fábio: *Do Barroco ao Moderno. Vozes da Literatura Brasileira*. SP 1989.

Marobin, Luiz: *A Literatura no Rio Grande do Sul*. Porto Alegre 1985

Martins, Wilson: *A Crítica Literária no Brasil*. RJ [2]1983, 2 Bde.

Moisés, Massaud: *História da Literatura Brasileira*. SP 1983-85, 3 Bde.

Patai, Daphne: *Myth and Reality in Brazilian Literature*. Madison, N. J. 1982.

Pereira, Carlos Alberto M.: *Retrato de Epoca: Poesia Marginal, Anos 70*. RJ 1981.

Pontes, José Couto Vieira: *História da Literatura Sul-Mato-Grossense*. SP 1981.

Sant'Anna, Affonso Romano de: *O Canibalismo Amoroso: O Desejo e a Interdição em Nossa Cultura Através da Poesia*. SP 1984.

Slater, Candace: *Stories on a String: The Brazilian Literatura de Cordel*. Berkeley 1982.

Sodré, Nelson Werneck: *História da Literatura Brasileira*. SP [7]1982.

Stern, Irwin (Hg.): *Dictionary of Brazilian Literature*. Westport, Conn. 1988

Strausfeld, Michi (Hg.): *Brasilianische Literatur*. Frankfurt/M. 1984.

Süssekind, Flora: *Literatura e Vida Li-*

terária: Polémicas, Diarios & Retratos. RJ 1985.
Süssekind, Flora: *As Revistas de Ano e a Invenção do Rio de Janeiro*. RJ 1986.
Wilson, Luís: *Roteiro de Velhos Cantadores e Os Poetas Populares do Sertão, Estado de Pernambuco*. Recife 1985.
Zilberman, Regina: *Literatura Gaúcha: Temas e Figuras da Ficção e da Poesia do Rio Grande do Sul*. Porto Alegre 1985.

Chile

Bravo-Elizondo, Pedro: *Cultura y teatro obreros en Chile, 1900-1930: Norte Grande*. Madrid 1986.
Campos, Javier: *La joven poesía chilena en el período 1961-1973*. Concepción 1987.
Castedo-Ellermann, Elena: *El teatro chileno de mediados del siglo XX*. SCh 1982.
Fernández, Teodosio: *El teatro chileno contemporáneo, 1941-1973*. Madrid 1982.
Goic, Cedomil: *La novela chilena. Los mitos degradados*. SCh [5]1991.
Hurtado, María de la Luz: *Sujeto social y proyecto histórico en la dramaturgia chilena actual*. SCh 1983.
Morgado, Benjamín: *Histórica relación del teatro chileno*. SCh 1985.
Rafide, Matías: *Diccionario de autores de la región del Maule: biobibliográfico crítico*. Talca 1984.
Rojo, Grinor: *Muerte y resurrección del teatro chileno, 1973-1983*. Madrid 1985.
Rojo, Grinor: *Crítica del exilio*. SCh 1989.
Szmulewicz, Efraín: *Diccionario de la literatura chilena*. SCh [2]1984.
Vidal, Hernán (Hg.): *Fascismo y experiencia literaria: Reflexiones para una canonización*. Minneapolis, M. N. 1985.
Yamal, Ricardo (Hg.): *La poesía chilena actual (1960-1984) y la crítica*. Concepción 1988.

Costa Rica

Barahona Jiménez, Luis: *Apuntes para una historia de las ideas estéticas en Costa Rica*. San José 1982.
Durán Luzio, Juan (Hg.): *Literatura de Costa Rica*. RI (1987), 138/9 (Sondernr.).
Kargleder, Charles L./Mory, Warren H.: *Bibliografía selectiva de la literatura costarricense*. San José 1978.
Martínez S., Luz Ivette: *Carmen Naranjo y la narrativa femenina en Costa Rica*. San José 1987.
Monge, Carlos Francisco: *La imagen separada: modelos ideológicos de la poesía costarricense, 1950-1980*. San José 1984.
Picado Gómez, Manuel: *Literatura, ideología, crítica: notas para un estudio de la literatura costarricense*. San José 1983.
Quesada Soto, Alvaro: *La formación de la narrativa nacional costarricense*. San José 1986.

Dominikanische Republik

Balaguer, Joaquín: *Letras dominicanas*. STDO [2]1985.
Balaguer, Joaquín: *Semblanzas literarias*. STDO [2]1985
Céspedes, Diógenes: *Lenguaje y poesía en Santo Domingo en el siglo XX*. STDO 1985.
Contín Aybar, Néstor: *Historia de la literatura dominicana*. San Pedro de Macorís 1982-86, 4 Bde.
Hernández Rueda, Lupo: *La generación del 48 en la literatura dominicana*. Santiago de los Caballeros 1981.
Molinaza, José: *Historia crítica del teatro dominicano*. STDO 1984, 2 Bde.
Olivera, Otto: *Bibliografía de la literatura dominicana, 1960-1982*. Lincoln, Neb. 1984.

Rosario Candelier, Bruno: *La imaginación insular: mitos, leyendas, utopías y fantasmas en la narrativa dominicana.* STDO 1984.

Sommer, Doris: *One Master For Another: Populism as Patriarchal Rhetoric in Dominican Novels.* Lanham, Md. 1983.

Vicioso G., Abelardo: *El freno hatero en la literatura dominicana.* STDO 1983.

Ecuador

Adoum, Jorge Enrique: *La gran literatura ecuatoriana del 30.* Quito 1984.

Cueva, Agustín: *Lecturas y rupturas: diez ensayos sociológicos sobre la literatura del Ecuador.* Quito 1986.

Donoso Pareja, Miguel: *Nuevo realismo ecuatoriano.* Quito 1984.

Handelsman, Michael: *Incursiones en el mundo literario del Ecuador.* Guayaquil 1987.

Luzuriaga, Gerardo: *Bibliografía del teatro ecuatoriano, 1900-1982.* Quito 1984.

Pesantez Rodas, Rodrigo: *Literatura ecuatoriana. Sexto curso.* Guayaquil 1986.

Rodríguez Castelo, Hernán: *1969-1979. Diez años de cultura en el Ecuador.* Quito 1980.

Sacoto, Antonio: *La nueva novela ecuatoriana.* Quito 1987.

66 escritores del Ecuador. Quito, Ediciones Indoamericanas (o. J.).

El Salvador

Argueta, Manlio (Hg.): *Poesía de El Salvador.* San José 1983.

Guatemala

Acevedo, Ramón: *La novela centroamericana: desde el ›Popol-Vuh‹ hasta los umbrales de la novela actual.* Río Piedras 1982.

Albizúrez Palma, Francisco: *Grandes momentos de la literatura guatemalteca: índice biobibliográfico.* Guatemala 1983.

Albizúrez Palma, Francisco/Barrios y Barrios, Catalina: *Historia de la literatura guatemalteca.* Guatemala 1981-1987, 3 Bde.

Arranz, María del Rosario Domingo: *Nuevo Signo: historia de un grupo literario de Guatemala.* Guatemala 1984.

Vela, David: *Literatura guatemalteca.* Guatemala ³1985, 2 Bde.

Honduras

González, José: *Diccionario de autores hondureños.* Tegucigalpa 1987.

Umaña, Helen: *Literatura hondureña contemporánea: Ensayos.* Tegucigalpa 1986.

Kolumbien

Arango L./Manuel Antonio: *Gabriel García Márquez y la novela de La Violencia en Colombia.* ME 1985.

Arcila, Gonzalo: *Nuevo teatro en Colombia: actividad creadora, política cultural.* BOG 1983.

Ayala Poveda, Fernando: *Novelistas colombianos contemporáneos.* BOG 1983.

Ayala Poveda, Fernando: *Manual de literatura colombiana.* BOG 1984.

Carranza, Eduardo: *Visión estelar de la poesía colombiana.* BOG 1986.

Charry Lara, Fernando: *Poesía y poetas colombianos.* BOG 1985.

Cobo Borda, Juan Gustavo: *La narrativa colombiana después de García Márquez.* BOG 1990.

Coll, Edna: *Indice informativo de la novela hispanoamericana. To. IV. Colombia.* Universidad de Puerto Rico 1980.

González Cajiao, Fernando: *Historia del teatro en Colombia.* BOG 1986.

Lewis, Marvin A.: *Treading the Ebony Path: Ideology and Violence in Contemporary Afro-Colombian Prose Fiction.* Columbia 1987.

Manual de literatura colombiana. BOG: Procultura 1988, 2 Bde.

Peña Gutiérrez, Isaías: *La narrativa del Frente Nacional: génesis y contratiempos.* BOG 1982.

Pineda Botero, Alvaro: *Del mito a la posmodernidad. La novela colombiana de finales del siglo XX.* BOG 1990.

Pineda Botero, Alvaro/Williams, Raymond L. (Hg.), *Perspectivas sobre literatura e historia colombianas.* Memorias del V° Congreso de Colombianistas: BOG 1989.

Romero, Armando: *Las palabras están en situación: un estudio de la poesía colombiana de 1940 a 1960.* BOG 1985.

Romero, Armando: *El nadaísmo colombiano o la búsqueda de una vanguardia perdida.* BOG 1988.

Sánchez López, Luis María: *Diccionario de escritores colombianos.* BOG [3]1985.

Tittler, Jonathan (Hg.): *Violencia y literatura en Colombia.* Madrid 1989.

Williams, Raymond L. (Hg.): *Ensayos de literatura colombiana.* BOG 1985.

Williams, Raymond L.: *Novela y poder en Colombia. 1844-1987.* BOG 1991.

Kuba

Diccionario de la literatura cubana. LH: Letras Cubanas 1980-84, 2 Bde.

Fernández, José B./Fernández, Roberto G.: *Indice bibliográfico de autores cubanos: diáspora 1959-1979.* Miami 1983.

Foster, David William: *Cuban Literature: A Research Guide.* New York 1985.

Franzbach, Martin: *Die neue Welt der Literatur in der Karibik.* Köln 1984.

Grötsch, Kurt: *Der Kampf um die Integration. Afrokubaner als Protagonisten und Autoren in der Literatur Kubas des 19. und 20. Jahrhunderts.* Frankfurt/M. 1990.

Maratos, Daniel C./Hill, Marnesba D.: *Escritores de la diáspora cubana. Manual biobibliográfico.* Metuchen, N. J. 1986.

Menton, Seymour: *Narrativa de la Revolución cubana.* ME 1982.

Orovio, Helio: *Diccionario de la música cubana.* LH 1981.

Panorama de la literatura cubana. LH: Letras Cubanas 1985.

Phaf, Ineke: *Havanna als Fiktion. Standortgebundenheit und städtische Perspektive im kubanischen Roman, 1959-1980.* München 1986.

Rivas, Mercedes: *Literatura y esclavitud en la novela cubana del siglo XIX.* Sevilla 1990.

Mexiko

Argudín, Yolanda/Argudín, María Luna: *Historia del teatro en México.* ME 1985.

Brushwood, John Stubbs: *La novela mexicana, 1967-1982.* ME 1985.

Chiu Olivares, M. Isela: *La novela mexicana contemporánea: 1960-1980.* Madrid 1990.

Dauster, Frank: *The Double Strand: Five contemporary Mexican Poets.* Lexington 1987.

Duncan, J. Ann: *Voices, Vision, and a New Reality: Mexican Fiction Since 1970.* Pittsburgh 1986.

Forster, Merlin H. (Hg.): *De la crónica a la nueva narrativa mexicana. Coloquio sobre literatura mexicana.* Oaxaca 1986.

Foster, David William: *Mexican Literature: A Bibliography of Secondary Sources.* Metuchen, N. J. 1981.

Foster, David William: *Estudios sobre teatro mexicano contemporáneo.* New York 1984.

Franco, Jean: *Plotting Women: Gender and Representation in Mexiko.* New York 1989.

Hölz, Karl (Hg.): *Literarische Vermittlungen: Geschichte und Identität in der mexikanischen Literatur.* Tübingen 1988.

Jiménez Rueda, Julio: *Letras mexicanas en el siglo XIX.* ME 1989.

Lara, Josefina: *Diccionario bio-bibliográfico de escritores contemporáneos de México.* ME 1988.

Portal, Marta: *Proceso narrativo de la Revolución Mexicana.* Madrid 1977.

Robles, Martha: *La sombra fugitiva: escritoras en la cultura nacional.* ME 1985/86, 2 Bde.

Rosser, Harry L.: *Conflict and Transition in Rural Mexico: The Fiction of Social Realism.* Waltham, Mass. 1980.

Sheridan, Guillermo: *Los Contemporáneos ayer.* ME 1985.

Nicaragua

Arellano, Jorge Eduardo: *Ocho poetas mayores de Nicaragua. Notas críticas.* ALH, 14 (1985), 13-32.

Cerutti, Franco: *El Güegüence y otros ensayos de literatura nicaragüense.* Rom 1983.

Panama

Correa Vásquez, Pedro: *Revelaciones.* Panamá 1985.

Pilolli, Mariapía: *Sociología de la literatura panameña.* Panamá 1984.

Rodríguez C., Héctor: *Primera historia del teatro en Panamá.* Panamá 1984.

Paraguay

Martínez, Luis María: *El trino soterrado. Paraguay: Aproximación al itinerario de su poesía social.* ASU 1985.

Méndez-Faith, Teresa: *Paraguay: novela y exilio.* Sommerville, N. J. 1985.

Pla, Josefina: *La cultura paraguaya y el libro.* ASU 1983.

Peru

Arriola Grande, Maurilio: *Diccionario literario del Perú: nomenclatura por autores.* Lima [2]1983, 2 Bde.

Cornejo Polar, Antonio: *La novela peruana.* LI [2]1989.

Cornejo Polar, Antonio: *La formación de la tradición literaria en el Perú.* LI 1989.

Forgues, Roland: *Palabra viva.* LI 1988, 3 Bde.

Foster, David William: *Peruvian Literature: A Bibliography of Secondary Sources.* Westport, Conn. 1981.

Higgins, James: *The Poet in Peru: Alienation and the Quest for a Superreality.* Liverpool 1982.

Higgins, James: *A History of Peruvian Literature.* Liverpool 1987.

Kapsoli Escudero, Wilfredo: *Literatura e historia del Perú.* LI 1986.

Natella Jr., Arthur A.: *The New Theatre of Peru.* New York 1982.

Ortega, Julio: *Crítica de la identidad. La pregunta por el Perú en su literatura.* ME 1988.

Rodríguez-Luis, Julio: *Hermenéutica y praxis del indigenismo: la novela indigenista, de Clorindo Matto a José María Arguedas.* ME 1980.

Rodríguez Rea, Miguel Angel: *La literatura peruana en el debate, 1905-1928.* LI 1985.

Puerto Rico

Collins, J. A.: *Contemporary Theatre in Puerto Rico: The Decade of the Seventies.* Río Piedras 1982.

Díaz de Fortier, Matilde: *La crítica literaria en Puerto Rico: 1843-1915.* San Juan 1980.

Díaz Quiñones, Arcadio: *El almuerzo en la hierba.* Río Piedras 1982.

Falcón, Rafael: *La emigración a Nueva York en la novela puertorriqueña.* Valencia 1983.

Méndez, José Luis: *Para una sociología de la literatura puertorriqueña.* LH 1982.

Meyn, Marianne: *Lenguaje e identidad cultural: un acercamiento teórico al caso de Puerto Rico*. Río Piedras 1983.

Rodríguez de Laguna, Asela (Hg.): *Images and Identities: The Puerto Rican in New World Contexts*. New Brunswick, N.J. 1987.

Umpierre-Herrera, Luz María: *Nuevas aproximaciones críticas a la literatura puertorriqueña*. Río Piedras 1983.

Umpierre-Herrera, Luz María: *Ideología y novela en Puerto Rico: un estudio de la narrativa de Zeno, Laguerre y Soto*. Madrid 1985.

Zayas Micheli, Luis O.: *Mito y política en la literatura puertorriqueña*. Madrid 1981.

Uruguay

Achugar, Hugo: *Poesía y sociedad. Uruguay 1880-1911*. MON 1985.

Barité, Mario/Ceretta, María Gladys: *Guía de revistas culturales uruguayas 1895-1985*. MON 1989.

Diccionario de literatura uruguaya. MON: Arca 1987, 2 Bde.

Olivera-Williams, María Rosa: *La poesía gauchesca: de Bartolomé Hidalgo a José Hernández*. Xalapa 1986.

Rela, Walter: *Diccionario de escritores uruguayos*. MON 1986.

Ruffinelli, Jorge: *Palabras en orden*. Xalapa ²1985.

Zum Felde, Alberto: *Proceso intelectual del Uruguay*. MON ⁴1985, 3 Bde.

USA

Bruce-Novoa, Juan: *Chicano Authors. Inquiry by Interview*. Austin 1980.

Bruce-Novoa, Juan: *Chicano Poetry. A Response to Chaos*. Austin 1982.

Bus, Heiner (Hg.): *Schwerpunkt: Chicanoliteratur*. HISPANORAMA, 54 (1990).

Candelaria, Cordelia: *Chicano Poetry. A Critical Introduction*. Westport, Conn. 1986.

Eger, Ernestina N. (Hg.): *A Bibliography of Criticism of Contemporary Chicano Literature*. Berkeley 1982.

Herms, Dieter: *Die zeitgenössische Literatur der Chicanos (1959-1988)*. Frankfurt/M. 1990.

Herrera-Sobek, María: *Beyond Stereotypes: The Analysis of Chicana Literature*. Binghamton, New York 1983.

Lomelí, Francisco A./Martínez, Julio A. (Hg.), *Chicano Literature. A Reference Guide*. Westport, Conn. 1985.

Lomelí, Francisco A./Shirley, Carl R.: *Chicano Writers First Series*. Detroit 1989.

Rodríguez del Pino, Salvador: *La novela chicana escrita en español: cinco autores comprometidos*. Ypsilanti 1982.

Sánchez, Marta: *Contemporary Chicana Poetry: A Critical Analysis to an Emerging Literature*. Berkeley 1985.

Tatum, Charles: *Chicano Literature*. Boston 1982

Tonn, Horst: *Zeitgenössische Chicano-Erzählliteratur in englischer Sprache: Autobiographie und Roman*. Frankfurt/M. 1988.

Venezuela

Araujo, Orlando: *Narrativa venezolana contemporánea*. CAR ²1988.

Belrose, Maurice: *Présence du noir dans le roman vénézuélien*. Paris 1981.

Castillo, Susana D.: *El ›desarraigo‹ en el teatro venezolano: Marco histórico y manifestaciones modernas*. CAR 1980.

Díaz Seijas, Pedro: *Historia y antología de la literatura venezolana*. CAR ⁵1986, 2 Bde.

Lovera De-Sola, Roberto: *Bibliografía de la crítica literaria venezolana, 1847-1977*. CAR 1982.

Márquez Rodríguez, Alexis: *Acción y pasión en los personajes de Miguel Otero Silva y otros ensayos*. CAR 1985.

Ojeda Briceño, Ada/Cardozo, Lubio: *Diccionario general de la literatura venezolana (Autores)*. Mérida ²1987.

Olivares, Jorge: *La novela decadente en Venezuela*. CAR 1984.

Picón-Salas, Mariano: *Formación y proceso de la literatura venezolana*. CAR ³1984.

Rojas Uzcátegui, José de la Cruz/Cardozo, Lubio: *Bibliografía del teatro venezolano*. Mérida 1980.

Vera, Elena: *Flor y canto: 25 años de poesía venezolana, 1958-1983*. CAR 1985.

AUTORENREGISTER

Abreu, Casimiro de 155
Abreu Gómez, Ermilo 471
Acevedo Díaz, Eduardo 645
Acevedo Hernández, Antonio 241
Acosta, Oscar »Zeta« 683
Acuña, Manuel 471
Adán, Martín 583
Adonias Filho 155
Adoum, Jorge Enrique 321
Aguilar Camín, Héctor 472
Aguilera Malta, Demetrio 322
Aguinis, Marcos 5
Aguirre, Raúl Gustavo 5
Agustini, Delmira 645
Agustín, José 472
Aira, César 6
Alape, Arturo 377
Albán, Laureano 291
Alberdi, Juan Bautista 6
Alcántara Almánzar, José 303
Alegría, Ciro 583
Alegría, Claribel 347
Alegría, Fernando 241
Alencar, José Martiniano de 156
Allende, Isabel 243
Almafuerte 7
Almaraz Paz, Sergio 135
Almeida, Guilherme de 157
Almeida, José Américo de 157
Almeida, Manuel Antônio de 158
Alonso Pacheco, Manuel A. 625
Alphonsus [de Guimarães], João 158
Altamirano, Ignacio Manuel 473
Alurista 683
Alva Ixtlilxóchitl, Fernando de 474
Alvarez Gardeazábal, Gustavo 377
Alvarez, José S(ixto?) 8
Alves, Antônio de Castro 159
Amado, Jorge 160
Amaya Amador, Ramón 371
Amorim, Enrique 646
Anaya, Rudolfo A(lfonso) 684
Ancona, Eligio 474
Anderson Imbert, Enrique 8
Andrade, Carlos Drummond de 162
Andrade, Jorge 163
Andrade, Mário de 164
Andrade, Oswald de 165
Andreu Iglesias, César 625
Angel, Alba Lucía 378
Angelo, Ivan 166
Anguita, Eduardo 244
Anjos, Augusto dos 167
Antônio, João 167
Appleyard, José Luis 571
Arango, Gonzalo 379
Arango, Luis Alfredo 355
Aranha, José Pereira da Graça 168
Arbeláez J., Mario 379
Arboleda, Julio 380
Arciniegas, Germán 381
Ardiles Gray, Julio 9
Arenal, Humberto 423
Arenas, Braulio 244
Arenas, Reinaldo 423
Arévalo Martínez, Rafael 355
Argentinien 720
Arguedas, Alcides 135
Arguedas, José María 585
Argueta, Manlio 347
Arias, Arturo 356
Arias, Ron 684
Aridjis, Homero 475
Arlt, Roberto 10
Arraiz, Antonio 695
Arregui, Mario 647
Arreola, Juan José 476
Arriví, Francisco 625
Arroyo, Justo 563
Arrufat, Antón 424
Ascasubi, Hilario 12
Asís, Jorge 13
Assis, Joaquim Maria Machado de 168
Asturias, Miguel Angel 356
Ataíde, Tristão de *siehe* Lima, Alceu Amoroso 196
Augier, Angel I. 424
Avilés Blonda, Máximo 303
Avilés Fabila, René 477

Azevedo, Aluísio 170
Azevedo, Manuel Antônio Alvares de 171
Azuela, Arturo 477
Azuela, Mariano 478

Ballagas, Emilio 425
Balza, José 695
Banchs, Enrique 13
Bandeira, Manuel 171
Barba Jacob, Porfirio *siehe* Osorio, Miguel Angel 406
Barbieri, Vicente 14
Bareiro Saguier, Rubén 571
Barletta, Leónidas 14
Barnet, Miguel 425
Barreto, Afonso Henriques de Lima 172
Barreto, Tobias 173
Barrett, Rafael 571
Barrios, Eduardo 245
Barros, Leandro Gomes de 173
Barroso, Maria Alice 174
Bayer, Osvaldo 15
Bayley, Edgar 16
Bedregal, Yolanda 136
Beleño C., Joaquín 563
Belli, Carlos Germán 586
Belli, Gioconda 549
Bello, Andrés 696
Benavides, Washington 647
Benedetti, Mario 648
Benítez, Fernando 480
Benítez Rojo, Antonio 427
Bianco, José 16
Bilac, Olavo 174
Bioy Casares, Adolfo 17
Blaisten, Isidoro 18
Blanco, Andrés Eloy 697
Blanco Fombona, Rufino 698
Blanco, Tomás 626
Blest Gana, Alberto 246
Blomberg, Héctor Pedro 19
Boal, Augusto 175
Boccanera, Jorge Alejandro 19
Bolivien 721
Bombal, María Luisa 247
Bonifaz Nuño, Rubén 480
Bopp, Raul 176
Borges, Jorge Luis 20
Bosch, Juan 303
Botelho Gosálvez, Raúl 136
Brañas, César 359
Brandão, Ignácio de Loyola 176
Brasilien 721
Britto García, Luis 699
Brunet, Marta 248
Bryce Echenique, Alfredo 587
Buarque, Chico 177
Buenaventura, Enrique 382
Buitrago, Fanny 382
Bullrich, Silvina 22
Burgos Cantor, Roberto Eliecer 383
Bustos, Miguel Angel 23
Buzzi, David 427

Caballero Calderón, Eduardo 383
Cabezas (Lacayo), Omar 549
Cabral, Manuel del 305
Cabrera Infante, Guillermo 427
Cadícamo, Enrique 23
Caicedo, Andrés 385
Calderón, Fernando 481
Callado, Antônio 178
Cambaceres, Eugenio 23
Campo, Angel de 481
Campo, Estanislao del 24
Campos Cervera, Hérib 572
Campos, Haroldo de 179
Cañas, Alberto F. 291
Cancela, Arturo 25
Canton, Darío 25
Capdevila, Arturo 26
Carballido, Emilio 482
Cardenal, Ernesto 549
Cárdenas, Eliécer 323
Cárdenas, Reyes 685
Cardoso, Lúcio 180
Cardoso, Onelio Jorge *siehe* Jorge Cardoso, Onelio 443
Cardoza y Aragón, Luis 359
Carías Reyes, Marcos 371
Caro, José Eusebio 385
Carpentier, Alejo 429
Carranza, Eduardo 386
Carranza, María Mercedes 386
Carrasquilla, Tomás 386
Carrera Andrade, Jorge 324

Carreras, Roberto de las 650
Carriego, Evaristo 26
Carrión, Alejandro 326
Carrión, Benjamín 326
Carrión, Miguel de 431
Cartagena Portalatín, Aída 305
Carvajal, María Isabel *siehe* Lyra, Carmen 296
Carvalho, José Cândido de 180
Carvalho-Neto, Paulo de 181
Casaccia, Gabriel 572
Casal, Julián del 431
Castellanos, Rosario 483
Castelnuovo, Elías 27
Castera, Pedro 484
Castilla, Manuel J. 28
Castillo, Abelardo 29
Castillo, Ana 685
Castillo, Efraim 306
Castillo, Josefa del 387
Castillo, Otto René 360
Castro, Oscar 249
Cavalcante, Rodolfo Coelho 182
Cepeda Samudio, Alvaro 388
Cerretani, Arturo 29
Cerruto, Oscar 137
Céspedes, Augusto 138
Cestero, Tulio Manuel 307
Chamico *siehe* Nalé Roxlo, Conrado 93
Changmarín, Carlos Francisco 564
Charry Lara, Fernando 388
Chase, Alfonso 292
Chávez Alfaro, Lizandro 551
Chile 722
Chirveches, Armando 139
Chocano, José Santos 588
Chocrón, Isaac 699
Cirules, Enrique 432
Cisneros, Antonio 589
Cobo Borda, Juan Gustavo 389
Coelho Neto, Henrique Maximiano 182
Cofiño López, Manuel 432
Collazos, Oscar 389
Condé, José 183
Conti, Haroldo 30
Cony, Carlos Heitor 183
Coronel Urtecho, José 551
Correia, Raimundo 184
Corretjer, Juan Antonio 627
Cortázar, Julio 31
Cossa, Roberto (Mario) 34
Cossío Woodward, Miguel 433
Costa du Rels, Adolfo 139
Costantini, Humberto 34
Costa Rica 722
Cote Lamus, Eduardo 390
Cruz, Sor Juana Inés de la *siehe* Juana Inés de la Cruz, Sor 504
Cuadra, José de la 327
Cuadra, Manolo 552
Cuadra, Pablo Antonio 553
Cuellar, José T(omás) de 485
Cunha, Euclides da 185
Cuzzani, Agustín 35

Dalton, Roque 348
Darío, Rubén 554
Dávalos, Juan Carlos 36
Dávila Andrade, César 328
Dávila Vázquez, Jorge 328
Debravo, Jorge 292
Defilippis Novoa, Francisco 36
Délano, Poli 249
Delgado, Abelardo 686
Delgado, Rafael 486
Deligne, Gastón Fernando 307
Denevi, Marco 37
Desnoes, Edmundo 433
Dias, Antônio Gonçalves 186
Díaz Alfaro, Abelardo 627
Díaz Casanueva, Humberto 251
Díaz Covarrubias, Juan 486
Díaz Grullón, Virgilio 307
Díaz, Jorge 250
Díaz Lozano, Argentina 371
Díaz Machicao, Porfirio 140
Díaz Mirón, Salvador 487
Díaz (Rodriguez), Jesús 434
Díaz Rodríguez, Manuel 700
Díaz Sánchez, Ramón 701
Díaz Valcárcel, Emilio 627
Díaz Villamil, Antonio 140
Di Benedetto, Antonio 38
Diego, Eliseo 435
Diego, José de 628
Diego Padró, José Isaac de 629

Diez-Canseco, José 590
Diez de Medina, Fernando 140
Discépolo, Armando 39
Discépolo, Enrique Santos 40
Dobles, Fabián 292
Domínguez Alba, Bernardo *siehe* Sinán, Rogelio 566
Domínguez Camargo, Hernando 391
Domínguez, Franklin 308
Dominikanische Republik 722
Donato, Edmundo *siehe* Rey, Marcos 218
Donoso, José 252
Donoso Pareja, Miguel 329
Dorfman, Ariel 254
Dourado, (Waldomiro) Autran 187
Dragún, Osvaldo 41
Droguett, Carlos 255
Duncan, Quinze 293

Echeverría, Esteban 41
Ecuador 723
Edwards Bello, Joaquín 258
Edwards, Jorge 256
Egüez, Iván 329
Eguren, José María 590
Eichelbaum, Samuel 42
Eielson, Jorge Eduardo 591
Élis, Bernardo 187
Elizondo, Salvador 488
Elizondo, Sergio 686
El Salvador 723
Emar, Juan 258
Escobar, Eduardo 391
Escoto, Julio 371
Espínola, Francisco 650
Espinosa, Germán 392
Espinosa Medrano, Juan de 592
Estorino, Abelardo 435
Estrázulas, Enrique 651
Estupiñán Bass, Nelson 330
Etchepare, Armonía *siehe* Somers, Armonía 675
Ezeiza, Gabino 43

Fallas, Carlos Luis 294
Fayad, Luis 392
Fernández de Lizardi, José Joaquín 488
Fernández, Macedonio 44
Fernández Moreno, Baldomero 45
Fernández Moreno, César 46
Fernández, Pablo Armando 435
Fernández Retamar, Roberto 436
Fernández Spencer, Antonio 308
Ferrer, Horacio 651
Ferré, Rosario 629
Ferretis, Jorge 490
Fiallo, Fabio 309
Fierro, Enrique 652
Figueiredo, Guilherme de 188
Filloy, Juan 47
Flores, Marco Antonio 361
Flórez, Julio 392
Florit, Eugenio 437
Fonseca, Rubem 189
França Júnior, Oswaldo 189
Franco, Luis Leopoldo 48
Francovich, Guillermo 141
Fray Mocho *siehe* Alvarez, José S. 8
Freyre, Gilberto 190
Frías, Heriberto 490
Fuente Benavides, Rafael de la *siehe* Adán, Martín 583
Fuentes, Carlos 491
Fuentes, Norberto 437

Gabeira, Fernando 191
Gagini, Carlos 295
Gaitán Durán, Jorge 393
Galeano, Eduardo (Hughes) 652
Galich, Manuel 361
Galindo, Sergio 494
Gallardo, Sara 49
Gallegos Lara, Joaquín 330
Gallegos, Rómulo 702
Galván, Manuel de Jesús 309
Gálvez, Manuel 50
Gambaro, Griselda 51
Gamboa, Federico 494
García Calderón, Ventura 593
García Godoy, Federico 310
García Márquez, Gabriel 393
García Marruz, Fina 438
García Ponce, Juan 495
García Saldaña, Parménides 496
Garcilaso de la Vega, El Inca 593
Gardea, Jesús 496

Gardeazábal, Gustavo Alvarez *siehe* Alvarez Gardeazábal, Gustavo 377
Garmendia, Julio 703
Garmendia, Salvador 704
Garro, Elena 497
Gatón Arce, Freddy 310
Gautier Benítez, José 630
Gavidia, Francisco 349
Gelman, Juan 52
Gerbasi, Vicente 705
Gerchunoff., Alberto 53
Ghiraldo, Alberto 54
Giardinelli, Mempo 55
Gil Gilbert, Enrique 331
Girondo, Oliverio 56
Girri, Alberto 57
Gomes, Alfredo Dias 191
Gómez Bas, Joaquín 58
Gómez Carrillo, Enrique 362
Gómez Correa, Enrique 259
Gómez de Avellaneda, Gertrudis 438
Goméz, Efe 397
Gómez Escobar, Francisco *siehe* Gómez, Efe 397
Gómez Valderrama, Pedro 397
González, Joaquín V[ictor] 58
González, José Luis 630
González León, Adriano 706
González Martínez, Enrique 498
González, Otto-Raúl 363
González Pacheco, Rodolfo 59
González Prada, Manuel 595
González Tuñón, Enrique 59
González Tuñón, Raúl 60
González Vera, José Santos 260
González Zamora, Reynaldo 439
González Zeledón, Manuel 295
Gorostiza, Carlos 61
Gorostiza, José 499
Granda, Euler 332
Greiff., León de 398
Guamán Poma de Ayala, Felipe 596
Guatemala 723
Gudiño Kieffer, Eduardo 62
Gudiño Kramer, Luis 62
Güiraldes, Ricardo 66
Guerra, Gregório de Matos *siehe* Matos, Gregório de 203
Guevara, Ernesto 63
Guido, Beatriz 64
Guido y Spano, Carlos 65
Guillén, Nicolás 439
Guimarães, Bernardo 192
Gullar, (José Ribamar) Ferreira 193
Gutiérrez, Eduardo 67
Gutiérrez, Joaquín 295
Gutiérrez Nájera, Manuel 499
Guzmán, Martín Luis 500

Hahn, Oscar 260
Halley Mora, Mario 574
Heiremans, Luis Alberto 261
Henríquez Ureña, Pedro 310
Heraud, Javier 597
Heredia, José Ramón 707
Heredia (y Heredia), José María 441
Hernández Catá, Alfonso 442
Hernández, Efrén 501
Hernández, Felisberto 653
Hernández Franco, Tomás 311
Hernández, José 67
Hernández, Luisa Josefina 501
Herrera, Darío 564
Herrera, Flavio 363
Herrera Luque, Francisco 707
Herrera Sevillano, Demetrio 564
Herrera y Reissig, Julio 654
Hidalgo, Bartolomé 655
Hinojosa(-Smith), Rolando 686
Holanda, Sérgio Buarque de 193
Hollanda, Chico Buarque de *siehe* Buarque, Chico 177
Honduras 723
Hostos, Eugenio María de 631
Hoyos, Angela de 687
Huerta, Efraín 502
Hughes Galeano, Eduardo *siehe* Galeano, Eduardo 652
Huidobro, Vicente 261

Ibáñez, Sara de 656
Ibarbourou, Juana de 656
Ibargoyen Islas, Saúl 657
Ibargüengoitia, Jorge 503
Icaza, Jorge 332
Incháustegui Cabral, Héctor 312
Inclán, Luis G. 504
Ingenieros, José 69

Isaacs, Jorge 399
Ivo, Ledo 194

Jácome, Gustavo Alfredo 333
Jaimes Freyre, Ricardo 141
Jamís, Fayad 442
Jaramillo Agudelo, Darío 400
Jaramillo Escobar, Jaime 400
Jaramillo Levi, Enrique 564
Jara, Víctor 263
Jauretche, Arturo 70
Jesus, Carolina Maria de 195
Jil, Salomé *siehe* Milla, José 365
Jiménez, José Alfredo 504
Jitrik, Noé 71
Jorge Cardoso, Onelio 443
Jotamario *siehe* Arbeláez J., Mario 379
Juana Inés de la Cruz, Sor 504
Juarroz, Roberto 72
Juliá Marín, Ramón 632

Kociancich, Vlady 73
Kolumbien 723
Kordon, Bernardo 73
Korsi, Demetrio 565
Kuba 724

Labrador Ruiz, Enrique 443
Laferrère, Gregorio de 74
Lafourcade, Enrique 264
Lago, Sylvia 658
Laguerre, Enrique A[rturo] 632
Laiseca, Alberto 74
Landívar, Rafael 364
Lara, Jesús 141
Lara, Omar 264
Larreta, Antonio 658
Larreta, Enrique 75
Lars, Claudia 349
Lastarria, José Victorino 265
Lateinamerika allgemein und Ländergruppen 719
Latorre, Mariano 265
Lavín Cerda, Hernán 266
Leal, César 195
Leal, Eutiquio 400
Leante, César 444
Leñero, Vicente 506
León Mera, Juan *siehe* Mera, Juan León 334
Lessa, Orígenes 195
Leytón Z., Raúl 143
Lezama Lima, José 445
Lidio Pitty, Dimas *siehe* Pitty, Dimas Lidio 566
Liendo (Zurita), Eduardo 708
Lihn, Enrique 266
Lillo, Baldomero 267
Lima, Alceu Amoroso 196
Lima, Jorge de 196
Lindo, Hugo 350
Lins, Osman 197
Liscano, Juan 708
Lispector, Clarice 198
List Arzubide, Germán 507
Llorens Torres, Luis 633
Lobato, José Bento Monteiro 200
López Albújar, Enrique 597
López, Luis Carlos 401
López Valdizón, José María 365
López Velarde, Ramón 508
López y Fuentes, Gregorio 508
Louzeiro, José 201
Loveira, Carlos 447
Lugones, Leopoldo 76
Lussich, Antonio D[ionisio] 659
Lynch, Benito 77
Lynch, Marta 78
Lyra, Carmen 296

Macedo, Joaquim Manuel de 202
Machín, T. P. *siehe* Peralta Lagos, José María 351
Magdaleno, Mauricio 509
Maggi, Carlos 659
Mallea, Eduardo 79
Manauta, Juan José 80
Mansilla, Lucio Victorio 80
Manzano, Juan Francisco 447
Maples Arce, Manuel 510
Marcos, Plínio 202
Marechal, Leopoldo 81
Mariani, Roberto 83
Mariátegui, José Carlos 598
Marinello (Vidaurreta), Juan 448
Marín, Francisco Gonzalo »Pachín« 633
Marín, Juan 267
Mármol, José 83

Marof(f), Tristán 143
Marqués, René 634
Márquez, José Arnaldo 600
Marrero Aristy, Ramón 312
Marroquín, José Manuel 402
Martel, Julián 84
Martí, José 448
Martínez Estrada, Ezequiel 85
Martínez, Gregorio 600
Martínez Moreno, Carlos 660
Martínez, Tomás Eloy 85
Martínez Villena, Rubén 450
Martínez Zuviría, Gustavo *siehe* Wast, Hugo 128
Martini, Juan Carlos 86
Mastretta, Angeles 511
Mastronardi, Carlos 87
Mateos, Juan A. 511
Matos (Guerra), Gregório de 203
Matto de Turner, Clorinda 600
Maya, Rafael 402
Medinaceli, Carlos 144
Medina, Enrique 88
Mediz Bolio, Antonio 512
Meireles, Cecília 203
Mejía Nieto, Arturo 372
Mejía Sánchez, Ernesto 556
Mejía Vallejo, Manuel 402
Melgar, Mariano 601
Mello, Amadeu Thiago de 204
Melo Neto, João Cabral de 205
Mendes, Murilo 206
Méndez, Miguel 688
Mendoza, Jaime 144
Menén Desleal, Alvaro 350
Meneses, Guillermo 708
Mera, Juan León 334
Mexiko 724
Mieses Burgos, Franklin 312
Milanés, Pablo 451
Milla (y Vidaurre), José 365
Miranda, Ana 207
Miró, José María *siehe* Martel, Julián 84
Miró, Ricardo 565
Mir, Pedro 313
Mistral, Gabriela 268
Mitre, Eduardo 145
Molina, Enrique 88
Molina, Juan Ramón 372
Molinari, Ricardo E(ufemio) 89
Monsiváis, Carlos 512
Montalvo, Juan 335
Monteforte Toledo, Mario 366
Monterroso, Augusto 367
Montes de Oca, Marco Antonio 513
Moog, Clodomir Viana 207
Morães, Vinícius de 207
Morales, Alejandro 688
Morejón, Nancy 451
Moreno-Durán, Rafael Humberto 404
Moreno Jimenes, Domingo 313
Moro, César 602
Morosoli, Juan José 661
Moyano, Daniel 90
Mújica, Elisa 404
Mujica Lainez, Manuel 91
Muñoz, Rafael F[elipe] 513
Muñoz, Rafael José 709
Murena, Héctor A(lvarez) 92
Mutis, Alvaro 405

Nalé Roxlo, Conrado 93
Naranjo, Carmen 297
Nascimento, Abdias do 208
Nascimento, Esdras do 209
Nassar, Raduán 209
Nava, Pedro de 210
Neruda, Pablo 270
Nervo, Amado 514
Nicaragua 725
Nogueras, Luis Rogelio 451
Novás Calvo, Lino 452
Novo, Salvador 515

Obeso, Candelario 406
Obligado, Rafael 94
Ocampo, Silvina 95
Ocampo, Victoria 96
Odio, Eunice 298
Olivari, Nicolás 96
Oliveira, Alberto de 210
Olmedo, José Joaquín 336
Onetti, Juan Carlos 662
Oquendo de Amat, Carlos 602
Oreamuno, Yolanda 298
Orgambide, Pedro 97

Orphée, Elvira 98
Ortega, Julio 603
Ortiz, Adalberto 337
Ortiz de Montellano, Bernardo 516
Ortiz, Fernando 452
Ortiz, Juan L(aurentino) 99
Osorio Lizarazo, José Antonio 407
Osorio, Miguel Angel 406
Otero, Lisandro 453
Otero Silva, Miguel 709
Owen, Gilberto 516

Pacheco, José Emilio 517
Padilla, Heberto 454
Paiva, Manuel de Oliveira 210
Paiva, Marcelo Rubens 211
Palacio, Pablo 338
Palacios, Lucila 711
Palacios, Pedro Bonifacio *siehe* Almafuerte 7
Palés Matos, Luis 635
Palma, Ricardo 604
Panama 725
Paraguay 725
Pardo García, Germán 408
Pareja Diezcanseco, Alfredo 339
Parra, Marco Antonio de la 272
Parra, Nicanor 273
Parra, Teresa de la 711
Parra, Violeta 274
Paso, Fernando del 518
Pasos, Joaquín 557
Payno, Manuel 519
Payró, Roberto Jorge 100
Paz Martínez, Senel 455
Paz, Octavio 520
Pedreira, Antonio S. 636
Pedroso, Regino 455
Peixoto, Afrânio 211
Pellicer, Carlos 522
Peralta Barnuevo, Pedro de 605
Peralta Lagos, José María 351
Pereda Valdés, Ildefonso 664
Pereira (Quintero), Manuel 455
Pereyra, Diomedes de 145
Pérez Bonalde, Juan Antonio 712
Pérez, José Joaquín 314
Pérez Pardella, Agustín 101
Peri Rossi, Cristina 665
Peru 725
Pezoa Véliz, Carlos 275
Picón Febres, Gonzalo 713
Piglia, Ricardo 101
Piñera, Virgilio 456
Piñon, Nélida 212
Pinto, Julieta 299
Pita Rodríguez, Félix 457
Pitol, Sergio 523
Pitty, Dimas Lidio 566
Pizarnik, Alejandra 102
Plácido *siehe* Valdés, Gabriel de la Concepción 464
Pla, Josefina 574
Pla, Roger 103
Pocaterra, José Rafael 713
Poma de Ayala, Felipe Guamán *siehe* Guamán Poma de Ayala, Felipe 596
Pombo, Rafael 408
Poniatowska, Elena 524
Poppe, René 146
Portuondo, José Antonio 457
Posse, Abel 103
Poveda, José Manuel 458
Pozas, Ricardo 525
Prada Oropeza, Renato 146
Prado, Pedro 275
Prieto, Guillermo 526
Prieto, Jenaro 276
Puebla, Carlos 459
Puerto Rico 725
Puig, Manuel 104

Queiroz, Rachel de 213
Quessep, Giovanni 409
Quijano, Carlos 666
Quintero, Héctor 459
Quiroga, Horacio 667

Radrigán, Juan 277
Rama, Angel 668
Ramírez, Sergio 557
Ramírez Velarde, Fernando 146
Ramos, Graciliano 214
Ramos Otero, Manuel 636
Ramos Sucre, José Antonio 714
Rawet, Samuel 215
Rebelo, Marques 215
Rego, José Lins do 216

Requena, Andrés Francisco 314
Resende, Otto Lara 217
Revueltas, José 527
Reyes, Alfonso 528
Reyes, Salvador 277
Reyles, Carlos 669
Rey, Marcos 218
Reynoso, Oswaldo 605
Ribeiro, Darcy 218
Ribeiro, João Ubaldo 219
Ribera Chevremont, Evaristo 637
Ribeyro, Julio Ramón 606
Ricardo (Leite), Cassiano 220
Riva Palacio, Vicente 529
Rivarola Matto, José María 575
Rivera, Andrés 106
Rivera, José Eustasio 409
Rivera, Tomás 689
Rivero, Mario 410
Roa Bárcena, José María 529
Roa Bastos, Augusto 575
Robleto, Hernán 558
Rocamora, Oberdán *siehe* Asís, Jorge 13
Rodó, José Enrique 670
Rodrigues, Nelson 221
Rodríguez-Alcalá, Hugo 577
Rodríguez de Tió, Lola 637
Rodríguez Freyle, Juan 410
Rodríguez Galván, Ignacio 530
Rodríguez Juliá, Edgardo 638
Rodríguez, Luis Felipe 460
Rodríguez Monegal, Emir 671
Rodríguez Ruiz, Napoleón 351
Rodríguez, Silvio 460
Rodríguez Torres, Carmelo 638
Roffé, Reina 106
Rojas, Angel F(elicísimo) 340
Rojas González, Francisco 531
Rojas, Gonzalo 278
Rojas Herazo, Héctor 412
Rojas, Jorge 411
Rojas, Ricardo 107
Rojas (Sepúlveda), Manuel 279
Rokha, Pablo de 280
Romero, Denzil 714
Romero, Elvio 577
Romero, Sílvio 222
Rosa, João Guimarães 223
Rosa, Noel (de Medeiros) 225
Rosencof., Mauricio 672
Rozenmacher, Germán 107
Rubião, Murilo 225
Rubín, Ramón 531
Rueda, Manuel 315
Rulfo, Juan 532
Ruy Sánchez, Alberto 533

Sabat Ercasty, Carlos 672
Sábato, Ernesto 108
Sabines, Jaime 534
Sabino, Fernando 226
Sáenz, Dalmiro 109
Sáenz, Jaime 147
Saer, Juan José 110
Sainz, Gustavo 534
Salarrué 352
Salaverry, Carlos Augusto 607
Salazar Bondy, Sebastián 608
Salvador, Humberto 340
Samayoa Chinchilla, Carlos 368
Samperio, Guillermo 535
Sánchez Borbón, Guillermo *siehe* Solarte, Tristán 567
Sánchez, Florencio 673
Sánchez, José León 299
Sánchez Juliao, David 412
Sánchez, Luis Alberto 609
Sánchez, Luis Rafael 638
Sánchez, Néstor 112
Sánchez Peláez, Juan 715
Sánchez, Ricardo 689
Sanín Cano, Baldomero 413
Sant'Anna, Sérgio 226
Santos Chocano, José *siehe* Chocano, José Santos 588
Sarduy, Severo 460
Sarmiento, Domingo Faustino 112
Scalabrini Ortiz, Raúl 114
Schmidt, Augusto Frederico 227
Scliar, Moacyr 227
Scorza, Manuel 609
Sebreli, Juan José 114
Selva, Salomón de la 559
Serpa, Enrique 462
Shimose (Kawamura), Pedro 147
Sicardi, Francisco (Anselmo) 115
Sierra (Méndez), Justo 535

Sierra O'Reilly, Justo 536
Sieveking, Alejandro 281
Sigüenza y Góngora, Carlos de 536
Silva, José Asunción 413
Silva, Lincoln 578
Silva Valdés, Fernán 674
Sinán, Rogelio 566
Skármeta, Antonio 282
Solana, Rafael 537
Solarte, Tristán 567
Soler Puig, José 462
Somers, Armonía 675
Soriano, Osvaldo 116
Sosa, Roberto 373
Soto Aparicio, Fernando 414
Soto, Pedro Juan 639
Sousa, João da Cruze 228
Sousândrade 229
Souza, Márcio 230
Spota, Luis 538
Storni, Alfonsina 116
Suárez, Clementina 373
Suassuna, Ariano 231
Subercaseaux, Benjamín 283

Tablada, José Juan 539
Taboada Terán, Néstor 148
Tafolla, Carmen 690
Talesnik, Ricardo 118
Tallet, José Zacarías 463
Tamayo, Franz 149
Tapia y Rivera, Alejandro 640
Taunay, Alfredo d'Escragnolle, Visconde de 232
Teillier, Jorge 284
Teitelboim, Volodia 284
Tejada Gómez, Armando 118
Tejera, Diego Vicente 463
Telles, Lygia Fagundes 232
Tiempo, César 119
Tinajero, Fernando 341
Tizón, Héctor 119
Tobar García, Francisco 341
Torres, Antônio 233
Torres Bodet, Jaime 540
Traba, Marta 121
Trejo, Oswaldo 716
Trevisan, Dalton 233
Triana, José 464
Tristán, Flora 611
Turcios, Froylán 373

Ugarte, Manuel 121
Undurraga, Antonio de 285
Ureña de Henríquez, Salomé 315
Urista, Alberto H. *siehe* Alurista 683
Urondo, Francisco 122
Uruguay 726
Urzagasti, Jesús 149
USA 726
Usigli, Rodolfo 541
Uslar Pietri, Arturo 716

Valcárcel, Luis E[duardo] 611
Valdelomar, Abraham 612
Valdés, Gabriel de la Concepción 464
Valdés, Hernán 285
Valdez, Luis 690
Valencia, Guillermo 415
Valenzuela, Luisa 123
Vallejo, César 613
Vallejos, Roque 578
Valle, Rafael Heliodoro 374
Varela, Blanca 616
Varela, Luís Nicolau Fagundes 234
Vargas Llosa, Mario 616
Vargas Vila, José María 415
Varona, Enrique José 465
Vasconcelos, José 542
Vasconcelos, José Mauro de 235
Vaz Ferreira, María Eugenia 676
Vázquez Rial, Horacio 123
Veiga, José J. 236
Velasco Mackenzie, Jorge 342
Veloso, Caetano 236
Veloz Maggiolo, Marcio 315
Venezuela 726
Vera, Pedro Jorge 342
Verbitsky, Bernardo 124
Vergés, Pedro 316
Veríssimo, Erico 236
Viana Filho, Oduvaldo 238
Viana, Javier de 676
Vidales, Luis 417
Vilariño, Idea 677
Villarreal, José Antonio 691
Villarroel, Gaspar de 342
Villaurrutia, Xavier 543

Villaverde, Cirilo 465
Villegas, Víctor 317
Villoro, Juan 544
Viñas, David 125
Viñole, Omar 126
Vitier, Cintio 466

Walsh, María Elena 127
Walsh, Rodolfo (Jorge) 127
Wast, Hugo 128
Wernicke, Enrique 129
Wilde, Eduardo 129
Wolff., Egon 286
Wyld Ospina, Carlos 368

Yáñez, Agustín 544
Yáñez Cossío, Alicia 343
Yañez, Mirta 467
Yunque, Alvaro 130
Yupanqui, Atahualpa 131

Zaid, Gabriel 545
Zalamea, Jorge 417
Zamudio, Adela 150
Zapata Olivella, Manuel 418
Zavala Muniz, Justino 678
Zavaleta, Carlos E[duardo] 620
Zeno Gandía, Manuel 641
Zorrilla de San Martín, Juan 678
Zurita, Raúl 286

Isabel Allende
Das Geisterhaus

Roman

Aus dem Spanischen von Anneliese Botond

»Dies ist ein Roman, wie es ihn eigentlich schon gar nicht mehr gibt. Ein Roman, prall von Geschichte und wohlausgestattet mit Haupt- und Nebenpersonen, Komparsen, Extras, attrezzo und einem gewaltigen Szenarium, wo sich abspielt, was Generationen an Problemen, Konflikten und deren Lösungen erleben. Ein Roman, den man mit dem Vergnügen liest, das alles Gutgemachte hervorruft.«

Luis Suñen, El País

»Hier ist eine Frau mit großer Erzählkunst in die Autorenelite Lateinamerikas eingedrungen. Eine Frau, die den chilenischen Unterdrückern ihre Waffe entgegensetzt: ein Stück große Literatur.«

Stern

»Besseres kann man von einem Stück Literatur nicht sagen. Sein Erfolg kompromittiert nicht die literarische Qualität.«

Frankfurter Rundschau

»Die wohl erstaunlichste literarische Neuentdeckung der achtziger Jahre.«

Deutsche Welle

»Anzukündigen ist ein Lesegenuß, ein Roman, dick, spannend und handlungsreich wie die alten Schicksalsromane, dabei geist- und phantasievoll, schauererregend und witzig, verspielt und zugleich ernst und genau im historischen und sozialen Bezug.«

Weltwoche

»Mit ihrem ersten Buch ›Das Geisterhaus‹ hat sie nicht nur auf Anhieb einen Welt-Bestseller, sondern sich auch gleich in die Weltliteratur hineingeschrieben.«

Generalanzeiger, Bonn

Julio Cortázar
Rayuela
Himmel und Hölle

Roman
Aus dem argentinischen Spanisch von Fritz Rudolf Fries

»Cortázars Meisterwerk. Dies ist der erste große Roman Lateinamerikas.« *Times Literary Supplement*

»Dieses... Buch... des Argentiniers Cortázar ist ein Werk von märchenhaftem Reichtum des Erzählten, des Beobachteten, des Gedachten, aus dessen 600 Seiten man wie benommen und ganz begeistert auftaucht.« *Jörg Drews, Süddeutsche Zeitung*

»Der Roman... hat große, wunderbare Momente einer sowohl äußerst erotisch-taktilen Poesie der Liebe als auch ungemein präzise, dicht verwobene Augenblicke bei der Beschreibung von Einsamkeit und Tod.« *Wolfram Schütte, Frankfurter Rundschau*

»Cortázar ist ein Stilist ersten Ranges, ein Sprachschöpfer, der die argentinischen Varianten der spanischen Sprache elegant, präzise und witzig mit kosmopolitischen Einwürfen aus dem Französischen, Englischen und Italienischen zu mischen versteht. Seine ironischen, sprachlichen Verfremdungseffekte, sein Humor durchsetzen seine Prosa und geben ihr einen einmaligen feinen Schliff.« *Genoveva Dieterich, Neue Zürcher Zeitung*

»...für mich liegen die tatsächlichen Qualitäten dieses (auch wegen Cortázars Belesenheit und parodistischen Elementen) cervanteshaften Romans einerseits in der kunstvollen Stilkombination und -klittierung, andererseits in der Souveränität, mit der Cortázar sämtliche neueren Techniken des Erzählens und Berichtens... einbezieht und weiterentwickelt und ständig die vordergründig realistische ›Fassade‹ durch ein plötzliches Umschlagen in Phantastik und Absurdität, durch Wortspiele, Anagramme und Erfindung einer Privatsprache, in der sich Horacio und Lucía verständigen... aufrauht oder zum Einsturz bringt.« *Hans J. Fröhlich, Frankfurter Allgemeine Zeitung*

»Was sich als leicht zu unterbrechende, wenn nicht sogar unzugängliche Lektüre anläßt, entpuppt sich als ein Stück Erzählliteratur, das man nicht wieder aus der Hand legen möchte.« *Rudolf von Bitter, Bayrischer Rundfunk*

José Lezama Lima
Paradiso

Roman
Aus dem Spanischen von Curt Meyer-Clason
unter Mitwirkung von Anneliese Botond

»*Paradiso* ist ein Roman der persönlichen Erinnerung, ein schwieriges, vielschichtiges Buch, neben dem Prousts *A la recherche du temps perdu* einfach und durchsichtig erscheint.« *Waltrud Kappeler, Neue Zürcher Zeitung*

»Es ist ein Lebenswerk, Autobiographie und Weltentzifferung, Bildungsroman und Vision.« *Arbeiter-Zeitung, Wien*

»Kaum ein Kritiker, der über das Hauptwerk des... Kubaners nicht in Superlativen spricht. Gerühmt werden der Totalitätsanspruch von *Paradiso,* die hermetische Komplexität seiner Anlage, der barocke Bilderreichtum der Sprache. Und auch so renommierte Kollegen Lezamas wie Julio Cortázar und Mario Vargas Llosa bemühen zum Vergleich die Weltliteratur – Proust, Joyce, Dante.« *Dagmar Ploetz, Frankfurter Allgemeine Zeitung*

»Lezamas Paradies ist ganz und gar irdisch und kennzeichnet einen Zustand der Unschuld, es ist die Kindheit, aus der einer aufbricht ins Abenteuer des Lebens, vergleichbar und vom Erzähler auch verglichen mit dem Weg, den die mittelalterlichen Sagenhelden nehmen. Das *Paradiso* ist auch ein Entwicklungsroman nach den bekannten Modellen des 18. und 19. Jahrhunderts, eine Mischung aus *Tristram Shandy* und *Wilhelm Meister.*« *Walter Boehlich, Die Zeit*

»Lezama stürzt einen in Abgründe der Nachdenklichkeit, in denen man sich verlieren kann.« *Werner Helwig, Merkur*

»... ein weltliterarisches Jahrhundertwerk.« *Heidelberger Tageblatt*

»*Paradiso* ist ein Prosawerk eigener Gattung, ... ein Buch, das am Ende als gewaltige Prosa dasteht.« *Tages-Anzeiger, Zürich*

Manuel Puig
Der Kuß der Spinnenfrau

Roman

Aus dem Spanischen von Anneliese Botond

»Dieser Roman, wohl der ambitionierteste, den Puig bisher geschrieben hat, ist bemerkenswert als ein Versuch, mit einem Röntgenbild von der politischen Gewalt zugleich auch ein Kardiogramm der menschlichen Triebkräfte anzufertigen.« *Hans Jürgen Heise, Süddeutsche Zeitung*

»Manuel Puig muß mit zu den engagiertesten lateinamerikanischen Schriftstellern gezählt werden, welche die literarische Entwicklung des Subkontinents der letzten Jahre maßgeblich gestaltet haben. Dank seinen profunden Kenntnissen der westlichen Kultur und seiner naturgegebenen tiefen Beziehung zur lateinamerikanischen Wesensart und Realität – Argentinien als pars pro toto – schöpft Puig aus einem Reservoir von Erfahrungen, die seine Werke zu äußerst konzentrierten und kritischen Auseinandersetzungen mit dem Thema Mensch und Gesellschaft werden lassen.« *Neue Zürcher Zeitung*

»*Der Kuß der Spinnenfrau* ist wie ein Krimi geschrieben und thematisiert Repression und Widerstand in Argentinien. Man kann es mit *Album für Manuel* von Julio Cortázar vergleichen. Beide sind ein Protest gegen das Gefängnis, das Argentinien heute ist.« *Karsten Garscha, Frankfurter Rundschau*

»Puigs brillantes Werk ist... ein mit Hoffnung gestaltetes Menetekel.« *Peter Burri, Basler Zeitung*

»Manuel Puig stellt in diesem fast ausschließlich in Dialogform geschriebenen Roman der Theorie der Menschlichkeit die reale, praktische Menschlichkeit entgegen.« *Rosemarie Bollinger, Deutsches Allgemeines Sonntagsblatt*

»Puigs literarische Leistung besteht darin, die Dialektik von Selbstentfremdung und Selbstbewahrung... aufzuspüren sowie eine Ahnung von einem großen Leben zu vermitteln, das sich gegen die Alltagserfahrungen zu behaupten sucht.« *Dagmar Ploetz, Frankfurter Allgemeine Zeitung*

Mario Vargas Llosa
Tante Julia und der Kunstschreiber

Roman

Aus dem Spanischen von Heidrun Adler

»Nach dem *Geisterhaus* der Chilenin Isabel Allende, seit Monaten auf den internationalen Bestsellerlisten, kommt jetzt ein weiterer südamerikanischer Roman in die Buchhandlungen, in dem sich ein ähnlich pralles, figurenreiches, phantastisches Leben abspielt. Der Peruaner Mario Vargas Llosa legt eine aberwitzig vergnügliche Geschichte aus den fünfziger Jahren vor, in die man sich von Seite zu Seite mehr verstrickt.«

Kurier, Wien

»Mario Vargas Llosa gilt als einer der genialsten Fabulierer der lateinamerikanischen Literatur. *Tante Julia und der Kunstschreiber* ist sein vergnüglichster Roman. Eine lateinamerikanische Gesellschaftskomödie voll Ironie, Lebenswitz und vielschichtiger Reflexion... Der Leser jagt lachend durch einen Irrgarten der Verwechslungen, des großen Witzes und der kleinen Melancholien.« *Buch aktuell*

»Hochzeit auf peruanisch... Feingesponnener Humor wie zügelloser Übermut – eine Geschichte mit dem unnachahmlichen Charme dessen, der sich mit liebevollem Spott und wahrer Zärtlichkeit seiner Jugendjahre erinnert.« *Le Monde*

»Der Leser wird den vergnüglichsten Wechselbädern ausgesetzt und sieht sich aus der zarten Liebesgeschichte zwischen Tante Julia und ihrem Neffen Mario – nach Aussage des Autors übrigens bis in Einzelheiten autobiographisch – eins ums andere Mal in die schauerlichsten Moritaten versetzt – so lange, bis auch das sogenannte ›Leben‹ zunehmend ins Romanhafte entgleitet. Genau diese Gefühlsverwirrung aber hat der Autor beabsichtigt. Ihm ging es darum, auf amüsante und hintergründige Weise das Wechselspiel von Dichtung und Wahrheit, von Kunst und Leben darzustellen und dabei die scheinbar so gesicherten Grenzen durchlässig zu machen.« *Klara Obermüller, Die Weltwoche*

Weitere Titel von Mario Vargas Llosa im suhrkamp taschenbuch:

Das grüne Haus. Roman. st 342

Der Hauptmann und sein Frauenbataillon. Roman. st 959

Der Krieg am Ende der Welt. Roman. st 1343

Die Stadt und die Hunde. Roman. st 622

Gespräch in der ›Kathedrale‹. Roman. st 1015

Maytas Geschichte. Roman. st 1605